此项研究为国家社会科学基金重大招标项目"中国近现代手工业史暨资料整理研究（14ZDB047）"的阶段性成果

王 翔 ◎ 著

晚清丝绸业史（上）

THE HISTORY OF SILK INDUSTRY
IN THE LATE QING DYNASTY

上海人民出版社

目录

第四章
晚清蚕桑业的发展 249

表目录

绪　　论

　　中国是发明丝绸生产的国度。丝绸的生产与贸易，几乎与中国文明本身一样古老。在同中国传统文明的物质财富和辉煌文化相联系的所有物产中，丝绸也许是最具代表性的。如果说农业与手工业的结合是中国文明之根，那么，蚕桑丝绸业就是这棵文明之树的主要枝干之一。从蚕桑丝绸生产诞生的那一天起，就一直受到人们的百般青睐，对于人民生活和社会经济具有不可替代的意义，它在提供给人们舒适、精美和华贵衣饰的同时，还在文化、宗教、技术和制度等方面扮演着十分重要的角色。

　　在漫长的历史发展过程中，中国的蚕桑丝绸生产达到了世人瞩目的高峰。它的技术发展比较完善，其生产方式也在许多方面比其他手工业更为复杂，当之无愧地成为中国社会经济中的先进部门，长期在世界上占据领先地位，成为国际市场生丝和丝织品的主要供应者。随着丝绸贸易不断延伸的"丝绸之路"，不仅是古代中国对外通商的主要孔道，也是当时世界各国经济、政治、文化交流的重要途径。

　　奉行"以农立国"国策的古代中国，"奖劝农桑"成为其一贯性的政策举措，朝野上下都对蚕桑丝绸生产给予高度重视，从而顺理成章地使其成为历代农书、文集中当仁不让的主角之一，留下了许多关于蚕桑丝绸的记载和议论。鸦片战争以后，国门洞开，西力东渐，古老中国在百般纠结下开始了艰难的近代转轨过程。丝绸业在国计民生和对外贸易中的特殊地位，使其愈发受到国内外政界、商界和学界的关注，同时也成为人们自觉加以研究的对象。

关于晚清中国丝绸业的研究，不仅是晚清史、中国工业化史研究中的重要课题，也是整个中国历史研究中的重大课题之一，如果不能对这一课题加以明确并具体的把握，既无法理解这一时间节点中国经济社会的复杂情态，也无法认清中国历史整个构造的变动趋向。因此，关于晚清丝绸业史的研究，在中国历史，特别是中国近代经济史的研究中，实处于一种不容忽视的基础地位。百多年来，国内外学界对晚清丝绸业史的研究一直保持着极大的兴趣，取得了堪称丰硕的成果。这里，有必要对这一领域研究的大致过程及其取得的成果进行简要的回顾与评述。

一、研究史述评

由于丝绸在晚清对外贸易中首屈一指的地位，长期以来一直作为中国最具代表性，也最具重要性的出口商品，而受到当时朝野人士的重视。上自朝廷谕旨、官府文告，下至报刊文章，时人议论，都有许多关于丝绸业状况的记述，其中既有对丝绸业现实状况的描摹，也有对丝绸业如何发展的思考。

19世纪70年代中期，生丝外销的不振及其由此造成的国际收支的逆差，引起了中国朝野各界的震惊。眼看日本、意大利等国在国际生丝市场上成为中国生丝的强劲对手，中华利源逐渐为外洋所夺，有识之士无不忧心忡忡。连时任直隶总督、北洋通商大臣，实际掌控清政府洋务新政的李鸿章在"条陈时事"时，都"以此为一叹"。他"行知各府道，转谕集思筹议"，寻求挽救之法。一时间，人们怀着强烈的危机感，提出了形形色色振兴丝绸生产，改善国际贸易的方案。

每况愈下的中国传统丝绸生产必须改弦更张的思想，在相当一部分洋务人士中很有市场。洋务主帅李鸿章的幕僚薛福成于1879—1880年间写道："今华货出洋者，以丝茶两款为大宗，而日本、印度、意大利等国起而争利。……印度茶品几胜于中国，意大利售丝之数亦几埒于中国。数年以来华货滞而不流，统计外洋所用丝茶出于各国者，几及三分之二。若并此利源而尽为所夺，中国将奚自立？！"① 这种言论反映了对国际事务多少有所了解的洋务官员和思想家

① 薛福成:《筹洋刍议·商政》。

们所共同具有的危机意识，成为洋务大员们施政举措的思想基础。

在李鸿章等人看来，中国"既不能禁洋货之不来，又不能禁华民之不用"，那么何不加以效法，"亦设机器自为制造"，"为内地开拓生计"呢？只要能"使货物精美与彼相埒，彼物来自重洋，势不能与内地自产者比较，我利日兴，则彼利自薄，不独有益厘饷也"。①明确指出自中外通商以来，进口洋货日增，出口土货年减一年，导致贸易逆差越来越大，推原其故，乃是由于外国制造均用机器，比中国用手工劳动生产的土货物美价廉。因此，中国只有引进外洋机器，"逐渐设法仿造"，才能"分其权利"，"盖土货多销一分，即洋货少销一分，庶漏卮可期渐塞"。②长此以往，坚持不懈，则可"外以折强邻窥测之渐，内以立百年富庶之基，其有益于国计民生，殊非浅鲜。"③

他们对缫丝、纺织等与国计民生关系密切的轻工业十分重视，1887年2月2日，时任北洋通商大臣的李鸿章在答复清朝总理海军衙门咨询的书简中，力劝海军衙门谕示江浙两省督抚，鼓励民间人士创办机器缫丝工厂，以从上海外商丝厂手中收回利权。文曰："用机器缫丝，精洁易售，较中土缫法尤善。洋人争购，获利可丰。若令江浙督抚就产丝之地招商集股开办，实系为民兴利，并非与民争利。若官自办，恐法无人，不可持久。甘肃织呢其前鉴也。鸿章曩在上海亲见旗昌、怡和各洋行皆设有机器缫丝局，募千百华人妇女于其中，工贱而丝极美。嘉、湖丝贾无人仿办，利被彼夺而我丝滞销，心窃惜之。"④

洋务运动的另一员主将张之洞也是中国近代缫丝工业的积极倡导者和推进者。1886年12月，清朝海军衙门风闻广东兴办机器缫丝以来，"外销丝经，价增一倍"，曾发出上谕"相应咨行两广总督"，令其"即将粤省现办情形与本衙门是否相符，与民间兴贩有无窒碍，详细查复，以凭办理"。时任两广总督的张之洞委派候补知县李长龄对各县的丝厂情况进行调查，在此基础上答复朝廷："查粤省缫丝机器以顺德为最多，新会次之。……遍访舆论，自用机器以后，穷乡贫户赖以全活甚众，而向来缫丝工匠执业如故。……粤省自民间开

---

① 李鸿章：《筹议海防折》，《李文忠公全书》，"奏稿"，卷二十四，第20页。
② 李鸿章：《推广织布局折》，《李文忠公全书》，"奏稿"，卷七十八，第11—12页。
③ 李鸿章：《漠河金矿请奖折》，《李文忠公全书》，"奏稿"，卷七十五，第20页。
④ 《李文忠公全集·海军函稿》卷三"条陈四事"，光绪十三年（1890）正月初十日。

办以来，愈推愈广，其销赴外洋者，遙年加值。查光绪十二年由顺德等县运省之洋庄丝，约计二百二十八万余斤之多，较往年几增十分之四。盖小民惟利是趋，比年获利颇厚，故机器之计，年多一年，出丝既多，销路亦夥。现在争相仿效，到处开设，有益于贫户之资生，无碍于商贾之贸易，以属办有成效，当无窒碍。惟系民间自行经理，并非由官设局劝办，亦未领用官帑，自应听其照旧开设，以浚利源。① 文中指出机器缲丝"有益于贫户之资生，无碍于商贾之贸易"，肯定机器丝厂"以属办有成效，当无窒碍"，着力强调机器缲丝与土法缲丝"两无妨碍"，且机缲丝可以高价输出，"颇获厚利"，"穷乡贫户赖以全活者甚众"，从而主张"自应听其照旧开设，以浚利源"。由此不难看出，作为究心洋务的封疆大吏，张之洞为了促使清政府下决心采取支持和鼓励引进发展近代缲丝工业的政策，是如何煞费苦心，对症下药。

光绪十五年（1889）十月，张之洞调任湖广总督。湖北省蚕桑生产发达，但缲丝生产惯用土法，品质低劣。1890年，张之洞在湖北设立专局办理蚕务，"委员赴浙江采买接本桑秧暨应用器具，并招募匠师来鄂，以浙法训授本省子弟，为各属倡导"。② 考虑到"民间素未见机器缲丝之法，无从下手，亟应官开其端，民效其法"，决定创办湖北缲丝局。于光绪二十年（1894）十月五日上书朝廷，极力主张引进机器缲丝工业的必要性和可行性："（湖北）土性素亦产丝，而制造不精，销流不旺"，若能仿效沪、穗等地，"用机器缲丝者，较之人工所缲，其价值顿增至三倍，专售外洋，行销颇旺"。③

此外，曾任山西解州知州的马丕瑶，在当地创办蚕桑，颇见成效，"民以为便"。19世纪80年代后期升任广西巡抚后，他大力"兴办蚕桑"，"开设机坊"，"责成守令妥为经理，觅雇男匠女师，分辟舍宇，教民缲织，并随时收买茧丝，俾小民就近获利，咸乐争趋"。④ 他连上《请免广西新丝厘税片》、《请奖蚕桑出力绅民顶戴片》、《择保蚕桑著有成效出力官绅折》及《请免新绸税厘并择奖员

① 《广东厘务总局奉查广东机器缲丝情况呈报两广总督件》，光绪十三年（1890）六月，广州中山图书馆藏。
② 张之洞：《会奏兴办蚕丝事宜折》，苑书义等主编：《张之洞全集》，第三册，河北人民出版社1998年版，第879页。
③ 《开设缲丝局片》（光绪二十年[1894]十月初五日），见《张之洞全集》。
④ 马丕瑶：《请免广西新丝厘税片》，光绪十六年（1890）三月十三日，《马中丞遗集》，奏稿，卷二，第7页。

绅折》等奏折，论述广西蚕桑丝绸业的发展及其对经济社会的重要性甚详。①

左宗棠进军西北，认定"论关陇治法，必以禁断鸦片为第一要义；欲禁断鸦片，先令州县少吸烟之人；欲吸烟之人少，必先禁种鸦片；欲禁种鸦片，必先思一种可夺其利之物，然后民知种罂粟无甚利，而后贪心可渐塞也"。②这种可夺罂粟之利的植物，在左宗棠看来非桑、棉莫属，他决心以"教种桑、棉为养民务本之要"，大力推广植桑育蚕，以倡行蚕桑业为起点，进而重振西北经济，改善民众生活，综合解决西北的社会问题。在左宗棠的奏稿、书信中，包含许多论述当时西北地区丝绸业状况的内容。③

值得注意的是，19世纪70、80年代，以《申报》为阵地，展开了如何振兴丝业、挽救国粹的讨论，发表了一系列反映各方观点的文章。

1873年7月5日，《申报》刊出《湖丝减价滞销说》，先以具体数据论证了"近年外国湖丝之价，较前大减"的事实，继而分析了"湖丝之价减滞销"的原因所在，强调丝业对于中国经济地位之重要，对于国际贸易关系之重大，必须"随时权变"，"细加讲求"，"以供世用"。④一年后，一篇名为《论西国治蚕茧法》的文章于《申报》刊出，第一次在中国对"西国治蚕茧之法"进行介绍和论说。希望"能照西法治之"，以弥补传统缲丝生产的一些弊端。⑤这表明一些先进人士已经对中国蚕丝业传统技艺的有效性产生了怀疑，已经开始把消除中国丝业弊端，扭转丝业不振局面的希望寄托于引进西方的制丝技术。

在蚕丝生产技术上寄望于"照西法治之"的同时，时人在蚕丝贸易体制和机制问题上，也开始进行改弦更张的摸索和思考。1874年7月，《汇报》刊文《丝茶宜出洋自卖论》，揭示了现行丝绸贸易体制所存在的一些弊端，呼吁华商自行将丝茶出洋销售。7月16日，《申报》登载《书〈汇报〉丝茶宜出洋自卖论后》一文，在肯定前文"所论各情，亦足征识高言正"的同时，更以熟知商情者的视角，对丝茶出洋自卖的"果能照行"提出了切实建议。⑥

---

① 马丕瑶:《马中丞遗集》，奏稿。
② 《左宗棠全集·书信》,(三)，长沙岳麓书社1996年版，第445页。
③ 参见《左宗棠全集》"奏稿"、"书信"、"札件"，长沙岳麓书社1996年版。
④ 《湖丝减价滞销说》，《申报》1873年7月5日。
⑤ 《论西国治蚕茧法》，《申报》1874年7月15日。
⑥ 《书〈汇报〉丝茶宜出洋自卖论后》，《申报》1874年7月16日。

眼看中国生丝在国际市场上销售疲敝，中华利源恐难以为继，有识之士苦思有以挽救之道。1881年2月6日，《申报》登出《论整顿丝、茶两市》一文，"谓此当能洞见事理，揭其弊之所在矣"。文中指出：要想扭转生丝出口不振的困难局面，就要消除外国商人的不信任感，而要做到这一点，首先必须使中国生丝名实相副、品质精良。而若想提高生丝品质，降低成本是必不可少的，生丝生产和流通的成本固然应当节省，各种捐税负担也必须加以轻减。[1] 论者并以蚕丝厘捐为例，指出"官为经理之不可恃"，开始从中西"官""商"关系的不同来探究中西丝绸产业荣枯的原因。文章指出：在西方资本主义国家，"商"无处不受"官"之保护，只要对振兴输出有利，"官"即尽心竭力加以培育，以供"商"之利用。反观中国，"官""商"却是背道而驰。"商"所从事之事，"官"不去关心和了解；"官"所进行之事，对"商"不仅无益，相反徒增苦痛。商人中有只顾眼前利益而损害通商大局者，"官"却全无知晓，漠然置之；官员中亦有采取非法手段横征暴敛者，"商"却全无求告之所。文章认为，中西之间"官"的这种不同，是中国工商业难以与外国竞争的根源所在。因此，要想振兴贸易，就必须改造迄今的"官""商"关系，使官、商结为一体，互为助力。

随着上海新式缫丝厂的开工运转，特别是中国商人黄宗宪创办的公永和丝厂于1881年建成开业，设置丝车100部，引进法国高水准缫丝技术设备，生产的"优等丝"专供出口欧美。一时间，新式缫丝工厂颇有星火燎原之势，对新型缫丝机器和新型产业组织的研究探讨及其宣传介绍也就提上了日程。1882年2月5日，《申报》发表《机器缫丝说》，首先回顾了上海机器缫丝工业产生和发展的过程，接着从几个层面加以批驳了"机器缫丝妨害内地缫丝女工"的论调，为采用机器进行缫丝大唱赞歌，论证引进国外机器缫丝工业的必要性和紧迫性："西人之心思，愈用愈巧，机器之功用，愈制愈精，织布尚可以机器为之，则缫丝之器，又何足异焉。"论者断言："以机器缫丝，诚哉事半而功倍矣。华人其亦多养蚕以供机器之用，而益裕其利源也哉。"[2]

《机器缫丝说》的发表，其对机器缫丝有利于民生的大力辩解，对采用机器

---

① 《论整顿丝、茶之法》，《申报》1881年12月4日。
② 《机器缫丝说》，《申报》1882年2月5日。

　　　　　　　　　　　　　　　　　　　　　　　　　　　　晚清丝绸业史

缫丝的大声呼吁，在社会上产生了巨大影响，也招来了一些质疑、批评、反对乃至詈骂。6月2日，有署名"海上散人"者在《申报》撰文《机器缫丝为害论》，集中表达了社会上对机器缫丝的负面看法：一是"夺小民之利"。二是败坏社会风气，"以年轻妇人久住在申，贻害更无所底止"。①"海上散人"之流运用中国传统文化中的"义利之辨"作为武器，对方兴未艾的机器缫丝深恶痛绝，企图耸动官府，把机器缫丝事业扼杀在萌芽状态。

以"海上散人"为代表的"机器缫丝为害论"及其耸动官府扼杀机器缫丝的意图，引起机器缫丝事业支持者们的警惕，他们迅速做出反应，两天后，《申报》即刊发《书机器缫丝妨利论后》一文，对"机器缫丝夺民之利"的论调加以驳斥："夫今日中国商人置机器于上海，吾谓正以中国之利，还之中国人耳。假令西商权其利之轻重，尽买茧以出洋，则缫丝之工资，皆为洋人所趁，其利之被夺者，视今日又当何如？何所见之不逮甚耶！"②文章结合轮船、火车、电线、电报等国外机器设备进入中国的事实与现状，论述了这些国外先进科技的引入，和机器缫丝生产一样，难免会带来一些负面作用：尽管如此，并不能成为抱残守缺、壅闭固拒的理由。机器生产的引进仍是大势所趋，只能与时俱进，顺势而为。"顾目前时势，乃古今一大变局，未可以成见论之。试思通商以来，凡中国所本无之事，不知顿增几项，可知世运攸关，兴废相乘，此失其利，而彼增其益，何尝不在中国。若仅仅为一人一方计，以为昔是而今否，则拘墟见小之论矣。"③由此出发，论者郑重告诫当轴："窃谓中国与外洋通商，操事权者但当熟计审处，勿使内地之利源因此而竭，则其余宜仿行者，仿行之；宜改革者，改革之，不妨变通，以尽其利。"④

从1882年9月开始，江浙地方当局对机器缫丝工业展开了一场行政围剿行动。9月中旬，江苏巡抚卫荣光指令上海道台邵友濂对沪上的缫丝工厂"查明阻止"。⑤10月上旬，江苏布政使拒绝了上海丝厂在如皋县设置茧行的申请，意在釜底抽薪，以断绝蚕茧原料供给制约缫丝工业的发展。⑥11月初，两江总

---

① 海上散人：《机器缫丝为害论》，《申报》1882年6月2日。

②③④ 《书机器缫丝妨利论后》，《申报》1882年6月4日。

⑤ 《奉阻缫丝》，《申报》1882年9月15日。

⑥ 《禀批照录》，《申报》1882年10月19日。

督左宗棠通过上海道台邵友濂，向英、美驻沪总领事递交照会，要求将公平丝厂和旗昌丝厂"即行关闭"，正在筹备中的有恒织绸公司则"不许开办"。①凡此种种，使新兴的机器缫丝工厂遭受巨大冲击。

江浙地方当局采取打击新式缫丝工厂的理由，都是"恐有害于中国丝业"。②机器丝厂对中国丝业究竟起着什么作用？"因此事而议者纷然，皆不能衷于一是"。此时此刻，辨明这一问题，端正人们认识，就成为机器缫丝工业能否在上海生存发展，能否在中国推而广之所必须解决的关键所在。《申报》顶着压力，于11月28日和30日，连续发表《照译论缫丝局书》和《阅西友论缫丝局书后》两篇文章，以实地考察丝厂生产的游记形式，记述了公平缫丝局的规模、设施、原料储备、生产过程和管理状况，意在提供机器丝厂的现实样本，宣传新式丝厂的"规模恢廓"、"布置周密"、"机器灵捷"和"立法美备"，以破除社会上对投资或举办机器丝厂的犹疑和观望心态，对清朝官府所施行的政策及其施策理念给予了有力的回击："机器缫丝实无害中国丝业，而且于中国大有裨益。有此机器，则中国可以多增蚕茧，畜蚕者多，则植桑亦众，种桑需地，则地价必将日涨。出口之丝亦从此增多，中国之穷民或苦于朝不谋夕者，是而皆有谋食之方矣。"③并从农事辛劳、农时急迫及劳力稀缺的角度，论证了机器丝厂之兴"无害于农事"，机器缫丝提供了一种新的选择，"是有此一路，而蚕事之兴旺有可预卜者已"。至于今年之丝业不振，其原因并不在于机器缫丝之"妨利"，而恰恰是由于机器缫丝尚未推而广之。

12月3日，《申报》发文《再论机器缫丝》，以行之千年的井田制"一朝蹶废，其势终于不复"为例，论证了事物变化的必然性与顺势改革的必要性："夫法久必变，事贵因时，机器既入中华，则外洋用之而有利，中华用之而亦不见其害。谋国是者，当为天下民生计，而不仅为一人一业计。"④进一步指明机器丝厂的兴起是一场传统生产方式的大变革，必须顺应潮流，与时俱进，方能兴利除弊，富国裕民。

凡此种种，虽与学术性研究的性质和规范尚有较大距离，但在某种意义

---

① 《议禁缫丝》，《申报》1882年11月15日。
②③ 《照译论缫丝局书》，《申报》1882年11月28日。
④ 《再论机器缫丝》，《申报》1882年12月3日。

上,时人的这些政论和文章可以视为国人进行晚清丝绸业史研究的滥觞。

　　基于同样的原因,外籍人士也对当时中国丝绸业的状况给予了特别的关注。这种关注,首先体现在外国驻华公使、领事的商务报告和国会文件中,其次体现在国外人士对中国蚕桑丝绸业所做的一系列调研上,尤以后者值得注意。从 1873 年到 1875 年,法国丝业专家兼里昂商会代表隆多(Natalis Rondot)来华游历,调查中国蚕桑业和丝绸业的生产情况。在他的要求下,中国海关于 1879—1880 年指令各地下属机构就当地蚕桑业和丝绸业的生产状况做出报告。根据中国海关所提供的报告,再加上自己的观察,隆多于 1881 年出版了他的研究著作《蚕丝综览》(Les soies),对中国各省的蚕茧和生丝产量作了比较谨慎的估计。1880 年,江海关四等 A 级帮办、英国人 E. 罗契接受总税务司罗伯特·赫德的委派,对江苏南部、浙江北部一带丝绸生产情况进行调查,提交了相当详细的调查报告。其中既有太平天国战争前后各地蚕桑丝生产状况的比较,亦有对造成这种状况原因的分析。① 1895—1897 年间,法国里昂商会邀集其他 12 家商会,对中国西南部的云、贵、川以及广西、广东和香港地区作了商务考察,四川、广东的蚕桑丝绸业是其考察的重点。其考察成果编为《里昂商会中国考察团商务报告》,②于 1898 年在法国里昂出版。全书由考察团团长亨利·贝尔尼埃(Henri Bernie)主编,分上下两卷,上卷 386 页,下卷 456 页,另附 80 余幅图。1896—1897 年,英国布莱克本商会访华团来华考察各地商务,虽不是针对蚕桑丝绸业的专项调查,但对各地蚕桑丝绸生产的情况也颇为留意,在 1898 年出版的《布莱克本商会访华团报告书,1896—1897 年》③中,记录了对各地丝绸业状况的所见所闻和分析评述。1898 年,德国人杰伯鲍曼(Jiberboman)也对中国蚕桑丝绸产地进行过一番调查,留下了一些各地蚕桑生产情况的记录和分析。

　　尤其值得注意的是,中日甲午战争之后,日本政府出于与中国丝绸业竞争

---

① Imperial Maritime Customs II. Special Series No. 103: Silk, Published by Order of the Inspector General of Customs. Shanghai, 1881.

② La Mission Lyonnaise dexploration commercial en China, 1895—1897. Lyon, 1898.

③ Blackburn(England)Chamber of Commerce, Report of the mission to China of the Blackburn Chamber of Commerce 1896—1897: F. S. A. Bourne's Section. Blackburn: North-East Lancashire Press Company, 1898.

的目的,派出多批人员对中国的蚕桑丝绸生产和贸易进行调查,形成了多部冠以"视察复命书"、"视察报告书"名称的调研报告,主要有:高津仲次郎的《清国蚕丝业视察报告书》,[①] 坂本菊吉的《关于清国生丝、丝织物实况及其企业调查报告》,[②] 本多岩次郎的《清国蚕丝业视察复命书》,[③] 峰村喜藏的《清国蚕丝业视察复命书》,[④] 紫藤章的《清国蚕丝业一斑》,[⑤] 等等,均从不同侧面对当时中国的蚕桑丝绸生产状况进行了描述和分析,虽是受命而作的调研报告,但已经具备几分研究论文或著作的性质。此外,高柳丰三郎的《清国新开口岸城市视察报告》,[⑥] 中野忠八的《清国新开口岸城市视察调查》,[⑦] 日本外务省编纂局所编的《支那开港场志·苏州》[⑧] 等,虽不是专对丝绸生产所做的调研报告,但因涉及的城市包括一些中国丝绸生产的重镇,故在某种程度上也可视为对中国蚕桑丝绸生产和贸易的调查和研究。同样,日本外务省通商局编纂的《通商汇纂》[⑨] 和《清国事情》[⑩] 等信息汇编,也可作如是观。

晚清时期由外籍人士所进行的这些调查,由于年代久远,调查区域受到很大限制,调查条件也异常艰困,所得数据的完整性和准确性一直受到人们质疑。即使较多人公认为调查相对详尽,数据相对准确的由日本人所进行的调查,也存在着很多严重的缺陷,统计亦不够系统。但不可否认,尽管这些调查估算存在着种种缺陷与错漏,毕竟提供了一些认识晚清时期中国蚕桑业总体发展状况的起码条件。特别是这些调查提供了一些基本的数据,从中可以看出各省桑田面积、蚕茧产量、生丝产量不断扩大的发展趋势,以及各地蚕桑生产在国内所处的大致地位。在某种意义上,可以看作外国人研究晚清蚕桑丝绸业的初步成果,为进一步研究这一段历史做了一些奠基性的工作。

---

① 高津仲次郎:《清国蚕丝业视察报告书》,东京农商务省农务局,1897 年。
② 坂本菊吉:《清国ニ於ケル生糸绢织物ノ实况並其企业ニ關スル调查报告》,农商务省商工局,1898 年。
③ 本多岩次郎:《清国蚕丝业视察复命书》,农商务省农务局,1899 年。
④ 峰村喜藏:《清国蚕丝业视察复命书》,农商务省农务局,明治三十六年(1903)刊。按:其后此调研报告以《清国蚕丝业大观》(东京丸山舍 1904 年版)的书名公开出版发行。
⑤ 紫藤章:《清国蚕丝业一斑》,东京农商务省生丝检查所,1911 年。
⑥ 高柳丰三郎:《清国新开港场视察报告》,名古屋,名古屋商工会议所,1896 年。
⑦ 中野忠八:《清国新开港场视察调查》,京都,京都商业会议所,1897 年。
⑧ 日本外务省编纂局:《支那开港场志·苏州》,1908 年印行。
⑨ 日本外务省通商局编:《通商汇纂》,东京,外务省,1896—1911 年。
⑩ 日本外务省通商局编:《清国事情》,东京,外务省,1907 年。

进入民国，与茶叶地位的一落千丈形成鲜明的对比，丝绸仍是中国举足轻重的对外输出商品，而中国丝绸在国际国内市场上所遭遇的越来越严峻的挑战，以及由之而来的蚕桑丝绸生产所面临的越来越严重的危机，促使人们以更为深重的忧患意识研究中国丝绸业的历史和现状，探讨其前途和命运。获得爆发式发展的大众传媒及印刷出版事业，为人们关注和研究丝绸业的历史和现状提供了比晚清时期多得多的阵地和平台，也为研究成果的传播准备了更为便利的媒介和手段。在当时的报纸杂志上，与丝绸业相关的文章，其至关于丝绸业的专论俯拾皆是：如《皖省茧业之发达》、①《四川三台县之蚕丝业》、②《江苏无锡县二十年来之丝业观》、③《法国丝织事业各面观（巴黎通信）》、④《广东植桑业之调查》、⑤《浙省桑蚕茧丝绸状况调查录》、⑥《上海丝厂业之调查》、⑦《西湖博览会与吾国之丝绸业》、⑧《粤丝业最近调查》、⑨《中国的缫丝业发展及其分布的考察》、⑩《蜀中蚕丝之今昔观》、⑪《广东珠江三角洲蚕丝业调查》，⑫等等，不胜枚举。这些文章虽都是以当下状况为考察和讨论的重点，但多多少少也对各地丝绸业的历史，包括晚清时期的历史有所涉及。

在这一时期，举行了一些政府、学校、社团或个人主持的丝绸业调查，并形成了颇具学术性的调查报告，比较著名的有考活·布士维著、黄泽普译《南中国丝业调查报告书》，⑬中国行政院农村复兴委员会编《浙江省农村调查》，⑭国民政府农林部编《全国农业推广实施状况调查》，⑮刘大钧编《中国工业调查

① 《皖省茧业之发达》，《农商公报》1917 年 8 月第 37 期。
② 《四川三台县之蚕丝业》，《农商公报》1920 年 7 月第 72 期。
③ 《江苏无锡县二十年来之丝业观》，《农商公报》1921 年 8 月第 85 期。
④ 《法国丝织事业各面观（巴黎通信）》，《东方杂志》1923 年第 13 号。
⑤ 《广东植桑业之调查》，《中外经济周刊》1926 年 3 月第 153 号。
⑥ 《浙省桑蚕茧丝绸状况调查录》，《中外经济周刊》1926 年 10 月第 185 期。
⑦ 《上海丝厂业之调查》，《经济半月刊》1928 年 6 月第 2 卷第 12 期。
⑧ 《西湖博览会与吾国之丝绸业》，《东方杂志》1931 年第 1 期。
⑨ 《粤丝业最近调查》，《中行月刊》1932 年 11 月第 5 卷第 5 期。
⑩ 方显廷：《中国的缫丝业发展及其分布的考察》，《中国经济月报》1934 年 12 月第 7 卷第 12 期。
⑪ 《蜀中蚕丝之今昔观》，《湖南省国货陈列馆月刊》1934 年第 22 期。
⑫ 《广东珠江三角洲蚕丝业调查》，《中国蚕丝》，1936 年版。
⑬ 考活·布士维（C. W. Howard）著，黄泽普译：《南中国丝业调查报告书》，岭南大学，1925 年版。
⑭ 中国行政院农村复兴委员会编：《浙江省农村调查》，上海，1934 年版。
⑮ 国民政府农林部编：《全国农业推广实施状况调查》，1935 年版。

报告》，① 以及中国经济统计研究所编《吴兴农村经济》② 等。这些调研报告中多少不等地包含了晚清蚕桑丝绸业的历史，有些报告的相关内容还很丰富。以《吴兴农村经济》为例，对鸦片战争后江南丝绸业记叙翔实，分析精当，如论及太平天国战争后湖州地区蚕桑业发展与蚕丝对外贸易兴盛的关系时说："洪杨乱后约十年，湖州流亡在外者逐渐来归，务力蚕桑。外商需求既殷，收买者踊跃赴将，于是辑里丝价鹊起，蚕桑之业乃因之而愈盛。"③ 又如在论及丝商买办对南浔丝业兴起之重要性时指出："经营丝业者必须具备之条件有二：资本与人力是也。二者以人力为重，资本为轻。盖资本原需无几，规模小者只数百金已足，无资者且可告贷。惟当时风气甫开，通外国语言者人才极感缺乏，收买蚕丝销售洋庄者，必须经中间人之手，方能成交。此中间人即当时所谓之'丝通事'。丝通事名任翻译，实则通晓国内外行情，双方尽受其玩弄，不啻一奸猾之掮客。经营丝业者，苟非得亲戚故旧之为丝通事者为之介，则资本虽未必尽数亏蚀，但绝无余利可得。当时任丝通事者皆为湖州之南浔人，此南浔所以包办丝业之又一因。即以南浔本地而论，其以丝业起家者，除须有充分之资本外，并须有得力之丝通事。"④ 可谓允当之论。

正是在民国时期，出现了规范性意义上的中国丝绸史研究的著作。1928年，商学博士李泰初编著的《广东丝业贸易概况》，作为中华编译社丛书第三种推出，对包括晚清时期在内的广东蚕丝贸易的情况做了研究，但受图书体例的限制，论述尚较浅显。⑤1931 年，尹良莹编《中国蚕业史》问世，分上、中、下三编，上编纵述蚕业之历史，中编横列蚕区之分布，下编推论蚕业之未来，虽主要叙述民国蚕业之现状，但对晚清桑、蚕、丝业情况也有一定涉及。⑥ 尹良

---

① 刘大钧编：《中国工业调查报告》，中国经济统计研究所，1937 年。按：此书为国民政府军事委员会、资源委员会参考资料丛书之一，"其普遍性及精密性皆远过以前所有之工业统计，即较诸英美工业普查之项目，亦有过之而无不及也"（刘大钧：《中国工业调查报告》，上册，第2—3 页）。该书编为三册，第二编第十章为"缫丝业"，第十一章为"丝织业"，主要是对当时缫丝业和丝织业的生产情况进行调查和分析。
② 中国经济统计研究所编：《吴兴农村经济》，文瑞印书馆 1939 年版。
③ 中国经济统计研究所编：《吴兴农村经济》，文瑞印书馆 1939 年版，第 122 页。
④ 中国经济统计研究所编：《吴兴农村经济》，文瑞印书馆 1939 年版，第 123 页。
⑤ 李泰初编：《广东丝业贸易概况》，中华编译社丛书第三种，1928 年版。
⑥ 尹良莹编：《中国蚕业史》，国立中央大学蚕桑学会，1931 年版。

莹的又一部著作《四川蚕业改进史》，1947 年由商务印书馆出版。作者作为川省蚕丝改良事业的参与者和领导人，对四川地区蚕丝业的发展演变给了特殊的关心，论及内容包括川省自然条件与养蚕业的关系，自上古以来的川省蚕桑业沿革，桑树与养蚕的区域分布，桑苗的配置、蚕种的繁育，产量与运销情况统计，桑蚕茧丝的试验研究，蚕业管理的改进，南充、西充、三台、盐亭、成都、乐山、合川等主要养蚕县份蚕桑业的发展史、产量及贸易概况，等等，其中也有部分内容与清末有关。①

大约在此同时，曾同春的《中国丝业》，②乐嗣炳的《中国蚕丝》③相继问世，书中均有部分内容与晚清丝绸业相关，但显然并非两书关注和论述的重点所在。1936 年，黎明书局出版了钱天达的《中国蚕丝问题》，该书侧重于蚕丝业的经济学理论分析，"对于技术上之问题，多力求名浅，以冀适合于一般读者"。书中强调了蚕桑丝绸业对于中国的重要性，叙述了中国蚕丝业的发展历程，其中对晚清蚕丝的情况有所涉猎。对于中国蚕丝业失败的原因，作者尝试从国内、国外两大层面进行分析；在国内原因中，又分为生产、贸易、消费、其他四个方面加以探讨，给人以别开生面之感，颇受时人好评："内容理实兼备，扼要详明，诚属有数名著，当世不可多得之作。"④

次年，缪毓辉的《中国蚕丝问题》由商务印书馆出版⑤。与钱著书名虽同，论述重点和中心内容却有较大差别。该书偏重于农业科学层面，前两编介绍浙江、江苏、广东、四川、山东、安徽等省蚕业现状，各地的土壤及蚕种改良的情况；后 3 编介绍了蚕茧的收购制度、烘茧的方法、缫丝厂的沿革和经营概况，以及生丝检验和贸易；卷末附有蚕业法规及蚕种、生丝检验施行细则，更像是一部近代中国蚕业的百科全书。虽然因太过"琐屑"，⑥以致在主要问题的研究和中心思想的提炼上做得不够深入，但保留了相当多的中国蚕桑丝绸业的历史资料，其中也包括一些晚清丝绸业的资料，则自有其价值所在。

① 尹良莹：《四川蚕业改进史》，商务印书馆 1947 年版。
② 曾同春：《中国丝业》，上海商务印书馆 1933 年版。
③ 乐嗣炳：《中国蚕丝》，上海世界书局 1935 年版。
④ 钱天达：《中国蚕丝问题》，黎明书局 1936 年版，"凡例"，第 1 页。
⑤ 缪毓辉：《中国蚕丝问题》，商务印书馆 1937 年版。
⑥ 缪毓辉：《中国蚕丝问题》，商务印书馆 1937 年版，"自序"，第 1 页。

民国时期，外籍人士对中国丝绸产业依旧维持着浓厚的兴趣，表现出高度的关注。日本人延续着清代晚期对华调研的传统，继续进行着对中国蚕桑丝绸业的调查和研究，留下了一批颇具学术价值的调研报告，比较重要的有：《朝鲜支那蚕丝业概观》、①《支那制丝业调查复命书》、②《支那蚕丝业调查概要》③和《支那蚕丝业大观》④等。其中的《支那蚕丝业大观》一书，1929 年于东京正式出版，堪称日本调查中国蚕桑丝绸业的集大成者。⑤关于调查的缘起，日本蚕丝业同业组合中央会副会长、农学博士加贺山辰四郎说得很清楚："所谓'支那蚕丝业'，虽然已是多年老生常谈的题目，但与其广袤的地理面积和复杂的国情状况相交织，对这一行业的了解尚茫无头绪，捕捉其要谛并非容易之事，因而要把握其如今的动态，不免有隔靴搔痒之感"。在这种情况下，日本政府专设临时产业调查局，将调查中国丝绸生产情况列为重要项目之一，给予财政资助，意在对中国丝绸业进行"彻底的调查"。⑥调查计划由日本蚕丝业同业组合中央会具体主持，实际调查人为上原重美。上原重美出身于日本信州制丝业者家庭，曾在上海东亚同文书院学习，亦曾参与过上海缫丝工厂的经营，"对支那及支那蚕丝业拥有丰富的知识和经验"。⑦他历经五年，几乎走遍中国全境进行"实地踏查"，最终提交的调查报告，以《支那蚕丝业大观》为题付梓，形成为一部 1 100 多页的大部头著作。该书共分六编、三十四章，地域上涵盖中国有蚕丝生产的各个省份，尤以江浙、广东、四川、山东、辽宁、湖北等省为调查重点；内容上举凡地理水文、桑树栽种、蚕种制造、养蚕过程、蚕茧交易、手工缫丝、机器缫丝、生丝贸易、丝业团体、蚕业教育及奖励机关等无所不包，"可以说就支那蚕丝业之全局捕捉其真相，不失为就支那蚕丝业相关的诸多实际问题进行研究时不可多得的指南车"。⑧但受体例之所限，该书主要是对中国蚕

① 农商务省农商局生丝检查所：《朝鲜支那蚕丝业概观》，东京，1913 年版。
② 松下宪三朗：《支那制丝业调查复命书》，东京农商务省临时产业调查局，1918 年印行。
③ 农商务省临时产业调查局：《支那蚕丝业调查概要》，东京，1918 年版。
④ 蚕丝业组合中央会：《支那蚕丝业大观》，东京冈田日荣堂 1929 年版。
⑤ 20 世纪 90 年代中，笔者留学日本期间，蒙日本中国社会经济史名家久保田文次教授赠予此书。识此以表感谢。
⑥ 蚕丝业组合中央会：《支那蚕丝业大观》，东京冈田日荣堂 1929 年版，序一，第 2 页。
⑦ 蚕丝业组合中央会：《支那蚕丝业大观》，东京冈田日荣堂 1929 年版，序二，第 7 页。
⑧ 蚕丝业组合中央会：《支那蚕丝业大观》，东京冈田日荣堂 1929 年版，序一，第 3 页。

丝业状况的备忘录式的记述，研究的成分尚显薄弱；同时记录的内容主要侧重于民国年间的状况，对晚清丝绸业的历史虽有涉及但不可谓多。

在实地调查的基础上，日本学者对中国丝绸业的研究成果开始展现。鸿巢久于 1919 年出版的《支那蚕丝业之研究》①是较早的一本。1940 年，天野元之助发表《支那农业经济论》，②书中对中国蚕桑丝业生产多有论述。1943 年，日本东亚研究所和学术振兴会分别推出了藤本实也的《支那蚕丝业研究》③和本位田祥男、早川卓郎的《东亚之蚕丝业》，④顾名思义均为研究中国蚕丝业的专著，虽有部分内容与晚清时期相关，但主要关注的还是中国丝绸业的现状而非历史。1944 年，大村道渊发表论文《满洲柞蚕经济的历史考察》，⑤对东北柞蚕业发展的历史进行了梳理，其中也包括晚清时期、尤其是日本势力侵入东北后柞蚕业的情况。

在此期间，西方人士写作的关于中国的研究著作也多了起来，其中不乏与丝绸业关系密切的。比较重要、影响较大的包括但不限于：马士著《中华帝国对外关系史》，⑥《中国的贸易与管理》，⑦霍华德和布士维著《南中国丝业调查报告书》，⑧上海国际生丝检验所编《华中蚕丝业调查》，⑨布坎南著《上海生丝市场》，⑩Akila NAGANO 著《中国资本主义的发展》，⑪班思德著《中国对外贸易史（1834—1881）》⑫，以及布洛克著《被抑制的丝绸生产》⑬等等。

---

① 鸿巢久：《支那蚕丝业之研究》，东京丸山舍 1919 年版。
② 天野元之助：《支那农业经济论》，东京改造社 1940 年版。
③ 藤本实也：《支那蚕丝业研究》，东京东亚研究所 1943 年版。
④ 本位田祥男、早川卓郎：《東亞の蚕絲業》，《东亚经济研究》（三），东京日本学术振兴会 1943 年版。
⑤ 大村道渊：《满洲柞蚕经济の史的考察》，《研究院学报》1944 年总第 40 号。
⑥ H. B. Morse, The International Relations of the Chinese Empire. 3 Vols. London, 1910—1918.
⑦ H. B. Morse, The Trade and Administration of China, Shanghai, Kelly and Walsh, 1913.
⑧ C. W. Howard and K. P. Buswell, A survey of the Silk Industry of South China. Guangzhou: College of Agriculture Lingnan University, Hong Kong, Commercial Press, 1925.
⑨ Shanghai International Testing House, A Survey of the Silk Industry of Central China, comp. Shanghai, 1925.
⑩ R. E. Buchanan, The Shanghai Raw Silk Market. New York, 1929.
⑪ Akila NAGANO, Development of Capitalism in China, The Japan Council of the Institute of Pacific Relations, Tokyo, 1931.
⑫ T. R. Banister, A History of the External Trade of China, 1834—1881. In China, Maritime Customs, comp., Shanghai, 1933.
⑬ Kurt Bloch, Silk Production Curbed, Far Eastern Survey, Vol. 10, No. 10（Jun. 2, 1941）.

1933 年，作为在刘大钧的主持下中国近代第一次工业普查的具体成果之一，刘大钧发表了英文专著《上海的缫丝业》，①"精心结构，事实与理论并重，采用原始材料编著"，引起国内经济学界的关注和好评。书中对当时上海缫丝工业论述颇详，最值得注意之处是提供了"原料价值"与"出产品价值"的统计数据，"此二套数字在吾国系首次贡献，使吾人得据之推算上海各工业之'制造增加价值'"。美中不足的是，书中对除上海外其他地区缫丝业的情况涉及不多，对晚清时期缫丝业的情况也很少论及。1940 年，在前书的基础上，刘大钧出版了英文版的《中国的丝绸业》一书，②论述的范围有所拓宽，但关于晚清丝绸业的情况仍然涉猎不多，也就谈不上进行深入的研究。

从新中国建立到改革开放前夕，晚清丝绸业史的研究虽然幸免于成为政治斗争的工具，但由于学术界移情于革命史、阶级斗争史，这一领域的研究事实上无法展开，因之沉寂了多年。不过值得注意的是，在这一时期仍有一些与晚清丝绸业相关的领域经历过热烈的讨论，也取得了一些难能可贵的成果。首先，关于中国"资本主义萌芽"问题的研究，作为史学界"五朵金花"之一，在这一时期一度表现得十分活跃；其次，一批资料专辑的相继出版，为学术研究的深入进行奠定了不容忽视的基础。

在中国资本主义发生、发展史的研究中，围绕江南丝织业的研究，是一个非常重要的组成部分。南宋以降，江南三大丝织中心南京、苏州、杭州的丝织业声名远播，这里的城市行会手工业成立和发展起来，生产技术达到相当高度，产出多种琳琅满目的高级丝织物，市场远及国内外许多地区。大约在明末清初，江南丝织业中出现了俗称"帐房"（"账房"）的生产经营组织。所谓"帐房"，系购入原料织丝，进行种种必要的加工，但自身并不设置织造工场，而是将原料分发给"机户"，由"机户"雇用"机工"代织，织成绸匹后缴回"帐房"，领取工资。换言之，江南丝织业"帐房"，在将生产过程的一部分包摄于自身内部的同时，其主要生产过程以外包加工的形式进行，由此控制着丝织业生产的全过程。

---

① D. K. Lieu, The Silk Reeling Industry in Shanghai, The China Institute of Economic and Statistical Research, 1933.

② D. K. Lieu, The Silk Industry of China, Shanghai, Kelly and Walsh, Limited, 1940.

在中国"资本主义萌芽"讨论中，关于江南丝织业"帐房"的研究是其赖以支撑的重要论点和论据之一。早在中华人民共和国成立以前，毛泽东在《中国革命与中国共产党》一文中已经说过："中国封建社会内商品经济的发展，已经孕育着资本主义的萌芽，如果没有外国资本主义的影响，中国也会缓慢地发展为资本主义社会。"[1]1949年中国革命取得胜利，随之开始向社会主义过渡，学术界中建立在五种社会形态理论基础上的历史研究得到很大推进，从50年代中期开始的10年左右时间里，展开了关于"中国资本主义萌芽问题"的讨论，产生出200余篇论著。当时中国著名的历史学者、经济学者，还有文学研究者等等，几乎都对这一问题发表了意见。主要有：尚钺《中国资本主义生产因素的萌芽及其增长》，[2]邓拓《论〈红楼梦〉的社会背景和历史意义》，[3]王仲荦《明代苏松嘉湖四府的租额与江南纺织业》，[4]翦伯赞《论十八世纪上半期中国社会经济的性质——兼论〈红楼梦〉中所反映的社会经济情况》，[5]钱宏《鸦片战争以前中国若干手工业部门中的资本主义萌芽》，[6]傅筑夫、李竞能《中国封建社会内资本主义因素的萌芽》，[7]吴大琨《评〈明清之际中国市民运动的特性及其发展〉》，[8]黎澍《中国的近代始于何时？》，[9]吴晗《明初社会生产力的发展》[10]和《关于中国资本主义萌芽的一些问题——在北京大学历史系所作的报告》，[11]傅衣凌《明代苏州织工、江西陶工反封建史料类辑》，[12]刘永成《试论清代苏州

① 《毛泽东选集》第二卷，人民出版社1952年版，第596页。

② 尚钺：《中国资本主义生产因素的萌芽及其增长》，《历史研究》1955年第3期。

③ 邓拓：《论〈红楼梦〉的社会背景和历史意义》，《人民日报》1955年1月9日。

④ 王仲荦：《明代苏松嘉湖四府的租额与江南纺织业》，《文史哲》1951年第2期。

⑤ 翦伯赞：《论十八世纪上半期中国社会经济的性质——兼论〈红楼梦〉中所反映的社会经济情况》，《北京大学学报》1955年第2期。

⑥ 钱宏：《鸦片战争以前中国若干手工业部门中的资本主义萌芽》，《中国科学院历史研究所第三所集刊》第二集，1955年7月。

⑦ 傅筑夫、李竞能：《中国封建社会内资本主义因素的萌芽》，上海人民出版社1956年版。

⑧ 吴大琨：《评〈明清之际中国市民运动的特性及其发展〉》，《中国人民大学科学讨论会》，1959年5月。

⑨ 黎澍：《中国的近代始于何时？》，《历史研究》1959年第3期。

⑩ 吴晗：《明初社会生产力的发展》，《历史研究》1955年第3期。

⑪ 吴晗：《关于中国资本主义萌芽的一些问题——在北京大学历史系所作的报告》，《光明日报》史学72号，1955年12月22日。

⑫ 傅衣凌：《明代苏州织工、江西陶工反封建史料类辑》，《厦门大学学报》1954年第1期。

手工业行会》，①陈诗启《明代的工匠制度》，②吴海若《中国资本主义生产的萌芽》，③许大龄《十六世纪十七世纪初期中国封建社会内部资本主义的萌芽》，④彭泽益《从明代官营织造的经营方式看江南丝织业生产的性质》⑤和《鸦片战争前清代苏州丝织业生产关系的形式与性质》，⑥等等。其后，中国的政治情势发生变化，学术研究的环境自50年代后半期起越来越严峻，关于资本主义和资产阶级的研究已经完全无法进行，直到"文化大革命"结束后，特别是改革、开放政策实施以来，类似的研究才在中国再度活跃起来，关于"资本主义萌芽"问题的讨论又一次展开，研究也在逐渐深化。这在一定程度上是激变中的中国社会的反映。

　　无独有偶，在大约相同的时期内，东邻日本的学术界也曾经历过围绕明清时代商品生产及资本主义的论争。⑦自20世纪40年代末期西嶋定生关于明清棉业的研究⑧问世以来，关于明清时代商品经济及其影响的讨论，在日本学界活跃了数十年。日本历史学界和经济学界对明清时代商品生产的发展及其性质的研究，出发点与中国的同行们多少有些不同。"中国学者作为疾风骤雨般革命的当事人，他们的研究与实践的课题深深地结合在一起，与此相反，日本学者的研究则对自己提出了反省和打破'中国社会停滞论'的课题"，更多地表现为一种学理的探究。以往日本历史学界很少研究明清时代，如今则对明清时代中国社会的变化给予极大关注，意在尝试"从这一时代的历史变化中抽象出普遍的发展方向"，从而"在广泛的史料探求和缜密的理论构成的基础上，提出

①　刘永成：《试论清代苏州手工业行会》，《历史研究》1959年第10期。

②　陈诗启：《明代的工匠制度》，《中国资本主义萌芽问题讨论集》，三联书店1957年版。

③　吴海若：《中国资本主义生产的萌芽》，《中国资本主义萌芽问题讨论集》，三联书店1957年版。

④　许大龄：《十六世纪十七世纪初期中国封建社会内部资本主义的萌芽》，《中国资本主义萌芽问题讨论集》，三联书店1957年版。

⑤　彭泽益：《从明代官营织造的经营方式看江南丝织业生产的性质》，《历史研究》1963年第2期。

⑥　彭泽益：《鸦片战争前清代苏州丝织业生产关系的形式与性质》，《经济研究》1963年第10期。

⑦　参见佐伯有一：《日本の明清时代研究における商品生产评价をめぐって——その学说史的展望》，铃木俊、西嶋定生编：《中国史の时代区分》，东京大学出版会1957年版。

⑧　西嶋定生：《中国初期棉业市场の考察》，《东洋学报》31—2，1947年；《明代における木棉の普及について》，《史学杂志》54—4、5、6；《中国初期棉业の形成とその构造》，《オリエンタリカ》2，1949年；《十六、十七世纪を中心とする中国农村工业の考察》，《历史学研究》137，1949年。其后，上述论文均收于西嶋定生著《中国经济史研究》(东京大学出版会1966年版)一书。

了'中国社会停滞论'的反命题"。①

日本学界关于"明清时代商品生产论争"的核心问题，是"包买商前贷生产形态是否存在以及如何看待其性质"。西嶋定生认为，"商业资本与其将从事生产的小农统合在自己的资本之下，不如让其依旧进行独立经营对自己的利润增大更为有利，因而包买商前贷生产未能发达"，他还提出，商业资本与地主、官僚结成三位一体的势力，盘剥生产者，成为生产者积蓄剩余、发展资本主义生产关系的障碍。②对此，波多野善大、田中正俊、寺田隆信、横山英等分别从制丝业、丝织业、棉业、茶业等领域，论证了包买商支配生产过程现象的存在，提出了对西嶋定生观点的反证。③在这些研究中，明确了明清时期包买商前贷生产方式的存在，揭示出商业资本客观上在削弱封建支配体制、作为向资本主义生产方式过渡的前提所发挥的作用，并且在把握和解释史料的基础上，指出了明清时期事实上存在着雇佣劳动和独立自耕农解体的历史现象。不过，这些研究对包买商前贷生产的历史作用一般持否定的看法，认为包买商制生产这一历史现象，在许多场合只是表现封建生产关系和社会关系的解体，很少将其看作向资本主义生产发展的起点，对其近代化趋向持明显的保留态度。④

综而言之，中国和日本关于"明清时代商品生产"和"资本主义萌芽"的研究，考察了江南丝绸业中是否存在着包买商支配生产的现象，并且努力论证了是否存在着向资本主义生产过渡的契机或趋向。所取得的诸般成果，虽然已经在某种程度上厘清了旧社会开始解体的若干现象，但是对其向资本主义生产方

---

① 岩井茂树：《明清時期の商品生産をめぐって》，谷川道雄编：《戰後日本の中国史論争》，河合文化教育研究所1993年版。

② 西嶋定生：《中国经济史研究》，东京大学出版会1966年版，"补记"，第907、911页。

③ 参见波多野善大：《中国史把握の前進——西嶋定生氏の研究成果について》，《历史学研究》137，1949年；佐伯有一：《明代匠役制の崩壊と都市絹織物業流通市場の展開》，《东洋文化研究所纪要》10，1959年；田中正俊：《明末清初江南農村手工業に關する一考察》，《和田博士古稀纪念东洋史论丛》，1967年；《アジア社會停滞論批判の方法論的反省》，《历史评论》204—206，1967年；寺田隆信：《明代蘇州の農家經濟について》，《东洋史研究》16—1；《蘇・松地方における都市の棉業商人について》，《史林》41—6，1957年；《商品生産と地主制をめぐる研究》，《东洋史研究》19—4，1961年；《明清時代における商品生産の展開》，岩波讲座《世界历史》12，1971年；横山英：《中国における商工業勞動者の發展と役割》，《历史学研究》160，1952年；《清代における踹布業の経営形態》，《东洋史研究》19—3、4，1961年；《清代におけるの包頭制の展開——踹布業の推轉過程について》，《史学杂志》71—1、2，1962年，等等。

④ 寺田隆信：《山西商人の研究》，京都大学文学部内东洋史研究会，1972年版。

式过渡的确切契机的实证研究，则由于晚清史上相关问题的研究暂付阙如，而不得不承认尚未取得成功，在许多问题上远未达成共识。

比较起来，这一时期影响更为深远的成果或许还是一批专题资料集的编纂出版，其中尤以中国社会科学院经济研究所一些资深研究专家倾力推出的专题资料集为著，包括：严中平编《中国近代经济史统计资料选辑》，①李文治、章有义编《中国近代农业史资料》，②彭泽益编《中国近代手工业史资料》，③汪敬虞、孙毓棠、陈真编《中国近代工业史资料》，④以及姚贤镐编《中国近代对外贸易史资料》。⑤此外还有南京博物院编《江苏省明清以来碑刻资料选集》⑥，南京博物院民族组《清末南京丝织业的初步调查》，⑦等等。这些资料集搜罗了大量反映近代中国经济各门类、各区域、各行业的情况，而由于蚕桑丝绸业在近代中国农业、手工业、工业和对外贸易中的显赫地位，各资料集中所收资料相当丰富，成为其后的研究者们必须掌握的基本资料。

"文化大革命"结束后，尤其是改革、开放政策实施以来，中国的学术研究迎来了春天。关于中国丝绸史研究也随之活跃起来，强烈的学术关怀与现实关怀成为学者们的主要研究取向，讨论更加趋于理性与客观。研究逐渐细化与深化，领域逐步拓宽，新观点不断出现，既有跨区域、跨时段、跨行业的宏观性的总体观察，也有分区域、分时段、分行业的具体入微的探析，陆续出现了一批具有重要学术价值的论文和专著、编著。

在论文方面，研究领域有所拓宽，视角有所变换，数量和质量都有所提升，其中比较重要的有：1986年王翔发表《辛亥革命对苏州丝织业的影响》一文，以第一手的档案资料，从生产工具、经营方式、产品种类、市场竞争等方面论

---

① 严中平编：《中国近代经济史统计资料选辑》，科学出版社1955年版。
② 李文治编：《中国近代农业史资料》，第一辑，三联书店1957年版；章有义编：《中国近代农业史资料》，第一辑（1840—1911）、第二辑（1912—1927）、第三辑（1927—1937），三联书店1957年版。
③ 彭泽益编：《中国近代手工业史资料》（共4卷），三联书店1957年版。
④ 孙毓棠编：《中国近代工业史资料》，第一辑，三联书店1957年版；汪敬虞编：《中国近代工业史资料》，第二辑，科学出版社1957年版；陈真编：《中国近代工业史资料》，第四辑，三联书店1961年版。
⑤ 姚贤镐：《中国近代对外贸易史资料》（共4卷），中华书局1962年版。
⑥ 南京博物院：《江苏省明清以来碑刻资料选集》，三联书店1959年版。
⑦ 南京博物院民族组：《清末南京丝织业的初步调查》，《近代史资料》1958年第2期。

述了清末苏州丝织业发展的颓势,而辛亥革命后民国政体的建立、实业救国的浪潮则提供了苏州丝织业转型的契机(《历史研究》1986年第4期)。其后,王翔又发表了一系列论文,分别探讨了晚清苏州丝织业"账房"的发展(《历史研究》1988年第6期),江南"绸领头"的作用、性质及近代转型(《中国经济史研究》1987年第3期),江南丝绸业"账房"产生的社会历史原因(《中国史研究》1988年第2期),中国传统丝织业的近代化过程(《中国经济史研究》1989年第3期),近代中国丝绸业的结构与功能(《历史研究》1990年第4期),并分析了近代丝绸业发展与江南社会变迁之间的关系(《近代史研究》1992年第2期),还考察了对外贸易的发展对中国丝绸业近代化的促进作用(《安徽师大学报》1992年第1期)。张迪恩分析了外国洋行垄断生丝输出对上海地区丝厂业的影响(《中国经济史研究》1986年第1期)。求良儒叙述了近代浙江丝绸业民族资本的发生与发展(《浙江文史资料选辑》第32辑,浙江人民出版社1986年版)。严学熙论述了蚕桑生产与无锡近代农村经济的关系,肯定了蚕桑业的重要地位与作用(《近代史研究》1986年第4期)。姚玉明归纳了近代浙江丝织业生产的演变及其特点(《中国社会经济史研究》1987年第4期)。陈玉环、刘志伟利用《沙滘楚旺房陈氏家谱》、从个案角度讨论了清代后期广东的丝织工场(《中国社会经济史研究》1987年第3期)。梁光商对珠江三角洲桑基鱼塘的生态系统进行了分析(《农史研究》1988年第7辑)。张国辉考察了甲午战争后四十年间中国现代缫丝工业的发展和不发展(《中国经济史研究》1989年第1期)。徐秀丽论述了近代浙江湖州地区蚕丝业生产的发展,并揭示其局限(《近代史研究》1989年第2期)。张晓辉探讨了广东近代蚕丝业的兴衰及其原因(《暨南学报》1989年第3期)。黄慰愿从生产力角度分析了广东近代蚕丝业畸形发展的原因(《中国农史》1989年第4期)。连浩鋈考察了晚清时期广东蚕丝的对外贸易及其对农村社会经济的影响(《中国社会经济史研究》1990年第3期)。吴振兴对近代珠江三角洲机器缫丝业的发展及其对社会经济的影响进行了分析(《广东社会科学》1991年第5期)。徐新吾、张守愚综述了江南丝绸业的历史状况(《中国经济史研究》1991年第4期)。彭通湖对抗战前四川纺织业的兴衰状况进行了初步探讨(《档案史料与研究》1992年第4期)。王新生对中国广东省与日本长野县的器械缫丝业进行比较研究,兼及论述两地的原始工业化特点

（《历史研究》1993年第3期）。李平生考察了晚清蚕丝业的改良和近代周村的蚕桑丝绸业（《文史哲》1994年第3期，1995年第2期）。章楷考察了近代江浙地区养蚕的经济收益和蚕业兴衰（《中国经济史研究》1995年第2期）。周从平探索了浙江近代的蚕丝改良（《浙江学刊》1997年第3期）。汪敬虞从中国近代生丝贸易的变迁入手，论述了缫丝业中资本主义的产生与发展问题（《中国经济史研究》2001年第2期）。陈志华、姜淑媛讨论了近代以来100多年丹东柞蚕业的兴起与发展，及其带来的启示（《四川丝绸》2004年第1期）。江凌、乔晶对中国丝绸业对外贸易发展的历史进行了分析（《重庆工商大学学报（社会科学版）》2005年第4期）。张丽比较了鸦片战争前后中国的生丝产量，分析了近代生丝出口增加对中国近代蚕桑业扩张的影响（《中国农史》2008年第4期）。张茂元、邱泽奇以1860—1936年长三角和珠三角地区机器缫丝业为例，考察技术应用失败的原因（《中国社会科学》2009年第1期）。

在著作方面，探索新领域、使用新材料、具有新观点、尝试新理论和新方法的专著和编著层出不穷。其中较早的一部是朱新予主编的《浙江丝绸史》。①该书的资料收集工作开始甚早，20世纪60年代初，浙江省轻工业厅就成立了"浙江丝绸史料编辑委员会"，开始收集史料，十年动乱期间是项工作中断，所收集的资料几乎全被焚毁。"文革"结束后，史料收集工作重启，浙江丝绸工学院会同全国丝绸科技情报站，陆续收集、整理、编印了《浙江丝绸史料》（上）（下）两编，并组成编写组，由朱新予任主编，开始编写《浙江丝绸史》，于1985年正式出版发行。该书从浙江丝绸业的起源讲起，直到1949年新中国成立为止，系统地勾勒出浙江丝绸业的发展脉络，但由于篇幅较短，全书仅240页，其中"清后期（1841—1910）"一章更是只有44页，分为"外国资本主义对浙江丝绸业的渗透和掠夺"、"机械缫丝的兴办和手工缫丝的改良"和"丝织业的盛衰和产销演变"三节，显然只能是粗略的概览。在前书基础上，1992年，朱新予主编了《中国丝绸史（通论）》，回顾了中国丝绸生产从史前到清代的发展历程，逐一对各个朝代的社会经济背景和蚕桑丝绸业技术水平进行考量，并有历代各种蚕丝纺织、丝绸品种的考证。不过，与前书一样，晚清丝绸业的状况仍

---

① 朱新予主编：《浙江丝绸史》，浙江人民出版社1985年版。

然只是考察的片段之一，得出的结论是：时至清末，"丝绸生产畸形发展，丝织业趋向衰落，而蚕丝生产已成为帝国主义牟取暴利的廉价原料的生产"。①1997年，纺织工业出版社又推出由朱新予主编的《中国丝绸史（专论）》。专论是根据大量古籍文献和与丝绸有关的文物资料，由丝绸专家分专题撰写而成。共5个部分，15个专题，论述蚕的起源和发展，古代丝绸机械，古代丝绸品种，丝绸图案，丝绸用染料，丝绸服饰，早期丝绸之路，南方少数民族丝绸发展历史，以及甲骨文和古文字中有关蚕桑丝帛和生产用具文字的考释，具有较高的学术水平，是纺织界、历史学界和经济学界的参考书，对晚清丝绸业的研究也有一定的借鉴作用。

1990年，王翔著《中国丝绸史研究》由团结出版社出版。该书对古往今来中国丝绸生产和贸易的一系列问题进行讨论，晚清时期丝绸业的发展亦是其中的重要篇章。②1992年，王翔出版了《中国资本主义的历史命运——苏州丝织业"账房"发展史论》，③如同书名副标题所示，该书主要以向来被视为中国"资本主义萌芽"典型的苏州丝织业"账房"为研究对象，论述其萌生、发展、演变、消亡的全部过程，时间跨度从明清时代起到20世纪50年代对资本主义工商业进行社会主义改造止，晚清时期显然是其中的重要组成部分之一。10年后，2002年，王翔出版了《中日丝绸业近代化比较研究》，④通过对中日两国丝绸生产和贸易发展历程的比较研究，从一个独特的视角对中国和日本的现代化问题进行深入探讨，为中日两国在近代史上盛衰荣枯的不同命运提供了一种新的解释。该书对丝绸业在中日两国现代化过程中所扮演的角色及所发挥的作用进行了系统的研究与论述。晚清作为中国和日本两国国运发生重大转折的关键时期，丝绸业的发展及其结果在某种程度上成为两国际遇和命运的一个缩影。2005年，王翔又出版了《近代中国传统丝绸业转型研究》，⑤探讨近代中国丝绸业在内因外因共同作用下的艰难转型过程。针对丝绸业转型过程中传统与现代并存的现象，认为这是经济社会发展过程中的必经阶段，与中国不同区

---

① 朱新予主编：《中国丝绸史（通论）》，纺织工业出版社1992年版。
② 王翔：《中国丝绸史研究》，团结出版社1990年版。
③ 王翔：《中国资本主义的历史命运——苏州丝织业"账房"发展史论》，江苏教育出版社1992年版。
④ 王翔：《中日丝绸业近代化比较研究》，河北人民出版社2002年版。
⑤ 王翔：《近代中国传统丝绸业转型研究》，南开大学出版社2005年版。

域的经济水平互相呼应,而且这种"双重结构"相互间并非只有单纯的对立或排他性关系,"相反倒有可能是一种必要的配合与有益的补充"。

1990年,徐新吾主编的《中国近代缫丝工业史》[①]由上海人民出版社出版。该书以蚕丝史料的编写为主,在体例上结合重点地区分别编写而侧重缫丝工业,在主要论述机器缫丝工业的同时,也附带论及手工缫丝业。该书以大量史料对近代中国的缫丝工业做了比较详尽、系统的分析,阐述了近代中国缫丝工业发生、发展与破产的全过程,并大量利用海关关册,整理编制了一批极具价值的图表,对近代中国历年蚕丝产销情况进行估算,涉及蚕丝生产、生丝出口、厂丝与土丝比重等,为该领域的研究提供了便利。次年,徐新吾主编,上海社会科学院经济研究所及上海丝绸进出口公司编写的《近代江南丝织工业史》(上海人民出版社1991年版)接踵问世,该书以近代江南城乡丝织业为研究对象,论述了江南丝织业在晚清、民国时期的发展演变过程,而以民国时期为其重点。

1993年,范金民、金文合著的《江南丝绸史研究》出版。[②]在前书基础上,2010年,范金民又出版了《衣被天下:明清江南丝绸史研究》。[③]两书从生产技术到历史变迁,对明清时期江南丝绸的各个方面作了深入探讨,涉及官营织局的分布、生产规模、生产形式及其产量,民营丝织业生产方式的前后演变,商品性生丝丝绸的国内贸易和对外贸易,地域商人的经营活动情形等方面。2011年,徐铮、袁宣萍合著的《杭州丝绸史》问世,[④]从良渚文化与史前时期讲起,一直写到民国时期的杭州丝绸业,其中对晚清时期杭州丝绸业状况也有简单论及。

2011年,上海人民出版社推出了《中国蚕业史》[⑤]一书。此书由中国蚕业信息网组织编写,浙江大学编著,作为国家茧丝绸风险基金资助课题的结项成果,叙述跨度自养蚕起源至21世纪初,涉及各省、市、自治区蚕桑产业的发展历程,还将蚕业教育、科学研究、除桑蚕外各种吐丝昆虫,以及作为蚕桑产业

① 徐新吾主编:《中国近代缫丝工业史》,上海人民出版社1990年版。
② 范金民、金文:《江南丝绸史研究》,农业出版社1993年版。
③ 范金民:《衣被天下:明清江南丝绸史研究》,江苏人民出版社2010年版。
④ 徐铮、袁宣萍:《杭州丝绸史》,中国社会科学出版社2011年版。
⑤ 浙江大学编:《中国蚕业史》,上海人民出版社2011年版。

最终产品的土丝作为专题进行阐述,"附录"则汇集了一些重要的统计资料及有关文件和章程,对进一步深化中国蚕丝历史文化研究具有一定参考意义。

　　一批关注中国农业科学技术发展历程的著作,如梁永勉主编《中国农业科学技术史稿》、①刘志澄主编《中国农业科技之研究》、②张芳编《中国农业科技史》③等,所涉内容或多或少亦与近代蚕桑业状况相关。④其中郭文韬、曹隆恭主编《中国近代农业科技史》⑤所述内容并不局限于狭义的种植农业,对广义的农、林、牧、副、渔业均有较详细的概述,近代蚕桑业的改良和发展自然是其中的重要篇目。同样,一些纺织科技史方面的著作也包含了近代丝织业的内容。《中国纺织科技史资料》⑥搜集整理了中国古今各民族地区有关纺织科技发展史的出土文物、文字记录、纺织实物及口述资料等,其中有数篇文章对近代包括晚清时期丝绸科技的发展历程进行论述,为后进的研究提供了难得的素材。《中国近代纺织史》⑦是由国内一批纺织史学家和纺织专家协作完成的一部史籍。该书分上、下两卷,涵盖自 1840 年鸦片战争至 1949 年中华人民共和国成立百来年间中国纺织行业的曲折发展历程,用一章的篇幅叙述了近代手工丝绸生产和机器丝绸生产,晚清时期的相关内容包括在其中。

　　一些高水平的中国近代经济史的著作,虽不是专门研究丝绸业,但其中亦有不少与晚清丝绸业相关的内容,比如严中平主编《中国近代经济史(1840—1894)》,⑧汪敬虞主编《中国近代经济史(1895—1927)》,⑨许涤新、吴承明主编《中国资本主义发展史》,⑩其中都有关于晚清丝绸业史的内容,都是研究晚清经济史、包括晚清丝绸业史所不容忽视的。

------

① 梁永勉主编:《中国农业科学技术史稿》,农业出版社 1989 年版。
② 刘志澄主编:《中国农业科技之研究》,中国农业科技出版社 1992 年版。
③ 张芳编:《中国农业科技史》,中国农业科技出版社 2011 年版。
④ 一般而言,狭义的农业专指种植,而广义的农业则包括农林牧副渔诸业在内。有些学者说得更清楚:"在广义的农业中实已包含了蚕业,因为它是农业的副业之一。"(秦亦文、尹树生:《利用合作经济要论》,乡邨书店 1937 年版,第 33 页。)
⑤ 郭文韬、曹隆恭主编:《中国近代农业科技史》,中国农业科技出版社 1989 年版。
⑥ 中国纺织科学技术史编委会编:《中国纺织科技史资料》,北京纺织科学研究所 1981 年版。
⑦ 中国近代纺织史编委会:《中国近代纺织史》,中国纺织出版社 1997 年版。
⑧ 严中平主编:《中国近代经济史(1840—1894)》,人民出版社 1989 年版。
⑨ 汪敬虞主编:《中国近代经济史(1895—1927)》,人民出版社 2000 年版。
⑩ 许涤新、吴承明主编:《中国资本主义发展史》第 1、2、3 卷,人民出版社 1985 年版、1991 年版、1993 年版。

在这一时期，还出现了《蚕业史话》①和《蚕桑丝绸史话》②这种通俗性的丝绸史著作，为丝绸历史知识的普及起到了积极作用。这些著作虽以"史话"的形式出现，其作者均为蚕业史或经济史专家，以通俗易懂的语言，简要叙述了从远古到近现代中国蚕桑丝绸业的起源和发展过程，重点介绍了古代植桑、养蚕、缫丝、织绸、练漂、印染生产的相关情况，包括生产关系、经营方式、产地分布、生产工艺与技术的发展变化，以及丝绸贸易和蚕桑丝织技术的发展变化。

尤其令人欣喜的是，新世纪以来，中国近代丝绸业史日益受到莘莘学子的关注，越来越多的博士和硕士研究生们在中国近代丝绸业史领域倾注他们的研究热情，选择相关内容作为其研究课题，涌现出一批达到较高水准的学位论文，其中的佼佼者包括：江凌《中国丝绸对外贸易问题研究》，③刘永连《近代广东对外丝绸贸易史研究》，④王丽丽《江苏近代生丝出口贸易及对农村经济的影响（1895—1936）》，⑤钟华英《"从繁荣到衰败"：民国四川蚕丝业的演进历程》，⑥蒋国宏《江浙地区的蚕种改良研究（1898—1937）》，⑦毕书定《二十世纪前期豫西南蚕丝业》，⑧蓝云《中国蚕丝业国际竞争力比较分析》，⑨王本成《论周村开埠与丝绸业的兴衰（1904—1937）》，⑩李灿《近代锡沪缫丝工业比较研究》，⑪李富强《中国蚕桑科技传承模式及其演变研究》，⑫孙晓莹《晚清生丝业国际竞争力研究——兼与同期日本比较》，⑬胡明《民国苏南蚕业生产改进研究（1912—1937）》，⑭陈英《近代四川蚕桑丝业的发展（1891—1930）——以三台、

---

① 章楷：《蚕业史话》，中华书局 1979 年版。
② 刘克祥：《蚕桑丝绸史话》，社会科学文献出版社 2011 年版。
③ 江凌：《中国丝绸对外贸易问题研究》，西南农业大学 2002 年硕士学位论文。
④ 刘永连：《近代广东对外丝绸贸易史研究》，暨南大学 2003 年博士学位论文。
⑤ 王丽丽：《江苏近代生丝出口贸易及对农村经济的影响（1895—1936）》，南京农业大学 2004 年硕士学位论文。
⑥ 钟华英：《"从繁荣到衰败"：民国四川蚕丝业的演进历程》，四川大学 2005 年硕士学位论文。
⑦ 蒋国宏：《江浙地区的蚕种改良研究（1898—1937）》，华东师范大学 2008 年博士学位论文。
⑧ 毕书定：《二十世纪前期豫西南蚕丝业》，河南大学 2008 年硕士学位论文。
⑨ 蓝云：《中国蚕丝业国际竞争力比较分析》，广西大学 2008 年硕士学位论文。
⑩ 王本成：《论周村开埠与丝绸业的兴衰（1904—1937）》，华中师范大学 2009 年硕士学位论文。
⑪ 李灿：《近代锡沪缫丝工业比较研究》，华东师范大学 2009 年硕士学位论文。
⑫ 李富强：《中国蚕桑科技传承模式及其演变研究》，西南大学 2010 年博士学位论文。
⑬ 孙晓莹：《晚清生丝业国际竞争力研究——兼与同期日本比较》，清华大学 2010 年硕士学位论文。
⑭ 胡明：《民国苏南蚕业生产改进研究（1912—1937）》，南京农业大学 2011 年博士学位论文。

合川为中心的考察》，①罗越《近代安东地区蚕丝产业研究》，②范虹珏《太湖地区的蚕业生产技术发展研究（1368—1937）》，③马云飞《近代镇江丝织业的兴衰》，④等等。

此外，海峡对岸在这一领域也有一些重要的研究著作问世，其中施敏雄考察了清代丝织工业的发展过程，⑤王家俭把近代广东的机器缫丝工业与近代中国第一次反机器风潮联系起来加以论述，⑥陈慈玉则选取江浙、广东和四川三个中心区域为研究重点，探讨19世纪后半期以来至20世纪前半期机器缫丝工业的发展过程，涉及生产要素的形成和变化，政府和民间所扮演的角色，世界丝价与中国缫丝业及农村蚕桑业的关联等方面的问题。⑦

这一时期，国外学术界一如既往地对中国丝绸史、特别是近代中国丝绸业的历史表现出持续的兴趣，研究成果引人瞩目。日本学者就晚清丝绸史发表了一系列论文，其中津久井弘光通过还原丝厂遭受袭击事件，探讨了清末广东省南海县近代缫丝工业的发展过程；⑧铃木智夫以广东蚕丝业为中心，考察了清末民初中国民族资本的发展过程；⑨久保田文次以清末四川北部蚕丝业的发展为中心，透视四川民族资本企业的形成；⑩田尻利考察了19世纪中叶江苏省的蚕桑书籍，论述晚清地方政府"奖劝蚕桑"的举措及意义；⑪石井摩耶子通过探

① 陈英：《近代四川蚕桑丝业的发展（1891—1930）——以三台、合川为中心的考察》，四川师范大学2011年硕士学位论文。
② 罗越：《近代安东地区蚕丝产业研究》，东北师范大学2011年硕士学位论文。
③ 范虹珏：《太湖地区的蚕业生产技术发展研究（1368—1937）》，南京农业大学2012年博士学位论文。
④ 马云飞：《近代镇江丝织业的兴衰》，浙江财经大学2017年硕士学位论文。
⑤ 施敏雄：《清代丝织工业的发展》，中国学术著作奖助委员会丛书第35种，台北商务印书馆1968年版。
⑥ 王家俭：《广东的机器缫丝工业与近代中国第一次反机器风潮》，台北《食货》月刊1985年版。
⑦ 陈慈玉：《近代中国的机械缫丝工业（1860—1945）》，台北"中央研究院"近代史研究所专刊（58），1989年。
⑧ 津久井弘光：《糸廠襲撃事件をめぐって——清末廣東省南海縣蚕糸業の展開》，《日本大学史学会研究汇报》31号，1959年。
⑨ 铃木智夫：《清末民国初における民族資本の展開過程—廣東の生糸業について—》，东京教育大学アジア史研究会编：《中国近代化の社会構造》，教育书籍，1960年刊。
⑩ 久保田文次：《清末川北蚕絲業の展開——四川における民族資本形成史（一）》，《历史学研究》331号，东京，1967年。
⑪ 田尻利：《十九世紀中葉江蘇の蚕桑書について》，《中山八郎教授颂寿纪念明清史论丛》，1977年版。

讨怡和洋行兴办近代机器丝厂，考察英国资本在华的活动；① 曾田三郎对中国近代缫丝工业的发展进行了系统的探究和讨论；② 吉田和子围绕湖丝的生产与贸易，论述江南农村和市镇的社会经济变迁；③ 芝原拓自考察了日中两国棉制品和蚕丝贸易的发展，讨论了造成其不同命运的深层原因；④ 小岛淑男则专文讨论了辛亥革命前后苏州府吴江县农村丝织手工业的发展和演变。⑤除了专题论文之外，一些以研究近代中国丝绸业为中心内容的专门著作更是达到了相当高的水准。日本中国近现代经济史研讨运营委员会就中国蚕丝业发展史举行过专题研讨，并编辑出版了《中国蚕丝业发展史》一书，⑥主要就中国近代缫丝工业的兴起、发展、在社会经济中的地位，以及对中国近代化所起到的作用进行了系统的论述。横山英著《中国近代化的经济构造》，从现代化的视角出发，考察了丝、棉等产业的发展演变，其中对明清以来及近代史上江南城市丝织业的研究细致深入，得出的结论令人信服。⑦曾田三郎的《中国近代制丝业史研究》一书，是其多年在这一领域耕耘不辍的可贵成果，不仅在一些问题的讨论上给人以新的启发，而且书中所涉及的日本在华制丝企业的丰富资料及系统分析，也拓宽了中国近代丝绸业史的研究视野，使这一领域的研究产生了新的知识积累。⑧

　　1992年，铃木智夫著《洋务运动研究》一书问世，⑨在某种程度上代表了日本学界在晚清缫丝业史研究领域所达到的最高成就。该书副标题为"十九世纪后半期中国的工业化与外交革新考察"，虽不是专以缫丝业立论，但缫丝业在书中实占极其重要之地位。全书共分五编，其中两编考察缫丝业状况：第三编

① 石井摩耶子：《十九世紀後半の中国におけるイギリス資本の活動——ジャーディン・マセソン商会の場合》，《社会経済史学》45—4，1979 年。
② 曾田三郎：《中国近代製糸業の展開》，《歴史学研究》，1981 年。
③ 吉田和子：《湖絲をめぐる農民と鎮》，《東京大学教養学部教養学科紀要》，第 17 号，1985 年 3 月。
④ 芝原拓自：《日中两国の綿製品・生糸貿易とその背景》，《オイコノミカ》21—2、3、4，合并号，1985 年。
⑤ 小岛淑男：《辛亥革命期蘇州府吴江縣の農村絹織手工業》，小岛淑男编：《近代中国の経済と社會》，东京汲古书院 1993 年版。
⑥ 中国近現代経済史シンポジウム運営委員会编：《中国蚕絲業の史的展開》，东京汲古书院 1986 年版。
⑦ 横山英：《中国近代化の経濟構造》，东京亚纪书房 1972 年版。
⑧ 曾田三郎：《中国近代制丝业史的研究》，东京汲古书院 1994 年版。
⑨ 铃木智夫：《洋務運動の研究》，东京汲古书院 1992 年版。

题为"洋务派的江浙蚕丝业近代化政策",分别论述19世纪后半期上海的生丝贸易、上海机器缫丝业的成立、无锡蚕茧交易的发达、无锡近代缫丝业的发展,以及辛亥革命时期上海制丝业与制丝业资本家的活动;① 第四编题为"洋务派的广东蚕丝业近代化政策",分别论述广东机器缫丝业的成立、草创期广东机器缫丝业的经营特质,以及1881年广东省南海县的袭击制丝工厂事件。② 不难看出,该书的重点在于说明洋务派工业化政策的性质、特点及其影响,缫丝业的状况提供了最有说服力的典型案例。铃木智夫之所以对晚清缫丝业给予如此之大的关注,诚如他自己所说:缫丝业对于晚清中国至为重要。要对近代中国、特别是近代中国的工业化问题有所认识,就必须尽可能地对缫丝业的情况加以了解。③

　　大洋彼岸的美国学界,对近代中国缫丝业的研究以及取得的成果也成为一道亮丽的风景。在论文方面,约翰·拉斐(John F. Laffey)研究了1900—1938年间法国里昂丝织业对远东、尤其是中国生丝的需求。④香农·布朗(Shannon R. Brown)讨论了19世纪60年代中国经济变革的限制性因素,认为"国门半开"是造成这种状况的原因所在。⑤ 罗义恩(Robert Y. Eng)在其博士论文中通过考察晚清到民国前期广东和上海的制丝业,论述帝国主义与中国经济错综复杂的关系。⑥马德斌(Debin Ma)先后发表题为《现代丝绸之路:全球生丝市场(1850—1930)》⑦和《为什么是日本,而不是中国,第一个在亚洲实现近代发展:来自蚕桑业的教训》⑧的论文,前者对19世纪后半期到20世纪30年代的

① 铃木智夫:《洋務運動の研究》,东京汲古书院1992年版,第287—418页。
② 铃木智夫:《洋務運動の研究》,东京汲古书院1992年版,第419—502页。
③ 参见铃木智夫:《洋務運動の研究》,东京汲古书院1992年版,前言。
④ John F. Laffey, Lyonnais Imperialism in the Far East (1900—1938), *Modern Asia Studies*, Vol. 10, No. 2 (1976).
⑤ Shannon R. Brown, "The partially Opened Door: Limitations on Economic Change in China in the 1860s", *Modern Asian Studies*, XII: 2 (1978).
⑥ Robert Y. Eng, Imperialism and the Chinese Economy: the Canton and Shanghai Silk Industry, 1861—1932. PhD dissertation, University of California, Berkeley, 1978.
⑦ Debin Ma, *The Modern Silk Road: The Global Raw-Silk Market, 1850—1930*, The Journal of Economic History, Vol. 56, No. 2, Papers Presented at the Fifty-Fifth Annual Meeting of the Economic History Association (Jun., 1996).
⑧ Debin Ma, Why Japan, Not China, Was the First to Develop in East Asia: Lessons from Sericulture, 1850—1937, Economic Development and Cultural Change, Vol. 52, No. 2 (January 2004).

全球生丝市场，尤其是中国生丝的表现进行考察，揭示出影响中国生丝出口持续增长的种种因素。后者以清末民初的蚕桑业为典型案例，通过探讨中日两国蚕桑业在科技创新和产业进步方面的巨大反差，论证了日本率先在亚洲实现近代发展的奥秘所在。

1978 年，罗义恩（Robert Y. Eng）于加州大学伯克利分校提交了自己的博士论文《帝国主义与中国经济：广东和上海的制丝业（1861—1932）》，①在此基础上，5 年后他出版了专著《中国的经济帝国主义：蚕丝生产与贸易（1861—1932）》。②该书以晚清、民国的蚕丝生产与贸易为研究对象，通过翔实的资料和数据，论述了经济帝国主义在中国的种种表现，其与中国社会经济的关系，以及对世界经济政治的影响。1981 年，哈佛大学出版社推出了李明珠（Lillian M. Li）的《中国的蚕丝贸易：现代世界的传统行业（1842—1937）》，③作者将近代中国蚕丝业置于国际贸易的大背景下，探讨了江南及其他地区蚕丝业的发展及其在社会经济中所扮演的角色。该书从中国在鸦片战争后到抗日战争前蚕丝出口贸易的角度，探讨其对整个中国经济以及一般经济制度的意义，提出了一些具有启发性的议题。作者认为：近代中国丝绸业的发展步履维艰，扭转这一局面的唯一途径是产业的"现代化"。制约中国丝绸业现代化过程的主要障碍，并非生产成本而是传统习惯。相形之下，组织更为科学、对外国需求更为敏感的日本丝绸业则在国际竞争中成功地战胜了中国。1986 年，苏耀昌（Alvin Y. So）的《华南丝区：历史上的区域转型与世界体系理论》出版。④次年，中州古籍出版社推出此书的中文版，取名为《华南丝区：地方历史的变迁与世界体系理论》。苏著以华南产丝区域作为考察对象，通过中国近代史上蚕丝区的经济社会转型验证世界体系理论，提出了一些值得注意的课题和富有

---

① Robert Y. Eng, Imperialism and the Chinese Economy: the Canton and Shanghai Silk Industry, 1861—1932. PhD dissertation, University of California, Berkeley, 1978.

② Robert Y. Eng, Economic Imperialism in China—Silk Production and Exports, 1861—1932. Institute of East Asian Studies, University of California, Berkeley, 1986.

③ Lillian M. Li, *China's Silk Trade: Traditional Industry in the Modern World, 1842—1937*. Cambridge: Harvard University Press, 1981. 按：该书中译本由中国学者徐秀丽于 1987 年译出，但直到 10 年后方由上海社会科学院出版社 1996 年出版，取名为《中国近代蚕丝业及外销（1842—1937）》。

④ Alvin Y. So, *The South China District: Local Historical Transformation and World System Theory*. Albany, N.Y. State University of New York Press, 1986.

启发性的论点。例如通过深入考察华南丝区的近代变迁，得出结论：前资本主义国家一旦卷入资本主义世界体系，"一个重大的结构性变化就是农业的商业化"。① 书中不但较详细地介绍了国内学术界还比较陌生的世界体系理论，而且尝试通过运用这一理论来分析近代华南丝区的社会历史发展过程，为学术界贡献了一份有价值的成果。2004 年，罗伯特·马科斯（Robert B. Marks）出版《老虎、水稻、丝绸与淤泥：帝制时代晚期中国南部的环境与经济》② 一书，通过对丝绸等几种重要物质状况的考察，论述包括晚清时期在内中国南部的经济发展与环境变迁，拓宽了人们的研究视野和学术思维。

综上所述，关于中国丝绸史的研究，百多年来国内外学者长期探讨不辍，成果可谓洋洋大观。即就近代中国丝绸业史的研究而言，在中外学术界的共同努力下，无论是整体性的概论，行业性的专论，还是区域性的分论，都已经取得了一定的成绩，为以后该领域的深入研究积累了良好条件。但是，研究中仍然存在许多薄弱环节及未解谜团，仍需继续深入探讨；即便以往已经讨论过的问题，随着新资料的发现和新理论的提出，也仍有重加解读的必要。

从既往研究来看，对近代中国丝绸业史的研究偏重于民国时期，晚清期多是作为铺垫，研究也相对薄弱；在丝绸业中蚕桑、缫丝和丝织三个部门的研究上，偏重于缫丝业，蚕桑业和丝织业受到的关注较少，取得的成果也不多；而在缫丝业的研究上，偏重于机器缫丝工业，对手工缫丝业及农民家庭手工业重视不够，尚存在许多未知地带。从现有成果来看，虽然已经在某种程度上阐明了晚清丝绸业的若干现象，但是对其发展演化的实证研究，则不得不承认在许多问题上远未达成共识。尽管如此，以往的研究成果还是具有重要的参考价值，提供了史料发掘上的帮助和理论探讨上的启发，需要我们在总结既有研究成果的基础上，重视已经形成共识的观点，正视研究中尚存在的分歧，整合力量，在新的起点上将晚清丝绸业史的研究推向深入。

笔者正是在检讨先行研究成果的基础上，在详细考察鸦片战争后晚清丝绸

---

① 苏耀昌：《华南丝区：地方历史的变迁与世界体系理论》，中州古籍出版社 1987 年版，第 118 页。

② Robert B. Marks, *Tigers, Rice, Silk, and Silt: Environment and Economy in Late Imperial South China.* Cambridge University Press, 2004.

生产和贸易发展变化的同时，对蚕桑、缫丝、丝织等不同部类的状况进行综合分析，力图说明晚清丝绸业的基本性质特征及其长期发展趋势，揭示这种发展和演变所达到的广度和深度，并进而分析其深层因果关系，以及这些变化对中国社会经济所造成的深刻影响。由此，或许能够提供一把更好地理解晚清时代中国经济、社会现象的钥匙。

二、本书的结构

晚清中国丝绸生产和贸易的发展历程，与中华民族的自我发现和反省有着惊人的契合。对于国人来说，这是一段既可以缅怀昔日荣光与辉煌，又充满不堪回首的苦痛与悲伤的历史。它令人扼腕，又发人深思。系统考察、真实描述、深刻反思这段逝去的往事，就是本书的目的所在。虽然不敢就此认为已经全面准确地把握了自己的研究对象，但毕竟在解释的框架、材料、角度、观念等方面尽可能地作了一些有益的尝试，则是差可自慰的。

晚清丝绸业是理解近代中国社会经济发展演变无法回避的重要内容。对这一领域的研究，特别有助于了解和认识近代中国那些"构成对传统体系的背离的变化，这种变化标志着一个传统农耕社会向现代工业社会转化的开始"。[①]通过对晚清丝绸业史的研究，可以发现在新的历史条件下，传统经济表现出复杂的多样性，既有抱残守缺、深闭固拒的面相，也有自我调适、与时俱进的面相，难以一概而论。客观来讲，并不是传统丝绸业的所有门类都迈入了近代化的门槛，更不是所有方面都实现了近代转型。由于外部压力、自身反应等历史机缘的各不相同，相当多地区的传统丝绸业在近代化的背景下趋于式微；而那些能够由一个传统产业蜕变为具有近代色彩新型产业的地区，则离不开种种必要条件的铺垫。因此，可能并不需要急于用一些笼统的纲要性概念对错综复杂的历史现象进行简单判定，而是应当首先将种种现象的丰富涵义尽可能周全精到地展示出来，再置于现代经济学说的语境中加以审慎的诠释分析。也就是

[①] ［美］施坚雅著，史建云、徐秀丽译，虞和平校：《中国农村的市场和社会结构》，中国社会科学出版社 1998 年版，第 1 页。

说，对于"why"的回答，首先应建基于对复杂历史事实"what they are"的详尽探索；甚至可以说，对于类似深层结构这类问题在描述意义上的再现和剖析，相对于建立某种紧密的因果解释模式更具优先性。这就需要真正意义上的历史经验案群研究。只有尽量复原晚清丝绸业在历史上所关联的种种真实形态，才有可能深刻理解近代中国产业发展和社会变革的激荡和曲折。

由学科的性质所决定，经济史的研究，离不开经济学理论的指导，其中既包括马克思主义经济学，也包括其他各种流派的西方经济学。一种理论，就是一种方法，一个视角，提供了叙事、释史、解惑、明理的框架。各种经济学说，有些具有普遍意义，有些不一定适合中国国情，因此，我们在以之考察"历史上的经济"时，就应该做出比较、修正和选择，而不是亦步亦趋，全盘套用。本书，就是力图在弄清晚清丝绸业发展状况的基础上，运用一些经济学理论对之进行分析的一次尝试。通过消化丰富的文本资料，把晚清丝绸业置于具体的时空坐标之上，也就是将其放回到所由产生的时空脉络中加以审视，在掌握历史现象的历时性、共时性纵横交织而成的各种具体关系之后，进而深入探讨相互扣连的历史现象与问题形成及演变的过程、机制和意义，以求得出较具说服力的普适性结论。

探讨近代中国的经济、社会问题，在基础知识与学术视野两方面都需要上下延伸和横向汇通，这样，中国近代史上的一些问题才有可能看得较为清楚。基于这样的考虑，本书在框架结构上对古代中国、尤其是明清以降丝绸生产和贸易加以简要综论，对成为中国主要竞争对手的日本丝绸业进行比较研究，希望以此克服就事论事的弊病，深入发现事物的来龙去脉和发展趋势，同时将晚清丝绸业史置于世界历史的大舞台中，把握其发展演化与近代中国许多事情的深刻背景、深层关系和深远影响。

本书的写作过程，实际上是一个不断割舍的过程。在区区数十万字的有限篇幅里，根本不可能对晚清丝绸业的复杂情态一一备叙，因此不得不做出必要的取舍选择。这些选择取舍涉及文献资料、中心内容和整体设计等各方面，概而言之：在论述对象上，晚清中国丝绸业地域广泛，门类众多，全景扫描各地各业实在力有不逮，因此在尽可能照顾到较多地区和行业的基础上，对江浙、广东、四川、山东等五、六个省份及蚕桑、缫丝、织绸三个关联行业给予了更多的关注，原因在于这些地区的丝绸业或是面广量大，与民众生活息息相关；或是地位显赫，对国计民生影响甚巨；或是形态独特，带有浓厚的地方色彩；或是研究尚不充分，急需给予更多关注。总之主要是考虑到它们的重要程度和典型意义，力求由此能够尽量全面而又比较集中地反映出晚清中国丝绸生产和贸易发展的不同类型和多种形态。

在体例编排上，由于学力所限，笔者多年来执著于在专题研究的基础之上形成通论性著作的学术取向，所以本书不再采取教科书式四平八稳、面面俱到的框架结构，而是借鉴《剑桥日本史》、《剑桥中国史》体例安排的成功经验，在通史型专门著作的框架下，以专题研究的形式来编织全书的经纬。这大体符合专史以问题为本位的准则。书中表现出的个性色彩，说明本书是一本个人著作，表述的是一家之言，对之当然会有种种见仁见智的看法甚至争议，衷心期望有识之士的批评指教。

本书的章节安排及大致内容如下：

第一章　古代中国丝绸业综论。本章意在对古代中国丝绸业的发展脉络及其显现出来的特征做一简要的回顾。在同中国传统文明的物质财富和辉煌文化相联系的所有物产中，丝绸也许是最具代表性的。中国的蚕桑丝绸生产历史十分悠久，从它诞生的那一天起，就一直受到人们的百般青睐，在社会经济和人民生活中扮演着重要的角色。丝绸手工业在向人们提供舒适、精美和华贵衣饰的同时，其本身也在随着时间的推移而不断进步，呈现出一条虽然复杂却并非不可捉摸的发展脉络。在丝绸生产和贸易的发展过程中，形成了一些引人注目且耐人寻味的基本特点，在某种意义上，这也正是中国传统手工业发展的共同规律的集中反映。

在数千年的历史长河中，中国的丝绸生产技术和工艺一直在按照其自身的规律缓慢发展着。在历代王朝"农桑为本"国策的奖劝之下，丝绸生产各个环节的技术水平都或多或少、或快或慢地有所发展和提高，终于形成了明清时代丝绸生产工艺的巅峰时期，占据着当时世界的领先地位。然而，在一个农业文明的国度里，所能给予丝绸科技发展提供的余地是有限的，只能在传统的框架内作些修改和补充。在农业社会允许的范围内，它可以给生产力的发展开辟一定的空间；在没有外来冲击的情况下，也能够显示出某种适应性和生命力。但是，随着欧美资本主义国家工业革命的进行，首先在纺织工业领域发生了根本的变革，丝绸工业迅速崛起，古老中国的传统丝绸手工业行将面临咄咄逼人的挑战。

第二章　古代中国丝绸的输出。本章内容意在梳理古代中国丝绸输出发展变化的过程，并对其具有的意义及产生的影响进行深一层的探讨和分析。与桑蚕丝绸在中国社会经济的重要性相比，它在对外关系的舞台上也是流光溢彩，顾盼生辉。从中国与周边民族和国家的最初接触开始，丝绸便既是贸易的商品，又是交往的媒介。丝绸本身的卓异性能以及由之带来的巨大利润，吸引无数富有冒险精神的人们跋山涉水追寻丝绸的踪迹，从而形成了连通东西方商品贸易和文化交流的著名商道——"丝绸之路"。这条丝绸之路也延伸到了海上，丝绸贸易的船舶和商使往还的帆樯往来于南中国海、印度洋、阿拉伯海和地中海，到 16 世纪以后又航行于太平洋上，把新旧大陆连接成为一体。多少世纪过去了，多少城市、国家、王朝、文明兴起又衰落，连接着世界各个大洲的丝绸之路却一直留存，不断延展，同时也使每一个与这条商路发生关系的民族和国家受到了深刻而持久的影响。

时至明清，在低效制度和错误国策的种种禁限和重重束缚之下，中国丝绸对外贸易难以得到应有的发展，这不仅人为地缩小了中国丝绸的国际市场，而且严重制约着中国丝绸生产能力的扩大。更应注意的是，这一时期，正是欧美资本主义国家告别农业文明、迎来工业文明的关键时刻，生产方式和社会生活都在发生着翻天覆地的变化。中国封建统治者对丝绸海外贸易的种种禁限，使中国丝绸行业失去了考察、学习、模仿、借鉴国外先进生产方式和物质、精神文明的机会，自我窒息了中国丝绸生产发展的蓬勃生机，从而逐渐丧失了中国丝绸科技在世界上的领先地位，丧失了与西方资本主义国家并驾齐驱的第一个时机。

第三章　晚清丝绸业的对外贸易。本章重点考察鸦片战争后中国丝绸对外贸易的增长，海外市场的开拓，及其对中国丝绸生产和社会经济的意义与影响。正当中国丝绸行业在传统社会的母体中沿着固有轨道运行之际，19 世纪中叶，东亚海面上响起了西方资本主义国家频频叩关的炮声。1840—1842 年的鸦片战争以后，随着中国广袤领土的日益对外开放，外国资本主义势力对中国渗透的步步加深，古老中国遇到了前所未有的新情况：西力东渐，新旧激荡，社会经济和政治生活中楔入了一种新的因素和力量。国际社会之间经济、政治、军事、文化全方位的交流和刺激，促进了中国社会内部已经开始的从传统社会向现代社会的历史性转换。在这样的时代背景下，中国历史悠久的传统丝绸行业，面临着一种新的发展契机，迎来了一个新的发展时期。

中国生丝出口的增长及随之而来的生丝价格下降，为欧美国家开辟了一个廉价的工业原料基地，促进了世界各国丝织工业的蓬勃发展。反过来，近代开口通商后对外贸易的刺激，也成为中国传统丝绸业发展的强大推进器。中国的丝绸生产长期以来具有"谋国外之发展"的内在要求，近代中国国门大开，编入世界市场，客观上与丝绸行业扩大海外贸易的需要相适应。而鸦片战争后中国丝绸出口贸易的增长，不仅促进了行业本身的发展，同时也给百孔千疮的社会经济注入了一针强心剂。在整个 19 世纪后半期到 20 世纪初，丝绸一直占据中国出口总值的三分之一左右，并迅速超越茶叶，雄居出口商品的首位。丝绸出口的增长，是中国在刚刚打开国门乃至其后一段时期内得以维持国际贸易平衡的主要因素之一。

第四章　晚清蚕桑业的发展。本章对鸦片战争后以迄清末中国蚕桑生产的发展做了全景性的描述，同时利用所能发现的数据资料，对之进行动态度量，并尝试寻找造成这种状况的深层原因。清中期以后，随着社会经济危机频仍和人民生活水平降低，丝绸的市场需求下跌，加上闭关政策导致生丝和丝织品的出口减少，两方面的原因限制了蚕桑业的生产规模。到鸦片战争前夕，中国的蚕桑生产规模实际上是在缩小的。这一趋势在鸦片战争后发生了逆转。生丝出口的迅速增长，对中国蚕桑业的发展形成了巨大的刺激，带来了生产规模的成倍扩大和蚕丝产量的成倍增长。一方面，鸦片战争后生丝出口的快速增长是晚清时期蚕桑生产大规模扩张的主要推动力，并且吸收了蚕桑业扩张所带来的所有产量的增加。另一方面，生丝出口的迅速增长，是建立在蚕桑业兴旺的基础上的。五口通商后迄至清末，不仅原来的蚕丝产区蚕桑生产盛况空前，而且涌现出了许多新兴的蚕桑业区域。没有晚清蚕桑业在地域上的扩展和产量上的增加，生丝出口的增长是难以想象的。

鸦片战争后，特别是在太平天国战争后，中国蚕桑业在 19 世纪后半期经历了最为迅速和广泛的地域扩张。90 年代以后，蚕桑业开始向少数地区集中。当蚕桑业正在大部分新兴地区逐渐消退的时候，太湖流域、珠江三角洲和四川盆地的蚕桑业却在继续扩张。到 19 世纪末 20 世纪初，中国的蚕桑业生产已主要集中在这三个地区。20 世纪 10 年代中期，三地的蚕茧产量已经占到全国总产量的九成以上。

第五章　晚清蚕桑业的新变化。伴随着晚清中国蚕桑业的发展，各地蚕桑业的生产与交换发生了一些或隐或显的变化，值得引起重视并给予说明。本章从蚕桑业商品化的加深、蚕茧市场的出现及发展、植桑育蚕的投入与产出，以及官绅"奖劝蚕桑"的时代特征等方面概括了晚清中国丝绸业所发生的种种变化，揭示出这些变化的广度和深度，并分析了导致这些变化的深层因果关系，以及这些变化对晚清经济、社会所造成的深远影响。试图解答的问题包括：明清时代早已开始的蚕桑业商品化过程在晚清时期取得了怎样的进展？表现在哪些方面？达到了怎样的范围和程度？是什么因素导致了蚕茧市场的形成和发展？在各个不同地区表现为怎样的形式和内容？蚕桑业生产究竟是否比稻作及其他粮食生产要付出更多的劳动和辛苦？如果确实如此，各地农民为什么还要趋之若鹜，乐此不疲？晚清的"奖劝蚕桑"运动达到了怎样的范围和规模？各地官绅为何共同选择以此作为振兴经济、安定社会的施政举措？显现出怎样的时代特征和意义？

第六章　晚清丝织业的生产与贸易。鸦片战争后，作为丝绸业的重要组成部分，丝织业也迎来了一个新的发展局面。在晚清 70 年间，丝织生产与贸易经历了怎样的发展过程？显现出怎样的时代特征和意义？丝织业的发展与其上游蚕桑业、缫丝业的发展表现出哪些共性，又表现出怎样的差异？丝织业的发展与社会经济的演进有着怎样的互动关系，又对国计民生产生了怎样的影响？凡此种种，都值得引起充分重视，并进行深入分析。本章内容便是试图对上述问题予以解答，并进而分析所由生成的深层因果。

种种事实表明，晚清史上，尽管有太平天国战争造成的巨大破坏，尽管时局常有动荡，市场时有起伏，但总的来看中国丝织生产是呈发展态势的。然而，这一时期中国丝织生产的发展，只是在传统框架内的延续，并没有脱离固有轨道，也没有突破既往的生产方式，一直维持着传统生产形态未变。时至 19

世纪末 20 世纪初，中国丝织业的发展愈来愈步履维艰，难以为继，终至停滞不前。

第七章　晚清丝绸业"资本主义萌芽"的演变。明末清初，中国社会生产力有所发展，江南地区商品经济趋向繁荣，手工业者的人身依附关系进一步松弛，丝织业中开始孕育着资本主义生产方式的萌芽。商业资本的势力日渐向丝织业生产过程渗透，控制和支配了一部分丝织小生产者，利用和改造了一些丝织手工作坊，形成了所谓中国丝织业中"资本主义萌芽"的最为典型的形态——"账房"制经营。晚清时期的国际国内环境和社会经济条件，为中国丝绸业中新的生产关系的生长，提供了比以往较为适宜的氛围和土壤，使其由明末清初稀疏的萌芽状态迅速发育滋生，"账房"式经营在中国丝织业、尤其是江南丝织业中全面推开，在数量和质量上都比战前有了很大发展，成为一种普遍的生产经营方式。本章的内容，不仅将探讨导致江南丝织业"账房"产生的原因，"账房"具有怎样的组织结构和经营形态，"账房"发挥着怎样的经济社会功能等问题，而且将讨论晚清时期丝织业"账房"的发展和演变，揭示这种发展和演变所达到的广度和深度，并进一步分析导致这些变化的深层原因，以及这些变化对中国社会经济所造成的深刻影响。

晚清中国丝绸业中"账房"的发展，是历史传统和社会现实共同作用的结果，是江南地区丝织业中"资本主义萌芽"长期发展的产物，也是当时的社会经济条件所能提供的较优选择，所有这些，决定了中国丝织业向资本主义生产方式的过渡，不是经由"生产者变为商人与资本家"的途径，而主要走的是"商人变成资本家"的道路。对之似乎不应随意做出谁好谁坏的简单价值判断。只有一点是肯定的，作为封建社会内部孕育着的资本主义生产关系的萌芽，它们都有自己产生的土壤、存在的合理性、特定的时代和社会意义，他们同样都将在造就自己的那种特殊历史文化环境中，发挥酵母作用，不断地侵蚀和瓦解旧的生产方式，导向新的生产方式。

第八章　机器缫丝工业的发端与成长。本章探讨的是晚清中国机器缫丝工业的兴起及发展，尝试在以往研究的基础上开拓新的思路，增添新的素材，同时发掘造成这一局面的背后力量，以对晚清机器缫丝工业兴起和成长的过程给予新的解释。

鸦片战争以后，中国开放通商，世界市场对中国生丝的需求激增。中国生丝的输出量不断增大，但生丝的生产却仍然沿袭传统方式，并未改变其作为蚕区农家副业生产的形态，越来越难以适应世界市场的变化和需求。19 世纪六七十年代以后，伴随着一场绵延日久的如何振兴蚕丝业的论争的启蒙，人们的观念发生了深刻的变化，与此同时，中国的生丝生产逐渐脱离蚕区农家副业生产的形态，开始向近代工厂制生产转化，这就是机器缫丝工业在江浙地区和广东地区的兴起。

中国传统缫丝业的近代化趋向，事实上是由三股力量推进着的，尽管它们可能各自怀有大异其趣的主观动机，但造成的结果却具有某种一致性。外商丝厂、洋务官员、商办丝厂这三股推动中国近代缫丝工业诞生的力量之间，关系颇为复杂，既有相互启发，相互借鉴，从而相互支持的一面，也有相互竞争，相互制约，从而相互排斥的一面。不过，从当时所处的特定时期和特定环境来看，应该承认这三股推力总的来说形成了一种合力，共同推动着中国近代缫丝工业的诞生和成长。当然，三者之间自有轻重之分和优劣之别，无论从哪一个方面来看，都是商办丝厂的贡献要大得多，作用也重要得多。自从商办丝厂出现以后，尽管生存环境不甚理想，却能克服种种困难，进取发展，日渐成为中国近代缫丝工业的主体。在此基础上，逐渐形成了晚清中国近代缫丝工业的区域分布和产业格局。

第九章　艰难前行与危机显现。本章从战乱的影响、市场定价权的丧失、政治权力与守旧势力的阻碍三个方面，论述了晚清蚕桑丝绸生产与贸易一波三折的发展历程，并从蚕桑业的困顿、蚕丝业的停滞和丝织业的危机等方面论述了 19 世纪末 20 世纪初中国丝绸业所面临的危局。

鸦片战争后急剧变化的国内经济政治状况和国际市场需求，使得长期形成的中国丝绸生产的制度基础和技术范式，已经在历史转折中遭遇了危机。一方面，任何制度安排和技术规范都有其内生性缺陷，随着时间推移，其边际效用递减，而矛盾不断加剧，如果没有不断的进步性变革，会原生性地导致其框架最终无法修补，发生崩塌；另一方面，在全球化演进和世界市场扩展的时代大潮下，国际竞争日益激化，产业变迁更加迅速，因此激发了许多新的矛盾，并使既有矛盾急剧尖锐化，从而进一步加快了原有产业结构的老化速度和不适应性。于是，越是牢牢抓住过去那种范式的生产和经营，就越是难以适应正在发生剧烈变化的国际国内环境。

19世纪后期，随着资本主义世界在丝绸科技方面的一系列重大突破和各国丝绸工业的迅猛发展，中国的蚕桑丝绸生产遇到了越来越强大的竞争对手。被世界大潮裹挟而去的中国传统丝绸业，起初曾凭藉自身的独特技艺和独有产品，一度维持着繁荣兴盛的局面，但是，国际市场上的无情角逐和中外丝绸业的沉浮消长，已经迅速暴露出它的致命弱点。由于未能像日本丝绸业那样抓住时机进行更新和改造，中国传统蚕桑丝绸业逐渐呈现出衰败的迹象，并日益发展成为严重的危机。

第十章 国际竞争与主要对手。本章以晚清中国丝绸业的主要竞争对手日本丝绸业为参照系，从他者的视角审视晚清中国丝绸业的发展历程，并通过两者比较来扩展思维，深化认知。

日本的植桑养蚕和制丝织绸传自中国，并通过与中国的长期交流而获益良多，不断汲取改良与进步的动力，使本国的蚕桑丝绸生产培育和生长起来。时至江户时代，日本丝绸业已经在一定程度上完成了对中国丝绸的进口替代，进而开始了两国丝绸产业的相互竞争。幕末开港后，尤其是明治维新后，日本根据国内的资源禀赋及在国际市场上的比较优势，确定了大力发展丝绸产业以富国强兵的国策：一方面，在国内通过种种资本主义的改革措施，培育和扶持丝绸产业的发展，到19世纪末20世纪初，丝绸工业已经成为日本最大的工业部门，农村蚕桑业也已经纳入了资本主义的商品产销体系。另一方面，在国际市场上以中国作为瞄准目标，与中国丝绸业展开了激烈的竞争，成为中国丝绸业的主要对手，终于世纪之交摆脱了长期追随中国丝绸业的地位，实现了对中国丝绸业的赶超。

晚清时期中日丝绸业竞争的关系之重大，结局之惨烈，影响之深远，不仅在中国和世界经济史上罕见，而且在相当大的程度上决定了中国和日本两个国家近代以后的不同命运走向。近代日本丝绸生产和贸易的发展，对它的经济现代化起着至关重要的作用。一方面，丝绸出口贸易成为日本近代化起步和发展初期最为重要的外汇来源和资本积累的源泉。丝绸出口的迅速增长，使日本能够挣回旨在购买其工业化所必需的机器和原料的外汇。另一方面也许更加重要，以出口为目标的丝绸工业的发展为日本企业家提供了从事有利可图的投资、促进实行标准化及其技术现代化的训练和机会，成为"日本工业化的培训学校"。① 反观中国，只是被动适应着近代国际贸易体制的改变和世界市场对中国产品的需求，并没有主动因应外部环境的变化而引领丝绸产业发展的方向，也没有迅速采取行动更新生产方式，开拓国际市场，更没有对之进行大力培植与扶持，终至被近邻日本占了机先，从而丧失了千百年来在世界上的领先地位，同时也丧失了推进现代化的一个最为可靠的财富源泉。近代中国丝绸生产和贸易在力图充分利用国际市场的竞争中所遭受的失败，实际上使它丧失了通过增加出口贸易促进国家富强的机会。清末丝绸产业优势地位的丧失，不仅仅是丝绸一个行业的衰落，也是一个国家命运的挫折。

---

① 参见王翔：《中日丝绸业近代化比较研究》，河北人民出版社 2002 年版，第 3 页。

第一章
古代中国丝绸业综论

　　作为四大天然纤维——棉、毛、麻、丝——之一的蚕丝，是中国人最早生产的，吐丝结茧的蚕是中国人民最先驯化而饲养的，蚕丝织品也是中国人最早织造的。这些，已在世界上得到了普遍的承认。这是独特而灿烂的中国古代文明的一个见证，也是中华民族对人类文明史做出重大贡献的又一实例。

　　在漫长的历史发展过程中，中国的蚕桑丝绸生产达到了世人瞩目的高峰。它的技术发展得特别完善，它的生产组织也在许多方面比其他手工业更为复杂，当之无愧地成为中国社会经济中的先进部门，长期在世界上占据领先地位。① 从蚕桑丝绸生产诞生的那一天起，就一直受到人们的百般青睐，对于人民生活和社会经济具有不可替代的意义，它在提供给人们舒适、精美和华贵衣饰的同时，还在文化、宗教、技术和制度等方面扮演着十分重要的角色。在本章里，我们对古代中国丝绸业的发展脉络及其显现出来的特征做一简要的回顾。

---

① Lillian M. Li, *China's Silk Trade: Traditional Industry in the Modern World 1842—1937*. Cambridge, Harvard University Press, 1981, p.1.

第一节
生产区域的推移

一、丝绸生产的展开

大约成书于春秋战国时期的《尚书·禹贡》篇，是中国现存的最早地理书籍。所谓"禹别九州，随山浚川，任土作贡"①，顾名思义，既包括对不同环境的认识适应，又有对生产布局的调理安排，还记载着中国古代各地的物产以及各地献给中央王朝的贡品。据载，当时中国分为冀、兖、青、徐、扬、荆、豫、梁、雍九州，《禹贡》提到贡品中有丝织物的就有6个州。

一是兖州。地处济水与黄河之间，为"桑土既蚕"之地。当地植桑育蚕，缫丝织绸，贡品中有蚕丝和"织文"。所谓"织文"，就是有花纹的丝织品。

二是青州。位于兖州东南，大约是现今的山东半岛和附近地区，这里春秋时期已是"膏壤千里宜桑麻"，不仅蚕桑业十分发达，盛产丝绸，而且还精于丝绸的炼染。在这一地区有齐国的"纨"，鲁国的"缟"，②都是名盛一时的丝织品。司马迁的《史记》称"齐冠带衣履天下"；班固的《汉书》也说齐国"织作冰纨秀丽之物，号为冠带衣履天下"。③

三是徐州。位置在青州的南面，大约相当于现今的鲁南、苏北、皖北一带。贡品中有所谓"玄纤缟"，这是一种黑色与白色混织的纤细丝绸。

四是扬州。指淮河以南地区，贡品中有著名的"织贝"，这是一种织成贝壳花纹的锦类织物，价值甚高，很为时人所企羡与追求。又据《吕氏春秋》记载，公元前518年，楚国边邑卑梁（今安徽天长县西）的女子和吴国的女子争桑，导致两国之间发生战争，吴国攻占了楚国的钟离（今安徽凤阳东北）。④可见养

---

① 《尚书·禹贡》序。
② 成语有"齐纨鲁缟"，"强弩之末，不能透鲁缟"之说。
③ 《汉书·地理志》。
④ 《吕氏春秋·先识览》"察微"。

蚕业的兴旺引起桑叶供应不足，两国不惜为此发动战争，正说明了蚕桑丝绸业在当地社会经济中的重要地位。

五是荆州。约为现今的两湖和江西地区，有一种贡品叫"玄纁玑组"，据考证，这是一种黑红色交织的丝织物。新中国建立前后，在湖南长沙陆续发掘一批楚墓，发现这里可以说是当时丝绸生产的一个中心。其中最引人入胜、最能反映战国时代丝织业水平的，要数1957年在长沙左家塘发掘的一座楚墓中出土的一批质地保存较好、色彩仍然鲜艳的丝织物。其中绢类织物有棕色绢、黄色绢、褐色绢等，经纬均未加捻，组织为单层平纹。锦类织物更是美不胜收，有深棕地黄色菱纹锦、褐色矩纹锦、褐地红黄矩纹锦、朱条暗花对龙对凤纹锦、褐地几何纹填花锦等，组织结构和纹饰十分复杂，是目前世界上所能看到的最早的锦织物。还有一块略呈藕色的方形纱手帕，单层平纹组织，上有稀疏的方孔眼。这些织物都是采用矿物和植物染料染制而成，色彩绚丽，美观大方，即使与今天的丝织物相比也不逊色。1979年，又在湖南衡山发掘出一个蚕桑纹铜尊，尊腹部的主纹由4片图案化的桑叶组成，叶上及其周围布满了蠕动的小蚕，尊口的蚕形一对一对地昂首相对。①

六是豫州。主要相当于河南地区和湖北北部，当地"其利林、漆、丝、枲"，其中的"丝"，显然是指丝绸无疑。近几十年来，考古工作者在河南、湖北发掘了一批楚墓，在随葬品中发现有大量丝织物。如1957年在河南信阳发掘的楚墓，出土物品《图录》中，图170—171为织有菱形花纹的文绮，图173—174为方目纱。据专家鉴定，这些丝织物的织法与现在常见的棉织品相同，只不过经线较粗而纬线较细罢了。②1966年曾经在湖北望山发掘两座楚墓，一号墓有"提花丝帛"和"绫"，二号墓有刺绣及木俑的绢衣和丝制假发。③一号墓的"绫"是否斜纹组织，因年久损坏已看不清楚，"提花丝帛"则很可能是文绮。④

冀、雍、梁三州的贡品中，《禹贡》没有记载丝织物，但是这并不等于说当地就没有蚕桑丝绸生产。与《禹贡》差不多同时的《诗经》，"国风"部分记载

---

① 周世荣：《桑蚕纹尊与武士靴化形钺》，《考古学报》1979年第6期。
② 《河南信阳楚墓出土文物图录》，第170—175页。
③ 《文物》1966年第5期，第33—39页。
④ 夏鼐：《我国古代蚕、桑、丝、绸的历史》，《考古》，1972年第2期。

着当时各地的经济生活和风俗民情，其中不乏描绘人们进行蚕桑丝绸生产的诗篇。

《魏风·十亩之间》描写了当地人民采桑养蚕的情景："十亩之间兮，桑者闲闲兮。……十亩之外兮，桑者泄泄兮。……"魏的领地在汾水之境，正是冀州地区。孟子见梁惠王时说："五亩之宅，树之以桑，五十者可以衣帛"①，可知当地人们对蚕桑丝绸生产并不陌生。当时宋国以桑林茂盛著称，燕、赵等国也都是"田畜而事桑"②，足见这里的蚕桑丝绸生产已经相当普遍。

《豳风·七月》是一篇人们耳熟能详的著名诗章，其中有这样的句子："七月流火，八月萑苇，蚕月条桑，取彼斧斨，以伐远扬，猗彼女桑。七月鸣鵙，八月载绩，载玄载黄，我朱孔阳，为公子裳。"这简直就是在描绘当地人民植桑、养蚕、缫丝、织绸和染色的全套生产活动。"豳"是陕西，而陕西是包括在雍州境内的。

梁州，大约包括现在的四川和陕西南部。四川③省地处温带，气候温暖湿润，多亚热带植物，境内水系发达，有河流1 300多条，水网密布，江河流域面积广阔，古来即是发展农业经济的适宜地区，也是中国重要的蚕桑生产基地，农桑之利，实所固有。四川古名蜀，在甲骨文里，"蜀"字就是蚕的形象。这里正是我国古代蚕桑丝绸生产兴旺发达的地区，而且很可能是蚕桑丝绸生产的源头之一。四川古有周代蜀侯蚕丛推广蚕业的传说，"按皇图要览，皇帝元妃西陵氏始养蚕，蜀故云古蚕丛氏青衣教民蚕桑……据是数说，邑之蚕业肇始西陵，至蚕丛而推广之。"④

其他的史籍记载和大量的出土文物，也向我们提供了一些古代中国蚕桑丝绸生产区域的证据。从东到西，从南到北，全国各地到处都有古代蚕桑丝绸生产遗物的发现。各种历史资料相互印证，表明至迟到春秋战国时期，蚕桑丝绸的生产已经在全国铺开，已经在当时的社会经济生活中占有了重要的地位。

---

① 《孟子·梁惠王上》。
② 司马迁：《史记·货殖列传》。
③ "四川"之名，有来源于境内四条江水之说，但究竟是哪四条江，诸说除对岷江、沱江、嘉陵江三江形成共识外，另一江或为黔江，或为涪江，或为雅砻江，或为金沙江，或为川江（长江从四川宜宾至湖北宜昌段）等，各说不一。
④ 唐受潘等修：民国《乐山县志》卷七，"经制志"，物产，丝类。

二、生产重心的转移

古代中国蚕桑丝绸生产的中心,原在山东、河南一带的中原地区。随着岁月的流逝,气候发生变化,中原战乱连绵以及其他种种原因,蚕桑丝绸生产在其发展过程中,出现了重心不断南移的明显趋向。促使蚕桑丝绸生产重心南移的诸多因素,人们已经多有论及,不拟赘述,这里主要谈谈气候变迁所产生的重大影响。

在农业社会中,一般来说,气候是决定经济状况好坏的主要因素之一。历史上我国气候的演变大致是冷暖交替,但总的趋势是由暖变寒,即温暖期趋短,程度趋弱;寒冷期趋长,程度趋强。7世纪中期气温变得高于今天,此种状况一直持续到10世纪后半叶。11世纪初气候转寒,12世纪初寒冷加剧,气温低于现今。13世纪初气温开始回暖,但气温仍然低于现今,这种情况继续到13世纪后半叶。由此可知唐宋之际经历了由暖转寒的气候变化,唐五代处于温暖期,而两宋则基本处于寒冷期。①

大约也正是在唐宋时期,蚕桑业的中心完成了逐渐从黄河流域转移至江南地区的过程。桑树生长的最适温度为25℃—30℃。南宋的年平均温度比唐代低2℃—4℃,要使种桑养蚕的温度保持在与唐代相同的水平,蚕桑生产地区必须向南推移2.2—8个纬度。河南、河北、山东约在北纬34°—38°,江南则约在北纬30.5°—31°,两地相差3—8个纬度,正好符合上述温度与纬度变化关系的原则。② 由于自然环境的变迁,致使当时的科学技术水平无法继续维持北方原有的蚕桑丝绸生产,从而逐渐为开发较迟、自然环境相对较好而又气候适宜

---

① 参见郑学檬、陈衍德:《略论唐宋时期自然环境的变化对经济重心南移的影响》,《厦门大学学报》1991年第4期。

② 参见黄世瑞:《我国历史上蚕业重心南移问题的探讨》(续完),《农业考古》1987年第2期。这里需要多说几句的是,如果进一步深究经济发展与气候变化的相互影响,则从宏观上看古代经济开发对气候的影响虽然远不如现代显著,但是从微观上看人类活动的个别项目对气候的影响则已经成为现实问题。如农田开发后水土流失使地表不能蓄水,改变了地表温度及水分性质,也就会引起近地层气候的变化。不良耕作方式影响了气候,而气候又反过来影响了蚕桑业生产。社会经济发展和自然环境演变,是同一过程的两个方面。作为人类社会生产活动基础的自然环境既受到经济发展的影响,又反馈于社会经济活动,制约着经济效益。只有从系统的观点出发,把握两者之间的双向互动效应,才能对历史上的经济开发活动进行科学的综合分析。

的南方所超越。

四川丝织业向称发达，蜀锦更是精美。当地经营丝绸生产的豪商临邛（今四川邛崃）卓氏，所产锦号称"卓氏锦"，诗人张何在《蜀江春日文君濯锦赋》中描述道："鸣梭静夜，促杼春日"；"织回文之重锦，艳倾国之妖质"。三国时代，四川的"蜀锦"名闻中外，"魏则市于蜀，而吴亦资西道"①，无论敌友均须仰给于蜀。《诸葛亮集》也说："今民贫国虚，决敌之资，唯仰锦耳"。可知当时的蜀锦是蜀汉的重要战略物资和主要经济来源。史载刘备"赐诸葛亮、法正、关羽、张飞……锦缎万匹"。②又据《江表传》所说："刘备舍舡步走，烧皮铠以断道，使兵以锦挽车，走入白帝。"动辄"锦缎万匹"，竟然"以锦挽车"，可见当时蜀锦产量之丰。

六朝时期，江南的蚕桑丝绸生产有了令人瞩目的发展。东晋初，苏峻之乱后，"帑藏空竭，库中唯有练数千端，鬻之不售，而国用不给。（王）导患之，乃与朝贤俱制练布单衣，于是士人翕然竞服之，练遂踊贵"。③练为布之一种，上至宰辅，下至朝士，皆以练布制衣，可见东晋初年丝织品尚少，远未能满足士大夫阶层的需要。至晋末，"仪从直卫及邀罗使命，或有防卫送迎，悉用袍袄之属，非唯一府，众军皆然。……每丝绵新登，易折租以市，又诸府竞收，动有千万，积贵不已，实由于斯"。④即便没有战事，京都禁卫士兵也普遍穿着丝织品制作的袍袄，因丝绵需求量大，每当新丝上市，各军府竞相收购，导致价格上涨。到梁武帝末年，侯景一次就"求锦万匹，为军人袍"，数量可谓不少，而朝廷之所以没有满足他，也不是因为没有如此巨额的库存，而是"以御府锦署止充颁赏远近，不容以供边城戎服"，所以才"请送青布以给之"。⑤

在官营丝织业的生产能力之外，还有私营丝织业的存在。东晋以来，侨姓和吴姓士族竞相控占土地，建立庄园、山墅。这些经济单位多以满足门阀士族的自身消费为主要目的，农业与手工业密切结合。谢灵运《山居赋》曰："春求有待，朝夕须资。既耕以饭，亦桑贸衣。"自注曰："寒待绵纩，暑待絺络，朝夕

---

① 山谦之：《丹阳记》。
② 《华阳国志·刘先主志》卷六。
③ 《晋书·王导传》。
④ 《宋书·孔琳之传》。
⑤ 《梁书·侯景传》。

餐饮，设此诸业以待之。"①民间丝织业的发展，又促使南朝政府大规模收购丝织品。例如，齐永明五年（487）颁布诏令："凡下贫之家，可蠲三调两年。京师及四方出钱亿万，籴米谷丝绵之属，其和价以优黔首。"②六朝蚕桑丝绸生产的发展，就地区而言，主要集中于扬、荆、益三州。《宋书·孔季恭等传论》称扬、荆二州"丝绵布帛之饶，覆衣天下"。《隋书·地理志上》谓益州"人多工巧，绫锦雕镂之妙，殆侔于上国"。不过，从总的水平来看，与黄河中下游的丝绸生产中心相比，此时江南的生产水平尚稍逊一筹。熟谙南北风情的颜之推曾经比较说："河北妇人织纴组紃之事，黼黻锦绣罗绮之工，大优于江东也。"③

时至唐代，分天下为十道，除陇右道以外，其余九个道都上贡丝和丝织品，其中以黄河流域的河南道、河北道进奉丝绸贡品最多。河北向有"蚕绵之乡"的美誉，其蚕丝和丝织物产地遍及全道十六州郡，据《通典》《唐六典》《元和郡县图记》记载，定州博陵郡、幽州范阳郡、德州平原郡贡绫，定州河内郡、相州邺郡贡纱，魏州魏郡、博州博平郡、洺州广平郡贡绵䌷、平紬，邢州巨鹿郡贡丝布，恒州常山郡贡罗，赵州赵郡贡锦。这16个州郡都以出产优质丝织品而遐迩闻名。河北道之外，还有河南道，其全境29州，除6个州郡不贡丝织品外，其余诸州郡皆有土贡与赋调。④丝贡之中以"纹绫"最为著名，有滑州灵昌郡的方纹绫、蔡州汝南郡的四窠绫、云花绫、徐州彭城郡的双丝绫、青州北海郡的仙纹绫、兖州鲁郡的镜花绫、双距绫等。

剑南道囊括整个巴蜀，是唐代第二大盛产蚕丝和丝织品的区域。丝织品包括绢、绫、锦、罗、纱5大类，全境1府38州（郡）中，有13个州郡的贡品里有丝或丝织品。有28个州（郡）出产绢，约占当时全国87个产绢州的三分之一。此外，成都府有锦、单丝罗，彭州有段罗、交梭，蜀州有锦、单丝罗，汉州有交梭、双纵、绫，简州有绵䌷、隽州有丝布，梓州有红绫、绵州有轻容、绫、锦等等，其中不乏精美之品。

唐代最为引人注目的变化，是江南道丝织业的勃兴，成为全国第三大蚕桑

---

① 《宋书·谢灵运传》。
② 《南齐书·武帝纪》。
③ 《颜氏家训·治家》。
④ 《通典》《唐六典》《元和郡县图志》无载泗州临淮郡、虢州弘农郡等八州出产丝织品，而《新唐书·地理志二》则写明泗州、虢州土贡絁及锦。

丝绸生产的中心。江南道的丝绸生产主要集中在现今浙西及苏南一带，杭州、湖州、睦州、越州、明州、润州、常州、苏州等地，贡品中都有丝绸。李白《赠宣城宇文太守兼呈崔侍御》诗中有句云："君从九卿来，水国有丰年。鱼盐满市井，布帛如云烟。"①《唐六典》《元和郡县图志》和《新唐书·地理志》都记载，自贞元（785—805）以后，江南诸州除了进献吴绢、吴绫、白编绫等大宗贡品外，还进奉宝花罗、花纹罗、衫罗，水纹绫、鱼口绫、绣叶绫、交梭绫、方纹绫、十样花纹绫、御服鸟眼绫、轻容、吴朱纱等纤丽稀罕的丝织物数十种。天宝二年（743），陕郡太守韦坚举办广运潭"轻货"博览会，贡献的江淮等地丝织品，就有丹阳郡的绫纱缎、晋陵郡的端绫绣、会稽郡的罗和吴绫、吴郡的方文绫等。地当现今皖南的宣州，贡品中也有"宣州绮"②，史载"自贞元后，常贡之外，别进五色线毯及绫绮等珍物，与淮南、两浙相比"。③可以想见这些江南丝织物或以名闻，或有特色，居然能与河北道、剑南道的传统名产比试，从而跻身于全国名优特产的行列。一个地区的优秀丝绸品种如此之多，表明江南地区的蚕桑丝绸生产的技术水平提高很快，生产规模迅速扩大。

"安史之乱"以后，江南的丝绸生产相对于北方而言益发繁荣，史载："天宝之后，中原释耒，辇越而衣，漕吴而食。"④曾长年游历江南的杜牧说：浙东"机杼耕稼，提封九州，其间蚕税鱼盐，衣食半天下。"⑤湖州的经济发展更令人刮目相看，"其贡桔柚纤缟茶苎，其英灵所诞，山泽所通，舟车所会，物土所产，雄于楚越，虽临淄之富不若也"。⑥这样的局面当然有藩镇割据的因素在内，但是也清楚地表明，南方地区成为国家农产品和手工业产品的主要来源地已经成为定局。到唐德宗李适执政时，"江南两浙转输粟帛，府无虚日，朝廷赖焉"。⑦江南俨然成为朝廷征收丝绸的主要地区了。

到了唐末及五代十国时期，中原又遭战乱，社会经济遭受惨重破坏，丝绸

---

① 《李白集校注》卷十二。
② 《唐六典》卷三《尚书户部》。
③ 《元和郡县图志》卷二十八《江南道》。
④ 吕温：《韦府君神道碑》，《文苑英华》卷六百六十。
⑤ 杜牧：《李纳除浙东观察使兼御史大夫制》，《全唐文》卷七百四十八。
⑥ 顾况：《湖州刺史厅壁记》，《全唐文》卷五百二十九。
⑦ 《旧唐书》卷一百二十九。

生产也一落千丈。与之相比，南方遭受破坏程度较轻，特别是位于江浙一带的吴越国，保境安民，休养生息，使得原来已经有了较好基础的蚕桑丝绸生产又获得了较大发展，江南地区逐渐成为全国蚕桑丝绸生产的重心所在。时人称："平原沃土，桑柘甚盛。蚕女勤苦，罔畏饥渴。……茧箔山立，缫车之声连甍相闻。非贵非骄，靡不务此……争为纤巧，以渔倍息。"[①]

另一方面，宋代也是四川地区蚕桑丝绸生产的一个高峰。宋太祖赵匡胤攻取四川后，曾一次从这里迁移丝织工匠 200 多人到东京汴梁。四川丝织业的地位在全国举足轻重。从每年租税收入匹帛数来看：绢，全国收入 2 894 333 匹，其中川陕为 408 246 匹，占 14.11%；丝绵，全国收入为 9 199 890 两，其中川陕为 1 551 998 两，占 16.87%。[②]1083 年，成都设置锦院，集中生产高档丝织品，有房屋 127 间，募军匠 500 人，额定织机 514 张，日用挽综工 164 人，机织工 154 人，炼染工 11 人，纺绎工 110 人，每年用丝 125 000 两，染料 211 000 斤。[③]

在北宋王朝的 24 个路中，两浙路成为上贡丝绸最多的地区。据《宋会要·食货志》记载，北宋时代每年全国上贡的丝织物中，罗为 106 181 匹，其中两浙路为 69 654 匹，占 66%；绢为 2 876 105 匹，其中两浙路为 1 058 052 匹，占 37%；紬为 486 744 匹，其中两浙路占 124 285 匹，占 27%。各种上贡的丝织品合计，两浙路约占到全国的三分之一左右。除此之外，还有全国上贡丝绵 2 365 848 两，其中两浙路为 1 613 398 两，占 68%。熙宁七年（1074）的一年里，两浙地区进贡的各种丝绸织物就达 100 万匹之多。[④]婺州盛产各式花素罗，北宋初每年上贡几万匹，到北宋末年增加了 6 倍。[⑤]常州"民户岁输租绢，皆先期于溧阳诸处售以充赋"。[⑥]越州"习俗务农桑，事机织，纱、绫、缯、帛岁出不啻百万，兼由租调归于县官者十尝六七"。[⑦]时人称越州"万草千华，机楼中出，绫纱缯縠，雪织缣匹"。[⑧]台州仅上贡的绫就有"花绫、杜绫、绵绫、樗蒲绫四

---

① 李觏：《直讲李先生文集》卷十六"富国策"三。
② 徐松：《宋会要辑稿》，食货六十四，中华书局 1957 年版。
③ 杨慎：《全蜀艺文志》第三十四卷，线装书局 2003 年版。
④ 《宋会要辑稿》，食货六十四。
⑤ 转据朱新予等：《浙江丝绸史》，浙江人民出版社 1983 年版，第 84 页。
⑥ 《咸淳昆陵志》卷十三。
⑦ 沈立：《越州图序》，载《会稽缀英总集》卷二十。
⑧ 《梅溪王先生文集》后集卷一。

种"。①《都城纪胜》记载南宋临安"各家彩帛铺上细匹缎，而锦绮缣素，皆诸处所无者"。这里"俗尚工巧"，"衣则纨绫绮绨、罗绣縠绤，轻明柔纤，如玉如肌，竹窗轧轧，寒丝手拨，春风一夜，百花竞发"。②出产的罗、锦、鹿胎、透背，"皆花纹特起，色样织造不一"。③福建的泉州，既是海上丝绸之路的起点城市，亦是宋代丝绸织造的中心之一，"与杭州并称一时之盛"。④

三、江南地区的繁盛

从元代开始到明朝中期，棉花种植以及棉纺织业生产迅速在全国兴起和扩展。由于与丝绸相比成本较低，适应性强，与麻类织物相比穿着又较舒适，棉花种植和棉纺织业的收益乃超过了传统的蚕桑丝绸业，许多地区的蚕桑丝绸生产因此而趋于衰落。1368年，明太祖朱元璋曾颁布法令"凡民田五亩至十亩者栽桑、麻、木棉各半亩，十亩以上者倍之"。1395年，朱元璋又签署了另一项法令，要求农户用更多的田地种植桑树，每一村庄得播种两亩桑苗，然后分别移植至本村各家各户。⑤15世纪初，上项法令被终止实行。⑥在棉花种植日益推广和棉纺织业广泛普及的过程中，棉布逐渐扩大着对丝、麻织品的替代，导致许多原以植桑育蚕著称的地区放弃了蚕桑生产。

明代中叶以后，中国蚕桑生产的主要地区已不再是此前的黄河下游、长江三角洲和四川盆地三处，而是集中于江南地区，主要是太湖流域的湖州、嘉兴、杭州、苏州一带。正如明代万历年间曾经在浙江为官的郭子章所慨叹："今天下蚕事疏阔矣！东南之机，三吴、越、闽最夥，取给于湖蚕。"⑦华北地区的蚕

---

① 《嘉定赤城志》。

② 晁补之：《七述》，载《武林掌故丛编》。

③ 《梦粱录》卷十八"物产"。

④ 张星烺：《泉州考古记述》。

⑤ 《明实录》，见汪日桢：《湖蚕述》（1874年），中华书局1956年重印本。

⑥ 参见中国农业科学院农业遗产研究室：《太湖地区农业史稿》，农业出版社1990年版，第179—189页。

⑦ 《郭青螺先生遗书》卷二，"蚕论"。此外，福建泉州的丝绸生产也延续下来，明宣德三年（1428）曾在泉州设"染局"，正统年间（1436—1449）又在泉州设"织造局"，在在表明泉州丝织业具有相当规模和较高水平。这里织造的优质绸缎，不仅深受士大夫阶层喜爱，而且大量出口海外。史载："泉人自织丝，玄光若镜，先朝士大夫恒贵尚之。商贾贸丝者，大都为海航互市"（王胜时：《闽游纪略》，《小方壶舆地丛钞》第九帙）。

桑丝绸业日渐衰微，到清代已经仅有少量的土丝、土绸生产。四川阆丝也产量有限，江南成为全国最主要的丝绸产区，其产品不仅行销全国各省，而且输出到世界上许多国家和地区。有学者研究统计，鸦片战争前全国生丝产量每年约7.7万担，其中商品丝约为7.1万担，价值白银1 200万两；丝织品产量为4.9万担，价值1 455万两；两项合计12万担，价值2 650余万两。① 这其中，江南地区所产的丝和丝织品在总额中至少占80%以上。②

对于江南地区的农家来说，"蚕丝业为最重要的副业。因此人们一般把蚕称为'宝宝'，也就是说，蚕被视为宝贝。由此可见蚕丝业在这一地区农家经济构成中占据着多么重要的地位。可以说这里的蚕丝业形态在中国最为发达……举例来说，桑苗以浙江省海宁县属周王庙为中心进行大规模的专业生产，蚕种以余杭及绍兴两处作为制造地而名声远扬，尚有以湖州为中心的地域广泛的所谓'七里丝'。依此丰富之原料，包括杭州、盛泽、苏州及南京等丝织业中心织造的绸缎，广受各地欢迎，占据着中国丝织物生产的大半份额"。③

明清时期，环太湖流域形成了一个以桑为主或桑稻并重的桑—稻产区，其范围基本上是"北不逾松，南不逾浙，西不逾湖，东不至海"，主要包括湖州府之乌程、归安、德清，嘉兴府之桐乡、石门、嘉兴、秀水、海盐，杭州府之钱塘、仁和，苏州府之吴县、长洲、元和、吴江、震泽等县，其中又有等差。《湖州府志》谓：植桑之盛，"莫多于石门、桐乡"。④ 这里的桑地比例约计可达50%，其余各县则稍逊之。由此，甚至产生了一个特殊的矛盾——桑稻争田，它带来的后果是江南地区粮食供应的紧张，"浙省居民稠密，户口繁多，而杭、嘉、湖三府，本地又多种桑麻，是以产米不敷民食，向藉湖广、江西等省外贩之米接济"，至有"两浙民稠地窄，产为无多，全赖江楚粮艘"⑤ 之谓。

湖州府德清县"平畴四衍，桑稻有连接之饶；晓市竞开，舟车无间断之隙。

---

① 许涤新、吴承明：《中国资本主义的萌芽》，《中国资本主义发展史》第1卷，人民出版社1985年版，第325—327页。
② 参见许檀：《明清时期区域经济的发展》，《中国经济史研究》1999年第2期。
③ 日本蚕丝业同业组合中央会编：《支那蚕丝业大观》，东京冈田日荣堂1929年版，第34页。
④ 同治《湖州府志》卷三十"蚕桑"。
⑤ 康熙《杭州府志》卷十二"恤政"。

诚一邑之沃壤，四贩之通道也"。① 这里虽然"田少"，但"遍地宜桑，春夏间一片绿云，几无隙地，剪声梯影，无村不然。出丝之多，甲于一邑，为土植大宗"。② 乌程县出产以蚕丝、桑叶为大宗，其桑有数十种，于冬末春初之时贩于各地，"远近负而至"。当地已经出现了桑叶市场，"凡畜蚕者，或自家桑不足，则预定别姓之桑，俗曰'稍叶'"，有"现稍"、"赊稍"等分别。乌青镇之四栅均设有叶行，买卖极盛。③

苏州府吴县"以蚕桑为务"，④ 而吴江县蚕桑尤盛。当地"植桑以育蚕。明洪武二年（1369）诏，课民种桑，吴江境内凡一万八千三十三株。宣德七年（1432），至四万四千七百四十六株。近代丝绵日贵，治蚕利厚，植桑者益多，乡村间殆无旷土。春夏之交，绿荫弥望，通计一邑，无虑数十万株云"。⑤ 这里"每岁暮春，邑人多治蚕"⑥。邑中黄溪一带，"颇有养蚕者"。⑦ 震泽县"邑中田多窪下，不堪艺菽麦，凡折色地丁之课及夏秋日用，皆惟蚕丝是赖，故视蚕事綦重。自初收以迄浴种，其爱护防维，心至周而法最密"。⑧ 是以"居民以农桑为业，故耕田养蚕之事，纤悉不遗"。⑨ 这里"桑所在有之。西南境壤接乌程，视蚕事綦重，故植桑尤多。乡村间殆无旷土，初夏之交，绿阴弥望。别其名品，盖不下二三十种云"。⑩

江南的蚕丝产区，大体与植桑区相一致，以太湖周边的湖州、杭州、嘉兴、苏州等府为最。苏州府属的震泽县，"其蚕半稼，其织半耕，沸卤渍卵，蚕壮丝美"。⑪ 蚕事既重，丝业自盛，"丝，邑中盛有。西南境所缲丝光白而细，可为纱缎经，俗名经丝；其东境所缲丝稍粗，多用以织绫绸，俗称调丝。又有同宫丝、

① 正德《新市镇志》（清抄本）。
② 光绪《塘栖志》卷十八"风俗"。
③ 康熙《乌青文献》卷三。
④ 王鏊、蔡昇：《震泽编》卷三"风俗"，明弘治十八年（1505）。
⑤ 乾隆《吴江县志》卷五"物产"。
⑥ 乾隆《吴江县志》卷三十八"生业"。
⑦ 道光《黄溪志》，"生业"。
⑧ 乾隆《震泽县志》卷二十五"生业"。
⑨ 道光《震泽镇志》卷二。
⑩ 乾隆《震泽县志》卷四"物产"。
⑪ 唐甄：《惰农》，贺长龄：《皇朝经世文编》，第三十七卷，乾隆二十二年（1757）。

二蚕丝，皆可为绸绫纬"。① 当地所产经丝、调丝，均集中于镇上丝行，再转销各地。嘉兴府产丝"盛于海盐、石门、桐乡，而嘉（兴）、秀（水）次之"。② 杭州府属"九县皆养蚕缫丝，岁入不赀，仁和、钱塘、海宁、余杭贸丝尤多"。③ 而"浙十一郡，惟湖（州）最富，……丝绵之多之精甲天下"。④ 史载："湖丝绝海内，归安为最，次德清，其次嘉（兴）之桐乡、崇德，杭之仁和。"⑤ 时人称："吴兴独务本力，故蚕丝物业饶于薄海，他郡邑咸藉以毕用：而技巧之精，独出苏、杭之下。"⑥

在这些地区中，又发展出一大批以生丝的生产和集散而著称的专业市镇。清初乌程、桐乡两县所属之乌青镇，"蚕毕时，各处大郡商客投行收买。平时则有震泽、盛泽、双林等镇各处机户，零买经纬自织。又有贸丝诣各镇卖于机户，谓之'贩子'。本镇四乡，产丝不少，缘无机户，故价每减于各镇"。这里"丝有头蚕、二蚕两时，有东路、南路、西路、北路，四乡所出，西路为上，所谓'七里丝'也"。⑦ 蚕丝产出的兴盛，造成乌青镇民的"殷富"，"商贾四集，财赋所出，甲于一郡"。⑧

德清县之塘栖镇，毗邻杭州府仁和县，元以前尚为"一乡村耳，居民不多也"。元末开新开河，连通塘栖与杭州，也沟通了湖、苏、常、镇诸府，"实官道舟车之冲"。明以后，这里"百货凑集，舟航上下，日有千百。居民稠密，不数里间，烟火几有万家"。⑨ 塘栖田少桑多，出产以蚕丝为大宗，"出丝之多，甲于一邑"。德清、仁和两县的蚕丝，也纷纷"于此贩鬻"。⑩ 各地客商麇集于此，闽丝设行，"市帘沽旗，辉映溪泽，蚕时丝缕之贸，登时粟米之籴，于兹为盛"。发展成为商贾荟萃、货物汇聚的江南名镇，"官舫运艘，商旅之舶，日夜联络不

---

① 乾隆《震泽县志》卷四"物产"。
② 康熙《嘉兴府志》卷十"风俗"。
③ 光绪《杭州府志》卷八十"物产"。
④ 王士性：《广志绎》卷四，江南诸省。
⑤ 引自陈学文编：《湖州府城镇经济史料类纂》，第47页。
⑥ 徐献忠：《吴兴掌故集》卷十三。
⑦ 康熙《乌青文献》卷三。
⑧ 康熙《乌青文献》卷一。
⑨ 光绪《塘栖志》卷一，志图说。
⑩ 光绪《塘栖志》卷十八"风俗"。

绝，屹然巨镇也。财货聚集，徽、杭大贾，视为利之渊薮，开典顿米、货丝开车者，骈臻辐辏"。①

蚕丝专业市镇以湖州府南浔镇最为著名，人称这里"丝市最盛"。南浔地处苏、浙两省交界，"东西南北之通衢，周约十里，郁为巨镇"。②为江南地区重要的细丝产地，"湖丝甲于天下"，而"缫丝莫精于南浔，盖由来已久矣"。③所产七里丝，"较常价每两必多一分，苏人入手即识，用织帽缎，紫光可鉴"。④同时，南浔也是江南生丝的一个集散中心，"每当新丝告成，商贾辐辏，而苏、杭两织造皆至此收焉"。"小满后新丝市最盛，列肆喧阗，衢路拥塞"，"商贾骈比，贸丝者群趋焉"。⑤镇南栅有"丝行埭"，"列肆购之谓之丝行"，镇上之人，"大半衣食于此"。⑥丝行有京行、广行、划行、乡行之分。"广行"亦称"客行"，专门"招接广东商人及载往上海与夷商贸易"；"乡行"为"专买乡丝"的丝行；"划行"为"别有小行买之，以饷大行"者；还有"买经造经"的"经行"。"更有招乡丝代为之售，稍抽微利，曰'小领头'，俗呼'白拉主人'。⑦

丝织专业区的范围要相对小些。产丝地方并不一定从事织绸。桐乡乌青镇盛于丝而拙于绸，"本镇四乡产丝不少，缘无机户，故价每减于各镇也"。⑧以产丝著称的德清县因丝织不盛，"故不能成织物，甚者以急需，变价采鲜茧以售之罄，仍无以织物而衣被也。偶有衣之者，购之外籍，与不产等耳"。⑨江南丝织生产主要集中在南京、苏州、杭州等一些都市以及盛泽、濮院、双林、新市等专业丝织市镇包括周围的乡村。

这一时期，江南丝织业在很大程度上脱离了农耕而成为专业化的生产，许多丝织生产是由城镇作坊中的"织工"完成的。在一份地方官员的报告中提到，1601年苏州城内丝绸业工人暴动，一旦城内的作坊倒闭，有数以千计的织

① 光绪《塘栖志》卷十八"风俗"引明人胡元敬《栖溪风土记》。
② 道光《南浔镇志》卷首。
③ 咸丰《南浔镇志》卷二十二，农桑二。
④ 朱国桢：《涌幢小品》卷二。
⑤ 咸丰《南浔镇志》卷二十一、二十二。
⑥⑦ 咸丰《南浔镇志》卷二十四"物产"。
⑧ 上引《乌青文献》卷三称："本镇四乡产丝不少，缘无机户，故价每减于各镇也"。
⑨ 民国《德清县新志》卷四。

工和印染工便会失去生计来源。① 清代乾隆年间，苏州"东城比户习织，专其业者不啻万家"②，杭州城内机户也是"以万计"。③ 有人统计，到18世纪，南京地区至少拥有40 000台丝织机，苏州地区和杭州地区各约20 000台以上，可以想见江南地区都市丝绸生产的规模之大。④

除了宁、苏、杭这些大都市之外，江南地区的市镇也是丝绸生产的集中之处。以丝织著称的江南市镇有盛泽、震泽、黄溪、新市、双林、濮院、王江泾、王店、石门、塘栖、临平、硖石、长安等，不下数十个。⑤ 正如明代张瀚所说："东南之利，莫大于罗、绮、绢、纻，而三吴为最。……今三吴之以机杼致富者尤众。"⑥

苏州府的震泽、吴江二县，以缫丝、织绸为主要手工行业。震泽以缫丝为主，"亦有兼事纺经及织绸者。纺经以己丝为之，售予牙行，谓之'乡经'；取丝于行，代纺而受其值，谓之'料经'。织绸则有力者雇人，贫者多自为之。其花样逐时不同，有专精此者，其受值较多于他工"。⑦ 唐甄《惰农》记述了震泽蚕农家庭"登机而织"的情况："一亩之桑，获丝八斤，为绸二十匹；夫妇并作，桑尽八亩，获丝六十四斤，为绸百六十四。"⑧ 邑中丝织名品则有"西绫，出黄庄者名黄绫，质厚而文；有庄绫、徐绫，并以姓著"。⑨

吴江绸业更盛，境内黄溪、盛泽等镇均以丝织著称。黄溪镇"绫绸所织，品种不一，或花，或素，或长，或短，或重，或轻，各有定式，而价之低昂随之。其擅名如西机、真西、徐绫、惠绫、四串之类，经纬必皆精选，故厚而且重。若南浜、荡北长绢、秋罗、脚踏、小花等稍轻，虽妇女亦有称能者"。⑩ 镇之"风

① 蒋以化：《西台漫记》。
② 乾隆《长洲县志》。
③ 彭泽益编：《中国近代手工业史资料》第二卷，三联书店1957年版，第74页。
④ 参见许涤新、吴承明：《中国资本主义的萌芽》，《中国资本主义发展史》第一卷，人民出版社1985年版，第370页。
⑤ 参见刘石吉：《明清时代江南市镇研究》，中国社会科学出版社1987年版；樊树志：《明清江南市镇探微》，复旦大学出版社1990年版。
⑥ 张瀚：《松窗梦语》卷四"百工记"。
⑦ 道光《震泽镇志》卷二。
⑧ 唐甄：《惰农》，贺长龄：《皇朝经世文编》第三十七卷，乾隆二十二年（1757）。
⑨ 道光《震泽志》卷十。
⑩ 道光《黄溪志》"土产"。

俗"，与丝织生产息息相关：

> 宋、元以来，居民尚少。至明熙、宣时，户口日增，渐逐机丝线纬之利，凡织绸者名曰"机户"。其时绫绸价，每两值银八九分，丝每两值银二三分，业此者渐致饶富，于是相沿成俗。入国朝，机户益多，贫者多自织，使其童稚挽花。殷富之家，雇人织挽。……为人佣织者，立长春、泰安二桥，待人雇织，名曰"走桥"，又曰"找做"。贫家妇为机户络丝，有竟日在其家者。小儿十二三岁，即令上花楼习学挽花。凡销绸者曰"绸领头"，每日收至盛泽、王江泾牙行卖之。花样轻重，必合北客意，否则上庄辄退。卖丝者曰"丝领头"，亦有大小之称，其开设牙行、招客来售者曰"大主人"，牵机户来买者曰"小主人"。经纬粗细，任机户自择，然后议价一切交易。……四月中，机房停织，谓之"歇新丝"。中元节，机户妇女必携糕果归省母家。中秋前后，进香南海天台、武林及平望小九华，络绎不绝。①

吴江丝绸产销尤以盛泽为最，"凡邑中所产，皆聚于盛泽镇，天下衣被多赖之"。② 这里明中叶"邑民始渐事机业"，逐渐相沿成俗，"人家勤织作，机杼辄晨昏"。③ "近镇四五十里间，居民尽逐绫绸之利"，以致"儿女自十岁以外，皆蚤暮拮据以糊其口，而丝之丰歉，绫绸价之低昂，即小民有岁、无岁之分也。"④ 盛泽所产丝织品种类繁多，"绸绫纱绢，不一其名。或花或素，或长或短，或重或轻，各有定式，而价之低昂随之"。⑤ 除了作为丝织生产的区域性中心之外，盛泽还是丝织品的区域性集散中心。竹枝词曰：

> 锦绫织就费千丝，花样鲜鲜是折枝；沽舶不远千里至，新杭桥外卸

---

① 道光《黄溪志》"风俗"。
② 乾隆《震泽县志》卷四。
③ 乾隆《吴江县志》卷五十。
④ 乾隆《震泽县志》卷二十五"生业"。
⑤ 同治《盛湖志》卷三"物产"。

帆迟。①

清顺治年间，邑人已充分意识到丝绸贸易对于镇民生计之重要性："镇之丰歉，固视乎田之荒熟，尤视乎商客之盛衰。盖机户仰食于紬行，紬行仰食于商客，而开张店肆者，即胥仰食于此焉。倘或商客稀少，机户利薄，则怨咨者多矣。"②乾隆时，更是"远商鳞集，紫塞雁门、粤、闽、滇、黔，辇金至者无虚日。以故会馆、旅邸、歌楼、舞榭，繁阜喧盛，如一都会焉"。③时人有诗志曰：

> 吴越分歧处，青林接远村。水乡成一市，罗绮走中原。
> 尚利民风薄，多金商贾尊。人家勤织作，机杼彻晨昏。④

嘉兴府桐乡县的濮院镇以出产"濮绸"著称。明中叶时，因"机杼之利，日生万金，四方商贾，负贩云集"而逐渐繁盛。⑤至万历间，"民务织丝苎颇著"，"居者渐繁，人可万余家"。⑥所产濮绸，因"练丝熟净，组织工致，质细而滑，柔韧耐久，可经浣濯"⑦而闻名遐迩，"万历中改土机为纱绸，制造尤工，擅绝海内"。⑧市镇规模因之急速扩张，"绵亘愈倍，傍镇瘠田亩值二三金者，争取为房基，加值过百金"。⑨清乾隆时，濮院全镇机业"十室而九"，"接领踵门"，"五月新丝时为尤亟"。⑩据载其"机户自镇及乡，北至陡门，东至泰石桥，南至清泰桥，西至永新港，皆务于织。"⑪周围四、五十里乡村中，形成了以濮绸为主要产品的丝织专业区。"凡机户短于资本，五月新丝登市，最为青黄不接之时，富者于此时，收买居积，一待京省镳至，市价腾贵，最获厚利"。"至于轻重

---

① 顺治《盛湖志》卷下"桥梁"。
② 顺治《盛湖志》卷下"风俗"。
③ 沈云：《盛湖杂录》。
④ 乾隆《吴江县志》卷五十"集诗"。
⑤⑧⑨ 乾隆《濮院纪闻》(抄本)，卷首，总叙。
⑥ 万历《秀水县志》卷一"市镇"。
⑦⑪ 沈廷瑞：《东畲杂记》。
⑩ 乾隆《濮镇纪闻》(抄本)，卷首，总叙；嘉庆《濮川所闻记》卷一"物产"。

晚清丝绸业史

诸货，名目繁多，总名曰绸。而两京、山东、山西、湖广、陕西、江南、福建等省各以时至，至于琉球、日本，濮绸之名，几遍天下"。① 各省商人在此设庄收买，"开行之名有京行、建行、济行、湘广、周村之别，而京行为最；京行之货，有琉球、蒙古、关东各路之异"。"货物益多，市利益旺，所谓日出万绸，盖不止也"。②

湖州归安县双林镇以丝绸产销为支柱产业。双林丝市闻名海内外，康熙年间唐甄在其所著的《潜书》中说："吴丝衣天下，聚于双林，吴越闽番至于海岛，皆来市焉。五月，载银而至，委积如瓦砾。吴南诸乡，岁有计百十万之益。"③同时，双林的丝织业亦著称于世。自明代隆庆、万历以来，"机杼之家相沿"，附近数十里，均以织造包头绢为业，"巧变百出"。"商贾云集牟贩，里人贾鬻他方，四时往来不绝"。④ 入清之后，双林绸市尤盛，销路愈广，每年"端午前后，闽、广聚贸于镇"。⑤

德清县新市镇，又名仙潭，明代已具相当规模，"街衢市巷之整，人物屋居之繁，琳宫梵宇之壮，茧丝粟米货物之盛，视唐栖较胜，盖俨然一大邑也"。⑥这里蚕、桑、丝、绸各业均甚可观，"鬻桑盛时呼为叶行"，"收丝盛时呼为丝行"；"大抵蚕丝之贡，湖郡独良，而湖郡所出，本镇所得者独正，外以皆其次也"。⑦ 比较起来，丝织业更为有名，产品有丝绸、绵、线绸等不同种类，"本镇妇女皆务织此"。地方志载："丝、线二绸，通邑皆出；绵绸则惟菱湖镇出者为上，而此镇次之。今为岁办，以供上用。"⑧

有明一代，官营丝绸手工业登峰造极，除了"两京织染"分设北京和南京之外，还有一系列的地方织染局，其中历时最久、名气最响、规模最大的就是苏州和杭州的织染局。清朝沿袭了明代江南三织造的旧制，除在北京设立织染局外，只在江宁、苏州、杭州三处设织造局。江南三个织造局直接控制的织机

---

① 乾隆《濮镇纪闻》(抄本)，卷首，总叙。
② 沈廷瑞：《东畲杂记》。
③ 唐甄：《潜书》，《皇朝经世文编》卷三十七"教蚕"。
④ 乾隆《湖州府志》卷十五。
⑤ 乾隆《东西林汇考》卷四《土产志》。
⑥ 嘉靖《德清县志》卷一。
⑦⑧ 正德《新市镇志》(清抄本)。

不到 2 000 张，工匠只有 7 000 多人，与当时江南以十数万计的民间织机和数十万民间工匠实在不成比例，但是清代除在京城设立内织造府之外，官营织造只设在江南而不设在别处这一事实本身，即充分证明了明清时期的江南地区已经无可争辩地成为中国蚕桑丝绸生产的中心。

四、珠江三角洲的崛起

值得注意的是这一时期珠江三角洲蚕桑丝绸生产的崛起。"珠江三角洲一带为中国人口密度最高的地区，其居民从事专业养蚕，以之谋生。……珠三角地区密集型蚕桑业出现的原因，大致说来是拜北纬二十三度以南的热带气候和三江冲击所形成的三角洲肥沃土地所赐。"①

"广东珠江三角洲蚕桑业的商品化生产，从史料上看是十六、十七世纪的事情"。② 广东本非蚕桑区，长期来有"果基鱼塘"的生产习惯，这是一种以种植业与水产养殖相结合的生态型复合式农业经营方式，主要集中于南海、顺德一带。"广州诸大县村落中，往往弃肥田为基以树果木，荔枝最多，……基下为池以蓄鱼，岁暮涸之，至春以播稻秧"。③ 由于市场需求的刺激，大约自明末清初起，"弃田筑塘，废稻树桑"开始在珠江三角洲一带蔚然成风，越来越多的人把原来的果基改为桑基，形成了大面积的"桑基鱼塘"。基种桑，塘蓄鱼，桑叶饲蚕，再以蚕粪喂鱼，塘泥肥桑，逐步形成了发达的蚕桑生产基地。④ 桑基鱼塘的经济效益远比种植水稻为高。由于珠江三角洲气候温暖，土地低平肥沃，种桑一年可采叶 8—9 次，为养蚕业提供了充足的饲料，"广蚕岁七熟，

---

① 日本蚕丝业同业组合中央会编：《支那蚕丝业大观》，东京冈田日荣堂 1929 年版，第 888 页。
② 汪敬虞：《关于继昌隆缫丝厂的若干史料及值得研究的几个问题》，《学术研究》1962 年第 6 期。
③ 屈大均：《广东新语》卷二十二"鳞语"。
④ 从社会经济发展史的大环境来考察明清时期珠江三角洲"桑基鱼塘"发展的原因，应该说，它是世界海洋经济（包括广东海洋经济）发展的产物。所谓海洋经济，是泛指海洋沿岸国家或地区的渔捞、航运、贸易等经济活动以及为这些活动提供劳力、资金、技术、商品和市场等的陆地（主要指沿海地区）的经济活动。可以说，明清时期珠江三角洲的"桑基鱼塘"本质上是为当时海洋经济的发展提供劳力、资金、技术、商品和市场等陆地经济活动带动下发展起来的，是一种贸—工—农结合的经济模式。

闰则八熟"。① 从而大大提高了蚕丝年产量,造成了远远超过种植水稻的经济效益。

与之相吻合,珠江三角洲的蚕桑业区域,大体上也是分布在以顺德县、南海县为中心,"东西三十哩、南北五十哩的地域内。桑园分布北从广三铁路(广州至三水)沿线开始,渐次向南进入顺德县境,蚕桑业气氛逐渐浓厚,由顺德县再向南到香山县北部,桑园逐渐稀少。东自外海起,西至西江沿岸。这一区域内的蚕茧产额少说也占全省八成,还有桑苗种植地、蚕种制造场所,其他蚕茧交易、缫丝生产等各个分业也都很发达,丝绸业堪称繁盛。"② 从马士的《东印度公司对华贸易编年史》可知,清代前期,广州输出的生丝就有"南京丝"和"广东丝"之分,到 17 世纪末 18 世纪初,广东丝的输出在中国生丝出口中已经占有不小的比重。③

由于直接以海外市场的刺激为动因,珠江三角洲的蚕桑生产从一开始就表现出高度的商品化和专业化。日本学者铃木智夫指出:"广东的蚕丝生产,是以明清时期广东在海外贸易商路上的优越地位为背景而开始兴起的"。它与明末以来已经贩卖于全国的江浙蚕丝生产相比,不仅生产区域有限,国内市场也比较狭小,因此"一开始就是以海外市场作为其不可缺少的生存条件"。④ 不仅城市的丝织生产以满足国内外市场的需求为导向,就连乡村农家的蚕桑丝绸生产的各个环节,也都不同程度地依赖于市场。"乡大墟有蚕纸行,养蚕者皆取资焉。每岁计桑养蚕,有蚕多而桑少者,则以钱易诸市。桑市者,他乡之桑皆集于此也。所缫之丝率不自织,而易于肆。"⑤ 可以说,在这里,无论市民还是农民,对丝绸市场行情变动、丝绸价格和利润的关心,超乎其他地区

---

① 屈大均:《广东新语》卷二十二"虫语"。
② 日本蚕丝业同业组合中央会编:《支那蚕丝业大观》,东京冈田日荣堂 1929 年版,第 888—889 页。
③ 参见马士著,中国海关史研究中心组译:《东印度公司对华贸易编年史》,中山大学出版社 1991 年版。按:关于粤丝开始外销的时间有不同看法,一般认为在咸丰初年(参见周朝槐等编纂:民国《顺德县续志》、李泰初编:《广东丝业贸易概况》等),与其类似的看法是认为在道咸之间。也有人认为是在咸同间。但据美国人马士的《东印度公司对华贸易编年史》记载,早在清朝早期,广州输出的生丝就有南京丝和广东丝之分,到 17 世纪末 18 世纪初,广东丝在广州输出生丝中已占有不小的比例。
④ 铃木智夫:《洋务运动の研究》,汲古书院 1992 年版,第 420 页。
⑤ 温汝能纂:嘉庆《龙山乡志》卷十二。

之上。

从 15 世纪到 19 世纪 30 年代末，明清两朝政府基本上实行"时开时禁，以禁为主"的海禁政策，却对广东实行开放对外贸易的特殊政策。明嘉靖元年（1522），"遂革福建、浙江二市舶司，惟存广东市舶司"；① 清乾隆二十二年（1757），撤销江海关，浙海关和闽海关，规定外国番商"将来只许在广东收泊交易"。② 清政府限定广州独口通商，将与西洋各国的贸易集中于粤海关一口，广东成为中国合法对外贸易的唯一省区，省会广州则是全国唯一合法进出口贸易的第一大港，而且是"印度支那到漳州沿海最大的商业中心。全国水陆两路的大量货物都卸在广州"。③

在这种情势下，世界各国商人来中国贸易，都只能萃集到广州进行。据不完全统计，1553—1830 年间，共有约 5 亿两白银运来广州购买中国的生丝、丝织品、瓷器、茶叶等手工业产品，其中尤以丝货为著。例如，明嘉靖三十五年（1556）后，葡萄牙人从广州购买大量丝货，"每年由葡人输出之绢约五千两三百箱。每箱装绸缎百卷，薄织物一百五十卷"运往欧洲；④ 万历十四年至崇祯十七年（1586—1644），每年从广州经澳门运往日本的生丝达 2 460 担，价值白银 1 476 000 两。⑤ 万历六年至康熙十二年（1578—1673），从广州经澳门输出到日本的生丝共约 12 939 275 斤，⑥ 平均每年为 300 913 斤。外国商人盛赞："从中国运来的各种丝货，以白色最受欢迎，其白如雪，欧洲没有一种出品能够比得上中国的丝货。"⑦

到了乾隆年间（1736—1795）后，虽然丝货在广东出口的商品中退居茶叶之后居第二位，但每年输出的生丝和丝绸仍然达到 20—33 万斤。广州口岸的

---

① 《明史》卷七十五《职官四》。
② 《清高宗实录》卷五百五十，乾隆二十二年十一月戊戌。
③ 考太苏编译：《皮莱斯的远东概览》第 1 卷，序言，第 116 页。
④ Anderw Ljungestedt, *A Historical sketch of Portuguese in China and of the Roman Catholic church and Mission in China*, Boston 1836. Hong Kong 1992.
⑤ C. R. Boxer, *The Great Ship from Amacon: Annal of Macao and the Old Japan Trade, 1555—1640*, Lisboa, 1963, p. 144.
⑥ 转引自黄启臣：《黄启臣文集——明清经济及中外关系》，香港天马图书有限公司 2003 年版，第 321 页。
⑦ Geo Philipa, *Early Spanish With Chang Cheow*，载《南洋问题资料译丛》1957 年第 4 期。

丝绸外贸几乎囊括了中国丝绸对外贸易的全部，成为中国丝绸外贸的唯一中心。国外生丝及丝织品的采购都集中到广州，生丝需求量剧增，价格日昂。占尽天时地利的广东，开始在生丝输出贸易上扮演越来越重要的角色，其中已有相当数量为珠江三角洲本地所产。珠江三角洲出产的生丝在经由广州出口的生丝中所占比例显著增加。17世纪末18世纪初，外国商人已经意识到，广东丝尽管在质量上与江浙湖丝尚有差距，但在价格上相对低廉，也比较稳定。①大约自1810年起，英国东印度公司董事会鼓励它的商人积极购买广东生丝。当年东印度公司"董事会在本季度第一次命令购入100担广东丝"。本年度英国散商和美国商人也分别购进广东生丝358担和226担，广东生丝出口初见规模。到1828年，在英国商人出口的7 248担生丝中，广东生丝有2729担，已经占了很大的比例。②到鸦片战争前不久，清道光十年（1830），在广州出口的广东生丝已经增至36.8万斤，占当年在广州出口的中国生丝总数的52.2%。③如此大量的广东生丝和丝货外贸出口的拉力，必然大大刺激和促进珠江三角洲桑基鱼塘生产的日益发展。

表 1-1　鸦片战争前从广州出口的商品　　　　　　　　　　　单位：银元

年份	茶　叶	生　丝	丝织品	出口总值 （包括杂项商品）
1817	10 707 017	635 440	984 000	15 566 461
1821	11 785 238	1 974 998	3 015 764	20 518 936
1825	13 572 892	2 318 950	2 820 255	22 229 791
1830	10 551 385	1 693 320	2 226 787	17 602 365

资料来源：马士著，中国海关史研究中心组译：《东印度公司对华贸易编年史》，中山大学出版社1991年版，第3卷，第4卷。

---

① 马士著，中国海关史研究中心组译：《东印度公司对华贸易编年史》，中山大学出版社1991年版，第1卷，第88页。
② 马士著，中国海关史研究中心组译：《东印度公司对华贸易编年史》，中山大学出版社1991年版，第3卷，第134页。
③ 《珠江三角洲农业志》（四），1976年版，第41—42页。

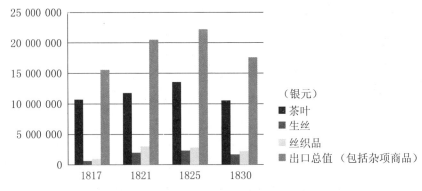

图 1-1　鸦片战争前从广州出口的商品

图例（银元）：
- 茶叶
- 生丝
- 丝织品
- 出口总值（包括杂项商品）

　　国际市场对丝绸的需求进一步刺激了珠江三角洲蚕桑业的发展，乾、嘉年间甚至出现"弃田筑塘，废稻树桑"的热潮，形成了一个以南海县九江为中心，"周回百余里，居民数十万户，田地一千数百顷，种植桑树以饲蚕"的大面积、专业化的蚕桑生产基地。① 据估算，1840 年前珠江三角洲的生丝产量约为每年 5 000 担。② 这就为鸦片战争以后珠江三角洲近代缫丝工业迅速崛起奠定了基础。当地农家植桑育蚕，缫丝成为一种十分普遍的家庭手工业，有一首《竹枝词》这样写道："呼郎早趁大冈墟，妾理蚕缫已满车；记问洋船曾到几，近来丝价竟何如？"③ 可见墟市的丝价已经与国际市场的需求发生了密切联系。

　　由于广东地区属亚热带气候，桑叶的生长期很长，蚕儿一年之中可以多次饲育，甚至达到一年八回。这使广东地区发展蚕桑业生产具有某种得天独厚的优势，但是，相对于江浙蚕丝，广东丝又有脆弱易断的缺点。为了弥补这一缺陷，当地直接向外输出生丝较少，更多是由省城广州和佛山、南海、顺德、三水等处的"机房"加工成丝织品向外输出。在丝织生产方面，明代粤缎、粤纱在海内外已经享有一定声誉，然而产量有限。入清以后，随着蚕桑业的崛起，珠江三角洲的丝织业也发展迅速，产品在国内外市场已经享有较高声誉，史称

---

① 刘志伟：《试论清代广东地区商品经济的发展》，《中国经济史研究》1988 年第 2 期。
② 见张丽：《鸦片战争前的全国生丝产量和近代生丝出口增加对中国近代蚕桑业扩张的影响》，《中国农史》2008 年第 4 期。
③ 张臣：《竹枝词》，温汝能纂：嘉庆《龙山乡志》卷十二。

"广纱甲天下"。据说"粤缎之质密而匀，真色鲜华，光辉滑泽"；"粤纱，金陵、苏、杭皆不及"。①当时畅销国内外市场的已有缎、绸、绢、绣等大类多种产品，其中"线纱与牛郎绸、五丝、八丝、云缎、广缎，皆为岭外、京华，东、西二洋所贵"。②清初，佛山丝织业已有八丝缎行、什色缎行、元青缎行、花局缎行、绉绸行、绸绫行、帽绫行、花绫行、洋绫绸行、金彩行、扁金行、机纱行、斗纱行等十八行。③道光初年，佛山仅帽绫一行即有机房202家，西友织工1100多人；丝织各行合计，至少有数千织工。④表现出仅次于江南地区的又一个蚕桑丝绸生产中心的气象。史载鸦片战争后不久的19世纪七八十年代时，珠江三角洲的广州、佛山、南海、顺德、三水一带"机房"林立，丝织手工业工人多达十几万人。⑤鸦片战争前当不会与此有多大出入。

五、四川丝绸业余韵犹存

宋代的四川盆地曾是中国蚕桑丝绸生产的一大重镇，地位可与长江三角洲和黄河下游两个地区鼎足三立。明清时代，丝绸仍是四川重要的贸易商品，市场则主要为邻近的云南、贵州、湖北、陕西、西藏等省区，并沿着古已有之的"茶马古道"和"西南丝绸之路"输出缅甸、印度等国家。茶马古道向西而行，是连接汉区和藏区的主要贸易通道，从雅安经泸定、康定、巴塘、昌都至拉萨、日喀则等地，由此出境到尼泊尔、印度。西南丝绸之路则南向而行，由成都分东西两路进入云南、缅甸直至印度，进而远达中亚和欧洲。在这两条商业大通道上，生丝和丝织物都是非常重要的商品。川省方志载："丝，属县俱出，惟乐山最多。其细者，土人谓'择丝'，用以作䌷，或贩至贵州，转行湖地，冒称湖丝；其粗者，谓之'大夥丝'，专行云南，转行缅甸诸夷。"⑥

---

① 张嗣衍等：乾隆《广州府志》卷四十八"物产"。
② 屈大钧：《广东新语》，第458"纱缎"条，中华书局1985年版，第427页。
③ 康熙年间，顺德县商人梁俊伟到佛山创立机房，从事丝织业生产。方志称："梁俊伟，字桂轩，顺德水藤乡人。康熙间佛山创立机房，名梁伟号，因家焉。诚实著闻，商业遂振"（汪宗准等：《民国佛山忠义乡志》卷十四《人物》）。
④ 罗一星：《明清佛山经济发展与社会变迁》，第207—208页。
⑤ 参见广东文史研究馆：《三元里抗英斗争史料》，1979年刊，第177—191页。
⑥ 嘉庆《嘉定府志》卷七，方舆志，物产，货之属。

明中叶以后，随着植棉业的兴起和棉纺织业的推广，四川的蚕桑业也不复往日之盛。川省蚕业生产主要集中在川北的嘉陵江、渠江、涪江流域各州县和川西南的岷江、沱江下游与长江上游所交汇的嘉定、叙州、泸州一带，估计鸦片战争前夕，四川年产蚕茧约为 26 000 担左右，年产生丝约为 2 000 担上下。[1]这一时期，太湖流域的杭州、嘉兴、湖州、苏州一带成为中国蚕桑业的主产区，珠江三角洲的蚕桑业正在崛起，相形之下，四川的蚕桑丝绸生产尽管余韵犹存，但规模已经大为缩小。

清中叶前后，四川省的蚕桑生产在成都平原徘徊不前，而在省内丘陵、低山地区则较有起色，桑树种植和蚕丝产量以川北、川西为多，当地"食于田者，多以种桑织丝、纺纱织帛，而佐家资"。[2]在保宁、顺庆、潼川、绵州、成都五府的 46 个州县中，产丝者达 35 个；此外尚有雅州、眉州、资州、嘉定府等重要产丝地区。[3]"除此以外，大概还可以补充其他少数县份。"[4]详见下表：

表 1-2　鸦片战争前四川重要产丝区域一览表

区域	州县数	州　县　名
潼、绵区	9	三台、盐亭、射洪、遂宁、中江、绵州、绵竹、德阳、梓潼
保宁区	5	阆中、苍溪、剑阁、昭化、广元
顺庆区	10	南充、西充、篷溪、营山、仪陇、岳池、广安、渠县、达县、南部
重庆区	6	巴县、江北、璧山、合川、铜梁、永川
万县区	6	万县、云阳、奉节、开县、忠州、梁山
嘉、叙区	24	乐山、峨眉、洪雅、夹江、丹棱、犍为、荣县、青神、彭山、眉山、井研、仁寿、雷波、马边、峨边、宜宾、庆符、高县、筠连、长宁、珙县、兴文、屏山、富顺
成、华区	6	成都、华阳、双流、新都、温江、新繁

资料来源：王笛：《跨出封闭的世界——长江上游区域社会研究》，中华书局 1993 年版，第 31 页。

---

[1]　估算过程参见张丽：《鸦片战争前的全国生丝产量和近代生丝出口增加对中国近代蚕桑业扩张的影响》，《中国农史》2008 年第 4 期。

[2]　乾隆《梓潼县志》。

[3]　参见彭泽益编：《中国近代手工业史资料》第 2 卷，生活·读书·新知三联书店 1957 年版，第 89 页。

[4]　Letter By Baron von Richthofen on the Provinces of Chili, Shansi, Shensi, Sz'-Chwan, with notes on Mongolia, Kansu, Yunnan and Kwei-chau（Shanghai, 1872）, pp. 50—51.

四川农户以自给自足的方式从事蚕桑生产，多是农民"利用零碎土地、闲暇时间来从事的"，"很少有像江浙一带成大块桑田者，多数都种植在路旁、田边、地角与住宅附近的隙地"，①因而蚕桑业和缫丝业一直牢固地结合于小农经济内部，停留在小农个体经营阶段。桑树种植不多，育蚕数量就少，生丝产量也就受限。道光年间，蚕桑业是保宁府（今巴中地区）农家最主要的副业，其中武胜县龙灵乡 1826 年时有桑树 30 000 余株，如按平均 200 株桑树出产 10 斤生丝计算，不过年产生丝仅约 15 担。②

农家所产蚕丝，主要通过两种途径流入市场：商贩上门收买和附近集市交易。四川农村集市的密集性，以及集市贸易的灵活性，使之成为当地桑、蚕、丝、绸流通的基本渠道。清嘉庆前后，川省约有"场"3 000 左右，③以这种区域市场为中心，每个市场的平均服务范围约在 40—100 平方公里，构成了川省市场网络的基础，遍布于蚕桑丝绸生产的农村区域。随着市场的逐渐活跃，丝绸商品的流通开始扩大，不再局限于区域内市场，而是向区域外市场甚至国际市场延伸。例如，川北保宁府的商人常将当地生丝运销湖北汉口，再收购棉布回川销售，获利巨万，甚至成为当地发财致富的不二法门。方志载："利之厚者，无过于转贩丝布，收本地之丝，载至湖北汉口变卖，买布而归，邑人之致富者，率操此业也。"④

第二节
生产组织的演变

一、丝绸生产的基本形态

早在遥远的上古时代，中国就已经形成了管理丝绸生产的组织机构。夏

---

① 姜庆湘：《四川蚕丝业》，1946 年，第 22 页。
② 《南充蚕丝志》，前言。
③ 高王凌：《乾嘉时期四川的场市网及其功能》，中国人民大学清史研究所：《清史研究》第五辑，中国人民大学出版社 1985 年版。
④ 咸丰《阆中县志》卷三《风俗志》。

朝是中国历史上第一个奴隶制王朝，已经具备正式的国家机器与职官，但是文献记载却零星散乱，真伪莫辨，如有"六卿"、车正、牧正、庖正、兽臣、仆夫等等，有些显然是后代官名附会上去，有些则可能是当时实际存在的，可惜载籍佚失，无从稽考了。幸喜甲骨文的客观记录和周初人们的言论，为我们留下了较为确实的商朝官制的原貌。手工业部门的职官，最高的，文献上称为"司空"，①甲骨文称"司工"。②司工的下属有"右尹工"、"左尹工"之类，当时乃是"工商食官"的体制，手工业生产者集体编制，分为右、中、左等组织。不过，对商代丝绸生产组织的情况，我们还不甚了了，只是从古代典籍中依稀了解到当时设有一种称为"百执事"（"百工"）的官吏，率领和监督工奴从事着包括丝绸织造在内的手工业生产。

相形之下，周代丝绸生产组织的情况则似乎要明晰得多了。《周礼》是记载周代王室官制的书籍，其中与丝绸生产有关部门的官吏就有多人。"典妇功"是掌管宫内妇女劳作的官吏，他们负责教授宫内的九嫔、世妇、宫女等织造丝绸的技术，并且负责办理派工、检验、奖惩等事宜。"典妇功"下属"典丝"、"典枲"、"司内服"、"缝人"、"染人"五个部门，分别负责丝织原料的发放、丝绸织品的染色和服装饰物的裁制。这些部门的管理人员和操作人员的编制，也已经有了明文规定。例如，"缝人"部门中相当于工头的"奄"为 2 名，"女御"为 8 名，有技术的"女工"为 80 名，干粗活的"奚"为 30 名。在距今两千多年前的周代，就已经有了这样严密细致的生产分工和劳动组织，确实难以想象，却又令人无法不予置信。《左传·成公二年》中有这样一段记载："成公二年，……楚侵鲁，鲁贿之以执斲，执针、执纴皆百人"。"执针"、"执纴"是从事缝纫、织绸的工奴，鲁国并不是当时第一流的诸侯国，却有能力一次就以如此众多的从事丝绸制作的工奴送给楚国，由此可以想见当时丝绸官营手工业的规模之大了。这作为周代丝绸生产组织的一个佐证，大概是不成问题的。

战国时期，丝绸生产除了官营手工业外，农民的家庭手工业和独立生产者

---

① 《尚书序》云："咎单作明居。"马融注说咎单为汤司空。
② "壬辰卜贞：惟弓令司工？""己酉贞：王其令山司我工？"此二辞"司"为动词，由动宾结构词组形成专有名词，古代习见，彼此的实际意思是一致的。

的个体手工业也有了一定程度的发展。封建制度取代奴隶制度，也就意味着一家一户的个体小农生产的方式在中国确立，"男耕女织"成为中国农业与手工业相结合的小农经济的典型形态，"农夫早出暮入，耕稼树艺，多聚菽粟，此其分事也；妇女夙兴夜寐，纺绩织纴，多治麻丝葛布，此其分事也"。[1] 各诸侯国向农民征收赋税，除了"粟米之征"以外，还有"布缕之征"，遂使这种"男耕女织"的一家一户个体小农的生产组织，成为中国封建社会经济的主要特征，也日渐成为中国蚕桑丝绸生产的主导形式。此外，尚有独立经营的个体手工业者，其一部分是由官府手工业分化而来，另一部分则是脱离了农业生产发展起来，随着丝绸商品市场的扩大，在个体手工业已经出现了手工作坊。

到了秦汉时期，随着社会经济的发展，中国进入了大一统的中央王朝统治时期，丝绸生产比较明显地形成了官营手工业、独立手工业和农村副业三种成分并存的结构。汉承秦制，《汉书·百官公卿表》记载："少府……属官有东织、西织。"各拥有上千工匠，专门织造宫廷贵族享用的提花或刺绣的丝绸织物，每年花费5 000万钱以上。除了宫廷直接经营的手工工场外，还在盛产丝绸的地方，如山东齐郡、临淄，河南陈留郡、襄邑等处设置"服官"，负责提供宫廷和官府所需要的丝绸服装，亦拥有数千工匠，每年花费数千万乃至上亿钱。有研究者指出："除相对复杂外，蚕丝制造业还具有另一个特点：自古以来，它就由政府直接创办和严密控制。蚕丝不仅仅是税收系统的一部分，而且早在汉代以来，宫廷就建立了官用丝织物的制造厂。宫廷把这些丝绸做成礼服和日常服装，作为酬劳文武官员的一种方法，而且也作为贸易和朝贡关系中的一种极其重要的物品。"[2]

官营丝绸手工工场之外，豪门富户的私家手工工场、独立小生产者的手工作坊和农民家庭副业生产的丝绸，也有相当数量。西汉的张安世，尊为公侯，食邑万户，夫人自纺绩，家僮七百人，皆有手技作事。[3] 桑弘羊举例说："陇、蜀之丹漆旄羽，荆、扬之皮革骨象，江南之楠梓竹箭，燕、齐之鱼盐旃裘，兖、

---

① 《墨子·非乐上篇》。
② 李明珠著、徐秀丽译：《中国近代蚕丝业及外销（1842—1937）》，上海社会科学院出版社1996年版，第44页。
③ 班固：《汉书·张安世传》。

豫之漆丝绨纻,养生送终之具也。"① 据说山东齐郡和河南襄邑,几乎每个妇女都掌握了从事丝绸生产的熟练技巧。时人称:"齐郡能刺绣,恒女无不能者;襄邑善织锦,恒妇无不巧者,日见而手狎也。"② 汉代有政治头脑的统治者,在提倡"重农"时,都是把"农桑"、即粟米布帛的生产联系起来,强调"一夫不耕,或受之饥;一女不织,或受之寒"。③ 一匹布帛可以做成大人一身衣服,中等自耕农家庭一年可以织成几匹布帛。农家女子在出嫁之前,都要学会纺织的基本技能,并且终身从事这项劳作。一些精明强干的地方官吏,也把发展丝绸生产作为济世富民的重要措施来加以提倡鼓励,从而"人得其利,郡以殷富"。

二、官营手工业的组织与规模

古代中国的蚕丝织造业不仅产生出一系列先进的传统技术,同时也形成了传统经济组织的一种先进形式。"虽然养蚕和缫丝基本上仍是家庭活动,但是丝绸的织造,尤其是高质量丝绸的织造,则趋向于成为专门化的事业。丝绸的织造比其他阶段要求更复杂的技术;而且,织造高质量丝绸的大型织机要求更大的投资。在结构的可能范围内,一头由家庭生产生丝和简单的丝织物,另一头由企业织造高质量的丝织物"。④

在中国古代丝绸生产结构的演变过程中,形成了两个明显的趋势:其一,官营手工业的组织越来越周密,分工越来越细致,总体规模则越来越萎缩。以唐代而论,属皇家直辖的主要机构为少府监,它管理百工制作皇室器物,下辖中尚署、左尚署、右尚属、染织署和掌冶署,五署共有工匠一万九千余人。与皇室生活关系最为密切的染织署,生产高档的丝织品,下辖25作:织纴之作(即织造丝绸的作坊)有十,分担布、绢、絁、纱、绫、罗、锦、绮、繝、褐等织物的织造;组绶之作(即制带作坊)有五,生产组、绶、绦、绳、缨;紬线

---

① 《盐铁论·本议》。
② 《汉书·地理志》。
③ 《汉书·食货志》。
④ 李明珠著、徐秀丽译:《中国近代蚕丝业及外销(1842—1937)》,上海社会科学院出版社1996年版,第44页。

之作有四，制造䌷、线、絃、纲；练染作坊有六，分染蓝、红、黄、白、黑、紫六种色彩。①染织署工匠均具高超技艺，号称"巧儿"，如绫锦坊巧儿有365人，内作使绫匠83人，掖庭绫匠150人，内作巧儿42人。②除宫廷丝织工场之外，在地方诸州还设有织锦坊，也是由少府监遥控管辖的官营丝织手工工场。

宋代的丝绸官营手工业比起唐代来毫不逊色。除了在汴京设有专为宫廷生产的绫锦院和染织院以外，地方上还设有一大批官办丝织手工工场，其中著名的有四川成都的织锦院，梓州、益州的锦绮工场，江浙一带的江宁织罗坊、润州织罗坊、常州织罗坊、湖州织罗坊、杭州织锦院，还有中原的河北大名府绉縠织造工场、河南洛阳的锦绮工场，等等。宋神宗时，成都府织锦院有机房11间，织机154台，织工583名，每年用丝11万5千两，染料21万1千斤，织造锦缎1 500匹。到徽宗时，苏杭织造局由徽宗宠臣童贯掌管，竟有9 000多名工匠在为皇室生产绸缎。③

明代的官营手工业仍然分中央和地方两大系统。明朝初年，曾先后在四川、山西、江苏、浙江、安徽、福建、河南、山东诸省的一些地方设置了25个官营织染局，其后有些停废，有些保留下来。④在这些官营织造局中，据《明会典》记载，属于中央的有4个织染局，分别设在北京和南京。南京一地，就有内织染局、神帛堂和留京供应机房等官营织造机构，其中仅内织染局一家，就有织机300多张，役使工匠3 000多名。地方上设置的织染局，最为著名、延续最久的当数苏州和杭州两地。以苏州织染局而论，"肇创于洪武，鼎新于洪熙"，"厅庑垣宇，巍然弘丽"，共有房屋245间，分为东纻丝堂、西纻丝堂、纱堂、横罗堂、东后罗堂、西后罗堂六堂。⑤额设各色工匠1 700多人，有高手、扒头、染手、结综、掉络、接经、画匠、花匠、绣匠、折段匠、织挽匠等

---

① 《唐六典》卷二十二《少府监》。
② 《新唐书·百官志三》。
③ 《宋史》卷一百七十五"食货志"。
④ 到成化年间（1465—1487），这些织造局中有许多已停止生产，形成惯例的是养蚕业不发达地区从丝绸织造业中心购买丝绸以完成上贡定额。到明末，维持运转的只有以苏州、杭州为主要中心的少数地方的织造局。
⑤ 文征明：《重修织染局志》。

名目。局中督织和管理人员则有大使 1 员、副使 2 员，局吏、堂长、写字等多人。[1] 官营丝绸织染局每年除了按常例织造定额外，还要负责让各地民户织造彩缎，称为"加派"。仅万历十五年（1587）一年中，"加派"数就达 848 877 匹之多。[2]

清代的官营织造手工业，无论从地区分布还是规模大小来说，都比明代有所缩减。一方面，在京城里设置内织染局，管理"上用"和"官用""缎纱染彩绣绘之事"；[3] 另一方面，在江宁、苏州和杭州三处设置织造局，史称"江南三织造"。[4] 康熙年间，三局共有织机 2 135 台，到乾隆年间又减为 1 863 台。参见表 1-3：

表 1-3　清代"江南三织造"织机数量　　　　　　　　　　　　　　　　单位: 台

地　点	顺治康熙年间		雍正三年		乾隆十年
	缎机	部机	缎机	部机	织机
江宁局	335	230	365	192	600
苏州局	420	380	378	332	663
杭州局	385	385	379	371	600
合　计	2 135		2 017		1 863

资料来源: 孙珮:《苏州织造局志》,卷四,"机张"。

与官营织造局规模的缩小和机张的减少相反，江南织造局中匠役的分工则更为细密。以苏州织造局为例，有所官、总高手、高手、管工、管料、管经纬、管圆金、管扁金、管色绒、管段数、管花本、拣绣匠、挑花匠、倒花匠、折段匠、结综匠、烘焙匠、画匠、看堂小甲、看局小甲、防局巡兵、花素机匠等各色名目达 22 种之多。[5] 官营丝织手工业内部分工的细密和组织机构的完备，标志着中国丝绸织造技术的逐渐成熟和管理水平的不断提高，因为一般说来，历代官营手工业的技术水准，就代表着当时丝绸手工业的最高技术水平。

---

[1]　孙珮:《苏州织造局志》。
[2]　《明神宗万历实录》卷一百八十七。按，该数字中包括部分布匹。
[3]　《清朝通志》卷六十六"职官"。
[4]　"江南三织造"中，先以苏州局设机最多，杭州局次之。雍正三年（1725），苏、杭两局都减少，江宁局稍有增添。到乾隆十年（1745），三局设机规模已接近平衡。
[5]　陈有明:《重修苏州织造局志》。

表 1-4　明清苏州织造局机张匠役变化表

	年　　代	机张	工匠、人役		资料出处及说明
明	洪熙元年（1425）		1 700		万历《长洲县志》卷五《县治》附官署
	嘉靖二十六年（1547）	173	680		文征明:《重修苏州织染局记》
清	顺治四年（1647）	800	2 300	240	陈有明:《织造经制记》
	顺治八年（1651）	800	2 300	272	孙珮:《苏州织造局志》卷四《机张》
	康熙二十二年（1683）	800	2 602		同上
	康熙二十四年（1685）	752			雍正《大清会典》卷二百一《工部织造》
	康熙二十六年（1687）	710			同上
	雍正三年（1725）	710			同上
	雍正十年（1732）	663	1 932	243	同上
	雍正十二年（1734）	686	2 220		同上
	乾隆元年（1736）	691	2 236		
	乾隆三年（1738）	689	2 229		乾隆年间机张数根据口粮数推算而
	乾隆七年（1742）	660	2 138		得;匠役数根据乾隆年间与顺治年
	乾隆二十年（1755）	654	2 116		间机张匠役比例推算而得。见乾隆
	乾隆四十年（1775）	654	2 116		《大清会典则例》卷三十八《户部·
	乾隆五十年（1785）	654	2 116		库藏》。
	道光十七年（1837）	655	2 119		
	道光十八年（1838）	653	2 113		

　　总之，时至明清，中国丝绸手工业的产业结构经过长期发展，逐渐清晰起来。正如研究者所说:"首先，供给宫廷的高级丝织物，例如缎的织造，变得集中于三个官营织造局，而不是分散在许多地方。第二，其他类型华贵丝绸（例如绫和绸）的织造分散到中等规模的城市，而一般丝织物（例如绢）的织造继续广泛地散布于城市和农村的许多地方。第三，在明代和清代，为商业目的而制造的蚕丝极大地增多了，这是一个事实，就像'资本主义萌芽'的辩护者所指出的那样，但是政府在这一过程中起了很大的作用。"①

三、民间丝绸生产的地位和意义

　　另一个趋势，则是民间丝绸生产越来越普遍，在丝绸总产额中所占比重越

---

① 李明珠著、徐秀丽译:《中国近代蚕丝业及外销（1842—1937）》,上海社会科学院出版社1996年版,第51页。

来越大，也越来越成为丝绸生产的主力。在商周时代，丝绸生产虽然已较普及，但是对于平民来说，丝帛仍然是可望而不可即的稀罕之物，官营丝绸手工业在当时丝绸生产结构中占据着举足轻重的地位。秦汉时代，官营手工业唯我独尊的地位已经动摇，民间丝绸生产日渐展开，从当时社会上"富者绮绣罗纨，中者素䌷锦冰，常民被后妃之服"①的奢华风气来看，民间丝绸生产已经有了相当程度的发展是毋庸置疑的。衣着水平之高，丝绸需求量之大，这些都需要民间丝绸业的较大发展才有可能。

在某种意义上，民间丝绸生产的发展，似乎可以说是中国赋税制度变革的一个结果。中国古代，国家贡赋除征收粮食外，还征收绢、帛、丝、布，自上古直到明清，历朝皆然。汉代中叶，实施"均输"政策，开始在部分地区以丝绸实物征税。东汉末年，对征收丝绸实物税更加重视。特别是建安九年（204），曹操颁布"田租户调"令："其收田租亩四升，户出绢二匹、绵二斤而已，他不得擅兴发。"②这种"亩课田租，户调绢绵"的税收制度，以户为单位征收定额实物，它由西汉的人头税演变而来，为其后的历代王朝所沿用。从北魏到唐中叶，耕种国有土地的自耕农必须缴纳租庸调。农民以丁为单位，以耕种土地为前提，赋税要纳"调"——绢、帛、丝、布，制约着小农必须多种经营，必须男耕女织。全国普遍上缴丝绸实物税，这自然会刺激民间、特别是农民家庭丝绸副业生产的发展。盛唐时，民间丝绸生产已经成为中国丝绸生产结构中的主体。据《新唐书·食货志》记载，天宝年间，"天下岁入之物，租钱二百余万缗，粟千九百八十余万斛，庸调绢七百四十万匹，绵百八十余万屯，布千三十五万余端。"当时，官营织造手工业设在首都长安、东都洛阳和一些府州城内，而全国征收丝绸赋税的地区，则遍及全国十个道中的九个道，共计一百多个府州。

唐代列入州郡上贡的丝织品，其织户仍然受到政府的严格控制。王建《织锦曲》云："大女身为织锦户，名在县家供进簿。……窗中夜永睡髻偏，横钗欲随垂著肩。合衣卧时参没后，停灯起在鸡鸣前。一匹千金亦不卖，限日未成宫里怪。锦江水涸贡转多，宫中尽著单丝罗。莫言山积无尽日，百尺高楼一曲

---

① 《盐铁论·散不足》。
② 《三国志·魏书·武帝纪》。

歌。"① 身入匠籍的织工，必须限时限量为宫廷上贡，很难说有多少人身自由。丝绸作为贡品，可能出自官营手工业部分，但是也有私营生产部门，如朝廷官员必须自备官服，他们须按品位高低去市场选购。据《唐会要》记载："（开元）十九年六月敕，应诸服袴褶者，五品以上，通用绝绫及罗；六品以下小绫，除幞头外，不得服罗縠及著独窠绣绫"。② 有人研究指出："当日之丝织品，以纹绫、文罗及丝縠最为精贵；杂小绫、双纴交梭、丝布等织物次之；而绢絁则不过为寻常之丝织品；其绸则上者得比于绫罗，下者与绢絁同列"。③ 据此可以推知，当时非上贡的丝织品部分是纳入民营丝织业的。开元年间，汴州刺史王志愔一次就从市场买入三千匹丝织品，反映出当时民营丝织业已有相当规模。尤有甚者，据说定州有一个名叫何明远的豪富，"家有绫机五百张"。④ 五百张绫机即使以一机一人计，至少也得雇用五百以上的织工，这简直已经是一个具有相当规模的民营丝织手工工场了。

宋代的官营织造手工业虽然分布较广，规模较大，但在全国丝绸产量中所占的比重则日渐缩小，这从丝织品的上贡地区之广和上贡数量之多可以窥见一斑。《宋史·地理志》记载，北宋时上贡丝织品的地区，为全国 24 个路中的 13 个路，包括 50 多个府州，岁贡丝绸 3 552 808 匹，丝绵 2 365 848 两，远远超过当时官营手工业的生产能力。时称全国有"十万机户"，⑤ 官营丝织手工工场与之相比，只能是小巫见大巫了。

宋代的私营丝绸业大致可以划分为强制性家庭丝绸生产、自给性家庭丝绸生产和商品性丝绸生产三种形态。前两种生产形态是农业和丝绸业牢固地结合在一起。司马光曾说过：农家男子"汗耕热耘，冶体涂足，戴星而作，戴星而息"；女子则"育蚕治茧，绩麻纺纬，缕缕而织，寸寸而成"。⑥ 宋代赋税因沿唐末旧例，部分税项名为征钱，实际上仍收绢帛。在强制性家庭丝绸生产形态下，所产丝绸必须首先保证政府赋税的缴纳，所谓"未尝给私用，且以应官

---

① 王建：《织锦曲》，《全唐诗》五函五册卷二。
② 《唐会要》卷三十一《章服品第》。
③ 汪篯：《隋唐时期丝产地之分布》，《汪篯隋唐史论稿》。
④ 《朝野佥载》卷三。
⑤ 参见陶绪：《宋代私营丝织业的分工和商品生产的发展》，《北京师范大学学报》1992 年第 3 期。
⑥ 司马光：《乞省览农民封事札子》，《司马温公文集》卷四十八。

课";①所谓"年年织得新丝绢，又被家翁作税钱";②所谓"辛苦得丝了租税，终年只着布衣裳",③所产丝绸大部分用于缴纳赋税，也有一部分供自己消费，此即为自给性家庭丝绸生产形态。有些地区的农民在缴纳赋税后，还能剩余一些丝织品，如两浙路越州，"习俗务农桑，事机织，纱绫缯帛岁出不啻百万，兼由租调归于县官者十尝六七"。④如此看来，还有十分之二三的丝织品可由农民自己处置，其中有一部分是农民自家消费，这一部分不进入流通过程的产品，还谈不上是商品生产。在商品性丝绸生产的形态下，一部分农民和独立的专业丝织者根据市场需要生产丝绸产品，用以交换其他生活必需品，以维持家庭生计。南宋初的陈旉记载了两浙路嘉湖地区的农民以绢易米的现象。这里"唯藉蚕办生事，十口之家养蚕十箔，每箔得茧一十二斤，每斤取丝一两三分，每五两丝织小绢一匹，每绢一匹易米一硕四斗，绢与米价相侔也。以此岁计衣食之给，极有准也"。⑤还有一些具体的事例：李觏年轻时家里仅有二三亩水田，"故常不得食"，幸赖其母"昼阅农事，夜治女功，斥卖所作，以佐财用"，才使一家免于冻馁。⑥兖州民家有贺织女者，其夫常年外出谋生，"不闻一钱济其母，给其妻"，全凭贺织女织作养活舅姑双亲。⑦为维持生计而出售的那部分丝织品，已经具有了商品的属性，是一种商品性生产。更有些从事丝绸生产者是为了追求利润，发财致富。成都的机户，"工女机杼，交臂营作，争为纤巧，以倍渔息";⑧"运箴弄杼，燃膏继晷，幼艾竭作，以供四方之服玩"。⑨湖州"富室育蚕有数百箔，兼工机织"以营利。⑩宋代全国"十万机户"中上述各种生产形态各占多少比例虽不可知，但民间丝绸生产及其丝绸的商品性生产的发展则是显而易见的。

明清时期，官营织造局的规模与民间丝绸生产的能力相比，无疑要逊色得

① 《丹源集》卷三《采桑》。
② 宋伯仁：《西塍稿》，《村姑》。
③ 叶茵：《顺适堂吟促》内集《蚕妇叹》。
④ 沈立：《越州图序》，《会稽缀英总集》卷二十。
⑤ 陈旉：《农书》卷下。
⑥ 李觏：《直讲李先生文集》卷三十一《先夫人墓志》。
⑦ 李元纲：《厚德录》卷二。
⑧ 李觏：《直讲李先生文集》卷十六《富国策》第三。
⑨ 吕大防：《锦官楼记》，《华阳县志》卷三十九"艺文"。
⑩ 谈钥：《嘉泰吴兴志》卷二十八。

多。随着明清丝绸商品市场的扩展，总市场中政府所占的份额显著降低。在这一时期，政府组织的丝绸织造业被集中于三个主要的江南织造局，丝织业活动则从中心城市分散到太湖流域的一些市镇。①下面以官营织染局规模最大的苏州府作为典型进行分析：

首先，苏州城内民间丝绸业者的数量远远多于官局工匠。这是一座"家杼轴而户纂组"的丝织之城，史载明万历年间，苏民"多以丝织为业。东北半城，皆居机户，郡城之东，皆习织业。织文曰缎，方空曰纱"。万历二十九年（1601），应天巡抚曹时聘奏称："臣所睹记，染坊罢而染工散者数千人；机房罢而织工散者又数千人。此皆自食其力之良民也。"②这还是经过中官税使横征暴敛，"吴中之转贩日稀，织户之机张日减"③以后的情况。与之形成鲜明对照的是，在此同时，苏州织染局的匠役人数只不过区区一千多名。入清以后，顺治三年（1646），苏州织造局恢复经营。顺治八年（1651）颁布了"额设钱粮，收丝招匠"的谕旨，④这道"买丝招匠制"的谕旨虽然没能马上得到切实执行，而是直到康熙二十六年（1687）才相对稳定下来，但是却有着划时代的意义。"买丝招匠"制以雇用生产为基本内容，它从法典上宣布了中国长时期来官营丝织生产徭役制度的基本结束，标志着丝织工匠因人身隶属而无端服役的时代行将就木。于是，官府放松了对民间丝绸生产者的人身控制，民营丝绸生产由此获得了较大的发展空间。

其次，苏州周边的丝绸生产专业市镇以及农民家庭丝绸副业生产也在日渐崛起。关于吴江县盛泽镇、黄溪镇等著名丝织专业市镇，有这样一段广为引用的资料：

> 绫绸之业，宋、元以前，惟郡（苏州——笔者注）人为之。至明熙、宣间，邑民始渐事机丝，犹往往雇郡人织挽。成、弘以后，土人亦有精其业

---

① 据佐伯有一的观察，这种情况往往发生在城市丝织机匠逃离强迫劳役之时，因为他们随身携带着能够织造高档丝织品的先进织机，从而将丝织技术扩散到目的地城乡（参见佐伯有一：《明代匠役制度的崩溃与城市丝织业流通市场的发展》，《东洋文化研究所纪要》，第10卷，1956年11月）。

② 《明神宗万历实录》卷三百六十。

③ 《明神宗万历实录》卷三百六十一。

④ 户部尚书噶洪达：《题为请敕免派机户以苏江浙民困事》，顺治八年（1651）四月二十日。

者，相沿成俗。于是盛泽、黄溪四五十里间，居民乃尽逐绫绸之利。有力者雇人织挽，贫者皆自织，而令其童稚挽花。女工不事纺织，日夕治丝。故儿女自十岁以外，皆早暮拮据以糊其口。而丝之丰歉，绫绸价之低昂，即小民有岁无岁之分也。①

到清初顺治年间，吴江所产"绸绫罗纱，不一其名，京省外国，悉来市易"。②康熙时，"绫罗纱绸出盛泽镇，奔走衣被遍天下，富商大贾数千里辇万金而来，摩肩连袂，如一都会矣"。③到乾隆时代，"居民百倍于昔，绫绸之聚亦且十倍，四方大贾辇金至者无虚日。每日中为市，舟楫塞港，街道肩摩，盖其繁阜喧盛，实为邑中诸镇第一"。据说"入市交易，日逾万金"。④

再次，明清两代，朝廷常有"加派"、"领机"等举动，这实际上是官营织染局利用民间丝织能力的体现。明天顺年间，催逼苏、松、杭、嘉、湖五府增织"采缎"7 000匹，这种"常额"之外的织造任务，即为"加派"。从此无代无之，弘治十六年（1503），"内织染局请开苏、杭诸府织造上供锦绮，为数二万四千有奇"。嘉靖三十年（1551），命浙江、苏、松等处织造纻丝罗八万六千余匹。此种情形愈演愈烈，万历年间，频频"派织"，仅苏州府和杭州府每年就要承担大量绸缎的特别定货任务，"岁至十五万匹，相沿日久，遂以为常"。⑤这些额外的加派任务"甚巨"，⑥在明末万历、天启两朝，仅苏州一地的"加派"织造的负担，就比原定岁造数额高出十倍左右。在最多的万历三十二年（1604），江南苏（州）、松（江）、杭（州）、嘉（兴）、湖（州）共为宫廷织造了高达十八万余匹的"加派"丝绸。⑦

显然，这种十倍于原额的超级负荷，不可能由官营织染局在原有规模或稍

---

① 乾隆《吴江县志》卷三十八"生业"。
② 顺治《盛湖志》卷下"风俗"，转引自吴江县档案馆、江苏省社会科学院经济史课题组编：《吴江蚕丝业档案资料汇编》，河海大学出版社1989年版，第13页。
③ 康熙《吴江县志》卷十七"物产"。
④ 乾隆《吴江县志》卷四。
⑤ 参见彭泽益：《从明代官营织造的经营方式看江南丝织业生产的性质》，《历史研究》1963年第2期。
⑥ 《明穆宗实录》卷六十六。
⑦ 佐伯有一：《明代匠役制度的崩溃与城市丝织业流通市场的发展》，《东洋文化研究所纪要》，第10卷，1956年11月。

事雇募人手的基础上承受，而主要是由民间丝织机户承担的。与之形成鲜明对比的是，万历年间（1573—1619），官方对所有织造局的年定额仅约47 000匹，其中31.9%在北京织造，7.2%在南京织造，还有60.9%则由各地方局织造。民间丝绸生产能力之大，于此可见一斑。正是在这个意义上，有研究者指出："也许可以说，政府需求的扩大和商业市场的发展是相互依存的。商业部门的扩大在很大程度上是由政府需求激发起来的；而同时政府越来越依赖商业部门来满足其需要。"[1]只不过与前不同的是，政府的这些需要不再是直接通过政府组织生产来得以满足，而大多是通过委托生产来间接得到满足。

又次，江南地区，尤其是苏州、杭州、南京一带，民间丝绸产量巨大，成为朝廷和其他府州收买督织绸缎的基地，明嘉靖年间以后，索性连边市的贸易缎匹，也多督织收买于江南地区。万历末年，北边数镇一次备银数万两到苏州收买缎匹，"其为值也至廉，其竣事也不过数旬"。[2]数万价银的缎匹，能在数十天内置办完毕，民机数量之多，织造能力之强，实在令人吃惊。

此外，江南丝绸商品量之巨和丝绸贸易之盛，也都在在表明了民间丝绸生产远远超过官营织造，在丝绸生产结构中占据着无可争辩的主导地位。诚如明末徐光启在其所著《农政全书》中所说：江南一带，"农亩之入，非能有加于他郡邑也。所由供百万之赋，三百年而尚存视息，全赖此一机一杼而已。……杭之币帛，嘉湖之丝纩，皆恃此女红末业，以上供赋税，下给俯仰，若求诸田亩之收，则必不可办"。丝绸价格之高低，已成为影响丝绸产区农家生计的主要因素。乾隆《吴江县志》载："按史册《黄溪志》，明嘉靖中，绫绸价每两银八九分，丝每两二分。我朝康熙中，绫绸价每两一钱，丝价尚止三四分。今绸价视康熙间增三分之一，而丝价乃倍之。此业织绸者之所以生计日微也。"[3]在某些丝织专业乡镇中，甚至出现了"以机为田，以梭为末"[4]的副业逐渐变为主业的趋向，成为明清时期江南社会变迁的一个突出现象。这是中国丝绸生产长期发展的一个结果，同时又成为中国丝绸生产力和生产关系进一步发展的基础。

---

① 李明珠著、徐秀丽译：《中国近代蚕丝业及外销（1842—1937）》，上海社会科学院出版社1996年版，第51页。

② 《明神宗万历实录》卷三百七十六。

③ 乾隆《吴江县志》卷三十八"生业"。

④ 胡琢：《濮镇纪闻》，"总叙"。

然而，城乡独立丝绸小商品生产者的发展并不很充分，从事丝绸生产的主体还是农民。虽然在一些地区，特别是江南地区农民家庭的丝绸生产基本上已经是以市场为导向的商品经济，但是他们仍然被束缚于土地，并没有达到独立小商品生产者所应有的程度。个体小农在国家和地主的超经济剥削下喘不过气来，不得不以丝绸生产作为家庭副业来"上供赋税，下给俯仰"。在某些丝绸生产地区出现的"以机为田，以梭为耒"的现象，也不过是说农民的丝绸家庭副业生产比之于种植业的田亩之收，在缴租纳税方面占据了较大份额而已。在一家一户的丝绸小生产（无论是乡村的农民，还是市镇的独立手工业者）的主导形态下，它的工具、它的技术、它的视野、它的观念，都使得传统的生产关系和生产方式易于凝固化甚至神圣化。要想在这样的基础上迈开走向近代化的步伐，其艰难困苦，其曲折坎坷，是可想而知的。

第三节
生产技术的进步

　　在数千年的漫漫长途中，中国的丝绸生产技术和工艺一直在时快时慢地发展着。在这方面，历代重视帝王世系和政治事件的官方典籍，并没有给我们留下多少值得一提的记载，幸运的是，出土的丝绸实物和某些私家著述则多少透露了一些当时丝绸生产的情况，使我们得以大致了解古代中国丝绸生产技艺的发展过程和它所曾达到的水准。

一、丝绸生产技术的萌生

　　在浙江湖州钱山漾良渚文化早期遗址中，出土有绢片、丝带和丝线。绢片的经纬密度为每平方厘米 48 根，是先缫后织的。[①] 联系到与此同期的江苏吴

---

① 《吴兴钱山漾遗址第一、二次发掘报告》，《考古学报》1960 年第 2 期；《钱山漾残绢片出土的启示》，《文物》1980 年第 1 期。

县草鞋山遗址下层发现的 3 块织有山字形和菱形斜纹的织物残片，可以推测早在良渚文化时期，已经有了原始的丝织机具。①

　　盛行殉葬风气的商代，给后人留下了一些早期的丝绸实物。帝王贵族们离开人世后，除了殉以大量奴隶之外，往往还用丝绸裹上死者生前所使用的铜器，让他们带到另一个世界去享用。本来这些丝绸是用来保护铜器的，结果却是铜器反过来保护了丝绸——年深日久地埋在地下，铜器表面生成了厚厚一层铜绿，与外面包裹的丝绸粘在一起，使这些丝绸能够避免被微生物侵蚀的厄运而保存了下来。从河南安阳小屯村殷墟和河北藁城台西村出土的一批商代铜器上，都发现有受到铜绿渗透而保存下来的商代丝织物残片，"经过研究，其中有的是采用高级纺织技术织成的菱形花纹的暗花绸……和绚丽的刺绣。根据这些考古材料所反映的殷代丝织技术的成熟程度而言，在它以前应该有一段发展过程"。②

　　这些保留下来的早期中国丝绸的实样，是一些提花织物，证明商代的丝绸生产技艺已经具有了可观的水平。在此做一些中外比较，也许会有助于说明问题。世界上其他古代文明的发祥地，也有提花织物的发明，埃及第十八王朝吐特摩斯的王陵里，就曾经出土过世界上最古老的花纹织物，但那是一块麻布，所用的麻纱比较粗，有可能是用手指头操作织成；而商代丝绸的绢丝很细，直径不到麻纱的十分之一，用肉眼勉强才能看清。这样的细丝，用手指头是无论如何织不成的，应该是有综框或综杆、有机架的织机才能织造；而且，由于出土的商代丝绸上的同心菱纹的图案比较大，看来综框或综杆的数量大概也不会少。这表明，至少在商代，中国就已经具有了比较复杂的织机和高超的织造技艺。

---

① 据新华社伦敦 2000 年 4 月 26 日电，《英国考古学》杂志报道：此前考古学界一直认为纺织术是在距今约 5 000 至 10 000 年前，即农业文明开始之后才出现的，但美国伊利诺伊大学考古学家奥尔加·索弗博士及其同事发现，早在 2 万 7 千年前的旧石器时代，以狩猎为生的原始人就发明了纺织术，他们能够利用织机织造帽子、衣服、篮子和网等物品。索弗博士等分析了在捷克共和国境内发现的 90 多块旧石器时代的陶土碎片，发现上面有纺织物印痕。这些痕迹展现了多种纤维编织技巧，包括缠织、平织等编织法，其中平织必须使用织机才能做到。由此可见，狩猎时期的原始人可能已经拥有精良的纺织品，而不是人们原先想象的那样只有兽皮可穿。根据这一发现，索弗等人对在欧洲发现的一些旧石器时代女性塑像也进行了研究。他们发现这些塑像头上有一些像发辫一样的缠结物，以前一直被认为是一种发式，"现在看来，说它们是帽子更为贴切"，索弗博士这样写道。

② 夏鼐：《我国古代蚕、桑、丝、绸的历史》，《考古》1972 年第 2 期。

据中外考古学者和纺织史专家的研究，出土的商代铜器上的平纹织物和花纹织物用的是两种不同的丝线。平纹织物的经纬丝绷得很直，丝纤维间没有空隙，显然是有丝胶粘连；花纹织物的经纬丝则是松散的、柔软的，只有经过水洗处理，去除了蚕丝上粘连的丝胶，才会产生这样的效果。事实说明，商代从事丝绸生产的劳动者们，已经不仅懂得了缫丝，而且很有可能已经掌握了并丝和炼丝的技术。这个发明的意义之重大，实不亚于丝织机具的创制，因为对于丝绸生产来说，炼丝是提高质量的非常重要的工序，只有经过炼丝，把蚕丝上黏附的丝胶去掉，才能使蚕丝的优越性能充分显示出来，产生出珍珠一样的光泽、柔软滑溜的手感和优美动人的悬垂波纹。对此，古代的丝绸生产者们已经有着充分的认识，并且在实践中总结出了一套操作程序：

> 幌氏湅丝，以说水，沤其丝七日。去地尺暴之。昼暴诸日，夜宿诸井，七日七夜，是谓水湅。湅帛，以栏为灰，渥淳其帛，实诸泽井，湅之以蜃，清其灰而盝之，而挥之，而沃之，而盝之，而涂之，而宿之。明日沃而盝之。昼暴诸日，夜宿诸井，七日七夜，是谓水湅。①

这一套繁复的过程，贯穿着一个构思，即利用丝胶在碱性溶液中有较大溶解度的特点，先用较浓的碱性溶液（楝灰水）使丝胶充分膨化、溶解，然后再用大量较稀的碱液（蜃灰水，即蜃蛤粉与水相和）把丝胶洗下来。这就是著名的"灰水炼丝法"，它与木杵捶丝的"捣练法"②一道，在中国和世界上曾经沿用了千百年。至于曝晒和水洗交替进行的工艺，后来发展成为"草地漂白法"，在漂白粉发明之前，一直是各种织物主要的漂白方法之一。

至迟到商周时代，染色技术也已经在丝绸生产中大量应用，《诗经》中就有许多描述丝绸美丽色彩和关于丝绸染料的诗篇。《郑风·出其东门》描写一位

---

① 《周礼·考工记》。
② 古代诗词中常有形象反映，如杜甫《捣衣》诗："亦知戍不返，秋至试清砧。已近苦寒月，况经长别心。宁辞捣衣倦？一寄寒垣深。用尽闺中力，君听空外音。"又如李白《子夜吴歌》："长安一片月，万户捣衣声。秋风吹不尽，总是玉关情。何日平胡虏，良人罢远征？"唐人张萱绘《捣练图》画卷，再现了唐代妇女捣练的情景。此图后来属于宋徽宗赵佶的"御览之宝"，赵佶并作《摹张萱捣练图卷》。现存美国波士顿美术馆。

男子在东门外看见穿红绸衣的姑娘（"缟衣茹藘"），不禁触景生情，思念起自己的爱人；《小雅·采绿》说的是一个妇人因丈夫逾期未归，心神不宁，采了一个上午的"绿"和"蓝"，还不满衣襟。上面所说的"茹藘"，就是茜草，是常用的红色染料；"绿"是荩草，是黄绿色的染料；"蓝"是蓝草，它的叶片里含有靛蓝，是鲜艳而又耐晒的蓝色染料。据说山东地方出产紫草，春秋一霸的齐桓公偏爱紫色绸衣，"上有所好，下必盛之"，结果市场上紫色绸衣价格飞涨，超过白色丝绸5倍。①《韩非子》中的这个故事，反映出当时的丝绸染色已很普遍，而且人们已经十分讲究"流行色"了。

文人学士们也往往习于以染色工艺为喻，来说明自己的道理。墨翟所谓："入于苍则苍，入于黄则黄"；荀况所谓："青出于蓝而胜于蓝"，讲的都是染色操作中常见的现象。所有这些都清楚地表明，此时染色手工业已经成为一种很普遍的职业，人们随处可见。当时的染料，大致可以分为植物染料和矿物染料两大类，是利用不同植物和矿物中的色素进行染色。前面所说的战国时期楚墓中出土的丝绸织物，就是用植物和矿物染料染制而成，"色彩绚丽，美观大方"。②这种方法此后一直为人们所沿用，虽然品种续有增加，技法不断改善，但是直到近代化学染料传入中国之前，在丝绸染色中唱主角的仍不外乎是天然的植物和矿物染料。

二、丝绸生产技术的发展

在历代王朝"农桑为本"国策的奖劝之下③，丝绸生产各个环节的技术水平都或多或少、或断或续地有所发展和提高。首先，蚕桑生产的经验不断得到总结和推广。早在孙吴时，已有一年蚕多熟的记载④，大概当时已经不仅饲养春蚕，还饲养夏蚕和秋蚕，实现了一年蚕多熟，这是蚕桑生产技术上的重要突破。南朝时已知用盐渍之法贮藏蚕茧，《本草纲目》载陶弘景语："东海盐官盐白粒

---

① 《韩非子·说林上》。
② 王震亚：《春秋战国时期的蚕桑丝织业及其贸易》，《甘肃社会科学》1992年第2期。
③ 连来自大漠草原、惯于游牧经济的蒙古族建立的元朝，也要强调"农桑为本"。元世祖忽必烈即位之初，即首诏天下："国以民为本，民以食为本，衣食以农桑为本。"（《元史》卷九十三《食货志》。）
④ 《太平御览》卷八百十五引《吴录》："南阳郡一岁蚕八绩。"

细，……而藏茧必用盐官者。"① 这些技术的总结与改进，对于改善丝织业的原料供应意义重大。北魏时，贾思勰著有《齐民要术》一书，首次系统地记述了种植桑树和饲养家蚕的方法，对后世产生了很大的影响。到宋代，出现了一批研究蚕桑生产的专家和关于蚕桑生产技术的专著，秦观的《蚕书》、陈旉的《农书》、楼璹的《耕织图》，等等，都在吸取前人经验的基础上，总结出民间先进的蚕桑生产技术，并使之不断完善。推广之后，提高了蚕茧的出丝率，每箔可得茧十二斤，每斤蚕茧取丝一两三分，大约五两丝可织绢一匹。②

其次，缫丝机具和缫丝方法也在逐渐加以改进。时至元代，已经有南缫（丝）车和北缫（丝）车之分，并且还已经有了热釜缫（丝）和冷釜缫（丝）之别。

再次，丝织机具的构造经历了多次革新。西汉昭帝时，河北钜鹿人陈宝光妻善于织绫，"机用一百二十蹑"，据说其家所织高级蒲桃锦、散花绫，"六十日成一匹，匹值万钱"。③ 这可以说是中国古代丝织机的结构由简到繁的一次飞跃。此后，则转入了由繁到简的历程。到魏明帝时，博士马钧将提花织绫机改为十二蹑，简化了构造却提高了工效，织出的绸绫更是"奇纹异变"，越发精致。史载宋代"纱民趁商市日高，江女机杼仍分曹"，④ 机户从事丝绸织作生产的分工已很细致，机户作坊内有纺线工、织工、梭工、花工等不同分工，从楼璹所绘的《耕织图》中可以看到，大型提花织机上有双经轴和十片综，花楼上坐一花工，与在下穿梭的织工呼应织造。时迄金末元初的《梓人遗制》中，记载的立机子、罗机子、布卧机子和华机子等四种织机已经具备了不同的构造、性能和特点，这表明中国的丝织机具正在逐步专门化，无疑会有助于操作的便利和效率的提高。

又次，丝绸印染整理技术也取得了令人瞩目的进步。东晋南朝时，首都建康染制的黑色丝绸质量很高，氏族子弟竞相服用，传说极负盛名的"乌衣巷"即因此而得名。此后，南京的黑色绸缎一直是当地丝绸业的著名特产之一，直

---

① 《本草纲目》石部第十一卷，金石之五，食盐。
② 陈旉：《农书》卷下。
③ 《西京杂记》。
④ 《龙云文集》卷三《建阳县二首》。

到近代仍然驰名中外。染织品的装饰纹样，或古拙浑穆，庄重宁静，或生动灵巧，摇曳生姿，各种龙凤鸟兽、花草虫鱼的图案都已经经常出现在丝织品中，大大丰富了图饰纹样的内容。与丝绸业相联系的刺绣技艺，水平也在不断地提高。三国时代的吴主赵夫人，不仅善于织锦，还能"刺绣作列国方帛之上，写以五岳河海城邑行阵之形"，时人谓之"针绝"。① 梁代的张率作《绣赋》，描述当时绣品之精美："总五色而极思，藉罗纨而发想，具万物之有状，尽众化之为形……间绿竹与蘅牡，杂青松与芳树"。② 宫廷的织染场所和官营的丝织工场，往往是那一时代最高丝绸生产技术的拥有者，它们的产品主要供应皇室和官家消费，也就具有着保守性和排他性，即所谓"凡绫锦纹织，禁示于外"。③ 不过，要想完全禁绝先进技艺的流传，并不是件容易的事。唐代有这样一个故事。唐玄宗婕好柳氏，其妹"性巧慧，因使工镂板为杂花，象之而为夹结（缬）。因婕好生日，献王皇后一匹。上（玄宗）见而赏之，因敕宫中依样制之。当时甚秘，后渐出，遍于天下，乃为至贱所服"。④ 柳氏女是用木板花样，夹板印花染色，这种"夹缬印染法"起初只是教习掖庭织妇操作，保密甚严，然而不久也就外传了，成为民间一种很普通的丝绸印染技艺。⑤ 有专家对吐鲁番出土的丝织物进行研究，认为印染技术上以筛罗花版取代镂空花版，是盛唐时期我国印染技术上的一个飞跃，"比外国早了一千二百年之久"。夹缬，这种使用夹版印花工艺所生产的印染品，"在印染史上是了不起的突破"。⑥

　　唐代一度作为宫廷不传之秘的夹缬印染法，到了宋代已经尽人皆知，广泛地应用于丝绸生产中。靖康初年，"京师织帛及妇人首饰衣服，皆备四时，如节物则春幡、灯毬、竞渡、艾虎、云月之类，花则桃杏、荷花、菊花、梅花，皆并为

---

① 《拾遗记》，见《历代小说笔记选》"汉魏六朝唐卷"，上海书店 1983 年影印本。
② 《初学记》卷二十七"绣第七"。
③ 《新唐书·百官志三》。
④ 《唐语林》卷四"贤媛"。
⑤ 关于"夹缬"，《事物纪原》卷十作："因使工镂板为杂花，打为夹缬。"有人惑于"打"字，解释其操作工艺是将大段布帛分小段折叠，盖上美观的树叶，然后用木棒捶打，让叶汁沾在织物上，经过染色后，就显示出树叶的图案。看来这是误解了夹缬染色工艺。夹缬，又称绞缬，最适宜染制简单的点花和条纹，多用于妇女的衣着用料。它是将待染织物按预先设计的图案用线钉缝，抽紧后，再用线紧紧结扎成各式各样的小结。浸染后将线拆去，缚结处便呈现出着色不充分的花纹。每朵花的边缘由于受到染液的浸润，自然形成由浅到深的色晕。
⑥ 武敏：《唐代的夹版印花——夹缬》，《中国纺织史资料》，1979 年第 8 期。

一景，谓之一年景"。①这些图案花样都是用夹缬法印花染色的，知台州的唐仲文就曾经"雕造花板印染斑缬之属凡数十片，发归本家彩帛铺充染帛用"。②

三、传统丝绸生产技术的高峰

历代丝绸生产经验的摸索、总结和积累，为明代丝绸科技发展高峰期的到来准备了条件。到明代，中国传统的丝绸生产工艺达到了鼎盛，出现了一些在中国科技史上划时代的巨著，如徐光启的《农政全书》、宋应星的《天工开物》、李时珍的《本草纲目》等等，其中都有大量关于蚕桑丝绸科技的记载和论述。

在植桑育蚕方面，已经发现和利用了家蚕的杂交优势，"今家蚕有将早雄配晚雌者，幻出嘉种，此一异也"，③就是以一化性雄蚕与二化性雌蚕杂交，从而培育出优良的新一代蚕种。同时，也已经掌握了采用淘汰或隔离的措施来防止蚕病的传染和蔓延。

在蚕丝缫制方面，缫丝车的构造有了进一步改进，发明了由豁口穿丝的"竹针眼"，成为现代导纱钩的雏形，从而提高了生产效率。缫丝方法也有改善，徐光启的《农政全书》记载：明代缫丝"以一锅专煮汤，供丝头，釜二具、串盆二具，缫车二乘，五人共作一锅二釜，……二人直釜，专打丝头，二人直缫主盆，即五人一灶可缫茧三十斤，胜于二人一车一灶缫茧十斤也。是五人当六人之功，一灶当三缫之薪"，既节省了能源，又提高工效20%。④此时，已经总结出保证缫丝质量的一套完整技术："凡供治丝薪，取极燥无烟湿者，则宝色不损。丝美之法有六事：一曰出口干；一曰出水干……"⑤可知在缫丝工艺上已经注意运用和掌握温度和湿度以保证生丝的质量，使缫出的丝质柔软坚韧，白净晶莹。这套技术在当时世界上可以说是比较先进的。时人加以比较后指出："凡治茧必如嘉、湖，方尽其法。他国（处）不知用火烘，听茧结出，甚至丛杆之内，箱匣之中，火不经，风不透。故所谓屯、漳等绢，豫、蜀等绸，皆易朽烂。

---

① 陆游：《老学庵笔记》卷二。
② 朱熹：《朱文正公文集》卷十八《按唐仲文第三状》。
③⑤ 宋应星：《天工开物》。
④ 徐光启：《农政全书》卷三十五。

若嘉、湖产丝成衣，即入水浣涤百余度，其质尚存。"①通过长期的生产实践，人们已经认识到水质对于缫出生丝的质量好坏关系甚大。"缫茧以清水为主，泉源清者最上，河流清者次之，井水清者亦可"。②浙江新市镇有蔡家漾，"蚕时取其水以缫，所得丝视他水缫者独重，盖水性然也，故缫时汲水于此"。③

有人计算过缫丝、络丝、治纬、牵经等工种的劳动生产率，据说分别比过去提高了20%左右。参见表1-5：

表 1-5　明代丝绸生产有关工种劳动效率

工　种	工　具	劳动人数	工作时间	单位产量
缫　丝	足踏缫车	2 人	1 日	细丝 10 两、中丝 20 两、粗丝 30 两
络　丝	络　车	1 人	1 日	3 两
治　纬	纺　车	1 人	1 日	3 两
牵　经	经　架	2 人	1 日	800—900 尺

资料来源：据史宏达《明代丝织生产力初探》，《文史哲》1957 年第 8 期，第 752 页附表改制。

在丝绸织造方面，先考查丝织生产工具的改进。明代的丝织机具已经比较完备，种类也比较多，仅在江南地区的市场上，经常作为商品出售的织机就有绫机、绢机、罗机、纱机、绸机、布机等多种。④根据所需织造的丝绸品种，可以采用不同的织机，大致说来可以分为两种：一是专织平纹的"腰机"；一是专织花纹的"花机"。"腰机"的构造简单，操作方便，足蹬踏板，手投织梭，"凡织杭西罗地等绢、轻素等绸，银条巾帽等纱，不必用花机。织匠以熟皮一方置坐下，其力全在腰尻之上，故名'腰机'。"⑤"花机"的装置较为繁复也较为完备，代表了古代中国丝织机具发展的最高水平。据记载：

　　凡花机，通身度长一丈六尺，隆起花楼，中托冲盘，下垂冲脚（水磨竹棍为之，计一千八百根），对花楼下掘坑二尺许，以藏冲脚（地气湿者，架棚

①④　崇祯《苏州府志》。

②　卫杰：《蚕桑萃编》卷四。

③　正德《新市镇志》卷一，浙江图书馆藏清刻本。转引自陈学文：《明清时期新市镇的社会经济结构》，《浙江学刊》1990 年第 6 期。

⑤　宋应星：《天工开物》上篇"腰机式"条。

二尺代之）。提花小厮，坐立花楼架木上。机末以的杠卷丝。中用叠助木两枝，直穿二木约四尺长，其尖插于筘两头。叠助，织纱者视之绫绢者，减轻十余斤方好。其素罗不起花纹，与软纱绫绢踏成浪梅小花者，视素罗只加桄二扇，一人踏织自成，不用提花之人闲住花楼，亦不设冲盘与冲脚也。①

于此可见，明代"花机"由十余种部件构成，各有特定功能，缺一不可的杠卷缠着所有丝缕，经纬交织成绢帛后卷上卷布轴；叠助可以加重织筘的捶击力，使经纬交织更加紧密而坚实；老鸦翅和铁铃，可使缯面轮流提起，携夹经缕做上下起伏运动，分开经纬，以便投梭；蹬动踏板，动力可传导机身各部，使之互相牵动，借以织造。在同一台织机上，只需通过增减综桄，就既可以织提花织物，也可以织素罗或小花织物；织造不同纬线密度的品种，则可以调换叠助木来调节打纬的力度。

明代的"花机"，比起汉代陈宝光妻所用的一百二十蹑织机来显得简便，比三国时马钧的十二蹑织机则显得更加完备，显然是在宋人楼璹《耕织图》和元代《农书》中所绘"花机"的基础上再加改进而来。几千年中国丝织机具的演变，经历了由简到繁，再由繁到简的发展过程②，到明代已经基本定型，其后难以再有新的变更。

织机构造的完备和性能的改进，是丝织技术发展的一种表现，反过来它又推动着丝织技艺的进一步提高。"腰机"织者需要手足并用，分别完成移综、开交、投梭、打纬和卷布、放经的织造程序。使用"花机"则要求更高，需要两人同时操作，一人司织，一人提花。织者以足力蹬动踏板，左手投梭，右手持筘碰击经纬交织之处，使之结合紧密，到织出一定长度后，还要卷绸并放长经丝；提花者则提拉经缕，与司织者的动作默契配合。这些精细复杂的织造技艺，人们已经能够不太困难地掌握，出现了大量具有熟练劳动技能的丝织生产者，能够根据需要熟练地织造出多种绢帛："凡左右手各用一梭交互织者，曰'绉

---

① 宋应星：《天工开物》上篇"机式"条。
② 史载明弘治年间（1488—1505），林洪创制"改机"："闽缎机故用五层，弘治间有林洪者，工杼轴，谓吴中多重锦，闽织不逮，遂改机为四层，名为'改机'。"这里所说的"改机"，看来也是"花机"的一种简化形式。

纱'；凡单经曰'罗地'，双经曰'绢地'，五经曰'绫地'"；"先染丝而后织者曰'缎'；就丝细机上织时，两梭轻一梭重，空出稀路者，名曰'秋罗'"；"盖绫绢以浮经而见花，纱罗以纠纬而见花；绫绢一梭一提，纱罗来梭提，往梭不提"。①诸如此类，不一而足。使用这种手投梭机织造绸缎，体力较好、技艺娴熟的工匠一般日可织幅宽二尺二寸的平纹织物八九尺，体力较弱、技术一般的工匠，日可织六七尺左右，平均日产量约在七八尺之谱。织造花纹织物，则视纹样精致繁复的不同而效率各异，一般二至三人日织幅宽二尺余的花纹织物二尺五寸不等。据测算，使用这样的手投梭机织造绸缎，达到如此产量已经是人体所能适应的极限了。

在丝绸的炼染整理方面，明代在把生丝炼成熟丝的过程中，已经发现和应用了胰酶脱胶的生物化学技术。《天工开物》中记载："练丝用稻藁灰入水煮，以猪胰陈宿一晚，入汤浣之，宝色烨然；或用乌梅者，宝色略减。"②明代对染料的采集季节、加工方法等也积累了很好的经验，使色牢度进一步增强，这从一些遗存至今的明代丝织物仍然鲜艳夺目、宛如当年的情况中可见一斑。明代丝绸染色的色谱也有拓宽，东汉时的色谱大约30多种，明代仅据《天工开物》、《天水冰山录》中所载，色谱就达57种之多。在染色方法上，明代创造了"拔染"技巧，这是传统丝绸印染技术发展中的一大变局，使生产效率得以成倍提高，至今仍然在印染行业中广泛运用。

综而观之，中国的丝绸科技经过长达数千年的积累和发展，到明代达到了顶峰，在当时的世界上可以说处于领先地位，这是毋庸置疑的。问题在于，中国古代丝绸生产技术的发展是相当缓慢而又带有明显因循守旧性质的。它只是从固有的模式出发，满足于对沿用下来的技术和设备做些无伤大雅的修补和改动，这固然也会产生一些效果，也能适应一时的需要，但是沿着这样的思维定势因循下去，难以造成技术设备的突破和社会生产力的飞跃，而终将陷入一种凝重停滞的状态。这是在科技发展过程中小生产者的固有心态和思维方式所带来的必然后果。另一方面，从根本上说，在一个农业文明的国度里，所能

---

① 宋应星：《天工开物》上篇，"花木"条。
② 宋应星：《天工开物》上篇，卷二《乃服篇》。

给予丝绸科技发展提供的余地是有一定限度的，只是在传统的框架内作些修改和补充。在农业社会所能允许的极限内，它可以给生产力的发展开辟一定的空间；在没有遭到外来威胁的情况下，它也可以显示出某种适应性和生命力。但是，极限已经到顶了，清代的丝绸科技就再也没有什么大的进展；外来威胁的阴影也迫近了，就在明清王朝递嬗的那一时刻，万里之遥的西欧岛国升腾起资产阶级革命的呐喊和厮杀，随后又开始了由中世纪农业文明向近代工业文明的过渡。工业革命的进行，使西方资本主义国家首先在纺织工业领域发生了根本的变革，丝绸工业迅速崛起。英国"自19世纪30年代以来，曼彻斯特已经使用动力纺织廉价丝绸和混合织物"；[1]法国也于18世纪创制了先进的"贾卡德"提花丝织机（Jacquard Loom），所产丝绸质量好而效率高，成为当时世界上丝绸生产技术最为先进的国家。近在咫尺的东邻日本，千百年来一直仰给于中国的丝绸产品和生产技术，如今也在以中国为目标而埋头追赶，距离越来越近，即将成为中国丝绸业的强劲竞争对手。面对着来自海外的这些咄咄逼人的挑战，中国的传统丝绸业行将危机临头，险象环生，其在世界丝绸生产中的领先地位岌岌可危了。

第四节
丝绸花色品种的增加

花团锦簇的中国丝绸，素以品种繁多、样式精巧而著称于世。这些琳琅满目的丝绸品种，也经过了一个漫长的发展历程。

一、先秦两汉的丝绸品种

见之于先秦两汉古籍里的丝绸名称，已经多如繁星，虽然大都是一些热情洋溢的赞辞和充满想象的比喻，很少有确切实在的科学描述，但也足以说明当

---

[1]　克拉潘：《英国现代经济史》中卷，第36页。

时的丝绸品种已经相当丰富。结合后代出土的丝绸实物，最具特色的先秦两汉丝绸品种大致有三类：

一是绢。绢是平纹织物，按织物组织来说，这是最简单的一种。由于经纬丝的粗细、捻度、密度以及织造技巧等方面的差异，绢又可以进一步分为许多种类。其中最轻最薄的一种称为"纱"。1957年长沙左家塘楚墓和辽宁朝阳魏营子西周墓出土的方目纱，经纬丝细而稀疏，交织成均匀的方孔，平直而轻柔。"縠"则是一种带有皱纹的纱，特点在于其有细致均匀的波纹，如同鱼鳞一般。诗人宋玉在其名篇《神女赋》中，有"动雾縠以徐步"的美句，以山间缓缓流动的雾霭来比喻神女身穿的縠衣，给人一种神秘朦胧的遐想。与纱不同，"纨"的组织紧密而有光泽，经丝的密度一般在每厘米100根以上，为纱的5倍。成语有"强弩之末，力不能透鲁缟"的说法，"缟"也是一种素色平纹丝织物，为春秋时期鲁国的名产。

二是绮。绮是单层经丝，一色素地，依靠织纹显出花样的提花织物，其组织比绢复杂得多，属于较贵重的丝织品。《战国策》记载说，时人常在衣服的边缘镶上有花纹或者彩色的丝绸作为宽边，起装饰作用，而用绮是达官贵人的专利，诸如士一类的下层官吏和平民百姓，则不得以绮作为衣缘，足见绮的高贵。史籍中常见的"齐纨""鲁缟"，大致可归为绮之一类。时人赞曰："冰纨绮绣，纯丽之物"；"新裂齐纨素，皎洁如霜雪"。堪称名著一时的丝织精品。[1]

三是锦。约在西周中期以后，出现了织造技术十分复杂的名贵丝织物——锦。《诗·小雅·巷伯》："萋兮斐兮，成是贝锦"。锦是一种以彩色丝线织成的有花纹的织物，彩纹并茂，华丽多姿，花纹的表现力特别强，是丝织物中最为精致复杂的品种。"锦"字由"金"和"帛"两字组合而成，《释名》解释说："锦，金也，作之用功，重其价如金，故惟尊者得服之。"锦的出现，把蚕丝的优良性能与织工的美术创作结合了起来，使丝绸不仅成为高雅的衣料，还成为名贵的艺术品，大大提高了丝绸的使用价值和鉴赏价值，成为古代中国各个时代文化艺术水平的一个代表；同时，锦的出现，刺激了丝绸生产者去设计更精美的纹

---

[1] 夏鼐：《我国古代蚕、桑、丝、绸的历史》，《考古学与科技史》，科学出版社1979年版，第106页；陈真光：《源远流长的山东丝绸》，《丝绸史研究》1984年第2期。

样和图案，去研究丝织机具的改造和完善，因而推动了丝绸生产技艺的进一步发展。可以说，锦的出现，是中国丝绸史乃至人类文明史上的一个重要的里程碑。

汉代，是中国丝绸在国内外大放异彩的时代，丝绸品种层出不穷，不断涌现。东汉许慎编著《说文解字》一书，其中以织物组织命名的丝织品有19种，按色彩不同命名的则达35种，分别属于白色系、黄色系、红色系、紫色系、蓝色系和黑色系，可谓琳琅满目，五彩纷呈。

在汉代丝织品的家族中，增添了"罗"这个新成员。罗的组织结构与纱、绮、锦不同，经纬不是相互平行，而是把经丝分成绞经和地经两种，有规律地绞缠形成网络，从而丰富了丝织品的表现力，增强了服饰的美感。1969年在新疆民丰县东汉墓中出土的红色杯纹罗，织造匀丽，花纹规整，显示出极高的丝织技艺。

汉代丝绸不仅品种有所增加，质量也有很大提高。最具典型意义的，是长沙马王堆一号汉墓出土的素纱蝉衣，用极细的蚕丝织成，轻薄透明犹如蝉翼，一件宽大长袖的成人长衫，身长128厘米，袖长190厘米，全重不过49克。这是一种登峰造极的纱类织物，至今仍然令人叹为观止。①

二、唐宋时期的丝绸品种

到了唐代，丝绸品种已经多得不胜枚举。盛极一时的是"绫"。绫是一种在绮的基础上发展起来的斜纹地上起花的丝织物，因其纹理看来好像冰凌，故称"绫"。绫在唐代是一种高贵的丝绸品种，当时的官吏章服主要是绫，"三品以上，大科䌷绫及罗，其色紫；五品以上，小科䌷绫及罗，其色朱；六品以上服丝布杂小绫，其色黄；七品以上，服龟甲双巨十花绫，其色绿；九品以上，服丝布及杂小绫，其色青"。②据此，有人指出："当日之丝织品，以纹绫、文罗及丝縠最为精贵；杂小绫、双紃交梭、丝布等织物次之；而绢紬则不过为寻常之丝

---

① 据1999年8月报载，南京云锦研究所经过多年研究，仿织"蝉翼纱"终于获得成功。可见即使以现在的科技和设备水平，要织造这种"蝉翼纱"织物也不是件容易的事。

② 《旧唐书·舆服志》。

织品；其绌则上者得比于绫罗，下者与绢绌同列"。① 著名诗人白居易曾经作《缭绫》诗一首，赞美越州出产的"缭绫"制作之精和织纹之妙：

> 缭绫缭绫何所似？不似罗绡与纨绮；应似天台山上月明前，四十五尺瀑布泉。中有文章又奇绝，地铺白烟花簇雪。……去年中使宣口敕，天上取样人间织。织为云外秋雁行，染作江南春水色。……缭绫织成费功绩，莫比寻常缯与帛。丝细缲多女手痛，轧轧千声不盈尺。……

纹绫之外，尚有"文罗"。唐代诗人写到"罗衫"、"罗衣"、"红罗"、"香罗"、"罗襦"、"罗巾"等等特多 ②，而盛唐宫廷则几乎成为罗的衣着中心，所谓"宫中尽著单丝罗"，③连杨贵妃也"衣黄罗帔衫"。④宫中妇女如果对罗还不满足，那么还有其他丝织品可供选择："嫌罗不着索轻容。"⑤所谓"轻容"，时人解释说："纱之至轻者，曰轻容。"⑥可见这是一种类似于汉代"蝉翼纱"的丝织品。查《新唐书·地理志》，剑南道巴西郡土贡有"轻容"一物，大概正是由于这个原因，李贺才将"蜀烟飞重锦"与"峡雨测轻容"对应入诗。另见江南会稽郡也有"轻容"，看来这是当时南方的一种丝绸名产。宋人陆游《老学庵笔记》记载唐时亳州亦出产"轻纱"，"举之若无，裁以为衣，真若烟雾"。甘肃敦煌千佛洞曾发现唐代织造的一种薄纱，两面都有绘画，挂在窗前不挡光线。

江南的著名丝织品不止"轻容"一种，白居易在《新乐府》中描写过的"红线毯"也是一种为时人所称道者：

> 红线毯，择茧缲丝清水煮，拣丝练线红蓝染。染为红线红于蓝，织作披香殿上毯。披香殿广十丈余，红线织成可殿铺。彩丝茸茸香拂拂，练软

---

① 汪篯：《隋唐时期丝产地之分布》，《汪篯隋唐史论稿》。
② 如王建《宫词》里所说："罗衫叶叶绣重重"，"两边泥水湿罗衣"，"三年着破旧罗衣"，"缠得红罗手帕子"，"急翻罗袖不教知"，"拾得从他要赏罗"，"御前谢赐紫罗襦"，"舞来汗湿罗衣彻"，"催赴红罗绣舞筵"，"缲尽罗布梦不成"，等等。参见《全唐诗》五函五册卷六。
③ 王建《织锦曲》，《全唐诗》五函五册卷二。
④ 郑处海：《明皇杂录》卷下。
⑤ 王建《宫词》，《全唐诗》五函五册卷六；计有功：《唐诗纪事》卷四十四。
⑥ 周密：《齐东野语》。

花虚不胜物。美人踏上歌舞来，罗袜绣鞋随步没。太原毯涩氍毹硬，蜀都褥薄锦花冷，不如此毯温且柔，年年十月来宣州。宣城太守加样织，自谓为臣能竭力。百夫同担进宫中，线厚丝多卷不得。宣城太守知不知？一丈毯，千两丝，地不知寒人要暖，少夺人衣作地衣！①

从诗人的描写可以看出，红线毯大概是一种丝绒织物，所以才能"彩丝茸茸香拂拂"，"罗袜绣鞋随步没"。

唐代，也是中国锦类织物发展的一个分界线。中国的织锦技术大致可以划分为两个阶段，唐以前是以经锦为主，唐以后则变为以纬锦为主了。有些学者认为，纬锦的出现是中外文化交流的产物，是受到波斯锦织造技术影响的结果。《北史·何稠传》说隋文帝开皇年间，波斯献来金线锦袍，组织殊丽。文帝命何稠仿制，织成之后，居然远胜波斯锦。另一些学者则认为，我国的纬线显花技术起源甚早，先秦丝织物中就已经有纬二重织物的出现，魏晋南北朝时期，彩色纬线显花的技巧已经广为应用。到了唐代，原来手工挑花、挖梭的方法，变成束综和多综蹑的提花机织造，使回纬改为通纬，技术上的突破终于导致唐代纬锦的大量问世。以上两说，与其说是互相排斥，莫若说是相互补充：中国的丝绸织造，原来已经具有纬线显花的技术因子，在外来文化的刺激下，促使其活跃起来并加速发展。新疆吐鲁番阿斯塔那唐墓出土的晕裥提花锦裙，织造极为精良，"锦用黄、白、绿、粉红、茶褐五色经线织成，然后再于斜纹晕色彩条纹上，以金黄色细纬织出蒂形小团花"。②其中的花鸟纹锦，以五彩烟花为中心，周围绕以飞鸟、散花，锦边镶以兰地五彩花绘带，绚丽动人。此外，出土的开元年间的联珠对马纹锦、联珠对孔雀纹锦、团花纹锦、双丝淡黄地蜡缬及五彩锦条等，也都达到了相当高的技艺水平。③

---

① 白居易:《新乐府·红线毯》,《全唐诗》卷四百二十七。按，白居易于题下写明:"忧蚕桑之费也。"
② 《丝绸之路——汉唐织物》，文物出版社1972年版，第4—5页。
③ 总的来看，唐代前期丝绸业的中心仍然在北方。李白曾形容河北清漳一带的丝绸生产情况:"缫丝鸣机杼，百里声相闻"。李肇《国史补》记载:唐初薛兼训任江东节度使，因越州（今浙江北部）不善缫织，便从军中招募一批单身汉，发给钱财，密令他们去北方挑选善于缫织绸的妇女结婚，一年里娶得数百人回到越州，从此越州的丝绸缫织机数迅速提高，所产纱绫妙称江左。据《元和郡县图志》记载，唐代前期越州贡品中只有交梭白绫一种，唐代后期已有异物文绫、单纱文绫等数十种，可见江南丝织技术的进步。

宋元时代，由于南北生产技术的进一步交融，丝绸花色品种有了明显的增加，绫、罗绸、缎、纱、縠、绮、锦等类丝织品在产品质地、花形图案和艺术风格上都有很大创新。《嘉定赤城志》记载，仅台州上贡的绫就有"花绫、杜绫、绵绫、樗蒲绫四种"。《蜀锦谱》中，记载的蜀锦达38种之多。宋代许多地区的丝织品都有各自的特色或冠以地名，如绢有东绢、北绢、川绢、南绢、浙绢、淮绢、会稽绢，缎有京缎、川缎、番缎，又有所谓蜀锦、婺州罗、东阳花罗、定州刻（缂）丝、青州隔织、大名绉縠、亳州轻纱、越州寺绫、放宁绵绸、单州薄缣、剡县绉纱、明州"奉化絁"、绵州"巴西纱"，等等。①其中的"会稽绢"，"出于诸暨者曰花山、同山，曰板桥，甚轻匀，最宜夏服。邦人珍之，或服贾颇止杭而止，以故身价亦不远也"。②明州"奉化絁""密而轻如蚕翼，独异他地"。③绵州所产"巴西纱子"，"一匹重二两，妇人制衣服，甚轻妙"。④单州成武县所织薄缣，"重才百铢，望之若雾，著故浣之，亦不纰疏"。⑤亳州的"轻纱"，"举之若无，裁以为衣，真若烟雾"，据说一州之内只有两家能织。⑥剡县的"绉纱尤精，其绝品以为暑中燕，如絓冰雪然"。⑦"越州尼皆善织，谓之'寺绫'者，乃北方'隔织'耳，名著天下"。⑧还有江西的"莲花纱"，亦为寺尼所织，"都人以为暑衣，甚珍重"。⑨南宋临安附近的杜村，专织"唐绢"，"幅狭丝密，画家多用之"。⑩总起来看，罗的织造在宋代达到了高峰，出现了四经绞提花罗，花纹精细，对织造技术的要求很高，如《嘉泰会稽志》所载："近时翻出新制罗，如万寿藤、七宝贇珠、双凤绶带，纹皆隐起，而肤理尤莹洁精致。"

宋代丝绸中还出现了三种独具特色的新产品：第一，是适应宋代文学艺术兴盛的需要，专供书画装裱用的"宋锦"。它通过纬线显花，图案精细，格调深

---

① 《鸡肋篇》卷上，《嘉泰会稽志》卷十七，《宝庆四明志》卷四，吴曾：《能改斋漫录》卷十五，陆游：《老学庵游记》卷六。
② 《嘉定会稽志》卷十七。
③ 《宝庆四明志》卷四"布帛之品"。
④ 吴曾：《能改斋漫录》卷十五。
⑤⑧ 《鸡肋篇》卷上。
⑥ 陆游：《老学庵游记》卷六。
⑦ 《嘉泰会稽志》卷十七"布帛"。
⑨ 《萍洲可谈》卷二。
⑩ 《梦粱录》卷十八。

沉，古色古香。

　　第二，是采用通经回纬方法织成的"缂丝"。缂丝的织造方法别具一格，在花纹和地纹的连接处出现明显的断痕，从而增强了纹样的立体感和表现力，成为一种珍贵的丝绸艺术品。南宋庄绰在《鸡肋篇》中描述："定州织缂丝，不用大机，以熟色丝经于木棳上，随所欲作花草禽兽状。……若妇人一衣，终岁可就，虽作百花，使不相类亦可，盖纬线非通梭所织也。"

　　第三，是作为尊贵和权势象征的饰金织物。宋代饰金织物的制作工艺多达十余种，如将金箔剪成金丝条织入丝绸中，叫做"扁金"；或将金丝条包裹在丝线外面，织成的绸缎称为"圆金"。社会上对饰金织物十分喜爱，以至于宋代帝王曾多次颁布诏令："销金、泥金、真珠装缀衣服，除命妇许服外，余人并禁。"[1]然而民间仍然是禁而不止。皇帝的圣旨对于社会的习俗风气，威力毕竟是有限的。在蒙古贵族建立的元朝，各种饰金织物更是得到了空前的发展，制作技巧和织物品种都有显著提高和增加。河北官营手工业纳失失局中，专门生产一种用金线混织，上缀大小珍珠的金绮，称为"纳失失锦"，是当时驰誉中外的丝织品，并且为后代的丝织工匠所继承，成为专供皇室贵族穿着的重要丝绸产品。

三、明清时代的丝绸品种

　　时至明清，中国传统的丝绸品种进一步趋向成熟与完备。这一时期中国的丝绸生产，除了山西潞州、四川一带及其他一些零星产地之外，主要集中于江南地区，丝绸品种之多样性也在这里得到了充分的体现。某些丝绸品种冠以地名的商业习惯继续了下来，如苏缎、宁绸、杭绢、湖绉、潞绸、濮绸、粤缎、粤纱、漳缎、震泽绸、沂水茧绸、松江阔机坚素白绫等等，想来均系名重一时的特产，故必冠以地名。《金瓶梅》、《红楼梦》等反映当时人情世态的小说中，写及男女穿戴丝织品的花色品种极为浩繁。《金瓶梅》叙说西门庆送蔡太师生辰"尺头"，必派来旺专程到"杭州织造"购办，可知杭州丝织品质量、声誉之高。书

_____

① 《宋史·太宗本纪》，《宋史·真宗本纪》。

中又提到"一对南京尺头"、"两匹南京五彩狮补子圆领",足证南京出产的丝织物亦甚为知名,且多被用作馈赠之高级礼品。① 苏州一带的丝绸品种尤其花团锦簇,时人称:"锦绮取于吴越,不极奇巧不止。"② 见于史载的就有锦、缂丝、缎、绸、罗、绫、纱、绢等类。乾隆《吴县志·帛之属》记载:

锦,以往"惟蜀锦名天下,今吴中所织海马、云鹤、宝相花、方胜之类,五色眩耀,工巧殊过,犹胜于古";③

缂丝,"出郡城,有素,有花纹,有金缕彩妆,其制不一,皆极精巧,《禹贡》所谓'织文'是也。上品者名清水,次帽料,又次倒挽,四方公私集办于此";④

罗,"出郡城,花文者为贵,素次之,又有刀罗、河西罗";⑤

纱,"要以苏州为最多,质既不同,名亦各异,凡轻薄爽花,宜于夏服者,皆谓之纱,如亮纱、画地纱、官纱、葛纱等,皆以纱为总名,非同一物也";⑥

绫,"诸县皆有之,唐时充贡,谓之'吴绫'。工家多以脂发光泽,故俗呼'油缎子'";⑦

绢,"吴地贵绢,郑地贵纻。今郡中多织生绢,其熟者名熟地,四方皆尚之。花纹者名花绢。又有白生丝织成缜密如蝉翼,幅广有至四尺余者,名画绢。又有罗地绢,精厚而密";⑧

绸,"诸县皆有之,即䌷。纹线织者曰线绸,撚绵成者曰绵绸,比丝攒成者曰丝绸";⑨

刻丝,"以杂色线缀于经纬之上,合以成文,极其工巧,故名刻丝。妇人一衣,终岁方就,盖纬线非通梭所织也。今则吴下通织之,以为被褥围裙,市井富人无不用之,不以为奇"。⑩

------

① 《金瓶梅》第二十五回、三十回、七十回。
② 《明史·魏允贞传》卷三三二。
③④⑤⑥⑦⑧⑨ 乾隆《吴县志》卷五十一"物产"二。
⑩ 乾隆《吴县志》卷五十一"物产"二。按:"刻丝",今多作"缂丝",是一种"极其工巧"的丝织品。其在清代"以为被褥围裙,市井富人无不用之,不以为奇",可说是"旧时王谢堂前燕,飞入寻常百姓家"了。

各地丝织行业都有一些适应本地市场需要的特色产品。以广东为例，在丝织生产方面，明代粤缎、粤纱在海内外已经享有一定声誉，省城广州和佛山、南海、顺德、三水等处的"机房"加工成丝织品，在当地畅销，并向外地输出。时人称："广纱甲天下，金陵、苏、杭皆不及粤缎"。① 入清以后，随着蚕桑业的崛起，珠江三角洲的丝织业获得迅速发展，畅销国内外市场的丝织品种已有缎、绸、绢、绣等大类多种产品，其中"线纱与牛郎绸、五丝、八丝、云缎、广缎，皆为岭外、京华，东、西二洋所贵"。② 清代前期，佛山丝织业已有"十八行"之称，包括：八丝缎行、什色缎行、元青缎行、花局缎行、绉绸行、绸绫行、帽绫行、花绫行、洋绫绸行、金彩行、扁金行、机纱行、斗纱行，等等。道光初年，仅帽绫一行，佛山即有机房202家，西友织工1 100多人；丝织各行合计，织工当在万人以上。③ 福建泉州亦以盛产缎子闻名于世，史载"泉人自织丝，玄光若镜，先朝士大夫恒贵尚之"。④

据木宫泰彦《中日文化交流史》记载，明清时期中国运销日本的丝绸品种有：江苏出产的绫子、绉绸、罗纱、闪缎、南京绉、锦、金缎、五丝、绢绸；浙江出产的绉绸、绫子、纱绫、云绉、锦、金丝布、罗；福建出产的绫子、绉、纱、纱绫、八丝、五丝、绒绸、绢绸、闪缎、天鹅绒；广东出产的锦、金缎、二彩、五丝、七丝、八丝、天鹅绒、闪缎、锁服、绫子、绉绸、纱绫、绢绸、𰀀、䌷、绸，等等。⑤ 丝绸商品输入日本"逐年增加，不但供上流社会，且为一般民众广泛使用和爱好"。⑥

综而言之，明清时期，丝绸品种蔚为大观，令人眼花缭乱，其中锦、缎、绒三种产品得到了较显著的发展。锦类织物中最突出的是"云锦"。云锦是在蜀锦和宋锦的基础上发展起来的，并形成了本身的独特风格，"工巧殊过，尤胜于

---

① 王世懋：《闽部疏》。
② 屈大钧：《广东新语》，第458"纱缎"条，中华书局1985年版，第427页。
③ 罗一星：《明清佛山经济发展与社会变迁》，第207—208页。
④ 王胜时：《闽游纪略》，《小方壶舆地丛钞》第九轶。
⑤ 参见木宫泰彦：《中日文化交流史》（中译本），商务印书馆1980年版，第673—675页。
⑥ 木宫泰彦：《中日交通史》下册，第364页。

古"。①蜀锦和宋锦主要用彩色丝线配置，云锦则大量采用金线，使织物显得更加金碧辉煌。图案表现上大量模仿自然界奇妙壮观的云势变化，衬托作为主体的各种珍禽异兽、奇花瑞木，显得精美绝伦。②

缎类织物古称"纻丝"，起源于汉，发展于唐，明代是其鼎盛期。由于缎地组织点浮线长，所以显得特别柔软而有光泽。江南盛产缎类织物，"有素，有花纹，有金缕彩妆，其制不一，皆极精巧"。③广东缎行，分为八丝、什色、元青、花局等不同门类。有人论及当日纺织业时说到："此等项目多端之丝织品中，花色品种之繁无过于缎者。盖当时之官服及见客时之礼服，均是用各种颜色及图案之缎衣故耳。"④

丝绒产品则是在元代漳绒的基础上发展起来的，工艺要求极高，要经过织绒、割绒、雕花诸道工序才能织成，手感柔软舒适，保温性能较好，后世誉为"天鹅绒"，确是不可多得的丝绸珍品。《金瓶梅》中所谓"锦毡绣毯"、"绿绒裤子"、"白绒忠靖冠"、"绒氅"、"大红绒彩蟒"、"青绒蟒衣"、"猩红斗牛绒袍"、"飞鱼绿绒蟒衣"等等，很可能指的就是这类织物。⑤

经过数千年的发展演进，中国丝绸以其品种繁多、花色富丽、织造精巧而博得世人的赞誉和喜爱。但是，就在人们所津津乐道的这种繁盛局面之下，也已经显露出滞重难进的迹象。丝绸种类的极度丰富，从组织到色彩，从图案到技巧，基本上都已经达到了传统丝绸生产方式所能给予的极限。在使用单一原料、木制织机、手工操作和传统印染方法的情况下，丝绸种类已经难以再有什么增加，花色品种也已经难以再有什么创新。所以，明清时代丝绸品种的应有尽有，登峰造极，也许正是一种"到顶"的表现。中国丝绸生产的发展，已经走完了它在传统农业社会里的漫漫长途，脚步越来越凝重，速度也越来越迟缓，它迫切需要新型的原料、新型的设备、新型的织造技术和新型的印染方法来重整它日渐衰老的姿容，来注入使其焕发青春的活力。

或许可以这么说，作为人类古代文明结晶的中国丝绸，它的古老传统的工

---

① 乾隆《吴县志》卷五十一，第15页。
② 正因为织物图案大多翻卷舒徐的云势变化，故称"云锦"。
③ 乾隆《吴县志》卷五十一。
④ 戴不凡：《小说见闻录》，《〈金瓶梅〉零札六题》，浙江人民出版社1982年版，第153页。
⑤ 《金瓶梅》第二十回、六十七回、七十回、七十一回等。

艺技术曾经独领风骚数千年，如今终于即将迎来其辉煌历史的尾声。虽然由于历史原因和自身特点，在一段时间内仍会余威犹存，但随着西方国家工业化浪潮的兴起，先进的科学技术成果开始逐渐应用于丝绸生产和贸易，在世界丝绸市场上，已能感到机械缫丝、动力织绸和科学炼染的新时代的涛声正向东方的丝绸祖国拍岸而来……

本章小结

在同中国传统文明的物质财富和辉煌文化相联系的所有物产中，丝绸也许是最具代表性的。中国的蚕桑丝绸生产历史十分悠久，从它诞生的那一天起，就一直受到人们的百般青睐，在社会经济和人民生活中扮演着重要的角色。丝绸生产和贸易在向人们提供舒适、精美和华贵衣饰的同时，其本身也在随着时间的推移而不断进步，呈现出一条虽然复杂却并非不可捉摸的发展脉络。在丝绸业的发展过程中，形成了一些耐人寻味且发人深省的基本特点。在某种意义上，丝绸业的这些特点正是中国传统手工行业发展的共同规律的集中反映。

在中国古代丝绸生产结构的演变过程中，形成了两个明显的趋势：其一是官营手工业的组织越来越周密，分工越来越细致，总体规模则越来越萎缩。在清代，官营织造手工业除了在京城设置"内织染局"之外，只在江宁、苏州和杭州三处设置织造局，史称"江南三织造"。与官营织造局规模的缩小和机张的减少相反，江南织造局中匠役的分工则更为细密。官营丝织手工业内部分工的细密和组织机构的完备，标志着中国丝绸织造技术的逐渐成熟和管理水平的不断提高，因为一般说来，历代官营手工业的技术水准，就代表着当时丝绸手工业的最高技术水平。另一个趋势，则是民间丝绸生产越来越普遍，在丝绸总产额中所占比重越来越大，也越来越成为丝绸生产的主力。明清时期，官营织造局的规模与民间丝绸生产的能力相比，无疑要逊色得多，丝绸商品量之巨和丝绸贸易之盛，也都在在表明了民间丝绸生产远远超过官营织造，在丝绸生产结构中占据着无可争辩的主导地位。在某些丝织专业乡镇中，甚至出现了"以机为田，以梭为耒"的副业逐渐变为主业的趋向，成为明清时期社会变迁的一个突出现象。这是中国丝绸生产长期发展的一个结果，同时又成为中国丝绸生产力和生产关系进一步发展的基础。

在数千年的历史长河中，中国的丝绸生产技术和工艺一直在时快时慢地发展着。在历代王朝"农桑为本"国策的奖劝之下，丝绸生产各个环节的技术水平都或多或少、或断或续地有所发展和提高，终于形成了明清时代丝绸生产工艺的巅峰时期，占据着当时世界的领先地位。然而，在一个农业文明的国度里，所能给予丝绸科技发展提供的余地是有限的，只能在传统的框架内作些修改和补充。在农业社会允许的范围内，它可以给生产力的发展开辟一定的空间；在没有外来冲击的情况下，也能够显示出某种适应性和生命力。但是，随着欧美资本主义国家工业革命的进行，首先在纺织工业领域发生了根本的变革，丝绸工业迅速崛起，古老中国的传统丝绸手工业行将面临咄咄逼人的挑战。

第二章
古代中国丝绸的输出

　　与桑蚕丝绸在中国社会经济和国计民生中的重要性相比,它在中国对外关系的舞台上也是流光溢彩,顾盼生辉。从中国与周边民族和国家的最初接触开始,丝绸便既是贸易的商品,又是交往的媒介。丝绸本身的卓异功能以及由之带来的巨大利润,吸引无数富有冒险精神的人们跋山涉水追寻丝绸的踪迹,从而形成了连通东西方商品贸易和文化交流的著名商道——"丝绸之路"。这条丝绸之路也延伸到了海上,丝绸贸易的船舶和商使往还的帆樯往来于南中国海、印度洋、阿拉伯海和地中海,到16世纪以后又航行于太平洋上,把新旧大陆连接成为一体。多少世纪过去了,多少城市、国家、王朝、文明兴起又衰落,连接着世界各个大洲的丝绸之路却一直留存,不断延展,同时也使每一个与这条商路发生关系的民族和国家受到了深刻而持久的影响。本章内容意在梳理古代中国丝绸输出发展变化的过程,并对其具有的意义及产生的影响进行深一层的探讨和分析。

第一节
"丝绸之路"与丝绸输出

自古以来，中国就有三条对外开放的通商道路：第一条，是从长安出发，经河西走廊、天山南北侧到中亚、中东，再往欧洲延伸的北方"丝绸之路"。①这条商路自汉代张骞通西域以来已有两千多年对外开放的历史，源远流长，为世人所熟知。第二条，是西南丝绸之路，即"蜀身毒道"，是从四川到印度的对外通商孔道。近几年来人们对它的研究正在不断深入。第三条，是从东南沿海的港口城市出发，经马六甲海峡、印度洋到达中东和非洲，16世纪后又经马尼拉中转，横渡太平洋到达美洲的海上丝绸之路。这已经成为研究中外交通史的人们关注的焦点。以上三条商路不仅是古代中国对外通商的主要道路，也是当时世界各国经济、政治、文化交流的重要途径。这三条商路都被冠以"丝绸之路"的美名，不难想见丝绸在其间扮演了何等重要的角色。

一、"丝绸之路"

中国丝绸的外传最早始于何时？这是一个长期来歧义纷纭的问题，但是最迟不晚于周秦时期，看来已经基本成为学术界的公论。汲塚古简《穆天子传》记述周穆王西巡，曾以"锦组百纯"、"黼服"等丝绸制品赐赠当时活动在中国西北远达中亚的一些氏族部落。中国文献记载丝绸外传，大概以此为早。

西周末年，戎、狄部落利用周室衰微之机，不断从西方、北方进行侵掠。"幽厉之时，陪臣执政，史不记时，君不告朔，故畴人子弟分散，或至诸夏，或至夷翟"。②就是说，西周末年由于王室衰微，卿大夫执政，纪纲礼法紊乱，不少通晓天文历法、生产技艺的人才和工匠散入各地，包括少数民族地区，其中

---

① 有学者把这条丝路称为"沙漠丝绸之路"，认为与之并行的还有一条"草原丝绸之路"。
② 司马迁：《史记·历书》。

包括一些专事丝绸生产的工匠，当是很有可能的。他们把先进的生产技术和科学知识通过西北地区传播到更远的西方。周幽王时，申侯联合犬戎进攻镐京，幽王被杀，西周灭亡，"戎狄错（杂）居泾渭之北"。[①] 春秋时期，关中的秦国势力强大起来，秦穆公乘戎族"莫能相一"的有利时机，先后征服"西戎八国"。西戎八国，即绵诸（今天水）、畎戎（渭河流域）、狄（临洮）、獂（陇西）、义渠（庆阳）、大荔（今陕西大荔）、乌氏（平凉）、朐衍（陕西灵武）。这些部落都处在中西大道的东端，秦占领这一地区，不仅开拓了西北疆土，打开了通往河西走廊的交通，而且发展了秦与西北游牧民族的贸易关系。由此，秦的丝织缯帛、金属器皿不断运往西方，换取那里的牲畜和毛皮。

当时居住在河西走廊的敦煌和祁连山一带的民族有"允姓之戎"（即塞人）和大月氏等。约当春秋晚期，大月氏向西驱逐了塞人，而约在公元前175年前后，月氏也在匈奴的压力下西迁至伊犁河流域，曾被月氏驱逐到这里的塞人，又向西南迁徙，跨锡尔河，到达索格底亚那（今中亚乌兹别克和塔吉克境内）。其后，月氏再次迁徙，过大宛西到达妫水流域（今中亚阿姆河上游），不久又越过阿姆河"西击大夏而臣之"，并以大夏（今阿富汗北）巴克拉为都城。这时，从内地经河西走廊至西域的南北两道，越过葱岭后都要进入大月氏境内，由此大月氏便成为中西交通和贸易的中转站。大月氏人和中亚北部的塞人通过游牧方式充当了中原和西域各国最古老的丝绸贸易商。出没于北方的义渠、林胡、楼烦等戎狄部族和崛起于漠北的匈奴族，也都与西部的大月氏和塞人在经济、文化上有着密切的联系。

考古发现也展示了中国丝绸西传的事实。1977年，在新疆阿拉山东口的塞人竖穴墓里，就曾出土有春秋战国时期的丝织品和漆器，其中的菱纹链式罗堪称精品。1929—1949年间，在原苏联的戈尔诺阿尔泰地区，先后发掘出一群时间大致相当于中国春秋战国时代的古墓，发现了一批中国制造的丝织品，多为采用捻股细线织成的平纹织物。这批墓群中最具代表性的是巴泽雷克3号墓和5号墓。前者出土有平纹绢，后者出土的鞍褥面是一块施有刺绣的平纹绸，刺绣图案是形态优美的凤凰和孔雀缠枝纹。这可能是现存最早的中国刺绣艺术品了。

---

① 司马迁：《史记·西域列传》。

墓葬主人的骨骼属于塞人。塞人，亦称斯基太人，是当时中国丝织品传入中亚乃至欧洲的最大中介商和贩运者。公元前5世纪前后，中国的丝织品已经经塞人传到欧洲的希腊，这在古希腊的雕刻和陶器彩绘人像中都有发现。例如著名的雅典卫城巴特侬神庙中的雅典娜女神像和浮雕，不仅形象生动优美，而且都身着透明长袍，质料柔软，式样雅丽，当系丝织衣料无疑。① 又如公元前5世纪雅典成批生产的赤绘陶壶上，就绘有非常细薄的女子衣料。公元前3世纪希腊制作的"比利斯的裁判"绘画，女神身穿纤细衣料，透明的丝织罗纱，将女神的乳房、脐部完全显露出来。日本学者铃木治认为，古希腊陶器和雕刻上所表现的透肉服装，大约都是轻薄的丝绸。如果说这还属于一种言之成理的推测的话，那么20世纪80年代在德国南部斯图加特发现的公元前6世纪的中国丝绣品，则为中国丝绸早在此时即已传入欧洲，提供了令人信服的直接物证。② 也就是在此前后，欧洲人已经把中国称为"赛里斯"（seres），其语源出自希腊语的"丝"字。这表明欧洲人已经知道了中国是丝绸的故乡。可以这么说，与清朝末年外国人常把中国人与小脚妇女、长辫阿Q、"东亚病夫"联系在一起不同，此时的欧洲人一提到中国，头脑中就会浮现出那精美珍贵的丝绸织品。

这条由游牧民族所沟通的中国丝绸西传的孔洞，以后随着汉武帝的西进政策而成为通途大道，这就是著名的"丝绸之路"。当然，"丝绸之路"上来去往返的并不只是丝绸，还有其他为东西方人民所需要的种种物品。一般说来，自周至唐，是中国丝绸真正主宰"丝绸之路"的时期；自宋至元，是中国丝绸基本主宰"丝绸之路"的时期；从明代开始，由东往西的货物，丝绸已经不再占据主导地位，不过仍然具有重要的意义。所以，所谓"丝绸之路"，实际上是中西文化交流通道的泛称，这应该是不言而喻的。

这条丝绸之路，以西汉都城长安为起点向西延伸，一直抵达地中海东岸的港口，成为沟通相距7 500公里之遥的欧亚大陆东西两端的欧洲和中国的一座桥梁。汉人描写这条通道是"立屯田于膏腴之野，列邮置于要害之路。驰命走

---

① 里希特：《希腊的丝绸》，载《美国考古学报》1929年，第27—33页；转引自王震亚：《春秋战国时期的蚕桑丝织业及其贸易》，《甘肃社会科学》1992年第2期。

② ［美］《全球地理》1983年第3期。

驿，不绝于时月；商胡贩客，日款于塞下"。①

一批又一批的中国丝绸由此向西输送，一直运销到罗马帝国，立刻风靡了市场。罗马贵族对中国丝绸大为赏识，纷纷"远赴赛里斯以取衣料"，不惜高价竞购，甚至使得丝绸与黄金等重同价。公元1世纪时的罗马学者老普林尼（Pliny the Elder）在其所著《博物志》一书中写道："由里海及西梯亚海岸线折而向东……赛里斯人即处此。其林中产丝，驰名宇内。丝生于树叶上，取出，湿之以水，理之成丝后，织成锦绣文绮，贩运至罗马。……由地球东端运至西部，故极其辛苦。"公元4世纪时，罗马史学家赛里奴斯在谈到中国丝绸时说："昔日吾国仅贵族始得衣之，而今则各级人民，无有等差，虽贱至走夫皂卒，莫不衣之矣。"②看得出来，中国丝绸在欧洲的销售，已经由周秦时期零散的、间断的，变为大量的、经常的了。东汉时的大学者班固曾经写信给时任西域都护的兄弟班超，说托人带去白素300匹，让班超在大月氏卖掉。另一封信上说：大将军窦宪托班固带给班超杂彩700匹，白素300匹，让班超卖掉以后转买大月氏的马、毛毡和苏合香。经过"丝绸之路"的丝绸数量居然动辄以千百匹计。

中国和欧洲国家都从这条"丝绸之路"上得益匪浅，都期望并维护这条商道的畅通。"罗马帝国所用的中国丝绸是以那些横跨从长安通向中亚的丝绸之路的帕提亚人（Paythians）为中介而输入的。"③《后汉书·大秦传》记载："大秦与安息、天竺交市海中，利有十倍。……其王常欲通使于汉，而安息欲以汉缯彩与之交市，故遮阂不得自达。"作为"丝绸之路"中间站的安息（今伊朗），企图垄断中国丝绸的中转贸易，以便从中渔利，竭力阻挠罗马帝国和中国的直接往来，这就迫使出产丝绸的中国和消费丝绸颇多的罗马帝国努力寻找直接贸易的渠道。公元97年，东汉派甘英出使大秦；公元166年，大秦王安敦遣使东来，就是中欧双方试图摆脱"遮阂"，以进行直接丝绸贸易的两次著名的尝试，尽管波涛汹涌的大海使得这一美好的愿望未能化为现实。

---

① 班固：《汉书·西域传》。

② 张星烺：《中西交通史料汇编》第一卷，中华书局1977年版，第197页。

③ Lillian M. Li, *China's Silk Trade: Traditional Industry in the Modern World*（1842—1937），Council on East Asian Studies, Harvard University: Cambridge, 1981. 帕提亚（Paythia），即安息。西亚古国。公元前2世纪后半叶领土有全部伊朗高原及"两河流域"。公元前1世纪到公元2世纪，帕提亚是罗马帝国同中国贸易、交通的必经之地。

作为丝绸之路的重要组成部分，还有一条称之为"草原丝绸之路"的通道。草原丝路指蒙古草原地带沟通欧亚大陆的商贸大通道，是当时游牧文化交流的动脉，由中原地区向北越过古阴山（今大青山）、燕山一带的长城沿线，西北穿越蒙古高原、南俄草原、中西亚北部，直达地中海北陆的欧洲地区。这条天然的草原通道，向西可以连接中亚和东欧，向东南可以通往中国的中原地区，在中国乃至世界古代东西方交通要道上都具有重要作用，与丝绸之路一起构成了沟通欧亚大陆的主要商贸大动脉。

根据发现的考古材料，草原丝绸之路初步形成于公元前5世纪前后，时间范围可以定位为青铜时代至近现代，空间范围大致框定为北纬40度至50度之间的这一区域。这是因为，环境考古学的研究发现，欧亚大陆只有在北纬40度至50度之间的中纬度地区，才有利于人类的东西向交通。这个地区恰好是草原地带，东起蒙古高原，向西经过南西伯利亚和中亚北部，进入黑海北岸的南俄草原，直达喀尔巴阡山脉。在这条狭长的草原地带，除了局部有丘陵外，地势比较平坦，生态环境比较一致，中国北方草原地区正好位于欧亚草原地带上，其生态环境与欧亚草原的其他地区基本相同。① 草原丝绸之路的形成，与自然生态环境的关系极为密切。

对于草原丝绸之路来说，大宗商品交换的需求起源于人类社会农业与畜牧业的分工。草原丝绸之路东端连接位于蒙古高原南部边缘的中原地区，强大的农耕经济和文化势必对草原地带的游牧经济和文化产生巨大的影响，同时两者之间也长期互动与合作。中原旱作农业地区以农业为主，盛产粮食、丝绸、麻布及各种手工制品，而农业的发展需要大量的畜力（牛、马等）；北方草原地区以畜牧业为主，盛产牛、马、羊及皮、毛、肉、乳等畜产品，而缺少粮食、纺织品、手工制品等。这种中原地区与草原地区在经济上互有需求、相依相生的关系，是形成草原丝绸之路的物质基础。② 草原丝绸之路不仅是连接东西方经济、文化交往的通道，也是连接中国长城以南地区与北方草原地区经济、文化交往的要道。

---

① 参见张景明：《草原丝绸之路与草原文化》，《光明日报》2007年1月26日。
② 因而草原丝绸之路则因其特点还有"皮毛路"、"茶马路"的称谓。

草原丝绸之路东段最为重要的起点是内蒙古长城沿线。这里是游牧文化与农耕文化交汇的核心地区，是草原丝绸之路的重要链接点。在草原丝绸之路上活动的人类群体主要是游牧民族，自青铜时代起，先后有卡拉苏克、斯基泰、狄、匈奴、鲜卑、突厥、回鹘、契丹、蒙古等民族。草原丝绸之路的通道形成后，大家都开始利用这一通道。丝绸之路沿途的国家或部落均有商人、使者、僧人等行走在这条通道上，由国家主导的军事力量也开始管理和维护丝绸之路的畅通。

在夏商时代，草原丝绸之路初见端倪，已形成若干条较为稳定的贸易通道。秦汉时期，匈奴族的南下与西迁，实际上是将蒙古草原地带的丝绸之路进行了强有力的连缀与拓展，与漠南的沙漠丝绸之路形成亚欧大陆南北两大交通要道，丝绸之路逐渐形成带状体系。魏晋时期，草原丝绸之路得到了进一步的发展。隋唐时代，随着唐朝对漠北草原的统一，草原丝绸之路再一次得到开发与拓展，"回纥以南，突厥以北，置邮驿，总六十六所，以通北荒，号为'参天可汗道'，俾通贡焉"。[1]

契丹建立的辽朝，使草原丝绸之路更加贯通。北宋与辽在边境地区设置榷场互通有无，主要有雄州、霸州、安肃军、广信军、新城、朔州等榷场。辽朝政府还在上京城内的同文馆设置驿馆，为诸国信使提供方便的住宿条件。[2] 随着辽王朝国际影响的日益扩展，各国使节和诸多商旅纷至沓来。此时的草原丝绸之路分为南北两线。北道东起于西伯利亚高原，经蒙古高原向西，再经咸海、里海、黑海，直达东欧。南道东起辽海，沿燕山北麓、阴山北麓、天山北麓，西去中亚、西亚和东欧。两线在可敦城会合，而后再往西域，通向亚洲腹地。辽代的纺织业很发达，境内有不少有特色的纺织品产地，连宋朝商人都大量采购辽朝出产的罗，称之为"番罗"，在宋朝境内被当成奇货。辽的纺织品，特别是朝霞锦、绫罗绮锦缎等丝织物的输出，是辽与西方交流的大宗产品，这使得辽代通往西方的交通路线成了名副其实的"草原丝绸之路"。

元朝是草原丝绸之路发展与繁荣的鼎盛期。元朝正式建立驿站制度，以上

---

① 《新唐书》卷二百一十七。
② 陈永志：《论草原丝绸之路》，《内蒙古日报》2011 年 7 月 11 日。

都、大都为中心，设置了帖里干、木怜、纳怜三条主要驿路，构筑了连通漠北至西伯利亚、西经中亚达欧洲、东抵东北、南通中原的发达交通网络。[①] "帖里干"道属东道，起点站为元大都，北上经元上都、应昌路至翕陆连河河谷，再西行溯土拉河至鄂而浑河上游的哈剌和林地区。"木怜"道属西道，在元上都附近，西行经兴和路、集宁路、丰州、净州路，北溯汪吉河谷至哈剌和林。"纳怜"道又称"甘肃纳怜驿"，自元大都西行，经大同路东胜州，溯黄河经云内州至甘肃行省北部亦集乃路北上，绕杭爱山东麓至哈剌和林。由于哈剌和林地区地处蒙古高原的腹地，草原丝绸之路的三条主干线大多通过这里再向西北经中亚纵向延伸，直至欧洲。这三条通往欧洲的驿路，构成了草原丝绸之路最为重要的组成部分。[②] 草原丝绸之路既是政令、军令上传下达的重要通道，也是对外进行商贸往来的主要线路：当时阿拉伯、波斯、中亚的商人通过草原丝绸之路往来中国，商队络绎不绝，"自谷粟布帛，以至纤靡奇异之物，皆自远至。宫府需用百端，而吏得以取具无阙者，则商贾之资也"。[③]

明代，北方草原地区战事频仍，草原民族不断入侵中原，明王朝被迫关闭边境，加固长城，草原丝绸之路一度阻断，加之海上丝绸之路的繁盛，滞留了草原丝绸之路的发展。西北丝路商贸虽未中断，但地位已大不如前。清朝建立后，情况仍无根本好转，草原丝绸之路逐渐归于衰落。

"丝绸之路"开通以后，自周、秦迄宋、元，一直成为中欧之间陆路交通的主要干道。时至明代，海路交通开辟了新纪元，郑和七次下"西洋"，远航到非洲东海岸。随后，葡萄牙人发现了绕道好望角前来东方的航线，哥伦布为了来东方无意间发现了美洲新大陆。也就是在这一时期，法国、意大利的丝绸生产迅速崛起，蒸蒸日上，使欧洲对中国丝绸的需求量相对缩小，以至于一些西方的世界史学家断言：17世纪的世界丝绸之都，已经转移到法国的里昂。从此以后，由地中海到中东、中亚的海陆交通线退居到了次要地位，"丝绸之路"所代表的东西方陆路贸易大大萎缩，只限于新疆和邻近地区；商品结构也有很大改变，丝绸的首屈一指的地位已经逐渐为茶叶所取代。

---

① 《草原丝绸之路与鄂尔多斯传奇》，《地方学研究》2016年8月31日。
② 张景明：《草原丝绸之路与草原文化》，《光明日报》2007年1月26日。
③ 虞集：《贺丞相墓铭》，载《道园学古录》卷十六。

二、"西南丝路"

从陕西长安出发,经过甘肃、新疆一直西去的"丝绸之路",并不是中国丝绸输出的唯一通道。在中国西南边陲的崇山峻岭之间,还有一条被称为"蜀身毒道"的商路,如今被人们冠以"西南丝路"的美称,那是从四川成都出发,纵贯川、黔、滇三省,通向境外的缅甸,然后再从缅甸分为水陆两路:陆路向西经印度、阿富汗至木鹿城(今中亚土库曼的马里),与上述的西北"丝绸之路"相连,直通欧洲的地中海;水路循缅甸伊洛瓦底江南下出海,与"海上丝绸之路"衔接,形成连结两大洋(太平洋、印度洋)和三大洲(亚洲、欧洲、非洲)的交通大动脉。

这条丝路始于何时难以确定,但可以肯定不会晚于秦汉时代。德国学者雅谷比(H. Jacobi)曾经发现,印度孔雀王朝时(前321)有考铁利亚一书,内有支那(cina,即中国)产丝,并将丝货贩运到印度的记载。[①]可见至迟在公元前4世纪,中国丝绸已经经由西南丝路传布到印度和阿富汗了。汉武帝元狩元年(前122),"博望侯张骞使大夏(今阿富汗北部)来言:居大夏时,见蜀布、邛竹杖。使问所从来,曰:'从东南身毒(印度),可数千里,得蜀贾人市,或闻邛西(今四川西昌地区以西)可二千里有身毒国'。"[②]据此可知,当时大夏、身毒的市场上销售四川出产的"蜀布"(即蜀锦),是四川商人经邛西贩运出去的。《史记·大宛列传》也有类似记载,并说:"以骞度之……今身毒又居大夏东南数千里,有蜀物,其去蜀不远矣。"

张骞建议汉武帝开辟这条四川至印度的商路。武帝派遣大臣四出探路,汉使到达金沙江边,为昆明族部落所阻不能继续前进,尽管这次探路未成,但汉使们听说:"其西可千余里,有乘象国曰滇越,而蜀贾出物者或至焉。"[③]17年后,元封六年(前105),西汉政府从内地征集大批士卒和壮丁,在当时已有的

---

① 张星烺编:《中西交通史料汇编》第六册,中华书局1979年版,第9页。
② 司马迁:《史记》卷一百十六"西南夷传"。
③ 据《腾越州志·建置志·沿革考》载:"腾越者,古滇越也。亦曰越赕。其来久矣,即西汉时张骞所称之滇越。"已故江应樑教授考证,滇越地当今云南德宏傣族、景颇族自治州及其附近和南部的大片地带(参见江应樑《傣族史》,四川民族出版社1984年版,第91—93页)。

僰道、五尺道的基础上，于滇西大规模开凿博南道，此后东汉政府也续有修筑，遂将以往的民间商路建成为官驿大道。中国西南地区的土特产品，包括大量名贵的蜀锦，就从这条商路流出，换回缅甸、印度等国的宝石、木棉、犀角、象牙。哈威在《缅甸史》中写道："公元前二世纪以来，中国以缅甸为商业通道：循伊洛瓦底江为一道；循萨尔温江为一道；尚有一道循弥诺江（即今亲墩江，Chidwin），经曼尼普尔，乘马三月乃至阿富汗。商人在其地以中国丝绸等名产换取缅甸的宝石、翡翠、木棉，印度的犀角、象牙和欧洲的黄金等珍品。"①

东汉明帝永平十二年（69），在西南边陲设置永昌郡。②博南道的畅通，使永昌郡商旅云集，出产丰富，时称"金银宝货之地，居官者富及十世"。《华阳国志》卷四说这里"土地沃腴，产黄金、光珠、虎魄、翡翠、孔雀、犀、象、蚕桑、锦绢、彩帛、文绣"。《后汉书·哀牢传》也说这里"土地沃美，宜五谷蚕桑，知染彩文绣、罽氍、帛叠、阑干细布，织成文章如绫锦"。可见四川一带的蚕桑丝绸生产技术已经由西南丝路传播到中缅边境，当地不仅懂得植桑养蚕，还能够缫丝织绸，染色刺绣。据学者考证，古哀牢部族不但是今云南傣族的先民，也是今缅甸、越南、老挝等国境内壮傣语支诸族的先民。③也就是说，中国的丝绸生产技术可能经由这里传播到中南半岛诸国，这些国家的蚕桑丝绸生产是来源于中国。又据《华阳国志》记载，当时永昌郡内的居民很复杂，有"闽濮、鸠僚、僄越、身毒之民"。其中的"身毒之民"，是居住于此的印度人，他们也很有可能将中国的蚕桑丝绸生产技术传回印度，从而发展起印度的蚕桑丝绸生产。④

永昌郡建立不久，永昌徼外的掸国（今缅甸东北部）就不断派遣使节来中国通好。东汉永元九年（97），"徼外蛮及掸国雍由调遣重译奉国珍宝，和帝赐金印紫绶，小君长皆加印绶钱帛"。永宁元年（120），"掸国王雍由调复遣使者诣阙朝贺，献乐及幻人，能变化吐火、自解体、易牛马头，又善跳丸数乃至千，

---

①　［英］哈威：《缅甸史》，姚楠译，陈炎校订，商务印书馆1957年版，第51页。
②　据《华阳国志·南中志》卷四："永昌郡，古哀牢国"；《腾越州志》卷二曰："腾越在西汉时为张骞所称之滇越，在东汉时为范史（即范晔之《后汉书》）所传之哀牢。"据此可推知永昌郡即为西汉滇越之后身。
③　申旭：《哀牢问题研究》，《东南亚》1990年第4期。
④　参见江应梁《傣族史》，四川民族出版社1984年版，第95—97页。

自言我海西人，海西即大秦也。掸国西南通大秦。明年元会，安帝作乐于庭，封雍由调为汉大都尉，赐印绶、金银、彩缯各有差也"。① 永建六年（131）十二月，"日南徼外叶调国（今爪哇）、掸国遣使贡献"。② 公元159和161年，天竺（今印度）国也曾两次遣使通好，进献"珍宝"，中国回赠的也是"彩缯"。由此可见，中国的丝绸作为各国间友好往来的外交礼品，已经通过西南丝路传入东南亚和印度次大陆的广大地区。在这里，丝绸已经超越了单纯商品的范畴，而作为和平与友谊的象征，成为中国在政治上达到睦邻友好的一种有效手段。

从"幻人（魔术师）""自言我海西人，海西即大秦也"，"掸国西南通大秦"的记载来看，这条西南丝路很可能一直延伸到欧洲地中海沿岸的罗马帝国。所以鱼豢在《魏略·西戎传》中说："大秦道既从海北陆道，又循海而南与交趾（今越南）七郡外夷通，又有水道通益州、永昌，故永昌出异物。"③ 这种"遣使贡献"，以各国的"珍宝"来换取中国回赠"彩缯"的行为，实际上是一种变相的商业活动，所以日本学者把它称之为"朝贡贸易"。滨下武志指出：这种朝贡贸易的特点是，中国政府"对朝贡贸易给与免税的特权，使人们能够亲身经历那向慕已久的中国皇帝的威德，'自由'地进行各种商业活动"。④

公元225年，诸葛亮远征南中，进一步开拓了西南丝路。《华阳国志》记载：武侯既平滇，又劝西南各民族"筑城堡，务农桑"，进一步促进了当地蚕桑丝绸业的发展。有学者认为，诸葛亮南征，其目的不仅是出于军事上的需要，而且是为蜀锦的外销寻找理想的国外市场，以开辟经济来源，解决蜀汉的经济危机。⑤ 这种看法确有道理。诸葛亮南征，在政治上和军事上固然是去制服"南中"，稳定后方，从而获取人力物力，以便在"南方已定，兵甲已足"的条件下再去北争中原。除此之外，还有它的经济原因。当时四川的丝织业很是发达，蜀锦几乎成为蜀汉最为重要的战略物资和主要的经济来源，犹如诸葛亮所说：

① 范晔：《后汉书·西南夷传》。
② 范晔：《后汉书·顺帝本纪》。
③ 《三国志·魏书》卷三十引鱼豢《魏略》，引裴松之注《三国志·魏志·东夷传》。
④ 滨下武志著，王翔译：《关于中国与亚洲关系的几个问题》，《中华民族史研究》第二辑，海南国际新闻出版中心1997年版，第282页。
⑤ 参见陈炎：《德宏州在古今西南丝绸之路中的特殊地位》，《中华民族史研究》第二辑，海南国际新闻出版中心1997年版。

"今民贫国虚，决敌之资，唯仰锦耳。"① 而当时蜀汉局促一隅，市场狭小，寻求和扩展丝绸的市场是一个至关紧要的迫切任务。此时，邻近的西南、缅甸，并通过缅甸到东南亚和次大陆的陆海交通已经开启，这些地区的国家气候炎热，人民广泛穿着丝绸，正是蜀汉所追求的理想市场。诸葛亮南征时，始终贯穿着这一目标，所到之处劝令当地人民"务农桑"，将织锦技艺推广到西南边疆，并进一步传播到境外各国。有一首名为《诸葛锦》的诗写道："丞相南征日，能回黍穀春。干戈随地用，服色逐人新。绘幅参文绣，花枝织朵匀。蛮乡椎髻女，亦有巧手人。"②

　　唐代，西南地区崛起了一个以今云南大理为政治中心的强大地方政权——南诏国。《资治通鉴·唐纪》记载，南诏曾经"一入黔中，四犯西川"。大和三年（829），南诏军队远至成都西郊，"掠子女工技数万及珍货而还"。《旧唐书·南诏传》载："蛮兵大掠蜀城玉帛子女工巧之具而去。"《新唐书》也说：南诏"乃掠子女工技数万引而南。……南诏自是工文织，与中国埒。"《蛮书》则提到，此前"俗不解织绫罗，自太和三年蛮寇西川，虏掠巧儿及女工非少，如今悉解织绫罗也"。可见随着四川丝织工匠和丝织工具被大量移植到南诏，那里的丝织生产有了很大发展，甚至可以与内地相抗衡了。这就不可能不影响到当时受南诏控制的骠国等境外的部落国家。③

　　这条西南丝绸之路，一直是中国沟通中南半岛、东南亚和印度次大陆的重要商道。即使在明清两代实行"禁海"、"闭关"政策的时候，西南丝路上仍然是商使往返，络绎不绝，沿途的城镇也因此而受惠不浅。明人朱孟震记述说：缅甸的"江头城外有大明街，闽、广、江、蜀居货游艺者数万，而三宣六慰被携者亦数万"。这里商业兴旺，"交易或五日一市，十日一市，惟孟密一日一小市，五日一大市。盖其地多宝藏，商贾辐辏，故物价平常"。这里的"江海舳舻与中

---

① 《诸葛亮集》。
② 转引自陈炎：《德宏州在古今西南丝绸之路中的特殊地位》，《中华民族史研究》第二辑，海南国际新闻出版中心 1997 年版，第 244 页。《蛮书》中也记载："骠国、弥诺、弥臣诸国（均在今缅甸境内）之妇女，悉披罗缎"（参见方国瑜：《中国西南史地考释》上册，第 236 页）。
③ 《新唐书·骠国传》说：当时缅甸伊洛瓦底江上游的寻传人部落和今缅甸境内的骠国、弥诺、弥臣、昆仑等部落国家，"南诏以兵强地接，常羁制之"。因此"南诏王寻阁劝自称'骠信'（缅语意为'骠族之君'）。"

国同，海水日潮者二，乘船载米谷者随之进退。白古（今勃固）江船不可数，高者四五丈，长者二十丈，大桅巨缆，周围走廊，常载铜铁、瓷器而来，亦闽广海船也"①。可见中国商人不论是从云南的陆路，还是从闽广的海路，到上下缅甸经商贸易的人数很多。

关于历史上朝贡贸易的问题，近来重新引起了学术界的重视。众所周知，明清时代东亚国际关系的基础是以中国为中心的朝贡体制，而贸易往来则是其中最为重要的内容。在来华朝贡的国家中，海道来航的有经由福州的琉球，经由厦门的苏禄，经由广东的暹罗等国。还有一些东亚国家的使节，打着"贡使"的旗号，不经闽、广海岸，而走滇、黔、湘的内陆线，跋山涉水到达京城，进行朝贡贸易。陆路来华的还有经由凤凰城的朝鲜。明清朝廷对前来朝贡国家的赏赐极厚，赐品中以丝绸的数量最大。明永乐九年（1411），明廷给前来朝贡的满剌加国王拜尔迷苏剌的赐品中有锦绮纱罗300匹、绢100匹，给王妃的赐品有锦绮纱罗60匹，织金文绮罗衣4袭。② 成化十二年（1476），赏赐贡使的丝绸达37 555匹，超过全国司府每年额造量的一半。③ 明清交替，原来向明朝朝贡的周围国家，随之作为清朝的藩属国进行朝贡，东南亚诸国、安南、暹罗于康熙年间，苏禄于雍正年间，南掌、缅甸于乾隆年间相继入贡，接受册封。④ 清雍正六年（1728），南掌（今老挝）国王遣使贡象2头，表文一道，由云贵总督鄂尔泰委员伴送入京，赐宴于礼部，赏给妆蟒锦缎、纱罗等丝织品。乾隆十八年（1753），缅甸国王遣使以驯象、涂金塔求贡，"使至京，赐赉如例"。⑤

除了朝廷的赏赐之外，在这些朝贡的队伍中，还有为数不少的商人参加。据日本学者滨下武志的研究，"到中国进行的朝贡贸易，包括三种方式不同的交易活动：（1）贡使携带的正式贡物及中国方面的回赐所形成的授受、交换关系；（2）在北京的会馆和驿站，朝贡使团与中国方面经官方特许的商人团体之

---

① 朱孟震：《西南夷风土记》，第7页。
② 《弇山堂别集》卷七十七《赏赉考下·四夷来朝三赏》。
③ 《明宪宗实录》卷一百六十五。
④ 《光绪大清会典事例》卷五百二。按，《嘉庆大清会典事例》还将荷兰、葡萄牙、英国、罗马教廷等西洋诸国列为朝贡国家。实际上这些国家虽亦派遣使节来北京，并被视为朝贡国家加以登记，但从欧洲诸国看来，"朝贡"不过是方便贸易的商业手段而已，并非肯定了"朝贡"的理念。
⑤ 魏源：《圣武记》。

间的交易;(3)在通商港口和边境城市,随同贡使的商人与当地中国商人进行的交易"。①

在第一种情况下,虽然一般也注意等价物交换的原则,但是更多的时候,作为宗主国的明清朝廷,往往给予朝贡国远超出贡物价值的赏赐。"这既非单纯的政治行为,亦非单纯的商业交易,毋宁说是政治仪式与商业行为在某种程度上的结合"。②在这一场合,朝贡国的使节向明清朝廷献上规定的特产,如朝鲜的人参、白银、毛皮,琉球的红铜、硫磺、锡,东南亚诸国的香料、鸟兽、装饰品等等,在回赐品中,丝织物始终扮演着主要角色。③

在第二种情况下,在朝贡仪式结束后,特允许朝贡使团于归国之前在作为旅邸的会同馆内,在户部官员的监督下与中国商人进行免税交易,时间一般为3至5天,朝鲜与琉球的使节则没有时间限制。④琉球的使团经允许可在福州的柔远驿进行交易,这比将携带的货物跋山涉水运往北京要便利得多,所以自康熙十年(1671)后琉球使团就不再于北京会同馆进行交易了。⑤

朝贡贸易的第三种情况,即在边境的互市场所或海港进行的贸易最为繁盛。"在通商港口和边境城市的买卖规模最大,而且最能赚取利润,所以名义上虽然是朝贡贸易,但是并非全部使团成员都去北京,倒是在通商口岸交易牟利的人占绝大多数。总而言之,官方贸易与私人贸易是一身二任的,这表明利用朝贡贸易的框架,吸引了大量的民间贸易。"⑥随同使团来华的商人们携来了大量珍贵土特产品,目的在于交换能够获利的中国商品带回国去,其中当然少不了在市场上倍受欢迎的丝绸织物,而中国政府也对此采取鼓励政策,康熙四十七年(1708),清政府还专门下令,对"暹罗贡使所带货物,请听其随便贸

① 滨下武志著,王翔译:《关于中国与亚洲关系的几个问题》,《中华民族史研究》第二辑,海南国际新闻出版中心1997年版,第283—284页。参见浜下武志:《近代中国の国際的契機——朝貢貿易システムと近代アジア》,东京大学出版会1990年版,第36页。
② 刘序枫:《十七、十八世紀の中国と東アジア——清朝の海外貿易政策を中心に》,溝口雄三、浜下武志等编:《アジアから考える》(2)《地域システム》,东京大学出版会1993年版,第87—132页。
③ 《光绪大清会典事例》卷五百三、五百六、五百七、五百八、五百九。
④ 《光绪大清会典事例》卷五百十一。
⑤ 参见陈大端:《雍乾嘉时代的中琉关系》,台北明华书局1956年版,第81页。
⑥ 滨下武志著,王翔译:《关于中国与亚洲关系的几个问题》,《中华民族史研究》第二辑,海南国际新闻出版中心1997年版,第283—284页。参见浜下武志:《近代中国の国際的契機——朝貢貿易システムと近代アジア》,东京大学出版会1990年版,第36页。

易，并免征税"。① 据说，外国商人这样一来一往，"利可十倍"。②

如此看来，朝贡贸易的三种形式具有着不同的特征，与以往人们所想象的不同，朝贡与回赐看来并不是纯粹礼仪、不计较利益的事情，而是也存在着作为商品交易的等价交换的活动。至于在北京和边境城市、港口所进行的商品买卖，实际上就是一种国际贸易形式。因此可以说，以中国为中心的朝贡体制的成立，也就在东亚形成了一个广泛的通商贸易网络，通过这样一条条渠道，包括丝绸在内的中国商品源源销行到有关国家。以琉球为例，来华常贡船一般可载熟硫磺12 600斤、红铜3 000斤、白铜锡1 000斤，庆贺皇帝即位和册封王位谢恩时的特别贡品，则再加上枪、刀剑、屏风、螺钿类。这些并非琉球所产，大致从日本的萨摩藩获得。清朝对琉球的赏赐因时代不同而有若干品种与数量上的变更，但丝织物始终占据主要地位。此外，琉球贡船归国时还自福建购入生丝、绸缎、药材、茶叶等载运回国，再经由萨摩将这些商品流入日本市场。乾隆二十四年（1759），由于清政府一度禁止生丝和丝织物输出海外，使得在中日之间实行中介贸易的琉球陷入困境。琉球国王一再恳求清朝政府解除生丝、丝织物输出的禁令，终于乾隆二十八年（1763）得到了输出土丝5 000斤、二蚕湖丝3 000斤，合计生丝8 000斤的许可。③ 次年，又进一步取得了输出生丝8 000斤，额内折合绸缎2 000斤（约每绸缎1 000斤折合二蚕湖丝1 200斤）的许可。④

三、"海上丝绸之路"

在上述西北丝路和西南丝路之外，还有一条著名的"海上丝绸之路"，分为东海起航线和南海起航线，这是中国丝绸外传的又一条重要途径。从东海起航线扬帆出海的，主要是航行朝鲜和日本。据《汉书·地理志》记载，早在公元前11世纪，周武王封箕子于朝鲜，箕子"教其民以礼义，田蚕织作"。秦始皇

---

① 《清朝文献通考》卷二十六。
② 乾隆《海澄县志》卷十五。
③ 《清高宗实录》卷七百一。
④ 《历代宝案》二集，卷四十八。

时，朝鲜已经能够"知蚕桑，作缣布"。20 世纪 50 年代初，曾经在朝鲜平壤附近发掘出一批汉墓，出土有大量绢、绫、罗的丝织品。这是中国丝绸早在汉代以前就已经传入朝鲜的实物见证。

也就是在此期间，中国的蚕桑丝绸生产传入日本，为当地人民所愉快地接受，很快，倭国也就能够"产纻麻蚕桑，缉绩出细丝缣帛"了。[①]关于中国丝绸向日本的传播，下面还要专章论述，这里暂且从略。

南海起航线，是从广东南部的徐闻、合浦出发，船行五日，可到都元国（今马来半岛）；又船行四日，到邑卢设国、湛离国、夫甘都卢国（今缅甸沿海）；再船行二十多日，到达黄支国（今印度半岛南部）。据《汉书·地理志》"粤地"条记载，汉武帝时（前 140—前 87），中国海船已经从雷州半岛扬帆起航，装载大量丝绸和其他产品，途经今越南、泰国、马来西亚、缅甸，远航到今印度的康契普拉姆，去换取这些国家的土特产品，然后从今斯里兰卡返航。这是中国丝绸作为商品外传到上述这些国家的早期记录。东晋时的高僧法显，由陆上丝绸之路出国去印度取经，由海上丝绸之路归国，他记述说曾经在斯里兰卡见到"晋地白绢扇"。6 世纪时，希腊人科斯麻士在《基督教诸国风土记》中也说："从遥远的国度里，我指的是中国，输入到锡兰的是丝。……"

隋唐以后，"海上丝绸之路"的航线更加扩展，商船往来也越发频繁。东海航线除了以前的"登州入高丽渤海道"的北线之外，又开辟了越海直接东渡日本的南线，随之崛起了扬州、楚州、苏州、明州等一批重要的港口城市。从贞观五年（631）起到开成三年（838）止的 200 多年间，日本共派出遣唐使节16 次，人数也由唐初的每次 250 余人增加为后来的 500 人以上，如 717 年遣唐使 557 人，733 年 594 人，838 年 651 人，但这次中途有一船因风暴遇难，实际到达者约 500 人左右。遣唐使给唐朝带来珍珠、琥珀、绢、水织絁等礼品，而唐朝政府接待日本遣唐使，每次都要赐予大量丝绸，仅贞元二十一年（805）一次，就赐绢 1 350 匹之多。

与朝鲜的往来更加密切。675 年新罗统一朝鲜，一直与唐朝保持友好往来。新罗王不断派遣使臣携带珍贵礼品来长安，唐朝也每次都要给以回赠，开元年

---

① 《三国志·魏书》。

间，曾经一次赠给新罗精美丝织品 300 段。(唐制，凡赐杂綵 10 段，通常包括丝布 2 匹，䌷 2 匹，绫 2 匹，缦 4 匹。) 许多新罗商人来唐贸易，北起登州、莱州(今山东掖县)，南到楚州(今江苏淮安)、扬州，都有他们的足迹。楚州有新罗馆，莱州等地有新罗坊，是新罗人集中侨居的地方。新罗商人给唐朝带来牛马、纸张、折扇、人参等，从唐朝贩回的则有丝绸、茶叶、药材和书籍。这种情况一直维持下来，据《宋史·高丽传》的不完全统计，高丽使臣入宋凡 38 次，宋使前往高丽约 15 次，来使大都携回丝绸，去使带的外交礼品也多是丝绸。

宋元时代，中国丝绸经广州、泉州、明州等港口运销东西二洋。市舶之利，曾经在宋朝财政收入中占有相当重要的份额。宋高宗南渡初年，政府年收入不满 1 000 万缗，其中市舶收入达 150 万缗，竟占政府财政收入的 15%。高宗本人也深知市舶的重要，于绍兴七年(1137)颁诏："市舶之利最厚，若措置合宜，所得动以百万计，岂不胜取之于民？朕之所以留意于此，庶几可以少宽民力。"南宋末年，东南沿海的泉州超过广州成为中国对外贸易的第一大港，也是当时世界上最大的贸易港口，"四海舶商诸番琛贡皆于是乎集"。[1] 宋元两代的历史上，外国与中国之间的距离，就是以泉州为起点进行计算的。时人称这里"番货远物、异宝奇玩之所渊薮，殊方别域、富商巨贾之所窟宅，号为天下最。"[2] 其中，丝绸不仅是一种商品，还是一种特殊的交易物，起着硬通货的作用，同时也是宋、元朝廷用来馈赠外国使节和博得远方来客钦羡的外交礼品。[3]

南海航线已经从广州出发经南海抵达波斯湾头的巴士拉港，把中国与以室利佛士为首的东南亚地区、以印度为首的南亚地区和以大食为首的阿拉伯地区，通过海外丝绸贸易连结在了一起。这些地区，是转运中国丝绸的集散地，也是当时世界经济、政治、文化和宗教的中心。海上丝绸之路，成为沟通中外经济文化交流的重要渠道，"交通皆操于中国人之手"。[4] 当时中国的造船技术在世界上处于领先地位，所建造的大型海船，每艘载重可达数十、上百吨，"是

---

① 《泉州府志》卷十一"城池"。
② 吴澄：《吴文正公集》卷十六，《送姜曼卿赴泉州路录事序》。
③ 参见沈福伟：《中西文化交流史》，上海人民出版社 1988 年版，第 290 页。
④ 《伊本·巴图他游记》。

西欧大型帆船进入中国海域之前，其他国家所未见"。①

明清时代，随着地理大发现的进展，世界航路的全面贯通，西方势力日渐东来和全球性广泛联系的建立，世界贸易格局为之大变。在这一历史大背景下，中外交流的历史古道——"海上丝绸之路"亦发生了重大变化，规模和影响均有所发展和扩大。在东亚海域的国际贸易中，活跃的不仅有中国人和西欧人，还有其他一些亚洲国家的人，如日本人、朝鲜人、琉球人、安南人、暹罗人等。各国商人之间彼此竞争，同时也有相互合作的一面，促进了东亚海域的国际贸易。如在菲律宾的西班牙殖民当局力图建立与中国、日本直接贸易的渠道，大力招徕中日商人直接到马尼拉进行贸易，于是大批中国商人蜂拥而至。1571—1600 年，平均每年季节性到访的中国人达 7 000 人次，而当地的西班牙人还不到 1 000 人。同时期内，定居菲律宾的中国人，从不到 40 人增加到 15 000 人，多从事商业贸易活动。1619 年荷兰人在巴达维亚建立殖民统治中心后，也千方百计招徕中国商船前往贸易。1620 年 5 月 3 日，荷印公司指示属下的北大年商馆：你们必须劝诱北大年、宋卡、那空、博他仑等地的中国商船，载运大批生丝、绢绸以及其他中国货物前来雅加达，并向他们保证：我们不缺乏现款，也不缺乏檀木、胡椒，他们可以不必缴纳任何税款，一切捐税全部豁免。②

伴随着世界市场对中国丝绸的喜好和追求，中国丝绸作为最重要和最大宗的货物之一，运销世界各个地区，形成了面向太平洋、大西洋、印度洋的海上丝路国际性贸易大循环。中国的丝绸，向东运销朝鲜、日本；向南运销东南亚、南亚；向西运销西亚乃至远销非洲、欧洲、美洲诸国。这些国家的土特产品和贵重金属也纷纷汇聚到中国的沿海口岸。

从明中期到明末的大约一个世纪里，海上丝绸之路上新崛起了以澳门为中心的国际贸易大循环航线。1513 年，欧洲最早崛起的近代殖民国家葡萄牙的船只首航中国沿海。1553 年，葡萄牙人以岁输货税二万两，得到广东香山地方

---

① 松浦章：《清代の海洋圏と海外移民》，溝口雄三、濱下武志等編：《アジアから考える・周縁からの歴史》(3)。

② 参见李伯重：《早期经济全球化时代的"商"与"盗"》，《火枪与账簿：早期经济全球化时代的中国与东亚世界》，三联书店 2017 年版。

官员允许在澳门码头停泊商船，进行贸易。1557 年，葡萄牙人以年纳地租五百两的代价，获得在澳门居住和贸易的权利。自此，澳门港渐兴，中国的丝绸、瓷器等由此源源不断地运向世界各地，形成了以澳门为中心、以广州和中国大陆沿海地区为腹地，连接三大洋的海上丝路国际贸易循环线。这一国际贸易循环线由三条主线和两条辅线所组成。三条主线为：（1）广州——澳门——印度——欧洲航线。这一航线是新旧航路的结合，大致可分为两段：澳门至印度一段航线乃是中国与东南亚、印度洋一直往来的"西洋航路"；而由果阿经好望角至欧洲的航程则是新航路开辟的直接产物。（2）广州——澳门——日本长崎航线。从 16 世纪中期到 17 世纪中期，这条航线还是中国通向欧洲航线的延伸与扩展。（3）广州——澳门——马尼拉——拉丁美洲航线。这条航线横跨太平洋，当时称之为"大帆船贸易"航线。两条辅线为：澳门——大小巽他群岛航线和欧美航线，不及上述三条主线那么重要和影响深远。

上述五条航线组成的海上丝路国际贸易，实际上由两个分支循环组合而成，澳门为其中转站。首先，是欧洲、澳门、日本之间的循环。葡萄牙史学家儒塞斯在《历史的澳门》一书中写道：

> 欧洲与东洋的贸易，全归我国独占。我们每年以大帆船和圆形船结成舰队，航行里斯本，满载上毛织物、绯衣、玻璃精制品、英国及佛兰德尔的钟表和葡萄牙的酒，而到各地的海港换取其他物品。船从果阿航行至科钦得到香料与宝石，又从马六甲得到香料，从苏门答腊得到檀香木，然后把这些物品在澳门换取丝绸加入船货，再把以上货物运到日本换成金银块，可获取所投下资本的二、三倍利润，然后再在澳门滞留数月，则又可载满丝、绢、麝香、珍珠、象牙精制品、细工木器及漆器、陶瓷器带回欧洲。①

有人估计，1612 年输入到日本的生丝为 5 000 公担，其中由葡萄牙商船运

---

① C. A. Montalde de Gesus, *Historic Macao*, Hongkong, 1902.

去的为1 300担，约占四分之一。① 据全汉昇的研究："在十六、十七世纪间的五十余年里，葡船每年自澳门运往长崎的中国生丝，少时约为一千五六百担，多时约达三千担……除生丝以外，中国的丝织品，如绸缎之类，葡船也由澳门大量运日销售。"②1585—1591年间访问过远东的英国旅行家拉尔夫·菲茨写到："葡萄牙人从中国的澳门到日本，运来大量的白丝、麝香和瓷器，而从哪里带走的只有银而已。"③崇祯十年，由广州经澳门运往长崎的生丝价值白银147万6千两，而崇祯年间澳门每年输往日本的货物价值平均为200万两左右，丝绸在其中占70%上下。④ 这与一般商船所载货物中丝绸所占的比重是一致的。如1600年时的一艘葡萄牙商船，装载价值13万7千多银两的货物去日本，其中有白丝五、六百担，丝线四、五百担，各种绸缎1 700—2 000匹，按时价计银10万7千两，约占全船货物的70%强。⑤

　　明末东亚海域最大的海商武装集团——郑氏家族集团也与葡萄牙人、西班牙人、荷兰人建立了贸易关系。郑氏集团运往日本的生丝和丝织物，有一部分是从葡萄牙人控制下的澳门购进的，仅崇祯十四年（1641）夏抵达日本长崎的郑氏商船就达22艘，占当年开往日本的中国商船总数的五分之一以上，运载的货物主要是生丝、丝织品和瓷器。郑氏集团的船只还经常满载丝绸、瓷器等货物，驶往暹罗、占城、柬埔寨、菲律宾、雅加达、马六甲等地贸易，转售给这里的国家及荷兰、西班牙殖民者。⑥

　　其次，是菲律宾、澳门、拉丁美洲之间的循环。在澳门的华、葡商人将从中国内地采购的生丝和丝织品运到马尼拉，然后越过太平洋，运销美洲的墨西哥、智利、阿根廷等国家；将拉丁美洲丰富的白银运回澳门，再去购买中国丝货。

---

① 《东方海上霸权的背景》，第39页；转引自杨仁飞：《明清之际澳门海上丝路贸易述略》，《中国社会经济史研究》，1992年第1期。

② 全汉昇：《明代中叶后澳门的海外贸易》，香港中文大学《中国文化研究所学报》第五卷第一期。

③ 转引自全汉昇：《明代中叶后澳门的海外贸易》，香港中文大学《中国文化研究所学报》第五卷第一期。

④ C. R. Boxer, The Great Ship from Macao, pp.17—18.

⑤ C. R. Boxer, The Great Ship from Macao, pp.179—189.

⑥ 参见李伯重：《早期经济全球化时代的"商"与"盗"》，《火枪与账簿：早期经济全球化时代的中国与东亚世界》，三联书店2017年版。

不难看出，这一海上丝路国际贸易大循环，是建立在中国丝绸和欧美、日本金银的有机联系基础之上的。

澳门港兴起后，抵澳的外国商船逐年增加。明朝官员指出：以往"夷舶乘风而至，止二、三艘而已，近增至二十余艘，或有倍焉"。①由澳门开出的船只，在中日贸易航线上，1550—1638 年的 90 年里，葡萄牙船队共航行了 50 次左右，每次起码都有五六艘商船一起航行。②在太平洋丝路方面，1580—1641 年间由澳门开往马尼拉的葡萄牙商船有 60 多艘，此外每年还有二三十艘中国商船驶往马尼拉。③拉美国家每年也有为数不少的船只，往来于大洋两岸，"贩运中国丝绸、瓷器等物至亚吉巴鲁商埠（即阿尔普尔科岛），分运西班牙属岛"。1565—1815 年间，西班牙殖民政府每年都派遣一至四艘大帆船，来往于墨西哥与马尼拉之间。④

这些远涉重洋的商船，主要是为运载中国丝绸而来，丝绸必是每艘商船装载的主要货物。1580—1590 年间，每年由澳门运往果阿生丝 3 000 余担，价值24 万两，可赢利 36 万两。1635 年运去的生丝多达 6 000 余担，价值 48 万两，此外还有各种绸缎上万匹。⑤有些大帆船，一艘就可以装载千余担生丝。1608年时，一艘名为"圣加德琳娜"号的大帆船曾在澳门附近海面被荷兰人掳去，共获 1 400 多担生丝和大量黄金、瓷器。这批船货在阿姆斯特丹售出，获利350 万基尔特。⑥中国丝绸运到欧洲，少则获利数倍，多时可达二三十倍。有人写道：16 世纪时，中国"盛产各种白色蚕丝，每一坎塔罗价值三十克罗扎多；十六匹一捆的优质锦缎，每匹价值五百里尔；缎子、花缎……从中国运到此地，这些货物可获利三十倍。"⑦

经马尼拉运往大洋彼岸的丝绸，在很长一段时间内是由中国商船提供的。16 世纪后期刊行的冈萨雷斯·德·孟道萨所写《大秦王国志》中记载：他们在

---

① 庞尚鹏：《为陈末议以保万世治安事》，《明经世文编》卷三百五十七。
② 参见 C. R. Boxer, *The Great Ship from Macao* 一书的统计资料。
③ 据全汉昇：《中国经济史论丛》第一册，第 403 页。
④ 见全汉昇：《论明清之际横跨太平洋的丝绸之路》，《历史》月刊第 10 期。
⑤ C. R. Boxer, *The Great Ship from Macao*, p.6.
⑥ 转引自杨仁飞：《明清之际澳门海上丝路贸易述略》，《中国社会经济史研究》1992 年第 1 期。
⑦ 张天泽：《中葡早期通商史》，第 39 页。一坎塔罗约等于 100 磅；克罗扎多、里尔为欧洲一些国家古代所用的金银币。

晚清丝绸业史

到达菲律宾群岛后听到了许多有关大秦国(中国)的情况。"其一,从岛上一般民众的谈论中了解到大秦国那些令人惊叹的事物;其二,从来自大秦国的数艘商船上船员的口中,也听到了各种各样的见闻。不过数日之内,就有几艘装载着颇为珍奇的物产的船只从大秦国驶入吕宋(马尼拉)港。"[①]指挥荷兰人第一次远航东印度的赫特曼,也记载了16世纪末中国商船航行印度尼西亚的情况:

> 中国船,每年一月有8—10艘到达。每船大约载有25拉斯特(Last,重量单位,一般为4 000磅——笔者注)左右的货物。乍看起来载重量似乎应更大些,但由于船只底部很尖,船腹鼓不起来。这些船只运载货币而来,这些货币不仅在下港一地,整个爪哇及其周围各岛也都通用。……中国人还运来了五颜六色的用作服饰的生丝、十四乃至十五种绸缎以及其他各种各样的商品。[②]

时人记载,中国商船"运来售给西班牙人的商品普遍是:成束的捻成两股的生丝,以及其他质地较差、松散的细丝,有白色和其他颜色,都卷成小绞;许多丝绒,有些是素色的,有些绣着各种花样,色彩和花式也是多种多样,有些是金底或绣金丝;各种颜色和式样的、有着金银丝线的织物和锦缎;光亮的绸缎和一种光滑的称之为Picotes的丝织物……"[③]马尼拉有一个名为"八理"的丝绸市场,各国商人熙熙攘攘,十分兴旺。澳门的葡萄牙商人和马尼拉的西班牙商人眼见中菲丝绸贸易利润丰厚,极力想排斥中国商人,但一直没有成功。1617年,荷兰殖民者劫夺中国船只,致使明朝政府一度实行海禁政策,[④]遂使葡商得以乘机控制了中非贸易。1619年后,葡萄牙商船开始有规律地来到马尼拉,运来大量丝绸。西班牙在马尼拉的主教萨拉查曾经观察到:"(澳门)有商船载土产来此交易。……载来之货物除上举粮食外,大部分为丝织品,包括

---

① ゴンサーレス・デ・メンドーサ:《シナ大王国誌》,长男实译、矢泽利彦注,大航海时代丛书第Ⅵ期,岩波书店1965年版,第253页。

② ハウトマン/フアン・ネック:《東インド諸島への航海》,涩泽元则译、生田滋注,大航海时代丛书第Ⅱ期10,岩波书店1981年版,第190—191页。

③ 参见《中菲关系与菲律宾华侨》第一册,第245页。

④ 孙承泽:《山书》卷十三《开洋之利》。

花缎、黑色及有花样之锦缎、金银织成的锦缎和其他制品。"① 据载，1558 年以前，每年从广州经澳门运往马尼拉的货物总值 22 万西元，其中丝绸价值 19 万西元，约占 86%。1593 年时，丝绸价值更达到 25 万西元。②

马尼拉的丝绸市场，主要是为了满足拉丁美洲对中国丝绸的巨大需求。时人称："如果没有从澳门运来的这些东西（中国丝绸），新西班牙（指西班牙拉美殖民地）商船也就无货可载"。③ 往返于太平洋两岸的大帆船，每艘都满载着中国出产的丝绸，时人称之为"丝船"。这些"丝船"，一般每艘登记运载丝绸 300 至 500 箱，有时高达 1 200 余箱。每箱容量以 1774 年启航的丝船为例，重约 250 磅，内有珠色广州光缎 250 匹，绛红色纱 72 匹。这样说来，每船 300 箱，运载丝绸近 10 万匹；每船 500 箱，则为 16 万匹；若以 1 200 箱计，竟达 38.6 万匹之巨！④

中国丝绸首先运抵美洲的墨西哥，再传布到秘鲁，然后经秘鲁运销到阿根廷、智利和南美大陆其他地区，还进一步扩散到中美洲和加勒比海地区。正如安尼塔·布雷德利所说："沿南美洲海岸，无处不有中国丝织品的踪迹。"⑤ 在拉丁美洲市场上，中国丝绸精制美观，价格低廉，和其他产地的同类货物相比具有明显的优势。一位意大利神父记载说："他们（指中国）产品所要的价钱，大约是我们在西方所付同类产品的三分之一或四分之一。"⑥ 于是，在墨西哥，"除中国丝织品外，不复销售其他丝织品"。⑦ 直到 18 世纪末，在墨西哥的进口总值中，来自中国的丝绸大约占到 65%。

在此期间，中国丝绸在西班牙殖民帝国的市场上占尽优势。1594 年，输入西班牙的中国丝绸价值 18 233 杜卡多，到 1690 年增至 88 687 杜卡多。在中国丝绸的冲击之下，西班牙丝织业竞争乏力，渐趋萎缩，以致严重影响到政府的税收。西班牙丝商已经无力每年再向王室提供 10 万杜卡多的"年金"；西班牙

① 陈荆和：《十六世纪的菲律宾华侨》，第 67 页。
② 全汉昇：《中国经济史论丛》第一册，第 410 页。
③ 转引自杨仁飞：《明清之际澳门海上丝路贸易述略》，《中国社会经济史研究》1992 年第 1 期。
④ E. H. Blair and J. A. Robertson, *The Philippine Islands 1493—1898*, Cleveland, Ohio, 1913. 1731 年驶出的一艘大帆船上，装载了 6 万双长筒丝袜。
⑤ 转引自《历史研究》1983 年第 3 期，第 174 页。
⑥ 利马窦：《中国札记》，中华书局 1983 年版，第 14 页。
⑦ 布莱尔与罗伯逊：《菲律宾群岛（1493—1898）》，第四十三卷，克利夫兰，1913 年。

王室也因本国丝织业的不景气而不得不每年少收入 3 万杜卡多的税款。① 西班牙殖民者虽然可以凭借武力征服拉丁美洲和菲律宾而称霸一时，但是对中国丝绸在国际市场上的凯歌行进却束手无策，尽管发出一道道禁令限制中国丝绸的输入，阻止白银的外流，但都无济于事。中国制造的锦缎、天鹅绒、丝带、斗篷、丝袜及其他丝织物，都"华丽好看，在新西班牙各地出售，价格非常便宜，故那里的人士都争着购用中国丝货，而不购用其他丝织品。结果西班牙各丝织厂因蒙受打击而倒闭，同时从事西（班牙）美（洲）贸易的商人也损失了不少财富，因为不可能再如过去那样经营像丝织品这样重要而有利的出口贸易"。② 平衡贸易的唯一办法，只有向中国输出白银。1565—1820 年间，墨西哥向马尼拉输送的白银多达 4 亿比索，绝大部分都流入了中国，与中国的货币在市场上并行流通，对明清以来的社会经济产生了深远的影响。

　　清代前期，承袭了明末的贸易制度，对沿海人民出海经商，初无明文禁止，后来，为了对付占据东南沿海的南明反清势力，迫使据守台湾的郑成功就范，于顺治十二年（1655）、十三年（1656）及康熙元年（1662）、四年（1665）、十四年（1675）五次颁布禁海令；③ 又于顺治十七年（1660）及康熙元年（1662）、十七年（1678）三次下达"迁海令"，④ 企图断绝大陆人民对台湾郑成功的支持，禁止沿海人民出海经商。到康熙二十二年（1683），清朝统一了台湾，"三藩之乱"也已经平息，主张开海贸易的官员和商民越来越多，清政府顺乎民意，于康熙二十三年（1684）正式停止海禁，"今海内一统，寰宇宁谧，满汉人民相同一体，令出洋贸易，以彰富庶之治，得旨开海贸易"。⑤ 次年，宣布江苏的松江、浙江的宁波、福建的泉州、广东的广州为对外贸易的港口，分别设立了江海、浙海、闽海、粤海四个海关，负责管理海外贸易事务。⑥ 这是中国历史上正式

① 布莱尔与罗伯逊：《菲律宾群岛（1493—1898）》，第十九卷，克利夫兰，1913 年，第 179 页。
② 全汉昇：《近代早期西班牙人对中菲美贸易的争夺》，香港中文大学《中国文化研究所学报》第 8 卷第 1 期。
③ 《光绪大清会典事例》卷一百二十、卷六百九十二、卷七百七十六。
④ 《东华录》"顺治十七年九月癸亥"条，"康熙十七年闰三月丙辰"条；《光绪大清会典事例》卷七百七十六。
⑤ 《清朝文献通考》卷三十三《市籴》。
⑥ 关于清朝初设四海关的地址，一说为云台山、宁波、漳州和澳门。兹据李士桢《抚粤政略》卷一《议复粤东增豁税饷疏》所记，为"江南驻松江，浙江驻宁波，福建驻泉州，广东驻广州次固镇"。

建立海关的开端。当时虽然政府规定四口通商，但实际上整个中国沿海的大小港口都是开放的，有学者根据史料统计，当时开放给中外商人进行贸易的大小港口计有一百多处。①

实行开海贸易后，"粤东之海，东起潮州，西尽廉南，南尽琼崖，凡分三路，在在均有出海门户"。②山东、河北、辽宁的海岸，"轻舟"贩运活跃起来；江苏、浙江、广东、福建沿海更是"江海风清，梯航云集，从未有如斯之盛者也"。③世界各个国家和地区的商人纷至沓来。东洋有日本、朝鲜；南洋有吕宋（菲律宾）群岛、苏禄群岛、西里伯群岛、马六甲群岛、新加坡、婆罗洲、爪哇、苏门答腊、马来亚、暹罗、琉球、越南、柬埔寨、缅甸；欧洲有葡萄牙、西班牙、荷兰、英国、法国、丹麦、瑞典、普鲁士、意大利、俄国；美洲有墨西哥、秘鲁、美国；印度洋有印度、斯里兰卡等等，几乎当时亚洲、欧洲、美洲的所有主要国家都与中国发生了直接的贸易关系。④

随着海外贸易的发展，穿梭往来的中外商船数量增多，吨位增加。据有关资料统计，康熙五年（1666），中国驶往日本的商船为35艘，而自实行开海贸易的康熙二十三年（1684）到规定只许广州一口通商的乾隆二十二年（1757），七十三年间中国开往日本贸易的商船总数为3 017艘，⑤平均每年41艘多。由于日本德川幕府于贞享二年（1685）开始实行限制中国生丝输入的政策，中日海上贸易未能获得应有的更大发展，商船数量增加不明显，但是由于商船载重量有所增加，对贸易总额应有弥补。据载当时的小船可载重100吨，中船载重150吨，大船载重250—300吨，最大的可载重600—1 000吨。⑥去南洋诸国贸易的商船，康熙二十四年（1685）为10余艘，康熙四十二年（1703）有50多艘，⑦康熙五十六年（1717）据说"多至千

---

① 参见黄启臣：《清代前期海外贸易的发展》，《历史研究》1986年第4期。

② 《粤海关》卷五《口岸一》。

③ 嵇曾筠：《乾隆浙江通志》卷八十六《榷税》。

④ 参见17世纪前半叶刊行的张燮《东西洋考》，18世纪末刊行的《皇朝文献通考》卷二百九十六、二百九十七"四裔考"，19世纪前期刊行的《厦门志》卷五"洋船"条等史籍所载。

⑤ 据木宫泰彦：《中日交通史》下册，第327—334页所列数字。

⑥ 宋代商船的一般载重量为110吨左右。参见郑学檬：《简明中国经济通史》，黑龙江人民出版社1984年版，第216页。

⑦ 见杨余练：《试论康熙从"开禁"到"海禁"的政策演变》，《光明日报》1981年1月13日。

　　　　　　　　　　　　　　　　　　　　　　　　　晚清丝绸业史

余"。①18 世纪中叶的乾隆十六年到二十一年（1751—1756）间，从福建出海的中国商船每年达 60—70 艘；乾隆十七年（1752），由广东出海的中国商船为 20—30 艘。可见仅闽、广两省每年出海商船就有百余艘。② 这些商船的吨位一般在 120—900 吨之间，平均约为 300 吨。③ 前来中国贸易的欧美各国商船，从康熙二十四年（1685）到乾隆二十二年（1757）的 72 年间计有 312 艘，④ 商船吨位最小为 140 吨，最大为 480 吨，一般为 300—400 多吨。

在这一时期的输出物品中，丝绸仍然占据着相当重要的地位。输往日本的大宗货物固然是丝绸，输往朝鲜的大宗商品也是丝绸。朝鲜从中国输入大量生丝和丝织物，结算时以白银支付，据朝鲜方面的史料记载，康熙年间由朝鲜流入中国的白银数量，合法贸易加上走私贸易，每年高达五六十万两。⑤ 这些银两除了朝鲜本国所产之外，还有很多是经由釜山的倭馆贸易输入的日本白银。朝鲜朝贡使节从中国带回的以生丝、丝织品为主的"唐物"，很大一部分也是经由釜山的倭馆贸易转贩于日本，日本方面则支付银、铜作为交换。于是，对于朝鲜来说，维持与清朝的朝贡关系和进行朝贡贸易的一个重要原因，就在于其与日本对马藩之间这种有利可图的贸易关系。据日本学者田代和生的研究，1684—1752 年间，日本经由对马藩流出的白银至少达"八万三八五一贯目"，换算为纯银为"六万四〇二六贯目"；平均每年白银流出量为 1 000 贯目。⑥ 这些均为见于记载之统计数字，尚未包括没有记录的走私贸易在内，即便如此，还是远远高于同期经由长崎和萨摩藩流出的白银数量。

18 世纪中期以后，由于日本方面限制金银的输出及生丝国产化的进展，中国方面对生丝、丝织物输出的禁令，朝鲜方面为抑制白银流出而颁布"纹缎之

---

① 《清圣祖实录》卷二百七十。
② 松浦章：《清代の海外贸易について》，《关西大学文学论集创立百周年经念号》上卷，1986 年，第 451—452 页。
③ 姚贤镐：《中国近代对外贸易史资料》第一册，第 63 页。
④ 据《粤海关志》卷二十四；马士：《东印度公司对华贸易编年史》卷一；吕坚：《谈康熙时期与西欧的贸易》，《历史档案》1981 年第 4 期。
⑤ 浦廉一：《近世における中・鲜・日间の经济交流》，《广岛大学文学部纪要》，1956 年。另据张存武估计，实际交易量还要高于这一数字。参见张存武：《清韩宗藩贸易（1637—1894）》，台北"中央研究院"近代史研究所，1978 年，第 124—127 页。
⑥ 参见田代和生：《近世日朝通交贸易史の研究》，创文社 1981 年版，第 269—272，323—330 页。

禁"（限制丝织物等奢侈品输入的禁令），以及相关诸国需求关系的变化等种种原因，担当着中日之间中介贸易功能的釜山倭馆贸易才逐渐步入衰落之途。到嘉庆二年（朝鲜正祖二十一年，1797），朝鲜方面找到了红参作为白银的替代品，大量向中国输出，贸易形势一变而为白银从中国流入朝鲜。①

输往东南亚各国的主要商品仍然是丝绸。19世纪前期到印度支那考察的英国人约翰·库劳福特（John Crawfurd）记述说："与印度支那保持交通的港口，有广东省的五处，即广州、潮州、南澳、惠州、徐闻，还有属于海南岛的各个港口，以及福建省的厦门、浙江省的宁波和江苏省的苏州。西贡港的对华贸易每年总计通例如下，即15—25艘的海南帆船，每艘载重2 000—2 500担；2艘广东商船，每艘载重约8 000担；1艘厦门帆船，载重约7 000担；6艘苏州商船，每艘载重6 000—7 000担。帆船总计约30艘，合计载重量约6 500吨。价格最高的货物由厦门运来，主要是刺绣的丝织物和茶叶；价格最低廉的货物来自海南岛。"② 1830年3月29日，库劳福特在英国议会听证会上报告了中国船只航行新加坡的情况，估计了1824至1825年间到达新加坡的4艘中国商船所载货物的重量与价值："1824年到达新加坡的广东帆船载货量为600吨，货物价值75 000元；同年厦门商船载货量为225吨，价值60 000元。1825年到达新加坡的广东商船载货375吨，价值20 000元，并有670名乘客；同年到达的厦门商船载货476吨，价值100 000元，另有625名乘客。"③

输往欧美各国的商品中，也以生丝和丝织品为大宗。以东印度公司为例，康熙三十七年至六十一年（1698—1722），每年从中国运出生丝1 833担；到乾隆五年至四十四年（1740—1779），增加到19 200担，增长近10倍。为了遏制中国丝绸对本国市场的冲击，法国摄政当局曾经下令禁止或限制由东印度运来的中国货物，然而这些禁令实际上大多形同具文。"执行这种禁令的不严密，从下面这个事实中可以看出。1700年以来，中国公司出售中国制造的欧式绣袍，

① 参见张存武：《清韩宗藩贸易（1637—1894）》，台北"中央研究院"近代史研究所，1978年，第128—140页。

② Crawfurd, John, *Journal of an Embassy to the Courts of Siam and Cochin China*, *1828*, 1st ed., reprinted 1987, pp.511—512.

③ *Mimutes of Evidence before Select Committee on the Affairs of the East India Company*, *1830*, p.322.

第一次所办的货是由商船'安菲特赖提'号运回的"。① 单纯的行政命令，根本无法阻止中国丝绸的输入，中国丝绸的价廉物美同西方社会与日俱增的消费需求结合在一起，成为冲破这些禁令的强有力的武器。

显而易见，围绕着中国丝绸在国际市场上的销售而展开的，实质上是中国商品和西方商品之间的一次大对抗。在这种竞争中，中国的丝绸商品占有明显的优势，这不能不说是中国商品海外贸易史上光辉的一页。

第二节
丝绸贸易的作用和影响

花团锦簇的中国丝绸，通过陆上和海上的"丝绸之路"向外传播，范围之广，遍及世界各地；时间之长，持续好几千年。所到之处，都毫无例外地受到当地人民的衷心欢迎和喜爱，对当地的社会经济和生活习俗产生了积极的影响。

一、改善和丰富了当地人民的生活

长时期内，中国丝绸作为先进文明的一种物质体现，成为吸引周边民族向往和学习中国，凝聚于民族大家庭的重要媒介。《汉书·西域传》记载：西域的龟兹王和乌孙王于汉宣帝元康元年（前65）"俱入朝"，喜得丝绸服装，乐不思蜀，"留且一年"。其后"数来朝贺，乐汉衣服制度，归其国，治宫室，作徼道卫，出入传呼，撞钟鼓，如汉家仪"。不难看出，丝绸在传布地区起到了移风易俗，推动社会进步的积极作用。

丝绸还是历代中国政府用来怀柔边疆少数民族的主要物品之一。传说周穆王"西巡"，就曾经以丝绸作为礼品赠送当地各部族。秦汉时期，边境开放"互市"，实际上主要是以内地农业居民生产的布帛交换游牧民族的马匹和其他畜产品。这种传统一直延续下来。例如，唐代就有与回鹘的丝绢贸易，约定唐

---

① 利奇温：《十八世纪中国与欧洲文化的接触》，第34页。

朝每年向回鹘收买马匹数万，每马付绢四十到五十匹。①在宋代，宋王朝与辽、夏、金等政权的对峙和纷争中，丝绸也扮演了一种缓和冲突、息事宁人的角色，无论哪一次和平协议的签订，"岁币"之中，唱主角的都少不了丝绸。

同时，丝绸也是历代中国政府用来馈赠外国使节和博得远方来客倾慕的外交礼品。对于东洋的朝鲜、日本来说是如此，对于南洋的缅甸、越南、马来亚、菲律宾、苏门答腊来说也是一样，对于远渡重洋、梯航而至的欧美来客也没有什么不同。这样一种情况，在朝贡贸易的过程中表现得尤其明显。那些来中国朝贡的国家，无一例外都会得到大量丝绸的"赏赐"，动辄就是数百匹、甚至上千匹。唐贞元二十一年（805），日本遣唐使来华，赐绢1 350多匹。明永乐四年（1406），赐予来朝的满剌加国王、王妃锦绮纱罗360匹、绢1 000匹，此外还有织金文绮罗衣4袭。②明成化十二年（1476），赏赐贡使的丝绸竟超过全国司府每年额造量的一半，达37 555匹之多。③

通过正常商品交换而运销国外的丝绸，则更是难以计数。无论通过什么方式输出，中国丝绸传播到哪里，哪里就会兴起持久不衰的"丝绸热"，当地的经济和社会生活也会因丝绸的到来而表现出新的色彩。东南亚、南亚各国人民古代所穿的"干漫"（即筒裙），最早就是用中国丝绸缝制的。《通志·四夷》记载了这一历史事实：

> 吴时，遣中郎康泰，宣化从事朱应使于寻国（即以范寻为王的扶南），国人犹裸，唯妇女著盘头。（康）泰、（朱）应谓曰："国中实佳，但人亵露可怪耳。"（范）寻始令国中男子著横幅，今干漫也。大家乃截锦为之，贫者用布。④

可见丝绸传入扶南，对于改变当地落后的裸体习俗起到了作用。从此以后，中国丝绸便成为东南亚、南亚各国人民缝制筒裙时的上选用料。宋赵汝适

① 《白氏长庆集》卷四十《与可汉书》。
② 《弇山堂别集》卷七十七《赏赉考下·四夷来朝三赏》。
③ 《明宪宗实录》卷一百六十五。
④ 《通志·四夷》卷一百九十八"扶南"。

的《诸蕃志》说:"蒲甘国(今缅甸)官民皆撮髻于额,以色帛系之。"后来发展为固定用丝绸作包头巾,直至今日缅甸男子仍然喜爱戴丝绸制作的"岗包"(帽子),已经成为一种民族服饰。阿拉伯人以"白帛缠首"的,比比皆是。日本的民族服装"和服",也是在中国南方的"吴服"和丝绸传入之后才形成的。日本学者承认:生丝、丝织物等中国商品输入日本"逐年增加,不但供应上流社会,且为一般民众广泛使用和爱好。因此,对于日本人民的生活直接间接起了颇大的影响"。①

绚丽多彩的中国丝绸被美洲人民誉为"春天",殖民地贵族竞相以穿戴中国丝绸服饰为荣,就连教会僧侣也争着使用中国丝绸制作法衣和教堂里的饰物;另一方面,中国丝绸的低廉价格,又使得印第安人的"卡西克"(酋长),甚至一般民众也都乐于购买中国衣物。在秘鲁,中国丝绸的售价只及西班牙丝料的八分之一,因此,"没有一个男人在打扮他的妻子时,会不用价值200雷亚尔的中国绸缎,而偏偏要花200个比索去买西班牙丝料"。②

即使在本国丝绸生产日益兴起的法兰西、意大利等国,也随处可见中国丝绸的踪影,其中尤以肩巾、丝裙和绣袍为多。肩巾系以丝绸为原料,常用作欧式礼服的装饰物。17世纪时,欧洲人喜好黑色和深色的肩巾,到18世纪中叶,又开始流行白色和色彩鲜艳的肩巾。中国的丝绸生产者及时适应欧洲人的时尚,使肩巾销售量与日俱增。1772年前后,中国制造的肩巾在欧洲的销售量达8万条,其中法国约占四分之一。到1776年,肩巾的销售量又有增加,仅英格兰公司一家就进口了10万4千条。③自从1669年第一艘法国商船满载中国丝货返回不久,在法国便开始流行中国仿制的欧洲款式的绣袍和时髦考究的丝裙。起初流行的是手绘的丝织品,价格昂贵,非一般百姓所能问津,"至1673年,中国的花样渐趋'平民化',已经有印花丝织品的供应,以代替高价的手绘丝织品"。④

---

① 木宫泰彦:《中日文化交流史》(中译本),商务印书馆1980年版,第675页。
② 博拉:《墨西哥与秘鲁之间早期殖民地贸易与航运》,加利福尼亚,1954年版,第117页。按西班牙币制,每1比索价值8个雷亚尔。这样算来,中国丝绸与西班牙丝绸的价格比约为1:8。
③ 利奇温:《十八世纪中国与欧洲文化的接触》,第31页。
④ 利奇温:《十八世纪中国与欧洲文化的接触》,第33页。

二、激发和推动了各国丝绸业的兴起

在中国的丝绸产品销往世界各地的同时，中国的植桑、育蚕、缫丝、织绸生产技艺，也先后直接或间接地传入世界上五十多个国家和地区，在当地发展起丝绸生产，使丝绸这一对人类生活产生了重大影响的天然纤维织物成为人类所共同拥有的利源和财富。

朝鲜的丝绸生产，与中国有着直接的渊源关系。据说早在公元前11世纪的西周初年，周武王封箕子于朝鲜，就带去了蚕桑丝绸的生产技术，"殷道衰，箕子去之朝鲜，教其民以礼仪，田蚕织作"。①结合考古发现，乐浪古墓中已经有了当地所产的丝织品，同时，约在殷周之交丝绸生产已经传到中朝边境一带，种种情况表明，中国丝绸在距今3 000年前就已经传到朝鲜，可能性是极大的。这开启了朝鲜蚕桑丝绸生产的先河。日本的丝绸生产与中国的联系也极为密切，其兴起和发展步步离不开中国丝绸生产技术的传播和滋养，直到清代前期，还须仰给于中国的蚕丝原料，"若番舶不至，则无丝可织"。

据中外史籍的记载，约在汉、晋时期，一个东国公主和一个波斯商人就已经分别把蚕种、桑苗和蚕桑丝绸生产技术传入了于阗国和拜占庭帝国，使得这些地方能够开始出产"锦纩"，到了唐代则进一步发展成为颇负盛名的"波斯锦"。美国学者也写道："据传说，在公元六世纪，有两个僧人把蚕种藏在竹杖里从中国走私到了欧洲，从而把养蚕术传到了西方世界。在拜占庭皇帝查士丁尼一世（Justinian I）的推动下，养蚕业在叙利亚和希腊传播开来。后来，阿拉伯人把它传到西西里和西班牙，诺曼底人把它引进意大利。"②

公元751年，杜环在怛罗斯战役中为大食所俘，漂泊海外十余年，归国后著有《经行记》一书，介绍了大食国都城亚俱罗的盛况。据说这里有"绫绢机杼、金银匠、画匠。汉匠起作画者，京兆人樊淑、刘泚；织络者，河东人乐镮、吕礼"。说明唐代不仅中国丝绸早已西传，而且连织造丝绸的工匠、生产丝绸的工

---

① 班固：《汉书》卷二十八"地理志"。
② Lillian M. Li, *China's Silk Trade：Traditional Industry in the Modern World*（1842—1937）, Council on East Asian Studies, Harvard University：Cambridge, 1981.

具和技术，都已经流传到阿拉伯国家了。阿拉伯地区丝绸手工业的发展、丝绸应用的广泛和丝绸贸易的兴旺，给大食国带来了"四方辐辏，万货丰贱，锦绣珠贝，满于市肆"①的繁荣景象。往返奔走的商队贩夫，络绎不绝的丝绸贸易，曾经造成"丝绸之路"沿线地区的繁荣与兴盛。11世纪时的维吾尔族古典叙事长诗《福乐智慧》中，写到丝绸贸易的商队时说："人们的需要靠他们供给，人们的美丽靠他们来打扮"；"要是中国商队砍倒了旗帜，千百种珍宝从何而来？"

李约瑟在《中国科学技术史》、福贝斯在《古代技术研究》等巨著中，都承认西欧的提花丝织机最早是由中国传去的，西方开始使用提花织机的时间，至少晚于中国四个世纪。亚当·斯密在其名著《国民财富的性质和原因研究》中说，14世纪时，里昂织造业使用的蚕丝几乎全部来自国外，15世纪时才传入植桑育蚕的技术；而意大利北部在16世纪前也还不会种桑养蚕。言下之意，也是认为法国和意大利的丝绸业是从别的地方，很可能是从中国传入的。

《日本蚕业史》记载："自应仁（中国明宪宗成化三至四年，1467—1468年）之乱以来，兵马倥偬，四民失业，各地养蚕不振，生丝减产，且品质粗恶，遂有中国生丝输入之必要。"直到江户时代前期，养蚕、缫丝业仍然是日本丝绸生产发展的"瓶颈"，所以必须仰赖中国生丝，"所以为织绢纴之用也"。甚至有记载说："若番舶不通，（日本）则无丝可织，每百斤有银五、六十两，取去者其价十倍"。②正如吉田光邦所说："应予注意的是，当时的日本，由于养蚕、制丝业尚未得到多大发展，在象西阵这样以生产高级丝织物为中心的地方，国产丝是不适用的。因此在原料上，大量是使用经长崎输入的中国出产的生丝，这在当时被称为'唐丝'。于是，宽政年间（1789—1800）西阵生产的绸缎上，便织上了'异国之蚕，本国之机'的文字"。③正所谓"仰中国之丝到彼，能织精好缎匹，服之以为华好"。④

正是由于这种情况，明清时期，中国东南沿海地区与日本的丝绸贸易盛极一时。尽管明朝政府实行垄断对外贸易的政策，规定商船必须持有政府颁

---

① 杜环：《经行记》。
② 胡宗宪：《筹海图编》卷二"倭奴"。
③ 前揭吉田光邦：《西阵の历史》，《西阵织——世界に夸る美术织物》，第35页。
④ 顾炎武：《天下郡国利病书》卷二十六。

发的贸易特许证——"勘合符",才准许出海贸易,否则将受到严厉制裁,但是由于中国丝绸商品运到日本,"大抵内地价一,至倭可得五,及回货,则又一得二",[①]而质好誉高的"湖(州)之丝绵……尤为彼国(日本)所重"。在如此巨大的超额利润面前,朝廷的禁令、政权的威胁也就失去了平日的威力。为了牟取厚利,广东、福建、浙江、江苏等省的许多贩海商人不惜铤而走险,顶着朝廷的禁令,载运生丝、绸缎前往日本,"以数十金之货,得数百金而归;以百金之船,卖千金而返。此风一倡,闻腥逐膻,遂将通浙之人,弃农而学商,弃故都而入海"。[②]往返于长崎商港的商船,运去的货物大多是生丝,还有为数甚巨的绉纱、绫子、锦缎、裹绢、花素罗等丝织物。日本学者木宫泰彦所著《中日交通史》记载,明万历四十年(1612)七月二十五日一天,就有中国和日本的商舶26艘,载运数以万计的生丝进入长崎港口。明清史籍和方志材料中常有江、浙、闽、粤一带商人从事海上贸易活动,以生丝绸绫换取东洋金银货物的记载。即使时当明朝末年,天下大乱,东南沿海民间商船仍然经常装载纺丝、绫丝、紬丝等价值白银万余两的货物,东渡日本,经商贸易。[③]如1641年,由中国商船运到日本的生丝约为13万斤,丝织物为23万匹。[④]除了贩海商人的往来贩运之外,还有中国商人在日本定居贸易。长崎、筑前、博多诸港,皆为中国商人麇集之地。"闽闽越三吴之人,住于倭岛者,不知几千百家,与倭婚媾长子孙,名曰'唐市'。此数千百家之宗族姻识,潜与之通者,踪迹姓名,实繁有徒,不可按核。其往来之船,名曰'唐船',大都载汉物以市于倭"。[⑤]

16世纪后,随着海上丝绸之路南海航线的伸展,在中国丝绸输入的刺激下,墨西哥的养蚕业开始兴盛起来,"从新加里西亚到于加丹,从帕努克到瓦哈卡,养蚕业遍及新西班牙"。[⑥]墨西哥的丝织业也随之兴起,"人们已经满怀激情地预言,新西班牙蚕家的丰收和各类色彩斑斓的丝织品,将足以和卡拉布里

① 转引自《华夷变态》,浦廉一:《华夷变态题说》。甚至还说中国丝绸运往日本,"取去者其价十倍"(胡宗宪:《筹海图编》卷二"倭奴")。
② 王在晋:《越镌》卷二十一。
③ 参见《故宫博物院院刊》1983年第1期。
④ 山胁悌二郎:《长崎的唐人贸易》,第80页。
⑤ 《天启五年兵部题行条陈澎湖善后事宜》残稿,《明清史料》第二编第七本。
⑥ 博拉:《墨西哥殖民地时期养蚕业的兴起》,加利福尼亚1943年版,第85页。

亚及格林纳达最精美的丝绸相匹配"。① 到 16 世纪末,在各丝织工场劳动的工匠已经不下 14 000 人。其后,在西班牙王室为了维护宗主国的利益,下令禁止墨西哥养蚕,从而断绝了蚕丝原料来源,使墨西哥丝绸生产面临夭折的时候,又是从中国运去的大量生丝使墨西哥丝绸业绝处逢生。"从中国运来的生丝极为充裕,近些年墨西哥织就的镶着金银丝的锦缎光彩夺目,足可以和任何欧洲的产品媲美"。②

三、促进了本国经济、文化和社会发展

沿着一条条"丝绸之路",输送出去的是中国的丝绸、陶瓷、药材、茶叶等工农业产品和指南针、火药、造纸术、印刷术等伟大的发明创造,与此同时,也把其他国家的发明创造、矿产珍宝和动植物品种引入了中国,其中有西域和西亚的马匹、苜蓿、葡萄、胡桃、蚕豆、石榴、乐器乐曲,有南亚、东南亚的珍珠、玛瑙、犀角、象牙、香料、木棉、龙眼、佛教哲学,有希腊罗马的绘画、雕塑,有南美的玉米、番薯、烟草、花生、土豆、西红柿,大大丰富了中国人民的物质生活和精神生活。

国际市场的扩大,对外贸易的拓展,给中国丝绸行业和社会经济的发展,开辟了一个广阔的天地。中国丝绸不断扩张的出口能力和在世界市场上无可匹敌的竞争能力,一方面表明了中国丝绸生产规模的不断扩大和技术水平的不断提高,另一方面也反映了国际市场对于中国丝绸的需求正在不断增长。丝绸贩海商人手中所积累的资本和他们带回国内的世界市场信息,曾经有力地影响和诱导着国内某些地区商品生产的方向。在东南沿海丝绸生产中心的一些地方,已经开始兴起国际范围内的"订货加工"业务。葡萄牙人自 1535 年"租借"澳门以来,充分利用广州乃至整个东南沿海的广袤腹地,来采购他们所需要的丝绸和其他中国货物。起初,广州每年举行一次交易会,澳门的葡商及其他外商携带大量金银到广州办货;1580 年起,广州的交易会改为一年两次,外商可

---

① 博拉:《墨西哥殖民地时期养蚕业的兴起》,加利福尼亚 1943 年版,第 85 页。

② 参见博拉:《墨西哥殖民地时期养蚕业的兴起》,加利福尼亚 1943 年版。

以从一月份定购运销马尼拉、印度和欧洲的货物，从六月份定购运销日本的货物，以便及时地分别在西南季风和东北季风时节发运这些货物。①外国商人们"也有机会按照他们的特殊需要定制货品，规定所需丝绸的宽度、长度、花样、重量，以适合日本、东印度和葡萄牙市场的需要"。②据说甚至还有不远万里来自美洲墨西哥和秘鲁的商人，为了迎合拉丁美洲市场的需要，带着"样品"专程来中国定做丝绸服饰。

到明清时代，已经不但有越来越多的丝绸进入国际市场，而且有些丝绸业者已经开始根据国外客户的需要来安排和组织生产了。有人专门制作丝边、番袜等"原系贩卖吕宋，非内地适用之物"，③1731年从澳门起航的一艘横渡太平洋的大帆船，就载有长筒丝袜6万双。④还有人根据运销西方市场的需要对出口丝绸服装重新作了设计，"中国人巧妙地仿照最受人欢迎的西班牙款式，以致他们的产品和安达卢西亚的五彩缤纷的衣服完全一样"。⑤

丝绸的远销海外，需要强大的运输能力和大量的运载工具，这就促进了中国造船业和海运业的发展。在丝绸海外贸易兴盛的时代，中国的造船技术和航海技术也都在世界上名列前茅。元代的摩洛哥旅行家伊本·白图泰（Ibn Batuta）说：当时的海上交通，"皆操于中国人之手"。"中国船舶共分三等，大船一只可载千人，内有水手六百人，士兵四百人，另有小艇三只附属之。"⑥明清时代的中国帆船，更是在很长一段时间里执世界海运业之牛耳。据道光《厦门志》记载：出海商船之大者，称"洋船"，每船三根桅杆，桅杆用料为外国所产之木。载重量大者可载万余石，小者亦可载数千石。⑦这种大型帆船运载大量物资和人员横渡大洋，不仅往来于中国大陆沿海各地，还进出于日本、菲律宾、印尼群岛、印度支那半岛、马来半岛的许多港口，促进了各国间经济交流的恒常化。直到明代后期，中国的海运船队仍然在西太平洋海域享有优势。1605

---

① 参见张天泽：《中葡早期通商史》，第118页。

② 纳茨：《关于中国贸易问题的简要报告》，《郑成功收复台湾史料选编》，第113页。

③ 《硃批谕旨》卷二百十四之五；《四库全书》史部一八三。

④ 索伊拉加朗：《菲律宾百科全书》，马尼拉卷；引自全汉昇：《明代中叶后澳门的海外贸易》，香港中文大学《中国文化研究所学报》第五卷，第一期。

⑤ 舒尔茨：《马尼拉帆船》，纽约1959年版，第23页。

⑥ 马金鹏译：《伊本白图泰游记》，宁夏人民出版社1985年版。

⑦ 道光《厦门志》卷五"洋船"条。

年，有 18 艘中国商船经菲律宾前往新大陆贸易，载客 5 500 人；次年增加为商船 25 艘，搭乘 6 533 人。在同一时期，被称为"海上马车夫"的荷兰，前往亚洲的船只在 1602—1610 年间共 76 艘，平均每年只有 8.4 艘；1610—1620 年间为 115 艘，也不过平均每年 11.5 艘。从船只的规模来看，荷兰也明显小于中国。中国的大船一般载客 500 多人，小船也在百人左右，而荷兰最大的"新侯恩"号，载员也只有 206 人。所以张燮在《东西洋考》中写到："市舶之役，始于唐宋，大率夷人入市中国。中国而商于夷，未有今日之伙者。"

进行海外丝绸贸易的需要，刺激了东南沿海一些港口城市的兴起。浙江的乍浦等处，"向造哈剌旺缎匹等货"，丝绸商人搭船出洋贸易的情况层出不穷，遂使这些地方"商贾云集，高檐邃宇，鳞次栉比"，①迅速发展起来。到乾隆二十年（1755），将采办洋铜的中心，亦即对日贸易的中心集中于浙海关管辖下的乍浦一港，使得乍浦港益发繁荣。②

明州位于盛产丝绸的江浙地区，又距离日本较近，航程较短，由此出发到日本只需三至六昼夜。从唐宋以后，明州遂发展成为海上丝路东海航线的重要贸易港口，元代更成为世界级的著名商港。

福建的泉州，作为海外丝绸之路起点站的重要港口之一，获得了蓬勃发展的有利条件。1292 年，意大利旅行家马可波罗在叙述其西还旅程时写道："离开福州市，……到第五天傍晚，抵达宏伟秀丽的泉州（Zaitun）城……这是世界上最大的港口之一，大批商人云集这里，货物堆积如山，的确难以想象。"③半个世纪后的 1346 年，摩洛哥旅行家伊本·白图泰也来到泉州，他说："我们渡海到达的第一座城市是泉州（Zaitun）。……该城的港口是世界大港之一，甚至是最大的港口。"④至于 Zaitun 一词的含义，有多种说法。德国学者克拉普罗思

---

① 《乍浦志》卷一，第 1 页。
② 清政府之所以决定将办铜贸易集中于乍浦港，一是因为这里有比较便利的水路交通，便于向各省输送洋铜；二是为了加强对采办洋铜商人的管理。参见刘序枫：《清代的乍浦港与中日贸易》，《中国海洋发展史论文集》第五辑，台北"中央研究院"中山人文社会科学研究所，1993 年。
③ 陈开俊等译：《马可波罗游记》，福建科技出版社 1981 年版，第 192 页。
④ 马金鹏译：《伊本·白图泰游记》，宁夏人民出版社 1985 年版，第 551 页。按：马可波罗和伊本白图泰游记的原文为 Zaitun 城。关于 Zaitun 的地理位置，中外学者颇多争论，有人认为是泉州，有人认为是漳州，还有人认为是月港（参见桑原骘藏：《蒲寿庚考》，中华书局 1929 年版，第 43—44 页）。后来多数倾向于泉州，殆成定论。

（Klaproth）最先于1824年将之考订为"刺桐"的对音，说是大概是建城时，植刺桐于城，由此俗称其城曰刺桐。此说得到了一些中外学者的支持，也有学者表示质疑。1916年，英国汉学家亨利·玉尔在译注《伊本·白图泰游记》时提出："我非常怀疑，文中Zaituniah这个词是源自于我们的单词Satin。"① 近年又有人根据泉州盛产优质绸缎，认为Zaitun应是源自英语的Satin，意为"缎子"。也就是说，"当时泉州以盛产缎子闻名于世，故以其物产名其城"。② 此说甚是。史载"泉人自织丝，玄光若镜，先朝士大夫恒贵尚之。商贾贸丝者，大都为海航互市"。③ 宋代，"泉州是宋时纺织业中心点，与杭州并称一时之盛"。④ 元代的伊本·白图泰说：泉州"织造天鹅绒锦缎和各种缎子，这些缎子被以城市的名字命名为Zaituniah，它们较行在（Khansa）和汗八里（Khanbilig）的织物为优"。⑤ 1342年，元朝皇帝曾赠送给默哈迈德苏丹（Sultan Mahamed）500匹锦缎，其中100匹为泉州织造，100匹为杭州织造。⑥ 种种事实表明，"中世纪泉州丝织业的发展在世界上已经有一定影响，这大概就是海上丝绸之路以泉州为起点的原因之一吧"。⑦ 海上丝路的起点城市被外国人以"缎子"命名，这一事实本身就是饶有趣味的。

福建的月港于1500年开放作为海外贸易港口后，"给福建地区的居民提供了合法出国的场所，以泉州、漳州为中心的闽南民众得以大量远赴海外贸易，其中也有向南洋移民者"。⑧ 随着海外贸易的发展，月港由一个原来的偏僻小镇一跃而为明代中叶的"小苏杭"，出现了"富商远贾，帆樯如栉，物贸浩繁，应无虚日"⑨ 的盛况。时人记载："月港负山枕海，居民数万家。方物之珍，家贮户峙，而东连日本，西接暹（罗）、（琉）球，南通佛郎、彭亨诸国。其

---

① ⑤ Henry Yule, *Ibn Batuta's Travels in Bengal and China*, London, 1916, p.118.
② 参见李金明：《Zaitun非"刺桐"而是"缎子"》，《历史研究》1998年第4期。按：外国人向来有以物产名产地的习惯，如前述古代希腊人称中国为赛里斯。因为中国是产丝的国家，希腊文称蚕为赛儿（Ser），加上词尾之音就成为赛里斯（Seres）。
③ 王胜时：《闽游纪略》，《小方壶舆地丛钞》第九帙。
④ 张星烺：《泉州考古记述》。
⑥ Henry Yule, *Ibn Batuta's Travels in Bengal and China*, London, 1916, p.17.
⑦ 李金明：《Zaitun非"刺桐"而是"缎子"》，《历史研究》1998年第4期。
⑧ 吴密察著、帆刘浩之译：《台湾史の成立とその课题》，沟口雄三、滨下武志等编：《アジアから考える》（3），东京大学出版会1994年版。
⑨ 陈子龙：《明经世文编》。

民无不曳绣蹑珠者，盖闽南一大都会也。"① 从明朝隆庆年间到万历年间的45年中，政府在这里取得的税收由每年的白银3 000两增加到35 100两，增加10倍以上，月港因此一时被称作"天子之南库"，成为明政府的一个重要财源。

江苏的苏州，明清时代有"丝绸之府"的美称，史载"南北舟车，外洋商贩，莫不毕集于此"；② 西方学者也称许这里出产的精美丝缎，"供大部分欧洲之需"。③ 吴江盛泽镇上，"绅绫罗纱绢不一其名，京省外国悉来市贸"，④ 此中透露出来的消息，亦可说明这里的繁荣与丝绸生产和丝绸海外贸易的发展有着休戚相关的密切联系。

广东蚕桑丝绸生产的兴起本来就是因应丝绸海外贸易的需要，这里背负五岭，三面临海，地当东西航路要冲，又以广阔内地为腹地，"肩货经于南岭者不下十万人"，可称"商贾如云，货物如雨"。⑤ 这里的丝货"外销东西二洋"，海外贸易促进了丝绸生产的发展，时人居然认为"广纱甲天下，金陵苏杭皆不及粤缎"。⑥19世纪初年一个西方人访华的记述说，广东的佛山有2 500家棉织作坊，平均每家雇佣20个工人。⑦ 结果发现这是一个关于丝织业情况的报告，所谓的"棉织作坊"，实际上是丝织作坊。⑧尽管这是一份"夸大其词"的资料，但我们还是可以从中看到广东丝织业发展的盛况，如果没有海外丝绸贸易的刺激，这是难以想象的。

值得重视的是，丝绸海外贸易的扩展，不可能不对传统社会结构的转换和生产关系的变化产生深刻的影响。小生产者的分散性、孤立性和闭塞性，使他们无力单独与世界市场建立联系，而且行销海外的商品从原料来源到织造工艺

---

① 朱纨：《嘉靖二十七年六月增设县治以安地方疏》，转引自小叶田淳：《足利后期遣明船通交贸易的研究》。
② 纳兰常安：《宦游笔记》卷十八。
③ 乔丹·詹尼斯：《十八世纪的中国出口工艺品》，第62—63页。
④ 嘉靖《吴江县志》卷四。
⑤ 高其卓：《雍正江西通志》卷一，第22页。
⑥ 王世懋：《闽部疏》。
⑦ **The Chinese Repository**，1833年11月，第305—306页。转引自汪敬虞：《从棉纺织品的贸易看中国资本主义的产生》，《中国社会经济史研究》1986年第1期。
⑧ 参见［美］黄宗智：《长江三角洲小农家庭与乡村发展》，中华书局1992年版，第86—87页。

都有新的更高要求，这也是分散的个体小生产者所难以承担的。于是，这便成为东南沿海地区丝绸业中资本主义生产方式孕育和萌生的一个触媒。据说福建"福清之俗，什三治儒，什七治贾"；"民之习夷者，亦什家而七"。①民间广泛学习夷情夷语，显然是为从事海外贸易。史载"顾海滨一带，田尽斥卤，耕者无所望岁，只有视渊若陵，久成习惯。富家征货，固得捆载而来；贫者为佣，亦博升斗自给"。②于是，"饶心计者，视波涛为阡陌，视帆樯为耒耜。盖富家以财，贫人以驱，输中华之产，驰异域之邦，易其方物，利可十倍。故民乐轻生，鼓枻相续，谓生涯无逾此者"。③这样，不可能不对重商思潮的兴起，起推波助澜的作用。江、浙、闽、广的贩海商人不畏风波之险，载运丝绸前往国外贸易，"以数十金之货，得数百金而归；以百金之船，卖千金而返。此风一倡，闻腥逐膻，将通浙之人，弃农而学商，弃故都而入海"。④对此，时人争辩说：海外贸易有利而无害，外通货财，内消奸宄，百万生灵仰事俯畜之有资，各处钞关，且可以多征税课，以足民裕国，其利甚为不小。⑤

　　另一方面，丝绸海外贸易在为中国商品经济的发展开拓海外市场的同时，又为它的进一步发展积聚起了大量的贵金属。马克思曾经说过：要使封建社会中已经孕育的资本主义因素普遍活跃起来，贵金属是必不可少的前提条件之一。"资本主义生产是与其条件的发展同时发展的。其条件之一，便是贵金属的充分供给。因此，十六世纪以来贵金属供给的增加，在资本主义生产的发展史上是一个重要的因素。"⑥而当时的中国，恰恰缺少这个"重要的因素"。中国的白银产量有限，供不应求，常闹银荒，"皇皇以匮乏为虑者，非布帛五谷不足也，银不足耳"。⑦在此关头，中国商民出海贸易，直接运银回国，"东洋、吕宋地无他产，悉用银钱易货，故归船自银钱外，无他携带"，⑧以至于时人普遍认为："闽粤银多从番舶来。"⑨所有这些，无异于为中国商品经济的发展和资本主

---

①　叶向高：《苍霞草》。

②⑧　张燮：《东西洋考》卷七。

③　《海澄县志》卷十五"风土"。

④　王在晋：《越镌》卷二十一。

⑤　《清朝经世文编》卷八十三，第 13 页。

⑥　马克思：《资本论》第二卷，第 367 页。

⑦　陈子龙：《明经世文编》。

⑨　屈大钧：《广东新语》卷十五。

义萌芽的滋生输了氧，补了血。

通过丝绸制品的源源输出，大量国外金银滚滚流入中国。"西班牙大帆船从墨西哥港口阿卡普尔科给马尼拉带来了银元和纯金，用以购买中国的丝绸、天鹅绒、瓷器、青铜制品和玉石，而墨西哥银元大量地流入中国的商业港口广州、厦门和宁波，成为远东国际贸易的交换媒介"。[①] 法国历史学家费尔南·布罗代尔在论述这一问题时写到："总之，说好也行，说坏也行，某种经济已将世界各地的市场联系起来了，这种经济牵动的只是几种特殊的商品，也牵动着已经周游世界的贵金属。用美洲白银铸造的硬币横渡地中海，穿越土耳其帝国和波斯，到达了印度和中国。从 1572 年起，经过马尼拉中继站，美洲的白银跨越了太平洋，通过这条新路，又一次抵达中国，完成了它的旅程。"他认为，这一事实表明："从十五世纪到十八世纪，市场经济这个快速生活区正在不断拓宽。"[②] 据估算，仅明代后期的七八十年间，经菲律宾流入中国的美洲白银，就不下 6 000 万比索，合 4 000 多万两库平银，约等于中国原有银量的六分之一。早在 16 世纪 70 年代，统治菲律宾的西班牙殖民者就已经发现白银流向中国的问题，[③] 而到了 17 世纪初叶，中国方面也注意到了对外贸易中出现的银元流通。[④] "其始只用于粤闽，渐次乃及于江浙"。[⑤]1584 年，马尼拉殖民政府官员的报告中说："中国人每年都把所有的金银弄走了。我们没有货物给他们，除了银币里尔以外，什么也没有。"[⑥] 又据统计，从 1565—1820 年的250 余年间，墨西哥向马尼拉输送了白银约 4 亿比索，其中绝大部分都流入了中国。[⑦]

据日本学者的研究，江户幕府的宽文年间(1661—1672)，中国生丝年输入日本不下 20 万斤。生丝加上绸缎在当时中国与日本的贸易总额中雄居首位，

---

① 霍尔：《东南亚史》上册，第 313 页。
② 费尔南·布罗代尔著，杨起译：《市场经济与资本主义》，《天涯》2000 年第 2 期，第 149 页。
③ 参见严中平：《丝绸流向菲律宾，白银流向中国》，《近代史研究》1981 年第 1 期。
④ 张燮：《东西洋考》卷五，1937 年版，第 7 页。
⑤ 林则徐：《林文忠公政书》卷五"江苏奏稿"，1885 年版，第 2 页。
⑥ 转见魏建猷：《中国近代货币史》，第 9—10 页。
⑦ 参见全汉昇：《近代早期西班牙人对中菲美贸易的争夺》，载香港中文大学《中国文化研究所学报》第八卷第一期；参阅 E. H. Blair and J. A. Robertson, *The Philippine Islands*, *1493—1898*, Vol.3, 1903。

占到 70% 以上。川胜平太指出："在 17 世纪，贸易对于日本来说是不可缺少的要素，从中国输入最多的是生丝"。"当时，从中国输入大量的生丝、丝织品、沙糖等商品。为了购入这些物品，日本从 1648—1708 年的 61 年间，流出海外的金为 2 397 600 两，银 374 209 贯，铜的流出量自 1663—1708 年的 46 年间达到'一亿一万一四四九万八七〇〇斤余'。"① 尽管江户幕府为了减少金银外流，于17 世纪晚期采取了一系列限制与中国贸易的措施，② 但是由于离不开对中国生丝、丝绸产品的需要，实际上很难立即取得预想的效果。当时的中国海商，很多人仍然定期或不定期地往来于中国—日本—东南亚之间，从事三角贸易。③由东南亚航行日本的商船，虽被称为"暹罗船"、"广南（安南）船"、"噶喇吧（爪哇）船"等等，但实际上都是由华人经营的贸易船。④

从康熙二十三年（1684）宣布开放海禁到乾隆二十二年（1757）实行一口通商的 73 年间，中国开往日本贸易的商船总数为 3 017 艘，⑤ 平均每年 41.4艘，运去的货物百分之七十以上是丝绸。从顺治五年（1648）到康熙四十七年（1708）的 61 年里，从日本流入中国的黄金为 2 397 600 两，白银为 374 220 贯目。流入中国的黄铜更多。有人统计，自康熙二十三年（1684）到道光十九年（1839），中国从日本进口的黄铜达到 320 700 000 斤，平均每年进口 1 951 000斤。⑥ 由于中国方面对日本铜和贵金属的需要，即使在严禁丝绸输出海外的时期，对日本也往往是网开一面。乾隆二十四年（1759），中国国内生丝价格暴涨，清政府严禁生丝、丝织物的输出，但是为了交换日本铜，仍然允许前往日本办铜的商船携带一定数量的绸缎，不久，又允许对日本输出与绸缎数量相当

---

① 川胜平太：《东亚经济圈的形成与发展——亚洲国家间竞争 500 年》，《アジアから考える》〔六〕，东京大学出版会，第 27 页。
② 这些措施包括：贞享二年（1685）颁布命令，限制"唐丝"输入，将"唐船"的贸易额限定在每年白银 6 000 贯。元禄元年（康熙二十七年，1688）规定来航的中国商船每年不得超过 70 艘。正德七年（康熙五十四年，1715）发布"正德新例"，颁发"唐船信牌"，实行贸易许可证制度。领取"信牌"（贸易许可证）的中国商人才能来日贸易。元文元年（乾隆元年，1736），规定来航的中国商船数每年为 25 艘，元文五年又进一步限定为 20 艘，等等。
③ 永积洋子：《十七世纪の東アジア貿易》，浜下武志、川胜平太编：《アジア交易圏と日本工業化 1500—1900》，リブロポート，1991 年。
④ 《华夷变态》。
⑤ 据木宫泰彦：《中日交通史》下册，第 327—334 页所列数字。
⑥ 原据《日本和世界的历史》第 15 卷，第 70 页及丰田武《交通史》第 300 页的数字统计，转引自黄启臣：《清代前期海外贸易的发展》，《历史研究》1986 年第 4 期。

的生丝。①

1685 年后，由于日本施行"贞享令"，②日本白银流向中国逐渐减少，到 1763 年后基本停止。③但在此前后又有大量新大陆银（西班牙银元）流入中国，从 17 世纪起每年流入量约在 200 万元以上，到 18 世纪上升为每年约 300—400 万元之巨。④雍正十一年（1733）福建巡抚郝玉麟报告说：福建每年约有 30 只商船出海贸易，每年携带 200—300 万外国银元归国，由此补偿闽省土地出产之不足。⑤这仅为福建一省数字，若加上广东、浙江、江苏等沿海各省，很可能还要超过前述所推测的 400 万元。

清政府从海外贸易中征收的税金，也呈不断增长的趋势。乾隆十年（1745），江海、浙海、闽海、粤海四关合计税收 731 434 两；乾隆三十五年（1770），增加到 1 124 760 两；到乾隆五十一年（1786），又增长为 1 483 956 两。⑥40 年里，增长了一倍多。闽海、浙海、江海三关多以向本国船只征税为主，而粤海关则主要是征收外国船只的关税。《粤海关志》记载了自乾隆十五年（1750）到道光十八年（1838）间每年来航广州的外国商船的数量及征税额，可见自 18 世纪 80 年代起，每年有 50 艘以上的外国商船进入广州，粤海关征税额达 100 余万两。⑦海关税收成为清政府的一项重要财源，对沿海各省的兵饷、财政和地方经济贡献颇大。

在欧美诸国开始向资本主义社会过渡的早期，也没能立即摆脱中西贸易长期以来所形成的这种格局，"在 1830 年以前，当中国人在对外贸易上经常是出超的时候，白银是不断地从印度、不列颠和美国向中国输出的"。⑧当时，欧美

---

① 《通考》卷十七、三十三、二百九十五。

② 贞享二年（1685），德川幕府发布了限制"唐丝"输入的命令，转而奖励与扶持国内的蚕丝生产。

③ 山脇悌二郎：《長崎の唐人貿易》，吉川弘文馆 1965 年版，第 214 页。

④ 全汉昇：《明清间美洲白银的输入中国》，《中国经济史论丛》第一册，香港新亚书院 1972 年版，第 444 页。

⑤ 《宫中档雍正朝奏折》第 21 辑，台北故宫博物院 1979 年版，第 353—354 页。

⑥ 彭泽益：《清初四榷关地点和贸易量的考察》，《社会科学战线》1984 年第 3 期；乾隆五十一年的数字，据《宫中档乾隆朝奏折》（台北故宫博物院）第 62 辑，第 400、678、747 页；第 70 辑，第 211 页。转引自刘序枫：《十七、八世纪の中国と東アジア》，沟口雄三、浜下武志等编：《アジアから考える》（2），东京大学出版会，1993 年，第 109 页。

⑦ 寺田隆信《清朝の海関行政について》，《史林》1966 年第 49 卷第 2 号。

⑧ 《马克思恩格斯选集》第 2 卷，第 114 页。

各国的货物很难在中国找到市场，所以"夷船"来时"所载货物无几，大半均属番银"。① 正如美国学者在回顾早期中美关系时说："几百年来，欧洲人曾经到中国以及其他国家去寻求丝茶，而东方需要换取西方的东西却很少，曾经以装运一船船大量的硬币来平衡贸易。"② 有人估计，在 18 世纪的前 51 年间，从西欧各国输入中国的白银达 68 073 182 元，平均每年为 1 308 401 元；③18 世纪后半期每年输入中国的白银一般也在 450 000 两，最高达到 1 500 000 两。④ 以世界上第一个工业资本主义国家英国为例，1639 年，第一艘英国商船到达广州，除了抛出 80 000 枚银元，别无他物。⑤ "从 1708—1712 年，（英国）对华直接出口贸易每年的平均数字，在商品方面不到五千英镑，在金银方面超过五万英镑。……1762—1768 年的数字是：商品五万八千英镑，金银七万三千英镑"。⑥ 有人统计，在整个 18 世纪的一百年中，英国为购买中国货物而输入中国的银元达到 208 900 000 元。⑦ 直到 18 世纪末，随着英国产业革命的进行，这种情况才发生了根本的变化。自乾隆四十九年（1784）美国商船"中国皇后"号首航广州开始，美国与中国发生了直接贸易往来。在其后的岁月里，中美贸易有了长足的进展，但是在这一贸易中，美国却立于逆差的地位。⑧ "长久以来，美国从中国输入丝、茶，除了一部分用鸦片或其他货物抵偿以外，主要依靠运现来弥补差额"。⑨ 美国商人"向中国输出大量西班牙和墨西哥银元，仅 1831 年的三只船就运来了 110 万元。人们随时可以看到成箱的白银正在作检验，同时

① 《福建巡抚常赍奏折》，《文献丛编》第 176 辑。

② K. S. Latourette, *The History of Early Relations between the United States and China 1784—1884*, Transactions of the Connecticut Academy of Arts and Sciences, Vol.22, August, 1917.

③ 参见余捷琼：《1700—1937 年中国银货输出入的一个估计》，商务印书馆 1940 年版，第 32—34 页。

④ 严中平：《中国近代经济史统计资料选辑》第 1 册，第 22 页。

⑤ 格林堡：《鸦片战争前中英通商史》，第 5 页。

⑥ 姚贤镐：《中国近代对外贸易史资料》第一册，第 367 页。

⑦ 千家驹：《东印度公司的解散与鸦片战争》，《清华学报》第 37 卷第 9、10 期。按，欧美各国来华贸易的商船以英国商船占绝大多数。乾隆二十三年（1758）至道光十八年（1838），到粤海关贸易的商船共 5 107 艘，平均每年 63.8 艘。其中英国商船乾隆五十四年（1789）为 58 艘，占外船总数的 67%；道光六年（1826）为 85 艘，占外船总数的 82%；道光十三年（1833）为 107 艘，占外船数的 80%。

⑧ S. T. Chapman, *History of Trade between United Kingdom and United State*, London, 1899; F. R. Dulles, The Old China Trade, Boston, 1930, pp.210—211.

⑨ 汪敬虞：《外国资本在近代中国的金融活动》，人民出版社 1999 年版，第 4 页。

听到一批批银元在铜制天平上倒进倒出的铿锵之声"。① 参见下表：

表 2-1　早期美国对中国的贸易的白银输出　　　　　　　　　　单位：千美元

年次	数额	年次	数额	年次	数额	年次	数额	年次	数额
1819	7 414	1822	5 125	1825	6 265	1828	2 640	1831	184
1820	6 297	1823	6 293	1826	5 725	1829	741	1832	2 481
1821	2 995	1824	4 096	1827	1 841	1830	1 124	1833	683

资料来源：K. S. Latourette, *The History of Early Relations between the United States and China 1784—1884*, Transactions of the Connecticut Academy of Arts and Sciences, Vol.22, August, 1917.

第三节
海禁政策与丝绸贸易

一、实行海禁的动机与效果

　　明清之际，中国周边海域的局势正在发生着剧烈的变化。

　　中国的丝绸、瓷器，东方的香料、珍宝一向为欧洲人所梦寐以求，多少年来，欧洲人一直在企图寻找一条直接通往东方的海上通道。14 世纪时帖木尔帝国兴起于中亚，切断了经过中亚的"丝绸之路"，阻绝了中西之间的交通，遂使欧洲国家开拓海上航路前往东方的要求变得更加强烈和迫切。与此同时，中国的指南针、火器技术及阿拉伯的航海技术已经逐步为欧洲人所掌握，天文学上"日心说"的提出和天文地理知识的日益探究，造船技术也已经取得了长足进步，凡此种种，都为以欧洲人为主角的"地理大发现"和开辟新航路准备了充分的条件。1486 年，葡萄牙人发现了绕道非洲"好望角"前来东方的海上航道。1510 年，葡萄牙人占领了果阿、马六甲，建立起以印度洋为内海的殖民帝国。西班牙人则以发现美洲"新大陆"和其后的麦哲伦环球航行，建立起了另一个殖民帝国。1565 年，西班牙殖民者占领了菲律宾，也开始把势力伸展到了东亚。

---

① 姚贤镐:《中国近代对外贸易史资料》第一册，第 198 页。

地理大发现和新航路开辟，是迄此时为止的世界格局的一大转变。亚洲、欧洲、非洲、美洲等世界主要几个大洲开始建立起了前所未有的经济、文化、军事、政治等多方面的联系，世界开始变小，各国之间的竞争也随之日趋激烈，从此，再没有一个国家可以关起门来，只注意自己的内部事务而昧于世界大势。

随着新航路的开辟，欧洲国家的商人纷至沓来，纷纷到东方"淘金"。"掠夺、谋害及经常诉诸武力，为欧洲国家与中国开始贸易的特色"。[①]如果说早期的葡萄牙和西班牙商人慑于中华帝国的威严，尚表现得较为"安分守己"，不敢过于放肆的话，那么，自商业资本主义国家的荷兰兴起以后，东方的海面也就注定不得安宁。从 16 世纪始，号称"海上马车夫"的荷兰殖民者涉足东方，为了争夺亚洲的富源，与其他西方殖民国家展开了激烈的商业战争。1602 年，荷兰成立了东印度公司，专门经营与东方的贸易，荷兰的舰队也不断在太平洋和中国海上游弋。捷足先登的葡萄牙、西班牙殖民者，不过是以零散的骚扰企求在中国的海外贸易中分一杯羹，荷兰殖民者的胃口则要大得多，意在切断中国的海外商路，并排斥其他与中国通商的国家，以便垄断对华贸易。从此，中国人在自己的沿海和港口遇到的西方人士主要不是和平贸易的商人，而是欧洲资本主义原始积累时期为掠夺财富而到中国进行殖民活动的冒险家。"这些所谓和平商业先驱者的行为，与其说合乎和平文明之道，毋宁说等同于盗贼。他们不仅应被驱逐于帝国（指中国）之外，而且应由中国当局加以消灭。他们飘忽于中国南部海岸，掠夺焚毁乡镇与城市，杀死和平男女及幼孩以百数十计……掳掠妇女；抢夺本地人所有任何贵重之物，违犯一切礼仪与人道的信条"。[②]在南海，荷兰的海盗舰队频频拦截出海的中国商船，"天启间，荷（兰）人及海盗为患，洋商多被劫掠"。[③]此前，中国商人在很长一段时间里一直操马尼拉生丝贸易之牛耳，"租借"澳门之葡萄牙商人和侵占菲律宾的西班牙商人虽极力加以排斥却一直未能得逞，1617 年由于荷兰舰只劫夺中国商船，致令明朝政府一度禁止商船出海，遂使葡商乘机控制了中菲贸易。在东海，荷兰殖民者则袭击

---

① 姚贤镐：《中国近代对外贸易史资料》第一册，中华书局 1962 年版，第 126 页。
② 姚贤镐：《中国近代对外贸易史资料》第一册，第 124—125 页。
③ 孙承泽：《山书》卷十三《开洋之利》。

骚扰福建、浙江沿海，1624 年更染指台湾岛，严重威胁着中国的海外贸易和海疆安全。"自红夷肆虐，洋船不通，海禁日严，民生憔悴"。①

　　另一方面，为了弥补长期以来对华贸易的赤字，欧美各国一直处心积虑地寻找能够扩大中国市场的商品，大约在 17 世纪上半期，他们找到了这种罪恶的商品——鸦片。雍正七年（1729），葡萄牙人最早从印度的果阿和达曼贩运鸦片到澳门，再运进内地，大约每年为 200 箱。以后英、美等国为了扭转对华贸易的逆差，把鸦片作为扩大中国市场的敲门砖，大肆走私贸易，通过各种渠道把鸦片输入中国。据统计，从雍正七年（1729）到道光十九年（1839），输入中国的鸦片数量达 648 246 箱，② 平均每年 3 889 箱。鸦片的泛滥成灾，极大地损害了中国在国际贸易中的优势地位，由长期来的出超一变而为入超，严重破坏了中国政府国库的收支平衡和市场的货币流通。从嘉庆五年（1800）开始，白银由以往的流入中国变为流向国外，1800—1834 年的短短 35 年间，外流白银竟达 6 亿两之多。③ "海外贸易的这种变化，明显地反映出西方资本主义国家对中国的经济侵略性质，使中国与西欧国家的正常贸易受到了严重的破坏"。④

　　历史地看，明清时期海禁政策的实施，其实首先都是为了对付国内或国外的海洋武装势力。明代海禁政策的出发点，显然是为了"防倭"和防范"海贼"。据《皇明世法录》所载海禁法令，规定："凡沿海去处，下海船只，除有号票文引许令出洋外，若奸豪势要及军民人等，擅造三桅以上违式大船，将带违禁货物下海，前往番国买卖，潜通海贼，同谋结聚及为向导劫掠良民者，正犯比照谋叛已行律处斩，仍枭首示众，全家发边卫充军。其打造前项海船卖与夷人图利者，比照将应禁军器下海者因而走泄军情律，为首者斩，为从者发边卫充军。若止将货船雇与下海之人，分取番货，及虽不曾造有大船，但纠通下海之人接买番货，与探听下海之人贩货来，私买贩卖苏木、胡椒至一千斤以上者，

---

① 顾炎武：《天下郡国利病书》。

② 见魏源：《道光洋艘征抚记》；*Chinese Repository*，Vol.V，p.547；H. B. Morse，*The International Relations of Chinese Empire*，Vol.I，pp.209—210.

③ 刘鉴唐：《鸦片战争前四十年间鸦片输入与白银外流数字的考察》，《南开史学》1984 年第 1 期。

④ 黄启臣：《清代前期海外贸易的发展》，《历史研究》1986 年第 4 期。

俱发边卫充军，番货并没入官。① 细揣文意，可知明廷所严厉打击者，一是"潜通海贼"；二是私贩违禁货物，以维护朝廷朝贡贸易的垄断利益。嘉靖年间，民间海上贸易集团与"倭寇"相互勾结，演成 15、16 世纪东南沿海的"倭患"，迫使朝廷重申海禁。嘉靖三年（1524），严禁制造违式海船，私鬻番夷，违者处以重刑。② 次年再次颁布禁令：凡制造双桅大船下海者即捕之，"所载即非番物，以番物论，俱发戍边卫。官吏军民知而故纵者，俱调发烟瘴"。③

在这一过程中，中国丝绸的海外贸易遭到了无妄打击和严厉限制。明朝政府规定："凡将马牛、军需、铁货、铜钱、缎匹、䌷、绢、丝、绵私出外境货卖及下海者，杖一百；挑担载货之人减一等。货物船只并入官。"④ 表明了统治者对于民间丝绸海外贸易的基本态度。

到清初，为了对付东南沿海的抗清义军，断绝大陆人民对据守台湾和沿海岛屿的郑成功势力的支援，严禁沿海居民出海经商。清政府分别于顺治十二年（1655）、十三年（1656）及康熙元年（1662）、四年（1665）、十四年（1675）五次颁布"禁海令"："沿海省份应行严禁，毋许片帆入海，违者立置重典。"⑤ 又于顺治十七年（1660）及康熙元年（1662）、十七年（1678）三次下达"迁海令"，⑥ 在北起山东、南至广州的广大沿海地带，强制东南沿海各省居民一律从海岸向内陆迁居 30—50 里，一般民众的海外贸易和沿海渔业生产，自然也在严禁之列。规定："福建、浙江、江南三省所禁沿海境界，凡有官员、兵民违禁出界贸易，及盖房居住、耕种田地者，不论官民，俱以通贼论处斩，货物家产俱给首告之人。该管文武官不能查获，俱革职从重治罪。地方保甲知情不首者，处绞。其违禁出境之人，审明系何地方出口，将守口官兵知情者以同谋论立斩，不知情者从重治罪。"⑦ 如此严峻的海禁政策，造成人民流离失所，商贾元气大伤，由此产生的物价腾贵、饥馑连年、盗贼频出等等，也都成为深刻的社会

① 《皇明世法录》卷二十。
② 《明世宗实录》卷三十八"嘉靖三年四月"。
③ 《明世宗实录》卷五十四"嘉靖四年六月"。
④ 熊鸣岐：《昭代王章》卷二《私出外境及违禁下海》；又见舒化：《大明律附例》卷十五《兵律·关津》。
⑤ 《光绪大清会典事例》卷一百二十。
⑥ 《东华录》"顺治十七年九月"条、"康熙十七年闰三月"条；《光绪大清会典事例》卷七百七十六。
⑦ 《钦定大清会典事例》卷七百七十六《刑部·兵律·关津》。

问题。①

在沿海走私贸易方面，据守台湾的郑氏政权利用台湾的有利地理条件，进行东南亚（包括英国东印度公司）——日本——中国大陆之间的三角贸易。由于对日贸易的主要商品生丝和丝织物必须仰求于中国大陆，为此不断强化与大陆的走私贸易。②在官营办铜贸易方面，清政府对于如何保证铸钱需用的"洋铜"（日本铜）的供给，一直煞费苦心。入关后第二年即实施所谓"官差办铜"制度，派遣官员于各地购铜。"迁界令"实施后，中国大陆驶往长崎的贸易船只急减，但仍有一些在官府默许下前往日本办铜，以致日本铜得以在海禁期间流行于中国内地。③即使在清朝统一了台湾，结束了"迁界令"之后，海禁政策仍然时时成为清政府稳定大陆社会经济秩序的手段。康熙四十七年（1708），都察院金都御史劳之辩上奏说："江浙米价腾贵，皆由内地之米为奸商贩往外洋所致。"他建议清廷重"申海禁"，"一概不许商船往来，庶私贩绝而米价平"。④动辄以实行海禁来解决外贸问题，可见清代官员观念的僵化和政策的保守。

这种落后的海禁政策先后持续了近30年的时间，使得清朝初期的海外贸易基本陷于瘫痪，不仅给沿海地区的人民生活带来巨大痛苦，对社会经济造成深重灾难，同时也严重地影响到政府的财政收入。其间，一些朝中的大臣、特别是闽、粤、浙、苏沿海省份的地方官员一再反对禁海，主张开海贸易，他们不断上疏皇帝，反映实行海禁所造成的经济衰败、财政困难、百姓失业和铸铜枯竭的情况，认为只有开放海禁才能够解决"谷贱伤农"、"赋税日缺"、"国用不足"和"铸铜匮诎"等严重的社会经济问题。⑤从康熙十五年（1676）起，这种反对禁海、要求开放海外贸易的声音日甚一日，但是当权的满汉守旧大臣则坚决拥护和主张严格实行海禁，认为宁可少要一些钱，也不能和外国贸易，以免

① 田中克己：《清初の支那沿海——遷界を中心として見たる》一、二、《历史学研究》六卷一、三号；浦廉一：《清初の遷界令の研究》，《广岛大学文学部纪要》五号，1954年。按，在"禁海令"和"迁界令"的执行过程中，民间的海外贸易受到严厉摧残，但是清朝与国外的贸易并未完全断绝。主要有以下三种贸易形式：（一）外国船只来航进行的朝贡贸易；（二）沿海地区的走私贸易；（三）清政府官营的日本"办铜"贸易。

② 中道邦彦：《清初靖南藩と台湾郑氏との関系》，《歴史の研究》十三号，1968年。

③ 《皇朝文献通考》卷十七"钱币"五。

④ 《清圣祖实录》卷二百三十二"康熙四十七年正月庚午"条。

⑤ 《皇朝经世文编》卷二十六，第14页；江日升：《台湾外纪》卷六。

引起"不虞"。直到康熙二十三年（1684），康熙皇帝认识到："向令开海贸易，谓于闽粤边海民生有益，若此二者民用充阜，财货流通，各省俱有裨益。且出海贸易，非贫民所能，富商大贾，懋迁有无，薄征其税，不致累民；可充闽粤兵饷，以免腹里省份转输协济之劳。腹里省份钱粮有余，小民又获安养"，[1] 于是宣布结束海禁，实行开海贸易。[2]

1684 年，清政府于福建的厦门、广东的广州设置闽海关和粤海关，又于次年在浙江的宁波、江苏的上海设立浙海关和江海关，负责管理海外贸易的事宜。江海、浙海、闽海、粤海四个海关的设置，在一定程度上表明了清政府对于海外贸易的关心，其目的并不仅仅是征收关税，也包括扼制沿海地区的走私贸易和对民间的海外贸易施行严格的管制。在这一方面，《大清会典》及《会典事例》有种种详细的记载。例如，关于船只大小、船员多少都有严格规定。在出海手续上，根据《清俗纪闻》所记，必须持有巡抚、布政司、知县和海防机构颁发的 4 张批准书，再经过驻扎于港口的关卡的检验及对船货、人员的核查，方能出海。[3] 另外，对于商船的往返地点、来回日期等也都有严格的规定，如有违反，则永远禁止其出洋贸易。特别值得注意的是，生丝、绸缎等出洋贸易有种种规定，时时会被禁止输出，其后虽"弛丝觔出洋之禁"，允许输出一定量的丝织品和二、三蚕土丝，但头蚕湖丝的输出则仍然严禁。[4] 凡此种种，与世界各国实行的出入国境管理和海外贸易管理的条例相比，尽管有某种程度上的过于严苛之处，带有浓厚的保护主义色彩，但是比起明末清初的"禁海令"及"迁界令"来，则不可同日而语，显然宽松得多了。

开海贸易以后，形势一度好转，丝绸海外贸易有所复苏，满载丝绸的商船，又开始扬帆出海。禁海政策的放松，使得中国和日本之间的丝绸贸易达到极盛。南京、苏州、宁波、温州、福州、厦门、漳州、广州等处，都有商船开往日本，穿梭进出于长崎商港。康熙初年，中国驶往日本的商船每年约为 30 余艘，如康熙五年（1666）为 35 艘，康熙九年（1670）为 36 艘。[5] 康熙中期开放海

---

① 《清圣祖实录》卷一百十六，第 18 页。
② 《清朝文献通考》卷三十三《市籴》。
③ 《清俗纪闻》卷十 "羁旅行李"。
④ 《通考》卷三十三 "市舶互市"。
⑤ 参见大庭修：《日清贸易概观》，《社会科学辑刊》1980 年第 1 期。

禁后，到日本贸易的商船大增。康熙二十三年（1684）宣布开海贸易，二十四年（1685）即有85艘商船驶往日本，二十五年（1686）增为102艘，二十六年（1687）又增为115艘，二十七年（1688）更增为193艘，随船到日本贸易的中国商人多达9 128人次。① 运去的货物大部分是生丝，此外还有绉纱、绫子、云绡、锦缎、裹绢、花素罗等丝织品。日本学者木宫泰彦在所著《中日文化交流史》中，列举了清代前期中国各地输往日本的商品，主要是丝、丝织物、药材、糖、纸张和书籍。这些商品输入日本"逐年增加，不但供上流社会，且为一般民众广泛使用和爱好。因此，对于日本人民的生活直接间接起了颇大的影响"。② 其中的丝绸商品，有江苏出产的白丝、绫子、绉绸、罗纱、闪缎、南京绡、锦、金缎、五丝、绢绸、丝绵、丝线；福建出产的白丝、绫子、绉、纱、纱绫、八丝、五丝、绒绸、绢绸、闪缎、天鹅绒、丝线、丝绵；广东出产的白丝、黄丝、锦、金缎、二彩、五丝、七丝、八丝、天鹅绒、闪缎、锁服、绫子、绉绸、纱绫、绢绸、帊、䌷、绸；浙江出产的白丝、绉绸、绫子、纱绫、云绡、锦、金丝布、绵、罗，等等。③ 难怪17世纪80年代到过日本的荷兰人，在长崎市场上看到的情形是："至于丝织、棉织等品，彼等不必制造，盖外货充斥市场。价格之廉，几与土产品相若。"④

欧美国家也纷纷远渡重洋，来中国购运丝绸，"泰西之来中国购丝也，始于康熙二十三年。其时海禁初开，番舶尝取头蚕湖丝运回外洋"。⑤ 中国商人也以贩运丝绸出口有利可图，趋之若鹜。闽、广客商到江浙丝绸产区贩运丝绸出口的，"用银三、四十万至四、五十万不等。至于广商买丝银两，动辄百万，少亦不下八、九十万。此外苏杭两处走广商人贩入广省者尚不知凡几"。⑥ 据统计，康熙三十七年（1698）至六十一年（1722），输往欧美的生丝为1 833担，到

① 大庭修：《日清贸易概观》，《社会科学辑刊》1980年第1期。
② 木宫泰彦：《中日文化史》下册，第364页。
③ 见木宫泰彦：《中日文化交流史》（中译本），商务印书馆1980年版，第673—675页。
④ 佛兰克·适威思尔：《十七世纪南洋群岛航海记两种》，第166页。
⑤ 陈忠倚：《清朝经世文三编》卷三十一。
⑥ 《乾隆上谕条例》。

乾隆五年（1740）至四十四年（1779）增加为 19 200 担；^① 据东印度公司的《对外贸易》资料记载，乾隆十五年（1750）中，仅英国东印度公司经由粤海关输往欧洲的中国丝绸，就有生丝 1 397 担，丝织品 18 229 件。

二、开海贸易的犹疑与反复

然而，直到鸦片战争爆发前夕，清王朝对于海禁一事，一直屡开而复禁。禁止海外贸易的时候，措施坚决而果断；开放海外贸易的时候，态度则勉强而迟疑，还附有各种各样的限制。康熙中期开海贸易不久，晚年又有长达 10 年之久的南洋海禁，尽管这次海禁还留有一定的漏洞，允许"内地商船，东洋（日本）行走犹可，……至于外国商船，听其自来"，^② 但是仍然给东南沿海地区带来了灾难，"沿海居民萧索岑寂，穷困不聊之状，皆因海禁"。^③ 在广东、福建地方官员纷纷"以弛禁奏请"^④ 的压力下，雍正五年（1727）宣布废除南洋禁海令。但是没过多久，乾隆二十年（1755）发生了英国人洪仁辉（James Flint）驾船闯入宁波、定海和天津的事件，这立刻引起了神经衰弱的清朝统治者的极度恐惧。两年后，清政府宣布撤销江海、浙海、闽海三关的贸易，规定"夷船将来只许在广东收泊贸易"。^⑤ 对此，有人认为是"标志着全面实行闭关锁国政策时代的开始"或"闭关政策的最后形成"；有人认为"完全是一种正常现象。只要不是关闭所有的贸易港口和完全断绝与外国进行贸易就不能斥之为闭关锁国"。^⑥ 看来这个问题并非那么简单，还需要作进一步的分析。

当时所谓"只许在广东收泊贸易"的"夷船"，主要是针对欧美各国而言，至于南洋地区的国家，则仍然准许到其他一些地方贸易。乾隆二十三年（1758）上谕说："如系向来到厦（门）番船，自可照例准其贸易。"^⑦ 来自东南亚

---

① 据 H. B. Morse, The Chronicles of the East India Company Trading to China 1635—1834. 第一卷、第二卷有关篇章的数字统计。
② 《康熙起居注》"康熙五十六年"。
③ 《清朝经世文编》卷八十三，第 13 页。
④ 王之春：《国朝柔远记》卷四。
⑤ 《东华续录》"乾隆四十六年"。
⑥ 参见黄启臣：《清代前期海外贸易的发展》，《历史研究》1986 年第 4 期。
⑦ 《清高宗实录》卷五百五十三，第 6 页。

地区各国的商船,仍有不断到厦门港进行贸易的记录。① 而中国商人则似乎也不受"只许在广东收泊贸易"之限,可从其他地方出海贸易。如乾隆二十九年(1764),允准"浙、闽各商携带土丝及二蚕湖丝往柔佛诸国贸易"。② 道光九年(1829),到新加坡贸易的中国商船共有9艘,出发地点广州1艘,潮州2艘,上海2艘,厦门4艘,共计载货47 000担。③ 道光十年(1830),从广东的潮州、南康、惠州、徐闻、江门、琼州,福建的厦门、青城,浙江的宁波、江苏的上海、苏州等地,驶往日本和东南亚等国贸易的中国船只为222艘。④ 可见中国的海外贸易主要集中在广州口岸进行,并不意味着广州就是独一无二的对外贸易港口;而且主要是对欧美国家的贸易限制颇严,对亚洲的一些国家还是比较开放的。

另一方面,在"夷船只许在广东收泊贸易"的一口通商时期,中国的进出口贸易的量与值与四海关时期相比都是有所增长的。有学者根据粤海关在乾隆二十三年(1758)以后的关税收入推算出海外贸易的总值:

表 2-2　1758—1837 年粤海关关税收入与海外贸易总值估算

年　　　代	关税(两)	指数	贸易总值(两)	指数
乾隆二十三至三十二年(1758—1767)	4 560 913	100	288 045 650	100
乾隆三十三至四十二年(1768—1777)	4 655 717	102	232 785 850	81
乾隆四十三至五十二年(1778—1787)	7 118 031	156	355 901 050	124
乾隆五十三至嘉庆二年(1788—1797)	10 258 066	225	512 903 300	178
嘉庆三年至十二年(1798—1807)	14 510 196	318	725 509 800	252
嘉庆十三年至二十二年(1808—1817)	13 322 172	292	666 108 600	231
嘉庆二十三至道光七年(1818—1827)	14 421 003	316	721 050 150	259
道光八年至十七年(1828—1837)	15 697 281	344	784 864 050	272
合　　　计	84 543 379		4 227 168 950	

资料来源:原据梁廷枏《粤海关志》卷十,黄启臣据以编制成表。引自黄启臣:《清代前期海外贸易的发展》,《历史研究》1986 年第 4 期。

---

① 参见周凯:道光《厦门志》卷五。
② 《皇朝政典类纂》卷一百十七,第 10—11 页。
③ 姚贤镐:《中国近代对外贸易史资料》第一册,第 68 页。
④ *The First Report from the Select Committee of the Commons on the Affairs of the East India Company*, *China Trade 1830*, pp.629—632.

上表证明了粤海关在八十年间的海外贸易总额是不断增长的,其总值估计甚至超过了乾隆二十二年(1757)以前四海关贸易的总值。再从乾隆年间江、浙、闽、粤四海关税收情况来看,也是如此:

表2-3　乾隆年间四海关税收增长　　　　　　　　　　　　　　　　　单位:两

年　　次	粤海关	(%)	闽海关	(%)	浙海关	(%)	江海关	(%)	合　　计
乾隆十年 (1745)	303 859	41.5	291 597	39.9	88 410	12.1	47 568	6.5	731 434
乾隆三十五年 (1770)	578 066	51.4	385 043	34.2	89 660	8.0	71 991	6.4	1 124 760
乾隆五十一年 (1786)	953 960	64.3	366 045	24.7	91 223	6.1	72 728	4.9	1 483 956

资料来源:原据彭泽益:《清初四榷关地点和贸易量的考察》,《社会科学战线》1984年第3期;乾隆五十一年(1786)的数字,据《宫中档乾隆朝奏折》(台北故宫博物院)第62辑,第400、678、747页,第70辑,第211页。转引自刘序枫:《十七、八世纪の中国と東アジア》,溝口雄三、浜下武志等编:《アジアから考える》(2),东京大学出版会,1993年,第109页。

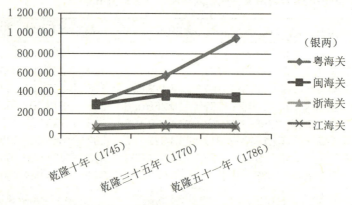

图2-1　乾隆年间四海关税收增长

从中国丝绸海外贸易的情况来看,在清政府宣布此后将对外通商的口岸集中于广州一口的两年后,乾隆二十四年(1759)"下丝觔出洋之禁":"将丝觔严禁出洋,并准部议,将绸、缎、绢一律严禁";"令江浙各省督抚转饬滨海地方文武各官,严行查禁。倘有违例出洋,每丝一百斤,发边卫充军;不及百斤者,杖一百,徒三年;不及十斤者,枷号一月,杖一百。……船只货物

　　　　　　　　　　　　　　　　　　　　　　　　　　　　　晚清丝绸业史

俱入官。"①绸缎更是在禁止之列。②乾隆二十七年(1762),英国商人要求来华购买丝绸,"情词迫切"。经英商吁请,两广总督苏昌奏准:"循照东洋办铜商船搭配绸缎之例,每船准其配买土丝五千斤,二蚕湖丝三千斤,以示加惠外洋之意";但同时仍然规定:"其头蚕湖丝及绸绫缎匹,仍禁如旧,不得影射。"③

　　清政府的禁海政策,遭到了沿海民众和地方官员的强烈反对,他们一再上书:"出洋丝觔,本系土丝及二、三蚕粗糙之丝,非腹地绸缎必须精好物料可比。徒立出洋之禁,则江浙所产粗丝转不得利,是无益于外洋,而更有损于民计。又何如照旧弛禁,以天下之物,供天下之用,尤为通商便民乎。"④乾隆二十九年(1764),清政府宣布"弛丝觔出洋之禁",⑤但是实际上对江浙闽粤各省丝绸出口仍有种种限制,规定:"每年出东洋额船十六只,每船准配二、三蚕糙丝一千二百斤,按照绸缎旧额,每一百二十斤抵绸缎一卷扣算。……由江苏经闽、粤、安南等处商船,每船携带糙丝准以三百斤为限,不得逾额多带;闽、浙两省商船,每船准带土丝一千斤,二蚕糙丝一千斤,其绸缎纱罗及丝绵等项,照旧禁止。至粤省外洋商船较多,其头等湖丝、缎匹等项,仍严行查禁"。⑥细审上述禁令戒律,不难看出封建统治者对于蚕丝的制成品——绸缎的出口,禁限反较生丝的出口更为严苛,这种勉强允许输出丝织原料却严格限制输出丝制成品的拙劣做法,对中国丝绸生产的发展显然是极为不利的。不仅如此,上述清政府把稍弛丝觔出洋之禁视为"加惠外洋之意",这正与乾隆皇帝给英王乔治二世信中"天朝物产丰盈,无所不有,原不藉外夷货物以通有无"的说法异曲同工,一脉相承,淋漓尽致地表现出清朝封建统治者的虚骄自大和昏聩无知。

　　然而,在实际上,中国丝绸的外销与此期间是不断增长的:据统计,康熙三十七年(1698)至六十一年(1722),输往欧美的生丝为1 833担,到乾隆

①　杨廷璋:《请复丝斤出洋旧使疏》,《皇清名臣奏议汇编》,初集,卷五十五。
②　《清高宗实录》卷六百三,第13页。
③　尹继善等:《复议弛洋禁丝斤以便民情折》,《皇朝文献通考》卷三十三"市籴考"。
④　《大清实录》"乾隆二十九年三月辛未"条。
⑤　《清朝文献通考》卷三十三,第15页。
⑥　《光绪大清会典事例》卷三百三十四。

五年（1740）至四十四年（1779）增加为 19 200 担；到乾隆四十五年（1780）至五十五年（1790），增加为 27 128 担；到嘉庆二十五年（1820）至道光九年（1829）又增加为 51 662 担。[1]100 多年间，增长了 28.18 倍。这些事实，不应该也没有必要掩饰或否认。

表 2-4 中国生丝出口量的增长（1698—1829） 　　单位：包

年　　代	出口量	指　数	年　　代	出口量	指　数
1698—1722	1 833	100	1780—1790	27 128	1 480
1740—1769	19 200	1048	1820—1829	51 662	2 818

资料来源：据 H. B. Morse, *The Chronicles of the East India Company Trading to China 1635—1834*，第一卷至第四卷有关篇章的数字统计。

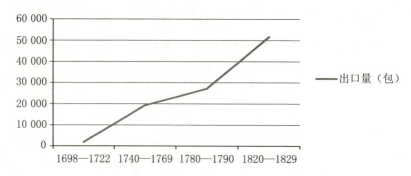

图 2-2　中国生丝出口量的增长（1698—1829）

三、海禁政策评价

纵观清王朝建立到鸦片战争爆发的 196 年间的对外贸易史，实行严格海禁政策的只有顺治十三年（1656）到康熙二十二年（1683）的 27 年间，康熙五十六年（1717）到雍正五年（1727）的 10 年间为部分海禁期。除了这不到 40 年的时间，一般来说民间商人如果得到官府许可，并遵守有关规定，是可以从各港口自由出海，经营海外贸易的。外国船只来华贸易也没有什么限制。乾隆

---

① 据 H. B. Morse, *The Chronicles of the East India Company Trading to China 1635—1834* 第一卷至第四卷有关篇章的数字统计。

二十二年（1757）后，将西洋船只来华贸易限制在广州一港，但是对贸易的国家和交易的数量则没有什么限制，海外贸易照样进行，而且逐渐发展。事实表明，说清政府对于海外贸易实行严格管理，施加消极影响是恰有其分，将其定性为"闭关锁国"似乎有些与历史事实不符。

　　然而，问题在于，当世界正处于从封建生产方式向资本主义生产方式过渡的历史时代，当人类社会的生产方式正酝酿和发生着巨大变化的历史时期，清政府对于海外贸易的消极态度和畏缩心理，以及在政策上的保守和禁限，远远不能跟上时代的潮流，不能适应中国社会经济发展的需要，从而带来了严重的负面影响。首先，清政府实行一口通商政策，把对外贸易的港口主要限定在广州，虽然还有其他一些港口仍在使用，但是不能改变开海贸易时期的绝大部分港口都已被关闭的事实，这不能不说是从康熙中期开海贸易的一次大倒退。

　　其次，在这一时期，随着欧美国家向资本主义生产方式的过渡，应该成为而且事实上已经成为中国最重要的贸易对象，但清政府的一口通商政策，矛头恰恰是对准西方资本主义国家；从各地港口开出的中国商船的去向来看，基本上也都是亚洲一些与中国有传统朝贡贸易的国家，这就人为地阻绝了对西方先进文化的交流和吸收，同时也自己放弃了在欧洲资本主义兴起的初期就迎头赶上的第一个时机。

　　第三，独口通商时期的对外贸易总值固然有所增长，但是未必能够适应中国社会经济发展的客观要求，平均每年52 839 612两的对外贸易总值，与中国这样一个大国的经济总量相比，未免有点太微不足道了。即以生丝的外销为例，1780—1790年的11年间，平均每年外销不过2 466.18担；1820—1829年的10年间，尽管增长了一倍多，但仍然不过平均每年只有5 166.2担。而据有些学者统计，鸦片战争前全国的生丝产量已经达到每年约7.7万担，其中商品丝约7.1万担，此外还有丝织品产量约4.9万担，两者合计共约12万担。[1] 中国生丝的实际外销量与生丝的外销能力相比，未免有点不成比例，更不用说国内还蕴藏着的丝绸商品生产的巨大潜力了。中国丝绸的出口原不难进一步扩大，却受制于本国政府的严厉禁限而难以有大作为。这一点，我们将在鸦片战

---

① 　许涤新、吴承明：《中国资本主义的萌芽》，第325—327页。

争之后的情况中看得很清楚。

第四，乾隆五十八年（1793）十月三日，清政府致英王第二道"敕谕"中说："天朝物产丰盈，无所不有，原不藉外夷货物以通有无。特因天朝所产茶叶、磁器、丝斤为西洋各国及你国必需之物，是以恩加体恤，在澳门开设洋行，俾得日用有资，并沾余润。"① 足以证明清政府只是把海外贸易、特别是丝绸出口看作是对外夷单方面"恩加体恤"，根本没有认识到海外贸易与本国经济发展和社会进步的关系，也就不可能指望它通过积极发展海外贸易来推动本国的经济和社会进步事业。

即使在康熙中期实行开海贸易时，清政府仍对出洋贸易的商民极不放心，规定山东、江南、浙江、福建、广东等省各海口，"商民人等有欲出洋贸易者"，必须"呈明地方官，登记姓名，取具保结，给发执照，将船身烙号刊名，令守口官弁查验"，方得"准其出入贸易"，而且特别规定只"许令乘载五百石以下船只，往来行走"。② 康熙五十六年（1717）定例："出洋贸易人民，三年之内，准其回籍"，倘若"三年不归，不准再回原籍"。③ 雍正元年（1723）又规定各省出海贸易商船必须在大桅上截一半"各照省份油饰"，江南用青油漆饰，浙江用白油漆饰，福建用绿油漆饰，广东用红油漆饰，然后须经"沿海汛口及巡哨官弁"查验无误，方得"放行"。④ 凡此种种，都给商民出洋贸易带来了不便，暴露出清政府不希望看到海外贸易扩展的心理。

此外，清政府还建立了"以官制商，以商制夷"的管理海外贸易的制度，即所谓"行商"（亦称"洋商"）制度。⑤ 承充行商者必须"身家殷实"，并由官府批准发给行帖，才能设行开业；行商多又"捐输得官"，称为"某官"、"某秀"。

---

① 梁廷枬:《粤海关志》卷二十三，第8页。
② 《光绪大清会典事例》卷六百二十九，第2页。
③ 《清朝文献通考》卷三十三，第2页。这条规定直到乾隆十九年（1754）才予取消，当年谕准："凡出洋贸易之人，无论年份远近，概准回籍"（清高宗实录）卷四十二，第13页）。
④ 《光绪大清会典事例》卷七百七十六，第4页。
⑤ 行商，在广东俗称"十三行"。实际上"十三行"只是作为经营进出口贸易特有机构的统称，并不是说恰好十三家。据梁嘉彬《广东十三行考》，历史上只有道光十七年（1837）刚好为十三家，即伍绍荣的怡和行、卢继光的广利行、潘绍光的同孚行、谢有仁的东兴行、梁承禧的天宝行、潘文涛的中和行、马佐良的顺泰行、潘文海的仁和行、吴天垣的同顺行、易允昌的孚泰行、罗福泰的东昌行、容有光的安昌行、严启昌的兴泰行。

可见行商承袭了历史上官商的传统，是封建政权管制对外贸易的代理人，具有垄断对外贸易的独占权。康熙五十九年（1720），洋行商人为了避免竞争，订立了行规，组织起垄断性的"公行"；其后，又于乾隆十年（1745）在行商中指定一家为"总商"，进一步加强了对海外贸易的管制。举凡中外商品之交易，关税船课之征收，贡使事物之料理，外商事务之取缔（包括招接、通译、约束、防范，以及传达政府命令，调停中外纠纷等）及商务、航线之划定，无不操之于行商之手。在这种行商制度实行的过程中，一方面，行商秉承清政府的旨意，排斥民间商人对海外贸易的参与和竞争，"外番各国夷人载货来广，各投各行贸易。惟带货物，令各行商公司照时定价销售；所置回国货物，亦令各行商公司照时定价代买"。①嘉庆二十二年（1817）后，虽然"多少已经有所变通"，但是"出口之丝茶、入口之棉纺织品——尚为公行行商一手操纵"。②另一方面，行商则屈服于不法洋商的威逼和利诱，上下其手，将对外贸易作为与不法洋商分润的利薮。鸦片走私贸易就是一个极好的例子。

种种事实表明，面对日益逼近的外患，中国的统治者进退失据，应对无方。明朝初年，虽然或许只是出于政治目的而非商业利益，但毕竟曾经有过郑和下"西洋"的壮举。随着统治者的腐朽，白白闲置了中国在航海技术和造船水平上的领先地位和有利条件，放弃了中国在大规模航海探索中所已经取得的成就。其实，面对西方殖民者的侵扰，当时中国的海上力量不但可以固守海疆，就是在争夺制海权的斗争中，也足以和西方殖民势力一较短长，然而，封建统治者认不清急剧变化中的国际形势，对于咄咄逼人的西方殖民势力不是针锋相对地斗争而是一味退缩。

绵延了两千多年的中国传统社会，到明清之际已经步入"衰世"，老态龙钟，反应迟钝，心理虚弱，颟顸无能。不仅丧失了汉唐王朝的恢弘气度，就连宋元时代的精明眼光也不复存在。封建统治者所关心的，已经不是如何向外开拓，而是兢兢于闭关自守，因此一旦遇到外力冲击，就亟亟乎龟缩到封闭的蜗壳之中，企图通过闭关自守以求一时之安，不仅没能利用既有的条件有效地

---

①《粤海关志》卷二十五"行商"。
② H. B. Morse, *The Chronicles of the East India Company Trading to China 1635—1834*, Vol. II, p.389.

组织起一支强大的海上力量去开拓万里波涛，给海外贸易以有力的保护，相反却自缚手脚，加紧实行"海禁"政策，禁止本国商民出海贸易，从而使得中国的海外贸易横遭摧残，并使中国商品在世界市场上的优势地位几乎一步步丧失殆尽。

清政府对于海外贸易的消极态度和畏缩心理，从丝绸海外贸易一波三折的经历上表现得尤为典型。在这样的情况下，尽管由于中国丝绸在世界市场上倍受欢迎，因而丝绸在中国的出口贸易总值里仍然占有十分重要的地位，①但是，清政府对海外贸易活动的重重束缚，特别是对丝绸出口的种种限制，强制性地把丝绸这一国际性商品的市场局限于国内，使大部分民间商人和丝绸业者对世界市场只能望洋兴叹，对中国丝绸生产的发展造成了莫大损害。所以，尽管封建王朝并没有完全断绝海外贸易，但它更多是为了朝廷获得财政收益及供给统治者奢侈生活的需要，不可能通过管理和发展海外贸易来争取本国的社会经济进步，这是封建统治的真正落后性之所在。人们痛斥清政府闭关自守，虽然有些感情用事，实在也不为过。

正反两方面的情况说明，清政府虽然并没有将国门封闭得水泄不通，但是就其当时的基本国情、基本政策、基本心态、基本言行和基本趋向来看，至少可以说它对发展海外贸易是极不情愿、很不积极的，它的基本目标首先还是在于保证其政权的稳固和国内统治秩序的稳定。这本是历代统治者允许发展海外贸易的一个根本前提，清政府与之相比并没有什么本质上的区别，但却给中国带来了远比前代严重的负面影响，原因就在于时代不同了。

16 至 18 世纪是世界范围内从封建生产方式向资本主义生产方式过渡的时代。然而，这种过渡并不是各个不同国家或民族之间均等与和谐的发展过程，相反，这是各个国家和民族之间决定命运的生死大搏斗。哪个国家或民族率先完成了向资本主义生产方式的过渡，并成功地进行了产业革命，它就具有了奴役与压迫其他国家或民族的物质力量（并且无一例外都运用了这种力量），反之则将沦于落后与挨打的悲惨境地。而一个国家或一个民族，要想完成从封

---

① 广州一口通商时期，丝绸已经次于茶叶成为在中国对外贸易总值中，丝绸已经次于茶叶，但仍占第二位。

建主义生产方式向资本主义生产方式的过渡，必须充分依赖和利用国际市场。马克思指出："世界市场本来是资本主义生产方式的基础和不可缺少的大气层。"①列宁也说过："资本主义只是广阔发展的、超出国家界限的商品流通的结果，因此，没有对外贸易的资本主义国家是不能设想的，而且的确没有这样的国家。"②

种种事实说明，对于资本主义生产方式来说，世界市场并不是可有可无的外部条件，而是决定其能否萌发和成长的根本前提。一个国家、一个民族，只有把自己置身于世界市场之中，并不断完善和调整其社会内部机制以适应世界市场的竞争需要和发展趋势，它才可望取得资本主义生产方式发展和确立所必需的广泛条件。因此，在人类社会正孕育着巨大变革的历史关头，一个国家或民族，不仅看它实行的是开放政策还是封闭政策，而且还要看它是消极、被动地开放还是积极、主动地开放，这将在相当大的程度上决定它们的前途和命运。也许，这就是我们研究中国丝绸向外传播的坎坷经历和兴衰过程所应得到的最为警策的结论。

本章小结

随着丝绸贸易不断延伸的"丝绸之路"，不仅是古代中国对外通商的主要道路，也是当时世界各国经济、政治、文化交流的重要途径。这三条商路都被冠以"丝绸之路"的美名，不难想见丝绸在其间扮演了何等重要的角色。中国丝绸，通过陆上和海上的"丝绸之路"向外传播，范围之广，遍及世界各地；时间之长，持续好几千年。所到之处，都毫无例外地受到当地人民的衷心欢迎和喜爱，对当地的社会经济和生活习俗产生了积极的影响。

时至明清，在低效制度和错误政策的种种禁限和重重束缚之下，中国的丝绸对外贸易难以得到应有的发展，这不仅人为地缩小了中国丝绸的国际市场，

---

① 马克思：《资本论》第 3 卷，第 104 页。
② 《列宁选集》第 3 卷，人民出版社 1972 年版，第 35—36 页。

而且严重制约着中国丝绸生产能力的扩大。更应注意的是，这一时期，正是欧美资本主义国家告别农业文明、迎来工业文明的关键时刻，生产方式和社会生活都在发生着翻天覆地的变化。中国封建统治者对丝绸海外贸易的禁限，使中国丝绸行业失去了许多考察、学习、模仿、借鉴国外先进生产方式和物质、精神文明的机会，自我窒息了中国丝绸生产发展的蓬勃生机，从而逐渐丧失了中国丝绸科技在世界上的领先地位，丧失了与西方资本主义国家并驾齐驱的第一个时机。

中国丝绸的向外传播，经历了一个令人振奋、令人自豪而又令人沮丧、令人扼腕的过程。这一过程，曾令无数有识之士黯然神伤！在某种意义上，丝绸外传的坎坷经历和逆向运动，也正是我们这个文明古国所走过的充满光荣与耻辱道路的一个缩影。

第三章

晚清丝绸业的对外贸易

正当中国丝绸行业在传统社会的母体中沿着本来的轨道发展之际,19 世纪中叶,东亚海面上响起了西方资本主义国家频频叩关的炮声,终于打开了中国几乎封闭着的国门。1840—1842 年的鸦片战争以后,随着中国广袤领土的日益对外开放,随着外国资本主义势力对中国渗透的步步加深,古老的中国遇到了前所未有的新情况:西力东渐,新旧激荡,社会经济和政治生活中楔入了一种新的因素和力量。世界资本主义的大潮,把中国裹挟而去,进入到一个陌生而又新异的天地。国际社会之间经济、政治、军事、文化全方位的交流和刺激,促进了中国社会内部已经开始了的从传统社会向现代社会的历史性转换,尽管外国资本主义的坚船利炮和剥削掠夺也带来了那么多的民族屈辱与灾难。就是在这样的时代背景下,中国历史悠久的传统丝绸行业,面临着一种新的发展契机,开始了一个新的发展时期。本章重点考察鸦片战争后中国丝绸对外贸易的增长,海外市场的开拓,及其这一状况对中国丝绸生产和社会经济的意义与影响。

第一节
丝绸对外贸易的繁荣

一、丝绸出口的激增

蜂拥而来的西方国家，并没有忽视花团锦簇的中国丝绸那无可比拟的市场价值，他们一面带来大量廉价的棉纱棉布冲击中国的土布市场，一面又极力求购中国的丝绸产品，并努力扩大其出口。相对于棉纺织工业的迅速发展来说，欧洲农业中的蚕桑事业和近代缫丝工业的发展则显得较为迟滞。由于农业中蚕桑事业的发展跟不上需要，能取得的原料茧有限，近代缫丝工业尽管从19世纪上半期开始起步，但是一直受到蚕桑业的制约而未能得到充分的发展。19世纪五六十年代，更由于欧洲的蚕体微粒子病流行，防治乏术，缫丝业的原料来源益发紧张，缫丝工厂很多被迫停业关闭，生丝原料更加依赖于从东方一些国家的进口。

这种被当时的中国人称为"蚕瘟"的蚕体微粒子病，早在19世纪20年代即已经在欧洲出现，起初缓慢扩大，其后迅速蔓延，摧毁了法国和意大利的蚕桑业的收成，使得两国的生丝生产遭受到致命的打击。1853年，法国生产了2 100吨生丝，次年下降为1 790吨，到1855年，跌到了600吨上下。蚕病蔓延之前，意大利生丝产量达到3 500吨，到1863年下降为1 607吨，1865年仅剩区区826吨，几乎下跌了75%。① 蚕病也袭击了一直作为欧洲生丝来源之一的土耳其和叙利亚的蚕桑产区。

欧洲生丝需求的巨大亏空，导致了对新供应源的热烈追寻。在这种情况下，已经打开了国门的中国，那长期受到压抑和麻痹的丝绸生产与出口能力迅

---

① 欧洲丝织业的原料供应危机持续了相当长的一段时间。到19世纪70年代以后，欧洲各地的蚕桑生产开始出现恢复的迹象。意大利蚕桑生产复苏引人注目。1873年，意大利生丝产量恢复到2 366吨，1880年为3 000吨，1883年为3 200吨，恢复到蚕病爆发前的90%。不过，法国的蚕桑生产则再也未能恢复到以往的水准，而始终停留在只有蚕病爆发前四分之一左右的水平。

速被唤醒，表现出前所未有的发展势头。"《南京条约》签订，五口通商以后，中国的生丝输出额迅速扩大。养蚕制丝业受到生丝大量输出的刺激，与棉业的衰退形成鲜明对照，表现出从未有过的繁荣景况"。①

据马士的统计，1830 年到 1833 年，平均每年从广州出口的生丝为 5 432 包；1834 年到 1837 年上升为平均每年 12 497 包。②折合计算，鸦片战争前的 1830—1837 年间，中国每年从广州输出生丝 9 058 担。③鸦片战争一结束，生丝的出口立刻就突破了这一限界，迅速蹿升。1845 年，生丝出口已有 2 万担，上海输出的上等辑里丝价格平均约为每担 400—450 两，而广州出口的生丝则平均每担约为 525—600 元。到 1851 年（咸丰元年），丝、茶出口的增长，已使当时中国的对外贸易由入超变为出超。生丝出口对中国的国际收支起到了不可或缺的抵偿作用。到 1874 年，生丝出口上升为 6.84 万担，价值 1 946 万海关两；1894 年又增加到 8.32 万担，价值 2 728 万海关两。④较之 1840 年前，增长了 8.2 倍。

生丝输出在中国出口总值中所占的比重，1843—1845 年大约为 17%—28%，1852—1858 年上升为 31%—45%。⑤1859 年和 1860 年，为以生丝为主的丝绸类商品在中国出口贸易中所占比重最高的年份，前者为 58.1%（其中生丝为 53.3%），后者为 69.4%（其中生丝为 67.2%），达到整个近代史上空前绝后的峰值。⑥1860 年后，丝绸类商品在中国商品出口总额中所占的比重从逐渐高峰下滑，但仍一直占有很高比重。19 世纪 60 年代的情况参见下表：

---

① 田尻利：《十九世纪中葉江蘇の蚕桑書について》，《中山八郎教授颂寿纪念明清史论丛》，1977 年 12 月发行。
② 马士：《中华帝国对外关系史》第 1 卷，三联书店 1957 年版，第 192 页。
③ 马士：《中华帝国对外关系史》，三联书店 1957 年版，第 413 页。转引自徐新吾主编：《中国近代缫丝工业史》，上海人民出版社 1990 年版，第 55 页。
④ 徐新吾主编：《中国近代缫丝工业史》，上海人民出版社 1990 年版，附录（21）《1859—1948 年全国桑蚕丝出口品种数量表》，附录（22）《1859—1948 年全国桑蚕丝出口品种价值表》。
⑤ T. R. Banister, *A History of the External Trade of China*, p.45.
⑥ 有意见认为，1859 年和 1860 年的丝绸类商品出口额占全国商品出口总额的比重显得过高。据张仲礼推算，1858—1860 年的 3 年间，生丝出口额约占全国商品出口总额的 47.9%，其中 1860 年超过 50%，首次超越茶叶成为中国第一大出口商品。

表 3-1　丝绸类商品在中国对外贸易中的地位（1859—1867）　　　　　　　　单位：千海关两

年份	全国商品出口总额（A）	丝绸类商品出口总额（B）	生丝出口额（C）	比例（%）		
				C/B	C/A	B/A
1859	38 536.4	22 379.0	20 535.9	91.8	53.3	58.1
1860	32 561.0	22 610.0	21 874.0	96.7	67.2	69.4
1861	51 149.6	20 968.1	18 364.8	87.6	35.9	41.0
1862	79 619.2	34 253.1	30 510.2	89.1	38.3	43.0
1863	59 771.1	13 127.3	9 511.7	72.5	15.9	22.0
1864	37 800.7	11 518.6	9 686.9	84.1	25.6	30.5
1865	56 269.6	18 449.8	16 667.8	90.3	29.6	32.8
1866	53 002.1	16 660.7	14 506.4	87.1	27.4	31.4
1867	57 895.7	18 862.2	16 372.5	86.8	28.3	32.6
平均	51 845.0	19 869.9	17 558.9	88.4	33.9	38.3

资料来源：李圭：《通商表》。顾国达等：《中国の输出贸易に占める蚕丝业の经济的地位》，《日本蚕丝学杂志》1993 年第 6 期，第 462—470 页。

注：原资料中金额单位为海关两和元，按 1.358 元 =1 关两换算。

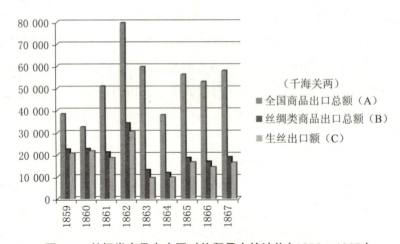

图 3-1　丝绸类商品在中国对外贸易中的地位（1859—1867）

　　19 世纪 70 年代以后，中国对外贸易逐渐挣脱了英国的垄断，随着贸易对手国的增加及出口商品种类的增多，中国商品出口总额逐年增加。1868—1872年，中国商品出口总额约为年均 63 880.3 千海关两，1878—1882 年增加为年均

71 225.4 千海关两，1888—1892 年又增加为年均 96 004.9 千海关两，1898—1902 年进一步增加为 179 531.6 千海关两，到 1908—1912 年，达到 348 869.0 千海关两，40 余年里增长了 4.46 倍，年均增长 4.3%。同时期内，丝绸类商品出口额的年均增长率约为 3.1%，与全国商品出口总额年均增长率相比要低 1.2 个百分点，由此造成丝绸类商品出口额在全国商品出口总额中所占比重也就一路走低，从 1868—1872 年间的平均约占 41.6% 逐年下降至 1878—1882 年的平均 37.4%，1888—1892 年的平均 36.3%，1898—1902 年的平均 36.5%。[①] 参见下表：

表 3-2　中国主要出口商品分类及比重（1868—1913）

年份	出口总值		比重（%）				
	千关两	%	丝绸	茶叶	豆类	籽仁及油	其他
1868	61 826	100.0	39.7	53.8	1.0	—	5.5
1880	77 884	100.0	38.0	45.9	0.2	0.1	15.8
1890	87 144	100.0	33.9	30.6	0.4	0.6	34.5
1900	158 997	100.0	30.4	16.0	1.9	2.5	49.2
1905	227 888	100.0	30.1	11.2	3.0	3.4	52.3
1913	403 306	100.0	25.3	8.4	5.8	7.8	52.7

资料来源：原据《中国海关贸易报告》，转据郑友揆著、程麟荪译：《中国的对外贸易和工业发展（1840—1948）：史实的综合分析》，上海社会科学院出版社 1984 年版，第 23 页表 3，改制。

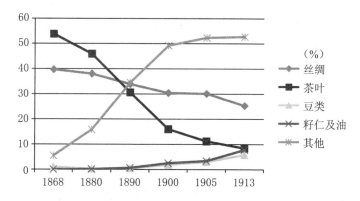

图 3-2　中国主要出口商品分类及比重变化（1868—1913）

[①]　据历年《海关关册》计算。

20 世纪初年的情况大致相仿。以 1904 年为例，丝绸类商品出口额 51 465 千海关两，约占中国商品出口总额 149 115 千海关两的 34.51%。如下表所示：

表 3-3　中国主要进出口货物（1904 年）　　　　　　　　　　　单位：千海关两

输出物品	价　值	输入物品	价　值
生丝、丝织品	51 465	印度棉纱	42 406
茶	30 021	棉　布	30 885
棉　花	24 812	鸦　片	29 258
大豆、豆饼	7 282	金　属	12 511
毛　皮	7 412	西贡米	8 380
羊　毛	4 602	精制糖	6 839
草帽辫	4 503	日本火柴	4 743
榨　油	4 278	小麦粉	3 519
草　席	3 389	砚　台	2 943
烟　草	2 565	孟加拉棉花	1 013
南京棉布	1 433		
肉　桂	1 058		
总　　额	149 115	总　　额	140 394

资料来源：原据中国海关《对外贸易报告》，1905 年，第 26—27 页；转引自滨下武志著，朱荫贵、欧阳菲译：《近代中国的国际契机——朝贡贸易体系与近代亚洲经济圈》，中国社会科学出版社 1999 年版，第 225 页。

由以上诸表可见，晚清时人论及中国外贸出口的拳头产品，常以"丝茶"并称。实际上，蚕丝和茶叶虽然确实占据 19 世纪中国出口贸易的重要部分，但是，两者的命运在鸦片战争以后却不可同日而语。19 世纪 60 年代以前，茶叶出口价值占中国出口总值的比例曾经高达 50% 以上，但很快就在激烈的国际竞争面前跌落，自 1887 年起，蚕丝取代茶叶成为中国最主要的出口商品，到 1898 年，蚕丝的出口值已经约为茶叶出口值的 2 倍。

至于丝绸出口在中国商品出口总额中所占比重有所下降，值得注意，这只是事物的一个方面，还有另一个方面的事实也十分清楚，就是与比重下降的趋势相反，丝绸出口的量和值均在同时期内呈现不断增长的势头。

首先，来看看丝绸类商品出口额的增长。在这一时期内，由于法国，特别是美国丝织工业的快速发展，世界市场的生丝需求量急速上升，中国生丝虽然在欧美市场上遭到了意大利丝和日本丝的激烈挑战，但在生丝需求量大幅增加的背景下，中国丝绸类商品出口额仍在一路攀升：1868—1872 年平均约为26 598.4 千海关两，1878—1882 年为年均 26 656.9 千海关两，1888—1892 年增加为年均 34 806.5 千海关两，1898—1902 年再增加为 65 557.0 千海关两，到1908—1912 年，已经达到 91 701.9 千海关两，40 余年里增长了 2.44 倍，年均增长 3.1%。见下表：

表 3-4　丝绸出口额的增长及在中国对外贸易中的地位（1868—1912）单位：千海关两

五年平均	全国商品出口总额（A）	丝绸商品出口总额（B）	生丝出口额（C）	比例（%）		
				C/B	C/A	B/A
1868—1872	63 880.3	26 598.4	23 941.0	90.0	37.5	41.6
1873—1877	70 674.5	27 595.3	23 357.2	84.6	33.0	39.0
1878—1882	71 225.4	26 656.9	20 656.8	77.5	29.0	37.4
1883—1887	73 083.6	25 535.0	17 489.4	68.5	23.9	34.9
1888—1892	96 004.9	34 806.5	23 769.6	68.3	24.8	36.3
1893—1897	136 522.6	45 757.2	31 857.4	69.0	23.3	33.5
1898—1902	179 531.6	65 557.0	50 216.2	76.6	28.0	36.5
1903—1907	236 513.0	76 663.7	57 908.4	75.5	24.5	32.4
1908—1912	348 869.0	91 701.9	66 066.0	72.0	18.9	26.3
平　均	141 811.66	46 763.54	35 029.11	75.78	26.99	35.32

资料来源：顾国达等：《中国の输出贸易に占める蚕丝业の经济的地位》，《日本蚕丝学杂志》1993 年第6 期，第 462—470 页。表中 "平均" 一栏为笔者计算。

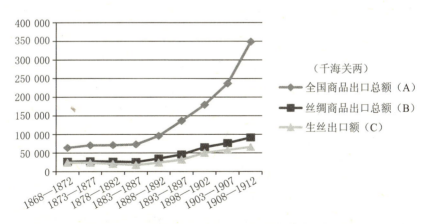

图 3-3　丝绸出口额的增长及在中国对外贸易中的地位（1868—1912）

不难看出，尽管丝绸类商品出口额的相对比重确实有所下降，但直到19世纪末20世纪初，仍然占到中国商品出口总值的三分之一左右，始终居于举足轻重的地位。从1868年到1912年的45年里，丝绸类商品出口额平均占到中国商品出口总额的35.32%。其中，生丝出口乃是丝绸类商品输出的主力，平均占到丝绸类商品出口额的75.78%，全国商品输出总额的26.99%。

其次，从生丝输出量来看，尽管历年状况时有起伏，但不断增长的趋势是十分明显的。如下表所示：

表 3-5　历年中国生丝出口量统计（1870—1911）

年　份	土丝	厂丝	合　计	年份	土丝	厂丝	合　计
1870—1874			3 794.0 吨	1897	42 301	41 485	97 564
1875—1879			4 430.6 吨	1898	40 484	41 050	92 333
1880—1884			4 173.2 吨	1999	36 349	49 434	123 424
1885	50 113		50 113	1900	40 454	35 277	78 267
1886	64 441		64 488	1901	35 946	49 937	108 196
1887	66 693		66 703	1902	25 239	50 557	100 515
1888	63 642		63 652	1903	30 635	43 979	72 695
1889	74 780		74 931	1904	25 787	47 287	91 885
1890	60 374		60 422	1905	24 346	45 347	80 335
1891	84 948		84 961	1906	25 714	45 821	84 931
1892	84 754		84 768	1907	30 045	50 296	92 317
1893	80 397		80 407	1908	25 766	49 206	94 942
1894	78 859	22 444	101 303	1909	25 520	51 764	95 773
1895	54 004	27 056	94 678	1910	26 718	63 969	110 184
1896	35 322	27 041	72 036	1911	25 357	55 416	96 094

资料来源：藤本实也：《支那蚕丝业研究》，东京东亚研究所1943年版，第50—55页，其中再缫丝和屑丝的出口数据未列入表内，仅在合计时计入。1870—1884年数据见顾国达：《近代中国的生丝贸易与世界生丝市场供求结构的经济分析》，日本京都工艺纤维大学博士学位论文，1995年。按：计算单位除表中已标明"吨"者外，余为"担"。

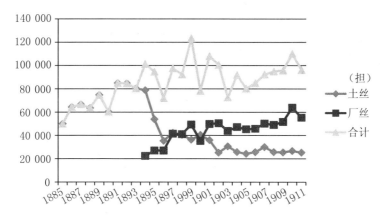

图 3-4　历年中国生丝出口量统计（1885—1911）

运销国外的生丝品种，早期主要可分为以下几类：

第一，是江南的土丝。上海附近一百多英里的产丝区域，主要分布在浙江省的湖州、嘉兴、杭州及江苏省的苏州一带，其中以湖州府德清县内的南浔镇、双林镇、菱湖镇为最大的生丝集合地点，所以又统称"湖丝"，尤以海宁硖石镇所产之"辑里丝"最为著名。这种土丝由鲜茧直接缫成，每于收茧之后，赶在蚕蛹尚未变化之先，从事缫制，丝质细软，色泽光净。当时由上海对外输出的土丝几乎全部是这种"湖丝"。

第二，是广东的土丝。珠江三角洲以顺德县为中心的蚕桑生产区域，年产六造以上的蚕丝，它比江南土丝虽然粗一些，色泽也稍异，但匀称而结实。这种土丝经由广州销往国外，装运之前每多需要重缫。此外，经广州出口的还有"甘竹丝"和"九江丝"，主要供织造丝线和丝边之用。

第三，是国内其他地区，主要包括四川、山东、河南、湖北以及关外所产的土丝。这些地区出产的蚕丝被统称为"黄丝"，外销基本上都是运到上海或广州出口。

此外，还有废丝、乱丝头等项。在 19 世纪 70 年代以前，已有废丝、乱丝头等的输出，但为数不多。自 80 年代起，废丝输出有了大幅度增长。由于当时欧美纺织工业技术改良，而中国国内在手工缫丝、织绸中所余之废丝、乱丝为数可观，欧美商人视废为宝，收购出口，加工整理成用作棉丝及毛丝交织物的原料。

从 19 世纪 60 年代起，上海开始出现机械缫丝生产。10 余年后，近代蒸汽缫丝工厂也在广东地区出现，这些机械丝厂缫制的生丝被称为"厂丝"。自 19 世纪 70 年代起，广东生丝出口的海关统计开始出现"厂丝"一项，上海海关出口统计表内则于光绪二十年（1894）开始列入。近代缫丝工业兴起后，机器缫制的厂丝就开始在市场上与农家手工缫制的土丝展开了激烈的竞争，首先是在出口份额上开始排挤手工土丝，"自上海之丝厂兴，而吴邑辑里丝销数顿减"。① 起初厂丝全部用于出口，主销英、法、美等国，尤以销往美国为多。厂丝出口数量呈现逐年增长之势，1894 年，在中国生丝出口总额中厂丝约占 28.46%，至 19 世纪末，厂丝已与土丝平分秋色。进入 20 世纪，随着国内近代缫丝工业的发展，厂丝出口增长迅猛，很快就凌驾于土丝之上，到辛亥革命前夕的 1910 年，厂丝出口已是土丝出口的 2.34 倍。②

归纳起来，19 世纪后期到 20 世纪初期，中国出口生丝的种类，按缫丝方法分类，已有土丝、再缫丝和厂丝等。直到 19 世纪 90 年代中期，出口生丝仍以土丝为主，当时包括废丝和蚕茧在内，白土丝约占生丝出口总值的 70%。此后，厂丝逐渐在生丝出口份额中占据了大头，但土丝仍然一直扮演着重要的角色。按生丝品种分类，则有白丝、黄丝、白厂丝、黄厂丝、白经丝、黄经丝、屑丝和野蚕丝等，专指农家以手工缫成的土丝。白丝多产于浙江、江苏、广东等省，尤以浙江之"辑里丝"为著名；黄丝多产于四川、湖北、山东等省，四川之"潼（川）丝"为个中翘楚，此外尚有湖北的"沔阳丝"及"海溶丝"等。经过再缫、再摇等工序处理的白经丝、黄经丝等，系由丝商收买农家手工缫制之黄、白土丝，加以再缫而成。厂丝亦分黄、白，系由新式丝厂使用蒸汽机器所缫，故又称"机器丝"。此外，尚有野蚕丝、屑丝（又称"废丝"，包括丝绵、乱丝头、脱衣丝绵、乱丝绵等数种名目）等。

野蚕丝（柞蚕丝）又名灰丝，在生丝贸易中占有重要的地位。中国的丝绸生产，除了主要是桑蚕丝绸外，还包括柞蚕丝绸。桑蚕是在蚕农家里饲以桑叶，收茧缫丝的，故称家蚕，所制丝称之为桑蚕丝或家蚕丝；而柞蚕则放养

---

① 魏颂唐：《浙江经济纪略》，吴兴县，第 9 页。
② 参见上表《历年中国生丝出口量统计（1870—1911）》。

在野外的柞、栎等树上，收茧缲丝，故称柞蚕或野蚕，所制丝称之为柞蚕丝或野蚕丝。中国柞蚕丝绸生产的历史亦很悠久，但是一直没有多大起色，只是到了近代才较快地发展起来。全国的柞蚕丝总产量，1840年前后估计不过4 000公担，到1871年已经增长了一倍多，为8 265公担；到1894年又增长了一倍多，达到18 895公担。① 由此可见，柞蚕丝的生产在中国整个蚕丝事业中的地位正在变得日渐重要，这主要也是由于柞蚕丝和柞丝绸外销增加的缘故，而且由于柞蚕丝绸作为中国的特产在世界市场上并无竞争对手，"世界野蚕丝的需要，几乎全部仰给于我国"，② 其生产与外贸增长的幅度，犹较桑蚕丝为大。每年输出金额达千余万海关两，以美国购买最多，其次为日本。

与桑蚕丝同样，柞蚕丝在出口值中所占的比重也在不断提升。"吃柞树叶的蚕所产的野蚕丝在美国和法国变得极为流行。这些由东北和山东所产的丝叫做柞蚕丝，用它织成的柞丝绸，在国外也很流行"。③ "柞丝绸的突出优点是便于洗涤，而且价格并不比好的棉布贵"。④ 据海关统计资料，野蚕丝于19世纪70年代前即已出口，1861年为27.71万海关两，在丝绸类出口总值中占1.17%；1869年上升为45.18万海关两，占丝绸类出口总值的2.32%。70年代后随着中国柞蚕丝产量的不断增长，柞蚕丝出口量也在不断增长，到1894年，中国柞蚕丝产量为18 895公担，其中直接用于出口的9 822公担，占当年产量的51.98%；出口金额达193.96万海关两，占丝绸类出口总值的4.55%。内销的柞蚕丝中也有相当数量织成柞丝绸后再行输出。⑤ 到1908—1909年度，经上海出口的柞蚕丝已达30 902担，比19世纪末又有成倍的增长。参见下表：

---

① 据徐新吾主编：《中国近代缫丝工业史》，上海人民出版社1990年版，第662—667页，附录（18）《1871—1937年全国柞蚕丝生产量和值估算表》。
② 《中国实业志》，山东省，第五编，第十一章（戊），第222页。
③ Silk Association of America, *Annual Report*, New York, 1907, p. 54.
④ 参见中国海关编：《蚕丝：各埠海关税务司的回报》，上海，1917年，第184—185页。
⑤ 据徐新吾主编：《中国近代缫丝工业史》，上海人民出版社1990年版，第662—667页，附录（18）《1871—1937年全国柞蚕丝生产量和值估算表》计算。

表 3-6　上海出口灰丝（柞蚕丝）统计（1881—1911）

年　份	出口量（担）	年　份	出口量（担）
1881—1882	1 239	1896—1897	11 500
1882—1883	2 470	1897—1898	12 958
1883—1884	1 000	1898—1899	18 028
1884—1885	4 887	1899—1900	12 020
1885—1886	5 398	1900—1901	14 200
1886—1887	10 424	1901—1902	10 150
1887—1888	6 940	1902—1903	15 264
1888—1889	8 607	1903—1904	17 972
1889—1890	12 200	1904—1905	18 952
1890—1891	10 669	1905—1906	18 050
1891—1892	11 170	1906—1907	19 817
1892—1893	5 821	1907—1908	15 912
1893—1894	7 557	1908—1909	30 902
1894—1895	7 810	1909—1910	20 440
1895—1896	9 336	1910—1911	27 742

资料来源：摘自《上海洋商丝公会》统计。

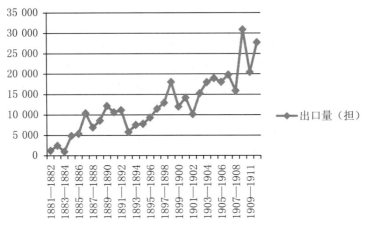

图 3-5　上海出口灰丝（柞蚕丝）统计（1881—1911）

　　生丝出口之外，丝织物出口量的增长也值得注意。虽然丝织物出口量的增长不像生丝出口量的增长那么夺人眼球，丝织物在近代中国出口贸易中的地位也从来没有像生丝那样重要，但从 19 世纪 60 年代中期到 20 世纪 10 年代，丝织物的出口总体上呈现稳步上升态势，其上升幅度与生丝出口相比并不逊色。1867—1911 年的 45 年间，中国生丝出口量增长了 1.89 倍，出口值增长了 2.97 倍；与之相比，丝织物出口量则增长了 6 倍，出口值更是增长了 6.85 倍。在中国丝货出口总值中所占的比重，丝织物也一路看涨，从 20 世纪 70 年代初叶的 8% 左右上升到 70 年代中叶以后的 15% 以上，到 80 年代中叶以后又超过了 20%。参见下表：

表 3-7　丝织物出口的增长及在中国丝货出口总值中所占比重（1870—1910）

年份	生　　丝		丝　织　物		丝货出口总值（千两）	丝织物所占比重（%）
	重量（千担）	价值（千两）	重量（千担）	价值（千两）		
1870	49	21 641	4	1 877	23 518	8.0
1875	80	20 107	6	4 023	24 130	16.7
1880	82	22 990	8	5 422	28 412	19.2
1885	58	13 570	10	4 556	18 126	25.1
1890	80	20 626	11	5 320	25 946	20.5
1895	111	34 576	24	11 331	45 907	24.7
1900	97	36 555	18	9 028	45 583	19.8
1905	106	53 425	15	9 939	63 346	15.7
1910	139	71 546	30	17 998	89 544	20.1

资料来源：Lillian M. Li, *China's Silk Trade: Traditional Industry in the Modern World 1842—1937*. Cambrudge, Harvard University Press, 1981，p.98, Table 9. 按：原表为 1867—1911 年的逐年数据，现改为 1870—1910 年间每间隔 5 年的数据。

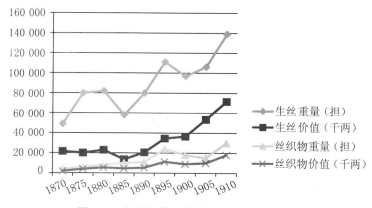

图 3-6　丝织物出口的增长（1870—1910）

二、上海超越广州

　　1842 年签订的《中英江宁条约》(《中英南京条约》),决定在广州之外,另行开放上海、福州、厦门、宁波四地,作为对外开放的五个通商口岸。①1843年 11 月 17 日,上海正式开埠,外国商人弹冠相庆:"毫无疑问,几年之内,上海将不仅能与广州匹敌,并且将成为一个较广州更为重要的地方。"②英国人乔治·斯密斯(George Smith)向其政府报告说:"欧洲人能在上海以低于广州百分之十的代价买到丝茶和其他土产。"原在广州的英、美洋行迅速到上海设置分行,各国商船开始直接驶抵上海,大批外国商人纷至沓来,上海开始与欧洲、美洲直接发生商务联系。

　　五口通商后,其他三个新开通商口岸对外贸易升而复降,涨跌不一。厦门是新开的四个口岸中最早开放的一个,开埠的最初几年,对外贸易有过较迅速的发展,但贸易规模一直较小。1850 年,厦门进口货值约相当于上海的四分之一,出口货值则仅及上海的四十分之一。③到 1860 年,厦门的进出口贸易达到 200 万元的规模,而此时上海的进出口贸易总值已在 8 000 万元以上。④福州是新开四口中开埠最晚的一个,这里的茶叶出口增长很快,甚至在 1859 年一度超越上海,达到 4 700 万磅的高峰,⑤但除了茶叶之外,福州几乎没有别的贸易可言。19 世纪 60 年代以后,福州的进口贸易基本没有什么变动,出口却日渐萎缩下去。宁波本是中国沿海帆船贸易的重镇,但开埠之后,对外贸易一直没有大的起色。1844 年开埠当年贸易总额仅 50 万元,其后 10 年更每况愈下,减到不足此数的十分之一。⑥进入 60 年代以后,宁

---

① 其实,西方商人早就对上海情有独钟。1832 年东印度公司就曾派人潜入上海考察,得出了"上海是中国沿海最重要的对外贸易地点"的结论(参见丁名楠:《帝国主义侵华史》第 1 卷,人民出版社1973 年版,第 89 页)。

② 转引自丁名楠:《帝国主义侵华史》第 1 卷,人民出版社 1973 年版,第 89 页。

③ North-China Herald, 1851 年 9 月 27 日, p. 34.

④ J. Davids Edictor, *American Diplomatic and Public Papers*: *The United States and China*, Series I, 1842—1860, Vol. 20, 1973, p. 140.

⑤ H. B. Morse, *International Relations of the Chinese Empire*, vol. I, p. 366.

⑥ J. F. Davis, *China*: *During the War and Since the Peace*, p. 100.

波的贸易几乎全部转到上海，其本身的对外贸易额，是通商五口中最少的一个。①

相形之下，惟有上海的对外贸易急速攀升。作为条约商埠，外商在上海享有许多特权，如赁房买屋，租地建屋，设立栈房；深入沿海内地，通商航行；参与协定关税，受领事裁判权庇护等；外籍税务司又控制了江海关的实际管理权。凡此种种，都便利了外国商人对中国对外贸易的掌控，也在一定程度上刺激了上海对外贸易的发展。上海在中国对外贸易总值中所占比重，道光二十六年（1846）为七分之一，咸丰元年（1851）增长为三分之一，次年超过了全国出口的一半，到上海开埠的第 10 个年头，咸丰三年（1853），进一步达到将近70%。②19 世纪 60 年代以后，中国又被迫开放了天津、汉口、镇江等 9 个口岸，对外贸易有了进一步增长，1865 年，中国各通商口岸进出口贸易总值第一次超过 1 亿海关两，但一直到 60 年代末，居于首位的仍然是上海，在当年约 2 亿元外贸总额中，上海一口为 1.3 亿元，约占总数的 65%。③此后，上海的进出口贸易货值便在全国一路领先，长期居于 50% 以上的地位。参见下表：

表 3-8　晚清各主要港口在对外贸易中所占比重的变化

年份	外贸总值（千关两）	各主要港口所占比重（%）					
		上海	广州	天津	汉口	大连	其他
1870	118 988	63.6	13.4	1.5	1.7	—	19.8
1875	138 907	55.2	11.6	2.9	4.2	—	26.1
1880	159 523	57.8	9.9	3.4	4.8	—	24.1
1885	154 413	56.4	10.5	3.3	4.9	—	24.9
1890	215 903	45.9	12.0	3.0	2.7	—	36.4
1895	323 240	52.0	10.6	4.4	1.7	—	31.3
1900	381 126	53.6	8.5	1.3	1.8	—	34.8
1905	689 083	53.2	9.2	6.1	5.2	1.8	24.5
1910	857 387	43.6	10.1	4.5	4.3	4.5	33.0

资料来源：原据《中国海关贸易报告》制表，转引自郑友揆：《中国的对外贸易与经济发展（1840—1948）：史实的综合分析》，上海社会科学院出版社 1984 年版，第 29 页。

---

① Samuel Wells Williams, *The Chinese Commercial Guide*, Hongkong, 1863, p.188.

② H. B. Morse, *International Relations of the Chinese Empire*, vol. I, p. 366.

③ 参见姚贤镐编：《中国近代对外贸易史资料》，第 1610—1617 页。

在某种意义上，上海对外贸易的扩大，同时伴随着广州外贸的缩小。正如马克思1858年时所说："五口通商和占领香港仅仅产生了一个结果：贸易从广州转移上海。"①当然，上海全面取代广州的贸易地位有一个过程。包括上海在内的四个新开商埠，在开埠以后的六七年里，在对外贸易的总量上，始终没有能够超越广州的地位。从对外贸易上占有最大份额的中英贸易来看，一直到40年代末期，广州在中国对英贸易中所占的比重，进口为59%，出口为63%，②仍位居通商五口之首。中美贸易的状况亦复如此。见下表：

表3-9　上海、广东对英输出额比较（1844—1850）　　　　　　　　单位：千美元

年代	上　　　海				广　　　东				
	茶	生丝	杂货	合计	茶	生丝	丝织物	杂货	合计
1844	322	2 003	35	2 360	13 433	2 172	401	1 919	17 925
1845	2 221	3 806	19	6 046	15 826	2 425	522	1 961	27 734
1846	2 027	4 430	35	6 492	11 113	1 344	426	2 496	15 379
1847	1 834	4 819	73	6 726	11 848	1 808	386	1 680	15 722
1848	1 654	3 331	96	5 081	7 382	444	167	660	8 653
1849	2 019	4 417	78	6 514	9 336	860	415	875	11 486
1850	2 427	5 529	65	8 021	7 673	1 010	486	750	9 919

资料来源：British Parliamentary Papers, Report by Mr.Robertson, Her Majesty's Consul at Canton on the Trade of that Port during the year 1856. p.46. British Parliamentary Papers, Report by Mr.Parkes, British Consul at Canton on the Trade of that Port during the year 1856. p.30.

但是，就丝绸贸易来说，即使在这一时期，由上海口岸输出的生丝就已经远远超过了广州口岸。几乎是从上海开埠的第一时间起，便"立刻取得了作为中国丝市场的合适的地位，并且不久便几乎供应了西方各国需求的全部"。③外人的记述显示了这种变化。1844年，时任英国驻香港总督兼驻华全权公使并商务监督的德庇时（J. Davis）首次巡视沪、甬、闽、厦四个新开商埠，他说："凡商务成功之要素，上海、厦门二埠皆具而有之，故其贸易之发达，可操左

①　中共中央马克思恩格斯列宁斯大林著作编译局译：《马克思恩格斯全集》，人民出版社1961年版，第29卷，第348页。
②　Returns of Trade, 1849, p. 62.
③　马士著、张汇文译：《中华帝国对外关系史》，上海书店2000年版，第1卷，第403页。

券，而以上海为尤善。"又说："中国对外贸易，在五口通商时代发展最甚者，莫如由上海输出之生丝。"在他看来，"上海自开埠以后，即成为中国之生丝市场，所有泰西各国采办之华丝，已全由该埠供给。"1847年，驻上海的英国领事阿礼国（Rutherford Alcock）报告：历来运往广东的内地生丝，如今纷纷以便宜三分之一左右的价格往上海聚集。①在此前一年的道光二十六年（1846），上海出口的生丝已相当于广州的4.27倍。

表3-10 五口通商后广州、上海生丝出口量比较表（1842—1850）　　　　　单位：包

年度（7月1日至6月30日）	广　州	上　　海	
		（1）	（2）
1842—1843	1 787	—	—
1843—1844	2 604	—	—
1844—1845	6 787	6 433	6 433
1845—1846	3 554	15 192	15 192
1846—1847	1 200	21 176	15 972
1847—1848	—	18 134	21 176
1848—1849	1 061	15 237	18 134
1849—1850	4 305	17 245	15 237

资料来源：原据马士：《中华帝国对外关系史》（上海书店出版社2000年版）附表"茶与丝的出口"（1830—1859）；姚贤镐编：《中国近代对外贸易史资料》第一册，第58页；《北华捷报》历年统计数据。转引自刘永连：《近代广东对外丝绸贸易史研究》，暨南大学博士学位论文，2003年，第8页，有改动。按：上海生丝出口的数量，系根据马士著《中华帝国对外关系史》第1卷，第413页和《北华捷报》历年统计数据摘出两套数据。

50年代以后，沪、穗之间的盛衰消长益发明显。上海口的对外贸易总额，1851—1858年，由1 470余万元上升为6 930余万元。与此同时，广州的地位却大为下降，1851—1855年间，广州进口的英国货物，由1 000万元下降到360万元，而经由广州输往英国的货物，更由1 320万元下降到290万元。②其中，两地生丝出口量的比较尤其令人印象深刻：如果说，19世纪40年代中期，上海在生丝出口方面还只是比广州稍占优势，那么，从50年代起，尤其是50

---

① British Parliamentary Papers, *Returns of the Trade of the Various Ports of China for the Years 1847—1848, Shanghai*, p.63.

② T. R. Banister, *A History of the External Trade of China*, p.43.

年代中期以后,上海的生丝出口量便一直在中国生丝出口总量中独占鳌头。

表 3-11　五口通商后广州、上海生丝出口量比较表(1850—1853)　　　　单位:包

年度(7月1日至6月30日)	广　州	上　　海	
		(1)	(2)
1850—1851	2 409	20 631	17 243
1851—1852	3 549	41 293	20 631
1852—1853	4 577	58 319	28 076

资料来源:原据马士:《中华帝国对外关系史》(上海书店出版社 2000 年版)附表"茶与丝的出口"
　　　　(1830—1859);姚贤镐编:《中国近代对外贸易史资料》第一册,第 58 页;《北华捷报》历年
　　　　统计数据。转引自刘永连:《近代广东对外丝绸贸易史研究》,暨南大学博士学位论文,2003
　　　　年,第 8 页,有改动。按:上海生丝出口的数量,系根据马士著《中华帝国对外关系史》第 1
　　　　卷,第 413 页和《北华捷报》历年统计数据摘出两套数据。

　　据《北华捷报》的统计,1854 年,上海生丝出口增加为 54 233 包,1858 年
进一步增长为 85 970 包。[①]尽管不同来源的数据差异颇大,但上海取代广州成
为丝绸对外出口的最大口岸的事实,及其上海与广州地位逆转势头的加速,则
是十分清楚的。下表反映了 19 世纪 70 年代后上海生丝出口量在中国生丝出
口总量中所占的位置:

表 3-12　上海生丝出口量及占中国生丝出口总量比重(1870—1910)

年　份	上海生丝出口量(担)	中国生丝出口总量(担)	上海所占比例(%)
1870	30 482	49 160	62.0
1875	55 965	79 914	70.0
1880	69 685	82 201	84.8
1885	44 690	57 984	77.1
1890	51 808	80 400	64.4
1895	76 639	110 621	69.3
1900	60 432	97 207	62.2
1905	63 299	105 919	59.8
1910	87 540	139 226	62.9

资料来源:据中国海关总署编:《海关贸易年报与季册》(Annual Trade Report and Returns)制表。

---

① 《北华捷报》1855 年 9 月 22 日,1860 年 1 月 7 日。

　　　　　　　　　　　　　　　　　　　　　　　　　　　　　　　　晚清丝绸业史

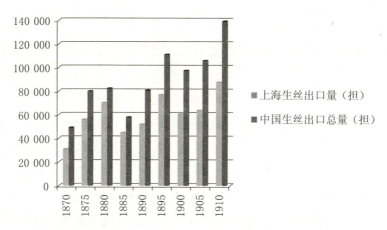

图 3-7 上海生丝出口量及占中国生丝出口总量比重（1870—1910）

上海为何能够在短期内迅速取代广州成为中国丝绸对外出口的最大口岸？任职海关总税务司的英人班思德（Banister. T. Roger）曾作过这样的评论：

> 一是《江宁条约》订立后数年间，条款之施行，实际仅囿于上海一隅，其余四埠，则不啻视同具文，缘当时福州并无对外贸易可言；厦门、宁波两埠之商务范围又至渺小；若夫广州，则华人不允洋商入居城内，既甚坚决，官宪复墨守成规，权尽限制商务之能事。独侨居沪埠之外商，有充分行使条约赋予便利与特权之机会。二是上海为新辟商埠，外商贸易，可以纯任己意，力谋发展，较诸从前在粤经商须受公行之支配者不可同日而语，且沪洋行复派华籍经理，携带巨资，迳赴内地采办丝茶，因之出口贸易赖以开展，如沪埠亦沿用公行制度，则其商务之成绩，必不能如此巨大。三是中国著名产丝区域，密布上海郊区邻县，而产茶地点，亦有多处距沪较近，离粤稍远，换言之，即上海占有地理上通商之便利。[①]

综合起来看，上海之所以能够迅速取代广州成为中国最大的丝绸输出市场，原因在于其具有以下几方面历史的、地理的、交通的有利条件：

首先，中国丝绸的主产区在江南，距上海近而离广州远，上海具有得天独

---

① 参见班思德：《最近百年中国对外贸易史》，海关总税务司署统计科译印，1931 年。

厚的资源禀赋优势。紧邻上海的太湖流域，明清以来已经成为中国丝绸生产的中心，南京、苏州、杭州等城市所出丝绸更是闻名天下。经营对华贸易的西方商人早就知道："中国丝产量最大——在当地差不多全部产品——而且质量最好的产区，都是在一个一百英里稍长些的地区，这个地区的东北端便是上海。"① 输出生丝的主要来源地浙江湖州府治"在上海之西南 365 华里，旅程约需两三天"，即使"遇到逆风或者船上载货过重"，不过需时四天；而以辑里丝集散中心著称的南浔镇，"距上海比湖州（府治）还近 25 英里，故生丝常自南浔直接运往上海。因为中间地区河流纵横，运输极为便利，费用亦省（花五、六元钱就可雇一艘小船运八十包至一百包生丝），沿途又无税卡阻拦"。②

与之相比，广东的蚕桑丝绸生产毕竟尚有较大差距。虽然明清时代广州附近的珠江三角洲也形成了一定规模的丝绸生产基地，但规模不如江浙地区大，水平不如江浙地区高，知名度也远逊于江浙地区。在清政府限定广州一口对外通商的年代，广州对外丝绸贸易的货物多自遥远的江浙、四川及山东等省长途运输而来，出产于广东本地者反而较少。这一方面严重限制了商品的来源及贸易的规模；另一方面，商旅长途跋涉，物资沿途损耗很大，造成运费居高不下。鸦片战争后任英国驻上海领事的阿礼国（Rutherford Alcock）曾在报告中说："当时清廷所持政策，仍为设法束缚对外贸易限于广州一埠，以免分散他处……盖丝茶等物，若遵由辽远陆路绕道出口，所耗运费，当属不赀。"③ 远不如就近从上海出口更具成本优势。④ 西方商人对此加以比较，指出上海"生丝和绸缎的价格也较广州为低廉"；⑤ "欧洲人能在上海以低于广州百分之十的代

---

① 马士著、张汇文译：《中华帝国对外关系史》，第 2 卷，上海书店 2000 年版，第 403 页。

② 姚贤镐编：《中国近代对外贸易史资料》，第 1 卷，中华书局 1962 年版，第 69—70 页。英国议会文件及领事商务报告关于上海生丝出口货源地得评述如下："中国出口生丝几乎全部产于浙江北面的三个府，即杭州府、湖州府、嘉兴府……上述三府中，湖州府的产量比其他二府为多。湖州府最大的生丝集中市场有三，即南浔镇、菱湖镇、双林镇。南浔位于湖州之东 75 华里，在上海的西南，旅程约须两三天。上述三个城镇中最大的一个是南浔，它距上海比湖州还近 25 英里，故生丝常自南浔直接送往上海。因为中间地区河流纵横，运输极为便利，费用亦省（花五六元就可雇一艘小船运八十包至一百包生丝），沿途又无税卡阻拦。"

③ British Parliamentary Papers, *Returns of the Trade of the Various Ports of China for the Years 1847—1848, Shanghai*, p. 7.

④ 据上述阿礼国的估计，生丝在上海就近出口比绕道运往广州出口成本至少降低三分之一以上。

⑤ 姚贤镐：《中国近代对外贸易史资料》，中华书局 1962 年版，第 1 册，第 560 页。

价买到丝、茶和其他土产"。① 当人为禁限废除之后，在价值规律的作用下，丝绸输出的主要口岸便会自然发生符合经济法则的变动，"道光以后，湖丝出洋，其始运至广东，其继运至上海销售"。②

其次，相对于广州而言，上海的地理区位优势更为明显，地处中国海岸线的中点与长江出口处，交通便利，位置优越，尤以水路运输为发达。③ 早在鸦片战争爆发之前，上海已是沙船④的主要集中地，沙船业颇具规模，"南北物资交流，悉藉沙船。南市十六铺以内，帆樯如林，蔚为奇观。每日满载东北、闽广各地土货而来，易取上海所有百货而去"。凡此种种，均有利于当时主要的出口物资丝、茶的对外贸易。南北来看，上海地处中国东部海岸线的中间点，区位位置优越，居于维系中国沿海各地航运贸易的枢纽地位，与沿海各省商业联系密切。东西来看，上海位于长江的入海口，成为长江流域各省东向出海的门户，从而拥有广袤而富饶的长江流域腹地。

与之相比，广州虽然背岭面海，在海陆位置上具有易与海外联系之利，可是毕竟偏处华南一隅，没有长江流域那样宽广的腹地，这在相当大的程度上使其市场容量及外贸规模受到限制。同时，在港口的吞吐能力上，上海属于海

---

① 转引自黄苇：《上海开埠初期对外贸易研究》，上海人民出版社 1979 年版，第 78 页。
② 周庆云：民国《南浔志》卷三十三"风俗"。周庆云（1866—1934），字景星，号湘龄，浙江吴兴南浔人。清光绪七年（1881）秀才，后以附贡授永康教谕，例授直隶知州，均未就任。为南浔巨富，曾经营丝、盐、矿等业。民国初，里人议修镇志，周湘龄主其事，于民国十一年（1922）刻印《南浔志》60 卷，附《南林缀秀录》一卷，范围和内容较前志更为充实，断年至宣统之末。
③ 上海进出口贸易有五条主要的航线：第一条是北洋航线，由上海向北航行，可至青岛、烟台、天津、牛庄（营口）。早在唐代，这条航道已经开辟。到了元朝，为了转运漕粮，曾以上海为基地，运输数以百万石计的漕粮到天津，供应京师粮食。至清嘉庆年间，聚集在上海的沙船 3 500 艘左右；第二条是南洋航线，即由上海南行，经浙江，可达福建、广东及南洋群岛一带。由这些地区运来大量的糖、木材、海参、鱼翅等海产。上海则运去大量的生丝、棉花、土布、陶瓷等以及由北方转口的大豆、豆饼、杂粮等；南北洋航线的物资聚集到上海，然后转口到各地，不仅上海居全国沿海中心点，且为南北洋货物转口的枢纽；以往南船不北航，北船也不南航，南北沿海货物都在上海换装转运。第三条是长江航线，这条航线自古有之，联系上海和长江各口岸，从长江各港转来的货物与上海运往长江各口岸的货物，还有北方在上海转口的商品和南洋转口来的渔产等都在这里集散。第四条是运河，太湖水道内河航线，这条航线贯穿于江苏、浙江、安徽、山东、河北各地。第五条是外洋航线，东通美洲，南航印度，可达欧洲，北至海参崴。
④ 沙船为中国传统的一种大型航海木制帆船。有资料记载，沙船的得名，乃是由于"其船体平阔，沙面可行可泊，少搁无碍"。沙船的特征是平底、多桅、方头、方艄，航运性能良好，有吃水浅，航运便捷，并能平搁在沙滩上，利于在沿海沙滩地带航行的优点。在清代，小的沙船载重约 1 500 石，大的可载 3 000 石，相当于其后 200 吨到 500 吨的载货量。

港，水深港阔，有利于大型船舶的停泊，从而具备较强的吐纳功能，有利于更大规模丝绸货物的集散和外销。相反，广州的黄埔等港属于河港，水浅地狭，所容纳的船舶吨位小，数量少，从而限制了港口吞吐量。①

再次，从交通条件上看，上海在丝绸产品的集散运输方面也比广州较为优越。上海与长江三角洲丝绸产区之间，尤其与湖丝主要产地太湖流域之间，地势平坦，水网密布，河流纵横，航运极为便利。诚如外人所说：上海口岸至湖丝产地"中间地区河流纵横，运输极为便利，费用亦省（花五六元就可雇一艘小船运八十包至一百包生丝），沿途又无税卡阻拦"。②通畅的长江及其支流航线则有利于更为宽广地域的丝绸产品的集中。

与之相比，"广州本地丝绸集中尚算便利，但是对外地产品来说却相当困难。江浙、山东、四川等丝绸产地与广州都相隔甚远，又有五岭阻隔，经广州外销的丝绸不但水运不能直达口岸，必须多次翻山越岭，由陆路转运，而且要渡过不少急流险滩，时有颠覆之险和损失造成，以至于运费颇高"。③"生丝一项，由产区运粤之路程，较之运沪遥至十倍，而运费之增益及利息之损失等，据驻沪英领事道光二十七年（1847）估计之数，约达百分之三十五至百分之四十之多"。④其实，这还只是比较保守的估计。据研究，从广州出口的湖丝，之所以在价格上常常比广东土丝高出数倍，除质量因素之外，运输费用当占不小部分。⑤

正是在这样的历史、地理和社会条件下，上海超越广州成为中国生丝出口的主要口岸。新开的对外通商口岸上海，凭借背靠长江流域广阔腹地，特别是紧邻江浙丝绸生产中心区域的独特优势，迅速超越广州，发展成为中国最大、最重要的对外贸易港口。

三、广州衰而复振

鸦片战争前后，广东成为中外矛盾和冲突的前沿，又直接经受战火的摧

---

①③⑤　刘永连：《近代广东对外丝绸贸易史研究》，暨南大学博士学位论文，2003年，第9页。
②　姚贤镐编：《中国近代对外贸易史资料》，中华书局1962年版，第1册，第69—70页。
④　班思德编：《最近百年中国对外贸易史资料》，中文本，第52—53页。

残, 丝绸对外贸易因之遭受重创。五口通商后, 广东民众的 "排外" 情绪依旧强烈而激昂, "战后广州极其近郊的居民对英国人的敌视态度, 比北方几个口岸的中国人都强烈。……商馆区曾爆发过几次暴动和大火"。① 时人指出, 正当上海等新开口岸外商麇集, 对外贸易日益兴隆之时, 在广州却是另一番景象, "在这个口岸从事贸易的外国侨民……都挤在此地受着许多的侮辱和伤害"。② 马士在《中华帝国对外关系史》一书中记载了发生于 1842 年至 1850 年间的多起 "中国人仇视" 外国人事件。③ 情况之严重, 迫使清王朝付诸严刑峻法, "在广州这种执刑在一种可怕的大规模进行着, 一天之中斩首的竟达七八百人之多"。仅 1855 年, "被这样执刑的人" 就多达 8 000 以上。④ 在这种大规模民众反抗的背景下, 英国商人虽曾一再要求进入广州城, 并企图建立租界, 但都没有奏效。外国商人对此只能摇头叹息: "我们在广州所遇到的困难, 也多半是由于当地人民好乱成性和歧视外人的心理。" 相形之下, "朴鼎查和中国当局签订的条约的各项条款, 除广州一埠外, 中国政府均已切实履行"。⑤ 时局不靖, 社会动荡, 自然难以形成有利于丝绸对外贸易稳定发展的合适氛围。⑥

更关键的因素, 还是在于广州独口通商的垄断地位不复存在。⑦ 丝绸对外贸易的主要口岸转移至上海, 造成广州的相对地位一落千丈, 以至于 "非粤货不到广州"。⑧ 遂使广州的对外贸易难以扩大, 丝绸输出未见增长反而一时有

① 姚贤镐编:《中国近代对外贸易史资料》, 中华书局 1962 年版, 第 1 册, 第 579 页。
② 马士著、张汇文译:《中华帝国对外关系史》, 上海书店 2000 年版, 第 1 卷, 第 422 页。
③ 参见马士、张汇文译:《中华帝国对外关系史》, 上海书店 2000 年版, 第 1 卷, 第 415—449 页。
④ 马士著、张汇文译:《中华帝国对外关系史》, 上海书店 2000 年版, 第 1 卷, 第 461 页。
⑤ 姚贤镐编:《中国近代对外贸易史资料》, 中华书局 1962 年版, 第 1 册, 第 546 页。
⑥ 其后, 1854 年的天地会起义造成佛山等地不少手工工场的毁坏。1856 年第二次鸦片战争爆发, 当年 12 月广州外国商馆 (十三夷馆) 被焚, 英法联军随后进占广州城。这些也都给广东丝绸的对外贸易造成了严重的伤害。
⑦ 也有论者认为, 广州在对外贸易上地位的下降与香港的干扰有关, "香港割让给英国后, ……严重地损害了广州的对外贸易" (姚贤镐编:《中国近代对外贸易史资料》, 中华书局 1962 年版, 第 1 册, 第 625 页)。英国割占香港之后, 将其经营成为与中国大陆进行贸易的基地。除了正常贸易之外, 这些贸易还常以走私的形式进行。马士写道: 走私贩子往往 "不付关税而将丝、茶装运出口"; "我们必须指出, ……在出口货方面, 也要注意到丝的走私规模已经日益扩大" (马士著、张汇文译:《中华帝国对外关系史》, 上海书店 2000 年版, 第 1 卷, 第 410 页)。凡此种种, 都在很大程度上损害了广州对外丝绸贸易的良性发展。
⑧ 参见冼宝榦: 民国《佛山忠义乡志》。

所萎缩。① 这从下表所载各年进入广州港的外国商船数量几无变化可见一斑：

表 3-13　进入广州港的外国商船和国别（1844—1855）　　　　　　　　　单位：艘

年次	英国	美国	其他	合计	年次	英国	美国	其他	合计
1844	111	23	7	142	1850	75	41	18	134
1845	86	39	12	137	1851	104	49	24	177
1846	93	30	8	131	1852	124	60	26	210
1847	89	28	9	126	1853	85	48	27	160
1848	72	31	7	110	1854	69	46	40	155
1849	93	37	12	142	1855	71	65	44	180

资料来源：British Parliamentary Papers, Report by Mr.Parkes, *British Consul at Canton on the Trade of that Port during the year 1856*. p.30.

　　鸦片战争后到 1856 年的十余年间，广州的对外贸易堪称一片萧条。由于北方交通阻隔，外省货物难以来粤，广州港的贸易总值一降再降。出口生丝下降到年均约 3 000 多包，合 2 600 余担，某些年份甚至只有 1 000 余包，合 800 多担，呈现出严重衰退的局面；与鸦片战争后上海丝绸输出突飞猛进的盛况相比，更突出表现为中心旁落的趋势。②

　　国家对外政策的调整，虽可能在一段时间内对某些地区产生不利的影响，但制度安排的优化，终会带来良性的刺激。经历了十余年的外贸萎缩，从 19 世纪 50 年代后半期开始，广州的对外贸易开始逐渐复苏。1856 年，"通往广州的商路重开"，广州外贸开始局部回升。③ 进入 60 年代后，广东的蚕丝生产和出口迎来了转机。当时，欧洲主要的蚕业国家意大利和法国蚕体微粒子病蔓延，造成欧洲蚕丝产量锐减，日本的蚕丝业尚未发达起来，而美国丝织业勃兴急需大量生丝原料，大陆横断铁路的开通又为东亚生丝的直接输入带来了便利。此刻中国的主要蚕丝产区江浙一带正是清军与太平军鏖战的战场，江浙生

---

① 关于这一问题，苏耀昌（Alvin Y. So）有详细论述，参见苏耀昌：《华南丝区——地方历史的变迁与世界体系理论》，中州古籍出版社 1987 年版。该书为其所著 *The South China District: Local Historical Transformation and World System Theory*（Albany, N. Y.: State University of New York Press, 1986）一书的中文版。

② 与广州形成鲜明对比的是，上海自 1844 至 1845 年度起取代广州，成为中国丝绸输出的最大口岸。

③ 姚贤镐编：《中国近代对外贸易史资料》，中华书局 1962 年版，第 1 册，第 575 页。

丝的产量急剧下降,"几乎同时发生的这些因素,造成广东生丝的市场骤然扩大"。① 广东出产的生丝输出量激增,鸦片战争前夕不过 2 500 担,1860 年增至 5 571 担。

如果说 19 世纪 60 年代上半期尚处于徘徊震荡状态,那么后半期则表现出强劲的增长。1867 年,广东生丝出口增为 9 295 担,时人称:"粤埠生丝贸易,则确有进展,全年出口生丝,共值银 5 850 000 元,较诸上年增长 26%。"② 进入 70 年代后,广东生丝出口终于跨过万担大关,1870 年,达到 15 535 担,1871 年又上升为 16 772 担。时人指出:"广州输出(生丝)之数,初时仅占全国总数 8%,嗣后该省蚕桑事业,愈形发达,故输出数量,亦见增进,迨至同治九年(1870)、十年(1871)两年中,输出之丝约占(中国)出口总数四分之一。"③ 外销丝类货品可分生丝、丝经、野蚕丝、钓鱼丝和乱头丝、废丝等,其中生丝又有七里丝、龙江丝、九江丝、马坑丝、杏坛丝、般音丝,以及甘竹丝、勒留丝、小榄丝和再缲丝等。④

整个 70 年代,广东输出的生丝一直维持在高位震荡,平均每年达到 15 000 担。参见下表:

表 3-14　广东生丝的输出(1870—1879)　　　　　　　　　　　　　　单位: 担

年度	1870	1871	1872	1873	1874	1875	1876	1877	1878	1879
数量	15 535	16 772	18 333	13 725	12 933	18 418	17 036	14 619	12 689	16 362

资料来源: 原据海关年度贸易报告,转引自铃木智夫:《洋務運動の研究》,汲古书院 1992 年版,第 450 页,注 12。

需要指出的是,中国生丝出口运销英国,除由广州和上海输出外,从香港

---

① 铃木智夫:《清末民国初における民族资本の展開過程—廣東の生糸業について—》,东京教育大学アジア史研究会编:《中国近代化の社会構造》,教育书籍 1960 年刊;Robert Y. Eng, "*Economic Imperialism in China—Silk Production and Exports, 1861—1932*", 1986, by the Regents of the University of California, pp.103—105; Reports on Trade Ports in China for the year 1872, pp.213—214.

② 班思德:《最近百年中国对外贸易史》,第 107 页。

③ 姚贤镐编:《中国近代对外贸易史资料》,中华书局 1962 年版,第 1 册,第 575 页。

④ 参见广州市地方志编纂委员会办公室、广州海关志编纂委员会编:《近代广州口岸经济社会概况——粤海关报告汇集》,暨南大学出版社 1995 年版。

出口也占很大比重。①19世纪40年代，英商大英轮船公司为了揽载生丝运输业务，开辟了香港至欧洲的航线。19世纪60年代，法商法国轮船公司也开辟了这一航线，与英国轮船公司竞争中国生丝输往欧洲的业务。1872年，粤海关税务司在报告中说道："除了从广州出口的丝外，还有从澳门用轮船运到香港销往欧洲和美国的丝，1871年约有5 892担，价值235.68万元，1872年约有8 060担，价值322.4万元。"此外，还有"在澳门为了装满茶叶船而并装的直接运往欧洲的丝没有计算在内"。②

粤丝产量及出口的迅速增长，引起英国驻广州领事的关注，他在1871年的商务报告中说："粤丝增加的原因，在于它在英国市场上日益风行。粤丝软而细，适于织造特种丝绸，并可与华北各埠的粗丝混合使用。此时本地人正在临近地区增种桑树，从前做其他用途的大片土地，现在也都变成了桑林，丝的出口在本埠贸易中，将取得一个很重要的地位。"③1872年，英国领事就此再次报告："广州茶的国内经营颇为有利，而对于丝的需求亦多，结果茶、丝生产自然同时扩张。并且已在发展之中。"他认为："粤丝出口的增加是很显著的，并且已经达到几年来所没有预期到的数量和重要地位。这也许与法国南部和意大利北部蚕瘟有关，但此外也因为广东丝能用以织造某种不宜于北方丝织造的织物。的确，有时每担粤丝的售价与北方丝及较为贵重的品种甚为接近，于是大大刺激了这一贸易。向来种稻的大片土地，现在已经或正在辟为桑林，因此每年的出口可望增加。"④

19世纪70年代中期，珠江三角洲近代机器缫丝工业崛起，到80年代初已经达到一定规模。自1882年起，粤丝出口大幅度增长，超过了3万担，并在80年代后期逼近4万担。

---

① 在1887年4月九龙、拱北设关以前，香港、澳门与广东内地的贸易属常关管辖，因而海关报告不计在内。1866年，英国驻广州领事在商务报告中写道："整个广东省，港口罗列，有一条大河纵贯全省，所分布的支流、运河网和水陆交通，联系着重要商业市镇，这些地方同英国殖民地香港之间，进行着大量的贸易，而与广州无涉，广州海关亦不能监督……难以计算出肯定的贸易值"（参见姚贤镐编：《中国近代对外贸易史资料》，中华书局1962年版，第2册，第1077页）。
②③ 姚贤镐编：《中国近代对外贸易史资料》，中华书局1962年版，第3册，第1488页。
④ 姚贤镐编：《中国近代对外贸易史资料》，中华书局1962年版，第3册，第1463、1488页。

表 3-15　广东各类生丝出口量及指数变化（1882—1991）

年　份	出口量（担）	指数（%）	年　份	出口量（担）	指数（%）
1882	27 627	100	1887	38 624	139.81
1883	33 658	121.83	1888	32 457	117.48
1884	22 392	81.05	1889	39 152	141.72
1885	21 203	76.75	1890	37 386	135.32
1886	36 373	131.66	1891	39 950	144.61

资料来源：粤海关税务司：《粤海关十年报告（一）（1882—1891）》，广州市地方志编纂委员会、广州市海关志编纂委员会编译：《近代广州口岸经济社会概况——粤海关报告汇集》，暨南大学出版社 1995 年版，第 863 页。按：1991 年生丝出口总量中包括细丝 19 807 担和丝线 112 担，合计约 19 919 担，此外还有粗丝 2 926 担和废丝 16 100 担。如果只计算细丝和丝线，1887 年出口量为 22 950 担，高于 1991 年的 19 919 担。

在此基础上，粤丝出口继续向前发展。从 1892 到 1901 年，每年蚕丝出口总量大多在 4 万担以上。最高可达 46 000 余担，在当时全国生丝 10 余万担年出口量中占到了 40%，广东在全国的丝绸贸易中又恢复到了相当重要的地位。同时就广东本身丝绸与出口及进出口贸易总值相比较，1897 年度丝和丝织品两项出口值为 1 700 余万两，占了该年出口总值的 85.4%，进出口总值的 46.45%。而其中仅生丝、丝经两项就达 3 万余担，价值为 1 150 万两，约占出口总值的一半。[1] 这些无疑表现出生丝在广东对外贸易尤其是出口贸易中的支柱性作用。

表 3-16　广东每年生丝出口量（1892—1901）　　　　　　　　　　　　单位：担

年　份	出口量	指数（%）	年　份	出口量	指数（%）
1892	35 806	100	1897	46 059	129
1893	37 940	106	1898	43 307	121
1894	38 975	109	1899	40 355	113
1895	42 989	120	1900	33 302	93
1896	41 387	116	1901	46 303	129

资料来源：粤海关税务司：《粤海关十年报告（二）（1892—1901）》，广州市地方志编纂委员会、广州市海关志编纂委员会编译：《近代广州口岸经济社会概况——粤海关报告汇集》，暨南大学出版社 1995 年版，第 914 页。

---

[1] 杜德维：《光绪二十三年（1897）广州口华洋贸易情形论略》，广州市地方志编纂委员会办公室、广州海关志编纂委员会编译：《近代广州口岸经济社会概况——粤海关报告汇集》，暨南大学出版社 1995 年版，第 369 页。

进入 20 世纪，1902 年至 1911 年间，广东生丝出口的增长大体保持稳定。下表为粤海关年度及 10 年报告中所载生丝出口数据：

表 3-17　广东生丝出口情况（1902—1911）

年　份	数量（包）	换算为担	年　份	数量（包）	换算为担
1902	43 000	34 400	1907	54 000	43 200
1903	44 000	35 200	1908	34 000	27 200
1904	41 500	33 200	1909	—	36 313
1905	40 000	32 000	1910	—	44 638
1906	38 000	30 400	1911	—	36 428

资料来源：粤海关税务司：《光绪三十四年（1908 年）广州口华洋贸易情形论略》，粤海关税务司光绪二十八年至宣统三年（1902—1911 年）每年度贸易报告，广州市地方志编纂委员会、广州市海关志编纂委员会编译：《近代广州口岸经济社会概况——粤海关报告汇集》，暨南大学出版社 1995 年版，第 412、421、428、438、449、464、478、488、501、519 页。按：表中数据系根据粤海关年度和十年报告汇编而成，左栏按包计算的统计数据是 1908 年报告对前几年的总结，右栏为由包换算或取自年度报告的统计。

应该指出，表中所列数据仅限于生丝正规产品的出口统计，不包括废丝、废茧等副产品。尽管如此，仍可看出广东生丝出口大致维持在此前 10 年的水平。除 1908 年外，20 世纪的第一个 10 年里，每年广东输出的生丝都在 3 万担以上，比此前 1892—1901 年十年中每年平均数值相差不大。其中较好的年份如 1907 年和 1910 年，生丝出口量达到 4 万担以上，也没能突破前期曾经达到的高度。在某种意义上可以说，种种情况表明，广州生丝出口经过数十年连续不断的增长之后，显现出徘徊不前的趋势。

正是由于丝绸出口量和出口值的不断增长，支撑了晚清时期广东对外贸易的发展，出口贸易额持续增长，在全国对外贸易总额中的比重也得以维持不坠。1869—1978 年十年中，广东商品出口额为 20 088 000 元，约占全国商品出口总额 19%；1899—1908 年十年中，则增加到 109 727 000 元，占到全国出口总额 32%。更为可喜的是，尤其值得一提的是，在全国对外贸易日趋陷入严重入超的局面之下，广州口岸却长期保持着难能可贵的出超状态。

表3-18　广州与全国对外贸易比较（1894—1911）　　　　　　　　　　　单位：百万海关两

年份	全国情形				广东情形			
	进口值	出口值	入超额	指数（%）	进口值	出口值	出超额	指数（%）
1894	162.1	128.1	−26.2	100	13.7	15.8	+2.1	100
1895	171.1	143.3	−22.8	87	16.5	17.7	+1.2	57
1896	202.6	131.1	−57.8	220	12.1	17.5	+5.4	257
1897	202.8	163.5	−28.3	108	13.7	19.9	+6.2	295
1898	209.6	159.0	−35.4	135	12.0	20.6	+8.6	409
1899	264.7	195.8	−50.3	192	13.9	23.9	+10.0	476
1900	211.1	159.0	−39.1	149	13.7	18.9	+5.2	248
1901	268.3	169.0	−71.0	271	16.5	21.7	+5.2	248
1902	315.4	214.2	−69.0	263	16.5	36.6	+20.1	957
1903	326.7	214.4	−71.9	274	23.6	44.6	+21.0	1 000
1904	344.1	239.5	−69.0	263	26.0	39.7	+13.7	652
1905	447.1	227.9	−160.1	611	26.3	37.3	+11.0	524
1906	410.3	236.5	−139.1	531	26.0	39.3	+13.3	633
1907	416.4	264.4	−120.0	458	29.6	51.7	+21.5	1 024
1908	394.6	276.6	−76.6	292	30.0	43.9	+13.9	662
1909	418.2	339.0	−48.9	191	28.6	45.2	+16.6	791
1910	463.0	380.8	−54.3	207	32.6	54.0	+21.4	1 018
1911	471.5	377.3	−61.3	233	29.3	50.0	+20.7	986

资料来源：原据杨端六编：《六十五年来中国国际贸易统计》，第14页、第84页、第98页等数据编制。
　　　　　转引自刘永连：《近代广东对外丝绸贸易史研究》，暨南大学博士学位论文，2003年，第19
　　　　　页。有改动。

　　从全国情形来看，以1894年入超额2 620万海关两设定入超指数为
100%，到1911年，入超额增至6 130万海关两，入超指数增至233%；与此同
时，广东口岸1894年的出超额为210万海关两，设定出超指数为100%，到
1911年，出超额增至2 070万海关两左右，出超指数增至986%，有将近10倍
的增长。细察广东之所以维持对外贸易出超地位的缘由，可见广州口岸土货出
口总值中与蚕丝业有关的产品常年占到50%以上，有很多年份甚至高达60%、
80%以上。可以毫不夸张地说，丝绸业，尤其生丝的生产和贸易是支撑广东对

外贸易的中流砥柱，正是由于丝绸业的发展，才使广东口岸在晚清时期的若干年里得以出现几乎是国内一枝独秀的出超地位。民国时期著名丝业和外贸专家李泰初曾评论道："其实吾粤之国外贸易，几全靠生丝。盖粤丝业之贸易，年中出入以千万计。故广东之能于中国国外贸易上占重要地位者，亦赖生丝。"[①]

图 3-8　广东生丝出口量变动（1870—1911）

第二节
丝绸外贸体制的演变

一、垄断丝绸对外贸易的洋行

"洋行"在中国的出现，至少已有 200 多年的历史。[②]有记录显示，早在1759 年，即有英籍"散商"在广州"定居"。[③]当时，东印度公司尚在中英贸易中占有垄断地位，[④]在东印度公司的限制和排挤下，这些通称为"散商"的行号家数少，力量弱，活动范围有限，但它们代表的是西方自由资本主义势力，与

①　李泰初编：《广东丝业贸易概况》，中华编译社丛书第三种，1928 年，第 1 页。
②　这里所谓"洋行"，指的是西方资本主义国家进行对华贸易所设的行号。这些行号历来称谓纷繁，有称洋行的，有称代理行或贸易行的，也有称公司的。由于在早期大多称为洋行，所以后来一般习惯上将各种外商行号通称为"洋行"。
③　W. E. Cheong, *Mandarins and Merchants*, 1979, p. 9.
④　马克思指出："东印度公司除了在东印度拥有政治统治权外，还拥有茶业贸易、同中国的贸易和对欧洲往来的货运的垄断权"（《马克思恩格斯选集》第 2 卷，第 257 页）。居于垄断地位的东印度公司极力限制这些"散商"行号的活动，企图用政治力量强行限制"散商"的发展。

东印度公司的垄断势力相抗衡。1782 年，科克斯·里德行（Cox-Reid & Co.）出现于广州，此即其后在华大名鼎鼎的英国怡和洋行的前身。① 这么一家代理行号在中国出现，就当时来说意义重大，它意味着挣脱了东印度公司的长期垄断，"创造了在中国设立代理行号的先例"。两年后，美国的"中国皇后号"（Empress of China）商船也航抵广州。② 到 18 世纪末，麇集广州的英美代理行号已达24家以上。③ 到 19 世纪初，英国的巴林行、达维森行（即著名的宝顺洋行的前身）、麦尼克行、孖地臣行等，美国的普金斯行、老旗昌行、④ 奥理芬行（通称同孚洋行）⑤ 等大洋行都已先后成立，而前述的科克斯·里德行经过几番改组，到 1832 年定名为怡和洋行。这些大洋行在近代中外贸易，特别是在中外丝绸贸易和中国近代缫丝工业中扮演了重要角色，在相当长的时间里垄断着中国的丝绸输出。⑥

　　早期的这些行号主要经营代理业务，以收取佣金为主。随着经营范围的扩展，这些行号不再简单地代理别人的业务，而且开始自备船只，从事自己的一部分贩运贸易以获取利润，越来越具备了后来洋行的面貌与功能。洋行在华势力的不断扩张，终于使得对华贸易的垄断地位易手，洋行取代了东印度公司而成为鸦片在华销售的最大卖主，同时也是中国丝茶出口的最大买主。1810 年，

---

① 格林堡：《鸦片战争前中英通商史》，商务印书馆 1961 年版，第 20 页。

② 1784 年，刚刚挣脱英国殖民统治独立建国的美国即涉足远东贸易，"中国皇后号"与当年夏季出航来到广州，满载丝绸而去，从而开辟了北美与中国之间的新航线。据说这是"侵犯"东印度公司利益的第一艘美国商船（参见 Blakeslee, *China and the Far East.* 转引自姚贤镐：《中国对外贸易史资料》，第 1 册，第 169 页）。

③ J. K. Fairbank, *Trade and Diplomacy on the China Coast*, *1842—1854*, Vol. 1, p. 60.

④ 老旗昌行由美国船主罗塞尔创办，当时规定开业五年，1823 年期满后改组，次年 1 月 1 日起正式营业，直到 19 世纪末方告清算倒闭（参见 R. B. Forbes, *Rersomal Reminiscences*, 1882, pp. 333—335; *North China Herald*, 1891, 6. 5. p. 683 ）。

⑤ W. C. Hunter, The *"Fankwae" at Canton*, Shanghai, 1911, p. 15.

⑥ 辛亥革命前，中国丝绸业者已有打破洋行垄断、自行对外贸易的想法和行动。1902 年 5 月，杭州人孙宝琦出使法国，出身南浔丝商的张静江以一等参赞名义随孙赴巴黎。张静江在法国巴黎、英国伦敦开设通运公司，又在美国纽约开设通运分公司，经营辑里湖丝和绸缎绫绢等进出口贸易。这是近代中国丝绸业最早在国外开办公司，企图直接经营对外贸易的努力之一，可惜成效不著。第一次世界大战期间，列强火拼之下，中国丝绸生产贸易的正常运作深受其害。多年来已经萌发的不甘听任洋行盘剥压迫、必欲自己经营丝绸出口的意识，在丝绸业者中越发高涨起来，并迅速见诸行动，着手创办华商丝绸出口行。1920 年，首家以打破洋行垄断丝绸出口格局为宗旨的华商丝绸出口行——华通公司脱颖而出，之后先后成立了一批出口商行、贸易公司，一些丝绸企业中也专门设立了出口部门，迎来了中国丝绸行业自营出口业务，直接进军国际市场的阶段。

英国"散商"和美国商人分别购进广东生丝 358 担和 226 担，超过当年东印度公司购入的 100 担。① 1834 年，东印度公司撤销，广州再一次出现自由商人竞设行号的高潮，从 1832 年的 66 家行号扩充为 1837 年的 150 家，5 年间增加了一倍以上。②

第一次鸦片战争以后，英国政府"用剑撬开了中国牡蛎的外壳，而商业界的任务是采取珍珠"。③ 在华洋行的活动表现出新的特点，开始以不平等条约为依据，以条约口岸制度为保护，实际上是以攫夺的政治特权和军事实力为后盾，在中国通商口岸任便选择华商自由贸易。于是，洋行势力在中国的通商口岸城市迅速扩张，其中以上海为最，仅在 1842 年就出现了 11 家洋行，④ 怡和、宝顺、琼记、仁记等大型洋行都纷纷移师沪上，进一步靠近和深入中国的主要丝茶产地，控制了中国丝茶的对外贸易。

第二次鸦片战争以后，中国开放的通商口岸由 5 口扩大为 16 口，已在沿海口岸城市站稳脚跟的外国洋行不以沿海为满足，"要向五个通商口岸以外的地方进逼"，⑤ 开始把触角深入到中国腹地，"资本狂热地涌入中国，转瞬之间，从事对华贸易的洋行增加了三倍"。⑥ 无论是在已开口岸还是在新开口岸，都出现了竞设行号的高潮。1861 年，天津开埠，华南原有各口主要洋行均派员到天津开设分号，从事贸易活动。⑦ 到 1866 年，天津已有外国洋行 16 家，其中英国洋行 9 家，俄国洋行 4 家，美国、德国、意大利洋行各一家。⑧ 时为华北与华中交通运输中间站的烟台，1861 年开埠后立刻就有世昌洋行出现，⑨ 两年后，

---

① 马士著，中国海关史研究中心组译：《东印度公司对华贸易编年史》，中山大学出版社 1991 年版，第 1 卷，第 88 页。

② 格林堡：《鸦片战争前中英通商史》，商务印书馆 1961 年版，第 170 页。一说 1834 年英国议会撤销了东印度公司对中国贸易的垄断权利后，中国对外贸易仍为英国商人所垄断，1836—1837 年在广州的外商贸易组织共有 54 个，其中英国为 42 个，美国为 9 个（参见张仲礼：《1834—1867 年我国对外贸易的变化与背景》，《学术学刊》1960 年第 9 期）。

③ 伯尔考维茨：《中国通与英国外交部》，第 3—4 页。

④ 马士：《中华帝国对外关系史》，第一卷，第 399 页。

⑤ 伯尔考维茨：《中国通与英国外交部》，第 14—15 页。

⑥ *British Consular reports*, 1867, Shanghai, pp. 117—118.

⑦ *British Consular reports*, 1867, Tientsin, p. 148.

⑧ *British Consular reports*, 1867, Tientsin, p. 106.

⑨ *North China Herald*, 1861, 7, 20.

天津的密妥士洋行也来此设立分行。① 就连比较偏僻的牛庄，也于 1861 年开埠后出现了洋行，梅特兰·布什洋行就是其中之一。其后宝顺、怡和等大洋行也相继来此设立分行，到 1865 年，牛庄已有洋行 4 家。长江一线更是洋行着力开拓的地区。早在 1860 年，就有一些大洋行深入江西河口、景德镇、义宁州等地活动。②1861 年武汉开埠，怡和、宝顺、旗昌、琼记等大洋行竞相在汉口设立分行。同年，新老洋行纷纷染指新开口岸九江，到 1864 年，在此活动的洋行已有 16 家，包括英商 10 家，美商 3 家和新开设的 3 家，而且家家都有各自的仓栈。③

　　比较起来，上海仍是外商洋行最为集中，势力扩张最为迅速的城市。1845年时，这里有 11 家洋行，到 1865 年已增加到 88 家，其中英商洋行最多，共计58 家（包括孟买商人创办的 7 家），约占总数的 65%。其次是美商洋行 6 家。④在所有这些洋行中，有银行 11 家，经纪商行 13 家，批发商行 13 家，此外还有船坞 3 家，以及各类行号、企业 35 家，等等。这些新设立的行号中，有些为新来的外商所办，也有部分是老牌洋行原有股东凭借自己熟悉市场等条件离开老行另行开设的。无论哪一种情况，新行与老行之间都保持着千丝万缕的联系。那些老牌的大型洋行随着业务的不断发展和投资领域的扩大，势力获得进一步扩张，尤其是重要商品的进出口贸易，基本上都控制在它们手里。

　　但是，外国商人虽然凭借不平等条约控制了通商口岸的对外贸易，却不能深入内地，即使在通商口岸，也不容易有大的作为。除了外国商人一般对中国市场情况不够熟悉，语言方面也有窒碍之外，还难以与中国官府直接打交道，同时，中国城市里各种排他性的行会组织，也使得外国商人难以与当地商人直接接触。也就是说，进入中国通商口岸的外国洋行，在进行对外贸易业务时，在货物进出、银钱收付、报关付税、账务处理等活动中，会遇到行情变化、汇价波动、商品品质以及商人信用等种种问题，特别是与各级官府打交道，以及与

---

① *North China Herald*, 1863, 11, 21.

② 夏燮：《中西记事》卷十七，第 20 页。

③ *British Consular reports*, 1862—1864, p. 75. 按：这一时期所增加的洋行并不都是新设立的，有相当一部分是在新开各口增设的洋行分支机构。以宝顺洋行为例，1866 年时，其在香港、广州、上海、厦门、福州、宁波、汕头、汉口、九江、天津、淡水、基隆等地都设有分号。

④ *Trade Report*, 1865, Shanghai, p. 133; *British Consular reports*, 1867, Shanghai, pp. 137—139.

国内商人进行交易等，都需要有人替洋行出面加以处理。这样的人就是所谓的"买办"。①有洋行的地方就有买办。在某种意义上可以说，离开了买办的中介和帮助，进入中国的洋行实际上就会寸步难行。

开埠初期，丝、茶两项为最主要的外销商品。英、美、法、日等国的洋行进入中国后，掌控产地货源，收购丝、茶出口，是他们首先关心和处理的事情。洋行采购丝绸出口业务的开展主要依靠买办的活动。以怡和洋行为例，创设于1843年上海开埠后的怡和洋行上海分行，其出口部设有丝楼、茶楼。丝楼大班为瑞士人R·派脱纳，②买办为朱士梅，其后是吴子青、吴子敬等。③怡和洋行在上海经营生丝出口起步早、规模大，盛时年出口水平约为10 000包上下。开始时，怡和洋行的生丝出口业务专销英国本土和意大利，以后扩大销路，逐渐销行于法国、美国、瑞士等地。其纽约分行因与美国生丝进口大户乾利洋行总行发展业务，输美生丝大增，一度约占全部业务的四分之三，余则销往英国伦敦、瑞士、法国、意大利。"怡和洋行财大气粗业务大，所以，一般供货行栈对其都较迁就，在价格上、数量上怡和总能占上便宜"。④初期辑里丝在怡和洋行的出口中占比甚大，主要由正大丝号供应；近代缫丝厂业兴起后，怡和洋行也涉足厂丝出口，主要由绪丰丝号供应。此外，怡和洋行还经营来自四川等地的生丝，主要由同康泰丝栈供应。丝楼大班派脱纳对生丝品质检验颇有经验，加上怡和洋行备有一套验丝的机械设施，能对生丝质量进行比较规范的检验，因此国外用户对其出口的生丝品质颇为信任，使其生丝出口业务得以不断扩大。怡和洋行出口的生丝有"绿宝"和"红三角"两个商标，怡和丝厂本身的产品不敷出口之需，因此常常将买进的生丝调换成自己的牌子用于出口。

又如瑞士达昌洋行，这是一家专业经营丝绸出口的外国商行，总行设在瑞士，在美、日、法等国都设有分行。上海分行开设于1896年，陆瑞荪及其弟陆菊

---

① 一般来说，鸦片战争以后，一个洋行买办通常需要具备以下条件：了解市场行情，通晓当地方言，同时懂得外语，了解外商贸易的习惯，有商业活动能力，也有与官府打交道的能力。
② 派脱纳原在公平洋行任丝楼大班，后转到怡和洋行任职。怡和洋行的股东都是英国人，由于派脱纳在经营生丝业务中，为怡和赚了数百万两银子，从而成为上海怡和洋行唯一的非英籍股东。
③ 吴子敬同时任怡和缫丝厂买办。有记载说，有个怡和洋行的买办，在三年内便为洋行经手了多达千万元的丝茶生意。
④ 参见《上海丝绸志》编纂委员会编：《上海丝绸志》第一编第二章"洋商出口行"。

苏先后担任过买办，经营丝绸出口业务包括辑里丝、厂丝、柞蚕丝，以及柞蚕绸和绢纺等品类，呈现逐年增长趋势。达昌洋行的货源均来自上海本地的丝栈或丝号。一般土丝出口销售于印度及一些小国家，厂丝出口则大部分运往美国。①

后来居上的是日商洋行，其中可以三井洋行为代表。三井洋行全称为"三井物产株式会社上海支店"，总行设在日本东京，在大阪、横滨、神户等地设有分行，国外分行则遍布美国纽约、法国里昂、英国伦敦、印度孟买、意大利和瑞士等地。在中国，三井洋行在上海、广州、天津、汉口等地设有分支机构，经济实力雄厚，经营范围也很广泛，传统商品及工业品都在经营之列。生丝部为三井洋行中一个重要部门，业务发展很快，经营的生丝既有江、浙、皖、鄂、鲁一带出产的各类土丝土经，也有上海、江苏、浙江、湖北等地生产的厂丝，主要销往美国，次为英、法等国。19世纪末20世纪初为业务鼎盛期，最盛时曾经一年出口生丝16 000担，其中厂丝土丝（包括辑里丝、灰丝和黄丝）各占一半。三井洋行的出口货源，主要来自永泰、瑞纶、信昌等丝厂出产的厂丝，振裕祥、怡丰祥、震昌、震泰（正大）、怡成等丝栈的白土丝，同康泰、泰康祥、瑞生祥、宝源祥等丝栈的黄土丝，以及恒祥同、益丰长、恒成公等丝栈的灰土丝。此外，还另设下脚料部门，专门收购废丝、双宫茧等绢丝纺绩原料，运回国内进行加工。②

除了各家大洋行都曾经营丝绸出口业务外，尚有一些小洋行涉足其间，如三星、美大、克昌、庚兴等洋行，主要经营黄、白土丝销往印度；祥利、百多、沙味、伯兴等洋行，则销运黄、白土丝至埃及等地；还有百利、台禄、固益、瀛华等洋行，则专营废丝出口业务。

二、身兼数任的买办

在中国丝绸出口贸易的运作过程中，买办制度是一项重要的制度安排。

"买办"，即有些史籍中所谓"康白度"（出自西班牙语"Comprador"）。这

---

① 到20世纪30年代后期，达昌洋行的出口实绩位列上海洋行之首，仅生丝一项就达万担之多，甚至超越了长期占据上海生丝出口头把交椅的英商怡和洋行和因中日战争而大获其利的日商三井洋行。

② 《上海丝绸志》编纂委员会编：《上海丝绸志》第一编第二章"洋商出口行"。

样的人,早在鸦片战争之前就已经有了。姚公鹤《上海闲话》写道:

> 惟"买办"二字,究作何解,历史上因何有此制度,则尝闻之老于沪事者矣。西人之来中国,首至之地点为广东。彼时外人只能居住船上,不准逗留陆地,(间有登陆居住者,则以澳门为安插地,在明时即然。见《中西记事》及曾颉刚集。)而贸易往来,则全凭十三洋行为之居间绍介。遇一洋船来,十三行必着一人前赴该船,看视货样,议定价格,然后偕同官厅派员开舱起货。及货已售罄,洋人购办土货回国,亦由此人为之居间购进;而此一人者,当时即名之为"买办"。意义上若谓代外人买办物件者然。盖此系中国商号雇用以与外人交易,与(后来)上海之所谓买办,完全受外人之雇用者,尚异其性质也。惟买办之名则沿袭由此矣。①

在当时唯一的通商口岸广州,给外国商人充当翻译和商务助手的人称为"通事"和"买办"。但此类人员外国商人不能自由雇用,按例要由中国官方指定的垄断对外贸易的行商选派和作保,同时也就受到行商的控制。②林则徐奉派前往广州办理禁烟事务时,在给道光皇帝的一个奏折中说:"各夷馆所用工人以及看门人等,均责成买办保雇,其买办责成通事保充,而通事又责成洋

---

① 姚公鹤:《上海闲话》,第64页。
② 清政府建立了"以官制商,以商制夷"的管理海外贸易的制度,即所谓"行商"、亦称"洋商"制度(广东俗称行商为"十三行",实际上"十三行"只是作为经营进出口贸易特有机构的统称,并不是说恰好十三家)。承充行商者必须"身家殷实",并由官府批准发给行帖,才能设行开业;行商多又"捐输得官",称为"某官"、"某秀"。可见行商承袭了历史上官商的传统,是封建政权管制对外贸易的代理人,具有垄断对外贸易的独占权。康熙五十九年(1720),洋行商人为了避免竞争,订立了行规,组织起垄断性的"公行";其后,又于乾隆十年(1745)在行商中指定一家为"总商",进一步加强了对海外贸易的管制。举凡中外商品之交易,关税船课之征收,贡使事物之料理,外商事务之取缔(包括招接、通译、约束、防范,以及传达政府命令,调停中外纠纷等)及商务、航线之划定,无不操之于行商之手。在这种行商制度实行的过程中,一方面,行商秉承清政府的旨意,排斥民间商人对海外贸易的参与和竞争,"外番各国夷人载货来广,各投各行贸易。惟带货物,令各行商公司照时定价销售;所置回国货物,亦令各行商公司照时定价代买"(《粤海关志》卷二十五,"行商")。嘉庆二十二年(1817)后,虽然"多少已经有所变通",但是"出口之丝茶、入口之棉纺织品——尚为公行行商一手操纵"(H.B.Morse, *The Chronicles of the East India Company Trading to China 1635—1834*, Vol. Ⅱ, p.389)。另一方面,行商则屈服于不法洋商的威逼和利诱,上下其手,将对外贸易作为与不法洋商分润的利薮。鸦片走私贸易就是一个极好的例子。

商（即行商——引者注）选择，令其逐层担保，仍由府县查验，给牌承充。"①
由此可见广州早有买办的存在，其与"夷馆"有着密切的联系，成为"夷馆"处理经商贸易及各类杂事所信赖和托付之人，且接受行商及官府的指派、担保和控制。

道光十九年（1839），江南道监察御史骆秉章上奏讨论"整饬洋务"的问题，主张"严禁孖毡"："凡土人晓习夷语，夷人买卖为之说合者，名曰'孖毡'。其始不过受雇在洋行，藉作经纪。近有'孖毡'自出资本与洋人交易，货物出口，则搭洋行代为输税，而洋行亦利其抽分，名曰'搭报'。此中良莠不一，遂有串合夷人，违禁售私等弊。更有卑鄙棍徒，名曰孖毡。实系汉奸，朝夕出入夷楼，所有售卖鸦片及过付银两，皆其勾串"。②尽管骆秉章对"孖毡"一词理解不够准确，③但其所谓"土人晓习夷语，夷人买卖为之说合者"却确有人在，正是"通事"、"买办"的职业特征。而某些"通事"、"买办""自出资本与夷人交易"，"串合夷人违禁售私"等行径，在当时看来是非法的，必须予以"严禁"。

《中英江宁条约》签订后，情况发生了根本的变化。条约中明白规定外国商人在中国通商口岸可以与任何中国商人交易，外国人对这些条文抠得很紧，力求使"中国当局方面明白承认我有权保护英国人所雇用的任何中国人不受无理的侵凌"。④班思德说过："侨居沪埠之外商，有充分行使条约赋予便利与特权之机会。"由于"上海为新辟商埠，外商贸易，可以纯任己意，力谋发展，较诸从前在粤经商须受公行之支配者不可同日而语"。⑤于是，中国人等在商务和经济上为外国商人服务，已经完全变为合法的事情，而进入中国的外国商人也迫切需要雇用"通事"和"买办"，来为其经理买和卖的业务。因为外国商人需要把中国农村中极其分散的农副产品收买过来，同时还要把从国外进口来的商品在中国销售出去，尤其是要销售到通商五口之外的地区，所有这一切，

---

① 《道光夷务》，第一册，第264页。

② 《道光夷务》，第一册，第190—191页。

③ 骆秉章对"孖毡"一词显有误会。"孖毡"其实是英语Merchant（商人）的译音。林则徐在论及此问题的奏折中说："查夷语有'孖毡'名目，音同'马占'，即华语所谓'买卖人'也"（《道光夷务》，第一册，第264页）。

④ 例如，1844年底，厦门的中国官府拘捕了两个中国人，罪名是他们在战争期间曾向英军提供食物。英国领事阿礼国立即出面抗议，使二人在一个月后即被释放。

⑤ 参见班思德：《最近百年中国对外贸易史》，海关总税务司署统计科译印，1931年。

没有中国商人（即"买办"）的中介，显然是不可能完成的。正如时人所说："沪洋行复派华籍经理，携带巨资，径赴内地采办丝茶，因之出口贸易赖以开展。"① 买办一般通晓中国商情，且与国内商人有着千丝万缕的密切关系，洋行利用买办进行商务活动，其进出口贸易就可顺利开展起来。由于买办的介入，洋行与中国商人之间的关系，便转移为买办和国内商人的关系。时人记述了这一变化发展的过程：

　　暨上海开埠，外人麇集。彼时中西隔绝，风气锢蔽，洋商感于种种之不便，动受人欺。时则有宁波人穆炳元者，（穆系定海陷时被俘，暨英舰来上海，则穆已熟悉英语，受外人指挥矣。此事闻之穆炳元之侄某君。）颇得外人之信用，无论何人接有大宗交易，必央穆为之居间；而穆又另收学徒若干，教以英语，教以与外人贸易之手续法。及后外人商业愈繁，穆一人不能兼顾，乃使其学徒出任介绍，此为上海洋商雇用买办之始。然一宗交易既毕事，则雇用关系亦遂解除，犹今人延请律师办案者然。最后外人之来沪者日多，所设行号，与华人之交往亦日繁。行号内所用之通事、西崽人等，对外购买零星什物及起居饮食必需之品类，支付款项及种种往来，外人颇嫌其烦琐，于是新开行号每当延订买办时，并兼以行内琐务委任之，而买办与行号乃遂有垫款及代管行务之职务矣。此为现时买办制度最初之滥觞。……此制之通行，当在道光季年。②

外国洋行经营进出口业务的交易场所，专门处理丝绸贸易的称"丝楼"。经常出入丝楼为外商收买中国生丝服务的买办，称"丝楼买办"。③ 由于丝、茶两项在外销商品中地位至关重要，因此丝楼、茶楼在洋行中地位显赫，丝楼买办或茶楼买办往往由总买办兼任。从本质上讲，丝楼买办与其他买办并无什么不同。丝楼买办与洋行的关系亦为雇佣与代理相结合，既垫付资金又收取佣

---

① 参见班思德：《最近百年中国对外贸易史》，海关总税务司署统计科译印，1931年。
② 姚公鹤：《上海闲话》，第65—66页。
③ 一些规模较大的洋行，如英商怡和、法商永兴等，经营范围宽广，除丝绸生意有"丝楼买办"，茶叶生意有"茶楼买办"外，还有其他的部门买办或总买办。总买办与部门买办没有统属关系，各部门买办只对洋行大班负责，有的总买办还同时兼任一、两个部门的买办。

利。但是，从丝绸行业的属性来讲，又赋予了丝楼买办以其行业的特有职能。在洋行最为集中、洋行经营较为典型的上海，当时洋行经营丝类商品业务，一般都要通过丝楼买办，由丝楼买办介绍、选择丝栈或丝号的"通事"，[①] 与洋行大班打交道。

各家外国商行的具体情况虽然不尽相同，但一般都在书面合同中用明确的条款规定自己与买办双方的权利与义务、责任与报酬。买办在洋行内设有自己的班子，俗称"账房间"或"买办间"。[②] 买办间的员工，由买办雇佣并由买办支付工资，听从买办的指使。买办参与洋行的货源收购和经办具体手续，全由买办间的员工操作，事务繁忙且繁琐。那些较具规模的洋行，一般还为此设有"副买办"一职。开始时，买办只是代外国商人经理劳务，由此取得一定的报酬（薪俸），到后来，买办的职能随着实际商务活动的需要而不断扩大，甚至发展到买办们以自己的名义设店营业，承办外国商人所要进行的各种业务，乃至外商"所欲买入或卖出者，皆委托买办，而买办乃体其意旨，与各商人直接交涉"。[③]

洋行的买办每个人都必须联系数目不等的内地华商，有一个大买办，与他建立业务联系的华商不少于 100 家。一家大洋行在十几个口岸都设立分行，各分行的买办又都会联系大量当地商人，如此算来，相当可观。周庆云《南浔志》记载："南浔七里所产之丝尤著名。出产既富，经商上海者乃日众。与洋商交易，通语言者，谓之'通事'；在洋行服务者，谓之'买办'。"[④] 有资料显示，有个买办每年为一家洋行经手生意达数百万两；怡和洋行的一个买办，3 年时间里为其做了 1 000 万两的丝、茶生意。[⑤]

19 世纪后半期，外汇和货价经常波动。中国商人亏蚀倒闭的情况经常发生。洋行不仅担心收进钱庄庄票的兑现问题，还要担心向华商所订货物能否按期付款提货，能否及时脱手，收购的出口货物能否到手，品质是否合乎要求等等问题。贸易风险越来越大，需要买办担保的事情越来越多，于是买办每经手

---

① 后称"经纪人"。
② 如琼记洋行在香港的行员只有 8 人，而"买办间"（后来称为"华经理账房"）则多达 20 余人。大的洋行如宝顺洋行等，在中国都有自己的买办班子。
③ 东亚同文书院编：《中国经济全书》，第二辑，湖广总督署译印，1910 年，第 246 页。
④ 周庆云：《南浔志》卷三十三，第 3—4 页。
⑤ *North China Daily News*, 1867, 3, 22.

一项买卖交易，便向洋行收取一份佣金，这一做法逐渐推广，佣金制度遂成为买办制度中的一项重要内容。时人指出："现在这种制度颇为盛行，佣金制度逐渐被认为是付给买办一部分薪水的办法，对于在中国的大多数洋行来说，唯一的措施也只不过留意佣金数量是否合理。"又说："现在雇佣买办必须订立书面的合同，合同中规定某几项佣金，并规定买办要保证对一切协议条款都忠实的履行。出口丝绸的洋行，则根据所购丝绸的数目付给一定佣金。"① 以此，洋行与买办之间形成既是一种雇佣关系，又是一种代理取佣关系。②

买办既然向洋东承担这些商业上的责任，连带而来的就会开展一些自己的商业活动，而这些商业活动，往往同洋行的业务相辅相成，利害攸关，洋行既无限制的可能，亦无限制的必要。19世纪五六十年代后，很多买办都既是洋行的雇员，又是独立的商人。例如1861年至1868年担任宝顺洋行买办的徐润，在为洋行做生意的同时，也为自己做生意。他早在宝顺洋行上堂帮账时，就自己经营茶叶、生丝等生意，与人合作开设"绍祥"商号，从内地收购茶叶、生丝等，转卖给上海各洋行。徐润所卖的，正是洋行所想买的，这既为宝顺洋行提供了合适的货源，又为自己赚取了差价。数年之间，徐润经手的丝茶生意额达千万，按上海洋商总会规定提取3%佣金的惯例，由此积累起的财富相当可观，有人估计积财达数百万两之多。③

开埠初期的担保制度，仅限于买办对洋行的忠诚和不亏空等方面，自19世纪50年代后期起，钱庄庄票开始在华洋贸易中通行，时有"百货交易，惟凭汇划钱庄庄票"之说。但上海钱庄一般资金薄弱，洋行对庄票是否能够如期照数兑现无法掌握，于是就要买办承担庄票的全部风险。从19世纪70年代开始，上海又逐步推行中国商号委托洋行向国外购货的"订货制度"，在当时银价下跌

---

① 1905年，美国领事安德森（Andnson）在领事报告中提到佣金问题时如此说。
② 有学者认为，到19世纪后期，洋行与买办的关系已经发展到这么一个阶段，与其说是"雇佣关系"，不如说是"合作关系"更为贴切，"因为不仅有包购包销，还有资本合作"（聂宝璋：《洋行、买办与买办资产阶级》，孙健编：《中国经济史论文集》，中国人民大学出版社1987年版，第165页）。
③ 徐润（1838—1911），广东香山人。出身于买办世家，伯父徐昭珩是上海宝顺洋行买办，堂族叔徐关大是上海礼记洋行买办，季父徐瑞珩（荣村）在上海开埠不久即经营荣记丝号，估计也是一个为洋行服务的商人。徐润15岁到上海，入伯父徐昭珩任总买办的宝顺洋行学丝学茶，帮办业务。24岁时，徐润接任副买办之职，第二次鸦片战争后升任宝顺洋行总买办，直到1868年离开，其间经手了巨额丝茶生意，从而积累起巨额财富。

　　　　　　　　　　　　　　　　　　　　　　　　　晚清丝绸业史

和外汇波动的情况下，贸易风险很大，为了防止客户违约和其他种种扯皮事件的发生，又需买办保证国内商号按期付清货款和如期提货。尔后，洋行自己进口的货物也要买办负责出售，并发展到出口货物由于品质问题引起国外索赔，也须买办承担责任，等等。而单纯的信用担保已不能满足洋行规避风险的要求，于是根据实际需要，实物担保和现金担保又很快在买办制度中推广开来。①

买办为洋行付出的劳务、承担的风险及买办的保证金、垫款等加在一起，构成买办收取工资和佣金的条件。在这个基础上，洋行和买办签订书面合同，并取得当地相关外国领事的承认与保护。② 这种洋行与买办双方签订合同，雇佣与代理相结合，既垫付资金又收取佣金，并接受外国领事监护的特殊制度安排，就是19世纪后半期逐步形成起来的，在近代中国特殊社会条件下盛行的买办制度。③

英、美、法、日等国的洋行进入中国后，掌控产地货源，收购生丝出口，是他们首先关心和处理的事情。洋行丝楼买办的主要业务之一，是为洋行安排到内地采购生丝。"自海禁大开，夷商咸集上海。湖丝出口以南浔七里丝为尤著"。④在《天津条约》签订前，按照南京条约的规定，外商"贸易处所，只准在五港口，不准赴他处港口"，"更不可远入内地贸易"。⑤ 但洋行为了扩大贸易，往往利用买办到中国内地代为采办。19世纪40年代，已有买办接受洋东委派，到内地为洋商采购丝茶⑥这显然已经超出当初买办所承担的行内琐务的责任范围。"这是一个值得注意的变化，意味着买办开始具有独当一面的职能，买办与洋东的关系已不单纯是受雇关系，而是已深受洋东的信任，否则洋东也不会派买办携带现款深入内地去活动。"⑦

---

① 实物担保往往是买办以"道契"过户给洋行，洋行可以用"道契"向银行抵押借款。遇到洋行倒闭，"道契"往往作为洋行的资产清理。所谓"道契"，指的是晚清时外国人可以永远租用的名义，在中国境内向业主租赁土地。议妥成交，要由当地道署发给地契，即"道契"。

② 一般来说，合同一式三份，除洋行、买办各执一份外，另一份留存领事馆备案。

③ 作为洋行操纵丝绸出口贸易的重要手段之一，买办制度始于鸦片战争之后，随即普遍推广。

④ 周庆云：《南浔志》卷三十二，第21页。

⑤ *North China Daily News*, 1850, 12, 7.

⑥ J. Scarth, *Twelve Years in China*, p. 110.

⑦ 聂宝璋：《洋行、买办与买办资产阶级》，孙健编：《中国经济史论文集》，中国人民大学出版社1987年版，第135—174页。

《天津条约》签订后，洋行更迫不及待地派出大批人员深入内地市场，"经常有洋行买办带着现款到乡间去买丝"。① 施佳思（J. Scarth）在著于 1860 年的《旅华十二年》中写道："大笔现银委托中国人（买办）到内地收买丝茶，近来上海和福州已经风行，广州这种情况还不太多。这笔钱几个月无影无踪地送到外国人不能去的地方，但逃跑的事情是绝少的。"② 实际上，自 19 世纪四五十年代起，洋行在金融上已经与买办相互依赖。有资料表明，50 年代时洋东就可以身上不带钱，而带买办的支票。③

三、湖州丝商及买办

五口通商以后，中外贸易的中心逐渐由广州向上海转移。一开始，在上海充当外商翻译、通事的仍以广东人居多，经营对外贸易或担任洋商买办的，也多是广东人。不过，邻近上海的浙江人，很快便开始涉足这一受到传统社会鄙视、收益虽然可观但风险也很巨大的行业。④ 上海开埠后，大批浙江商人前往上海从事对外贸易，他们或是替洋商代理经营而致富，或是附股洋商企业而获利，或是从事对外贸易而发迹，很快就超越了广东籍买办，成为上海买办行业中人数最多、势力最强的一个群体。时人称："充任各洋行之买办所谓'康白度'者，当以邑人为首屈一指。其余各洋行及西人机关中之充任大写、小写、翻译、跑街，亦实繁有徒。"⑤

最先作为买办从事中外蚕丝贸易者，多为浙江湖州南浔镇上人士。"湖丝销售洋庄，南浔镇实开风气之先。当时湖州六属丝行，几皆为南浔人所包办；

---

① 呤唎:《太平天国革命亲历记》。据呤唎说，1860 年，当他在一条专门往来于上海和太平天国境内的运丝小轮船上当大副的时候，就有一家洋行的买办搭他的船，带了大约五万两银子到苏州附近的三里桥采购生丝。

② Scarth John, *Twelve years in China*.

③ *North China Daily News*, 1866, 11, 28.

④ 有资料记载，中国近代第一个浙江籍的买办，据说是定海人穆炳元。他在鸦片战争的定海战役中被英军俘获，随英军进入上海，由于会讲英语，颇得外国人信任。上海开埠后，一些洋行洋商遇有大宗交易，都要请他做中人，业务甚为繁忙。后来，穆开始招收学徒，传授语言和经纪人知识，学生多是从浙江来上海谋生的家乡子弟（参见王翔:《话说浙商》，中华工商联合出版社 2008 年版，第 73 页）。

⑤ 光绪《定海县志》。

由湖州出口，亦以南浔为中心。南浔镇上略有资产者，皆由是起家。家财垒聚，自数万乃至数百十万者，指不胜屈"。①周子美《采访册》载："道光以后，湖丝出洋，其始运至广州，其继运至上海销售。南浔七里所产之丝尤著名。出产既富，经商上海者乃日众。与洋商交易，通语言者谓之'通事'，在银行服务者谓之'买办'。镇人业此因而起家者，亦正不少。"②

南浔人士之所以占得生丝中外贸易的先机和优势，在很大程度上正是拜丝业买办（包括"丝通事"）之所赐。时人指出：

> 经营丝业者必须具备之条件有二：资本与人力是也。二者以人力为重，资本为轻。盖资本原需无几，规模小者只数百金已足，无资者且可告贷。惟当时风气甫开，通外国语言者人才极感缺乏，收买蚕丝销售洋庄者，必须经中间人之手，方能成交。此中间人即当时所谓之"丝通事"。丝通事名任翻译，实则通晓国内外行情，双方尽受其玩弄，不啻一奸猾之捐客。经营丝业者，苟非得亲戚故旧之为丝通事者为之介，则资本虽未必尽数亏蚀，但绝无余利可得。当时任丝通事者皆为湖州之南浔人，此南浔所以包办丝业之又一因。即以南浔本地而论，其以丝业起家者，除须有充分之资本外，并须有得力之丝通事。③

由此可以看出，在蚕丝贸易、特别是蚕丝国际贸易的过程中，买办及买办商人的重要性及其所发挥的不可或缺的作用。文中所谓"丝通事"，系指通晓外国语言并熟悉丝业经营的人。④这些人活跃在丝绸对外贸易领域，向各地的直接生产者或小商贩收购丝绸，供应给通商口岸的外国商行出口，赚取可观的商业利润，而并以此起家发迹。时人称：

> 农民育蚕所得，乃丝商盈利之剩余……（有资产者）此时以低价向农

---

① 中国经济统计研究所：《吴兴农村经济》，第 122 页。
② 见周庆云：《南浔志》。
③ 中国经济统计研究所：《吴兴农村经济》，第 123 页。
④ 即所谓"与洋商交易，通语言者谓之'通事'，在银行服务者谓之'买办'"（参见周庆云：民国《南浔志》）。

民购丝，以高价售之于上海之洋行，一转手间，巨富可以立致。其间虽不无几许困难，然其致富之机会，显较贫苦之农民占优势。于是小富者一跃而为中富，中富者一跃而为巨富，一时崛起者甚众。①

这样的商人，形式上或许是独立的，其实从属于外国资本。他们虽无买办的名义，但在经济上对外国商人具有极大的依附性，实际上也就成了买办。他们通过分割外国商人的高额利润，以及利用职业之便经商获利，在极短时间内便积累起巨额财富，成为近代中国最令人眼红的暴发户。

在早期湖州籍的丝业买办之中，顾福昌是一个响当当的人物。顾福昌（1796—1868），字成之，号春池，南浔人。因排行第六，人称"顾六公公"。②他少年时家贫，遂弃学就商，初在航船埠头摆摊，买卖农产品，兼营蚕丝。上海开埠后，辑里丝可以直接装运上海，与洋人成交出口，顾福昌遂迁居上海长住，成为"丝通事"，专营辑里湖丝的出口贸易。《南浔志》说：顾福昌"壮岁薄游沪上，时值各国通商，首先经理夷务"，③成为最早与洋行直接发生业务关系的南浔丝商。其后，顾福昌担任了英商怡和洋行买办、怡和打包公司总经理，独占了当时上海的生丝出口打包业务，本人也在担任买办，经营蚕丝出口生意的过程中积累了巨额财富，成为著名的南浔"四象"之一。④

有些知名丝商亦被洋行聘为买办，为洋行所用。在这方面，旗昌洋行买办陈竹坪是一个典型。陈竹坪（1822—1889），原名熊，改名煦元，以字行。湖州南浔人，早年在湖州从事丝绸买卖，咸丰初年来到上海，开设裕昌丝栈，经营生丝生意，在19世纪60年代已是上海滩上有名的丝商巨贾。《陈公行状》谓："我国出品以丝为大宗，而洋商来华贸丝实繁有徒。煦元侨沪数十年，为

---

① 中国经济统计研究所：《吴兴农村经济》，第122页。
② 当时南浔曾流传两句随口曲："顾六公公朱九伯，仙槎二叔俨三哥"。分别指的是南浔镇上几位名列前茅的大丝商。
③ 参见周庆云：《南浔志》。
④ 顾福昌有三子，均继承父业，经营蚕丝。二子寿臧长住上海，在丝业界颇著声誉，曾任上海丝业公所总董。其后，顾家因囤丝失败，家业中落，顾寿臧子顾叔萍承祖上遗荫，任上海怡和洋行及怡和打包公司买办和总经理。顾叔萍去世后，其子怡康（字乾麟）继承父业，继为上海怡和洋行总买办及怡和打包公司总经理，为上海怡和洋行最后一任总买办。顾家一脉算得上买办世家。

丝业领袖,能通译西语而出于诚笃,中西丝商倚之如长城。"① 因其在业界人脉甚广,旗昌洋行遂聘其为买办,陈竹坪也利用洋行买办的身份,扩展自己的商业活动。他既为旗昌洋行采购生丝,也为怡和洋行采购生丝,赚取高额佣金而拥资巨万。1862 年,一位洋商谈到陈竹坪时说:"他是此地的大亨之一。他在旗昌的计划里投下了 13 万两,拥有'苏格兰'号、'竞赛'号、'山东'号和'查理·福司爵士'号,还有房产和地产也占半个外国租界。他现在同我们非常友好,是一个掌握钱财的人,我们要向他叩头求拜。"能够使洋商"叩头求拜",足见陈竹坪的财势之雄厚。

湖州人吴少卿,字庆弟,丝通事出身,略懂"洋泾浜"英语,他在上海开设成顺泰丝栈,经销辑里湖丝。1880 年前后,吴少卿就任瑞记洋行买办,在买办任期内,1893 年购进瑞记洋行的瑞隆丝厂自行经营,1904 年又创设龙章造纸厂,曾任上海总商会会董,吴少卿去世后,其子吴登瀛承袭父职,继任瑞记洋行买办,又任安利洋行买办。吴登瀛的儿子吴申伯,后也曾任宝裕洋行买办。

又有程松卿者,亦为湖州人士,早年经营丝业,熟悉蚕丝业务,来上海后担任一个外国生丝检验人亨德(W. E. Hunt)的助手,5 年后改做生丝掮客。1905 年接受法商永兴洋行雇佣,被聘为出口部买办兼总买办,一直持续到 1918 年。

莫觞清(1871—1932),湖州双林人,幼入私塾,后进学堂。清光绪二十六年(1900),入苏州延昌永丝织厂,因办事精干,粗通英语,深得经理杨信之赏识,两年后到上海勤昌丝厂任总管车。二十九年(1903),与人合资在上海开设久成丝厂,生产"玫瑰"和"金刚钻"牌生丝。次年兼任上海宝康丝厂经理。1910 年在上海卢家湾建久成二厂,旋在日晖港建久成三厂,又在恒丰路租设恒丰丝厂。1913 年前,他投资开设和兼任经理的丝厂有:久成一、二、三厂、德成丝厂、又成丝厂、余成丝厂、云成丝厂、云成二厂、元利丝厂、元元丝厂、大有利丝厂等 10 余家。共计丝车 2 856 部,年产厂丝 5 370 担,约占当时上海丝厂及丝车总数的十分之一以上。②

---

① 李经芳撰:《陈公行状》,转引自林黎元:《"四象八牛"——南浔丝商十二家族》,浙江省政协文史委员会编:《浙江籍资本家的兴起》,浙江文史资料选辑第三十二辑,浙江人民出版社 1986 年版,第 51—52 页。

② 1917 年,莫觞清与人合资开设美亚织绸厂,而后成为丝织业的巨擘。

表 3-19　晚清时期部分浙江湖州籍著名丝业买办简况

姓　名	丝业经历	任职洋行	姓　名	丝业经历	任职洋行
顾福昌	丰盛丝栈业主	怡和洋行	杨涵斋	永达仁丝栈业主	新时昌洋行、公平洋行
顾寿臧	顾福昌之子	怡和洋行	沈静轩	丝业出身	永兴洋行、立兴洋行
顾叔萍	顾寿臧之子	怡和洋行	邱毓庭	正大丝号股东	公安洋行、宝克洋行
陈竹坪	丝通事、裕昌丝栈业主	旗昌洋行	吴梅卿	丝业出身	永兴洋行、台禄洋行
吴少卿	顺泰丝栈业主	瑞记洋行	沈燮臣	丝业出身	公平洋行、茂生洋行
吴登瀛	吴少卿之子	瑞记洋行、安利洋行	沈联芳	恒丰丝号业主	华兴洋行
吴申伯	吴登瀛之子	宝裕洋行	宋季生	丝业出身	中和洋行
程松卿	生丝掮客	永兴洋行	莫觞清	丝业出身	兰乐璧洋行
黄佐卿	昌记丝行业主	公和洋行	杨信之	泰康祥丝栈	延昌恒洋行、安达洋行

资料来源：据周庆云：民国《南浔志》；《上海丝绸志》编纂委员会编：《上海丝绸志》,《湖州丝绸志》编纂委员会编：《湖州丝绸志》(海南出版社 1998 年版)；林黎元：《"四象八牛"——南浔丝商十二家族》、李惠民：《第一个在沪创办丝厂的民族资本家黄佐卿》(浙江省政协文史委编：《浙江籍资本家的兴起》，第 29—56 页，第 57—61 页)；徐鼎新：《试论清末民初的上海(江浙皖)丝厂茧业总公所》(《中国经济史研究》1986 年第 2 期)等摘编。

　　整个 19 世纪后半叶，丝业买办因财势浩大而在社会上享有很高声望和影响。60 年代末上海重建行会时，怡和洋行买办唐景星和宝顺洋行买办徐润即被同业推举为丝业公所、茶业公所和药局(鸦片公会)的董事。[1]顾福昌之子、怡和洋行买办顾寿臧也曾担任过上海丝业公所总董，[2]并筹办南浔丝业恤厘会，附设于南浔丝业公所内，"劝募经常恤款"，用于从业人员福利。[3]瑞记洋行买办吴少卿、天祥洋行买办沈子云、新时昌洋行买办杨涵斋等，也曾先后担任过

---

[1]　《上海丝绸志》编纂委员会编：《上海丝绸志》第一编第二章"洋商出口行"。

[2]　林黎元：《"四象八牛"——南浔丝商十二家族》，浙江省政协文史委编：《浙江籍资本家的兴起》，第 47 页。

[3]　周庆云：《南浔志》，"丝业恤厘会"。

上海丝业公所的董事。安达洋行和延昌恒洋行双料买办杨信之（兆鳌），还曾担任过江浙皖丝厂茧业总公所的总理，其副手（坐办）沈镛（联芳），也是担任华兴洋行买办的上海丝业头面人物之一。①

沈联芳（1870—1947），湖州人，早年就读于家乡私塾，16 岁时在湖州城内恒有典当作学徒，清光绪十九年（1893），经其舅父介绍，入瑞纶丝厂为职员，很快升任高级职员，不久，应聘为华兴洋行买办。光绪二十六年（1900），沈联芳集资 40 余万两白银，在上海河南北路鸿安里与人合资创办振纶洽记缫丝厂，系有限公司性质，自任经理。1908 年，又在闸北创设恒丰缫丝厂、恒丰丝号，同时致力于房地产投资，先后建造恒丰里、恒通里、恒祥里、恒康里、恒乐里等里弄住房和恒丰大楼，出租牟利，亦投资于不少工商企业和兴办一些社会公益事业。1910 年闸北商团成立，他被举为会长，1912 年被举为闸北市政厅厅长，又任闸北慈善团总董，湖州同乡会会董。②1911 年，沈联芳出任江浙皖丝厂茧业总公所二把手——"坐办"。1915 年初，被推为江浙皖丝厂茧业总公所总理，同年 11 月，又当选为上海总商会副会长。③

从经济发展的角度来说，财富积累的速度和数量固然重要，但更重要的在于它的使用方式。从事丝业买办成为近代湖州，尤其是南浔商人进行资本原始积累的重要途径，造就其动辄数百万、上千万银两的巨富身家，更重要的是，如上所述，他们愿意投资于近代新式企业。与西方商人直接而广泛的接触，使他们比其他任何阶层的人都更能意识到开办新式企业的重要性和迫切性，从而把手中积累的财富广泛投资于近代工商业，成为近代资本主义机器缫丝工业进入中国的领路人。他们所创办的企业，通常都装备了较高效率的机器，使用着较为先进的技术，同时还将其所熟悉的先进经营管理方式带入企业，成为新式工商业经营的行家里手，成功地运用了工厂制、合同制、有限责任制等种种新的制度安排。

---

① 徐鼎新：《试论清末民初的上海（江浙皖）丝厂茧业总公所》，《中国经济史研究》1986 年第 2 期。
② 期间沈联芳发起在上海闸北筑路造桥，阻止租界向苏州河以北扩展。此后闸北市容逐渐兴盛，南北交通也日趋便利。现上海闸北的恒丰路及恒丰路桥就是用沈联芳所办的恒丰丝号和恒丰丝厂的"恒丰"两字为名，用以纪念他的功绩。
③ 时逢第一次世界大战，生丝外销一度呆滞停顿，丝厂业岌岌可危，沈联芳以丝厂茧业总公所负责人名义出面向北洋政府交涉，请求救济，于 1915 年由财政部拨款 60 万两，用作丝业维持金，帮助上海丝厂渡过难关。

四、华商"丝栈"与"丝号"

主要经营内地各省生丝出口业务的丝栈,是中国生丝出口链条中的一个必经环节,同时也是整个丝绸行业的一个重要组成部分。① 丝栈因应着中国生丝出口的需要而产生,在华洋丝绸贸易商人之间处于流通活动的中介地位。鸦片战争以前,已有丝栈的出现,上海开埠以后,随着生丝出口贸易中心转移到上海,丝栈迎来了爆发增长的时期。据上海洋商丝公会的调查,当时为出口洋行提供丝绸货源的各地丝栈多达数十家。1880 年前后,上海主要经营江浙两省所产各类土丝出口的丝栈就有 20 多家,特别以经营辑里丝的输出贸易为重点。其中以黄佐卿的震昌仁、杨信之的泰康祥、吴少卿的顺成泰、邱稼苏和徐升甫的震泰、邵越苏的恒昌、杨万丰的永达成、徐鸿达的怡成、陈竹坪的陈兴昌、刘贯记等几家较为活跃。②

丝栈设立的地点大多接近洋行所在的街区,规模则大小不一,中等规模的丝栈一般雇佣通事三、五人,员工二三十人,包括报关、账房、信房、抄信、杂务等大小职员和运货、过磅、拆包、出店的工人等。丝栈所经营的业务使其成为各家洋行丝楼买办们打交道的生意对象,而有些买办本身就是颇具实力的丝栈业主或股东。③ 丝栈与各地丝商、客帮建立起密切的联系,为丝绸商品的出口贸易提供各种帮助。在上海,丝栈业务的主要特点是,对内地省市来沪同业、客户提供三方面服务:一是丝栈皆设有相应的食宿条件,可供来往人员小住,关系密切的还可在丝栈内设立长驻办事机构。二是丝栈一般都自有仓库,可供运沪生丝堆放,也可在仓库内按出口要求进行分档、改装、打包。三是可为有关业务的供货丝商填款融资。"这些服务均在代客户向出口洋行推销、成交、出运后,按规定收取费用、利息和佣金"。④

在 19 世纪后半叶的上海,还有一些山东帮和四川帮商人开设的丝栈,主

---

① 以打破洋行垄断丝绸出口格局为宗旨的华商丝绸出口行(也称贸易公司或出口部),到 20 世纪 20 年代后才出现。

②④ 《上海丝绸志》编纂委员会编:《上海丝绸志》第一编第三章"华商行栈"。

③ 参见本章本节"三、湖州丝商及买办"。

要经营山东、东北、四川、湖北等省出产的生丝。山东帮丝栈著名者有恒成公、振祥同、恒祥同、恒兴德、益丰长、和聚栈等，其中恒成公专营山东及东北生丝，振祥同在经营山东和东北生丝外，还兼做牛羊皮革生意，恒祥同与和聚栈则专营东北柞蚕丝，兼营牛羊皮生意。四川帮丝栈著名者有同泰康、定源祥、万生丰、葆太和、盈昌祥、聚旭等，经营四川丝的内地商人，一般都派人长驻丝栈，由丝栈代售货物，代收货款。湖北和安徽的生丝数量虽不甚多，也由四川帮丝栈代销。四川丝的出口集运于重庆，沿江而下到汉口，转装轮船运抵上海后，川帮丝栈凭提单向海关报关，提取生丝堆放在自己仓栈内并代为保险。此外，经营四川丝的商人还有一种"单帮客"，即贩运商，他们运丝来沪，售出后买些棉纱、棉布等货回去。这些单帮客大多住在大川通、太古渝、怡和渝、大阪渝等几家报关行内，通过它们各自的关系，把丝售与洋行出口。

这些丝栈都有各自固定的供货渠道和相对稳定的客户，"双方关系极为密切，不少都是至亲好友，在经济上相互依存"。① 另一方面，尽管没有明确的规定和严格的分工，丝栈和洋行之间也都维持着相对稳定的供货和收购关系。"从洋行角度来看，在经营土丝、四川丝、山东丝等出口方面，同有关丝栈关系也较密切。其中以霍昌丝栈（冯二南）、同康泰丝栈（徐少苏、凌兰芳）、泰康祥丝栈（杨信之）、瑞生祥丝栈（朱彦卿）、和聚栈（葛稚梁）、益来栈（郭楫成）、益来长（赵聘三）等，皆为怡和、三井、信孚、连纳等洋行的主要供货丝栈"。②

丝栈的经营者，包括经理和股东，大多自兼通事，直接与洋行买办或大班打交道。"丝栈、丝号的通事们经常集会于南京路出口生丝行栈的俱乐部，交流议论当天交易情况和价格趋向"。③ 在生丝收买与出售的过程中，丝栈还往往起到一种金融业者短期头寸调剂的作用。经营得法的丝栈一般信誉卓著，钱庄均乐于向其放款，而丝栈则按当时行情（一般为按市价七折），垫款给购丝运沪的丝商，其月息略高于钱庄对丝栈的放款，以此作为增加其利润收入的一个手段。

值得注意的是，有些丝栈还附设有小型丝厂，应买主的需要对出售的生丝的品质进行改进。经营生丝进出口业务的丝栈，直接与洋行和买办打交道，了解外商对出口生丝的品种喜好和质量要求，对己方产品的质量缺陷和不符需要

---

① ② ③ 《上海丝绸志》编纂委员会编：《上海丝绸志》第一编第三章"华商行栈"。

之处也有更加深切的体会；同时，丝栈多开设在通商口岸城市，这里往往得风气之先，是展示先进科学技术设备及生产组织形式的窗口，也是先进生产方式进入中国的大门，凡此种种，都使得丝栈业主具有改良土丝品质的主观意识，也具备引进国外先进方式的客观条件，从而使其在将近代缫丝工业生产方式引入内地省份的过程中扮演了重要的角色。

近代四川出产的蚕丝有相当部分经由上海输出，但是直到19世纪末，这里尚未感受到近代缫丝工业的洗礼，缫丝生产的工具仍然停留在传统的木制"大车"阶段①，并且仍然保持着农家手工副业生产的形态。②传统缫丝法由于煮茧时不能有效控制温度，所缫之丝质地脆硬，丝线易于打结，制成丝料容易起皱。因此不能满足国外机器丝织生产的需要，造成大量外商拒绝接受的"废丝"。1893年川丝出口总计13 507担，其中废丝多达8 268担，占出口总额的61.2%。③20世纪初年，借助于上海四川帮丝栈反馈的信息，川省缫丝生产的组织形式和技术设备的近代转型拉开了序幕，一些缫丝手工工场开始出现，借鉴国外和国内沿海地区的先进经验和技术，对川省的传统缫丝技艺加以改良，取得了很好成效。

1905年，川北潼川府三台县人陈开沚（宛溪）于三台县万安寺设立裨农丝厂，置备丝车100台，延聘浙江技工，招徒缫丝。在传统缫丝生产的基础上，借鉴利用上海式或日本式机器丝厂的组织形式，采用意大利式木制直缫丝车，渐次向机器缫丝生产过渡，时人称"此为川省机器缫丝业之嚆矢"。④1907年，重庆商人王静海在潼川府城创设永靖祥丝厂，购置机具改良缫丝，按照近代丝厂格局组织生产，"工厂建筑如法，丝车改良合式"，有丝车240架，每年产丝240箱。丝质光洁匀细，运往上海销售，"随到随卖，均已售毕，足见销路开通，毫无阻碍。每箱卖价比潼川土法缫丝可多售银一百七八十两以至三百两。近来缫工技艺愈见熟习，自此以往，进化可期。"⑤榜样既出，"仿而行之者，相

---

① "大车"，为四川传统缫丝工具之俗称，相对的，近代缫丝工具则俗称"小车"，也有称"铁车"者。
② 有人分析认为，在长江轮船航线尚未延续到重庆之前，缫丝机器搬运入川的成本太高，所以和其他工业一样，20世纪以前近代缫丝工业几乎不可能在四川出现。
③ 张学君、张莉红：《四川近代工业史》，四川人民出版社1990年版，第114页。
④ 日本蚕丝业同业组合中央会编：《支那蚕丝业大观》，东京冈田日荣堂1929年版，第774页。
⑤ 《四川劝业道札知重庆劝业分所潼川永靖祥丝厂辍业由渝商赵资生等集股承办卷》，四川省档案馆藏：全宗6，目录54，卷137。

继不绝。现各乡小厂林立"。① 在新式丝厂的带动下,"潼属乡丝,亦因之渐有进步"。②

在传统缫丝法的基础上,四川缫丝生产"折中采用上海式或日本式机器缫丝法,形成所谓木车扬返丝场,以之作为机器缫丝业的起点,其后方继续进展到设立纯粹上海式或日本式的缫丝工厂。"③1908 年,神农丝厂添置丝车,扩大生产。所产生丝运销海外,"洋商略嫌丝质脆硬易断,因机器缫丝法尚未完善,各机器厂搜罗蚕茧积贮既久,茧内蚕虫防其变腐害丝,故收茧者务将新茧用火焙至茧内蚕虫极燥为止,复以软机将茧压扁,候蚕虫粉碎,乃可保其不变。惟已受如许热度,加以压力,故其丝硬脆易断"。④ 木车缫丝的技术缺陷,制约着丝厂外销业务的拓展。信息反馈回川,神农丝厂意识到:"非大变其计,不足以挽回利权,而挽回之术,莫如以机器自良其制法。"⑤ 遂经由上海川帮丝栈的中介,从上海购买汽罐等新式丝厂所需各种设备,长途跋涉运来四川;又新购意大利式铁机丝车 140 台,投入使用后,升级为真正意义上的近代机器缫丝工厂。⑥ 这一举动,当时堪称一大工程。"自是一般蚕丝企业家,闻风兴慕,相继踵起,不数年,而厂丝产额达三四千担之巨,而川厂丝以是闻名于欧美诸邦,蜀之经济,因是得以活动其金融。"⑦ 这样,在长江三角洲和珠江三角洲的近代缫丝工业兴起了三四十年之后,四川省终于出现了第一家真正意义上的近代缫丝工厂(Steam filature),次年的海关报告上,也才开始有了"厂丝"(filature silk)输出的记录。⑧

在山东,直到 19 世纪后期,"与(当地的)传统育蚕法相映衬,这里的旧式制丝法颇为原始"。⑨ 缫制出来的丝称为"大框(圹)丝",常有色泽灰暗、纤

---

① 《民国三台县志》卷二十二。

② 《四川劝业道札知重庆劝业分所潼川永靖祥丝厂辍业由渝商赵资生等集股承办卷》,四川省档案馆藏:全宗 6,目录 54,卷 137。

③ 日本蚕丝业同业组合中央会编:《支那蚕丝业大观》,东京冈田日荣堂 1929 年版,第 769—770 页。

④ 《四川官报》,甲辰二月,新闻五。

⑤ 民国《三台县志》卷八"人物"志,行谊。

⑥ 这种类型的丝厂,汽罐为必须之设备,故称 Steam filature,使用的是自上海引进的铁制缫丝机械,所以又被称为"铁车"。

⑦ 《民国三台县志》卷十三。

⑧ 为数尚少,只有区区 148 担。

⑨ 日本蚕丝业同业组合中央会编:《支那蚕丝业大观》,东京冈田日荣堂 1929 年版,第 629 页。

度不匀、丝缕乱、条分粗等毛病，只用于国内织造土绸，而不适于外洋机器织绸。在上海山东帮丝栈的信息反馈和改良建议下，山东缫丝生产引进了南方的"小框（犷）丝"缫制技术，①虽仍使用人力机缫丝，但丝缕配有定数，纤度均匀，洁白光亮，类似厂丝。与大框丝相比，小框丝产量高，质量也好，使用方便，受到市场欢迎，还节省了人力，"四乡亦渐推广"。②小框丝技术的推广，成为山东缫丝业由手工操作转变为半机械化操作，并进一步向机器生产过渡的中间形态。

　　1911 年，设立在周村的裕厚堂丝厂引进蒸汽机作为动力，成为山东省缫丝业跨入近代机器生产门槛的标志性事件，而蒸汽机械的成功引进，与设在上海的"山东帮"丝栈商人是分不开的。当时的调查者记述了这一过程："（山东）从事缫丝业者曾将生丝悉数集中于周村，其中输出部分经芝罘运往上海市场，经所谓'山东帮'（丝栈）之手加以售卖。通过这一交易路径，山东业者自己引进了上海式直缫机，民国初年在周村设立了裕厚堂丝厂，这可称为山东省机器缫丝工业之嚆矢。"③ 其后，随着生丝市场行情的好转，赢利颇为可观，又有一批采用蒸汽动力的近代丝厂建成开工。这些丝厂出产的生丝多运往上海，交由设在上海的山东帮商人经营的丝栈从事贸易。这些丝栈的经营者长期从事生丝贸易，又身处近代缫丝工业发达的上海，耳濡目染，遂有跨界经营的举动，在家乡山东投资创办新式丝厂。如"山东帮"恒兴德丝栈长期在上海经营山东桑蚕丝和柞蚕丝贸易，对生丝市场行情十分熟悉，遂将业务延伸至蚕丝生产领域，引入机器设备和经营管理方法，开办了具有相当实力的恒兴德丝厂。④

　　随着近代机器缫丝工业的兴起，一种新的行业——丝号业——便应运而生。丝号业与传统丝栈业有所联系又有所区别，它主要经营相关地区的厂丝出口业务，与主要经营内地各省土丝类产品出口业务的丝栈业形成了一种自然的历史分工。"因此，经营特色表现在对内关系上有所不同；在对外关系上，即对

---

① 山东省淄博市周村区志编纂委员会编：《周村区志》，中国社会出版社 1992 年版，第 194 页。按：所谓"小犷丝"，乃相对于传统手缫丝的"大犷丝"而言。小框丝以人力机缫制，使用的丝框周长约 4 尺半，明显小于大框丝框的 1 丈 6 尺，故有"大框丝"、"小框丝"之别。
② 《山东全省实业表》，济南府长山县，丝业表，光绪三十四年（1908）编。
③ 日本蚕丝业同业组合中央会编：《支那蚕丝业大观》，东京冈田日荣堂 1929 年版，第 629 页。
④ 参见日本蚕丝业同业组合中央会编：《支那蚕丝业大观》，东京冈田日荣堂 1929 年版，第 630 页，表。

于出口洋行的关系则基本一致"。① 在实际经营中，丝号与丝栈之间常有业务交叉的情况出现，也不乏相互间的参股合作经营。随着各地机器缫丝工厂数量的增多、厂丝产量及出口量的增加，丝号业的业务量也在不断增长，其经营规模遂后来居上，逐渐超过了丝栈业。

以经营厂丝对外贸易为专业的丝号，主要代理江浙沪及内地一些省份的缫丝厂向出口洋行进行交易。在中国近代缫丝工业兴起之初，厂丝的出口全部经由洋行之手，在这一过程中，除了有些丝厂业主与洋行买办存在着特殊关系，从而无须丝号代办出口业务之外，一般丝厂业主都须经过丝号的中介与洋行交易，"几乎没有第三个渠道"。"这种中介性业务，在购销双方之间处理相关纠纷和争议中灵活有利，特别是在工业产品的贸易之中，和对外贸易趋向规范化和成熟化之时"。②

与丝栈业一样，各家丝号与出口洋行的业务关系也各有侧重。例如，"鼎余丝号（丁汝霖）、绪末丝号（薛浩峰）、鼎丰丝号（杨杏之）、正太丝号（邱墨韬）皆以怡和洋行为重点交易对象。怡成丝号（陈秉钧）、振裕祥丝号（艾夏鸣）、祥泰兴丝号（蒋文蔚、张允荣）等则以达昌洋行为主销对象。其中若干较大的丝号如正太丝号、振裕祥丝号、怡成丝号还兼营土丝、辑里丝出口货源业务，并与三井洋行、信孚洋行、连纳洋行有供销关系"。③

丝栈、丝号每年须将经手交易出口的生丝，按各种商标、牌子印成英文小册，提交给出口洋行。各类生丝成交出口和结付货源后，丝栈、丝号便会向供货丝商收取佣金，同时还须向供货方扣除出口税、转口税、发转口税单费、附加税、打包费等费用。④丝栈、丝号在办理业务过程中所产生的一些代垫费用，如注册费、经手费、栈租、市内运费、通事佣金、牌费等，也须加上规定的利息，一起在丝款中扣除。⑤

华商生丝出口行栈同出口洋行之间达成一笔交易时，均需签订一份相应的

---

① ②③ 《上海丝绸志》编纂委员会编：《上海丝绸志》第一编第三章"华商行栈"。

④ 以无锡厂丝为例，上海丝号除每担收取佣金 3.75 两之外，还须扣除出口税关银 10.62 两，转口税关银 5 两，发转口税单费关银 1.50 两，附加税关银 2.50 两，打包费 2.23 两，等等。

⑤ 19 世纪末 20 世纪初，丝栈、丝号办理出口业务时代垫的费用包括：注册费 0.60 两，经手费 1.90 两，栈租（不论时间）0.10 两，市内运费 0.18 两，通事佣金 1.60 两、牌费 1.20 两。

合同, 格式如下: ①

生丝购货合同

上海_____年___月___日

本行今向_____丝厂 (丝栈、丝号) _____先生购进下列货品

数　量	生丝名称	每担价格 (银两)	交货期	备　注

经纪人签字_____　　买方签字_____

合同条款一般包括如下内容:

　　A. 生丝包件数量, 按合同所订日期交货。

　　B. 卖方脱期交货, 买方得取消合同, 或拒绝收货, 卖方负担买方由此受到直接或间接的损失。

　　C. 卖方交货期, 最迟在订明的交货日期的月末。买方收货根据合同上注明的丝质品质和合格的条纹。

　　D. 其他, 经双方同意, 按照洋行丝公会和上海丝茧公会的条款办理。②

五、丝绸外贸的规章与惯习

在长期的生丝贸易过程中, 逐渐形成了一些交易各方均予承认并按此执行的惯习与规章。这些惯习与规章约束并协调着交易各方的行为。上海洋商丝

---

① 文本由洋行印刷制定。同样, 成交的生丝运至洋行仓库后, 洋行也须签发相应的收据, 内容包括货名、件数、商标及规格等。收据背后印有规定的条款, 一般包括如下内容:①根据成交单开列各项, 将货运到买方栈房检验并由买方保管;②经检验后, 如生丝品质差劣, 即通知卖方退回;③生丝进入买方栈房后, 即由买方依照进价投保火险, 一经退货, 买方不负火险责任;④卖方不能以收货单据, 向任何公司、银行、钱庄作价抵押。生丝装船、收取货款后, 此收货单据即告失效 (参见《上海丝绸志》第一编第三章 "华商行栈")。

② 《上海丝绸志》编纂委员会编:《上海丝绸志》第一编第三章 "华商行栈"。

公会①曾与华商丝业公所就生丝出口成交的手续办法达成协议，订立了若干规章。其中主要有：

（一）解货期限：以生丝成交单订明解货期限，现货必须遵守当月解货的规定，期货则订明交货月份或分批交货期限，以及每次交货的数量。如买方需要分批按船期装船，合同必须予以相应注明。如遇火灾、盗窃、水灾、雪暴等不测事件以致延期，买方须酌情延长解货日期。情况不实，或不按合同执行而发生纠纷，双方无法解决，则由洋商丝公会委员会仲裁。

（二）货品保险：生丝成交后，方可将货物运到洋行栈房，由买方根据成交合同的生丝总值加以保险。在检验品质中如发现有不符合合同规格规定的情况，即行通知卖方将货物立刻运回，买方停止保险。生丝运到洋行栈房后，由洋行交给卖方收据，如因生丝不合格发生退货等情，或买方付清货款时，卖方应将生丝收据归还买方。

（三）湿度控制：所售生丝若经检验发现湿度超标，买方应通知卖方，相应加以扣价，或由卖方保证其所售生丝湿度不得超过3%，如货物出口后，经国外生丝检验所检定湿度超标，则由卖方给予赔偿。

（四）烘燥处理：辑里土丝须经烘燥处理，运送出口后，如经国外生丝检验所检测不符规定，其超过部分，应由卖方赔偿。国外生丝检验所的检验报告，在生丝运达国外后六个月内有效。

（五）货物过磅：丝件往洋行栈房过磅时，如发生争执，卖方有权要求在丝业公会正式复磅。

（六）发电报价：出口洋行经卖方提出向国外发电报价，其成交回电时间，不能超过第三天下午三时。

（七）付款日期：出口生丝装船后，根据启航日期（一般英轮在每周三，法轮在每周五，德轮在每周六，美轮在每周六或周日）当日支付丝款。如卖方提出在生丝过磅24小时后收取丝款，则需按日扣除贴现率，直至所装轮船开出日为止。

---

① 上海洋商丝公会成立于1913年，由上海从事丝绸出口的各家外国洋行组成。它与华商丝业公所订立的协议，实际上是对晚清以来流行的各种丝业惯行的追认。

此外，还规定装运美国的生丝，须交美国领事馆的发票，每批生丝的发票费（或称签证费）为 2.50 美元，再由船运公司将收货的临时收据调换提货单。生丝装运欧洲，不需要领事馆的签证，但船运公司指定每套提单，要付银两一钱。①

在操纵中国丝绸出口贸易的过程中，洋行还伙同买办，弄出了许多陋规。这些洋行陋规是生丝出口贸易中洋行垄断的产物。"它开始于几家洋行和个别买办为所欲为，随意加给出口生丝供货一方，形成一种实物和经济负担。后经上海洋商丝公会和丝厂同业公会协商正式形成规定，在行业之中普遍推行"。②这些规定虽然充满不平等色彩，但尚比较规范化。问题是具体到各家洋行的实际操作中，外籍经理（即所谓"大班"）和丝楼买办会携起手来各显神通。如出口生丝成交后，货进洋行仓库（栈房）存放，在抽取生丝品质检验样丝时，在退回检验样丝残余部分时，在生丝出口抽取封存样丝时，以及在生丝出口打包环节上，收取包装材料费和打包费时，在在都会受到洋行的刁难或勒索。总之是对于生丝实物多拿少还，在费用方面则巧立名目多收少付，克扣下来进入私库甚至私囊。又如检验生丝品质要收所谓"摇费"（生丝检验是在洋行自设摇丝间进行的），生丝出口在称重量（毛重）和计算净重时要收"过磅费"，等等，这些费用都未经协议，而且都没有标准，也没有透明度。据行业中人回忆，这种情况在相当长的时间段中普遍存在，一个年输出生丝 5 000 包水平的中等规模的洋行，每年这类陋规收入当在数万元至十万元之间。③

在经年累月的丝绸对外贸易中，收购生丝供应出口的外国洋行由最初的现货交易逐渐发展出一种期货交易的形式，成为洋行借以操纵和垄断生丝贸易的行之有效的手段。每逢新茧登场，国内丝商（后来包括丝厂）往往资金不足，无力一次购足全年生产所需的蚕茧原料，往往采取预售生丝的形式筹得购买蚕茧的资金，如永泰丝厂每年总要预抛产量的三分之二左右。一般丝厂在抛售期货时，对于国际市场需求和价格趋向茫然无知，抛售期货可避免今后价格涨跌

---

① 以上见《上海丝绸志》编纂委员会编：《上海丝绸志》第一编第二章"洋商出口行"。按：这些惯习和规章自清朝后期即已约定俗成，广为遵守。

② 《上海丝绸志》编纂委员会编：《上海丝绸志》第一编第二章"洋商出口行"。

③ 参见《上海丝绸志》编纂委员会编：《上海丝绸志》第一编第二章"洋商出口行"。

的风险；又可以期货成交价为起点，核减生产成本和利润，再去核算收买新茧的价格，从而达到减少风险和经营稳当之目的。洋行便利用这一点，在每年新茧登场时，以对己有利的条件，如生丝抛售不收洋、交货时间受洋行支配等，接受丝厂、丝栈的预售。意商宝克洋行即以专向丝厂作茧贷，接受生丝预售著称。

丝厂、丝栈向洋行抛售期货，也往往和借款联系在一起，如久成集团丝厂总在四、五月间向洋行抛售六、七、八月份的期货，同时一般也向洋行借款。抛丝不收定洋，借款则要付利息，仅这一项，洋行就占尽了便宜。因为抛售期货的出价一般都较时价压低20%，洋行才愿成交。怡和洋行在每年茧收前，往往通过丝号、丝通事推动丝厂抛售期货，趁机杀价收进，同时也同意由丝号、丝通事作为担保，借款给丝厂去收茧。这样一来，出口货源既有保障，价格又较为合算，还有借款利息可赚。洋行买进期货之后，大多随时价对外成交脱手，也有摆在自己手里进行投机者。以上经营做法在上海流行极广，形成气候，如怡和洋行的生丝贸易，通常现货交易仅占20%，而期货交易则要占到80%。于是，一步步地实现了洋行操纵和垄断生丝贸易的局面。

同时，洋行在出口生丝成交价格上主动权极大，如对厂丝的现货报盘，通常采用发电报向各自的国外客户报价，如果价格合意，洋行有利可图就敲定，相反就可还价，或干脆不成交。在国外市场生丝价格趋势上扬时，一些规模较大的洋行往往抢先下手吃进。有时为了在洋行之间进行竞争，就故意给出高价。三井洋行就经常使用这种手法，目的是攫取更多货源和在上海生丝市场上扩展影响。

此外，洋行还在生丝类别上和价格上营造出一种比价惯例，以操纵生丝贸易。如以白厂丝价格为100，柞蚕丝的价格为其60%，山东黄厂丝的价格为其80%，辑里丝的价格则为其70%，而四川黄丝的价格一般比白厂丝价低30%。以上比价虽有一定合理之处，但在各类生丝供求关系发生变化之时，洋行就可利用这种比例关系作为压价的手段。①

---

① 参见《上海丝绸志》编纂委员会编：《上海丝绸志》第一编第二章"洋商出口行"。

第三节
中国生丝的国际市场分布

一、近代世界生丝市场的供求结构与中国的地位

随着世界范围内丝织工业的发展,近代世界生丝市场的贸易量虽在不同年份和时期有所增减变化,但总的趋势是不断增长的。在生丝贸易发展过程中,出现了几个主要的出口国,以中国、日本、意大利、法国为代表;也出现了一些主要的进口国,以英国、法国、美国和意大利为代表。① 在这个意义上可以说,近代世界生丝市场是一个供求寡头垄断的市场。在这个市场中,晚清时期的中国一直扮演着一个举足轻重的角色。

表 3-20　主要生丝出口国的生丝出口量(1870—1914)　　　　　单位:吨

五年平均	总　量	中　国	日　本	意大利	法　国	其　他
1870—1874	8 320.7	3 794.0	610.3	1 928.3	955.6	1 032.5
1875—1879	9 104.6	4 430.6	943.4	1 426.9	1 382.2	921.4
1880—1884	9 997.5	4 173.2	1 367.9	1 791.3	1 669.4	995.7
1885—1889	11 540.4	4 634.5	2 052.6	2 121.5	1 671.5	1 060.3
1890—1894	13 537.5	5 769.5	2 652.5	2 113.1	2 145.2	857.2
1895—1899	17 403.9	6 922.6	3 292.2	3 036.3	2 770.4	1 382.4
1900—1904	19 383.7	6 847.5	4 605.7	3 973.6	2 166.6	1 790.3
1905—1909	23 495.4	7 151.5	6 236.4	5 317.6	2 650.0	2 139.9
1910—1914	26 706.2	8 280.6	10 053.9	3 981.0	2 627.0	1 763.7
合　　计	139 489.9	52 004.0	31 815.0	25 689.6	18 037.9	11 943.4

资料来源:顾国达:《近代中国的生丝贸易与世界生丝市场供求结构的经济分析》,日本京都工艺纤维大学博士学位论文,1995 年,第 158 页,有改动。

---

① 意大利和法国既是生丝出口国,也是生丝进口消费国,在不同时期具有不同的角色特点。总的来看,意大利在出口生丝的同时,也进口生丝,但其生丝出口量远大于其生丝进口量;而法国在进口生丝的同时,也出口生丝,但其生丝进口量远大于其生丝出口量。

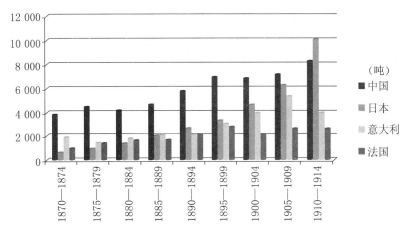

图 3-9 主要生丝出口国的生丝出口量（1870—1914）

  由上表可见，19 世纪 70 年代，中国的生丝出口大约占到世界市场生丝出口量的将近一半，进入 80 年代，由于日本蚕丝业的崛起，中国的生丝出口在世界市场上的地位有所下降，但仍然维持在四成以上。90 年代前半期，中国的生丝出口在世界市场尚占 42.6%，到后半期则降到了 39.8%，首次降到不足四成。这一趋势得以延续，20 世纪的第一个 10 年，中国生丝出口由占世界市场的三分之一强进一步下滑，但仍然占据着三成以上的地位。总的来看，从 1870 年到 1914 年的 45 年里，中国生丝出口平均占到世界生丝市场的 37.28%，在世界主要生丝出口国中无疑处于首屈一指的地位。参见下表：

表 3-21　中国在近代世界生丝市场的地位变化

五年平均	世界生丝贸易总量		中国生丝出口及占比		其他各国占比（%）
	吨　数	%	吨　数	%	
1870—1874	8 320.7	100	3 794.0	45.6	54.4
1875—1879	9 104.6	100	4 430.6	48.7	51.3
1880—1884	9 997.5	100	4 173.2	41.7	58.3
1885—1889	11 540.4	100	4 634.5	40.2	59.8
1890—1894	13 537.5	100	5 769.5	42.6	57.4
1895—1899	17 403.9	100	6 922.6	39.8	60.2

五年平均	世界生丝贸易总量		中国生丝出口及占比		其他各国占比（%）
	吨　数	%	吨　数	%	
1900—1904	19 383.7	100	6 847.5	35.3	64.7
1905—1909	23 495.4	100	7 151.5	30.4	69.6
1910—1914	26 706.2	100	8 280.6	31.0	69.0
合　　计	139 489.9	100	52 004.0	37.3	62.7

资料来源：据顾国达：《近代中国的生丝贸易与世界生丝市场供求结构的经济分析》，日本京都工艺纤维大学博士学位论文，1995 年，第 158 页表计算。

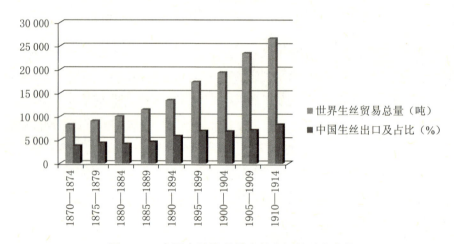

图 3-10　中国在近代世界生丝市场的地位变化

另一方面，虽然中国生丝出口在世界市场上的相对地位有所下滑，但从生丝出口量来说，却始终保持着增长态势。从 1870 年到 1914 年间，中国的生丝出口由 3 794.0 吨增加到 8 280.6 吨，增长了 1.18 倍，45 年里平均每年增长 2.62%，幅度虽然不大，但除了个别年份有所下降外，大多年份一直保持着稳步增长，避免了因生丝出口大起大落对国计民生造成的破坏性影响。

二、英国市场

在广州独口贸易时期，英国在中国对欧美各国合法贸易中所占的比重，输入方面占 80%，输出方面则占 74%。①1833 年，在来华的所有 189 艘商船中，属于英国东印度公司和港脚商人所有的有 107 艘，其吨位占全部来华船只吨位的 64% 以上。②五口通商以后，英国继续维持并竭力加强其对华贸易的优势地位。19 世纪 40 年代中期，英国对华贸易额占中国外贸总额的 76%，③到 40 年代末，在上海的进出口货值中，英国约占 80% 以上。④60 年代初期，进入上海的 3 400 艘商船中，属于英国的有 1 790 艘，⑤一直到 60 年代末，英国对华进出口贸易在中国全部对外贸易中所占的比重，仍然分别高达 92% 和 76%。⑥

英国是早期购买中国生丝最多的国家。鸦片战争前，英国丝织工业所需原料大部分取给于印度、法国、意大利和土耳其等国，但也有相当部分自中国进口。在英国东印度公司对华贸易中，中国的生丝输出仅次于茶叶，占第二位。在广州独口贸易期间，英国东印度公司输出中国生丝年平均值一般约在几十万两白银，最高可达 45.5 万两以上，占其出口中国货物总值的 37.7%。⑦同时，英国港脚商人也从广东输出了不少丝绸。例如 1792 年，英国东印度公司输出中国生丝 1 500 担，其港脚商人则出口中国生丝 1 763 担，绸缎 79 担，规模甚至超过前者。⑧

鸦片战争以后，英国捷足先登，进一步加强对华贸易。这个时期中国丝绸的出口基本被英国商人所垄断，英商洋行每年运出的生丝通常占中国生丝出口总量的 90% 以上，有时竟达 98%。⑨在鸦片战争结束的 1842 年，英国输入生丝总额为 395 万镑，从中国输入的仅 18 万镑，中国生丝仅占英国输入生丝总额的 4.55% 左右。随着上海的开埠，中国生丝对英国的输出迅速增长，在英国

---

① 严中平等编：《中国近代经济史统计资料选辑》，第 4—5 页。

② 马士著，中国海关史研究中心组译：《东印度公司对华贸易编年史》，中山大学出版社 1991 年版，第 4 卷，第 343 页。

③ 丁韪良：《花甲忆记》，第 2 卷，第 101 页。

④ 黄苇：《上海开埠初期对外贸易研究（1843—1863）》，上海人民出版社 1961 年版，第 139—140 页。

⑤ 黄苇：《上海开埠初期对外贸易研究（1843—1863）》，上海人民出版社 1961 年版，第 174 页。

⑥ 姚贤镐编：《中国近代对外贸易史资料》，中华书局 1962 年版，第 4 册，第 1595 页。

⑦ 姚贤镐编：《中国近代对外贸易史资料》，中华书局 1962 年版，第 1 册，第 277—278 页。

⑧ 参见马士著，中国海关史研究中心组译：《东印度公司对华贸易编年史》，中山大学出版社 1991 年版，第 2 卷、第 4 卷相关内容。

⑨ 姚贤镐编：《中国近代对外贸易史资料》，中华书局 1962 年版，第 1 册，第 567 页。

输入生丝总额中所占的比重也日渐提升。1852 年英国进口中国生丝 214.8 万英镑，占进口生丝总额的 36.51%；1853 年为 283.8 万英镑，占 44.13%；1854 年为 457.7 万英镑，占 60.74%；1855 年为 443.7 万英镑，占 67.03%。到 1856 年，尽管受太平天国战争影响，华丝对英出口下降为 372.4 万英镑，但仍占英国生丝进口总额的一半以上（50.44%）。1852—1856 年，从中国进口的生丝平均每年占英国生丝进口总额的 51.77%。见下表：

表 3-22　英国国别生丝进口值（1842—1856）　　　　　　　　　单位：千英镑

国别＼年份	1842	1852	1853	1854	1855	1856
荷　兰	364	271	182	156	96	92
法　国	1 156	172	275	148	139	158
马耳他	11	70	99	139	67	62
土耳其	731	570	621	214	154	197
埃　及	—	911	1 863	1 540	773	2 514
印　度	1 360	1 335	539	697	884	610
中　国	180	2 148	2 838	4 577	4 437	3 724
总　计	3 952	5 883	6 431	7 535	6 619	7 384

资料来源：North China Herald, 1857 年 8 月 22 日。

中国生丝出口运销英国，除由广州和上海输出外，从香港出口也占很大比重，而且，全数系复出口。[①]19 世纪 40 年代，英商大英轮船公司就开辟了香港至欧洲的航线，以揽载生丝运输业务。19 世纪 60 年代以后，法商法国轮船公司也开辟了这一航线，与英国轮船公司竞争中国生丝输往欧洲的业务。

直到清咸丰七、八年间（1857—1858），华丝对外贸易，几全操于英商之手。当时，英国半岛东方轮船公司开通沪港航线，上海许多洋行都委托该公司

---

① 广州出口的生丝，仅于清同治十二年（1873）曾直接运往英国 3 000 担，其余几乎全数运至香港输出。按：至于由香港转运何处，由于无记录可资参考，已无从探悉。

轮船，取道香港和苏伊士航线运往英国。① 英国采购中国生丝，运到伦敦后主要分销给法、英、意大利等丝织厂家，其中以销给法国为多，但亦有相当部分留以自用。②1846 年 3 月 9 日，英国首相庇尔（sir Robert Peel）提交给下议院的报告中写道：

> 上海丝业迅速而大量的发展，引起了一种乐观的希望，盼其继续增加，直至中国丝在英国消费中代替大部分土耳其、意大利和法国丝的地位，大大有利于英国制造商。这不仅对于制造商有利，因为中国市场不受欧洲政治的影响，这就可以使得我们不依赖其他地区的供应。如果一旦欧洲发生战争，可以使得消费者免受如过去那样的丝价狂涨的损失，过去丝价曾经涨到与银价相当……目前英国生丝每年平均消费量为 60 000 包，其中约有 300 000 磅中等丝用于出口。

此外，英国每年尚可出口大约价值 1 000 000 英镑的丝织品。英国驻沪领事阿礼国在《关于上海生丝贸易报告》中指出："中国人出售生丝的价格（按银两计）较四年前下降了 35%，而英国消费者购买生丝的价（按英镑计）下落了 40%，使英国丝织业者受惠不浅。"③

19 世纪 50 年代最后的几年里，英国商业不振，加上中国正值太平天国动乱期间，战火兵燹对江浙产丝区造成了巨大的破坏，中国生丝对英国的输出显著下降。1854 年，英国所需生丝半数由中国供应，到 1864 年，只剩下不足十分之一。太平天国战争结束之后，江浙蚕区休养生息，蚕丝生产逐步恢复起来，产量增加，生丝出口贸易又见回升，国际市场需求旺盛，生丝价格一直居高不下。在英国的生丝进口中，来自中国的生丝始终占据 50% 以上的比重，有些年份甚至达到 80% 以上。参见下表：

---

① 生丝是一项价值昂贵的商品，所占仓位不大，和茶叶不同，很少整船装运。
② 参见李明珠著、徐秀丽译：《中国近代蚕丝业及外销（1842—1937）》，上海社会科学院出版社 1996 年版，第 94 页。
③ British Parliamentary Papers, *Returns of the Trade of the Various Ports of China for the Years 1847—1848*, Shanghai, p.63.

表 3-23　英国国别生丝进口量（1857—1872）　　　　　　　　　　　　　　　　单位：吨

年　份	进口总量	中国丝	日本丝	孟加拉丝	意大利丝
1857	4 774.03	3 872.30	—	614.16	182.80
1858	2 849.91	2 048.41	—	527.07	225.89
1859	4 089.11	3 254.51	24.95	567.89	164.65
1860	4 003.84	2 938.81	293.47	575.15	105.69
1861	3 719.44	2 778.24	337.47	408.23	146.06
1862	4 214.30	3 068.99	442.70	417.76	131.54
1863	3 850.07	1 993.53	1 040.54	502.58	225.43
1864	2 510.17	1 163.91	530.70	520.72	170.10
1865	3 053.57	1 760.38	534.78	610.99	53.07
1866	2 169.97	1 184.78	336.11	570.16	51.71
1867	2 415.82	1 533.59	316.61	510.74	30.39
1868	2 958.31	2 081.98	386.01	419.12	63.05
1869	2 169.97	1 390.25	396.89	329.76	44.00
1870	2 871.68	2 013.03	346.09	379.65	86.64
1871	3 446.38	2 335.99	488.52	478.99	90.72
1872	3 080.78	2 296.53	388.73	305.72	54.43

资料来源：杉山伸也：《幕末、明治初期における生糸出口の数量的再检讨》，《社会経済史学》1979 年
第 3 期。

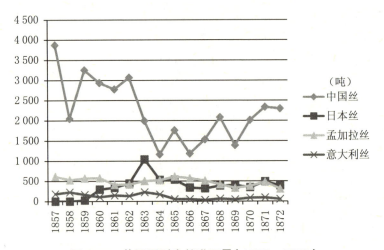

图 3-11　英国国别生丝进口量（1857—1872）

　　　　　　　　　　　　　　　　　　　　　　　　　　　　　晚清丝绸业史

1869 年 11 月，苏伊士运河正式通航，增加了中国与欧洲大陆间的直接贸易。法国和意大利等国可以直接从中国进口生丝，从而摆脱了英国从中居间分转，使英国在中国生丝贸易中的独占地位发生了动摇。中国生丝向法国输出，不再经由伦敦中介，而是直接运到法国马赛港，遂使英国对华生丝贸易锐减。据海关贸易统计报告，在上海输往欧洲的生丝总额中，1867 年，出口到英国的生丝比重约占 74.4%；迨至 1894 年，则已下降到只占 3.8%。[①]

表 3-24   经由上海出口的生丝及丝经数量及国别表（1871—1881）   单位：担

年份	英 国	香港及其他英国殖民地	欧陆各国	美 国	其他各国
1871	27 941	1 148	7 634	2 300	69
1872	30 400	1 209	9 388	3 352	511
1873	27 203	1 662	13 386	2 490	478
1874	28 071	1 480	22 350	3 410	89
1875	26 565	960	28 017	6 132	74
1876	23 316	446	31 856	3 627	5
1877	17 858	2 713	17 190	3 678	41
1878	16 503	2 700	25 356	5 824	48
1879	18 516	2 831	30 351	7 457	214
1880	15 826	4 422	38 515	8 092	553
1881	8 907	2 386	25 589	8 014	243

资料来源：据班思德编：《最近百年中国对外贸易史》。

三、法国市场

法国是中国生丝出口的主要传统市场之一。中国生丝在欧洲的市场，90%是地中海沿岸的法国和意大利，这里的丝织业生产比较发达。法国是蚕丝生产国，也是丝织业发达的国家，里昂为欧洲最大的丝织业中心，也是世界最大丝织业中心之一。鸦片战争之前，法国对华贸易曾经有一个活跃期。18 世纪

[①]   据各年海关贸易册计算。

初叶，在专营对华贸易的中国公司（La Compaqnie de la China）等东方贸易机构的努力下，法国在广州的贸易曾经取得过一些成果。①1716年，有6艘法国船只驶入广州，占当年来华外国船只总数的三分之一。②但随着法国海外实力走向衰弱，19世纪20年代以后，中法贸易长期停滞，两国间只有少量的直接贸易。

鸦片战争后的一段时间里，情况未见改变。法国商人虽然是中国生丝的最大买主，但此项生意差不多都在伦敦市场上成交，或者通过伦敦金融市场的周转。③这种状况，直到19世纪60年代后才开始发生变化。1860年，法国与英国签订《自由通商条约》，次年，法国又与意大利签订了《自由通商条约》，随着英国丝绸业的萎缩和法国丝绸业的快速发展，法国对生丝的需求愈加旺盛，生丝进口量大幅度增加。

19世纪上半叶，法、意等国蚕桑业发展较快，但由于蚕体微粒子病④流行欧洲，各国蚕业几乎全遭覆灭。⑤欧洲丝织业的原料供应危机持续了相当长的一段时间。60年代后，欧洲蚕病依然猖獗，法国、意大利的蚕茧产量低迷不振。直到70年代后，欧洲各地的蚕桑生产才开始出现恢复的迹象。⑥不过，法国的蚕桑生产则再也未能恢复到以往的水准，而始终停留在只有蚕病爆发前四分之一左右的水平。法国的蚕桑生产则再也未能恢复到以往的水准，而始终停留在只有蚕病爆发前四分之一左右的水平。

此时，欧洲丝织物的需求结构正在发生变化，由主要生产高级奢侈品向主要生产一般日用品转换，蚕丝需求量大增。由于本国生产的蚕丝不能满足丝

① 参见张雁深:《中法外交关系史考》，第16—17页。

② H. B. Morse: *The Chronicles of the East India Company Trading to China*，Vol. I, p.157.

③ H. B. Morse, *International Relations of the Chinese Empire*, vol. I, p. 480. 运往欧洲的中国生丝经由伦敦市场中转，延续了很长时间，直到19世纪80年代初，华丝直接输入欧洲，才"多数不复经由伦敦转运"（班思德:《中国对外贸易史，1834—1881》，第208页）。

④ 当时中国人称之为"蚕瘟"。

⑤ 蚕体微粒子病早在19世纪20年代即已经在欧洲出现，起初缓慢扩大，其后迅速蔓延，摧毁了法国和意大利的蚕桑业的收成，使得两国的生丝生产遭受到致命的打击。1853年，法国生产了2 100吨生丝，次年下降为1 790吨，到1855年，跌到了600吨上下。蚕病蔓延之前，意大利生丝产量达到3 500吨，到1863年下降为1 607吨，1865年仅剩区区826吨，几乎下跌了75%。蚕病也袭击了一直作为欧洲生丝来源之一的土耳其和叙利亚的蚕桑产区。

⑥ 其中，意大利蚕桑生产复苏较为显著。1873年，意大利生丝产量恢复到2 366吨，1880年为3 000吨，1883年为3 200吨，恢复到蚕病爆发前的约90%。

织工业的需求，须从国外大量进口，对中国生丝的需求尤为殷切。对于法国丝织业来说，其能否生存端视江浙蚕丝业能否源源不断地大量供给廉价生丝。其间，法国丝织业虽然也尝试应用过日本丝、印度丝和中国广东出产的生丝，但无论在产量上还是在质量上都无法与江浙蚕丝相提并论。①因此，法国成为中国生丝实际上的最大主顾。法国丝织业原料丝的大部分来自中国，中国生丝成为欧洲最发达的法国丝织业不可或缺的原料来源。1858年中国修订关税税率，就是由于法国的坚决要求，才把生丝出口税由值百抽五减到每担关银10两。②

19世纪60年代中期以前，法国丝织工业所需的中国生丝大多由在华英商采购，装船运往伦敦转售于法国丝织厂商。法国厂商购买中国生丝，必须乞求于伦敦丝市，这自然是法国资本家有所不甘的事情。中国生丝的贩卖被英国商人所垄断，不仅易使法国的丝织工业受制于人，就连生丝品质、货色等也常常不孚需要。"华丝囤积伦敦，恒被开包检查，甚至货样遗失，物品伤损，致使各国顾客，啧有烦言"。法国工商业者一直致力于绕开伦敦市场，以便更直接、更便宜地取得中国生丝："若能直接定购，不但选择可以自由，且货色亦适合所需，价值虽高，反较合算。"③自同治六年（1867）起，法国商人开始逐渐自行采办中国生丝，直接运往法国马赛港。是年运往法国的中国生丝，较上年几多一倍。

法国丝织厂商的这一目标，到60年代末苏伊士运河通航、东方海上运输的局面改观之后，终于基本上得以实现。同治十一年（1872），法国邮船公司开办欧亚快轮，主要目的之一即为运输华丝。欧陆丝商直接来华采购生丝运回，不复假手英商，中国生丝输往法国急速增长。江浙地区出口欧洲的生丝有80%以上直接运到里昂、马赛，法国的丝织业中心接受上海运来的生丝已经两倍于运往伦敦的数量。"欧洲大陆丝商现在都直接从中国采购其所需的大部分生丝，而不向伦敦市场转购了"。④1868年，上海口岸运往法国的生丝为0.85万

---

① 参见服部春彦：《十九世纪フランス绢工业の发达と世界市场》，《史林》54—3，1971年。
② 上海洋商丝公会曾公布各类生丝海关出口税的税率：各类厂经丝丝，每担关银10两；辑里经，每担关银10两；黄丝，每担关银7两；双宫丝，每担关银5两；野蚕丝，每担关银2.5两；废丝、丝吐头、茧子，每担关银2.5两。此外，另征收附加税每100斤白厂丝、辑里经关银0.62两，为黄浦江疏浚费用。
③ 《驻沪英国领事报告》，1873年。
④ *Return of Trade at the Treaty Ports and Trade Reports*, *1874*, Shanghai. p. 104.

包，占上海口岸输出生丝总量的 21.51%；到 1894 年，已增长为 3.68 万包，占 53.61%。① 详见下表：

表 3-25 上海口岸生丝输出国别数量比重表（1846—1894）   单位：千关担

年份	英 国		法 国		美 国		香 港		其 他		总 计	
	数量	%	数量	%	数量	%	数量	%	数量	%	数量	%
1846	12.15	100									12.15	100
1868	29.44	74.4	8.51	21.51	0.67	1.69	0.44	1.11	0.50	1.27	39.56	100
1877	18.2	43.3	16.17	38.50	3.68	8.76	0.35	0.83	3.61	8.60	42.01	100
1887	6.47	12.9	34.28	64.64	4.58	9.17	0.13	0.26	6.48	12.9	49.94	100
1894	2.58	3.76	36.80	53.61	10.42	15.18	0.45	0.66	18.39	26.8	68.64	100

资料来源：据历年海关贸易统计报告计算。1846 年，上海口岸对英国出口生丝 15 192 包，合 1.215 万
关担。引自马士著、张汇文等译：《中华帝国对外关系史》第一卷，第 413 页。按：此表各项
数据不包括蚕茧、废丝等在内。

表 3-26 法国进口生丝的主要国别表（1870—1903）   单位：吨

国别 \ 年份	1870	1880	1890	1900	1903
中 国	586	2 084	1 830	3 130	3 368
土耳其	539	236	500	779	816
意大利	241	709	487	602	730
日 本	265	276	826	566	540
印 度	106	96	29	179	444
美 国	984	257	131	17	34
总 计	2 721	4 108	4 000	5 380	6 067

资料来源：陈真编：《中国近代工业史资料》。

19 世纪后期到 20 世纪早期，经由上海口岸输出的生丝主要由四家轮船公司运往法国，即法商蓝烟囱轮船公司、英商大英轮船公司、美商大来轮船公司

---

① 据历年海关贸易统计报告计算。

和日商 NYK 轮船公司。路线是从上海出发，经苏伊士运河海运至法国马赛港，再转装火车运至里昂。运费包括下表所示各项：

表 3-27 上海生丝运抵里昂的运费

项　目	到达里昂（经苏伊士运河 40 天）	
海运水脚	美元 13.90 元	银 18.52 两
火车运费		
水　险	美元 5.00 元	银 6.70 两
利　息	美元 6.66 元	银 8.70 两
领事馆收据		
提货单	美元 0.01 元	银 0.02 两
合　计	美元 25.56 元	银 33.94 两
合每磅生丝净额	美元 0.20 元	银 0.26 两

资料来源：引自上海国际生丝检验所罗夫·E.布什曼（RalpheBuchanan）著：《上海丝绸市场》，1929 年。

原注：以上每件生丝毛重 145 磅，净重 133.33 磅（净重量即司马秤一担，以 10 件为一批），皆属高级生丝。价值：1 000 美元或 1 330 银两；兑换率 100 银两 =75 美元。保险：1/2％。利息：年息 6％。领事馆发票收据：每次装运 2.50 美元。提货单：每份 0.16 两。按：低价值生丝的运费较此表低廉。每磅低值生丝运抵里昂，运费为 0.15 美元，约合银 0.20 两。

表 3-28 法国生丝市场上各国地位的变化（1870—1914）

五年平均	进口总量（吨）	中国（％）	日本（％）	意大利（％）	其他（％）
1870—1874	2 934.8	25.9	7.7	16.0	50.4
1875—1879	3 704.9	43.6	10.7	11.5	34.8
1880—1884	4 069.8	42.4	13.7	20.6	23.3
1885—1889	4 387.7	45.8	15.7	18.2	20.3
1890—1894	5 105.8	45.8	22.3	13.4	18.5
1895—1899	6 397.1	51.8	19.5	12.8	15.9
1900—1904	6 292.1	57.4	10.4	12.4	19.8
1905—1909	7 066.0	43.1	11.9	14.5	30.5
1910—1914	7 254.1	50.3	21.5	13.2	15.0

资料来源：顾国达：《近代中国的生丝贸易与世界生丝市场供求结构的经济分析》，日本京都工艺纤维大学博士论文，1995 年，第 114、134 页。

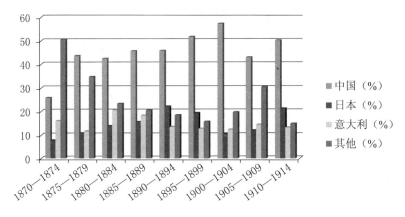

图 3-12　法国生丝市场上各国地位的变化（1870—1914）

四、美国市场

美国之有商船来华，始于 18 世纪 80 年代。1784 年，刚刚独立的美国便迫不及待地参与远东贸易，"中国皇后号"（Empress of China）于该年夏季从纽约出发来到广东，之后满载丝绸、茶叶返抵美国纽约，从而开辟了从北美至中国的新航线，开始了美中两国间的直接贸易。① 尽管较晚来到中国，但是美国对华贸易发展势头迅猛，很快就位居中国贸易伙伴的第二位。19 世纪初年，美国进入广州的商船数一度甚至超过了英国，② 它的对华贸易额也曾在 1817 年一度超过英国东印度公司。③

美国对丝绸商品有着强烈的需求。美国从中国输入丝绸的数量增长趋势明显，1788 年，中国向美国出口丝线 256 担，次年猛增为 660 担，占同年中国蚕丝出口总量的 12.9%，亦为 18 世纪中国对美国出口蚕丝的最高记录。④ 美国

---

① 全汉昇：《自明季至清叶西属美洲的中国丝货贸易》，《中国经济史论丛》第一册，香港，1972 年，第451 页。

② W. Milburn, *Oriental Commerce*, Vol. II, 1813, p. 486.

③ H. B. Morse: *The Chronicles of the East India Company Trading to China*, Vol. II, p.358. 按：实际上，当时美国在广州的贸易并不足以构成对英国的威胁。商船只数虽有时超过英国，但在吨位上则远远不及。贸易额曾曾在 1817 年一度超过英国东印度公司，但并未保持这种态势。而且，当时英国在华贸易除了东印度公司外，还有港脚贸易，两者加在一起，仍然远在美国之上。从长期看，鸦片战争前美国对华贸易尚不稳定，19 世纪 30 年代后显见下降，几乎回到 19 世纪初期的状态。

④ 见陈真编：《中国近代工业史资料》第 4 辑，生活·读书·新知三联书店 1961 年版，第 120 页。

热衷于中国丝货,其中尤以绸缎为著。在 18 世纪末中美贸易初开之时,美国商船便从广州载运绸缎数千匹而去。1792 年,中国由广州向美国出口丝绸 155 担、生丝 25 担,分别价值 62 000 银两和 7 500 银两,合占该年中国对美出口总额的 21.9%,仅次于茶叶的 52.1%。①

进入 19 世纪后,美国的丝绸消费量随着人口增加和经济发展而增长,中国对美丝绸出口也一路上扬,很快就由 18 世纪末的年均数千匹绸缎增加到 19 世纪初的年均数万匹,并于 1811 年首次超过 10 万匹大关。其后,中国对美绸缎出口增长更是迅猛,先后于 1817 年和 1821 年连续跨越 20 万匹和 30 万匹两个台阶,到 1827 年,甚至一度达到 42 万余匹的高峰。参见下表:

表 3-29 美国商船自广州载运出口的丝绸数量(1804—1829)

年 度	绸缎（匹）	丝线（担）	生丝（担）	年 度	绸缎（匹）	丝线（担）	生丝（担）
1804—1805	9 385	—	—	1817—1818	201 536	576	170
1805—1806	24 960	—	—	1818—1819	291 396	823	37
1806—1807	17 680	—	—	1819—1820	270 573	429	560
1807—1808	20 400	—	—	1820—1821	137 334	250	—
1808—1809	9 132	—	—	1921—1922	335 114	268	20
1809—1810	53 273	144	—	1822—1823	380 400	88	70
1810—1811	77 710	178	—	1823—1824	215 638	47	—
1811—1812	110 521	195	—	1824—1825	372 167	511	95
1812—1813	12 670	36	—	1825—1826	246 006	41	434
1813—1815	6 470	43	—	1826—1827	144 988	27	260
1815—1816	115 939	361	—	1827—1828	421 136	1 642	267
1816—1817	114 147	329	—	1828—1829	211 703	152	68

资料来源: 原 据 H. B. Morse: *The Chronicles of the East India Company Trading to China*, 1635—1834, Vol. Ⅳ, 1926, p.384—385. 转引自姚贤镐编:《中国近代对外贸易史资料》,中华书局 1962 年版,第 294—295 页。按: 表列 1812—1815 年间美国商船从广东运出丝绸的大幅减少,原因在于受到在此期内发生于美国和英国间的第二次独立战争的影响。除上述年份及其他个别年份外,1827 年前的数据均呈上升趋势。而丝线和生丝运出数量的年际大幅度波动,则主要是受到英国东印度公司对中国生丝贸易的垄断和丝价波动的影响。

---

① H. B. Morse: *The Chronicles of the East India Company Trading to China*, Vol. Ⅱ, pp.201—204. 转引自姚贤镐编:《中国近代对外贸易史资料》,中华书局 1962 年版,第 292 页。

在 19 世纪头 30 年里，美国共计从中国进口绸缎 3 800 278 匹，丝线 6 140 担，生丝 1981 担。美国已经超越许多国家，成为仅次于英国的第二大中国丝绸消费市场。1827 年前，中国丝绸在美国市场占据优势，但也就是从这时候起，由于 1829 年美国对中国丝绸征收 10% 的进口附加税，以及法国丝绸扩大对美国的出口，使得中国丝绸逐渐丧失了在美国市场的首屈一指地位。1823 年，美国从中国进口丝绸 312.2 万美元，占其丝绸进口总额的 60%；到 1833 年减少为 138.7 万美元，仅占 17.5%。① 下表反映了美国进口中国丝绸数额的增减及在美国进口中国商品总额中地位的变化：

表 3-30　丝绸在美国进口中国商品总额中的地位（1821—1833）　　　　单位：美元

年度	中国商品进口总额	丝绸货品进口总额	丝绸所占比重（%）
1821	3 101	1 318	42.5
1822	5 251	2 389	45.5
1823	6 504	3 122	48.0
1824	5 627	2 431	43.2
1825	7 515	3 066	40.8
1826	7 425	2 933	39.5
1827	3 606	1 435	39.8
1828	5 319	2 234	42.0
1829	4 681	1 718	36.7
1830	3 872	1 061	27.4
1831	3 071	1 382	45.0
1832	5 310	2 071	39.0
1833	7 579	1 187	18.1
合计	68 863	26 547	平均：38.6

资料来源：三菱合资公司资料课：《中国对美生丝贸易的变迁》，《资料汇报》第 171 号，1924 年，第 4 页。

---

① 到 1853 年，进一步减少至 122 万美元，仅占美国丝绸进口总额的 4.1%（参见马士著，中国海关史研究中心组译：《东印度公司对华贸易编年史》，中山大学出版社 1991 年版，第 2 卷、第 4 卷相关内容）。

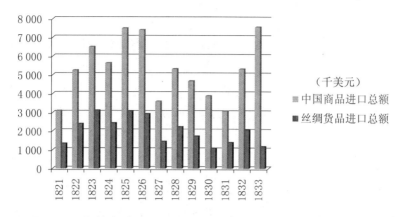

图 3-13　丝绸在美国进口中国商品总额中的地位（1821—1833）

　　总的来看，在鸦片战争前，美国已经是中国生丝国际市场上的常客，但在对华生丝贸易中所占的地位尚无法与英国相比。据有关资料记载，中国生丝输往美国的数量和金额，1830 年为江南丝 285 担，价值 85 500 美元；1831 年为江南丝 109 担，价值 40 330 美元；1832 年为江南丝 144 担，价值 50 400 美元。比较起来，销往美国的丝织品和丝线要比销往英国的为多，其比重关系为销美占 78.2%；销英占 19.30%，欧洲及其他地区占 2.5%。①

　　鸦片战争后，中国开口通商，美国与中国的贸易获得迅速发展。在各个通商口岸，50 年代以后美国与英国在贸易数量上的差距都在逐渐缩小。1853 年，美国公使马沙利在谈到上海美、英两国的贸易发展时说："尽管美国在上海的贸易额远逊于英国，但其迅速增长的情况将引起人们的注意，美国贸易额和英国贸易额的距离，正在逐年缩小。"②1865—1869 年间，中国对美国的出口在中国商品出口总额中所占比重，由 9.8% 上升为 13.6%，③ 与之形成对比的是，同时期内中国对英国的出口，则由 84.5% 下降为 75.6%。④

　　与广州旧口岸相比，上海这个新口岸一方面距太平洋岸和旧金山较近，另一方面也接近中国的主要丝绸产区。同时，条约口岸制度的实施，也使曾在广州奉行多时的禁锢着中国对外贸易的传统政策难以为继。尽管开埠初期由上

①　杜廷绚著：《美国对华商业》，商务印书馆 1934 年版，第 58 页。
②　British Parliamentary Papers,（House Executive Document），1853, No. 123, p. 99.
③　姚贤镐编：《中国近代对外贸易史资料》，第 1598 页。
④　姚贤镐编：《中国近代对外贸易史资料》，第 1595 页。进出口数据均包括印度在内。

海运往美国的生丝数量仍无法与英国相提并论，但这种情况在19世纪40年代末发生了明显变化。1849年4月7日，英国驻上海领事阿礼国曾在致文翰的报告中密称："美国对华贸易仅次于英国，并且是唯一值得注意的国家。"

19世纪以来，特别是"南北战争"之后，美国本国的丝织工业得到了长足发展。到19世纪末期，美国已经成为世界上规模最大的丝织品生产中心和消费中心。不过，这里的蚕桑业却由于劳动力的匮乏和蚕桑生产传统的缺失而一直步履蹒跚，以至于长时期内不得不仰赖于进口，特别是从东亚进口生丝。由于美国国内的蚕桑生产始终没有大的起色，不足以提供充足而稳定的丝织原料来源，从而逐渐成为世界生丝及丝织品销纳的最大市场之一，其中生丝所占的比重越来越大。在19世纪后半叶到20世纪初的50余年里，随着美国丝织工业的迅速发展，中国生丝输往美国的数值不断增长。

在美国海关贸易册中，于1850年开始有了中国生丝进口的记录。1850—1854年，美国每年平均进口中国生丝358 000美元，占其年均生丝输入总额的62.81%。50年代后期，来自中国的生丝在美国生丝输入总额中所占的比重虽稍有下降，为54.50%，但绝对量却大幅增长，1855—1859年增加为每年平均620 000美元，增长了73.18%，[1]加上丝织品的输入，美国年均从中国输入丝绸商品价值均在百万美元以上。1860年，在美国的进口商品中，来自中国的生丝为1 021 496美元，绸缎与其他丝织品为906 929美元。进入70年代后，输往美国的中国丝绸数量年有起伏，但总的来说始终维持在高位。下表为1878—1888年间上海、广州两个口岸输往美国生丝的数量：

表3-31　上海、广州输往美国的生丝数量比较表　　　　　　　单位：包

年　份	上海口岸	广州口岸	年　份	上海口岸	广州口岸
1878—1879	4 613	2 850	1883—1884	3 457	2 709
1879—1880	9 490	6 203	1884—1885	5 537	2 729
1880—1881	9 334	3 883	1885—1886	7 802	3 430
1881—1882	7 070	4 458	1886—1887	6 021	5 328
1882—1883	5 459	4 642	1887—1888	3 500*	5 500*

资料来源：《北华捷报》1888年5月26日。＊为估计数字。

---

[1]　Shu-Lum Pan, *The Trade of the United States With China*, New York, 1924, p.125.

生丝在中美贸易中所扮演的角色越来越重要,逐渐取代了茶叶在中美贸易中的独尊地位。下表反映了中国输美商品中生丝与茶叶所占比重的变化:

表 3-32　茶叶、丝绸两项在中国输美商品中所占比重的变化(1860—1911)

年　份	茶%	丝%	年　份	茶%	丝%
1860	68.2	3.6	1890	42.2	27.5
1870	67	3.3	1895	36.8	27.3
1875	65	5	1901	26.5	34.7
1880	44	30.9	1905	12.5	31.4
1885	53.4	25.3	1911	8.4	39.7

资料来源:杜廷绚著:《美国对华商业》,商务印书馆 1934 年版,第 65 页。

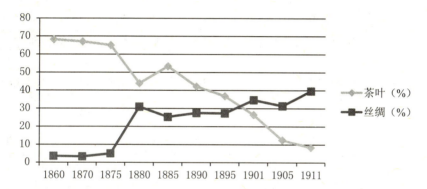

图 3-14　茶叶、丝绸两项在中国输美商品中所占比重的变化(1860—1911)

与美国生丝输入的另一大户日本相比,中国丝不仅输美早于日本,数量亦长期多于日本。在美国输入的生丝中,直到 19 世纪 80 年代前,中国丝一直独占鳌头,占据着明显的优势。其后情势虽然发生变化,中国丝和日本丝在美国市场的地位发生逆转,但中国对美输出生丝的量和值仍在持续增长。如果说中国生丝在美国市场上的优势地位被日本取代发生在 1883 年,[①] 那么,此后从 1885—1889 年到 1895—1899 年的 15 年间,中国生丝对美出口仍然从年均1 132 千磅增加到 2 516 千磅,增长了 122.26%。如下表所示:

① 　1883 年,美国生丝进口总量为 1 476.6 吨,总值为 1 404.27 万美元,其中,从中国进口生丝 473.3 吨,价值 437.07 万美元;从日本进口生丝 579.8 吨,价值 558.92 万美元。从这一年起,日本生丝的量和值在美国市场上首次超越了中国生丝。

表 3-33　中国生丝对美出口的增长及在美国生丝进口中的地位（1850—1899）

五年平均	美国生丝进口总量（千磅）	中国生丝（千磅）		美国生丝进口总值（千美元）	中国生丝（千美元）	
		进口量	%		进口值	%
1850—1854	—	—	—	57.7	35.8	62.3
1855—1859	—	—	—	113.3	62.0	54.7
1860—1864	—	—	—	124.2	57.6	46.4
1865—1869	510	67	13.1	225.1	29.6	13.1
1870—1874	940	498	53.0	497.5	245.2	49.3
1875—1879	1 344	410	30.5	595.8	164.8	27.7
1880—1884	2 892	1 303	45.1	1 259.2	500.8	39.8
1885—1889	4 656	1 132	24.3	1 720.6	361.6	21.0
1890—1894	6 152	1 468	23.9	2 205.7	432.4	19.6
1895—1899	8 896	2 516	28.3	2 847.5	664.7	23.3
合　计	126 950	36 970	平均 29.4	48 232.5	12 772.5	平均 26.5

资料来源：三菱合资公司资料课：《中国对美生丝贸易的变迁》，《资料汇报》第 171 号，1924 年，第 8—16 页。按：造成 1865—1869 年中国生丝在美国市场上急剧减少的原因主要有以下诸端：一是太平天国战争的影响。太平天国后期主要活动在江浙地区，长期的战争致使中国蚕丝主产地遭受严重破坏，蚕丝生产横遭摧残，产量锐减，从而影响到对美生丝出口；二是英国转口贸易的分流。1860 年《英法自由通商条约》签订后，英国国内生丝消费量大幅下降，转口至欧陆国家的中国生丝也迅速减少，急于寻找新的转口贸易场所，而美国于 1865 年取消了从欧洲进口中国生丝的 10% 进口税，英国商人便开始将中国生丝大量转口至美国，其比例由 1855—1859 年的 23.2%，增加至 1865—1869 年的 41.0%，从而使美国从中国直接进口生丝的数量减少。三是日本生丝竞争的加剧。1859 年横滨开港后，日本开始向欧美出口生丝，尤以对美生丝出口增长迅猛，从 1865 年的 2.66 吨，快速增加至 1868 年的 38.64 吨，增长了 13.53 倍，从而挤占了中国生丝在美国市场的份额。

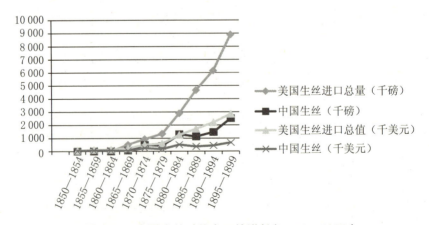

图 3-15　中国生丝对美出口的增长（1850—1899）

19世纪后期到20世纪早期，上海口岸输出的生丝主要由三家轮船公司运往美国，即英商的加拿大太平洋轮船公司、美商大来轮船公司和日商的NYK轮船公司，路线是由上海出发，横渡太平洋到达美国太平洋口岸，再转火车运到纽约。运费如下表所示：

表 3-34　上海生丝运往纽约的运费

项　目	到达纽约			
	横越大陆 19.5 天		经巴拿马运河 43 天	
海运水脚	美元 9.79 元	银 13.05 两	美元 17.40 元	银 23.2 两
火车运费	美元 13.05 元	银 17.40 两		
水　险	美元 2.50 元	银 3.30 两	美元 5.00 元	银 6.70 两
利　息	美元 3.34 元	银 4.50 两	美元 7.17 元	银 9.50 两
领事馆收据	美元 0.25 元	银 0.30 两	美元 0.25 元	银 0.30 两
提货单				
合　计	美元 28.93 元	银 38.55 两	美元 29.82 元	银 39.70 两
合每磅生丝净额	美元 0.22 元	银 0.29 两	美元 0.23 元	银 0.30 两

资料来源：引自上海国际生丝检验所罗夫·E. 布什曼（Ralph E Buchaman）：《上海丝绸市场》，1929年。原注：以上每件生丝毛重 145 磅，净重 133.33 磅（净重量即司马秤一担，以 10 件为一批），皆属高级生丝。价值：1 000 美元或 1 330 银两；兑换率 100 银两 =75 美元。保险：横越大陆 1/4%；经巴拿马运河 1/2%。利息：年息 6%。领事馆发票收据：每次装运 2.50 美元。提货单：每份 0.16 两。按：低价值生丝的运费较此表低廉，如横越大陆的每磅生丝运费为 0.19 美元，约合银 0.25 两；经巴拿马运河的每磅生丝运费为 0.17 美元，约合银 0.23 两。

广东生丝的海外市场原本主要由欧洲、美国和印度几大势力相互角逐，其后美国逐渐胜出，后来居上，成为左右广东丝绸出口事业的主要力量。19世纪90年代，"广州对欧洲、印度、美洲等市场有大量的蚕丝输出"，① 到20世纪初，欧、美、印几大市场的地位发生了巨大变化，美国对包括广东在内的中国生丝的需求量大大提高，逐步成为广东生丝的主要消费市场。1902年，广东"出口往美国之丝，以今年为至多"。② 其后愈演愈烈，1908年广州口岸贸易报告记载：

① *Report of the Mission to China of Blaekburn Chamber of Commerce*，1896—1897，pp. 55—56.
② 粤海关税务司：《光绪二十八年（1902）广州口华洋贸易情形论略》，广州市地方志编纂委员会、广州市海关志编纂委员会编：《近代广州口岸社会经济概况——海关报告汇集》，暨南大学出版社1995 年版，第 410 页。

"本年出口之丝，往美国者实占多数，较之去年，多逾一倍。"①以致有研究者认为："及至 1908 年，广州港生丝出口发生了显著变化，即是年出口美国的生丝占相当大的比例，约比上年的两倍还多。"②美国成为广东生丝的国外最大主顾，1909 年，"美洲购丝，多于往时"。③1910 年，同样是"美国丝业甚佳。估计自八月初间，由纽约来此（广东）订购土丝者，源源不绝"。④

五、日本市场

日本的植桑养蚕和制丝织绸传自中国，历史上一直作为单向输入国，从中国进口生丝和绸缎。明治维新后，日本根据国内的资源禀赋及其在国际市场上的比较优势，确定了大力发展蚕丝产业以富国强兵的国策。日本生丝在国际市场上与中国生丝展开激烈竞争的同时，也对中国的蚕茧、柞蚕丝及其他一些蚕产品有着旺盛需求。到 19 世纪末，缫丝工业已经成为日本最大的工业部门，农村养蚕业也已经纳入了资本主义的商品体系。国小地少的现实导致了日本蚕丝业发展与农业粮食生产的尖锐矛盾，为了确保原料茧的供应，日本各制丝业大资本集团开始积极开拓海外低廉的原料茧市场，中国成为其瞄准的主要目标。⑤

日本制丝业资本对中国蚕茧的收购与进口，开始于 19 世纪 80 年代。1885 年，日本横滨从事生丝贸易的商社，进口了 0.5 吨、价值 12 050.6 日元的中国产废茧和双宫茧等，作为加工双宫丝的原料向日本制丝业者推销。1893 年，日本信州系器械制丝联盟派出开明社的今井五介等人，通过三井物产会社的斡旋，前往中国江南蚕茧产地考察和购买蚕茧。从这一年起，日本从中国进口蚕茧的数量有了明显增长，1893 年为 4.2 吨，1894 年增加到 17.7 吨。1895 年以后，日本从中国的进口除蚕茧外，扩大到了桑蚕丝和柞蚕丝，数量也呈增长趋势。

① 粤海关税务司：《光绪三十四年（1908）广州口华洋贸易情形论略》，广州市地方志编纂委员会、广州市海关志编纂委员会编：《近代广州口岸社会经济概况——海关报告汇集》，暨南大学出版社 1995 年版，第 485 页。
② 转引自程浩《广州港史》（近代部分），海洋出版社 1985 年版，第 147 页。
③④ 粤海关税务司：《宣统元年（1909）广州口华洋贸易情形论略》，广州市地方志编纂委员会、广州市海关志编纂委员会编：《近代广州口岸社会经济概况——海关报告汇集》，暨南大学出版社 1995 年版，第 489 页。
⑤ 据近代日本贸易统计，日本进口的蚕茧和柞蚕丝 99% 来自中国。

中国柞蚕丝的对日出口，早在甲午战争之前即已存在，当时辽宁省盖平县所产之大框柞蚕丝，经由上海出口到日本大阪，并先后在京都西阵、枥木县足利、爱知县尾西、新泻县见付，以及福井、岐阜等县得到应用。岐阜商人对廉价柞蚕丝的商机格外看好，专门派人前往中国山东省芝罘考察柞蚕丝织技术。[1] 随着日本经济的发展，以低价位的柞蚕丝与棉纱交织成绸，受到日本平民的欢迎，消费增加，对中国柞蚕丝的需求也就益加旺盛。[2]

1896—1900 年的 5 年间，日本从中国进口的蚕茧、桑蚕丝和柞蚕丝分别达到 182.6 吨、12.7 吨和 19.8 吨。参见下表：

表 3-35　中国蚕茧、蚕丝出口日本的数量与金额（1896—1900）

年份	蚕 茧		桑 蚕 丝		柞 蚕 丝	
	数量（吨）	金额（千日元）	数量（吨）	金额（千日元）	数量（吨）	金额（千日元）
1896	27.9	235.1	1.7	102.8	0.6	15.1
1897	42.8	334.4	0.2	10.8	0.3	7.3
1898	27.5	212.1	0.9	28.2	0.9	37.9
1899	48.5	642.2	10.1	960.4	9.1	375.2
1900	35.9	618.6	0.2	25.8	8.9	351.4

资料来源：日本农商务省农务局：《第二次输出重要品要览——农产之部（蚕丝）》，东京有陵堂 1901 年版。转引自顾国达、王昭荣：《日本侵华时期对中国蚕丝业的统制与资源掠夺》，浙江大学出版社 2010 年版，第 65 页。

进入 20 世纪，日本从中国购买桑蚕茧、柞蚕丝的数量和金额迅猛增长，并表现出一些新的特点。首先，日本制丝业资本开始直接在中国收购蚕茧。日本商人通过在中国蚕桑产区开设茧行，或资助、利用中国商人开设茧行，大量收购蚕茧。日系资本的茧行不仅控制了山东、湖北等地的蚕茧买卖，[3] 也将触角

---

[1]　大村道渊《满洲柞蚕经济的史的考察》，《研究院学报》1914 年总第 40 号，第 8 页。

[2]　为增加中国柞蚕丝的进口，并抑制中国野蚕绸的输入，日本政府于 1911 年撤销了柞蚕丝的进口税，同时对野蚕绸的进口课以每百斤 200 日元的高额关税。中国柞蚕丝的对日出口增长迅猛，1919 年达到 1 183.5 吨的峰值。同时，对日出口量占中国柞蚕丝出口总量的比重也在迅速提升：1910—1914 年年均为 11.7%，1915—1919 年年均为 41.7%，1920—1924 年年均为 62.4%，到 1930—1934 年，年均高达 71.9%。

[3]　日商三井、黄泰、盐川等洋行先后在湖北省开设了 10 余所茧行，在一定程度上控制了湖北的蚕茧市场；设立在山东的日系丝厂也在相当程度上操纵着当地的蚕茧买卖（参见上原重美：《支那蚕丝业大观》，东京冈田日荣堂 1929 年版）。

渗透到中国蚕桑产业的核心区江南一带，先后在杭州、苏州等甲午战争后新开商埠及蚕业发达的无锡等地设立茧行，大规模收购收茧。[①] 此举得到日本租界当局的支持，"任令奸商托庇租界，添设茧行，收买蚕茧"。[②]

其次，日系洋行开始在中国丝绸出口贸易中分一杯羹，与英、美、法、意等国的洋行一起从事中国生丝的出口业务，并逐渐后来居上。最早从事中国蚕茧、蚕丝出口业务的日系洋行为三井物产会社。1877 年 10 月 31 日，三井物产会社与日本第一银行合作，在中国上海设立三井物产会社的支店，涉足中国对外贸易事务，其中包括中国茧、丝的对日出口。1880 年 7 月 1 日，三井物产与第一银行分离，上海支店成为三井物产的独资公司。1901 年，三井物产会社又在广东设立派出机构，开始从事广东茧、丝的出口业务。其后，陆续有一些日商洋行在上海、广东、湖北、山东等省区设立，经营茧、丝出口均为其业务之重点内容。

在清朝末年的一段时间里，与 19 世纪末的 5 年相比，中国茧、丝对日输出表现出惊人的增长。1896—1900 年的 5 年里，日本进口中国蚕茧共计 182.6吨，金额 2 042.4 千日元，平均每年 36.5 吨，408.5 千日元；1905—1909 年的 5年里，日本进口中国蚕茧增加为 269.8 吨，金额 3 754.7 千日元，平均每年 54.0吨，750.9 千日元，分别增长了 47.95% 和 83.83%。柞蚕丝的增长更加惊人。1896—1900 年，日本共计从中国进口柞蚕丝 19.8 吨，金额为 786.9 千日元，平均每年 3.96 吨，157.38 千日元；到 1905—1909 年，日本从中国进口柞蚕丝增加为 141.0 吨，金额共计 7 367.8 千日元，平均每年 28.2 吨，1 473.56 千日元，分别增长了 612.12% 和 836.31%。[③] 见下表：

[①] 《苏州交涉署关于日商于租界开设茧行事致苏州总商会函》(1925 年 4 月 25 日)，附件二，苏州市档案馆编：《苏州丝绸档案汇编》上，江苏古籍出版社 1995 年版，第 488 页。

[②] 《苏州交涉署关于日商于租界开设茧行事致苏州总商会函》(1925 年 4 月 25 日)，附件四，苏州市档案馆编：《苏州丝绸档案汇编》上，江苏古籍出版社 1995 年版，第 490 页。

[③] 日本从中国进口蚕茧和蚕丝表现出长期的增长趋势。蚕茧进口以 20 世纪 20 年代为盛。1920—1929 年的 10 年里，日本从中国进口桑蚕茧 1 077.3 吨，平均每年 107.73 吨；金额共计 23 392.4 千日元，平均每年 2 339.24 千日元。柞蚕丝进口则以 1914—1923 年为高峰，10 年里进口量为 548.5吨，平均每年 54.85 吨，金额共计 55 354.3 千日元，平均每年为 5 535.43 千日元。此外，20 世纪 20年代也是中国桑蚕丝对日出口旺盛的时代。1920—1929 年，10 年里日本从中国进口桑蚕丝共计 1 004.4 吨，平均每年 100.44 吨。世界大萧条发生后，中国茧、丝对日出口量值俱跌，不复往日盛况，但仍然维持着一定数额(参见日本农林省蚕丝局编：《蚕丝业要览》，1939 年；徐新吾主编：《中国近代缫丝工业史》，上海人民出版社 1990 年版，第 674 页)。

表 3-36　日本从中国进口桑蚕茧、柞蚕丝量值表（1905—1911）

年　份	桑　蚕　茧		柞　蚕　丝	
	数量（吨）	金额（千日元）	数量（吨）	金额（千日元）
1905	37.7	531.3	28.1	1 223.1
1906	61.1	799.4	32.4	1 605.7
1907	61.9	1 090.3	28.8	1 638.5
1908	34.3	474.4	23.2	1 444.9
1909	66.8	859.3	28.5	1 455.6
1910	107.5	1 299.8	8.2	476.9
1911	81.2	919.4	17.0	932.9

资料来源：日本农林省蚕丝局：《蚕丝业要览》，1939 年。按 1 斤等于 0.6 千克，1 担等于等于 60 千克换算。

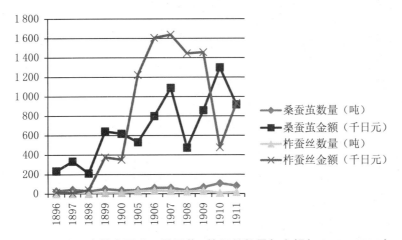

图 3-16　日本从中国进口桑蚕茧、柞蚕丝数量与金额（1896—1911）

本章小结

　　中国生丝出口的增长及随之而来的生丝价格下降，为欧美国家开辟了一个廉价的工业原料基地，使它们获得了大量廉价的生丝供应，促进了世界各国丝织工业的蓬勃发展。英国议会文件及领事商务报告中这样提到："上海丝业迅速而大量的发展，引起了一种乐观的希望，盼其继续增加，直至中国丝在英国消费中代替大部分土耳其、意大利和法国丝的地位，大大有利于英国制造商。"① 英国政要也在政府文件中表示："中国输出茶叶和生丝，生丝价值在100万镑以上。没有生丝，我们这一极为重要的迅速增长着的制造业便将大大的瘫痪了。"② 英国在对华蚕丝贸易中所处的优势地位，使其对藉此发展自己的丝织工业信心满满："英国既然可以自中国廉价获得生丝的全部或大部分供应，则不仅可使对华贸易大为增加，而且可以使得英国成为欧洲丝织业国家供应原料的市场，同时又可以使得英国在丝织业中获得她在棉织业中所达到的地位。"③ 不仅是英国人，其他国家，尤其是美国、法国等丝织工业发达的国家，更是从中国生丝的对外贸易中获益良多。

反过来，近代开口通商后对外贸易的刺激，也成为中国传统丝绸业发展的强大推进器。中国的丝绸生产长期以来具有"谋国外之发展"的内在要求，近代中国国门大开，编入世界市场，客观上与诸如丝绸这些行业扩大海外贸易的需要相适应，诚如当时国内丝绸业人士所说："（中国）绸货销路为最多，销地为最广……吾人所造之绸货，惟有恃国外各市场为挹注之地。"④ 庞大的丝绸生产能量和发展潜力，决非人民生活贫困落后的国内市场所能完全包容，能否不断开拓和长久维持一个比较稳定的国际市场，决定着中国丝绸生产的盛衰。

表 3-37　20 世纪 20 年代前有关国家人均消费能力比较

国　名	英国	法国	美国	丹麦	比利时	意大利	日本	印度	中国
购买力	556.10	371.10	198.00	612.50	393.20	271.00	76.30	9.13	7.76

资料来源：Akira NAGANO, *Development of Capitalism in China*, Published by The Japan Council of the Institute of Pacific Relations, Tokyo, 1931, p.82.

① British Parliamentary Papers, Report by Mr.Robertson, Her Majesty's Consul at Canton on the Trade of that Port during the year 1856, p. 46.

② 转引自严中平：《英国资产阶级纺织利益集团与两次鸦片战争的史料》，《经济研究》1955 年第 2 期。

③ British Parliamentary Papers, Report by Mr.Parkes, British Consul at Canton on the Trade of that Port during the year 1856, p. 30.

④ 苏州市档案馆藏：《丝织业云锦公所致苏州总商会函》。

分析比较开港前后生丝内销与外销的量值消长，便能清楚看到国外市场对中国生丝生产的促进作用。1840年前夕，生丝的内销和外销总量约为6.4万担，总值约为1 067万海关两，到1894年增长为16.02万担，总值5 166.14万海关两。其中生丝内销的量和值，1840年前夕为5.5万担，864.83万海关两，分别占当年生丝内外销总量值的85.94%和81.05%；到1894年，生丝内销量上升为7.7万担、内销值上升为2 438.13万海关两，比重却下降为占当年生丝内外销总量值的48.06%和47.19%。相反，生丝出口的量和值1840年前夕为0.9万担、202.17万海关两，分别占当年生丝内外销总量值的14.06%和18.95%；到1894年，生丝出口量增至8.32万担，出口值增至2 728.01万海关两，在当年生丝内外销总量值中所占的比重也上升到51.94%和52.18%。[①] 此后，生丝出口仍呈总体上扬的趋势，由于近代缫丝工业的兴起及在对外输出中扮演了主角，到20世纪10年代中期，生丝出口量值在中国生丝总产量和总产值中所占比重已经上升到60%以上。[②]

不难看出，鸦片战争前后的半个世纪里，中国生丝的内销和外销的比例已经发生逆转，生丝产量的增加明显得益于出口的增长。此外，1894年时，内销生丝比1840年前夕增加了2.2万担，但当年绸缎的内销量折合生丝只不过增加了0.43万担，绸缎的出口量折合生丝则增长了1.77万担。[③] 这反映出内销生丝的增加实际上也主要是用于生产外销绸缎，说明这一时期中国生丝生产的增长，基本上是由于丝绸出口扩大的缘故。

鸦片战争后中国丝绸出口贸易的增长，不仅促进了中国丝绸业生产的发展，同时也给百孔千疮的社会经济注入了一针强心剂。在整个19世纪后半期到20世纪初，丝绸一直占据中国出口总值的三分之一左右，从19世纪80年代后期起，丝绸超过了茶叶，雄居出口商品的首位。见下表：

---

① 据徐新吾主编：《中国近代缫丝工业史》，上海人民出版社1990年版，第110—111页，《1840年前与1894年生丝内外销量值比较表》计算。

② 藤本实也：《支那蚕丝业研究》，东京东亚研究所1943年版，第50—55页。

③ 参见徐新吾主编：《中国近代缫丝工业史》，上海人民出版社1990年版，第55页，《全国土丝产量表》。

表 3-38　近代中国出口贸易总值及主要商品比重

年份	出口总值（千关两）	比　　　重（%）								
		丝绸	茶叶	油类	豆类	皮类	棉花	羊毛	蛋类	其他
1868	61 862	39.7	53.8		1.0		0.9			4.6
1880	77 884	38.0	45.9	0.1	0.2	0.5	0.2	0.4		14.7
1890	87 144	33.9	30.6	0.6	0.4	1.4	3.4	1.6		28.1
1900	158 997	30.4	16.0	2.5	1.9	4.3	6.2	1.9		36.8
1905	227 888	30.1	11.2	3.4	3.0	6.6	5.3	3.7	0.9	35.8

资料来源：据历年《中国海关贸易报告》制表。

由于中国的出口贸易总值增长迅速，丝绸的相对地位稍有下降，但其出口的绝对量与绝对值均稳步增长。据日本学者滨下武志的研究，19世纪中叶以后的几十年时间里，中国出口茶叶和生丝赚回的银两，要多于中国从国外输入鸦片和棉纺织品所耗费的银两，或至少是与之相当。这使得中国能够在比较有利的态势下，维持着输出入贸易的平衡。[①] 铃木智夫也指出："从（19世纪）50年代到70年代初，尽管中国取消了鸦片输入的禁令，洋布也在某种程度上向中国渗透，但是中国的有识之士和讲求'经世致用'的政治家们并没有感到对外贸易的深重危机，其原因就在于这种茶叶、生丝与鸦片、洋布交换的对外贸易形态"。[②] 美国学者李明珠表达了同样的见解："蚕丝是一种独特而昂贵的产品，正像它在更早时期所起的作用一样，它在近代中国经济中起着重要的作用。19世纪中叶欧洲市场的扩展和19世纪末美国市场的开辟，为中国蚕丝的出口创造了新的机会。向这些国外市场出口的生丝和丝织物的价值从1868年的1 800万关两上升到1926年的17 600万关两的高度。尽管在中国的总贸易中，蚕丝的地位下降了，但从这一贸易中所得到的收益构成了中国贸易总额的极其重要部分。这一时期内，进口棉纱棉布（普遍认为这威胁着中国农民家庭的生计）的价值分别从不到200万和2 200万关两上升到2 800万和20 500万

---

① 滨下武志：《近代中国における贸易金融の一考察》，《东洋学报》57—3、4，1976年；滨下武志：《近代中国の国际的契机》，东京大学出版会1990年版。

② 铃木智夫：《洋务运动の研究》，第三编第二章《一九世纪七〇・八〇年代における〈申报〉の江浙蚕糸业再建案》，汲古书院刊行；参见《申报》1878年3月8日，"印度产茶之多"。

关两。事实上，蚕丝的出口值正好约略抵消棉布的进口值。换句话说，如果中国没有出口丝货的话，它的贸易差额（除了1872年至1876年之外，在1865年至1937年期间每一年都是入超）将会造成更严重的不平衡。"①

实际情况正是这样，鸦片战争以后的一段时间里，西方工业制品的输入始终抵偿不了中国丝、茶商品的输出，只是由于鸦片的大量输入，才使得中国的对外贸易在若干年度发生逆差。②但即令如此，西方国家由于贸易逆差所引起的白银流入中国，估计在50年代就达到15 000万元以上。③在50年代中期，由于中国生丝出口的旺盛，"欧洲市场白银罗掘一空"，尚不足以应付中国丝茶出口之需要；到50年代末期，经由对外贸易的渠道，仍然有大量的金银流入中国。1859年，通过海关出口金银400多万两，与此同时，却又通过海关进口金银1 000多万两。④这种情形，使得有些欧美人士在50年后犹不禁惊呼："十八世纪广州的情形又重演于上海"！⑤见下表：

表 3-39　上海的进出口（1855—1859）　　　　　　　　　　　　单位：千两

年次	输　　　　入			输出合计
	合　计	一　般	鸦　片	
1855	12 620	3 507	9 113	24 549
1856	28 782	11 682	17 100	43 957
1857	30 116	15 863	14 253	33 344
1858	34 839	19 017	15 822	30 624
1859	36 032	20 635	15 397	36 671
总额	142 389	70 704	71 685	169 145

资料来源：British Parliamentary Papers, *Commercial Reports from Her Majesty's Consuls in China*, *1862—1864*, 1865, p.6.

---

① 李明珠著、徐秀丽译：《中国近代蚕丝业及外销（1842—1937）》，上海社会科学院出版社1996年版，第220页。
② 据阿礼国估算，1847年中国的贸易收支，英国对中国输出1 000万美元，从中国输入2 000万美元，入超1 000万美元；美国对中国输出300万美元，从中国输入900万美元，入超600万美元；只有印度对华贸易出超2 600万美元，其中2 300万为鸦片。相互抵消，中国的年贸易逆差为1 000万美元（British Parliamentary Papers, Returns of the Trade of the Various Ports of China for the Years 1847—1848. pp.72—73）。显然，如果没有生丝出口，中国的外贸逆差将要严重得多。
③ 余捷琼：《中国银货输出入的一个估计（1700—1937年）》，商务印书馆1940年版，第26页。
④ H.B.Morse, *The Trade and Administration of China*, London, 1908, pp.283—284.
⑤ H.B.Morse, *International Relations*, Vol. I, p.467.

在这当中，丝绸出口扮演的角色是至关重要的。以上海往英国的出口为例，1849 年出口生丝 1.8 万捆，价值 102.3 万英镑，比茶叶的 62.9 万英镑高出62.64%；1852 年出口生丝 2.6 万捆，价值 192.8 万英镑；1855 年出口生丝 5.5万捆，价值 356.9 万英镑；1858 年出口生丝 7.3 万捆，价值 554.1 万英镑，比茶叶的 277.4 万英镑高出将近一倍。① 与此相应，英国流入中国的白银也呈急剧上升趋势：1850 年为 6.1 万英镑，1851 年为 13 万英镑，1852 年为 6.5 万英镑，1853 年为 57.9 万英镑，1854 年为 244 万英镑，1855 年为 139.1 万英镑，1856年达到 321.9 万英镑。②

种种情况表明，丝绸出口的增长，是中国在刚刚打开国门乃至其后一段时期内维持国际贸易平衡的主要因素之一。正是在这个意义上，日本学者芝原拓自指出："中国在第一次、第二次鸦片战争后被强制纳入世界资本主义的通商体系，但是，至少到 19 世纪 80 年代前半期，与从开港当初就一直为巨额外贸赤字所苦的日本不同，贸易平衡是以大量出超为基调的。其输出大宗为茶，其次为生丝。因此，洋务运动时期的中国与日本相比，实际上更具有采取主动措施以应付外来威胁的条件。"③ 可以说，丝绸出口的增长，在一定程度上为近代早期的中国争取到一个比较好的国际经济环境，这本来可能成为中国抓紧时机改变落后挨打地位的有利条件，尽管历史的发展终于令人扼腕长叹。

---

① 参见滨下武志著、朱荫贵、欧阳菲译：《近代中国的国际契机——朝贡贸易体系与近代亚洲经济圈》，中国社会科学出版社 1999 年版，第 175 页。
② T.Bannister, A History of the External Trade of China, 1834—1881; China The Maritime Customs, Decennial Reports 1922—1931, Shanghai, 1933.pp.41—47.
③ 芝原拓自：《日本近代化の世界史的位置》，岩波书店 1981 年版，第 377 页。

第四章

晚清蚕桑业的发展

明中叶以后，虽有江南地区蚕桑生产的繁荣以及珠江三角洲桑田面积的增加，但就全国范围来讲，上述地区蚕桑业的扩大，并不能弥补自元明以来因棉花种植和棉纺织业推广所造成的全国性蚕桑生产规模的萎缩。清中期以后，随着社会经济的危机频仍和人民生活水平的降低，丝绸的市场需求下跌，加上生丝和丝织品的出口也因闭关政策而减少，两方面的原因自然会影响到对生丝的需求，进而影响到蚕桑业的生产规模。到鸦片战争前夕，中国的蚕桑生产规模实际上是在缩小的。

这一趋势在鸦片战争后发生了逆转。生丝出口的迅速增长，对中国蚕桑业的发展形成了巨大的刺激，带来了中国蚕桑生产规模的成倍扩大和蚕丝产量的成倍增长。① 一方面，鸦片战争后生丝出口的快速增长是晚清时期蚕桑生产大规模扩张的主要推动力，并且吸收了蚕桑业扩张所带来的所有产量的增加。另一方面，生丝出口的迅速增长，是建立在蚕桑业兴旺的基础上的。五口通商后迄至清末，不仅原来的蚕丝产区蚕桑生产盛况空前，而且涌现出了许多新兴的

---

① 有学者估算，19 世纪 40 年代到 20 世纪 20 年代，中国蚕桑生产规模扩大了 3 倍多（见张丽：《鸦片战争前的全国生丝产量和近代生丝出口增加对中国近代蚕桑业扩张的影响》，《中国农史》2008 年第 4 期）。

蚕桑业区域。没有晚清蚕桑业在地域上的扩展和产量上的增加，生丝出口的增长是难以想象的。本章对鸦片战争后以迄清末中国蚕桑生产的发展做了全景性的描述，同时利用所能发现的数据资料，对之进行定量分析，并尝试寻找造成这种状况的深层原因。

第一节
长江三角洲地区的蚕桑业

一、老蚕区的兴盛

明中叶以后到鸦片战争前夕，与国内许多地区蚕桑业衰落的趋势形成巨大反差的，是江南地区蚕桑业生产的蒸蒸日上，当地农民"废禾植桑"的情况时有发生。[①] 清初盛世时，人民生活水平提高，国内对丝绸的需求上升，加之欧洲因本土丝织工业发展而对中国生丝格外需求，所以当地桑田面积比之明末有所增加。嘉兴府明万历年间有桑田 42 万亩，到清嘉庆时增加为 55 万亩。嘉兴府石门（崇德）县，万历九年有桑田 62 308 亩，占全县耕地面积的 12.4%，到清康熙五十二年时（1713）便有桑田 207 086 亩，占全县耕地面积的 41.4%。

清代晚期，江南蚕桑生产发展速度加快，蚕区面积扩大，在社会经济中的地位越来越重要。时人记述：

> 江浙两省本驻织造局，专制上用物料，或有贵重精良之品，而居民不以过问，故蚕业终不大兴。发匪平后，各国通商，民俗奢侈，于是浙（江）

---

① 过去曾有很多学者对中国明清时期各种商品的产量和交易量做过大致的估算，这种估算大多是根据记录在案的数据匡算或推论而得。近年来，国际经济史学界，尤其是一些加州学派的学者认为：由于中国面积之广，地区间经济差异之大，初级市场（农村集市）交易量之庞大和难以统计，以及明清时期走私贸易和海盗贸易的猖獗，对中国明清时期各种商品的产量和交易量很难有一个准确的估算。初级市场上的交易量到底有多大？海外走私的商品量到底有多大？这些数据大多都是无案可稽，难言准确的。因此，以往的估算恐怕难以确切表明历史上真实的商品生产量和贸易量，只能作为基本状况及发展趋势的大致反映。

之嘉（兴）、湖（州），踵事增华，桑者大盛。农夫废禾，不耕而食，比户千金。杭（州）、（江）宁既争妍斗靡，贩者云集，而泰西各国亦来购取，岁入累千万。邻近艳羡，争相仿效。①

五口通商以后，特别是太平天国农民战争结束之后，江南地区蚕丝的对外贸易迎来了新的局面。"洪杨乱后约十年，湖州流亡在外者逐渐来归，务力蚕桑。外商需求既殷，收买者踊跃赴将，于是辑里丝价雀起，蚕桑之业乃因之而愈盛"。②在各国通商，"泰西各国亦来购取"的刺激下，蚕桑生产比较鸦片战争之前愈发"踵事增华"。那些未曾植桑育蚕的当地居民由对蚕桑生产"不以过问"到"艳羡"，再到"争相仿效"，终致"桑者大盛"。"农夫废禾"也日盛一日，越来越多的农家废禾植桑，"以丝为田"，把过好日子的希望寄托在植桑养蚕缫丝上，各种奥妙，无非因为"每届新丝出后，顷刻高价出卖，农民转觉生计裕如"。有时机缘凑巧，甚而至于"将湖丝销售洋庄，一转手间，巨富可以立致"。③

在老蚕区浙江杭（州）、嘉（兴）、湖（州）平原，农民将粮田改为桑园的情况加速发展，时人描绘这里是"平野弥望绿云稠，四月家家饲'马头'"，至有"但事蚕桑不务农"的记载。英国对华贸易报告中指出："中国出口生丝几乎全部产于浙江北面的三个府，即杭州府、湖州府、嘉兴府；靠近宁波的绍兴府也有丝出口，但数量不多。上述三府中，湖州府的产量较其他两府为多。"④

19世纪60年代中期以后，太平天国战乱平定，湖州蚕桑生产迅速恢复，迎来发展的黄金时期。⑤"洪杨乱后，丝业出口贸易正盛之时，即湖州蚕桑农村极端繁荣之日。一般农民，衣食饱暖，优闲安适，有史以来，以此时为最盛。"⑥1878年，湖州生丝产量为2 925 232斤，1879年为3 304 196斤，分别占

---

① 姚贤镐编：《中国近代对外贸易史资料》第三册，第1482页。
② 中国经济统计研究所：《吴兴农村经济》，第122页。
③ 彭泽益编：《中国近代手工业史资料》第二卷，第82页。
④ 姚贤镐编：《中国近代对外贸易史资料》第1册，中华书局1962年版，第69—70页。
⑤ 太平天国占领江南地区期间（1860—1864），生丝出口量仍有所扩大。不过，这一般不能理解为生丝产量的增加，而主要是由于南京、苏州、杭州及其他地区的丝织业在战乱中毁损严重，且内地交通阻塞，国内生丝需求因之大减，遂使生丝转而流向外洋。
⑥ 《吴兴农村经济》，中国经济统计研究所，第123—124页。

同年浙江全省产量的 54% 和 55%。① 时人称："洪杨乱后，丝业出口贸易正盛之时，即湖州蚕桑农村极端繁荣之日。一般农民，衣食饱暖，优闲安适，有史以来，以此时为最盛。"②

湖州府属各县，均可看到蚕桑生产复苏和发展的盛况③：长兴县"农桑并重，而湖俗之桑，利厚于农。自夷人通商，长兴岁入百万计。粤匪之乱，民穷财尽，赖以稍苏。官军之饷，善后之费，咸取给焉"。④ 境内"东北滨太湖溪流环绕，陂塘饶衍。素称沃野，无一农不精于治桑"。⑤ 这里蚕桑业的整个生产过程多与市场发生联系，有些农家连桑苗都购之于市场，"邑内种葚压条之家甚少，至春初时，每向杭州、石门、震泽等处购买"。⑥ 府城附郭归安县，"诸乡统力农，修蚕绩。极东乡业织，南乡业桑。……菱湖业蚕，拈丝为绸尤工"；"女工唯育蚕缫丝，最为勤苦"。⑦ 德清县"地多桑而麦粟少种"，⑧ 方志载："湖郡蚕业之利，清邑与焉。然以瘠地而广植桑，地力不足，故芟培之功不遗余力。"⑨ 境内新市镇，位于县治东北 45 里，人称"一邑之禾壤"，这里"平畴四衍，桑稻有连接之饶，晓市竞开，舟车无间断之隙"，据说"茧丝粟米货物之盛，视塘栖较胜，盖俨然一大邑也"。⑩ 镇上"收丝盛时呼为丝行"，"鬻桑盛时呼为叶行"，时人称："大抵蚕丝之贡，湖郡独良，而湖郡所出，本镇所得者独正，外以皆其次也"。清后期，新市镇繁荣景象较之从前更甚，"人物之盛，财货之繁，通苏杭之舟楫，为浙土之沃壤，又非昔比"。⑪ 安吉县"西北两乡及东南近州者，家

① The Maritime Customs, *Special Series*: *Silk*(*Shanghai. 1917*), p.84. 按：1880 年全国生丝产量约为 16 315 384 斤。如果不计浙江省和湖州地区在 1879—1880 年间的增长数额，而拿它们 1879 年的产量与 1880 年的全国产量作比较，则浙江省产丝量约占全国产丝总量的 37%，而湖州地区的产丝量竟占了全国产丝总量的 20% 之多。

② 中国经济统计研究所：《吴兴农村经济》，第 123 页。

③ 咸丰同治以后的湖州地方志，大多把"蚕桑"从"物产"中独立出来，另立专卷，叙述颇详。由此可以窥见这时桑蚕丝业生产发展之盛况及重要性。

④ 光绪增补本《长兴县志》卷八。

⑤ 同治《长兴县志》卷八"蚕桑"。

⑥ 光绪《长兴县志》卷八"蚕桑"。

⑦ 同治《湖州府志》卷二十九。

⑧ 民国《德清县新志》卷二。

⑨ 民国《德清县新志》卷四。

⑩ 嘉靖《德清县志》卷一。

⑪ 光绪《仙潭后志》(抄本)。新市又名仙潭。

皆饲蚕，桑独茂。迩来山乡亦皆栽桑"。① 乌程县"流亡渐复，垦辟荒芜，租税既轻，愈佑蚕事，曾不数年，绿桑如海"。②

乌程县南浔镇原来不过是一个乡间市镇，因出产著名的"辑里丝"而声名鹊起，"湖丝甲天下"而"莫精于南浔"。鸦片战争后，南浔成为江南生丝的集散地，不仅国内各地客商，包括苏、杭两织造皆来此地收丝，还成为生丝外销的重要货源地之一。"五口通商后，销售上海洋庄，转运出口，其名始显"。③得益于蚕丝外销需求旺盛，"外商需求既殷，收买者踊跃赴将，于是辑里丝价雀起，蚕桑之业乃因之愈盛。乡人惰于稼而勤于蚕，无不桑之地，无不蚕之家。"④时人称："旧以七里丝为最佳，今则处处皆佳"；"旧有合罗、串五、肥光、荒丝等名，今唯细者曰细丝，粗者曰肥丝。细丝亦称经丝，可为缎经；肥丝可织绸绫。浔地以细丝为主，肥丝绝少"。⑤每当新丝告成，镇上"列肆喧阗，衢路拥塞"，"商贾骈比，贸丝者群趋焉"。⑥镇上行庄林立，有"招接广东商人及载往上海与夷商贸易"的广行，有"专买乡丝"的乡丝行，有"买经造经"的经行，"别有小行买之以饷大行曰划庄，更有招乡丝代为之售，稍抽微利曰小领头，俗呼'白拉主人'"。⑦阖镇之人及四乡农户，"大半衣食于此"，以蚕桑生丝的生产和贸易作为生计来源。

《南浔志》有《南浔丝市行》，描述南浔丝市盛况颇为传神：

> 蚕事乍毕丝市起，乡农卖丝争赴市。
> 市中人塞不得行，千声万语聋人耳。
> 纸牌高揭丝市廛，沿门挨户相接连。
> 喧哗鼎沸晨至午，骈肩累迹不得前。
> 共道今年丝价长，番蚨三枚丝十两。
> 市侩贩夫争奔走，熙熙而来攘攘往。

---

① 同治《安吉县志》卷八。
② 光绪《乌程县志》卷首，周学濬序。
③ 周庆云：《南浔志》卷三十。
④ 周庆云：《南浔志》卷三十；又见《吴兴农村经济》，第11页。
⑤⑦ 咸丰《南浔镇志》卷二十四"物产"。
⑥ 咸丰《南浔镇志》卷二十二"农桑"二。

一日贸易数万金，市人谁不利熏心。

但教炙手即可热，街头巷口共追寻。

茶棚酒肆纷纷话，纷纷尽是买与卖。

小贾收买交大贾，大贾载入申江界。

申江鬼国正通商，繁华富丽压苏杭。

番舶来银百万计，中国商人皆若狂。

今年买经更陆续，农人纺经十之六。

遂使家家置纺车，无复有心种菽粟。

吾闻荒本逐末圣人忧，蚕桑太盛妨田畴。

纵然眼前暂获利，但恐吾乡田禾从此多歉收。[1]

　　嘉兴府在太平天国战争中社会经济受损严重，以致十余年后依然"一片废墟"。尽管如此，当地蚕桑生产仍在缓慢恢复，1878 年，嘉兴府产丝 466 494公斤，1879 年增加为 512 201 公斤。[2] 府属秀水、嘉兴、嘉善、海盐、桐乡、石门、平湖七县，蚕桑生产各有等差。光绪《嘉兴府志》载："吾郡蚕丝之利亚于湖州，就七邑中，石门、桐乡育蚕最多，次则海盐，又次嘉兴、秀水、嘉善、平湖。"[3] 石门县"田地相埒，故田收仅足支民间八个月之食，其余月类易米以供，公私仰给。唯蚕是赖，故蚕务最重"。[4] 境内石门镇地饶桑田，"蚕丝成市"，清后期石门镇丝市更盛，成为地处"苏杭闽广之通衢"的巨镇。[5] 桐乡县产丝分肥丝（粗丝）、细丝两种，"并为乡民蚕织所成，而缫手各别。北乡多细丝，南乡多肥丝，细丝可售诸洋商，肥丝则仅供本地机户及金陵贩客。浙西产丝以湖州为甚，而（桐乡）县属青镇亦岁报丝捐一二十万斤，在嘉属为独多；南乡

---

①　温丰:《南浔丝市行》，周庆云:《南浔志》卷三十一，第 2 页。

②　The Maritime Customs, *Special Series*: *Silk*, p. 80.

③　光绪《嘉兴府志》卷三十二，"蚕桑"。按：康熙《嘉兴府志》称：郡内蚕桑生产"盛于海盐、石门、桐乡，而嘉（兴）、秀（水）次之"（康熙《嘉兴府志》卷十）。近代以后，各县蚕桑业排序稍有变动。

④　光绪《石门县志》卷十一；又见光绪《嘉兴府志》卷三十二"农桑"。按：石门县明代为崇德县，清康熙年间改称石门县，故方志中或称"石邑"，或称"崇邑"。万历九年（1581），崇德县旱地占全县田地总数的 12.46%，到康熙年间，石门县旱地面积已达全县田地总面积的 41.42%，堪称"田地相埒"（参见陈恒力:《补农书研究》，中华书局 1958 年版）。

⑤　光绪《桐乡县志》卷一。

之肥丝，不过岁报二万余斤而已"。① 方志材料显示，清后期，桐乡县"各乡所产细丝均由震泽经行向本镇丝行抄取，发车户成经，转售上海洋庄，为出口货，名辑里丝。清同治及光绪初年每年产丝七八千包（每包八十斤），光绪十年（1884）后犹有三四千包"。② 嘉兴县"物产之利，首推纱布，而蚕丝之广，不下吴兴"。③ 以致湖州南浔缫丝业者"多有往嘉兴一带买茧，归缫丝售之，亦有载茧来鬻者"。④ 平湖县"近日城乡居民无不育此（蚕），其利甚大"。家蚕之外，尚有"一种野蚕，亦曰天蚕"。⑤

杭州府以丝织业为盛，杭绸名满天下。相形之下，植桑育蚕"虽少差于苕、霅诸郡，然乡村之家较城更密"。近代以前，府内蚕桑以钱塘、仁和为盛，近代以后，府属九县皆养蚕缫丝，岁入不赀。仁和、钱塘、海宁、富阳、余杭等县蚕桑尤盛，贸丝尤多。富阳县，丝为"南乡所出，以沙洲各村落为最多，最良"。⑥ 余杭县"物产之属丝为首"，而"临安妇女缫丝尤工"。⑦ 仁和县塘栖镇地处"官道舟车之冲"，明中叶以后，仁和、德清两县蚕丝"于此贩鬻"，晚清时塘栖出产仍以蚕丝为大宗，"塘栖田少，遍地宜桑，春夏间一片绿云，几无隙地，剪声梯影，无村不然。出丝之多，甲于一邑，为土植大宗"。⑧ 在蚕业丝业发展的基础上，塘栖镇上"百货凑集，舟航上下，日有千百，居民稠密，不数里间，烟火几有万家"。⑨

---

① 光绪《桐乡县志》卷七。
② 民国《乌青镇志》卷二十一。
③ 光绪《梅里志》卷七"物产"。按：梅里，即嘉兴县王店镇。
④ 咸丰《南浔镇志》卷二十二"农桑"二。
⑤ 《嘉兴平湖县物产表》，原载《浙江潮》第8期，"调查会稿"，转引自汪林茂辑：《浙江辛亥革命史料集》，第一卷，浙江古籍出版社2011年版，第108页。关于江南"野蚕"，有记载说：野蚕，"六月至八月可采之"。届时"虽妇女儿童，皆能肩负一箩，手持一竿，竿头缚一小钩，于桑下谛视而钩摘之，盖茧隐叶中，非明目不能见。日携干粮，巡行桑陌，虽十里八里，迤逦寻觅，五分畛域也。采茧卖于贩客，贩客卖于茧行，茧行又卖于乡人作丝"。因野蚕茧"丝色黄而性硬，光暗而缕糙"，故"仅供本镇包头绉机之用，不能供客货。然出息亦以累万计，亦农家自然之利也"（民国《双林镇志》卷十四"蚕事"）。
⑥ 光绪《富阳县志》卷十五"风土"。
⑦ 民国《杭州府志》卷八十"物产"三，引余杭县志、临安县志。
⑧ 光绪《塘栖志》卷十八"风俗"。
⑨ 光绪《塘栖志》卷一《志图说》。

表 4-1　浙江省湖州、嘉兴、杭州三府蚕茧产量估计（1910）　　　　　　单位：担

地　　名	蚕茧产量	地　　名	蚕茧产量
湖州府合计	312 701	秀水县	14 283
归安县	115 236	平湖县	6 732
乌程县	116 089	嘉善县	3 645
长兴县	32 935	杭州府合计	104 819
安吉县	2 602	钱塘县	29 896
孝丰县	3 289	仁和县	21 628
武康县	5 386	余杭县	3 312
德清县	37 164	临安县	943
嘉兴府合计	136 423	于潜县	1 289
嘉兴县	29 358	昌化县	589
桐乡县	21 645	新城县	2 512
石门（崇德）县	27 893	富阳县	4 754
海盐县	32 867	海宁州	39 896

资料来源：李明珠著、徐秀丽译：《中国近代蚕丝业及外销》，上海社会科学院出版社 1996 年版，第124—125 页，表 20。

二、新蚕区的开辟

在晚清时期长江三角洲蚕桑业的发展中，新蚕区的开辟是值得注意的现象。

鸦片战争前夕的江南蚕区，原来只有浙江西部，即嘉兴、湖州一带几个县，以及江苏南部苏州府属的吴江、震泽两县蚕桑业比较发达。从 19 世纪六七十年代起，江南蚕区范围不断扩大，以嘉、湖为中心向四周伸展，主要是向南、向北伸展。向南跨越杭州湾，经绍兴、萧山、诸暨等县，伸展到位于曹娥江上游的嵊县、新昌，当地的蚕桑业日渐兴旺；向北则跨越太湖，伸展到太湖北侧的

无锡、武进、江阴、宜兴、常熟等县，当地蚕桑生产迅速兴起。原先的江南蚕区，如今扩展为江浙蚕区，把浙江的杭州、嘉兴、湖州、绍兴和江苏的苏州、常州一些县连成了一片。

这一时期，浙江新兴蚕区的发展以绍兴府较为显著。绍兴府的蚕桑业原来曾有一定基础，而以诸暨产丝为多。入清后，绍兴府蚕桑业有所衰落。鸦片战争后，特别是太平天国失败后，境内蚕桑业又现重振之势，清晚期绍兴府蚕桑业的发展，以曹娥江上游的嵊县和新昌县为重点。19世纪六七十年代，嵊县产茧已经赶上和超过诸暨。七八十年代，新昌县已是"漫山遍野，四望桑林"。① 从方志材料中看，绍兴府所属会稽、萧山、上虞、余姚、嵊县、诸暨、新昌等县均有蚕丝及土绸出产。仙台县种棉"不多"，出丝不少，所产有丝、绢、绵、绸等。② 萧山县丝、棉兼有，"育蚕之家，沙地最多，其种多购自嵊邑"。所产丝"运销绍地，为纺绸、官纱之原料"；"又运售杭、沪、甬各埠，岁值数百万元，沙民利赖"。③ 上虞县之出产，有丝、丝线、丝绸、绵绸等种类。④ 会稽县蚕桑生产于鸦片战争后日渐兴盛，境内"水乡不业蚕桑，惟南区山内，业蚕者居多数"，据清末的调查，"会邑东南区山内，东界嵊县，西邻诸暨，面积二千四百余方里，除田庐溪涧外，约高山十五万余亩，茶竹柴山之外，中有平地，宜于种桑。植秧之时，土深尺许，树长根深，理势然也。其本根横延之范围，即以枝叶披离之范围为断"。桑叶和蚕茧的收成，依年成好坏而有不同，"天气有寒暖，即收成有厚薄。桑叶每年约产一百八十五万二千五百斤，蚕茧每年约出十五万三千七百斤"。⑤

蚕桑事业本不甚发达的浙东宁波一带，开口通商后也已经变得"近日种桑者日多，诸村妇女咸事蚕织"。⑥1878年，宁波生丝产量为3 254斤，1879年为

---

① 见吕广文：《劝种桑说》，作于1894年。
② 光绪《余姚县志》卷六。
③ 民国《萧山县志稿》卷一。
④ 光绪《上虞县志校续》卷三十一。
⑤ 《会稽县劝业所报告册》（宣统三年［1911］，上期），汪林茂辑：《浙江辛亥革命史料集》，第一卷，浙江古籍出版社2011年版，第70页。
⑥ 光绪《慈溪县志》卷五十五。

5 233 斤。① 有一种"宁波画绢","色白丝匀,宜画"。② 府属慈溪县"县境出土丝绸最广,其佳者致密光泽,不亚于杭州纺绸"。③

到清末为止,浙江全省 75 县中,出产蚕丝者 58 县,占 74.36%,其中有 30 余县以养蚕缫丝作为主业,生丝产量及出口量历年均占全国第一。④ 时人称:"浙西之农,恃蚕桑为生活,编户穷黎,终岁衣食之给,赋债之偿,咸属望于此,有得之则生,不得之则死之迫切。"⑤

江苏省位于长江以南的苏州、常州、镇江三府,近代以前除苏州府吴江、震泽两县蚕桑生产比较集中外,其他地区蚕桑生产尚不成气候。有学者在论及近代以后长江三角洲的巨大变迁时,将"随着世界性生丝需求的增长,桑蚕业扩展到沿着从江阴到奉贤带状高地的新区域"⑥ 的出现视为重要一环。其实,晚清时期江苏蚕桑业扩展的区域要大得多。五口通商以后,江苏南部蚕桑生产因丝绸对外贸易的刺激而不断扩大,其间虽经太平天国战争的破坏而遭受挫折,但战后恢复很快,1878 年已输出生丝 213 210 公斤,1879 年增加为235 704 公斤。这种增长趋势方兴未艾,"由于已经种下大批新桑,生丝产量不久可望更有增加"。⑦

镇江府溧阳县当太平天国战争期间,"人民四处逃散,当时产丝极少。平靖后,育蚕者渐渐增加,今年(1880)生丝产量已达五百万两之多,约值七十五万海关两。运往上海输出国外者约占十分之八,通常称之为大蚕丝,只适于作经丝"。⑧ 常州及宜兴,"过去产丝几乎等于零,而今年(1880)生丝的总产量估计为六十万两,价值九万海关两"。⑨

江宁一带,原本产丝甚少,"其人工所为,则机工为天下最。江宁本不出

① The Maritime Customs, *Special Series*: Silk, p. 82.
②③　光绪《慈溪县志》卷五十三。
④ 《杭州市经济调查》卷六,丝绸篇,1932 年版。
⑤ 民国《竹林八圩志》卷三"物产"。竹林,今属浙江嘉兴市。
⑥ 黄宗智:《长江三角洲小农家庭与乡村发展》,中华书局 1992 年版,第 124—125 页。
⑦ The Maritime Customs, *Special Series*: Silk, p. 78.
⑧ The Maritime Customs, *Special Series*: Silk, pp. 61—62.
⑨ The Maritime Customs, *Special Series*: Silk, p. 62.

丝，皆买丝于吴越，而秦淮之水宜染"。① 太平天国战乱后，江宁"广植桑田，年复一年，自必茂密。由上元之铜山、谢村迤东各乡产渐旺，秣陵、禄口、陶吴、横溪桥、谷里村、六郎桥、江宁、镇铜并慈湖，皆养蚕地也"。② 同治年间，当地土丝在数量和质量上虽尚不如嘉、湖之丝，但已在丝织生产中占有重要地位，"织纫之丝，海宁为上，溧阳次之，乡丝又次之"。③ 连蚕业素不发达的江北地区，如今也"产丝甚广，六合、江浦、扬州、高邮、如皋、通州皆有丝，至三号缎可用以为纬"。④

地处上海口岸边缘的松江府，鸦片战争前"郡境向不事蚕桑。自道光季年，浦南乡人始有树桑饲蚕者。华亭诸生顾华琳、庄镜新自植数千株于家园，于是相继兴起。及咸丰兵燹，浙西及江宁人避难之浦东，益相讲习，官吏复鼓舞尊之"。⑤ 奉贤县地处海滨，原无蚕桑生产，咸丰十一年（1861），"浙西有人来奉贤种桑养蚕"，到20世纪初，全县约有桑田200余亩。"养蚕分布甚广，萧塘镇挨户养蚕，青村、庄行等处，有养蚕达百匾的"。⑥ 南汇县也于咸丰、同治年间开始栽桑养蚕，"饲养土蚕种，一年只养一期春蚕"。⑦ 嘉定县于同治年间开始植桑，"每岁育蚕缫丝，获利颇厚。自是乡人多植之。光绪中叶，里无不桑不蚕之家，时号'小湖州'。"⑧

江南的某些棉区，19世纪后半期由于生丝出口的需要，植桑养蚕明显地带来两倍于植棉和棉纺织的收益，⑨ 于是棉花种植和棉纺织生产也让位于植桑养蚕。⑩ 原以棉花种植和棉纺织业著称的太仓，五口通商后感受到外国廉价机制棉纺织品的冲击，又眼看到丝绸由于国外市场的需求而销路畅旺，价格上涨，

---

① 光绪《重刊江宁府志》卷十一"风俗物产"。
② 汪士铎等：《光绪续纂江宁府志》卷十五，第74页。按：清嘉庆年间的江宁方志"物产门"记载："江宁素不出丝，皆买于吴越。"想见当年江宁乡间尚未植桑育蚕，当地蚕桑业的发展应是鸦片战争以后的事，尽管此时"亦只有头蚕，不能饲二蚕、三蚕也"。
③ 同治《上（元）江（宁）两县志》卷七"食货"。
④ 汪士铎等：《光绪续纂江宁府志》卷十五，第74页。
⑤ 光绪《松江府续志》卷五，第5页。
⑥⑦ 参见《上海丝绸志》编纂委员会编：《上海丝绸志》第六篇第一章"郊县蚕桑生产"。
⑧ 黄苇：《近代上海地区方志经济史料选辑》，上海人民出版社1979年版，第78页。
⑨ 见《重修华亭县志》卷二十三，光绪四年（1878）刊，第4—5页。
⑩ 《南汇县志》（卷二十二，光绪五年[1879]刊，第35页）记录的情况较为典型。

19世纪70年代初期，当地官员建立起种桑局，购买桑苗，命令老百姓植桑。十年间，植桑十数万株。①

江苏常州府的无锡、武进、江阴、宜兴四县，是太湖北面新兴蚕区中最值得注意的地方。19世纪60年代，常州人陆黻恩翻刻《蚕桑合编》，在常州提倡蚕桑，他说："浙江蚕桑之功，衣被天下。……吾常而此独缺焉不讲。"②可见在此之前常州府蚕桑业尚不发达。从19世纪60年代开始，常州府蚕桑生产勃兴，无锡、武进、江阴、宜兴四县成为江苏省蚕桑业最发达的区域。到清末民初时，江苏全省的蚕茧产量大约七成由上述四县产出。③其中，尤为突出的是无锡县。

无锡一带农村，鸦片战争前蚕桑生产并不发达，"产丝也很少。至咸丰十年（1860），对育蚕才比较注意"。④得蚕桑生产风气之先的开化乡，"习蚕桑之术者，在清中叶不过十之一、二，洎通商互市后，开化全乡几无户不知育蚕矣"。太平天国战争以后，"该处荒田隙地尽栽桑树，由是饲蚕者日多一日，而出丝亦年盛一年"，出现了"户户栽桑，家家育蚕，不问男女，皆从此业"的繁盛景象。⑤那些自己植桑而无法养蚕或自种桑叶用来养蚕还有多余的农家，"其方针就是将桑叶卖掉"。这样一来，"家中若有老妇幼女劳动人手，即使没有一株桑树也会从事养蚕"。⑥1880年，无锡生丝产量为320万两，价值48万海关两。"其品质优于溧阳丝，价格也较高。运至上海输往国外者仅占十分之四左右，其余供织绸之用。无锡丝几乎全作纬丝"。⑦到20世纪20年代中期，无锡

---

① 民国《太仓州志》卷三，第22页。

② 何石安编著：《蚕桑合编》，成书于道光二十二年（1842）。武进武阳公善堂翻刻。

③ 《全国丝厂茧行之调查》，《江苏实业月志》第30期。

④ 有学者注意到，在无锡县志的物产篇中，自明弘治之后一直到清道光年间没有提到过蚕桑。生丝作为一种地方产品曾经先后出现在1494年出版的弘治《无锡县志》和1574年出版的万历《无锡县志》的物产篇中，后来便没再出现，直到在1840年出版的道光《无锡县志》中才又被重新提起（见张丽：《鸦片战争前的全国生丝产量和近代生丝出口增加对中国近代蚕桑业扩张的影响》，《中国农史》2008年第4期）。

⑤ 《申报》1879年5月14日。

⑥ 坂本菊吉：《清国ニ於ケル生糸絹織物ノ實况並其企業ニ關スル調查报告》，《农商务省商工局临时报告》1904年第五册，第10页。

⑦ The Maritime Customs, *Special Series*: Silk, p. 62.

县植桑面积已经达到创纪录的 36 万亩以上。①

在长江三角洲边缘地带的安徽省，晚清时期的蚕桑业生产也得到了长足发展。据外国人在不同时期的调查估计，1880 年，安徽省产出蚕茧 10 800 担，生丝 831 担；②1898 年，安徽省产茧增至 30 000 担，产丝增至 2 308 担，③分别增长了 177.78% 和 177.74%。到 20 世纪 10 年代中期，1915—1917 年间，安徽省的茧、丝产量依然维持着 19 世纪末的水准。④

根据近代史上不同时期外国人的调查估计，1880 年，浙江省生产蚕茧 825 500 担，折合生丝 63 500 担，江苏省产茧 275 200 担，折合生丝 21 169 担，安徽省产茧 10 800 担，折合生丝 831 担，三省合计产茧 1 111 500 担，折合生丝 85 500 担。⑤与 19 世纪 40 年代相比，长江三角洲蚕茧产量增长约 8.33%，生丝产量却只相当于 40 年代的 83.33%，考虑到此时正值太平天国乱后不久，长江三角洲蚕桑生产尚在恢复之中，成绩已很可观。到 1898 年，长江三角洲的蚕桑生产达到高峰，是年浙江省产茧 1 017 000 担，折合生丝 78 231 担，江苏省产茧 350 000 担，折合生丝 26 923 担，安徽省产茧 30 000 担，折合生丝 2 308 担，三省合计产茧 1 397 000 担，折合生丝 107 462 担，⑥分别比 19 世纪 40 年代增长 36.16% 和 4.74%，比 1880 年增长 25.69% 和 25.69%。到 20 世纪 10 年代中期，长江三角洲蚕桑生产比 19 世纪末时有所下降。浙、苏、皖三省桑园面积共有 2 981 170 亩，其中浙江省为 1 586 328 亩，占 53.21%；江苏省为 1 049 398 亩，占 35.20%；安徽省为 345 444 亩，占 11.59%。⑦浙江省产茧 876 766 担，折合生丝 67 444 担；江苏省产茧 266 745 担，折合生丝 20 519 担；安徽省产茧 30 000 担，折合生丝 2 308 担。三省合计产茧 1 173 511 担，折合生丝 90 271 担，分别占全国蚕茧和生丝总产量的 42.22%。⑧

---

① 《江苏省无锡县农村实态调查报告书》，1941 年刊，第 9—10 页。

② Lillian M. Li, *China's Silk Trade*: *Traditional Industry in the Modern World 1842—1937*. Cambrudge, Harvard University Press, 1981, p.98, Table 17.

③⑥ Robert Y. Eng, "*Economic Imperialism In China—Silk Production and Exports*, 1861—1932", 1986 by the Redents of the University of California, pp. 32—35.

④⑤⑧ Lillian M. Li, *China's Silk Trade*: *Traditional Industry in the Modern World 1842—1937*, p.98, Table 17.

⑦ 据日本东亚同文会:《支那年鉴(第三回)》，1914 年。按：调查数据缺江苏省桑园面积，兹据 1913 年《江苏实业行政报告书》第二编中所列全省 44 个蚕桑县的桑园面积加总而得。

第二节
珠江三角洲及两广地区的蚕桑业

一、珠江三角洲的蚕桑业

与江浙地区相比，珠江三角洲的蚕桑生产表现出不同的特点。

首先，珠江三角洲是中国最重要的亚热带气候型养蚕区，每年3月到11月都可养蚕，每次费时16到18天即可收茧，通常一年收茧6到8次，比起江南地区每年收茧2次、至多3次，要高出许多。自然条件的得天独厚，使当地农民能够整年运转不息地采叶、养蚕、收茧、制种，形成专业性的蚕桑生产循环。

其次，珠江三角洲近代缫丝工业发达较早，需要源源不断的原料茧供应，使得农民从事蚕桑业生产，不至有产品无人问津之虞。市场需求刺激了蚕桑生产专业化的发展。同时，机器缫丝工厂的兴隆，吸收了大部分的当地农村妇女，她们不再于家中从事养蚕缫丝的副业生产，男性劳力便只能将植桑养蚕作为专业来经营。

第三，由于以上两个原因，使得珠三角经营蚕桑业的利润颇佳，农民选择植桑养蚕作为主业，比从事其他作物生产都较为有利可图。晚清时当地每户蚕农的育蚕量为平均每作二三张蚕种纸，收茧量约240—300斤，以最小值估计，一年6造正常年景约可收茧1 440斤，而鲜茧时价约为每担60元上下，扣除成本，每年纯收入约320元。① 收支相抵，即使以正常年景的收入计算，农家维

---

① 铃木智夫:《清末民初における民族资本の展开过程——广东の生丝业について》,《中国近代化の社会构造》,东京教育大学亚洲史研究会,1960年。据上原重美1927年的调查,珠三角地区的养蚕业,在劳力及桑叶全部仰承他人的情况下,生茧百斤的生产费用约86元;若自有桑园且桑叶自给自足,则生茧百斤的生产费约为60.80元。以每年蚕作七回计算,若饲育顺利,农家收入可达1 250元,纯收入约为835.60元。"足可见茧价高低对于农家经济之影响至大"(日本蚕丝业同业组合中央会编:《支那蚕丝业大观》,东京冈田日荣堂1929年版,第938页)。

持生计应无问题。

正是在这样的背景下，19 世纪中期以后，广东珠江三角洲地区掀起了全面性的"弃田筑塘、废稻树桑"的高潮，"咸（丰）、同（治）后，田多变基塘，获利较丰"。① 由于生丝出口激增，植桑养蚕比种植棉花、水果、甘蔗等任何一种作物都要有利可图。同时，由于"法国南部和意大利北部流行疫症损坏了很多蚕茧，导致欧洲丝产量下降，从而加剧了欧洲和美国对生丝的巨大需求"，结果"使广东人在养蚕方面获利如此之丰，以至使他们将很多稻田改为桑园"。②

珠三角的水田一般地势低平，不利桑树生长，如改植桑，必须加高基面，所以各地纷纷锹塘筑基，形成了"桑基鱼塘"的生产模式，在很大程度上提高了珠江三角洲地区单位土地的收益率。据"方志"记载：

> 将洼地挖深，坭复四周为基，中凹下为塘，基六塘四，基种桑，塘蓄鱼，桑叶养蚕，蚕矢饲鱼，两利俱全，十倍于稼。③

由于从事蚕桑生产收益甚大，"岁获厚利"，"十倍禾稼"，当地士绅纷纷"在低湿地带挖掘池塘和水道，将掘出的泥土壅积在池塘四周和水道两旁，在上面种植桑树，并且将这些桑田让农民租种"。④ 当地农民"人多种桑，岁有六造"。⑤ 珠三角的桑树品种半数以上为荆桑（粤桑），其余为火桑，平均每年施肥 3 次，耕耘和锄草 3—4 次，桑叶收获量平均约在每亩年收 30 担左右，一般第一造 4—5 担，第二造 7—8 担，第三造 7—8 担，第四造 4—5 担，第五造 4—

---

① 周朝槐：民国《顺德县志》。
② 粤海关税务司：《1871—1872 年广州口岸贸易报告》，转引自广州市地方志编纂委员会办公室、广州海关志编纂委员会编：《近代广州口岸经济社会概况——粤海关报告汇集》，暨南大学出版社 1995 年版，第 75 页。
③ 区为梁等：光绪《高明县志》卷二，"地理·物产"。由此可见，是时珠江三角洲的桑园大多为四水六基的格局，即将桑作土地的 40% 挖掘为池塘，其余 60% 以所挖出泥土堆高来种植桑树，如此既能预防干燥期土壤的板结，又可防范珠江洪水泛滥淹没土地，同时还可利用池塘养鱼以增加收入。
④ 铃木智夫：《洋务运动的研究》，第四编《洋务派の广东蚕丝业近代化政策》，第 421 页。
⑤ 《光绪三十年江门口华洋贸易情形论略》，《通商各关华洋贸易总册》下卷，第 95 页。

5 担，第六造 3—4 担。① 当地不少农户因从事蚕桑生产而富裕起来；同时，由于整个种桑、摘叶、育蚕、蒸茧、缫丝及织丝的生产过程都有赖于女子劳动力的参与，故蚕桑区内妇女的社会经济地位也得以相应提高。

19 世纪 60 年代以后，珠江三角洲原来种植禾稻的田地已经"大部分改为桑基"。② 南海县九江一带，道光以后已经是"境内有桑塘，无稻田"；③ 顺德县大良、陈村一带，也达到了"民半树桑"的程度。④ 专业性的蚕桑产区的迅速扩大，终使珠江三角洲成为一个单一生产形态的区域。"这实与当时国内其他重要产丝区的经济形态有所不同"。⑤ 珠江三角洲的蚕桑业区域，大体上分布在以顺德县、南海县为中心，"东西三十哩、南北五十哩的地域内。桑园分布北从广三铁路（广州至三水）沿线开始，渐次向南进入顺德县境，蚕桑业气氛逐渐浓厚，由顺德县再向南到香山县北部，桑园逐渐稀少。东自外海起，西至西江沿岸。这一区域内的蚕茧产额少说也占全省八成，还有桑苗种植地、蚕种制造场所，其他蚕茧交易、缫丝生产等各个分业也都很发达，丝绸业堪称繁盛。"⑥

南海、顺德等地成为专业化的蚕桑产区，顺德的稻田多已改为桑园，稻田已经不及全县耕地的十分之一。⑦ 据不完全统计，鸦片战争前，珠江三角洲的桑田面积约为 50 000 亩，到 19 世纪 60 年代，桑田面积增加为 114 000 亩，是鸦片战争前的 1.28 倍。19 世纪末时，广东"出丝地方系在省城（广州）之东北，来往甚易，三水枝路之线，一过佛山，即经该处之一角。……该处每年产丝约六、七造，由三月底起至九月止，约略估计出丝八万担"。⑧ 到 1911 年辛亥革命前夕，珠三角的桑田面积增加为 800 000 亩，比鸦片战争前增长了 15 倍。到 20 世纪 20 年代初，珠三角桑田面积达到创纪录的 1 293 000 亩。就是说，从

① 参见叶超：《广东珠江三角洲蚕丝业调查》，《中国蚕丝》1936 年 2—5，第 108—121 页。
② 班思德：《中国对外贸易史——海关十年报告书》，第 9 页。
③ 朱次琦：《光绪九江儒林乡志》。
④ 刘伯渊：《广东蚕业调查报告》，1922 年。
⑤ 连浩鋈：《晚清时期广东的对外贸易及其对农村社会经济的影响》，《中国社会经济史研究》1990 年第 3 期。
⑥ 日本蚕丝业同业组合中央会编：《支那蚕丝业大观》，东京冈田日荣堂 1929 年版，第 888—889 页。
⑦ 参见程耀明：《清末顺德机器缫丝业的产生、发展及其影响》，广东历史学会编：《明清广东社会经济形态研究》，广东人民出版社 1985 年版。
⑧ 《宣统二年广州口华洋贸易情形论略》，《通商各关华洋贸易总册》下卷，第 109 页。

1840 年到 20 世纪 20 年代，珠三角的桑田面积增长了约 20 倍。

在珠江三角洲机器缫丝业兴起之前，当地缫丝"以手工为之，其丝略粗，只供人织绸及绉纱之用"，全省每年土丝产值"约出四千万，（其中）顺德四之二，番禺、香山、新会占其一，（南海）县属占其一，九江、西樵、大同、沙头出丝最盛"。① 据 1880 年的调查，当年广东全省出产蚕茧 576 100 担，在全国各省区中名列第二，年产生丝 44 315 担，也仅次于浙江省。② 当年广东的生丝除了供本省消费约 20 000 担以外，还输往欧洲 12 000—14 000 包，输往缅甸3 000—4 000 担，输往美国约 10 000 箱；③ 输出价值为 5 709 789 海关两，占广东省土货出口贸易总值的 17.44%。④1880 年，在广州的各类土货出口项目中，与蚕丝业相关的产品占到出口总值的 52.26%，其中丝织品占 34.82%，生丝占17.44%。⑤ 清道光十年（1830），在广州出口的广东本地所产生丝为 36.8 万斤，到了光绪六年（1880），广东生丝输出已达 208.5 万斤。⑥ 如此大量的广东生丝和丝货外贸出口的所产生的巨大拉动力，必然大大刺激和促进珠江三角洲桑基鱼塘生产的日益发展。

中日甲午战争后的一段时期内，广东的蚕桑生产和蚕丝外贸进一步发展。在三水，"本来主要是农业区，但已逐渐变成产丝区了。最近几年中，农民相当广泛地种植桑树，妇女也都学着如何养蚕"。⑦ 据 1898 年的调查，广东全省年产蚕茧 717 000 担，年产生丝 55 154 担，分别都比 1880 年增长了24.46%。⑧ 由于机器缫丝业的勃兴，厂丝的输出迅猛增加。机器缫丝业兴起后，"由三月底起至九月止，约略估计出丝八万担，半系由丝厂缫成，贩运出

① 桂坫等：《宣统南海县志》卷四，第 41 页。
② Lillian M. Li, *China's Silk Trade: Traditional Industry in the Modern World 1842—1937*, p.98, Table 17.
③ The Maritime Customs, *Special Series: Silk*, p. 150. 按，生丝每担重 100 斤，每包重 80 斤，每箱重75 斤。
④ *Returns of Trade at the Treaty-ports for the Year 1880*, Part Ⅱ, pp.328—330, 331—332, 334—335.
⑤ 广州口岸的出口总值，比同一时期粤省的另一口岸汕头高出约 1.5 倍。汕头以输出蔗糖为主，黄糖、白糖两项约占其出口总值的 77.85%。光绪初年实为汕头蔗糖出口贸易的鼎盛时期，但糖的出口值仍然只及广州丝产品出口值的大约五分之三而已。
⑥ 《珠江三角洲农业志》（四），1976 年，第 41—42 页。
⑦ Decennial Reports, 1892—1901, Vol. Ⅱ, p. 264.
⑧ Robert Y. Eng, "*Economic Imperialism In China——Silk Production and Exports, 1861—1932*", pp.32—35.

口，其余均归本处销场之用"。① 时人称："洋庄丝出，其价倍昂，其利愈大"，在生丝总产量中，"洋庄丝居十之六七，土庄丝十之三四而已。"② 1896 年，与蚕丝业有关的产品已占到当年广州口岸土货出口总值的 62.98%，其中尤以生丝对外贸易的表现最为突出，占出口总值的百分比从 1880 年的 17.44% 上升至 41.81%。③ 当年广东生丝出口价值达 8 554 784 海关两，出口废丝价值 871 144 海关两，两项合计 9 425 928 海关两，约占广东省土货出口贸易总值的 46.06%。④ 与此同时，丝织品占出口总值的百分比则从 1880 年的 34.82% 下降至 16.92%。⑤ 诚如布莱克本商团在调查报告中说："因为广东对欧洲、印度、美洲等市场有大量蚕丝原料输出，所以集中在广州的丝绸贸易，关系非常重大。……输出品中包括空茧、分作几种几级的废丝、生丝、手工缫丝，及丝织品"。⑥

进入 20 世纪，广东蚕丝出口贸易的量与值仍在持续增长。1911 年，广州口岸的生丝出口价值达到 21 997 743 海关两，仅生丝一项就占了广州土货出口总值的 40.27%。若加上废丝出口价值 2 632 057 海关两，两项合计 24 629 800 海关两，占到广东省土货出口贸易总值的 45.09%。若再加上丝织品输出 3 463 019 海关两，则共计占到粤省出口总值的 58.52%。⑦ 据 20 世纪 10 年代中期的调查，1915 年到 1917 年间，广东平均年产蚕茧 768 300 担，年产生丝 59 100 担，分别比 1898 年的调查数据有 7.15% 的增长，反映出世纪之交的广东蚕桑、缫丝生产仍然处于继续发展的态势之中。

---

① 《宣统二年广州口华洋贸易情形论略》，《通商各关华洋贸易总册》下卷，第 109 页。

② 桂玷等：《宣统南海县志》卷四，第 41 页。

③ 广东生丝输出激增的主要原因在于，因应着海外工业发达国家对生丝品质需求的改变，珠江三角洲及时在生产技术上作出了突破性的改良，在很大程度上以机器缫丝取代了手工缫丝，从而极大地推动了生丝出口贸易的发展。

④ *Returns of Trade at the Treaty-ports for the Year 1896*, Part Ⅱ, pp.418—423, 424—425, 428—429.

⑤ 有人认为，广东出口总值中生丝与丝织品比重的这一变化，反映了蚕茧市场价格的提高使本土丝织业陷于不利的竞争环境，导致丝织品的生产量有明显下降的趋势。实际上，生丝在粤省土货出口总值中地位的提升，更多是由于发达国家对经过技术改良的广东生丝需求的增长，并不必然造成粤省丝织品出口量的萎缩。而且，丝织品出口量的减少，也并不一定说明粤省丝织品生产量的下降。参照 1911 年的数值，对此应有比较清楚的认识。

⑥ *Report of the Mission to China of the Blackburn Chamber of Commerce 1896—1897*, pp.55—56.

⑦ *Returns of Trade and Trade Reports*, *1911*, Part Ⅱ, pp.651—665, 666—669, 674—675.

表 4-2　广州、汕头主要进出口商品价值及在贸易总值中的比重（1880）

贸易类别	商品名称	广 州		汕 头	
		价值（海关两）	比重（%）	价值（海关两）	比重（%）
洋货进口	鸦　片	262 135	9.71	3 855 596	46.98
	棉　纱	336 314	12.46	1 597 574	19.47
	棉　花	295 419	10.94	423 892	5.16
	棉衬衫	245 012	9.08	—	—
洋货进口净值		2 698 283	100.00	8 204 264	100.00
外省土货	豆　饼	—	—	2 180 602	34.38
	黄　豆	—	—	841 980	13.27
	稻　米	3 483 340	40.94	774 095	12.20
	大　蒜	—		442 471	6.97
	棉　花	—		335 083	5.28
	丝织品	951 896	11.19	312 634	3.40
	土　布	726 023	8.53	—	—
	中　药	370 380	4.35	158 202	2.49
	小　麦	223 201	2.62	141 216	2.22
外省土货进口净值		8 506 558	100.00	6 340 975	100.00
本省土货出口	丝织品	5 709 789	34.82	—	—
	生　丝	2 859 742	17.44	—	—
	红　茶	1 612 691	9.83	—	—
	席	513 042	3.12	—	—
	白　糖	354 239	2.16	3 181 310	47.97
	黄　糖	501 278	3.05	1 981 511	29.88
	烟　叶	—	—	259 005	3.90
	土　布	—	—	224 807	3.39
本省土货出口总值		16 391 363	100.00	6 631 445	100.00
进出口贸易总值		27 596 204		21 176 684	
贸易收支平衡		（+）5 186 522		（-）7 913 794	

资料来源：原据 Returns of Trade at the Treaty-ports for the Year 1880, Part II, pp.328—330, 331—332, 334—335, 348—350, 351—353, 355—359. 转引自连浩鋆：《晚清时期广东的对外贸易及其对农村社会经济的影响》,《中国社会经济史研究》1990 年第 3 期。

说明：（1）洋货、外省土货进口净值基于各项物品的市场价值计算；

（2）本省土货出口总值基于各项物品的市场价值计算；

（3）"—"显示不重要的价值数量和百分比。

表 4-3　1896 年、1911 年广州口岸主要进出口商品价值 ① 及在贸易总值中的比重

贸易类别	商品名称	1896 年		1911 年	
		价值（海关两）	比重（%）	价值（海关两）	比重（%）
洋货进口	棉纱	1 658 495	13.59	1 163 504	3.64
	鸦片	2 436 012	19.96	7 140 331	24.18
	棉衬衫	541 503	4.43	1 175 886	3.98
	煤油	—	—	1 381 167	8.89
	稻米	414 962	3.40	828 374	2.80
	棉花	417 295	3.42	—	—
	面粉	—	—	1 381 167	4.68
	白糖	—	—	860 822	2.80
洋货进口净值		12 199 086	100.00	29 533 302	100.00
外省土货进口	稻米	5 183.410	38.38	1 743 198	9.65
	黄豆、白豆	501 116	3.71	1 485 121	8.22
	小麦	536 074	3.96	—	—
	丝织品	869 690	6.43	—	—
	花生	—	—	3 979 306	22.03
	花生油	—	—	1 125 224	6.23
	土布	—	—	814 658	4.51
	中药	—	—	586 866	3.25
外省土货进口净值		13 504 725	100.00	18 064 275	100.00
本省土货出口	生丝	8 554 784	41.81	21 997 743	40.27
	丝织品	3 463 019	16.92	7 333 999	13.43
	蚕丝废料	871 144	4.25	2 632 057	4.82
	席子	1 106 457	5.40	2 756 526	5.05
	黄糖	503 463	2.46	—	—
	皮革	—	—	2 025 173	3.71
	爆竹	—	—	1 900 477	3.48
	桂皮	—	—	1 870 771	3.42
本省土货出口总值		20 456 532	100.00	54 627 044	100.00

---

① 20 世纪以前，中国海关进出口贸易统计的记值方法，乃以货物的市价（market value）为根据。进口各货之价值，不但包括该货的原价、运费，也包括登岸后到市场出售前的各种费用（如进口税额、起运费、仓储费及出售时之佣金等等）。而出口各货，除该货市价外，于该货在未离岸前的包装费、仓储费、出口税额及收购时之佣金等等，则概不包括在内。1904 年，根据海关造册处税务司（Statistical Secretary）马士氏（H. B. Mores）的建议，所有进口货一律采用 C. I. F.（起岸价值）核算，即不包括货物"离船"后之所有税额费用；出口货则一律采用 F. O. B.（离岸或装船价值）核算，即报价单中的价格以至"装船"时的所有一切税额费用，也全数包括在内。

贸易类别	商品名称	1896 年		1911 年	
		价值（海关两）	比重（%）	价值（海关两）	比重（%）
进出口贸易总值		46 160 343		102 224 621	
贸易收支平衡		（+）5 247 279		（+）7 029 467	

资料来源：原据 Returns of Trade at the Treaty-ports for the Year 1896, Part II, pp.418—423, 424—425, 428—429; Returns of Trade and Trade Reports, 1911, Part II, pp. 651—665, 666—669, 674—675. 转引自连浩鋆：《晚清时期广东的对外贸易及其对农村社会经济的影响》，《中国社会经济史研究》1990 年第 3 期。

说明：（1）洋货、外省土货进口净值，1896 年基于各项物品的市场价值计算；1911 年基于各项物品的 C.I.F.（起岸）价值计算。
（2）本省土货出口总值，1896 年基于各项物品的市场价值计算；1911 年基于各项物品的 F.O.B.（离岸）价值计算。
（3）"——" 显示不重要的价值数量和百分比。

二、广西的蚕桑业

同处两广地区的广西，鸦片战争后蚕桑业的发展也可圈可点。广西的官员和士绅兴起了"奖劝蚕桑"的运动，他们为了使农民从事蚕桑生产，专门设立了"蚕桑局"，向农民发放桑苗，还低息贷给农民购买养蚕用具的资金。[①] "梧州府属之容县，地宜蚕丝，伊古已然。同治年间，前容县知县陈师舜劝办（蚕桑）有效，现每岁可出丝二万五千斤。……"[②] 曾任山西解州知州的马丕瑶，在当地创办蚕桑，颇见成效，"民以为便"。升任广西巡抚后，他大力"兴办蚕桑"，"开设机坊"，"责成守令妥为经理，觅雇男匠女师，分辟舍宇，教民缫织，并随时收买茧丝，俾小民就近获利，咸乐争趋"。自 1889 年（光绪十五年）开办以来，广西乡民"群相仿效，到坊学习，坊间人满。织纺所成绸匹，丝线不亚广东。今春育蚕之户，似觉倍增，新茧新丝，烂盈筐箧"。[③]

广东顺德人梁思溥，1890 年署广西容县知县，"甫下车，即遍历四境，谓地虽贫瘠，较他县平衍，宜蚕桑。乃召乡绅老农，谕以丝业为中国大利，举乡邑

---

① Alvin Y. So, *The South China District: Local Historical Transformation and World System Theory*, Albany, N. Y. State University of New York Press, 1986.

② 马丕瑶：《筹设书局机坊折》，光绪十五年九月二十四日，《马中丞遗集》，奏稿，卷一，第 18 页。

③ 马丕瑶：《请免广西新丝厘税片》，光绪十六年三月十三日，《马中丞遗集》，奏稿，卷二，第 7 页。

所以富沃者，在专业农桑，以诱导之。于是画县中边地为陂塘，以蓄水利。委员回粤，延老于蚕业者十余辈，分布诸乡，教以饲蚕栽桑法"。梁思溥"且夕巡视，足无停趾。廉俸薄，聘资不足，不惜负债鬻产以足之。在任一年，茧市机坊次第成立"。时人评曰：

> 当马中丞（丕瑶）之抚桂也，留心民瘼，悯其地硗民惰，思膏泽而劳来之，问策于僚属……于是有蚕桑局之设。凡所规画，悉出思溥手。在局四年，桂民附省者知所趋向。马丕瑶欲拓其利于浔、梧，故委署容县。不意大吏易人，思溥继去。然自此桂省咸知蚕业之利，则思溥提倡力也。①

随着地方官绅"兴办蚕桑"措施的落实，桂省蚕桑事业渐有起色，蚕桑产区有所扩大。数年间，蚕桑事业在广西"日见推广"，各府厅州县"竞相则仿，约计本年（光绪十七年，1891）自春及秋，民间或养蚕五六造四五造，出丝或万斤数千百斤不等，多有成效可观"。②桂林地区气候土壤"宜蚕"，但此前未知蚕业之利，出丝甚少。"上年（光绪十四年，1888）于省城开办蚕桑，今春请领桑本者日多，得丝渐盛。若官督机收买，无论丝斤多寡，即出即售，小民狃于近利，更将趋之若鹜"。③到1891年，"现据各处禀报，领种桑株约共有二万七千六百余万，复广购葚子，给种以补桑秧之不足。民间蚕事大起，商贩蚕种价值倍昂，体察情形，已有渐推渐广之势"。自春及秋，广西民间养蚕四五造或五六造，出丝数千斤或上万斤，成效颇为可观。据不完全统计，两年来，"桂（林）、梧（州）两局约各得丝两万余斤；容（县）、藤（县）两县共得丝五万余斤；其余各属出丝，或一万或千数百斤不等"。④截至1891年12月，广西全境各府厅州县"合共出丝二十万零六千一百八十余斤"。⑤

蚕桑业的发展促进了广西的蚕丝贸易，"商贩见利，争趋转运，达于楚、粤、滇、黔各境，（广）东商来梧（州）设栈收丝者尤伙。其由北海出洋，据税务

---

① 马朝槐等：《民国顺德县续志》卷十九，第14—15页。
② 马丕瑶：《请奖蚕桑出力绅民顶戴片》，光绪十七年九月二十八日，《马中丞遗集》，奏稿，卷三，第19页。
③ 马丕瑶：《筹设书局机坊折》，光绪十五年九月二十四日，《马中丞遗集》，奏稿，卷一，第18页。
④ 马丕瑶：《请免新绸税厘并择奖员绅折》，光绪十六年十一月八日，《马中丞遗集》，奏稿，卷二，第27页。
⑤ 马丕瑶：《择保蚕桑著有成效出力官绅折》，光绪十五年九月二十四日，《马中丞遗集》，奏稿，卷三，第31页。

司称,(光绪)十五年(1889)西丝(广西丝)出关五千四百余斤,他处行销尚不在此数,年来当更倍增"。①

　　据外国人在不同时期的调查估计,1880年,广东省蚕茧产量为576 100担,折合生丝44 315担,与鸦片战争前夕的50 000担蚕茧、5 000担生丝相比,分别增长了10.52倍和7.86倍。② 到1898年,广东省产茧717 000担,折合生丝55 154担,③分别比鸦片战争前增长13.34倍和10.03倍,比1880年增长了24.46%和24.46%。广西省没有该年的统计数据,如以1891年的数据为参考,当年桂省全境各府厅州县"合共出丝二十万零六千一百八十余斤",④折合生丝2 062担。到20世纪10年代中期,广东省桑园面积达639 442亩,⑤蚕茧产量为768 300担,折合生丝59 100担,⑥蚕茧产量和生丝产量分别比鸦片战争前增长14.37倍和10.82倍,比1880年增长33.36%,比1898年又增长了7.2%。自鸦片战争到1915年的65年里,广东省蚕茧和蚕丝产量年均增长率达22.11%和16.65%。在中国蚕茧和蚕丝总产量中所占比重,广东省均占到27.64%,仅次于浙江省的31.54%。此外,广西省的桑园面积也达到28 341亩,⑦蚕茧产量为12 000担,折合生丝923担。⑧

第三节
四川省及两湖地区的蚕桑业

一、四川省的蚕桑业

　　西南诸省以四川的蚕桑业较为集中,也较为典型。四川省蚕桑生产以嘉

---

① 马丕瑶:《酌保蚕桑出力员绅折》,光绪十七年五月七日,《马中丞遗集》,奏稿,卷三,第10页。

②⑥⑧ Lillian M. Li, *China's Silk Trade*: *Traditional Industry in the Modern World 1842—1937*, p.98, Table 17.

③ Robert Y. Eng, "*Economic Imperialism In China—Silk Production and Exports, 1861—1932*", 1986 by the Redents of the University of California, pp.32—35.

④ 马丕瑶:《择保蚕桑著有成效出力官绅折》,光绪十五年九月二十四日,《马中丞遗集》,奏稿,卷三,第31页。

⑤⑦ 日本东亚同文会:《支那年鉴(第三回)》,1914年。

陵江流域和岷江流域为主，"历史由来已久，所产之茧，为黄色长圆锥形，酷似山东产之长圆锥形蚕茧"。① 宋代，四川盆地曾是中国蚕桑丝绸生产的一大重镇，地位可与长江三角洲和黄河下游两个地区鼎足三立。明中叶后，随着植棉业的兴起和棉纺织业的推广，四川的蚕桑业也逐渐步入衰落之途。鸦片战争前夕，太湖流域的杭州、嘉兴、湖州、苏州一带成为中国蚕桑业的主产区，珠江三角洲的蚕桑业正在崛起，相形之下，四川的蚕桑丝绸生产尽管余韵犹存，但规模其实并没有多大，产地主要集中在合川、顺庆、保宁、潼川、绵州和嘉定等地，多为房前、屋后、畦畔、路旁的"四边桑"，缺乏成片桑园，年产蚕茧约在26 000担左右，年产生丝约在2 000担上下。②

特殊的盆地地理环境，难以逾越的蜀道川江，阻碍着四川蚕丝与海外市场的联系。在1870年之前，中国的对外输出品中，尚无四川丝的记载。③ 在中国被外国资本主义叩开大门，国内一些地区的丝绸成为对外贸易的重要商品之后，四川的蚕桑丝绸生产在一段时间内尚未感受到来自国际市场的刺激。潼川号称川省产丝最盛之地，但咸丰、同治年间，人们看到的却是这样一种景象："蚕桑仍少，贫家偶有为之。"直到光绪前期，潼川仍是"桑树甚少，出丝不多。售丝者必往绵州或成都。"当地乡绅在劝民从事蚕桑业的著作中写道："以川北出丝最多之三台视之，栽桑未及百分之一，其余各县更少。川南不及川北，川东、川西又不及川南。嘉、叙、泸、渝、忠、夔等地，间有桑树成林者，更有数百里不见一株桑者。隙地任其荒废，美利不知振兴。"④在一些蚕桑生产本不发达之地，"乃数百里内，目不睹桑树之荫，人不闻蚕缫之事，询以此利，大都茫然。盖蚩蚩之氓，无人提倡，不能灼知大利所在。"⑤

然而，东南沿海省份生丝的大量出口，也产生了连带的市场反应，据19世纪70年代初外国人的观察，"在过去的十年中，（四川的）丝价已经涨了一

① 日本蚕丝业同业组合中央会编：《支那蚕丝业大观》，东京冈田日荣堂1929年版，第597页。

② 参见张丽：《鸦片战争前的全国生丝产量和近代生丝出口增加对中国近代蚕桑业扩张的影响》，《中国农史》2008年第4期。

③ *Letter By Baron von Richthofen on the Provinces of Chili, Shansi, Shensi, Sz'-Chwan, with notes on Mongolia, Kansu, Yunnan and Kwei-chau* (Shanghai, 1872), p.51.

④ 陈宛溪：《劝桑说》，手抄本，藏三台县图书馆。

⑤ 张森楷：民国《合川县志》，掌录七，蚕业上。

倍"。①从19世纪70年代开始，外国资本主义的经济势力逐渐向中国内陆渗透，内地各省中，四川"为西南第一注意之地"。时人称："蜀为数省中菁华聚集之所，故英人此时用意在蜀，蜀得而滇、黔归其囊括矣。"②在这一过程中，四川的农副产品，尤其是蚕丝为外人所瞩目，开拓了新的出口渠道，"丝的出口必然达到一个极高的数字"。以往川丝输出主要局限于西南、西北地区，"但是现在川丝在沿海省份和外国市场上，已开始与浙江丝竞争了"。1871年，"有六千包四川丝（每包川丝重约66.7斤，6 000包大约相当于4 002担——笔者注）从上海运往国外"。③据说"上海一家大洋行是一个经常的顾主，几年来曾买了价值百万两的四川丝"。

根据法国人隆多1880年的调查估计，当年四川蚕茧产量为205 800担，生丝产量为15 813担；④又据海关记录，1880年四川的绸缎产量约为6 000担。⑤按当时的生产技术，每生产一担绸缎大约需要1.35担生丝，生产6 000担绸缎需要的生丝量则为大约8 100担。由此可见，四川生丝产量的大约51%是被本地的丝织业消费掉的。假设同1880年一样，1871年同样是51%的生丝产量被当地丝织业所消费，剩下的49%用于输出，那么1871年的四川生丝产量应该是8 168担。⑥这与1840年前相比，已经有了3倍多的增长。而从1871年到1880年的将近10年里，川丝产量从8 168担增加到15 813担，又增长了将近一倍。

19世纪80年代以前，川丝价格虽在上涨，但仍"特别便宜，丝价低至每两为一钱一分银子"；进入80年代后，丝价涨势凶猛，很快涨到二钱乃至三钱，"据说因为法国订购大批川丝，把丝价提高到二钱五分或二钱六分"。⑦与之相

---

① ③ *Letter By Baron von Richthofen on the Provinces of Chili, Shansi, Shensi, Sz'-Chwan, with notes on Mongolia, Kansu, Yunnan and Kwei-chau*（Shanghai, 1872），p.51.

② 王彦成、王亮：《清季外交史料》，台北文海出版社有限公司1985年版，第17页。

④ Lillian M. Li, *China's Silk Trade: Traditional Industry in the Modern World 1842—1937*, p.98, Table 17.

⑤ 彭泽益编：《中国近代手工业史资料》第2卷，中华书局1957年版，第100页。

⑥ 从现有的历史资料中，尚无从得知这8 168担生丝产量中有多少由1840年前的原有桑田产出，又有多少是从1840年后兴起的新桑田生产出来。但有一点可以肯定，即1840年后到1871年间，四川蚕桑业的生产规模扩张很快。

⑦ E. H. Parker, *Up the Yangtze*, p.95.

应，80 年代后四川缫丝生产迎来繁荣，"有二千家以上，大部分在成都、嘉定（即乐山）、重庆和顺庆"，产量年约 6 000 担上下。[1] 据说"为了使川丝适于外销，有些四川的制丝商已经很快地改变了缫车"，外国观察家认为："这一点充分说明了他们的企业精神"。[2]

蚕桑业随之得到了新的成长空间。19 世纪末以前，川省桑树主要种植于川北、川东南等地区的部分县份，时至清末，植桑面积不断增加，传统蚕桑生产区域进一步发展，新兴蚕桑区也得以迅速兴起，前者如川北的南充、三台等县，后者如川东的巴县等。川省蚕桑生产形成了川北、川南、川东三大集中区域，其中川北以南充、三台、西充、绵阳、阆中、南部、苍溪、盐亭、中江等县为中心，川南以乐山、宜宾、井研、峨眉等地为中心，川东以巴县、璧山、合川等县为中心。[3] 据不完全统计，1909 年，全川有 50 余县植桑育蚕，植桑面积约 32 万余亩；1910 年，川省植桑面积已达 64 万余亩，猛增一倍，桑树 5 198 万余株，为蚕桑丝绸业的进一步发展奠定了基础。[4]

四川的蚕桑生产此时大致维持着传统的农家副业形态。据巴县和永川县的资料，1 升蚕茧可出丝 1.25 两（本地秤），成本约 240 文。从事缫丝者每两可获利 60 文，而妇女一人每日可缫丝六至七两。本来，当地妇女的身价"大概比她穿的衣服还要贱"，一天的劳动所得值不上 20—30 文。如今从事缫丝生产，"这种工作乃是家庭的经常工作，照例是不须计算工资的。仅有的费用不过是极小量的煤火，以及丝机、灶和锅的代价。而所有这些东西，除了最后一项以外，大概都是自己家里做的"。这样一来，在每年的蚕丝季节，一个妇女一天可赚取 250 文，"对于一个农村家庭这是一笔很可观的收入"。[5] 但是，也有些地方出现了养蚕农户不自缫丝而将蚕茧出卖获利的情况。方志载："郫邑多桑，人家养蚕获茧，多不自缫织。每岁蚕月，故有商来收茧取丝，至成都销之。"[6]

① The Maritime Customs. *Special Series*: *Silk*, pp.33, 35.

② *Letter By Baron von Richthofen on the Provinces of Chili, Shansi, Shensi, Sz'-Chwan, with notes on Mongolia, Kansu, Yunnan and Kwei-chau* (Shanghai, 1872), p.51.

③ 姜庆湘、李守尧：《四川蚕丝业》，四川省银行经济研究处 1946 年版，第 14 页。

④ 姜庆湘、李守尧：《四川蚕丝业》，四川省银行经济研究处 1946 年版，第 23 页。

⑤ E. H. Parker, *Up the Yangtze*, p. 80.

⑥ 姜士谔：《光绪郫县乡土志》，第 29 页。

晚清丝绸业史

或可证明这一时期四川已经出现商人收茧，雇人缫丝的手工工场。

　　四川各个城市蚕丝的消费量都能很大，这是因为四川本是中国丝绸生产的一大重镇，尤以成都、顺庆（南充）等地为盛。在顺庆（南充），出产各种纺、绉、葛、罗、绸、缎，品类繁多，光彩夺目。在成都，"制造业方面，没有一个行业有像从事于各种丝织品那样多的人。成都大部分地区，每家居民都以纺、染、织、绣为业。在乡间，甚至在冬天，缫制、洗涤及漂白生丝都是很重要的工作"。①据说"新年的时候，成都府人口的半数都穿着丝绸"。②正是因为如此，成都平原及附近山区所产生丝，大多运往成都销售，川丝的买卖成交量巨大，成为"成都府店铺中最特出的货品"。

　　蚕丝成为四川最炙手可热的商品，也是市场上最为活跃的货物。原先大多本地消费的蚕丝，如今愈来愈向域外市场流通，"青神、眉州以下，川南各县所产之丝，每年产额的十分之一，运至成都附近销售；其他十分之九，则专销乐山"。③井研出产的生丝，"在成都市称上品，织户争购，取名曰'东路丝'，以别异于嘉、眉、潼、绵等郡。其类分二等，贾（价）视细粗为高下，细倍粗贾（价）什二，资本费亦如之。岁入丝贾（价）殆数十万金，农民资以为生计甚众。凡国赋田租及一切馈遗叩唁偿负赁庸之费，常取给于此，命曰'丝黄钱'。贫户假贷子钱，以丝黄为期，无弗应者"。④据19世纪70年代入川的外国人观察："川丝的买卖成交最大，它是成都店铺中最特出的货品。在成都平原和附近山区缫制的丝，都运到成都府及一些较小的地方出售。其中距成都西南二十里有一个簇桥镇，丝店林立，为最重要的丝市。这些丝店有些是成都最大、最高贵的丝店，都是丝的交易所。各地来的丝客都投到丝店，以丝求售。还有很多丝是从比较远的地方运来的。成交的丝主要是供应成都平原的极大消费。但是也有从其他地方来的丝商（主要是重庆丝商）在此地收买一部分丝货。有些重庆的大丝行专门经营他们所谓的'成都丝'。另外还有一些其

---

① *Letter By Baron von Richthofen on the Provinces of Chili, Shansi, Shensi, Sz'-Chwan, with notes on Mongolia, Kansu, Yunnan and Kwei-chau*（Shanghai，1872），p.64.

② *Letter By Baron von Richthofen on the Provinces of Chili, Shansi, Shensi, Sz'-Chwan, with notes on Mongolia, Kansu, Yunnan and Kwei-chau*（Shanghai，1872），p.51.

③ 张肖梅：《四川经济参考资料》，中国国民经济研究所1939年版，R30。

④ 吴嘉谟等：《光绪井研志》卷八，第1页。

他市场也从成都取得丝的供应。有大量的川丝从陆路运往陕西、山西、甘肃及北京"。①

外国人观察到的簇桥镇，此地"丝市古即著名"。史载：

> 簇桥为一乡镇，南距成都二十里，属双流、华扬两县分治，桥东属华扬，桥西属双流，此一大石桥，处场市之中段，居民约千余户。凡南路各县之丝，均集中此处，故贸易极盛，赶集期如每旬之二、五、八等三日，南路县份，如双流、新津、彭山、邛崃、蒲江、丹棱等上川南各县所产之丝，俱运至此处销售，或售入成都，或运销重庆，或由渝贩运至沪，簇桥即为一集中发散之点。交易地方在场中桥侧之丝行内，外县丝贩运至此，即寄宿行内，丝到交行保管，掣取行龙，逢赶集日，买卖双方即成行交易，并由经纪人从中居间，价依行市而定。斯处之丝业交易，其历史盖有数百年，往者且有臻于极度繁荣，为志书古籍所盛称。以此处既为上川丝业汇集之处，又复地迩成都，而为成都丝业之一大部分，其发达因自在意中。②

与江浙丝相比，川丝自有其缺点和长处。"说到丝的产量，四川大概不在任何别的省份之下；但是在丝的质量上，在柔软和光泽方面，四川人自己也同意，他们的丝要比浙江的丝差些。但是在同时有川丝和浙丝出售的市场（主要是在北方），川丝的韧性和耐久足可与浙江丝顺利地竞争。"③最贵的川丝为川北所产，主要是梓潼县和剑州（均属保宁府）以及绵州所产的极细的白丝和黄丝；仁寿县最好的丝可以与之相比；保宁府的丝一般都比较粗也比较便宜；嘉定府是最著名的白丝产区，虽然并不是最细的丝。"一切商业性的川丝价格都根据一定标准而微有变动，这种涨落一年与一年不同，在不同的季节，价格也会有所变动。这个标准就是各种商业性的川丝的平均价格，丝的颜色、光泽、漂白、

---

① *Letter By Baron von Richthofen on the Provinces of Chili, Shansi, Shensi, Sz'-Chwan, with notes on Mongolia, Kansu, Yunnan and Kwei-chau*（Shanghai, 1872）, p.65.
② 《蜀中蚕丝之今昔观》，《湖南省国货陈列馆月刊》第22期，第9页，1934年。
③ *Letter By Baron von Richthofen on the Provinces of Chili, Shansi, Shensi, Sz'-Chwan, with notes on Mongolia, Kansu, Yunnan and Kwei-chau*（Shanghai, 1872）, p.50.

细致和均匀的差异，决定环绕这个标准或上或下的不同价格，这是由买卖双方个别同意的。"①

市场需求的不断扩张，致使川省从事缫丝生产的人数大增。据宣统二年（1910）的统计，全省缫丝户数共约 14 万户，年产生丝 2 174 万两。其中缫丝户数在 500 户以上者有 18 个州县，千户以上者有 11 个州县，其中内江、阆中近万户，西充 3.7 万户，三台最高，达 5.9 万户。② 见下表：

表 4-4　四川省缫丝户数 500 户以上州县统计表（1910）

地名	缫丝户数	产丝量（两）	地名	缫丝户数	产丝量（两）
乐山	1 176	1 146 634	蓬州	825	170 448
夹江	665	167 180	三台	58 932	5 550 000
荣县	561	178 615	射洪	1 510	283 710
丹棱	1 274	66 055	盐亭	3 318	748 050
内江	9 543	196 940	綦江	1 741	173 600
阆中	9 334	519 000	铜梁	816	10 664
苍溪	663	144 000	江北	575	48 180
南部	1 355	320 874	万县	2 268	378 476
西充	37 195	2 044 016	梁山	504	58 100

资料来源：《四川第四次劝业统计表》，第 22 表，宣统二年（1910）。

在满足省内需要的同时，也有相当数量的川丝输出省外乃至国外。"有很多川丝运往北方陕西、山西、甘肃及北京。在西部地区，西藏为主要的消费者。对云南省丝的贸易已大为减少，但数量仍然很大，因为云南不产丝。在由成都府至大理府的老路上，川丝是贸易的主要物品，川丝由这条路越过边境运往缅甸及其他各国。贵州、广西、湖南及湖北要消纳很多川丝。到最近为止，销路很少超过这些界限。"③

---

① *Letter By Baron von Richthofen on the Provinces of Chili, Shansi, Shensi, Sz'-Chwan, with notes on Mongolia, Kansu, Yunnan and Kwei-chau*（Shanghai，1872），pp.50—51.

② 《四川第四次劝业统计表》，第 22 表，宣统二年（1910）。

③ *Letter By Baron von Richthofen on the Provinces of Chili, Shansi, Shensi, Sz'-Chwan, with notes on Mongolia, Kansu, Yunnan and Kwei-chau*（Shanghai，1872），p.51.

随着四川蚕丝市场的扩大和延伸，川丝形成了产地市场、集散市场和出口市场的多级市场网络。产地市场属于产丝地区的农村集镇市场，这一市场发展最为广泛，遍布于蚕桑生产的广大地区。每到收获季节，"绵州、保宁、成都、嘉定和重庆的丝贩则分赴各乡村市场收蚕丝，并贩卖当地出产的丝。在四川，蚕丝生产像其他所有行业一样，是零星经营的，商贩们像做鸦片生意一样，在这儿收一斤，在那儿收几两。农民通常出售蚕茧，不另行制丝"。①集散市场多位于交通便利的城镇，其市场贸易主要是集合各产地商贩运来之丝，这些丝除就地消费一部分外，其余的则运往出口市场。如川北之三台、阆中、川东之合川等转口市场，附近各地所产之丝"多就近集中此等中级（即集散）市场"，然后再辗转运销往重庆等地。集中于成都、乐山、南充等地的丝，一部分就地消费，其余部分则运往重庆等出口市场。出口市场是指把川丝直接销往省外的重庆、万县和宜宾，其中重庆最大，万县次之，宜宾最小。各地外销之丝，均辗转经陆路或水路"运到渝、万两地集中，然后用轮船（或民船）转运上海输出，一部分则集中宜宾，经云南转销缅甸"等地。②

表 4-5　四川生丝输出情况（1906—1911）　　　　　　　　　　单位：担

年别	黄茧丝		白茧丝		黄、白丝合计	指数	全国黄丝输出	四川黄丝占比
	机械丝	土丝	机械丝	土丝				
1906	—	5 709	—	5	5 714	100	11 886	48.03
1907		5 633		39	5 612	99	13 465	41.83
1908	—	3 711	—	13	3 724	65	13 810	26.87
1909	148	4 770		60	4 978	87	13 564	36.26
1910	362	6 395	5	41	6 803	119	15 876	42.56
1911	353	5 344	30	95	5 822	102	13 488	42.24

资料来源：原据历年海关报告（重庆、万县），参见陈慈玉：《近代中国的机械缫丝工业（1860—1945）》，台北"中央研究院"近代史研究所专刊（58），第205页。按：此表数据实为不完全统计，因出口川丝中尚有部分不经海关，而以中国帆船运至汉口再行输出者，亦有部分经由邮局寄至上海出口者，惜皆无从稽考。

———————

① ②《四川经济季刊》第二卷第3期，1944年，第129页。

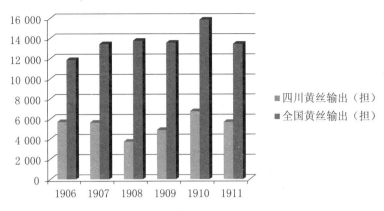

图4-1　四川黄丝输出占全国黄丝输出的比重（1906—1911）

  川丝的出口，在19世纪80年代之前几乎都是经由陆路运送，"为的是避免夔门关的重税"。80年代以后，川丝出口改为凭过境证通行，有的经由水路"运往汉口，或者过了绥定和东乡之后，经过施南运往沙市，或者经过荆门、樊城运往北京和北方各地……由汉口装轮船运到上海的丝再转运苏州，在那里经过染色后作为苏丝出售"；有的仍经陆路，"从成都经陕西大路运往北京……运销云南的四川好丝和水庄丝已恢复了过去的地位。云南每年要销大量的丝线，川丝也有从重庆运销贵州的"。①

  据近代史上的调查资料，1880年，四川省蚕茧产量为205 800担，折合生丝15 831担，②与鸦片战争前夕的15 000担蚕茧产量和1 500担生丝产量相比，分别增长了12.72倍和9.55倍。到1898年，四川省产茧317 000担，折合生丝24 385担，③分别比鸦片战争前增长20.13倍和15.26倍，比1880年增长了54.03%和54.03%。到20世纪10年代中期，四川省桑园面积达585 854亩，④蚕茧产量为640 000担，折合生丝49 231担，⑤蚕茧产量和生丝产量分别比鸦片战争前增长了41.67倍和31.82倍，比1880年增长2.11倍，比1898年又增

①　E. H. Parker, *Up the Yangtze*, p.93.

②⑤　Lillian M. Li, *China's Silk Trade: Traditional Industry in the Modern World 1842—1937*, p.98, Table 17.

③　Robert Y. Eng, "*Economic Imperialism In China—Silk Production and Exports, 1861—1932*", 1986 by the Redents of the University of California, pp.32—35.

④　日本东亚同文会：《支那年鉴（第三回）》，1914年。

长了1倍多,成为鸦片战争后60余年间中国蚕桑生产增长最快的省区,蚕茧产量年均增长64.11%,生丝产量年均增长48.95%。19世纪末20世纪初,四川省的蚕茧和蚕丝产量在中国蚕茧和蚕丝总产量中所占比重,均达到23.02%,仅次于浙江省和广东省,形成了中国蚕丝生产鼎足三立的局面。

与四川相邻的贵州省,1880年,缫丝业者约有100家,主要集中在遵义府和正安州。[①] 由于遵义府从事制造野蚕丝的人很多,以致时人称:"野蚕丝为遵义府唯一有价值的出产。"[②]

二、两湖地区的蚕桑业

湖北省的蚕桑生产历史悠久,"恐怕可说是与四川省、山东省一样,是继承了中国最古老的蚕桑生产的直系。"[③]晚清时代,湖北成为桑蚕丝业生产的一个大省,一度在中国蚕茧产量最高的省份中位居前五。荆州地区在两次鸦片战争以后,已经"均养蚕出丝,皆浙人至彼倡始,所产颇多,洋商曾至其地采买,亦向来之所无也"。[④]19世纪七八十年代,湖北织造捻丝的场所约有120家,其中荆州有50余家,其余则在当阳。[⑤]19世纪70年代中期,法国丝业专家兼里昂商会代表纳塔利·隆多(Natalis Rondot)来华考察桑蚕丝业,他于1881年出版研究著作《蚕丝综览》(Les soies),对中国各省生丝产量进行了估计。[⑥]据隆多的资料,1880年,湖北省出产蚕茧79 100担,生丝6 085担。[⑦]

甲午战争后,湖北蚕桑业愈加推广开来,养蚕人家所在多有,但蚕桑业地

---

① 清雍正六年(1728)前遵义隶属四川,其后方划归贵州。

② *Letter By Baron von Richthofen on the Provinces of Chili, Shansi, Shensi, Sz'-Chwan, with notes on Mongolia, Kansu, Yunnan and Kwei-chau*(Shanghai, 1872), p.81.

③ 日本蚕丝业同业组合中央会编:《支那蚕丝业大观》,东京冈田日荣堂1929年版,第540页。

④ 《农学报》第六册,《湖北蚕桑局章程》,光绪二十三年(1897)。

⑤ The Maritime Customs, *Special Series*: Silk, p.32.

⑥ 1873年到1875年,法国丝业专家兼里昂商会代表隆多(Natalis Rondot)来华游历,考察桑蚕丝业情况。在他的要求下,中国海关于1879—1880年要求其下属各处就当地蚕桑业和丝织业的生产状况做出报告。根据中国海关提供的报告再加上自己的观察,隆多于1881年出版研究著作《蚕丝综览》(Les soies),对中国各省生丝产量进行了估计。

⑦ Lillian M. Li, *China's Silk Trade: Traditional Industry in the Modern World 1842—1937*, p.98, Table 17.

带则主要集中在以武汉为中心的三个区域。一是汉水流域，自武汉溯汉水而上60华里的蔡甸出发，到上游的岳家口400华里之间，汉水两岸的天门、沔阳、汉川三县可称是湖北蚕桑业的主产区，"这一流域的蚕茧产量约占全省的六成，即所谓'沔阳丝'的出产地；另一方面，此地的蚕茧市场亦已开发，以仙桃镇为中心茧市多达十数个"。二是自武汉溯长江而上，由沙市、江口进入北岸的河溶、当阳为中心的地带。"该地由于交通方面的原因，茧市尚未发达，产茧几乎全由当地农家缫成土丝，即有名的'河溶丝'"。三是由汉口沿江而下，自长江下游的黄州溯巴河到达罗田、平湖一带。这里的蚕桑业也以农家自缫土丝为主，是所谓"黄州丝"的出产地。这些地区从事蚕桑业的氛围浓厚，生产密集，"每户养蚕收茧量在20斤至50斤之间"。[①]所产茧丝，主要供应本地需要，也有相当数量输出。

1898年，德国人杰伯鲍曼（Jiberboman）又对中国桑蚕丝业进行了调查，据他的资料估计，鄂省蚕茧产量增至102 000担，生丝产量增至7 846担，[②]将近20年里分别增长了28.95%。19世纪末的这一数据，成为湖北省蚕茧、生丝产量在晚清时期的一个高峰。此后，据20世纪10年代中期的调查，鄂省有桑园面积262 976亩，[③]但蚕茧、生丝产量不增反降，1915—1917年间年均产出蚕茧100 000担，蚕丝7 692担，[④]比1898年分别减少了2 000担和154担，分别减少了2个百分点。直到1926年，方在统计数据上再次看到湖北省蚕茧、生丝产量的增长。当年湖北省蚕茧产量为122 900担，生丝产量为9 454担，[⑤]不仅比1915—1917年增长了22.91%，就是与19世纪末的高峰期相比，也有20.50%的增长。

湖南省的桑蚕丝业生产则呈现出步幅虽不很大但稳步增长的特点。据当时来华考察桑蚕丝业的外国人调查，1880年，湘省产出蚕茧6 500担，生丝

---

① 日本蚕丝业同业组合中央会编：《支那蚕丝业大观》，东京冈田日荣堂1929年版，第541页。也有把20世纪后的湖北蚕桑生产分为以汉口和宜昌为中心的两个产区的。前者以长江沿岸和铁路沿线的汉川、黄州、沔阳、蒲州等地产量为多，后者则以宜昌所在的东湖和附近的当阳为主。

② Robert Y. Eng, "*Economic Imperialism In China—Silk Production and Exports, 1861—1932*", pp.32—35.

③ 日本东亚同文会：《支那年鉴（第三回）》，中国各蚕丝主产地桑园面积，1914年。

④⑤ Lillian M. Li, *China's Silk Trade: Traditional Industry in the Modern World 1842—1937*, p.98, Table 17.

500 担；①1898 年，湖南省蚕茧产出增至 11 250 担，生丝产出增至 865 担，②分别录得 73% 的增长率。其后湘省的桑蚕丝业生产继续保持增长，到 20 世纪 10 年代中期，湖南省桑园面积为 50 234 亩，③1915—1917 年间每年产茧增至 16 000 担，产丝增至 1 231 担，④比 19 世纪末分别增长了 42.22% 和 42.31%；与 1880 年相比，则分别增长了 146.15% 和 146.20%。

第四节
山东及华北诸省的蚕桑业

一、山东省的蚕桑业

就华北地区而言，以山东省的蚕桑业较为发达，以至于被时人视为"华北蚕业的代表"。⑤山东省为中国蚕桑业的发源地之一，蚕桑丝绸生产源远流长。北宋时，山东省所产丝织品的贡赋量约占到全国丝织品贡赋总量的 40% 以上。北宋末年北方战乱，宋室南迁，山东省蚕桑生产逐渐衰退，而元代棉花种植和棉纺织业的兴起与普及，也使山东省的蚕桑生产受到冲击，明万历年间，山东省的丝绸产销已经主要收缩于临淄、兖州、周村、昌邑等地。另一方面，明代也是山东省的柞蚕放养技术日臻完善的时期，到清朝康熙年间，山东省的柞蚕放养技术已经先后传至辽宁、河南、河北、陕西、贵州、四川等省。⑥

有研究表明，"在近代山东蚕桑丝绸的发展历史上，出现了两个系统，三个

①④　Lillian M. Li, *China's Silk Trade: Traditional Industry in the Modern World 1842—1937*, p.98, Table 17.

②　Robert Y. Eng, "*Economic Imperialism In China—Silk Production and Exports, 1861—1932*", pp.32—35.

③　日本东亚同文会编：《支那年鉴》，1914 年版。

⑤　日本蚕丝业同业组合中央会编：《支那蚕丝业大观》，东京冈田日荣堂 1929 年版，第 597 页。

⑥　中国的蚕桑生产，除了主要是饲养桑蚕(也称"家蚕")外，还包括放养柞蚕(也称"野蚕")。桑蚕是在蚕农家里饲以桑叶，收茧缫丝的，故称家蚕，所制丝称为桑蚕丝或家蚕丝；而柞蚕则放养在野外的柞、栎等树上，收茧缫丝，故称柞蚕或野蚕，所制丝称为柞蚕丝或野蚕丝。中国柞蚕丝绸生产的历史亦很悠久，但是一直没有多大起色，只是到了近代才较快地发展起来。

中心。两个系统为柞蚕业系统和桑蚕业系统，三个中心为胶东地区、周村一带和临朐附近。其中胶东地区属于柞蚕业系统，周村和临朐属于桑蚕业系统"。①从地理范围上看，柞蚕业遍及整个胶东半岛，主要产地为鲁东的文登、荣成、牟平、海阳、栖霞、蓬莱、昌邑、莱阳、福山、招远等县以及沂蒙山区的沂水、费县、诸城、莒县、蒙阴等县，其中荣成、文登、宁海、福山、莱阳、日照等为年产值10万银两以上的柞蚕业大县。②桑蚕茧的主产地为临朐、新泰、沂水、昌乐、莱芜、寿光、潍县、益都、安丘、蒙阴、淄川、博山等县，据清末民初的调查，全省共有桑蚕养殖户179 589户，年产蚕茧1 126.9万斤，产值约418.3万元。③

在山东，家蚕丝称作"小茧丝"，分为黄丝和白丝两种；野蚕丝称作"大茧丝"，分为"水丝"(Water-reeled)和"旱丝"(Dry-reeled)两种。19世纪70年代的外国观察家在游历中国北部时留下了这样的印象："山东省大部分地区出产大量生丝，主要有桑丝与柞丝之别。前者分黄色及白色两种，其著名产地为青州府、临朐、莱芜、周村、曲堤镇、泰安府、兖州府、诸城、胶州及宁海。这些地方丝的质量最佳。"④据清晚期的调查，1888年时，临朐、临淄一带约有三分之一农户种桑养蚕。⑤蚕桑生产也是莱芜县农村的主要副业之一。⑥此外，博山县产茧亦丰，"蚕桑向以县境东南东北各方产量最多，墙下田畔无不植桑"。⑦

关于野蚕丝的生产情况，一份出自海关的专题调查报告写道："（山东省）种橡树（柞树）的地方很小，但为数极多，且遍布全省。业主多半自行制成准备织绸的柞丝，然后以很小的数量赴各丝市求售。由于做捻丝的人数众多，捻丝很少有严格的标准。"⑧有些地方用桑叶饲育野蚕，结茧成丝称为"桑茧丝"，调查者称：此为山东所特有，"其丝粗硬，一名'天来蚕'，用以制作渔网"。还

① 李平生：《近代周村蚕桑丝绸业》，《文史哲》1995年第2期。
② 参见庄维民：《近代山东市场经济的变迁》，中华书局2000年版，第584页。
③ 参见庄维民：《近代山东市场经济的变迁》，中华书局2000年版，第583页。
④ A. Williamson, *Journeys in North China, Manchuria and Eastern Mongolia, with Some Account of Corea*, p.131. 1870.
⑤ 参见李文治：《中国近代农业史资料》，第一辑，第443页。
⑥ 王毓铨：《山东莱芜农村状况》，载冯和法编：《中国农村经济资料续编》，台北华世出版社1978年影印本，第230页。
⑦ 《续修博山县志》卷七，实业志，第6页。
⑧ The Maritime Customs. *Special Series*: Silk, p.26.

有以花椒叶充作野蚕饲料的，产丝称为"椒茧丝"。"据说这种椒茧丝带有独特香气，收藏时可避虫蛀"。①

从生丝年产额来看，19世纪80年代前后，山东省年产家蚕丝1 100担，占华北四省（山东、山西、河北、河南）家蚕丝总量8 600担的12.79%；②而外国人于19世纪80年代的调查估计：1880年，山东省年产蚕茧24 100担，年产生丝1 854担，③比前者数据高出68.55%。此外，当年山东省还产出野蚕丝约7 000担，占华北四省野蚕丝总量11 200担的62.50%。④到19世纪末，据德国人杰伯鲍曼（Jiberboman）1898年的调查估算，当年山东省蚕茧产量45 000担，生丝产量3 462担。⑤与1880年的调查数据相比，蚕茧和生丝产量分别增加了20 900担和1 608担，分别增长了86.73%。

19世纪60年代，随着烟台（芝罘）港的对外开放，这里成为山东省野蚕丝（柞蚕丝）生产的主要基地。正如烟台丝商所说：

> 窃维食柞蚕茧，为鸭绿江滨物产中之繁品；纩丝工人，系登、莱、青郡居民中之特长。取海北之生料，济山东之良工，熟货既成，大利始获。纩厂非难立于东三省也，无如工作乏人，雇自吾东，难得多数。蚕茧非不可运赴东西洋也，奈因途遥气热，茧蛹生蛾或霉腐。有此两般原因，成兹一大实业。以故烟台一埠，近两年来，纩丝工厂，已由数家增至四十余家；而缫丝工人，已由数千聚至两三万矣。加以欧美社会，多嗜爱是丝以为衣，东西商贾，即争贩斯货以取利。且因制造空中飞艇、陆地电车，艇体车篷，多需此料。于是各国大实业家多甚注意研究丝业，以备将来商战阵中之竞争。而各大资本家，现复力出重价，欲尽收买，以为后日专获大利

---

① 《中国海关特别报告》（1880年）"天津海关、芝罘海关管下之蚕业状况"。
② 日本蚕丝业同业组合中央会编：《支那蚕丝业大观》，东京冈田日荣堂1929年版，第597页。按：另一份报告估算山东省年产桑蚕丝700担，柞蚕丝6 625担（参见 The Maritime Customs, *Special Series*: *Silk*, pp.26—27）。
③ Lillian M. Li, *China's Silk Trade*: *Traditional Industry in the Modern World 1842—1937*, p.98, Table 17.
④ 日本蚕丝业同业组合中央会编：《支那蚕丝业大观》，东京冈田日荣堂1929年版，第597页。
⑤ Robert Y. Eng, "*Economic Imperialism In China—Silk Production and Exports*, *1861—1932*", pp.32—35.

之预备，销路因之大旺。而烟台丝业乃益发达，有不可遏抑之势。①

自烟台开埠后，山东出产的蚕丝和丝织品开始直接输往海外。1866年，烟台港输出柞蚕丝83担，茧绸648担。19世纪80年代之前，芝罘海关已有输出野蚕丝和黄茧丝各1 000担的记录。②到1882年，烟台港出口的柞蚕丝、黄丝、白丝、茧绸、废丝等各类生丝及丝织品已达8 085担。19世纪末年，烟台港土丝出口更盛，"野蚕丝或称土丝，本埠（烟台）缫丝局所出之货，大为畅销。洋商要求买此项丝者，又复有人矣。该局所缫之丝，皆已预期定下。本地缫丝工作，直至（1897年）秋间，皆称顺遂。所缫之丝，均为上海洋商定作之货。本年丝价较上年每百分多三十至四十分，皆因汇兑行情金贵银贱，又因欧洲销场甚多故也"。③

蚕丝及丝织品输出的增长，刺激了山东省缫丝业的发展。在山东，起初"丝厂多设于乡间，本厂自缫者，曰'内轩'；外人代缫者，曰'外轩'。当外轩盛行时，乡间几无一里一家不缫丝者。嗣以乡间柴木价昂，不及烟台煤价之便宜，而外轩所缫之丝，又粗细不匀，难于销售，丝厂遂群聚于烟台"。④1877年，山东第一家外商缫丝工厂——烟台缫丝局在烟台设立，创办者乃德国宝兴洋行（Crasemann & Hagen）。⑤该行利用部分华商资本开办企业，使用机器进行缫丝生产，成品全部用于出口，"烟台以优越方法缫制的野蚕丝，价格也同样上升"。⑥海关资料显示："野蚕丝或称土丝，本埠（烟台）缫丝局所出之货，大为畅销。洋商要求买此项丝者，又复有人矣。该局所缫之丝，皆已预期定下。本地缫丝工作，直至（1897年）秋间，皆称顺遂。所缫之丝，均为上海洋商定做之货。本年丝价较上年每百分多三十至四十分，皆因汇兑行情金贵银贱，又因欧洲销场甚多故也"。⑦以致时人称："烟台缫丝局所用之资本，向由上海商人

---

① 《详抚院烟台商设立丝业公所刊给木质关防文》，《山东全省劝业公所戊申己酉年报告书》，工艺科文牍，第9—10页。
② 《中国海关特别报告》（1880年）"天津海关、芝罘海关管下之蚕业状况"。
③⑥⑦ 《光绪二十三年烟台口华洋贸易情形论略》，《通商各关华洋贸易总册》下卷，第9页。
④ 《烟台缫丝厂调查表》，《山东全省生计调查报告书》（稿本）第二编。
⑤ 一般说来，使用机器缫丝，一人可兼数人之事，应该能够带来高效率和高收益，但是由于柞蚕丝生产的特殊技术要求，使用机器徒使成本增加，产量却未相应提高。因此烟台缫丝局开工后，业务并不理想，机器配置亦多不得法，效益低下，只得于1882年重行改组。其后屡经周折，一直未能真正发展起来。

供给之处不少。"①自1892年起，烟台缫丝局开始采用蒸汽动力运转部分缫丝车。1899年，华商兴泰商号也投资兴建了一家机器缫丝工厂——华泰缫丝厂。

与此同时，19世纪90年代，烟台开始出现拥有上百台缫丝车，雇用缫丝工数百人的手工缫丝工场。在20世纪初年山东省内兴办实业、挽回利权的热潮中，各地绅商把购置缫丝器械、开办缫丝工场作为一个主要的投资方向，遂使大大小小的缫丝工场在烟台如雨后春笋般涌现出来。随着中国对外贸易的长足发展，大部分输出物品价格显著增长，"烟台以优越方法缫制的野蚕丝，价格也同样上升"。至1903年，烟台丝价每担已达300余两。在高丝价的刺激下，当年，烟台有"机器缫丝局三家，手缫局十六家，计工人五千五百名。……每人每年约出丝一百五十斤之谱……年终约可成丝八千二百五十担"。②缫丝技工的收入也水涨船高，"在烟台，缫丝工人每缫丝一两得工资三十文，并供给饭食，每月很容易有十余元的收入"。③

其后一段时间，烟台缫丝业一直处于扩张状态，产销两旺。1904年，"本年新设小缫房二处，延昌兴丝厂业经改阔。当开丝市以来，除小缫丝房外，均忙迫无暇"。④1906年，"野蚕丝本埠所缫出者，均有长进，约计有二十处，共用缫工八千五百名。本年出丝计有一万五百四十六担，其中径运外洋者，有二千二百五十八担。汽机缫局三处，共出丝四百八十七担"。⑤1908年，"本埠又新设木缫缫丝房大厂两处，其缫丝小厂，更复林立"。⑥1909年，烟台之"缫丝器具大为加增，统计烟台现有汽机缫丝局三所，手工缫丝局三十八所，共用缫工一万七千名，集股本银五百万两，而缫丝局尚在陆续加增"。⑦迄至清末，尽管有辛亥革命期间之扰攘，烟台缫丝业仍维持不坠，"统计合埠丝厂，共有三十三家，工人约一万五千余名"。⑧列表如下，可见10年来烟台丝业之发展：

① 《宣统二年大连湾口华洋贸易情形论略》，《通商各关华洋贸易总册》下卷，第16页。
② 《光绪二十九年烟台口华洋贸易情形论略》，《通商各关华洋贸易总册》下卷，第13页。按："机器缫丝局"为华丰、华泰、益丰3家，每厂约有缫丝车700台左右。
③ Norman Shaw, *Manchurian Tussore Silk*, The Maritime Customs, *Special Series Silk*, pp.194—195, p.191.
④ 《光绪三十年烟台口华洋贸易情形论略》，《通商各关华洋贸易总册》下卷，第11页。
⑤ 《光绪三十二年烟台口华洋贸易情形论略》，《通商各关华洋贸易总册》下卷，第10页。
⑥ 《光绪三十四年烟台口华洋贸易情形论略》，《通商各关华洋贸易总册》下卷，第19页。
⑦ 《宣统元年烟台口华洋贸易情形论略》，《通商各关华洋贸易总册》下卷，第23页。
⑧ 《烟台缫丝厂调查表》，《山东全省生计调查报告书》(稿本)第二编。

表 4-6 烟台缫丝业发展概况（1903—1911）

| 年份 | 缫丝局数 | | 缫工数（人） | 产丝量（担） | 资本总额（万两） |
	机器	手工			
1903	3	16	5 500	8 250	
1904	3	18			
1906	3	20	8 500	10 546	
1908	3	22			
1909	3	38	17 000	25 500	500
1911	3	30	15 000	22 500	

资料来源：据光绪二十九年（1903）至宣统元年（1909）烟台口华洋贸易情形论略，《通商各关华洋贸易总册》下卷，第10—23页；《烟台缫丝厂调查表》，《山东全省生计调查报告书》（稿本），第二编制表。1909年、1911年产丝量系以缫工人数乘以人均产量150斤推算。

在胶东柞蚕丝缫丝业兴盛的同时，山东内地缫丝生产也获得了较快发展，并逐渐形成了周村、临朐、青州三个中心。19 世纪末 20 世纪初，周村年产蚕丝约 5 万斤，临朐一代产量在 20 万斤上下。迄至清末，临朐先后出现过德太、天增义、恒裕、永源 4 家手工缫丝工场。1909 年，青州也有裕祥福缫丝手工工场的设立，此为当地最早的一家缫丝手工工场。次年，又有义泰昌、利恒泰、聚丰泰 3 家缫丝工场开办。兹将清末临朐、青州缫丝手工工场情况表列如下：

表 4-7 清末临朐、青州手工缫丝工场情况

| 临　　朐 | | | | 青　　州 | | | |
项目 场名	资本数 （万元）	丝车数 （台）	年产量 （千克）	项目 场名	资本数 （万元）	丝车数 （台）	年产量 （千克）
德　太	5	40	1 000	裕祥福	20	—	—
天增义	10	60	2 000	义泰昌	1.5	30	700
恒　裕	8	60	1 250	利恒泰	2	40	1 000
永　源	3	50	1 200	聚丰泰	2	40	1 000

资料来源：青岛守备军民政部编纂：《山东之物产（第四编）》，"家蚕"，1920 年，第 75—77 页。

随着青岛口岸的开辟及胶济铁路的开通，山东省桑蚕丝业生产日渐发展为输出导向型的支柱产业。据 20 世纪 10 年代中期的调查，1915—1917 年间，山

东省每年产出蚕茧 70 000 担，生丝 5 385 担，① 比 19 世纪末分别有 25 000 担和 1 923 担的增加，分别增长了 55.55%；比 1880 年则分别有 45 900 担和 3 531 担的增加，分别增长了近 2 倍。这大致上反映出晚清时期山东省桑蚕丝业发展的速度和规模扩张的程度。

二、冀、晋、陕、豫等省的蚕桑业

山东省之外，华北一带直隶省的蚕桑事业久已凋零，但近代以后从永平府到山海关，包括大名府下的易州、曲州，及北京的北西寨塘等地，尚依稀可见植桑养蚕的存在。19 世纪 80 年代前后，直隶省年产桑蚕丝约 300 担，野蚕丝约 700 担。

山西省植桑育蚕见诸史载，海关报告中亦有武宁府、泽州、潞安府等地养蚕缫丝的记述。19 世纪 80 年代时，山西省桑蚕丝年产量约 200 担，野蚕丝约 500 担。产丝多用作当地丝织业的原料，如潞安府出产潞绸、川绸等真丝绸缎，光泽富丽。②1914 年，日本东亚同文会有所调查，记录晋省有桑园面积 407 575 亩，散栽桑折算 94 629 亩，共计桑田面积高达 520 187 亩，③ 但揆诸晋省每年仅数百担生丝的产出，该省桑田面积是否有如此之多，是大可怀疑的。

陕西省也有蚕丝产出，经汉口港输出。具体产量、产值等情况史载阙如。据日本东亚同文会的调查估计，1914 年，陕西省有桑园面积 6 281 亩，散栽桑折算 10 635 亩，合计桑田面积 16 916 亩，④ 估计年产生丝亦在数百担上下。

与直隶、陕西、山西等省相比，河南省的蚕桑业远较兴盛。汉口开港后，每年约输出屑丝一万数千担，其中三成以上来自河南，⑤ 豫省蚕桑生产之盛由此可见一斑。19 世纪 80 年代前后，河南省年产桑蚕丝约 7 000 担，柞蚕丝约 3 000 担，堪称华北地区桑蚕丝产量的第一大省。综合晚清时期外国人所做的两次调查数据，可以直观地反映出晚清时期河南桑蚕丝业生产的发展。1880

---

① Lillian M. Li, *China's Silk Trade: Traditional Industry in the Modern World 1842—1937*, p.98, Table 17.
② 《中国海关特别报告》(1880 年)"天津海关、芝罘海关管下之蚕业状况"。
③ 日本东亚同文会：《支那年鉴(第三回)》，1914 年。按：上述数据为日本东亚同文会 1914 年对中国各省桑田面积的调查估计。
④ 日本东亚同文会：《支那年鉴(第三回)》，1914 年。
⑤ 日本蚕丝业同业组合中央会编：《支那蚕丝业大观》，东京冈田日荣堂 1929 年版，第 598 页。

年时，河南省蚕茧产量为 100 800 担，1898 年时为 142 000 担，增长了 40.87%；1880 年时，河南省蚕丝产量为 7 754 担，1898 年时为 10 923 担，也有 40.87% 的增长率。① 不过，20 世纪 10 年代中期的调查数据显示，1915—1917 年间，河南省每年产出蚕茧 121 000 担、生丝 9 308 担，② 分别比 19 世纪末减少了 17.36%。值得注意的是，河南省桑蚕丝业生产表现出一种趋势性的萎缩。1925 年，河南省产茧 100 000 担，产丝 7 692 担，比 10 年前分别减少了约五分之一；③1926 年，河南省产茧骤降至 42 900 担，产丝也降至 3 300 担，同比竟减少了 133.10%。④ 河南省所产生丝除经由汉口港输出外，主要还是供当地丝织业所需，南阳府、鲁山县为豫省丝织业主要产地，所产南阳缎、鲁山绸闻名遐迩，"丝织品多多少少向邻省移出"。⑤

第五节
辽宁省的蚕桑业

与山东省隔海相望的辽东半岛，蚕丝，特别是柞蚕丝的生产"也是一项很有基础的乡村手工业"。⑥据刘锦藻《清朝续文献通考》记载，早在金太宗天会年间（1123—1135），锦州地区就有野蚕成茧。明代设立辽东都司，从山东省移民开发辽河流域，柞蚕业生产随之从山东传入东北。清康熙年间，辽东的柞蚕资源逐步得到开发，日渐普及，与山东省、河南省一起成为中国柞蚕业的主要产地。⑦

---

① Lillian M. Li，*China's Silk Trade*：*Traditional Industry in the Modern World 1842—1937*，p.98，Table 17.
② 参见张丽：《鸦片战争前的全国生丝产量和近代生丝出口增加对中国近代蚕桑业扩张的影响》，《中国农史》2008 年第 4 期。
③ Lillian M. Li，*China's Silk Trade*：*Traditional Industry in the Modern World 1842—1937*，p.98，Table 17. 1925 年，日本人 Akeda Hirome 在日本上海国际试验厅（Shanghai International Testing House）的要求下对中国的蚕桑业进行了调查。
④ Lillian M. Li，*China's Silk Trade*：*Traditional Industry in the Modern World 1842—1937*，p.98，Table 17. 1926 年，日本丝织工业协会驻华官员上原重美（Uehara Shigemi）主持了对华蚕桑生产的调查。
⑤ 《中国海关特别报告》（1880 年）"天津海关、芝罘海关管下之蚕业状况"。
⑥ Norman Shaw，*Manchurian Tussore Silk*，The Maritime Customs，*Special Series Silk*，p.191.
⑦ 据 20 世纪 20 年代的统计，正常年份全国总产柞蚕茧在 110 万粒上下，其中山东省约为 30 万粒上下，占 30% 左右；辽宁省约为 80 万粒，占 70% 左右（参见乐嗣炳：《中国蚕丝》，世界书局 1935 年版，第 312—313 页）。

19 世纪 70 年代以前，辽宁省东南部的柞树种植和柞蚕饲养已有相当程度的发展，牛庄开放通商后进一步扩大，"每年由山东来的移民，有许多被吸引到产丝区来，大片的荒地被开垦了，成绩很好"。蚕丝业逐渐推展至辽阳、安东、凤凰城、宽甸、岫岩、海城、盖平、金州等地，"这地区是以出产土丝著称的，山边满植着橡树（柞树），上面养着柞蚕，冬天收茧取丝"。① 徐世昌《东三省政略》记载："夫以奉省柞蚕之利，仅东边一隅，出口亦至数百万，则收利不为不溥也。起于乾、嘉之间，而盛于咸、同之际，则收效不为不速也。……光绪二十四、五年间，烟台商家益丰号曾在（奉天）凤凰厅界蛇屯口地方开厂试办，用土法蒸缲"。② 到 19 世纪末 20 世纪初，东北三省柞蚕区面积共有约 5 367 604 亩，其中辽宁省为 5 099 224 亩，占东三省柞蚕区面积的 95% 以上。柞蚕主产地已扩展至辽东半岛的西半部及临江以南各县，即盖平、凤城、安东、辽阳、宽甸、桓仁、岫岩、庄河、辑安、临江、西丰、复县等地。柞蚕茧产量因缺乏系统记载而难以精确统计，大致上因年成丰歉而有起伏，并受出口市场需求的影响，历年波动较大。综合各种资料，估算清末 5 年间（1907—1911）东北柞蚕茧及柞蚕丝产量及输出量如下：

表 4-8　东北柞蚕茧、丝产量和输出量（1907—1911）　　　　　　　　单位：担

年份	柞蚕茧产量估计	柞蚕丝产量估计	柞蚕丝输出量
1907	23 409.2	1 197.1	642.0
1908	43 270.8	2 212.7	1 465.1
1909	40 974.0	2 095.3	1 126.6
1910	33 281.7	1 701.9	900.1
1911	45 252.4	2 314.1	—

资料来源：大村道渊：《满洲柞蚕经济の史的考察》，《研究院学报》，1944 年总第 40 号，第 11 页。

说明：据同文第 8 页的换算标准，按柞蚕茧 1 担（60 千克）需柞蚕茧 9 091 粒，柞蚕丝 1 担（60 千克），需柞蚕茧 177 777 粒推算。柞蚕丝产量按 1 关担 =60.453 千克换算。

辽东所产柞茧，起初多供山东缲丝业之需。烟台丝商称："食柞蚕茧为鸭

---

① H. E. M. James, *The Long White Mountain*, pp.398—399. 1886 年记事。

② 徐世昌：《东三省政略》卷十一，实业，奉天省，纪蚕业调查，第 85 页。

绿江滨物产中之繁品，纩丝工人系登莱、青郡居民中之特长，取海北之生料，济山东之良工，熟货既成，大利始获。纩厂非难立于东三省也，无如工作乏人，雇自吾东，难得多数。蚕茧非不可运赴东西洋也，奈因途遥气热，茧蛹生蛾或霉腐。有此两般原因，成兹一大实业，以故烟台一埠，近两年来，缫丝工厂已由数家增至四十余家，而缫丝工人，已由数千聚至两三万矣。"①

随后，辽东本地的缫丝业逐渐发展起来，"用满洲蚕茧缫制出口的野丝，是七十年代开办的一项比较现代化的工业。从那时起，曾经有过相当的发展"。②在凤凰城，"绾丝坊就有四十家以上，每一稍微重要一点的乡村便有一二家"。在宽甸县，绾丝坊有六十家，桓仁县虽比较少，"沿鸭绿江一带则有很多"。其中以盖平、安东最为兴盛。

盖平县"一方面由于靠近最好的产丝区，另一方面由于靠近十九世纪六十年代就已开放的牛庄口岸，盖平在中国是很有地位的。盖平市场组织得很好，对购丝者有种种便利，有信贷的组织，技术专家均聚集此地，生产者在他们祖辈世代相传的同一老市场里进行交易，甚至于新港大连也有铁路相通，甚为便利"，所以时人称其"居满洲丝业之首要地位"。③

随着安东辟为通商口岸，安东的柞蚕丝缫丝业快速发展起来。安东蚕区面积虽只有 171 034 亩，仅占辽宁省蚕区面积的 3.35%，但全省产茧的 60% 在安东制丝，东北三省所产柞蚕茧量的 30%—40% 也都运到安东销售，其余虽在产地制丝，但除少部分就地销售外，大部分柞蚕丝也运集安东市场出售。安东成了东北柞蚕丝生产的中心，同时也是柞蚕茧的集散地和柞蚕丝贸易的重要商埠。④

19 世纪 80 年代时，"以年成好坏为准"的牛庄生丝平均产量为：桑蚕丝年产约 40 担，柞蚕丝年产约 4 000—5 000 担，此外，尚有以桑叶饲养野蚕所产的丝年约 100 担。⑤ 常有丝业商人介入柞树种植和柞蚕饲养过程，"在种植柞

---

① 《详抚院烟台商设立丝业公所刊给木质关防文》，《山东全省劝业公所戊申己酉年报告书》，工艺科文牍，第 9 页。
② Decennial Reports, 1902—1911, Vol. I, p.229.
③ The Maritime Customs, *Special Series*: *Silk*, p.190.
④ 参见大村道渊：《满洲柞蚕经济の史的考察》，《研究院学报》，1944 年总第 40 号。
⑤ The Maritime Customs, *Special Series*: *Silk*, p.18.

树开始时即预支丝款，许多蚕户事实上据说都欠收丝掮商的债，必须以产品支付"。① 在这里，从事丝业的商行分为出售商和收购商两类，"彼此互不相犯。现有售丝商行四十家，购丝商行二十家。营业季节为十一月至五月……在丝的旺季，城镇及其附近极为活跃；来自山东各口岸，如烟台、柳疃等地的商人，来自牛庄，甚至远自上海的商人，均在此收购大半都是家庭生产的生丝，每批数量很小"。②

当地的野蚕丝价格，19世纪80年代前，"每担从未超过五十五两至六十五两；但是由于市场的日益扩大，这种野蚕丝更为出名了。同时由南方请来的技术专家曾指导满洲缫丝者采用改良方法，至八十年代，牛庄的丝价每担平均已达八十两，而质量最好的丝得价更高"。③ 从1891年到1900年的10年里，中国的对外贸易有了显著发展，大部分输出物品价格都有大幅增长，"牛庄的丝价由八十两上升至一百八十两，……而盖平最好的丝，每担为二百两"。进入20世纪后，美国市场的强烈需求，加上欧洲市场对柞丝绸的喜好，柞蚕丝的价格进一步提升，1909年，"四级野蚕丝的价格已涨到每担三百八十两，上等野蚕丝已涨至五百两"。④ 不过，一般蚕农恐怕未必尽得蚕丝出口增长带来的好处，"据丝业中人云，此（蚕丝出口）数虽多，因出价尚低，而仍有不大赚钱之语。并闻农夫所售之价，仅足敷其血本，兼有未到本者"。⑤

丝价的上涨刺激了辽东野蚕丝的输出，而输出的增加又进一步促进了当地丝业的发展。1880年前，"牛庄野蚕丝的输出从未超过一二百担，但在1880年，输出总数就已达到1 030担，而同年满洲的总产量据说还不超过四千担至五千担"。到1886年，盖平、岫岩两地的野蚕丝总产量已达10 000担，而自1886年以后，"牛庄每年输出的野蚕丝平均为五千担至六千担"，再加上大连和安东的开口通商，"这三个通商口岸每年输出（野蚕丝）总量平均在一万九千担以上"。⑥

随着野蚕丝贸易和生产的发展，辽东蚕丝业的生产方式也在发生着变化，

---

①② The Maritime Customs, *Special Series*：*Silk*, p.190.

③ Norman Shaw, *Manchurian Tussore Silk*, The Maritime Customs, *Special Series Silk*, p.194.

④ Norman Shaw, *Manchurian Tussore Silk*, The Maritime Customs, *Special Series Silk*, pp.194—195.

⑤ 《光绪三十四年安东口华洋贸易情形论略》，《通商各关华洋贸易总册》下卷，第2页。

⑥ Norman Shaw, *Manchurian Tussore Silk*, The Maritime Customs, *Special Series Silk*, p.195.

晚清丝绸业史

出现了缫丝手工工场。"这样一个典型的缫丝工场大约要雇二十多个工人，缫丝分成三四间屋子，每间里有三部缫丝车；有一个煮茧间，地下埋着两口锅；还有一间卧室和厨房。工资按工作量付给，每抽缫一千个茧子，一般工资为三角小洋，抽缫五百茧子即得工资一角五分，并供给食宿（每人每日约需一角五分）"。[①]1886年，一个外国人记述了他在辽东半岛中部一个叫岔沟的地方所见到的情景：

> 在一个引向崖洞的峡谷的口上有一个缫丝工场，这地区是以出产土丝著称的。山边满植着橡（柞）树，上面养着柞蚕，冬天收茧取丝。缫丝工场雇用了三十个至四十个年轻的缫丝工人，他们挤在一间黑暗的不卫生的屋子里，有些人不得不终日燃着蜡烛工作，空气是臭的，工人们都是形容憔悴，面无血色。用的是八角绞卷机，以踏板推动，这踏板首先转动着缫丝的轴管，以十个茧子作一根，多半是三束同时缫着。丝呈深灰色，但很粗糙，每年从营子输出的总值为十五万两，很有希望成为一极重要的行业。……海关税务司艾加尔先生（**Mr. Edgar**）告诉我说，八年前有一个烟台缫丝工场的外国人到这地方来过，并曾很耐心地教导本地工人缫丝的方法，以代替过去的缫丝法。此后常常有南方的缫丝专家来此指导本地工人。这种改良的缫丝方法，对育蚕的注意以及对茧子的卫生的（健全的）保存法，逐渐而稳步地把原来每担只售一百两的粗制滥造的粗丝，改变为每担价值二百两至三百两的贵重的丝了。[②]

到19世纪末20世纪初，东三省柞蚕业中也出现了近代机器缫丝厂，并在短时间内有了显著发展。1900年，作为满洲铁道中央试验所的附属事业，日本人在东北开始进行试验性的柞蚕制丝，建设了包括厂房、仓库等建筑面积达1 722.6平方米的柞蚕丝制丝厂，拥有改良机器缫丝机、扬返机等数十台。1904年，安东出现了1家机器缫丝厂。1907年，在盖平县铁道附属用地内，日本人

---

① Norman Shaw, *Manchurian Tussore Silk*, The Maritime Customs, *Special Series Silk*, p.191.
② H. E. M. James, *The Long White Mountain*, pp.398—399. 1886年记事。

经营的大吉成洋行附设有柞蚕丝制丝厂。1909 年，中野初太郎在安东新市街设立安东柞蚕试验所，次年接受日本关东都督府的委托和 1 000 元赞助，从事柞蚕制丝的研究。1910 年，原在山东省芝罘从事柞蚕丝贸易的福增源，在安东开设福增源丝厂，雇用工人 180 人，年产柞蚕丝 1 000 公斤。1911 年，日商冈村洋行又在安东开设冈村柞蚕丝制丝厂，至此，安东一地的机器柞蚕丝厂已经增加为 4 家。①

第六节
晚清蚕桑业发展水平动态度量

一、数据来源

为了对晚清蚕桑业的规模扩张及发展水平有一个总体的认识，有必要对鸦片战争前夕到 20 世纪 10 年代中国桑田面积、蚕茧产量和生丝产量等进行量的测度。应该说，限于种种条件的制约，要进行这样的工作，难度是可想而知的。

关于鸦片战争以前的中国生丝产量，不少学者曾经做过估计。② 例如：许涤新和吴承明 1885 年估计鸦片战争前夕全国生丝产量为每年 64 000 担。③ 范金民、金文在 1993 年对清代早期江南丝产量的估算额为大约每年 13 000 担；其后，又在 1998 年的著作中对明清时期的江南丝产量作了重新估算，将估算结果调整为每年 160 000 担。④ 美国学者彭慕兰则估计，中国在 1775—1820 年间的生丝产量约为 530 000 担。⑤ 张丽以鸦片战争前夕江南地区加上珠江三角洲和四川省的蚕丝估算产量作为全国产量，估算结果是：年产蚕茧江南地区为

① 大村道渊：《满洲柞蚕经济の史的考察》，《研究院学报》1944 年总第 40 号。转引自顾国达、王昭荣：《日本侵华时期对中国蚕丝业的统制与资源掠夺》，浙江大学出版社 2010 年版，第 76 页。
② 由于这个时期江南地区几乎供应着全国的生丝消费，学者们多用江南生丝产量来代表全国的产量。
③ 许涤新、吴承明：《中国资本主义发展史》，人民出版社 1985 年版，第 325—326 页。
④ 范金民、金文：《江南丝绸史研究》，农业出版社 1993 年版，第 253—254 页；范金民：《明清江南商业的发展》，南京大学出版社 1996 年版，第 30—31 页。
⑤ Kenneth Pomeranz, *The Great Divergence：China, Europe, and the Making of the Modern World Economy*, Princeton University Press, 2000, pp.328—330.

1 026 000 担,珠三角为 50 000 担,四川省为 15 000 担,三地合计 1 091 000 担,按手缫丝每 10 个单位蚕茧产出 1 个单位生丝的比例,鸦片战争前中国生丝产量约为年均 109 100 担。① 不难看出,由于鸦片战争前中国桑蚕丝业生产的各项统计数据基本付之阙如,缺乏蚕桑生产规模的直接数据,如桑田面积、蚕茧产量和生丝产量等,因此使以往的一些估算主要是建立在对间接历史资料的推理上;同时,由于各人所根据的资料不同,或对资料的理解有别,因此造成各种估算值之间的差距非常之大。

晚清时期,情况比鸦片战争前似乎有所改观。从 1873 年到 1915 年,外国人在中国共进行了 3 次对中国蚕茧或生丝产量的调查。从 1873 年到 1875 年,法国丝业专家兼里昂商会代表隆多(Natalis Rondot)来华游历,调查中国蚕桑业和丝织业的生产情况。在他的要求下,中国海关于 1879—1880 年指令各地下属机构就当地蚕桑业和丝织业的生产状况做出报告。根据中国海关所提供的报告,再加上自己的观察,隆多于 1881 年出版了他的研究著作《蚕丝综览》(Les soies),对中国各省的蚕茧和生丝产量作了比较保守的估计。1898 年,德国人 Jiberboman(杰伯鲍曼)也对中国各地蚕桑生产情况进行了一番调查,留下了一些原始的记录。清末民初,日本东亚同文会对中国各省蚕桑生产进行过大范围的调查,记录了当时各省的桑园面积,对各地所植散桑也折合成桑园面积进行统计,这些数据集中体现在东亚同文会 1914 年出版的《支那年鉴》中。19 世纪 10 年代中期,日本农务省和商工省积极推动对中国丝绸业的调查,1915—1917 年,Akeda Hirome 主持了中国蚕桑业生产的调查,主要依据当时已知的各机器缫丝厂的蚕茧供应量,各地关卡厘税征收单中所记录的家庭手工缫丝的货运量,国内的丝绸消费量,以及其他一些已知数据,综合计算出当时中国的蚕茧产量和生丝产量。

上述晚清时期及民国初年的调查,仍然存在着一些严重的局限。前两次调查年代久远,调查区域受到很大限制,调查条件也异常艰困,所得数据的完整性和准确性一直受到人们质疑。即使较多人公认为调查相对详尽,数据相对准

---

① 张丽:《鸦片战争前的全国生丝产量和近代生丝出口增加对中国近代蚕桑业扩张的影响》,《中国农史》2008 年第 4 期。

确的由日本人所进行的调查，也存在着很多严重的缺陷，例如1914年东亚同文会的调查统计中，缺少一些省份桑田面积的数据，尤其是连蚕桑业大省的江苏，桑田面积数据也付阙如。又如1915—1917年Akeda Hirome的调查，各省蚕茧产量的数据也不完全，缺少对河南以及其他一些省份的估计。可见晚清时期及民国初年的这类统计亦很不系统，即使保留了一些关于各省区桑园面积、蚕茧产量及生丝产量等的零散数据，大多乃是出自当时外国人的游历和调查，有些简直就是推算和估计之数，难言全面、具体和准确。因此，对这些数据保持一定的怀疑是有必要的。

毋庸讳言，在这样的数据积累的基础上，要对晚清时期中国蚕桑业的发展水平进行量化的评估，当然是很困难的，但不可否认，尽管这些调查估算存在着种种缺陷与错漏，毕竟提供了一些认识晚清时期中国蚕桑业总体发展状况的起码条件。有了这些基本的数据，从中可以看出各省桑田面积、蚕茧产量、生丝产量不断扩大的发展趋势，以及各地蚕桑生产在国内所处的大致地位。通过对这些不同年代的数据的度量，我们可以对从鸦片战争前夕到清朝末年蚕茧产量和生丝产量的增长得到比较具体的了解，由此可以比较数字化地把握晚清蚕桑业生产规模扩张的实际程度。

表4-9 鸦片战争前夕至20世纪10年代中国蚕茧、生丝产量　　　　单位：担

省份	鸦片战争前夕		1880 年		1898 年		1915—1917 年	
	蚕 茧	生 丝	蚕 茧	生 丝	蚕 茧	生 丝	蚕 茧	生 丝
浙江	1 026 000	102 600	825 500	63 500	1 017 000	78 231	876 766	67 444
江苏			275 200	21 169	350 000	26 923	266 745	20 519
广东	50 000	5 000	576 100	44 315	717 000	55 154	768 300	59 100
四川	15 000	1 500	205 800	15 831	317 000	24 385	640 000	49 231
湖北			79 100	6 085	102 000	7 846	100 000	7 692
山东			24 100	1 854	45 000	3 462	70 000	5 385
安徽			10 800	831	30 000	2 308	30 000	2 308
广西							12 000	923

省份	鸦片战争前夕		1880 年		1898 年		1915—1917 年	
	蚕 茧	生 丝	蚕 茧	生 丝	蚕 茧	生 丝	蚕 茧	生 丝
河南			100 800	7 754	142 000	10 923	121 000	9 308
湖南			6 500	500	11 250	865	16 000	1 231
其他			17 100	1 315	99 000	7 615	79 500	6 115
全国产量合计	1 091 000	109 100	2 121 000	163 154	2 819 000	216 846	2 779 811	213 832
指数	100	100	194	150	258	199	255	196
生丝出口比重			50%		50%		61%	
生丝内销比重			50%		50%		39%	

资料来源: Lillian M. Li, *China's Silk Trade: Traditional Industry in the Modern World 1842—1937*. Cambrudge, Harvard University Press, 1981, p.98, Table 17（1880 年及 1915—1917 年的外国调查数据）; Robert Y. Eng, "*Economic Imperialism In China—Silk Production and Exports, 1861—1932*", 1986 by the Redents of the University of California, pp.32—35（1898 年的外国调查数据）; 张丽:《鸦片战争前的全国生丝产量和近代生丝出口增加对中国近代蚕桑业扩张的影响》(《中国农史》2008 年第 4 期), 表 1。

说明:（1）以上调查数据主要来自于各地关卡对来往货物征收厘税的记录, 如运往各机器缫丝厂的蚕茧量、过境的手工缫丝货运量等, 可能会遗漏那些没有进入外地市场, 只在本地自产自销的蚕茧或手工缫丝产量。因此, 与实际产量相比, 表列蚕茧、生丝产量有可能是低估的。

（2）19 世纪 40 年代的生丝产量按手工缫丝 10:1 的蚕茧出丝比, 即大约 10 个单位的蚕茧生产 1 个单位的生丝估算; 1880 年及其后, 由于机器缫丝工厂已在中国兴起, 而机器缫丝与手工缫丝的缫折有所不同, 故生丝产量按机器缫丝 13:1 的蚕茧出丝比, 即大约 13 个单位的蚕茧生产 1 个单位的生丝估算。但是, 由于手工缫丝在近代中国缫丝业中始终存在, 且其所占比重尚难以量化, 所以表列数据只是一个大概的估计。

（3）生丝出口与内销的比重系以外国调查中的全国生丝总产量减去生丝出口量, 然后再除以生丝总产量得出。但 1897 年日本人松永武作曾指出, 中国生丝的出口量约相当于国内消费量的三分之一, 即国内生丝消费量约占生丝总产量的 75%。这一说法未能得到相关数据的支撑。

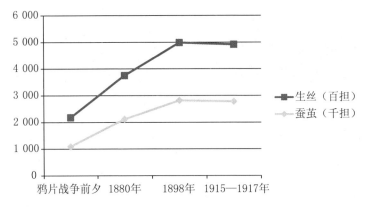

图 4-2　鸦片战争前夕至 20 世纪 10 年代中国蚕茧、生丝产量增长

二、数据分析

　　根据上表所载，中国生丝产量的估算，分别为 19 世纪 40 年代前夕的 109 100 担，1880 年的 163 154 担，1898 年的 216 846 担和 1915—1917 年的 213 832 担。[①] 这里须加以注意的是，1880 年以后的蚕茧产量，系根据表中所提供的生丝产量数据乘以 13 所得。这与 19 世纪 40 年代前夕的情况不同。蚕茧出丝量的比例，依据蚕茧质量的好坏，以及缫丝技术的高低而发生变化，其大致规律是：对家庭手工缫丝来说，一般是 10 个单位的蚕茧，可缫制成 1 个单位的生丝；而对机器缫丝厂来说，茧丝比一般是 13∶1 至 15∶1。

　　有学者认为在上述外国调查中，中国的蚕茧和生丝产量很可能被低估。[②] 笔者认为这种可能性很大，其中尤以 1880 年为著。这是因为以上调查数据主要来自于各地关卡对来往货物征收厘税的记录，如运往各机器缫丝厂的蚕茧量、过境的手工缫丝货运量等，可能会遗漏那些没有进入外地市场，只在本地自产自销的蚕茧或手工缫丝产量。当时除了珠江三角洲以外，手工缫丝仍在中国绝大部分地区占据主导地位，有相当比例的蚕茧产量并没有被运送到机器缫

[①]　由于生丝出口量的计算单位一般为"担"，所以这里选用"担"做计算单位。1 担＝1.2 市担＝132 磅。
[②]　参见 Lillian M. Li, *China's Silk Trade: Traditional Industry in the Modern World 1842—1937*, pp.100—102。

　　　　　　　　　　　　　　　　　　　　　　　　　　　　　晚清丝绸业史

丝厂，而是由当地农民手工缫丝；同时，也有相当比例的手工缫丝产量没有进入地区间市场，而是被当地传统丝织业所消费。这些没有流入到地区间市场的蚕茧和生丝产量很容易在调查中被遗漏，而造成这种遗漏现象的因素，在1898年、甚至1915—1917年间都仍然存在。因此，更加保险和准确的说法是，上表依据外国调查所给出的全国蚕茧或生丝产量，只是表示全国蚕茧或生丝产量的最低水平，换言之，就是当时中国的蚕茧或生丝产量至少达到了外国调查所给出的数据水平。[1]

即使按照这很可能被低估了的数据来考察，我们仍然可以看到从鸦片战争前夕到清朝末年这70余年间中国蚕桑业生产规模的扩大，并可在此基础上对这一时期中国蚕桑生产的增长幅度作出估计。

首先，在这一时期，中国的蚕桑生产经历了史上最为强劲的规模扩张和总量增长。1880年，全国蚕茧产量为2 121 000担，按13:1的茧丝比折合生丝163 154担，分别比19世纪40年代前夕增长了94.41%和49.55%。1898年，全国蚕茧产量为2 819 000担，折合生丝216 846担，分别比19世纪40年代前夕增长了1.58倍和98.76%；比1880年也分别有32.91%的增长率。到1915—1917年，全国年均蚕茧产量为2 779 811担，折合生丝213 832担，分别比19世纪40年代前夕增长了1.55倍和96.00%；比1800年也分别增长了31.06%。与1898年数据相比则基本持平而略有下降，反映出中国蚕桑业规模扩张的势头有所减弱。

第二，在这一时期，中国的蚕桑生产呈现出最为迅速和广泛的地域扩展。为了在大规模农民战争结束后稳定社会和振兴经济，也为了适应对外贸易发展以获取补救漏卮的手段，各地行政官员和士绅、民众纷纷将推广蚕桑生产作为实现上述目标的不二选择，一时蔚然成风。尽管各地发展蚕桑生产的成效不一，影响各异，但老蚕区的持续兴旺及新蚕区的加速崛起仍然成为晚清社会经济史上令人耳目一新的现象。一些省份蚕桑生产的发展令人印象深刻，如湖北

---

[1] 参见张丽：《鸦片战争前的全国生丝产量和近代生丝出口增加对中国近代蚕桑业扩张的影响》，《中国农史》2008年第4期。至于低估的程度有多大？是10%，30%，甚至50%？则又是一个见仁见智的问题了。

省到 19 世纪末已经成为蚕茧产量达 102 000 担,生丝产量达 7 846 担的蚕桑大省。山东省从 1880 年到 1915 年间,蚕茧产量和生丝产量分别有 45 900 担和 3 531 担的增加,分别增长了近 2 倍。

比较起来,效果卓著且令人瞩目的还属广东、四川两省。鸦片战争前夕,估计广东省蚕茧产量为 50 000 担、生丝产量 5 000 担,1880 年,蚕茧产量增加为 576 100 担,折合生丝 44 315 担,分别增长了 10.52 倍和 7.86 倍。[①]到 1898 年,广东省产茧 717 000 担,折合生丝 55 154 担,[②]比 1880 年分别增长了 24.46%,比鸦片战争前夕则分别增长了 13.34 倍和 10.03 倍。到 20 世纪 10 年代中期,广东省桑园面积达 639 442 亩,[③]蚕茧产量为 768 300 担,折合生丝 59 100 担,[④]蚕茧产量和生丝产量比 1898 年增长了 7.2%,比 1880 年增长 33.36%,比鸦片战争前夕则分别增长了 14.37 倍和 10.82 倍。

在四川,鸦片战争前夕估计蚕茧产量为 15 000 担,生丝产量为 1 500 担。1880 年,四川省蚕茧产量为 205 800 担,折合生丝 15 831 担,[⑤]与鸦片战争前夕相比,分别增长了 12.72 倍和 9.55 倍。到 1898 年,四川省产茧 317 000 担,折合生丝 24 385 担,[⑥]比 1880 年增长了 54.03%,比鸦片战争前夕分别增长了 20.13 倍和 15.26 倍。到 20 世纪 10 年代中期,四川省桑园面积达 585 854 亩,[⑦]蚕茧产量为 640 000 担,折合生丝 49 231 担,[⑧]蚕茧产量和生丝产量比 1898 年增长了 1 倍多,比 1880 年增长了 2.11 倍,比鸦片战争前则分别增长了 41.67 倍和 31.82 倍。鸦片战争后的 60 余年里,四川省蚕茧产量年均增长 64.11%,生丝产量年均增长 48.95%,成为中国蚕桑生产和茧丝产量增长最快的省区。

第三,在这一时期,中国近代蚕桑生产的区域构造和位置大致形成。由于广东、四川两省蚕桑生产的迅猛发展,其在中国蚕桑生产区域结构中的位置

①④⑤⑧ Lillian M. Li, *China's Silk Trade: Traditional Industry in the Modern World 1842—1937*, p.98, Table 17.

②⑥ Robert Y. Eng, "*Economic Imperialism In China—Silk Production and Exports, 1861—1932*", 1986 by the Redents of the University of California, pp.32—35.

③⑦ 日本东亚同文会:《支那年鉴(第三回)》,1914 年。

发生了明显的变化。鸦片战争后的 60 余年间，广东省蚕茧产量和蚕丝产量年均增长率达到 22.11% 和 16.65%，在中国蚕茧和蚕丝总产量中所占比重，由鸦片战争前夕的 4.58% 提升为 1880 年的 27.16%，1898 年的 25.44%，到 20 世纪 10 年代中期，已经占到 27.64%，在国内居于第二位，仅次于浙江省的 31.54%。四川省的蚕茧产量和蚕丝产量在 60 余年里的年均增长率更高达 64.11% 和 48.95%，在中国蚕茧和蚕丝总产量中所占比重，从鸦片战争前夕的 1.37% 提升为 1880 年的 9.70%，再提升为 1898 年的 11.25%，到 20 世纪 10 年代中期，已经达到 23.02%，仅次于浙江省和广东省，形成了中国蚕桑业生产三足鼎立的局面。

相比较而言，鸦片战争前中国最负盛名的蚕桑业生产基地浙江、江苏两省，则由于晚清时期蚕业扩张的速度较慢，产量增长的幅度较小，使得相对地位有所下降。其原因主要在于 1840 年以前蚕桑业在太湖南部地区即已十分发达，以致晚清时期蚕桑业的扩张空间不大。但即使是在这一地区，仍然可以看到蚕桑业区域扩张和产业发展的情况。例如，湖州府长兴县内蚕桑业向北面地势较高地区的扩展；绍兴府曹娥江上游的嵊县和新昌县蚕桑业的崛起；太湖北部的无锡、常熟、溧阳等地成为江苏省内新兴的蚕桑产地。

从在全国的地位来看，鸦片战争前夕，浙江、江苏两省估计蚕茧产量和生丝产量分别为 1 026 000 担和 102 600 担，1880 年的数据为 1 100 700 担和 84 669 担，蚕茧产量增长 8.33%，蚕丝产量则大约只及鸦片战争前夕的 83%，虽然这是由于将手缫丝茧丝比 10∶1 换算为机缫丝茧丝比 13∶1，从而低估了江浙地区的生丝产量，[①] 但区区 8% 的增长率与广东、四川动辄数倍、数十倍的增长相比，差距之大是非常明显的。此后情况依然。1898 年，江浙两省的蚕茧和生丝产量增加为 1 367 000 担和 105 154 担，蚕茧产量比鸦片战争前夕增长了 33.24%，生丝产量则刚刚恢复到鸦片战争前的水平。到 1915 年，江浙两省产

---

① 需要指出的是，这一时期近代缫丝工业在江浙地区刚刚萌芽，尚未大面积铺开，蚕丝生产多以农家土法行之，以 13∶1 的机缫丝茧丝比来计算江浙地区的蚕丝产量未必合适。

茧 1 143 511 担，出丝 87 963 担，蚕茧产量与鸦片战争前差相仿佛，生丝产量竟然缩减了 14.27%。①

由于发展速度和幅度的巨大差距，江浙地区在中国蚕桑业生产中所占比重的下降是十分明显的。鸦片战争前，江浙地区占中国蚕茧和生丝总产量的 94.04%，1880 年下降为 51.90%，1898 年再降为 48.49%，到 20 世纪 10 年代中期，又进一步降为 41.14%，其中浙江省为 31.54%，江苏省为 9.60%。不过，虽然相对地位在持续下降，但整个晚清时期，江浙地区仍然占据着中国蚕桑业生产的龙头地位，拥有着中国蚕茧和生丝总产量四成以上的份额。

当时各省桑园面积的调查统计，是各地蚕桑生产发达程度的一个重要指标，同时也是各省在全国蚕桑业中地位排行的一个写照。由下表中可见，中国前 4 名蚕丝主产地桑园面积的排序为浙江省(1 586 328 亩)，江苏省(1 049 398 亩)，广东省(639 442 亩)和四川省(585 854 亩)。其中，浙江省在全国蚕茧和生丝总产量中所占比重为 31.54%，占第一位；广东省所占比重为 27.64%，占第二位；四川省所占比重为 23.02%，占第三位；江苏省所占比重为 9.60%，占第四位。江苏省在全国桑园面积中的排序之所以与其在全国茧丝总产量所占比重不相匹配，原因或在于表中江苏省的数据来源与其他省份不同。在日本东亚同文会的原始资料中，缺乏江苏省的桑园面积数据，这里的数据，是根据 1913 年《江苏实业行政报告书》第二编中所列当年江苏出产蚕丝县份的桑田面积累计而成的。数据来源不同，误差也是可以理解的。

---

① 当然，在这些外国人的调查估算中，江浙地区的蚕茧和蚕丝产量有可能被严重低估。原因主要有以下几点：第一，在当时中国，除了珠江三角洲外，绝大部分地区，特别是江南一带占据主导地位的依然是手工缫丝和传统丝织业生产。机器缫丝厂生产的厂丝在 19 世纪 90 年代后期已经占到广州生丝出口的 90%；而在上海，直到 1910 年，50% 以上的白丝出口仍然是手工缫制的。第二，直到 19 世纪末，江南传统蚕桑业产地主要仍以传统的手工缫丝为主。因此有相当比例的蚕茧产量并没有被运送到机器缫丝厂，相当比例的手工缫丝产量也没有流入到地区间的市场中去。这些没有流入到地区间市场的蚕茧和生丝产量很容易在调查中被遗漏。第三，江南地区茧丝产量更容易被低估的又一个原因，在于这里是中国最大的丝织业中心，传统丝织业更为发达，有更大比例的蚕茧和生丝产量被传统的手工丝织业所消费，而这些被就地消费生丝产量很难体现在调查统计数据中。与之相比，为了适应国际市场的需求和机器缫丝业的发展，很多新兴蚕桑业区甚少手工缫丝，大部分蚕茧被直接运送到机器缫丝厂。

表 4-10　中国各蚕丝主产地桑园面积（1914）

省　　区	桑园（亩）	散栽桑折算（亩）	小计（亩）
浙　　江	1 369 222	127 126	1 586 328
江　　苏	1 023 004	26 394	1 049 398
安　　徽	133 298	212 146	345 444
广　　东	620 277	19 147	639 442
广　　西	12 578	11 614	28 341
四　　川	159 582	426 272	585 854
山　　东	15 047	64 421	79 468
湖　　北	155 067	107 909	262 976
湖　　南	30 336	19 898	50 234
河　　南	10 036	46 208	56 244
山　　西	407 575	94 612	520 187
陕　　西	6 281	10 635	16 916
云　　南	16 727	11 614	28 341
其　　他	8 025	168 488	176 513
合　　计	3 967 055	1 346 484	5 313 539

资料来源：日本东亚同文会：《支那年鉴（第三回）》，1914 年。

说明：（1）上表数据为日本东亚同文会 1914 年对中国桑田面积的调查估计。原资料缺江苏省的
桑园面积，据 1913 年《江苏实业行政报告书》第二编中所列，当年江苏全省 61 个县中
有 44 个出产蚕丝，桑园面积共约 102.3 万亩，散栽桑面积折算共约 2.64 万亩，据此补
充该省桑园面积，并对合计数亦作相应调整。

（2）表中山西省数据的准确性也颇可疑。表列山西省桑园面积多达 520 187 亩，位居全国
第五，而该省年产生丝至多不过数百担，两者根本不成比例。

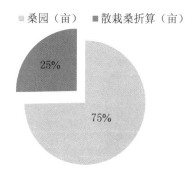

图 4-3　中国蚕丝主产地桑园与散栽桑面积占比（1914）

本章小结

　　1840 年以前，嘉湖杭地区是中国的主要蚕桑产区。尽管当时的珠江三角洲和四川盆地也有一些蚕桑，但是规模尚小。鸦片战争后，特别是在太平天国战争后，中国蚕桑业在 19 世纪 80 年代到 20 世纪 10 年代经历了最为迅速和广泛的地域扩张。当时有大量的政府官员在他们的辖区内推广蚕桑。然而，这些因政府官员提倡而兴起的新兴蚕桑产区，大部分都没有维持长久。19 世纪 90 年代以后，蚕桑业开始向少数地区集中。当蚕桑业正在大部分新兴地区消退的时候，太湖流域、珠江三角洲和四川盆地的蚕桑业却在继续扩张。到 19 世纪末 20 世纪初，中国的蚕桑业生产已主要集中在这三个地区。历史上的调查估算数据显示，19 世纪末时，太湖流域、珠江三角洲和四川盆地三个地区的蚕茧产量约占中国全部蚕茧产量的 85.17%，到 20 世纪 10 年代中期，三地的蚕茧产量已经占到全国总产量的 91.80%。

第五章

晚清蚕桑业的新变化

伴随着晚清中国蚕桑业的发展，各地蚕丝业的生产与交换发生了一些或隐或显的变化，值得引起重视并给予说明：明清时代早已开始的蚕桑业商品化过程取得了怎样的进展？表现在哪些方面？达到了怎样的范围和程度？是什么样的因素导致了蚕茧市场的形成和发展？在各个不同地区表现为怎样的形式和内容？蚕桑业生产究竟是否比稻作及其他粮食生产要付出更多的劳动和辛苦？如果确实如此，各地农民为什么还要趋之若鹜，乐此不疲？晚清的"奖劝蚕桑"运动达到了怎样的范围和规模？各地官绅为何共同选择以此作为振兴经济、安定社会的施政举措？表现出怎样的时代特征和意义？凡此种种，不一而足。本章内容意在揭示这些变化的广度和深度，并试图分析导致这些变化，以及这些变化所造成的深层因果。

第一节
蚕桑业商品化的加深

一、桑叶市场

江南地区是中国蚕桑业商品化领先的地方。"蚕所赖者，专在于桑"。桑树、桑叶作为蚕儿饲育的必不可少之物，早在明清时期就在江南地区的商品市场上扮演着重要角色。那些难以做到桑叶自给的养蚕农户，市场提供给他们满足需求的选择。鸦片战争之前，江南已有桑叶买卖的市场存在。"叶市"一般开在市镇的四栅附近，"桑叶行开在四栅近处，以利船出进也。采桑时下乡，江、震（吴江、震泽两县）客船买叶者云集。每日暮如乌鸦野鹜争道而来，顷刻四塞。凡三市曰：头市、中市、末市。每一市凡三日，每日市价凡三变，曰早市、午市、晚市"。①

桑叶买卖的主要方式称为"稍叶"，"凡湖（州）之畜蚕者多自栽桑，不则豫租别姓之桑，俗曰'稍叶'。"②具体而言，又有"赊稍"、"现稍"之别："叶之轻重，率以二十斤为一个。有余则卖，不足则买，胥谓'稍'。预立约以定价，而俟蚕毕，贸丝以偿者曰'赊稍'；有时先予值，俟叶大而采之，或临期以有易无，胥曰'现稍'。其不能者或典衣鬻钗钏以偿之，或称贷而益之"。③除此之外，叶市交易中尚有一些不足为外人道的行为。乾隆年间的沈廷瑞在《东畲杂记》中记述："凡无叶而交易者，谓之'空头'。叶价贱而望其长者，谓之'做大眠'；叶价贵而望其短者，谓之'做小眠'。或贱买而贵卖，或贵买而贱卖，市侩以之射利。或顷刻获利数倍，或顷刻而折本数倍，有以此起家者，亦有以此倾家且殒命者"。④

晚清时期，桑叶市场贸易基本上延续鸦片战争前的惯习，稍叶仍是市场买

---

① ④　沈廷瑞：《东畲杂记》，光绪十三年（1887）刻本。

② 　朱国桢：《涌幢小品》卷二。

③ 　朱国桢：《涌幢小品》卷四。按：此种记载，亦广泛见于江南地区，特别是嘉（兴）、湖（州）二府的县镇方志。

卖的主要形式。稍叶双方议定价格，买卖成交之时，订立契约文书的似不多见，"以交易时口约为凭，不立契据者多。此社会之信用也"。① 因此，稍叶双方"议价既定，虽黠者不容悔，公论所不予也"。② 时人称："青叶买卖，极守信用，乡民卖叶不出凭据，俗谚云：青叶不点头。谓点头即成交矣。又云：两面青，无面情。两面青指青叶也，无面情，重信用也。"③ 由此可见，近代江南叶市更多是依赖民间长期形成的交易习惯加以约束，"社会之信用"在其间发挥着关键性作用。

具体来看，叶市的交易方式大致可归纳为五种：一是从量交易，依桑叶之重量来交易；二是桑园交易，依桑园之面积来交易，即议定单位面积所产桑叶的总价格；三是中介交易，以叶行作为媒介，买入桑叶，再卖给需要者，有的叶行向双方收取一定的手续费（一般为叶价的 1%），有的叶行赚取买卖价格之间的差额（一般约为叶价的 20%）；四是预约交易，即于养蚕前数月预订桑叶，先支付叶价的 20%—50% 作为定金；五是赊买交易，即自叶行或大桑园赊买桑叶，代收茧后再行决算，带有某种借贷经营的性质。④

晚清江南桑叶市场的格局，依各地蚕丝生产的发达程度而决定其流向，大体为嘉兴、苏州等地部分县区的桑叶供给湖州地区所需，即所谓湖州"本地叶不足，又贩于桐乡、洞庭。"⑤ 嘉兴石门、桐乡两县，产叶尤多，"叶莫多于石门、桐乡"，湖州"买叶者以舟往，谓之'开叶船'。"⑥ 新塍镇"无乡不种桑，蚕有余食，江南界中皆仰给焉。每届蚕时，市人争相居奇，价随时变，名曰'中市叶'。"⑦ 苏州太湖诸岛叶市亦盛，"桑出东、西两山，东山尤盛。蚕时设市，湖（州）南各乡镇皆来贩鬻"。⑧ "洞庭山以桑叶为命，山田种稻什之一，其余非植果实则树桑。蚕月，浙之湖州、苏之吴、宜、震，往来贩负，舟楫交于太湖"。⑨

---

① 民国《德清县新志》卷四。
② 光绪《归安县志》卷十一。
③ 民国《乌青镇志》卷二十一"工商"。
④ 参见本多岩次郎：《清国蚕丝业视察复命书》，东京农商务省，1899 年，第 167—168 页。
⑤ 朱国桢：《涌幢小品》卷四。
⑥ 咸丰《南浔镇志》卷二十一"农桑"一；卷二十二"农桑"二。
⑦ 民国《新塍镇志》卷三"物产"，引光绪志。
⑧ 《太湖备考》"物产考"。
⑨ 叶承庆：《乡志类稿》，民国本。

同时，在像江苏无锡、绍兴新昌之类的新兴蚕桑区，桑叶也在区域内调剂流通。太平天国战争后，"该处荒田隙地尽栽桑树，由是饲蚕者日多一日，而出丝亦年盛一年"。① 那些自己植桑而无法养蚕，或自种桑叶用来养蚕还有多余的农家，"其方针就是将桑叶卖掉"。②

在蚕儿头眠后，桑叶市场开始繁荣，即江南地区方志中所谓"蚕向大眠，桑叶始有市"。③ 于是，"俟蚕长，必贾叶饲之，轻舟飞棹四出"。④ 蚕出火后，桑市愈盛。"谚云：出火沿塘白。言沿塘之地出火时桑枝已剪尽也"。⑤ 桑叶饲蚕有许多诀窍和禁忌，"叶带露则宜蚕，故采必凌晨，不暇栉沐。叶忌雾，遇阴云四布，则乘夜采之；叶忌黄沙，遇风霾则逐片抖刷；叶忌浇肥，必审视地土；叶忌带热，必风吹待凉"。⑥ 凡此种种，不一而足。一般来说，饲蚕桑叶要求清洁、新鲜，最好是当日采叶，当日喂蚕。因此，"贾叶"饲蚕，鬻叶区和饲蚕区的最远路程为水乡小船一昼夜的往返路程，大约百里左右。即所谓"虽百里外一昼夜必达，迟则叶蒸而烂，不堪喂蚕矣"。⑦ "桑叶市场的平面分布，基本上围绕缺叶区而形成半径为百里之遥的异心圆，它们相互重叠，互相交叉，形成了密集而繁荣的桑叶市场"。⑧ 为了尽快运输桑叶，江南地区出现了专门的夜航船，尤以湖州地区为多，而当地四通八达的密集河网水道，则为运叶之船的穿梭往来提供了便利条件。

市镇的四栅近处多是桑叶交易市场之所在，"以利船出进也"。菱湖镇清前期"叶行俱在安澜桥一带"，晚清光绪时"四栅皆有之"。⑨ 乌青镇的情况更为典型：

> 四栅均设有（叶）行，清光绪间叶市甚盛，约有十万担出口，均由下乡（南浔、震泽、檀邱等处）蚕户来此采购。……尚有小行多家。叶行营业先于上年冬赴下乡抛卖，订明成叶几担，收取定银。至次年到行，发叶交

---

① 《申报》光绪六年（1880）五月十四日。
② 坂本菊吉：《清国ニ於ケル生系绢织物ノ实况并其企业ニ关スル调查报告》，《农商务省商工局临时报告》1904 年第五册，第 10 页。
③ 光绪《长兴县志》卷八。此类记载，多见于江南地区县镇志中。
④⑦ 乾隆《海盐县续图经》卷一"风俗"。
⑤⑥ 光绪《长兴县志》卷八。
⑧ 张海英：《明清江南商品流通与市场体系》，华东师范大学出版社 2002 年版，第 99 页。
⑨ 光绪《菱湖镇志》卷十"风俗"。

清。一面向本乡叶户预备春叶，叶价付足。如次年无叶采发，照叶市顶价偿还。……叶行上市，通宵达旦，采叶船封满河港。叶行营业顺利，骤可利市三倍。俗语云：四月黄金随地滚。①

各地市场旺盛的桑叶买卖，在促进叶户和蚕户之间互通有无的同时，也刺激了一些人的贪欲，"镇人有并不养蚕亦盈千买卖者，谓之'做心思'。虽似贸易，实同赌博"。②他们在桑叶市场上翻云覆雨，机关算尽，"究之，失利者多，得利者少。有亏本而无力弥缝者，有已得利而仍归乌有，转至受累者。盖叶昂则卖主逃逸，买者非但无叶可发，即成本亦无从追取。设已销出，转须买叶赔补。叶贱则买主逃逸，卖者非但无处讨钱，且预备之叶转须减价求售"。买卖双方常常因之而矛盾激化，以至于"债主催逼，家人争闹，至酿命案者亦有之"。③

叶价波动幅度大，是江南桑叶市场的突出特征之一。明代即有"叶价随时高下，倏忽悬绝。谚云：'仙人难断叶价'"的说法，④前清人亦云："叶之贵贱，顷刻天渊，甚有不值一钱委之道路者。"⑤时入晚清，叶价波动更加剧烈，"市价早晚迥别，至贵每十个钱至四、五缗，至贱或不值一饱"。⑥1897年时，江浙有些地区的叶价就曾在0.8—1.5元之间涨落不定，⑦令许多养蚕农家因预判失误而大受损失。蚕多叶少之家，多通过赊买、订购（即"稍叶"）的形式获得桑叶，以防遭受临时居奇或无叶可买的风险。还有一些自家无桑，全需买叶饲蚕的农户，俗谓之"看空头蚕"，或曰"开空头"。江苏无锡县当太平天国战争之后，蚕桑业大兴，"户户栽桑，家家育蚕，不问男女，皆从此业"，"家中若有老妇幼女劳动人手，即使没有一株桑树也会从事养蚕"。⑧这种将所需桑叶完全仰赖于市场供应的行为无异于一场赌博，"有天幸者，往往趋之"，所承当的风险尤大。"叶贱之年，侥幸获利。若遇昂贵无可供贷，势必将蚕倾弃"，⑨随之而

① 民国《乌青镇志》卷二十一"工商"。
②③⑨ 民国《双林镇志》卷十四"蚕事"。
④ 朱国桢：《涌幢小品》卷二。
⑤ 嘉庆《东林山志》卷二十三"艺文"。
⑥ 同治《湖州府志》卷三。
⑦ 参见高津仲次郎：《清国蚕丝业视察报告书》，农商务省农务局，1897年，第12页。
⑧ 坂本菊吉：《清国ニ於ケル生系绢织物ノ实况並其企业ニ関スル调查报告》，《农商务省商工局临时报告》1904年第五册，第10页。

来的甚至会是家破人亡。

正因为如此，无论叶农还是蚕户，从蚕儿头眠到出火后抽丝的一个月里，莫不如履薄冰，小心翼翼地密切关注着桑叶市场的变化，稍有不慎或判断失误，就难免前功尽弃。"民间育蚕如炼丹，力最劳瘁，成败亦在转盼间"。① 即便如此，蚕户经营也常会发生不可预测的变故。有《稍叶》诗云：

> 家家门外桑荫绕，不患叶稀患地少。
> 及时惟恐值尤昂，苦语劝郎稍欲早。
> 我家稍时在冬日，一担不过钱五百。
> 迫至新年数已悬，蚕月顿至增一千。
> 未到三眠复忽变，一钱一斤价骤贱。
> 夫婿闻之咎阿侬，而今欲悔已无从。②

引人注目的是，19 世纪中期以后，珠江三角洲的蚕桑业出现了专业化的经营。在珠江三角洲，育蚕之桑并非都是自给，"桑市"在这里十分普遍。桑市市墟的设置一般靠近蚕桑生产之地，蚕桑生产较盛的乡村或市镇，每处必有两三处桑市，即使在比较偏僻的处所，也往往每村有一处小桑市。桑市形态大致可分为两种：一是专门出租的市场，只收取佣金；一是由市场负责，垫借桑价给买主，俟收茧后偿还。与这里一年可收叶六次的情况相适应，"桑市"也就年有数次，每次开市约持续 20 日左右，桑叶交易量约 30—40 万担，全年交易总额可高达 20 余万元。③

据 20 世纪 20 年代中期的调查，珠三角地区桑市之盛令人叹为观止。这里"有专以贩卖桑叶为目的的桑园经营，桑叶交易十分发达。大抵每个村落均有桑叶市场，繁华市镇的桑市则有两三个，桑市繁盛状况与中国其他地区相比

---

① 光绪《石门县志》卷十一"风俗"。
② 咸丰《南浔镇志》卷二十二"农桑"二。类似诗作在江南地区县镇志中颇多，如毕槐《桑叶叹》："红蚕满箔青桑尽，市价日腾心慌乱。贩者居奇傲里闾，村姬束手哭蚕房"（光绪《桐乡县志》卷七，食货下，物产）。
③ 本位田祥男、早川卓郎：《東亞の蠶絲業》，《东亚经济研究》（三），东京日本学术振兴会 1943 年版，第 212 页。

　　　　　　　　　　　　　晚清丝绸业史

堪称第一。桑市多利用寺庙、祠堂前的宽阔空地,盖以小屋即可进行交易。桑市大抵属于一乡或一族之所有,每年一回招标租赁,由出价最高者得。所获租金,若桑市属一乡所有,即充作教育费用及一般公共开支;若属一族所有,则充作祠堂经费或慈善支出。"①

珠三角市场中的桑叶价格完全受供求规律的支配,"叶价依其供求关系而发生急剧变动。当蚕丝价格上涨时,每当壮蚕期叶价每担可高达30元,反之则仅有0.4—0.5元,一般为3—5元之间,平均约为3.5元。可见桑叶交易并不只是为蚕农之间的有无相通提供便利,此种业态实际上还带有显著的投机性。"②而就当地来说,影响桑叶价格的因素可能有很多方面,洪水有无、丝价涨落、病虫害发生与否,③等等,都可能造成叶价的剧烈波动。

二、桑苗、蚕种市场

同时,江南地区还是全国桑苗、蚕种最重要的供应基地。④鸦片战争以前,江南地区已经出现桑苗市场,"有地桑出于南浔,有条桑出于杭(州)之临平。其鬻之时,以正月之上中旬。其鬻之地,以北新关内之江将桥。旭旦则担而至,陈于梁之左右,午而散。大者株以三厘,其长八尺"。⑤晚清时,江南桑苗市场继续发展。这里蚕桑业的整个生产过程多与市场发生联系,许多农家都自市场购买桑苗栽种,"邑内种葚压条之家甚少,至春初时,每向杭州、石门、震泽等处购买"。⑥

与此同时,江南地区成为国内很多地方发展蚕桑业的桑苗、桑秧来源地。清末江苏人朱祖荣著《蚕桑答问》一书,称"桑种自以湖(州)产为良,而湖桑之中,又有青皮、黄皮、紫皮三种","另有一种火桑"。光绪二十一年(1895),

① 日本蚕丝业同业组合中央会编:《支那蚕丝业大观》,东京冈田日荣堂1929年版,第910页。
② 日本蚕丝业同业组合中央会编:《支那蚕丝业大观》,东京冈田日荣堂1929年版,第911页。
③ 毛虫、天牛、大蟋为危害广东桑树的主要的三种害虫,此外尺蠖,俗称"桑尺",亦为广东多发的桑树害虫。病害则以白霉病、赤锈病两种为甚。
④ 经过前代的不断改良,特别是明代以后"嫁接"、"矮杆"、"养拳"三法并用,使得"湖桑叶厚大而疏,多津液,少葚,饲蚕蚕大,得丝多",确为国内最优良的桑树品种(参见包世臣:《齐民四术》)。
⑤ 黄省曾:《蚕经》,参见朱新予编:《浙江丝绸史》,浙江人民出版社1985年版,第65—66页。
⑥ 光绪《长兴县志》卷八"蚕桑"。

四川人卫杰在为直隶蚕桑局所编《蚕桑萃编》一书中，也盛赞湖桑之优，称"湖桑功夫最细，养条渐成极品"。① 据清末调查，嘉兴府石门县每年出产桑秧"约值银六万余元"，运销国内各省。此外，还出产商品性桑叶"约十余万担"，销于本地及湖州。② 连小镇屠甸，也年产桑叶约一万余担，销行于江苏及嘉兴府北路一带；年产桑秧"约数十万株"，主要销往江苏省。③

在江苏，19 世纪中叶，吴洹在家乡发展蚕业，于浙西引进桑苗、蚕种及植桑育蚕技术，并以其心得作《蚕桑捷效书》，称其所引进之桑株"以湖州产者为佳，有青皮、黄皮、紫皮三种……惟紫皮最佳。紫皮又名红皮，叶密而厚，浙人谓之红皮大种。湖桑之中，又以此种为第一"。④ 明清时以种植棉花著称的太仓县，19 世纪 70 年代初期，当地官员设立种桑局，购买桑苗，分发农户种植，十年间，植桑十数万株。⑤ 咸丰初年，镇江地方当局提倡蚕桑，免费发给桑苗，教导人民植桑育蚕。光绪初，地方当局再度鼓励人民育蚕，又从湖州运来嫩桑，免费散发种植。⑥ 江阴县自同治年间起，在当地官绅的督促下植桑育蚕，"于是湖桑始盛，今（光绪年间）本邑桑田约有十万亩"。⑦ 丹阳县"蚕桑之事，向惟邑南黄丝岸等处有之。兵燹后，闲田既多，大吏采湖桑教民栽种，不十年桑荫遍野，丝亦渐纯，获利以十数万计"。⑧ 昆山、新阳等县，原无蚕桑种植，同治六年（1867），两县官绅"捐俸购隙地栽桑，延娴其事者教以树桑、养蚕、煮茧、调丝之法"，到光绪年间，"邑民植桑饲蚕，不妨农事，成为恒业"。⑨

在安徽，婺源原多种茶，1882 年当地官员"捐廉市嘉兴桑秧十万株，运解婺源种植"。⑩

在湖北，"同治十三年，署（武昌）知县宗景藩捐廉俸，于浙江买鲁桑万株，

① 参见嵇发根：《"湖桑"的起源及其内涵考论》。
② 《嘉兴府各属物产调查表（石门物产表）》（1909 年 9 月），《杭州商业杂志》第 1 期，1910 年 1 月。
③ 《嘉兴府各属物产调查表（屠甸镇物产表）》（1909 年 9 月），《杭州商业杂志》第 1 期，1910 年 1 月。
④ 吴洹：《蚕桑捷效书》。
⑤ 民国《太仓州志》卷三，第 22 页。
⑥ The Maritime Customs. Special Series：Silk（Shanghai, 1917），p.59.
⑦ 民国《江阴县续志》卷十一"物产"，1921 年刊。
⑧ 徐锡麟等：《光绪重修丹阳县志》卷二十九，第 7 页。
⑨ 汪堃：《光绪昆新两县续修合志》卷一，第 23 页。
⑩ 汪正元等：《光绪婺源县志》卷三，第 5 页。

分给各乡，叶圆厚而多津，民间呼为'宗公桑'"。①光绪年间，督抚谭继洵、张之洞等"筹款兴办蚕桑"，设立专局办理蚕务，派员自浙江"采办桑秧、桑子、蚕种"，分发农民种养。后又"委员赴浙江采买接本桑秧暨应用器具，并招募匠师来鄂，以浙法训授本省子弟"，②教导"养蚕、缫丝、栽接桑株各法，以开风气，而广利源"。③

在山东，19世纪末20世纪初，长山县同利桑场从杭州购进湖桑8万余株，除自己栽种外，余者售给当地农民栽植。此为山东引进外省桑树之开端。④

在河南，"豫中仅有土桑野蛹，远逊湖桑家蚕"。光绪六年（1880），臬司豫山及候补道魏纶先"倡捐银款，派员前往浙省采办湖桑二十三万株，蚕种三百六十余张，雇觅工匠二十四名，并各种器具多副，又购买本产土桑三万余株，一并饬发各属，散给民间，认真劝办"。⑤光绪二十九年（1903），巡抚陈夔龙再次"筹款赴湖州采购接桑十万株，来豫补种，并分发河北等处栽植。"⑥

在福建，道光末年，福州"始传蚕种、桑苗于湖州"。⑦

在台湾，光绪十五年（1889），"知县李联奎等赴江、浙、安徽各省，搜集蚕桑之种，及其栽饲之法，编印成书，颁与人民，大为奖励"。⑧

在贵州，同、光年间，"当时的贵州总督曾经做了一些值得称颂的努力，想把蚕事介绍到贵阳来，建立一个蚕丝业，计划植桑，并从江浙输入蚕虫"。遗憾

---

① 柯逢时等：《光绪武昌县志》卷三，第20—21页。
② 张之洞：《会奏兴办蚕丝事宜折》，苑书义等主编：《张之洞全集》，第三册，河北人民出版社1998年版，第879页。
③ 《农学报》，第六册，光绪二十三年六月下。
④ 千百年来，山东省一直栽种鲁桑。鲁桑是全国最早由人工培育而成的桑树品种，故有"桑之始"之说。经过长期的自然选择和人工选择，逐渐形成了具有一定性状由多种品类组成的"鲁桑类型"，并广泛流传到黄河、长江流域，其特点为叶大而圆，力劲而厚，枝叶低矮，便于采摘，产量高。到清后期，由于年久退化，鲁桑品系"多养成大树，而柔嫩亚于湖桑"（《蚕桑萃编》卷二，桑政，桑种类，光绪二十五年[1899]编），逐渐丧失了原有的优势，不得不求助于品种更为优良的湖桑。
⑤ 涂宗瀛：《试办蚕桑渐著成效疏》，葛士浚：《皇朝经世文续编》卷三十五，第10—11页。
⑥ 《陈夔龙奏豫设省商务农工局》，光绪二十九年（1903）十二月二十三日，《光绪政要钞本》，实业四。
⑦ 郭柏苍：《闽产录异》卷一，第9—10页。按：该书成于1886年。遗憾的是，福州蚕事并不成功，据同书记载：福州蚕业兴起后，"越数年，桑叶之柔而大者渐粗而小矣。叶粗，则丝僵。至光绪三四年，蚕事遂废。"
⑧ 连横：《台湾通史》卷二十六"工艺志"，第436页。据吴锡璜等：《同安县志》卷三十六记载："光绪十六年，（台湾）设蚕桑局，以林维源为总办，李春生（厦门人，时为淡水宝顺洋行买办）副之，种桑于观音山麓。未成，而刘铭传去，事中止。"

的是，"虽然做了不少工作，并给从事蚕丝事业者种种鼓励，但实验结果证明是失败了。原来输入的少数残存的蚕虫尚在饲养，但所供的丝仅足六架织绸机之用"。①

在甘肃，光绪十三年（1887），布政使谭继洵从外省购进桑树良种，在全省推广种桑养蚕②。不数年间，河西走廊已是"广植浙桑"。③

江南桑苗之外，其他地区的桑苗也有各自一定的市场。珠江三角洲顺德县属的大良、容奇、桂州、水藤一带，"桑园蔽野，约占全县总面积的七成。容奇地方为桑苗的一大产地"。④与顺德县接壤的南海县，境内大同、西樵山一带也是远近闻名的桑苗繁育地。全县农民中植桑者占十分之四，约40%的耕地属于鱼塘桑基，其中桑基约占耕地总面积的四分之一，全县桑叶产量高达690万担。⑤而晚清时代珠三角蚕桑业的后起之秀鹤山县，成为广东省内最著名的桑苗产地，出产的桑苗约占全省六成以上。⑥

广东的桑苗也超越了省界，为其他地区所引种。例如，同治初年，广东人凌定国为官台湾，"深以台湾蚕桑有利，自广东配入其种，租屋于做篾街，延工饲蚕，种桑东门之外。盖以台桑叶小，不宜养育，故移其佳种也"。⑦光绪十五年（1889），广西巡抚马丕尧从广东引进桑苗，于西江上游之平南、桂平及簞竹等县配布种植。⑧其后，广西境内的蚕桑业地带，自梧州沿西江伸展至藤县、平南、桂平、南宁，再由藤县到容县、玉林，并延伸至北部沿抚河（桂江）的平乐、桂林一带，直到蒙江流域。"蚕种、桑苗均仰给于广东方面，年中育蚕可达四、五回之多"。⑨

至于蚕种市场，蚕农购置蚕种的活动是桑蚕丝绸生产的起点，也是桑蚕丝绸贸易的起点。鸦片战争以后，蚕种的生产和制作虽仍多由蚕农家庭自行解

---

① *Report of the Mission to China of the Blackburn Chamber of Commerce 1896—1897*, p.59.

② 侍建华：《甘肃近代农业发展史事纪要（1840—1949）》，《古今农业》2001年第1期。

③ 《左宗棠全集·奏稿》卷一，岳麓书社1996年版，第634页。

④⑥ 日本蚕丝业同业组合中央会编：《支那蚕丝业大观》，东京冈田日荣堂1929年版，第889页。

⑤ 《广东植桑业之调查》，《中外经济周刊》，第153号，第29页，1926年3月13日。

⑦ 连横：《台湾通史》卷二十六"工艺志"，第436页。

⑧ 马丕瑶：《请奖蚕桑出力绅民顶戴片》，光绪十七年（1891）九月二十八日，《马中丞遗集》，奏稿，卷三，第19页。

⑨ 日本蚕丝业同业组合中央会编：《支那蚕丝业大观》，东京冈田日荣堂1929年版，第890页。

决，但由一些专业户来进行蚕种生产及贩卖的情况越来越普遍。"在江南有些地方，农民习惯于从市场上购买蚕种纸而不自己制种。尽管坚持纯种的人不主张这样做，他们认为自己制种的家庭能更好地控制质量，但是蚕种市场很大而且很赚钱"。①杭州府余杭县以蚕种的制造和售卖著称，"八县皆仰给焉"。②这里的蚕种产销始于清嘉庆年间，"余杭人又有于收茧后，以厚桑皮纸，生蚕子其上，携卖海盐、桐乡等处。其价自四、五百文一张至千余文不等，获利甚厚。且有开行收买以转售者。近年以来，贩鬻者日多"。③当时蚕区农户将蚕种分为"家种"和"客种"，海盐县"向只有家种"，"客种"系余杭、湖州等地"带归者"，并有乡人"经塘栖、西溪诸处贩之"，"贩夫则贱值持归，仍昂价以售乡愚"。④顾禄《清嘉录》中还载有苏州蚕农前往湖州等处购买成蚕归而饲养的情况："（苏州）环太湖诸山，乡人比户蚕桑为务。立夏后买现成三眠蚕于湖（州）以南之诸乡村"。⑤晚清时，接续嘉（庆）、道（光）年间"近年以来，贩鬻者日多"的趋势，江南蚕种市场不断扩大。同治《长兴县志》记载："邑中向来生蛾家甚少，往往向千金、余杭、南浔、平湖、海盐等处购种。"⑥

远至华北，也有湖州蚕种的市场。1903年，山东长山县同利桑场从湖州购进了数百张改良蚕种，售于当地农民，以便取代微粒子病毒含量较高的当地土种。19世纪末以后，在杭州府余杭县之外，绍兴也发展成为江南主要的制种中心，据称这两个地方共同生产了江南农民所需蚕种总量的大约45%。⑦江浙地方也有从华北省份引入柞树蚕种饲养柞蚕的。如浙江衢州地处山区，蚕桑生产不甚发达，光绪二十四年（1898），知县吴德潇试办柞蚕，"函请山东教师，并携

① 李明珠著、徐秀丽译：《中国近代蚕丝业及外销（1842—1937）》，上海社会科学院出版社1996年版，第21页。
② 民国《杭州府志》卷八十"物产"三。
③ 嘉庆《余杭县志》卷三十八。按：桑穰（桑茎皮）为造纸原料，俗名"桑皮纸"。刘锦藻《清朝续文献通考》卷九载："诏中书省，造大明宝钞，令民间通行，以桑穰为之"。故"户部每岁预行浙江等府出产去处，给收买解京，以供制造"。当时所谓"楮币"即指此。浙江杭嘉湖一带的蚕种用纸（蚕连纸）、书画纸等均用桑皮精制而成。
④ 乾隆《海盐县续图经》卷一，方域篇，"风俗"。
⑤ 顾禄：《清嘉录》卷四。
⑥ 同治《长兴县志》卷八"蚕桑"。
⑦ Shanghai International Testing House, *A Survey of the Silk Industry of Central China*, comp. Shanghai, 1925, pp.54—58, 77—80.

带蛾种布散"四乡。①

晚清江浙蚕种商人的货源有三：一是买进他人所制造的蚕种再行转售；二是买入他人的成茧以制种贩卖；三是以自家鲜茧制种贩卖。无论哪种形式，都为赚取中间利润。蚕种交易方式大致有三种：一是直接到各养蚕农家兜售；二是养蚕农家向制种者预约或购买，有的支付全部金额，有的仅付一部分，余下的部分留待来年收茧后付清；三是蚕种商人缴纳半额定金，从蚕种制造业者手中拿走全部蚕种，来年春天养蚕收成后付清余额。又预约下一年的蚕种，先支付种价全额的10%—15%作为定金。一般情况下，蚕种商人会向同一制种者购买，逐年付清余额，倘若多次发生因蚕种质量导致蚕茧收成不好的情况，种商就会拒绝支付剩余的种款，并转向他人购买蚕种。②

珠江三角洲有其自己的蚕种产地，市场规模也很可观。顺德县的"龙山地方作为蚕种制造地，出产的蚕种占珠三角需要量的二成以上。"③与顺德为邻的香山县，境内小榄、古镇、曹步、无州、大黄圃、小黄圃等地桑树繁盛，四季常绿，提供了早春蚕饲育所需的桑叶，因而成为最适合的早春蚕蚕种制造地，其中的小榄一带，蚕种制造业者多达400余户。④据统计，20世纪20年代，广东全省专业制种者数达千余家，"除了蚕丝局的制种场为省营外，其他皆为民营。主要在顺德县，有的制种公司的男女工人达150—200人，终岁勤劳不辍"。⑤由此或可一窥清末广东蚕种经营之状况。

在广东各地的桑蚕墟市中，有大量的蚕种交易在这里进行。由于蚕桑业经营波动较大，致使蚕种价格常因市场供需的变化而调整。倘若各方面条件适宜，养蚕者踊跃，则蚕种需求增加，价格随之上升；反之则价格下降。蚕种制造业者需根据市场需求随时调整经营策略及规模，以防范风险，适应市场，谋求利润。

---

① 民国《衢县志》，转引自汪林茂辑：《浙江辛亥革命史料集》第一卷，浙江古籍出版社2011年版，第297页。

② 参见本多岩次郎：《清国蚕丝业视察复命书》，东京农商务省，1899年，第143—153页。

③④ 日本蚕丝业同业组合中央会编：《支那蚕丝业大观》，东京冈田日荣堂1929年版，第889页。

⑤ 陈慈玉：《近代中国的机械缫丝工业（1860—1945）》，台北"中央研究院"近代史研究所专刊（58），第161—162页。

表 5-1　广东蚕种制造业者经营收支情况

一、支出			
1. 鲜茧	共 50 担	每担 80 元	计 4 000 元
2. 工资	男工每日 1 元	女工每日 0.8 元	计 214 元
3. 制种用纸	共 2 000 张	每张 0.125 元	计 250 元
共　　计			4 464 元
二、收入			
1. 种纸出售所得	共 2 000 张	每张 2 元	计 4 000 元
2. 蚕蛾出售所得	共 32 担	每担 1 元	计 32 元
3. 茧壳出售所得	共 7.55 担	每担 100 元	计 755 元
共　　计			4 787 元
利润（收入减去支出）			323 元

资料来源：转引自陈慈玉：《近代中国的机械缫丝工业（1860—1945）》，台北"中央研究院"近代史研究所专刊（58），第 162 页。

三、蚕丝市场

蚕丝是典型的为出卖而进行生产的商品，早在近代以前就是中国商品化程度最高的产品之一。由于地理条件的优越和生产经验的长期积累，浙江湖州地区所产生丝质量冠于全国。清代前期，生丝"以湖州府属所产为上，如太湖两洞庭山（在苏州——笔者注）之丝，质已稍粗，性亦稍刚，苏州各处皆逊。川中所产犹相亚，然终不逮。闽、广更无论矣"。[①]江南蚕丝（主要为湖丝）拥有一个全国性的巨大市场。明万历时，"今天下蚕事疏阔矣。东南之机，三吴越闽最夥，取给于湖蚕"。[②]湖州更是以"蚕丝物业，饶于薄海"著称，"他郡邑借以毕用"。[③]国内蚕丝市场的大宗是销往宁、苏、杭、粤、闽，以及江西、湖广和北方地区。

---

① 参见朱新予主编：《浙江丝绸史》，浙江人民出版社 1985 年版，第 97 页。
② 《郭青螺先生遗书》卷二"蚕论"。
③ 徐献忠：《吴兴掌故集》卷十三。

南京、苏州、杭州因丝织业的发达而成为收购销用湖丝的大户。明代至清代前期，每当"（安吉）新丝将出，南京贸丝者络绎而至"。[1] 晚清时，江宁丝织业仍须仰赖江南生丝，其所用原料，以浙江海宁丝为上，次为镇江溧阳丝，又次方为本地土丝。晚清方志载：金陵商贾，以缎业为大宗，最著名的产品为"玄缎"，"织玄缎者，以湖丝为经，而纬则用土丝"。[2] 史籍中有许多描写金陵商人来江南买丝的记载，[3] 也有不少江南丝商前往金陵贸丝的描写。光绪《塘栖志略》有《竹枝词》写道："郎去金陵奴在家，金陵风气最豪华。卖却丝归多倍利，为侬带个大红纱。"[4] 时迄清末，南京丝织业需用生丝的数量很大，最高数字达年销两万数千担，[5] 其中大多从浙江嘉、湖地区进货，本地城乡出产约四五百担，还有从附近句容、浦口、六合、溧水、滁州、高邮、丹徒、丹阳、高淳等地收购的。南京城中当时设有许多专门购销生丝的丝行组织，分布于三个地区：南门沙湾一带约有 60 多家；新桥丝市口一带约有 20 多家；北门桥至鱼市街一带约有 40 多家，总数达到 120 家以上。[6] 这些丝行都有固定的门面，每当新丝上市，丝行除在门市收购外，还派人前往"乡行"收货。当时南京郊区的禄口、谢村、横溪桥等地都设有乡行，禄口有四五家，谢村和横溪桥均在 20 家左右。这些乡行的资本不大，大都依靠城内缎号和丝行的贷款。"城内丝行到'乡行'收货时，采用两种方式：一种叫做'包庄'，即由丝行借乡行的地段包收若干天。交易一百元，农民付乡行佣钱二元。一种叫做'选剔'，即由丝行派人在乡行的收货中选出好丝，每百元付乡行经手费一元"。[7]

苏州的丝织原料亦"皆购自湖州"，丝织业者对湖丝品质高度认可，辨别丝质的本领也很娴熟，"湖丝惟七里丝尤佳，较常价每两必多一分。苏人入手即识，用织帽缎，紫光可鉴"。[8] 时入晚清，湖丝仍是苏州丝织业原料的主要来源之一，"每当新丝告成，商贾辐辏，而苏、杭两织造皆至此收焉"。[9] 当时苏州

---

① 同治《安吉县志》卷八"物产"引嘉靖志。

② 光绪《金陵琐志》卷三。

③ 例如："有金陵富人某，挟万金来新市买丝"（陈学文：《湖州府城镇经济史料类纂》，第 168 页）。

④ 乾隆《塘栖志略》卷下。

⑤⑥ 南京博物院民族组：《清末南京丝织业的初步调查》，《近代史资料》1958 年第 2 期，第 9 页。

⑦ 南京博物院民族组：《清末南京丝织业的初步调查》，《近代史资料》1958 年第 2 期，第 10 页。

⑧ 朱国桢：《涌幢小品》卷二。

⑨ 咸丰《南浔镇志》卷二十四"物产"。

丝织业原料有"运丝"和"用丝"之别,"用本省丝为用丝,苏州用浙丝谓之运丝"。[①]比较而言,苏州丝织业"原料大半仰给于浙丝"。[②]每逢新丝上市,苏州丝商就会"分赴浙省南浔、乌镇等处采购"。[③]浙江蚕丝业者"行船来苏者,舳舻相接,对机工原料之接济,各行丝款之应用,关系甚巨,预定往返时期,不能稍有贻误"。如果产自浙江嘉兴、湖州一带的土丝因故耽搁延误,就会导致苏州丝织业"用丝中断,机工待织不能接济,工商间接损失不赀"。[④]南浔沈树本作《城南棹歌》,描写南浔贾客载丝运往姑苏的情形:

> 白丝缫就色鲜妍,卖与南浔贾客船。
> 载去姑苏染朱碧,阿谁织作嫁衣穿。[⑤]

苏州府吴江县属的震泽镇以出产丝经著称,"吴江境内工业,除盛泽绸而外,必推震泽之丝经"。震泽丝经的生产原料主要来自浙江嘉、湖二府,"其原料之丝,本境仅吴溇一乡所产尚堪合用,余多购诸浙省菱湖、乌镇、双林、南浔等处。计通年制出之丝经、洋经,自五千担至一万余担,苏经自八百担至一千余担,广经自二百担至六百担,产出之数可云至巨"。[⑥]

广东、福建是江南湖丝的又一大销售区。在广东,丝织业先于蚕桑业发展起来,原料供应源自江南:"粤缎之货密而匀,其色鲜华,光辉滑泽,然必吴蚕之丝所织;若本土之丝,则黯然无光,色亦不显,只可行于粤境,远贾所不取。"[⑦]广东出产的名品"粤纱,金陵、苏、杭皆不及,然亦用吴蚕,方得光华,不褪色,不沾尘,皱折易直。故广纱甲于天下,缎次之。以土丝织者,谓之丝纱,价亦贱"。[⑧]直到清嘉(庆)、道(光)年间,广东本地生丝品质仍然难敷粤纱生产的需要,"土丝线纱,出绿潭堡、大岸、新村、大峤等乡,然质脆易裂,广

---

① 苏州商会档案:《丝织业云锦公所提议实行印花税抵补厘金原议以符信用案》,民国元年(1912),苏州市档案馆藏。
② 苏州商会档案:《苏州广丰、洽大等绸庄呈江苏巡按公署》,1916年,苏州市档案馆藏。
③ 苏州商会档案:《梅堰税所勒捐事件》,1921年,苏州市档案馆藏。
④ 苏州商会档案:《纱缎业云锦公所致苏州总商会函》,民国八年(1919),原件藏苏州市档案馆。
⑤ 咸丰《南浔镇志》卷二十四"物产"。
⑥ 《江苏省实业视察报告书》,吴江县,1919年,第135页。
⑦⑧ 邓士宪:道光《南海县志》卷八。

人无服之者，尽以贩于蕃商耳"。① 为保证丝织品质量，粤省商人不得不舍近求远，远赴江南寻找湖丝货源。"至于广商买丝银两，动至百万，少亦不下八、九十万两。此外，苏、杭二处走广商人，贩入广省尚不知凡几"。② 在福建，漳州"其地所织，俱用湖丝矣"；③ 泉州产绢，"用湖州头蚕丝为上；纱，亦用湖丝好者，有素纱、花纱、金钱纱，出郡城"；此外，尚有"丝布"，也须"用湖丝"。④ 时人颇以福建出产丝织品为荣，王世懋《闽部疏》称："福之绸丝，漳之纱绢"，"下吴越如流水，其航大海而去者，尤不可计，皆衣被天下"；但也不得不承认："所仰给他省，独湖丝耳。"⑤ 为满足湖丝需求，"闽省客商赴浙江湖州一带买丝"，用银动辄数十万两。1759 年，苏州织造安宁曾在呈乾隆皇帝的奏折中说：

> 切照近年丝斤价值年贵一年，臣留心体察，虽云近年收成歉薄，然从前岂无歉收之年？而价值从未如此之昂贵，实缘闽、广二省贩运下洋而致。闽省客商赴浙江湖州一带买丝，用银三四十万两至四五十万两不等。至于广东省买丝银两，动辄至百万，少则在八九十万。此外，苏、杭二处走广商人，贩入广省尚不知凡几。……今以浙江杭、嘉、湖三府所产之丝，共天下绸绫缎布之用，若再加以闽、广客商每年一二百万两之值，而若辈又因洋行利厚，不拘贵贱来买下洋以图厚利，不但丝斤收成歉薄必至昂贵，即将来丰收之年恐亦不能大减。伏查今年绸绫缎匹之值，军民买用已甚觉窘困，各处机户有至于歇业者。若早不节制，恐将来军民益困，所关似非浅鲜。⑥

鸦片战争以后，闽广商人仍延续着前往江南地区采购生丝的商业行为，且因丝绸外销大畅而愈见盛行。史载："前清同、光之际，为丝行最盛时代，浙西各县至少有七、八家，多者至数十家。其营业有洋庄、本庄之别。洋庄者多代洋商收货，或预行抛卖，至丝泛时收货，以缴洋商，此等丝商，专做洋庄，每年之贸易颇大，多者达百万元，少亦二、三十万元。本庄者收货后销于本国绸

---

① 邓士宪：道光《南海县志》卷八。
②⑥ 《乾隆上谕条例》，第一百零八册。
③④ 参见陈学文编：《湖州府城镇经济史料类纂》，第 168 页。
⑤ 王世懋：《闽部疏》。

庄及机户之用,其贸易较小,多者不过二、三十万元,少者仅万元左右"。①湖州双林镇,"每年小满后,闽、广大贾设行收买,招接客商者曰'广行',曰'客行'。头蚕丝市、二蚕丝市,大市内可日出万金。中秋节后,客商少而伙友亦散,谓之'冷丝市'。然陆续买卖,可与次年新丝相接,故曰'贾不尽湖丝'也"。②《南浔镇志》有竹枝词曰:

> 初过小满叶正黄,市头丝肆咸开张。
> 临衢高揭纸一幅,大书京广丝经行。
> 区区浔地虽偏小,客船大贾来行商。
> 乡人卖丝别粗细,广庄不合还京庄。③

长江中游及北方地区,对湖丝的需求也很可观。江西省内"货自四方来者"有"浙江之湖丝、绫绸","此皆商船往来货物之重者"。④山西潞安出产潞绸,而当地产丝不足,"所资来自他方,远及川、湖之地"。⑤潞绸为上贡之品,"每岁织造之令一至,比户惊慌,本地无丝可买,远走江浙买办湖丝"。⑥以嘉兴濮院镇为例,清乾隆时,濮院"五月新丝登市","富者于此收买,居积一待。京省辐至,市价腾贵,获利最厚"。镇上丝行林立,"其开行之名,有京行、建行、济行、湖广、周村之别,而京行为最。京行之货,有琉球、蒙古、关东各路之异"。⑦类似丝行,晚清仍存,"清同(治)、光(绪)间,大有桥街、义路街、女儿桥街均有开设",而且丝行投资都很可观,"一丝行之固定资本非巨万不可,故独资少而合资多"。⑧每届小满"新丝开秤",苏、沪、杭、绍、南京、镇江、盛泽各帮,两京、山东、山西、湖广、陕西、江南、福建等省,"各以时至"。

与清代前期相比,晚清蚕区农家缫制的蚕丝品种分类有所不同,"旧有合

---

① 《浙省桑蚕茧丝绸状况调查录》,《中外经济周刊》第185期,第20页,1926年10月23日。
② 民国《双林镇志》卷十六"物产"。
③ 董恂:《卖丝词》,咸丰《南浔镇志》卷二十二"农桑"二。
④ 万历《铅书》卷一"食货"。
⑤⑥ 顺治《潞安府志》卷一。
⑦ 民国《濮院志》卷十四,引沈廷瑞:《东畲杂记》。
⑧ 民国《濮院志》卷十四"农工商"。

罗、串五、肥光、荒丝等名，今唯细者曰细丝，粗者曰粗丝。细丝亦称经丝，可为缎经"。① 此外还有"介乎肥、细之间"的"中管丝"，亦为当时蚕丝品种的一大种类。② 蚕丝品名的由繁入简，很可能与近代以后蚕丝出洋贸易的扩大有关。就细丝、肥丝两大类品种的销售路向来看，细丝主要供应海外市场，"细丝可售诸洋商"，③"西洋贾客贸去者为多"。④ 肥丝则基本上以供应本地及国内市场为主，濮院镇出产的肥丝，"以供本地织机及绍（兴）客织纺绸者"，⑤ 双林镇的肥丝也是"供本地机户及金陵贩客"。⑥ 此外，"中管丝亦有由沪运销外洋者，岁产值数十万金"。⑦ 国际市场成为与国内市场并行、甚至更加重要的销售市场，肥丝、细丝适应各自的需要而形成比较固定的销售路向，品种之间的一些差异和区别也就不再为人们所刻意强调。

　　由于细丝主要用于出口国外，价值较昂，江南湖丝中的精品辑里细丝，便因其所具有的细、圆、匀、坚与白、净、柔、韧等特点，广为时人所称道，并受到国内外市场的欢迎。江南各县皆因时所需，以出产细丝为尚，即所谓："湖丝极盛时，出洋十万包"。⑧ 湖州长兴县"邑中向只做两绪粗丝，近因粗丝与细丝价甚悬绝，遂皆做细丝"。⑨ 杭州安吉县产丝虽"有细丝、绸丝、串五、肥光等名目"，但以"细丝最多"。⑩ 以出产"辑里丝"著称的南浔镇，更是"以细丝为主，肥丝绝少"。⑪ 尽管如此，终清一代，肥丝仍是国内丝织业的主要原料，因而肥丝仍是蚕丝品种之大宗。归安县双林镇所产肥丝，"光绪时，其总数可达千担。盛销于本省各地及盛泽等镇"。其后，"其销路则扩展到江宁、镇江、苏州等处"。⑫ 苏州丝织业"经丝须用上等细丝，全数购自浙江砵石，纬丝系用肥丝，以湖州、新市、塘栖为佳"。⑬ 在南京，虽然近代以后"仿震泽、南浔之法"摇成丝经，"颇为适用"，但织绸所用"摇经之丝，非海宁不可，头号缎之丝，非

---

① ⑪　咸丰《南浔镇志》卷二十四"物产"。
②　民国《濮院志》卷十四"农工商"。
③　光绪《桐乡县志》卷七，食货下，"物产"。
④ ⑩　同治《安吉县志》卷八"物产"。
⑤ ⑦　民国《濮院志》卷十五"物产"。
⑥　民国《双林镇志》卷十七"商业"。
⑧　光绪《乌程县志》。
⑨　同治《长兴县志》卷八"蚕桑"。
⑫　民国《双林镇志》卷十一。
⑬　《苏州丝织业近况》，《工商半月刊》第7卷第12期。

湖州不可,此非人力可胜,殆天所以资其生欤"。①

每届五月小满之后,"新丝最盛",江南地区蚕丝市场的高潮到来,"贸丝者群趋焉"。苏州各乡"茧丝既出,各负至城,卖与郡城隍庙前之收丝客。每岁四月始聚市,至晚蚕成而散,谓之'卖新丝'"。②湖州归安县菱湖镇"多出蚕丝","四方鬻丝者多,四五月间,溪上乡人货丝船排比而泊"。蚕丝贸易量很大,"每八十斤为一包,每岁约近万包,为一郡冠","镇人大半衣食于此"。③双林镇上,"头蚕丝市、二蚕丝市,大市内可日出万金"。④镇人执业大多与蚕丝贸易有关,有"出乡"(丝行雇船下乡收丝者),有"抄庄"(代行家买丝者),有"掇庄"(既贾而卖与各行者,又称贩子),有"撑旱船"(代掇庄充作乡货上行卖者),还有"拆丝庄"(平时零卖与机户者),以及"拣先"(新丝初出即贾以待售者),据说镇上"贸易之人衣食此者十居其五焉"。⑤嘉兴新塍镇"乡丝出数","以牙商销数为比例,约计中平年成,可得丝二十万两"。⑥

江南丝织业重镇之一的苏州,丝织生产"原料泰半仰给于浙丝"。⑦每当新丝登场,"行船来苏者舳舻相接,对机工原料之接济,各行丝款之应用,关系甚巨,预定往返时期不能稍有贻误"。⑧如果产自浙江湖州、嘉兴一带的土丝因故耽搁延误,就会导致苏州丝织业"用丝中断,机工待织,不能接济,工商间接损失不赀"。⑨苏州府属吴江县盛泽镇,丝织生产的原料"皆来自外县,东则嘉善、平湖,西则新市、洲钱、石门、桐乡,南则王店、濮院、新篁、沈荡,北则溧阳、木渎,由丝行趸卖,分售机户"。⑩19世纪80年代的外国调查者写道:在吴江县盛泽镇,"一年有300个生产日,年产90万匹,每匹平均重9两,共重506 250斤,合303 750公斤。在准备工作中,生丝的损耗,苏州为35%,而盛泽已减至15%。因此,再加上15%,则全年用去生丝的总数为582 187斤,计

---

① 汪士铎等:光绪《续纂江宁府志》卷十五,第75页。
② 顾禄:《清嘉录》卷四"卖新丝"。
③ 光绪《菱湖镇志》卷十一,舆地略,"物产"。
④ 同治《双林记增纂》,物产志;亦见民国《双林镇志》卷十六"物产"。
⑤ 民国《双林镇志》卷十六"物产"。
⑥ 民国《新塍镇志》卷三"物产",引光绪志。
⑦ 《广丰、苏经、洽大三绸厂禀江苏省巡按公署书》,1916年,藏苏州市档案馆。
⑧ 《苏州总商会致江苏省财政厅函》,1925年,藏苏州市档案馆。
⑨ 《纱缎业云锦公所致苏州总商会函》,1919年,藏苏州市档案馆。
⑩ 沈云:《盛湖杂录·绸业调查录》,1918年。

349 313 公斤。和苏州一样，生丝并非本地所产，而是来自南浔，平湾以及嘉兴府的绝大部分"。①

光绪《江宁府志》的记录，反映了近代前后南京丝织业所需生丝原料来源的变化：

> 金陵织缎之丝，有经纬之别。在昔经用震泽、南浔，纬用湖州新市、塘栖，杂色之纬，用苏州香山，而溧阳则绒线料也。咸丰癸丑（1853）以前，上等缎皆买丝于吴越，以纯净洁白适用，而价廉也。自洋人买丝骤盛，价增一倍，于是小机户参用乡丝矣。然摇经则非海宁丝不可，价虽昂，不能易也。海宁一隅，所出丝供各处摇经用，而西洋亦乐此不疲。近日震泽、南浔之经，改为洋经，京缎不能用矣，则专资于海宁之丝，购归摇成方织矣。②

时至 19 世纪末期，随着近代缫丝工业的兴起，机器缫制的厂丝在对外输出中开始占据上风，传统农家手工缫制的土丝在中国生丝出口构成中所占的比重，逐渐呈现出逐年退缩的趋势。到了 1902 年，终于发生了历史性的变化。这一年，中国共出口桑蚕丝 100 509 关担，其中厂丝为 50 583 关担，占 50.32%，土丝为 49 926 关担，只占 49.68%；桑蚕丝出口值共 5 842.67 万海关两，其中厂丝为 3 337.24 万海关两，占 57.12%，土丝为 2 505.43 万海关两，只占到 42.88%。③ 历史上第一次，在中国生丝出口构成中，农家手工缫制的土丝在出口量和出口值两方面都被近代缫丝工厂生产的厂丝所超越。此后，除了个别年份在出口量上略占优势外，土丝出口一路下泄，日渐被厂丝拉开了距离。

在对外贸易方面，农家手工缫制的土丝比较近代丝厂生产的厂丝虽然已经叨陪末座，但是中国农村的土丝生产并未就此一蹶不振。原因在于，一方面，尽管土丝占中国生丝出口总量的比重有所下降，但仍然维持着相当多的数量，其绝对量甚至还有所增长。1895—1899 年，土丝外销为年均 96 008 关担，1900—1909 年仍有 90 045 关担，是 19 世纪 60 年代年均土丝出口量 44 683.62

---

① 参见彭泽益编：《中国近代手工业史资料》，北京三联书店 1957 年版，第 2 卷，第 72 页。
② 汪士铎等：光绪《续纂江宁府志》卷十五，第 74—75 页。
③ 徐新吾主编：《中国近代缫丝工业史》"附录" 16，《1871—1937 年全国桑蚕丝生产量和值估算表》。

关担的 2.02 倍,是 80 年代年均土丝出口量 51 269.90 关担的 1.76 倍。① 另一方面,更重要的是,从对外贸易的竞争中败退下来的土丝虽然向厂丝让出了国际市场,却仍旧牢固地占有着国内市场,而这里正是农家土丝的主要渊薮。1895—1899 年,全国年均土丝产量约为 170 768 关担,其中内销量为 74 460 关担,占土丝产量的 43.68%。1900—1909 年,全国年均土丝产量约为 191 665 关担,其中内销量增加为 101 620 关担,占土丝产量的比重上升到 53.02%。②

适应着土丝出口形势的变化,太湖流域农家手工缫制的细丝逐渐以国内丝织业作为自己的主要市场。当湖州、嘉兴的细丝在国际市场上销量缩减时,其国内销量却在增加。江浙两省城镇和乡村丝织手工业十分发达,所用原料向来是农家沿用土法生产的手缫丝,清末民初仍无多大变化,"花素缎原料采用江浙两省所产细丝,摇成双股,合之为经,用肥丝即粗丝为纬"。③ 江苏无锡一带农家,"多用人工缫丝车缫丝,绞成束扎,售之武进、吴县、金坛等地机户"。④ 吴江县盛泽镇素以丝织生产发达著称,原料"皆来自外县……由丝行趸买,分售机户"。⑤ 湖州丝织业"间有就地取材者,而绸质渐见良好,南至广帮,北至京津帮,制衣者皆欢迎湖绉,湖绉之销路,因之日广。……统计每年产绸约二十余万匹,货值在三百万元左右"。⑥

这种情况愈演愈烈,辛亥革命前后,"昔之从事洋庄者,均一变而为用货生意(即国内生意),机用原料亦不复往苏、皖采购。故自民元以迄民十五,此十余年间,吴兴产绸额,极多时增至六十万匹,且门面加阔,匹头加长,份量加重,价值几及二千万元之谱"。⑦

---

① ② 据徐新吾主编:《中国近代缫丝工业史》"附录"16,《1871—1937 年全国桑蚕丝生产量和值估算表》计算。

③ 苏州商会档案:《苏州总商会致江苏省财政厅函》,1925 年 4 月,原件藏苏州市档案馆。

④ 卢冠英:《江苏无锡县二十年来之丝业观》,《农商公报》第 85 期,1921 年 8 月。

⑤ 沈云:《盛湖杂录》,"绸业调查录",1918 年刻本。

⑥ 实业部国际贸易局:《中国实业志》,浙江省,1933 年,第 80 页。

⑦ 实业部国际贸易局:《中国实业志》,浙江省,1933 年,第 81 页(丙)。按:民国初年,湖州丝织厂业兴起,所用原料,本地土丝约占一半以上。采用土丝可降低绸成本,且并不影响织物质量,更能迎合国内消费者心理。如湖州达昌绸厂的成功经验之一,就是厂丝和土丝混织,"这种用厂丝经、土丝纬织出的真丝织物,成本轻,分量重,厚实耐穿,甚比上海、杭州全厂丝的织物还好,这是湖州和外地绸厂在真丝织物的竞争中取胜的重要条件之一"(参见钮守章:《三十前的达昌绸厂》,政协湖州市文史委编:《湖州文史》第 4 辑)。

第二节
蚕茧市场的出现及发展

一、从"贸丝"到"售茧"

在中国,蚕丝早已成为商品,进入市场交易,《诗经》中即有"氓之蚩蚩,抱布贸丝"的记载。① 明清以来,随着江浙、广东等地民间丝织手工业的发展,城乡专业机户增加,生丝的商品化也获得了相应发展,市场交易更为活跃。但是,由于蚕茧杀蛹技术尚未成熟,蚕农在收茧到出蛾的短时间内必须完成缫丝作业,所以商品化的对象只能是生丝而非蚕茧。于是,养蚕和缫丝仍然牢固地在小农经营内部结合为一体,"养蚕农家各以收获成茧直接于自家缫制,缫成生丝贩卖","此为从来之惯习,尚无缫丝业与养蚕业分离之观念"。② 总之,鸦片战争前中国的蚕桑丝绸生产尚未出现养蚕与缫丝分化的迹象,基本上也没有与养蚕分离的"专业丝户"的存在。③

鸦片战争以后,生丝出口激增,蚕桑产区扩大,但生丝对外贸易的增长和蚕桑产区的扩大,并未立即带来传统蚕桑业生产方式的变革,养蚕与缫丝仍然结合于小农经济的内部。蚕丝生产和流通的过程仍然是:农民养蚕、收茧、缫丝,卖给当地丝行,丝行或在国内出售,或运至上海丝栈,转售洋行,输出国外。图示如下:

$$\text{蚕农} \xrightarrow{\text{土丝}} \text{丝行} \xrightarrow{\text{土丝}} \text{丝栈} \xrightarrow{\text{土丝}} \text{洋行} \xrightarrow{\text{土丝}} \text{国外市场}$$

$$\searrow \text{国内需要者}$$

---

① 《诗经》"氓"。
② 坂本菊吉:《清国における生絲絹織物の實況並其企業に関する調査報告》,《农商务省商工局临时报告》1904 年第 5 册,第 11 页。
③ 佐伯有一、田中正俊:《一六・七世纪的中国農村製糸・絹織業》,《世界史讲座》一,东洋经济新报社,1955 年;徐新吾、韦特孚:《中日两国缫丝手工业资本主义萌芽的比较研究》,《历史研究》1983 年第 6 期。

在这一时期，新老蚕区的缫丝生产都是作为蚕农家庭手工业经营的，养蚕者也就是缫丝者，尚未出现"蚕户"（专业养蚕者）与"丝户"（专业缫丝者）的分化，不像同一时期日本的情况那样，蚕丝业各个部门的专业化生产高度发展，由此产生出新的生产技术和新的生产方式。①

养蚕与缫丝的紧密结合，又由于官府对传统小农经济的极力维护而变得越发强韧。19世纪60年代初，怡和洋行在上海开设机器丝厂，派遣"通事"黄吉甫在嘉兴购买蚕茧，浙江巡抚与南洋大臣会商后，决定实行"弹压"，将茧行加以封闭，房屋"拆除入官"。② 运用断绝原料供应的手段，迫使丝厂停业，从而暂时解除了近代缫丝工业对传统小农经营的威胁，也暂时阻断了养蚕业与缫丝业相分离的进程。

蚕茧商品化的动态，自19世纪70年代后开始发轫。珠江三角洲勃兴的机器丝厂固然需要大量的蚕茧原料，江浙地区外商丝厂的设立也使得对原料茧的需求越发迫切起来。实际上，寻求优质蚕茧的充分供应，是关系到近代缫丝工场能否生存的一个关键问题。"由于蚕茧费用占生丝生产费用的75%—80%，因此，它们的数量、价格和质量对丝厂的成功来说十分重要"。③ 近代缫丝工业的勃兴，迫切需要蚕茧市场的形成，而1875年前后，时在上海江南制造局翻译馆任职的徐寿，开发出蚕茧的杀蛹、干燥技术，消除了蚕农自收茧到缫丝之间紧迫的时间限制，从技术上确立了养蚕业与缫丝业相分离的基础。蚕茧杀蛹、干燥技术的突破，排除了在蚕茧产区以外设立缫丝工业的一大障碍，使在远离蚕茧产地的城市——如上海——经营现代缫丝工业成为可能。④

新式缫丝工业的兴起催生出新生的蚕茧市场，与此同时，开始出现了专收蚕茧以供丝厂原料之需的新型机构——茧行。"在江南，茧行建立在农村中心地带，它们向当地农民收购鲜茧，用茧灶烘干，然后运往上海，存贮起来以供

---

① 芝原拓自：《日中两国の綿製品・生糸貿易とその背景》，《オイコノミカ》21—2、3、4合并号，1985年。
② 孙毓棠编：《中国近代工业史资料》第一辑，上册，第67页。
③ 李明珠著、徐秀丽译：《中国近代蚕丝业及外销（1842—1937）》，上海社会科学院出版社1996年版，第193页。
④ North China Herald，1875年4月1日，参见孙毓棠编：《中国近代工业史资料》第一辑，上册，第68页；杨模编：《锡金四哲事实汇存》，"再上学部公呈"，中国近代史资料丛刊《洋务运动》（八）。

缫丝之用"。① 一般来讲,茧行在外观上表现为一座建筑物,里面设置着若干烘茧用的烘灶。由此看来,茧行需要在行内从事参蚕茧原料的特定加工,而不仅仅是一种佣金交易,这使其区别于传统的丝行。更重要的是,作为蚕丝贸易商业体制中一个新的因素,茧行与蚕丝业的现代化部门有着直接的联系,这是其与中国传统蚕丝贸易中固有的其他种类商行有所不同的地方。

茧行通常为个人独资或股东合伙经营。开设一家茧行所需资金,视规模大小有所不同,一般需要资金约在银洋 20 000—30 000 元(约合纹银 13 000—20 000 两)上下,小者不到银洋万元,大者可值银洋 60 000—70 000 元(约合纹银 40 000—46 600 两之多)。② 所以,开设茧行的往往是地方上有钱有势者。上海和其他城市的机器缫丝厂主要通过租赁的方式与茧行发生关系。常用的方法有以下数种:

一是"租灶",即在一定时期内(一般是一、二年),茧行把所有设施全部租给丝厂,丝厂负有经营茧行的全部责任,包括购买和加工蚕茧在内。20 世纪以前,江南地区茧行尚少,"租灶"费用可高达每年 2 000—3 000 元,随着茧行数量的不断增加,租金也在不断下降,到 20 世纪 20 年代时,租金一般为每年 500—800 元不等。③

二是"包烘",即租赁人与茧行约定,由茧行烘制丝厂购买的蚕茧,然后根据烘茧数量支付相应的费用。在这种形式下,茧行承担雇用人手和烘茧的责任,费用则由租赁者支付。烘茧费用,因地而异,在无锡,约为每担 12 元,在宜兴和溧阳,则为每担 18 元。④

三是"包交",与第二种方法大致相同,区别在于根据合同要求,茧行还要负责把烘制好的蚕茧运到上海,因此租赁者还须付给运输费用。由于这种程度上的区别,前者往往被称为"小包",后者被称为"大包"。

---

① 李明珠著、徐秀丽译:《中国近代蚕丝业及外销(1842—1937)》,上海社会科学院出版社 1996 年版,第 193 页。关于茧行的实体性描写,参见日本蚕丝业同业组合中央会编:《支那蚕丝业大观》(东京冈田日荣堂 1929 年版)第 169 页。

② 堀江英一:《支那蠶絲業貿易慣習——支那經濟慣習に關する調查報告》,东京,1944 年。

③ Shanghai International Testing House, *A Survey of the Silk Industry of Central China, comp.* Shanghai, 1925, p.13.

④ 日本蚕丝业同业组合中央会编:《支那蚕丝业大观》,东京冈田日荣堂 1929 年版,第 177—178 页。

在那些交通不便、社会动荡或安全堪虞的地区，茧行租赁大多采取"包收"的形式，即茧行根据丝厂的订货合同，收购并加工蚕茧，佣金则通过各种各样的方式加以计算和支付。①

不难发现，在丝厂租赁茧行的几种方式中，"租灶"的形式丝厂所负责任最大，这也是各地最常见的茧行经营方式。其余三种，从"包烘"、"包交"到"包收"，丝厂所承担的责任逐次减少，其优点在于租赁者无须熟悉当地情形，而由茧行承担经营的责任，包括烘茧、送茧，甚至收茧等全部流程，丝厂只需付费即可。严格说来，这三种方式只有程度的区别，所以时人常把前者称为"小包"，后者称为"大包"。②当然，在这样的情况下，作为合同的一部分，租赁者采用茧行的名称或商标。

至迟从19世纪70年代起，茧行就已经在江南蚕茧产区出现，且数量和范围不断扩展，时人称："西商购茧于内地，贪图其利者代为收买，设炉烘焙。嘉（兴）、湖（州）一带，烘茧成伙。"③这是为解决新式丝厂运营所面临的原料供应的安排，同时也解决了农家收茧后出售、流通、运输等难题。当时，亦有外商收购蚕茧用于输出，1875年后每年约有2 000担不等的干茧从上海出口欧洲。④

外商通过种种手段到蚕区直接采购蚕茧，不仅促使传统蚕桑业小农经营方式发生变化，而且使作为清政府重要财源之一的"丝捐"（生丝流通税）不断流失。1879年前后，浙江绍兴开始根据同治三年（1864）制定的《丝捐章程》征收"茧捐"，实行对蚕茧交易的课税。⑤由此看来，这一时期江浙地区的蚕茧买卖已经达到了相当规模，从而需要增加一个专门的税种以保障政府的收入。1883年，浙江省又公布了第一个《茧捐章程》，详细规定了茧捐的额度、罚则和征收办法，并特别规定以代收茧捐作为允准开设茧行的条件。⑥可见官府已经无法阻挡养蚕与缫丝分离、从"贸丝"到"卖茧"的变革潮流了。

---

① 参见日本蚕丝业同业组合中央会编：《支那蚕丝业大观》，东京冈田日荣堂1929年版，第177—182页。
② 日本蚕丝业同业组合中央会编：《支那蚕丝业大观》，东京冈田日荣堂1929年版，第179—182页。
③ 《申报》，同治十二年（1873）六月初十。
④ 见铃木智夫前引书，第395页，注11、12表。
⑤ 《浙江通志·厘金门稿》浙厘上，第55—56页。
⑥ 《浙江通志·厘金门稿》浙厘上，第55页。

二、江浙地区的"茧行"和"茧市"

江浙地区进行蚕茧买卖的机构是"茧行",茧行本身备有用来烘干蚕茧的茧灶。"江南的农村集镇上,设有茧行以购买当地农民手中的蚕茧,并把这些蚕茧烘干,然后装船运往上海储存和缫丝。……与丝行不同,茧行需要在自己的场所内对蚕茧进行特殊的加工,而不仅仅是一种委托交易;与丝行不同的还有,茧行与缫丝业的现代化有着直接的联系。"①19 世纪 70 年代上半期,随着外商通过种种手段到江南蚕区收购蚕茧,蚕茧杀蛹、干燥技术得以应用,茧行开始出现,"嘉、湖一带,烘茧成伙"。②到 80 年代初,茧行已经在江浙蚕区的许多地方设立,太湖流域、南京郊外、甚至连江北如皋都发生了设行收茧的情况。③茧行的出现,使传统的蚕丝产销流程发生变化,图示如下:

$$ 蚕农 \xrightarrow{鲜茧} 茧行 \xrightarrow{干茧} 丝厂 \xrightarrow{厂丝} 洋行 \xrightarrow{厂丝} 国外市场 $$

19 世纪晚期,各地茧行大多由丝厂的经营者直接开设,当时上海丝厂的原料茧约 80% 由经营者直接购买。在无锡最先开设茧行的,是上海的丝厂和洋行买办,而他们无例外都要得到当地有势力绅商的帮助。上海第一家华商丝厂"公和永丝厂"的老板黄宗宪,从 1882 年起以英商公和洋行的名义在无锡、常州一带开设和经营茧行,就曾得到常州"绅董"许梦影的支持。④纶华丝厂的老板叶成忠也曾在无锡开设茧行,他与无锡官绅徐寿关系密切,往来频繁。⑤这种情况非常普遍,在上海丝厂的另一个重要蚕茧供应地浙江绍兴府嵊县,最先"创设茧灶",将鲜茧烘干运往上海售与"外人"者,乃是当地"诸生"裘佩文。⑥20 世纪以降,眼见茧行利润丰厚,各地士绅纷纷涉足这一领

---

① Li, Lillian M., *China's Silk Trade: Traditional Industry in the Modern World, 1842—1937*, Cambridge: Harvard University Press, 1981, pp.176—177.
② 《申报》,同治十二年(1873)六月初十。
③ 《开行收茧》,1882 年 6 月 17 日;《禀批照录》,《申报》1882 年 10 月 19 日。
④ 《茧商禀无锡邑侯稿》,《申报》1895 年 6 月 26 日。
⑤ 农商务省农商局:《朝鲜支那蚕丝业概观》,1913 年,第 217 页。
⑥ 民国《嵊县志》卷十五,人物志,宦迹。

域，着手开设茧行，渐渐占到茧行总数的 90%，直接属于丝厂的茧行只剩大约 10% 了。①

茧行所加工的蚕茧中，一部分系由丝厂直接订货或购买，还有一部分则由蚕茧掮客，即所谓"余茧商"经营。② 这些"余茧商"有人自设茧行收茧烘制，但更多情况下是以上述四种方式中之一种与茧行发生联系，购买、烘制、贮存蚕茧，然后在该年度较晚的时候卖给丝厂，以补充丝厂对原料的需求，并由此获取蚕茧买卖的差价作为其利润。这些"余茧商"所起的作用难以一概而论。一方面，"蚕茧掮客的经营以投机为基础，指望年内蚕茧需求量及其价格会上升"，③ 从而在一定程度上操纵茧价，增加了丝厂的经营成本；另一方面，他们也对丝厂的经营产生一种缓冲作用，可以使丝厂不必冒险一次性购买超过本年度可能需要量的大量蚕茧，④ 而是根据情况逐次补充，从而缓解了丝厂面临的资金压力。

当时江浙地区的蚕茧收获几乎仅限于春蚕一季，任何一家丝厂都必须在阴历四月末的蚕茧收获期内购入全年使用的大部分蚕茧，因此必须于短期内筹措巨额资金。然而，"具备这样巨额资金的丝厂为数不多，而清朝当局并未在国家财政经济政策上给予民间的缫丝工业以相应的地位，不可能指望它对民间丝厂优先提供资金帮助，于是，华商丝厂所必须的购茧资金，实际上不得不从以外商洋行为中心的外国势力那里借入"。⑤ 基于蚕茧产销的特点，收茧季节的短促和购茧款项的巨大，每年都会引起上海资金的枯竭。"向农民买茧往往要支付现金，在收茧季节，大量白银运往农村地区，浙江、江苏、安徽三省收购春茧所需款项通常约为银洋 7 500 万元（约为纹银 5 500 万两）"。⑥ 在所需现金中，

---

① 高津仲次郎：《清国蚕丝业视察报告书》，农商务省农务局 1897 年版，第 27 页。

② 在 19 世纪末 20 世纪初，据大部分人估计，由丝厂经营或支付佣金的茧行数量约占茧行总数的 60%，而由掮客经营或支付佣金的茧行数量约占 40%。

③ 李明珠著、徐秀丽译：《中国近代蚕丝业及外销（1842—1937）》，上海社会科学院出版社 1996 年版，第 195 页。

④ 据时人调查，一般来说，丝厂直接购买的蚕茧约占它们该年度总需求量的 30%—80% 不等，其余是后来逐次购买的（见 Shanghai International Testing House，*A Survey of the Silk Industry of Central China*，*comp.* Shanghai，1925，p.9）。

⑤ 铃木智夫：《洋务运动的研究》，东京汲古书院 1992 年版，第 405 页。

⑥ Li, Lillian M.，*China's Silk Trade：Traditional Industry in the Modern World*，1842—1937，Cambridge：Harvard University Press，1981，p. 180.

大约 70% 左右来自上海，30% 左右来自江南地区的一些城市，如苏州、无锡、杭州、嘉兴等。各地的缫丝厂和余茧商多向钱庄借款以购买蚕茧，而钱庄常常需要外国银行和商行的短期贷款或拆票，所以有大量的外国资本直接或间接地参与了购茧资金的融通。时人有一个调查估计，上海的丝厂每年购买的蚕茧价值 1 400—1 700 万两白银，其中 600 万两由钱庄提供，200 万两由中国和外国银行提供，850 万两由外国洋行提供。后者提供贷款的手续与钱庄类似，通常每贷款 1 000 两，月息为 7.5 两。①

其结果，是导致周期性的上海利息率的上升和银两对银元比率的下降。② 资金的紧缺，造成了高昂的利息率，实际利息率约在 6% 到 12% 之间。③ 同时，也形成了借贷关系上的诸多陋规，其中最为时人所诟病的，是借贷者往往需要把所借资金的 20% 到 30% 作为保证金，而以所购蚕茧为质押物。比如购茧者借贷 10 万元，其中 3 万元必须作为保证金先予扣除，实际上只能收到 7 万元的现金用来购茧。这无疑会大大加重丝厂的资金压力和生产成本，所以蚕茧捐客先期垫款购茧，对于丝厂来说亦属不无小补。

在与茧行订立合同后，钱庄会派员前往茧行所在地支付贷款，并监督把蚕茧运往上海事宜。"蚕茧到上海后，就成了钱庄的财产，贮存在它所指定的货栈中"。④ 此后，如果茧价下跌，贷款时的保证金就会用于抵消差额。由此可见，存在货栈中的蚕茧被钱庄用来作为信用的一种形式。实际上，"蚕茧收据被看做是一种流通票据，中国的银行很乐意接受它。不过，在兑现这一票据时，银行要收取很高的利率。如果银行原来就融通资金买茧，票据就要存放在银行里，购买者无论何时想要动用货栈中的蚕茧，均得先给银行付款"。⑤

茧行设立最多、发展过程也最为典型的，是江苏省常州府治下的无锡县。无锡茧行开设最为广泛，蚕茧买卖最为兴盛的原因在于：其一，这里是 19 世纪 60 年代后兴起的新蚕区，鸦片战争前蚕桑生产并不发达，"产丝也很少。至

---

① 参见乐嗣炳：《中国蚕丝》，世界书局 1935 年版，第 110—111 页。
② Buchanan, Ralph E. *The Shanghai Raw Silk Market*. New York, 1929, p.7.
③ Buchanan, Ralph E. *The Shanghai Raw Silk Market*. New York, 1929, p.9.
④ 日本蚕丝业同业组合中央会编：《支那蚕丝业大观》，东京冈田日荣堂 1929 年版，第 228—229 页。
⑤ Buchanan, Ralph E. *The Shanghai Raw Silk Market*. New York, 1929, p. 12.

咸丰十年（1860），对育蚕才比较注意"。① 得蚕桑生产风气之先的开化乡，"习蚕桑之术者，在清中叶不过十之一、二，泊通商互市后，开化全乡几无户不知育蚕矣"。太平天国战争以后，"该处荒田隙地尽栽桑树，由是饲蚕者日多一日，而出丝亦年盛一年"，出现了"户户栽桑，家家育蚕，不问男女，皆从此业"的繁盛景象。② 相形之下，与湖州、嘉兴等老蚕区相比，无锡农家的缫丝技术较为低劣，所产生丝多为"粗丝"，质低价廉，无法在市场上与湖州等地出产的"细丝"竞争。其二，无锡的农业发达，米麦两作，农民既要从事高强度的农业生产，又要养蚕缫丝，在劳力调配上颇感困难，于是"育蚕之家，颇乐售茧"。③其三，无锡的地理位置则较为有利，在江浙地区主要蚕茧产地中距上海最近，交通也比较便利，从无锡经内河往上海，帆船 7 日即可到达。其四，在技术上，当时也已经具备了售茧而不缫丝的条件。无锡出身的科学家徐寿发明了鲜茧的杀蛹、干燥设备，江苏地方官员同意将这些技术引进无锡，开设茧行。此外，无锡在前近代时期处于长江三角洲"农产品中心市场"的地位，使其通过农产品的交易已经积累起大量资金，聚集了有能力进行大宗蚕茧买卖的富有地主和商人。商业、金融机构的发展和交通、运输设施的完善，又使得以往建立起来的这些条件能够轻易地利用来进行蚕茧交易。总而言之，历史基础和现实机遇两相凑合，促使无锡压倒江浙地区的其他蚕茧产地，成为"鲜茧的集散地，实为蚕茧的中央市场"。④

　　无锡的蚕茧交易大概可以甲午战争为期，分为两个阶段。"光绪八、九年间"（1882—1883），无锡已有茧行出现，如 19 世纪 80 年代初，黄佐卿举办丝厂后，为收购蚕茧，曾在江苏省苏州、无锡、武进、宜兴、溧阳等地设立黄公和

---

① 有学者注意到，在无锡县志的物产篇中，自明弘治之后一直到清道光年间没有提到过蚕桑。生丝作为一种地方产品曾经先后出现在 1494 年出版的弘治《无锡县志》和 1574 年出版的万历《无锡县志》的物产篇中，后来便没再出现，直到在 1840 年出版的道光《无锡县志》中才又被重新提起（见张丽：《鸦片战争前的全国生丝产量和近代生丝出口增加对中国近代蚕桑业扩张的影响》，《中国农史》2008 年第 4 期）。

② 《申报》1880 年 5 月 14 日。

③ 《锡山近信》，《申报》1882 年 6 月 8 日。

④ 坂本菊吉：《清国における生絲絹織物の實況並其企業に関する調査報告》，《农商务省商工局临时报告》1904 年第 5 册，第 9 页。又，铃木智夫对近代无锡蚕丝业兴起的原因分析颇细，参见所著《清末無錫における蚕糸業の展開》，《岐阜药科大学纪要》37 号，1988 年。

茧行，收购鲜茧，烘成干茧，运回上海，① 但此时无锡茧行为数尚少，当地蚕农也还没有去茧行售茧的习惯，"乡民售茧，未谙投行"。② 此时的茧行很难与众多蚕农直接接触，要想购入蚕茧，必须通过当地"小贩"的中介。到了"光绪十五、六年间（1889—1890）"，无锡蚕农已有不少直接投行卖茧者，但是由于此时茧行数量仍少，蚕茧买卖手续又很烦琐，必须"现秤现卖"，"现金交易"，而购茧时间"仅六、七日"，为时短暂，茧市呈现"行少货多"的状态，每逢开秤收茧，小贩、蚕农云集，争先恐后急于售出手中蚕茧，因为每过一天蚕茧都会失去水分，减少重量，甚而至于"若误一日之机，将有蚕蛾飞出之患"。③

甲午战争后，随着上海和江浙其他地区丝厂的迅速增多，对蚕茧的需求量相应大增，蚕茧交易越发活跃起来。在无锡，来自上海的丝厂、茧商、洋行买办接踵而至，纷纷提出开设茧行的申请，地方士绅和富商中间，开设茧行者也层出不穷。④ 1895 年，无锡有茧行 44 家，1897 年激增为 117—118 家。⑤ 到辛亥革命前夜，无锡加上附近的江阴、常州，茧行合计已达 260 家。⑥ 无锡成为上海近代缫丝工业的最大原料基地，每年这里的茧行都要购进干茧 5—6 万担，包括常州、江阴则达 7—8 万担，运往上海丝厂缫丝，使上海厂丝的出口量很快增加到约 2 万担。⑦

每当茧期来临，无锡茧行人如潮涌，"混杂纷扰，不可名状"。⑧ 在短短一周左右的时间里，蚕农、茧贩想以尽可能高的价格及早把蚕茧卖掉，而上海的丝厂、茧商又企图尽量压低价格买入当年所需的蚕茧，双方以茧行为"战场"，展开激烈的争夺。李明珠在论及茧行的经营时说："蚕茧生意也许是整个丝绸贸易中风险最大的一环，因为它必须在最严格的时间限制下进行。茧价常在年内发生很大波动。购茧时间被压缩在短短的 2—7 天内。在江南，所有的茧

---

① 其后，黄佐卿又将业务扩展到浙江省的嵊县、新昌、萧山、上虞等地，同时还派技术人员下乡，指导农家放秧、栽桑、播种、饲蚕等方法，取得较好效果。以后又推广到山东、湖南、湖北等省。反映了蚕茧商品化程度的不断提高。
② 《禁止茧业请领短期凭证》，《时报》1915 年 4 月 20 日。
③ 名古屋商工会议所（高柳丰三郎）：《清国新开港场视察报告》，1896 年，第 80 页。
④ 《张文襄公全集》卷一百四十八，电牍二七，《致苏州牙厘局》，光绪二十一年（1895）八月十七日。
⑤ 《清国商况视察复命书》，《通商汇纂》127 号，1899 年 3 月 18 日。
⑥ 农商务省农商局：《朝鲜支那蚕丝业概观》，1913 年，第 220 页。
⑦ 曾田三郎：《中国近代製糸业的展开》，《历史学研究》四八九号，1981 年。
⑧ 京都商业会议所：《清国新开港场视察调查》，1897 年，第 221 页。

市——从最早的绍兴到最晚的无锡——一般都只开2个星期，时间约在5月18日到6月4日之间。由于农民被迫于这段时间内卖茧，否则蚕蛾就会破茧而出，所以他们不得不以市场的一般价格售茧。"①虽然从理论上说，如果茧价跌得过低，农民可以自己缲丝，但在新蚕丝产区，这是一种不现实的选择。这不仅是因为新蚕区农户的缲丝技术难以望老蚕区之项背，同时也是因为新蚕区每家农户的蚕茧产量相对较大，家内缲丝是行不通的。②

当生丝行情看好时，蚕茧竞购就会十分激烈，这时，与其说是买方市场，不如说是卖方市场，"卖方的权利非常强盛"。③在这样的情况下，显然无助于蚕茧质量的提升，"由于在当令时候收茧竞争激烈，每个农民出售的数量小（从5斤到20斤不等），结果是收购仓促而粗心，造成蚕茧质量低劣"。④购茧者"不可能仔细考察蚕茧品质，再根据品质预定价格，实际上数百万元的交易数日内即告结束，对卖茧者携来之玉茧、薄茧、双茧、染茧等往往不遑取舍，只能玉石混杂地进行定价和秤量。"⑤如果买方以蚕茧品质为由，拒绝购买或企图降价购买时，"卖方就会立刻暴言责骂，甚至大打出手，甚或做出夜袭放火之事"。⑥于是，在企图"以低价抑买好茧"的"行户"（茧行）和尝试"以次茧强夺善价"的"业户"⑦（蚕农等）之间，便有所谓"地痞"、"劣绅"、"劣董"等的楔入，欺行霸市，牟取暴利。他们或在村落"挂秤贩茧，运茧到行，抬价硬售"；⑧或是"私设分庄"，截夺茧行的货源，强行从蚕农手中购茧，"以土法私自焙烘"；还将蚕茧中"掺杂劣货"，运到茧行"高价挪卖"。⑨

凡此种种，令茧行不堪其扰。甲午战争后，地方当局出于确保"茧捐"收入的目的，对茧行经营实行保护，公布告示：

客商奉帐开行，大小社头列帐。

---

① Lillian M. Li, *China's Silk Trade: Traditional Industry in the Modern World* (*1842—1937*), Council on East Asian Studies, Harvard University: Cambridge, 1981. p.179.
② 日本蚕丝业同业组合中央会编：《支那蚕丝业大观》，东京冈田日荣堂1929年版，第164、221—223页。
③ 高津仲次郎：《清国蚕丝业视察报告书》，农商务省农务局1897年版，第27页。
④ Shanghai International Testing House, *A Survey of the Silk Industry of Central China*, comp. Shanghai, 1925, p.13.
⑤⑥ 京都商业会议所：《清国新开港场视察调查》，1897年，第80页。
⑦ 《刘坤一遗集》第五册，书牍，卷六十二，"致翁宫保"，光绪二十二年（1896）二月。
⑧⑨ 《茧商禀无锡邑侯稿》，《申报》1895年6月26日。

分庄来收鲜茧，此处烘蒸事忙。

懊气虽然散漫，究于居民无伤。

本厅奉委弹压，不准闲人喧扬。

如敢聚众滋扰，定即拿办究详。

其告懍遵勿违，相安即是善良。①

　　同时，茧行也试图收买这一具有极大破坏能量的社会阶层，他们不断地向"劣绅"、"劣董"送礼关说，又雇用一些地痞无赖作为茧行雇员，给予酬金，使其"于乡内买茧"。②这些措施虽然具有一定的威慑和怀柔作用，却未完全消除这一社会阶层的骚扰，"在无锡蚕茧交易形成和发展的过程中，'地痞'、'劣绅'、'劣董'等地方势力作为上海茧商和丝厂的妨害者或竞争对手，一直表现得相当活跃。"③

　　这样，随着机器丝厂的增多对蚕茧原料的渴求，可作丝厂原料的干茧产量逐年攀升，1910年时，江浙两省的干茧产量已达约27万担。④茧行的数量随之不断增加，范围也日益扩大。到19世纪末20世纪初，在新兴蚕区，江苏的无锡、武进、江阴、宜兴、溧阳、金坛、常熟，浙江的绍兴、嵊县、新昌、萧山、诸暨、奉化、鄞县等地，茧行已经广泛设立。⑤与此同时，由"贸丝"变为"卖茧"亦已成为新兴蚕区的普遍现象。江苏溧阳一带，太平天国战争后蚕桑业兴起，农家植桑育蚕缫丝，所产土丝80%运往上海出口，到19世纪末，由于茧行开设，卖茧成风，农家生产的蚕茧皆成机器丝厂的原料，市场上乃难觅溧阳土丝的踪迹。⑥连传统湖丝产地的杭州、嘉兴一带，随着机器丝厂的陆续设立，茧行也在逐渐增多。⑦

　　从"贸丝"到"卖茧"的演化，反映了养蚕业与缫丝业相分离的事实，这深刻地影响到蚕区农村经济，也改变了农户议价的地位。随着茧行在农村地区的

---

① 高柳丰三郎：《清国新开港场视察报告》，名古屋商工会议所1896年版，第81页。

② 《清国事情》第五卷第二辑"无锡"。

③ 铃木智夫：《洋务运动の研究》，汲古书院1992年版，第353页。

④ 紫藤章：《清国蚕丝业一斑》，东京农商务省生丝检查所1911年版，第163页。

⑤ 农商务省临时产业调查局：《支那蚕丝业调查概要》，1918年，第39—53页。

⑥ China, The Maritime Customs, Ⅱ.Spicial Series, No.3, Silk. Shanghai, 1881, pp.61—62；上原重美：《支那蚕丝业大观》，冈田日荣堂1929年版，第233—241页。

⑦ 本多岩次郎：《清国蚕丝业视察复命书》，农商务省农务局1899年版，第87页。

336　　　　　　　　　　　　　　　　　　　　　　　　　　　　　　　　晚清丝绸业史

建立，在蚕丝贸易繁荣时，茧价趋于大幅度上升，农户卖茧往往比自家缫丝更为有利可图。① 当然，这种现象在新、老蚕区发生的速率是不一样的。在老蚕区，农民在缫丝技术上占有一定优势，如果卖茧获利较多，农民固然可以选择出卖手中的蚕茧，但若茧价下跌，卖茧无利可图，农民也会选择把蚕茧留下来自己缫丝。在新蚕区就不一样了，这里的人们不懂缫丝技术或技术低劣，因而卖茧往往成为农民的唯一选择。茧价趋高固然可喜，即便茧价再低，农民也不得不接受，因为多耽搁一天，鲜茧的重量就会减轻，甚至还会产生"蚕蛾飞出之患"。② 蚕茧交易的时限性使得农民对卖茧的时机没有任何控制权。

在某种意义上，江南新兴蚕区植桑育蚕的兴旺，在某种意义上是这一时期蚕茧价格不断高涨的结果。1895—1911 年的 10 余年间，鲜茧和干茧的市场价格虽然时有波动，但是总的来说呈现出不断增高的走势。参见下表：

表 5-2 无锡鲜茧价格和上海干茧出口价格（1895—1911）

年　别	无锡鲜茧价（元/担）	指　数	干茧输出价（海关两/担）	指　数
1895—1896	30.0	100	47	100
1897	35.0	117	59	126
1898	38.5	128	82	174
1899	36.5	122	88	187
1900	45.0	150	86	183
1901	37.5	125	75	160
1902	65.0	217	114	243
1903	51.5	172	139	296
1904	39.0	130	86	183
1905	43.5	145	94	200
1906	45.0	150	94	200
1907	50.0	167	91	194
1908	53.0	177	93	198
1909	50.5	168	106	226
1910	57.0	190	106	226
1911	46.5	155	92	196

资料来源：紫藤章：《清国蚕丝业一斑》，东京农商务省生丝检查所，1911 年，第 113—114 页；鸿巢久：《支那蚕丝业之研究》，东京丸山舍 1919 年版，第 169—172 页。

---

① 参见民国《德清县志》卷二，记述了当地茧行设立后，农民是怎样逐步把他们的蚕茧"全部"卖出去的。
② 名古屋商工会议所（高柳丰三郎）：《清国新开港场视察报告》，1896 年，第 80 页。

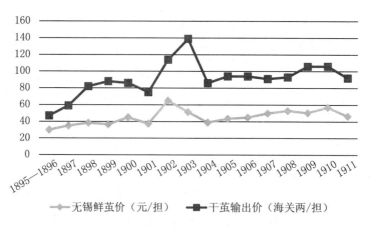

图 5-1　无锡鲜茧价格和上海干茧出口价格（1895—1911）

图例：
◆ 无锡鲜茧价（元/担）　　■ 干茧输出价（海关两/担）

三、广东的"茧市"和"茧栈"

与江浙地区相比，珠江三角洲的蚕桑生产表现出"自长期的副业形态蜕变为专业性质"的不同特点。这里是中国最重要的亚热带气候型养蚕区，蚕桑业生产实际上是全年性进行的，每年3月到11月都可养蚕，每次费时16到18天即可收茧，通常一年收茧6—8次，远高于江南地区每年收茧2次、至多3次，从而可以消除江南地区由于蚕桑业的季节性所引起的许多问题。而由于珠江三角洲的大多数养蚕农户把植桑育蚕作为他们的主要职业，这也可以在一定程度上缩小蚕桑生产的自然和商业风险。尽管存在自然条件方面的巨大差异，但珠三角蚕农由"贸丝"到卖茧的变化，与江浙地区却如出一辙，甚至有过之而无不及。珠江三角洲顺德、南海、中山、新会、鹤山、三水、番禺等县，所产蚕茧约占广东全省80%，以往农民养蚕缫丝，拿到"丝墟"、"丝市"出卖，生产和流通过程如下：

$$\text{蚕农}\xrightarrow{\text{土丝}}\text{丝行(墟)}\xrightarrow{\text{土丝}}\text{丝栈}\xrightarrow{\text{土丝}}\text{洋行}\xrightarrow{\text{土丝}}\text{国外市场}$$

丝行(墟) → 国内需要者

19世纪70年代中期，珠江三角洲的近代缫丝工业即已发轫，进入八九十年代，手工缫丝虽仍行销国内市场，但机器缫丝生产已占主导地位，珠三角的缫丝活动已在很大程度上脱离了家庭的手工生产方式而在"丝偈"内进行。蚕丝生产方式的这一转变无疑大大促进了蚕茧商品化的发展。机器丝厂兴起，需要源源不断的原料茧供应，"茧市"随之而兴。原本自己养蚕、收茧、缫丝的农民不再自行缫丝，一变而为将所收获的蚕茧杀蛹之后卖给丝厂。养蚕与缫丝的分离使长期延续的丝墟、丝市沉寂，而新的蚕茧交易机构——茧市代之而起，传统的蚕丝生产和流通过程发生了很大变化。图示如下：

蚕农 —蚕茧→ 茧市 —蚕茧→ 茧栈 —蚕茧→ 丝厂 —厂丝→ 丝庄 —厂丝→ 洋行 —厂丝→ 国外市场

在珠江三角洲，近代化的缫丝工厂大多建在农村，靠近养蚕农户，一方面可能使缫丝厂更易于与一些农户之间建立更直接的联系，从而更好地控制蚕茧原料来源；另一方面，也使得农民从事蚕桑业生产，不致有产品无人问津之虞。市场需求刺激了蚕桑生产专业化的发展，甚至在某种程度上开始出现尝试实现缫丝生产上下游产业链的一体化的努力。

由于以上的原因，珠江三角洲蚕区没有像江浙地区那样的茧行之设。"广州蚕茧贸易的经营方式与上海相比有某些不同，农民不是把蚕茧卖给茧行，而是卖到茧市或茧栈。前者为私人或小公司所拥有"。[1]这些茧市与传统的丝市、丝墟等定期市不同，多由当地地主和商人集股开设，一般约需资本2万两，于蚕茧产地建一市场进行蚕茧交易，具有浓厚的自由市场色彩。茧市一般搭建在空地上，有的用砖瓦垒砌，盖成墟廊；有的则简单搭起棚厂，仅有遮盖而已。市场一旁大多设有一间小室，用作市场管理人员办公场所。市场内一般设立许多铺位，编有号码，分列于道路两旁，长阔有序，各自用竹篱等围成小间，地面则覆以竹簿。这是供蚕茧商贩即"水头"[2]们营业的场所，"水头"们一般就在

---

① 李明珠著、徐秀丽译：《中国近代蚕丝业及外销（1842—1937）》，上海社会科学院出版社1996年版，第200页。

② 茧贩在广东地方称为"水头"，多属当地游手好闲之人或地痞之类，在市场上排列成行，专事买卖。有的则在半途要街拦截蚕户，甚至直接跑到蚕户家里，以欺骗乃至强迫等多种手段包揽收购。其经营目的全在于贱买贵卖从中牟利，货物还要兜售给茧行。"水头"一行盛时，仅顺德的容奇、桂洲，从此业者曾多达八、九千人。"水头"与地方势力关系密切，后逐步以公司的形式结成帮派，称霸茧市，俗称"地帮"。在茧市上，蚕农一般不敢直接兜售蚕茧，而是借助"水头"之类作为中介，与客户议价交易，成交后通过茧市秤手司秤称量，卖出货物，收取货款，并按习惯比例和货物数量支付给"水头"和茧市相应的佣金。

自己的小号房里收购蚕农丝户的货物。

茧市开市一般都有固定的日期和时间。按一般惯例，市墟开市每十天三次，以阴历日子计算，或一、四、七，或二、五、八，或三、六、九，碰上小进月末则间隔少一天，仍旧按照固定的日期开市。具体每次开市的营业时间，则遵守当地市墟的传统，日出而集，日中而散，人气最旺和生意最盛之时大约为上午的七时至十时。

每当收茧之期，开市之时，各类贸易人员如约而至。附近蚕农携茧上市，罗列以售；俗称"水头"的茧贩（或掮客）则群集市中购买，或设置摊位收茧，再转手卖给丝厂的收茧处，或贮存起来以待价而沽，即所谓"'水头'既作为投机者为自己买茧，也为特定的丝厂买茧"。① 这样的茧贩在广州地区约有 380多人，专门在茧市居间交易，协助买卖双方商议和确定货物价格。茧市上买卖双方成交，茧市的投资者从每笔生意中向双方各收佣金，一般为根据成交价格向卖方收取 3% 的佣金，买方减半。不难看出，"由于蚕户不是与'丝偈'直接交易，而是先把蚕茧卖给'茧市'或'茧栈'，再由它们把蚕茧转售给'丝偈'，这就替经营'茧市'、'茧栈'的这些'中间人'提供了赚钱机会，其中更有借着贷款给蚕农而控制蚕茧的售价，从中进行剥削的活动"。②

买卖双方说合已毕，就由茧市司秤的秤手代替客户称量货物轻重，秤手将货物重量高声报数，并发出红、绿单据各一张，绿色单据交给市场办事处的收支处，红色单据则交给买货商贩，以备俟后清结账目作为凭据。市场收支处的审计人员接到绿色单据后，即按照所值金额将现款偿付卖家，同时将买家买货账数登记账簿。市场在买卖中为客户包揽支付现款和清结账务等事项，如遇买家所带现款欠缺，还可放账代支，不过要有利息和抵押，抵押物以买家所购买的货物充当。③

---

① 李明珠著、徐秀丽译：《中国近代蚕丝业及外销（1842—1937）》，上海社会科学院出版社 1996 年版，第 200 页。
② 连浩鋆：《晚清时期广东的对外贸易及其对农村社会经济的影响》，《中国社会经济史研究》1990 年第 3 期。
③ 借款规矩是以买入货物的六成数目为限，即若买到货物值 100 元，就可以借款 60 元；偿还期限一般为一年，如果过了一年本息仍未还清，所抵押的货物就要没收，而且下一次不准借款，甚至不能再到这个市场买卖货物。

此外，还有一种蚕茧交易的方式是农家将蚕茧卖到茧栈。19世纪70年代起，机器缫丝工厂兴起，茧栈应运而生，专为丝厂购买、贮存蚕茧原料，因其购买量大，且可加工烘干并贮存，所以成为吸收蚕农所售蚕茧的主要客户。这些茧栈一般为一家或多家丝厂所设，负责蚕茧的烘干和加工。许多农民愿意通过这种途径卖茧，因为他们认为与在丝市上受"水头"的摆布相比，茧栈对蚕茧质量的检验及买卖成交的方式较为科学和公平。有时茧栈会先期向农民提供贷款，从而使得农家的蚕茧生产与丝厂的经营联系到了一起。① 相较而言，"茧栈确实有助于在一些缫丝厂和一些农户之间建立起更直接的联系，但通过丝市和'水头'进行的间接买茧方法更为普遍"。②

19世纪末以后，珠江三角洲蚕区茧市林立，顺德县的容奇、桂州、陈村、乐从，南海县之官山、九江，中山县的古镇、小榄，东莞县之石龙和三水县的西南，茧市兴盛时多达43处，每年营业额高达230万元。与之形成鲜明对照的，则是丝墟、丝市的寂寥或消失。民国《顺德县志》所载茧市有22处，丝市只剩9处；《南海县志》则已经完全不见"丝市"之名。③

茧市的出现和兴旺，使得80年代后半期珠江三角洲兴起了又一次"植桑育蚕热"，人们不仅在低洼地带开挖"四水六基"的桑园种桑养蚕，还纷纷将水田改为桑园，出现了以养蚕作为专业的农家，他们放弃了稻米种植而专门从事养蚕，充分利用这里的亚热带气候和肥沃土壤，每年养蚕七造，从而又使蚕茧产量大大增加，为近代缫丝工业的发展提供了充足的原料。④ 顺德县属的大良、容奇、桂州、水藤一带，丝厂林立，大约占到珠三角地区近代丝厂总釜数的75%左右。与之相应的是当地蚕桑生产的繁盛，"桑园蔽野，约占全县总面积的七成"。⑤ 随着蚕桑业的繁荣，这里的茧栈、茧市相当兴旺，广东省内各县所

---

① 参见 Howard, Charles Walter and Karl P. Buswell. *A Survey of the Silk Industry of South China*. Hong Kong, Commercial Press, 1925, pp. 105—111。日本蚕丝业同业组合中央会编：《支那蚕丝业大观》（东京冈田日荣堂1929年版）也有类似记载，参见第965页。
② 李明珠著、徐秀丽译：《中国近代蚕丝业及外销（1842—1937）》，上海社会科学院出版社1996年版，第201页。
③ 民国《顺德县志》卷三"建制"墟市；宣统《南海县志》卷四"舆地"物产，蚕部。
④ 铃木智夫：《清末民国初における民族资本の展开过程——廣東の生系业について》，东京教育大学亚洲史研究会编：《中國近代化の社會構造》，教育书籍1960年版。
⑤ 日本蚕丝业同业组合中央会编：《支那蚕丝业大观》，东京冈田日荣堂1929年版，第889页。

产蚕茧汇集于此的不在少数。与顺德县接壤的南海县，桑园一望无际，当地农民中植桑者占十分之四，约 40% 的耕地属于鱼塘桑基，其中桑基约占耕地总面积的四分之一，全县桑叶产量达 690 万担；[①] 境内官山、九江及佛山（县城）一带，为仅次于顺德的珠三角缫丝工业集群地，也是茧市、茧栈集中的地方。

新会县的蚕桑业是晚清以后"新起的事业"，全县约十分之一的耕地属于鱼塘桑基。[②] 主要蚕桑业区域是西江沿岸的天河、周郡、河塘、潮连、外海及江门一带，"人多种桑，岁有六造"。[③] 香山、鹤山、三水、番禺、花县、东莞诸县，蚕桑业发展也颇有可观，各县桑基面积，"均已倍加"[④]。所产蚕茧不仅供给境内丝厂，还有很多运售于顺德县和南海县的茧市。以三水为例，这里"本来主要是农业区，但已逐渐变成产丝区了"。到 19 世纪末，"最近几年中，农民相当广泛地种植桑树，妇女也都学着如何养蚕。在（县境内）西南开有大茧行三家，手工缫丝作坊五家，还有蒸汽缫丝厂两家，使用外国机器，雇佣着工人三百人以上"。随着三水县境内缫丝工业的发展，这里也成为珠江三角洲内一个重要的蚕茧集散中心。"西南市场上出售的蚕茧，每年计值关平银三十万两，其中三分之二的茧子都是本区生产的。出售的丝经估计每年约值关平银九万两"。[⑤]

表 5-3　20 世纪 20 年代前珠江三角洲茧市及年交易额一览表　　　　　　单位：万元

茧市名	所在地	年交易额	茧市名	所在地	年交易额
容桂丝业	桂　州	500	盛丰年	容　奇	300
合　兴	勒　流	60—70	公　信	勒　流	40—50
年　丰	勒　流	60—70	荣　益	龙　江	60—70
永和祥	乐　从	30—40	广　和	乐　从	30—40
公信和	乐　从	20	和　丰	乐　从	—
广和祥	陈　村	40—60	公　兴	陈　村	10—30
穗　丰	陈　村	20	天　和	大　良	50—60

① 《广东植桑业之调查》，《中外经济周刊》第 153 号，1926 年 3 月 13 日，第 29 页。
② 广东大学农学院：《广东农业概况调查报告书》，新会县，第 288 页。
③ 《光绪三十年江门口华洋贸易情形论略》，《通商各关华洋贸易总册》下卷，第 95 页。
④ 中山大学农学院：《广东省农业概况调查报告书续编》上卷，第 157 页。参见宣统《东莞县志》、民国《香山县志》、民国《番禺县志》等。
⑤ Decennial Reports, 1892—1901, Vol. Ⅱ, p. 264.

茧市名	所在地	年交易额	茧市名	所在地	年交易额
利农商	甘竹	10	和丰	官山	20
永丰盛	官山	40—50	人和	官山	20
大公	官山	20	人和祥	吉利	10
聚利祥	平洲	20	公平	平洲	10
纶丰	平洲	10	利农商	九江	20
同泰	九江	10	洪德	九江	30—40
经业公平	香山小榄	70	复同兴	同古镇	50—60
泰记	新会北街	180—200	业丰	新会北街	—
大有平	三水西南	30	公同和	三水西南	16—17
悦来兴	三水西南	17—18	同益和	三水西南	30
大有年	鹤山古劳	10	肇庆	高要城外	10
泰和祥	东莞石龙	36—37	合安纶	东莞石龙	7
大纶	东莞石龙	7	广年丰	东莞石龙	7
公安祥	东莞石龙	7	福昌纶	东莞石龙	3
兴祥	东莞石龙	3			

资料来源：日本蚕丝业同业组合中央会编：《支那蚕丝业大观》，东京冈田日荣堂 1929 年版，第 967—
969 页。

　注：此外，黄连、伦教等地尚有二三个茧市存在，年交易状况不明。各地加在一起，珠三角地区
茧市总数约在 50 处以上，年交易额高达二千数百万元。

　　珠三角的蚕桑业不断向外扩展，西江流域、北江流域和东江流域成为"最
近二十年来的新兴场所"。① 广东西南隅的水东、廉州、钦州及北海地方，蚕桑
生产也在兴起，就连孤悬海外的海南岛上，也有蚕茧出产。② 流风所及，西江
上游的广西梧州、浔州一带，以及南宁、龙州，亦盛行植桑育蚕，"所出蚕茧运
销于云南或广东佛山"。③1923 年，梧州港输出蚕茧 4 010 担，1924 年为 2 692
担，1925 年又增为 4 281 担。时人称："广西省内产茧，供给广东方面之需

---

① 日本蚕丝业同业组合中央会编：《支那蚕丝业大观》，东京冈田日荣堂 1929 年版，第 892 页。
② 日本蚕丝业同业组合中央会编：《支那蚕丝业大观》，东京冈田日荣堂 1929 年版，第 893 页。
③ 紫藤章：《清国蚕丝业一斑》，东京农商务省生丝检查所 1911 年版，第 167 页。

要,……将日益成为广东缫丝业者采购蚕茧之重要地点。"①

四、四川的"茧场"

晚清时期,四川桑树种植日见增多,蚕茧产量年有增长,蚕茧、生丝成为川省最重要的农副产品,也是最重要的出口商品,每年"初夏时候,绵州、保宁、成都、嘉定和重庆的丝贩纷赴各地乡村市场收买蚕茧,并购买当地出产的丝。在四川,蚕丝生产像其他所有作业一样,是零碎经营的,商贩们像做鸦片生意一样,在这儿收一斤,在那儿收几两。"②大略以产地划分,四川蚕茧可分为璧山产、潼川产、保宁产、顺庆产、成都产、嘉定产等数种。以茧质而论,潼川、保宁一带出产的蚕茧品质较佳,400斤干茧即可制丝百斤,惜交通不便,购买者少,价格也不高。顺庆茧比潼川、保宁茧稍逊,制丝百斤约需500斤干茧,但该地交通便捷,蚕茧需求者众,价格也就高于保宁茧。璧山的茧质最劣,约需550斤才能制丝百斤,但因距离重庆丝厂较近,上市时间较早,所以仍有销路。③

表5-4 四川省三台县蚕桑业的发展(1909—1911)

年 别	植桑(亩)	指 数	产茧(担)	指 数
1909	25 000	100	21 285	100
1910	28 000	112	24 500	115
1911	33 000	132	33 970	160

资料来源:《四川三台县之蚕丝业》,《农商公报》1920年7月第72期,第28页;转引自《中国近代农业史资料》第2辑,第190页。

随着重庆的开埠,四川逐渐形成了以重庆为中心,从城市到乡村的商品分

---

① 日本蚕丝业同业组合中央会编:《支那蚕丝业大观》,东京冈田日荣堂1929年版,第890页。按:广西境内丘陵绵延,很适合植桑育蚕这样的产业发展,因而自19世纪中期以后,执政者颇为讲求蚕桑,加强对蚕桑业的指导和奖励。例如,咸丰十年(1860),时任广西藩台的陈思舜计划在容县一带奖励普及蚕业。30年后,光绪十五年(1889),巡抚马丕尧从广东引进桑苗,于西江上游之平南、桂平及箪竹等县配布。光绪二十五年(1899)巡抚张鸣岐也力推奖励蚕桑业的政策,于长洲、龙州设立蚕业学堂(直到1922年才因财政匮乏而关闭)。这些施政对促进广西蚕桑业的发展或多或少都起到了积极作用,为广西蚕桑业的兴起做了历史的铺垫,但广西蚕桑业著有成效的发展主要还是出现在民国年间。

②③ 上原重美:《支那四川省的蚕丝业》,东京,1927年,第55—56页。

销网和原料购销网。就四川省的市场体系而言，重庆可称为一级市场，其他城市为二级市场，各个县城为三级市场，县城以下的一些城镇为四级市场，而广布于农村中的集市则为最基层的市场。多级化市场网络的形成不仅促进了省内商品经济的交流，还加强了四川与长江中下游地区、云贵地区及国际市场之间的联系。

从蚕丝业的角度来看，四川的蚕茧市场可以分为产地市场，集散市场和出口市场。产地市场属于产丝地区的农村集镇市场，这一市场发展最为广泛，遍布于蚕桑生产的广大地区。集散市场属于交通便利的城镇，其市场贸易主要是集合各产地商贩运来之蚕茧，这些蚕茧除就地消费一部分外，其余的则运往出口市场。如川北之三台、阆中、川东之合川等转口市场，附近各地所产之茧多就近集中此等中级（即集散）市场，然后再辗转运销往重庆等地。出口市场是指把川省茧、丝直接销往省外的重庆、万县和宜宾。重庆成为川省茧、丝贸易的主要市场及分销中心，"每年在一定的季节里，商人从偏僻和辽远的城镇如成都、保宁府、潼川府、遂宁县、嘉定府、叙州府、绵州、合州及其他重要地方，有的由陆路，有的由水路来到重庆，运来他们的土产"，其中主要是蚕茧和生丝。① 由此，茧、丝的流通不再局限于区域内市场，而是向区域外市场以及国际市场延伸。

四川蚕茧交易的情况与广东大同小异。19世纪晚期，四川省在传统的农家手工缫丝生产之外，出现了缫丝手工工场，缫丝器具也有所变化，与原来的农家手缫丝被称为"大车丝"不同，新起的手工工场丝被称为"小车丝"。缫丝手工工场出现后，四川农村也经历了由"贸丝"到卖茧的转变，有些地方出现了养蚕农户不自缫丝而将蚕茧出卖获利的情况，"农民通常出售蚕茧，不另行制丝。农民生产的是最初级的产品，而蚕茧要集中到城镇，再变成生丝，然后销售到城市市场和出口"。② 方志记载："从前大车丝多系饲蚕之家自缫，自小车丝出，则售茧者多，五、六月内，城镇均有茧市，渝商如肇兴、天福、大有、华康、凡江、同孚、谦吉祥等皆在县境买茧，运回重庆缫丝。"③ "郫邑多桑，人

①② 上原重美：《支那四川省の蚕丝业》，东京，1927年，第55—56页。
③ 民国《三台县志》卷十三"物产志"。

家养蚕获茧，多不自缫织。每岁蚕月，故有商来收茧取丝，至成都销之。"① 乐山县"茧市各地皆有，惟城市较大"。② 位于成都市西南郊7公里处的簇桥镇，从事种桑养蚕的人家很多，"近来吾县簇桥，每新丝熟时，乡人鬻茧及商贩贸丝者麋集，官为榷税，岁额常数万金"。③ 据说这里的丝茧市场人气极盛，"每属场期，行人塞途"。绵阳县内有桑叶、生丝、蚕茧等市场，集合着来自绵阳、梓潼、江油、盐亭、三台、中江、安县等县90多个乡镇的商人及周围的农民。④ 凡此种种，皆可证明这一时期四川已经出现专门的茧市，并出现了商人收茧、雇人缫丝的现象。

缫丝手工工场的原料茧主要来自于晚清新兴的川北蚕区。这里没有茧行的存在，也没有干茧市场的形成，缫丝手工工场（包括以后的机器丝厂）年中所需原料，必须在每年4月底到6月底前后的两个月里购买储存。蚕茧交易通常在"场"（市集）中进行，蚕农自行运茧入市，茧贩到此购买，经由"经纪"的媒介，买卖双方成交后付给一定的手续费。茧贩购茧后，转售于缫丝工场（丝厂）附设的茧庄，送往干燥场杀蛹烘茧，储存以供缫丝工场（丝厂）之需。也有些缫丝工场（丝厂），往往视其需要与能力，在蚕区设置若干茧庄和干燥场，分担购茧和烘干的责任。⑤ 其产销流程图示为：

$$\text{蚕农} \xrightarrow{\substack{\text{蚕茧}\\\text{"场"}\\\text{经纪}}} \text{茧贩} \xrightarrow{\text{蚕茧}} \text{茧庄} \xrightarrow{\text{蚕茧}} \text{干燥场} \xrightarrow{\text{蚕茧}} \text{丝厂} \xrightarrow{\text{厂丝}} \text{国外市场}$$

蚕茧贸易的兴盛，不仅为川省近代缫丝工业的勃兴提供了丰富的原料，而且本身也已成为川省农村经济的重要一环。绵阳县"蚕桑以东乡为盛，北乡次之，西南乡又次之。……东、北两乡，土质宜蚕，浴蚕、刈蚕纯用旧法，即寒暖失宜，饲养稍疏，亦无大损。以故魏城、刘家、玉河场一带，虽妇人孺子，岁必

① 姜士谔：《光绪郫县乡土志》，第29页。
② 民国《乐山县志》卷四"建置志"。
③ 民国《华阳县志》卷十三"食货志·实业"。
④ 杜学祜等：《近现代四川场镇经济志》第2集，四川省社会科学院出版社1986年版，第140页。
⑤ 上原重美：《支那蚕丝业大观》，冈田日荣堂1929年版，第47—50页。例如，其后的又新丝厂，便在潼川、保宁、顺庆三地设置了茧庄12家和干燥场3处。

养蚕。成茧之时，较农业一季，获利更优"。① 历史档案证明：农民卖茧收入之现金，"实为农村周转之一大要素。同时农村中除由耕耘所得之食粮及蔬菜外，其他日常用品均由都市供给，商业因此巨大款项之流通，而为市场繁荣之所系。故吾人认为四川蚕丝业与四川农村社会商业经济上有极大之重要性"。②

五、其他省区的蚕茧市场

湖北省 近代湖北省的蚕桑业地带主要集中在三个区域：以天门、沔阳、汉川三县为中心的汉水流域、以沙市、江口、河溶、当阳为中心的长江沿岸，以及黄州的罗田、平湖一带。③ 河溶、当阳及黄州罗田等地"由于交通方面的原因，茧市尚未发达，产茧几乎全由当地农家缫成土丝"，有名的"河溶丝"、"黄州丝"就出产于此。④ 比较而言，汉水流域可称是湖北蚕桑业的主产区，"这一流域的蚕茧产量约占全省的六成，即所谓'沔阳丝'的出产地"。这里，也是湖北蚕茧市场出现较早，市场分布较密的地方。民国初年的调查报告写道："此地的蚕茧市场亦已开发，以仙桃镇为中心茧市多达十数个。"⑤

湖北所产蚕茧大部分为黄茧，白茧只占总产量的不到一成。各地蚕农习惯上把蚕茧种类分为"大头宝"、"圆头宝"、"老鸦嘴"、"细腰带"、"金刚钻"等不同称谓，在色泽上有一种区别于其他省份所产蚕茧的特点。一般来说，湖北黄茧的外形较大，这是其优势所在，但与江浙地区的优良茧种相比，则有纤度过细，解舒不良，缫折较大的缺陷。⑥

湖北省茧行的出现开始于1893年，当时为满足官丝局购茧的需要，在田二河、彭市河、仙桃镇、天门及簰洲五处设置了购茧所。此后，上海的丝厂及

---

① 民国《绵阳县志》卷三"食货志·物产"。
② 国民政府行政院档案：《高沛郁、卢作孚等关于四川蚕丝业改良初步经过报告》，1934年。中国第二历史档案馆编：《中华民国史档案资料汇编》第五辑第一编"财政经济"（六），江苏古籍出版社1992年版，第251页。
③ 也有把近代湖北蚕桑生产分为以汉口和宜昌为中心的两个产区的。前者以长江沿岸和铁路沿线的汉川、黄州、沔阳、蒲州等地产量为多，后者则以宜昌所在的东湖和附近的当阳为主。
④⑤ 日本蚕丝业同业组合中央会编：《支那蚕丝业大观》，东京冈田日荣堂1929年版，第541页。
⑥ 当然，因纤度过细、解舒不良而致缫折大，并非湖北黄茧所独有，而是一般中国蚕茧的共有缺陷。

外商洋行也纷来湖北购茧，建设干茧场所，进一步刺激了湖北茧市。① 生茧的交易，经由茧行之手进行，"这里与江苏、浙江执行的许可证制度的统制政策有所不同，任何人都可以自由设立（茧行）"。② 茧行大抵由产茧地区从事谷类、土丝及其他土特产生意的行店充当。一部分茧行自设干茧场，以自己的店铺充当蚕茧交易场所；也有些茧行向当地店铺给予无息贷款，建筑干茧室等设施，③ 进行收茧交易，待贷款偿还后，这些设施即归当地店铺所有。在后一种场合，茧行需付给当地店铺购茧金额 2% 的"行佣"。

表 5-5 20 世纪 20 年代前湖北省的茧市、茧行及茧价

茧市地点	茧行名称	购茧者	购茧款额	最高茧价	最低茧价	平均茧价
汉 口	大 丰	大丰丝厂	20（千吊）	1 640（文）	900（文）	1 300（文）
	成和昌	成和丝厂	80			
	周谓记	武昌设庄	50			
蔡 甸	大 丰	分 庄	5	1 660	1 000	1 340
	周谓记	分 庄	5			
新 沟	广福兴	保 余	50	1 720	1 100	1 480
	鹿鼎泰	成和昌	60			
杨池口	保 余	本 灶	80	1 740	1 100	1 540
分水嘴	黄兴顺	通 业	60	1 740	1 440	1 580
	黄通顺	瑞 成	90			
脉旺嘴	李长茂	通 业	70	1 800	1 420	1 630
	陈益泰	周谓记	70			
	合泰福	程瑞庭	60			
田二河	陈益泰	通 业	40	1 860	1 500	1 720
	九 成	周谓记	40 余			
	陈粹记	庆 丰	30 余			

---

① 清末民初活跃于湖北的外商洋行有黄泰、盐川、三井、汤浅、武林、荣泰、茂木及日华蚕丝等多家，进入 20 世纪 20 年代，外商洋行"依然利用这种优越地位，进一步着手经营缫丝业，左右着湖北省的茧市"（日本蚕丝业同业组合中央会编：《支那蚕丝业大观》，东京冈田日荣堂 1929 年版，第 547 页）。1924 年，湖北蚕作大凶，洋行亏折累累，次年即退出了湖北蚕茧市场，取而代之占据优势的是上海的缫丝厂业。

② 日本蚕丝业同业组合中央会编：《支那蚕丝业大观》，东京冈田日荣堂 1929 年版，第 546 页。

③ 干茧室的建筑费，每室约需一百四五十元。干燥能力每室每回容量约为 120—160 斤生茧，每日以完成 2 次干茧过程为限。

茧市地点	茧行名称	购茧者	购茧款额	最高茧价	最低茧价	平均茧价
乾镇驿	西合泰	大丰	70			
	恒生乾	裕源隆	60			
	福昌	昇记	60			
麻洋潭	同茂	昇记	40	2 140	1 500	1 800
	马恒元	通业	40			
	同昌福	程瑞庭	90			
	韦履泰	祥余	50			
	梁恒太	周谓记	60			
彭市河	简隆胜福	通业	50	1 960	1 560	1 820
	隆胜新	昇记	90			
	隆胜牲	允余	80			
	彭祥泰	祥余	50			
	鲜恒泰	保余	70			
	彭谦顺	成和昌	90			
	鲜德聚	昇记	70余			
	彭吉泰	原丰	70			
	祥兴余	昇记	10余			
	彭和顺栈	周谓记	70			
	彭义茂栈	洽记	70			
	刘学昌	周谓记	80			
	鲜祥余	同德祥	70			
仙桃镇	茧行3家	购茧者3	100			
岳家口	茧行6家	不详	50	茧行及购茧者为陈公顺、纬丰、鼎记、保余、裕源隆等		
天门	茧行5家	不详	20			
通海口	熊怀之	同德	不明			
彭家场	茧行2家	不详	不明			
黄州篓家堡	不详	周谓记	不明			
木溪河	不详	成和昌	不明			
簰洲	不详	周谓记	不明			

资料来源：日本蚕丝业同业组合中央会编：《支那蚕丝业大观》，东京冈田日荣堂1929年版，第547—550页。

表见茧市为 18 处, 茧行 57 家, 购茧总金额 216 万吊钱, 大致该年度出售生茧 215 万斤, 即干茧 4 000 担左右。①当时湖北省的蚕茧产量约为干茧 5 万担, 大体与江苏省无锡地区的蚕茧产量相当; 而丝厂及茧商购买干茧的数量, 常年约为 4 000 担左右, 也就是说, 用作丝厂原料的蚕茧, 大约只相当于湖北省全部蚕茧产量的十分之一。其中一半为上海丝厂所购, 另一半则为汉口的丝厂所购。下表为购入干茧百斤运至汉口所需的各种费用:

表 5-6 购入干茧百斤及运至汉口所需费用明细   单位:吊钱

项 目	金 额	项 目	金 额
燃 料	10.000	食 费	1.730
干燥费、人工费	10.240	通信费	1.000
厘金税	2.150	营缮费	7.000
运输费	2.060	杂 费	6.500
旅 费	3.430	合 计	44.110

资料来源:日本蚕丝业同业组合中央会编:《支那蚕丝业大观》, 东京冈田日荣堂 1929 年版, 第 554 页。

山东省农家卖茧现象的出现及其普遍化, 成为晚清以后山东农村经济所发生的值得注意的重大变化之一。在山东蚕区, 茧市随处可见, 大抵于村中立市, 以村名作为市集名称。这种茧市多设在村头巷尾和寺庙广场, 市日称为 "逢场", 时间则按各地的约定进行。有些市集的交易物品本不限于蚕茧一类, 但由于蚕茧交易渐盛, 以致成为市集交易中最为重要的商品, 其后发展为丝厂直接于蚕区市集设立购茧所收买蚕茧。

晚清时期山东省的蚕茧商品化率及茧市的实际交易量尚难统计, 民国初年的情况或可作为一个参照。从当时山东各地的蚕茧售卖量来看, 临朐为 30 000 担, 其下依次为周村、长山、张店的 16 000 担, 莱芜、青州各为 8 000 担, 博山的 2 200 担, 潍县、昌乐等地的 800 担, 仅此已达 65 000 担, 约占山东全省蚕

---

① 据 20 世纪 20 年代的调查统计, 湖北省售出干茧量, 1920 年为 3 000 担, 1921 年为 3 000 担, 1923 年为 2 400 担, 1924 年为 3 000 担, 1925 年为 3 000 担, 1926 年为 15 000 担, 1927 年为 6 000 担 (日本蚕丝业同业组合中央会编:《支那蚕丝业大观》, 东京冈田日荣堂 1929 年版, 第 166 页表中数据)。

茧产量 116 242 担的 55.92%。① 也就是说，至迟到 20 世纪 20 年代，在市场交易的蚕茧已经占到山东省蚕茧产量的大部分了。

下面是山东省最大蚕茧产地临朐县南部村落所见的茧市：

表5-7　20 世纪 20 年代前临朐县南部的茧市

茧市场所	市　日	茧市场所	市　日
辛　寨	1、6、3、8	寺　头	1、6、3、8
南　流	2、7、4、9·	王　庄	2、7
梨花埠	5、10	杨　善	3、8
瞿家园	1、6	黄家宅	4、9、1、6
朱　位	1、6、4、9	豹伏岭	3、8
田　村	2、7	平安谷	2、7
沿　原	4、9	下五井	2、7
迟家庄	2、7	五　井	5、10、1、6、3、8
宫家坡	3、8、5、10	茹家庄	4、9
石佛堂	2、7、5、10	马　庄	1、6
河　庄	4、9	朱家坡	3、8
鹿　皋	1、6、3、8	洛　庄	4、9

资料来源：日本蚕丝业同业组合中央会编：《支那蚕丝业大观》，东京冈田日荣堂 1929 年版，第 638—639 页。

其他省份的蚕桑生产及蚕茧市场，虽然尚不能望东南沿海地区之项背，但也呈现出初兴的气象。连一些蚕桑业向来默默无闻的地区，也在这一时期发生了很大变化。安徽省"蚕桑向不讲究"，产量亦微，19 世纪 70 年代末，由芜湖出口的生丝，每年不过 300 余担。到 19 世纪末 20 世纪初，蚕桑业逐渐在芜湖周围地区推广开来，宣城、青阳、宁国等县尤为普遍。② 据调查统计，安徽省的干茧收购量，民国初年已将近万担，多供应上海丝厂的原料之需。③ 河南省晚

---

① 日本蚕丝业同业组合中央会编：《支那蚕丝业大观》，东京冈田日荣堂 1929 年版，第 691、690 页。
② 《皖省茧业之发达》，《农商公报》第 37 期，第 25 页，1917 年 8 月；民国《芜湖县志》卷三十五，第 2 页。
③ 日本蚕丝业同业组合中央会编：《支那蚕丝业大观》，东京冈田日荣堂 1929 年版，第 165 页表中数据。《上海丝厂业之调查》，《经济半月刊》第 2 卷第 12 期，第 14 页，1928 年 6 月 15 日。

清后提倡蚕业，栽种湖桑，讲求新法，"较前大见起色"。① 武陟县过去并无蚕桑，清末开始发展，养蚕缫丝者"加多数倍"。有记载说："每岁蚕老茧成，估客麇集，全县获值约数万金。"②

从"贸丝"到"卖茧"的变化，对中国农村社会和传统小农经济产生了巨大冲击。它对传统蚕桑业的落后生产方式和低劣产品质量，是一次釜底抽薪般的改造。"自近来外人来买新茧，于是各处多设茧行，而缫丝者去其大半。"③ 养蚕与缫丝分离，蚕区农家的副业生产渐渐走向专业化，在这里，"农民已经不再是外部世界的盲目的牺牲者；他们通过由水稻种植到植桑养蚕，又由自家缫丝到生产蚕茧的转换，积极而又理性地对新的经济机遇做出反应"。④ 同时，蚕桑生产已不再是单纯小农经济的组成部分，而与近代大工业生产联系了起来，成为近代大工业生产的延伸地带，最终经由机器丝厂的产品出口，感受到世界经济的脉动，形成资本主义世界经济体系的一个重要环节。

第三节
植桑育蚕的投入与产出

一、植桑育蚕的辛劳

与棉花种植相比，蚕桑生产具有一定的特殊性。在中国的地理、土壤、气候条件下，棉花种植具有一定普遍性，在大多数地区均可获得发展，故清代以后植棉业在全国、尤其是在北方地区迅速普及。蚕桑生产则不然。植桑对气候、气温、土壤等要求颇高，饲蚕更是一项复杂而充满风险的工作。晚清时期的地方志及蚕桑业手册一再提醒人们，养蚕过程的每一个步骤都存在着极大的

① 民国《许昌县志》卷六，实业，第 2 页；民国《重修渑池县志》卷七，实业，第 15 页。
② 民国《武陟县志》卷六，食货志，第 21 页。
③ 《木渎小志》卷五"物产"。
④ Robert Y. Eng, "*Economic Imperialism in China—Silk Production and Exports, 1861—1932*", 1986 by the Regents of the University of California, p.188.

危险。① 从某种意义上说，植桑和育蚕有着相互冲突的需求，桑树需要的是温暖而潮湿的气候和充沛的雨水，蚕儿却在暖和干燥的气候中才能健壮成长，这造成了难以协调的矛盾，如果在干湿、冷热之间失去平衡，蚕儿要么因饲料不足而死，要么因染上疾病而死。因此，非人力所能控制的天气状况，如风、雨、露、雾，便在蚕桑业的收成有着决定性的影响。"好天气和有利的市场状况的结合会使农民发点小财，而坏天气和疲软的市场则会带来灾难"。②

另一方面，蚕儿需要细致的喂养和精心的呵护，蚕儿不仅喜暖厌冷，喜干厌湿，喜洁厌脏，而且喜静厌闹，喜吉庆厌灾难。③ 在整个饲育过程中，"自头蚕始生至二蚕成丝，首尾六十余日，其饲之也，篝灯彻曙，夜必六、七起"，"视慈母之护婴儿殆有甚焉"。倘若"饥饱之不节，燥湿之不均，寒晒之不时，则蚕往往至于病而死"。蚕区农户还从生产实践中总结出来许多禁忌，"蚕家忌蚕食冷叶、湿叶，忌仓率开门，忌外来人冲、不吉人见……"。④ 饲蚕期间，"农家和村子里的所有其他事情都搁置起来了；人们闭关绝户，互不往来；地方衙门停止征税和审理案子；所有地方学校放蚕忙假，让学生给家里帮忙"。⑤

除了植桑育蚕所要面对的重重风险之外，蚕桑生产还须投入更多的劳动。晚清时中国大部分地区所养的蚕为每年一到两期，主要的一期在春天，有时还有一期在夏天。⑥ 春蚕的饲育，孵化蚕卵约需 8 天，饲育约需 28 天，做茧约需 5 天，成茧约需 10 天，蚕蛾产子还要 3 天。在一个半月以上的饲育期间，需要非常密集的劳动。有人根据晚清蚕桑手册的记述，描写了从孵化蚕卵到蚕蛾产子的整个过程：

---

① 参见《湖蚕述》、《蚕桑简明辑说》、《广蚕桑说辑补》及《归安县志》（1892 年）、《嘉兴县志》（1906 年），等等。
② 李明珠著、徐秀丽译：《中国近代蚕丝业及外销（1842—1937）》，上海社会科学院出版社 1996 年版，第 21 页。
③ 参见《蚕桑简明辑说》，第 17a—b 页。
④ 康熙《嘉兴府志》卷十"风俗"。类似记载多见于近代江南各地方志和蚕桑业手册，如同治《嘉兴府志》、《广蚕桑说辑补》、《蚕桑简明辑说》等。
⑤ 李明珠著、徐秀丽译：《中国近代蚕丝业及外销（1842—1937）》，上海社会科学院出版社 1996 年版，第 18 页。
⑥ 养蚕开始的时间各地不一，一般江苏省无锡地区发生于农历三月十日至十五日，上簇为农历四月十五日至二十日，而在浙江省绍兴地区，则约早十日左右。在以珠江三角洲为代表的华南地区，每年可养蚕 6 期以上。此外，还有山东、东北一带吃柞树叶的野蚕。

4月初清明节时，在阴凉处小心地存放了一冬的蚕种纸被拿出来，如果桑树上的叶子已经有"铜钱般大小"，就可以开始孵化蚕子。蚕纸由人体加温，晚上或者放在被窝里。孵化后，蚁蚕被均匀地放置在暖房子里的蚕匾中。此后，它们将经过4个蜕皮阶段，中文叫做"眠"。每一眠后，就给它们喂叶。在头二眠时，桑叶要切细，每天喂叶5—6次，每一眠约需4天。三眠之后，随着蚕吃叶量的增大，喂饲的次数也大大增加，白天需饲6—7次，黄昏和晚上各一次。三眠后，桑叶尚需粗粗切过，但大眠后就完全不需要切了，甚至小枝也可整条地喂。大眠后，每天至少得喂叶10次，（蚕）吃叶声傻傻地响。蚕匾得经常替换，使蚕不为其屎溺所污。蚕越大，蚕匾替换得越勤，需要匾数也就越多。

　　大眠以后，蚕就准备做茧了。这时时机的把握是至关重要的，如果蚕尚未老就被选出来做茧，它未吃够桑叶，难以吐出充分的丝；而如果选得太迟了，它就已经吐出一些丝缕，因而不能做成一个丰满的茧。老茧选出来后，就布到草垛上——有时放在竹帘上——蚕在上面做茧，这被称为"上山"。在做茧过程中，在房子四周生火以保温很重要；不然的话，蚕就不会好好做茧。据17世纪著名的技术手册《天工开物》记载，用火灼山是嘉兴和湖州地区特有的，这是江南丝坚韧的原因。

　　约五天之后，茧就完全做成了，这时就要把它们从簇上摘下来，摊放在阴凉房子的匾里等候缫丝。但在缫丝之前，要选一些最好的蚕茧以供产子之用。蚕蛾咬茧而出，交配生子。蚕种放在一张纸上，蚕纸得挂几天，使之干燥，直到颜色转黑为止。然后，洒上一些石灰浆，把蚕种纸叠起来一直放到冬天。在农历十二月，蚕种纸被拿出来在盐水或冷茶汁中浸泡10天左右以杀死弱子，然后再放起来，直到来年春天拿出来孵化为止。①

---

① 李明珠著、徐秀丽译：《中国近代蚕丝业及外销（1842—1937）》，上海社会科学院出版社1996年版，第19—20页。按：李明珠的这段描写，参考了《广蚕桑说辑补》、《蚕桑简明辑说》、《天工开物》、《农政全书》、《蚕事要略》、《嘉兴府志》、《长兴县志》等。

由此可见，在饲蚕头三"眠"时，采桑、喂蚕和打扫蚕箔等工作还比较轻松，一般一个人即可轻而易举地看管一张蚕子（每家农户平均喂养数）。但到了第四、第五阶段，采桑、喂叶次数大大增加，一张蚕子每天大约要吃掉200斤桑叶；而且蚕箔连同蚕儿重达三四十斤，替换起来很耗体力。① 总体来看，"蚕月的劳动需要是如此紧张，以致家庭成员在养蚕时会牺牲许多夜晚的睡眠。如果一家所养的蚕超过了它自己可以照看的范围，雇佣人手所需要的花费可能抵消卖茧卖丝所得的一切利润"。②

以上是只饲育一季春蚕所要投入的劳动。近代以前，中国大部分地区很少饲育夏蚕，一些农学书籍把它看做是一桩"因小失大"的事情，是不可取的，因为那时家庭劳力正忙于播种稻谷和其他作物。③ 只有少数地区在桑叶多余、别无他用的情况下才会饲育夏蚕，而即便饲育夏蚕，目的只是为了使妇女们挣得些许私房钱，规模和质量也就无法与饲育春蚕同日而语。④ 晚清时期，蚕丝市场由于对外贸易的刺激而迅速扩张，夏蚕饲育的重要性随之提高。对于农民家庭来说，饲育夏蚕也能带来一笔可观的收入，夏蚕的饲育逐渐扩大，到19世纪末时大约相当于春蚕收入的30%—40%。⑤ 由此，带来了更多的农家劳动投入。

植桑养蚕与种植稻、麦等粮食作物相比，需要更多的劳动力投入，从而也就意味着养蚕农家更为辛苦。有学者根据实地调查的情况计算，仅桑树栽培一项，就把劳动力的需求提高到大约每亩32.2个工作日。美国人卜凯（John Lossing Buck）在任职南京金陵大学农学系教授期间，通过对长江流域稻麦产区18个地点的调查和研究，发现种桑的劳动力需求比种植所有其他作物都要

---

① 黄宗智：《长江三角洲小农家庭与乡村发展》，中华书局1992年版，第53页。按，据李伯重的研究，种桑和养蚕的劳动力投入，每亩约为93个工作日，相比之下种植水稻每亩仅11.5个工作日，两者的劳动投入比率为8.1：1（李伯重：《"桑争稻田"与明清江南农业生产集约程度的提高》，《中国农史》1985年第1期。

② 李明珠著、徐秀丽译：《中国近代蚕丝业及外销（1842—1937）》，上海社会科学院出版社1996年版，第163页。

③ 陈恒力：《补农书研究》，中华书局1958年版，第243页。

④ 《蚕桑简明辑说》，第38b—40a页。

⑤ 同治《嘉兴府志》卷三十二；民国《双林镇志》卷十四。又见乐嗣炳：《中国蚕丝》，第27—28页。到20世纪二三十年代，中国农村开始推进第三期蚕的饲育，但这一活动从未普及过。

高：种 1 英亩桑叶，需要 196 天，与之形成对比的是，种 1 英亩水稻，一熟需要 76 天；种 1 英亩茶叶，需要 126 天。[1] 植桑是种稻的 2.58 倍。也就是说，从单一种稻的方式改变为兼营稻作和桑蚕，可能意味着一年工作 150 天与 300 天之别，还可能意味着家庭成员的未经利用的劳动力也投入了生产。

在许多地方，主要是由妇女承担了这一高度紧张的劳动。"养蚕业不仅利用了季节性闲置劳动力和家庭劳动力，特别是利用了家庭妇女劳动力。男子可做辅助，但他们的主要精力仍用于农业生产"。[2] 由各地方志可以看到，在蚕桑业劳动中，大约有 90% 是由妇女担任的。[3]《西吴蚕略》记之颇详：

> 蚕事自始至终，妇功十居其九；男丁惟铺地后，可以分劳，又值田功方兴之际，不暇专力从事。富家无论已，贫家所养无多，而公家赋税、吉凶礼节、亲乡酬酢、老幼衣着，惟蚕是赖，即惟健妇是赖。如值桑叶涌贵，典衣鬻钗，不遗余力；蚕或不旺，辄忘餐废寝，憔悴无人色，所系于身家者重也。故长（兴）俗妇人称蚕曰"蚕宝宝"。庚申（1860）以来，邑内桑圃荒芜，屋宇器具，十去其九，而育蚕家结茅为屋，蚕多屋窄，举家露宿。蚕妇虽饘粥不给，昼夜喂饲无倦容。饥寒之中，继以劳苦，往往有因蚕致病不起者，可胜慨哉！[4]

1874 年的《湖州府志》记载得更为细致：

> 自头蚕始生至二蚕成丝，首尾六十余日，妇女劳苦特甚。其饲之也，篝灯彻曙，夜必六七起。叶带露则宜蚕，故采必凌晨，不暇栉沐；叶忌雾，遇阴云四布，则乘夜采之；叶忌黄沙，遇风霾则逐片抖刷；叶忌浇

① Buck, John Lossing. *Land Utilization in China*. Chicago, University of Chicago Press, 1937, p.302.
② 李明珠著、徐秀丽译：《中国近代蚕丝业及外销（1842—1937）》，上海社会科学院出版社 1996 年版，第 163 页。按：大概只有珠江三角洲的情况不同。20 世纪 70 年代以后，当地机器缫丝工厂兴起，妇女大多进入丝厂做工，男子成为专业性的蚕桑生产的主要劳动力。
③ 汪曰桢：《湖蚕述》，中华书局 1956 年版，第 2 页。又见乐嗣炳：《中国丝业》，世界书局 1935 年版，第 28 页。
④ 丁宝书等：《同治长兴县志》卷八，第 4 页。

肥，必审视地土；叶忌带热，必风吹待凉。饲一周时须除沙屑，谓之替；替迟则蚕受蒸。叶必遍筐，不遍则蚕饥。叶忌太厚，太厚则蚕热。俟其眠，可少省饲叶之劳，又须捉而称之以分筐。……男丁唯铺地后及缫丝可以分劳，又值田功方兴之际，不暇无力从事，故自始至终，妇功十居其九。①

收茧之后缫丝，通常也是由妇女承担，男子虽"可以分劳"，但正值"田功方兴之际，不暇专力从事"。②而与育蚕相比，缫丝劳动的密度与强度更甚。由于蚕蛾往往在 10 天之内就会破茧而出，所以缫丝必须在这一时限内完成。这对农家造成了巨大的压力，有调查者实地观察："到养蚕上簇为止，尽管甚为辛苦，但与缫丝相比，到底还要轻松一些。"③

植桑育蚕如此辛劳，蚕区农民之所以还要乐此不疲，秘密就在于植桑与种禾之间的收益差距。根据各种历史资料分析，中国各地普遍存在着植桑养蚕与种植粮食之间收益悬殊的现象，可以说，蚕桑生产正是蚕区农民在同粮食作物收益的对比中选择和发展起来的。

二、蚕桑生产与粮食作物的收益比较

江南地区，特别是太湖流域一带以"鱼米之乡"著称，这里是我国水稻的主要产区之一，素有"苏湖熟，天下足"的美誉。当地农家宁可放弃稻作而尽力于蚕桑，说明栽桑养蚕的收益一定在栽培水稻之上。早在明代，人们就有"蚕桑之利，厚于稼穑"的认识，"大约良地一亩，可得桑八十个（每二十斤为一个），计其一岁垦锄壅培之费，大约不过二两，而其利倍之"。④万历年间的《桐乡县志》指出：植桑育蚕的利润是种稻的 4 倍，有时甚至可高达 5 倍。⑤明代

① 同治《湖州府志》。
② 丁宝书等：《同治长兴县志》卷八，第 4 页。
③ 名古屋商工会议所：《清国新开港场商业视察报告书》，1896 年，第 85 页。
④ 徐献忠：《吴兴掌故集》卷十三。
⑤ 陈恒力：《补农书研究》，中华书局 1958 年版，第 51 页。

晚期，浙江吴兴沈姓人士著《沈氏农书》，[①]对蚕桑业的优点赞誉备至，其后，张履祥著《补农书》，[②]更是强调了蚕桑业在经济上日益上升的重要性，指出植桑远比种稻划算且更具优势：

> 桐乡田地相匹，蚕桑利厚。东而嘉善、平湖、海盐，西而归安、乌程，俱田多地少。农事随乡，地之利为博，多种田不如多治地。……俗云："千日田头，一日地头"是已。况田极熟，米每亩三石，春花一石有半，然间有之，大约共三石为常耳。地得叶，盛者一亩可养蚕十数筐，少亦四五筐，最下二、三筐。米贱丝贵时，则蚕一筐，即可当一亩之息矣。米甚贵丝甚贱，尚足与田相准。俗云："种桑三年，采叶一世"，未尝不一劳永逸也。[③]

清雍正三年（1725），江苏常熟人朱斌根据嘉兴、湖州地区的材料，对植桑育蚕的利润作了较为细致的估算：当时一亩良田种稻，丰收之年可得米3石。一亩田栽种240株桑树，年可采收桑叶12担。一担桑叶值银3钱，12担桑叶值银3两6钱，约相当于3石米的价格。栽桑所费人工、肥料大致和种稻相近，约折合银6钱。也就是说，种稻和栽桑的收益在好年成差不多。但是，植桑的农家基本上都自己育蚕。以一亩桑田所产的桑叶养蚕，收茧之后再自己缫丝，约可净得蚕丝10斤，当时丝价"平价可得纹银十两，是一而见三"。而养蚕、缫丝过程中所费灯油、柴炭等支出，可与养蚕所得的蚕沙、缫丝时所得的茧衣和下脚茧制成的丝绵、缫丝后所余下的蚕蛹等物相抵。[④]由此可见，清代前期，植桑一亩，经过养蚕、缫丝，所得收益大约相当于栽培3亩水稻。也就是说，植桑育蚕缫丝的利润，三倍于栽种水稻。明末清初士人的考察，是与当时江南

---

① 《沈氏农书》全书分逐月事宜、运田地法、蚕务附六畜及家常日用等四部分，系统论述吴兴地区的农事活动。

② 张履祥为明末清初浙江桐乡人，其著《补农书》意在补充《沈氏农书》之不足，对稻、桑、麻、果、蔬的种植和农家副业的规划、经营、管理等皆有涉及。

③ 张履祥：《补农书》，第27—28页，见陈恒力：《补农书研究》，中华书局1958年版，第252—253页。事实上，在1879年编纂的《嘉兴府志》中有同样的记述。这里有个问题需要注意：张履祥赞同"千日田头，一日地头"的说法，却忽视了桑树栽培一般需要7年左右的时间方可达到最佳得叶期，同时，他也忽略了植桑与种稻所需劳动的相对数量，以及由此带来的机会成本。

④ 朱斌：《蚕桑指要》，雍正三年（1725）刻本。

地区农业的商品化趋势的日渐加强，以及对经济作物，特别是植桑育蚕重要性认识的日益加深相一致的。

时入晚清，在对外贸易激增，生丝价格上扬的刺激下，蚕桑生产与稻作生产的收益差距进一步扩大，据说"一亩良田，若种成密桑，其利乃五倍于谷麦"。①同治十二年（1873），无锡地主华翼纶写信给他的女婿，说他去年买田十五亩，种桑三千株，估计每株桑树可采叶二十斤，每百斤桑叶时价约为一元四角，当时米价不过每担二、三元，算起来栽桑的利润要比种稻至少高出四五倍。

清末曾任无锡知县的李超琼也写道：

> 若问植桑一亩之利如何，较之种稻三亩收益还多。且饲蚕成茧，春夏之交四十日即告结束，种稻则需耕耘、收割、须经三季。就耕作之易、时日之短来看，养蚕也完全胜过稻作。……故种稻终究不如植桑。②

类似情况也在浙江出现。"地得叶盛者一亩可养蚕十数筐，少亦四、五筐，最下二、三筐。米贱丝贵时，则蚕一筐可当一亩之息矣。米甚贵丝甚贱，尚足与田相准"。③正是因为如此，时人才会发出这样的感慨："洪杨乱后，丝业出口贸易正盛之时，即湖州蚕桑农村极端繁荣之日。一般农民，衣食饱暖，优闲安适，有史以来，以此时为最盛。"当然，他们也已意识到："农民育蚕所得，乃丝商盈利之剩余"。④

据1897年日本农商务省派人到中国所做的实地调查，1亩桑园的耕作与栽培，1年约需陆续雇佣日工13人次，每日工资0.2元，共需支付工资2.6元，加上租税0.3元，共需支出2.9元；而1亩桑园大致可收叶1千多斤，育蚕可得鲜茧50斤，当时鲜茧百斤行情为30元，售出鲜茧后可收入15元，减去支出，

———————————————

① 高景岳、严学熙编：《近代无锡蚕丝业资料选辑》。
② 李超琼：《石船居杂著賸稿》，"芙蓉行记"，作于1895年8月。转译自铃木智夫《洋务運動的研究》，汲古书院1992年版，第382页。
③ 光绪《桐乡县志》卷七。
④ 中国经济统计研究所：《吴兴农村经济》，第123页。

农家可获收益 12 元左右。① 这大概为妇女一人之工作所得。据日本学者铃木智夫先生根据甲午战争后日本人对无锡县杨墅乡的调查资料计算，每亩土地稻麦两作的收入与植桑育蚕的收入相比，后者平均约为前者的 3.45 倍，单纯植桑也为稻麦两作的 1.31 倍，即使本人不植桑，购买所需桑叶用于养蚕，也为稻麦两作的 2.13 倍，为单纯植桑的 1.63 倍。② 见下表：

表 5-8　清末每亩稻麦两作与植桑育蚕收益比较　　　　　　　　　　　单位：元

年代	小　麦			稻　米			稻麦	植　桑			育　蚕			买桑
	产量	单价	价值	产量	单价	价值	合计	产量	单价	价值	产量	单价	价值	养蚕
1897	1.2	2.5	3.00	2.0	7.02	14.04	17.04	15.0	1.5	22.50	1.25	35.0	43.75	21.25
1898	0.7	4.2	2.94	3.0	4.0	12.00	14.94	15.0	0.9	12.00	1.25	38.5	48.13	36.13
1899	1.2	2.5	3.00	2.5	2.8	7.00	10.00	15.0	0.8	12.00	1.25	36.5	45.63	33.63
1900	0.8	3.0	2.40	2.7	3.5	9.40	11.80	15.0	1.0	15.00	1.25	45.0	56.25	41.25
1901	1.3	2.5	3.25	2.7	3.8	10.26	13.51	15.0	2.0	30.00	1.25	37.5	46.88	16.88
年均	1.04	2.94	3.06	2.85	4.22	10.89	13.95	15.0	1.22	18.30	1.25	38.5	48.13	29.83

资料来源：原据坂本菊吉：《清国二於ケル生糸绢织物ノ实况並其企业二關スル调查报告》(《农商务省商工局临时报告》明治三十七年第五册）计算，转引自铃木智夫《洋务运动の研究》，汲古书院 1992 年 12 月发行，第 384 页。

　　类似的情况，同样发生在浙江新兴蚕区。新昌人吕广文也曾为栽种谷麦与植桑育蚕算过一笔账。他估计：一亩良田稻麦两熟，可收获麦一石五斗、谷四石，"计钱不过千，内除种本麦二千、稻一千，净得不过七千"。与之相比，"近年英商来吾乡买茧，价在四百四、五十文左右。譬如养蚕子一两，连蚕小时食叶一千五、六百斤，得茧一百斤，即可卖钱四十四、五千文之数。则是种成桑叶，每百斤可作钱三千文之则。"他指出：一亩田若种成"密桑"，③ 每亩最少可得叶千斤；等而上之者，可得一千五、六百斤之数；即以折中而论，以千三百斤为准，值钱约四十千之则。除去油饼、灰粪、培壅之本六、七千"，可净得

① 参见高津仲次郎：《清国蚕丝业视察报告书》，农商务省农务局，1897 年，第 20 页。
② 铃木智夫：《洋务运动の研究》，汲古书院 1992 年版，第 383 页。
③ "密桑"，即缩小行株距，植株较密的桑园。每亩栽桑 300 株左右，加强肥培管理，一般产量较高，栽后四、五年，亩可采叶一千五六百斤。

三十三、四千文。收支相抵，栽桑之利，"五倍于麦谷"。①

这种情况也在江南地区土地租金的差别中反映出来。在 20 世纪一二十年代的绍兴，1 亩稻田的售价约为 70—100 元，而 1 亩桑地的售价则高达 100—150 元。在无锡，1 亩稻田的售价是 50—80 元，1 亩桑地则在 70—100 元之间，平均约为 80 元。②在苏州府常熟县，1 亩中等稻田约值 70—80 元，1 亩适合于种植烟草等其他作物的中等旱地约为 50 元，而 1 亩中等桑地价值 120 元，上等桑地 1 亩则达 200 元。③甚而至于还有记录称：1 亩上等桑地价值 150 元，而 1 亩水田则仅值 30—40 元。④

珠江三角洲的情况表现得更为突出。这里是中国最重要的亚热带气候型养蚕区，每年 3 月到 11 月都可养蚕，每次费时 16 到 18 天即可收茧，通常一年收茧 6—8 次，比起江南地区每年收茧 2 次、至多 3 次，要高出许多。自然条件的得天独厚，使当地农民能够整年运转不息地采叶、养蚕、收茧、制种，形成专业性的蚕桑生产循环。同时，珠江三角洲近代缫丝工业兴起较早，需要源源不断的原料茧供应，使得农民从事蚕桑业生产不致有产品无人问津之虞。市场需求刺激了蚕桑生产专业化的发展，而机器缫丝工厂的兴隆，吸收了大部分的当地农村妇女，她们不再于家中从事养蚕缫丝的副业生产，男性劳力便只能将植桑养蚕作为专业来经营。

这种专业性的蚕桑生产使之获得了更为优厚的利润。珠三角农民竞相选择植桑养蚕作为主业，是因为在生丝外销迅猛增长的刺激下，养蚕缫丝比从事其他作物生产都更为有利可图。由于"法国南部和意大利北部流行疫症损坏了很多蚕茧，导致欧洲丝产量下降，从而加剧了欧洲和美国对生丝的巨大需求"，结果"使广东人在养蚕方面获利如此之丰，以致使他们将很多稻田改为桑园"。⑤20 世纪 10 年代前后，当地每户蚕农的育蚕量为平均每作二、三张蚕种

---

① 吕广文：《劝种桑说》，作于 1894 年。
② 日本蚕丝业同业组合中央会编：《支那蚕丝业大观》，东京冈田日荣堂 1929 年版，第 95 页。
③ 曾同春：《中国丝业》，商务印书馆 1933 年版；亦见日本东亚研究所编：《支那蚕丝业研究》，大阪，1943 年，第 82—83 页。
④ 乐嗣炳：《中国蚕丝》，世界书局 1935 年版，第 72 页。
⑤ 粤海关税务司：《1871—1872 年广州口岸贸易报告》，广州市地方志编纂委员会办公室、广州海关志编纂委员会编：《近代广州口岸经济社会概况——粤海关报告汇集》，暨南大学出版社 1995 年版，第 75 页。

纸，收茧量约 240—300 斤，以最小值估计，一年 6 造正常年景约可收茧 1 440 斤。农家育蚕，一般动用家庭成员即可满足所需的劳力，同时兼营桑作，每担蚕茧实际需要成本 4.6 元，而当时鲜茧价格每担约 60 元上下，扣除成本，每担收益约 55.4 元，每作收益约 133 元，全年收入粗算当在 800 元左右。① 扣除桑园租佃和耕种成本约 480 元，每年纯收入约 320 元。②1925 年时，由于当年茧价高达每担 100 元，蚕户年纯收入竟达到 690 元。③ 即使以正常年景的收入计算，农家维持生计应无问题。

从综合效益上看，"桑基鱼塘"的经济效益更是远比种植水稻为高。珠江三角洲由于具有气候温暖，土地低平肥沃的优越自然条件，种桑一年可采叶 8—9 次，有人曾按当时"四水六基"的比例估算，一亩桑地可产桑叶 4 000 斤，养蚕可得蚕茧 240 斤，每 100 斤鲜蚕茧可缫生丝 10 斤；一亩桑地养蚕可得蚕沙 1 600 斤，6 亩桑地养蚕所得蚕沙可供塘鱼 4 亩，可增产鱼 1 200 斤。④ 这样高效的"桑基鱼塘"式生产，其经济效益自然非单纯的水稻种植可比。有人估计过，当时一亩"桑基鱼塘"，种桑、养蚕、养鱼的收入大约相当于 3 亩稻田所能产生的价值。所以，在南海、顺德等县都有"一担桑叶一担米"，"一船丝出，一船银归"的民谚流传。⑤

在某种意义上，珠江三角洲蚕桑生产的发展也是人多地少压力之下的一个结果。广东是一个由山地、丘陵、平原、台地组成，而以山地和丘陵为主的地区。省内仅有一个约 6 000 平方公里的珠江三角洲平原和一个约 915 平方公里的韩江三角洲平原，形成了"三山六水一分田"的格局。人口学家研究表

---

① 本位田祥男、早川卓郎：《東亞の蠶絲業》，《东亚经济研究》(三)，东京日本学术振兴会，1943 年版，第 217—218 页。
② 铃木智夫：《清末民初における民族资本の展开过程——廣東の生絲業について》，《中国近代化の社会構造》，东京教育大学亚洲史研究会，1960 年。据上原重美 1927 年的调查，珠三角地区的养蚕业，在劳力及桑叶全部仰求他人的情况下，生茧百斤的生产费用约 86 元；若自有桑园且桑叶自给自足，则生茧百斤的生产费约为 60.80 元。以每年蚕作七回计算，若饲育顺利，农家收入可达 1 250 元，纯收入约为 835.60 元。"足可见茧价高低对于农家经济之影响至大"(日本蚕丝业同业组合中央会编：《支那蚕丝业大观》，东京冈田日荣堂 1929 年版，第 938 页)。
③ 考活·布士维(C. W. Howard)著，黄泽普译：《南中国丝业调查报告书》，岭南大学 1925 年版，第 88—89 页。
④ 梁光商：《珠江三角洲桑基塘生态系统分析》，《农史研究》1988 年，第 7 辑。
⑤ 周朝槐：民国《顺德县志》。

明，广东历史上的人口分布密度不一，总的态势是人多地少，人口增长速度远远超过耕地增长的速度，越近晚近，情况越严重。清嘉庆时，广东全省人口为21 558 239人，全省耕地为34 300 709亩，人均耕地不到1.6亩，其中广州府南海县的人均耕地不足1.5亩。清朝晚期，全省人口增至2 800多万人，人均耕地则下降为只有1.3亩，人多田少的矛盾成为广东特别是珠江三角洲地区的严重社会问题。自明代中叶以降，广东省逐步由历史上的粮食输出省变为缺粮省，而且成为中国的一个粮食输入大省，以致时人有"广东地广人稠，专仰给广西之米"之叹。① 在粮食供应已可由市场解决的情况下，已经没有理由死守以水稻种植为唯一生计，于是人们想方设法另觅出路，开始改革和优化生产结构，在有限的土地上种桑养鱼，以取得更高的经济效益，从而使得"桑基鱼塘"的生产模式加速发展起来。

在四川，蚕桑业也已成为川省农村经济的重要一环。晚清四川农村经济凋敝，财力内竭，酿成了严重的经济与社会问题。川省官民苦思解救之道，均将"苏川民之困"的方法寄托于发展蚕桑生产，因为川省农村经济全赖农耕，并无其他农家副业堪与植桑育蚕相比。时人说："川省近年银根日紧，钱价日贱，虽原因甚多，大要在于出口货少，入口货多。从根本上补救，自应设法使出口货增加，而出口货有增巨额得善价之资格者，以丝为最。"② 据巴县和永川县的资料，1升蚕茧可出丝1.25两（本地秤），成本约240文。从事缫丝者每两可获利60文，而妇女一人每日可缫丝六至七两。本来，当地妇女的身价"大概比她穿的衣服还要贱"，一天的劳动所得值不上20—30文。如今从事缫丝生产，"这种工作乃是家庭的经常工作，照例是不须计算工资的。仅有的费用不过是极小量的煤火，以及丝机、灶和锅的代价。而所有这些东西，除了最后一项以外，大概都是自己家里做的"。这样一来，在每年的蚕丝季节，一个妇女一天可赚取250文，约合一个先令，"对于一个农村家庭这是一笔很可观的收入"。③

———————

① 史澄等：光绪《广州府志》卷二"训典二"。

② 《四川布政使等详定改良川丝出口免厘章程》，宣统元年（1909）十一月，四川省档案馆藏，6全宗一54目录—733卷。

③ E. H. Parker, *Up the Yangtze*, p. 80.

据调查，当时农家饲育蚕种一两，可收茧 120 斤，总计支出约需 50.40 元，其中桑叶费 32.4 元（桑叶量 18 担，每担 1.80 元），人工费 18 元（40 天的饲育期间，陆续共有 60 工，每工每日 0.30 元），亦即每斤蚕茧之生产成本约为 0.42 元，每担蚕茧成本为 42 元。"这一数字乃是将桑叶、人工全作他求推算而出，实际上的花费较此要低得多"。① 一般来说，百斤茧价通常在 50 元以上，植桑养蚕利润可达 25%，甚至高于江浙等地，可见川省农户经营蚕桑业之有利可图。正如布朗调查成都平原 50 户农家的情况所得出的认识："成都平原田家中有百分之五十有家庭工业的入息，包含抽丝、纺织等在内。此项入息，各田家平均为 11.9 元，但就家庭工业的人家平均，则此项平均数为 20.51 元，小农得此不小之补助也。"②

对于四川农村来说，蚕桑业所起的作用比其他省份尤为不可或缺。"四川省缺乏能与植桑养蚕相比的其他农家副业，农家生活状态全赖农耕，如遇水旱灾害，便会陷入悲惨境地。由此观之，蚕桑业之存在对于农民经济构成占有颇为重要之地位。"③ 川省政要也承认："由蚕丝收入之现金，实为农村周转之一大要素。同时农村中除由耕耘所得之食粮及蔬菜外，其他日常用品均由都市供给，商业因此巨大款项之流通，而为市场繁荣之所系。故吾人认为四川蚕丝业与四川农村社会商业经济上有极大之重要性。"④

从蚕茧产量来看，山东全省约与江苏无锡一地相当。即便如此，对于山东农村经济也是一个不小的助益。山东农户每亩农田一般年收约为 60 元，假设每户耕地平均为 5 亩，年收不过仅为 300 元，而且这些农田的收获物大多为自家之生活品，难以现金化。"以此观之，蚕农家庭卖茧所得之 20 元、30 元现金，对于农家经济来说堪称极为重要"。⑤

---

①③ 日本蚕丝业同业组合中央会编：《支那蚕丝业大观》，东京冈田日荣堂 1929 年版，第 765 页。

② 布朗：《四川成都平原五十个田家之调查》，1926 年，见李锡同编：《中国农村经济实况》，第 187 页，转引自李文治编：《中国近代农业史资料》，第二辑，第 419 页。

④ 国民政府行政院档案：《高沛郁、卢作孚等关于四川蚕丝业改良初步经过报告》，1934 年。中国第二历史档案馆编：《中华民国史档案资料汇编》第五辑第一编"财政经济"（六），江苏古籍出版社 1992 年版，第 251 页。

⑤ 日本蚕丝业同业组合中央会编：《支那蚕丝业大观》，东京冈田日荣堂 1929 年版，第 628 页。

表 5-9　清末各地每担鲜茧之生产费用与价格　　　　　　　　　　　　单位: 元

类别　　地区	江　南	四　川	珠三角	山　东
桑叶费	36.8	32.4	44.8	18.9
人工费	11.5	10.0	9.0	14.0
杂　费	5.7	—	7.0	2.9
总费用	54.0	42.4	60.8	35.8
蚕茧平均价格	64.0	52.8	68.0	60.0
利润率	18.52%	24.53%	11.84%	67.60%

资料来源: 日本蚕丝业同业组合中央会编:《支那蚕丝业大观》,东京冈田日荣堂 1929 年版,第 30 页。利润率为笔者计算。按: 此表假设江南、山东所需桑叶之六成为自给,四川、珠三角所需桑叶皆购买,所以四川、珠三角的实际生产费用可能更低。

　　不难看出,蚕区"农民已经变得几乎全部或大部依赖于他们从事蚕桑业的收入以换取食物和其他生活必需品,作为种植水稻的资金保证,作为地租和利息的支付手段,作为礼仪往来和闲暇生活的物质来源"。[1]在这样的情况下,这一时期江南地区广泛发生的"废禾植桑"的行为、珠三角地区"弃田筑塘,废稻树桑"的热潮,以及其他一些地区桑地取代粮田的现象,就成为农民们出于经济理性的选择。正如李超琼所记:"近年植桑日甚一日。……如此则十年后水田亦将变为桑园。"[2]就连根据单位工作日的毛收入作为计算标准,认为明清时期江南地区的"养蚕收入实际上远低于种稻"的黄宗智,也承认 19 世纪下半叶曾经发生过对养蚕有利的相对价格达到异乎寻常地步的情况,"当时在国外市场刺激下,价格变动绝对有利于蚕丝生产,以致在以无锡县为中心的新产丝区,种稻大量地为养蚕所取代"。[3]尽管时人对此颇有微词:"吾闻荒本逐末圣

---

[1]　Robert Y. Eng,"*Economic Imperialism in China——Silk Production and Exports*,*1861—1932*", 1986 by the Regents of the University of California, p.188.

[2]　李超琼:《石船居杂著賸稿》,"芙蓉行记",作于 1895 年 8 月。转译自铃木智夫:《洋务运动的研究》,汲古书院 1992 年版,第 382 页。

[3]　黄宗智:《长江三角洲小农家庭与乡村发展》,中华书局 1992 年版,第 79 页。按,黄宗智在该书中提出:明清江南地区农业产量和农户年收入的增长是以单位工作日劳动报酬递减为代价实现的,是一种"过密型增长",即"无发展的增长"。这一论点引起了经济史学界的讨论,赞成的和批评的都有。是耶非耶,可以继续研究。不过,黄氏提出这一论点的初衷,是反对以在西欧经验基础上形成的理论模式研究中国历史,但是他以工作日报酬衡量劳动生产率的发展观,似乎并不符合中国农业以年为周期的情况,给人的感觉是实际上还是欧洲工业社会经验中形成的观念。

人忧，蚕桑太盛妨田畴。纵然眼前暂获利，但恐吾乡田禾从此多歉收。"① 但在市场需求和农民选择的现实状况下，这样的言论显得分外苍白无力，不会受到人们的重视。

第四节
官绅"奖劝蚕桑"的时代特征

一、清前期"劝课农桑"的实践及理念

在中国传统社会中，蚕桑生产具有特殊的地位。"自古以来，养蚕业被认为是农民生计的基础，因而也是政府财政富裕的基础。官方观点和民间习俗都认为耕为男之责，织为女之责，官员的责任是在人民中间鼓励养蚕业和丝绸织造业的发展"。② "劝课农桑"本属地方官员的本分，历朝历代并不少见。由于蚕桑业攸关国计民生，故为历朝历代政府所重视，天子以下，各级官吏均身负劝课农桑、分理税赋的职责。明清两代，尽管世事变迁，棉业兴起，但仍然定下了各地各级官员努力效仿的基调。

清代前期各地官员劝办蚕桑的事迹，史乘上俯拾即是。清康熙以后，朝廷劝课农商的谕旨时有发布，各地官员据此大力提倡植桑养蚕。四川绵竹，"地属蚕国，旧无蚕桑"。1682 年，知县任绍到任后"教以栽种之法，蚕丝之利自此始"。乾隆年间，两任知县安洪德、陈天德先后"劝民种桑"。直到道光年间，知县谢玉珩"复授饲蚕法于东里增生邬光列。邬氏世擅蚕桑之利，以次及于四乡"。③ 四川梓潼，1737 年时任县令"教化农户，宅隅树桑，妇仆育蚕"。其后县令安洪德积极推动山蚕养殖，成效显著，"上乡青林、重华等处，旧产山蚕食青杠叶，茧成收种，二年复放，岁以为常。云贵所放种子，亦多鬻卖，于是故居

---

① 温丰：《南浔丝市行》，周庆云：《南浔志》卷三十一，第 2 页。
② 李明珠著，徐秀丽译：《中国近代蚕丝业及外销（1842—1937）》，上海社会科学院出版社 1996 年版，第 149 页。
③ 黄尚毅等：《绵州县志》卷九，第 13 页。

民咸获利焉"。①四川綦江地处川东，"而川东独无蚕桑之利"。道光初年，"荣昌县周贤侯谆谆劝民，刻有《蚕桑宝要》，散于远近。巴綦之人，始学为之。十余年来，种桑养蚕者渐多"。②江西瑞州，雍正年间辽阳人赵世锡就任郡守，"念物产无几，乃募浙湖蚕师，采买桑秧，仿苏杭养蚕法，绘图分给里中，数年来著有成效"。③云南昭通，道光中叶知府黄士瀛"以地方瘠贫，所需布帛皆取资楚蜀，乃劝民种桑养蚕，教以取丝之法。行之数年，颇有成效"。④乾隆初年，嘉兴人徐阶平为官黔省正安州，"悯其地瘠民贫，无以谋生。偶见橡树中野蚕成茧，自以携来织具，织成绸匹，令民制织具，而令其妻教之，其地遂成市集，大获其利。至今所谓川绸者，皆从贵州而来，土人名曰'徐婆绸'。阶平没后，葬贵州，民思其德，为庙祀之"。⑤

贵州遵义柞蚕丝业的兴起，过程颇多周折，地方官员的筹划和坚持在其中起到了很大的作用。方志对之记述颇详：

乾隆七年春，知府陈玉壂，始以山东槲茧，蚕于遵义。玉壂，山东历城人，乾隆三年来守遵义，日夕思所以利民，事无大小俱举，民歌乐之。郡故多槲树，以不中屋材，薪炭而外，无所于取。玉壂循行往来见之曰：此青、莱间树也，吾得以富吾民矣。四年冬，遣人归历城，售山茧种，兼以蚕师来，至沅、湘间蛹出，补课就志益力。六年冬，复遣归售种，且以织师来，期岁前到，蛹得不出。明年布子于郡治侧西小丘上，春茧大获，（尝闻乡老言，陈公之遣人归售山蚕种者，凡三往返其再也。既于治侧西小丘获春茧，分之附郭之民为秋种。秋阳烈，不知避，成茧十无一二。次年烘种，乡人又不谙薪蒸之宜，火候之微烈，蚕未茧皆病发，竟断种，复遣人之历城。候茧成，多致之。事事亲酌之，白其利病。蚕则大熟，乃遣蚕师四人，分教四乡。收茧既多，又于城东三里许白田壩，诛茅筑庐，命织师

---

① 咸丰《梓潼县志》卷三。按：川省山蚕养殖技术，系1741年由时任大邑县令的王隽从山东引入。后经四川按察使姜顺龙上奏朝廷，请敕令各省推广山蚕放养。
② 罗星、伍溶祥：《道光同治綦江县志》卷十，第25页。
③ 朱航：《锦江脞记》卷十，第10页。
④ 杨履乾等：《昭通县志》卷三，第28页。
⑤ 刘汝璆：《种桑议》，葛士浚：《皇朝经世文续编》卷三十五，第10页。

二人教人缲煮络导牵织之事，公余亲往视之。有不解，口讲指画，虽风雨不倦。今遗址尚存，邑之人过其地，莫不思念其德，流连不能去。)遂谕村里，教以放养缲织之法，令转相教告，授以种，给以工作之资，经纬之具，民争趋若取异宝（皆乾隆七年事）。八年秋，会报民间所获茧至八百万。（是年蚕师、织师之徒，能蚕织者各数十人，皆能自教其乡里。而陈公即以冬间致政归，挽送者出贵州境不绝，莫不泣下也。惟蚕师、织师仍留。)自是郡善养蚕，迄今几百年矣。纺织之声相闻，槲林之阴迷道，邻叟村媪相遇，惟絮话春丝几何，秋丝几何，子弟养织之善否。而土著神贩走都会，十十五五骈坒而立，眙"遵绸"之名，竟与吴绫、蜀锦争价于中州……使遵义视全黔为独饶，皆玉垒之力也。①

有些地方官员在推动蚕桑业发展的实践中，形成了颇具特色的"蚕桑裕民说"，并以之作为治政理财的信条与圭臬。任经十二行省、官历二十一职的陈宏谋可说是其中一个典型。他在陕西巡抚任上时就曾说过："陕省为自古蚕桑之地，今日久废弛，绸帛资于江浙，花布来自楚豫，小民食本不足，而更卖粮食以制衣具，宜其家鲜盖藏也。"②解救之道，端在于发展蚕桑生产，"惟有多种桑树，庶几到处有桑，即到处可以养蚕，桑多则蚕丝亦多，丝多则绸缎亦多"。③他说："多一养蚕之家，即有一家得蚕之利。有丝原可卖钱，原不必家家学织也。地方官费此心思，觅人养蚕以为众民倡，所得之丝，原可出卖。纵初行无甚利息，所亏亦甚有限。身任地方，定能不吝些须，加意率作，以为小民开衣食之源。行之既久，始而种桑者渐多，继而养蚕者渐多，其利渐周。"④他相信："如此则种桑既可得利，养蚕卖茧亦可得利，有丝而或卖或织，更可得利。小民层层得利之处，即官司层层引诱之法，不必刑驱势迫，自必鼓舞乐从矣……地方官一面身先倡率，一面设法鼓舞，因势利导，自不患桑树之不多，蚕织之不广也。"⑤

观念形成政策。在任职陕西时，鉴于"陕省蚕政久废"，陈宏谋"自于省城

---

① 郑珍等：道光《遵义府志》卷十六，第17—18页。
② 陈宏谋：《巡历乡村兴除事宜檄》，贺长龄：《皇朝经世文编》卷二十八，第5页。
③⑤ 陈宏谋：《劝种桑树檄》（乾隆十六年），贺长龄：《皇朝经世文编》卷二十七，第3—4页。
④ 陈宏谋：《倡种桑树檄》（乾隆二十二年），贺长龄：《皇朝经世文编》卷二十七，第3页。

晚清丝绸业史

设立蚕局，买桑养蚕，并饬凤翔府等处，一体设局养蚕，诱民兴利，民间渐知仿效养蚕，各处出丝不少。省城织局，招集南方机匠，织成秦缎、秦土绸、秦绵绸、秦绫、秦缣纱，年年供进贡之用，近已通行远近。本地民人学习，皆能织各色绸缎。正须按续劝行，方可推广加多"。①省城而外，"三原、凤翔，亦设馆局，引诱学习……其余各属，民间渐多养蚕"。②陈宏谋巡历四乡，兴利除弊，省内蚕桑种植风气渐起。"城固、洋县蚕利甚广，华阴、华州织卖缣子，宁羌则采取槲叶，喂养山蚕，织成茧绸，因系前州刘名棨者教成，遂名'刘公茧'。凤翔通判张文结所种桑树最多，兴平监生杨岫种桑养蚕，远近效法亦众，足知陕省未尝不可养蚕"。③据说陕西的蚕桑事业"连年以来，官为倡率，民间知所效法，渐次振兴"。④

二、晚清各地官绅"奖劝蚕桑"的举措

我们已经看到清前期的官员们试图把蚕桑生产引入各地，努力推动植桑育蚕的事例，时至晚清，随着新的对外贸易机会的到来，特别是在太平天国战乱平息之后，"奖劝蚕桑"的举措更成为各地官员提振本地经济，改善本地民生的不二法门。由于丝货在对外贸易中扮演着首屈一指的重要角色，各地官府及乡绅对鼓励和发展蚕桑生产都给予了高度重视，"近年来，封疆大吏无不以此（蚕业）为要务"。⑤并在一定程度上形成了一种重复仿行的模式："地方代表受知府或知县委托，前往湖州购买'湖桑'苗分发给农民，常常建立一个栽桑局或蚕桑局指导农民种桑养蚕，由浙江籍专家充任常驻指导员。官员和学者花费大量的精力著作和修订养蚕业手册，以传播养蚕业的技术知识。"⑥

在这一时期的"植桑养蚕"热潮中，值得注意的是在那些原来蚕桑生产不甚发达或遭受天灾人祸的地方，由当地官员和乡绅所推动的蚕桑生产的引进与

①② 陈宏谋：《劝种桑树檄》（乾隆十六年，1751），贺长龄：《皇朝经世文编》卷二十七，第3—4页。
③ 陈宏谋：《倡种桑树檄》（乾隆二十二年，1757），贺长龄：《皇朝经世文编》卷二十七，第3页。
④ 陈宏谋：《巡历乡村兴除事宜檄》，贺长龄：《皇朝经世文编》卷二十八，第5页。
⑤ 见彭泽益：《中国近代手工业史资料》，第二卷，中华书局1984年版，第17页。
⑥ 李明珠著、徐秀丽译：《中国近代蚕丝业及外销（1842—1937）》，上海社会科学院出版社1996年版，第151页。

普及。在镇江，"丝业废弃已久，至咸丰元年（1851），地方当局始予提倡，曾免费发给桑苗，并重新教导人民植桑育蚕。惟不久太平军兴，丝业又告停顿"。太平天国战争后，同治八年（1869），归安人沈秉成任职丹徒知县，后升任镇江道台，极力提倡蚕桑生产。他成立了一个蚕桑局以指导当地人植桑，派人从湖州购桑苗 20 万株，免费散发各乡种植，并颁布栽桑章程，鼓励人民育蚕，还从湖州聘来"善种（桑）之人"，逐项教导，"年余以来，十活八九，蔚然成林"。① 到 19 世纪 70 年代末，镇江生丝产量已达 60 000 两，价值 7 500 海关两；而且"近年来丝绸的织造大有增加，并且可望继续增长"。② 其后，杭州钱塘人黄世本就任镇江知县，他也从湖州购买桑苗，教导当地民众学习浙江的蚕桑生产技术，为此还写了一本《蚕桑简明辑说》的养蚕业指导书，与 1882 年首次印行。③

毗邻镇江的丹阳县，"蚕桑之事，向惟邑南黄丝岸等处有之。兵燹后，闲田既多，大吏采湖桑教民栽种，不十年桑荫遍野，丝亦渐纯，获利以十数万计。西北乡民在湖州业机坊者，归仿湖式织之，几可乱真"。④ 江阴县自同治年间起，开始在当地官绅的督促下植桑育蚕，屡仆屡起。"光绪初年，（邑绅）苏宗振、钱维锜特辟桑田若干亩，种桑者免租二年，限满纳租，并酌量轻减，于是湖桑始盛，今本邑桑田约有十万亩"。⑤ 昆山、新阳等县，"邑中向以纺绩为女工，而妇女亦务农者多，蚕桑则无之。自同治六年昆山知县王定安、新阳知县廖纶倡始，捐俸购隙地栽桑，延娴其事者教以树桑养蚕煮茧调丝之法，今则渐次风行"。70 年代后，已由"旧时邑鲜务蚕桑，妇女间有畜之"，一变而为"邑民植桑饲蚕，不妨农事，成为恒业"。⑥

无锡县鸦片战争前蚕桑生产并不发达，"产丝也很少。至咸丰十年（1860），对育蚕才比较注意"。自太平天国战争后，官绅大力提倡植桑育蚕，而高收益的前景使得这一事业进展迅速，⑦ 开化乡"习蚕桑之术者，在清中叶不

---

① 光绪《丹徒县志》卷十七。按：沈秉成系湖州归安人，进士出身，为经世学派成员，后于 1888—1894 年间任安徽巡抚。他曾编纂印行（一说是重印——笔者注）《蚕桑辑要》一书，这是一本蚕桑业指南书籍。
② The Maritime Customs. *Special Series*：*Silk*（Shanghai，1917），p.59.
③ 黄世本：《蚕桑简明辑说》"序"，1888 年修订本。
④ 徐锡麟等：《光绪重修丹阳县志》卷二十九，第 7 页。
⑤ 民国《江阴县续志》卷十一"物产"，1921 年刊。
⑥ 汪堃：《光绪昆新两县续修合志》卷一，第 23 页。
⑦ 《无锡金匮县志》卷三十一。

过十之一、二，洎通商互市后，开化全乡几无户不知育蚕矣"。太平天国战争以后，"该处荒田隙地尽栽桑树，由是饲蚕者日多一日，而出丝亦年盛一年"，出现了"户户栽桑，家家育蚕，不问男女，皆从此业"的繁盛景象。① 到 20 世纪 20 年代中期，无锡全县植桑面积已经达到创纪录的 36 万亩以上。②

浙江省的情况同样引人注目。湖州人宗源瀚任职严州府知府时，意识到严州地属丘陵地带，水田极少，若气候失调农民就会遭难，如果从事蚕桑生产，农户就可从缫丝织绸中获得附加收入。于是他成立了蚕桑局，试图把蚕桑业引进严州，从杭州购来数千株桑苗加以种植，聘用一名绍兴籍的专家进行指导，并在府衙的庭院内吩咐差役们养蚕，以作示范，还主持了《广蚕桑说辑补》的编纂，表明他对蚕桑业的重视。③ 衢州府地处山区，蚕桑生产不甚发达，光绪二十四年（1898），"知县吴德潇发起农务局，先从蚕桑着手，试办柞蚕，刊刻《樗茧谱》以教乡民，函请山东教师，并携带蛾种布散于南乡赵宅、北乡仁堂桥，其地多柞木，足资蚕食。初年颇有成效，越岁渐减。又于鲁华寺及小箭道购植湖桑，俱已成林，此其始也"。④

也有地方官力图革除弊政，推出振兴蚕桑丝绸生产的改革举措。例如湖州，"土产多丝，其机户率多贫民，而居奇者曰'绸庄'，皆富商大贾，往往与厘局因缘为奸"，光绪年间，时任知府李念兹"拟平定章程，尽除积弊，以利小民。未果行"。⑤ 光绪三十一年（1905），浙江巡抚聂缉椝奏称："窃维商务以工艺为本，工艺由传习而精。浙省地脉饶厚，物产不为不丰，无如风气未开，制造之法素未考究，因陋就简，莫肯精益求精；且兵燹之后，元气至今未复，以致洋货销路愈广，土货销路愈绌。若不急为变计，加意提倡，诚恐小民生计日蹙，而工艺亦必无振兴之日。经臣钦遵谕旨，并商部通行照会就地绅士，于浙江省城择地试办工艺传习所，先将染织、绸布、造纸、制造罐头食物等项易于销售之

① 《申报》1880 年 5 月 14 日。
② 满铁上海事务所：《江苏省无锡县农村实态调查报告书》，1941 年刊，第 9—10 页。
③ 仲学辂：《广蚕桑说辑补》"序"，1877 年修订本。
④ 民国《衢县志》，转引自汪林茂辑：《浙江辛亥革命史料集》第一卷，浙江古籍出版社 2011 年版，第 297 页。
⑤ 孙葆田：《浙江湖州府知府李君墓表》，《校经室文集》卷五，第 8 页。转引自彭泽益编：《中国近代手工业史资料》，第二卷，中华书局 1962 年版，第 327 页。

品，分科传授，其余逐渐扩充。业已筹拨款项，雇用教习，招集年在十五以上、二十五以下，合格生徒一百六十人来所学习。卒业后，另再募补。所有卒业生徒，将来即于本所附设工厂令充工匠。倘资本官款不足，再招商股，总以推广实业，裨益民生为主。"①

江南的某些棉区，19世纪后半期由于生丝出口的需要，植桑养蚕明显地带来两倍于植棉和棉纺织的收益，②于是棉花种植和棉纺织生产也让位于植桑养蚕。③原以棉花种植和棉纺织业著称的太仓，五口通商后感受到外国廉价机制棉纺织品的冲击，又眼看到丝绸由于国外市场的需求而销路畅旺，价格上涨，70年代初期，当地官员建立起种桑局，购买桑苗，命令老百姓植桑。十年间，植桑十数万株。④常熟县也开始"讲求蚕业，桑田顿盛"。⑤安徽婺源"纺织之利，郡守何公倡于曩昔矣，乃三四十年来，村氓多逐逐于植茶。今岁壬午（1882）爵阁督部堂左（宗棠）公从潘太守纪恩之请，捐廉市嘉兴桑秧十万株，运解婺源种植。将来满道成荫，蚕事之兴，必有与棉花并行不悖者"。⑥在上海的南汇，官方同样鼓励蚕桑生产，而来自湖州和江宁的移民则带来了必要的技术。⑦在地处上海地区南部边缘的奉贤县，也发生了同样的情况。⑧

在其他省区，当地官绅也对"奖劝蚕桑"情有独钟。在山东，"蚕桑之利，厥惟东南，山左亦踵行之，以长山为最。他郡所产，皆不能及。……数年来，会垣有织洋绉、纺绸等类者，然质粗而薄，去南省远甚。固属人力之不齐，亦以天气燥湿，南北不同也"。时人评论道："近年来，封疆大吏无不以此为要务而先出示晓谕者，然终未见成效，非有司奉行之不力，亦非闾阎之狃于积习而不惯趋时也。盖蚕桑多借力于女工，东省男女皆尽力于南亩，无暇及此；土复不润，故桑亦不肥。因地制宜，固非可强。"⑨1901年，山东巡抚周馥鉴于"青

① 《浙江巡抚聂缉椝奏请试办工艺传习所》，光绪三十一年（1905）四月初四日，《光绪政要钞本》，实业六。
② 见《重修华亭县志》卷二十三，第4—5页，光绪四年（1878）刊。
③ 《南汇县志》（卷二十二，第35页，光绪五年［1879］刊）记录的情况较为典型。
④ 民国《太仓州志》卷三，第22页。
⑤ 庞鸿文：光绪《常昭合志稿》卷四十六，第5页。
⑥ 汪正元等：《光绪婺源县志》卷三，第5页。
⑦ 《南汇县续志》卷二十，第9页，1929年刊。
⑧ 《重修奉贤县志》卷十九，第2页，1878年刊。
⑨ 孙点：《历下志游》，《小方壶斋舆地丛钞》六轶三，第236页。

州一带地脉干燥，于蚕之生理极为相宜，且该处山多地少，民间亦多恃此为业，惟风气初开，拘于旧闻，于种桑、饲蚕、烘茧、缫丝之法素鲜讲求，坐失厚利而不知"，乃拨银 5000 两作为创办经费，在青州（今益都）设立中等蚕桑学堂，建造宿舍，置备仪器图籍，延聘教习，于 1904 年夏正式开办。这是山东省第一所蚕桑专业学校。第一批招生 10 人，全系由邻近的长山县遴选出来，送往肄习，并由县府按年筹给学费 60 两，以资津贴。经过一年的学习，"颇有收效"，"经日本农学士谷井恭吉前往考验，极为称许"。① 次年，地方官员为继续推广蚕丝业教育，决定"仿照长山县办法"，扩大招生范围，分别从诸城、安邱、临朐、寿光、乐安等 5 处各招生 4 名，从昌乐、临淄、博山、高苑、博兴等 5 处各招生 2 名，共 30 人入学。这些学生毕业后，为振兴当地蚕桑生产发挥了积极作用。

河南蚕桑业本已衰落，"豫中仅有土桑野蛹，远逊湖桑家蚕"。光绪年间涂宗瀛抚豫时，于光绪六年（1880）"通饬所属劝办蚕桑。适署藩司本任臬司豫山自东省携来自刊《蚕桑辑要》一册，颇为精备，当经檄饬在省司道，并委候补道魏纶先，会同设立蚕桑总局。由豫山、魏纶先首先倡捐银款，派员前往浙省采办湖桑二十三万株，蚕种三百六十余张，雇觅工匠二十四名，并各种器具多副，又购买本产土桑三万余株，一并饬发各属，散给民间，认真劝办。……又于本省外省分募善织绸绫线缎机匠，在省城添设机房，招致聪慧幼孩暨外县土民，来省预馆学习。不敷经费，劝由现任道府厅州县量力资助，不动司库正款。迄今将及一载，办理已有端倪"。② 光绪二十九年（1903），河南巡抚陈夔龙思考振兴豫省经济，"入手办法，厥有二端"，列于首位者仍然是"兴办蚕桑"："省城本有桑园一区，年久废置。现派员先将旧有之树，择其尚可生发者重加修葺；一面筹款赴湖州采购接桑十万株，来豫补种，并分发河北等处栽植，兼募浙省匠师数人，来教本省子弟，讲求栽桑养蚕、摘茧缫丝诸法，以握农政之本图。"③

在湖北，"同治十三年，署（武昌）知县宗景藩捐廉俸，于浙江买鲁桑万株，分给各乡，叶圆厚而多津，民间呼为'宗公桑'。"④ 光绪年间，督抚谭继洵、张

① 参见朱有：《中国近代学制史料》第二辑下册，华东师范大学出版社 1989 年版，第 182—183 页。
② 涂宗瀛：《试办蚕桑渐著成效疏》，葛士浚：《皇朝经世文续编》卷三十五，第 10—11 页。
③ 《陈夔龙奏豫省设商务农工局》，光绪二十九年（1903）十二月二十三日，《光绪政要钞本》，实业四。
④ 柯逢时等：《光绪武昌县志》卷三，第 20—21 页。

之洞等"筹款兴办蚕桑","会奏筹款设局,由江浙招雇织匠,购买机具,创办绸织,并招徒令其教导,及养蚕、缫丝、栽接桑株各法,以开风气,而广利源。所有采办桑秧、桑子、蚕种,暨局中支用一切杂费,悉于筹集杂款项下拨用"。[1]由于"办有成效",随之"扩充规模,就局中委员司事兼管,新募工匠学徒,讲求工艺,以备农桑蚕织之不足"。[2] 在张之洞手拟的《湖北蚕桑局章程》中有这样的规定:"各州县中,如有偏僻地方,民人养蚕取丝,无处售卖者,准该管州县垫款收买,解缴省局,由局查照垫买之数,补还州县";"所收各丝,于本地招雇络匠,由局给以伙食。每络粗丝一两,额支工钱二十文,细丝一两,额支工钱四十文。至每日络工,粗丝限四两以上,细丝限二两以上,不得过形短少";"络丝除男工外,并另招民女,由局中苏妇教以络法。其已熟者,给丝领归自络,工钱亦照男工按两发给,俾广生计"。[3] 凡此种种,均体现出湖北地方大员鼓励蚕桑、发展经济的良苦用心和优惠措施。光绪末年,荆州地方将旧有之八旗工艺学堂改建工艺厂,招集生徒,学习手艺,"先令肄习纺纱、织布、治丝、养蚕,以及毛巾、荆缎、烛照、绳带等物"。[4] 丝绸生产仍是其中的重要内容。

湖南衡阳"自发逆肆虐以来",田地荒芜,妇女亦不知纺绩,地方官"察知此情,乃为出示,劝民间栽桑种棉,以为布帛之本"。[5] 四川大宁,"道光末,知县高理亨倡始,捐廉植桑。同治间,知县张曾彦踵行于后。近年刘家坝野鹿窖颇收其利,间为绸绫,居然可比上川之产。惟仅两地蚕缫,所益尚不广耳"。[6] 贵州省以往丝绸均自四川购入,同治、光绪年间,"当时的贵州总督曾经做了一些值得称颂的努力,想把蚕事介绍到贵阳来,建立一个蚕丝业,计划植桑,并从江浙输入蚕虫"。遗憾的是,"虽然做了不少工作,并给从事蚕丝事业者种种鼓励,但实验结果证明是失败了。原来输入的少数残存的蚕虫尚在饲养,但所供的丝仅足六架织绸机之用"。[7] 当地官员兴办蚕桑丝绸事业的努力并未就此

① 《农学报》第六册,光绪二十三年(1897)六月下。
② 朱寿朋:《东华续录》,光绪一四四,第4页。
③ 张之洞:《湖北蚕桑局章程》,《农学报》第六册,光绪二十三年(1897)六月下。
④ 《荆州将军恩存等奏筹办驻防工艺厂》,光绪三十四年(1908)四月初七日,《光绪政要钞本》,实业八。
⑤ 胡文炳:《楚南鸿爪》,风俗,卷三十二。
⑥ 魏远猷等:《光绪大宁县志》卷一,第3页。
⑦ *Report of the Mission to China of the Blackburn Chamber of Commerce 1896—1897*, p. 59.

中止，时迄清末，遵义、都匀、黔西、镇宁、赤水、罗斛、贞丰等属，纷纷开设蚕桑学堂和山蚕讲习所，"均渐有进步"。①

晚清时期，四川农村经济凋敝，"财力内竭，上下不周于用"，"生齿甲于寰宇，农末皆不足以养之，故旷土少而游民多"，形成了严重的经济和社会问题。②川省官绅对此忧心忡忡："民间本计，大有江河日下之忧。深悯川民之穷，要为之谋本富"，表示要"亟兴农政，苏川民之困"。他们说："川省近年银根日紧，钱价日贱，虽原因甚多，大要在于出口货少，入口货多。从根本上补救，自应设法使出口货增加，而出口货有增巨额得善价之资格者，以丝为最。"③于是，"当局为弥补财政计，遂从事提倡蚕桑，设立省立蚕务局及高等蚕业讲习所于成都，并于合川、南充、保宁等县，设置蚕务局。"④官府和民间均将发展蚕桑丝业生产视为振兴四川经济的第一要着，成为清末新政时期所着力推行的一项经济社会措施。

1905年，川督锡良于省城成都设立四川农政总局，"总理全省农政"，总局内设农田、蚕桑、树艺、畜牧四科，"先就蚕桑、树艺两科入手，示通省之准则，稽各属之勤惰，以期简而易行，处处宜种桑，人人能饲蚕。"⑤农政总局规定"以种桑之多寡，定各属农政之兴废"，地方"各属分设农务局以稽考本属农事，其各乡、场、市、镇则先办某科，设某科公社"。凡有植桑最多，育蚕得法者，公社须将其事迹详细注明，送地方官转详总局奖励。其惰农自安者分别示罚，各员绅亦视所办之事得失为赏罚。"⑥

官府在上提倡，民间起而响应。1906年，合川举人张森楷等筹资9 200两，创办四川蚕桑公社，用以提倡实业，改良蚕桑。⑦张森楷自任社长，拟定章程

① 刘锦藻：《清朝续文献通考》卷三百七十八，实业一，考一一二四八。
② 中国科学院历史研究所第三所：《锡良遗稿》，中华书局1959年版，第403页。
③ 《四川布政使等详定改良川丝出口免厘章程》，宣统元年（1909）十一月，四川省档案馆藏，6全宗一54目录—733卷。
④ 国民政府行政院档案：《高沛郇、卢作孚等关于四川蚕丝业改良初步经过报告》，1934年。中国第二历史档案馆编：《中华民国史档案资料汇编》，第五辑第一编"财政经济"（六），江苏古籍出版社1992年版，第250页。
⑤ 《四川农政总局章程》，《四川官报》，乙巳十月中旬，第二十七册，"专件"。
⑥ 《四川农政总局章程》，《四川农政总局章程》，《四川官报》，乙巳十月中旬，第二十七册，"专件"。
⑦ 李文治编：《中国近代农业史资料》，三联书店1957年版，第697页。

二十六条，标明宗旨在于"改良蜀丝"，推广新式种桑养蚕技艺。蚕桑公社"时时以风气为心，培成桑种，送人树艺；实验蚕种，送人养饲；犹复募人四处演说蚕桑之利、土法之害，逢人辄送蚕种一张；又复购置电光养蚕影本，招人聚观"。①时论称其"留心时务，欲为全川兴蚕桑之利，殊堪嘉许"。②此后，各地又有一些蚕桑公社出现，时迄清末。"蜀省各属蚕桑公社无虑数十百处"。其中重要者有：1907年，资阳县于"城内创设蚕桑公社，由各乡公举公正耐劳、知识开通之绅董一人入社，肄习植桑养蚕各种新法，归教其乡，转相传远，闻刻下该县桑事颇呈蒸蒸日上云。"③1908年，三台县绅戴仁轩等30余人集股钱900串，置该县牛头山下土地创设蚕桑公社，种植桑株，并立案刊碑，以志久远。④据陈开沚《劝桑说》记录：三台县"某绅合众集资，在该处创办一蚕桑公社，招致蚕业中人，定期研究种桑养蚕诸新法"。"总会长选蚕桑丝业卓著成效者充任，以便会同地方官、蚕务局长，随时斟酌地方情形改良方法，实事求是，以期进步。"⑤宣统元年（1909），重庆留日学生彭祖贤等集合同志15人，各出股本银400两，筹资6 000两成立"衣川裕蜀蚕桑社"，购买桑秧50 000株，佃种赵魁山宗祠等处土地房屋为种桑立学之所。⑥又有江玉廷等集合同志15人，各出股金500元，共筹资7 500元，组成"德新蚕桑社"，购置桑秧8万余株，佃西十区彭场龙源学堂全业为桑园，"以考求种桑、养蚕、缫丝之事"。⑦

　　1909年初，四川总督先后颁布《推广种植八条》和《续增推广种植四条》，试图解决阻碍川省蚕桑业发展的租佃制度问题。四川自耕农很少，大多为租种地主土地的佃农。佃农若植有桑树，地主就会屡加压佃，"加则地不添多，不加则登时退佃，即认再加，而贪桑夺佃者，酒食馈送贿赂不休"，给植桑佃户带来很大负担。佃农"购秧栽种，灌溉培壅，看虫修理，数年辛苦，一朝丧尽，反不如不栽桑树，尚得耕种"。佃农因此不愿植桑，蚕桑业难有起色。在这种情况

① 《新修合川县志》卷十八下"张森楷"。
② 《蚕桑公社社长张森楷呈请商部立案》，《新修合川县志》卷十八下。
③ 《四川官报》第二册，丁未二月上旬，新闻9。
④ 《三台县志》卷三"三台农会"，第47页。
⑤ 陈开沚：《劝桑说》手抄本，藏三台县图书馆。
⑥⑦ 《留日毕业生彭祖贤等合资设立衣川裕蜀蚕桑社具章程恳请立案等情卷》（宣统元年[1909]十一月初二日），四川省档案馆藏，清6全宗—54目录—1557卷。

下, 官府开始从司法层面对佃农利益加以保护, 饬行推广种植八条, 保护植桑农户利益。然而, 各属上诉之案依旧层出不穷。每有佃农租地植桑, 及至桑株成林, 采叶获利, 地主便屡次索加租佃, 一有不允, 便被勒令退佃, 以致兴讼争斗。有鉴于此, 不为之明定专条以资遵守, 则佃种者寒心, 蚕桑业断难发展。于是, 督府在推广种植八条之外, 又续增四条: 一、佃户无论佃种官私田亩专为种桑植树者, 如租约内未声明年限, 即作为永远佃种, 不得夺佃。二、地亩价值今昔不同, 如佃种桑株树木之地已过五年, 业主为和平议加税租, 佃户不得抗拒, 但只准加租, 不准加押。三、无论租约已否声明, 佃户所植桑株树木退佃时, 佃户皆不得砍伐; 而业主须照同处佃户栽种之费予以补偿, 佃户亦不得过于要求。四、如系未辟荒山, 给予穷民植桑栽树者, 与平原沃壤不同, 永远不得加租。续增四条与前颁八条一律通行, 嗣后凡有前项控争之案, 地方官皆须照此秉公讼断, 以保种植之利, 而杜刁难之端。[1] 官府的这一姿态, 清楚表明其通过平衡主佃利益以促进蚕桑生产发展的用心, 对广大农民植桑养蚕的积极性自是一次保护和激发。

在地方政府和民间人士的共同推进下, 四川的蚕桑生产在清末得以较快发展。据不完全统计, 1909 年, 全川植桑育蚕有 50 余县, 植桑面积约 32 万余亩; 1910 年, 川省植桑面积已达 64 万余亩, 猛增一倍, 桑树 5 198 万余株, 为蚕桑丝绸业的进一步发展奠定了基础。[2]

广西境内丘陵绵延, 很适合植桑育蚕这样的产业发展, 因而自 19 世纪中期以后, 执政者颇为讲求蚕桑, 加强对蚕桑业的指导和奖励。为了使农民从事蚕桑生产, 专门设立了 "蚕桑局", 向农民发放桑苗, 还低息贷给农民购买养蚕用具的资金。[3] 咸丰十年 (1860), 时任广西藩台的陈思舜即已计划在容县一带奖励推广蚕业。[4] 30 年后, 1890 年, 广东顺德人梁思溥署广西容县知县, "甫下车, 即遍历四境, 谓地虽贫瘠, 较他县平衍, 宜蚕桑。乃召乡绅老农, 谕以丝

① 《川督通饬各地嗣后有为种桑所加租佃等控争之案地方官皆照章讯断以保种植之利而杜刁难之端文》(宣统元年 [1909] 正月), 巴县档案, 四川省档案馆藏, 清 6 全宗—54 目录—1555 卷。

② 姜庆湘、李守尧: 《四川蚕丝业》, 四川省银行经济研究处, 1946 年, 第 23 页。

③ Alvin Y. So, *The South China District: Local Historical Transformation and World System Theory*, Albany, N. Y. State University of New York Press, 1986.

④ 参见日本蚕丝业同业组合中央会编: 《支那蚕丝业大观》, 东京冈田日荣堂 1929 年版, 第 890 页。

业为中国大利，举乡邑所以富沃者，在专业农桑，以诱导之。于是画县中边地为陂塘，以蓄水利。委员回粤，延老于蚕业者十余辈，分布诸乡，教以饲蚕栽桑法"。梁思溥"且夕巡视，足无停趾。廉俸薄，聘资不足，不惜负债鬻产以足之。在任一年，茧市机坊次第成立"。时人评曰："当马中丞（丕瑶）之抚桂也，留心民瘼，悯其地硗民惰，思膏泽而劳来之，问策于僚属……于是有蚕桑局之设。凡所规画，悉出思溥手。在局四年，桂民附省者知所趋向。马丕瑶欲拓其利于浔、梧，故委署容县。不意大吏易人，思溥继去。然自此桂省咸知蚕业之利，则思溥提倡力也"。①

马丕瑶曾任山西解州知州，在当地创办蚕桑，颇见成效，"民以为便"。升任广西巡抚后，他把相同的施政方略运用到广西。光绪十五年（1889），马丕尧从广东引进桑苗，于西江上游之平南、桂平及箪竹等县配布。除了大力"兴办蚕桑"外，马丕尧还鼓励"开设机坊"，"责成守令妥为经理，觅雇男匠女师，分辟舍宇，教民缫织，并随时收买茧丝，俾小民就近获利，咸乐争趋"。自光绪十五年（1889）开办以来，广西乡民"群相仿效，到坊学习，坊间人满。织纺所成绸匹，丝线不亚广东。今春育蚕之户，似觉倍增，新茧新丝，烂盈筐篚"。②数年间，蚕桑事业在广西"日见推广"，各府厅州县"竞相则仿，约计本年（1891，光绪十七年，1891）自春及秋，民间或养蚕五六造四五造，出丝或万斤数千百斤不等，多有成效可观"。③光绪二十五年（1899），时任广西巡抚的张鸣岐也力推奖励蚕桑业的政策，于长洲、龙州等处设立蚕业学堂。④这些施政对促进广西蚕桑业的发展或多或少都起到了积极作用，为近代广西蚕桑业的兴起做了历史的铺垫。

僻处西陲的甘肃，光绪年间开办劝工局，也有绸缎科的设置，"延聘艺师，招选学徒，分科教练"。据说丝绸"在各科中行销最广"，出品"较前俱有进步"，并于1907年"派委大挑知县张金骧解京，交内务府恭进"。⑤1911年，武

---

① 马朝槐等：《民国顺德县续志》卷十九，第14—15页。
② 马丕瑶：《请免广西新丝厘税片》，光绪十六年（1890）三月十三日，《马中丞遗集》，奏稿，卷二，第7页。
③ 马丕瑶：《请奖蚕桑出力绅民顶戴片》，光绪十七年（1891）九月二十八日，《马中丞遗集》，奏稿，卷三，第19页。
④ 直到1922年，这些蚕业学堂才因财政匮乏而关闭。
⑤ 《陕甘总督升允奏解工艺厂货品》，光绪三十三年（1908）十月十九日，《光绪政要钞本》，实业七。

昌军兴，甘肃劝工局"所有已设之各科，大半停止，仅留制革、绸缎、皮箱三科"。[1] 可见蚕桑丝绸生产在当地官绅心目中之地位。

在福建福州，道光末年，"盐大使绍兴高其垣始传蚕种桑苗于湖州"。同治年间，"当道以厘余买平宁商陈恒猷耿王庄为桑棉局，祀马头娘（本有庙在南门外），延蚕师，司道缙绅司其事"。[2]

在台湾，"奖劝蚕桑"也被官员们视为振兴经济，稳定社会的当务之急。[3] "同治初，广东人凌定国为城守营参将，深以台湾蚕桑有利，自广东配入其种，租屋于做篾街，延工饲蚕，种桑东门之外。盖以台桑叶小，不宜养育，故移其佳种也。然初办之时，颇少成效，或蚕多而桑少，或桑丰而蚕稀，经营数年，损失不赀，其事遂废"。[4] 但是，官员们并未放弃通过发展蚕桑业来振兴经济的努力。光绪十一年（1885），台湾设省，刘铭传任台湾巡抚，讲求蚕、棉两业的发展，鼓励淡水富绅林维源在台北大稻埕、大龙峒、冷水坑、土城等地种植桑树，教导养蚕和缫丝。1889年，云林知县李联奎等二人奉派前往大陆江浙等省考察蚕桑，求购蚕种桑苗，学习植桑育蚕之法，归台后"编印成书，颁与人民，大为奖励"。台湾史家连横记其事云：

> 光绪初年，开山之议既成，台东亦设官分治，兵民渐至。巡道夏献纶乃命兵种棉，以兴地利。而台东多雨，棉每腐败。及刘铭传任巡抚，日以兴产为务。十五年十月，委云林知县李联奎等赴江、浙、安徽各省，搜集蚕桑之种，及其栽饲之法，编印成书，颁与人民，大为奖励。……于是淡水富绅林维源树桑于大稻埕，以筹蚕桑之业，一时颇盛。[5]

---

[1] 谢学霖：《甘肃实业调查报告》，《劝业丛报》第二卷第二期，调查，第48页。

[2] 郭柏苍：《闽产录异》卷一，第9—10页。按：该书成于1886年。遗憾的是，福州蚕事并不成功，据同书记载：福州蚕业兴起后，"越数年，桑叶之柔而大者渐粗而小矣。叶粗，则丝僵。至光绪三四年，蚕事遂废。"

[3] 《隋书》"琉球国传"记台湾风俗：人死之后，"浴其尸，以布帛裹之"。这是有关台湾当地使用丝绸的最早记载。1646年荷兰侵占台湾后，曾经着手栽桑养蚕。1661年郑成功收复台湾，由内地携去蚕种进行养殖，以蚕吐丝制作团扇、提灯等，或纺丝用以刺绣，又以僵蚕、蚕沙、桑叶等作为药用（参见陆锦标：《台湾蚕业》，《蚕丝杂志》1947年第1期）。

[4] 连横：《台湾通史》卷二十六，工艺志，第436页。

[5] 连横：《台湾通史》卷二十六，工艺志，第436页。据《吴锡璜等：《同安县志》卷三十六记载："光绪十六年，（台湾）设蚕桑局，以林维源为总办，李春生（厦门人，时为淡水宝顺洋行买办）副之，种桑于观音山麓。未成，而刘铭传去，事中止。"

有外国研究者注意到:"对养蚕业的推进不仅限于知名度不高的地方官员,在 19 世纪末,几乎没有一个清朝显要官员不在某些方面至少在口头上倡导过养蚕业。"① 确实如此,检阅号称晚清"中兴名臣"者之生涯政绩,几乎都有推动蚕桑丝绸业发展的事迹。曾国藩和沈葆桢二人在太平天国被镇压后任职南京时,都曾试图推动当地的蚕丝生产与贸易。"自曾文正公(国藩)开蚕桑局,而土丝始多;逮沈文肃公(葆桢)永免丝捐,而土丝大盛"。② 李鸿章和张之洞,也是 19 世纪后半期养蚕制丝业的推动者。③ 左宗棠更是无论在哪里任巡抚或总督,都试图引进和发展蚕桑生产。他曾在江苏、福建鼓励种桑养蚕,尤其值得注意的是其在西北地区推动蚕桑业发展的努力。

西北地区素有野桑生长,但有意识地大规模发展蚕桑业则尚未为人们所接受。1867 年,左宗棠接任陕甘总督,在进军西北的过程中,眼见"兵燹之后,土地荒芜","被祸之惨,实为天下所无",心中不免"实为悯恻"。④ 左宗棠看到长期的战火兵燹给当地社会经济造成的严重破坏,亟思有以补救之道。他发现当地虽有桑树栽种,然而"土人但取葚代粮,或称药材",以致"蚕织之利未广";⑤ 另一方面,关陇一带地瘠民贫,长期来有栽种罂粟的陋习,"甘肃各地方,凡向阳肥暖之区,皆废嘉禾而植恶卉",成为西北贫困之因和致乱之源。眼见此情此景,左宗棠认为:"论关陇治法,必以禁断鸦片为第一要义;欲禁断鸦片,先令州县少吸烟之人;欲吸烟之人少,必先禁种鸦片;欲禁种鸦片,必先思一种可夺其利之物,然后民知种罂粟无甚利,而后贪心可渐塞也。"⑥ 这种可夺罂粟之利的植物,在左宗棠看来非桑、棉莫属,他决心以"教种桑、棉为养民务本之要",大力推广植桑育蚕,以倡行蚕桑业为起点,进而重振西北经济,改善民众生活,综合解决西北的社会问题。⑦

---

① 李明珠著、徐秀丽译:《中国近代蚕丝业及外销(1842—1937)》,上海社会科学院出版社 1996 年版,第 152—153 页。
② 陈作霖:《凤麓小志》,记机业第七,卷三,第 2 页。
③ 参见东亚研究所编:《支那蚕丝业研究》,大阪,1943 年,第 22—24 页;《农学报》,第 6 卷,第 1—6 页。
④ 罗正钧:《左宗棠年谱》,岳麓书社 1983 年版,第 177 页。
⑤ 《左宗棠全集·奏稿》卷一,岳麓书社 1996 年版,第 631 页。
⑥ 《左宗棠全集·书信》(三),岳麓书社 1996 年版,第 445 页。
⑦ 马啸:《左宗棠与西北蚕丝业》,《新疆师范大学学报》2003 年第 3 期。

左宗棠把兴办蚕桑业视为发展西北经济的最大利源之一，他说："非广兴饲蚕缫丝诸法，不足以尽地利"，而"耕织相资，民可使富"，因此力主"移浙之桑种于西域"。①针对当地民众的疑虑心理和抵触情绪，如所谓"陇不宜桑"，"桑以秦为宜，陇则山高气寒，不能与秦同候"等议论，左宗棠举《诗经·豳风》为例论证甘肃植桑的可行性："女桑之咏，《豳风》具有明征。陕之邠，甘之泾，即其故地也。"②在《札陕甘各州县试种稻谷桑棉折》中，左宗棠循循善诱："桑树最易长成，树堡、沟坑、墙头、屋角，一隙之地皆可种植"。他命令各地官员"当即各察所属地方，何者宜桑"；并开列柞树、椿树、橡树、青枫树等各种"养山蚕树名"，指出"如有此树，可养山蚕"。③

为促进西北地区蚕桑业的发展，左宗棠着力解决机构和人才问题。他在阿克苏设立蚕桑总局，又先后于敦煌、哈密、吐鲁番、库车、库尔勒、英吉沙尔、叶尔羌、喀什噶尔、和田、阿依克和阿克苏等十一处设立蚕桑分局，派员专办蚕织诸务，酌派工匠分赴各地传授蚕织技术，"以厚民生"。④对于官员们"留心民事否"的考核，也以是否重视植桑育蚕为准。⑤正是在左宗棠的影响下，光绪十三年（1887），甘肃布政使谭继洵从外省购进桑树良种，在全省推广种桑养蚕，并编写《蚕桑简编》，介绍植桑育蚕技术，以供下属地方官员向农民传授推广之用。⑥

在吸引技术人才方面，左宗棠主张：凡有植桑经验之农民，"或有平昔讲求农桑之学，于种植之法实有心得者，……均着各陈所见，并绘图贴说，以便采择施行。"⑦他要求招募浙江湖州有经验工匠60人前来西北，"教民栽桑，接枝，压条，种葚，浴蚕，饲蚕，煮茧，缫丝，织造诸法。自安西州、敦煌、哈密、吐鲁番、库车以至阿克苏，各设局授徒，其广浙利于新疆也。所以先南路而后北路者，以南疆生桑颇多，一经移接，便可饲蚕；缠民勤习工作，可收事半功倍

① 秦翰才：《左文襄公在西北》，岳麓书社1984年版，第121页。
② 《左宗棠全集·札件》，岳麓书社1996年版，第528—529页。
③ 《左宗棠全集·札件》，岳麓书社1996年版，第528页。
④ 《左宗棠全集·奏稿》卷一，岳麓书社1996年版，第635页。
⑤⑦ 《左宗棠全集·札件》，岳麓书社1996年版，第529页。
⑥ 侍建华：《甘肃近代农业发展史事纪要（1840—1949）》，《古今农业》2001年第1期。

之效。由是推之西四城，更推之北路，耕织相资，民可使富"。①他意识到："机织较之蚕桑为尤难。惟有暂饬工匠渐渐诱教"，以便"织本地土绸"。②左宗棠还敦促地方大员："考察蚕丝、织呢等局雇用中外师匠，及办理局务华、洋各员弁，有实在出力、著有成效者……随时汇案奏请奖励，以示激劝。"③

为大兴植桑养蚕之风，左宗棠亲力亲为。光绪六年（1880），左宗棠于清明节时在酒泉植桑数百株，并要求帮办甘新善后的杨昌濬在兰州莲花池——小西湖侧植桑千余株，又在东校场、河埔以及总督衙门后的空地满植桑树。④在左宗棠及各地官员的努力倡导下，"当地人民，自提倡之后，渐知兴感，从事蚕桑矣"。⑤西北一些"不习蚕事之区，亦闻风兴起"。1880年，左宗棠在《办理新疆善后事宜摺》中写道："臣通檄南北两路局员，检校属境桑株陆续禀报，统计桑树八十六万余株。"⑥到左宗棠奉命返京时，途中经过河西，"沿途察看，民物安阜……罂粟既禁，以其腴地改种草棉，向之衣不蔽体者，亦免号寒之苦。近更广植浙桑，关内外设立蚕织局，收买桑叶、蚕茧，俾民之知饲蚕缫丝者均可获利。"⑦陕北"长武以西……种树、栽桑，靡利不举"。⑧饲蚕、缫丝、织造诸法，也"渐有微效"。时人称：西北"新丝色洁质韧，不减川丝"。⑨莎车每年产茧十余万斤，出丝一万三千余斤。皮山地区光绪三十三年（1907）产茧已达七万斤，其后又增加数倍。丝织业随之发展起来，光绪年间，新疆和田、洛浦、于阗及莎车等处共有织户1 200多家，所织夏夷绸年产30 000余匹，"洁白绵密，宽广合度，运销关陇……岁额巨万"。⑩还有一种著名丝织品，"参用蚕丝和毛弹织，精致殊绝，售获善价"。⑪蚕桑丝绸业的发展，成为西北地区一项新增的利源，也是一种日渐重要的外贸商品。据不完全统计，清末，新疆年产蚕茧由30

---

① 《左宗棠全集·奏稿》卷一，岳麓书社1996年版，第468页。
② 沈传经、刘泱泱：《左宗棠传论》，四川大学出版社2002年版，第454页。
③ 《左宗棠全集·奏稿》卷一，岳麓书社1996年版，第631页。
④ 以致有人认为："大量的植桑应该是左宗棠在西北发展手工业的重中之重。"参见张世定：《左宗棠与晚晴西北手工业的发展》，《内蒙古农业大学学报》2010年第3期。
⑤⑩ 曾问吾：《中国经营西域史》，商务印书馆1936年版，第395页。
⑥ 《左宗棠全集·奏稿》卷四十五，上海书店1986年版。
⑦ 《左宗棠全集·奏稿》卷一，岳麓书社1996年版，第634页。
⑧ 《左宗棠全集·书信》（三），岳麓书社1996年版，第685页。
⑨ 《左宗棠全集·奏稿》卷一，岳麓书社1996年版，第521页。
⑪ 罗正钧：《左宗棠年谱》，岳麓书社1983年版，第381页。

万斤增至 70 万斤，岁销英、俄两国蚕茧 27 万斤，生丝 8 万斤。① 英、俄商人争相购买，茧价随之上涨，每斤由银一钱五分涨至二钱二三分。和田、洛浦、于阗及莎车等处所产绸匹，"供本地缠民服御，无不行销域外。其民之殷富，从可识矣"。②

三、晚清"奖劝蚕桑"的另一面相

尽管官方大力鼓吹"奖劝蚕桑"，并为此付出了极大的人力和财力，在有些地区也确实取得了可观的成效，"讲求蚕业，桑田顿盛"，③ 以致"户户栽桑，家家育蚕，不问男女，皆从此业"。④ 但是，这只是历史事实的一个方面，历史真相还有另一个方面，也值得关注并引起重视。

给人们留下了深刻印象的是，在晚清"奖劝蚕桑"的热潮中，失败的纪录几乎与成功的纪录一样多。有研究者注意到了这些失败的事例。例如："左宗棠在福建的努力就是因为气候和土壤不宜种桑而遭到失败。在松江、太仓和江南其他靠海地方，养蚕业也因土壤气候不适而告失败。在松江，尽管棉花是主要作物，一些乡绅和官员在 19 世纪末 20 世纪初，还是持续开展普及养蚕业的运动。虽有作为模范规划而种植的桑田，但是养蚕业始终未能发展起来，该地区的产丝量极小。在太仓，人们虽有良好的意愿，但还是遭到类似的失败。……在华北，失败也许更为频繁。"⑤ 其实，从以上所引各地推进蚕桑生产的史料中，也可屡屡看到"颇少成效"、"未果行"⑥；"终未见成效，或蚕多而桑少，或桑丰而蚕稀，经营数年，损失不赀，其事遂废"⑦ 等负面描述。

尽管各地官方不遗余力地劝导蚕桑生产，鼓吹无论何地皆可植桑，无论何

---

① 杜经国：《左宗棠与新疆》，新疆人民出版社 1983 年版，第 151 页。
② 牛济：《论左宗棠对新疆的经济开发与建设》，《人文杂志》1996 年第 6 期。
③ 庞鸿文：光绪《常昭合志稿》卷四十六，第 5 页。
④ 《申报》1880 年 5 月 14 日。
⑤ 李明珠著、徐秀丽译：《中国近代蚕丝业及外销（1842—1937）》，上海社会科学院出版社 1996 年版，第 153 页。
⑥ 孙葆田：《浙江湖州府知府李君墓表》，《校经室文集》卷五，第 8 页。转引自彭泽益编：《中国近代手工业史资料》第二卷，中华书局 1962 年版，第 327 页。
⑦ 连横：《台湾通史》卷二十六，工艺志，第 436 页。

人皆可养蚕，但实际情况并非如此，并不是任何地方都可以种桑，也非每个家庭都能够养蚕。首先，桑树性喜温暖湿润的气候和土壤，北方干燥少雨的气候和风大多尘的环境，并不适宜植桑育蚕，即使硬性推行，结果也可能只是事倍功半。而且，北方民众也难以适应蚕桑生产的高度劳动密集及其季节性。对此，一些有识之士已有清醒认识，正如山东士人所说："蚕桑之利，厥惟东南，山左亦踵行之……然质粗而薄，去南省远甚。固属人力之不齐，亦以天气燥湿，南北不同也"。①所以尽管鲁省地方官员推行蚕桑业甚力，但成效终究难敷所愿。"近年来，封疆大吏无不以此为要务而先出示晓谕者，然终未见成效，非有司奉行之不力，亦非闾阎之狃于积习而不惯趋时也。盖蚕桑多借力于女工，东省男女皆尽力于南亩，无暇及此；土复不润，故桑亦不肥。因地制宜，固非可强。"②

嘉兴秀水人陶保廉是又一个明眼人。19世纪90年代，陶保廉在跟随其父前往新疆就任巡抚途中，记录了他在北方的见闻及对北方的印象，批评了不加区别地把蚕桑业引入当地的尝试。他将故乡与北方的情况加以比较，指出了其间的种种不同：第一，江南商业发达，使劳动的分工和专业化成为可能，每个人只需学会蚕桑丝绸生产的一种技能，以及拥有这种技能所必需的工具就可以了，而北方的商业及劳动分工远不如江南发达，每个家庭必须学会养蚕缫丝的所有步骤才行；第二，在几乎所有农户都从事养蚕的江南，损失和收益可以调节，从而具有较强的抗风险能力，而北方一个季节的损失很难在下一个季节中得到补偿；第三，江南无论贫富都穿着绸衣，形成了比较稳定的丝绸产品市场需求，而北方民众则更为俭朴，丝绸的市场需求不那么可靠。陶保廉认为，比较而言，北方的环境更适合于棉花种植，与其不切实际地引进养蚕，不如因地制宜地推广植棉。③

其次，提高蚕桑业专业化程度的障碍，对单个农户来说，是与植桑育蚕经济活动的特征紧密联系在一起的。毋庸置疑，若遇好的年景，种桑养蚕获利丰厚，但这实际上也蕴藏着很大的自然风险。种植桑树需要投入大量的土地和劳动，近代的蚕业指南一再提醒人们，一株桑树的长成大约需要六七年的时间，

---

①②　孙点：《历下志游》，《小方壶斋舆地丛钞》六轶三，第236页。
③　参见曲直生：《中国古农书简解》，台北经济研究社1960年版，第92页。

若在这段漫长的时间里不能持续投入，便会前功尽弃。①"种桑故难成易败，初年种，次年接，又次年阉，三年内国课空输，六年之后，始获茂盛。非朝稽暮剔则囊不去，非旬锄月壅则色不肥"。② 由于植桑育蚕蕴藏高度风险，且须付出昂贵的机会成本，这就使农户无法把过多的土地用于种桑，从而也无法试图饲养过多的家蚕。正如晚清时推广蚕桑的手册中所指出的那样：农户不能贪图过高的利润，栽种的桑树一定要适量，否则万一叶价暴跌，就会因此而陷于破产；养蚕过多也不可取，因为必须防范叶价暴涨，侵蚀掉养蚕所带来的所有利润；如果一户人家种桑过多，又养蚕过多，也会带来麻烦，即很可能感到劳动力不足，无人手可用。③ 因此，没有哪一个地方能够把过多的土地用来植桑，也很少有哪个农民家庭敢于竭尽全力专门养蚕。④

正是因为如此，即便在江南蚕桑地带，估计在丝业最盛期，桑地面积也仅占耕地总面积的30%—40%。⑤ 例如，在新兴蚕业区的模范江苏无锡，桑园成片而非散种，20 世纪一二十年代桑园只占到耕地总面积的 30% 左右，水稻和小麦仍旧是当地主要的农作品种；⑥ 甚至连江南丝区的核心湖州吴兴这样的地方，养蚕农户在总农户中所占百分比达到 87%，而投入种桑的土地面积也不过仅占耕地总面积的 36%。⑦ 这反映了一个普遍现象，对粮食作物的需求成为一个地区蚕桑业专业化的主要障碍。植桑与种粮争地，发展蚕桑业势必要减少粮食作物的种植，而各地普遍存在的食粮短缺常会导致民众的生活受到威胁。⑧ 这一问题在粮食歉收时会变得愈发严重，各地方志纷纷指出：如果荒年歉收，米价高涨，就会很容易抵消植桑养蚕所获得的收益。⑨ 因此，从事蚕桑生产的潜在利益至少与其可能带来的苦难一样大。

---

① 参见《蚕事要略》、《湖蚕述》、《蚕桑简明辑说》、《广蚕桑说辑补》等有关章节。
② 见陈恒力：《补农书研究》，中华书局 1958 年版，第 182 页。
③ 参见《广蚕桑说辑补》卷二。
④ 在这一点上，珠江三角洲蚕区或许是一个特例。这里凭借得天独厚的气候和环境，可以一年六造、七造地饲养收茧。
⑤ 日本蚕丝业同业组合中央会编：《支那蚕丝业大观》，东京冈田日荣堂 1929 年版，第 76 页。
⑥ 日本蚕丝业同业组合中央会编：《支那蚕丝业大观》，东京冈田日荣堂 1929 年版，第 77 页。
⑦ 国民政府实业部国际贸易局编：《中国实业志·浙江省》，上海，1933 年，第 167—168，184—185 页（丁）。
⑧ 参见民国《南浔志》卷三十一。
⑨ 民国《德清县志》卷四。

此外，其他经济作物种植的扩大，也成为对植桑育蚕的一种"间接的限制"。江苏的太仓州和松江府原是江南棉花种植的中心，晚清时地方官绅虽曾一度力推植桑养蚕，但终究未能持续下去，原因就在于当地的碱性土壤更加适合棉花的生长。① 而据日本调查者的观察，近代成为一种重要经济作物的烟草，也可能在有些地方限制了养蚕业的发展。②

再次，除了风险因素外，养蚕业的季节性也是不得不加以考量的因素。一般来说，养蚕业与种植水稻及其他作物的季节需要配合得较好。小规模的家庭副业性植桑育蚕同种植其他作物的要求并不会产生多大的冲突，因为采桑育蚕开始于早春，结束于播谷之前，如果一年内只养一季春蚕，然后就腾出劳力从事其他作物的种植、管理和收割，正可使未充分利用的季节性劳力得到适当的利用。③ 但是，除了珠江三角洲蚕区凭借得天独厚的环境和气候，可以一年六造、七造地饲蚕收茧外，其他地区如果过分专注于种桑养蚕，就会碰到一个难以解决的问题，那就是，整个一年之中，劳动力的需求不能得到有效的供给和均衡的配置。

与此相联系的是植桑育蚕劳动的高度密集性，"自头蚕始生至二蚕成丝，首尾六十余日，其饲之也，篝灯彻曙，夜必六、七起"，"视慈母之护婴儿殆有甚焉"。④ 有研究者写道："蚕月的劳动需要是如此紧张，以致家庭成员在养蚕时会牺牲许多夜晚的睡眠。"即便如此，蚕农家庭仍然尽可能地不雇工，因为"如果一家所养的蚕超过了他自己可以照看的范围，雇佣人手所需要的花费可能抵消卖茧卖丝所得的一切利润。"⑤ 在一般情况下，养蚕业中位居第一的是桑叶费用，而人工是仅次于桑叶的第二项最大的支出，有时甚至占到总开支的30%—50% 左右。⑥ 为了节省雇佣人手的费用，蚕区农户不得不将种桑和养蚕的规模局限于家庭成员自己可以经营的范围内。同样，从事鲜茧缫丝的时限性很强，

① 光绪《嘉兴府志》卷十六。
② 日本蚕丝业同业组合中央会编：《支那蚕丝业大观》，东京冈田日荣堂 1929 年版，第 77 页。
③ 民国《德清县志》卷四。
④ 康熙《嘉兴府志》卷十 "风俗"。类似记载多见于江南各地方志。
⑤ 李明珠著、徐秀丽译：《中国近代蚕丝业及外销（1842—1937）》，上海社会科学院出版社 1996 年版，第 163 页。
⑥ 日本蚕丝业同业组合中央会编：《支那蚕丝业大观》，东京冈田日荣堂 1929 年版，第 157—160 页。《支那蚕丝业研究》（大阪，1941 年）中也有相同的记载。

　　　　　　　　　　　　　　　　　　　　　　　　　　　晚清丝绸业史

必须在短时间内进行，一个农户的缫茧量也要受到家庭劳动人手多少的限制。由于雇工费用很高，农家都尽可能地不雇工，这也成为每家农户养蚕规模难以扩大，而仅限于其家庭成员自己能够对付的范围的重要原因。① 正是由于这个原因，有研究者指出："在江南地区，养蚕业是农家理想的副业，但不是一种理想的主业。"② 据时人的调查，江南蚕区一家典型的农户一般年可出产 30—80 公斤鲜茧，年产 100 公斤以上的实属罕见。③

综上所述，鸦片战争后，特别是在太平天国战争后，由于大批政府官员和地方士绅在他们的辖区内引进和推广蚕桑生产，中国蚕桑业经历了迅速而广泛的地域扩张。然而，这些因政府官员提倡或地方绅士倡导而兴起的新兴蚕桑产区，有一部分取得了预想的成效，也有一部分则由于种种原因而没能维持长久。19 世纪 90 年代以后，全国性的"奖劝蚕桑"的热潮开始降温，蚕桑业开始向少数更加适合植桑育蚕的地区集中。

四、晚清"奖劝蚕桑"的时代意义

鸦片战争后，晚清时期地方官绅"奖劝蚕桑"的活动，在本质上仍是一种因袭传统经济的思路和举措，"总期失业者得所工作，成物者各尽土宜，以副朝廷利用厚生之至意"。④ 各地官绅不约而同地纷纷选择奖劝蚕桑的举措，表明在当时人们的心目中，蚕桑生产仍是地方上振兴经济、安定民生的不二法门，"近年来，封疆大吏无不以此为要务而先出示晓谕者"。⑤ 这固然显示出浓重的传统社会经世济民观念及思路的影响和制约，但时代毕竟不同了，在新的历史条件下，这些"奖劝蚕桑"的政策措施还是表现出一些新的特点，"与以往的产业奖励政策相比，无论是在量上还是在质上都有着显著的差异"。⑥

---

① 乐嗣炳：《中国丝业》，世界书局 1935 年版，第 28 页。
② 李明珠著、徐秀丽译：《中国近代蚕丝业及外销（1842—1937）》，上海社会科学院出版社 1996 年版，第 163—164 页。
③ 《农学报》第六卷，第九期。
④ 朱寿朋：《东华续录》，光绪一四四，第 4 页。
⑤ 孙点：《历下志游》，《小方壶斋舆地丛钞》六轶三，第 236 页。
⑥ 田尻利：《十九世纪中叶江苏の蚕桑书について》，《中山八郎教授颂寿纪念明清史论丛》，1977 年。

首先，这一时期的奖劝蚕桑，在某种意义上可以说已经形成为一次运动，成为当时朝野瞩目的热潮，从地域上看几乎遍及中国全境，从时间上看延续了整个 19 世纪后半期，在时间和空间上都是以往劝课农桑所无可比拟的。而且，各地蚕务局、农桑会、丝绸公会等组织的出现，表明官方和民间已经开始合作，对蚕桑业进行有意识的指导和有计划的管理，并赋予其近代内涵。

其次，这一时期的奖劝蚕桑是以生丝输出激增作为契机的，同时也是以国际市场作为目标指向的，实际上表明中国农村经济正处于作为世界市场一个环节的重组过程之中。中国农村的蚕桑生产已经超出了传统农业社会里的意义，而与世界工业化的潮流相联系，这一发展趋势不可能不影响到中国蚕桑丝绸生产本身。

第三，这一时期的奖劝蚕桑与历代兵荒马乱之后统治集团都要劝课农桑一样，其初衷也是清朝统治者对于由太平天国及其他农民战争所激化和表面化了的封建统治的结构性危机的一种补救措施或对应政策，但是由于与世界市场和世界工业化潮流相联系，结果可能与统治者的愿望相反，发展成为对封建统治釜底抽薪的异己力量。

上述特点表明，鸦片战争以后，由于外部形势的振荡和内部机制的更新，源远流长的中国蚕桑生产经历了数十年的艰难嬗变，形成了近代化的基本趋向。与之相适应，各地官绅大力推进的"奖劝蚕桑"运动，也在传统的躯壳内添加了与近代世界市场和工业化相联系的新内容。

综而观之，这一时期各地官府的"奖劝蚕桑"，其真实效果颇有不尽人意之处。在有些地区，因切合当地自然和社会条件或适应当地发展需要，奖劝蚕桑的措施取得了一定的成功；而在另一些地区，则因种种自然的或社会的原因而成效不著，后来又逐渐放弃了蚕桑生产。"当时有大量的政府官员在他们的辖区内推广蚕桑。然而，这些因政府官员提倡而兴起的新兴蚕桑产区，大部分都没有维持长久"。① 当蚕桑业自一些新兴地区消退之时，太湖流域、珠江三角洲和四川盆地的蚕桑业却在继续扩张。到 19 世纪末 20 世纪初，中国的蚕桑业

---

① 参见张丽：《鸦片战争前的全国生丝产量和近代生丝出口增加对中国近代蚕桑业扩张的影响》，《中国农史》2008 年第 4 期。

生产已主要集中在这三个地区。历史上的调查估算数据显示,19世纪末时,太湖流域、珠江三角洲和四川盆地三个地区的蚕茧产量约占中国全部蚕茧产量的85.17%,到20世纪10年代中期,三地的蚕茧产量已经占到全国总产量的91.80%。①

本章小结

伴随着晚清蚕桑业的发展,中国各地蚕桑业的生产与交换发生了一些引人瞩目的变化。首先是蚕桑业的各个环节、包括桑叶、桑苗、蚕种、生丝、蚕茧等生产与交换的市场化演进在更广范围、更大规模和更高程度上加速前行,其中尤以蚕茧市场的形成与发展值得给予更多地关注,因为鸦片战争前中国农村的养蚕和缫丝一直牢固地在小农经营内部结合为一体,尚未出现养蚕与缫丝分化的迹象,基本上也没有与养蚕分离的"专业丝户"的存在。②"养蚕农家各以收获成茧直接于自家缫制,缫成生丝贩卖","此为从来之惯习,尚无缫丝业与养蚕业分离之观念"。③从"贸丝"到"卖茧"的变化,对中国农村社会和传统小农经济产生了巨大冲击。它对传统蚕桑业的落后生产方式和低劣产品质量,是一次釜底抽薪般的改造。"自近来外人来买新茧,于是各处多设茧行,而缫丝者去其大半。"④养蚕与缫丝分离,蚕区农家的副业生产渐渐走向专业化,在这里,"农民已经不再是外部世界的盲目的牺牲者;他们通过由水稻种植到植桑养蚕,又由自家缫丝到生产蚕茧的转换,积极而又理性地对新的经济机遇做出反

---

① Lillian M. Li, *China's Silk Trade: Traditional Industry in the Modern World 1842—1937.* Cambridge, Harvard University Press, 1981, p.98, Table 17(1880年及1915—17年的外国调查数据); Robert Y. Eng, "*Economic Imperialism In China—Silk Production and Exports, 1861—1932*", 1986 by the Redents of the University of California, pp. 32—35(1898年的外国调查数据)。

② 佐伯有一、田中正俊:《一六·七世纪の中国农村制系·绢织业》,《世界史讲座》一,东洋经济新报社1955年版;徐新吾、韦特孚:《中日两国缫丝手工业资本主义萌芽的比较研究》,《历史研究》1983年第6期。

③ 坂本菊吉:《清国における生丝绢织物の实况并其企业に关する调查报告》,《农商务省商工局临时报告》,1904年第5册,第11页。

④ 《木渎小志》卷五,"物产"。

应"。①同时，蚕桑生产已不再是单纯小农经济的组成部分，而与近代大工业生产联系了起来，成为近代大工业生产的延伸地带，最终经由机器丝厂的产品出口，感受到世界经济的脉动，形成为资本主义世界经济体系的一个重要环节。

其次，在急速扩大而又获利丰厚的丝绸对外贸易的刺激下，植桑育蚕相较于粮食生产能够获取更高收益已经成为更多地区和人们的共识。在这样的情况下，这一时期江南地区广泛发生的"废禾植桑"的行为、珠三角地区"弃田筑塘，废稻树桑"的热潮，以及其他一些地区桑地取代粮田的现象，就成为农民们出于经济理性的选择。与此同时，蚕区"农民已经变得几乎全部或大部依赖于他们从事蚕桑业的收入以换取食物和其他生活必需品，作为种植水稻的资金保证，作为地租和利息的支付手段，作为礼仪往来和闲暇生活的物质来源"，②不难看出蚕桑业的生产和交换在当地城乡经济和社会生活中所扮演的首屈一指的角色，及其所发挥的不可或缺的作用。

再次，晚清的社会动荡、经济衰败与财政支绌，迫使各地官绅重新乞灵于传统的"奖劝蚕桑"政策，并为此付出了极大的人力和财力，从而在19世纪后半期形成了席卷全国的推广蚕桑生产的热潮。中国蚕桑业生产与交换经历了一次迅速而广泛的地域扩张。这些因政府官员提倡或地方绅士倡导而兴起的新兴蚕桑产区，有一部分取得了预想的成效，也有一部分则由于种种原因而没能维持长久。随着全国性"奖劝蚕桑"的热潮降温，蚕桑业开始向少数更加适合植桑育蚕的地区集中。晚清时期各级地方官绅"奖劝蚕桑"的活动，在本质上仍是一种因袭传统经济的思路和举措，但在新的历史条件下，这些"奖劝蚕桑"的政策措施还是表现出一些新的特点，具有了鲜明的近代化的内涵。各级统治者"奖劝蚕桑"的初衷，或许是对由太平天国及其他农民战争所激化和表面化了的统治危机的一种补救措施或对应政策，但由于与世界市场和世界工业化潮流相联系，结果可能与统治者的愿望背道而驰，最终发展成为对统治基础釜底抽薪的异己力量。

①② Robert Y. Eng, *"Economic Imperialism in China—Silk Production and Exports, 1861—1932"*, 1986 by the Regents of the University of California, p.188.

　　此项研究为国家社会科学基金重大招标项目"中国近现代手工业史暨资料整理研究（14ZDB047）"的阶段性成果

王 翔 ◎ 著

晚清丝绸业史 (下)

THE HISTORY OF SILK INDUSTRY
IN THE LATE QING DYNASTY

上海人民出版社

第六章
晚清丝织业的生产与贸易

　　鸦片战争后，作为丝绸业的重要组成部分，丝织业也迎来了一个新的发展局面。在晚清 70 年间，丝织生产与贸易经历了怎样的发展过程？显现出怎样的时代特征和意义？丝织业的发展与其上游蚕桑业、缫丝业的发展表现出哪些共同性，又呈现出怎样的差异？丝织业的发展与社会经济的演进有着怎样的互动关系，又对国计民生产生了怎样的影响？凡此种种，都值得引起充分重视，并进行深入分析。本章内容便是试图对上述问题予以解答，并进而分析所由生成的深层因果。

第一节
鸦片战争后丝织品出口的变化

一、丝织品出口的增长

　　自清乾隆二十二年（1757）将对外通商口岸限于广州一口后，中国生丝和绸缎的出口经历了一个此消彼长的过程。1817 年，丝类出口为 63.54 万元，绸类出口为 98.40 万元；1825 年，丝类出口为 231.90 万元，绸类出口为 282.03 万元；1830 年，丝类出口为 169.33 万元，绸类出口为 222.68 万元，都是匹头绸缎出口大于生丝出口。但是，情况很快就发生了变化。1833 年，丝类出口为 314.76 万元，绸类出口只有 147.14 万元，后者只及前者的 46.75%，绸类商品的出口自此呈现下降趋势。这既是东西方丝织生产工艺技术的发展差异在国际贸易领域中的反映，同时也是中国统治者实施的错误政策自缚手脚造成的后果。

　　清政府对于海外贸易的消极态度和畏缩心理，从丝绸海外贸易一波三折的经历上表现得尤为典型。在这一过程中，中国丝绸的海外贸易遭到了尤为严酷的限制和打击。明朝政府曾经规定："凡将马牛、军需、铁货、铜钱、缎匹、绸绢、丝绵私出外境货卖及下海者，杖一百；挑担载货之人减一等。货物船只并入官"。[1]这种政策为清政府所承袭，乾隆二十四年（1759）"下丝觔出洋之禁"："将丝斤严禁出洋，并准部议，将绸、缎、绢一律严禁"；"令江浙各省督抚转饬滨海地方文武各官，严行查禁。倘有违例出洋，每丝一百斤，发边卫充军；不及百斤者，杖一百，徒三年；不及十斤者，枷号一月，杖一百。……船只货物俱入官"。[2]绸缎更是在禁止之列。[3]乾隆二十七年（1762），英国商人要求来华购买丝绸，"情词迫切"。经英商吁请，两广总督苏昌奏准："循照东洋办铜商船搭配绸缎之例，每船准其配买土丝五千斤，二蚕湖丝三千斤，以示加惠外洋之意"；但同时仍然规定："其头蚕湖丝及绸绫缎匹，仍禁如旧，不得影射。……内准丝织绸缎斤数照八折计算；统在八千斤数内，不许额外多带。"[4]

　　乾隆二十九年（1764），清政府宣布"弛丝觔出洋之禁"，[5]但是实际上对江浙闽粤各省丝绸出口仍有种种限制，规定："每年出东洋额船十六只，每船准配二、三蚕糙丝一千二百斤，按照绸缎旧额，每一百二十斤抵绸缎一卷扣算。……由江苏经闽、粤、安南等处商船，每船携带糙丝准以三百斤为限，不

①　熊鸣岐：《昭代王章》卷二《私出外境及违禁下海》；又见舒化：《大明律附例》卷十五《兵律·关津》。
②　杨廷璋：《请复丝斤出洋旧使疏》，《皇清名臣奏议汇编》，初集，卷五十五。
③　《清高宗实录》卷六百三，第 13 页。
④　尹继善等：《复议弛洋禁丝斤以便民情折》，《皇朝文献通考》卷三十三，"市籴考"。
⑤　《清朝文献通考》卷三十三，第 15 页。

得逾额多带；闽、浙两省商船，每船准带土丝一千斤，二蚕糙丝一千斤，其绸、缎、纱、罗及丝绵等项，照旧禁止。至粤省外洋商船较多，其头等湖丝、缎匹等项，仍严行查禁"。[1]细审上述禁令戒律，不难看出封建统治者对于蚕丝的制成品——绸缎的出口，禁限反较生丝的出口更为严苛，这种勉强允许输出丝织原料却严格限制输出丝制成品的拙劣做法，对中国丝绸生产的发展显然是极为不利的。不仅人为地缩小了中国丝绸的国际市场，而且严重制约着中国丝绸生产能力的扩大。

在这样的情况下，尽管由于中国丝绸在世界市场上备受欢迎，因而丝绸在中国的出口贸易总值里仍然占有十分重要的地位，[2]但是，清政府对海外贸易活动的重重束缚，特别是对丝绸出口的种种限制，强制性地把丝绸这一国际性商品的市场局限于国内，使大部分民间商人和丝绸业者对世界市场只能望洋兴叹，对中国丝绸生产的发展造成了莫大损害。

鸦片战争后，海外市场需求量大增的不仅是生丝，绸缎也是外国商人竞相求购的对象。

在欧美诸国，工业革命虽然是在棉纺织领域最先起步的，但是由于丝织生产的特殊技术要求，动力丝织机的发明比棉纺织机器的发明要晚得多，即使在一些先进的资本主义国家，丝织生产也是整个纺织业中工厂化生产最为滞后的部门。在机器生产已经在棉纺织业和缫丝业中大步迈进的同时，丝织业则仍然维持着手工生产的局面。直到19世纪中期，动力丝织机才开始在欧洲出现并逐步推广，但一时间尚无法改变丝织生产整体上的手工业性质。另一方面，工业革命后欧美社会经济的发展和风俗时尚的演变，又使得当地民众对丝绸服饰的需求不断增长，"外国（风尚）逐渐推移，习尚奢侈，前之取用毛织、棉织，今均取用于丝织矣。如法之里昂，美之纽约，为丝货荟萃总枢"。[3]而本国丝织工业一时间无法满足，因此，早就在欧美国家享有盛誉的中国丝绸，便成为他们

---

① 《光绪大清会典事例》卷三百三十四，户部，关税。
② 广州一口通商时期，丝绸已经次于茶叶成为在中国对外贸易总值中，丝绸已经次于茶叶，但仍占第二位。
③ 《江浙皖丝厂茧业总公所为请严禁茧种出口致农商部呈文》（1919年4月24日），苏州市档案馆编：《苏州丝绸档案汇编》，江苏古籍出版社1995年版，第883页。

竞相购买的对象，"英、法各国，采办极广"。①

虽然丝织物出口量的增长不像生丝出口量的增长那么夺人眼球，丝织物在近代中国出口贸易中的地位也从来没有像生丝那样重要，但从 19 世纪 60 年代中期到 20 世纪的第一个十年，丝织物的出口总体上呈现稳步上升态势，其上升幅度与生丝出口相比并不逊色。1867—1911 年的 45 年间，中国生丝出口量增长了 1.89 倍，出口值增长了 2.97 倍；与之相比，丝织物出口量则增长了 6 倍，出口值更是增长了 6.85 倍。在中国丝货出口总值中所占的比重，丝织物也一路看涨，从 20 世纪 70 年代初叶的 8% 左右上升到 70 年代中叶以后的 15% 以上，到 80 年代中叶以后又超过了 20%。参见下表：

表 6-1　丝织物出口的增长及在中国丝货出口总值中所占比重（1867—1911）

年份	生　　丝		丝　织　物		丝货出口总值（千两）	丝织物所占比重（%）
	重量（千担）	价值（千两）	重量（千担）	价值（千两）		
1867	45	16 371	4	2 172	18 543	11.7
1868	57	25 109	4	1 947	27 056	7.2
1869	48	19 583	3	1 695	21 278	8.0
1870	49	21 641	4	1 877	23 518	8.0
1871	60	25 469	4	2 353	27 822	8.5
1872	65	27 901	5	2 607	30 508	8.5
1873	61	28 289	5	2 203	30 492	7.2
1874	75	22 123	6	2 375	24 498	9.7
1875	80	20 107	6	4 023	24 130	16.7
1876	79	30 908	6	3 986	35 894	11.1
1877	59	17 623	6	4 432	22 055	20.1
1878	67	19 830	7	4 507	24 337	18.5
1879	81	23 006	7	4 499	27 505	16.4
1880	82	22 990	8	5 422	28 412	19.2
1881	66	20 124	7	4 612	24 736	18.6
1882	65	17 335	7	3 396	20 731	16.4
1883	65	17 470	8	4 023	21 493	18.7

① 苏州市档案馆藏：《吴县纱缎庄业同业公会致吴县总商会函》，民国十五年（1926）三月八日。"旧工商联档案"，全宗号：乙 2-1；案卷号：53。

（续表）

年份	生 丝		丝 织 物		丝货出口总值（千两）	丝织物所占比重（%）
	重量（千担）	价值（千两）	重量（千担）	价值（千两）		
1884	68	16 457	9	4 427	20 884	21.2
1885	58	13 570	10	4 556	18 126	25.1
1886	77	10 210	12	6 754	25 964	26.0
1887	79	20 741	14	6 723	27 464	24.5
1888	77	20 070	16	7 894	27 964	28.2
1889	93	24 810	15	7 175	31 976	22.4
1890	80	20 626	11	5 320	25 946	20.5
1891	102	26 030	13	6 465	32 495	19.9
1892	101	37 323	16	7 372	34 695	21.2
1893	94	25 788	18	8 253	34 041	24.2
1894	99	29 219	19	8 415	37 634	22.4
1895	111	34 576	24	11 331	45 907	24.7
1896	88	28 710	21	9 723	38 433	25.3
1897	117	40 993	20	10 095	51 088	19.8
1898	109	40 781	20	10 044	50 825	19.8
1899	148	65 245	18	9 893	75 138	13.2
1900	97	36 555	18	9 028	45 583	19.8
1901	129	46 368	21	10 227	56 595	18.1
1902	120	62 128	20	9 652	71 780	13.4
1903	95	51 211	20	13 785	64 996	21.2
1904	125	61 327	21	11 764	73 091	16.1
1905	106	53 425	15	9 939	63 346	15.7
1906	111	56 048	16	9 754	65 802	14.8
1907	116	67 891	21	12 927	80 818	16.0
1908	129	62 128	23	13 728	75 856	18.1
1909	130	64 029	29	17 892	81 921	21.8
1910	139	71 546	30	17 998	89 544	20.1
1911	130	64 935	28	17 051	81 986	20.1

资料来源：Lillian M. Li, *China's Silk Trade：Traditional Industry in the Modern World 1842—1937.* Cambridge, Harvard University Press, 1981, p.98, Table 9. 有改动。

图6-1 中国丝织物出口的增长及与丝货出口总值的比较(1867—1911)

在这期间,上海口岸对外贸易的迅速增长,取代广州成为中国对外贸易的首屈一指港口,更加便利于江南一带丝织品的外销。这里"丝货本为天下第一,四方客商群至此间购买。迨至上海通商以来,轮船麇集,商贾辐辏,以至丝货均至上海贸易,虽本地富商不少,而上海皆设分铺"。① 盛极一时的南京丝织业,"丝业的产品占输出额的百分之七十七,而直接或间接依此业为生的人,几达人口的三分之一"。② 苏州生产的丝绸"八成出运,二成本地销售"。③ 出运的丝绸,除了一部分在国内各埠贸易外,"大都销往国外,尤以朝鲜、日本、安南、缅甸、印度等处为多。每年产量约在三十万匹以上,外销约占百分之六十"。④ 盛泽、濮院等江南市镇,情况大致相同,起初也是上海洋行买办来盛泽采买绸缎,"各绸庄销往欧美之货,多系由上海商号采购,间接运出"。⑤19世纪60年代以后,盛泽各绸庄纷纷在苏州、上海设立分庄、分店,"各省的客人,有许多便就近采办,不再亲来盛泽"。⑥ 所以《盛湖竹枝词》写道:"日收生绢千万匹,半入申江半入吴"。⑦1886年,英国驻上海领事在其发回国内的商务报告中说:"……由于对中国丝织品的需求增长,丝织品的输出正在大量增

① 《光绪二十二年苏州口华洋贸易情形论略》,《通商各关华洋贸易总册》,下卷,第41页。
② Decennial Reports, 1922—1931, Vol. I, p.625.
③ 《王义丰等四十家纱缎庄呈江苏都督文》(1912年6月26日),苏档:旧工商联档案乙2-1-176。
④ 《工展特刊稿》(1931年3月18日),苏档:旧丝织业同业公会档案乙2-2-877。
⑤ 江苏省实业司:《江苏省实业视察报告书》,吴江县,1919年。
⑥ 河冰:《盛泽之纺绸业》,《国际贸易导报》第四卷第五期,第36页。
⑦ 沈云:《盛湖杂录》,"盛湖竹枝词",1917年刊。

加，过去十年内几乎增加了一倍。看来可以断言，本地织机所需要的丝越多，则用以供应外国市场的丝就愈少。"①虽然其后的事态发展证明英国领事过于多虑，中国丝织品出口的增长并没有减少生丝的出口，但他所反映的中国丝织品出口猛增的情况则是事实。

上海开埠虽然抢去了中国丝绸对美国和日本输出的大部分市场，但广州则维系并扩大了与南洋、英国和印度之间的丝绸贸易，对这些地区和国家有大量的蚕丝及丝织品输出，并由此确立了广东丝绸在世界市场上的重要地位。布莱克本商业使团在华调查报告中写道："集中在广州的丝绸贸易，关系非常重大。除此以外，广州城内及周围各县都有很大的丝织业。输出品中包括空茧、分作几种几级的废丝、生丝、手工缫丝，及丝织品，如本色素绸、锦绸、绫罗锦和满绣的床单、披肩及长衣等素花绸缎。"②光绪年间的佛山，"多织丝品，丝由顺德各乡购回，出品颇多，最著名者为金银缎、八丝缎、充汉府缎、充贡缎等。售于本地者十之二三，外埠四乡量亦相等，运赴外洋则十之三四"。③

此外，四川省丝织生产以成都、嘉定、潼川、顺庆等府为盛。除了供给四川本省需求外，还行销云南、贵州、陕西、西藏等省区，更经陆路输出至缅甸、印度等南亚、东南亚国家。山东省胶州半岛的昌邑绸"质厚色美服用耐久，远近驰名，为本省工业特产大宗，前曾畅销俄国、南洋等处"，每年出品约在十万匹左右。④

据《海关关册》统计，1860 年，中国的绸缎出口值为 212.38 万海关两，1869 年为 152.18 万海关两，1879 年为 474.90 万海关两，1889 年为 745.92 万海关两，1894 年达到 860.49 万海关两，为 1860 年的 4.05 倍。⑤在全国出口总值中所占的比重，也呈缓慢上升趋势：1860 年为 5.34%，1879 年为 6.22%，1894 年为 6.57%。⑥从鸦片战争前夕到 1894 年间，丝织品的出口量折合生丝，

---

① *The Commercial Reports from Her Majesty' Consuls in China*, *1886*, Shanghai, p.4.

② Report of the Mission to China of the Blackburn Chamber of Commerce, 1896—1897, pp.55—56.

③ 冼宝榦等：《民国佛山忠义乡志》卷六，第 9 页。

④ 《山东省工业品说略》，《山东工商公报》，第一期，调查，第 4 页，1929 年 9 月。

⑤ 见历年《海关关册》。按，这里的数字与上列姚贤镐表的数字稍有出入，但所反映的增长趋势是完全一样的。

⑥ 据历年《海关关册》计算。

由 0.44 万担增至 2.21 万担，增加了 1.77 万担，增长了 502.27%。与之相比，同期丝织品的内销量折合生丝只从 5.06 万担增至 5.49 万担，只增加了 0.43 万担，不过增长了 8.50%。[①] 丝织品出口量的增长率比内销量的增长率高出 58.09 倍。中国绸缎内销与外销的比例，也已经由鸦片战争前的 1:0.086 上升为 1:0.42，增长了 3.88 倍。[②] 其后，中国丝织物出口的增长呈现快速增长态势：1900 年为 902.8 万海关两，1905 年为 993.9 万海关两，到 1910 年增长为 1 799.8 万海关两；在中国丝货出口总额中所占的比重也已上升到五分之一以上。[③] 凡此种种均表明，尽管这一时期丝织品的内销量还大于外销量一倍以上，但与蚕丝生产的发展一样，丝织业生产的发展也主要是建立在国际市场的需求增长之上的。见下表：

表 6-2 中国丝织品出口量、值的增长（1873—1894）

年份	绸　　缎		丝绸缎货等		指数（%）
	量（匹）	值（海关两）	量（匹）	值（海关两）	
1873	5 149	2 203 342	648	229 696	100
1874	5 778	2 374 854	614	205 288	106
1875	6 468	4 022 538	530	176 270	173
1876	5 889	3 986 038	470	172 400	171
1877	6 460	4 432 121	512	188 175	190
1878	7 440	4 507 047	690	242 920	195
1879	6 920	4 498 992	684	249 953	195
1880	8 390	5 421 721	710	233 767	233
1881	7 188	4 612 273	493	238 921	199
1882	6 598	3 396 374	2 701	541 928	162
1883	7 731	4 022 749	3 286	656 678	192
1884	8 808	4 426 973	2 214	449 546	200
1885	10 279	4 556 470	631	188 759	195

---

①② 据徐新吾主编：《中国近代缫丝工业史》，上海人民出版社 1990 年版，第 110—111 页，《1840 年前与 1894 年生丝内外销量值比较表》计算。

③ 参见 Lillian M. Li，*China's Silk Trade：Traditional Industry in the Modern World 1842—1937*。Cambridge，Harvard University Press，1981，p.98，Table 9.

年份	绸 缎		丝绸缎货等		指数（%）
	量（匹）	值（海关两）	量（匹）	值（海关两）	
1886	10 254	6 403 649	846	256 910	274
1887	11 973	6 384 059	1 221	359 537	277
1888	14 181	7 596 922	3 786	520 844	334
1889	12 780	6 874 690	1 878	584 511	307
1890	9 858	5 119 436	1 238	443 725	229
1891	11 886	6 262 654	1 584	552 962	280
1892	13 111	6 899 906	1 750	579 167	307
1893	14 611	7 847 498	3 949	534 983	345
1894	16 363	7 980 124	1 633	624 742	354

资料来源：据姚贤镐：《中国近代对外贸易史资料》第二册，第 1231 页表改制。指数变化系笔者计算。

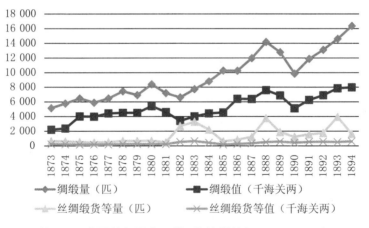

图 6-2　中国丝织品出口量、值的增长（1873—1894）

柞丝绸出口的表现也令人瞩目。柞丝绸出口，主要销往法国、美国、瑞士，1890 年尚不过 775 公担，五年后即翻了一番，达 1 585 公担；同期，柞蚕丝的内销量由 8 467 公担上升为 9 072 公担，①增加的部分也几乎全部是用来制造出口柞丝绸的。

---

① 据徐新吾主编：《中国近代缫丝工业史》，上海人民出版社 1990 年版，第 493 页。

国际市场的开拓，促进了中国丝织品生产的繁荣。苏州丝织业历史档案的记载，或可作为鸦片战争后一段时期内中国丝织业生存状态的一个缩影：

> 吾苏丝织业历史悠久，出品精良，海通以还，外销大畅，益呈蓬勃。有清一代，苏垣东半城几全为丝织业所聚居，万户机杼，彻夜不辍，产量之丰，无与伦比，四方客商，麇集于此，骎乎居全国丝织业之中心，而地方经济之荣枯，亦几视丝织业之兴衰以为断。其与国计民生、社会关系之深切，概可想见。①

"外销大畅"与产业"益形蓬勃"之间的正向关系，或可说明近代中国被卷入世界市场客观上也适应了某些行业发展的需要。丝绸作为一种高档服饰面料，使中国丝绸行业具有拓展海外市场，扩大国际贸易的内在要求。"纱缎一业，向为中国大宗贸易，每岁产额几千万元，工商之赖以生活者几十万人。"②如小镇盛泽一地，"以丝织为业者，殆不下万户，男女工作人数殆在五万以上，所织之绸如绫、罗、绉、纱、纺等类，岁可出数十万匹至一百万匹"。③如此之大的产能产量，在民众生活贫困、购买力低下的国内是难以完全消化的，能否不断开辟并长久保持国外市场，关系到中国丝绸业的盛衰成败。

中国丝绸业者对此有着清醒的认识。苏州、吴江的业者表示："苏州、吴江二区，绸货产量为最多，销地为最广……吾人所造之绸货，惟有恃国外各市场为抱注之地。"④他们说："鉴于丝织业目前情境，非向外拓展市场，不足以起废振颓。"⑤正当中国丝绸行业迫切需要"谋国外之发展"的当口，鸦片战争后闭关政策的打破、丝绸出口禁限的废除所形成的制度性利好，遂使中国的丝绸生产出现了一个空前的繁盛时期。

---

① 《苏州丝织业同业公会为申请低利工业抵押贷款致江苏银行苏州分行等函》(1946年8月19日)，苏州市档案馆编：《苏州丝绸档案汇编》(上)，江苏古籍出版社1995年版，第719页。
② 《云锦公所为建议设立纱缎出口检验所事致苏州总商会函》(1928年10月2日)，苏档：旧丝织业同业公会档案乙2-2-334。
③ 江苏省实业司：《江苏省实业视察报告书》，吴江县，1919年。
④ 《云锦公所致苏州总商会函》(1929年3月12日)，苏档：旧丝织业同业公会档案乙2-2-452。
⑤ 《吴县电机丝织工业同业公会改组成立大会记录》(1936年5月6日)，苏档：旧丝织业同业公会档案乙2-2-697。

二、海外市场的扩展

　　与丝绸出口量与出口值的不断攀升相一致,鸦片战争后到19世纪末这一段时间里,中国丝绸的海外市场也处于不断地拓展之中。

　　日本自古以来就是中国丝绸的一个重要海外市场。鸦片战争以前,中国丝绸对日出口曾受到清政府的严格限制,中国和日本相继打开国门后,情形为之一变。与中国一样,19世纪中期开国的日本,"所有现行的条约都规定,对外国进口商品征收关税,将由日本政府和其他国家政府协商决定"。① 当时,日本"进口税率亦属值百抽五,是以华绸运销彼国者甚多,即以我苏所产之花缎,运销彼国者每岁向有两万匹之多。此外,盛泽绸货运销亦广"。② 镇江出产之"江绸",即以"专售日本"著称。③ 晚清苏州丝织业有一专门产品名为"东洋腰边",④ 系专供出口日本之需,"日本所用腰边,均属本机出品……采办极广,且因质地坚久,均极信仰"。⑤ 日人小野忍在来华调查时,也记载了一些苏州出口日本的丝绸织品,其中主要是素纱、花纱和花缎。花缎"用作日本妇女的腰带、垫子、被面、睡衣";素纱和花纱则"大部分为窗帘、台毯,日本妇女夏天用的腰带"。⑥ 在19世纪70年代以后的一段时间里,日本商港长崎一带,"近时以广东所产之'拷绸'为最流行"。⑦ 在此期间,因应对日贸易发展的需要,不少中国丝绸商人"自往(日本)设庄营业",专司推销国货绸缎,生意颇盛。⑧ 赵炳麟在《光绪大事汇鉴》中也记载说:"苏、浙、闽商往长崎贸迁、寄居者,络绎

---

① *The Cambridge History of Japan*, Volume 5, The Nineteenth Century, Edited by Marius B. Jansen, New York, Cambridge Histories Online © Cambridge University Press, 2008, p.738.

② 《苏州商会代表提议推销国货须先从中外同等税率着手案》(1924年2月),苏档:旧工商联档案乙2-1-470。

③ 《首都丝织业调查》,第10页。

④ 《苏州纱缎庄业报告今昔出绸种类表》(1915年1月),苏档:旧工商联档案乙2-1-87。

⑤ 《纱缎庄业同业公会致苏州总商会函》(1933年4月4日),苏档:旧工商联档案乙2-1-987。

⑥ 小野忍:《苏州的纱缎业》,《满铁调查月报》第26卷第6号,昭和17年(1942)6月。小野忍,就职于南满铁道株式会社调查部资料课,20世纪40年代初,他对中国丝绸工业中心地带进行调研,分别完成《苏州的纱缎业》、《杭州的丝绸业》和《无锡的制丝业》等调查报告,记录近代苏杭等地丝绸产销情况甚详。

⑦ 苏州市档案馆藏:《调查国外丝织品征税率及当地人民对丝绸好尚表》。

⑧ 江苏省档案馆藏:《苏州商会代表提议推销国货须先从中外同等税率着手案》。

不绝。"① 这种情况一直持续到清末光绪二十六年（1900）。

朝鲜是中国丝绸的传统市场之一，鸦片战争以后，中国丝绸输往朝鲜者"已达数百万元"。② 特别是苏州出产的花素纱缎，更是风靡整个朝鲜。苏州市档案馆所收藏的民国年间档案资料记载："朝鲜人对吾国丝织品素表欢迎，其输入品从前为苏州之宫纱、官纱、亮纱、纺绸、素罗、板绫、库缎等，每岁亦需数万匹。"③ 由于苏州出产的几种纱缎产品主要是出口朝鲜，以致被冠上"高丽纱缎"的专门名称，"查高丽纱缎一项，产自苏城，运至上海，以转输于高丽，故以是得名"。④ 当时对朝鲜市场丝绸供求情况的调查表明，"其全国人民所需礼服用料，向来悉用苏州专造之高丽纱缎"。⑤ 鲜帮商人常驻苏州，随时采买所需纱缎运往朝鲜；朝鲜商人也"叠次来苏定购大宗货品"。⑥ 纱缎运销朝鲜，时有两条途径：一条是海路，经上海转运出口；另一条是陆路，辗转经东北过境。甲午战争后苏州开埠，又可以办理纱缎邮寄，鲜帮商人随即纷纷利用这一近代化的手段。一次，"由苏州邮局寄往朝鲜之货，共三百九十八包之多，约值银三万九千八百两之巨"。⑦

中国丝织品对南亚、东南亚的出口也日形扩展。在越南，中国出产的"货品以广东绸绫及江浙丝织品销行最多，首推浙杭绸绢，如华成葛、纺绸、清水纺、文华绢；次为广东次茛纱绸及山东绸"。⑧ 在檀香山，"该地最易销者，首推中国绉纱，次为文华绢"。年输入量"共值美金六万五千四百四十五元"。⑨ 在新加坡，中国丝绸的销行"以匹头货为大宗，次为丝线，又次为丝手帕、真丝带及丝纱"。⑩ 在菲律宾，"当地人民无分老幼，均喜着颜色鲜艳、花样新奇之质料，且因天气炎热，质料尚轻尚薄"，因而中国出产的丝绸"在菲素占势力，……年输入占第二位，值一百三十四万余元"。⑪ 在印度，"当地人民好新鲜，不喜平淡，所著衣服多光彩绚目，兼以气候关系，丝织料质尤喜轻软，销行

① 赵炳麟：《光绪大事汇鉴》。
② 苏州市档案馆藏：《中国驻朝鲜领事张国威报告》，民国八年（1919）。
③ 苏州市档案馆藏：《调查国外丝织品征税率及当地人民对丝绸好尚表》。
④ 苏州市档案馆藏：《王义丰等四十家纱缎庄呈江苏都督府文》，民国元年（1912）六月二十六日。
⑤ 苏州市档案馆藏：《调查国外丝织品征税率及当地人民对丝绸好尚表》。
⑥⑦ 苏州市档案馆藏：《云锦公所致吴县县商会函》，民国九年（1920）七月十九日。
⑧⑨⑩⑪ 苏州市档案馆藏：《调查国外丝织品征税率及当地人民对丝绸好尚表》。

品以山东白色绸及河南府绸为最，……以孟买为最大市场。国产丝绸多由英行经理输入"。①

在欧美诸国，工业革命虽然是在棉纺织领域最先开始并完成的，但是由于丝织生产的特殊技术要求，动力丝织机的发明比棉纺织机器的发明要晚得多。直到19世纪中期以后，动力丝织机才开始在欧洲出现并逐步推广，一时间尚无法完全改变丝织生产的手工业性质，再加上丝绸品种、花色等方面的原因，欧美的丝织工业仍然无法完全满足对丝绸衣饰日益增长的需求。"西国女子附体之衣，向皆细布，今则必须用绸。绸之细滑，实胜于布也。故绸布销路，愈久愈宽"。②据驻英使馆商务委员周凤岗实地调查报告："察欧西风气，男子官服、便服全用呢，鲜着丝绸者，独女子尚服绸缎，朝觐婚嫁之服，宴会跳舞之衣，长曳于地者数尺，费之钜者，值银数百两，往往一衣制成，仅服一、二次即废置不用，以数月后花样、颜色即非时尚，遂舍而另购其他。"③澳洲民众对中国丝绸也很向往，驻澳领事曾劝谕国内缎商在澳发展业务："查澳洲地大民富，商务颇可经营，在地人民尤喜中国绸缎，刺绣物件，山东茧绸，丝线，花边暨夏布抽成通花之台布，柜上陈设大小通花货色，并中国旧式花边等件。"④

美国南北战争后，社会经济高速发展，丝绸衣着开始广为流行，名媛淑女均以穿着丝绸为荣。社交舞会的风行更使丝绸成为上选的舞装，丝袜则成了男人和女人们不可或缺的打扮之一。驻美使馆商务委员报告称：

> 查美国风俗习尚，有关于中国货物之销路者，则莫如丝绣衣服一类。华盛顿京城春、冬两季，国会开院，士女云集，其妇女每著中国命妇蟒袍、霞帔，并寻常绣花裙服、宽袖短襟类，皆为我国十余年前不合时宜之旧装束，而美人尚未之知也。又西人于茶会、跳舞会及戏场，为炫耀衣服之地，其余如耶稣教之国家大庆，以及小茶饼会，宾主均好穿我国丝绸衣服。在

---

① 苏州市档案馆藏：《调查国外丝织品征税率及当地人民对丝绸好尚表》。
② 陆炜：《续富国策》卷一《种桑育蚕说》。按：此书成于1896年前。
③ 《照录驻英使臣咨送周凤岗条陈改良中国丝茶文》（光绪三十四年［1908］九月），苏州市档案馆编：《苏州丝绸档案汇编》（下），江苏古籍出版社1994年版，第962页。
④ 《农商部为劝导缎商寄送样本澳使馆陈列致苏州总商会饬》（1914年9月9日），苏州市档案馆编：《苏州丝绸档案汇编》（下），江苏古籍出版社1994年版，第982页。

家中作各种杂剧，而以五彩绒线、刺绣翎毛、花卉与五彩小绒线打小圆粒砌成者，其值尤贵，即旧者每套可售金三、四十元。盖西人手工精者，每日需工金四、五元，故对于此项刺绣能高给价值也。若只以金银线组成之蟒袍补服，在我国以为贵服，而西人谓非精致，不给重值。近日如金山、纽约各镇，有用我国职官用过之旧补子，联合成一手囊，亦以五彩绒线打小圆粒，砌成翎毛、花卉者为贵，每囊可售金十余元。我国商人只贩旧衣服来美，已为西国妇女所喜好，使有大资本商人，来美考察西衣形式，而以绸缎、绢帛、绫罗仿制之，益以五彩绒线之刺绣，其获利正未可量。①

这些都大大刺激了美国人对中国丝织品的需求欲望，自然有利于中国丝绸对那里的输出。于是，历史悠久而又在欧美国家享有盛誉的中国丝绸，便成为他们竞相购买的对象，"英法各国，采办极广"。②南京的著名丝织品"京缎"，销于"欧美诸国，每年数值数百万元"。③吴江小镇盛泽也开始蜚声欧美，"如高丽、暹罗、印度以及欧美各国，莫不有盛泽绸之销路，多系由上海商号采购，间接运出"。④被称为"珠光宝石"的河南柞丝绸，"大量销于英、美、法等国，每年销数约值银四百万两，占出口总数的百分之六十五"。⑤销往加拿大的中国商品中，"绸缎一项系制造物品，其余七种，均无制造工艺关系"。在丝织品中，"以山东绸为最合销，因西人妇女，夏季衣服多用之。此外，我国用作衣里之卜元绸，类似纺绸薄而轻者，及有花绫绢，亦可望行销此地。惟花样及开阔边幅尺寸，必须改从西式。盖花样于好尚习惯上有关，而开阔边幅，尤与其裁衣需料算法，有密切影响也"。⑥

鸦片战争以后，俄国也成为中国丝绸业的一个重要海外市场，"清光绪间

---

① 《农工商部为赵宋坛调查美国销场情形札》（宣统二年［1910］八月二十日），苏州市档案馆编：《苏州丝绸档案汇编》（下），江苏古籍出版社1994年版，第941页。
② 苏州市档案馆藏：《吴县纱缎庄业同业公会致吴县总商会函》。
③ 《南京之丝织业》，《工商半月刊》第四卷，1932年12月。
④ 《江苏省实业视察报告书》，吴江县，1919年。
⑤ 《清末民初河南绸商为振兴蚕业的两次尝试》，《丝绸史研究》第三卷第3期。
⑥ 《吴县知事公署为改良销往加拿大丝绸等事致苏州总商会函》（1919年9月23日），苏州市档案馆编：《苏州丝绸档案汇编》（下），江苏古籍出版社1994年版，第981页。

404   晚清丝绸业史

运往绸缎岁有巨额，以海参崴为无税口岸，运商皆由此进口"。① 仅苏州一地，对俄丝织品输出就"岁需花缎万匹"。② 此外，辽宁安东丝织业"以灰丝织成大小茧绸，行销蒙古、俄国、朝鲜各地者实多"。③19 世纪后半期中国丝绸输入俄国的数量及其金额，尽管上下起伏很大，但总的来看呈现快速增长趋势，1871年，俄国进口的中国丝绸数量为 424 普特，价值约 4.24 万卢布；1900 年增加到 5 000 普特，价值 88.30 万卢布。30 年间，丝绸进口量增长了 11.79 倍；进口值则增长了 20.83 倍。如下表所示：

表 6-3　俄国输入中国丝绸数量及金额表（1871—1900）

年度	数量（千普特）	价值（千卢布）	年度	数量（千普特）	价值（千卢布）
1871	0.424	42.4	1886		55.0
1872	0.968	96.8	1887		25.0
1873	1.265	126.6	1888		81.0
1874	1.643	165.4	1889		97.0
1875	1.397	139.8	1890		241.0
1876	1.198	119.8	1891	2.800	
1877	0.269	26.9	1892	2.600	
1878	0.089	8.9	1893	4.300	
1879	0.048	4.9	1894	8.300	
1880	0.013	1.3	1895	6.600	
1881		88.0	1896	7.500	
1882		94.0	1897	7.600	988.0
1883		148.0	1898	4.800	508.0
1884		61.0	1899	7.700	1 123.0
1885		65.0	1900	5.000	883.0

资料来源：吉田金一：《ロシアと清の貿易について》，《东洋学报》第 45 卷第 4 号（1963 年 3 月），第 63 页；转引自滨下武志：《中国近代經濟史研究——清末海關財政と開港場市場圈——》（东京大学东洋文化研究所报告），汲古书院 1989 年版。

---

① ②　苏州市档案馆藏：《丝织业陈述各国增加关税之痛苦节略》，民国十八年（1929）十月八日。
③　于云峰等编纂：民国《安东县志》卷六，第 17 页。

三、海外市场的样本分析——以朝鲜市场为中心

由于地理、气候、政治、文化等等方面的原因，中国产的绸缎自古以来在朝鲜一直有着极大的市场需求，上至达官贵人下至平民百姓都十分喜好。正如苏州丝织业云锦公所的文件所称："高丽服御一切，本与中国相同，本公所高丽纱缎运销该埠，历数百余年之久。其精者为上等衣服之用，粗者供普通之用而已，皆为日用要需。"①1882 年 10 月，清政府与朝鲜王朝高宗政府签订《中朝商民水陆贸易章程》，②成为中朝两国之间第一个具有近代意义的通商条约。从此，中朝两国之间的贸易关系开始由传统朝贡互市贸易转向近代意义的通商，而两国间海禁之开放、两国商民往来及贸易之许可与两国商务委员之互派等措施，则成为两国间近代通商贸易得以全面展开的制度性保障。

当时实际上主管清政府对朝事务的直隶总督兼北洋通商大臣李鸿章，于1883 年 7 月 24 日上奏朝廷，提出"亟应派员前往察看地势，择要驻扎，以便照料华商，联络声气，并将应行查勘、购置、建造等事，与朝鲜商酌妥办，免为外人所占，致落后著。"同时，考虑到中朝之间历史上的特殊关系，李鸿章表示："查朝鲜为中国藩服，委员前往驻扎，与出使外洋各国，体制稍别而情事略同，自应参酌出使成案，量为变通。"③显示出既要坚持传统朝贡关系体制的方针，又部分地接受近代条约关系体制的理念与形式以适应国际局势及中朝关系变化的现实。这成为19世纪80年代以来清政府对朝鲜认识与政策的主要特征。④

自此之后，中朝之间的经贸关系由此前主要是朝贡互市贸易，⑤即由两国

---

① 《云锦公所对日本加税之呼吁》，《申报》1924 年 12 月 8 日，第 3 张。

② 章程全文见王铁崖编《中外旧约章汇编》，第 1 册，三联出版社 1957 年版，第 404—407 页。其中间有字句讹误，注意参照中国第一历史档案馆编《清代中朝关系档案史料汇编》（国际文化出版公司1996 年版，第 135—138 页）。尽管该章程从形式到内容不无拘于传统朝贡关系框架之不平等性，但仍成为中朝两国互派商务委员驻扎对方国家以"照料本国商民"的法律依据。

③ "中央研究院"近代史研究所编：《清季中日韩关系史料》，第 3 卷，"中央研究院"近代史研究所，1972 年，第 990 页。

④ 参见权赫秀：《关于近代中朝关系史的几点认识》，《中国朝鲜史研究》第 1 辑，香港社会科学出版社2004 年版。

⑤ 参见张存武：《清韩宗藩贸易 1637—1894》，"中央研究院"近代史研究所，1978 年。

政府直接控制与管理的传统经济关系，开始向近代通商关系发生转变。随后签订的有关中朝轮船往来的章程，直接促成了近代中朝乃至中日朝国际航线的开通，①而在仁川开辟华商专用地界的章程，则产生了近代朝鲜最早的中国人专用商居区域。②1884年8月，清政府同朝鲜政府议定在釜山再开辟一个华商地界，并直接适用于前此的《仁川华商专用地界章程》，中国商民遂在近代朝鲜获得第二个专用租界。③似此中国人专用租界之开辟，不仅在整个中朝关系史上前所未见，在整个晚清对外关系史上也是绝无仅有，对于促进中朝两国之间的近代通商贸易，乃至推动中国商民及其经济势力进入近代朝鲜进而形成旅朝华侨，无疑起到了积极而又重要的保障与鼓励作用。

据首任"总办朝鲜各口商务委员"④的陈树棠向李鸿章与总理衙门所作有关中朝通商现状的报告，光绪九年二月（1884年3月），汉城、麻浦、仁川三口已有中国商民136人，有店铺28家、洋行1家、船舶1只及雇工26人；自光绪九年五月至十二月（1884年6月至12月）间，中国商民向朝鲜海关缴纳出入口关税计3 828.61英镑，中国商船向朝鲜海关缴纳船钞亦达346.25英镑。⑤至1885年5月，中国商民在汉城、仁川、元山及釜山等通商口岸的人数及其经济实力已有较大幅度增长。在不过一年多的时间里，仅常住和往来朝鲜进行贸易的中国商民人数就已经由136人增加到753人，增长4.5倍有余，其中仅汉城就有约350名，仁川亦有235名。⑥中国商民已经成为仅次于日本的在朝外国人群体，中国在朝经济势力也开始直逼自1876年《朝日修好条规》（又称《江

① 参见罗爱子：《韩国近代海运业史研究》，首尔国学资料院1998年版，第49—51页。
② 自19世纪末以来朝鲜最大的仁川"中国城"，实即滥觞于此。
③ 高丽大学校亚细亚问题研究所编：《清案》，1，高丽大学校亚细亚问题研究所1971年版，第147—148页。
④ "总办朝鲜各口商务委员"及下属各分办委员的职责，并不仅仅局限于中朝之间的通商事务，还负有代表清政府办理对朝外交事务以及行使对本国民之司法管辖权的任务，实际上是兼具商务与外交之双重使命。有关驻朝商务委员的职责、外交地位及任期、考核、薪俸与相关经费等，也是全部按照清政府出使外洋章程所规定的派遣外交官程序与原则办理。之所以没有直接使用总领事等外交官称呼，在于清政府坚持对朝传统朝贡关系体制，一时不肯将对朝关系事务与对欧美列强之近代条约关系一律对待。
⑤ "中央研究院"近代史研究所编：《清季中日韩关系史料》，第3卷，"中央研究院"近代史研究所1972年版，第1206—1207页。
⑥ "中央研究院"近代史研究所编：《清季中日韩关系史料》，第4卷，第1770—1821页。

华条约》）以来早已进入朝鲜的日本经济势力。①

随着朝鲜对外开放程度的逐渐加深，对外通商的口岸不断增加，元山、大邱、清津等处也都成为华人移居和往来贸易的城市。②中朝民间贸易往来之日渐密切，促使移往朝鲜居住或往来中朝经商的华人日益增加。"华侨之来居是邦者，日见繁盛。对于我国出入口贸易额，因亦随之增长。中间虽因中日之役遽遭顿挫，然不及数年便见恢复矣"。③旅韩华侨大多经商，"在韩内地，无论大小市镇，无不有华商之足迹"。④1893年，日本人未永纯一郎在朝鲜商情报告中说："在朝鲜，华商是供给者，日商则变成需要者的立场，重要的日常用品大半是华商提供，日商只是象征性地提供点不急需的东西。更引人注目的是，大半日商的商品皆是购自华商之手，再转卖于韩人，故日人只能赚点蝇头小利，大部分利益及商权已全部控制于华商手中。"⑤这种情况甚至在甲午战争后的一段时间内也没发生根本改变。1901年，日本人信夫淳平考察朝鲜贸易状况后写道："仁川贸易，概括言之，输出权在我，输入权则操于清商。"⑥直到20世纪初叶，据中国驻朝使领馆的情报：朝鲜国内商业"贩卖之利益，尚大半在华商掌握，因华商经营此业，历有年所，其商号信用已深入韩人之脑际，故无论为华货为日货，韩人多愿意与华商交易。且在韩内地，无论大小市镇，无不有华商之足迹，则由华商贩卖，当然销售较易。"⑦甚而至于，"华商对于日商之信用，亦较日商、韩商为稳固，盖华商在日、韩方面，因营业而倒欠日人巨款者甚少，故日人各工厂亦甚欢迎之"。⑧

---

① 日本大藏省编：《韩国对外海上贸易交易额》，韩国精神文化研究院译：《国译韩国志附录》，韩国精神文化研究院1984年版，第128—129页。

② 元山等见"中央研究院"近代史研究所编：《清季中日韩关系史料》，第3卷，第1355—1357页；清津见《农工商部为晓谕各商前往朝鲜贸易致苏州总商会札》（光绪三十四年［1908］正月二十八日），苏州市档案馆藏。

③ 《长崎华侨工商业之状况》（录民国十六年［1927］十月份驻长崎领馆报告），中华民国外交部编：《外交公报》1928年2月第80期，第26页。

④ 《驻仁川办事处提案：要请友邦政府对华侨转业归国资金之调度准予特别通融案》（1943年11月24、25日），《汪政权大使馆档案：第二次领事会议记录》，22744—51，东洋文库藏。

⑤ 转自秦裕光：《旅韩六十年见闻录——韩国华侨史话》，台北，1983年，第20页。

⑥ 信夫淳平：《韩半岛》，东京堂书店1901年版，第3页。

⑦⑧ 《最近仁川华侨情形》，中华民国外交部编：《外交公报》第77期。

旅韩华商积极从事中国商品的进口贸易，"输入商品以国货著"，①有些商品几乎垄断了朝鲜市场。自中国输入朝鲜之货物"其种类达至二百余种之多"，举其荦荦大端者，则为丝绸、麻布，即如元山中华商会所言："查我侨韩华商，历年输入华货种类虽多，然堪称大宗者，惟丝、麻两种织品。"②该类产品"进口几乎完全为仁川中国侨商所独占，有外国人无法染指的情形。这些中国商人在全朝鲜的同业中占有领导地位，他们的市场不仅包括日本和朝鲜，甚至扩大到间岛（中国吉林延边地区——笔者注）。因此，他们的交易额在朝鲜各港口中占最高位，他们的货品在仁川各种进口货品之中又占最高位"。③以朝鲜织物成品的最大输入港仁川为例，据曾任仁川华侨协会会长的于鸿章回忆：

　　　　当时由中国运来的各种货物商品，根本就没有存放到埠头仓库的时间，马上被华侨商人运送到各地去。当时主要输入品是糯米、辣椒、夏布、绸缎、布匹、纱及山东省的盐。尤其当时的衣类方面，完全靠中国输入。每当船要入港时，码头前的街道上便有成百之牛马车排列等候载货，情况很热闹而且很壮观。华商批发行彻底地利用组织，将货品转售出去。由于他们的资本雄厚，又独占市场，操纵价格，故利润可得一倍，而零售商最多才有三成之利。④

　　对于国内一些地区，特别是江苏、浙江、山东、四川、广东等地的丝织业来说，朝鲜是重要的海外市场。以苏州为例，"吾苏纱缎对外贸易较大者，向有两种：一行销高丽、安东等处者，名曰'高丽纱缎'；一行销南洋群岛各处者，名曰'阔货'。"⑤所谓"高丽纱缎"，系苏州生产的一些丝织品种，因主要出口朝鲜而被冠以专名，"查'高丽纱缎'一项，产自苏城，运至上海，以转输于高丽，故以是得名"。⑥20世纪20年代，民国政府曾"通令国外各丝绸销行较盛之地驻

---

① ②　《全国商会联合会为拟将输朝丝麻织品列入中日互惠条约致苏州总商会函》（1927年5月5日），苏州市档案馆藏。
③　朝鲜总督府：《在朝鲜的中国人》，汉城，1924年，第98页。
④　秦裕光：《旅韩六十年见闻录——韩国华侨史话》，台北，1983年，第66—67页。
⑤　《云锦公所为建议设立纱缎出口检验所事致苏州总商会函》（1928年10月2日），苏州市档案馆藏。
⑥　《苏州纱缎庄业报告今昔出绸种类表》（1915年1月），苏州市档案馆藏。

在领事及中华商会，饬令详密考查当地征收丝绸入口税率与人民之好尚"①，据反馈得来的信息，"鲜人对吾国丝织品素表欢迎，其输入品从前为苏州之府纱、宫纱、亮纱、仿绸、素罗、板绫、库缎等。"② 这些丝绸品种构成了"高丽纱缎"的主要内容，"坚固耐用，三韩人士所深道"，为朝鲜民众所乐用，"其全国所需礼服，向来悉用苏州专造之高丽纱缎。"③ 以致有人判断："苏州纱缎销场，昔京城差货占百分之二十，高丽占百分之三十。"④

此外，南京、杭州、镇江、盛泽、山东等地，出产的丝织品也都以朝鲜为重要市场，其中镇江特产"朝鲜披风"尤为著名。约在甲午战争前后，有朝鲜人向镇江毛凤记绸号买去若干匹各种花样的线绉。历时不久，便由山东帮客商从朝鲜带来了定货单，规定每件织成 12 尺的长度，制成专用的"朝鲜披风"，经毛凤记绸号承办合格，从此打开披风在朝鲜的销路。几年之内年销量扩大到40 余万件，占到江绸内外销总量的 40%。⑤ 自此以后很长一段时间内，这种叫作"朝鲜披风"的丝织品成为镇江丝绸业的主要产品，也是当地出口贸易之第一大宗。正如《申报》所载："镇埠所出江绸，大半行销朝鲜。"⑥ 数量也日渐增长，到 20 世纪 10 年代，"镇江绸每年售与朝鲜，约一百数十万（元）之巨"。⑦

国货绸布运销朝鲜，大都借重在韩侨商进行售卖。据驻朝使领馆的调查，在釜山，"华侨之营业，大都为绸布商、料理商暨其他农业。各处所卖之绸布，概由釜地华商转运而去，每年绸布卖出不下千余万元"。⑧ 在仁川，华商分为（一）专办夏布、绸缎的上海庄，（二）烟台庄及（三）客栈帮三种。"以上三种，以上海庄贸易为最大，为侨商中之贵族，亦视其他商号如平民。无论大小事件，概由该商作主，其余各商无不唯唯听命，盖亦多年之惯例然也"。⑨ 可见丝绸商人在朝鲜的势力之雄及营业之盛。日本驻朝鲜总督府的调查也表明：晚清时在朝鲜之中国商店，"主要为绸缎业、棉布商以及杂货商等，有二三人合资

---

① 《江苏全省商会联合会为发展丝绸出口致苏州总商会函》(1931 年 4 月 20 日)，苏州市档案馆藏。
②③ 《调查国外丝织品征税率及当地人民对丝绸好尚表》(1931 年 4 月 20 日)，苏州市档案馆藏。
④ 孔翔生：《苏州纱缎业之回顾与前瞻》，《吴县商会年刊》(1947 年 11 月)，吴县档案馆藏。
⑤ 杨质凡：《盛极一时的江绸业》，见《镇江文史资料》1993 年第 26 辑，第 14—15 页。
⑥ 《地方通信——镇江》，《申报》1920 年 2 月 9 日刊，第 8 页。
⑦ 《地方通信——镇江》，《申报》1924 年 8 月 8 日刊，第 12 页。
⑧ 《釜山交通及华侨状况》，中华民国外交部编：《外交公报》第 70 期。
⑨ 《最近仁川华侨情形》，中华民国外交部编：《外交公报》第 77 期。

者,有四五人合资者。其资本主即所谓财东,大都在本国中,朝鲜店铺,使经理及店员组织之"。①

根据日本驻朝鲜总督府的调查,侨韩华商从中国进口的物品中以绸缎、麻布为最大宗,并且一直掌握着这项贸易的绝对输入权。中国绸缎的输入主要经由上海、大连、芝罘等港口运抵仁川,再由仁川华商分销到朝鲜各地。日本官方的一份商情报告说:"中国商人善于经营各式各样的衣料……市场极大。在朝鲜的中国商人从上海购买衣料,有些可能直接从制造商那里购买。相反,日本商人从驻长崎的上海分公司那里购买衣料(很少从驻长崎的欧美商人那里购买),这样,上海分公司就成了批发商。中国商人的优越相当明显。"②

曾任仁川华侨自治会会长的老华侨吕季直回忆道:当时在汉城、仁川从事输入贸易的有所谓"八大家"的大批发行,"由祖国输入江浙绸缎、川赣夏布、华北棉花和食粮(小米),以及大蒜、辣椒等土产,输入数量相当可观。……在这个时期,韩国四乡的集市,五家商店中,华侨必居三家以上。华商在韩的信用,有着极稳固的基础。……这个时期,整个韩国经济的百分之七十为华侨所操纵,华侨有力控制当时的物价"。③总店设在朝鲜首都汉城的同顺泰商行,"经销来自中国的产品,包括生丝线、丝绸、中药和高丽参"。商行在"上海、广州、香港和长崎都有分号,并且随着业务量的增加,在仁川、釜山、元山和新加坡也开设了分号。整个网络的中心则在上海——仁川这一线路上"。④

不少专营绸缎的商行生意非常红火,王连三的德顺福商号不仅在汉城南大门设有店面,而且"在仁川设有支柜,掌握了京畿一带的销路。……仁川之德顺福卖出额也超过了八十万元。此外,傅守亮经营的永来盛、杨翼之的和聚公、王有栋的协泰昌、张殷三的协兴裕、姜子云的东和昌、孙金浦的人和福、和泰号、林腾九的三合永及聚源和等,都是当时有名的大绸缎商行"。⑤ 这些绸

---

① 祖运辉、张启雄:《日本殖民统治下的朝鲜华侨——朝鲜总督府报告书〈朝鲜的中国人〉》,中华民国海外华人研究学会,2003年,第41页。

② 伊藤博文编:《朝鲜交涉资料》(上),原书房1974年版,第161—162页。

③ 引自卢冠群:《韩国华侨经济》,华侨经济丛书编辑委员会,1956年,第53页。

④ 参见滨下武志:《二十世纪初上海、神户、仁川的海外华人金融网络》,郝时远主编:《海外华人研究论集》,中国社会科学出版社2002年版,第127—142页。按:一说同顺泰商行经理谭杰生于1874年到汉城经商,为近代第一位到朝鲜从事商业经营活动的华侨(参见杨昭全、孙玉梅:《朝鲜华侨史》,中国华侨出版公司1991年版,第106页)。

⑤ 秦裕光:《旅韩六十年见闻录——韩国华侨史话》,台北,1983年,第53页。

缎商行，资金丰厚，多在中国设有总店或者分店，拥有畅通的货源和交易网络，每年的交易额相当可观。

20世纪初叶，日本驻朝鲜总督府对朝鲜华商的经济活动进行了一次全面调查，形成的报告将朝鲜境内各主要都市的华商经营情况及特征概括如下表：

表 6-4　晚清时期朝鲜主要都市华侨经济活动简表

项目 地点	到达年份	现住人口	主要职业	营业状态	汇回本国 金额（元）
京　城	1882 年	4 107 人	绸缎业、 洋杂货	从中国批卖绢布 及麻布者甚多	3 252 084
平　壤	1883 年	779 人	绸缎业、杂货	货品由京城、仁川批 购，新义州次之	195 256
仁　川	1884 年	1 774 人	绸缎业、杂货	从中国批购绢布、盐及 粟类，兼批英美布类	6 495 750
元　山	1885 年	677 人	绸缎业、杂货		134 614
釜　山	1892 年	333 人	绸缎业、农业		4 666
木　浦	1893 年	164 人	绸缎业、农业		435
镇南浦	1897 年	578 人	杂货、瓦匠	种植苹果事业极盛	167 470
群　山	1899 年	323 人	绸缎业、 日用杂货	从中国批购盐及绢布	177 619
大　邱	1905 年	378 人	绸缎业、杂货		30 683
新义州	1906 年	3 641 人	绸缎业、杂货	由京城、仁川批购，并 无有力批发商业	
清　津	1908 年	733 人	绸缎业、 日用百货		162 024
备考	华侨来鲜约得四十年，以京城、平壤、仁川为最先	家族大多居乡里，男数多，女数极少，儿童大都回国受教育	大商业为绸缎业与杂货业，以京城、仁川为最多，大邱、平壤次之	自治的组合，即为中华商会。在京城方面，尚有北帮会馆、广东同乡会、南帮会馆、劳工协会等，其目的相同	以上为各地银行及邮局之合计数

资料来源：《朝鲜总督府大正十二年（1923）末调查表》，转引自张维城、季达：《朝鲜华侨概况》，中华民国驻朝鲜总领事馆，汉城，1930年，附录。原表内容有较大删减，主要职业仅限排一、二位的两项；营业状态仅保留最主要者。

第二节
官营丝织工场的存废

一、太平天国战争后官营织局的恢复

中国古代丝绸生产结构的演变过程中，虽然官营手工业组织的总体规模呈现出日渐萎缩的趋势，但仍在一些地区存在着，并扮演着重要的角色。明朝初年，曾先后设置了 25 个官营织染局，除北京、南京分设两京织染局外，其余分布在江苏、浙江、四川、山西、安徽、福建、河南、山东诸省的一些地方，其中以江浙两省最为集中，共有 13 家之多。① 以南京为例，明代于南京专设管理织造的衙门，"督理"供皇室制袍服，作诰帛和糊饰用的各色锦缎，"洪武时……于后湖置局织造"。《明史》记载："明制：两京织染内外皆置局，内局以充上供，外局以备公用。南京有神帛堂，供应机房……岁造有定数。"② 明代南京织局的产量，据《明南京车驾司职掌》记载："织染局二起，春秋二运，龙衣并起各色纻丝纱罗绫。每年二运，每运多至三千四百余匹，每箱装二十五匹，作一杠，每船可装四十杠。嘉靖九年题准约用船四只。嘉靖三十一年题准四十三杠，用船一只。隆庆六年起，运四千四百余匹，计二百八十一箱，拨装黄船二只，马快船七只。万历十五年添运各色彩金纻丝纱罗绒线等件三百五十匹，段、幅、条、斤，装盛三十箱杠，添小黄船一只。万历十九年，添造纻丝等件一千七百六十九匹，段、幅、条、斤，添拨马船一只。"③

清代的官营织造手工业，无论从地区分布还是规模大小来说，都比明代有所缩减。据《清会典》记载："织造在京有内织染局，在外江宁、苏州、杭州有织造局，岁织内用缎匹，并制帛诰敕等件，各有定式。凡上用缎匹，内织染局

---

① 彭泽益：《从明代官营织造的经营方式看江南丝织业生产的性质》，《历史研究》1963 年第 2 期。
② 《明史》卷八十二《食货志》六。
③ 《明南京车驾司职掌》卷一，都史科，商务印书馆 1934 年版，第 21 页。

及江宁局织造；赏赐缎匹，苏杭岁造。"① 一方面，清代都城北京原有内织染局之设，管理"上用"和"官用""缎纱染彩绣绘之事"，② 但到 18 世纪以后，内织染局实际上就已经不再具备任何重要性了。③ 光绪十七年（1891），清廷方又"在西苑门内设立绮华馆，制造绸绉，派杭州织造购办摇纺，炼染五成上好之各经纬丝共一千斤；召募精通缫丝、炼染、纺织各匠，并养蚕妇，以及购买织绸绉各项机张器具，一并召募制办"④。《旧京琐记》也载："昔内府设绮华馆，聚南方工人教织于中，江宁织造选送，以为教习。"⑤

另一方面，在江宁、苏州和杭州三处设置织造局，史称"江南三织造"。⑥ 康熙年间，三局共有织机 2 165 台，雍正三年（1725）稍减至 2 017 张，到乾隆十年（1745）又减为 1 863 台。⑦ 三局之中，先以苏州局设机最多，杭州局次之。雍正年间，苏、杭两局都有减少，江宁局稍有增添。到乾隆年间，三局设机规模已接近平衡。一般来说，江宁局大多织造宫廷本身所用的丝绸，而苏州局和杭州局则专门制作进贡的绸缎。⑧

鸦片战争后，江宁、苏州、杭州三地织造府如常织造上供绸缎。此即时人所谓："以织绸缎业为限，有国家经营、私人经营之分。"⑨ 清廷内务府向例每年分派江宁、苏州、杭州三局，织办缎纱绸绫绒线等项解京，以备"坤宁府四季敬神，并内传成做上服活计，内庭主位官分表里，及外藩蒙古王公、各国赏项缎绸布匹等项"。⑩ 此外，"哈密、吐鲁番亲王俸缎，暨伊犁塔尔巴哈台、乌叶尔羌，暨所属和阗、阿克苏、喀什噶尔、喀沙拉尔等处应用缎绸"，亦均由"苏、杭、宁三织造分办"。⑪ 苏州织造局分织染、总织两部分。南京织造局则由三部

---

① 见朱启：《丝绣笔记》卷上，第 15 页。
②③ 《清朝通志》卷六十六，职官。
④ 《光绪大清会典事例》卷一千一百九十五，内务府，园囿。
⑤ 枝巢子：《旧京琐记》卷九，第 35 页。
⑥ "江南三织造"中，先以苏州局设机最多，杭州局次之。雍正三年（1725），苏、杭两局都有减少，江宁局稍有增添。到乾隆十年（1745），三局设机规模已接近平衡。
⑦ 孙珮：《苏州织造局志》卷四"机张"。
⑧ 《光绪大清会典事例》，第 1195 页，转见彭泽益编：《中国近代手工业史资料》第一卷，三联书店1957 年版，第 70—73 页。
⑨ 刘锦藻：《清朝续文献通考》卷三百八十五，实业八，考一一三二九。
⑩ 《内务府奏请饬杭州织造赶办大运缎匹解京折》（咸丰三年六月二十四日），故宫博物院明清档案部编：《清代档案史料丛编》，第一辑，第 12 页。
⑪ 汪士铎等：《光绪续纂江宁府志》卷十一，上，第 4 页。

分组成，各居一处，"在西华门汉府地方者，纱、紬、缎、装蟒等机五百五十四张，有坊曰'尚方华衮'。在常府街桥者曰倭紬堂，有倭绒、素缎等机四十六张。每年约织万数千匹。……又有神帛堂，在驻防城北安门内，额设诰命制帛机六十八张"。①

太平天国战争中，江南地区社会经济遭受严重破坏，官营丝织手工业更是遇到灭顶之灾，"遭乱皆毁"。②1853 年 3 月，太平军攻取南京，江宁局毁于一旦，解京绸缎只能依赖苏、杭两局织造，"所有缎绸各项，统归苏州织办，较之从前不啻加倍"。③但军务倥偬，饷需日繁，地方官府根本无力解办。咸丰四年（1854），两江总督兼署苏州织造的怡良就曾奏称："查现在军务吃紧，需用孔殷，藩库接济粮台，尚属万分支绌，据称库无存银，系是实情。所有去年大运缎绸等项，应请暂缓，俟军务稍定，有款支发，再为织办。"④咸丰五年（1855），清政府再次饬催苏、杭织局赶紧织解，但地方无款，困窘万状，恳请"将赶运、大运各展限三个月"，⑤其后索性回奏："无如无米之炊，势难赶办。"⑥继任苏州织造的文煜奏称："藩库支应军需，颇形支绌，浒墅关税又因下江兵阻，率皆绕越，征收甚属寥寥，是以筹办大运，万分竭蹶。"⑦迫使清政府只得酌减苏、杭织局向例应予解运至京的缎匹。咸丰十年（1860）后，随着太平军攻取苏州、杭州，两地织造衙门被毁，匠役四散逃亡，缎绸织解停止。

江宁、苏州、杭州织造局先后毁于战火，当地丝织生产遭受严重破坏。不过，即便在太平天国占领时间最长的南京，丝织生产仍有一定程度的保留。太平天国在南京设有"织营"，"其卒皆织机匠"，⑧并于朝内设"织锦匠"，专门督

①② 同治《上江两县合志》卷十三"秩官"。
③ 《文煜奏请饬户部指款拨给银两以办绸缎大运折》(咸丰九年［1859］三月二十四日)，故宫博物院明清档案部编：《清代档案史料丛编》，第一辑，第 69 页。
④ 《怡良奏军务吃紧无银织办大运缎绸折》(咸丰四年［1854］四月初四日)，故宫博物院明清档案部编：《清代档案史料丛编》，第一辑，第 28 页。
⑤ 《裕诚等奏请旨饬催苏杭二处织造赶解各项缎匹折》(咸丰五年［1855］十一月十五日)，故宫博物院明清档案部编：《清代档案史料丛编》，第一辑，第 50 页。
⑥ 《毓琪奏军务吃紧无银赶办大运缎绸折》(咸丰八年［1858］四月十四日)，故宫博物院明清档案部编：《清代档案史料丛编》，第一辑，第 60 页。
⑦ 《文煜奏织办大运缎绸亟需拨款缘由折》(咸丰八年［1858］六月十五日)，故宫博物院明清档案部编：《清代档案史料丛编》，第一辑，第 61 页。
⑧ 详见张德坚：《贼情汇纂》卷四。

造"刻丝妆缎"。①从各地太平军政部门喜欢用黄缎裱糊门扇及大量服用织锦袍服的情况来看，江南地区无疑仍是当时丝织物产出的重要地方。

同治二年（1863）后，随着清朝统治在太平军占领地区的逐步恢复，官营织造的重建立即提上日程。苏州于同治二年为清军克复，次年即恢复苏州织造局，先行僦居颜家巷民房，随后着手修建衙署，"遴员集费，鸠工疱材"，于同治十一年（1872）三月落成，"经画大致悉仍旧惯，惟地临河滨，向植木板为照壁，今将河岸培宽，易以砖石，庶垂久远。共计房廊四百余间，用钱四万二千余串，其司库、库使、笔帖式等署一律修缮"。②苏州织造局恢复之初，沿袭此前分设织染、总织两局的惯例，"额设花素机六百六十三张，匠役一千九百三十二名，局役二百四十二名，年额口粮米一万七百八十八石四斗有奇，遇闰增编米八百九十八石八斗有奇"，"岁于司库支银五千二百两，放有余剩，由织造衙门年终报部题销"。③然而，虽经"陆续招募匠役"，但直到光绪年间仍"尚未足额"，历年"陆续招得桩蟒花缎正匠二百五十三名，每名随付役二名；素机正匠四名，每名随付役一名，共匠七百六十七名，局役二百四十二名。因库房无多，暂雇民机民匠织办，其口粮银米每年由藩司衙门移解银五千二百两，遇闰按月加增"。④与此前相比，苏州织造由总织、织染两局减为一局，机张由663台减为二百数十台，匠役也由2 602人减为1 000余人，规模大约缩减了一半以上。⑤

杭州于咸丰十一年（1861）被太平军攻占，直到同治三年（1864）清军始克复，"经乱后，同治七年，（杭州织造局）重建左右牌坊、大门、仪门、吏廨、库舍，共房屋二百三十四间，并建司库、库使、笔帖式各署"。⑥杭州织造局的业务有不断扩张的趋势，一些原由江宁局织造的绸缎也交由杭州局织办。例如，"咸丰三年奏准，彩帛库各色制帛，向由江南织造织办。现在库存不敷支放，

---

① 详见张德坚:《贼情汇纂》卷三。
② 《重建苏州织造署记》(同治十一年［1872］)，苏州市档案馆编:《苏州丝绸档案汇编》(上)，江苏古籍出版社1995年版，第10页。
③ 冯桂芬等：光绪《苏州府志》卷十九，第31—32页。
④ 苏州市丝绸工业公司编:《苏州市丝绸工业志》，1985年油印本，第三册，第47页。
⑤ 苏州织染局创设于元代，明初、清初两度重建(参见文征明:《明嘉靖二十六年重修苏州织染局志》、陈友明:《清顺治四年重修织染局志》，苏州历史博物馆、江苏师范学院历史系、南京大学明清史研究室合编:《明清苏州工商业碑刻集》，江苏人民出版社1981年版，第1页、第7页)。
⑥ 吴庆坻等：光绪《杭州府志》卷十八，第17—18页。

江南办理军务，势难赶办，暂交杭州织造织办，俟江南军务搞竣，仍由江南织造办理"。结果，到光绪四年（1878），上谕："议准神帛等件，业经杭州织造办理有年，所有房间机张，均已添设，毋庸改归江南。"① 不仅如此，清廷还决定："诰敕各件，改由杭州织造办理。"②

据1880年的海关调查报告，杭州织造局"职事有总办、总书和几名书办，下辖织绸机二百余台，织机是经政府注册的。执有机帖者，月受俸银若干。此外，皇室织户还按分派的工作给酬。后来贪污风行，呈报皇室支俸的织绸机数虽然仍旧，而实际存在的还不足半数。政府对实际并不存在的织机所支付的俸银，则落入官吏私囊。杭州的贡品为杭州贡缎及仿制的南京宁绸，还有两种贡品纯为杭州制造——一为朝廷祭奠皇室祖先用的奉先帛，一为朝廷普通酬神用的礼神。皇帝的袍服也是在杭州织造的"。③1880年，江海关四等帮办、英国人 E·罗契到过"为宫廷织造绸缎的两个城市——苏州和杭州"，他发现：苏州织造局有 240 张织机，杭州织造局有 122 张织机，专织宫廷绸缎。"苏州雇有织匠 300 名，杭州雇有 220 名。平均每人月入四两，同时准许织工在完成北京（宫廷）定货以后，可在闲余时间接受私人定货；但织工必须随时听凭织造官员差使。有时宫廷的定货要限期完成，织工必须日以继夜地工作。（这种宫廷绸缎）没有正常的产量，除了派来监督是项特殊织造的官吏以外，谁也不知道织造了若干匹。"④

同治三年（1864），清军克复江宁后，曾国藩、李鸿章萧规曹随，立即谋划复建官营织局。"在珠宝廊地方，购得民人李端住宅一所，尚存楼房廿余间。前临内桥河水，便于漂丝，移置织局最为合宜。现经筹款鸠工，就两旁余地添盖机房五十余间，仓廒五间，计每间设机二张。新添房屋，可设机百张"。⑤ 据碑刻资料，江宁织局的重建及业务的恢复有一个渐次扩充的过程："织造局内，向有青绿染堂，前缘省城克复，各局均被毁焚，经前部堂祥，复创织务，当因饷项维艰，三局归并，所设房间，仅能铺设机张。其染堂一节，改由民间染坊办理，

---

①② 《光绪大清会典事例》卷九百四十，工部，织造。

③　China: Maritime Customs, Special Series: Silk, Shanghai, 1917, pp. 83—84.

④　Maritime Customs, Special Series: 36, Note on Sericulture in Chekiang, Shanghai, 1922, pp. 4—5.

⑤　李鸿章：《筹设织造机房折》（同治四年［1865］七月），见《江苏通志稿·货殖志》，南京图书馆藏。

曾因赶办钦工，发染丝经，各坊间有贻误情事，特择其中诚实者，谕充行首，以专责成。"①同治四年（1865）五月"建织造机局，机只六百余张，仓库并归一所，改建于珠宝廊，为屋四十九间，仓房六间，修旧屋二十三间；（同治）五年增建屋四间，围墙一道；（同治）七年增屋十间，更房一间；（同治）八年、九年，增建五十间，共屋百四十三间"。②志书记载："（江宁）织局，同治四年立，隶织造衙门，设织机六百余张，以官领之。凡例贡若传办，度其采章方幅之宜，以授匠作，织成输上内务府。"③直到光绪三十年（1904）四月二十七日，清廷颁发谕旨："现在物力艰难，自应力除冗滥，用资整顿。……江宁、苏州两织造，同在一省，即将江宁织造裁撤。……以节虚糜，而昭核实。"④宣告裁撤江宁织造局，"一切贡物，概行停止"。一时间，"该署向用之织匠，因而歇业，无以为生，咸为织匠虑。乃各匠迁往苏州以谋衣食者，约有三分之一，余则就地受佣"。⑤至此，在中国历史上存续了数百年之久的江宁织造局终告退出历史舞台。

二、晚清官营织局的生产与管理

官营织局选择"熟练各项织务"的"匠人"领用织机。这种"匠人"当时叫做"领机"，一般人称为"机头"。匠人领用织机时，要向织局办理"登记"执照，即所谓"织造批准注册给文凭，然后敢织"。⑥执照上写明领机的"年貌籍贯"，领几台机，织何种织物，证明领机的"官匠"身份，按月领取米粮。为应

---

① 《江宁染业公所碑》（同治七年［1868］九月二十四日立），见南京博物院民族组：《清末南京丝织业的初步调查》，《近代史资料》1958年第2期，第14页。

② 汪士铎等：《同治上江两县志》卷十一，第3页。按：太平天国以后，南京织局地址迁移。据1956年南京博物院的调查："老工人说：织局四四方方的，南接白下路，北邻厅后街，东边是祠堂巷，西边是跑马巷"。并在厅后街中山南路小学的后墙基上发现一块石碑，上刻"织局北界止此"六字（参见南京博物院民族组：《清末南京丝织业的初步调查》，《近代史资料》1958年第2期，第12页）。

③ 汪士铎等：《光绪续纂江宁府志》卷六，第13页。

④ 朱寿朋：《东华续录》，光绪一八七，第13页。

⑤ 《光绪三十年南京口华洋贸易情形论略》，《通商各关华洋贸易总册》下卷，第40页。据江宁织造存恒上奏："前将应裁撤江宁织造一切事宜，奏明在案。并仰恳天恩，赏准于裁撤衙门之后，发给津贴匠粮三个月。……遵即由奴才咨准两江督臣端方转饬江宁藩司、金陵厘捐局，拨到匠役口粮折色银二千四百五十两三千二分五厘，津贴银三千两，当经奴才按名核实散放"（参见彭泽益编：《中国近代手工业史资料》第二卷，中华书局1962年版，第504页）。

⑥ 光绪《续纂江宁府志》卷十五，第73页。

付招匠织造的开支，江宁织局"每年额拨上元、江宁、江浦、六合四县米五千石，无、和二州米五千石，经解织仓收储散放。十一、十二两月在江藩库内移支银两"。①口述材料称："据老工人讲，'领机'大都是领织一二台机子。领一台机子每年向织局'领洋二十四元''俸禄米三石六斗'。遇有织造任务，领机向织造领取原料（丝经、纬丝、范子等），雇用机工进行生产。"一般来说，这些为织局工作的机工大多技术精良，"他们都具有'接得平、领得平、捻得平、络得平、发得平'等等本领。这些本领至今仍是被人传诵的"。②

织造工匠以外，绸缎织造尚须一些必不可少的辅助工种。这些辅助工种多"由民间工匠轮流当差，例如捒接工，当时南京的捒接工匠城南有四班，六百多人。城北有三行，三百多人。遇有差事，分城南、城北轮流当值。每班（行）都有一个行头，由行头'持票传差'。没人当值一日，没有工资。'汉府'（即江宁织局——笔者注）供给伙食，或发铜钱二百四十文。"

不仅如此，每年庞大的派织差事，仅凭各地官局织造的生产能力是无法完成的，必须利用民间丝织业者的力量。特别是清后期官织造局的规模大大压缩，各织造局承办的差派任务，除了局内匠役的专业制造之外，很大一部都须通过向局外发料定货，甚至直接订购"民机"的产品来完成，苏杭一带，把这种民机承造官局织品的形式叫做"织差货"。一般来说，近代以后各织造局除实行清初以来的"领机给帖"③制来役使民间机户和机匠外，还以收买、订货等方式求助于民间丝织业。江南丝织业老前辈回忆说："（苏州）总织局下设六个所，每一所官管四十多个机户，每一机户至少有一张机子，领存'执照'。大部分机户是自己领口粮，雇工织挽。官局织的主要是缎匹，其余绫、罗、绸、绉、刺绣、缂丝等，均向局外采购，但并不是在市场上随便收买，而是有一定的订货对象。当时把这种织造织署丝织品的纱缎庄，叫'织差货'。现在知道徐万春、德隆丰、徐隆茂、载舫舟、王仰珠、广源号等纱缎庄，都办过'差货'。"④

---

① 汪士铎等：《光绪续纂江宁府志》卷十一上，第 3 页。
② 南京博物院民族组：《清末南京丝织业的初步调查》，《近代史资料》1958 年第 2 期，第 12 页。
③ "买丝招匠"指的是向民间招募工匠，进局应织，实行"领机给帖"制，即：织机属于官局所有，由织造局拣选民间殷实且谙熟织务的机户、机匠承领，将姓名、年龄、籍贯等造册存案，颁给"印帖"（官机执照），令其执守，实力当差。承领机户、机匠从此即成为织造局的机户、机匠，俗称"官匠"，即所谓的"机户名隶官籍"。机户、机匠若有出缺或被斥革，由官局照额另行募补"给帖"。
④ 宋伯胤：《苏州清代织署调查简报》，《中国纺织科技史资料》第 15 集。

南京织局的情况也是这样。"一般说来,领机是雇工生产的,'货织好以后,交给东家(即领机),由东家送给织造局'。机工的工资,由领机发给,也是按件计算,'织一件袍料花三天功夫,工资九角多'。伙食是由东家送到织局。机工早上天一亮就进局,晚上七点多钟才散工,每天工作在十一小时以上。若果没有织造任务,'机工就散了,自己找生活干',但领机还是照例按月领取'米粮'的"。① 这种官营丝织业和民间丝织业之间的互动关系,一方面反映了清末官营织造局规模和产能的衰落,另一方面也是民间丝织手工业实力增长的写照。对于当地的丝织生产来说具有利弊参半的影响。

各官织局的原料采购和工价支付,均由政府财政开支,生产不计成本,产品直接由朝廷控制,每年按时解运进京,与市场需求无关,因而不是作为商品生产,没有利润转化的资本积累,其运营和生存完全靠官府财政拨付维持,仍具有明显的传统官营手工工场的性质和特征。但另一方面,工匠规定了工价,劳动力作为商品来购买,在鸦片战争后商品货币经济发展的新环境下,显示出晚清官营织局值得注意的历史特点。

各地官营织局主要任务均为织造"大运"(又称"正运")绸缎。每年"大运"绸缎包括解送内务府供上用及解送户部供官用两部分。同治戊辰年(1868),苏州织造"大运"绸缎为银 92 000 两;光绪乙酉年(1885),苏州"大运"工料结算,上用部分为银 76 902.675 两,官用部分为银 46 273.465 两。实际上是大大超出每年额支藩库银 64 500 两的额度的。此外,还有所谓"上传特用",即在"正运"之外的各种进贡,常例分为年节贡、端阳贡和万寿贡等。② 同治甲戌年(1874),仅江宁织造的端阳贡品就有:各色纱袍挂、江绸、线绉等衣料共 155 联(每联 3—5 丈),三镶玉如意 1 柄,紫金锭五色线络排珠、四喜珠、念珠、手珠各 10 匣,缂绣香袋各 10 匣,描金衣佩 20 匣,曹扇 100 把,缂丝官扇 20 把,芙蓉手巾 200 条,等等。每次进贡估价约为银 7 500 两—8 000 两,有时万寿贡更为隆重,耗资更巨。

在"大运"、"三节贡"之外,尚有许多临时差派(又称"赶加"或"添派"),五花八门,名目繁多。遇有战乱事变,宫廷、官府的各种差派更是如影随形。

---

① 南京博物院民族组:《清末南京丝织业的初步调查》,《近代史资料》1958 年第 2 期,第 12 页。

② 万寿贡即此前中秋贡,因慈禧太后生辰为十月十日,故改称万寿贡。

八国联军之役，清室西狩，"南京城中向设有织造府，专办御用衣料，今岁乘舆西幸，须用衣料甚多，是以此处曾有官机织就之衣料多件，解运出口"。[①] 据不完全统计，清晚期苏州织造局奉旨派办的，就有同治、光绪皇帝大婚，慈禧皇太后万寿，乐部和声署鼓衣袍袖，北京内府绮华馆用物，内务府大小荷包，工部架衣、泰陵、昌陵、慕陵等陵寝用料等各项差事。每次所费最少数千两，最多达十余万两，耗费惊人。详见下表：

一些突发事件也会造成朝廷对上贡绸缎的追加需求。1900 年八国联军攻占北京，慈禧、光绪西向逃难，惊魂初定便指派江南织造供应绸缎。"南京城中向设有织造府，专办御用衣料，今岁乘舆西幸，须用衣料甚多，是以此处曾有官机织就之衣料多件，解运出口"。[②]

除了供皇家内廷和高官公卿使用之外，官局织造生产的丝织品还有一部分运往边疆少数民族地区。据清代档案记载，这些提供少数民族使用的丝织品，多由官府制造局负责置办。如运往新疆伊犁、乌鲁木齐等处绸缎，均由陕甘总督奉旨办理，交由"江南三织造"分派织制，岁无定额，每处约数千匹。又如，另增云南、贵州贸易所需及青海郡王俸缎，朝廷对此极为重视，数量每年不同，均由各地事先联系，开列所需清单，按时交货。

"江南三织造"官营织局以外，晚清时其他地方亦常有遭清廷勒征丝绸贡物的记录。以山西省为例："晋省额解之物，其大端有五：曰铁，曰绸，曰绢，曰纸，曰磺。"按例每年要解送"大潞绸一批，共三十匹；小潞绸一批，共五十匹；农桑绢一批，共三百匹；生素绢四批，共一千二百匹，遇闰加四十匹"。[③] 据说，所谓"潞绸"，"并不出于潞安。潞民但能养蚕，不习机杼，向在泽州织办，或雇泽匠到潞织办，或寄丝至豫省织办。……通计丝价、织工、运脚、杂费，解绢一匹，费银十两"。[④] 此类贡赋，成为地方上的一大沉重负担，"各项物价运脚，例皆动支地丁，然价脚之不敷者数倍，例款有限，各官摊捐不敷，行户帮贴。骚然烦费，官民苦之。……以上各宗物料，在物产丰盈之时，价廉工

---

① ② 《光绪二十六年南京口华洋贸易情形论略》，《通商各关华洋贸易总册》下卷，第 34 页。

③　张之洞：《请将年终应解物料变通办理疏》（光绪九年[1883]），葛士浚编：《皇朝经世文编续》卷四十九，第 9 页。

④　张之洞：《请将晋省例解绸绢纸张折价解部片》（光绪八年[1882]），葛士浚编：《皇朝经世文编续》卷四十九，第 10 页。

表6-5 同治、光绪年间苏州织造局经办报销部分项目

年月	传办单位	项目用途	耗用银两	资料来源
同治七年（1868）六月	奉旨派办	万寿节缂绣衣料210件	91 977.452 又 337.677	故宫陈列部
同治八年（1869）四月	戊辰大运	解户部缎纱800匹、解内库绉纱、紬绫1760匹，衣线200斤，弦线6斤，手帕1 200条		第一历史档案馆藏档案，卷1069。
同治八年（1869）四月	大婚礼仪处乐部和声署	绿云束带80条、导迎4扇，鼓衣串袖大红20匹，桃红96匹，大红缎百花袍80件，绣缎等工料	4 939.624	故宫陈列部
同治八年（1869）四月	大婚礼仪处	大婚用朝袍挂、龙袍挂233件，万寿节应交缂绣衣料210件，端阳节应交各色纱料530匹	92 000	一档馆藏档案，卷1069。
同治八年（1869）八月	大婚礼仪处	皇帝御用缂丝龙袍挂30件，皇后用朝袍挂、裙、龙袍66件，蟒袍15件，被褥枕头等335件，八分圆金80匹	100 371.207	故宫陈列部
同治八年（1869）	大婚礼仪处	画绢30匹等工料共45箱（同治十年二月解送）	18 521.178	一档馆藏档案，卷1079。
同治九年（1870）五月	大婚礼仪处	绣活、缂丝、江绸、纱缎朝袍挂、披肩，金龙蟒袍等197件工料	55 763.973	故宫陈列部
同治九年（1870）	庚午大运	解户部缎纱800匹，又补办1 200匹，解内务府缎纱、绸绫、纺丝1760匹，衣线200斤，弦线6斤，大小手帕1 200条		一档馆藏档案，卷1080。
同治十年（1871）	辛未大运	解户部缎纱1 100匹，解内务府缎纱2 060匹，手帕1 200条，衣线250斤，弦线6斤		一档馆藏档案，卷1090。
同治十年（1871）	补戊辰（1868）大运	解户部缎纱1 200匹		一档馆藏档案，卷1090。
同治十年（1871）	补己巳（1869）大运	解户部缎纱1 200匹		一档馆藏档案，卷1090。

年　月	传办单位	项　目　用　途	耗用银两	资料来源
同治十一年（1872）	大婚礼仪处绣活处同治七年传办	大婚用官夏布942匹，又2 837匹，各色线绒、绣金龙袍挂绣朝服200件	122 716.034	一档馆藏档案，卷434。
同治十二年（1873）闰六月	内务府造办处办行文恭亲王传旨派办	祝慈禧皇太后用万寿用缂绣金龙旗袍、挂衫、衬衣、挂衫等357件，御用龙袍32件，又金银缎400匹，挂鳖、衬衣101件	137 631.884	一档馆藏档案，卷1090。
同治十三年（1874）七月	恭亲王传旨派办	装盛紫台万字玻璃衣盒357个	解送赴京	一档馆藏档案，卷1089。
同治十三年（1874）	奉旨派办	大红绣地毯、挂轴、黄素缎锦、绫匣、绫袱、绣绒珠、靴鞋、裤腿等工料	55 393.117	故宫陈列部
光绪十一年（1885）	乙酉大运	解内库上用缎纱230匹件，官用缎纱266匹件，绸缎3 300匹，衣线1 500斤，弦线20斤，大手帕500条，小手帕1 000条，白丝1 400斤，细布3 000匹	76 902.675	一档馆藏档案，卷1146。
光绪十一年（1885）	乙酉大运	解户部缎纱、绢线等工料	46 273.465	一档馆藏档案，卷1146。
光绪二十七年（1901）	故事房	缂绣、蟒袍、衬衣、马褂、紧身衣面360件等共2 542匹件工料	140 997.569	故宫陈列部
光绪二十七年（1901）十一月	内务府	大荷包200对	509.859	一档馆藏档案，卷452。
光绪二十九年（1903）	内务府	泰陵、昌陵、慕陵陵寝用绣花褥靠背、迎手、九龙背面29床，锦缎21匹，片金16匹，嗄18架，纺丝150匹等	3 7291.098	一档馆藏档案，卷453。
光绪三十一年（1905）二月	内务府	小荷包1 000个	1 982.5	一档馆藏档案，卷452。
光绪三十一年（1905）	内务府	绮华馆应用经纬丝线器具等，包括绮华馆匠役一次六名赴京盘费在内	5 268.283	一档馆藏档案，卷453。

省，尚以劳费无度，以致累年均有积欠。大祲以后，官吏工商，无不大困，欠解愈多"。① 时任山西巡抚的张之洞深为所苦，一再上书清廷，"请将晋省例解绸绢纸张折价解部"，力主："绸缎纸张，皆以江南所产为胜。近年华商轮船畅行江海，丝货纸货充物津沽，达于辇下，由其转输轻利，故物美而价廉。都市之中，何求不得。……晋地山路艰难，任载有限，用大车五十余辆，用骡马则须三四百头。再加以他项绸绢，劳民重役，抑又可知全省之中，骚然烦费，而运致此粗重之物。此固因时制宜之道，所当斟酌者也。"② 然而清廷并不为所动，仍然坚持勒征潞绸不止："大小潞绸系豫备坤宁宫大祭应用要件，非他省所能织造，行令该省仍解本色，毋庸折价。"③

三、晚清官营织局的运营及没落

官局织造原由工部主管，后来改归总管内务府大臣所属，直接由内务府奉旨饬办，并由户部统一核销。如遇临时差派，大都由官府总管太监承旨开列黄单，大婚喜庆时则开列红单，然后传旨派办，或由内务府札知传办，造办处、敬事房、广储司、值殿太监、大婚礼仪处、乐部和声署等都可承旨后向下传达差派任务。有时也可由行在军机处传知、恭亲王传旨、内阁传知、户部江南司传知等形式直接行文通知织造。

差派的织造任务完成后，分由水旱两条路线解送赴京，由织造局的督理官员委派库使及承差负责解送。水路由运河装船运至上海，换海轮运到天津，在换船转运至通州，然后起岸用骡车装运到京验收入库。光绪年间皇室一度移驻西安，江南织造的绸匹也就改由旱路解送陕西。由于高档丝绸面料易损，为防远道运送发生碰撞损坏、雨水霉烂及鼠咬虫伤等事情，必须妥善包装，所以会有一笔高达工料价银百分之九的"装盛解运"盘费。光绪三十一年（1905）二月，苏州织造解送小荷包1 000个赴陕，每个荷包均用黄棉笺小匣装盛，每200

---

① 张之洞：《请将年终应解物料变通办理疏》（光绪九年［1883］），葛士浚编：《皇朝经世文编续》卷四十九，第9页。
② 张之洞：《请将晋省例解绸绢纸张折价解部片》（光绪八年［1882］），葛士浚编：《皇朝经世文编续》卷四十九，第11页。
③ 《光绪大清会典事例》卷九百四十，工部，织造。

匣装于一只细木箱内，外面再加木板套箱，另用竹制双篾箱套装，四周用纸张、棉花垫实，再加一层油布套，以保证完好无损。① 纱缎袍料的解送均用卷装，两头扎好，中有腰封，再用官纸包好，用黄布包袱包扎，外面再用油布或油纸包裹，然后装入黄漆或红漆皮箱内，每箱约装 20 匹件。皮箱外再用木板套箱及双篾套箱封裹完好，再套以油布，然后才能点件发送。②

官局织造专为皇室和朝廷官员服务，原料及成品均不惜工本，“织务丝色，尤须选刷纯净，与市用者不同”。③ 所织各类缎匹，都有服式“定款”、缎匹“定长”、织造“定时”的各项严格要求。据《苏州织造局志》记载：织造缎匹分为“上传特用”23 种，“上用”（宫廷）162 种，“官用”（官府）59 种，种类极繁；而图案花样更是数不胜数。所用工料有丝、绒、金箔、染料、衬纸等，其中单是染料一项，不同染色竟达 26 种之多。所用蚕丝更有讲究，“经丝须要细丝……以出自海宁州者为佳”，以致江宁织局织造缎子，“经丝多是买自浙省南浔镇”。④

根据清代各朝黄册，织造局的工料结算价格，随着丝价的涨落而各期有所不同。清初为按市采买给价，鸦片战争后，随着丝价的不断上涨，库银支绌，光绪七年（1881）的大运绸缎工料便由户部议请折减。到光绪十年（1884），经江南三织造会商奏定，按原销市价分别折减一成至一成七。当时经丝市场价格每两为银 0.294 8 两，纬丝市价每两为银 0.274 2 两，经奏定折减一成作为上用定价，折减一成五作为官用定价。绒丝按纬丝市价折减一成二作为上用定价，折减一成七作为官用定价。如上用经丝每两为银 0.265 3 两，官用经丝每两为银 0.250 6 两；上用纬丝每两为银 0.246 8 两，官用纬丝每两为银 0.233 1 两；上用绒丝每两为 0.241 3 两，官用绒丝每两为银 0.227 6 两。均系“照光绪七年市价分别减为此价”。⑤ 炼染价格亦经奏定按市价成案统一折减一成。如杭州织造炼染大红丝每两为银 0.36 两，深色丝每两为银 0.034 02 两，浅色丝每两为银 0.030 78 两。⑥

---

①② 苏州市丝绸工业局编：《苏州市丝绸工业志》，第三册，1985 年油印本，第 72 页。

③ 《厘定三织造料工章程》，光绪十二年（1886）八月二十二日，转引自彭泽益编：《中国近代手工业史资料》第二卷，第 6 页。

④ 《采办蚕桑织具委员姚传儁禀》，光绪七年（1881）闰七月，魏纶先：《蚕桑织务纪要》，第 67 页。

⑤ 《厘定三织造丝价原折》，《厘定三织造料工章程》，光绪十二年（1886）八月，第 1—2 页。

⑥ 《厘定杭州织造工料章程》，第 2—3 页。

工价计算方法依工匠种类不同而各有差异，大致不外按时计价与按件计价两种。经丝摇纺的工价系按件计，以每两计价；捧经接经、打线边工等也是计件。织挽匠、绣匠、绣洋金匠、缂丝匠、画匠等则为按日计价，并依技艺、工种而有所差别。挑倒花等匠与纺络工等"例无定价"，依时价而定，45 名挑倒花等匠"核计工食每月共合银五十六两五钱"；织挽匠、经丝摇纺、捧经接经等"例有定价"，"历年均照例价报销"。① 参见下表：

表 6-6　厘定苏州织造工料价目表（1884）

原　　　料		
各项丝斤：		
上用经丝	每两	准销银 2.653 钱
纬　丝	每两	准销银 2.468 钱
绒　丝	每两	准销银 2.413 钱
官用经丝	每两	准销银 2.506 钱
纬　丝	每两	准销银 2.331 钱
绒　丝	每两	准销银 2.276 钱
各项炼染：		
炼染各色丝	每两	例销颜料工食银 0.1—0.2 钱
白色胰炼丝	每两	例销银 0.135 钱
炼染大红丝	每两	例销银 3.564 钱
炼染浅红丝	每两	例销银 1.782 钱
工　　　价		
上用经丝摇纺工	每两	例销银 0.4 钱
上用纬丝绒丝摇纺工	每两	例销银 0.16 钱
官用经丝摇纺工	每两	例销银 0.2 钱
官用纬丝绒丝摇纺工	每两	例销银 0.16 钱
捧经接经工	每匹	例销银 0.8 钱
打线边工	每匹	例销银 0.04—0.1 钱
纺络工	每丝 1 两	银 0.1 钱
织挽匠	每工	银 1.714 钱
绣　匠	每工	银 2.714 钱
绣洋金匠	每工	银 2.923 钱
缂丝匠	每工	银 2.61 钱
画　匠	每工	银 2.557 钱

资料来源：《厘定苏州制造工料章程》，第 1—4 页。按：江宁局和杭州局的织造工料价目与苏州局差相仿佛。

---

① 《厘定苏州织造工料章程》，第 1—4 页。

实际上，当时市面上丝价已远不止此，况且"织务丝色，尤须选刷纯净，与市用者不同"。①而按照官方规定，官局采买时以低于市价的奏定价来结算，这实际上是将官府减轻的负担转嫁到了民间大众身上。

晚清官营丝织手工业的管理体制基本上沿袭前清窠臼。江宁、苏州、杭州三局②统归工部管辖，办理织造事务的方式大体一致：督理织造的官员都兼理当地榷关税务，③钱粮来源都由各省地方藩库支给，经费及工料黄册都向内务府和户部奏销，织物都交解入库，上用交内务府广储司缎库，官用交户部缎库。太平天国战争前后，官局运营有所调整。时人记述了这一变化：

> 赭寇以前，凡地方官署各工程，料则由官采办，工则令各匠当差，而给以官价，较之受雇于民间，不止减半。而此官价发出之时，署内丁随人等，扣去几成，各行当差头目，又扣去几成。一日之劳，不过数十文之钱，以之糊口，犹虞不给。各工匠虽不敢怨，而心诚不平，但求工竣，可以他往，则草率了事矣。同治以来，若江浙两省，凡官工皆改为民雇，定价从丰，无差使名目，历久遵行，至今不改。宜乎工坚料美，堪以永年。乃不数年，而倾者如故，颓者如故，曾无异于当差之工。④

南京织局也为此苦恼不已，特于同治七年（1870）九月立碑宣示：

> 本部堂采买丝经各件，分别发染，溯查向章，价值一切统照市价公平发给，毫无剋扣。无如颜色参差不一，减工省料，以致颜色到京多有泛变，情殊可恶，合行严禁。为此示仰该行首及各坊知悉：凡本部堂发染丝经各件，务当留心照察，该行首宜择公所之地，不时公同常整行规，庶无贻误。倘有大红、元浅各染坊，仍然疏忽，颜色参差，许该行首查获，连纬及坊主

---

① 《厘定三织造丝价原折》，《厘定三织造料工章程》，光绪十二年（1886）八月，第1—2页。
② 同治前后，江宁织造也称江南织造，苏州织造也称江苏织造。
③ 例如，从同治年间开始，苏州织造部堂直接兼管浒墅关税务。这是出自经费支拨上的需要，因为苏州织造的经费来源，主要是由浒墅关榷税供给。自雍正至咸丰，浒墅关年征榷税总额为银10—12万两。
④ 《论工作之弊》，何良栋：《皇朝经世文四编》卷四十二，第4页。

送呈本部堂衙门，听候究办。如有扶隐等情，定即一并严惩，绝不宽贷。①

看来，官局织造的弊端植根于这种制度本身，并非简单的修补即能挽救或扭转。时人即已洞察底细："令匠包造者，有款虽多，而官欲婪蚀，待匠苛刻；匠则承命其下，不敢与较。而官又不计久长，但求目前掩盖，阴纵匠人，草率从事，模糊验收，以免其赔。而工程材料之坚实与否，均置勿问。故虽苛刻夫工，而工亦无甚亏苦，但劳力已。惟匠草率，故材不美；惟官模糊，故工不坚。此种风气，无论何等工程，但是官工，无不如是。"②官营的丝织手工工场兴衰不决定于经营管理，而是取决于政府的财政状况和拨款多少，缺乏生命力，随着晚清时期商品货币经济的发展和中国社会经济政治的变化，日益走向没落乃是势所必然。

第三节
各地民间丝织生产的复苏与发展

一、浙江省

借助于海外市场的"抢注"，在太平天国战争中遭受了严重破坏的江南地区，丝织生产恢复很快得以复甦。先来看看浙江省的情况。

在**杭州**，咸丰七年（1857），"因沿江各省贼氛未靖，大宗商贩裹足不前，即土产湖丝，亦因各路绸缎滞销，机多歇业"。③咸丰十年（1860）和十一年（1861），太平军两度攻陷杭州，此后占领杭州3年，战火兵燹给杭州丝织业带来深重灾难，"杭城机户，昔以万计。洪杨之役，遂致星散，幸存者不过数家"。④时人记载："杭州之机业……惟洪杨之乱衰颓最甚。当时织匠离散于各地。"⑤

---

① 《江宁染业公所碑》（同治七年［1868］九月二十四日示），南京博物院民族组：《清末南京丝织业的初步调查》，《近代史资料》1958年第2期，第14页。
② 《论工作之弊》，何良栋：《皇朝经世文四编》卷四十二，第4页。
③ 清代钞档：《杭州织造兼管北新关税务庆连奏》，咸丰七年（1857）六月二十七日。
④ 《杭州市经济调查·丝绸篇》，第71页。
⑤ 《杭州之丝织业》，《东方杂志》1917年第14卷第2期，第66页。

战乱结束后，杭州丝织业逐渐恢复，表现出顽强的生命力。"（洪杨之乱）事平后，（机户）聚居于下城一带，以其地区偏僻，房租低廉也。当时之绸，均系木机织造。工作者为小资本之机户（每家只有机子二三台或五六台），乃一种家庭手工业。出品则供给与绸庄"。①1880 年，杭城内外开业的丝织机实际已达 3 000 多台，年产绸缎 71 650 匹，平均匹重为 38.50 两。②此后，杭州丝织生产继续恢复发展，到清末时据说专门从事丝绸织造者已达 60 000 人之多。③根据从业人员数目估计，杭州丝织机台数约在 20 000 台上下。所以当时史籍有"杭（州）东城，机杼之声，比户相闻"的记载。④

杭城的机户，依照不同的织物类别集中在不同的区域进行生产，在涌金门内的"上机神庙"，专门织造熟货素缎、库缎、摹本宁绸、亮地纱等品种；艮山门东园巷一带属于"中机神庙"，主要生产花宁绸、线绉等品种；艮山门外万弄口的"下机神庙"，则专织纺绸、官纱、线春等产品。⑤制成品供给绸庄销售。这样的绸庄，在杭州有蒋广昌、悦昌文、豫丰泰、袁震和、宋春源、金沅昶等 70余家，其中的蒋广昌绸庄，光绪年间已在上海、汉口、青岛、九江、营口、哈尔滨等地设立分庄，拥有"放料机"300 多台。⑥

值得一提的是，正是在这一时期，杭州丝织品完成了对南京丝织名品的仿制和超越。时人记曰：

> 是时，杭州仿织宁绸，名曰杭绸；又仿织缎匹，名曰杭缎。然所制者，系各种浅色，惟元色一种，虽有仿制，而品色不如金陵远甚。因金陵元色丝经染时，得秦淮河流水漂洗，乌沉光亮，甲于他处故也。……迨同治年间，军事结束，缎业复兴，尤以玄色缎为主，而浅色缎及宁绸、江绸等，织

---

① 孙麟昌：《杭州绸业概况》，《钱业月报》第十三卷第三期，第 21 页。
② The Maritime Customs. Special Series：Silk（Shanghai, 1917），p.81.
③ 参见彭泽益：《中国近代手工业史资料》第二卷，第 75 页。
④ 《东城杂记》卷下"织成十景图"。
⑤ 参见姜铎：《调查散记》，《近代史研究》1983 年第 3 期。又见浙江省政治协商委员会：《浙江文史资料选辑》，第 24 辑，第 28 页。
⑥ 参见浙江省政协文史资料委员会编：《浙江籍资本家的兴起》，《浙江文史资料选辑》第 32 辑，浙江人民出版社 1986 年版，第 71—72 页。

者寥寥，是知苏、杭等处所著者，已驾金陵而上之矣。①

对此，《光绪江宁府志》不无心酸地写道："宁绸、府绸、线绸，昔皆金陵产也。今则逊于杭州，以经纬不及昔日，故仅存告朔之羊而已。"②

表 6-7　杭州关丝织品的出口贸易（1896—1911）

年份	丝织品出口量（担）	指数（%）	丝织品出口额（关平两）	指数（%）	每担丝织品平均价格（关平两）
1897	1 604	100	802 300	100	500.19
1898	3 871	241	1 935 540	241	500.01
1899	4 195	262	2 517 096	314	600.02
1900	2 634	164	1 580 571	197	600.07
1901	2 504	156	1 502 541	187	600.06
1902	2 135	133	1 323 762	165	620.03
1903	1 784	111	1 472 167	184	825.21
1904	2 167	135	1 776 703	222	819.89
1905	2 565	160	2 244 824	280	875.18
1906	2 218	138	1 774 496	221	800.04
1907	2 124	132	1 805 529	225	850.06
1908	3 666	229	2 932 708	366	799.98
1909	3 667	229	2 977 926	371	812.09
1910	3 760	234	2 632 000	328	700.00
1911	1 200	75	792 000	99	660.00

资料来源：中国第二历史档案馆、中国海关总署办公厅编：《中国旧海关史料（1859—1948）》，京华出版社2001年版，第24—107册。丝织品出口量和出口额的历年指数及每担丝织品的平均价格为笔者计算。

湖州"产绸向以'湖绉'著称，与杭缎齐名，色泽光润而柔软，宜制冬秋衣服之用"。产绸季节，则以每年春秋为最旺，夏冬次之。"春季出品，以纱罗为多，而秋冬则以绸货为盛也"。③太平天国战争后，湖州丝织生产从战乱造成的破坏中缓慢恢复过来，"除了出产上等生丝以外，还织造两种绸绸：一名湖绉，

① 《南京缎业调查》，《工商半月刊》第三卷第16期，调查，第1页。
② 汪士铎等：《光绪续纂江宁府志》卷十五，第74页。
③ 冯子栽：《浙江吴兴丝绸业概况》，《实业统计》第一卷第三、四号合刊，第96—97页。

有花有素，以湖丝织成后再加以煮染；一名棉绸，为一种特殊绸料，外表像棉布，是用废丝织成的，织成后，和湖绉一样，要加以煮染"。① 两者比较，"则以湖绉为大宗"。时人称："湖绉即绉纱，生产已有七八十年之悠久历史。绉质匀密，颇为一时所欢迎。每年运销平、津、大连、烟台、广东及长江各埠，与苏、常、沪、杭一带，贸易甚盛。"②1880 年，"湖州现有的四千台织机中，全年织造绉绸的为 2 040 台。除了新年休息及饲蚕、缫丝等花去时间外，习惯上每年只按三百个工作日计算。一台织机大约三天织绸一匹，一年织绸百匹，在煮染之前，每匹重量为 33.80 两。根据最可靠的材料，平均当地每年用于织绸的生丝共为 430 950 斤"。③ 绉绸品名有"轻长"、"尺六"、"洋装素"等数种，长约五丈余，阔约一尺六寸，最宜制袍褂之用。"其'洋装素'一种，运销欧美，为数甚巨。此项绸产，大都为乡人机户所织，每年产额，约有四十余万匹"。④

时人调查发现，"湖州织绸工场的组织与苏州完全不同"。苏州的丝织机户多是城镇手工业者，"靠织绸为生"；而湖州"周围二十里以内的乡下人，多少都会织绸，但是他们只是在没有什么重要农事，如饲蚕、锄地、种稻、割谷等工作时才从事织绸"。也就是说，湖州丝织业表现出的更多是农民家庭副业生产的形态。"该县乡镇，大半以此为正业，尤以北门外诸乡镇为最著。惟遇农忙时期，则绸机相率停织，以事耕耘。迨及秋季，各地需要骤殷，销路激增，出产以此为最旺时期"。⑤ 不过，这里也已出现了专业的丝织机坊或工场，"花素绸的上机工作由织工自己担任。机主本人并不经常织绸，常雇人来织。雇用织匠及其他下手的工资，前者每匹七角五分，后者五角，共为一元二角五分；每匹长四十八英尺，需三天织成"。⑥ 无论城乡所出绸品，"都由绸庄汇集转沪，而此种绸庄全系居间介绍性质，为数约有二十余家也"。⑦

绍兴是浙江省内另一个重要的丝绸产地。1880 年时，城内及附近共有织机约 1 600 台，其中织缎机 100 台，织绉机 200 台，织缣丝机 100 台，织茧绸机

---

① The Maritime Customs. Special Series：Silk，Shanghai，1917，p.76.
② 中国经济统计研究所：《吴兴农村经济》，第 13 页。
③ The Maritime Customs. Special Series：Silk，Shanghai，1917，pp.76—77.
④⑤ 冯子裁：《浙江吴兴丝绸业概况》，《实业统计》第一卷第三、四号合刊，第 96 页。
⑥ The Maritime Customs. Special Series：Silk（Shanghai，1917），p.77.
⑦ 冯子裁：《浙江吴兴丝绸业概况》，《实业统计》第一卷第三、四号合刊，第 96—97 页。

1 200 台。"绍兴出产的丝绸,绝大部分为一种素绸,比绉缎轻,称为纺绸,主要是供夏天穿的"。[1] 此外,这里的缎类织物也很可观。据说"缎类织制,概始于清道光年间。首创者为当地陆某,曾供职京师,睹宦显绅商,多以服缎为荣,业是者颇有供不应求之势。其时杭州之织造公署极具官气,不擅贸易,陆氏因于下坊桥设机制造,径运京师倾销,获利倍蓰,由是业者日繁。迨至光绪间,制造地域已及于山头、兴浦等处,年出缎类共二万二千匹,值一百十万元"。[2] 绍兴丝织手工业产能的扩大,吸引当时杭州的绸庄纷至绍兴下坊桥开设熟货绸庄,"专收熟货运杭,转销江浙及东北等处……两广、南洋、小吕宋等处,亦纷来采购,外销更盛"。[3] 下表反映了清光绪年间绍兴织缎手工业的基本情况:

表 6-8　光绪年间绍兴县织缎手工业概况

类别 ＼ 地域	下 坊 桥	山 头	兴 浦	总 计
机户家数	130	63	45	238
织机张数	145	83	56	284
机工人数	158	100	74	332
缎类产量(匹)	12 600	5 800	3 600	22 000
缎类产值(元)	630 000	290 000	180 000	1 100 000

资料来源:王廷凤:《绍兴之丝绸》,第33—38页。

嘉兴城内"在洪杨乱后,有织机二千具,一时颇盛。旋以每具官抽月课一元,负担过重,所有机房各部,移于江苏吴江之盛泽"。[4] 桐乡县的濮院镇以丝绸著称,"兴机杼之利,而'濮绸'之名,遂闻于天下"。时人称:(濮院镇)"绸机一业,实擅大利,……轻丸素锦,日工月盛……向有'日出万绸'之谚"。嘉庆、道光年间,濮院绸市渐移于江苏盛泽镇,本地绸市稍有衰息,"今幸自粤贼荡平以来,机业渐复"。[5] 光绪年间,濮院镇丝织品"练丝熟净,组织亦工。有

---

① The Maritime Customs. Special Series: Silk (Shanghai, 1917), p.82.
② 王廷凤:《绍兴之丝绸》,第32页。
③ 王廷凤:《绍兴之丝绸》,第40、25页。
④ 刘锦藻:《清朝续文献通考》卷三百五十八,实业八,考一一三二九。
⑤ 严辰等:《光绪桐乡县志》卷二,第14—15页,"梅泾濯锦图说"。

制成纺绸者，质细而滑，且柔韧耐久，可经浣濯"，常有"贾客来购"。①

浙江省内的其他地区，如宁波的"宁绸"、温州的"瓯绸"，这一时期也都有较大的发展。如19世纪70年代时，宁波"城内及附近共有织绸机约八四八部，每年产绸约八千四百匹"，这尚只是"夏季三个月内工作"的产量而已。②

二、江苏省

江苏省的情况与浙江省相仿，丝织业在太平天国战争后逐渐恢复，并获得一定程度的发展。

南京原在江南三大丝织业中心首屈一指，这里的丝织生产在太平天国战争中遭受严重破坏，一直未能完全恢复元气。这里在乾隆、嘉庆时（18世纪中叶到19世纪初），"通城机以三万计。其后稍稍零落，然犹万七八千"。③鸦片战争前后，南京丝织业发展到高峰，"道光年间，缎机以三万计，纱绸绒绫不在此数"。④太平天国战争中，南京丝织业遭到毁灭性打击，"洪杨兵起，金陵适当其冲，织工流离四散，缎业因之萧条"。⑤《续纂江宁府志》记载："织缎为江宁巨业，咸丰三年以来，机户以避寇迁徙，北至通、如，南至松、沪"。⑥陈作霖《凤麓小志》写道：

> 咸丰癸丑春二月，粤贼陷金陵，掠民为兵，（丝织机匠）众竞为逃匿计。有吴长松者，名复诚、字蔚堂，行六，人皆以吴六称之，本缎商也（住磨盘街）。性忠义，有谋略，上书贼酋，谓金陵以机业为首，居民习此者半，若招集数千人，组织缎匹，足供诸王服御。贼因授长松机业总制，设馆曰机匠衙。……机匠衙凡数千人。⑦

---

① 严辰等：《光绪桐乡县志》卷七，第1页。
② The Maritime Customs. Special Series：Silk（Shanghai, 1917），p.82.
③ 陈作霖：《凤麓小志》卷三，第2页。《金陵琐志》五种本，光绪二十六年（1900）刊。
④ 汪士铎等：光绪《续纂江宁府志》卷十五，第73页，光绪六年（1880）刊。
⑤ 《首都丝织业调查》，第1页。
⑥ 汪士铎等：光绪《续纂江宁府志》卷六，第4页。
⑦ 陈作霖：《凤麓小志》卷三，第7页。

于是，太平天国在南京有"织营"之设，"其卒皆织机匠"。①织营"掳胁城内机匠，……令各匠织缎，诈称可免当贼兵。于是起而从者数百人，渐集至一万四千人，内中颇有外行冒充织匠，因其可以栖身之故"。②时人记录说：太平军"设官督理织营事务，凡江宁封城中素业机者，皆一网打尽，分丝络经，限日缴缎匹若干，并立营伍，亦有前后左右中各名色，斩然不紊"。③总算是为南京丝织业保留了一缕余脉。太平天国期间南京丝织生产情况不明，产量亦无从估算，但从当时大量服用织锦袍服及喜欢用黄缎裱糊门扇的情况来看，南京无疑仍是当时丝织物产出的重要场所。

同治三年（1864）十月，清军克复江宁，那些因避战乱而迁往外地的丝织机户，已"多即流寓之地，募匠兴织，贩运各省"。一时间，"机户安土重迁，观望不归"，以致南京城内"佣趁资食者无以厚生"，丝织业"元气难于骤复"。④两江总督曾国藩把重振丝绸生产作为战后恢复经济的重要举措，一方面派员四出，招集（丝织业者）回宁复业，"示谕云：缎业用人较多，使贫户有觅食之所，典铺挟资较厚，使贫户有通财之处，无非借商之力以养农，借稍富之力，以养极贫之民"；另一方面，"传檄金陵善后总局、苏州牙厘总局，分议贩运缎匹扼要总捐一次，其沿途水陆卡厘概免，以示体恤"。⑤于是，"避居江北及里下河一带之织工，得以复来南京，重整旗鼓，缎业由是复兴。集中之地，亦由四乡迁至城内，以南城之东西两隅为最占多数"。⑥

然而，战乱的巨大破坏毕竟使得南京丝织业"元气难于骤复"，战后丝织生产区域的兴替，也使得南京丝织业的相对地位下降。到1880年，"现在城内仅有（丝织机）四千台，四乡只有一千台。织缎者共约一万七千人"。与1853年"南京城内用于织缎的织机共有三万五千台，附近城乡共有一万五千台"，⑦共计织机50 000台的盛况相比，可谓相差悬殊。从丝织物产量来看，也难望昔日

①　张德坚等：《贼情汇纂》卷五，上。
②　涤浮道人：《金陵杂记》。中国历史学会编：《太平天国》（四），第618页。
③　张德坚等：《贼情汇纂》卷二。
④⑤　汪士铎等：光绪《续纂江宁府志》卷六，第4页。
⑥　《首都丝织业调查》，第1页。
⑦　The Maritime Customs. Special Series：Silk（Shanghai，1917），p. 63.

之项背。"每年产缎约二十万匹，价值二百六十万海关两。由芜湖出口，运往上海、广州及北京的约三万匹；由陆路直接从南京运往北京的约二万匹；经苏州运往上海，并在苏州完纳内地税者二万匹；估计还有一万匹是装帆船运往上海的。湖南、湖北、荆州、四川、汉口及贵州、云南供销八万匹；估计江苏、河南及山东共销四千匹"。①

其中，"织摹本缎的织机，在太平军起义以前的一八五三年曾有二千五百台，现在（1880年）开工的只有三百台，织此缎者一千三百人。……估计摹本缎的年产量为一万匹，价值二十三万两"；"织妆花描金缎的织机，在太平军起义前有一千台，现仅三百台，织此缎者一千三百人。……妆花描金缎的年产量约三千匹，价值十五万海关两。妆花描金缎几乎全部是定织的，供北京及北方旗人的消费，留供本地消费的最多约为十分之二"；"织造建绒的织机，在太平军起义前不下七千台，目前恢复生产的仅微多于二百台，织建绒者共约八百人。……建绒的年产量约为八百匹，价值八千海关两"；"织造茧绸的织机，太平军起义前有四千台，现在约存七百台。……茧绸的年产量约为二万匹，价值二十万海关两。半数销于直隶、河南及汉口，其余销于别省"。在一些丝绸品种的生产设备和产量大幅下降的同时，也有一些新品种开始在南京丝织业中出现，并迅猛增长。1850年，南京"织造丝栏杆的织机仅数十台，现在织栏杆的织机约有三千台，织者四千人。……丝栏杆的年产量为三百八十万丈，价值十三万海关两"。②

丝织物品质的下降，也是太平天国战争后南京丝织业所面临的严重问题。以金陵线缎为例，"昔当盛时，其质地皆清水元色，经纬织成，购用者十年不坏，近则油粉搀染，不易售矣"。③又有宁绸、府绸、线绉等品，"昔皆金陵产也。今则逊于杭州，以经纬不及昔日，故仅存告朔之羊而已"。④苏、杭两地此前曾仿制南京的宁绸、元缎，"然所制者，系各种浅色，惟元色一种，虽有仿制，而品色不如金陵远甚。因金陵元色丝经染时，得秦淮河流水漂洗，乌沉光亮，甲于他处故也"。太平天国以后，情形为之一变，"迨同治年间，军事结束，缎业

<hr>

① The Maritime Customs. Special Series：Silk（Shanghai, 1917）, p. 63.
② The Maritime Customs. Special Series：Silk, Shanghai, 1917, pp.63—64.
③ 汪士铎等：光绪《续纂江宁府志》卷十五，第74页。
④ 汪士铎等：光绪《续纂江宁府志》卷十五，第75页。

复兴，尤以玄色缎为主，而浅色缎及宁绸、江绸等，织者寥寥，是知苏、杭等处所著者，已驾金陵而上之矣"。[1]品质的下降使得一些著名织物竞争力削弱，逐渐被市场所淘汰，"摹本缎，今尚有织者，以工大而人少，合而计之，不过数十机。妆花缎，亦不常织，秋冬始有商贩定购也"。[2]

到光绪中期以后，南京丝织业陆续恢复至拥有织机 15 000 台，其中织缎机 9 000 台，织绒机 3 000 台，织锦机 3 000 台。[3]时迄清末，尚有织缎机 9 000 台，织锦机 3 000 台，织绒机则减少到 300 多台。丝织机工和依靠丝织业生活的"附工"，以及有关行业的从业者，人数约在 80 000 人以上。[4]"依此生活者，达四十万人，销路推至欧美各邦，国内行销至二十一省，每岁出口额，依海关统计，有二百余万元之多"。[5]当时，南京丝织业分为三大类：缎业、绒业和织锦业。缎业集中于城南，绒业分布于绒庄街及明瓦廊一带，城北则以织锦业著称。[6]相应地，南京的丝织业作坊也分布在几个集中的区域：军师巷附近，"机杼之声，比户相闻"；[7]骁骑营一带，"机户最多，三五成邻"；[8]聚宝门内"业此者不下数千家"。[9]四乡仍有一些织造纱绸的机户，"龙光纱机，皆聚于城西凤凰台、杏花村一带"。[10]丝绸织品产量的恢复也很可观。据19世纪末的材料："丝业为本口（南京）之大宗，通城内外，机户十居六七，加之参以西法，生意殊觉不小。"[11]

缎业之中，南京"元缎"名闻遐迩。元缎亦名"贡缎"，清代末叶为最盛期。"元缎之名不一，统谓之曰头号、二号、三号，皆八丝所织也。……所谓头号缎，其广自二尺六寸至三尺二寸，其长以四丈六尺为率。二号之广，自二尺二寸至二尺七寸，甚不一。三号皆广二尺七寸，经数以九千五百根止。其头号经数以万七千者为最上。近有专贸京师，韝料增至万八千者，然难织矣。天青以万五千为率，广则不过二尺九寸，过广则织不美也"。织造元缎的织工亦有

① 《南京缎业调查》，《工商半月刊》第三卷第 16 期，调查，第 1 页。
②⑩ 汪士铎等：光绪《续纂江宁府志》卷十五，第 74—75 页。
③ 汪士铎等：光绪《续纂江宁府志》卷十五。
④ 南京博物院民族组：《清末南京丝织业的初步调查》，《近代史资料》1958 年第 2 期，第 1—2 页。
⑤ 《宁缎业讨论改良办法》，《钱业月报》第五卷第八号，杂纂，第 6 页，1925 年 10 月。
⑥ 南京博物院民族组：《清末南京丝织业的初步调查》，《近代史资料》1958 年第 2 期，第 1 页。
⑦ 《白下琐言》卷二。
⑧ 《白下琐言》卷四。
⑨ 《白下琐言》卷八。
⑪ 《光绪二十六年南京口华洋贸易情形论略》，《通商各关华洋贸易总册》下卷，第 34 页。

专门要求,"元缎织工,头号必须江宁镇人,有膂力,无疵瑕。次则秣陵、陶吴,再次禄口、殷巷,南乡以外,皆不如也。天青则城内人为佳,以不须大力而能细密耳。又有锡缎,乃二尺二寸窄,而佳者以北乡迈皋桥人织最善"。[1]有记录称:"至缎匹销售之地,以北京为最,辽、吉、黑、豫、晋、两湖、两广、滇、蜀次之,欧西又次之,每年销数不下数百万元。昔之业此而富者,比比皆是"。[2]国内销场之外,"销路所至,远及海外越南、暹罗、印度、新加坡等处,而日本、朝鲜两国,南京缎子之名,风靡一时"。[3]

绒业分为几种:"有织建绒者,即缎经绒;有织漳绒者,即天鹅绒;间有织漳缎者"。[4]其中首推建绒。"建绒者,建业之绒也。昔称大宗,其机在孝陵卫,故又曰卫绒。制暖帽沿边者,非此不克。另有剪绒者,为专门之业,织成而修整之。"[5]直到清朝末年,绒业仍是"出口极形发达"。嗣后由于"为西洋绒所排挤,质虽不佳,其价廉甚,建绒于是日索矣"。[6]

苏州作为江南丝织业的重镇,这里"向来——战争期间除外——是丝织业的重要中心,不论在产量、质量方面,或者在彩色鲜艳、花色繁多方面都是如此"。[7]太平军兴以前,苏州约有丝织机 12 000 余台,战争期间受损严重,战后经历了一个恢复和重振的过程,"随着原料生产的增加,织绸业正在日趋好转"。由于绸缎价格稳定,销路日益增加,到 1880 年时,丝织机已恢复至 5 500台。光绪二十年(1894)前后,苏州丝织业"机额总数约达一万五千座",[8]达到和超过了太平天国战争前的水平。

晚清时期,苏州丝织业的国内市场进一步扩展,"北到辽(宁)、吉(林)、黑(龙江),西到关外蒙(古)、(西)藏、(新)疆,南到广东、广西,包括中原各省,可称无地不临"[9]。各地的客商,纷纷来苏州设立客庄,从苏州收购丝绸再转销其他地方。每一地的客商,往往集居一处,称为"客帮"。苏州有专业招徕

---

① 汪士铎等:光绪《续纂江宁府志》卷十五,第 74 页。
② 《首都丝织业调查》,第 6 页。
③ 《首都丝织业调查》,第 10 页。
④ 《首都丝织业调查》,第 3 页。
⑤⑥ 汪士铎等:光绪《续纂江宁府志》卷十五,第 75 页。
⑦ The Maritime Customs. Special Series:Silk(Shanghai, 1917), p.72.
⑧ The Maritime Customs. Special Series:Silk(Shanghai, 1917), p.74.
⑨ 苏州档案馆藏:《纱缎业沧桑回忆录》。

各地客帮设庄长住的旅店，称为"栈房"。栈房主除提供房间给客帮居住，代办伙食，每月从食、宿费中获利外，一般都从事为丝织业"账房"与外地客商牵线搭桥的业务，当双方买卖成交时，就收取佣金。佣金计算一般以客帮收购绸匹总价的 1% 为度，即九九佣。一些资金足、规模大、牌子响的"账房"，都有专人与客帮联系，推销商品，俗称"跑客帮"，其中较为有名者如曹万丰、管同茂、宏康福、王义丰等等字号，都信守合同，保证质量，为客帮所信任。① 有人记述海禁初开以后苏州丝绸营业的盛况说："吾苏阊门一带，堪称客帮林立，王洗马巷、包衙前、三芋观巷、王枢密巷、宝林寺前、天库前、阊门西中市各栈房等处均有设立客号收货者，如祥帮、京庄、山东、河南、山西、湖南、太谷、西安、温、台州帮………长江帮等等，不下十余帮。"② 据载：当时苏城宝林寺前，有大生裕、祥和公、晋兴公等栈房，专住北京、天津、山东等地来的客商；锦源公栈房专住河南客商；吴趋坊有公兴耀栈房，专住河北客商；天库前有同益兴栈房，是山东帮的大本营；包衙前有德昌栈房，是山西太原帮的所在地；文衙弄长源公栈房，是河南帮集居的场所；西中市的同益公栈房住温州、台州帮；王枢密巷仁和栈房则住徐州、丰县、沛县客帮；其他还有若干家栈房开设在贻德里和德馨里等处。③ 不言而喻，商品市场的进一步扩大，这既是苏州丝织业商品生产发展的结果；同时又提供了促使其进一步发展的条件。

苏州丝织业之大宗产品以纱缎最为著名。纱缎肇始甚久，起初仅有素缎，约在 19 世纪二三十年代，西塔子巷的李宏兴、古市巷的杭恒富禄记等纱缎庄，"始将出品加织花纹，并发明纱货，同时又制造百子被面、三元紬等，是为苏州纱缎业之滥觞"。④ 时至同治、光绪年间，"纱缎业营业兴盛，年销六百余万元，其销路远至俄国、高丽、缅甸、印度等处。官方特置织造府于苏州，从事办差。其营业最盛之时，共有木机九千余架之多，织工三万人，连同捧花、机具工、调经等，男女赖以生活者约十余万人。机房以顺泰、福泰、洽裕成等为大"。⑤ 有材料给出了丝织业从业者的具体数字："从事机织者二万人，拈淘织丝、再缫生丝（即从事板经拍丝者——原注）二万人，缫竖横织丝（即掉经掉纬者——原

①③ 《苏州市丝绸工业志》，"纱缎庄业篇"（稿本）。
② 苏州档案馆藏：《云锦公所各要总目补记》。
④⑤ 宇鸣：《江苏丝织业近况》，《工商半月刊》第七卷第 12 号，调查，第 48 页。

注）三万人，其余经行、丝行、染坊、炼绢坊、制机具工各种分业者，亦二万余人，而'账房'里头亦一万人"。①

晚清苏州丝织业发展的情况缺乏系统的统计和详细的数据，在此引用海关统计及相关资料，制作为表，整理苏州关丝织品出口量和出口额的演变情况，给晚清苏州丝织业的发展情况提供一些数字印象。

表 6-9　苏州关丝织品的出口贸易（1897—1911）

年份	丝织品出口量（担）	指数（%）	丝织品出口额（关平两）	指数（%）	每担丝织品平均价格（关平两）
1897	118	100	66 175	100	560.81
1898	240	203	145 575	220	606.56
1899	139	118	93 948	142	675.88
1900	156	132	96 862	146	620.91
1901	259	220	171 654	259	662.76
1902	226	192	179 282	271	793.28
1903	347	294	316 270	478	911.44
1904	531	450	403 180	609	759.28
1905	947	803	776 753	1 174	820.23
1906	886	751	811 982	1 227	916.46
1907	1 157	981	1 088 637	1 645	940.91
1908	1 232	1 044	1 038 893	1 570	843.26
1909	1 117	947	986 269	1 490	882.96
1910	1 420	1 203	1 253 781	1 895	882.94
1911	1 404	1 190	1 229 860	1 859	875.97

资料来源：中国第二历史档案馆、中国海关总署办公厅编：《中国旧海关史料（1859—1948）》，京华出版社 2001 年版，第 24—107 册。丝织品出口量和出口额的历年指数及每担丝织品的平均价格为笔者计算。

由表可见，甲午战争苏州开埠设关后，苏州关丝织品出口量从 1897 年的 118 担增加为 1911 年的 1 404 担，增长了 10.90 倍；同时期内，丝织品出口额从 66 175 关两增加为 1 229 860 关两，增长了 17.59 倍。每担丝织品的平均价格，也从 560.81 关两增加为 875.97 关两，增长了 56.20%。这从一个侧面反映

---

② 《通商汇纂·苏州市情》，《东西商报》，商 67，第 3—4 页，1900 年。

了晚清时期苏州丝织业发展的盛况。诚如民国年间苏州丝织业同业公会的档案写道："吾苏丝织业历史悠久，出品精良，海通以还，外销大畅，益形蓬勃。有清一代，苏垣东半城几乎全为丝织业者所聚居，万户机杼，彻夜不辍，产量之丰，无与伦比，四方客商，麇集于此，骎骎乎居全国丝织业之重心，而地方经济之荣枯，亦几视丝织业之兴衰以为断。"①

盛泽是苏州府吴江县属的一个镇，自明中叶丝织业兴起，到晚清时发展至高峰。太平天国战争期间，盛泽镇因地理位置较偏，遭受战乱影响较小，在明清丝织生产的基础上进一步发展成为一个"巨大的丝绸织造中心"。②盛泽所产，"绸即绫也，花之重者曰庄院、线绫，次曰西机脚踏；素之重者，曰串绸、惠绫，次曰荡北扁织。今则花纹叠翻新样。罗只有素而无花，曰秋罗、银罗、锦罗、生罗。纱则花者居多，素亦有米统、罗片、官纱之类。绢有元绢、长绢。其余巾带、手帕，亦皆著名。京省外国，悉来市易"。③大约言之，盛泽产绸以轻薄为佳，恰与晚清以后之时尚相合，从而使其"见知于时"。史载："晚近衣服质料，崇尚轻薄，即国产丝货之运销海外者，亦渐以轻薄者为主，因之该镇绸业日益兴起，市面逐渐繁盛，办货客商，纷至沓来，尤以春季之时为盛，大有山阴道上之概。"④

盛泽绸产以"盛纺"著称，"盛纺又分花纺、素纺，而在花、素纺之中，又有轻重之别，每匹轻者十二两，重者十四五两、十八九两以至二十四两均有"。此外又有素绸、纺绸，皆以轻重为判。"素绸并无花纹，惟颜色不同，此项轻绸，均用做中国衣服之夹里"；"纺绸则可以制衬衫裤，夏季亦可制夏服，西人亦有用以为女式衣服者"。至于"生绸"一类，"如米通纱等均属之，此系未经炼熟之绸，性质颇硬，爽快透风，故亦以做夏季衣服为宜"。⑤

19世纪80年代初，江海关职员、英国人罗契曾经对江南丝绸产区进行过一次调查，他在报告中说：盛泽"这里有许多规模巨大的商行，商行从四乡农民手中收购绸缎，而农民们在卖掉绸匹之后，买回生丝，继续再生产。织机总

---

① 苏州市档案馆藏：《云锦公所各要总目补记》。
② The Maritime Customs. Special Series：Silk（Shanghai，1917），p.79.
③ 同治《盛湖志》卷三"物产"。
④ 《盛泽之绸业》，《经济半月刊》第二卷第八期，调查，第15页，1928年4月15日。
⑤ 《盛泽之绸业》，《经济半月刊》第二卷第八期，调查，第15—16页，1928年4月15日。

数接近 8 000 台，集中在以镇为中心，半径为 25 华里的周围地区。丝绸产品大部分是轻质的。所有生丝再缫、牵经上机以及织绸全由妇女为之……一个熟练的织工，不论男工或女工，织成一匹长四十五英尺的绸子需时两天半；长十六英尺的绸子，一天可织一匹。后者没有前者那样宽"。罗契写道："据我调查的结果，盛泽丝织品的生产大致是稳定的，粗略估计，所有品种加在一起，每日约生产 3 000 匹。一年有 300 个工作日，年产 90 万匹，每匹平均重量以 9 两计，共重 506 250 斤。"[1]

直到清末，盛泽织绸"皆系零星机户，散处乡间，工人即系本地之乡人，纯为家庭工业。全镇究有织机若干，并无稽考，虽业中人亦不能道其详。盖乡人之居室即为织造之工场，凡机户家庭中人口多者，便有织机三、四具，人口少者，只有一、二机，且机户中亦有时织时止者。因各织工对于织造，均系专门工作，例如织素绸之工人，除素绸外，他种丝绸即非所习，是以某项丝绸市面不销，则织造是项丝绸者，便暂停业。坐是之故，织机实行开工者究有多少，随时可以变动，甚难统计也"。[2]大体而言，盛泽一地"所织之绸如绫、罗、绉、纱、纺等类，岁可出数十万匹至一百万匹，行销之地除本国各省外，其外洋如高丽、暹罗、印度，以及欧、美各国，莫不有盛泽绸之销路。但销往欧美之货，多系由上海商号采购，间接运出。其织绸所用之丝，本境约居十之二三，浙境菱湖、硖石之丝实居十之七八"。[3]

从绸的质料来看，盛泽"织成之绸，多系生货。各绸庄收入之货，如欲练熟，则须付诸练坊；如欲染色，则须付诸染坊；如欲发光，则须付诸踹坊；如欲上浆，则须付诸粉坊。此项练坊、染坊、踹坊、粉坊均为独立营业，并不系诸绸庄。各坊工作均为绍兴人，人数约在四千左右，为吴江工业之冠"。[4]

镇江的丝绸品种很多，名称历代有异，太平天国后则统称"江绸"。[5] 由于

[1] Imperial Maritime Customs II. Special Series No.103：Silk. Published by Order of the Suspector General of Customs.

[2] 《盛泽之绸业》，《经济半月刊》第二卷第八期，调查，第 16 页，1928 年 4 月 15 日。

[3] 江苏省实业司：《江苏省实业视察报告书》，吴江县，第 134—135 页，1919 年。

[4] 江苏省实业司：《江苏省实业视察报告书》，吴江县，第 135 页，1919 年。

[5] 镇江地方志编纂委员会编：《镇江市志》，上海社会科学院出版社 1993 年版，第 872 页。

太平天国战事影响，镇江原有的丝织业受到破坏。① 战乱平定后，地方当局奖劝蚕桑，从湖州运来嫩桑，免费散发各乡，鼓励农民育蚕，② 为乱后镇江丝织业生产力的恢复提供了条件。生丝产量逐年增长，镇江丝织业生产随之复苏。1869 年丝织品出口额在镇江口土货输出总额中所占比重高达 81.13%，1870 年也有 63.01%，③ 可见丝织业是太平天国战乱后镇江地区第一批复苏的产业之一。当时镇江从事织绸的技术工人很多并非镇江本土人士，而是来自南京、杭州等地。这些地区丝织业素称发达，在太平天国动乱期间遭受重创，一些富有技术的熟练工人四散避难，在某种意义上反而给其他地区丝织业生产的发展提供了助力。有史料记载："杭州之机业则始于唐……惟洪杨之乱衰颓最甚。当时织匠离散于各地，而移住于宁波、镇江者尤众，各地之民以织匠为奇货可居，遂资助其发达。此宁波、镇江各地所以至今得有丝织物之出产焉。"④

19 世纪 70 年代以后，曾经由于"太平军兴"而造成"丝业停顿"的镇江，在"输出需要增加与人民日臻富裕"的影响下，"近年来丝绸的织造大有增加，并且可望继续增长"，织机台数很快恢复到与太平天国战争前不相上下。⑤ 根据 19 世纪 80 年代初的海关调查，将镇江丝织业的产品、产量、产值及织机台数等列表如下：

表 6-10　19 世纪 80 年代初镇江丝织业年产量和产值

品　名	产　量	产值（海关两）	织机数（台）	织工数（人）
绫绸、宫绸	80 000 匹	700 000	1 000	4 000
缣　丝	15 000 匹	90 000	200	300
丝栏杆	100 000 丈	1 500	60	100
红素缎	300 匹	3 600	40	—
丝　绒	100 000 两	30 000	—	—
丝　线	180 000 两	40 000	—	—

资料来源：据 The Maritime Customs. Special Series：Silk（Shanghai，1917），pp.59—61 制表。

①　参见镇江地方志编纂委员会编：《镇江市志》，上海社会科学院出版社 1993 年版，第 872 页。
②　彭泽益编：《中国近代手工业史资料》，三联书店 1957 年版。
③　中国第二历史档案馆、中国海关总署编：《中国旧海关史料（1859—1948）》，京华出版社 2001 年版，第 4 册、第 5 册。
④　《杭州之丝织业》，《东方杂志》1917 年 14 卷 2 期，第 66 页。
⑤　The Maritime Customs. Special Series：Silk（Shanghai，1917），pp.59—60.

镇江丝织业各种出品中，"本地消费约为十分之一，其余销于北京、直隶、河南、山西及湖北"。其中经上海装轮船输出的约占 30%，其余概由陆路运出。[1] 到 19 世纪末，镇江丝织业规模已经相当可观，"有三千余机，出品以披风为最盛，约一丈余长，多销朝鲜。绫绸、线绸盛时，行销两湖、北五省及东三省，亦甚多，共年值三百余万两"。[2] 此处所谓"披风"，说的是当时及此后很长一段时间内镇江丝织业的主打产品"朝鲜披风"。"约在 1896 年（光绪廿二年），有朝鲜人向镇江毛凤记绸号买去若干匹各种花样的线绸。历时不久，便由山东帮客商从朝鲜带来了定货单……从此打开朝鲜披风的销路。"[3] 时人称："披风一项专运高丽，约占本境全销额十分之四。"[4] 这种"朝鲜披风"为木机织造，"每匹一丈二、三尺，值银三两有奇，花样尚系团龙旧式，色泽亦以红绿者为多。其输出之方法，始则由上海转至烟台，再装日本船径达高丽"。[5] 十数年里，"朝鲜披风"一直是镇江丝织业的主要产品，"镇埠所出江绸，大半行销朝鲜"；[6] 其数额也颇多，"镇江绸每年售与朝鲜，约一百数十万之巨"[7]。

从丝织工艺和产品质地上看，江绸与南京、苏州、杭州等地所产的丝绸相比，尚有较大距离。这从 1886 年采办贡品之人对江绸的评价可以看出。是年，"有办贡货者至镇拣阅绸样，谓其多用杂样丝做经，不用嘉兴丝，殊不合式，遂分往金陵及苏、杭一带另办。"[8] 办贡者因江绸用丝较劣，弃而选择宁、苏、杭之绸，可见镇江地区所产丝绸的品质尚难称一流。尽管如此，江绸仍在竞争激烈的丝绸市场中占有一席之地。镇江地区丝绸所用之丝，多为低价土丝，其成本低廉，导致江绸的价格也是相当低，而"价廉"则正是镇江丝绸业能够占据一定市场的主要依仗之一。19 世纪 70 年代到 90 年代，镇江关历年出口丝织品的每担平均价格最低为 317.15 关平两，最高为 565.58 关平两，中位数为 400 关平两左右。[9] 从 1897 年到 1911 年，镇江关输出之丝织品平均价格每担为

① The Maritime Customs. Special Series：Silk（Shanghai，1917），p.59.
② 实业部国际贸易局：《中国实业志》，江苏省，第八编，第 219 页。
③ 杨质凡：《盛极一时的江绸业》，《镇江文史资料》，第 26 辑，1993 年，第 15 页。
④ 《江苏省实业视察报告书》，丹徒县，1919 年，第 31 页。
⑤ 《江苏省实业视察报告书》，丹徒县，1919 年，第 31—32 页。
⑥ 《地方通信——镇江》，《申报》1920 年 2 月 9 日。
⑦ 《地方通信——镇江》，《申报》1924 年 8 月 8 日。
⑧ 《京口谈资》，《申报》1886 年 8 月 23 日，第 2 版。
⑨ 参见表《镇江关丝织品出口贸易量、贸易额及平均每担丝绸价格（1869—1911）》。

577.31 关平两；与之相比，在同时期内，杭州关输出之丝织品平均每担价格为 704.19 关平两，苏州关输出之丝织品平均每担价格更高达 783.58 关平两。① 镇江丝织品的平均价格大约只为杭州的 81.98%，苏州的 73.68%，这将近 20% 到超过 25% 的价差，就成为镇江丝织业开拓和维系市场的秘诀之一。

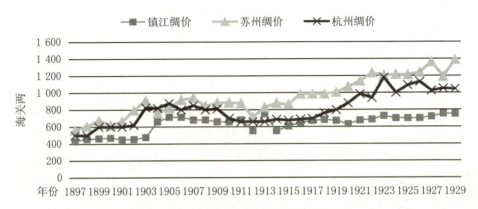

图 6-3　镇江、苏州与杭州的丝织品价格比较（1897—1929）

资料来源：中国第二历史档案馆、中国海关总署办公厅编：《中国旧海关史料（1859—1948）》，京华出版社 2001 年版，第 25 册—107 册。

由于镇江所产丝织品虽品质不及宁、苏、杭所织之绸，但价格却大幅低于它们，从而避开了与宁、苏、杭丝织业的直接竞争，开拓并占据了其他细分市场。"购江绸者专在僻陋省分，以风气未开，人民习于俭朴，贪江绸之价廉耳。"② 华北、西北、东北等省份成为江绸的主销场所。"镇江土产以江绸为大宗，向销西北各省"；③"江绸一项，销路悉在北五省、东三省偏僻之处"。④ 菲利普·科特勒曾论述过影响消费者行为的多种因素，与镇江丝织品销路相关的，主要是文化因素、社会阶层和经济状况⑤。从文化因素来看，晚清时期，传统的木机丝织品仍是市场主流，这些丝绸织品"古色古香，虽物质进化上略差，然

---

① 参见表《杭州关丝织品出口贸易量、贸易额及平均每担平均价格（1897—1911）》、《苏州关丝织品出口贸易量、贸易额及平均每担平均价格（1897—1911）》。

② 《各省商务汇志》，《东方杂志》1 卷 2 期，商务印书馆 1904 年版，第 203 页。

③ 《金焦翠黛》，《申报》1900 年 10 月 30 日。

④ 《拟用新法改良江绸》，《申报》1905 年 10 月 4 日。

⑤ 菲利普·科特勒、加里·阿姆斯特朗：《市场营销原理》，机械工业出版社 2010 年版，第 79—83 页。

国粹可略见一斑",① 在消费者心中，仍属颇为高档之衣着用品，为国人所喜购乐用。从社会阶层和经济状况方面来考虑，北方诸省经济发展和开放水平相对落后，大多数民众的社会阶层偏低，其收入也属于较低水平，而江绸在丝绸产品中虽不属高档，但"货品的形式均尚可观"②，自然较易受到当地民众的偏爱。面对江绸这种本身价格低廉，又样式可观的丝织品，可用较少的花费来彰显身份，获得较高的效用，所以西北各省消费者乐于购用，也在情理之中。

表 6-11　镇江关丝织品的出口贸易（1869—1911）

年份	丝织品出口量 （担）	指数 （%）	丝织品出口额 （关平两）	指数 （%）	平均每担价格 （关平两）
1869	492.34	100	270 107	100	548.62
1870	359.60	73.04	203 383	75.30	565.58
1871	339.46	68.95	169 730	62.84	500.00
1872	313.85	63.75	180 307	66.75	574.50
1873	391.68	79.56	219 340	81.21	560.00
1874	601.83	122.24	270 824	100.27	450.00
1875	671.25	136.34	315 487	116.80	470.00
1876	686.48	139.43	295 186	109.29	430.00
1877	695.16	141.20	285 037	105.53	410.03
1878	733.47	148.98	264 854	98.06	361.10
1879	570.44	115.86	225 210	83.38	394.80
1880	617.29	125.38	211 839	78.43	343.18
1881	554.94	112.72	202 122	74.83	364.22
1882	709.28	144.06	281 799	104.33	397.30
1883	523.26	106.28	194 484	72.00	371.68
1884	613.80	124.67	200 594	74.27	326.81
1885	732.86	148.85	251 009	92.93	342.51
1886	745.01	151.32	242 405	89.74	325.37

---

① 《西湖博览会总报告书》，1929 年，浙江省图书馆藏。
② 杨质凡：《盛极一时的江绸业》，《镇江文史资料》，第 26 辑，1993 年，第 14 页。

年份	丝织品出口量（担）	指数（%）	丝织品出口额（关平两）	指数（%）	平均每担价格（关平两）
1887	551.35	111.99	174 860	64.74	317.15
1888	534.89	106.64	177 295	65.64	331.46
1889	479.38	97.37	163 949	60.70	342.00
1890	661.83	134.43	234 950	86.98	355.00
1891	797.11	161.90	278 990	103.29	350.00
1892	829.53	168.49	291 220	107.82	351.07
1893	816.71	165.88	285 940	105.86	350.11
1894	853.31	173.32	305 067	112.94	357.51
1895	1 086.75	220.72	398 961	147.71	367.11
1896	2 604	528.90	1 017 943	376.87	390.92
1897	3 204	650.77	1 383 267	512.12	431.73
1898	3 181	646.10	1 453 717	538.20	457.00
1899	1 951	396.27	905 654	335.30	464.20
1900	981	199.25	462 345	171.17	471.30
1901	1 264	256.73	570 368	211.16	451.24
1902	1 368	277.86	621 992	230.28	454.67
1903	1 137	230.94	542 821	200.97	477.42
1904	1 150	233.58	759 000	281.00	660.00
1905	1 246	253.08	889 623	329.36	713.98
1906	1 095	222.41	781 801	289.44	713.97
1907	965	196.00	657 491	243.42	681.34
1908	1 226	249.02	835 778	309.43	681.71
1909	1 377	279.69	908 596	336.38	659.84
1910	1 215	246.78	801 827	296.86	659.94
1911	1 121	227.69	763 807	282.78	681.36

资料来源：中国第二历史档案馆、中国海关总署办公厅编：《中国旧海关史料（1859—1948）》，京华出版社2001年版，第3—107册。丝织品出口量和出口额的历年指数及每担丝织品的平均价格为笔者计算。

毗邻镇江的**丹阳**县，太平天国以后丝织业逐渐兴盛。光绪《丹阳县志》载："蚕桑之事，向惟邑南黄丝岸等处有之。兵燹后，闲田既多，大吏采湖桑，教民栽种。不十年，桑阴遍野，丝亦渐纯，岁获利以十数万计。西北乡民在湖州业机坊者归，仿湖（州）式织之，几可乱真。但水色不宜练丝，或稍逊于湖（州）耳。"① 其后又有史籍追记曰："丹阳所产之绸，俗名曰'阳绸'，其先本称'湖绸'。相传清光绪初年，本邑北乡农民，因地方瘠苦，谋生不易，因亲友之介绍，往浙江湖州学习织绸手艺。其后人数日多，湖绸丝织工人，因权利关系，发生排挤风潮，因而返里备机自织，获利颇佳。接踵而返者，日益众多。"②19世纪80年代初，丹阳有丝织机约200台，织绸者约800人，年产阳绸14 000匹至15 000匹，每匹值8海关两，共值110 000海关两。③此后数年，"乡间机数，增至四五百台。本地绸庄，遂亦应运而生。出品以尺六寸湖绸及汗巾为大宗。然彼时营业上之利益，远不逮浙江湖州出产之厚。甚至需冒称湖绸出品，方得脱售"。④

时迄清末，丝织生产已为丹阳重要产业，且丝织技术及产品品质也有所提升。"该县之工业，以织绸为大宗，机户散在四乡，而以北乡为尤多，合境有机二千张左右，其常川工作者，约居十之四五。乡人制成之品，均系投行，由行向各庄分售，再由各庄自行练染，转销各省。始但用水练，嗣以光泽不足，乃由绸业公所仿湖州办法，合设火焖公局，继以火练，其出品遂可与之相抗，惟机户原料均须自备"。⑤

上海自明代"兴棉废丝"后，民间织绸已不多见。太平军兴，南京、苏州、杭州等地，"织户以避寇迁徙，北至通（州）如（皋），南至淞沪。多即流寓之地，募匠兴织，贩运各省"。同治初年，宁、苏、杭等地相继克复，流寓织户虽有部分回迁，但也有"机户安土重迁，观望不归"，已在沪上落地生根，上海城乡内外丝织生产初具规模。⑥清晚期，"上海周围地区也出产一些蚕丝，所以城内有

① 光绪《重修丹阳县志》卷二十九"风土"。
② 实业部国际贸易局:《中国实业志》，江苏省，第八编，第215页。
③ The Maritime Customs. Special Series: Silk (Shanghai, 1917), p.61.
④ 实业部国际贸易局:《中国实业志》，江苏省，第八编，第215页。
⑤ 江苏省实业司:《江苏省实业视察报告书》，丹阳县，第39页，1919年。
⑥ 汪士铎等:《光绪续纂江宁府志》卷六，第4页。

相当规模的丝织工业"。在临街开设的作坊中,有"织锦缎的、织花缎的,以及织细纱罗的","工匠们各在其本业作坊工作,过路人可以一览无余。制成的货品就在作坊或在作坊隔壁零售"。① 不过,在 20 世纪的第一个 10 年里,丝织生产在上海仍非显业,直到辛亥革命时,上海的丝织机统共仅有寥寥 105 台。②

三、广东省

江浙之外,明清时代广东的丝织生产也曾盛极一时。屈大均《广东新语》中,曾提到广东畅销于海内外的丝织品有线纱、牛郎绸以及五丝、八丝和云缎、广缎等,"皆为岭外、京华,东、西二洋所贵"。③粤省丝织行业原料兼取江浙丝和本地丝,产品则销于国内和国外市场,但无论名气还是质量与江南地区相比仍逊色得多。志书记载:"粤缎之质密而匀,真色鲜华,光辉滑泽,然必吴蚕之丝所织;若本土之丝,则黯然无光,色亦不显,只可行于粤境,远贾所不取。"④又谓:"粤纱,金陵、苏、杭皆不及,然亦用吴蚕,方得光华,不褪色,不沾尘,皱折易直,故广纱甲于天下,缎次之。以土丝织者,谓之丝纱,价亦贱。"⑤据说"以土丝织成"之丝纱,"花样皆用印板",但"生丝易裂,熟丝易毛"。直到清嘉(庆)、道(光)年间,仍有"土丝线纱,出绿潭堡、大岸、新村、大峤等乡,然质脆易裂,广人无服之者,尽以贩于蕃商耳"的记载。⑥

这种状况在晚清时期得到了很大改善。首先,是新的丝织品种类的创制。晚清七十年间,广东丝织品种与前相比越发丰富,产生出许多新的种类和花色,仅见诸方志中记载者就有:绸缎、云纱、花绉、素绉、竹纱、牛郎纱、机纱、花绸、天鹅绒、官纱等。⑦ 在佛山,当地"多织丝品,丝由顺德各乡购回,出品颇多,最著名者为金银缎、八丝缎、充汉府缎、充贡缎等"。⑧ 外国人来华考察

---

① *Report of the Mission to China of the Blackburn Chamber of Commerce*, 1896—1897, pp. 17—18.
② 《上海丝绸志》第三编第三章"丝织业"。
③ 屈大钧:《广东新语》,第 458 "纱缎"条,中华书局 1985 年版,第 427 页。
④⑤ 张嗣衍等:乾隆《广州府志》卷四十八"物产"。
⑥ 邓士宪等编纂:道光《南海县志》卷八,第 24 页。
⑦ 桂坫等:《宣统南海县志》卷四,第 40—41 页。
⑧ 冼宝榦等:《民国佛山忠义乡志》卷六,第 9 页。

绸业所作报告中也有记录："输出品中包括……丝织品,如本色素绸、锦绸、绫罗锦和满绣的桌单、披肩及长衣等素花绸缎。"①可见晚清广东丝织品种在前清基础上的继承与创新。

近代广东丝织品中最负盛名的"香云纱"、"黑胶绸"(二者合称纱绸,因经晒莨,又称莨纱绸),正是创制于晚清同治年间。②到19世纪末,"香云纱"、"黑胶绸"已驰名中外,"运销吕宋、暹罗、孟买、安南、马来亚等地"③品种繁多的土绫绸,也在内外贸易中扮演着重要的角色,其中"孟买绸"、"安南绸"就是非常有名的外销产品,因首先由广东出口到孟买、安南,然后再行销于世界各地而得名。值得一提的还有"水结布",产销量也很可观。《顺德县志》载:"卢满殿,字康民,……营丝业,发明水结功用,纺之为纱,织之为布,挽回绝大利权。"④

鸦片战争前后,广东丝绸外销的国际市场发生了明显转移。在明代和清代前期,广东对外丝绸贸易先以南洋、日本为主要国际市场,其后又扩大到欧洲和拉丁美洲。一方面,通过自菲律宾到美洲的大帆船贸易航线,由中国商人自广州至菲律宾,西班牙商人自菲律宾至西属美洲;另一方面,由葡萄牙商人自澳门至欧洲和日本销售了丝绸的绝大部分。此外,印度也是广东对外丝绸贸易的重要市场。果阿曾是葡萄牙人运销中国丝绸的重要港口,同时它又是中国丝绸远销欧洲的最主要的中转站,市场具有相当规模。18世纪以后,欧洲市场进一步发展。由于英国东印度公司控制了东西方丝绸贸易,中国丝绸开始从广州大量涌入英国等地,使英国成为中国丝绸的主要客户。通过英国,还有不少丝绸销向法国和欧洲其他各地。进入19世纪以后,北美则成为中国丝织品销售的一个重要的市场。到鸦片战争前夕,美国超越许多国家,成为仅次于英国的第二大丝绸消费市场。

鸦片战争后,上海开埠虽然抢去了中国丝绸对美国和日本输出的大部分市

---

① *Report of the Mission to China of the Blackburn Chamber of Commerce*,1896—97,pp.55—56.
② 据广东省丝绸集团公司老职工许时波在其《广东丝绸历年计划统计分析》中说,1878年已有"香云纱"、"黑胶绸"的生产。
③ 李本立:《顺德蚕丝业的历史概况》,广东省工商联合会、民建广东省委员会编:《广东工商史料辑录》(2),"工业",第200—229页。
④ 民国《顺德县续志》卷二十,第16页。

场，但广州则维系并扩大了与南洋、英国和印度之间的丝绸贸易，对这些地区和国家有大量的蚕丝及丝织品输出，并由此确立了广东丝绸在世界市场上的重要地位。与之相适应，在鸦片战争后的很长一段时间里，广东的丝织业一直在当地社会经济中占有举足轻重的地位，丝织品的出口也一直在全省的输出货物中名列前茅。广州口岸在鸦片战争后外贸条件改善之后，丝织品对外出口随即复苏。1859—1871 年间，"丝类贸易，除生丝外，绸缎亦占重要地位。查外国所需绸缎，仅以粤埠所产者为限，其故安在，不易明了。惟该项丝绸贸易，似无伸缩性，每年恒在 300 万元左右"。[①] 见下表：

表 6-12　广州丝绸出口分类明细表（1861—1871）　　　　　单位：担

货名 年份	生丝、 丝经	野蚕丝	废　丝	蚕　茧	丝匹头 及绸缎	丝带、 腰带	丝棉 混织物
1861	3 222	4 617	—	—	2 348	288	—
1862	6 091	5 206			3 537	400	
1863	5 684	3 912			4 369	442	142
1864	2 859	3 401			4 149	793	128
1865	8 778	5 043			3 363	777	130
1866	9 258	5 686	1 623	572	3 997	624	140
1867	9 272	5 343	994	491	4 952	702	199
1868	11 683	6 536			4 111	652	240
1869	12 795	4 654			4 105	1 015	271
1870	15 535	3 022	2 863	1 727	4 206	930	307
1871	16 772	3 175	4 740	1 930	4 978	1 102	320

资料来源：原据粤海关税务司 1866—1872 年广州口岸贸易报告，转见广州市地方志编纂委员会办公室、广州海关志编纂委员会编：《近代广州口岸经济社会概况——粤海关报告汇集》，暨南大学出版社 1995 年版，第 18—64 页。

其后直到清朝末年，广东的丝织物出口总体上延续着不断增长的态势，以出口量计算不断刷新着记录，到 1910 年终于跨越了万担大关。见下表：

---

① 转引自程浩：《广州港史》（近代部分），第 103 页。

表 6-13 1871—1910 年间经由广州输出的丝织物数量　　　　　　　　　　单位：担

年　度	数　量	指　数	年　度	数　量	指　数
1871	4 978	100	1891	6 246	126
1872	5 336	107	1892	6 621	133
1873	5 052	102	1893	5 837	117
1874	5 586	112	1894	6 485	130
1875	6 042	121	1895	6 766	136
1876	4 789	96	1896	7 112	143
1877	5 544	111	1897	6 569	132
1878	5 726	115	1898	5 702	115
1879	5 872	118	1899	4 970	100
1880	6 679	134	1900	5 653	114
1881	5 616	113	1901	6 224	125
1882	5 667	114	1902	8 582	172
1883	6 495	131	1903	8 973	180
1884	7 610	153	1904	7 923	159
1885	6 442	129	1905	7 428	149
1886	8 396	169	1906	6 909	139
1887	7 839	157	1907	7 929	159
1888	8 094	163	1908	9 229	185
1889	7 250	146	1909	9 081	182
1890	6 027	121	1910	10 203	205

资料来源：据《海关年度贸易报告》数据计算。

在广东，"土丝一项，全省每年约出四千万"，其中顺德占四分之二，番禺、香山、新会占四分之一，另外四分之一为南海县。这些土丝，"以手工为之，其丝略粗，只供人织绸及绉纱之用"，是粤省丝织业的主要原料。虽然随着广东机制厂丝产出的增加，土丝的份额逐渐下降，但时迄清末，土丝产量仍然占到粤省生丝产量的"十之三四"，[①]反映当地丝织业仍有充足的原料供应。正如日

———————————

① 桂坫等：《宣统南海县志》卷四，第 41 页。

本学者铃木智夫所说:"珠江三角洲的丝织手工业,尽管器械制丝业(指近代丝厂业——引者)发展迅速,但由于养蚕农家的绝对数和蚕茧的收获量显著增加,从而使传统丝织业所需的土丝生产得到保证,使得丝织物的生产量大增。从19世纪80年代后半期以降,广东的丝织物出口持续兴旺,一贯保持着广东省名列第二的重要输出品的地位。"①

在19世纪70年代以前,近代机器丝厂尚未兴盛,土丝出口占广东省出口货值的第一位,其次是丝织物占第二位。②进入20世纪后的一段时间内,仍然延续着这样的势头,只不过手缫丝的地位被机缫丝所取代。以1906年为例,当年经由广州的货物出口值,机器缫制的厂丝为20 336 761海关两,占第一位;丝织物为5 055 776海关两,占第二位;花莛为2 317 427海关两,占第三位。1871—1910年间,广州丝织物出口量的逐年变动情况如下:

表 6-14　广州口主要出口商品价额及占贸易总值比重(1880、1896、1911)

年份 商品	1880 年		1896 年		1911 年	
	出口额(海关两)	比重(%)	出口额(海关两)	比重(%)	出口额(海关两)	比重(%)
丝织品	5 709 789	34.82	3 463 019	16.92	7 333 999	13.43
生　丝	2 859 742	17.44	8 554 784	41.81	21 997 743	40.27
废　丝	—	—	871 144	4.25	2 632 057	4.82
红　茶	1 612 691	9.83	—	—	—	—
席　子	513 042	3.12	1 106 457	5.40	2 756 526	5.05
白　糖	354 239	2.16	—	—	—	—
黄　糖	501 278	3.05	503 463	2.46	—	—
皮　革	—	—	—	—	2 025 173	3.71
爆　竹	—	—	—	—	1 900 477	3.48
桂　皮	—	—	—	—	1 870 771	3.42
合　计	16 391 363	100.00	20 456 532	100.00	54 627 044	100.00

资料来源: Returns of Trade at the Treaty-ports for the Year 1880, Part II, pp.328—30, 331—32, 334—35, 348—50, 351—53, 355—59; 1896, Part II, pp.418—23, 424—25, 428—29. Returns of Trade and Trade Reports, 1911, Part II, pp. 651—65, 666—69, 674—75.

---

① 铃木智夫:《洋務運動の研究》,第四編第一章《廣東器械製糸業の成立》。
② 铃木智夫:《洋務運動の研究》,第四編第一章《廣東器械製糸業の成立》,第458页,注99。

由表可见，1880 年，在广州口土货出口总值中，单与蚕丝业有关的产品已占了出口总值的 52.26%，其中丝织品出口 5 709 789 海关两，占所有土货出口总值 16 391 363 海关两的 34.82%，生丝则占出口总值的 17.44%。1896 年，广州口土货出口总值中与蚕丝业有关的产品上升到占该年出口总值的 62.98%，其中生丝出口的表现最为突出，占出口总值的百分比从 1880 年的 17.44% 上升至 41.81%。与之相比，本土丝织业因蚕茧价格高涨而陷于不利的竞争环境，使丝织品的出口额出现明显下降，由 1880 年的 5 709 789 海关两降为 3 463 019 海关两，减少了 2 246 770 海关两，占出口总值的百分比也从 1880 年的 34.82% 下降至 16.92%。1911 年，广州口土货出口总值较 1896 年有很大的增长，其中生丝、丝织品加上蚕丝废料合占出口总值的 58.52%。丝织品出口在出口总额中所占比重虽下降为 13.43%，但出口额却增加为 7 333 999 海关两，比 1880 年增加了 1 624 210 海关两，增长率为 28.45%；比 1896 年更是增加了 3 870 980 海关两，增长率高达 111.78%。与全国的情况比较，1899 年全国丝织品出口 18 000 担，值银 9 893 000 海关两，广州口 1896 年丝织品输出额为 3 463 019 海关两，约占全国丝织品出口额的 35.01%；到 1912 年，全国丝织品出口 38 000 担，值银 16 140 000 海关两，广州口 1911 年丝织品输出额为 7 333 999 海关两，约占全国丝织品出口额的 45.44%。

　　晚清时期的广东省，省城**广州**和**佛山**是丝织手工业的中心。19 世纪七八十年代，珠江三角洲的广州、佛山一带"机房"林立，丝织手工业工人多达十几万人。宣统年间的方志记载："广东织造物为绸缎、云纱、花绉、素绉、竹纱、牛郎纱、机纱、花绸、天鹅绒、官纱等，其机房工人约有十余万。但本地织造，多用土丝。"[①]据说，以广府一属言之，"织丝之机"即达 80 000 部之多。[②]布莱克本商业使团的来华调查报告中写道："因为广州对欧洲、印度、美洲等市场有大量蚕丝原料输出，所以集中在广州的丝绸贸易，关系非常重大。除此以外，广州城内及周围各县都有很大的丝织业。输出品中包括空茧、分作几种几级的废丝、生丝、手工缫丝，及丝织品，如本色素绸、锦绸、绫罗锦和满绣的床单、

---

① 桂坫等：《宣统南海县志》卷四，第 40—41 页。
② 《宣统二年广州口华洋贸易情形论略》，《通商各关华洋贸易总册》下卷，第 109 页。

第六章　晚清丝织业的生产与贸易

453

披肩及长衣等素花绸缎。"①在佛山，光绪年间，"大机房二十余家，小者六七十家，工人二千余。多织丝品，丝由顺德各乡购回，出品颇多，最著名者为金银缎、八丝缎、充汉府缎、充贡缎等。售于本地者十之二三，外埠四乡量亦相等，运赴外洋则十之三四。……足见吾乡丝织品之有名于当时矣"。②此外，**南海、顺德、三水**等县也有许多"机房"，当地从事丝织生产的手工业劳动者亦不下十余万人。③南海县西樵官山，"乡人除贸易耕织而外，多有以养蚕织绸为业，即妇女亦能缫茧成丝，为一家之机杼。……盖是处男妇，仰事俯蓄以此为生活计"。④

四、四川省

四川丝织手工业古已著名，至迟在三国时代，"蜀锦"已经脍炙人口，成为时人追求的佳品，"魏则市于蜀，而吴亦资西道"⑤。甚至成为当时蜀汉的重要战略物资和主要军费来源，"今民贫国虚，决敌之资，唯仰锦耳"。⑥唐宋以后迄至明清，丝织生产遍及川省，尤以成都、嘉定、潼川、顺庆等府为盛。除了供给四川本省需求外，还行销云南、贵州、陕西、西藏等省区，更经陆路输出至缅甸、印度等南亚、东南亚国家。

晚清时期的四川，省内丝织业的中心无疑以成都、顺庆（南充）为最。晚清的成都，虽在商业地位上与重庆尚有差距，但仍是长江上游商业活动的主要集结点之一，"为长江上游尽头之埠……此中商务之盛，一望可知，百货充刃，民户殷繁。自甘肃至云南，自岷江至西藏，其间数百里内，林总者流，咸来贸迁取给"。⑦19世纪中叶，成都"有机房二千处，织机万余架，机工四万人"，⑧出产缎、绸、绢等20多个品种。同治《成都县志》记载：

---

① *Report of the Mission to China of the Blackburn Chamber of Commerce*，1896—97，pp.55—56.
② 冼宝斡等：《民国佛山忠义乡志》卷六，第9页。
③ 广东文史研究馆：《三元里抗英斗争史料》，1979年版，第177—191页。
④ 《西樵近事》，《循环日报》1881年8月13日。
⑤ 山谦之：《丹阳记》。
⑥ 参见《诸葛亮集》。
⑦ 马尼埃：《游历四川成都记》，《渝报》第九册，光绪二十四年（1898）正月。
⑧ 衷心鉴等：同治《成都县志》卷二；《清朝文献通考》卷三百八十四。

（成都）城内百工咸备，皆有裨于实用。其精巧者，无过于织造，有宫绸、宁绸、线缎、巴缎、倭缎、闪缎、线绉、湖绉、薄艳、平纱、明机、蜀锦、天心锦、浣花绢、色兹阑干，每年采办运京，常以供织造（局）之不足。妇女务蚕事，缫丝纺绩，比屋皆然。在城者多善针黹，缝纫刺绣，色色皆精。贫苦孀居，竟有恃十指以为事蓄之资者。①

据 19 世纪 70 年代的外国游历者观察，在成都，"制造业方面，没有一个行业有像从事于各种丝织品那样多的人。成都大部分地区，每家居民都以纺、染、织、绣为业。在乡间，甚至在冬天，缫制、洗涤及漂白生丝都是很重要的工作"。②据说"新年的时候，成都府人口的半数都穿着丝绸"。③由于四川"全省的丝织品（生产）愈来愈集中于成都，这儿不仅依赖平原供应原料，而且依赖保宁和川北各地"。成都平原及附近山区所产生丝，大多运往成都销售，以作丝织生产的原料。井研出产的生丝，在成都称为上品，"织户争购，取名曰'东路丝'，以别异于嘉、眉、潼、绵等郡。其类分二等，贾视细粗为高下"。④

19 世纪末，四川丝织业盛极一时。"单以成都一地而论……即有机房四五百家，织机一万一千余部，工人四五万名，总计每年出品，约有三十五万余匹，价值达一千万元"。⑤迄至 20 世纪初年，成都约有工商业行帮 51 个⑥，其中与丝绸业生产有关的行帮占十分之一。大绸帮有 33 家企业，丝线帮有 100 家企业，绸缎帮有 544 家企业，顾绣帮也有 78 家企业。⑦有学者据此指出：清末成都的工商业中，"特别是丝织业最为发达，仅绸缎业一类，入会商号就达 544 个，居全城之首，而丝织业的其他种类如顾绣、大绸、丝线等也分别拥有

---

① 衷心鉴等：同治《成都县志》卷二"风俗"。
② Letter By Baron von Richthofen on the Provinces of Chili, Shansi, Shensi, Sz'-Chwan, with notes on Mongolia, Kansu, Yunnan and Kwei-chau（Shanghai, 1872）, p. 64.
③ Letter By Baron von Richthofen on the Provinces of Chili, Shansi, Shensi, Sz'-Chwan, with notes on Mongolia, Kansu, Yunnan and Kwei-chau（Shanghai, 1872）, p. 51.
④ 吴嘉谟等：《光绪井研志》卷八，第 1 页。
⑤ 《国际劳工通讯》第四卷第七期，第 91 页，1937 年 7 月。
⑥ 《四川官报》第四册"新闻"，1910 年。
⑦ 据傅崇矩：《成都通览》"成都之商铺街道类览"，巴蜀书社 1987 年版，第 462—551 页。

几十上百的商号，所以，在清末成都地区最具特色的行业是丝织业，这是成都千百年来形成的传统产业，其产品'蜀绸'以工艺精湛而蜚声海内外"。①

川北的南充县城（即顺庆府城），19世纪中叶有机房30余家，出产各种纺、绉、葛、罗、绸、缎，品类繁多，光彩夺目，堪称城市发展的支柱性产业。②"迄清末也，渐臻繁盛，工商勃兴，人物萃集，华屋栉比，珍货云屯，内外城间，已无隙地"。③城内形成了与丝织生产相关的行帮，包括绫绸机房帮、绸缎正头帮、染坊帮、丝线帮和丝厂帮等6个。在南充丝织业形成较大生产力的基础上，川北各县的丝织品皆于南充集散，"除供本地及附近地区各县需用外，尚远销蓉、渝等地"，致使"各县及成、渝各地商贾，云集南充"。④

此外，一些州县也有较具规模的丝织业生产，如乐山县"大小场市有五十三，以油华溪、苏稽二场为最。油华溪以盐产繁盛，苏稽以绸织著名"。⑤调查材料称：该县苏稽溪和北洋坝两地居民，"素以织绸为副业，每户皆有木机若干部。"⑥光绪二十年（1894）成立的张世兴绸厂，显示乐山丝织业出现了手工工场。⑦绵阳县魏城镇的织绸业也很发达，晚清时镇上绸品皆由邓、杨两姓人所开绸坊织造。邓家有20多户，一百多人从事取丝织绸；杨家则有37户，130多人。生产规模大时，自家所产蚕丝不足原料之用，需到镇上和周边乡村购买蚕茧和生丝。所产"邓、杨大绸"因厚实耐用、价廉物美而深受少数民族群众欢迎。⑧

阆中等县生产的"川北大绸"，亦"擅名蜀中"。⑨在新繁，丝织业以"茧绸"著称："本县茧绸机坊共五六家，每年约出茧绸三千匹，销行松茂夷人"；此外

① 李德英：《民国时期成都市同业公会研究》，湖北"经济组织与市场发展"国际学术研讨会论文，2000年。
② 《蜀锦史话》，第50页。
③ 民国《南充县志》，城市。
④ 李复先：《顺庆大绸史话》，政协四川省南充市委员会编：《南充文史资料选辑》第2集，1996年，第21、22页。
⑤ 民国《乐山县志》卷一，"方镇志·沿革"。
⑥ 邵学锟：《四川省乐山县丝绸产销概况》，转引自彭泽益编：《中国近代手工业史资料》卷，第90页。
⑦ 张圣轩：《四川西南区工业鸟瞰》，《四川经济季刊》第一卷第二期，第79页。
⑧ 民国《绵阳县志》卷三"食货志·物产"。
⑨ 咸丰《阆中县志》卷三。

还仿制"湖绉，南西关外机坊数家，每岁约出湖绉五百余匹，销行成都。"①自光绪年间引进宁绸织造法后，合川的丝织业渐趋发达。《合川县志》载："合州线帮，历嘉、道、咸、同，只有花线、衣线、绫子机房。花线为绣花用，衣线为缝纫用。州中线帮为附近各属之冠，邻封杂货必来购买，故开贸较多，然只用火丝。绫子机房间用水丝，究亦不多，故此帮虽有若无。至光绪年间，璧邑有宁绸之发达，州人喁喁向风，各处渐有宁绸机房，用丝渐多。"②有人记述光绪初年后合川县丝绸业的情况：

> 绸缎帮，货品有洋、广、苏、杭，有成都、川北、嘉定。洋、广、苏、杭在重庆购买，例有期账，扣期扣见，各有定规，比卖比买，其利甚微。成都则有先生坐号上货，办丝赶簇桥丝市，及各机房组织，一切绸缎随收。宁绸各缎为下货，最有利，余则川北、嘉定、贵州，有庄客来合（川）坐卖，苏杭如贡缎，成都如线绉、巴缎等，昔销甚伙，湖绉、宁绸等，今销亦多。又新出蜀华缎、珍珠缎、锦霓缎、芙蓉缎、文明缎等，颇能畅销也。川北如清水大绸、里绸明机、里绸丝帕等……嘉定如湖绉、大绸、里绸，……前清咸同间业此者四十余家，年约售银六七万两。清光绪初年，生意渐畅，铺添至八十余家，年约售银二十余万两。③

丝绸织品的生产与销售，在晚清川省的手工业和商业活动中扮演着令人瞩目的角色。在成都、顺庆（南充）、嘉定（乐山）等商业都市，丝绸的买卖成交量巨大，成为"店铺中最特出的货品"。④其他一些县城集镇，也不乏各类丝绸织品的身影。光绪年间，广安有"铺户居民三千余，街道十条……棉布、锦帛、米谷、珍错，百货毕集"。⑤成都府的崇庆州，"商贾多江、浙、闽、广、山、陕各省人为之，今土人于务农之外……坐城市街场，或钱行，或布行，或绸行，逸以

---

① 陈彦升等：光绪《新繁乡土志》卷十，第2页。
② 张森楷等：民国《合川县志》卷二十三，第11页。
③ 张森楷等：民国《合川县志》卷二十三，第10—11页。
④ *Letter By Baron von Richthofen on the Provinces of Chili, Shansi, Shensi, Sz'-Chwan, with notes on Mongolia, Kansu, Yunnan and Kwei-chau*（Shanghai, 1872）, p. 64.
⑤ 宣统《广安州新志》卷九。

待劳,亦多起家者"。① 郫县每逢"赶集日,县境商贾咸至,他县如成都、新都之商亦至。交易之金,或数十万,或数百万,或数千万"。②

根据法国人隆多1880年的调查估计,当年四川蚕茧产量为205 800担,生丝产量为15 813担;③又据海关记录,1880年四川的绸缎产量约为6 000担。④按当时的生产技术,每生产一担绸缎大约需要1.35担生丝,生产6 000担绸缎需要的生丝量则为大约8 100担。由此可见,四川生丝产量的大约51%是被本地的丝织业消费掉的。假设同1880年一样,1871年同样是51%的生丝产量被当地丝织业所消费,剩下的49%用于输出,那么,1871年"有六千包四川丝从上海运往国外",⑤每包川丝重约66.7斤,6 000包大约相当于4 002担,当年四川生丝产量应该是8 168担,而当地丝织业消耗掉的生丝约为4 166担。

与全国的情况比较,1894年,中国丝织品的出口量折合生丝为22 100担,内销量折合生丝为54 900担,两者合计77 000担。考虑到从鸦片战争前夕到1894年间,丝织品出口量增长了17 700担,内销量增长了4 300担,⑥则1871年全国丝织业产量折合生丝约为67 630担,1880年约为71 296担。与之相比,四川丝织业产量折合生丝1871年约为4 166担,1880年约为8 100担,分别占当年全国丝织业产量折合生丝量的6.16%和11.36%,丝织业在国内的地位有所提升。

五、山东省

华北诸省中,以山东的丝织业历史悠久且较具典型,"织业有丝织、棉织两种,向极发达"。⑦ 开口通商后,山东丝织业获得较快发展。"清同治初,始通

---

① 光绪《崇庆州志》卷二"风俗"。
② 民国《郫县志》卷一。
③ Lillian M. Li, *China's Silk Trade: Traditional Industry in the Modern World 1842—1937*, p.98, Table 17.
④ 彭泽益编:《中国近代手工业史资料》第2卷,中华书局1957年版,第100页。
⑤ *Letter By Baron von Richthofen on the Provinces of Chili, Shansi, Shensi, Sz'-Chwan, with notes on Mongolia, Kansu, Yunnan and Kwei-chau*(Shanghai, 1872), p. 51.
⑥ 据徐新吾主编:《中国近代缫丝工业史》,上海人民出版社1990年版,第110—111页,《1840年前与1894年生丝内外销量值比较表》计算。
⑦ 《山东省之织业》,《中外经济周刊》第93号,第1页,1924年12月20日。

洋庄时，销路极微，每年不过数万金，其所销绸匹种类亦甚少。至光绪十年左右，逐渐发达，销数日增，每年约四五十万金。迨至光绪二十年后益形发达，所销种类，亦渐繁多。以上海一埠而论，每年销数已增至百余万金。其后逐年增加，上海销数已达二百余万，其中营业最盛之年，出口总数，约有六七百万金"。①其中胶东一带如福山、栖霞、牟平等县，"向以出产灰丝茧绸著名，由来已久。营业鼎盛时期，竟为胶东繁荣所寄"。②

19 世纪 70 年代，据"在中国的一位最高明的欧洲鉴定家"说："山东绸织得很坏，但就光泽和弹性而言，我从未见过比它更好的了。"③有外国旅行家曾在山东济南亲眼看到一些当地出产的丝绸，"其质量和美观都是特出的。有一种乳白色的绸子和兔耳一样又软又厚，另一种是石竹色的波纹织锦，都是供北京的高官穿着的，我从未见过比这更好的丝绸"。④晚清时临清县出产"丝绢"，"有提花不提花之别"，年产丝织品"有三万余元之销路"。⑤"临朐、益都一带茧丝业，当其盛时，销路远及法、美等国，光泽虽逊于江浙，而坚韧则过之"。⑥胶东昌邑绸"质厚色美服用耐久，远近驰名，为本省工业特产大宗，前曾畅销俄国、南洋等处"，每年出品约在十万匹左右。⑦昌邑丝织业在当地社会经济中占有重要地位，"一般乡民赖织绸手工以谋生活者，不下数万余人"。⑧

大体而言，山东省的丝织品可以分为两种："一种是轻绸(有花有素)，是用白丝和黄丝织的，为青州府所产；此绸几乎全部销于本省内地，并不运来烟台出口。另一种为山东绸，是柞蚕丝织成的，在欧洲不大受欢迎，但在中国，西洋妇女用它作晨装及便服者甚多，男人则多以之缝制夏季西服。"⑨轻绸的原料使用桑蚕丝，产业规模不大，产量有限，"山东省用白丝及黄丝织绸的织机只有十台，全部都在青州府。……该处出产下列各种绸绉，但全不输出：计有

① 《山东河南丝绸业公所整顿鲁绸之商榷》，《农商公报》第十三期，选载，第 1 页。
② 实业部国际贸易局：《中国实业志》，山东省，第八编，第 78 页。
③④ A. Williamson, *Journeys in North China, Manchuria and Eastern Mongolia, with Some Account of Corea*, p.131. 1870.
⑤ 《山东省工业品说略》，《山东工商公报》第一期，调查，第 6 页，1929 年 9 月。
⑥ 《鲁省丝业衰落》，《工商半月刊》第五卷第八期，第 77 页，1933 年 4 月 15 日。
⑦ 《山东省工业品说略》，《山东工商公报》第一期，调查，第 4 页，1929 年 9 月。
⑧ 陈鸢：《呈山东省政府》，《山东工商公报》第三期，公牍，第 7 页，1929 年 10 月。
⑨ The Maritime Customs, *Special Series: Silk*, p.26.

六机花绸，花洋绉，花素绫子；素绸大部分染成浅蓝色，供本地人作衣服衬里之用"。以每机每年 350 个工作日，平均日产一匹计，桑蚕丝丝织业年产量约为 3 500 匹。另一方面，"以柞蚕丝织造茧绸的织机，现在开工者约九百五十台，分在下列各地：计昌邑县五百台，宁海州一百台，栖霞县一百五十台，烟台 Messrs. Crasemann & Hagen 洋行现有洋机二百台"。以每机每年 350 个工作日，平均日产 1 匹计，柞蚕丝丝织业年产量有可能达到 332 500 匹。①

柞蚕丝织成的绸又称"茧绸"，当时的外国人称其为"一项至少有三千年之久的生产事业"。②海关贸易报告写道："山东茧绸久为烟台贸易的主要物品。它是用柞蚕吐的淡黄色茧子做的；因色泽美丽、质坚耐穿而受到应有盛名。"③与桑蚕丝绸相比，柞蚕丝绸具有"比较经穿的优点。此绸和棉布一样，能下水洗而毫无损伤，洗后仅光泽稍逊"；同时，"此绸的一大缺点为不易加染，山东人现在还没有发现使它吸收颜色的化学方法；现在他们还没有很成功的染色法，加染的绸子都像褪色似的，一股丝的颜色深些，另一股丝浅些，特别在做成长袍时就像有格子似的"。因而茧绸的售价低廉，"此绸每匹二十码，价格由三元至六元，仅微高于进口的棉织衣料"。④与之形成对比的是，"烟台 Messrs. Crasemann & Hagen 洋行的织绸工厂所织山东绸则避免了此一缺陷。在出厂之前要经过一道化学处理，处理以后，就和桑蚕丝织的绸子一样，容易加染了"。质量得到了改善，价格自然也有所提升，"这种山东绸的价格每匹为八元至十六元，比土法织的当然要贵得多，但它比土织的山东绸重得多，质量优良得多，而且织得更细，同时织出了很多花样，而土法织的全系平织，一无例外"。⑤据说，自从烟台的外商绸厂开办以后，"山东本地的织户曾试图仿织一些普通的花样，但现尚未获成功"。⑥

在土法所织山东绸中，只有昌邑县所产"是比较细的"。"昌邑的白绸多作夏季长袍，在华西洋妇女也用它缝制晨衣、夏衣以及春秋服装"。而其他地区出产的粗绸则在加染后"做成中等华人穿的衣着"，其中宁海州、栖霞县等地的

① The Maritime Customs, *Special Series*: *Silk*, p.26.
② Decennial Reports, 1912—1921, Vol. I, p. 229.
③ Decennial Reports, 1912—1921, Vol. I, p. 198.
④ The Maritime Customs, *Special Series*: *Silk*, pp.26—27.
⑤⑥ The Maritime Customs, *Special Series*: *Silk*, p.27.

绸子质量最粗,"因为它结实经穿,多为下层阶级衣着"。① 较细的绸子很少出省,市场多在省内;"出口品多为较粗及较坏的绸子",这种绸子大部分输往沿海各埠,据说经营这一业务的洋行在烟台只有一家。而洋机织的山东绸,"有的每匹织成二十码长,恰是一套衣料之用,但大多数是每匹五十码至一百码,以输往外国为主"。② 大约在 19 世纪 80 年代,烟台开始织造重质斜纹绸,这给山东茧绸带来了新的市场机会,"为了供应西洋需要,山东茧绸的织造业曾经有过一番发展。……在其全盛时代,用土制手摇机以山东茧丝织成的绸子的质量是无与伦比的"。直到清朝末年,茧绸仍是"销路大旺"。③

在桑蚕丝的织造方面,长山县治下的周村,晚清时"可说是华北唯一的丝织业中心",④ 它的丝织生产发展过程提供了观察近代山东丝织业发展状况的典型案例。周村北距长山县城 18 里,位于青州(今益都)、济南之间东西大道的要冲,北接黄河两岸,南通沂蒙地区,地理交通位置十分有利,素有"旱码头"之称。早在鸦片战争以前,周村便已经发展成为一个以丝织业著称的商业手工业城镇,"商旅往来,咸息宿于此,故每逢四九市集,交易素旺于他镇。更以周村附近,民风善织,用丝殊多,抱丝求售者,远近毕集"。⑤ 周村丝织业起步甚早,明末清初时初显繁荣,名列当地五大行业之首,"有清初叶,周村之线春、湖绉及其他丝织品,销路信用扩大,于是城内机坊,遂大肆扩充,雇用工人,常年织造"。⑥ 到鸦片战争之前,从事丝织生产已经成为周村一带社会经济的主要特色,"俗多务织作,善绩山茧,茧非本邑所出,而业之者颇多,男女皆能为之。"⑦

鸦片战争后,19 世纪 70 年代,章丘三合永机坊迁来周村,周村开始出现丝织手工作坊。到 19 世纪末,周村的丝织机坊已发展为五六十家,织工二三百人。机坊织机少者 4 台,多者 8 台,产品质量亦逐渐提高,分量加重,面子加宽,改称"洋绉"。⑧ 时人称:东南擅丝绸之利,"山左亦踵行之,以长山

---

①② The Maritime Customs, *Special Series*:*Silk*, p.27.

③ Decennial Reports, 1912—1921, Vol. I, p. 229.

④ 日本蚕丝业同业组合中央会编:《支那蚕丝业大观》,东京冈田日荣堂 1929 年版,第 592 页。

⑤ 《中国实业志·山东省》第四编第五章,1933 年,第 151 页。

⑥ 赵占元:《周村丝麻织业调查》,《工商半月刊》第六卷第九号,1934 年 5 月,第 67 页。

⑦ 彭泽益编:《中国近代手工业史资料》第一卷,中华书局 1954 年版,第 213 页。

⑧ 雷雨忱等:《建国前周村丝织业的发展和演变》,《周村商埠》,第 152—153 页。

为最，他郡所产，皆不能及。沂水织作绸缎，青郡一带织作罗纱，为蚊帐之用。数年来，会垣有织洋绉、纺绸等类者，然质粗而薄，去南省远甚。"①适应丝织业的发展，绸染业随之兴旺。"周村手工染坊，在清中季计有十家，自周村辟为商埠后，织绸业更盛，染坊亦随之加多"。②

1904 年，胶济铁路通车，周村丝织业益形发达，20 世纪 10 年代，"织绸业以周村镇围子外四周及周村四方乡村为多，就旧有农商之绸机户数而论，全镇约一千三四百家"。③其中有大小手工机坊 120 余家，提花织机 400 余台，而较大的丝织手工工场"织机之多，有至三十余座者，惟内幕组织，仍系沿用旧习。连年营业兴旺，机坊工厂，土围内外常年织造者，几达一千四百余家，织机之多，已超出二千五百座之上。而当时织品，完全采用真丝，所以周村织业，消费国产蚕丝，斯时实为最旺时期，而周村丝绸贸易之盛，亦以斯时为黄金时代"。④

六、其他诸省

其他地区的丝织业衰落已久，虽有一些零星、少量的丝绸生产存在，但常为人们所忽视。其实，鸦片战争以后，各省区仍有一些府县城乡进行着因地制宜的丝织生产，并供应着当地民众的不时之需或承担着某些特殊的功用。

与山东半岛隔海相望的辽东一带，也有为数甚多的织机在织造茧绸，19 世纪末 20 世纪初，"本区织绸的产量年约一千五百担，合九万〇七百〇二公斤，即七万五千匹，其中一万九千匹销于本地"。⑤其中安东丝织业"以灰丝织成大小茧绸，行销蒙古、俄国、朝鲜各地者实多……惟皆用手机所织，守旧而不知改良，故销路渐滞，仅所织粗绸销售本地而已"。⑥

在直隶，"年贡方物内，例有'饶绸'一项，本系饶阳县所产，向派饶阳县

---

① 孙点：《历下纪游》，《小方壶斋舆地丛钞》六轶三，第 236 页。
② 实业部国际贸易局：《中国实业志》，山东省，第八编，第 563 页。
③ 《山东历城、长山等县经济情形之调查》，《中外经济周刊》第 190 期，第 22 页，1926 年 11 月 27 日。
④ 赵占元：《周村丝麻织业调查》，《工商半月刊》第六卷第九号，第 67 页，1934 年 5 月。
⑤ The Maritime Customs, *Special Series*: *Silk*, p.18.
⑥ 于云峰等编纂：民国《安东县志》卷六，第 17 页。

觅匠织造，蓝色绸二十五匹，酱色绸二十五匹，共五十匹，于冬季送省验收，汇同余品进贡，历年已久"。直到同治年间，饶阳仍在"每年采办贡绸"，后因"料缺价昂，生业萧条，停机罢织，势亦不得不然"，知县李传黻禀求停贡饶绸："前项绸匹系县属景尚村口所出，从前织此绸者共有十余家，均在本村开机织造，零星出卖，并无开张铺面，他村既无人织，亦无人卖。溯自南省不靖，丝价腾贵，此绸亦遂料薄价昂，无人购买。各织户俱赔累，陆续关闭，近年仅存二家，每年采办贡绸，极形吃力。……今该二处机坊赔累难堪，又均关闭，织匠星散，招觅为难。"时任直隶总督的刘长佑据此上《停贡饶绸片》："臣查前项饶绸，不过系北地土产，其质料色泽较之江浙绸绫，万不及一，本不适宫廷之用。今既因料缺价昂，生业萧条，停机罢织，势亦不得不然，若再勒逼供织，诚恐不无扰累。合无仰恳皇仁俯垂体恤，暂准免贡。"朝廷答复："暂准免贡，俟将来丝旺料充，机户复业，再行照旧办贡。"①

山西丝织物以"潞绸"著名，"潞绸并不出于潞安，潞民但能养蚕，不习机杼，向在泽州织办，或雇泽匠到潞织办，或寄丝至豫省织办"。朝廷将潞绸列为贡品，常年例解"大潞绸一批，共三十匹；小潞绸一批，共五十匹"；此外还有"农桑绢一批，共三百匹；生素绢四批，共一千二百匹，遇闰加四十匹"。这些贡品的"物价运脚，例皆动支地丁，然价、脚之不敷者数倍，例款有限，各官摊捐不敷，行户帮贴。骚然烦费，官民苦之"。②光绪初年，山西大灾，"大侵之后，桑植不蕃，机匠寥落，如泽州机户前约千有余家，五年前三十余家，今存米山镇刘氏一家。此不惟灾余之衰像，亦足见地利之迁移。今则外郡解丝，供匠省城织造，近年欠丝甚多，解匠者十一州县，今有九州县皆报故绝，招募无人"。③光绪八年（1882），张之洞以"晋省土性彊堇，产丝牷绻，水色沉暗，练染无方，织为衣料，不惟非江浙、四川绸缎之比，亦远不如南阳、郧阳之茧缎，仅与云南所产相等，并无足贵。若生素、农桑等绢，质地尤为疏薄，略似京师罗底稀纱"

① 刘长佑：《停贡饶绸片》，同治六年五月，王延熙等：《皇朝道咸同光奏议》卷二十七下，第32页。
② 张之洞：《请将年终应解物料变通办理疏》，光绪九年，葛士浚：《皇朝经世文续编》卷四十九，第9页。
③ 张之洞：《请将晋省例解绸绢纸张折价解部片》，光绪八年，葛士浚：《皇朝经世文续编》卷四十九，第10页。

为由，奏请将晋省例解绸绢折价解部。① 朝廷"议复"曰："潞绸系预备坤宁宫大祭应用要件，非他省所能织造，行令该省仍解本色，毋庸折价"。② 晋省潞绸及其他绸绢的生产和进贡也就在维持和延续。

地处中原的河南，对丝织生产并不陌生，南阳之"茧缎"、开封之"汴绸"为其代表性产品，与江浙绸缎相比失之粗疏。"豫省本有机匠，只以素鲜讲求，仅能织汴绸汴绫，并无花捻线缎等物"。豫省官民亟思改进之道，"窃思织工染匠，历系分门别类，各极其妙，名色甚多，故浙省所出绸缎，较各处独擅其长"。③ 光绪七年（1881），河南派员前往浙江，"陆续雇定机匠五名，料房匠二名，牵经匠一名，理线匠一名，大红染匠一名，经纬染匠二名，绸绒染匠二名，并置机三张，经纬三对"，议定三年为期，来豫省"教习本地幼徒，使之善织宁绸、线绉、摹本缎匹、黄丝金线蟒袍、湖绉、捻线缎等料，并仿照南式制造机张，俾得渐开渐广"。④ 据说"草创规模略有头绪"，豫省幼徒"亦知提花织机，所织之料，不减湖产。近又创织有花捻线缎，先后恭呈宪览，俟下月所募织宁绸杭线绉工匠到豫，再将团龙等花样教授幼徒，便可一劳永逸"。⑤

陕西省亦有名为"织房"的"织纺绸之家"，清末民初时"计有三十余家，每家每月可织纺绸百余匹，计每年共可织三万余匹，每匹价二十四五元，亦可获银六十余万元"。⑥

在贵州，"野蚕丝为遵义府唯一有价值的出产。遵义府从事制造野蚕丝的人很多。……这种丝都用来织成各种绸子。最好的绸子每年贸易额约达五十万两，二等及三等绸子这两种贸易额一共也有五十万两。头等和二等绸子大部分都运往重庆府，再由重庆运往其他地区，主要是陕西、山西和北京，这些地方有大量的消费。有很大一部分直接运往湘潭，还有一些由陆路运往广西。"⑦

---

① 张之洞：《请将晋省例解绸绢纸张折价解部片》，光绪八年（1882）；葛士浚：《皇朝经世文续编》卷四十九，第10—11页。
② 《光绪大清会典事例》卷九百四十，工部，织造。
③ 《采办蚕桑具委员姚传僎禀》，光绪七年（1881）八月；魏纶先：《蚕桑织务纪要》，第63页。
④ 《论浙匠豫徒各条规》，光绪七年，魏纶先：《蚕桑织务纪要》，第71页。
⑤ 《候补道魏纶先续捐湖桑十万株禀》，光绪七年（1881）闰七月，魏纶先：《蚕桑织务纪要》，第26—27页。
⑥ 《陕省丝织业衰落》，《工商半月刊》第五卷第二十三号，国内经济，第67页，1933年12月。
⑦ Letter By Baron von Richthofen on the Provinces of Chili, Shansi, Shensi, Sz'-Chwan, with notes on Mongolia, Kansu, Yunnan and Kwei-chau（Shanghai, 1872），p. 81.

福建省的丝织业主要集中在漳州。在 19 世纪 80 年代，漳州的捻丝作坊有 249 个，为丝织业提供上机织造的原料。[①]海关所做的丝业专项调查显示："漳州共有织绸机约二百五十台，主要是在府城、近郊及邻近的乡村"。丝织品的产量估算约为："每台每年产绉绸二十五匹的织机四十八台，每匹重二十八两，共为二十一担"；"每台每年产縑丝二十八匹的织机五十九台，每匹重十四两，共为十四·四五担"；此外还有"每台每年产棉麻交织品四十匹的织机一百四十台，每匹重四十两，共为七十担"。统加起来，"总计织绸一〇五·四五担"。[②]

湖北省的丝织业以荆州一带为盛，"荆州锦"闻名遐迩。光绪年间，谭继洵、张之洞等"筹款设局，由江浙招雇织匠，购买机具，创办绸织"。[③]局中机分生、熟，分别织造先织后染的生织物和先染后织的熟织物，"开织者五十架，计宁匠二人，专织缎匹；苏匠四人，专织荆锦宁绸；苏妇一人，专教导民女养蚕络丝；杭匠二人，专织花衣；湖匠四人，专织湖绉；浙匠四人，分织花罗、线春、官纱、纺绸等项。除由局给予伙食外，每名每月各给工洋十元"。[④]至于机织学徒"准随时收录，其有手艺已成，情愿出局自行开机者，毋得留难；并准将织成之绸送局，代为炼染，仍交该徒自售，俾广利益"。设局开织以来，"历有多年"，效果颇著，"旋因办有成效……近年广招学徒，添设织机六十张，仿织江浙绸缎各料，精益求精，销路愈广"。[⑤]

在安徽，晚清时"皖北二十二县，只阜阳一县产丝最多……用木机制成绸料。全县有一百四十多架木机，一天可以达到六七十匹以上。皖北人民呼为阜阳府绸和线春，销场很大，只限于附近几县"。[⑥]

当然，也有一些地区的丝织手工业，由于无力与江浙、广东等地竞争及其他种种原因而趋于没落，但因其在中国丝织手工业生产份额中所占的比重本来就不大，故无伤大局。种种事实表明，鸦片战争后直到 20 世纪初，其间尽管有

[①] The Maritime Customs, *Special Series*: *Silk*, p. 35.
[②] The Maritime Customs, *Special Series*: *Silk*, pp.142—143.
[③] 《农学报》第六册，光绪二十三年（1897）六月下。
[④] 张之洞：《湖北蚕桑局章程》，《农学报》第六册，光绪二十三年（1897）六月下。
[⑤] 朱寿朋：《东华续录》，光绪一四四，第 4 页。
[⑥] 《皖北工厂概况》，《国际贸易导报》第五卷第十二期，第 178 页，1933 年 12 月。

太平天国农民战争期间的破坏，尽管时局屡有动荡，市场常有起伏，但是总的说来，中国传统丝织手工业是呈向前发展态势的。

本章小结

鸦片战争以后，由于西方资本主义国家丝织工业发展相对滞后，一时尚无机制丝织品对华输出，相反仍然需要从中国搜求各类丝织物品，以供应其国内和国际市场的需要。于是，与西方的机制棉纺织品涌入中国，对中国传统棉纺织手工业形成冲击的情况不同，在闭关状态遭到打破、对外贸易有所增长等利好因素的刺激下，丝织手工业由于"外销大畅"而"益呈蓬勃"。①

长期以来，人们往往习惯于认为，外国资本主义的入侵，"破坏了中国的城市手工业和农民家庭手工业"。从总体上和全过程来看，或许如此；对某一时期某一行业来说，则不尽然。丝织业是中国传统的手工业部门，有着特殊的技艺和独特的产品，外国经济势力在短期内不可能全部渗入或完全排斥，因此从鸦片战争以后直到19世纪末的相当长时期内，中国丝织手工业不仅没有遭到破坏，相反益形繁荣，表现出与棉纺织手工业不尽相同的命运。考虑到以往对这一方面研究的薄弱，理应引起我们更多的重视。

种种事实表明，晚清史上，尽管有太平天国战争造成的巨大破坏，尽管时局常有动荡，市场时有起伏，但总的来看中国丝织生产是呈发展态势的。然而，这一时期中国丝织生产的发展，只是在传统框架内的延续，并没有脱离固有轨道，也没有突破既往的生产方式，仍然一直维持着传统生产形态未变。时至19世纪末20世纪初，中国丝织业的发展愈来愈步履维艰，难以为继，终至停滞不前。

---

① 苏州市档案馆藏：《云锦公所各要总目补记》（约民国九年，1920）。

第七章

晚清丝绸业"资本主义萌芽"的演变

明末清初,中国社会生产力有所发展,江南地区商品经济趋向繁荣,手工业者的人身依附关系进一步松弛,丝织业中开始孕育着资本主义生产方式的萌芽。到康熙年间以后,商业资本的势力日渐向丝织业生产过程渗透,控制和支配了一部分丝织小生产者,利用和改造了一些丝织手工作坊,形成了所谓中国丝织业中"资本主义萌芽"的最为典型的形态——"账房"制经营。①本章的内容,不仅将探讨导致江南丝织业"账房"产生的原因,"账房"具有怎样的组织结构和经营形态,"账房"发挥着怎样的经济社会功能等问题,而且将讨论晚清时期丝织业"账房"的发展和演变,揭示这种发展和演变所达到的广度和深度,并进一步分析导致这些变化的深层原因,以及这些变化对中国社会经济所造成的深刻影响。

---

① 江南丝织业经营中的"账房"一词,最早见之于苏州人顾震涛的《吴门表隐》一书。《吴门表隐》写成于 1832 年,记事始于 1811 年前,附集记事至 1833 年。该书卷二、卷十一、卷十五、卷十八、卷二十及附卷,有"经造纱缎账房"名称,同时又有"纱缎庄账房"、"纱缎机业账房"等称呼。而在不同城市的丝织业中,"账房"称呼也不尽相同,如苏州称"纱缎庄",南京称"缎庄",杭州称"绸庄",湖州则称"绉庄",大体均为经营当地最具特色丝绸产品的商业铺户。

第一节
江南丝织业"账房"的萌生与滋长

　　根据现有的资料，中国丝织业中"资本主义萌芽"产生于明末清初，其典型形态表现为江南地区丝织业中的"账房"制经营。[①] 令人奇怪的是，中国丝织业中"资本主义萌芽"为什么不是像西欧一些国家向资本主义过渡时期一样，把生产者组织在一个手工工场内进行集中生产，而偏偏要采取这种分发丝经给机户，实行分散织造的方式呢? 以往的论者有意无意地忽略或回避了这个问题。本节不仅打算对孕育"资本主义萌芽"的一般条件进行阐述，而且还将就有关"账房"这种生产组织形式的产生原因做专门的探讨，希望能深一层解答为什么中国丝织业向资本主义生产方式的过渡没有经由"生产者变成商人和资本家"的道路，而是采取了"商人变为资本家"这样一种方式。

　　江南丝织业"账房"的产生不是偶然的，它是历史传统和社会现实共同作用的产物，带有鲜明的地方风格和行业特点。在某种意义上，"账房"的出现正是中国封建末世种种社会情态的一个聚焦点。

[①] 这种"'账房'放料，机工代织"的生产经营形态，长期来被认作"中国资本主义萌芽"的典型形态，受到国内外学术界的关注和研究。具有代表性的研究成果参见尚钺:《中国资本主义生产因素的萌芽及其增长》,《历史研究》1955年第3期;翦伯赞:《论十八世纪上半期中国社会经济的性质》,《北京大学学报》1955年第2期;钱宏:《鸦片战争以前中国若干手工业部门中的资本主义萌芽》,《中国科学院历史研究所第三所集刊》第2集, 1955年7月;傅筑夫等:《中国封建社会内资本主义因素的萌芽》,上海人民出版社1956年版;彭泽益:《鸦片战争前清代苏州丝织业生产关系的形式与性质》,《经济研究》1963年第10期;王翔:《中国资本主义的历史命运——苏州丝织业"账房"发展史论》,江苏教育出版社1992年版;王翔:《中国近代手工业史稿》,上海人民出版社2012年版;佐伯有一:《明代匠役制の崩壊と都市絹織物業流通市場の展開》,《東洋文化研究所紀要》10, 1959年;田中正俊:《明末清初江南農村に手工業闌する一考察》,《和田博士古稀記念東洋史論叢》, 1967年;《明清時代の問屋制前貸生産について》,西島定生博士還歷紀念論叢編輯委員会編:《東アジアにおける國家と農民》,山川出版社1984年版;横山英:《中國近代化の經濟構造》,東京亚纪书房1972年版,等等。

一、有所发展而又发展不足的社会生产力

先考察丝织生产工具的改进。明代，丝织机的构造比较以前有所改进，性能和效率也有所提高。当时的织机可分为两种：一是织平面纹的"腰机"；一是织花纹的花机。"腰机"的构造简单，操作方便，足蹬踏板，手投织梭，"凡织杭西罗地等绢，轻素等绸，银条巾帽等纱，不必用花机，只用小机。织匠以熟皮一方置坐下，其力全在腰尻之上，故名腰机。"①花机的装置则较为繁复，"凡花机通身度长一丈六尺，隆起花楼，中托衔盘，下垂衔脚（水磨竹棍为之，计一千八百根），对花楼下掘坑二尺许，以藏衔脚（地气湿者，架棚二尺代之）。提花小厮，坐立花楼架木上。机末以的杠卷丝。中用叠助木两枝，直穿二木，约四尺长，其尖插于筬两头。叠助，织纱者视织绫绢者，减轻十余斤方好。其素罗不起花纹，与软纱绫绢踏成浪梅小花者，视素罗只加桄二扇，一人踏织自成，不用提花之人闲住花楼，亦不设衔盘与衔脚也"。②

将宋代的《耕织图》、元代的《农书》和明代的《天工开物》中的"花机图"加以比较，可以看出明代"花机"的结构比较复杂也比较完善。各种部件各有特定功能，缺一不可：的杠卷缠着所有丝缕，经纬交织成绢帛后卷上卷布轴；叠助可以加重织筬的捶击力，使经纬交织更加紧密而坚实；老鸦翅和铁铃，可使缯面轮次提起，携夹经缕做上下起伏运动，分开经纬，以便投梭；两足蹬动踏板，动力可传到机身各部，使之互相牵动，借以织造。使用这种手投梭机进行丝织生产，体力较好、技艺娴熟的丝织工匠，日可织幅宽二尺二寸，一般平面纹的丝织物八九尺；技术一般的工匠，日可织六七尺左右，平均单位日产量约在七八尺之谱。织造花纹织物，则视纹样精致繁复的不同而效率各异，一般二至三人日织幅宽二尺余的花纹织物二尺五寸不等。

适应着丝织生产工具的改进和效能的提高，缫丝、络丝、治纬、牵经等生产工具性能的改进和效率的提高也是比较明显的。以缫丝为例，《农政全书》

---

① 宋应星：《天工开物》上卷"腰机式"条。
② 宋应星：《天工开物》上卷"机式"条。

中有这样的记载："以一锅专煮汤，供丝头，釜二具，串盆二具，缫车二乘，五人共作一锅二釜，……二人直釜，专打丝头，二人直盆主缫，即五人一灶可缫茧三十斤。胜于二人一车一灶缫丝十斤也。是五人当六人之功，一灶当三缫之薪。"① 由此可见缫丝技术的改进，既节省了人力，又节约了能源。有人曾作过这样的计算，缫丝及丝织准备工种的工作效率，分别比过去提高了20%左右。②

再考察丝织生产技术的进步。丝织技术的进步，促进着织机的改造，织机构造的完善和性能的改进，又推动了丝织技艺的发展。"腰机"织者需要手足并用，分别完成移综、开交、投梭、打纬四项织造运动和卷布、放经的操作。而代表丝织技艺较高水准的花机织造，则需要两人同时操作，一人司织，一人提花，织者以足力蹬动踏板，使缯面上下移动，经丝间形成交口，趁此右手投梭，左手持篦碰击经纬交织之处，使结合更加紧密。到织出一定长度后，就要卷布，并放长经丝。花机织者能够熟练地先后完成开交、投梭、打纬、移综、卷布、放经六项动作，提花者则提拉经缕，与织者的动作默契配合。这些都说明劳动者的个人操作技艺有了提高。

丝织物花色品种的增加，也反映出丝织技艺的高度发展。明末清初，已能熟练地织造出多种绫罗绸缎："凡左右手各用一梭交互织者，曰绉纱；凡单经曰罗地，双经曰绢地，五经曰绫地"；"先染丝而后织者曰缎；就丝细机上织时，两梭轻一梭重，空出稀路者，各曰秋罗"；"盖绫绢以浮经而见花，纱罗以纠纬而见花；绫绢一梭一提，纱罗来梭提，往梭不提"。③ 上列引文反映了经地配置与织作手法的巧妙，一般丝织劳动者已经能够不太困难地掌握，根据需要织出不同的花纹和品种来。当时江南一带的丝织品种尤其花团锦簇，时人称："锦绮取于吴越，不极奇巧不止。"④ 杭州的丝织品种，明嘉靖年间主要有绫、罗、纱、绢、绸、锦、绣、纩丝等，⑤清代又新增了缎、剪绒、线绸、纺绸（散纱织者曰水绸，纺纱而织曰纺绸）、绵绸、茧绸、画绢、画绫、帽缨、丝线等品种。⑥

---

① 徐光启：《农政全书》卷三十五。
② 据史宏达：《明代丝织生产力初探》，《文史哲》1957年第8期、第52页附表改制。
③ 宋应星：《天工开物》上卷"花木"条。
④ 《明史·魏允贞传》卷三百三十二。
⑤ 嘉靖《浙江通志》卷六十五，杂志第十一之八，"物产"。
⑥ 雍正《浙江通志》卷一百一。

明代苏州已有锦、纻丝、缎、䌷、罗、绫、纱、绢等类丝织品。清代更多，《乾隆吴县志·帛之属》记载：

锦，"惟蜀锦名天下，今吴中所织海马、云鹤、宝相花、方胜之类，五色眩耀，工巧殊过，犹胜于古"；

纻丝，"出郡城，有素，有花纹，有金缕彩妆，其制不一，皆极精巧，《禹贡》所谓织文是也。上品者名清水、次帽料、又次倒挽，四方公私集办于此"；

克丝，又称"刻丝"，"以杂色线缀于经纬之上，合以成文，极其工巧，故名刻丝。妇人一衣，终岁方就，盖纬线非通梭所织也。今则吴下通织之，以为被褥、围裙，市井富人无不用之，不以为奇"；

罗，"出郡城，花文者为贵，素次之，又有刀罗、河西罗"；

纱，"要以苏州为最多，质既不同，名亦各异。凡轻薄爽滑，宜于夏服者，皆谓之纱，如亮纱、画地纱，官纱、葛纱等，皆以纱为总名，非同一物也"；

绫，"诸县皆有之，唐时充贡，谓之吴绫……工家多以脂发光泽，故俗呼油缎子"；

绢，"吴地贵绢，郑地贵纻。今郡中多织生绢，其熟者名熟地，四方皆尚之。花纹者名花绢。又有白生丝织成缜密如蝉翼，幅广有至四尺余者，名画绢。又有罗地绢，精厚而密"；

䌷，"诸县皆有之，即缯。纹线织者曰线䌷，撚绵成者曰绵䌷，比丝攒成者曰丝䌷"。①

生产工具的改进和操作技术的提高，与丝织生产的特点结合在一起，就促进了丝织业内部分工的发展。丝织行业有一个显著的特点：在其全部生产过程中，包括许多道工序。前一工序的成品不能供人们直接消费，而是后一生产环节的原料，而且各道工序之间又是单线联系，蚕茧只能用来缫丝，缫成的丝必

---

① 乾隆《吴县志》卷五十一"物产"二，第15页。

须依次经过络丝、治纬和牵经等工序，才能上机织造。这就使整个生产过程构成了一个前后相继、互相依赖的连续体，给分工生产提供了可能。同时，丝织生产中诸步工序的操作，所需要的技术水平不同，有些需要较高较复杂的劳动技能，如缫丝和织绸；有些只需要比较简单的劳动技能，如络丝、治纬；在同一工序中，如织平纹织物和花纹织物所需要的技术水平也不可能完全一致。于是，就引起了技术上的分工。

除了技术水平的高低会影响到花费在生产上的个人劳动时间的多少，从而造成小生产者的分化以外，还有两个结果往往为人们所忽视：一是由于丝织生产的前后相继、相互依赖和丝织原料的比较昂贵，使得"账房"能够通过控制前几道工序、提供原料等手法来控制丝织生产者，给"账房放料，机户揽织"的生产方式的形成提供了方便；二是由于技术水平高低和分工有所不同，使得"账房"在挑选机户和机户在雇佣织工的时候，往往选择那些比较熟悉而又有较高技术的人，这就形成了所谓的"常主制"。至于"账房"怎样通过控制丝织原料而控制丝织生产者，以及这种"常主制"的性质究竟应当如何看待，我们将在下面进行讨论。

生产工具和技术的进步，推动了丝织生产力的发展。据崇祯《苏州府志》记载：在明末苏州的市场上，经常作为商品出卖的织机就有绫机、绢机、罗机、纱机、绸机、布机六种，每一种的构造都不尽相同。这一方面说明民间对丝织工具有着大量需求，说明从事丝织业的人员是大量的，从而为"账房"采用资本主义经营方式提供了物质前提；另一方面，当时织机的数量多，价格低，易于掌握，使小手工业者可以比较容易地购置织机，从事生产，这就为织工自备机张，承接"账房"的来料加工提供了便利条件。

丝织工具有所改进而又改进不大，丝织生产力有所发展而又发展不足，在这种情况下，萌芽中的资本主义生产方式不可能采取大规模的手工工场的集中生产，而是选择了发放丝经、分散织造、缴回成品，给付工银的"账房"制经营方式，这是当时社会生产力状况所允许的最佳选择，是与当时丝织生产力的发展水平相适应的。由于织机在明清一代一直没有显著变化，始终是这种木制手投梭机，"账房"制经营方式也就始终不变，直到民国初年，使用了从日本引进的提花龙头织机，才促成了由"账房"式的分散织造向资本主义手工工场集中生产的转变。①前后加以印证，可以看出"账房"制经营方式的出现，正是明末清初丝织生产力有所发展而又发展不足的产物。

二、日趋繁荣的商品经济

一般地说，"每一个城市中都有自己的特殊的工业部门占着优势"。②明末清初的江南都市如南京、苏州、杭州等，就是以丝织业商品经济为中心的，丝绸商品生产与商品交换占据了这些城市经济生活中的最主要的内容。到明清之际，随着商品经济的繁荣，江南城市发展迅速。明成化年间，苏州已是"列港通衢，华区锦肆，坊市棋列，桥梁栉比"，③"四方商人辐辏其地，而蜀舻越舵，昼夜上下其门"。④入清以后，繁华日盛，城市逐步向郊区扩展。苏州阊门外之南濠，明初尚"货物寥寥，非辐辏之区"，清康熙年间已是"人居稠密，五方杂处"，⑤"为苏州最盛之地，百货所集，商贾辐辏"。⑥黄家港明朝时"尚系近城旷地，烟户甚稀"，入清以后，"生齿日繁，人物殷富，闾阎且千，鳞次栉比"。⑦人烟稀落的盘门、葑门一带，也已成为"万家烟火"的闹市。⑧苏州城市的发展，是以商品经济的发展为条件的。与"东北半城，比户习织，不啻万家"⑨的盛况相对应，"商贾多聚于西"，"金、阊一带，比户贸易，负郭则牙侩辏集"，⑩史称"吴阊到枫桥，列肆二十里"。⑪到乾隆年间，已经流传着："东南财窗，姑苏最

---

① 马克思曾经引用法国里昂和尼姆的丝织业情况，对丝织生产的特点加以说明："这里分工的原则有其特点。虽然那里有缫丝女工、纺工、染工、浆纱工以及织工，不过他们并没有联合在一个工场里。"指出：直到"动力织机在这些工厂里已经得到了应用，并且很快就把手工织机排挤掉"以后，这种情况才发生了根本变化。（参见马克思：《资本论》第一卷，第374页）这与中国江南丝织业的发展过程是十分相似的。

② 《马克思恩格斯全集》第四卷，第60页。

③ 同治《苏州府志》卷二。引明朝成化时人莫旦诗：《苏州赋》。

④ 吴宽：《赠征仕郎户部给事中杨公墓表》，《匏翁家藏集》卷七十五。

⑤⑧ 顾公燮：《消夏闲记摘抄》卷中。

⑥ 叶梦珠：《阅世编》卷四，宦迹，《上海掌故丛书》，第一集。

⑦ 徐熙麟：《熙朝新语》卷十六。

⑨ 沈德潜等撰：乾隆《元和县志》卷十六。

⑩ 顾炎武：《天下郡国利病书》卷七十五。

⑪ 崇祯《吴县志》卷首，序。

重；东南水利，姑苏最要，东南人士，姑苏最盛"①的民谚。

与苏州相似，杭州也很快从元末战争的破坏中恢复，到成化、弘治年间，杭城"物产之富……商贾货物之聚，为列郡雄"。②万历时，杭城"舟航水塞，车马陆填，百货之委，商贾贸迁……诸藩毕萃，既庶且富"。③城内百货萃集，"杭州省会，百货所聚。其余各郡邑所出，则湖（州）之丝，嘉（兴）之绢，绍（兴）之茶之酒，宁（波）之海错，处（州）之瓷，严（州）之漆，衢（州）之桔，温（州）之漆器，金（华）之酒，皆以地得名"。④商业人口在杭城中占很大比重。明中叶以后，杭城居民"本地止以商贾为业，人无担石之储"，⑤"其民四之一为商贾"。⑥清康熙时，"杭俗之务，十农五商"，⑦"杭民半多商贾"。⑧明清两代，杭州城市（不包括郊区及属县）人口约在20—40万之间，按"半多商贾"推算，当有10—20万商业人口。⑨当然，其中应包括流动商贩、经营小作坊的工商业者及手工业工匠在内。

明清两代均在杭州北新关设立钞关，以征收过关的商税。⑩从该关税收的增长亦可看出杭州商业的发展。弘治元年（1488），北新关征收商税4 000两，嘉靖二十三年（1544）为30 000两，万历三十九年（1611）为49 700两，天启元年（1621）为69 700两，天启六年（1626）为89 700两，顺治十三年（1656）为94 400两，康熙二十五年（1686）达到107 669两。⑪

出于丝绸织物本身的特点，它不是作为生活必需品，而是作为高档消费品，因而丝织生产较早就作为商品生产出现。明清时期，江南地区不仅是我国的丝织品生产中心，也是丝织品的集散中心，"四方商人，群至此间购办"。⑫明万历时编印的《万宝全书》一类介绍商业知识的书籍中，明白告诉时人到苏

---

① 沈寓：《治苏》，《皇朝经世文编》卷三十三。
② 成化《杭州府志》卷首。
③ 万历《杭州府志》卷三十三"城池"。
④⑤ 王士性：《广志绎》卷四"江南诸省"。
⑥ 嘉靖《浙江通志》卷六十五，杂志第十一之三，"风俗"。
⑦ 《古今图书集成》，职方典，卷九百四十六，杭州府部风俗考。
⑧ 乾隆《杭州府志》卷五十二"风俗"。
⑨ 梁方仲：《中国历代户口、田地、田赋统计》，第449页。
⑩ 北新关初创于明宣德四年（1429），只收船料。当时全国有7处，杭州为其一。
⑪ 雍正《北新关志》卷十一"季钞"。
⑫ 《光绪二十二年苏州口华洋贸易情形论略》，《通商各关华洋贸易总册》下卷，第41页。

州、杭州可购丝绸，"至于绫罗匹缎尤宜仔细，宜托乡里晓者买之"。① 杭州丝绸遍销全国，"吾杭饶蚕绩之利，织纴工巧，转而之燕，之齐，之秦、晋，之楚、蜀、滇、黔、闽、粤，衣被几遍天下，而尤以吴阊为绣市"。② 苏州丝绸更是盛极一时。乾隆二十四年（1759），苏州画家徐扬曾绘《姑苏繁华图》（又名《盛世滋生图》），③ 形象地反映了苏州城市商贾麇集，商店林立，商品云屯，贸易繁盛的景象。画面展现出有市招的店铺 230 多家，共 50 多个行业，其中丝绸业的店铺与行庄达 14 家，密度很高，规模很大。最大的一家店铺有 7 间门面，还有一家二层楼 5 间门面，可以想见其雄厚的资本和巨额的购销量。销售的丝绸品种繁多，除了本地的纱缎以外，还有远近各地的特产，如山东沂水茧绸、震泽绸、濮院绸、湖绉、宁绸、杭绸等。《桐乡县志》记载："濮紬，粤人之所尚，每岁收买于金阊。"④ 可见苏州不仅是本地，也是远近一些地区丝织品的集散中心。

时人写道：

> （苏州）为水陆冲要之区。凡南北舟车，外洋商贩，莫不毕集于此。居民稠密，街弄逼隘，客货一到，行人几不能掉臂。其各省大贾，自为居停。亦日会馆，极壮丽之观。近人以苏、杭并称为繁华之郡，而不知杭人不善营运，又僻在东隅，凡至四远贩运以至者，抵杭停泊，必卸而运苏，开封出售，转发于杭。即如嘉、湖产丝，而绸、缎、纱、绮，于苏大备，价颇不昂；若赴所出之地购之，价反增重，货且不美。⑤

明代编印的《士商要览》、《士商类要》、《一统路程图记》等经商手册中，列出全国水陆行程图百余条路线，其中江南丝绸业产区的商路最为密集。以苏州为中心的商贸路线多达 12 条，主要有：苏州府由嘉兴府至上海县；苏州由太仓

① 《万宝全书》卷二《天下便览路程》。该书全名为《新刻天下四民便览万宝全书》，明周文焕、周文炜编，万卷楼刻本。

② 《吴阊钱江会馆碑记》（乾隆三十七年，1772），《明清苏州工商业碑刻集》，第 19 页。

③ 原件藏故宫博物馆。

④ 《桐乡县志》卷一"市镇"。

⑤ 纳兰常安：《宦游笔记》卷十八。

至南翔镇水路；苏州府由周庄至松江府；苏州由双塔至松江府水路；苏州由陶桥至松江府；苏州由常熟县至通州水路；苏州由东坝至芜湖县水路；苏州由湖州至孝丰县水路；苏州由杭州府至南海水路；苏州府跳船至广德州水、陆路；苏州府由广德州至徽州府水、陆路；苏州由四安至徽州府陆路。①与之相比，以杭州为中心的商贸线路亦不遑稍让，主要有：杭州府由官塘至镇江府水路；杭州迁路由烂溪至常州府水路；杭州跳船至镇江府水路；扬州府跳船至杭州府水路；杭州府由苏州至扬州府水路；杭州府至普陀山水路；杭州府至上海县水路；杭州由西兴至诸暨县诸路；北新关至缸窑、瓶窑水路；休宁县至杭州府水路；杭州府至休宁县齐云山路；杭州由江山县至福建省路；杭州布政司至湖州府水路；杭州由绍兴、台州二府至处州府路；杭州府由东阳县至处州府路；徽州府由严州至杭州水路；杭州府由余杭县至齐云山陆路。②此外，湖州府、嘉兴府也有多条分至各处的水路水陆交通线路，史载："湖州至各处，俱是夜船，惟震泽、乌镇二处，亦有日船可搭。"③

从以上书籍所列，足见江南丝织业都市交通之便利，"四通八达，冠盖相属"。④从而促进了与各地的商品交流，丝绸销路畅旺，市场覆盖面极广。张瀚《松窗梦语》说："余尝总览市利，大都东南之利，莫大于罗、绮、绢、纻，而三吴为最。即余先世亦以机杼起家，而今三吴之以机杼致富者尤众。"⑤江南地区"桑麻遍野，茧丝锦纻之所出，四方咸取给焉。虽秦、晋、燕、周大贾，不远数千里而求罗绮缯币者，必走浙之东也"。⑥陕西一带，"绸帛资于江浙"；⑦永平府"有大贾贩吴绮、淮盐起家至巨万"；⑧河间府"贩缯者，至自南京、苏州、临清……"；⑨僻处五边的宣府镇中，"贾店鳞比，各有名称。如云：南京罗缎铺、苏杭罗缎铺、潞州绸铺、泽州帕铺、临清布帛铺，绒线铺，杂货铺，各行交

---

①　新安澹漪子：《新刻士商要览》，《天下水陆行程图》，明刻本。
②　黄汴：《一统路程图记》卷七"江南水路"；程春宇：《士商类要》卷之一。
③　黄汴：《一统路程图记》卷七"江南水路"。
④　万历《杭州府志》卷三十四"衢巷市镇"。
⑤⑥　张瀚：《松窗梦语》卷四"商贾纪"。
⑦　顾炎武：《日知录》卷十"纺织之利"。
⑧　《太平府部·风俗考》。
⑨　嘉靖《河间府志》卷七"风俗考"。

易，铺沿长四五里许，贾皆争居之"；① "张家口本荒缴，初立市场，每年缎布买自江南，皮张易自湖广"；②西南诸省，"虽僻远万里，然苏杭新织种种文绮，吴中贵介未被，而彼处先得"。③在与边疆地区进行的贸易中，丝绸是最受欢迎的商品之一，皆向"江南收买，慎选殷实机户，如式制造"。④有人研究，清中叶每年进入市场的江南丝织品，数量大抵相当于绸类一千数百万匹，价值白银一千五百万两以上。⑤

江南丝绸不仅遍及国内各地，还成为对外贸易的大宗货品，吸引着各国客商，"凡南北舟车，外洋商贩，莫不毕集于此"。⑥南洋各国，"皆好中国绫罗，杂缯……服之以为华好"；⑦日本、朝鲜的丝绸仰给于中国，"取去者其价十倍"。江南地区民间商船经常装载"纺丝、绫丝、䌷丝等价值万余两货物"，东渡日本，经商贸易。⑧在朝鲜，"其全国所需礼服，向来悉用苏州专造之高丽纱缎"。⑨据载"鲜人对吾国丝织品素表欢迎，其输入品从前为苏州之府纱、宫纱、亮纱、仿绸、素罗、板绫、库缎等"。⑩这些丝绸品种构成了苏州特产"高丽纱缎"的主要内容，"坚固耐用，三韩人士所深道"，为朝鲜民众所乐用。以致有人估算："苏州纱缎销场，昔京城差货占百分之二十，高丽占百分之三十。"⑪甚而至于，连远隔大洋的欧美诸国也对江南丝绸需求颇股，"欧美诸国，购办极广"。

社会风气的影响也不能低估。史籍中历来多有江南"民风奢靡"之类的记载。张瀚说："吴制服而华，以为非是弗文也，吴制器而美，以为非是弗珍也。四方重吴服，而吴盖工于服；四方贵吴器，而吴益工于器。是吴俗之侈者愈侈，而四方之观赴于吴者，又安能挽而之俭也？"⑫明清之际，江南都市更是"闾阎

---

① 万历《宣府镇志》，"宣化府风俗考"。
② 黄景昉：《国史权疑》卷八。
③ 王士性：《广志绎》卷五"西南诸省"。
④ 《明神宗万历实录》卷三百七十六。
⑤ 参见范金民：《清代江南丝绸的国内贸易》，《清史研究》1992 年 2 月。
⑥ 纳兰常安：《宦游笔记》卷十八。
⑦ 顾炎武：《天下郡国利病书》卷二十六。
⑧ 参见《故宫博物院院刊》，第 1 册，1983 年。
⑨⑩ 《调查国外丝织品征税率及当地人民对丝绸好尚表》(1931 年 4 月 20 日)，苏州市档案馆藏。
⑪ 孔翔生：《苏州纱缎业之回顾与前瞻》，《吴县商会年刊》(1947 年 11 月)，吴县档案馆藏。
⑫ 张瀚：《松窗梦语》卷四"百工记"；袁栋：《书隐丛说》卷十，有相同记载。

之间，望如锦绣，丰筵华服，竞侈相高"。①这一时期，丝绸织品已由官僚士绅的专用品成为民间百姓的一般服饰，由少数人专用的奢侈品成为普通人也能享用的消费品，"不论富贵贫贱，在乡在城，俱是轻裘，女人俱是锦绣，货愈贵而服饰者愈多"，②以致时人叹曰："天下饮食衣服之侈，未有如苏州者。"③无锡一带，康熙年间"衣服冠履犹尚古朴，常服多用布，冬月衣裘者百中二三"。至乾隆时，"则以布为耻，绫缎绸纱，争新色新样"，"间有老成不改布素者，则目指讪笑之"。④在南京，丝绸织品已经成为官宦人家和市民百姓不可或缺的衣着用品，"朝觐、燕飨、祭祀、宾客，非宁绸贡缎，人或目慑之"。⑤

农村地区也是同样。《盛湖志》记载：到明万历时，"若夫民俗淳朴，浸浸变矣！屠沽盈市，博饮日兴，下人衣纨袴……"⑥《吴江县志》中也反映了这种变化："邑在明初风俗诚朴，非世家不架高屋，衣服器皿不敢奢侈，……至嘉靖中，庶人之妻多用命服，富民之室亦缀兽头，循份者叹其不能顿革。万历以后迄于天崇，民贫世富，其奢侈乃日甚一日焉。"⑦钱泳《履园丛话》记载："余五、六岁时，吾乡风俗尚朴素……今隔五十余年，则不论贫富贵贱，在乡在城，俱是轻裘，女人俱是锦绣，货愈贵而服饰者愈多"。⑧

这种现象在国内其他地区亦相当普遍。明万历时，山东滕县"男子冠巾丝履，妇女珠翠金宝，绮縠锦绣罗纨，但有财尽能索耳。此皆五十年所无也"。⑨福建同安的情况尤为典型：

> 往时市肆，绸缎纱罗绝少，今则苏缎、潞绸、杭货、福机行市，无所不有者。往时惟有方巾、圆帽二种，今则唐巾、云巾、帽巾，无人不用。瓦楞或用绉纱瓣幅。甚至奴隶之辈，亦顶唐巾，着朝履。往昔富贵人家，裹衣

---

① 顾炎武：《天下郡国利病书》卷六。
② 钱泳：《履园丛谈》卷七"骄奢"条。
③ 常衣云：《兰舫笔记》。
④ 黄卬：《锡金识小录》卷一，参备上·风俗变迁。
⑤ 同治《上元江宁两县志》卷七，食货志。
⑥ 乾隆《盛湖志》，"风俗"。
⑦ 乾隆《吴江县志》，"风俗"。
⑧ 钱泳：《履园丛话》卷七"骄奢"。
⑨ 万历《滕县志》卷三，风俗志。

无不用布，今则市井少年，无不着绸罗短衫、绸纱裙、绸绫裤者。①

不难看出，受民俗奢靡之风的影响，丝织品的消费层次有不同程度的降低，使得丝织品的销售市场不断扩大。市场的扩大，丝绸需求量的不断增加，也就刺激了丝织业的商品性生产。

"商业是行会手工业、农村家庭手工业和封建农业经济转化为资本主义经营的前提"。②丝织业商品生产的发达和整个社会商品经济的繁荣，在一定条件下将会导向资本主义的商品生产。商业的发展促进着市场的扩大与资金的积累，刺激了农产品商品化的发展，而农产品商品化又为城市提供了必要的手工业原料与城市居民的生活必需品，城市则在吸收从农业中分离出来的剩余人口中逐渐扩大，各阶级的社会地位也在发生着变化，被剥夺了生产资料和生活资料的人大批出现。所有这些，在西欧"就是工场手工业形成的历史条件"；③在江南丝织业中，它没能形成资本主义的工场手工业，却造就出了商业资本向生产领域渗透的形态——"账房"，采用着资本主义的家庭劳动。这里，我们着重分析一下商品经济的发展与"账房"经营方式的出现之间的联系：

首先，商品经济的繁荣，为商业资本的生长提供了温润的土壤，以"贸丝织缯绮，通贾贩易"起家的所在多有，④"富至万金"者也不乏其人。⑤商人在买卖贩运中积累了大量钱财，实力不断增强。这反映在观念形态上，已有人意识到经商之道应重于拙守本业，他们认为："农事之获，利倍而劳最，愚懦之民为之；工作之获，利二而劳多，雕巧之民为之；商贾之获，利三而劳轻，心计之民为之；贩盐之获，利五而无劳，蒙猾之民为之。"⑥于是江南一带，"昔日逐末之

---

① 万历《同安县志》，转引自傅衣凌：《明清社会经济史论文集》，人民出版社1982年版，第23—24页。

② 马克思：《资本论》第三卷，第376页。

③ 《马克思恩格所全集》第四卷，第167页。

④ 如胡友松，"世业农，父殁，因于繁役，因以先世田庐悉让兄弟，脱身来居苏。崇德业种蚕，而长洲织工为盛，翁往来二邑间，贸丝织缯绮，通贾贩易，竟用是起其家"（《陆尚宝遗文·友松胡君墓志铭》）。

⑤ 如洞庭东山商人席端樊，"北走齐燕，南贩闽广，不二十年，累资巨万"（事见康熙《具区志》卷十三，人物篇，货殖条）。

⑥ 顾炎武：《天下郡国利病书》，"江南四"。

人尚少，今去农而改业为工商者，三倍于前矣"。① 社会价值观念开始改变，传统贱商心理有所淡化，有人还在理论上加以说明；"四民固最次商，此在古代物鲜而用简则然；世日降而民日众，风日开而用日繁，必有无相通，而民用有所资，匪商能坐致乎?"② 这一方面是商品经济发展在思想意识上的反映，另一方面，这种重商意识又会助长商品经济的发展。

其次，商品经济的繁荣，为商业资本的活跃创造了广阔的天地，它们在商品经济的漩涡中如鱼得水，活动范围日渐扩展。明中叶以来，江南地区的商业资本从流向土地经营的传统运行轨道上抽调出来，"大率吴民不置田亩，而居货招商"。③ 江南士民"多以货殖为急"，"即士大夫家，多以纺织为业"。④ 离开土地投资于工商业的情况日益增多，首先是向丝织生产领域渗透，正如张瀚所说："东南之利，莫大于罗、绮、绢、纻，而三吴为最。……今三吴之以机杼致富者尤众。"⑤

再次，不断扩展的市场增加了对丝绸品种和数量的需求，为了适应市场需要和追逐更多的利润，迫使商业资本采取新的经营方法，力求把更多的生产者置于自己的控制之下，使他们依附于自己，为自己生产，以保证货源，减少周折。在这种情况下，商业资本"由此使旧的关系解体。它增进了货币流通。它已经不再是仅仅攫取生产的余额，而且是逐渐地侵蚀生产本身，使整个生产部门依附于它"。⑥

又次，商品生产的固有矛盾和价值规律的作用，使小生产者不断发生分化，大多数人日益贫困，商业资本便乘虚而入，"把小手工业者同成品市场的联系切断以后，现在又切断了他同原料市场的联系，这样就使手工业者完全从属于自己"。⑦

---

① 何良俊：《四友斋丛说》卷十三。
② 胡宥：《崇邑蔡侯去思亭记》。
③ 嘉靖《吴邑志》卷首。
④ 于慎行：《谷山笔尘》卷四"相鉴"。
⑤ 张瀚：《松窗梦语》卷四"百工记"。
⑥ 马克思：《资本论》第三卷，第 369 页。
⑦ 列宁：《俄国资本主义的发展》，《列宁全集》第三卷，第 328 页。

三、广泛而分散的丝织手工生产

江南地区有着植桑养蚕、缫丝织绸的悠久历史，长期以来是作为农民的家庭副业生产而存在的。随着社会经济的逐渐发展，到明清时期，江南地区的城乡居民普遍地从事独立手工业或农村副业生产，且有副业逐渐变为主业的趋势。这里的"农亩之入，非能有加于他郡邑也。所由供百万之赋，三百年而尚存视息，全赖此一机一杼而已。……苏、松、常、镇之币、帛、枲、紵，嘉、湖之丝、纩，皆视此女红末业，以上供赋税，下给俯仰。若求诸田亩之收，则必不可办"①。鸦片战争以后，这种情况有过之而无不及，时人称："浙西之农，恃蚕桑为生活，编户穷黎，终岁衣食之给，赋债之偿，咸属望于此，有得之则生，不得之则死。"②

南京、苏州、杭州、湖州等江南都市，代表着江南丝织业、乃至中国丝织业组织和技术的最高水准。明清以后，随着江南都市的丝织生产向四周辐射，联接着广大乡镇和农村，促进了城乡经济的交流，从而更推进了地区经济的发展和与全国各地经济的横向联系，"紬、绫、罗、纱、绢，不一其名，京省、外国悉来市贸"。③江南地区形成了一个丝绸商品生产和交换的市场网络。这个网络的疏密度是与市镇的分布密度成正比的，市场网络的疏密程度标志着地区商品经济的发展水平。以苏州一府为例，明代中叶有23个镇、22个市，乾隆时增为61个镇，59个市，密度在当时国内首屈一指。

与此同时，江南都市的丝织生产不断向附近乡镇扩散，促进了这些乡镇的兴起，形成了一个以江南都市为中心的丝织业城镇群体。著名的盛泽镇，"明初以村名，居民止五六十家，嘉靖间倍之，以绫绸为业，始称为市"。④这里的"绫紬之业，宋元以前，惟郡（苏州）人为之。至明熙、宣间，邑民始渐事机丝，犹往往雇郡人织挽。成、弘以后，土人亦有精其业者，相沿成俗。于是盛泽、

---

① 张莹:《西园闻见录》。
② 民国《竹林八圩志》卷三 "物产"。竹林，今属浙江嘉兴市。
③ 乾隆《盛湖志》。
④ 嘉靖《吴江县志》卷四。

黄溪四五十里间居民乃尽逐绫绸之利"。①说明盛泽一带丝织手工业生产的技术来自郡城苏州,随后"土人也精其业"。入清以后,盛泽"居民百倍于昔,绫绸之聚亦且十倍。四方大贾辇金至者殆无虚日。每日中为市,舟楫塞港,街道肩摩,盖其繁华喧盛,实为邑中第一"。②元和县唯亭镇,盛产贡缎和摹本缎,"比户习织"。③吴江震泽镇,"元时村镇萧条,居民数十家。明成化中至三四百家,嘉靖间倍之,而又过焉。成、弘以后,近镇各村尽逐绫绸之利,有力者雇人织挽,贫者自织,而令其童稚挽花",成为一个"货物并聚"的市镇。④黄溪镇,"明熙、宣时,户口日增,渐逐机丝线纬之利,凡织绸者名'机户'。……业此者皆渐致饶富,于是相沿成俗。入国朝,机户益多,贫者多自织,使其童稚挽花;殷实之家,雇人织挽……花样轻重,必合北客意,否则上庄辄退"。⑤一些市镇出产的丝织品种遐迩闻名。嘉兴府梅里镇的"褚绸","褚叔铭制,名重当时",所产画绢亦"甲于天下",直到清后期镇人仍"传其业焉"。⑥双林镇的包头绢,"通行天下,正(德)、嘉(靖)以前,南溪仅有纱绢帕,隆(庆)、万(历)以来,机杼之家相沿此业,巧变百出",以致"各直省客商云集贸易"。⑦桐乡濮院镇所产"濮绸","练丝熟净,组织工致,质细而滑,柔韧耐久,可经浣濯"。⑧不仅为西北地区少数民族所喜爱,成为清政府每年解运新疆地区的重要对象,同时也为"粤人之所尚,每岁收买抵金闾"。⑨

　　总体来看,一方面,随着手工业与农业分离的发展,越来越多的农村居民移居城镇,割断了与农业的联系,成为专门的丝织手工业者,形成了数量可观的"城机",在丝织手工业者总数中占有相当的比例。如苏州,"在苏城内织造者,亦达四成以上"。⑩另一方面,江南丝织品的生产广泛分布于广大的农村地

---

① 乾隆《吴江县志》卷三。
② 嘉靖《吴江县志》卷四。
③ 道光《元和唯亭志》卷三,第35页。
④ 乾隆《震泽县志》第二十五,"生业"。
⑤ 《黄溪志》卷一"风俗"。
⑥ 光绪《梅里志》卷七"物产"。
⑦ 乾隆《东西林汇考》卷四"土产志"。
⑧ 沈廷瑞:《东畲杂记》。
⑨ 光绪《桐乡县志》卷五,祁澹归:《桐川濮淡轩诗序》。
⑩ 苏州档案馆藏:《云锦公所各要总目补记》。

带,这就形成了大量存在的"乡机",即尚未完全与农业生产分离的乡村丝织手工业者。无论是"乡机"还是"城机",除了他们的广泛性特点之外,还有一个重要特点就是分散性。

先看"城机"。江南地区城市的丝织手工业者,居住地区往往比较集中。在杭州,丝织机户依照不同的织物类别集中在不同的区域进行生产,在涌金门内的"上机神庙",专门织造熟货素缎、库缎、摹本宁绸、亮地纱等品种;艮山门东园巷一带属于"中机神庙",主要生产花宁绸、线绉等品种;艮山门外万弄口的"下机神庙",则专织纺绸、官纱、线春等产品。[1] 在江苏苏州,"东北半城,大约机户所居"[2],主要在仓街、北石子街、狮子扣、桥湾一带。在南京,"缎机一业,为金陵大宗生理"。[3] 清代南京丝织业分为三大类:缎业、绒业和织锦业。缎业集中于城南,绒业大部分分布于绒庄街及明瓦廊一带,城北则以织锦业著称。[4] 然而,各地丝织业的经营方式则是分散的。史载:"杭(州)东城,机杼之声,比户相闻";[5] 苏州东城"比屋皆工织作","家杼轴而户纂组"[6];南京军师巷附近,"机杼之声,比户相闻";[7] 骁骑营一带,"机户最多,三五成邻";[8] 聚宝门内"业此者不下数千家"。[9] 说明从事丝织生产的是以一家一户为生产单位。已经出现的一些丝织手工作坊,也是规模狭小,大多采用家庭生产的组织形式。

再看"乡机"。江苏省苏州府属的盛泽镇,周围方圆三四十里农村,分布着数千架织机和上万名机工。史载:"(盛泽)镇之丰歉,固视乎田亩之荒熟,尤视乎商客之盛衰。盖机户仰食于绸行,绸行仰食于商客。而开张店肆者,即胥仰食于此焉。倘或商客稀少,机户利薄,则怨咨者多矣"。[10] 吴县唯亭、蠡口、

---

① 浙江省政治协商委员会:《浙江文史资料选辑》,第 24 辑,第 28 页。
② 朱国祯辑:《皇明大事记》卷四十四,第 31 页。
③ 《机业公所行规碑》(光绪十七年[1891]七月七日),南京博物院民族组:《清末南京丝织业的初步调查》,《近代史资料》1958 年第 2 期,第 17 页。
④ 南京博物院民族组:《清末南京丝织业的初步调查》,《近代史资料》1958 年第 2 期,第 1 页。
⑤ 《东城杂记》卷下"织成十景图"。
⑥ 《明神宗万历实录》卷三百六十一,第 6 页。
⑦ 《白下琐言》卷二。
⑧ 《白下琐言》卷四。
⑨ 《白下琐言》卷八。
⑩ 乾隆《盛湖志》卷下"风俗"。

香山、光福等乡，也分布着大量"乡机"，"致机工散分，附郭四乡者为多，竟有距城五六十里不等"。① 南京四乡也有一些织造纱绸的机户，"龙光纱机，皆聚于城西凤凰台、杏花村一带"。②

浙江省嘉兴府属的王江泾以丝织业著称，"日出千匹，衣被数州郡"，四乡居民大多"织绱为业"。③ 因"机杼之利，日生万金"而繁盛起来的濮院镇，"民务织丝绱颇著"。④ 所产"濮绸"名重一时，"练丝熟净，组织工致，质细而滑，柔韧耐久，可经浣濯"。⑤ 镇上居民从事机业者"十室而九"，附近村庄从事机织者为数更多，"机户自镇及乡，北陡门东至泰石桥，南至清泰桥，西至永新港，皆务于织。货物益多，市利益旺，所谓日出万绸，盖不止也"。⑥ 湖州城"周围二十里以内的乡下人，多少都会织绸，但是他们只是在没有什么重要农事，如饲蚕、锄地、种稻、割谷等工作时才从事织绸"。⑦ 也就是说，湖州丝织业表现出的更多是农民家庭副业生产的形态。双林一带以出产包头绢闻名，"通行天下……机杼之家相沿此业，巧变百出"，"各直省客商云集贸易"。⑧ 大量"乡机"的存在，为商业资本的触角由城市伸向农村提供了条件。以湖州双林镇乡为例，清雍正、乾隆年间，沈泊村作《乐府》诗曰："商人积丝不解织，放与农家预订值；盘盘龙凤腾向梭，九月辛苦织一匹。"注云："庄家有赊丝与机户，即收其绢，以谋重利者。"⑨ 可见资本主义的家庭劳动不仅已经在江南城镇中存在，也出现在农村机户中。晚清时，镇上及附近四乡居民有五六万人，中壮年男妇约二三万，其中从事缫丝、调经、织绸、织绫、织绢工作者几近万人，还有很多农户过着"亦耕亦织"的生活。⑩

江南城乡丝织生产的个体分散性，为"账房"式经营方式的出现提供了便

---

① 苏州档案馆藏:《云锦公所各要总目补记》。
② 汪士铎等: 光绪《续纂江宁府志》卷十五，第74—75页。
③ 宣统《闻湖志稿》卷一。
④ 万历《秀水县志》卷一"市镇"。
⑤ 沈廷瑞:《东畲杂记》。
⑥ 嘉庆《濮川所闻记》卷一"物产"。
⑦ The Maritime Customs, *Special Series*: *Silk*(*Shanghai, 1917*), p.77.
⑧ 乾隆《东西林汇考》卷四"土产志"。
⑨ 《双林镇志》卷十六"物产"。
⑩ 民国《双林镇志》卷十四"蚕事"；卷十五"风俗"；卷十七"商业"。

利。一方面，丝织品必须织造成匹，方可出售，而个体小生产者资金薄弱，力量单薄，在购买原料、进行生产、出售商品的任何一个环节发生障碍，都会立刻使生产和生活难乎为继，在市场竞争日趋激烈的情况下，稍有风吹雨打，他们的地位就会发生动摇，无法抗御乘虚而入的丝织业"账房"势力；另一方面，江南丝绸业中商业资本势力历来雄厚，他们面对的是人数众多、力量分散而又时刻处于分化之中、处于破产威胁之下的丝织小生产者，商业资本渗入生产领域，控制住这些个体手工业者，使其丧失独立地位，沦为自己的附庸，不会遇到太大的阻力。这对商业资本当然是一种鼓励，而小生产者低廉的劳动力价格和熟练的劳动技能，以及将带来的巨大利润，又刺激着商业资本的逐利欲望。这些因素相互配合，就促成了"账房"经营方式的产生。

"账房"的经营方式是适应江南地区丝织生产的个体分散性特点的。通过这种方式，"账房"可以不受厂房、机台等的限制，利用丝织机户、机匠原有的工作场所和生产设备，减少垫支资本的投入量，使一定的预付资本能够发挥更大的效力，把越来越多的小生产者，特别是把那些尚未与土地分离的"乡机"置于自己的掌握之中，让他们按照自己的号令从事生产，织造自己所需要的产品；同时，通过这种方式又可以缩小目标，躲避封建官府和权吏税卒的视线，借以减轻一些苛重的税收与勒索。另外，通过这种方式，还可以使生产者始终处于分散状态，既可节省工场管理费用，又可规避劳资关系恶化的后果，转移丝织工人的斗争矛头，因而大量的矛盾和冲突多发生在机户和机工之间，机工与"账房"发生冲突的记载则不多见。

再者，江南地区丝织生产的季节性很强，所谓"五荒，六闲，七死，八活，金九，银十，穷十二"①的民谚，就反映了当时丝织生产受季节性制约，一年之内差异极大的特点。丝织生产淡季和旺季的区别很大，苏州有"三百日浪宕，六十天赶忙"之说；②南京也有"腌菜下了缸，找工打灯笼"的俗语。③"乡机"的季节性则更明显，还有农忙和农闲之分。"账房"采用放料加工的经营方式，可

---

① 《苏州市丝绸工业志》附记，"行话民谚"（稿本）。

② 苏州档案馆藏：《云锦公所各要总目补记》。

③ 意思是说初冬以后，丝织机户往往急于雇用临时工人，白天黑夜赶班织作，反映了南京丝织业生产的季节性特点（参见南京博物院民族组：《清末南京丝织业的初步调查》，《近代史资料》1958年第2期）。

以在旺季大量放料，吸收和集中大量劳动人手，赶织出大量成品；又可以在淡季少放料或不放料，无情地排挤劳动生产者，避免资金积压和工银支出，从而给"账房"带来更多的利润。在这种情况下，就使剥削关系加剧了起来，那些个体手工业劳动者既得不到最低的工资保障，也得不到正常雇佣的保障，只能"黎明立桥以待唤"，等待雇主前来雇佣，"若机房工作减，此辈衣食无所矣"。①

四、明清官局"领织"制度的借用与改造

"账房"是通过放料揽织的方式来组织和进行生产的。这种揽织方式并非当时别出心裁的发明，而是对历史传统的借鉴与改造。揽户制最初盛于宋代。宋代赋税沿袭唐末旧例，部分税项名为征钱，实际上仍收绢帛，纳税人户如果没有绢帛缴纳，乃由揽户代交。揽户一方面以高价向税户收钱，一方面又以低价从机户那里购买绢帛，"其受于税户也，则昂其价；及买诸机户也，则损其值"，②从中剥削渔利。宋代揽户是以承揽他人租赋输纳为业的牙侩，这时的揽户制显然是封建剥削性质的。

到了明代，揽织的范围已经不止限于田赋，而扩展到承造缎匹方面，表现为一种包揽领织的形式。它在各地官织染局日趋衰落的过程中逐步兴起，不断发展成为官府用来搜刮岁造和添织缎匹的主要方式，并在明代后期官营织造方面占有极其重要的地位。这种包揽承造的领织形式，须经中间人之手进行，大都由包揽人先向官府预领织造缎匹的银两，负责买丝置料，然后分发一般机户织造；有些地方在织完解运后，才由官府发给织造银两。充当这些中间包揽人的主要是民间从事丝织生产的殷实机户。经由承揽机户之手接受领织任务的实际生产者有"局匠"、"机匠"、"小匠"等不同的名称，他们的身份基本上都带有两重性：一方面是在行会制度下从事个体经营的民间丝织手工业者；另一方面又是在匠户制度没有彻底解除的情况下承担劳役义务的"在官织户"。

领织生产大致有两种方式：一种情况是由包揽人按每匹绸缎所需丝料价银

---

① 《古今图书集成》，"方舆汇编职方典"，卷六百七十六，苏州府部分。
② 袁甫：《知徽州奏便民五事状》，《蒙斋集》卷二《奏疏》，第13页。

发给机户承领包织，这可称为订货方式；另一种情况是包揽人用丝料分发给机户织造，然后缴回缎匹，这可称为加工方式。在加工方式下，领织机户每月可领食米四斗，和以前在官局工场作坊服役时所领口粮标准大致相同；在订货方式下，机户按照官价领取价银，"明季粉段每匹三两八钱"，①大概就是当时订货领织的标准价银之一。随着明末赋役实行折银解纳，以料价银给发机户从事的订货包织，日益成为官局领织的主要方式。应该指出，明末官局"领织"制比较官局的"佥派"制是一种进步。在领织与佥派之间，民间机户只愿就近领织，因为领织带有一定的自愿性，可以视报酬而行。

清顺治三年（1646），苏州织造局恢复经营。南京的织局于顺治五年（1648）也告恢复。顺治八年，清廷颁布了"额设钱粮收丝招匠"的谕旨。②这道"买丝招匠制"的谕旨虽然没有马上得到切实执行，而是直到康熙二十六年（1687）才相对稳定下来，但却有着划时代的意义。它从法典上宣布了长期来官营丝织生产徭役制的基本结束，标志着丝织工匠因人身隶属而无端服役的时代行将就木。"买丝招匠"制以雇佣生产为基本内容。据对清代南京织局的调查，这种机制的具体运作过程大致如下：

> 这些织机，都是织局制造的，由织局选择"熟练各项织务"的"匠人"领用。这种"匠人"当时叫做"领机"，一般人称为"机头"。领机在领用织机时，要向织局办理一个"登记"执照。这个执照要填写"领机"的"年貌籍贯"，说明领的是织什么的机子，领多少台，同时，执照上也明白地承认"领机"是一种"官匠"，按月领取米粮。据老工人讲，"领机"大都是领织一二台机子。领一台机子每年向织局"领洋二十四元"，"俸禄米三石六斗"。遇有织造任务，领机向织造（局）领取原料（丝经、纬丝、范子等），雇用机工进行生产。一般说来，领机是雇工生产的，"货织好以后，交给东家（即领机），由东家送给织造局"。机工的工资，由领机发给，也是按件计算，"织一件袍料花三天功夫，工资九角多"。伙食是由东家送到织局。

① 《督理苏杭等处织造工部右侍郎陈有明揭》（顺治四年［1647］七月），《清代钞档》。
② 《户部尚书噶洪达为请敕免派机户以苏江浙民困事》（顺治八年［1651］四月二十日），《清代钞档》。

机工早上天一亮就进局，晚上七点多钟才散工，每天工作在十一小时以上。若果没有织造任务，"机工就散了，自己找生活干"，但领机还是照例按月领取"米粮"的。①

由此可见，所谓"买丝招匠"，即由织局预买丝斤，通过领织机户雇募匠役，在局按式织造，缎匹由机户缴与织局；工匠按规定应有工价，也是由机户转发，工价多寡和计算方式则视工种而异。招募工匠本身与官局并无法律上的隶属关系，只是因机户之募才赴局织造。官局发给工匠的工价口粮，需经机户之手才到工匠手里，因此当官局剋扣工匠食米时，"啧有烦言"鼓噪的、"身背黄布冤单，头扎神马"，鸣冤叫屈的、"闹至经管粮书"家的，都是机户，因为短少工匠食米，"赔累"的是他们。② 从这个意义上说，领机机户既兼具民间机户和官匠的身份，又是官局与工匠的中间人，是织造事务的承揽人。一方面，领机机户作为官匠，是官局织机的人格体现，在官局那里只得低三下四，忍气吞声；另一方面又因为或大或小是个业主，在雇募工匠面前，仍不失为资本的人格体现，可以神气活现，颐指气使。由此可见，在废除"金派"后，清代江南官局织造几乎都是机户领机或与领织制相近的雇工招募制。

从总体上说，明清两代官营织局的领织制仍是民间机户替官府和官营织造进行的一种加工订货的生产形式，是官府施加于民间机户的一种封建义务，带有一定封建剥削的性质。肯定这一点是必要的，但是不应忽视：首先，明清官局领织制度越来越具有商品买卖关系的形式，这是当时社会经济中商品货币关系盛行的表现，是与明清之际商品经济的日渐繁荣相适应的。形式并不是完全消极与被动的，它会反作用于内容，促进社会商品货币关系的发展和扩大。其次，纵观明清两代领织制度发展演变的轨迹，可以发现其本身已经包含了自我否定的因素。清顺治年间，领织的缎匹价格由明末的三两八钱提高到五两或六两不等③，越来越具有与市场价格看齐的趋向，预示着领织制度将要发生质的变化。再次，明清官局领织制度的长期实行和日益完备，不可避免地会对人们

---

① 南京博物院民族组:《清末南京丝织业的初步调查》,《近代史资料》1958 年第 2 期。
② 乾隆《元和县志》卷十 "风俗"。
③ 《顺治四年七月督理苏杭等处织造工部右侍郎陈有明揭》,《清代钞档》。

的心理和行业的经营习惯产生深刻的影响，当江南丝织业中一种新的生产关系萌芽的时候，也就习惯成自然地借用了这种"现成的形式"。何况，如前所述，这种形式也确实能够适应"账房"组织生产的需要。

以前，曾经有人注意到江南丝织业"账房"的揽织生产与明清官局领织制度之间的承继关系，但是却忽略了同一形式中包含着内容的变化，混淆了官局领织制度与民间丝织生产揽织制度的本质差别，因而得出了这只是一种"封建性的古老生产形式的传袭"① 的结论。从表面上看，官局领织制度和民间揽织生产在形式上是一样的，但在深入探究后就可以发现，这是新内容选择和利用了有利于自己生存和发展的老形式。而清代苏州丝织业"账房"之所以采取官局领织制度的揽织生产形式，还因为这种形式本身在发展演化过程中，也已具备了有利于商品货币关系发展，有利于资本主义因素萌生的条件。

官局领织制度和民间揽织生产在性质上是不同的，主要表现在下列三个方面：其一，如前所述，前者是民间机户替官府织局进行的加工订货生产，虽由机户分散织造，实际上仍是官局作坊的延伸，是官营织造的场外部分，织造的缎匹不是商品，而是充作缴解的贡品；后者的揽织生产则是在民间经营纱缎的铺户和机户之间进行的，机户按"账房"之要求进行加工，最后由"账房"收回出卖，这是一种纯粹的商品生产，完全受价值规律的支配。

其二，前者仍然带有官府强加于民间机户的封建义务的性质，虽然清政府于1645年明令宣布废除明代匠户制度，从法律上肯定手工业者匠籍身份的解放，但为官局进行领织生产的机匠，实际上仍是在以另一种形式服劳役，只不过比"佥派"奴役来得轻些而已；而丝织手工业者在为"账房"进行揽织生产的时候，人身是自由的，可以自由地出卖自己的劳动力，不必通过超经济强制的形式。

其三，在官局领织制度下，机匠或是每月只领取食米四斗，基本上是一种无报偿的义务劳动，或是领取的料价银由于层层克扣而"仅得其半"②，赔补一半，难以从中获利，这显然仍是一种封建性的超经济剥削；民间丝织手工业者为"账房"承揽织造，多是计件领取加工费，也有计时领取劳务费的（如从事

---

① 参见彭泽益：《鸦片战争前清代苏州丝织业生产关系的形成与性质》，《经济研究》1963 年第 10 期。
② 孙珮：《苏州织造局志》卷四"机张"。

掉经、捶丝等工作的辅助工），这具有资本主义的工资性质。"账房"榨取的是丝织工匠的剩余劳动，也就受着资本主义剩余价值规律的支配。

五、丝织劳动者与劳动条件所有权的分离

"资本主义萌芽"的孕育，是一个漫长的历史过程。这个过程中的最本质的变化，是小生产者的被剥夺。中外历史表明：在封建社会后期，无论是领主制经济还是地主制经济，都存在着以小生产者对生产资料的私有制为基础的小生产，这种小生产者的生产资料私有制，是产生资本主义的温床。在商品经济不断发展的历史条件下，这种小生产者所有制的变化，在一方面表现为生产者与生产资料的分离，劳动力商品形式的逐渐形成；在另一方面则表现为生产资料被集中起来，变为奴役劳动生产者的资本。正如马克思所说：资本关系的创造过程，不外就是劳动者与其劳动条件所有权分离的过程；这个过程一方面把社会的生活资料和生产资料转化为资本，另一方面就是把直接劳动者转化为工资劳动者。在江南丝织业中，这个劳动者与其劳动条件所有权的分离过程表现得较为完整和典型，而商业资本在其中发挥了特殊的作用。

丝织小生产者的被剥夺，是从产品所有权开始的。随着商品、货币经济的扩展，丝织小生产者的生产活动日益依赖于市场，依赖于商人，以至于有一天，商人终于会剥夺他们自由处理自己生产产品的权利。这个时候，商人还没有替小生产者准备原料、生产工具和生活资料，他所做的一切，只是逐渐把他们限制在这样一种劳动形式之内，即使得他们依赖于出卖，依赖于买者，或者进一步通过放款预购，使他们用产品偿还债务。《二刻拍案惊奇》中写道："有一纺织人家，客人将银子定了绸罗若干。"① 这里并非一手交钱、一手交货的单纯买卖关系，而是客商先用银子"定"了绸罗，也就是说，这一"纺织人家"不再能自由地把自己的产品卖给别的客商，而必须卖给这个客商。

苏州史籍中还有这样的记载："商贾集本，散之机杼家，而敛其端匹以归于商，计会盈缩而出入之。"② 可见已有些商人预先将货币贷放给丝织小生产者，

---

① 凌濛初：《二刻拍案惊奇》卷三，第19页。
② 祝枝山：《承事郎钦君墓志铭》，《怀星堂集》卷十。

使其织就缎匹后，用产品偿还债务。无论在上述哪一种场合，小生产者都实际上已经不再能独立支配自己的产品。正是在这个意义上，马克思说，商人"最初剥夺他们对生产物的所有"①。

上述情况，已经包含着两种包买形态：一是简单的包买形态，即由"商人收购成品，剥削小生产者"②；二是前贷的包买形态，即商人兼高利贷主，先借钱给小生产者，然后以极低廉的价格收买其产品。这两种包买形态虽然还比较低级，然而商业资本一旦向包买形态转化，就必然会循着自己的发展规律，排挤小生产者的小额零星交易，进而垄断市场，并企图向生产领域渗透。

这种情况也见于江南地区的一些丝织专业城镇。吴江盛泽镇有一种"绸领头"③，"始不过领机户投卖行家，略沾佣金而已"④，只是丝织机户与绸缎商人之间的中间环节，"乡人出售必有经手者，曰'领投'，言领机户以投卖也"⑤。其后，随着丝绸商品生产的发展，货币信贷关系的扩大，孤立、分散而资金短缺的小生产性质，决定了丝织小生产者零星出售与大宗整批外销之间必然会产生矛盾，这就促使商业资本从中活跃起来，"机户本无资产之小农民，亦渐不得不向绸领头支借，候织就绸匹偿还"⑥。这样，"绸领头"商业资本，就不仅成为丝织机户"能向之出卖制成品的唯一人物"⑦，而且进一步通过货币借贷，实现了对丝织小生产者在较大程度上的控制。

在这种情况下，"绸领头"与以绸抵偿债务的机户之间的关系，实际上已是贷给生产资金的包买主与他所控制的小生产者之间的关系了。

到此为止，商人和小生产者之间的剥削关系还是在流通领域中实现的，以生产者对生产资料私有制为基础的小生产，还没有发生根本的动摇。使小生产者所有制发生重大变化的，是小生产者自有原料的被剥夺。这也有一个过程。最初，商人还没有切断小生产者与原料市场的联系，小生产者还可以拿自己的

---

① 马克思：《资本主义生产以前各形态》，第54页。
② 列宁：《俄国资本主义的发展》，第327页。
③ "绸领头"，又写作"绸领投"。它的产生、发展和演变与苏州丝织业"账房"不同，是一种很值得研究的事物。参见拙文《论"绸领头"》，载《中国经济史研究》1987年第3期。
④⑤ 沈云：《盛湖杂录·绸业调查录》。
⑥ 河冰：《盛泽之纺绸业》，《国际贸易导报》第四卷第五期，第36页。
⑦ 列宁：《俄国资本主义的发展》，第326页。

产品和商人交换他所需要的原料，他和商人在外表上还是立于平等的地位。等到他固定地和某个商人发生联系，并且以固定的比例交换产品和原料时，事情的性质就开始发生变化。这时小生产者虽然仍在和商人进行"交换"，实际上他已被割断与市场的联系而开始从属于商人，受商人的支配。

在江浙蚕桑区，"蚕毕时，有各处大郡客商，投行收买"①。记载吴门风土的《清嘉录》中说：鸦片战争前，苏州府属太湖产丝区的蚕户，"茧丝既出，各负至城，卖与郡城隍庙前之收丝客"②，"浮店收丝只趁新"③。商业资本凭借自己雄厚的资金，完全有可能控制原料的买卖，而且可以通过操纵原料买卖，来控制本小利微的丝织小生产者。史载江南丝织机户在蚕丝上市之时，"间遇丝客未至，需用孔亟"，往往乞援于典当；④ 盛泽丝织小生产者因缺乏资金，往往无力支付购买原料的款项，"机户买丝，大都不付现金，由领头间接担保"⑤。这些都表明商业高利贷资本非常容易楔入丝织机户的生产过程，通过提供原料，固定和丝织机户的关系，使丝织机户依赖于自己。

在这种情况下，丝织小生产者与商人之间的关系，已经不是买者和卖者的关系，而是开始带有了老板和工人的关系的色彩，只要再向前一步，商业资本就必然会"使用追加资本，以便购买纱（此处应是丝——笔者）等物品并让它留在织工手里，直到织成织物为止"⑥。这种关系的进一步发展，必然导致商人发放原料而以加工费的支付取代原料与产品的交换，商人就会成为"超过他原来的商业利润之上的剩余价值的占有者"⑦，成为一个采用资本主义剥削方式的包买商。至此，小生产者原料的被剥削过程，才算完成。

在这一过程中大体上也包含着两种包买形态：一是生产资料前贷方式的包买形态，即商人为小生产者提供所需的生产原料和辅助材料，以此为代价，包买其产品；一是使用雇佣劳动的包买形态，即由商人直接向小生产者提供原材料，后者在自己家里为商人从事生产劳动，以此取得工银报酬。在江南丝织业中，商业资本依次经历了简单的包买形态、前贷的包买形态、生产资料前贷的

---

① 张园真：《康熙乌青文献》卷三，第1页。
②③ 顾禄：《靖嘉录》卷四，第3—5页。
④ 《清史列传》卷二十二，第42页。
⑤ 沈云：《盛湖杂录·绸业调查录》，民国六年（1917）。
⑥⑦ 马克思：《资本论》第三卷，第1025页。

包买形态、使用雇佣劳动的包买形态的发展过程。这几种包买形态不断由低级向高级转化和演进，"账房"的出现，就是这种演化完成的标志。

由于商品经济的催化作用和商业资本对小生产者剥夺的步步加强，明代的苏州已经出现了大量丧失了生产资料和生活资料的丝织手工业者——"机匠"，形成了较为广阔的雇佣劳动力市场。明隆庆年间（1567—1572），"我吴市民罔籍田业，大户张机为生，小户趁织为活。每晨起，小户百数人嗷嗷相聚玄庙口，听大户呼织，日取分金为饔飧计。大户一日之机不织则束手，小户一日不就人织则腹枵，两者相资为生久矣"①。万历二十九年（1601），曹时聘在奏疏中说：吴中"浮食奇民，朝不谋夕，得业则生，失业则死，臣所睹记，染坊罢而染工散者数千人，机房罢而织工散者又数千人，此皆自食其力之良民也"②。

入清以后，苏州丝织业中的雇佣劳动力市场越发扩大，存在着两种雇佣制：一种是常主制。"工匠各有专能，或花或素，俱以计日受值"③，由于机工"各有专能"，所以都有较固定的主顾，"佣工之人，计日受值，各有常主"④。另一种是散工制。那些"无常主"的机工，分别工种和专业，黎明站在固定的桥塽，等待雇佣。《古今图书集成》记载：苏州城东居民，"皆习机业，织纹曰缎，方孔曰纱。工匠各有专能。匠有常主，计日受值，有他故，则唤无主之匠代之，曰'唤代'。无主者黎明立桥以待，缎工立花桥，纱工立广化寺桥，以车纺丝者曰车匠，立濂溪坊，什百为群，延颈而望，如流民相聚，粥后俱各散归。若机房工作减，此辈衣食无所矣"⑤。到嘉庆年间（1796—1820），随着丝织手工业分工的日益细致，除车工仍在濂溪坊桥塽等待雇佣外，丝织机工分为花，素、纱、锦四行，分别立桥待雇。每天黎明，花缎织工聚于花桥，素缎织工聚于白蚬桥，纱缎织工聚于广化寺桥，锦缎织工聚于金狮子桥，"名曰'立桥'，以便延唤，谓之'叫找'"⑥。

在南京，"机工们出卖劳动的方式有两种：一种叫'站府'，一种叫'上

---

① 蒋以化：《西台浸记》卷四。
② 《明神宗万历实录》卷三百六十一，第6页。
③ 顾诒禄等：乾隆《长州县志》卷十六，第8页。
④ 沈得潜等：《乾隆重修元和县志》卷十，第7页。
⑤ 《古今图书集成》，"方舆汇编职方典"，卷六百七十六，苏州府部分。
⑥ 顾震涛：《吴门表隐》，风俗。

府'"。①史载：

> 什么叫"站府"呢？织素缎机工每天早晨天朦朦亮，就到一定的地方去站着，等候雇佣。城北的机工站在马家桥，城南站在沙湾。每个地方每天最多站有二三十个人，最少二、三人，站个把钟头就散了。
>
> 什么叫"上府"呢？织锦缎的机工，要出卖自己的劳动，就采用上茶馆的方式，即是说哪个工人要出卖劳动，一清早就到一定的茶馆去吃茶。茶馆的"堂倌"就会来问："你是上府的，还是请人的？""你是织的，还是洒的？"假设双方都觉得合适，机户代机工付过茶资，机工就跟着机户走了。在当时，除了织锦缎的机工以外，撑接工和丝商也有他们一定的出卖劳动和交易的场所——茶馆。②

江南地区一些丝织专业乡镇，也出现了雇佣劳动力的市场。吴江黄溪镇，"贫者多自织，使其童稚挽花；殷实之家，雇人织挽，供给必得鲜味……为人傭织者，立长春、泰安二桥，待人雇织，名曰'走桥'，又曰'找做'"③。元和唯亭镇，"比户习织，工匠各有专头，计日受值。匠或无主，黎明林立，以候相呼，名曰'唤找'"④。上述种种，说明了明末清初的江南丝织业中，确实已经出现了较为广泛的劳动力市场，虽然有些还受到封建行头的羁绊，有时还受到行会制度的束缚，但是丝织机匠们"倡众歇作，另投别户"⑤的事件屡屡发生，表明封建行会制度已经不能完全阻止小生产者的分化了，这样就为"账房"的散放丝经和机户的"雇匠织造"提供了充足而廉价的劳动人手。可以说，清朝初年江南丝织业中"账房"的出现，与明代江南丝织业中孕育着的资本主义萌芽有着前后相承的关系。小生产者的分化，资本主义雇佣关系的形成，在一定程度上为"账房"的出现奠定了基础。

值得进一步考察的，是明清时代江南丝织业中"雇人织挽"的机户与"账

---

① ② 南京博物院民族组：《清末南京丝织业的初步调查》，《近代史资料》1958年第2期。
③ 《黄溪志》卷一，风俗。
④ 《元和唯亭志》卷一，工作之属。
⑤ 《元和县严禁机匠借端生事倡众停工碑》，道光二年(1822)，《明清苏州工商业碑刻集》，第24页。

房"的关系。苏州工商业碑刻资料记载，丝织业机户"类多雇人工织，机户出资经营，机匠计工受值"，从而形成"机户停织，机匠废业"的"相依为命"的关系。①这里所说的"机户"，实际上就是丝织作坊主，他们雇佣着为数不多的"机工"（机匠），一方面剥削了机工的剩余劳动，另一方面也直接参加着生产。由于商业资本势力的雄厚和对生产过程介入的加强，"账房"在渗入丝织生产的过程中，利用了苏州丝织业中这种已经存在的现成生产关系，不仅通过发放原料把许多小生产者置于自己的支配之下，而且还把许多小作坊主纳入自己的生产体系之中，"支配（事实上）大批类似独立的小业主的劳动"②。

这种情况，类似于列宁所说的大业主征服了小业主，而以商业资本为韧带在他们之间建立起密切联系的现象。③一方面，小作坊主丧失了独立地位而成为"账房"的"承揽机户"，从"账房"那里领取原料，在自己居处"雇匠织造"④；另一方面，"账房"并不直接与从事织造的"机工"、"机匠"发生关系，放料必须通过"揽织机户"的中介，才能到达"机工"或"机匠"之手，使生产得以进行。在前一种情况下，"承揽机户"好像是为"账房"所用的包工头；在后一种情况下，"承揽机户"又成了"账房"和其所雇织工之间的媒介，"大宗地取得原料而零星地分配出去"⑤。这就使"承揽机户"具有了一种双重身份，对于机匠来说，他是老板；对于"账房"来说，他又是雇工。这反映了明代江南丝织业中孕育着的资本主义萌芽被"账房"改造和利用的事实。通过这种"散放丝经，由机户承揽织造"⑥的生产经营方式，"账房"得以间接地控制了更多的丝织业雇佣劳动者。

马克思曾经指出，资本主义生产方式的产生可以经由两条途径：一条是拥有相当数量工人的手工作坊，实行分工，把简单协作变为资本主义工场手工业；另一条是商业资本高度发展，从流通过程进入生产过程，控制小生产者，形成资本主义的家庭劳动。在循着后一条道路发展的过程中，起初小生产者并非毫无自己的生产工具，甚至在表面上并不丧失自己独立生产者的身份，但是

① 《明神宗万历实录》卷三百六十一。
② 列宁：《俄国资本主义的发展》，第395页。
③ 列宁：《俄国资本主义的发展》，第396—397页。
④⑥ 曹允源等纂：民国《吴县志》卷五十一，第22页。
⑤ 列宁：《俄国资本主义的发展》，第400页。

他在实际上已经变成为包买主加工产品以获取工资报酬的雇佣工人了。事情很清楚,中国丝绸业中资本主义生产方式的萌生,选择的是第二条途径。鸦片战争以前,江南丝绸业中出现的包买商"散放丝经给予机户,按绸匹计工资"①的现象以及一些辅助工序中的类似情况,正表明商业资本以供给丝绸手工业者原料和辅助材料,收回成品,实行计件工资的形式,从商品买卖和高利贷盘剥的传统轨道上抽调了出来,直接投入了手工业生产。商业资本由流通领域向生产领域渗透,使独立小生产者沦于从属地位,"往往恃帐房为生",②已经在一定程度上把家庭手工业者乃至小作坊组织在资本关系的体系之中,这些手工业者实际上已经成为"在自己家中为资本家工作的真正的雇佣工人,包买主的商业资本在这里变为工业资本,于是资本主义的家庭劳动创立起来了"。③可以说,这是中国丝绸业中资本主义萌芽的最典型的形态。

既然在中国传统社会中孕育着的资本主义萌芽是一种新生事物,它也就必然会带有新生事物的一些本质特征,首先是它的幼弱性。幼稚使它很不完善,浑身沾带着传统社会的血污,蒙盖着封建关系的灰尘,"在一切方面都被前资本主义制度的残余和惯例所缠绕着";弱小使它很不起眼,如果不仔细分析,就很容易从人们的视野里滑过。这些都需要人们以历史的、辩证的、发展的眼光来看待它们,如果以绝对主义的态度来求全责备的话,那就容易错误地将它们一笔勾销。

第二节
晚清江南丝织业"账房"剖析

由于缺乏必要的材料和具体的说明,迄今为止,人们论述近代中国的包买主制、商人雇主制等诸如此类"账房"制的经营形态时,大多只是从其外部表现及其产生的影响着眼,尚未能深入到它的内部结构中去考察,因而使得对这

---

① 徐珂:《清稗类钞》"农商类"。
② 陈作霖:《凤麓小志》卷三。
③ 列宁:《俄国资本主义的发展》。

些生产组织的研究始终停留在一般的泛泛而谈阶段，长期来人言言殊，歧义纷纭。在晚清时的苏州，丝织业"账房"又被称为纱缎庄。① 这里，我们利用新近发掘的苏州档案馆藏历史档案资料和日本人在晚清、民国时期的对华调查报告，与其他城市的文献资料相互印证，具体解剖苏州传统丝织业纱缎庄的组织结构和经营方式。而据近代方志、调查等资料的记载，南京、杭州、湖州、镇江等地丝绸业行庄的经营状态与苏州丝绸业基本相同，因此，对苏州丝织业纱缎庄组织结构和经营方式的剖析，当可加深对近代中国商人包买主制生产组织的了解和认识。②

一、纱缎庄的组织结构

这里，我们将把目光透视到纱缎庄("账房")的内部，以求比较明晰地了解"账房"的组织结构、经营方式和产销过程，从而对它的性质作出比较正确的判断。

纱缎庄是由庄内和庄外两个部分组成的。

（一） 庄内

1. 人员构成。由庄主一人和店员若干人组成。庄主"指挥庄内事物，⋯⋯对庄内外负全部责任"③。店员一般有下列七种：

司帐　一般分内帐和外帐。内帐负责店内的各种收支往来账目；外帐负责丝经的染色、原材料的发放等。

看货（又称"仇货"）　一人，负责检查揽织机户缴回的缎匹。

配色　一人，负责监督染色和管理原料，有些还兼管上花。

拍丝　若干人，用木槌敲打丝，使丝质柔软并光泽鲜艳。

---

① 《云锦公所各要总目补记》，苏州市档案馆藏。
② 按：苏州丝织业"账房"有一个明显特点，作为一种特殊的经营方式，具有超常的稳定性，先后经历了传统社会和近代社会而变化不大，所谓"数十年来，向章如此"（《江苏省明清以来碑刻资料选集》，第19页，光绪二十四年九月十九日确记。）。这就使得我们运用稍后的材料说明以前的情况成为可行。
③ 小野忍：《苏州の纱缎业》。按：此文是小野忍于民国年间对苏州纱缎庄业经营情况所作的调查报告，发表于1942年《满铁调查月报》第22卷第6号。这份报告从各个方面，比较完整地描述了晚清、民国时期苏州纱缎业的产销情况和经营方式等，对研究晚清时期江南丝织业"账房"，有极重要的参考价值。

撑经　若干人，两人互相协作，对经丝进行整理。

上花　若干人，专管将经丝末端打结。

学徒　若干人，在学习手艺的过程中还须负担许多杂务。

南京丝织业"账房"（号家）的庄内结构与此相仿："每一号家都有一套严密的组织与分工，例如'魏广兴'号内就有十二、三个'伙计'，他们的分工是：（1）仇货——仇'黑货'、仇'白货'各一人，（2）管账——一人至二人，（3）管撑接工一人，（4）管络丝工一人，（5）外庄数人。"①

2. 店员待遇。店员多属雇佣性质，按月领取工钱，膳食则由店方供给。工资数额因职务不同而有所差别，司帐、看货、配色一般比拍丝、撑经多三分之一②。学徒无工资，每月只发一点零用钱。每年年底，视营业情况，店员可以分得一次红利。全部利润分作 10 份，店主得八成半（在有经理人的场合，则为股东得七成半，经理人得一成），其他店员平分一成半；学徒不参加分配，但可得到数目不等的奖金。此外，还有所谓"下脚的分配"，即在整理经纬的过程中，会积聚起一些丝头丝屑，出售后包括学徒在内一起平分，但每人所得不会很多。一年中，店员可以享受到一些假期，休假日为一年"三节"（端午、中秋、春节），正月休息半个月，其余两次各为一周左右。

3. 店员的雇佣与解雇。学徒习业三年期满后，视表现情况可晋升为职员，有时也录用其他店内的职员或学徒。录用学徒，须经人介绍，先以口头推荐，再立正式保证书。笔者曾在苏州市档案馆看到一张民国初年的"保证书"，格式及内容如下：

立保证书 ××× 今保得 ××× 在

　　贵庄习业，遵守一切庄规，如有越轨行动及银钱出入等情，均负完全责任。立此保单为凭。

　　　　　　　　　　　　　　　　　　年　　　月　　　日

　　　　立保证书人（划押）

---

① 南京博物院民族组：《清末南京丝织业的初步调查》，《近代史资料》1958 年第 2 期。

② 例如：民国初年，司帐、看货、配色工资一般为 15 元；拍丝、撑经一般为 10 元。

在此之前的保证书内容，当与此并无大的出入。保证人的"资格"，"为在社会上有信用可靠之人。保证期是永久的，如被保人在店内发生私拿店款等情况时，有负责赔偿的义务"。①

对店员的续聘或解雇一般在年底进行，由庄主决定。解雇时要退还保证书，发给解雇补助金。"退职后，如在同业其他店就业或自己开店，悉听自便"。②

由上可见，纱缎庄的本体是由店面和准备作坊两部分构成的。它既不同于一般以丝织品零售为主、兼营批发的绸缎商店（这在苏州称为绸缎号），因为它有自己的准备作坊，它不是单纯收购成品，而是采购原料，收回成品；也不同于那种前铺后坊的小业主，因为它所销售的纱缎并不是自己织造的；它与集中工人进行生产的手工工场也不尽相同，它的产品不是在庄内生产的，它的生产场所在庄外。

（二）庄外

纱缎庄最重要的部分不是在庄内，而是在庄外。纱缎产品价值的主要增值过程是在庄外进行的，"机工造织场所，均皆向承揽定之庄（即'账房'——原注）取料包工，在家织造成匹，交送'账房'之惯习"。③为纱缎庄加工代织纱缎产品的，主要有两种人：承揽机户和机工。在苏州同业之间，俗称纱缎庄为"大叔"，承揽机户为"二叔"，从属于承揽机户的机工为"三叔"④。这就结成了一种颇为独特的生产关系，弄清这种关系，有助于解决一些人们至今争论不休的问题。

"大叔"只与"二叔"发生直接联系，与"三叔"的关系则是间接的。"由于老机户与纱缎庄平时熟悉而有交情，工作也熟悉习惯，纱缎庄就将机张和丝经借给老机户。老机户自行织造，也有另雇其他机户（即机工）来织造的；还有其他机户（即机工）取回自己家中进行织造的。因此纱缎庄与老机户所属的其他机户并无关系，也不认识。纱缎庄如打算和新机户进行交易时，则以自己所

---

① ② 　小野忍：《苏州の纱缎业》，《满铁调查月报》第22卷第6号，1942年。
③ 　苏州市档案馆藏：《云锦公所各要总目补记》。
④ 　苏州市档案馆藏：《纱缎业王义丰等四十家纱缎庄呈江苏都督府文》，1912年6月26日。

属的老机户作介绍与保证"①，由此达到营业规模的不断扩展。

"二叔"一般自己拥有织机，但也有些"二叔"的织机是"大叔"提供的，在这两种不同的情况下，"如果二叔的机械为大叔所有，则这个二叔必须织某个大叔的货物；如机械为自己所有，仅仅由大叔提供原料，则织任何大叔的货物也无关系"。②

纱缎庄在发交"二叔"机张和原料时，须订立一张文字形式的"契约"。苏州市档案馆保存有唐元记纱缎庄的一份"契约书"③，格式和内容如下：

> 立承揽朱之伯，凭中鲁炳辉，今揽到客庄旧机八只，经纬全庄，泛头捽横作渠全副。领归在家，勤工织造，成匹交帐。务要光洁，不致粗松误客，倘有亏耗等情，即在工银上扣除。恐后无凭，立此承揽为照。
>
> 　　　　　　　立承揽　　朱之伯（划押）
> 　　　　　　　凭　中　　鲁炳辉（划押）

"契约"中写明揽到的机张原料数量，保证按时按质按量完成代织任务，否则"即在工银上扣除"。在订立契约的同时，纱缎庄还交给"二叔"一份"手折"，"将交付丝经数量、金额以及收到织货的数量等，一一记在手折上面"。④定货时要付定钱，工银则在交货时结算，并扣除定钱后支付。

"二叔"承揽到工具原料以后，再"分给三叔在各自家中织造"，也有些"二叔"雇佣"三叔"到自己家中织造，交易过程和工资给付同"大叔"与"二叔"间的情况类似。⑤在前一种情况下，"二叔"成为商业资本和小生产者之间的中介人，通过他的活动，使包买商对生产者的控制落到实处；在后一种情况下，"二叔"则成为一个被商业资本控制的手工作坊或手工工场主。

这种情况也在南京丝织业中出现。"放料代织"既然成为"号家"组织零散机户进行生产的一种方式，因而就必然出现了一种号家与零散机户之间的中

---

① 参见苏州档案馆藏：《吴县丝织业产业公会艺徒问题协商办法》；《唐元记纱缎庄主唐伯年对解放前纱缎庄业经营情况的回忆》，以及小野忍：《苏州的纱缎业》等。
②⑤ 小野忍：《苏州の纱缎业》，《满铁调查月报》第22卷第6号，1942年。
③ 原件藏苏州市档案馆。按：其他纱缎庄的契约原件虽未见到，但可以肯定内容与此大致相同。
④ 《苏州益大织绸厂经理邓耕莘的回忆》，（1941年的资料）。藏苏州市档案馆。

间剥削者，这种中间剥削者，当时叫做"承管"。① "一个号家都有一定数量的承管，按照产品的不同，分成管素缎的承管、管花货的承管等等。承管在生产组织中的主要作用是：'须认真访察其人之行为、手艺，可织何样缎匹，切勿以他人血本敷衍其事。'这话即是说承管负责'放料'对象的行为和手艺"。② 这些"承管"经常出入"号家"，给号家寻找"放料代织"的机工，同时也从号家得到一些"好处"："首先，承管大都是有织机的，自己不参加生产，雇机工织造。同时，也是向号家'贷料'的"；其次，"承管向号家贷料，号家就给他们许多方便，例如在丝的斤两上，成品的尺寸、质量上等都比较宽大些"；第三，"号家经常借些资本给承管"；第四，"承管每经手放出一件成品的原料，当成品送来后，承管可以从号家得到一角钱的报酬（一说可以得到二三角钱）。这些报酬随时可以向号家支用，年终结账"。此外，承管的身份和地位还使他们时常受到机工的"奉承"，"例如请他们吃酒、吃茶、洗澡等等"。有些年份，各种收入加在一起，"一个承管每月的收入有的到十几石米的"。③ 可以说，南京丝织业中的"承管"与苏州丝织业中的"二叔"颇有几分相似。

"不论机户是二叔也好，三叔也好，他们有城外从事这项副业的农户和城内专业户两种"④，分别称为"城机"和"乡机"。"城机"是与土地分离了的专业手工业者，全年进行纱缎织造；"乡机"则是农民的家庭副业，农闲织造，农忙停歇。"城机"和"乡机"的居住地区都比较集中，城外主要在唯亭、外跨塘、蠡口、香山等地；城内则在东面和北面，即仓街、北石子街、狮子口、桥湾等处。云锦公所的一份文件中记载："机工散分，附郭四乡者为多，竟有距城五、六十里不等，然在苏城内织造者，亦达四成以上。"⑤ 反映出"城机"和"乡机"间的大致比例。在南京，"机工和染工大多来自农村，'半年庄稼，半年手艺'。机工以扬州、六合和南京附近的农民为主；染工多系上元、江宁、高淳、溧水四县的农民。……这些来自各地的农民，到了南京以后，开始'学徒'，做些'附工'杂活，逐渐就独立工作了。他们的家属也就做些'络丝'、'摇纬'等工作，赖以

---

① 根据工作的性质，"承管"有内承管与外承管的分别，但一般所谓"承管"都是指内承管。

②③ 南京博物院民族组：《清末南京丝织业的初步调查》，《近代史资料》1958 年第 2 期。

④ 小野忍：《苏州の纱缎业》，《满铁调查月报》第 22 卷第 6 号，1942 年。

⑤ 苏州档案馆藏：《云锦公所各要总目补记》。

活口"。①

在"大叔"、"二叔"、"三叔"之外,苏州丝织业中还有一种"现卖机户","皆系自备工本,织造纱缎货匹,零星现卖以为营业。其丝经原料既无须仰给于纱缎庄,而货品之织造亦不必假手于机工,故名为现卖机业"②。同样,南京丝织业中也有一种"小开机"。"'小开机'的特点是自己有几台织机,自己参加生产……小开机的资本来源有三:(1)自己筹措,自织自销;(2)向号家贷丝经,织号家的牌号,织好后把部分成品送给号家抵偿丝价,部分售给客商;(3)向客商贷款,买原料,织客商的牌号"。③无论是苏州的"现卖机户",还是南京的"小开机",都大体独立于"账房"(号家)所控制的机户之外,属于自产自销的个体手工业者,多为全家从业,有时也雇佣少量学徒或帮工。这是一个很不稳定的阶层,在市场力量的作用下,时刻处于两极分化之中。"小开机对号家和客商都有很大程度的依赖性,但在成品的销售方面,小开机与号家又处于矛盾的地位。所以小开机的经济地位常常是不稳定的,绝大多数是被号家吞掉而下降为赤贫的机工,但也有极少数的小开机逐渐富裕起来"。④

二、纱缎庄的经营程序

所谓"纱缎",是纱和缎这两种丝织品的合称。纱有花纱(纹织)、素纱(平织)之别,缎亦同样分花缎、素缎两种;在各大类中又分许多不同的花色品种,如纱有西纱、局纱、葛纱、府纱、芙蓉纱等,缎分摹本缎、素累缎、花累缎、贡缎、锦缎、高丽缎等,名目繁多,不胜枚举。尽管品种不同,它们的生产过程大体上是相同的。

纱缎从生产到销售,大致经过如下程序:

---

① ③ 南京博物院民族组:《清末南京丝织业的初步调查》,《近代史资料》1958年第2期。

② 苏州档案馆藏:《苏城现卖机业缎商文锦公所章程》。按:据苏州档案馆资料,苏州丝织业"账房"的组织称"云锦公所";机户机工的组织称"霞章公所";民国七年(1918),现卖机业从"霞章公所"分出,另立"文锦公所"。

④ 南京博物院民族组:《清末南京丝织业的初步调查》,《近代史资料》1958年第2期。文中举例说:南京有一个"小开机"名叫吕光茂,太平天国时举家逃往如皋、泰州,在当地进行丝织生产。同治八年(1869)回到南京,"在石鼓路买了一座房子,打了八台织机,生活过得很富裕"。

（一）准备工序

准备工序主要为织造纱缎提供现成可用的原料，即经丝和纬丝的整理。经丝的准备俗称"治经"，需要经过染经——掉经——捧经——接头等环节。略述如下：

染经：纱缎是"熟货"，即以预先染色的丝进行织造。纱缎庄自己不设染坊，都将丝经拿到染坊，委托染坊按要求加工。加工费循例为"三节"（端午、中秋、年终）结算，但染坊为了应付购买染料和发放工资等开支，每月可向客户以预借方式支款，待节头结算时清账。染坊与加工单位结算染费时，分为"大账"和"小账"两个部分。"大账"为正式的加工费，归坊主收入，按节结清；"小账"为额外附加费，俗称"酒资"①，系另给染坊工作人员分配，作为工资的一部分，每月底结算一次。

掉经：这是将丝片卷取成丝卷，多以外发加工的形式由贫家妇女来进行。《吴县志》中记载："女工摇丝，俗谓之'调经娘'，婺妇贫女，比户为之，资以度日者众焉。"②承担掉丝加工的妇女与纱缎庄是"经常往来"的，如唐元记纱缎庄就常用四十多个女工为其掉经。一个人每天约掉经5到10禾③，需要4到8小时。

捧经：即整理经丝，从《天工开物·乃服篇》附图中，可以看出是两人同时操作的，一般两人每天可捧经一庄④。纱缎庄大多雇佣两名以上的工人在店内完成捧经工作，这时，"账房"便又兼有着作坊的功用。

接头：这是把完了的经丝和新的经丝一根根地接合起来，接头越短、越熟练，水平越高。接头是一项专门的职业，从业者有自己的行会，每天早晨多在城内茶馆中聚会，等待交易，平江路魏家桥块的魏园茶馆，就曾是接头工经常聚会的地方。纱缎庄整完一庄经交给机户时，就会开具一张"接票"。写上机户的姓名、住址、日期、织物种类等等，交给接头行首，由其将"接票"发给所属的接头工，派到机户的工作场所进行操作。纱缎庄则根据"接票"发给接头

---

① "酒资"，原为纱缎庄主赏给染坊工人的"小账"，鼓励染坊工人延长工时，及时交货，以便提早织出纱缎，加快资金周转。此种"小账"，日久相沿成习，遂形成"酒资"旧规。

② 曹允源等纂：民国《吴县志》卷五十一，第22页。

③ 禾，是经丝的计量单位。1禾是周长3.6尺的丝车卷满6 000回的丝长，即21 600尺。

④ 庄，是经丝的交易单位。苏经一庄重130两，长160禾；京经一庄重160两，长100禾。

工工资。

上列是织平纹织物的准备过程。若织花纹织物，则还需经过挑花、上花的工序。"挑花"是以经丝作出花样，这是一项极为特殊的技艺，精于此道者不多，"这种挑花技艺作为一种家传秘法，是在特定的家庭中代代相传的"①，甚至有"其法传媳不传女"的严格规定。对挑花匠，纱缎庄在需要时临时雇请。"上花"是将经丝末端打结，一般庄内专门雇佣若干上花工，或以其他店员兼任②。

准备纬丝，俗称"治纬"，与"治经"相比，比较简单，只需经过染丝——槌丝——掉丝等环节。土丝染色后，即用木槌敲打，使丝质柔软而光泽鲜艳。槌丝的劳动强度较大，纱缎庄一般专门为此雇若干长工。掉丝与掉经一样，也是将丝片卷成丝卷，而且也是作为外发加工交由外面的女工完成的。

至此，准备工序完成，下一步就是上机织造。

（二）织造工序

如前所述，纱缎庄将整理好的经纬和泛、渠、纤等必须的机具分发给揽织机户，按照纱缎庄的要求，揽织机户或自行织造，或"另雇其他机户来织造"，或将经纬机具分发给机工回家织造。一般在织完一匹以后，揽织机户将成品送往纱缎庄，结算工银，扣除定钱。"城机"和"乡机"织造一匹纱缎所需时间是不同的，"城机"约15天左右；"乡机"则在农忙期和农闲期有较大变化，大约为：阴历正月至四月，20天；四月至六月，停；七月至八月，30天；八月至九月，停；十月至十二月，15天③。不言而喻，产品花色品种不同所需时间也会有所不同。

以上准备和织造两道工序，是纱缎庄经营中的生产过程。在纱缎织成缴庄之后，经过卷筒、包装，接下来就进入流通过程。生产过程完成了产品价值的增值，流通过程则要实现增殖了的价值。

（三）纱缎销售

纱缎庄的成品销售，有本庄销售和分庄销售两种形式。本庄销售指纱缎庄

①　Imperial Maritime Customs II. Special series No.103：silk, published by Order of The Suspector General of Customs. 按：此文是江海关四等一级帮办 E. 罗契（E. Rocher）1880 年对江南丝绸产地所做的调查报告。

②　小野忍：《苏州の纱缎业》，《满铁调查月报》第 22 卷第 6 号，1942 年。

③　苏州档案馆藏：《云锦公所各要总目补记》。

把纱缎推销给苏州本地的绸缎商店和来苏采购的各地行商。规模较大的纱缎庄常在繁华商埠和交通要道开设分庄，分庄雇佣一些"跑街"，来回奔走于绸缎店和抄庄之间，促成交易，推销纱缎，领取佣金，此即分庄销售。分庄还履行一种定货交易的职责，与定货者谈判决定货色、货价，收取定钱，然后将定户所需货色样本（俗称"色单"）寄回本庄，依样生产，按时交货。这种定货交易占纱缎庄产销量的比率很大，有时多达"百分之八十"以上①。那些规模较小的纱缎庄无力自设分庄，多通过当地绸缎店或委托大纱缎庄的分庄代理销售和定货业务。通过这种方式，纱缎庄得以比较迅速及时地反馈市场信息，在一定程度上做到"以销定产"，能够在其力所能及的范围内合理安排生产，保证销路，并不断开拓新的市场。

从上述纱缎庄的生产和流通过程可以看到，不仅纱缎庄经营程序中最重要的环节——织造工序是在庄外进行的，而且准备工序中如染色、掉经、接头等环节也是在庄外进行的，"就是说，纱缎生产的最重要工序环节、从事织造的人员等，都受行庄制度的支配；同时，织造的准备工序、工人、作坊也大体上受行庄制度的支配。经营纱缎庄者在其中起着组织者和领导者的作用"。②

苏州纱缎庄的经营方式，前后一贯，变化甚少，这可以从碑刻资料和史籍记载中得到证明：1734 年（雍正十二年）的《永禁纱缎机匠叫歇帮行碑》中提道："苏州机户，类多雇人工织"，"机匠计工受值，……至于工价，按件而计，视货物之高下，人工之巧拙为增减，铺匠相安。"③有些论者误以为这里所说的"机户"，"就是经营纱缎机业的铺户"，这是由于对苏州纱缎庄业的经营方式不甚了解所致。对照上述，可知这里"雇人工织"的机户指的是"二叔"，"计工受值"的机匠指的是"三叔"，"铺"才指的是"大叔"，因为规定织造品种、审查成品质量、决定和付给工价的都是纱缎庄。道光二年（1822）的《元和县严禁机匠借端生事倡众停工碑》中，反映当时的雇织形式是"民间各机户，将经丝交给机匠工织"，"计工受值"④。这里说的是"二叔"将从"大叔"处承揽来的原料再分发给

①② 小野忍：《苏州の纱缎业》，《满铁调查月报》第 22 卷第 6 号，1942 年。
③ 《永禁纱缎机匠叫歇帮行碑》，雍正十二年（1734），《江苏省明清以来碑刻资料选集》，第 6 页。
④ 《元和县严禁机匠借端生事倡众停工碑》，道光二年（1822），《江苏省明清依赖碑刻资料选集》，第 13—14 页。

"三叔"织造,因为"工织"的机匠是不与纱缎庄发生直接联系的,一般要经过承揽机户的中介。以上两则碑文反映了清前期苏州纱缎庄业的经营方式。

光绪二十二年(1896),两江总督刘坤一曾在征收苏州丝织业机捐的报告中说:"凡贾人自置经纬,发交机户领织,谓之'账房'。"[①] 记事断至1911年的民国《吴县志》记载得很清楚:"经营此项纱缎业者,谓之'账房'……大都以经纬交与织工,各就织工居处雇匠织造,谓之机户。"[②] 苏州档案馆藏纱缎业云锦公所的文件中也称:"追忆光复前十余年,吾苏纱缎各货品,如机工交送'账房'之后,正是随落即销。"[③] 可见直到19世纪末20世纪初,苏州丝织业的主导业态仍是"账房"放料,机户承揽,分散造织,成匹解缴。

南京丝织业的情况提供了又一个例证。"在清代末年,南京有一部分机工是自己有机子的,但缺乏资本,没有原料,不能生产,这就给号家利用资本进一步控制这些零散织机造成极大的可能。'放料'是指号家把经丝、纬丝等按照织造某一件织物的需用量放给机工,规定'头数'、'门面',并且先付一小部分的工资(按件计算),机工就可以开始织造了。凡是'放料'的成品,机工必须在成品上织出号家的'牌号',织成后送给号家验收(即仇货),若果完全合乎号家的规定,机工就可以拿到余下的工资,同时还可以继续为号家织造"。可以看出,"这些号家,除了自己雇用工人织造外,大多数是通过'放料'来剥削零散机户的剩余劳动的"。[④]

再让我们参考一下当时外国人的记述。甲午战争以后,日本曾派遣大批人员到中国丝绸产地调查中国丝织业的情况,发表了一系列调查报告,其中山内英太郎著《清国染织业考察复命书》(1899年)中说:江南丝织业生产"多数是开设专营这一业务的店铺来负责其事的",他们"向丝行进货,将丝交料房(打线作坊)捻线,再送染坊染色,然后有络丝工再络,雇捧经工到店内捧经,最后连同纬丝交机坊织绸,……有时也按照行庄的订货要求加工。这就是一般的程序"。[⑤] 同年,日本外务省《通商汇纂》记载:江南丝织业中"其所谓账房者,贮

---

① 《刘坤一遗集》,《奏疏》卷二十六,第二册,第939页。
② 曹允源等纂:民国《吴县志》卷五十一,第22页。
③ 苏州市档案馆藏:《纱缎业沧桑回忆录》。
④ 南京博物院民族组:《清末南京丝织业的初步调查》,《近代史资料》1958年第2期。
⑤ 山内英太郎:《清国染织业考察复命书》,1899年。

藏织丝,自家不营机工,命他人随意织造货物"①。这些都表明:江南丝织业"账房"主的身份是"贾人"而不是"机户";"账房"基本上"自家不营机工",而是把原料发给"二叔",在"二叔""居处雇匠织造"。这与前述江南丝织业"账房"的组织结构、经营程序是吻合的,证明鸦片战争前后,直到民国年间,江南丝织业"账房"的经营方式是大体上一致的。

三、关于纱缎庄的几点认识

至今,有些论者把"账房"与普通商业铺户混为一谈,也有人把它与资本主义手工工场相提并论,还有人简单地以为苏州的纱缎庄("账房")就是一般意义上的包买商。我认为,第一种观点过于贬低,第二种说法又太拔高,第三种意见则忽略了苏州丝织业"账房"的特殊性。通过以上对纱缎庄组织结构、经营程序、生产方式的具体叙述,我们应该能够得到以下几点认识:

(一) 纱缎庄与绸缎铺

根据上述可以看出:纱缎庄不同于一般的商人铺户,它既经营纱缎的销售业务,同时又是纱缎生产的组织者和指挥者,与以零售为主兼营批发的绸缎店有很大的区别:它不是通过临时议价的方式购买成品,而是通过定货加工的方式收回成品;它拥有所属的承揽机户,并且本身还要完成原料的购买、加工等生产准备过程,因此不能把"账房"等同于普通的商人铺户。以往论者常将纱缎庄与绸缎店混为一谈,把纱缎庄说成是经营纱缎商业的铺户。② 实际上,在苏州,纱缎庄与绸缎店的界限是明确的。苏州市档案馆藏《文锦公所呈苏州商务总会》的文件中说:苏州丝织业商工"向分数种名目",其中"具有资本巨商,购贮丝经,散发机工、承揽包织成货者,为纱缎庄(俗名'账房')。"③在历年的《苏州商务总会题名册》中,纱缎庄都与绸缎店分开登记;而且两者各有自己的同业组织:纱缎庄业称"云锦公所",后改称"纱缎庄业同业公会";绸缎店业称

---

① 《苏州市情,译东一月通商汇纂》,《东西商报》1900 年,商六十七,第 3—4 页。
② 段本洛、张圻福:《苏州手工业史》,江苏古籍出版社 1983 年版。
③ 旧工商联档案:《文锦公所呈商务总会》,藏苏州市档案馆。

"七襄公局"，后改称"绸缎号业同业公会"。① 正如《苏州商会年刊》所说：苏州各行业"各有其单独之团体组织。如本埠之属于土产商者，则有云锦公所之纱缎庄业同业公会；属于贩卖商者，则有七襄公所之绸缎号业同业公会。"由此可见，在苏州，绸缎店是经营纱缎商业的纯粹商业铺户；纱缎庄是经营纱缎机业的商业铺户，属于商业资本向产业资本转化的中间形态。

虽然苏州纱缎庄属于包买商的范畴，却具有一些特殊性，它并不与小生产者发生直接联系，原料发放、成品回收、工银核算、生产监督都是通过揽织户（"二叔"）的中介完成的。采取这样一种方式，使纱缎庄得以通过控制作为小作坊主的"二叔"而间接地控制更多的丝织手工业者。在确定苏州丝织业的概念的时候，必须注意到上述三方面的特征。我认为，如果要给苏州纱缎庄（"账房"）下一个比较准确的定义，应该这样表述：纱缎庄是自己完成原料的准备，不设织造工场，利用承揽机户雇佣机工，经过放料加工，收回纱缎成品的商业铺户。②

（二） 纱缎庄与织造工场

如上所述，纱缎庄也不同于一般的手工工场，它并不开设织造工场，也不直接雇佣工人进行集中生产，而是分发"货具经纬"给承揽机户，利用承揽机户雇佣机工进行织造，收回成品，计件给资。因此，将其类比为资本主义手工工场，是不妥当的。实际上，纱缎庄（"账房"）是渗入生产过程的包买商。它采取的是定货加工，放料代织，收回成品，给付工银的经营方式。不少纱缎庄控制着众多织工，例如：石恒茂英记、杭恒富禄记、李启泰等"账房"，控制织机都在百台以上，李宏兴福记、禄记、星记和祥记四家"账房"加在一起，控制织机竟达千台以上③。不过从本质上讲，这充其量只是一种"资本家支配的家庭手工业劳动"，④ 还没有达到资本主义手工工场的发展水平，还需要进一步发展和转化，才能达到资本主义工场手工业阶段。

---

① 苏州市档案馆藏：历年《苏州商务总会题名册》。
② 据陈作霖《凤麓小志》、刘锦藻《清朝续文献通考》及其他各种文献资料的记载，南京丝织业"缎庄"、杭州丝织业"绸庄"等，具有与苏州丝织业纱缎庄相同的特性，因而也适用于这一定义。
③ 《江苏省实业行政报告书》，三编，"工务"，1913 年 5 月。
④ 参见王翔：《中国资本主义的历史命运——苏州丝织业"账房"发展史论》，江苏教育出版社 1992年版。

许多论者常引用列宁所说资本主义家庭劳动"是工场手工业的最大特征"①的论述来证明家庭劳动就是工场手工业，给二者之间画等号，其实这是误解。我认为，列宁的原意只是说家庭劳动在资本主义发展的三个阶段都存在，而在工场手工业时期表现得最为突出和明显；换言之，即有大量资本主义家庭劳动与手工工场并存，并不是说家庭劳动就等于工场手工业。关于这一点，可以参见马克思《资本论》第一卷的有关章节，此处不再赘述。

（三）关于纱缎庄的性质

这是一个人们已经争论了很久而至今依然分歧很大的问题。有论者认为："不能把苏州丝织业的生产关系说成是一种具有资本主义劳资关系的性质"；"在古老的揽织形式下，缎庄机户虽是用发放原料收回织品的办法，利用机匠劳动代织，而以计件的工价讨酬，这种情况同资本主义家庭劳动看来相似，其实仍有本质上的差别"。理由是："机匠在这里则是以基本生产工具所有人的资格从事劳动"，"他还不是以自由劳动者而是以财产所有者和行会成员的资格，同缎庄机户彼此发生关系"。② 这种观点值得商榷。

马克思曾经指出：资本主义生产方式的产生通过了两条途径：一条是拥有相当数量工人的作坊，实行分工，把简单协作变为资本主义手工工场；另一条是商业资本高度发展，从流通过程进入生产过程，控制了小生产者，形成资本主义的家庭劳动。③ 在循着后一条途径发展的过程中，小生产者起初并非毫无自己的生产工具，甚至在表面上并不丧失自己独立生产者的身份，但在实际上已经变成为商业资本加工产品以获取计件工资的雇佣工人了。因此，尽管苏州的揽织机匠一般都自备织机（俗称"机壳"）和机上的零部件（如梭子、纡筒、竹刀、机剪、拣镊子等），尽管他是在自己的机房内加工代织，这种生产者的"财产所有者"身份只能用作质疑苏州丝织业当时曾沿第一条途径发展，采取资本主义手工工场生产的理由；不能成为否定苏州丝织业当时曾沿第二条途径发展，形成资本主义家庭劳动的证据。

同样，生产者的"行会成员的资格"，也不足以否定资本主义劳资关系的存

---

① 参见列宁：《俄国资本主义的发展》。
② 彭泽益：《鸦片战争前清代苏州丝织业生产关系的形式与性质》，《经济研究》1963 年第 10 期。
③ 参见马克思：《资本论》，第一卷有关章节，人民出版社 1975 年版。

在。马克思说：在前一种途径上，"生产者变成商人和资本家，而与农业的自然经济和中世纪城市工业的受行会束缚的手工业相对立"，就是说，资本主义手工工场一开始就是作为城市行会手工业的对立物出现的；而在后一种途径上，"它并没有引起旧生产方式的变革，而不如说保存了这种生产方式，把它当作自己的前提予以维持"。① 就是说，商业资本控制生产者的现象与行会制度是可以并存的。在《资本论》中，马克思专门列举了 17 世纪和 18 世纪中叶英国和法国的包买商把独立的织工置于自己控制之下，把原料贷给他们，而向他们收购成品的例子，这与鸦片战争前后苏州纱缎庄的情况是颇为相似的。②

至于机匠在接受雇佣时往往受到行会制度的影响，这也并不足以证明他们的身份不是"自由劳动者"。列宁在《俄国资本主义的发展》一书中说过：雇佣劳动形式在资本主义社会中是极其多样的，而资本主义社会在一切方面都被前资本主义制度的残余和惯例所缠绕着。③ 机户和织工接受雇佣时要"经人介绍"，由人作保，正是反映出这种传统行会制度的残余和惯例。必须指出，这种情况到 20 世纪二三十年代，当苏州丝织业已经进入到工厂化生产的时候依然存在，任何一家绸厂和纱缎庄在雇佣工人时，工人必须具结志愿书和保证书，寻找保证人。④

鸦片战争前，苏州丝织业纱缎庄已经开始"散放丝经给予机户，按绸匹计工资"⑤。鸦片战争以后，这种生产经营方式越发普及，越来越多的纱缎庄以供给手工业者原料和辅助材料，收回成品，实行计件工资的形式，由流通领域渗透到生产领域，使越来越多的生产者处于从属地位，"往往恃账房为生"。⑥ 我认为，这表明"账房"已经在相当程度上把一些家庭手工业者乃至小作坊主组织在自己的生产体系之中，正在逐步地把这些家庭手工业者及小作坊主改造成为受自己控制的雇佣工人。这证明商业资本已经从商品买卖和高利贷盘剥的传统轨道上抽调出来，直接投入生产领域，开始支配生产者和生产过程。尽管

---

① 马克思:《资本论》第三卷，人民出版社 1975 年版，第 373—374 页。
② 参见马克思:《资本论》第三卷，人民出版社 1975 年版。
③ 列宁:《俄国资本主义的发展》，第 341 页。
④ 施中一:《旧农村的新气象》,《唯亭山乡社会状况调查统计》，第 132 页，1933 年 12 月调查。
⑤ 《元和县严禁机匠借端生事倡众停工碑》，道光二年（1822），《明清苏州工商业碑刻集》，第 25 页。
⑥ 陈作霖:《凤麓小志》。

纱缎庄商业资本支配小生产者的中间楔入了"揽织机户"（二叔）这个环节，但这并不妨碍商业资本向工业资本转化的性质。

第三节
晚清"账房"的发展与演变

一、"账房"制经营的泛化

如前所述，清代前期的江南丝织业中，出现了"账房"制经营形态，表现为商业资本渗入丝织生产过程，即史料所载"'账房'放料，机工代织"。[1]雍正十二年（1734）的《长洲县永禁纱缎机匠叫歇碑》中提到："苏州机户，类多雇人工织。机户出资经营，机匠计工受值，原属相需，各无异议。……至于工价，按件而计，视货物之高下，人工之巧拙为增减，铺匠相安。"[2]此处之"铺"，即指"账房"。道光二年（1822）的《元和县严禁机匠借端生事倡众停工碑》中，反映了当时的雇织形式："民间各机户，将经丝交给机匠工织"，"各乡匠揽织机只，概向机房殿书立承揽，交户收执。揽机之后，各宜安分工作，克勤克俭，计工受值，不得将货具经纬，私行侵蚀，以及硬撮工钱，借词倡众停工。"[3]碑中所谓"书立承揽"、"揽织机只"等等，正是"账房"式经营特点的表现。

鸦片战争以后迄清朝末年，江南丝织业"账房"的经营方式与过去大致相同。光绪二十二年（1896），两江总督刘坤一在征收苏州丝织业机捐的奏折中说："凡贾人自置经纬，发交机户领织，谓之'账房'。"[4]浙江人刘锦藻在《清朝续文献通考》中说：

---

① 顾震涛：《吴门表隐》卷十一。
② 《长洲县永禁纱缎机匠叫歇碑》，雍正十二年（1734），苏州历史博物馆等合编：《明清苏州工商业碑刻集》，江苏人民出版社1981年版，第15页。
③ 《元和县严禁机匠借端生事倡众停工碑》，道光二年（1822），苏州历史博物馆等合编：《明清苏州工商业碑刻集》，江苏人民出版社1981年版，第25页。
④ 《刘坤一遗集》，奏疏卷二十六，第二册，第939页。

在丝织业发达之区，人民于家中置木机从事织造，普通多称"机房"，有自织、代织之分。代人织者，原料由人供给。此种雇主，江浙等处称为"账房"，皆饶有资本之绸商。各埠有代彼贩卖之店，名为"分庄"。惟总店则皆称"账房"，而不称总庄。南京等处之规模较大者，称为"大账房"。①

这种现象，也引起了来华外国人的注意。甲午战争后，日人山内英太郎奉命来华调查染织业情况，所著《清朝染织业考察上报书》中描述了"账房"经营丝织生产的过程：江南一带的丝织生产，"多数是开设专营这一业务的店铺来负责其事的"，它们"向丝行进货，将丝交料房（打线作坊）捻线（即摇经），再送染坊染色，然后由络丝工再络，雇牵经工到店内牵经，最后连同纬丝交机房织绸。……有时也按照行庄的订货要求加工。这就是一般的程序"。②1900年时，日本人对江南丝绸业的调查材料记载："所谓'现卖'，为自己购入织丝，自己从事丝织；所谓'账房'，虽购入织丝，却并不自营机织，而是使他人织造。"③英国领事的商务报告也记述了江浙地区丝织业的生产经营形态：

> 有时一家织缎作坊有织机四台之多，而摇丝和织缎同在一处进行的亦所常见。这些较大的作坊称为机房，都是联合的结果，资本很厚。这些机房都拥有一个宽大的场屋，并且自购原料，自行加工，以一种特有的牌子把成品售给缎商。他们对比较贫苦的机户的关系很像英国大工厂与被它们排挤掉的农村织户的关系。在南京，没有资本的机户只有从事代织。如果他没有一部织机，他就受雇于上述某一机房，除伙食以外，按他所织每匹缎子的重量，得工资七角五分至三元五角。自有一部织机，但无自备原料所需资金的机户，则依靠所谓"账房"。这些"账房"供给他们生丝并支付摇丝、加染及开办的费用。④

---

① 刘锦藻：《清朝续文献通考》卷三百八十五，实业八，考一一三二九。
② 山内英太郎：《清朝染织业考察上报书》，1899 年印行。
③ 《苏州市情·译东一月通商汇纂》，《东西商报》1900 年，商六十七，第 3—4 页。
④ *Decennial Reports*, *1892—1901*, Vol. I, p.429.

这种"账房"制经营在江南各地丝织业中都很盛行，在有些城市甚至成为主导性的丝织业生产经营形态。著名的丝绸产地南京，鸦片战争以后，"账房"生产经营方式发展到了鼎盛，"金陵商贾，以缎业为大宗……开机之家，谓之'账房'。机户领织，谓之'代料'。织成送缎，主人校其良楛，谓之'雠货'"。① 光绪年间，南京的丝织业"账房"数达"百余家"。② 时人记述晚清南京花、素缎业之重要俗名，其中说道：

> "账房"，此系南京花、素缎业区别上之习惯俗名。此种缎业人，皆平日饶有资本，各埠皆有代彼趸卖花、素缎匹之店。代趸卖店曰"分庄"，南京之总店，则不称总庄。"机房"对于此等总庄皆名之曰"账房"，规模大者，曰"大账房"。
>
> "机房"，南京花、素缎业之资本甚小，专恃机织者，曰"机房"，帮机房织花、素缎者，曰"织机子的"，又曰"机工"。作机房营业者，曰"开机房"，学织花、素缎者，曰"学机房"。机房往账房缴所代织之花、素缎，曰"送货"。③

调查资料显示，晚清时南京丝织业中之"账房"，又被称为"号家"。"南京丝织业的生产组织中，商业资本家是占着控制的地位。这种商业资本家即是一般所谓的'号家'。号家利用资本自己购买原料、织机，雇用工人进行生产，同时又在通商大邑设立缎号，销售成品。这样，商业资本家就独占了产销的全部利润。清代末年，'号家'在丝织业的生产总额上是占着绝对的优势。"④ 与之相对，接受"账房"（号家）所发丝经，为"账房"代织缎匹的小机户（机工）则"无甚资本，往往恃账房为生"。"账房"与"机工""层层相固，互相关连，故观

---

① 陈作霖：《凤麓小志》，记机业第七，卷三，第2页。按：此书成于光绪二十五年（1899），初刻于成书当年。

② 光绪三十四年（1908），南京官厅禁止染丝工人在"内河漂洗"丝经，引起染工不满，有"倡议一律停工者"。于是百余户号家就联合起来，苦口劝告染工"不得率尔停工"（参见《漂洗丝经纠纷碑》，南京博物院民族组：《清末南京丝织业的初步调查》，《近代史资料》1958年第2期）。

③ 《南京花素缎业之重要俗名》，《中外经济周刊》第119号，第41页，1925年7月4日。

④ 南京博物院民族组：《清末南京丝织业的初步调查》，《近代史资料》1958年第2期。

绸缎业之盛衰，即可定其余有关系各业之兴替也"。①

据对清末南京丝织业的调查，确切于史可稽的较大"账房"（南京称为"号家"）就有44家，其中控制织机500—600台者3家，300—400台者13家，100—200台者9家，50—100台者3家，20—50台者6家，5—20台者10家，总计控制的织机台数约为8 129台，雇工人数约为8 241人。详见下表：

表 7-1　清末南京丝织业"账房"规模、织机数量和雇工人数

牌　号	地　址	织机数（台）	雇工数（人）
凃东源	建业路下街口	500—600	约 600
三顺堂（杨裕隆）	小英府街	400	约 400
于启泰濮记	大夫第	200	约 200
于启泰德记	大夫第	500	约 500
魏广兴	高岗里 17、19 号	300—400	约 400
吴鼎昌	香铺营附近	300—400	约 400
吴顺昌	香铺营附近	330	约 400
陶顺昌	花录中冈 10 号	100	约 100
李昌记	胭脂巷	100	约 100
刘义兴	高岗里 20 号	300	约 300
王聚兴	高岗里 16 号	300	约 300
李东昇	殷高巷	300	约 300
黄锦昌	长乐路三坊巷	200	约 200
胡义兴	估衣廊	200	约 200
曹义隆	鸡鹅巷	70	约 70
张顺兴	高岗里 26 号	200	约 200
张裕泰	高岗里 13 号	30	约 30
李祥和	九儿巷	200	约 200
张德茂	胭脂巷	300	约 300
单谊兴	陈家牌坊 13 号	40	约 40
廖隆盛	评事街	200	约 200
胡仪隆	望鹤楼	300	约 300
徐天昌	磨盘街	120	约 120
徐炳顺	梧桐树	80	约 80

① 《南京丝业近闻》，《中外经济周刊》第 82 号，第 38—39 页，1924 年 10 月 4 日。

牌　号	地　址	织机数（台）	雇工数（人）
端泰昌	梧桐树	500	约 500
苏德昌	李府巷	300	约 300
秦福元	昇州路老坊巷口	400	约 400
鲁泰昌	凤凰井	400	约 400
蔡福源	陡门桥	400	约 400
谈益记	谢公祠	6	6
张余兴	谢公祠	5	5
田顺兴	小英府	6	6
陶瑞泰	糖坊街	20	20
张茂丰	磨盘巷	30	30
王广隆	小王府巷	15	15
陈锦盛	鸣羊街	15	15
徐振记	小府巷	10	10
吴槐记	锦绣坊	20	40
胡忆兴	估衣廊	20	40
张象发	千章巷	80	150
施春记	沐府西街	8	16
刘鸿金	沐府西街	8	16
郭德泰	慈悲社	8	16
何锦丰	张府巷	8	16
合　计		8 120	8 241

资料来源：据南京博物院民族组：《清末南京丝织业的初步调查》,《近代史资料》1958 年第 2 期，制表。
按：表中的"雇工人数"实际应为"账房"控制的织机台数，而显然不是账房直接雇佣的全部
劳动者。因为在"放料代织"的形式下，纱缎的织造需要织造、挽花、帮机三者分工合作，前
期还须摇丝、掉经等工人的配合，为"账房"代织的雇佣劳动者人数应大大高于表中的数字。
因此，"雇工人数"并非"账房"支配的全部雇佣劳动者，而只表示其控制的织机台数。

　　表中提到的"涂东源"、"端泰昌"、"魏广兴"、"于启泰"等较大"账房"，
"各家租用织机，多者至二百台，少者亦在数十台，是为缎业最盛时期，每年出
产总值皆在千万元以上"。[①] 据说尚有"正源兴"缎庄，掌握的放料加工织机
竟多达 3 000 台，日收素缎 320 匹（约需 1 800 多台织机），锦缎 70 匹（约需

---

① 参见《南京丝织业简史》，《丝绸史研究》第三卷第二期。

1 200多台织机），以致被德华洋行称为"绸缎大王"。① 与这种情况相一致，南京丝织手工业者中"亦有纯为作工，家虽有机，代人织造，只得工资，均在家庭工作，可谓之家庭工艺"。②

不难看出，南京丝织业"机户是可以随意在劳动市场上雇到自己需要的劳动力的"。据调查："机工分作临时工和长工两种。临时工做一天算一天，没有什么手续。长工受雇以后，可以向'机户'支用少量的钱，叫做'押账'。以后，若果'工人回资方，押账照还'，'资方回工人，不退押账'。雇用临时工是有季节性的，机工的话是这样说：'腌菜下了缸，找工打灯笼'，意思是说初冬以后，就找临时工人，白天黑夜织。不论长工或临时工，都是按件计算工资：锦缎每件0.7—1.3元，建绒每件1 200—1 900文，素缎每件1 800文。"③

表7-2　晚清时南京丝织业达成劳动力买卖的几个主要茶馆

茶馆名称	地　　址	出卖劳动的工种
三　元	丹凤街	织锦机工
顺　兴	北门桥	织锦机工
金　凤	北门桥上	捹接工（城北帮）
聚　和	英府街	捹接工（城南帮）
潮　园	鱼市街45号	黑白丝行
松　鹤	绒市巷1号	黑白丝行

资料来源：南京博物院民族组：《清末南京丝织业的初步调查》，《近代史资料》1958年第2期。

在苏州，保留下来的有关晚清丝织业"账房"的史料尤多，为了解和分析晚清"账房"制经营的发展提供了典型例证。"其所谓'账房'者，贮藏织丝，自家不营机工，命他人随意制造织物"。1899年时，"'账房'大者有一百余户（资本十万元以上），中者有五百余户（资本一万元以上），小者六百余户（资本二三千元）……"④ 其时，苏州"从事机织者二万人，拈绚织丝、再缲生丝（即从事扳经、拍丝者）二万人，缲竖横织丝（即调经、掉纬者）三万人，其余经行、

---

① 参见《南京丝织业简史》，《丝绸史研究》第三卷第二期。
② 《首都丝织业调查》，第41页。
③ 南京博物院民族组：《清末南京丝织业的初步调查》，《近代史资料》1958年第2期。
④ 《苏州市情·译东一月通商汇纂》，《东西商报》1900年，商六十七，第3—4页。

丝行、染坊、练绢坊、制机具工各种分业者，亦二万余人，而'账房'里头亦一万人"。①《纱缎业沧桑回忆录》记述了晚清苏州丝织业"账房"产生的路径：

> 吾业中亦有父子、叔侄、兄弟多自立门户，设立缎庄（"账房"）；或有数人合股而设，继至合同期满分析，反而以一化三、四不等；且有外业人等加入吾业中筹设新庄者，亦难遍记。如春源馥杭庄组，裕鸿兴吴健初经理；老人和绸缎庄组，福兴和张厚之经理。其余整个、零屑分组亦难统计。②

苏州丝织业云锦公所的文件记载：

> 逊清同（治）、光（绪）、宣（统）年间，纱缎业之营业状况，可称鼎盛时期。苏地造织纱缎各货品，纯粹出自人力手工，因是机工造织场所，均皆向承揽定之庄（及"账房"）取料包工，在家织造成匹，交送"账房"之惯习，致机工散分，附郭四乡者为多，竟有距城五六十里不等。然在苏城内织造者，亦达四成以上。其时（光绪二十年）机额总数约达有一万五千座，而苏府属工商各业，附带赖造织业以安生者，何止数十万人。而货品推销，亦是兴盛一时，竟畅销全中国各省地区外，并推及朝鲜暨南洋诸埠，兴盛不替。③

据成书于1933年，记事断至1911年的《吴县志》记载："各'账房'除自行设机督织外，大都以经纬交与织工，各就织工居处，雇匠织造，谓之'机户'。此等机户，约近千数，机匠约有三、四千人，亦散处东北半城。娄、齐二门附郭乡镇，如唯亭、蠡口，亦间有之。女工摇丝，俗谓之'调经娘'，嫠妇贫女比户为之，资以度日者众焉。"④20世纪初年的一份苏州丝织业档案写道：

① 《苏州市情·译东一月通商汇纂》，《东西商报》1900年，商六十七，第3—4页。
② 佚名：《纱缎业沧桑回忆录》，苏州市档案馆藏。
③ 《云锦公所各要总目补记》，苏州市档案馆藏。
④ 曹允源等：《民国吴县志》卷五十一，第22页。

吾苏实业以机织为大宗，缎商机工，同源异流，即商工之中，亦营业性质虽同，而局面范围各异，向分数种名目，约举大纲：例如具有资本巨商，购储丝经，散发机工承揽包织成货者，为缎庄，俗名"账房"；小本经纪，购备丝经自织，或雇工帮织，兼织缎庄定货者，为现卖机户，俗名"小机户"；至并不自备原料，仅向账房领取丝经承揽，以及并不能直接向账房承揽，而间接佣织计工受值者，均为机匠。①

　　1913 年 5 月，江苏省实业司曾对晚清时苏州丝织业"账房"的经营情况做过调查，据载："经营此项纱缎业者，谓之'账房'，计五十七所，散设东北半城"。②详见下表：

表 7-3　晚清苏州纱缎业"账房"开业及经营情况

开设年代	牌号名称	业主姓名	工徒人数	产量（匹）	产值（元）
1702（康熙四十一年）	石恒茂英记	石增燦	170	630	21 000
1767（乾隆三十二年）	李宏兴福记	李文锺	150	540	17 550
1768（乾隆三十三年）	李宏兴禄记	李文模	400	1 638	49 591
1792（乾隆五十七年）	李宏兴星记	李文彬	350	1 400	50 000
1793（乾隆五十八年）	杭恒富禄记	杭祖良	200	720	23 400
1793	沈常泰	沈玉麟	100	660	8 976
1793	李宏兴祥记	李宗邺	120	450	14 625
1793	朱仪和	朱钧标	50	180	5 616
1802（嘉庆七年）	李启泰	李松轩	150	540	17 280
1810（嘉庆十五年）	张义仁凤记	张韶灏	100	450	13 400
1837（道光十七年）	赵庆记	赵日昇	50	164	3 570
1845（道光二十五年）	曹万丰载记	曹和煦	300	730	28 600
1856（咸丰六年）	吴新盛凤记	吴镛吉	125	450	14 625
1861（咸丰十一年）	夏庆记怡号	夏鸿祥	260	870 彩花被面 72 床	30 210

---

① 《文锦公所代表王庆寿、严鸿魁、李桢祥呈苏州商务总会函》（民国七年［1918］八月十日），苏州市档案馆藏。
② 曹允源等：《民国吴县志》卷五十一，第 22 页。

开设年代	牌号名称	业主姓名	工徒人数	产量（匹）	产值（元）
1861	夏庆记怡号	夏逢澍	200	660 彩花被面 72 床	23 408
1864（同治三年）	许万泰桂记	徐世澍	51	204	6 262
1864	王瑞润	朱受禧	200	720	23 400
1867（同治六年）	永兴泰文记	谢守祥	125	440	14 735
1870（同治九年）	李永泰春记	李子潮	30	180	2 470
1874（同治十三年）	朱隆昌义记	朱德澂	100	360	11 232
1874	王恒源	王庆護	100	360	11 232
1874	同泰怡	吴勤澍	100	360	11 700
1878（光绪四年）	永兴泰庆记	王文经	50	180	5 850
1884（光绪十年）	谈永春	谈 鍪	40	144	4 493
1886（光绪十二年）	裕丰仁正记	汪香生	300	1 620	28 440
1890（光绪十六年）	康泰丰	孙蓉泉	170	550	21 090
1892（光绪十八年）	胡瑞丰	吴兆霖	75	270	8 370
1893（光绪十九年）	德隆丰	俞天业	150	540	17 550
1893	生 源	郎沁源	50	180	5 850
1893	邹益昌	邹梅卿	100	350	10 940
1895（光绪二十一年）	洽兴昌	石芙卿	165	594	18 934
1896（光绪二十二年）	永 裕	朱砚如	200	720	22 464
1897（光绪二十三年）	裕丰仁泰记	黄如莱	335	1 772	35 361
1897	元成祥	石增奎	100	360	11 700
1898（光绪二十四年）	上九坎	陶 臬	100	360	12 056
1899（光绪二十五年）	宏康福	顾庆安	150	430	22 100
1899	毛荣记	毛吟石	25	90	2 808
1902（光绪二十八年）	永兴洽	管尚谦	600	3 960	54 661
1902	王义丰和记	王兆祥	375	1 454	29 056
1902	瑞隆信	盛大钧	150	540	17 550
1903（光绪二十九年）	同泰恒	朱春泉	25	75	2 250
1903	源 丰	王熙生	50	180	5 700
1903	鸿裕兴	宋鸿范	100	360	11 700
1903	瑞兴泰	王庆寿	25	90	2 808
1903	致成春仁记	詹致仁	50	180	5 850

开设年代	牌号名称	业主姓名	工徒人数	产量（匹）	产值（元）
1904（光绪三十年）	九康福	徐怡卿	75	285	8 400
1906（光绪三十二年）	锦 嵩	吴兆祺	50	170	5 716
1906	福兴和	张祐之	190	684	25 256
1906	永丰仁	宋衡夫	40	144	4 320
1907（光绪三十三年）	万 兴	倪蔼人	100	380	11 700
1908（光绪三十四年）	安福祥	孙维雷	75	270	8 765
1909（宣统元年）	春源发	夏鸿祥	75	270	8 750
1910（宣统二年）	鸿兴庆	盛务原	50	180	5 769
1910	大丰祥	钱滋文	40	144	4 900
1911（宣统三年）	赵庆记	赵日昇	90	400	12 900
1911	陶骏裕	陶 臬	50	180	5 832
1912（民国元年）	广丰吟	潘诵诗	30	108	3 500
共 计	57 家		7 681	30 900 被面 144 床	866 271

资料来源：江苏实业司：《江苏省实业行政报告书》，三编，工务。

　　附注：（1）产量为纱缎各种产品数合计。

　　　　　（2）男女工徒人数多系账房放料为其代织的机户人数。

　　上表数据，仅是就民国初年仍在营业，且代织机匠在 25 人以上的较大"账房"的情况统计而得，代织机匠在 25 人以下的中、小"账房"并未计算在内，因此只能说是不完全统计。但是，由此仍然可以看出不同历史时期"账房"数量增减的概貌，反映"账房"数量增加与社会环境之间的关系。

　　由表可见，从康熙四十一年（1702）到鸦片战争前夕的 138 年间，开设"账房"共计 11 家，鸦片战争后到 1911 年的 65 年中，新开设的"账房"达 46 家，比战前增长了 4.2 倍；"账房"雇用的"男女工徒人数"由 1 840 人增为 7 681 人，增长了 3.2 倍；纱缎产量由 7 372 匹增加为 30 900 匹，外加彩花被面 144 床，增长了 2.5 倍多；产值由 217 138 元增加为 866 271 元，增长了 2 倍多。[1] 该项

---

[1]　江苏实业司：《江苏省实业行政报告书》三编，工务，1913 年调查，《吴县纱缎业账房开业统计表》。原注：表中产量一项为纱缎各种产品的合计；工人数为男女工徒人数，多系账房放料为其代织的机户人数。

统计表原注,"账房"雇用的"男女工徒","多系账房放料为其代织的机户",据日本学者横山英的研究,表中的"男女工徒人数"实际应为"账房"控制的机台数。理由是:第一,在"放料代织"的形式下,"男女工徒人数"显然不是账房直接雇佣的劳动者。第二,将"男女工徒人数"与产量相比,"男女工徒人数"决不是账房雇佣的全部劳动者。① 即以该统计表上最初的两家账房为例,石增荣账房的男女工徒数为 170 人,产量为每月 630 匹;李文锺账房的男女工徒数为 150 人,月产量为 540 匹,人均产量前者为 3.7 匹,后者为 3.3 匹,而纱缎的织造需要织造、挽花、帮机三者分工合作,每台织机每月平均不过生产 3 到 4 匹,这与上述两家账房的人均月产量是一致的。因此,"男女工徒人数"并非"账房"支配的全部雇佣劳动者,而只表示其控制的织机台数,为"账房"代织的雇佣劳动者人数应大大高于表中的数字。由此,不难看出鸦片战争以后苏州丝织业"账房"数量急剧增长和势力迅速膨胀的趋势。

鸦片战争以前未见有采取"账房"制经营方式记载的镇江,鸦片战争后也出现了不少丝织业"账房",当地俗称"号家"。"其原料购自江北及浙江、安徽、湖北、山东等省,由资本家设立绸号,广收丝经,散交各机户,计货受值,与南京之缎业相同"。②《清稗类钞》记载:"江绸为镇江出产之大宗,往年行销于北省及欧美、日本者,岁入数百万。开行号者十余家,向由号家散放丝经给予机户,按绸匹计工资。赖织机为生活者数千口。"③ 见诸史乘的镇江绸号,有陶聚茂、毛凤记、陈恒泰、蔡协记、裕康祥、曹森茂、李明记、马振记、郭义记等十余家,尤以前 4 家为大。④ 据时人调查,这些绸号"共有织机二千余张,每年每机工作十月,共可出货十二万余匹,价值银二百余万两"。出品质量虽"远不如浙、宁之精,而定价低廉,故销路颇复不恶。其售诸内地者,谓之'江绸',销额以汉口、长沙为最巨,营口、哈尔滨等处次之"。⑤

在这个问题上,毗邻镇江的丹阳县的情况值得注意。

---

① 横山英:《清代の都市絹織業の生産形態》,第 271—272 页,注 46。
②⑤ 《江苏省实业行政考察报告书》,丹徒县,1919 年,第 31 页。
③ 徐珂:《清稗类钞》,"农商类",民国五年(1916)序,台湾商务印书馆 1966 年刊。
④ 此据《镇江市志》(纺织工业·丝绸篇)、《镇江蚕桑丝绸史料专辑》、《京江报》等记载列举。

该县之工业，以织绸为大宗。机户散在四乡，而以北乡为尤多，合境有机二千张左右，其常川工作者，约居十之四五。乡人制成之品，均系投行，由行向各庄分售，再由各庄自行炼染，转销各省……惟机户原料均须自备。民国以前恒向丝行赊贷，售货之后，再行归偿，而抬价居奇，种种受挟，均所不免。光复时由机户集议停还欠款，大起交涉，旋经丝行公订，非素有信用者，一律须现银交易，受影响者颇众。①

这里丝织机户的原料使用，"民国以前恒向丝行赊贷，售货之后，再行归偿"，反映的大致也是商业资本渗入生产过程的情况，在鸦片战争后至少已经到达生产资料前贷的阶段，也就是说，丝行与织绸出售后抵偿债务的机户之间的关系，实际上已经是贷给生产资金的包买商与被他所控制的小生产者之间的关系了。这种情况与南京、苏州等地丝织业"账房"的营业流程相比，②虽尚有某种程度的差异，显示出丹阳丝行对丝织机户的控制，对生产过程的介入，尚未达到那样的程度，但在小生产所有制瓦解、资本主义生产方式形成的过程中，小生产者自有原料的被剥夺，是小生产所有制发生重大变化的关键环节，只要再向前一小步，就会变成商业资本购买生产原料，"并让它留在织工手里，直到织成织物为止"，从而使自己成为"超过他原来的商业利润之上的剩余价值的占有者"，③即成为一个采用资本主义生产方式剥削雇佣工人的包买商。虽然从历史记载所反映的情况看，迄至清末丹阳丝织业似乎并未跨出这决定性的一步，但当地丝行所显示出的切断丝织小生产者与原料市场联系的能力，表明其正在由商业资本向更高层次的产业资本转化的趋势。正是因为如此，丹阳丝绸业者才会对"资本家放料，机户代织，计件论值，无力买丝者不费一钱，而手工所入足以自活"的"江宁缎业之习惯"羡慕备至，认为如此这般"困难既除，推广较易，办法极为完善，足资仿效"。④

在浙江，鸦片战争后，商业资本控制丝织手工业生产经营的现象也更加普

---

① 《江苏省实业行政考察报告书》，丹阳县，1919 年，第 39 页。
② 如曹允源等编纂：《民国吴县志》载：苏州丝织业"账房""大都以经纬交与织工，各就织工居处雇匠织造，按绸匹计工资"（卷五十一，第 22 页）。
③ 马克思：《资本论》第三卷，第 1025 页。
④ 《江苏省实业视察报告书》，丹阳县，1919 年，第 39 页。

　　　　　　　　　　　　　　　　　　　　　　　　　　晚清丝绸业史

遍，"一种是自备织机一、二台到七、八台，由绸庄放料代织；还有一种是由绸庄将织机租给机坊，再行放料代织"。①1894 年前后，杭州加祥泰绸庄的放料机多达四、五百台；而早在此前十年，宁波的正兴懋绸庄已经拥有放料机百台之多。据业内人士回忆，清朝末年，杭州城内大规模的"绸庄"约有 70 多家；湖州的"绉庄"亦有 10 多家。时人调查称：

> 绸庄，系旧式之绸业工厂，有客庄、收货庄之别。客庄之组织，规模颇大，专营外埠之大宗贸易，资本亦极充足，其分庄遍于京、津、沪、汉各大商埠，以杭垣为总庄。各埠绸商定货，多与分庄接洽，花样、颜色、身骨之如何标准，均可随时定织，分庄即以函达总庄，依期交货，故其信用甚著，贸易颇大。其出品有自设工场者，有发丝与料房经绒作机户等，代为各项工作，算计工资者。收货庄规模较小，资本较薄，自己不设工场，亦不备蚕丝原料，专收各机户织成之绸货转运于他埠，以牟什一之利。是项绸庄，其大宗之贸易亦有批发，而自设门市零售者，亦颇不乏。绸庄之素有声誉者，货上均织成本庄牌号，名曰本牌。②

杭州绸庄"更遣人专赴（绍兴）下坊桥一带临时收集，言定价格，银款由杭州钱庄汇付，再运货至杭，转销各处"。时人称："绍兴熟货绸庄，创始清末，其时大率为杭州庄家至下坊桥开设者，俗谓'杭庄'。专收熟货运杭，转销江浙及东北等处。"③此外，尚有所谓"绸缎局"者，"规模资本普通比收货庄略小，亦专收机户织成之绸，或向绸厂定织，以应门市之贸易者，其规模较大者，有时亦作外埠之趸批，故多有称为绸缎局者"。④看来"收货"、"定织"亦是其基本的营业方式。绸庄"向机户收货，以生货为多，向例以分两计算。其所用之秤，名曰'烩秤'，其法以生绸向烈日中曝晒数时，俟水分去尽，再秤分两，其秤比门市售货之秤约大一成以上（门市售货用杭秤，名为十五两三钱，实际不过

---

① 浙江省政治协商委员会：《浙江文史资料选集》，第 24 辑，第 45 页。
② 《浙江蚕桑茧丝绸近况调查录》，《中外经济周刊》第 186 期，第 14 页，1926 年 10 月 30 日。
③ 王廷凤：《绍兴之丝绸》，第 40 页。
④ 《浙江蚕桑茧丝绸近况调查录》，《中外经济周刊》第 186 期，第 14 页。

十四两四钱）。而熟货多整匹论价，故各庄市绢纺绸罗等，亦有秤分两之旧例，而缎匹则多以尺寸论价也"。①

湖州城市也已出现了专业的丝织机坊或工场，"花素绉的上机工作由织工自己担任。机主本人并不经常织绸，常雇人来织。雇用织匠及其他下手的工资，前者每匹七角五分，后者五角，共为一元二角五分；每匹长四十八英尺，需三天织成"。②

与南京、苏州等城市一样，杭州、湖州丝织业的一些辅助工序，如络经等，也都被置于商业资本的控制之下。"凡丝经炼染而后，须重行络过，始可以摇簟捧经。络经络绒之业，多女工为之，系由铺主向绸庄领取丝经，发给女工手络。……其艺颇有高低，艺徒须学一年，方渐谙熟，工作有大件、小件、开丝、戈经等名目，络纺以对计，绸庄之经，每对为一百二十戈（每戈约重一两，四戈称一壶），络工约四十工左右，连贴米、贴油等名目，每对双经工资约需十三元。亦有以分两计者，每百两约络工三十一二工，加贴米、贴油等名目，约需工资八元数角。……惟络经作对于络丝之女工，每四十戈仅给一元，现在所加甚微。盖杭俗女工络丝工资虽微，而'汇头'转巨（'汇头'即偷料之意），积成戈数，可以售之零丝儿店，比于工资之收入转佳，故亦积久相安"。③

值得注意的是，"赁织"现象在农村中也越来越普遍。在江苏，南京的"机工和染工大多来自农村，'半年庄稼，半年手艺'。机工以扬州、六合和南京附近的农民为主；染工多系上元、江宁、高淳、溧水四县的农民。……这些来自各地的农民，到了南京以后，开始'学徒'，做些'附工'杂活，逐渐就独立工作了。他们的家属也就做些'络丝'、'摇纬'等工作，赖以活口"。④苏州府吴江县"盛泽四乡乡民重织轻耕，以丝织生产为主要副业，即全区商业之荣枯，亦以丝织工业之盛衰为转移"。⑤时人调查记述："（盛泽）从事纺绸业的农民，固然都有土地，而大部都是自耕农，可是对于农业并不重视。他们的重要经济来

①　《浙江桑蚕茧丝绸近况调查录》，《中外经济周刊》第 186 期，第 14—15 页，1926 年 10 月 30 日。
②　The Maritime Customs. Special Series：Silk（Shanghai，1917），p.77.
③　《浙省钱江流域劳工状况调查录》，《中外经济周刊》第 199 期，第 4 页，1927 年 2 月 12 日。
④　南京博物院民族组：《清末南京丝织业的初步调查》，《近代史资料》1958 年第 2 期。
⑤　吴江县档案馆藏：《吴江县盛泽区区商会请求准予筹设盛泽丝织工业协会筹备委员会函件》，全宗号：8；案卷号：1051。

源是在于纺绸。这一年纺绸业若兴盛，他们竟至可让土地去荒芜。所以，年岁的丰歉，他们视之默然，而纺绸业的盛衰，却是他们全部的生活所系。"①

在浙江，光绪《海盐县志》记载当地农民："农隙时多远出赁织。西至杭州，北至湖州，有至宜兴者。每年正月出，四月归；七月又出，岁暮归。同治以来出赁者愈多，业田渐少。"②海盐农民除了农忙期外，一年中有将近10个月的时间到杭州、湖州等地为人从事丝织生产，可见丝织生产中资本主义的关系已经越来越向农村扩散。海关调查资料显示，浙江湖州城市"周围二十里以内的乡下人，多少都会织绸，但是他们只是在没有什么重要农事，如饲蚕、锄地、种稻、割谷等工作时才从事织绸"。③这些从事织绸的"乡下人"，大多受到商业资本的操纵与控制，"湖州土产多丝，其机户率多贫民，而居奇者曰'绉庄'，皆富商大贾"。④

事实正是如此，丝绸商品生产的发展和竞争的日益激烈，使得丝织小生产者的两极分化益发加剧。一方面，那些"自织"、即自产自销的独立小生产者——"现卖机户"，鸦片战争以后地位更不稳定。所谓"现卖机户"，"其营业与机工迥殊，工而兼商"，"皆系自备工本，织造纱缎货匹，零星现卖以为营业。其丝经原料既无须仰给于纱缎庄，而货品之织造亦不必假手于机工，故名为现卖机业。与纱缎业之专办丝经，招工放织，及机织业之承揽丝经专事织造者不同，故自来与彼两业不相联属而另为一业"；⑤晚清时期，尤其是光绪年间以后，现卖机户也逐渐丧失小商品生产者的独立性，也开始"兼织"纱缎机业账房的定货，使其性质发生了变化："现卖机业之种类范围，以购办丝经自织各种花素纱缎，或雇工帮织，或兼织各缎庄之定货者为限"。⑥以前现卖机户"丝经原料无须仰给于纱缎庄"，"营业与机工迥殊"；现在则把"兼织各缎庄之定货者"也包括在现卖机业的范围之内，实际上这种现卖机户的身份和地位，已经与承揽机户和机工没有多大差别了。概念内涵与外延的扩展，表明其中失去独立手

① 《国际贸易导报》第四卷第五期，1932年10月。
② 光绪《海盐县志》卷八，舆地考，风土。
③ The Maritime Customs. Special Series：Silk（Shanghai，1917），p.77.
④ 孙葆田：《浙江湖州府知府李君墓表》，《校经室文集》卷五，第八页。
⑤ 《文锦公所代表呈苏州商务总会文》（民国七年［1918］八月九日），苏州市档案馆藏。
⑥ 《苏城现卖机业缎商文锦公所章程》（民国七年［1918］十一月八日），苏州市档案馆藏。

工业者地位的人越来越多，逐步由"购办丝经自织"的现卖机户向"恃账房为生"的代织机户或机工沦落。苏州揽织机户的行业组织霞章公所的文件中说得更透彻："按机户人数计算，现卖机十不得一，况非一定，今日现卖，明日代织，视为常事。"①换言之，由"账房"控制的机户和织工的数量，已经占到十分之九以上，江南地区城市丝织业中的绝大多数手工工匠，都已经成为"恃账房为生"的雇佣劳动者。

这一情况，得到了外文史料的证实。在19世纪末20世纪初来华的日本人看来，江南丝织业的生产组织与日本京都西阵的生产组织非常相似，"生产者大多以住宅的一部分用为作坊，接受缎庄'账房'的定货，领取原料生丝，从事织造"。②在苏州，丝织业大致分为（1）"账房"直接经营丝织生产，（2）"现卖机"独立自营和（3）分散小生产者为"账房"代织这三种形态。其中，独立自营的"现卖机"，"资本极少，力量微弱，为了避免与纱缎庄的竞争，势必只能织造需求少、利润薄的产品"。③"由这种实际情况来看，可以说独立自营的生产形态，在丝织生产上所占的比重极小。由此可以推定，当时的苏州丝织业中，第三种形态、即'出机'（也就是'放料代织'——笔者注）制的生产形态占有着压倒优势的地位"。④这种情况，并非苏州丝织业所独有，应是江南丝织业中心区城市的普遍现象，日本学者的研究就认为，南京丝织业中，"出机（即放料代织）制的生产形态在丝织生产总额中占有绝对优势"。⑤

另一方面，以经营丝绸业"账房"而"兴业发家者亦殊不少"。⑥杭州著名的"蒋万昌绸庄"老板蒋海筹，就是从一个丝织机户起家的。1862年，蒋氏购置了一台织绸木机，随织随卖，由于经营得法，生财有道，十多年后，到1875年已经成为一家绸庄的老板，其后规模不断扩大，拥有放料机300多台，一跃而为闻名遐迩的"百万富翁"。⑦苏州"上九坎"纱缎庄的发家史同样耐人寻

① 《霞章公所就现卖机业另立文锦公所事致苏州总商会函》（民国七年［1918］八月十三日），苏州市档案馆藏。
② 《支那经济全书》第十二卷，第二编，第三章，第一部，明治四十一年（1908）刊，第258页。
③ 《支那经济全书》第十二卷，第二编，第三章，第一部，明治四十一年（1908）刊。
④ 横山英：《清代の都市絹織業の生産形態》，第28页。
⑤ 横山英：《清代の都市絹織業の生産形態》，第29页。
⑥ 苏州市档案馆藏：《纱缎业沧桑回忆录》。
⑦ 参见朱新予主编：《浙江丝绸史》。

味。这家纱缎庄的创办人陶兰荪原籍浙江会稽,幼年失怙,家道贫寒,咸丰元年(1851)随乡亲来苏州谋生,受业于白塔子巷的"李宏兴"纱缎庄。陶兰荪兢兢业业,刻苦磨炼,掌握了"账房"的经营诀窍,"擅长纱缎制织工艺,诸如掏、打、渠、捶、擦、接,熟谙而精;销售门径,亦驾轻就熟",遂于同治七年(1868)晋升为缎庄主事。任职16年后,积蓄资金万余元,便辞职创办了"上九坎"纱缎庄,"锐意经营,精研产品,如贡缎、绚缎等都盛销不衰,因之年年颇有盈余"。到1909年时,已经拥有放料织机200余台,年产纱缎2 000匹以上,资本额"有银七万",成为一个颇具实力的资本家。①

在晚清的江南地区,流传着这样一句民谣:"一读书,二学医,三开典当,四铺机。"时人称:"机声与书声相应,是何等雅事。"②开设"账房"与从事丝织,成为社会上最受羡慕的职业之一,居然能与读书、学医等高雅之事相提并论,这在"万般皆下品,唯有读书高"的传统观念下,如果经营"账房"没有相当的经济利益和社会地位,是不可想象的。难怪民国初年经营丝织业"账房"的人们会略带伤感地缅怀:逊清"各'账房'之营业出品,可谓黄金时代。"③苏州丝织业云锦公所的文件写道:

> 逊清同(治)、光(绪)之间,纱缎业之营业状况,可称鼎盛时期。……机工造织场所,均皆向承揽之庄(即"账房"——原注)取料包工,在家织造成匹,交送"账房"之惯习,致机工散分,附郭四乡者为多,竟有距城五六十里不等,然在苏城内织造者,亦达四成以上。其时机额总数约达一万五千座,而苏府属工商各业,附带赖造织业以安生者,何止数十万人。而货品推销,亦是兴盛一时,竟畅销全中国各省区外,并推及朝鲜暨南洋诸埠,兴盛不替。④

20世纪初年前后,苏州丝织业内为"账房"代织绸匹的机户,已经占到丝

---

① 苏州市工商业联合会编:《苏州工商经济史料类纂》,《记东吴丝织厂的创办人陶兰荪》。
② 《申报》1884年10月25日。
③ 苏州市档案馆藏:《来宾在吴县丝织业公会成立大会上的致词》。
④ 苏州市旧工商联档案:《纱缎业沧桑回忆录》,原件藏苏州市档案馆。

织生产者总数的 90% 以上。"按机户人数计算，现卖机十不得一，况非一定，今日现卖，明日代织，视为常事。"①换言之，苏州丝织业的绝大多数手工工人，都已经成为了"恃账房为生"②的雇佣劳动者，苏州丝织业的行业性质，也就不能再说是传统的行会手工业，而已经转变为资本主义家庭劳动占主导地位的手工业了。③

　　类似情况在其他地区也已成为常态。在广东，"纱绸为我粤特产，制造地以南海之西樵及顺德之勒流、伦教、乐从等地为大宗，惟并无设厂制造，多为农家机织。纱绸业店购丝付与织家，成货后交回业店，或由织家购丝制成，贩卖与业店。所织成之纱绸，为原身白绸，须交晒莨行用薯莨加工制造，而成夏天所用之薯莨纱绸，冬天所用之熟绸机绉纱，则交由染行用靛加制"。④此中所谓"纱绸业店购丝付与织家，成货后交回业店"的经营过程，与江南地区丝织业中的"账房"制经营并无二致。城市内的丝织手工业者也依附于这种生产经营方式。广州市内，"西关一带，一般织纱罗绸缎工人，麕聚该处工作者，其历史已二百余年，查全盛时代，全行有四五千木机"。⑤

　　不仅如此，丝绸织造准备工序的生产关系也在悄然变化。传统丝绸生产"上机经纬，造成缎匹，向非机匠一手一足之力。尚有手艺数项，赖此以生。如机张之须用泛头也，有结综掏泛一业；如丝之须练也，有捶丝一业；如经之须接也，有牵经接头一业；如织花缎也，有上花一业"。在苏州，"以上四业，均系世代相传，是以各归主顾，不得紊乱挽夺"。⑥既然丝织机匠大多已经"恃账房为生"，这些附属行业的从业人员也就难逃被"账房"雇佣的命运。以络丝工为例，"女工摇丝，俗谓之'调经娘'，嫠妇贫女，比户为之，资以度日者众焉"。⑦

①　苏州市档案馆藏：《霞章公所就现卖机业另立文锦公所事致苏州商务总会函件》，民国七年（1918）。
②　陈作霖：《凤麓小志》。
③　苏州丝织手工业性质的转换，是非常值得注意的历史现象。关于这一问题的研究，笔者已经做过一些尝试，日本学者也对此进行过一定的探讨，但仍有进一步深入研究的必要。这对于认清中国资本主义的历史发展过程具有重要的学术价值。
④　广东财政特派员公署第二课：《广东民营工业概况》，第10—11页，1935年调查。
⑤　《国际劳工通讯》，第三卷第八期，第98页，1936年8月。
⑥　《元长吴三县为花素缎机四业各归主顾不得任意挽夺碑》，光绪二十四年（1898），苏州历史博物馆等合编：《明清苏州工商业碑刻集》，江苏人民出版社1981年版，第47页。
⑦　曹允源等：《民国吴县志》卷五十一，第22页。

在南京，绸缎织造"必先之以染经，经以湖丝为之。经既染，分散络工。络工贫女也，日络三四窠（丝曰片，经曰窠，百窠为一桩），得钱易米，可供一日食，于佣力之中，寓恤贫之意焉"。①

甚至，连鸦片战争前基本上维持在蚕区农家家庭副业生产形态，并未见到养蚕与缫丝相互离分的缫丝生产领域，鸦片战争以后也出现了商业资本控制小生产者现象的生产经营形态。江苏吴江震泽的丝经再缫生产，"以丝为经，假手摇工，而摇工并不住居本镇，系由各丝行将丝之分两秤准，交由各乡户携回摇成，俟交货时再为按工付值"。从事丝经生产的农家劳力为数众多，"计沿镇四乡三十里之遥，摇户约共有一万数千户，男女人工当在十万左右"。②同处太湖流域的浙江湖州"料经"生产与此相似，经行收购土丝之后，发给附近农民或城镇居民做经。这些做经户纺车自备，计量受值，"每部小车每日出经十两"，"每两工资十分"。③在这样的生产形态下，丝商购买了暂时还占有生产工具但已经与原料市场隔绝的劳动力；土丝做成经以后，价格可提高三分之一，丝商由此剥削了做经工人的劳动，获得了剩余价值。而原本独立的做经小生产者则被割断了与原料市场及成品市场的联系，实际上成为商人资本的雇佣劳动者，丧失了家庭手工业的独立性。类似的情况也在华北地区上演。19世纪后期，烟台缫丝业"所纩之丝，均为上海洋商定做之货"。④时人称："烟台缫丝局所用之资本，向由上海商人供给之处不少。"⑤据清末的调查，烟台"丝厂向多设于乡间，本厂自缫者，曰'内轩'；外人代缫者，曰'外轩'。当'外轩'盛行时，乡间几无一里一家不缫丝者"。⑥太湖流域的丝经，以及山东烟台纩丝的生产形态，与苏州、南京、杭州丝织业的生产形态差相仿佛，显示出商业资本渗入生产过程，控制小生产者的领域不断扩展。

将各方面的情况互相加以印证，毋庸置疑，鸦片战争后商业资本已经广泛进入江南乃至其他一些地区的丝织业和缫丝业生产领域，"账房"制经营已经

---

① 陈作霖：《凤麓小志》，记机业第七，卷三，第2页。
② 《江苏省实业视察报告书》，吴江县，1919年，第135页。
③ 参见徐秀丽：《试论近代湖州地区蚕丝业生产的发展及其局限（1840—1937）》，《近代史研究》。
④ 《光绪二十三年烟台口华洋贸易情形论略》，《通商各关华洋贸易总册》下卷，第9页。
⑤ 《宣统二年大连湾口华洋贸易情形论略》，《通商各关华洋贸易总册》下卷，第16页。
⑥ 《烟台缫丝厂调查表》，《山东全省生计调查报告书》（稿本）第二编。

成为丝织业及缫丝业中一种普遍的生产经营方式。丝织生产的劳动力市场日渐扩大，开设"账房"的商业资本势力越发雄厚，对小商品生产者的控制日益扩展，并且一步步地向比较完全意义上的工业资本过渡。商业资本在丝织生产领域的渗透，"账房"制经营方式的普及，终于把江南丝织业的性质由传统的行会手工业转变为资本主义家庭劳动占主导地位的资本主义手工业，丝织工人"成了在自己家中为资本家工作的雇佣工人，包买主的商业资本在这里就变成了工业资本，于是资本主义的家庭劳动形成了"。[1] 这是江南丝绸业中的商业资本循着自己的运行轨道，运用自己的独特方式，逐渐完成了对江南丝织业的全行业的资本主义改造，尽管从资本主义的发展阶段来看，这也许还只是一个比较低级的阶段。

二、"账房"制经营的异变

鸦片战争以前，如同历史碑刻资料所记，"民间各机户，将经丝交给机匠工织"，[2] 明确记载了采用"放料代织"的出机制经营方式。比上述碑刻资料约早100年的雍正十二年（1734）苏州《奉各宪永禁机匠叫歇碑》中，有"苏城机户，类多雇人工织。机户出资经营，机匠计工受值"的记载。表面看来似乎可以解释为机户雇佣机工从事丝织，但是从该碑文"各匠常例酒资，纱机每只常例，给发机匠酒资一钱。……缎机每只常例，亦给付机匠一钱"的内容来看，记载的还是"放料代织"生产形态的情况。[3] 鸦片战争以后，随着"账房"制经营方式的扩展，导致了江南地区传统丝织业的质变。在江南城市丝织业逐渐由行会手工业向资本主义家庭手工业转变的同时，"账房"也在一步步地实现着自身的转化。

记事断至1911年的《吴县志》写道："各'账房'除自行设机督织外，大都

---

① 列宁:《俄国资本主义的发展》,《列宁全集》第三卷，第328页。
② 江苏省博物馆编:《江苏省明清以来碑刻资料选集》,《元和县为机匠王南观等借口减轻洋价集聚向机工庄上滋闹及张锦文借图苛敛良匠钱文晓谕》,道光二年（1822）六月十一日示,发机房殿刊立。
③ 详见王翔:《中国资本主义的历史命运——苏州丝织业"账房"发展史论》,江苏教育出版社1992年版,第70—71页。

以经纬交与织工，各就织工居处雇匠织造，谓之机户。"① 可见鸦片战争以后到民国成立之前，苏州丝织业"账房"中已经有"自行设机督织"的。这是一种值得注意的新情况，说明过去单纯散放丝经给机户加工代织的"账房"，有些已经开始直接购置织机，雇佣工人，开办丝织手工工场了。

其他历史资料，也证实了"账房""自行设机督织"情况的存在。1906年，驻苏州的日本领事在经济报告书中记载了苏州丝织业中的三种行当：一是"以其雄厚资本购入生丝，雇佣职工织造绸缎销售，该种生产组织为纱缎庄，又称'账房'"。二是"虽亦雇佣工匠，但主要以家人作为劳力，购入生丝织造销售，称为'现卖机'。盖其资本微弱，为购入原料，必须卖掉产品获得现金，故名"。三是"还有人称'机房'者，他们全无资本购买生丝，不得不接受'账房'的放料代织，只以获取工资为目的。"② 这里区分了三种不同的生产形态，而将"雇佣职工织造绸缎"的形态与"接受'账房'放料代织"的形态加以区分，说明这两种情况确实存在。

在另一份材料中，日本调查者则直接将苏州丝织业大致分为（1）"账房"直接经营丝织生产、（2）"现卖机"独立自营和（3）分散小生产者为"账房"代织这三种形态。③ 稍晚，日本人于民国年间对苏州丝织业进行调查，报告中提到一家益大绸厂，老板邓耕莘回忆其父原为揽织机户，"家中有六、七台木机，内有五台是花机"。通过及时更换产品、改进技术而积累起资金，光绪末年上升为"账房"主，一面放料收绸，一面在家中仍然设有丝织手工工场，雇佣着十二三名丝织工匠。④ 苏州丝织业历史档案中，亦有类似的记载：王义丰纱缎庄老板王兆祥"耗费巨资，购地建造工场房屋一所，在齐门路内三图寺桥浜北禅寺东，因新建尚无门牌，现在先招男工十名、女工三十名，业经试工出货，颇有成效"。⑤

---

① 曹允源等：民国《吴县志》卷五十一，物产二。按，民国《吴县志》于民国二十二年（1933）编辑，计事截止于1911年。

② 外务省通商局：《清国事情》第二辑第五卷，《在苏州帝国领事馆管辖区域内事情》，第一编，苏州，第19—20页。

③ 《支那经济全书》第十二卷，第二编，第三章，第一部，明治四十一年刊。

④ 小野忍：《蘇州の纱缎業》"附记"，《满铁调查月报》第二十二卷，第六号，1942年6月。

⑤ 苏州市档案馆藏：《王义丰纱缎庄建设工场织造花缎，请备案给予保护》的呈文。

类似的情况在其他一些江南都市也屡有发现。据对清末南京丝织业的调查，当时的生产形态分为三种：（一）被称为"号家"的缎庄直接经营丝织生产的形态，（二）拥有 4 台至 7 台织机的独立自营生产形态，以及（三）分散的小生产者接受"号家"的经纬原料代织绸匹的生产形态。[①]可见缎庄"号家"虽然大多仍是通过"放料代织"来剥削零散机户的剩余劳动，但有些已经"自己雇用工人织造"，直接组织丝织生产了。[②]

杭州的"绸庄"，有些还"兼营机坊"，"绸庄设有一切织造机具，直接雇工织造"。[③]1875 年时，著名的蒋广昌绸庄在放料收绸的同时，自己还备有数十台木机，自行雇工织绸。清朝末年，杭州、湖州等地分别出现了一些集中织绸的企业，如杭州的扬华绸厂、湖州的益顺绸厂，等等。虽然这些企业冠以"绸厂"的名称，但是它们"所用的织机都是旧式木机，停留在工场手工业的水平，而且在经营上并没有摆脱以绸庄为代表的商业资本的控制"。[④]实际上仍然不过是缎庄"账房"经营的一些丝织手工工场而已。

在这个问题上，值得注意的还有丝织"机房"经营规模的扩大，其中一些"机房"的规模可以说达到了手工业工场的程度。据日本人的调查，"揽织机户"承揽到工具、原料之后，再分给"机工"在各自家中织造，也有些"揽织机户"雇佣"机工"到自己家中织造，其交易过程和工资给付与"账房"与"揽织机户"之间的情况类似。[⑤]在前一种情况下，"揽织机户"成为商业资本和小生产者之间的中介人，通过他的活动，使包买商对生产者的控制落到实处；在后一种情况下，"揽织机户"则成为一个被商业资本控制的手工作坊主或手工工场主。

在 19 世纪末 20 世纪初日本人对中国丝绸生产所作的调查报告中，关于苏州丝织业这样写道："……织机多者一处二十台，织机少者只有二、三台，一般多为五、六台，基本上都是专业化经营，内部组织也有某种程度的分工。"[⑥]杭

---

①② 南京博物院民族组：《清末南京丝织业的初步调查》，《近代史资料》1958 年第 2 期。
③ 浙江省政治协商委员会：《浙江文史资料选辑》，第 24 辑，第 64 页。
④ 朱新予主编：《浙江丝绸史》，浙江人民出版社 1983 年版。
⑤ 小野忍：《苏州の纱缎业》，《满铁调查月报》，第 22 卷第 6 号，1942 年。
⑥ 峰村喜藏：《清国蚕丝业视察复命书》，农商务省农务局，明治三十六年（1903）年刊，第 248 页。

州丝织业的情况是："杭州人口为七十万，织机有三千台，年出产额约达三千万元。每家机户拥有织机二至三台，有织机十台者即为大机房。"①由调查报告的记载可见，苏州与杭州的情况虽然不尽相同，但是基本上可以说清末江南丝织机房的织机台数至少在二、三台以上到十余二十台。十余二十台者无疑可以说是丝织手工工场，那么设有二、三台织机的机房又如何呢？

如前所述，比较简单的丝织品的织造多用"腰机"，农村中的农家机户一般都是如此；而都市里、特别是江南丝织业中心城市，多织造比较复杂的高级丝织品，这就需要使用"花机"。一台花机至少需要2—3人配合，才能进行绸缎织造。以杭州的韩渭炳机房为例。该机房设有3台织机，有织工3人，挽花工（"绫工"）3人，缫返工（"纬繐工"）3人，管卷工1人，共计10人。②考虑到其中有相当数量的家庭劳动力，而机房师傅本身也可能参加劳动，所以尚不能遽定为丝织手工工场。但是，如果织机台数再有增加，假定设置织机5台以上，就至少需要有5名织工、5名挽花工、5名缫返工和一定数目的管卷工、掉纬工等参加劳动，而机房师傅此时也必须脱离生产过程，专门从事经营。这样，单纯依靠家庭劳动力也就不敷需要，必须雇佣相当的劳动人手，这恐怕就已经达到手工工场的性质和规模了。例如，南京机户胡仪隆，家有"四台花机"除了自己从事织造外，"另雇了七个工人"。③苏州益大绸厂老板邓耕莘，晚清时"父辈家中有六、七台木机，内有五台是花机"。④南京丝织业机户吕光茂，"在太平天国时期，他们一家人逃到如皋、泰州等地，自己打机子，雇工生产，同治八年（1869）回到南京，在石鼓路买了一座房子，打了八台织机，生活过得很富裕"。⑤又如湖北沙市的张积盛机房，设有织机7台，雇有再缫工16人，拈丝工2人，摇小车工1人，管卷工3人，捧经工1人，染色工2人，织工14人，挽花工若干人，共约40余人。⑥从雇工情况来看，张积盛一类的机房与杭州韩

---

① 峰村喜藏：《清国蚕丝业视察复命书》，农商务省农务局，明治三十六年（1903）刊，第246页。
② 峰村喜藏：《清国蚕丝业视察复命书》，农商务省农务局，明治三十六年（1903）刊，第247页。
③⑤ 南京博物院民族组：《清末南京丝织业的初步调查》，《近代史资料》1958年第2期。
④ 小野忍：《蘇州の紗緞業》"附记"，《满铁调查月报》第22卷第6号，1942年。
⑥ 峰村喜藏：《清国蚕丝业视察复命书》，农商务省农务局，明治三十六年（1903）刊，第251—252页。据该调查报告说，在丝价便宜、营业旺盛时，张积盛机房雇工曾多达百人上下，调查当时正值丝价高昂，营业不振，机台缩减，雇工也减少至50人。

渭炳、南京吕光茂、苏州邓耕莘一类的机房有所不同，"韩渭炳一类的机房，是把与丝绸织造直接相关的劳动者组织在一起的手工工场；张积盛一类的机房，则是把丝绸织造及其一部分准备工序都以分工合作的形式组织在同一个劳动场所里了"。①

综观江南丝织业发展的历史过程，直到清代前期，可以说基本上都是设置 1 台织机的个体小生产者，大约从 19 世纪中叶以后，随着整个中国社会经济形态的变化，丝织小生产者的分解过程加快，丝织生产的规模逐渐扩大，到 19 世纪末 20 世纪初，二三台乃至五六台织机的机房已经成为一般的经营规模。机房经营规模的扩大，必然导致雇佣劳动者人数的增加，而这些机房本身，又往往是在"账房"商业资本的控制之下，如同清末南京丝织业中的情况那样，机房的经营往往要与"号家"（即"账房"）订立一种名为"花股"的揽织契约，规定"一切根据本号号规办理"。②日本学者平濑已之吉亦曾将江南丝织业中"账房"与"机房"之间的关系，设想为包买主商业资本控制下的工场手工业。③这种现象，在东西方的历史上都是屡见不鲜的，"商业资本与产业资本之间极为紧密的联系，是工场手工业最为显著的特征之一"。④

江南丝织业"账房"由单纯"放料代织"向"自行设机督织"的演变，不仅是经营管理方式的一大转折，也是"账房"自身性质的一大变化。这些"设机督织"的企业，已经由原来的渗入生产过程的商业资本转化为比较完全意义上的工业资本了。加上这一时期丝织机房经营规模的扩大，雇佣人数的增加，在在表现出鸦片战争以后中国丝织业生产中资本主义关系的新发展和新变化。如果与西方资本主义发展的历史过程类比的话，大致可以说是相当于由资本主义的简单协作阶段（与此相应的是分散的资本主义家庭劳动）逐步向资本主义的工场手工业阶段（与此相应的是集中的资本主义手工工场）过渡。这是明清时期中国丝绸业中"资本主义萌芽"延续和发展的结果，是中国丝绸业近代化

---

① 横山英：《清代の都市絹織業の生産形態》，第 59 页。
② 南京博物院民族组：《清末南京丝织业的初步调查》，《近代史资料》1958 年第 2 期。
③ 平濑已之吉：《近代支那经济史》，中央公论社 1942 年版，第 317 页。
④ 列宁：《俄国资本主义的发展》，《列宁全集》第三卷，第 456 页。

过程中迈出的重要一步。

在"自行设机督织"的情况下，"形成了和独立手工业中，甚至和简单协作中完全不同的连续性、划一性、规则性、秩序性，特别是劳动强度"。[1] 这一方面使传统丝织业的劳动生产率得到了提高；另一方面也为"账房"提供了管理集中生产的有益经验，为其后丝织业生产组织和生产方式的进一步现代化创造了十分重要的条件。它预示着中国传统丝织业发展的方向，"它最初是自发地形成的。一旦它得到一定的巩固和扩展，它就成为资本主义生产方式有意识的、有计划的、有系统的形式"。[2]

需要注意的是，晚清缫丝业中工场手工业的生产形态与发展程度要远高于丝织业。在广东，有这样的史料记载：

> 至光绪末，全粤丝厂已有百一二十间。时又有矛结丝一类，与车丝并行欧美。其制法用脚踏机（即踞缫），虽规模略小，但女工多则百十人，少则六七人。然年中输出额，亦占粤丝三分之一。惜其工作不能画一，劣点极多，较之机器车丝，大相悬绝，故近来（指光绪末宣统年间）脚踏机丝绝迹于欧美矣。[3]

脚踏丝工场虽与机器丝厂相比尚较落后，以致产品难以在欧美市场立足，但仍在广东生丝总产量中三分天下有其一，成为粤省丝织生产的主要原料来源。在近代湖州地区的蚕丝业中，工场手工业也有所发展。据温鼎《见闻偶录》记载：太平天国后，湖州"又有缫丝厂收茧作丝，（蚕农）不缫丝可售茧"。[4]此时当地尚无机械联动缫丝车，可以断定这种"缫丝厂"是集合土丝车进行生产的手工工场。丝经生产扩大后，也有开设工场进行加工的情况，"有时丝行建立工场雇人进行这项工作"。[5]"复摇时，还有采用大车和小车之别"，到民国

---

① 马克思：《资本论》第一卷，第 383 页。
② 马克思：《资本论》第一卷，第 402 页。
③ 周朝槐等：民国《顺德县续志》卷一，第 26 页。
④ 温鼎：《南浔志》卷三十。
⑤ China's Silk Trade, p. 31.

以后才出现"采用电动大车"的情况。①

山东省和辽宁省的野蚕丝缫制业是手工工场集中的场所。"用满洲蚕茧缫制出口的野蚕丝是 70 年代开办的一项比较现代化的工业。从那时起,曾经有过相当的发展,现在还开着的蒸汽缫丝厂三家迄今还没有成就;但西式脚踏缫丝机久已普遍采用,代替了原来的土制手摇缫丝机,而且结果非常好"。②这种生产方式,当地称为"手纩",即手工缫丝工场。"所谓手纩者,系工人以足力运动纩机,此法虽旧,但廉而且便,非若汽纩之需费浩繁,是以此项手纩局愿出重资,以聘良工。因手纩最上之丝,售价可较汽纩最上之丝略高,故有时汽纩亏本,而手纩仍能获利也"。③

19 世纪 90 年代,烟台开始出现拥有上百台缫丝车,雇佣缫丝工数百人的手工缫丝工场。在 20 世纪初年山东省内兴办实业、挽回利权的热潮中,各地绅商把购置缫丝器械,开办缫丝工场作为一个主要的投资方向,遂使大大小小的缫丝工场在烟台如雨后春笋般涌现出来。1903 年,烟台有"机器纩丝局三家,手纩丝局十六家,计工人五千五百名。局中所雇工人,除供给饮食外,纺出丝每昂斯即七钱五分,发工资钱三十文。每人每年约纺出丝一百五十斤之谱,月可得工资十元,年终约可成丝八千二百五十担"。④1904 年,烟台"新设小纩(丝)房二处"。⑤1906 年,烟台的纩丝房已达 20 多处,除 3 家"汽机纩局"外,余均为手工纩房,"共用纩工八千五百名。本年出丝计有一万五百四十六担,其中径运外洋者,有二千二百五十八担"。⑥1908 年,烟台"又新设木纩纩丝房大厂两处"。⑦1909 年,烟台手工纩丝局增加到"三十八所,共用纩工一万七千名,集股本银五百万两,而纩丝局尚在陆续加增"。⑧到 1911 年时,烟

---

① 浙江丝绸工学院编:《浙江丝绸史料》(下),第 188 页。按:此处所谓"大车",系指引自日本的足踏缫丝车。1915 年,浙江省政府拨款,于吴兴、长安、石门、德清、嵊县设立 5 处"模范缫丝厂",采用"日本式足踏缫丝车"进行生产。可见所谓"模范丝厂"实际上也只是手工工场(参见浙江丝绸工学院编:《浙江丝绸史料》(下),第 189 页)。

② Decennial Reports, 1902—1911, Vol. I, p. 229.

③⑧ 《宣统元年烟台口华洋贸易情形论略》,《通商各关华洋贸易总册》下卷,第 23 页。

④ 《光绪二十九年烟台口华洋贸易情形论略》,《通商各关华洋贸易总册》下卷,第 13 页。

⑤ 《光绪三十年烟台口华洋贸易情形论略》,《通商各关华洋贸易总册》下卷,第 11 页。

⑥ 《光绪三十二年烟台口华洋贸易情形论略》,《通商各关华洋贸易总册》下卷,第 10 页。

⑦ 《光绪三十四年烟台口华洋贸易情形论略》,《通商各关华洋贸易总册》下卷,第 19 页。

台开工的缫丝工场"有四十家，雇佣工人一万四千人，年产一万四千担"，生产形态和工作方法上则"没有什么改进可供记录"。①综合各种资料，烟台缫丝业手工工场的繁荣殆无疑义。

需要指出的是，与晚清时期缫丝业的发展情况不同，从总体上考察，尚不宜作出这一时期中国丝织业生产已经达到了资本主义工场手工业阶段的结论。因为，直到清末为止，就"账房"组织丝织生产而言，"设机督织"的现象与"放料代织"的方式相比，还未占优势，还不很普遍，而仍然是"账房多系放料，交机工为其代织"；即便那些"自行设机督织"的"账房"，在直接组织丝织生产的同时，也还是"大都以经纬交与织工，各就织工居处，雇匠织造"。②仍然没有完全放弃传统的经营模式，尚未完全跳出商业资本控制丝织生产的固有格局，在江南丝织业生产中占据主导地位的，仍然是那种"账房放料，机工代织"的资本主义家庭劳动形态，即如当时的日本调查者所看到的，"'出机'（即'放料代织'——笔者注）制的生产形态占有着压倒优势的地位"。③

三、"账房"制经营的竞争优势与存在价值

包买主制生产经营方式的扩散、发展乃至占据统治地位，不仅是江南丝织业，也不仅是全国丝绸业，同时也是近代中国手工业生产领域随处可见的普遍现象。在近代中国的手工业生产中，包买主制经营已经成为一种极其重要的制度安排。④从清朝晚期到民国年间，商业资本广泛地进入了生产领域，几乎在各种手工行业中，都能够看到包买商们忙碌的身影。为了通过比较加深认识，在下面的分析中，引证的对象将不单单限于丝绸业的范畴，而会扩展到其他一些相关行业。

在当时的社会经济条件下，包买主制或商人雇主制生产经营方式似乎具有非同寻常的生存能力和竞争能力。以棉织业为例，有学者研究发现，如果不

---

① Decennial Reports，1902—1911，Vol. I，p. 229.
② 曹允源等：民国《吴县志》卷五十一，物产二。
③ 横山英《清代の都市絹織業の生產形態》，第28页。
④ 参见王翔：《近代中国手工业行会的演变》，《历史研究》1998年第4期。

向新式机器工业过渡，手工织布工场无法与包买主支配下的家庭手工劳动相竞争，所以很少能够在土布业生产的中心地区存身。例如，河北定县没有1家手工织布工场，却有45家纱布庄，控制着13 000家织户，在20世纪初年的生产兴盛期中，每年由这些纱布庄贩运出去的土布多达460万匹。①同时期内，宝邸县曾经一度出现过10余家手工布场，但是没有1家能够支持到5年以上，此后手工布场便在当地销声匿迹。②高阳县的手工布场也都不过是昙花一现，全县10 330台织机，占当地全部织机的65%，都是在80家纱布庄的包买主制度下运作的。③在几个土布生产中心之外，手工织布工场似乎显得比较容易生存，不过即令是在这些地方，手工织布工场也只能设立于城郊，而不是在乡村。之所以如此，主要就是为了避开在包买商控制下的农家土布生产的强有力竞争。④

据赵冈等研究者分析，手工织布工场竞争能力的脆弱，原因一方面在于它们没有现代化的设备，生产能力远逊于新式纺织厂；另一方面，它们又不像家庭副业的织布工作，可以不计较工资成本。手工织布工场是兼有两者之所短，而无其所长。在年景好的时候，手工织布工场勉强可以付出在最低生活费以上的工资，在两大集团竞争的夹缝中苟延残喘；年景不佳时，它们便难以生存，只能纷纷倒闭。⑤其他行业手工工场的尴尬处境，境况大同小异，诸如火柴业、花边业、草辫业、抽纱业、发网业等新老手工行业，也多有采用散工制经营的实例。⑥

---

① 张世文：《定县农村工业调查》，1936年版。
② 冯和法：《中国农村经济记》，1934年版。按：相反，据1923年统计，当年宝邸共有8 180台织布机，其中71.8%是在67家纱布庄的控制下进行生产的。
③ 吴知：《乡村土布工业的一个研究》，上海，1936年版。
④ 赵冈等：《中国棉业史》，台北联经出版事业公司1983年版，第235—236页。
⑤ 赵冈等：《中国棉业史》，台北联经出版事业公司1983年版，第235页。
⑥ 以上参见彭泽益编：《中国近代手工业史资料》第3卷，三联书店1961年版，第153—154页。按：实际上，这种情况在针织业中也很盛行。上海、浙江、江苏等地的针织厂商，均将手摇针织机租借给农户，发料收货，从织户的应得工资中扣取租金。20世纪20年代，上海地区的放料收袜以南汇县为盛，振艺商行曾经控制南汇家庭针织机的三分之一。以生产童袜著称的上海同兴袜厂，年销童袜25万打，其中四分之三就是由南汇县农家加工的（上海市工商行政管理局：《资本主义在我国民族工业中发展的三个阶段》，1963年打印本，第53页；转引自许涤新、吴承明主编：《中国资本主义发展史》，第二卷，人民出版社1990年版，第937页）。无锡针织业雇佣的3 000多名工人里，"泰半皆为散处工人，论件计资"（参见彭泽益编：《中国近代手工业史资料》第3卷，三联书店1961年版，第153页）。

江浙一带的丝织业中，这样的情况表现得尤为突出。时人考察江浙地区传统丝绸业的生产情况后说："以放机论，为苏缎历史上最久之习惯，于社会状况、地方情形最为适合之办法。丝织大宗，不外江浙，苏、杭、宁、镇、湖、盛，皆丝织最盛之区，即放机最多之处。"[①] 他们把这种早在明末清初即已出现的传统生产经营方式与欧美、日本的情况相提并论："按放机自织，即泰西、泰东家庭工业之一种，且为吾苏纱缎业历史上之习惯。在工人本身，兄弟妻子均可各事在家工作，自食其力，增进工人之生计；而厂方节省开支，并可减轻成本，借谋销路之轻便，得与外货争胜于市场。"[②] 如此这般的言论，可能包含着某种不得已的苦衷和历史的无奈，但也反映了丝织业者经过实践和比较之后所作出的选择。

在当时的生产条件和市场环境下，包买主式的生产经营方式确是体现和建立了一定的竞争优势。以丝织业为典型的各种手工行业不约而同地共同选择"散工制"的生产经营方式，很明显不是偶然的、随意的，而是经过了精明的算计，同时也是与近代中国的基本国情相一致的。这种资本主义性质的分散的家庭劳动，使工商业经营者得以实现劳动条件上的资本主义节省，并且可以更加广泛地控制和利用城乡个体小生产者的廉价劳力，对资本家来说，实乃一种更合算、更有利可图的组织生产和经营的方式。

交易费用经济学认为，不同交易因交易特性的差异，存在不同的交易成本，因而需要不同的制度安排或规制结构。威廉姆森曾经分析过交易费用产生的原因，认为资产专用性是其中一方面的重要因素。[③]

资产专用性实际上是一种"锁住"（Lock-in）。资产专用性是指某些投资一旦形成某种专门用途的资产，就很难改变为其他用途，如果要改变为其他用途，资产的转置价格（Salvage Price）就会低于资产的购买价格（Acquisition Price），从而造成经济损失。资产专用性与沉淀成本（Residual Cost）和准租金

---

① 苏州市档案馆藏：《江浙丝织业联合会刍言》，1927 年 10 月 18 日。
② 苏州市档案馆藏：《苏州铁机丝织业各厂告社会各界人士书》，1927 年 10 月。
③ 奥列弗·威廉姆森：《交易费用经济学：契约关系的规制》，载《企业制度与市场组织——交易费用经济学文选》，上海三联书店 1998 年版。威廉姆森用三个维度（Dimension）来描述交易的特性：交易的不确定性（Uncertainty）、交易发生的频率（Frequency）和资产专用性（Asset-Specificity）。交易费用受这些维度的影响。

（Quasi-rent）等有关，具体可分为五类：（1）场地的专用性（Site Specificity），指资产一旦投入在某一场所，就很难在地理区域上进行重新配置。（2）人力资本的专用性（Human Asset Specificity），指有特殊知识和技术的人力对原企业的依附性，一旦离开这个行业，可能导致自己人力资本的巨大损失。（3）物质资产的专用性（Physical Asset Specificity），指物质资产的特殊用途。（4）"献身"性资产（Devoted Asset or Dedicated Asset），如买方要求供方提供特别服务，这种服务需要买方增加另外投资，这种资产即属于此类。（5）商标资产的专用性（Brand Asset Specificity），商标是一种特定的无形资产，它是企业的一种积累。

就生产效率而言，专用性投资往往是必须的，但是由于专用性资产常常会带来"潜在的可占用性准租金"，所以可能导致机会主义行为的产生和交易成本的增加。① 正因为如此，包买主采用"放料代织"、"应销定货"等经营方式，避免了厂房、机器、工人等资本投资的沉淀，可以根据市场行情及时地扩张或缩减生产能力，却不必承担缩减生产能力时所要承受的厂房和设备损失，不用支付人员失业带来的各种费用。如果说，生产经营中的风险性成本很可能由资产专用性较强的产业主体承担，很可能由产业中处于"弱质"地位的主体来承担，那么，包买主制在市场竞争中的优势就是显而易见的。

20世纪20年代中期，有人专门比较了工厂化生产与散工制经营的利弊，列举了在包买主制经营方式下从事手工业生产的种种便利之处：其一，"不以厂屋为限，其机数即可随时扩充，则工业盛大，而工计亦宽裕，多放一机，则少一失业之工人"；其二，"放机不以籍贯为限，则土著客帮，概可领机。在土著则夫妇兄弟皆可勤动，在客帮则帮工伙友皆可合作"；其三，"该机掘沟、配件，手续简便，并不须高大厂屋，有屋者领机自谋，无屋者借厂安机，于工方并无困难"；其四，"领机者有极简便之契约，不须现金保证，工方无筹措资本之劳"；其五，"放机以后，在工方无赴厂奔走之烦，无时间束缚之苦，于生产上有进而无退"；其六，"放机亦为提倡家庭工业及自由工作，于工艺上有勤勉而无游惰，系增进工人之利益，非缩减工人之生计"。② 这些议论固然不无美化和拔

---

① 参见本杰明·克莱因、罗伯特·克劳福德等：《纵向一体化、可占用性租金与竞争性缔约过程》，载《企业制度与市场组织——交易费用经济学文选》，上海三联书店1998年版。

② 苏州市档案馆藏：《江浙丝织业联合会刍言》，1927年10月18日。

高传统手工生产组织形态的倾向，但也确实不乏符合经济学原理、适应近代中国社会现实的合理成分。

任何一种制度都需要解决两个问题：信息问题和激励问题。包买商支配下的家庭手工劳动，实际上是"产销合一"型的，它们不仅注重生产，更加注重销售。在传统丝织业中，清代前期即已经有"账房"制经营方式，鸦片战争后得到了进一步的发展。"账房"老板既是商人，又是企业家，在组织丝绸生产的同时，也经营丝绸的批发销售，与市场的联系异常密切，对商品的需求信息十分敏感，因此能够在其力所能及的范围内做到"以销定产"。近代史上，杭州的绸庄将过去的"放料收绸"改为"应销定货"，由加工变为定货，只订收适销的丝织品，就是为了更好地适应市场需要。苏州的天纶纱缎庄明文规定："本庄专造木机时式纯经缎，织机以二十只为度，如遇营业发达，由各股东酌量加增机数，总以销场为标准。"①这种"总以销场为标准"的经营原则，使得传统丝绸生产注意根据市场需求和定货多少，散放经纬，定织货匹，添减织机，这样无疑可以在一定程度上减少生产的盲目性和经营的随意性，避免产品的积压，加速资金的流转，从而实现"以销定产，大致平衡"。②

江浙地区的绸缎庄几乎"与全上海的绸布店大多有往来"。③长期工商两栖的身份，使得包买商已经把销售渠道深入到各地乡村集镇，形成了一个庞大而又极富渗透力的商业网络。许多绸庄布店都在大中城市和繁华商埠设立专司推销产品、承接定货的"分庄"。这些分庄是传递信息的灵敏耳目和进行产销活动的得力助手。它们雇佣着数目不等的推销人员，来回奔走，送货上门，还要与订货方谈判决定货价、货色和交货时间等等，然后迅即通知本店依样加工，按期交货。那些规模较小的包买商，即使无法在各地商埠开设"分庄"，也要千方百计地委托当地店家代理产品销售和接洽定货事宜，从而根据市场需求来组织生产。④

还有一个方面值得注意，那就是这些包买商或商人雇主同时也是产品质量的检验者和监督者。以江南地区的丝织生产为例。原先是兼业农民和城乡独

① 《天纶纱缎庄立合同议墨》，民国九年（1920）四月吉日，藏苏州市档案馆。
② 《苏州纱缎业同业公会致江苏省总商会函》，1930年6月14日。藏江苏省档案局。
③④ 参见小野忍：《杭州の绢织物业》，《苏州の纱缎业》，《满铁调查月报》第23卷2号，第22卷5号。

立小生产者的"挨家挨户"生产，然后拿到市场出售。由于丝绸长途贸易和出口贸易的发展，这种生产组织形式显露出它的短板。"挨家挨户"的手工制作存在着产品质量参差不齐的问题，这给长途批量交易带来了一定困难，所以产生了对绸匹进行统一整理加工的技术需要。随着交易量的不断增加，这种技术处理能够获得规模经济效益，从而诱致产品质量检验机构——在某种意义上即纱缎庄——的出现。可见，手工业品的小规模生产与贸易规模化经营的矛盾，是诱致商业资本进入生产过程的根本原因之一。因此，近代中国丝织业乃至各行各业中的包买主制、商人雇主制等组织的产生和蔓延，自有其合理性和必然性，也就是说，近代中国手工业组织方式的演变是对传统手工业小生产组织制度路径依赖的结果。

所有这些，在激烈的市场竞争中无疑是极为重要的。诺斯将交易成本视为一种信息成本，指出信息成本是交易成本的核心，它由衡量所交换物品价值的成本、保护权利成本以及监督与实施合约成本等所组成。[①] 张五常也说："交易成本可以看作是一系列制度成本，包括信息成本、监督管理的成本和制度结构变化的成本。简言之，包括一切不直接发生在物质生产过程中的成本。"[②] 江浙丝绸业（也包括各地土布业）中的许多手织机户，宁可放弃独立生产者的地位而甘愿置身于包买商的控制之下，就是为了想要得到这样的市场信息。在这个问题上，19 世纪末 20 世纪初美国传教士明恩溥（Arthur H. Smith）在鲁西北地区的所见所闻，也从反面提供了有力的证据。他观察到，当地手工棉纺织业之所以衰落，原因在于"批发商的代理人已经不像过去那样再露面了"，因而"当地产品已经没有了市场"。[③] 后来的一些研究者也都"强烈地感觉到"：不是机纱和机织布进口到了植棉区，而是这些地区正在失去它们的外部市场（大部分在北方和西部地区），才造成了这些地区传统手工棉纺织业的衰落。

经济学说史上，熊彼得（Joseph Alois Schumpeter）以其著名的"创新"（innovation）理论而独树一帜。经济学上所指的"创新"（innovation），范围远

---

① 参见科斯：《论生产的制度结构》，中译本，上海三联书店 1994 年版，第 360 页。
② 张五常：《中国的前途》，香港信报有限公司 1985 年版，第 177 页。
③ 明恩溥：《动乱中的中国》，纽约，1901 年版，第 1 卷，第 91 页。

比一般所说的"发明"（invention）宽泛得多。在熊彼得的理论架构中，经济研究的核心问题不是均衡，而是经济结构的转变。他坚持认为，"创新"——企业家利用资源，以新的生产方式来满足市场需求——是经济增长的原动力。正是由于企业家的创新行为和冒险投资，才造成了人类经济福祉的提高。熊彼得曾列举了"创新"的五种主要形式：（1）新产品的发明，（2）新方法的采用，（3）新市场的开辟，（4）新产业组织的推行和（5）新原料来源和半成品来源的获得。

与之比较，不难看出近代中国丝织手工业基本上还是沿用传统的生产经营方式，在推动产业组织创新方面也许成效不大，但是，在发明新产品、开辟新市场和获取新原料等方面，则发挥了较大的能动性。以上所述包买主们不遗余力地开辟市场，在某种意义上与熊彼得给予高度重视和高度评价的"市场创新"差可比拟。包买商们风尘仆仆地奔走各地，为的就是保住原有市场，开拓新的市场，而经济学的理论认为，在新的市场上，即使是旧的产品，也会取得与推出新产品非常相似的效用。熊彼得指出，一旦创新者证明了他的创新方法有利可图之后，其余的人就会群起效法，从而激发出"创新的丛生"（clustering of innovation）。

熊彼得认为，创新是企业家的天职。他提出了作为一个企业家所必须具备的能力和条件：（1）发现投资的机会，（2）获得所需的资源，（3）说服别人参与投资，（4）组织这种企业和（5）具有担当风险的胆识。以这些标准衡量起来，那些由流通领域进入生产领域，采用包买主制经营方式从事生产的商人，虽然还有种种缺陷，但可以说基本上还是具备了熊彼得所谓企业家的条件的。事实确是如此，有了资本和劳动等生产要素之后，还必须有人将之组织起来。实际上，生产何种产品，如何进行生产，如何确定价格，怎样寻找市场，怎样建立营销网络，等等，都不是简单之事，必须有非常专业的人才能将之付诸实施。在实际运营中，包买主正是其间承上启下、运筹帷幄的核心人物。①

与此同时，包买主投下资本，组织生产，希望能够制造产品，销售牟利，但

---

① 参见王翔：《"账房"析论》，《中华文史论丛》，上海古籍出版社1987年版。

是从组织生产开始到获取利润为止的漫长过程中，包买主将不可避免地面对形形色色的风险，包括生产过程中的产品质量风险，销售过程中的市场波动风险，开拓市场时的同业竞争风险，以及其他各种各样的风险，如天灾人祸，政治动荡，战乱兵燹，等等。历经种种意料之中和意料之外的风险之后，包买主才会享受到姗姗来迟的收益，而在此期间，可能早已有许多企业由于无法承受某些风险而归于倒闭。难怪有人说，成功企业的利润来自于其他失败者的损失。仔细想来，似乎也不无道理。用熊彼得和奈特（Frank Knight）的话来说：企业的利润主要来自创新活动和承当风险的报酬。①

无论从经济理论还是社会现实来看，对于包买主们的牟利之心都无需过多指责，一般而言，包买主在组织生产上的贡献显然要大于他们的道德欠缺。以丝织手工业为例，首先，包买主以丝经配发给织户，等于是发放短期信用贷款，为小手工业者提供了必不可少的生产原料和流动资金，使得生产能够不致中断。由于丝织品原料生丝价格昂贵且不断上涨，每家丝织机户均须预备相应的流动资金，对于一般织户而言，实在是一个不轻的负担，而现在这一负担由包买主承当了过去。有时，包买主们甚至还直接以信用贷款的方式资助城乡丝织手工业者购置生产工具。也有一些绸商，自己购办织机，租给农户使用，待农户织成绸匹上缴后，偿还织机代价。这种情况，在江苏南京、苏州和浙江杭州、湖州、嘉兴等地的丝织行业中是屡见不鲜的。②

晚清时期中国社会经济的发展变化，以及现实存在的市场基础，使得包买主制生产经营方式在各种手工行业中迅速蔓延，成为瓦解传统行会手工业的至关重要的力量，"可以说，是产品的包买者与原料的配给者共同造成了行会手工业的崩溃"。③也正因为如此，商业资本向手工业生产领域的渗透，便成为

---

① 弗兰克·奈特（Frank Knight），美国芝加哥大学经济学教授。
② 在某些特殊的手工行业中，如上海、广州、北京、沈阳等地的金属制作和木器雕刻业中，商人组织和支配生产，甚至成为维系行业生存的前提条件。因为"这些手工行业产品的加工完成，需要很长的时间。一件产品的成功，往往需要耗费二三年时间以上。这些手工行业与商业结合在一起，或者从属于商业，实在是这些手工行业得以维持的前提"。这些手工行业特殊的技术要求和生产特点，使其不适应大规模的工场制经营，"说也奇怪，这些传统手工一旦需求激增，采取大规模工场生产的话，其产品的样式和质量往往也就随之下降，其结果反而是这一手工行业的堕落和败坏"（参见《支那行会手工业的运命》，《满铁调查月报》第 13 卷第 8 号，第 216 页，1933 年）。
③ 《支那行会手工业的运命》，《满铁调查月报》第 13 卷第 8 号，第 216 页，1933 年。

手工业行会组织所极端恐惧而又深恶痛绝的事情。长期以来，在我们的历史研究中，似乎也是自觉不自觉地站在了行会手工业者的立场上，对包买主制经营方式采取强烈批评的态度：一方面，指责它不如工场手工业来得进步，并未触及旧的生产方式；另一方面，则指责它在旧的生产方式的基础上剥削手工劳动者，使独立小生产者"沉沦"为实际上的雇佣工人，"使他们所处的条件比那些直接受资本支配的人所处的条件还要坏"①。其实，无论从历史主义的原则出发，还是从经济学的理论着眼，这个问题都值得重新探讨。

首先，在晚清时期，中国资本主义机器工业的发展极其缓慢，极不充分，根本无力消纳已经过量存在、还在每日每时不断涌现的"产业后备军"；此外，各地的城镇周围还散布着大量亦工亦农的手工业生产者。②他们并未完全割断与土地联系的脐带，多是农忙耕种，农闲做工，所谓"丝织业各工大都半农半工，农隙则出货较多，农忙则出货稀少"，③正反映了这一部分劳动者的身份特征和工作特点。各地农村里，更存在着大量的剩余劳动力，他们没有机会被大都建立在城市里的近代工厂所雇佣，而仍然信守着传统的生产经营习惯，从事着这样或那样的丝织手工业生产，比较容易为商业资本的触须所缠绕和控制，从而为商业资本向手工业生产领域的渗透，为包买主制生产经营方式的生长，提供了一片天然肥沃的土壤。通过这种生产经营方式的作用，在商业、手工业资本家的干预和组织下，大批城乡小生产者都被吸收到资本主义关系的网络中来，使得中国资本主义生产体系的包容范围大为扩展。

其次，更为重要的是，个体小商品生产者的市场销售范围，至多不过方圆百里，否则就会由于成本太大而造成不经济。与之相比，包买主开辟的商品市场则跨州越省，甚至远及海外。这对促进生产扩大和经济发展、以及刺激新的生产方式的产生，所发挥的作用是不言而喻的。

再次，从各地丝织行业的情况来看，包买主实际上还大都执行着产品质量管理的功能。他们向织户规定产品的式样与规格，拒绝收购难以脱手的劣货，

---

① 参见马克思：《资本论》第三卷，第374页。
② 例如，30年代期间，苏州丝织业从业人员中，农村专业者为20%，农村副业者为50%，城镇专业者只占30%（见苏州市档案馆藏：《苏州手工丝织业土特产生产概况表》，1936年）。
③ 苏州市档案馆藏：《吴县纱缎庄业同业公会致吴县总商会函》，1933年4月4日。

从而使得众多分散的丝织手工业者能够制造出比较标准化的、有市场销路的产品。"产销合一"的包买主的商人身份，使其对于市场动态极为敏感，能够在越来越激烈的商品竞争中掌握瞬息万变的市场动向，及时向小生产者传递市场情报，而这是极为重要的。晚清时期江苏、浙江等省丝织手工业中，不是包买商迫使独立小生产者向雇佣劳动者"沉沦"，而是许多独立织户纷纷要求加入包买主制度，原因就在于他们想得到这样的市场信息。江南地区的丝织业中，一些尚维持着独立地位的"现卖机户"，往往也是如此。

历史地看，这正是手工业生产形态演变的一个必经过程，"如果不把为包买主的工作与资本主义发展的一定时期或一定阶段的整个工业结构联系起来，要了解这种工作的意义是不可能的"。① 究其实，这种"放机"制或曰散工制的生产经营方式，可以认定为资本主义家庭劳动的一种表现形式。这种性质的城乡家庭副业，"与那种旧式家庭工业除了有相同的名称，再没有别的共同点。它现在已经变成了工厂、手工业工场或商店的分支机构"。② 机器工厂、手工工场和包买商通过加工、定货、包销等形式，支配着城乡的家庭手工业，把它们逐步地纳入了资本主义体系的范围和轨道，"在资本主义工业结构中起着很重要的作用"。③

总而言之，西方国家的产业发展是在重商主义制度安排下，经过资本原始积累并实现商业资本向产业资本转移而达到的。近代中国手工业是沿着一般产业形成与成长的路径而发展的。就这种产业发展路径而言，产品加工业和商业组织的发展，其资本的积累及反哺对产业的转型升级是至关重要的。包买主制度及其所反映的商业资本产业化趋势，是对传统小农经济制度和手工业生产方式路径依赖与国内外市场容量扩大双重作用的结果。从历史上看，这种制度变迁的初期有其必然性和合理性，它是解决小生产方式与贸易规模化经营的矛盾，以及与当时单一手工单位人力资源和信息资源不足的情况相适应的一种制度安排。

---

① 列宁：《俄国资本主义的发展》，《列宁全集》第三卷，人民出版社 1959 年版，第 501—502 页。
② 马克思：《资本论》第一卷，人民出版社 1963 年版，第 497 页。
③ 列宁：《俄国资本主义的发展》，《列宁全集》第三卷，人民出版社 1959 年版，第 502 页。

本章小结

众所周知，关于中国资本主义发生、发展史的研究，已经持续了很长时间。关于中国资本主义的发生和发展，不仅是明清史、中国工业化史研究中的重要课题，也是整个中国历史研究中的重大课题之一，如果不能对这一问题给以准确并具体的把握，也就无法理解中国历史整个构造的变动趋向。因此，关于中国资本主义发生和发展史的研究，在中国历史的研究中，实处于一种不容忽视的基础地位。

鸦片战争之前，中国丝织业、主要是江南丝织业中已有"账房"商业资本渗入丝织生产过程的现象出现，但属新生事物，所占比重甚微。鸦片战争以后，商业资本进入生产领域迅速扩大，导致中国传统丝织业生产经营形态发生相应变化，商人控制生产现象的扩张成为其主要特征。晚清时期的国际国内环境和社会经济条件，为中国丝绸业中新的生产关系的生长，提供了比以往较为适宜的氛围和土壤，使其由明末清初稀疏的萌芽状态逐渐发育滋生，"账房"式经营在中国丝织业、尤其是江南丝织业中全面推开，在数量和质量上都比战前有了很大发展，成为一种普遍的生产经营方式。

有一种具有代表性的观点，认为外国资本主义的入侵摧毁了中国的资本主义萌芽，中国资本主义的产生是"欧风美雨波及的结果"，判定"曾经在部分手工业和商业领域孕育的资本主义萌芽，接踵枯萎凋谢，得以幸存的为数不多"。这种说法，对某些行业或许如此，但对另一些行业来说则不尽然，应该具体情况具体分析，不能一概而论。江南丝织业"账房"在鸦片战争以后的发展表明：清代前期已有资本主义萌芽的那些手工行业，虽然有一些被外国商品所取代而夭折，但也有一些维持下来并继续发展；虽然有一些在洋货的排挤下一蹶不振，但也有一些在新的环境里走向繁荣，并且将在其后条件具备的时候进一步向机器工业过渡。后面，我们将会看到这一点。

比较起来，中国丝织业"账房"采取的"放料代织"制度与日本历史上的"赁机"制度，颇有几分相似。日本学者指出："所谓赁机制度，是从'机业家'

处接受加工过的原料，或接受加工过的原料和机具，取得一定的工资，在自己的居处从事织造的制度。在这样的制度下从事劳动的人称为'赁织者'。赁织者中有些拥有自己的织机，但是大多是从机业家处租借，然后再用机业家供给的原料从事织造，领取工资。"① 从这里，不难看出日本"机业家"与中国丝织业"账房"之间的相似之处。

其实，类似于中国和日本丝织业中的情况，实际上在早期的欧洲国家也是广泛存在的。马克思曾在《资本论》中论述过法国里昂和尼姆丝织业的情况："这里分工的原则有其特点。虽然那里有缫丝女工、纺工、染色工、浆纱工以及织工，不过他们并没有联合在一个工场里"。直到"动力织机在这些工厂里已经得到了应用，并且很快就把手工织机排挤掉"以后，这种情况才发生了根本的变化。② 研究欧洲资本主义发展史的费尔南·布罗代尔也指出：15 世纪到 17 世纪时，资本家有兴趣购置利益颇丰的土地，也有欲望在城市倒卖房产，还可能谨慎而再三地涉足工业领域，"但是，意味深长的是，除了个别例外，商人对于生产体系不愿入股，而是满足于使用把活计外派到承揽人家中去做的办法，即 putting out（即'出机制'——笔者注）的办法，来控制手工生产，以便保证更好地销售。与工匠和 putting out 系统相比，工场直至 19 世纪只不过是生产领域中的一个很小的部分。"③ 由于丝织生产的特殊技术要求，即使在西方资本主义先进国家中，丝织业也是较迟实行机械化生产的行业，直到 19 世纪中叶以后，才有动力丝织机的发明和推广，丝织行业分散生产的面貌才逐渐得以改观。

这种情况，体现了马克思所区分的资本主义生产方式两条产生途径的不同之处。在"商人直接支配生产"的情况下，在一定时期内，"它不变革生产方式，只是使直接生产者的状况恶化，把他们变成单纯的雇用工人和无产者，使他们所处的条件比那些直接受资本支配的人所处的条件还要坏，并且在旧生产方式的基础上占有他们的剩余劳动"。④ 问题在于，中国丝绸业中"账房"的发

① 本庄荣治郎：《西阵研究》，大正二年（1913）刊，第 222 页。
② 马克思：《资本论》第一卷，第 374 页。
③ 费尔南·布罗代尔著，杨起译：《市场经济与资本主义》，《天涯》2000 年第 2 期，第 153—154 页。
④ 马克思：《资本论》第三卷，第 374 页。

生和发展，是历史传统和社会现实共同作用的结果，是江南地区丝织业中"资本主义萌芽"长期发展的产物，也是当时的社会经济条件所能提供的较优选择，所有这些，决定了中国丝织业向资本主义生产方式的过渡，不是经由"生产者变为商人与资本家"的途径，而主要走的是"商人变成资本家"的道路。

在 putting out（出机制）和手工工场之间，似乎不应随意做出谁好谁坏的简单价值判断。只有一点是肯定的，作为封建社会内部孕育着的资本主义生产关系的萌芽，它们都有自己产生的土壤、存在的合理性、特定的时代和社会意义，他们同样都将在造就自己的那种特殊历史文化环境中，发挥酵母作用，不断地侵蚀和瓦解旧的生产方式，导向新的生产方式。

第八章
机器缫丝工业的发端及成长

　　鸦片战争以前,在中国丝绸行业的蚕桑、缫丝、织绸三道主要工序中,只有江南地区一些城市的丝织业里孕育着新的生产关系的胚芽,尽管蚕桑和蚕丝生产的商品化程度日渐提高,但蚕桑业和缫丝业仍然一直牢固地结合于小农经济的内部,停留在小农个体经营的阶段,尚未出现过养蚕与缫丝相分离的现象。鸦片战争以后,国际市场的竞争压力,迫使中国的蚕丝生产逐渐根据欧美市场的需求,改变传统的生产方式和流通结构,渐由蚕区农家副业生产向近代工厂制生产转化,即近代机器缫丝工业的兴起。缫丝业中的近代化趋向,事实上是由三股力量推进着的,尽管它们可能各自怀有大异其趣的主观动机,但造成的结果却有某种一致性。在此基础上,形成了晚清时期中国机器缫丝工业的区域分布和产业格局。

第一节
振兴蚕丝业的论争及其意义

　　进入19世纪70年代中叶,中国生丝在欧洲市场热销的盛况陡然发生改变,以往"西商皆踊跃争买,今年则观望不前"。① 中国出口生丝的价格不再像60年代那样一路上扬,开始大幅下挫。1873年,上海白丝价格每担为500海关两,1874年剧跌为300海关两,1875年进一步跳水为285海关两,此后虽有回升,但一直维持在300海关两上下波动。与60年代大多数年份及70年代初相比,中国优质生丝的价格跌去了三分之一,品质较次的生丝更是乏人问津。

生丝是中国赖以维持贸易平衡的主要输出商品,时人对此有清醒认识:"中国所产出洋诸货,可抵换泰西运来各货者,莫重于湖丝。计每年所出,不下二千万银之数。观此,则丝业岂非大项重利所关系,亦非细故也!故湖丝一业,万不可不细加讲求。"② 生丝出口的价跌量减,带来的直接后果势必是国际贸易收支平衡状态的不复存在。中国的外贸收支开始由出超变为入超,其后的国际贸易赤字更是逐年增加,而且增加的幅度逐年扩大。③

生丝外销的不振及其由此造成的国际收支的逆差,引起了中国朝野各界的震惊,一时间,人们怀着强烈的危机感,提出了形形色色振兴丝绸生产,改善国际贸易的方案。从70年代中期到80年代前期的大约10年间,以《申报》为中心,发表了一系列反映各方面观点的文章,展开了如何振兴丝业、挽救国粹的热烈讨论。从某种意义上,这场讨论可以说是中国现代缫丝工业即将或正在破土而出的一次舆论准备,是推动中国传统缫丝业现代转型的一场观念变革。

根据文章的内容和发表的时间,这场讨论大致可以区分为三个阶段。

一、危机意识的初步形成

(一)生丝外贸危局乍现

1873年7月5日,《申报》刊出《湖丝减价滞销说》,先以具体数据论证了"近年外国湖丝之价,较前大减"的事实:

---

① 《湖丝减价滞销说》,《申报》1873年7月5日。同文载:当年有船装运湖丝运往伦敦,只有区区1300包,其中尚有1000包"系华商托西人先行运往代售者,西人自购装去者,仅三百包而已"。

② 《湖丝减价滞销说》,《申报》1873年7月5日。

③ 杨端六、侯厚培等:《六十五年来中国国际贸易统计》,中华民国国立研究院社会科学研究所1931年版,表1、表4、表5。Decennial Reports, 1902—1911, Appendix, Trade Statistics 7. Forty Years Value of the Principal Foreign Import, 8. Forty Years Value of the Principal Articles of Chinese Produce.

查去年此时，"春翎"牌价五百二十两至五百二十二两，在伦敦之价二十六先令，且甚易于销售。目今上海价银四百两至四百零五两，申与伦敦二十先令相合，而伦敦市价亦仅二十先令，而且难于售卖。故上海各行家，去年此时惟存七千五百包，今年则有九千包至一万包也。去年西商皆踊跃争买，今年则观望不前。日前公司船之载往英国者，共一千三百包，内一千包尚系华商托西人先行运往代售者，西人自购装去者，仅三百包而已。①

文章继而分析了"湖丝之价减滞销"的原因所在："其故有二：一因各处所产之丝渐多，泰西各种绸匹较前精巧，不须全用湖丝。且从前丝价过昂，今不全用，是以湖丝渐滞。一因现今外国各织房织绸，皆丝纬而布经，故所用丝骤减其半。然用他物以代丝，不过暂易时式耳，倘丝价渐廉，势必仍归旧制。若丝价日昂，则布经既便而用丝日少矣。"②就此，该文揭示出一个值得注意的现象："盖西人向来织绸，经线粗纬线细，今日经线既不以丝，则粗丝为无用，所用惟细丝而已。此事之利害已大可验矣。"③明确指出中国生丝规格已有不合西国织绸之用的趋势，并以伦敦市场上粗、细各丝的销行情况作为例证：七里丝四、五号为粗丝，1872 年库存 7 502 包未销，1873 年库存未销量增至 15 430 包；大蚕粗丝 1872 年库存 4 122 包未销，1873 年增为 6 288 包；同样作为粗丝的广东蚕丝 1872 年库存 5 899 包未销，1873 年增为 7 938 包。与之形成对比的是，细丝的销行情况明显要好：七里丝一、二、三号为细丝，1872 年库存未销量为 2 929 包，1873 年降为 2 594 包；日本"所出皆细丝"，1872 年库存未销 8 870 包，1873 年则降为 6 993 包，情况尚好于七里细丝。因而文中警告："是亦明用他国之丝，而渐弃中丝之一证也。操此业者，可不慎乎！"④

何以若此？该文慨叹："吾中国奈何不设法权变，以求供世用乎？""于抽丝之时何不精益求精以成为细，而置其粗乎？"文中强调丝业对于中国经济地位之重要，对于国际贸易关系之重大，必须随时权变，"细加讲求"："中国所产出

---

①②③④ 《湖丝减价滞销说》，《申报》1873 年 7 月 5 日。

洋诸货,可抵换泰西运来各货者,莫重于湖丝,计每年所出,不下二千万银之数。观此,则丝业岂非大项重利所关系,亦非细故也。故湖丝一业,万不可不细加讲求,查近考远,究微推广。"①

1874 年,生丝外贸情况并无起色,"今岁蚕丝之耗折,更甚于茶"。2 月 13 日的《申报》文章《论今年各丝业》分析了造成"丝业非常大损之势"的缘由:

> 缘今年新丝初到上海之时,以丝之价值,较前更廉,贸丝诸客,多不愿在上海售销,后已历时三月之久,丝价仍无起色。诸丝客不得已始托西商,代寄外洋,另觅售主者,共丝万包有余,计值价银约三百万两余。兹闻所寄之丝,已售者仅三分之一,而亏折本银,为费甚巨。统计之,则价银百两有亏至十两至十五两者不等。其余仍然居积不售,将来亏损之额多少,尚未可测也。今据外国新来信息,外国市面仍旧阻滞,照前概无转移之机。②

国际市场丝价低减和丝销阻滞,连带影响到国内生丝市场一片萎靡不振:

> 今年丝业,实为非常大损之势也。非但泰西市价之不佳也,即由产丝之地运至上海,除初次之丝,偶尔小得利息外,后到之丝,无不折本,惟大小多少不一耳。先是市面传闻,办丝成本,各价俱廉,是以初次之丝,得有利息,故诸客以为今岁丝业,颇为稳当,倘使偶有变更,必能有涨无落,定可多沾余润,故于产丝之地,办买者甚众,私心揣测,谅断不至亏折,可以高枕无忧。继而上海忽传意大利国,丝收歉缺,于是上海丝价陡长银五十两。皆曰:"西国丝市,大有转机,此后不可复如先日贱售。"以故产丝之地,其价亦至大昂。及至各丝陆续运至上海之日,始知先时所传之言,皆属子虚,所办之丝无不折本。故凡上海今岁贸丝之客,大约均经极受其累。所有本银仅在四五千两之谱者,皆将歇业,不克支持其失,其情

---

① 《湖丝减价滞销说》,《申报》1873 年 7 月 5 日。
② 《论今年各丝业》,《申报》1874 年 2 月 13 日。

良可悯矣。①

文中惊呼："夫丝茶者，实中国最重之土产，亦出洋最大之货物，乃历年之情形如此，而今岁更甚于前，若今年之丝价，更属从来所未有，岂非贸易场中非常之大变乎！"②丝市不振，势必会对蚕丝产区的民众生计产生严重影响，尤其是苏南四府和浙西三府，"七府之地，蚕桑之利，数倍于农。七府钱漕之重，甲于天下，承平之世，民力已不能支，所赖者茧丝丰稔，获利较厚，尚能弥补耳。向来七府所产之丝，实能甲于四海五洲，今闻泰西之境，已有数国产丝，其丝也不亚于七府所产，故中国之丝，至于滞销跌价如此。将来若无转机，七府之民力，更将不堪矣"。作者对此忧心忡忡："此固关乎天下之大局也，岂徒七府诸民之不幸哉？丝乎，丝乎，吾甚为尔危矣！"③

（二）西方烘茧技术的首次介绍

蚕丝业面临的危局，使得有识之士开始探索摆脱危机的道路，传统生产方式既然已经在危局面前欲振乏力，那么，"他山之石"便开始进入人们的视野。1874年7月15日，一篇名为《论西国治蚕茧法》的文章于《申报》刊出，第一次在中国对"西国治蚕茧之法"进行介绍和论说：

虫在茧窠之中，须治之死，而后可以抽丝，其法共有数种：照节候天气为主，当日光旺盛之时，可以不用人手，其法择清爽无云之天，将茧晒在日之逼光处，约日中四点或五点中之久，然后用粗布包起。其布已晒一样热者，择黑布为上，以便多吸进热气。照此做法，数天以后，其中之虫便死。然恐无验，将数个茧窠剥开，及以引针刺入试看，倘内无活气，则必尽死无疑矣。更有节便做法，必须用人手者，以滚水蒸，或以火炉烘。人用火炉烘者居多。虽滚水蒸可用便捷器皿，工夫较速，丝经亦少损坏，而人用者恒少焉。其用炉烘也，将茧窠放在浅长之篮内，上面空一寸为度，先用物盖没，后以布包其火炉之热处，以篮摆好，不能过一定限制，须与烘馒首刚熟拿出相等。其虫要烘一点钟时候，拿出试验，每篮

①②③ 《论今年各丝业》，《申报》1874年2月13日。

之中间，倘虫已死，则在外面近热气者必尽死矣。其篮于移下之时，以毛布或绒单包好，每只迭起。倘烘已得法者，其绒必满，湿气不见，湿则必烘。太过或不足之故：太过则茧已先干，故湿气不能透出；不足则热气烘得太少，不能透入滴下虫之水汁，如此者虫不能使死，故至好须限定热气之分寸，不多不少，是为至要，不然柔丝皆损坏矣。于是人多有再用滚水蒸以代者，然既已弄坏，亦徒觉多事而难言成效耳。其滚水蒸之一法，用一只大木器倒滚水，在内二尺深内以木格子盖没，离水面一寸，其格子底用粗而多孔之布，以便易透滚水气，将茧窠放在上面遮好，以待水凉再换滚水。如此接连两点钟时候，虫大约都可死矣。倘滚水连次倒下，则不消数分时候而已可完毕矣。其茧窠于拿出木器之时盖好，照烘法一式当心，渐渐待至于凉，然后摊开，将一切湿气晒朗至干斯可矣。①

治茧为缫丝之前道工序。诚如文中所说：论西国治蚕茧之法，为的是"以便预备抽丝也。"之所以不厌其烦地介绍和评论西方先进国家的治茧技术及原理，是因为"每见中国产丝之区，其治丝也，多夹杂龌龊，推其故，由于抽取太急。盖中国人于蚕茧方成之时，即欲抽取以做生丝，未免过为性急，宜其丝内多有损坏也。如能照西法治之，则断无此等弊矣"。②作者相信："如依之而行，则其茧可以放置数月之久，待至治丝人得暇，然后当心抽取其丝，抽出可以一根到底，一样柔细，毫无断续杂乱，以及打结等弊。"③这表明，一些先进人士已经对中国蚕丝业传统技艺的有效性产生了怀疑，他们已经开始把消除中国丝业弊端、扭转丝业不振局面的希望寄托于引进西方的制丝技术。④

---

①②③ 《论西国治蚕茧法》，《申报》1874 年 7 月 15 日。

④ 正是在《申报》刊出《论西国治蚕茧法》后的一年左右，中国近代著名科学家、时在上海江南制造局翻译馆任职的徐寿，利用西方的治茧方法，开发出蚕茧的杀蛹、干燥技术，排除了在蚕区以外设立缫丝工业的一大障碍，从技术上确立了在远离蚕茧产地的上海经营现代缫丝工业的基础（North China Herald，1875 年 4 月 1 日，参见孙毓棠编：《中国近代工业史资料》第一辑，上册，第 68 页）。19 世纪 70 年代中期中国蚕茧产区烘制干茧的技术取得突破，这成为近代缫丝工业得以确立和发展的一个重要技术基础。"丝业中已发明长期贮茧以待缫制的方法。这是使缫丝业能够成功的一个最重要因素。"与此同时，专收蚕茧烘制储存，运往上海以供丝厂原料之需的新型茧行，也已经在蚕茧产区出现，且数量和范围不断扩展，这也解决了运营新式丝厂所面临的原料供应的难题。

（三）生丝外贸体制弊端的揭示

在蚕丝生产技术上寄望于"照西法治之"的同时，时人在蚕丝贸易体制和机制问题上，人们也开始进行改弦更张的摸索和思考。1874 年 7 月，《汇报》刊文《丝茶宜出洋自卖论》，对现行丝绸贸易体制所存在的一些弊端进行反思，呼吁华商自将丝茶出洋销售。7 月 16 日，《申报》登载《书〈汇报〉丝茶宜出洋自卖论后》一文，在肯定前文"所论各情，亦足征识高言正"①的同时，也指出其与现实脱节的软肋，"顷阅《汇报》载列《丝茶宜出洋自卖论》一篇，所论各情，亦足征识高言正，但中国士与商分，著论者士也，而于商情仅知其所当然，尚不知其所以然也"，从而以熟知商情者的视角，对丝茶出洋自卖的"果能照行"提出切实建议：

首先，对华商在蚕丝贸易中存在的"作伪"、"掺杂"等习惯行为深恶痛绝，对这些作弊手段带来的恶劣影响深以为患。"以丝论之，各商见货易销，作伪特甚，遂有掺杂之事，货既不高，而价亦必减，势也，亦理也。而且近日印度等国，其所出之丝，生质既美，拣选亦精，反出于中国之上。目下中国之丝，尚能售卖者，因外国所产尚未多也，倘外国所产，足敷各国之用，而中国之丝恐渐滞销，岂仅耗折乎！"②

其次，列举了蚕丝贸易中存在的中外商人之间的隔膜与分歧，尝试分析其原因："夫中西通商，事体各异，华商则有行规，西人则各行其是，安能不歧？而言语不通，主客相见仍须藉人说价，安能不隔？"在这种情况下，"即令丝茶各商自行运往外国亲卖，于用丝食茶之人，仍须仰仗通事也"。这种中外之间各行其是、言语不通只能仰赖买办的贸易机制如不加以改变，中外蚕丝贸易便如盲人摸象，全凭运气，"历来西人在中国买丝，其价每与英价合算，则每包每高十两二十两不等，盖西商互相争买，故至如此，西人亦自知为笑柄，不过欲赌英价之高昂而已，英价若能果昂，始可获利"。否则，便只有亏折一途。市场乱象愈演愈烈，不仅华商深受其害，连洋商、甚至大洋行也都免不了遭此牵累。"查丝业连四年以来，虽偶遇有小利，然每年合算，而大折竟似成例，上海洋行因此倒者不下十余家，即如前报所载有大洋行亏空。盖因前年装丝至泰西，每

①② 《书〈汇报〉丝茶宜出洋自卖论后》，《申报》1874 年 7 月 16 日。

百两折本至三四十两，岂尚有沾益之处乎?"①

再次，指出"自运丝茶出洋贩卖"陈意虽高，但所提办法却未触及核心问题，不能给予此事推行以切实助力。"论中所言先出告白、招人代卖等事，亦何尝不可行，特无从向人先行汇银耳。试思中国丝茶各商，非皆有家资巨万也，或向钱庄挪移，或向银行借贷，货至上海，即须卖出归还，安能俟伊海外归来再行清款乎? 故古人言多钱善贾，良不诬也。论中所言果能照行，何尝非生财之道，但未深知商贾之三昧耳。"②这个关键问题不解决，"丝茶出洋自卖"就只能是一个空洞的口号和虚幻的理想。

又次，就《汇报》时论中所谓"转托驻上海之西商汇洋代售"的提议，也给出了否定的回答:"盖中国丝商，已连四年经往转托西商代卖，独不记西人在会审署迭控索赔亏项于华商乎? 故丝商之贸丝上海者，少有不痛念其事矣。今反以为沾利之业，吾想诸商亦不愿再沾此类之利也。"③围绕着蚕丝"寄番"的做法及其所带来的纠纷与争端，已经成为中国商人的痛苦记忆，无不视之为畏途，岂能重操旧业，再蹈覆辙。

《申报》指出，在以上种种问题没能得到有效解决之前，空言"丝茶出洋自卖"并无实际价值。况且"西商自行贩卖，亦未有不亏折也"; 同理，"即令华人自往外国，恐亦难免折耗也。"因此必须"慎之又慎"。④

总的来看，这一时期《申报》关于中国蚕丝业面临危局的揭示和论述，基本上局限在历年的产量、价格以及市场需求状况等，对欧洲先进蚕丝技术的介绍和评说，也只停留在收获蚕茧后实行杀蛹上。实行杀蛹固然是一项重要的技术改良，可以无须在收茧后的短期内匆忙缫丝，使之全年都可进行，从而避免断丝、打结太多等弊病，提高生丝的品质，⑤但是，"蚕茧杀蛹只是工厂化缫丝生产的一个步骤而已，欧洲生丝的高昂市场价格说到底是来自现代机械缫丝业的新兴生产方式，这些关键的内容，不幸被疏忽了。"⑥

当时，欧洲的蚕丝业已经开始了现代工厂制的机械化生产，法国、意大利

---

①②③④ 《书〈汇报〉丝茶宜出洋自卖论后》，《申报》1874 年 7 月 16 日。
⑤ 《论西国治蚕茧法》，《申报》1874 年 2 月 12 日。
⑥ 铃木智夫:《洋務運動の研究》，汲古书院 1992 年版，第 298 页。

处在蚕桑业和缫丝业技术创新的最前列。运用蒸汽动力进行机械缫丝的蒸汽缫丝厂（steam filatures）于19世纪早期出现，成为欧洲生丝在质量上确立对中国生丝优势的主要凭据，使得意大利北部和法国南部成为世界上最重要的高品质生丝的生产地和出口地。中国生丝要与欧洲生丝相对抗，光靠整顿贸易秩序是不够的，还必须学习和采用欧洲生丝生产的科学技术和现代化的生产方式。遗憾的是，当时的人们恰恰在这一点上表现得比较迟钝和麻木。

二、探索丝业整顿之法

（一）"信义通商"规范的提出

1875年，上海出口的白丝价格跌至每担285海关两，首次跌倒300海关两以下，1876年迅猛回升为443海关两，"于疲敝之后，忽然高昂，三阅月中，业此者罔不得利"。①70年代前半期的忧患意识和危机言论因此缓和下来，渐告平息。其后，丝价又开始了新一轮的连续下跌，1877年为340海关两，1878年为330海关两，1879年只剩321海关两，形势重新变得严峻起来。"丝茶两项，为中国通商出口货之大宗，而丝茶商人，亦为中国生意绝大之资本。以此抵洋布、洋药等输入，向足相埒，而近年出入对核，每年或少四五百万至于千万不等。"②严峻的现实逼迫人们思考：中国的生丝出口仍然未能从70年代中期以来的低迷状态中摆脱出来，中国的外贸收支平衡也迟迟未能恢复，且有赤字日益增加的趋势，原因究竟何在？如何加以补救？

1879年8月23日，《申报》刊载《书低茶案略后》一文，对中外贸易的现状表示深深的担忧：

> 盖中外交易最大，鸦片及丝茶而已，近年以来，鸦片则岁必加多，而丝茶乃久无起色。出入之数不能相抵者何也？前数年外国考出中国绿茶之弊，谓绿茶颜色青嫩，乃是绿礬制过之故，红茶尚无甚弊，自此说盛传

---

① 《书低茶案略后》，《申报》1879年8月23日。
② 《论整顿丝、茶两市》，《申报》1881年2月6日。

而茶市遂年不如年，销路既狭，作价又贱，竟无起色之望矣。丝则前年于疲敝之后，忽然高昂，三阅月中，业此者罔不得利，而其后反复，亦正太捷，卒至亏折而后已。自此又疲至今日矣。闻上年有人以丝寄番者，盖丝商搁本太多，不能转运，特向驻沪英商筹借若干金，而丝则先载出洋，俟外洋有人买去，得价几何，寄信来沪，然后结清此账。不意寄番之丝，出洋后又不即卖去，存栈数月，而此丝已气蒸色变，缘包内着水之故也。似此情形，岂非中人贪鄙，自绝于他国之人，使其相戒不敢买货乎！而犹望生意之起色，繁盛于前，尚可得乎？①

作者对这种"不顾大局自坏声名之事"痛心疾首，认为这是导致"近来丝茶两市清淡至此"的原因之所在，并把这种欺诈行为与"中国人心"和商人习气联系起来：

中国人心险诈百出，而生意道中为尤甚。市中买卖，货色之高低，价值之涨落，随人而施行，迄无一定，大抵见异乡人则肆行骗诈，或本地懦弱者，亦往往吃亏，此风各直省无不皆然，故招牌最正者，莫不以划一不二、童叟无欺，榜以示人，而招主顾者也。可知经营之人，敦信义、秉至公者亦大难其人焉。中国与外洋交易，从前未立码头，皆内地商人在港澳之间过船为市，尔时内地情形，各国未能深悉，所需之货，洋商不惜重价以购之，缘内地商人作此生意者，不过数家，无贬价相争之风气，故道光以前，粤商所获之利甚多，然犹有欺诈之时，以致英商领事照会中官，诉陈欺骗，请饬赔偿之案，是中国生意人之习气，最为变坏。自互市以来，中外情益亲密，人心风俗，已能彻知，获利于洋人者，又觉极微，于是机械变诈，层出不穷，所谓信义者，竟全不知，洋人乃日防中人之欺，中人亦愈谋洋人之利，而贸易场面因之萧索，耗费亏折之家，倒闭脱逃之户，岁必数十见矣。②

①② 《书低茶案略后》，《申报》1879 年 8 月 23 日。

为了减少和防止生丝贸易中的欺诈行径和紊乱状态，以维持中外贸易之大局，作者谆谆告诫："信义通商，人无不知，况与外洋人交易，尤宜公道。苟有差错，微特见人情之险诈，为他国所轻；且有关国体之荣辱，为他国所訾。"①

（二）整顿丝业市场的动议

眼看日本、意大利等国在国际生丝市场上成为中国生丝的强劲对手，中华利源逐渐为外洋所夺，有识之士无不忧心忡忡，认为其中一个重要原因"究由中国商人不自认真挑选所致"。②连时任直隶总督、北洋通商大臣，实际掌控清政府洋务新政的李鸿章在"条陈时事"时，都"以此为一叹"。他"行知各府道，转谕集思筹议"，寻求挽救之法。1881年2月6日，《申报》登出《论整顿丝、茶两市》一文，以作响应，"谓此当能洞见事理，揭其弊之所在矣"。③

> 近年洋商由中国贩丝出洋，积而不售之故，实缘出洋之丝，囤积日久，间有霉烂变坏、不能应用者，以故外洋各商家，皆不敢轻易购取，因而"寄番"者有先收洋人之银而后来折阅，为洋商控追者，业丝之人至于不敢"寄番"，囤货不出，终年听庄息而一旦倒盘，而丝业由是愈坏矣。④

文章指出：蚕丝"体轻而价贵，掺水于丝，则分两成包而货实短缺矣，而孰意其霉坏也。"认为这是"中国商人自作其弊，而洋人不敢多买之由也。以入抵出，而不能与洋药相埒，又何足怪也耶！"⑤人们注意到，外国商人对中国商人本来就抱有不信任感，中国丝商中害群之马的欺诈行为，越发增加了外国商人对中国生丝品质的疑虑。要想扭转生丝出口不振的困难局面，就要消除外国商人的不信任感，而要做到这一点，首先必须使中国生丝名实相副、品质精良。为了增进生丝的品质，人们曾经尝试了种种办法，但是都由于成本过高而作罢论。因此，若想提高生丝品质，降低成本是必不可少的，生丝生产和流通的成本固然应当节省，各种捐税负担也必须加以轻减。⑥

值得注意的是，论者对时下寄希望于官府遏阻丝茶贸易中欺诈行为的言论

---

① 《书低茶案略后》，《申报》1879年8月23日。
②③④⑤ 《论整顿丝、茶两市》，《申报》1881年2月6日。
⑥ 《论整顿丝、茶之法》，《申报》1881年12月4日。

颇不以为然:

> 窃谓此种弊窦,非商人自行稽察,而欲官为之查,以补偏而救弊,亦大难事。夫以丝茶售价抵出口之银,此谋国者所当知,而商人勿与焉。商人各有帮伍,而自利其利,但求洋商为其瞒过,以低货得重价,谁复计及于他。防洋商之窥其弊端也,而官又何从约束之,使不撒水而加色乎?故欲二事之无弊,认真整顿以渐释洋商之疑,使销路仍如从前,惟有责成丝茶行栈,凡遇撒水之丝,染色之茶,则概不与配洋庄,务使洋商之所购者皆选过上等之货,行之数年,然后外洋共知,中国近年之丝茶,不若曩日之多弊,放胆购置,即不能随贩随销,而苟有洋商贩去积存外洋,或中国商人托送外洋寄番者,皆得历年既久,不坏不褪,则洋人自能释然于心,争相购用,而丝茶两业或者犹有起色未可知也。盖官为禁止,不能胥商人而示以利害,即不能代商人以操其出入,弊之有无,本难周知。①

论者并以蚕丝厘捐为例,指出"官为经理之不可恃":

> 即如厘捐一项,浙西、吴下皆产丝之区,自乡人数筐之蚕,至于成包捆载,业此者不可胜计,而又质轻价贵,捐项最大,乃内地捐数与海关出口之数,往往不符。出口者有一万,捐厘者止八千,此中弊窦,非漏捐而何?然而宪委缉查,每岁循例必有之,何以不能缉出某家漏捐若干哉?盖委查丝捐乃宪恩调剂差使,并不实事求是,但持宪札至各丝行栈,投一名帖,而行栈照章送礼,即属完事也。即此一端,已可知官为经理之不可恃也。②

通过抽丝剥茧,层层深入,自然会对官府在生丝贸易上所起的作用产生怀疑,加上当时出国访问和出洋游历者渐多,海外的社会和政治风习也渐渐为国人所了解,遂使人们把目光集注到了"官""商"关系之上。《申报》开始从中西

---

① ② 《论整顿丝、茶两市》,《申报》1881年2月6日。

"官""商"关系的不同来探究中西丝绸产销的差异了。文章指出：在西方资本主义国家，"商"无处不受"官"之保护，只要对振兴输出有利，"官"即尽心竭力加以培育，以供"商"之利用。反观中国，"官""商"却是背道而驰。"商"所从事之事，"官"不去关心和了解；"官"所进行之事，对"商"不仅无益，相反徒增苦痛。商人中有只顾眼前利益而损害通商大局者，"官"却全无知晓，漠然置之；官员中亦有采取非法手段横征暴敛者，"商"却全无求告之所。

文章认为，中西之间"官"的这种不同，是中国工商业难以与外国竞争的根源所在。因此，要想振兴贸易，就必须改造迄今的"官""商"关系，使官、商结为一体，互为助力。例如，敷设铁路可以便利商品的运输和买卖，建设电线可以使商人迅速交流市场信息，整修水陆交通可以便利商品的往来运输，等等，这些均为有利通商的长久之计，官、商宜同心合力进行。而对有害通商活动之事，则应尽快加以清除。例如，所到之处厘卡遍设，苛索留难，商人不胜其烦，对通商活动妨害极大，"官"应尽早大加削减。若有不法商人弄虚作假，"官"也应严厉处罚这些害群之马，使之不致贻害大局。只要中国的"官""商"关系照此办理，中国商人的信誉也就不难恢复，通商大业自会振衰起颓。①

在这种情况下，问题的解决，弊端的克复，以及产业的振兴，都离不开行业的自律，而在实际上也已有了成功的经验。"去腊闻得丝业董事议定，自设一局，选用司事十六人，以二公正之绅分统之，遇有漏捐丝包，则缉出归局议罚，凡宪委之员及公局巡丁，概不与闻。其立法颇为妥善，所愿试行之初，酌定章程，勿懈勿徇，则庶乎漏捐之弊可绝，而出口之数可查矣。丝既如是，茶亦应尔。"②论者言之谆谆："吾愿两帮商人仿此查捐之法，以整顿丝茶货色，而大通商之利，慎勿出自官办，而致虚应故事也。"③

这种"专责重权于公所"的思想，当年末《申报》发表评论再次加以强调：

新丝出市，某路之丝合于某处销场，贩者洞悉情形，分别种类，以至上海，入栈配销，苟非洋商之所欲买，即不相强。若与洋商成交，其货逐

---

① 《论整顿丝、茶之法》，《申报》1881 年 12 月 4 日。
②③ 《论整顿丝、茶两市》，《申报》1881 年 2 月 6 日。

一验视，勿使稍有掺杂，尤不可有著水等弊。内地丝客之取巧，则上海丝栈监督之；丝通事之舞弄，亦丝栈查察之，而皆专责重权于公所。如此则庶几尚有起色，不使洋商藉口也。①

在论者看来，中外蚕丝贸易中欺诈行为之所以难以杜绝，其原因端在于人性的自私与不顾大局，"夫人情先私而后公，易分而难合，彼以低货售者，非不知通商大局实有攸关，第自为之心既胜，则毫不顾全局，以为我止售我之货，他人之货，我不计其疲滞否也，我且自幸今年生意之有利，将来之衰旺，我更不暇谋也。噫！使凡为客商者，皆如此存心，则丝业大不可恃矣。"这种现象迁延日久，终至造成严重后果，"虽然此等华商亦非不知丝茶疲滞之由，第人心不齐，不能一致整顿，洋人一启疑窦，虽百口辩白，不能使之相信也。然业丝茶者，诚大可危矣！"②

（三）对"良材""巧工"的向往

论者意识到："近年中国丝茶生意日小一日，非产丝茶少于曩年也，实外洋之丝茶胜于华产，而转运近便、水脚减价又省于中国，故洋商不如曩年之踊跃也。"而造成"外洋之丝茶胜于华产"的原因，则与国人对丝茶国际贸易的现状及中国丝茶在国际贸易中的地位认识不清，以为非我不可有着重要关系，"盖华人自恃丝茶之为我产，通商之局不变，则二者实为外洋必需之物，不患其不买也，故于交易之时，恒存轻易之见，而从中机械变诈之人，颠倒货物之高下，播弄价目之涨跌，以为牟利自有捷径，而岂知洋商渐启猜疑，且有外洋货物与之比较，因而华人设彀以待洋商者，洋商亦以观华人销路之滞，价目之疲，职是故也。"③

现实情况是，中国丝茶资源禀赋的独占性及产业优势正在丧失，且情形愈来愈危急，"中国通商之利，当以丝茶为大宗，而独不能禁外洋之仿种丝茶，此其利所以有日绌之势也。"④针对时人对国外蚕桑种植和蚕丝产出的抱怨与指责，论者做出了不同的解释：

---

①②③④ 《论丝、茶二业整顿难易》，《申报》1881 年 12 月 17 日。

溯中国蚕桑之利，纪载可考，由尧时禹治水任土作贡以来，亦越四千年矣。据《禹贡》所云：自以兖州为上，而扬、荆次之，此在中国九州以内，尚不能遍兴其利，何况外洋。然元入分藩，印度、中国始有本棉。窃蒙元以前，天下所衣被者，麻枲以外，丝而已矣。孟子言：王政五十衣帛，庶民之家已是如此，则古时丝亦不甚贵重，民间皆可自致，惟其无木棉，故蚕桑之利溥也。丝之矜贵，盖始于木棉入华之后，凡沿海沙壤原隰之地，皆种木棉，于是丝少而绢益贵重，此风相沿，不啻以外洋之俗变中华，然则又安能禁外洋之效中国哉。是故木棉之入华，与今日外洋盛养蚕丝，皆地利之所不能限，而良材巧工有以致之也。①

势已至此，既然不能禁止外洋仿种丝茶以杜绝"分利"，那么如何才能保证在竞争中立于不败之地？论者提出"天时"、"地美"、"材良"、"工巧"四个必须加意讲求的方面："夫天有时，地有美，材有良，工有巧，四者相须而成，不能偏废。"而四者之中，尤以良材、巧工为具有决定意义："中国本无木棉也，外洋本不知育蚕也，若元之前棉种早入中国，及海禁之开，不待本朝而前代已行互市之法，则华之育棉，洋之产丝，地利固无不宜也。吾以是知有良材巧工而地固无处不美也。"②从而提醒人们重视生产优良的蚕茧，采用精良的缫丝技术。

在这一阶段整顿生丝贸易中紊乱现象和违规行为的论述中，人们寻求得到清朝政府的某种支持，但同时又拒绝官府深刻介入丝绸贸易的流通过程，而是明确主张由传统的商业行会组织"丝业公所"来唱主角。③他们希望不断强化行会制度对生丝流通过程的控制，彻底实行行业组织对生丝贸易的种种规范，也就是说，利用传统行会组织的制约力量，一方面限制那些作为中外商人之间中介的"丝通事"、洋行买办从中营私舞弊，另一方面控制那些将生丝从产地运到通商口岸城市的"内地丝客"，防止其弄虚作假。④由此可见，丝绸业界虽然需要政府的支持，但并不乞求国家权力对丝业整顿的直接干涉，而是寄希望于

---

①②④ 《论丝、茶二业整顿难易》，《申报》1881 年 12 月 17 日。
③ 《议整顿丝、茶二市》，《申报》1881 年 2 月 6 日。

同业行会和丝绸商人所具有的维持秩序的自律性能力。这反映出商人行会既与官府相互依附，又与政权保持一定距离，力图以自己的力量维持商品市场秩序的传统。

值得指出的是，在摸索"整顿丝、茶之法"，振兴中国生丝出口贸易的问题上，这一阶段的讨论开始指出了新的方向，表现出一些新的特点，即认识到了西方资本主义国家与中国的"官""商"关系有很大不同。"中国的'官'仅仅以征税的形式与'商'的经济活动发生联系，始终是作为'商'的掠夺者出现，而欧美诸国的'官'则对从事海外贸易的本国工商业提供保护，实行的是推进产业发达和振兴输出的政策。两者之间，迥然有别。"① 同时，人们已由两者之间的差别，看出了中国商人在与外国商人的苦苦竞争中失败的必然性，从而明确地提出，转换中国传统的官商关系是振兴中国丝绸贸易的必要前提。应该说，这样的论调，一面继承了中国传统的"诚信通商论"的基调，另一方面也开始具有了适应时代变化的新内容，反映了新兴资产阶级的阶级利益和政治要求。

不难发现，在这一阶段，人们的认识基本上还停留在比较肤浅的层次，所提出的振兴生丝贸易的对策，大多仍是就事论事，以整治生丝贸易中的商业欺诈行为为目标。例如，针对不法商人滥冒商标，以加水加湿来增加蚕丝重量，往优质名牌产品中混入杂物等等行径，提出必须严格进行生丝品位的甄别和等级的区分；生丝必须依照等级分类捆包，同时贴上与生丝质量相符的商标；以"信义"为重，励行与外商之间的公平交易，以恢复外国商人对中国生丝以及中国商人的信任，等等，② 主要考虑的是如何使蚕丝贸易中的商业欺诈行为有所收敛，弄虚作假行径有所减少，以"敦信义、秉至公"，实现合乎理想的中外"信义通商"。

这些整顿丝业的主张，对于减少和防止生丝贸易中的欺诈行径和紊乱状态，应该说能够起到一定的作用，但是只从流通过程而不从生产过程来探寻生丝出口不振的原因，则可以说仍然是治标而非治本。中国生丝价格下跌和销路不畅的根本原因，在于传统的土法缫丝难以保证生丝的质量标准。这个问题在

---

① 铃木智夫：《洋务運動の研究》，东京汲古书院 1992 年版，第 307 页。
② 《议整顿丝、茶两市》，《申报》1881 年 2 月 6 日；《论丝、茶二业整顿难易》，《申报》1881 年 12 月 17 日。

欧洲蚕病猖獗，世界生丝市场供不应求之时尚不尖锐，但到 70 年代后，一方面欧洲蚕病克服，蚕丝生产元气恢复，产量大增，品质提高；另一方面日本生丝异军突起，在国际市场上与中国生丝展开激烈的竞争，问题就变得日益突出起来。[①] 虽然提出"天时"、"地美"、"材良"、"工巧"作为整顿国内蚕丝生产的目标，但由于对中西双方在生丝生产方式上的巨大差异缺乏清醒的认识，因而未能看到振兴中国丝业、改善国际贸易的关键所在，以为只要整顿了生丝市场交易秩序，遏制了生丝贸易中的种种不法行径，传统土丝的对外贸易就能迅速走出低谷，重新焕发往昔的荣光。事实证明，这种美好的愿望只是不切实际的幻想。

三、为机器缫丝鼓呼呐喊

（一）机器缫丝利耶？害耶？

时至 1882 年，上海的新式缫丝厂已有三四家开工运转，尤其是浙江丝商黄宗宪创办的公永和丝厂于 1881 年建成开业，设置丝车 100 部，引进法国高水准缫丝技术设备，生产的"优等丝"专供出口欧美。[②]一时间，新式缫丝工厂颇有星火燎原之势，对新型缫丝机器和新型产业组织的宣传介绍也就提上了日程。1882 年 2 月 5 日，《申报》发表《机器缫丝说》，为采用机器进行缫丝大唱赞歌，论证引进国外机器缫丝工业的必要性和紧迫性。由此，引发了一场激烈的论争。

《机器缫丝说》首先回顾了上海机器缫丝工业产生和发展的过程：

> 丝或有未尽匀净之处，外洋销场或因此而滞。故前者西人有缫丝机器之创，怡和首先举办，开局于徐家汇，而其行尚未广也。旗昌洋行继之，设机于苏州河北岸，僦屋开办，其成丝速而且匀。现又闻湖丝帮中与公平洋行商办，合伙开设缫丝机器局，凡收丝诸客，但须收买蚕茧，即用机器

---

① 《论近年各国丝业》，《申报》1874 年 2 月 13 日。
② 参见陈慈玉：《近代中国的机械缫丝工业（1860—1945）》，台北"中央研究院"近代史研究所专刊（58），1989 年，第 16 页。

缫出，不必由乡间缫成而后发卖。已于虹口建造广厦，规模极其宏敞，每日需雇用女工至三百余人。近又闻怡和洋行复于新闸上购地，将拟大举其事，骎骎日广矣。①

接着，针对时人以为机器缫丝妨害内地缫丝女工的论调，《机器缫丝说》从几个层面加以批驳：

> 或以为机器之用，固为神速，然未免有妨于内地女工。乡人出丝时，每家日需女工数人或十数人不等，合一府一县而计之，其用女工当不下数万人，而机器局所用，如公平洋行一处，至多不过用至三百余人，且机局皆在上海，上海患女工之少，而内地女工转无所用之，不亦大可虑乎。不知此正无须过虑也。近来养蚕之家，非不欲多养蚕，多成丝，而或苦于人手不给，如另外雇人，则其价每人必须每日三百文，加以供膳之费，其供膳又须精美，稍不当意，辄悻悻以去，以故养蚕之家，不敢多雇人工，而情愿减少其养蚕之数。养蚕既少，出丝亦不多，是因人工太贵而咸减其自然之利也。今若缫丝之工可省，则乡人但须一意于养蚕，向之养十箔蚕者，可以养至二三十箔；向之收百斤茧者，可以收至二三百斤。养蚕愈多，收茧愈富，以雇人之工资购买桑叶，而蚕无饿毙之患，以做丝之工程专心看蚕，而丝有倍蓰之获，则亦何碍于内地女工？不特无碍，而且有益矣。②

论者进一步指出，机器缫丝不仅无妨于内地女工，对于上海女工更是大有裨益，推而广之，对于内地女工之生计亦为有益而无害：

> 机器做丝，虽或妨于内地女工，而实大有裨于上海女工，以上海一隅之地，而缫丝之机器后先竞爽若此，将来知此举实有利益，必更有继武而起者，其需女工也益广，则是寓居上海之妇女，从此又得一项出息，将来内地女工如患无工可做，亦不难群赴上海以谋生计，虽道里太遥者或有所

---

①② 《机器缫丝说》，《申报》1882 年 2 月 5 日。

不便，而利之所在，人争趋之，恐来者亦必不少，是上海之女工，亦不必虑其欲雇而无人也。①

最后，《机器缫丝说》归纳了手工缫丝之弊与机器缫丝之利，指出了机器缫丝取代手工缫丝的合理性与必然性：

夫人工做丝，由来已古，机器之用，至近日而始兴，人工所做之丝，粗细不匀，用时仍须转手，机器所做之丝，洁白匀净，可以无须转手，此虽由于西人之巧思，而实亦以中国人工不能尽善之故也。中国人工所成之丝，倘能加意讲求，随时考究，粗则一律皆粗，细则一律皆细，丝缕轻重从同，丝色洁白无玷，则西人亦必乐于现成购买，何必再行穷思极想，造此机器？乃中国之做丝，虽所费不赀，而丝则愈出愈劣，西人购去之后，患其不适于用，于是设法制造机器，以补其不逮。及机器成丝，果觉匀净，逾于人工，因推而广之，竟以此代人工之用。机器之用广，则人工由是益穷，殊足为华人惜。然西人之心思，愈用愈巧，机器之功用，愈制愈精，织布尚可以机器为之，则缫丝之器，又何足异焉。②

论者断言：

吾知由怡和在徐家汇创始以来，旗昌与公平洋行接踵而起，其事之便利，人所共知，至今日而益复推广，将来收丝者，但须收茧，不须再收已成之丝，其便利有益甚者。以后推行，当不止上海一区已也。昔人有言：事半功倍。以机器缫丝，诚哉事半而功倍矣。华人其亦多养蚕以供机器之用，而益裕其利源也哉。③

《机器缫丝说》的发表，其对机器缫丝有利于民生的大力辩解，对采用机器缫丝的大声呼吁，在社会上产生了巨大影响，也招来了一些质疑、批评、反对

①②③ 《机器缫丝说》，《申报》1882年2月5日。

乃至詈骂。6月2日，有署名"海上散人"者在《申报》撰文《机器缫丝为害论》，集中表达了社会上对机器缫丝的负面看法。细审文意，以"海上散人"为代表的反对意见，主要集中在以下几个方面：

一是机器缫丝"夺小民之利"。

> 尝读《左氏传》至《臧文仲妾织蒲》一事，君子曰"不仁"，盖因鲁为礼之邦，文仲身居卿相之位，使妾织蒲以夺小民之利，书曰"不仁"，诛其心耳。然文仲之妾不多，夺民之利无几，君子尚且曰"不仁"，何况今世有甚于此者。何也？方今有人，四出收茧，在上海用机器缫丝者是。……要知小民育蚕成茧后，亦须雇人缫丝，其间因趁工糊口者，亦复不少。今用机器，则民利尽夺矣。①

二是机器缫丝"规避捐输"。

> 要知南五省饷糈，全赖丝捐为大宗，而丝捐之最盛者，莫过于嘉（兴）、湖（州）两府。盖嘉、湖产丝，皆会销上海，每届蚕丝上市，先捐后售，每包照章，毫无短少，报效国家，不谓不厚。乃近来有等候补人员，曩者捐官时原想得缺后可发大财，岂知人员济济，非惟无缺，抑且无差，百计苦思，思得一获利之途，每届于蚕茧出产之时，四处搜罗，载至上海，购办机器，缫成丝斤，卖与洋人。买茧时既无厘捐，成丝后又不报行销卖，无须完捐，售与洋人时，丝本在申，亦无落地等捐。是此种之丝，不费分文捐钱，人工皆雇年轻妇人，何止数百，获利甚大，非但有害国家捐务，抑且侵夺民间之利，为害甚巨。……闻本年又添丝车数千，无论城乡市镇，遍处设行，广收蚕茧，任意缫丝出售，计在并不完捐，可以夺尽民利。②

三是机器缫丝败坏社会风气，"以年轻妇人久住在申，贻害更无所底止"。③
"海上散人"之流运用中国传统文化中的"义利之辨"作为批判武器，对方

---

①②③　海上散人：《机器缫丝为害论》，《申报》1882 年 6 月 2 日。

兴未艾的机器缫丝之举深恶痛绝，咒骂道："今若辈身为有职人员，不知励精图治，报效朝廷，乃作此逐末之事，较之妾织蒲一事，实下万万倍矣。谓为'不仁'，不足以蔽辜，当曰'不成人'可耳！"① 尤有甚者，文中所谓近来有等候补人员，曩者捐官时原想得缺后可发大财，因其计不售方"搜罗蚕茧、购办机器、缫成丝斤，卖与洋人"者，指的正是上海第一家民营丝厂创办人黄宗宪。黄宗宪创办的公和永缫丝厂此时刚刚开业，"海上散人"者流散布舆论，危言耸听，实际上是向官府举报和告发，企图耸动官府，把机器缫丝事业扼杀在萌芽状态："吾意夺民利者犹小，将来日甚一日，民间只可卖茧，年轻妇女尽至上海，农事尽弃，丝捐亦从此删除矣。惟愿当道者留意察之，幸勿以刍荛之言为赘焉。"②

以"海上散人"为代表的"机器缫丝为害论"及其耸动官府扼杀机器缫丝的意图，引起机器缫丝事业支持者们的警惕，他们迅速做出反应，两天后，《申报》即刊发《书机器缫丝妨利论后》一文，对"机器缫丝夺民之利"的论调加以驳斥。

> "散人"所见，其亦止为嘉(兴)、湖(州)产丝之处言之，而未即全局以观其大耳。盖嘉、湖既产蚕丝，嘉、湖之民谋食亦于蚕丝，此固正理，然缫丝之业，亦无非数月间事，两府之人，春夏勤于蚕织，夏秋仍习于农工。吴都之俗，所谓国税再熟之稻，乡贡八蚕之绵者，其利最厚，惟俗尚繁华，勤而不俭，一岁所入，鲜有赢余，较之西北沙漠之土，海滨斥卤之区，或割麦于夏，或薙草于秋，有田一顷，岁收不值一缗钱者，其苦乐何止倍蓰。若享奉俭约，常留有余，以补不足，则区区缫丝之工资流出者，究属有限。而况蚕毕之时，正当农忙之日，两府所属之地，自粤匪扰乱以来，犹有荒芜不治。外省客民，结群而至，倘本地之人以此有余之力，垦彼无主之田，非不足以抵缫丝之业。且缫丝者仅以工资为利，今卖茧而缫于上海，丝之值仍在嘉、湖也。即以所雇妇女言之，亦可知虽有机器，犹赖惯于育蚕之人为之经理，则此佣雇之资，与内地缫丝之工价相准，亦不见其大绌也。夫今日中国商人置机器于上海，吾谓正以中国之利，还之中国人耳。假令

①② 海上散人：《机器缫丝为害论》，《申报》1882年6月2日。

西商权其利之轻重，尽买茧以出洋，则缫丝之工资，皆为洋人所趁，其利之被夺者，视今日又当何如？何所见之不逮甚耶！①

对于"海上散人"者流冀求官府仿照阻止机器织布的先例禁绝机器缫丝的希望，论者进一步指出：

至其论中言前年西商欲在申地用机器织布，道宪闻知，恐妨民利，禁止不许，此言尤为无稽。盖织布之局，至今日而甫成者，非中国官禁然也。曩以西商出面，且附股之人观望不前，久而未决耳。今之由中国绅商举办，不以西商入股者，即是此意。诚以洋布之妨利，在通行洋布而土布滞销之，故若不设局自造，民间所需仍为外洋运来之物，何尝因不造而改用土布乎？然则自造之议，乃欲留民间购用洋布之钱于中国也，何妨利之有哉！丝之为物，质轻价重，育蚕之家，但植数株桑或有钱买饲，非若买田自种，必抛巨本。如家家育蚕，不必为人缫丝，何赖乎工资也。近日丝市渐疲，推其故，以外洋产丝年多一年，成色且较中国为高，水脚、关税成本又轻，西商之贩中国丝者，每有折阅，故存闭盘抑价之意。窃谓嘉、湖之人，若肯加倍育蚕，所出之丝又皆精洁光亮，庶几多而且美，其利不为外洋所夺。苟詹詹焉以买茧自缫为妨民之利，微之微矣。②

《申报》文章结合轮船、火车、电线、电报等国外机器设备进入中国的事实与现状，论述了这些国外先进科技的引入，和机器缫丝生产一样，难免会带来一些负面作用：

本馆前尝著为论说，言近来中国学习西法，譬如轮船、火车之利，若使内地悉皆仿用，行旅固甚便捷，而操舟、赶车之人必至失业大半，其他如电线之传递信息，果能四通八达，则千里之遥，瞬息可以晤语，原足为商旅之利益，而无如各处素设之信局与传递公文之驿站，自此大为减色。

---

① ② 《书机器缫丝妨利论后》，《申报》1882年6月4日。

虽电线止能传语,简而不详,且不能携带文函,信局、驿站仍难偏废,然有紧要信息,以电线通之,则局站之设已为后图,官商未必深恃,即其出息,当减去十之三四,究不能无所妨也。至于织布、造纸、磨粉、裁衣,无一不需乎人力,一铺之开张,一家之生计,所赖乎千辛万苦者,正不知其凡几。若改用机器,则需人不止减半,而成物可加数倍,出之既易,用之有余,积久而数者之利不难尽为所夺。以故为根本之计者,尚不欲西法之通行也,今之言西法者,谓为中国之罪人未尝不可。①

尽管如此,并不能成为抱残守缺、雍闭固拒的理由。机器生产的引进仍是大势所趋,只能与时俱进,顺势而为。"顾目前时势,乃古今一大变局,未可以成见论之。试思通商以来,凡中国所本无之事,不知顿增几项,即如轮船驶行江海各口,二十年前本未尝有,其船中所用之人,水手、火工盖亦不可纪数。洋商在此造器、修船,与夫各省制造诸局,所用工匠,何至千万人。津口通商,南北往来,取道不过五、七日,清江以北,轮蹄几不得见,其失业者必多,然前数年,秦、晋、直、豫之民,仍以旱灾而受困,未闻由于失业也。可知世运攸关,兴废相乘,此失其利,而彼增其益,何尝不在中国。若仅仅为一人一方计,以为昔是而今否,则拘墟见小之论矣。"② 由此出发,《申报》论者郑重告诫当轴:

> 窃谓中国与外洋通商,操事权者但当熟计审处,勿使内地之利源因此而竭,则其余宜仿行者,仿行之;宜改革者,改革之,不妨变通,以尽其利。③

其后,《申报》又接连刊发了《观缫丝局记》(8月3日)、《缫丝三利说》(8月9日)、《照译论缫丝局书》(11月28日)及《阅西友论缫丝局书后》(11月30日)等文,到1882年12月3日,《申报》发表《再论机器缫丝》④一文,为机器缫丝事业的兴起呐喊鼓呼。

---

①②③ 《书机器缫丝妨利论后》,《申报》1882年6月4日。
④ 《再论机器缫丝》,《申报》1882年12月3日。

（二）提供机器丝厂的现实样本

8月3日发表的《观缫丝局记》，秉承申报馆"有闻必录"之宗旨，以实地考察丝厂生产的游记形式，记述了公平缫丝局的规模、设施、原料储备、生产过程和管理状况，意在说明"该公司必有蒸蒸日上之势"："目前虽曰小试，然已觉规模整饬，章程妥善。……所定章程不但分门别类，抑且巨细无遗，即观其局中，诸人各司其事，各效其能，若网在纲，有条不紊，虽余仅偶尔一见，而整肃之气象，谨严之规矩，已有不可掩者，则亦可知该公司之立法实有尽善尽美者矣。"① 尽管由于"时当夏令，停工较早，不及观其运机缫丝"，但"机器之精巧，运用之灵捷，则一目了然。据闻每架机器一日可出丝十二三两，核计百架，可出丝一千二三百两，则将来四百架机器一齐兴作，每日出丝至四五千两，又何患公司之不日新月盛乎？"②

对于社会上关于新式丝厂"容留妇女"、败坏风气的可畏人言，《观缫丝局记》也以亲见亲闻予以辟谣："妇女之愿赴该局作工者，颇不乏人。局旁隙地，又创有平屋三十余间，为局中作工诸妇女赁居之所，盖恐妇女辈往来不便，故听该妇女辈在此居住，专意于该局执业，不至为他公司所夺，是真可谓算无遗策者矣。"而对丝厂"气象整肃"、"规矩谨严"的描述，其实也表明了妇女在此从业可保无虞，无须过虑。③

《观缫丝局记》刊出后，反响强烈。趁热打铁，《申报》又于8月9日发表《缫丝三利说》一文，以公平缫丝局观摩者答复友人提问的口气，宣传新式丝厂的"规模恢廓"、"布置周密"、"机器灵捷"和"立法美备"，以破除社会上对投资或举办机器丝厂的犹疑和观望心态。文章指出，机器丝厂利之可必者"厥有三端"：

第一，"缫丝一业，必须地方宽敞，工作可以自如"，而新式丝厂"造屋既多高大轩爽，工作诸人皆得宽展舒畅，便于作事，而诸妇女并有下榻之处，不至于跋涉道途，或致为他公司所罗致。……此其利之可必者一也。"

第二，"缫丝端赖机器，机器众多则出丝快便"，新式丝厂虽"现有机器百架，不足为多，然其出丝则已精妙无匹，每日每架约可出丝十二三两，计百架

———————————

①②③ 《观缫丝局记》，《申报》1882年8月3日。

每日已可出丝一千二三百两，若续购机器不日可到，则合计已有二百余架，再加以定造若干架，统共竟有四百架之多，以四百架机器通力合作，每日可得丝四五千两，其利当更有无穷者已。……此其利之可必者二也。"

第三，"缫丝又必人手精熟，工程周密，乃为可贵，若机器多而积茧少，则亦苦于无丝可出，徒费人工；设积茧虽多而作工者未能纯熟，则出丝亦不能多，未免多有耗折，亦非所宜"。新式丝厂的生产组织形式正可弥补两方面之不足，"每机每日可出丝十二三两，则人手之精熟可知，楼上楼下栈房积茧至四五千担之多，足以敷一岁缫机之用，人无旷工，工无弃物，事可垂于永久，机不失于毫厘。而且雇工拣茧，上等者自用以缫丝，次等者运往外洋以求售，其茧外毛丝，剥取以作绵绸之用，又复人相争购，算无遗策，百废俱举。此利之可必者三也。"[1]

论者以坚实的论据、充足的理由和坚定的态度，奉劝犹疑观望者打消疑虑，鼓励人们积极投资新式机器缫丝企业，"有此三利，而谓该公司有不蒸蒸日上者乎？！"

针对近日市面各股价皆有上涨，而诸如公平公司等新式丝厂反寂无声色的状况，当时社会上有两种说法甚嚣尘上：一是有人认为这些企业"恐股分价涨，则必有人踵行其事，设又另招股分，别集公司，则利源反为他人所夺。夫是以故抑其价而不肯使之遽涨"；二是有人认为"股分之价，其涨跌非该公司所能主持，其事全在人情，人情以为股分可靠，则日见其涨；人情以为股分不可靠，则日见其跌。今该公司股分虽不见跌，而初不甚涨，或者非人情之所乐乎？"[2]

对此，《申报》论者大不以为然。他解释说："以市面之股分价论该公司，是仅知其外而不知其中也。无论该公司有无抑扬股分之权，而第就股分之价以觇该公司之虚实，终非的确之见。鄙人以理势揆之，三利既全，一毫无憾，初创如是，日久可知。窃以为善于经营者，必将有乘此股价未涨之时急为购买，以冀预操他日获利之券者已，不可为该公司有股诸君先为称庆也哉？"[3]不仅声称一时股价之高低无法衡量企业经营和赢利状况，而且号召人们打消顾虑，踊跃购买新式丝厂之股票，不要错过来日丝厂发展带来的可观红利。

---

①②③ 《缫丝三利说》，《申报》1882 年 8 月 9 日。

（三）官方打压与《申报》的坚持

从 1882 年 9 月开始，江浙地方当局对机器缫丝工业展开了一场行政围剿行动。9 月中旬，江苏巡抚卫荣光指令上海道台邵友濂对沪上的缫丝工厂"查明阻止"。①10 月上旬，江苏布政使拒绝了上海丝厂在如皋县设置茧行的申请，意在釜底抽薪，以断绝蚕茧原料供给制约缫丝工业的发展。②11 月初，两江总督左宗棠通过上海道台邵友濂，向英、美驻沪总领事递交照会，要求将公平丝厂和旗昌丝厂"即行关闭"，正在筹备中的有恒织绸公司则"不许开办"。③凡此种种，使新兴的机器缫丝工厂遭受巨大冲击，公平丝厂的股价应声暴跌15%，沪上丝厂经营陷入困境。

一时间，黑云压城，万马齐喑。江浙地方当局采取打击新式缫丝工厂的理由，都是"恐有害于中国丝业"。④机器丝厂对中国丝业究竟起着什么作用？"因此事而议者纷然，皆不能衷于一是"。此时此刻，辨明这一问题，端正人们认识，就成为机器缫丝工业能否在上海生存发展，能否在中国推而广之所必须解决的关键所在。《申报》顶着压力，于 11 月 28 日和 30 日，连续发表《照译论缫丝局书》和《阅西友论缫丝局书后》两篇文章，对清朝官府所施行的政策及其施策理念给予了有力的回击。"前日闻上海官宪有禁机器缫丝之意，本馆特详论之，以为机器缫丝实有益而无损，此非为业此者作一偏之说也，亦非有股份诸君作慰藉之词也。"⑤

《照译论缫丝局书》以译登"西友"来信"以供众览"的形式，从三个方面批驳了机器缫丝"有害于中国丝业"的论调。其一，现今机器缫丝产量在中国生丝产出中所占比重极为微小，不啻九牛一毛，所谓"有害"，不过是蓄意骇人听闻："人见机器缫丝，意为出丝必多，故恐有害于中国丝业。不知一缫丝局止有水锅二百口，核计一年止能出丝三百担，倘无人出赀继其后，地皮不增，机房不加，机器不多，就上海现在所有各缫丝局所出之丝而论极多，每年不过出丝一千一百担，统观江苏、浙江两省，一年出丝或八万担或九万担，区区

---

① 《奉阳缫丝》，《申报》1882 年 9 月 15 日。
② 《禀批照录》，《申报》1882 年 10 月 19 日。
③ 《议禁缫丝》，《申报》1882 年 11 月 15 日；又见《西国近事汇编》卷四，壬午，第 5 页。
④ 《照译论缫丝局书》，《申报》1882 年 11 月 28 日。
⑤ 《再论机器缫丝》，《申报》1882 年 12 月 3 日。

一千一百担之丝，增之不见多，损之不见少，何害于事?"①

其二，中国传统缫丝业已不能适应蚕桑业的发展，势必需要利用机器缫丝以补偏救弊，机器丝厂越多，越可使贫民免于冻馁。"目下中国出茧颇多，而缫丝实有不及之处，养蚕之家不免心灰意懒，不肯多养，盖出茧多而购者少，勉强出售，必致减价，并恐蚕蛾破茧而出，其茧遂成无用。现在既有机器缫丝，则茧有销路，不至弃坏，养蚕者见茧之销场愈多，则养蚕益复兴高采烈，即有步武其后，缫局增开，愈多愈妙，况局愈多则用人愈众，现在上海仅四处缫丝局，而生意做开，可使一千二百家不虞冻馁，则其有益于华人者岂浅鲜哉!"②

其三，指出机缫丝与手缫丝品质不同，用途有别，因此机缫丝不会成为中国手缫丝的敌人，而只会成为意、法等国机缫丝的对手。"机器所缫之丝，与中国人工所缫之丝迥然不同，用场各别，惟与意大利及法国所缫之丝相仿，而又驾乎其上，如上海缫丝生意日见兴旺，则实足坏意、法等国丝业，而于中国毫无所妨。"③

经过层层剖析，得出了机器缫丝对中国丝业不仅无害，反而"大有裨益"的结论：

> 机器缫丝实无害中国丝业，而且于中国大有裨益。有此机器，则中国可以多增蚕茧，畜蚕者多，则植桑亦众，种桑需地，则地价必将日涨。出口之丝亦从此增多，中国之穷民或苦于朝不谋夕者，是而皆有谋食之方矣。④

两天后发表的《阅西友论缫丝局书后》，对前文的论点大加肯定，对其"增开缫局"的建议大为赞成，并对其"未尽"之处加以补充。文中把"西友"所论机器缫丝之利归纳为五点：

> 昨阅西友所论机器缫丝局一事，细绎其意，大抵言机器缫丝不但无害于中国，而且大有裨益。中国茧有销路，畜蚕者愈多，其利一；畜蚕多则植桑必广，种桑需地，地价必涨，其利二；出口之丝多，税捐亦必日有起

---

① ② ③ ④　《照译论缫丝局书》，《申报》1882 年 11 月 28 日。

色，其利三；贫民可有谋食之处而不忧冻馁，其利四；所缫之丝与中国人工两歧，各有用处，初无损于中国之丝，而适足以夺意、法等国之利权，其利五。有此五利，即使略有所碍，而江浙两省每年出丝可至八九万担，机器所缫之丝，就现在而论，一年止有一千二百担，此区区者，增之不过太仓加一粟，损之不过九牛亡一毛，何须介意。且缫局如有增开，贫民益易觅食，于中国极有裨益。其所论殊为近理。即其意而推之，中国不但不必议禁缫丝，而且不妨步武其后，接踵而起。①

至于前文所论之"尚有未尽者"，文章做了如下之补充：

> 夫乡间每逢畜蚕之时，正值分秧之际，农桑二事，其候相连，而养蚕者合家男妇，颇形忙迫，设欲多畜蚕，采桑、编箔，候其眠起，及至上山成茧，业已困惫殊甚。虽蚕桑当责之妇女，然丁男亦不能无事，田间饁饷，尤属无人，故往往因蚕事而废其农事，若又加以煮茧、缫丝，更形忙碌，男女通力合作，尽一日之力，能缫几何？倘出茧过多，必至旷延时日。为时过久，蚕蛹化蛾，破茧而出，其茧悉归无用。乡人计时授事，故不肯多畜蚕，以致有误田功。若有缫丝之局、收茧之行，则蚕一成茧，即蚕事既毕，售茧于行，别无所事，轻身舒体，可以一意致力于田间，男丁负耒，妇子饁饷，心无所分，力有可用，则育蚕虽多，仍可无害于农事。而售茧既速且便，谁不愿多畜蚕，多出茧，以获厚利？是有此一路，而蚕事之兴旺有可预卜者已。②

从农事辛劳、农时急迫及劳力稀缺的角度，论证了机器丝厂之兴"无害于农事"，机器缫丝提供了一种新的选择，"是有此一路，而蚕事之兴旺有可预卜者已。"至于今年之丝业不振，其原因并不在于机器缫丝之"妨利"，而恰恰是由于机器缫丝尚未推而广之。

---

①② 《阅西友论缫丝局书后》,《申报》1882 年 11 月 30 日。

近年以来，丝业益坏，说者谓由于中国之出丝多，外洋之购丝少，以致价渐跌落。不知近日苟无收茧之举，则丝价当益见大减，恐欲求现在之价而不得者矣。盖市面生意，目下大逊于从前，无论外洋之购丝者年不如年，即中国之绸业、银业、绵业，何者得有起色？……若就近日时势而论，丝价犹将骤跌，而目前犹能支撑者，正以有缫丝局收取蚕茧，故丝虽销路日绌，茧则销路加宽，乡人不售丝而售茧，茧价略高而丝价不至大减，是又相系相维之理使然。若无缫丝局以收乡人之茧，则有不堪设想者矣。由是观之，机器缫丝于中国丝业为有益乎？为有损乎？①

那么，机器丝厂有没有妨害到某些人的利益呢？当然也是有的。"机器缫丝之所不利者小本丝行，欲取便宜之丝而不得者耳"。因为"无缫丝局，丝价并无定准，乡人负丝求售，一投行家，初不知丝之市价若何，而行家又复设阱以诱之，于是市价二十两者，行家以十五六两购得之，而乡人受亏以去。今一有收茧之行，则丝价早有定准，乡人见售丝吃亏，不如售茧之便捷，往往鬻茧而不鬻丝。若辈行家无便宜可占，因而簧鼓其说，以为有害于中国丝业。"②

经过一番抽丝剥茧的分析论证，《申报》文章奉劝官大人们："天下事有一利必有一弊，必求有利无弊者而为之，几使天下无可为之事矣。然利弊之中，亦当权其轻重，果其弊多而利少，自不可贪利而滋弊，即或利弊相均，犹恐因利以丛弊。若弊少利多，则未有不可为者。至是而犹斤斤焉，有所因循，有所拘执，则天下又几无可为之事矣。"机器丝厂之兴废正是如此："试平心论之，细心察之，究属何者为其所害？若以为害于此等欲占便宜之行家，遽谓其有弊而无利，是亦曷不于利弊二者之中而一权其轻重厚薄以折厥衷也哉！"③

12月3日，《申报》发文《再论机器缫丝》，进一步指明持"机器缫丝有害论"者为何许人也，"为此言者，皆非养蚕之人，而为业丝之人。盖成丝而出，则丝之多寡，沪地不能量其底，而丝商之有本者，可以为垄断居奇之计"。机器丝厂打破了此辈对丝业贸易的垄断，使其利益受损，故而引起他们的仇视和反对，"若收茧来沪，则丝之多寡，十九可见，而丝商无从施其伎俩，故必不愿有

①②③ 《阅西友论缫丝局书后》，《申报》1882年11月30日。

晚清丝绸业史

此公司也。"①

论者做了一个形象的比喻,"蚕户犹农户也,丝商犹米商也"。那么问题来了,当两者利益发生冲突之时,作为地方官员,应该把谁的利益放在首位加以维护呢?论者主张:

> 古今尽心民事者,于天时地利之关于农功民食者,但求有益于农户,而不闻有益于米商。今为丝业诸人计,而必缫丝之是禁,则将旱而祷旱,雨而祈雨,为米商囤积者求财矣,无是理也!且谷贱妨农,丰年亦有不利者,而未闻因谷贱而欲年之不稔。今恐机器缫丝其功省捷,将来乡民必倍养其蚕,丝出更多,丝价更贱,为大不利于民间,而欲为之留其有余,是无异因谷贱而祝年之不稔也。……谋国是者,当为天下民生计,而不仅为一人一业计。②

论者清楚地意识到,机器丝厂的兴起是一场传统生产方式的大变革,必须顺应潮流,与时俱进,方能兴利除弊,富国裕民。他以行之千年的井田制"一朝蹶废,其势终于不复"为例,论证了事物变化的必然性与顺势改革的必要性:"夫法久必变,事贵因时,机器既入中华,则外洋用之而有利,中华用之而亦不见其害。谋国是者,当为天下民生计,而不仅为一人一业计。……管子致一国之富,陶朱致一家之富,其术早传,吾恐开矿之利,机器之巧,越海寻地之谋,集股经营之法,吾中国有先焉者矣,而猥曰西法乎哉!故今日而谓机器不可行者,迂儒固不足与议也。谓机器可行而独于缫丝不欲其行者,则贪人罔利,一人一业之私见,尤不足辩者也。"③ 论者断言:

> 盖目前仿学西法之事,有可以数语而决其是非者,曰:既许西人通商,即难禁西人之物不售于中国,西人之法不传于中国。既许西人售其物,传其法,即难禁机器之行。既不禁机器之行,亦何有于一缫丝之局?故以为机器可行,而独不便于缫丝者,非通论也;不便于缫丝而独欲禁机器使不

---

①②③ 《再论机器缫丝》,《申报》1882年12月3日。

行者，又似乎私见也。①

1882年底的这篇《申报》评论，给机器缫丝的利害兴废之争画上了一个句号。

四、振兴蚕丝业论争的意义与局限

纵观这场论争，可以发现其焦点集中在要不要引进机器缫丝工业？机器缫丝究竟有利还是有害？实际上要害在于是不是必须变革中国丝绸业的传统生产方式。

这场论争的发生，有着深刻的经济和社会背景。自从19世纪60年代外国资本的机器缫丝工厂在上海露面以来，几经周折，到1882年，上海的缫丝工厂已经增加到4家，更值得注意的是其中的1家为中国商人兴办的丝厂，其他几家也是借用外商名义而由中国商人投资创办。为了适应丝厂生产经营的需要，江浙蚕区由外商和华商开设的"茧行"也已经出现，数量并呈不断增加之势。丝厂和茧行这样一些中国传统丝绸生产中未曾有过的新生事物，渐渐引起了世人的注意，它们与众不同的生产方式和经营方式，带来了前所未有的新变化和新冲击。丝厂出产的"厂丝"，质量较农家手缫土丝大为提高，据说在国际市场上，厂丝的售价居然超过土丝的一倍甚至更多。机器缫丝业所带来的商机及其所蕴藏的巨大赢利潜力，自然令明眼人由艳羡而激赏，由心动而效仿，从而成为引进机器缫丝生产方式的积极鼓吹者和坚定拥护者。他们的对立面，首先是江浙地方经营生丝贸易的传统丝商和丝行。蚕区农民不再自己缫丝，而是将生茧出售给茧行和丝厂，这就使得一直以来控制着生丝贸易的丝商和丝行的货源减少，利润下降。利益攸关，而又无能或不愿转换经营形态，传统的丝商和丝行遂成为引进机器缫丝的激烈反对者。江浙地区大多数地方官员，出于维护传统生产方式和小农经济的思维惯性，又担心丝厂设立后，丝捐、茧税等地方财政收入流失，所以也加入到反对引进机器缫丝的行列中。

---

① 《再论机器缫丝》，《申报》1882年12月3日。

那些反对引进机器缫丝的人散布舆论，指称机器缫丝的种种弊端，他们认为：江苏、浙江、安徽等五省军费，端赖于江浙两省所产生丝之"丝捐"。按照惯例，这些"丝捐"应由丝商、丝行代为征收，缴付政府，沿用至今，向无偷税漏税情事。而今丝厂兴起，以往茧、丝贸易的流程得以改变，于是丝厂在购入原料蚕茧和出售成品厂丝之时，势必会千方百计设法逃税。原因在于，首先，江浙地方至今尚无买卖蚕茧之事，对之没有纳税抽捐之规定，故购入蚕茧可以避税逃捐；其次，丝厂产出生丝，也因不经丝行而直接卖给洋商，故由丝行代征的丝捐也为其逃脱；再者，丝厂位于上海，产品直接卖与上海洋商，又可免缴外地生丝运往上海时征收的"落地捐"。如此这般，势必导致对生丝贸易所征收丝捐的减少，造成国家财政收入的损失。

他们又说，农民素来养蚕收茧缫丝，以之维持生计，农村秩序因之得以平静安然；如果丝厂大兴，设立茧行收购蚕茧，农民直接卖茧而不再缫丝，则会剥夺农民历来的家庭手工缫丝生产，是"夺民之利"。如今机器丝厂数量尚少，所夺民利尚且有限，如任其发展，为害必将日甚一日。他们还反对丝厂雇用女工，认为这将导致年轻农家女子荒废农事，离开家乡，迁居上海，社会风俗将因之而遭败坏紊乱。① 总之，反对者"特为危词而耸之"，极力夸大机器缫丝工业将会带来的种种恶果，完全否定了机器丝厂存在的价值及合理性。从根本上说，这反映出这一社会阶层对于机器工业促进传统农村手工业解体，瓦解作为官僚、地主、商人剥削和掠夺前提的小农家庭经济的恐惧。

针对这些反对的声浪，赞成和支持引进机器缫丝的人们以《申报》为阵地，主要从以下几方面进行辩解和反驳：

第一，从生产技术上看，农家手工缫制的土丝，具有"丝色不洁"、"粗细不匀"、"丝缕轻重不等"等难以克服的缺陷，而作为欧美丝织业的原料丝，必须"粗细均匀"、"轻重相同"、"丝色洁白"、没有断丝，中国的生丝要满足这些条件，依靠传统手工技术是不可能达到的，只有使用机器缫丝才能实现。

第二，从振兴外贸上看，在国际市场上，中国生丝已经面临着意大利丝、

---

① 参见海上散人：《机器缫丝为害论》，《申报》1882 年 6 月 2 日；《闽西友论缫丝局书后》，《申报》1882 年 11 月 30 日；《再论机器缫丝》，《申报》1882 年 12 月 3 日。

法国丝、日本丝越来越激烈的竞争，这些国家的生丝丝质均匀、光泽优良，织绸时无须重新整理，相形之下，中国土丝已经不能适应世界市场的需要，在竞争中处于劣势，如果不引进和采用欧洲缫丝业的生产方式，振兴生丝出口就是一句空话。

第三，从农村经济和农民生计上看，机器缫丝工业的发展，会提高中国生丝在世界市场上的地位，使生丝的价格上升，出口增加，从而带动国内蚕桑产区乃至目前蚕桑业尚未发达地区的农民乐于选择以蚕桑为副业，出售蚕茧以增加收入，共享"蚕桑之利"；同时，丝厂的兴建需要雇用大量的工人，也可以增加农民就业的机会。所以，引进和发展机器缫丝，只会有利于农家生计和农村经济而不是相反。

第四，从国家税收上看，引进和发展机器缫丝，一方面可以改进生丝品质，推动生丝出口，另一方面可以促进蚕桑业发展，使农村经济逐渐富足，这样自然可以扩大中国的利源，增加中国的财富。反之，如果拒不引进机器缫丝，继续墨守传统土法缫丝，中国的生丝输出将越发不振，价格将越发跌落，农民和工商业者的收入将越发减少，国家的利源日渐枯竭，税收也就将成为无源之水，无本之木。① 他们还以自己在上海最新的外资机器丝厂"公平缫丝局"的亲眼所见，热情赞扬了机器丝厂规模之宏敞、设施之完善、产品之精良、立法之美备，以及经营获利之必有保证，从而使读者们对机器缫丝业的优越性产生了强烈的印象，激发其兴办或投资新式丝厂的积极性。②

以《申报》为中心的这样一场讨论，从因应世界市场风云变幻，振兴中国生丝对外贸易的目标出发，围绕着怎样才能使中国的生丝生产和对外贸易走出困境，如何才能使中国丝绸业重新立于不败之地的关键问题展开，由第一阶段的注重流通过程，忽视生产过程，到第二阶段的要求改革传统的官商关系，再到第三阶段的呼吁变革传统的生产方式，反映了人们的认识随着时间的推移正在不断地深化，越来越具有表现时代特征的新内容和新要求。

---

① 参见《机器缫丝说》，《申报》1882 年 2 月 5 日；《书机器缫丝妨利论后》，《申报》1882 年 6 月 4 日；《缫丝三利说》，《申报》1882 年 8 月 9 日；《照译论缫丝局书》，《申报》1882 年 11 月 28 日；《机器缫丝有益于华民说》，《申报》1882 年 12 月 2 日，等等。

② 参见《观缫丝局记》，《申报》1882 年 8 月 3 日；《缫丝三利说》，《申报》1882 年 8 月 9 日。

晚清丝绸业史

对于一个长期封闭的社会来说，这一场论争确有令人耳目一新之感。由起初的乞灵于中国的传统经验，即恢复和强化行会规制，厉行以"信义"为基础的商业活动，一变而为主张引进欧洲的生产方式，对中国的丝绸生产进行根本的改造，正如日本学者铃木智夫所说："为了维持传统的中国蚕丝业而引进其竞争对手意大利、法兰西的机器缫丝生产方式，这是江浙生丝价格暴落之后，经过十年摸索才好不容易找到的改造中国传统蚕丝业的道路。"①

这场讨论无人为之作出结论，也很难判断胜负输赢，在某一时期和某些方面，似乎还是反对引进机器缫丝工业的论调更为当权者所赏识，并据此陆续采取了一系列限制和禁止近代机器丝厂的措施。但是，这场讨论传递了外部世界的新信息，提出了改造传统产业的新思路，启发人们摆脱传统文化和固有生产方式的束缚，开始从新的角度、新的方向探寻挽救中国丝绸生产和贸易的路径。

然而，从当时及其后来的情况来看，这场讨论所提出的新方案中，也存在着种种问题。首先，在对现代缫丝工业的理解上，片面地强调和宣扬它的长处和优点，只看到机器缫丝具有强大的生产力，能在短期内产出量大质优的生丝，产生巨大的市场效益，却没有认识到现代缫丝工业的建立需要一定的条件，离不开资本市场、原料市场和劳动力市场的基础，更离不开国家权力的保护和鼓励。这样一来，就陷入了一种认识误区，仿佛机器工业的生产力强劲，以之就可以解决所有问题，既然如此，从逻辑上讲就没有理由要求国家的保护和扶持，也无须变更传统的官商关系，在某种程度上，这甚至连讨论第二阶段的合理要求和正确方向也丢弃了。

其次，也许是为了取得政府官员的容忍与支持，一再强调引进机器缫丝工业对于扩大和增加国家"税饷"的作用。认为当局依照以往生丝流通过程中征收"丝捐"的先例，在蚕茧买卖中通过"茧行"征收"茧捐"是理所当然之事，毫无怨言地加以接受。在极力赞扬已在上海出现的机器缫丝工厂，并大力鼓吹引进和发展现代缫丝工业的必要性的同时，却又愿意接受对现代缫丝工业的生存和发展极为不利的税收制度，甚至还主动建议在江浙和其他蚕桑产区推行和

---

① 铃木智夫：《洋务運動の研究》，汲古书院 1992 年版，第 313 页。

普及征收茧捐制度，实在是一种自戴枷锁，自我束缚的行为。尽管这样做的初衷可能是为了缓和清朝当局因唯恐减少税收而反对机器缫丝工业的情绪，但这种权宜之计实在无异于饮鸩止渴，更使其成为此后机器丝厂发展道路上的巨大障碍，对中国近代缫丝工业的生存和发展带来了深远的负面影响。其后，上海的机器丝厂一直为"茧捐"所苦，曾经一再为轻减"茧捐"，向政府集体请愿，结果都是无功而返。前因后果，令人感慨。

再次，在近代缫丝工业对农村经济影响的认识上，也有过于乐观的倾向。只看到生丝输出的增加和价格的上升，将会促进中国新的蚕桑地区涌现和养蚕农户的增加，将会有助于农事习惯的变革和二季蚕养殖的推广，认定机器缫丝不仅不会给养蚕农家造成损失，相反还会增加他们的收益，从而想象人人均可共享"蚕桑之利"。却没有认识到达此目标的关键，在于中外资本的丝厂能否在购买蚕茧时，付给蚕区农民应有的代价。其后的历史发展表明，真实情况与这场讨论的乐观预测有很大差别，丝厂的经营者们实际支付给农民的蚕茧价格，在大多数时间里都是不等价交换，可以说是对农民的一种变相掠夺。这样一来，《申报》所预测的蚕桑生产持续发展，新兴蚕区不断涌现的情景并没有出现，传统产丝产区如湖州、嘉兴一带的农民，也没有像《申报》预想的那样，放弃祖辈相传的家庭手工缫丝生产而专门从事养蚕卖茧。

第二节
晚清缫丝业近代化的三股推力

一、外国商人

早在 19 世纪 40 年代，中国的门户刚刚洞开不久，西方商人就已经提出了改进中国生丝缫制过程的要求，以适应世界生丝市场的需要。美国商人曾经把本国使用的缫车介绍到中国来。这种缫车虽然没有动力设备，但是车身经过改良，"用轴转动"，可以明显增加工效，提高质量。50 年代，美国商人又把上海生丝送到广东进行再次缫制，并将"符合美国人的想法"的丝车从广东介绍到上海，表明国际市场对于中国生丝提高质量和标准的迫切要求。

19世纪中期以后，法国丝织业的机械化程度有所发展，后来居上的美国丝织业的机械化生产更是突飞猛进。机械化的丝织业生产对蚕丝原料提出了更高的要求。为此，欧洲国家、特别是法国和意大利率先对缫丝技术进行了较为系统的改良，其中主要是引入蒸汽动力，变手工缫丝为机器缫丝，欧洲的缫丝业生产就此开始走上机械化和工厂化的道路。[①] 机器缫丝技术的特点是：① 利用蒸汽加热煮茧水，以纾解蚕茧，并保持煮茧水温度的恒定；② 利用蒸汽动力转动丝车以缫制生丝。相对而言，机器缫丝具有以下优点：一是煮茧水温度恒定，有利于生丝色泽的光洁均匀；二是丝车运转高速、稳定，既提高了效率，也使缫制的生丝粗细均匀且拉力更强。蒸汽动力缫丝代表着世界缫丝生产技术革新的发展方向，与之相比，中国传统的农家手工缫丝方法则相形见绌：由于炭火加温致使煮茧水温容易忽高忽低，而人力转动丝车也导致丝车运转不易规则，种种原因致使所产生丝光泽不匀，粗细不等，断头多，质量低，越来越无法满足国外机器化丝织生产的要求。中国土丝的质量与国际丝织业新标准之间的差距成为中国传统缫丝业技术变革的诱因。

由于早年中国生丝的输出业务几乎全部操控在英国商人手中，[②] 因此英国商人也就得以捷足先登，率先在中国设立近代机器缫丝厂，利用中国的廉价劳动力以图获得更多的利润。1859年11月，上海英商怡和洋行（Jardine, Matheson & Co.）从欧洲雇用了一位具有经营现代缫丝工业十余年经验的英国技师梅杰（John Major，又译美哲），来上海筹建以蒸汽为动力的缫丝厂，取名"纺丝局（Silk Reeling Establishment）"。怡和洋行上海主持人惠代尔（James Whittall）与梅杰筹商了设厂计划，乐观地向香港总行报告：用机器在中国制造生丝，比起当地原有的土法生产的生丝每磅可多售6先令（约比原价高出30%—35%），而所增加的生产费用则每磅不会超过3先令。惠代尔满怀信心地表示，机器缫丝肯定是一项极为有利可图的事业。

---

① 早在中世纪，意大利就发明了"拈丝"的工序，即把蚕丝拈成股以便可以经得住纺机的拉力。18世纪初，这种技术传到英国，并被广泛使用。1828年，法国"发明共拈制丝器械，使里昂制丝业繁荣起来"。

② 英国洋行在中国所收购的生丝并非供应其本国产业的需要，而主要是输往欧洲大陆，转销于法国。

1860 年，怡和纺丝局破土动工，次年 5 月竣工，是为中国境内第一家近代机器缫丝工厂。怡和纺丝局置有缫丝车 100 台，大部分机器设备在香港制造，还高薪聘请了 4 位法国技工来华训练当地劳工。起初，梅杰雇用的是具有手工缫丝经验的中国男工，给付的工资较高①，后来他发现那些不懂手工缫丝技术的女工是最经济的，也是适应性最强的劳动力来源，于是陆续辞退男工，专用女工。此后，这就成为近代中国缫丝工厂通行的用工原则。1861 年 7 月，怡和纺丝局已经培训了 25 个骨干缫丝女工，她们从法国师傅那里学到技术，担负起近代丝厂的主要劳作，而获取的工资只有每天 100 铜钱，约合 0.09 美元，远远低于男性工人的平均水准。当年秋天，第一批生产的机缫丝便顺利销往欧洲，据说因纺丝局出产的生丝质地优良，"其售价在英国竟高过欧洲的厂丝"。1863 年春，怡和纺丝局规模扩大了一倍，拥有缫丝车达到 200 台。

由于外资新式丝厂的创建与清朝政府和地方大员的观念、政策和利益相抵触，遭到了来自各方面的压力和反对，难以得到熟练的工人和充足的原料。无法保证优质蚕茧原料的稳定供应，是外商新式丝厂必须面对而又无法解决的难题。一方面，当时的烘茧技术尚未过关，必须先把蚕茧就地在乡下晒干，然后运到上海，上海市区虽距蚕茧产区不远，但要保证蚕茧在途中不发生腐烂变质并非易事。另一方面，更加严重的障碍来自于蚕茧产区缫丝手工业者和茧丝经营商的联合抵制，尤其是当地丝业公所的强烈反对。②1864 年 4 月，尽管梅杰尽了最大努力，亲自到产区指导收购蚕茧，且以"公平的"价格四处兜揽，但仍然不能得到丝厂所需要的充足蚕茧。这一年，他只收购到 250 担头等蚕茧，仅够 200 台丝车全年开工所需原料的八分之一。为弥补优质原料的不足，怡和纺丝局不得不购入大量次等蚕茧，严重影响到了所产生丝的产品质量，从而大大损害了企业的经营绩效。根据怡和纺丝局收支情况的粗略统计，从 1859—1870 年的业务经营中，只有 1866 年、1869 年和 1870 年三个年头，各有港币 48 477 元、42 692 元和 12 852 元的盈余，其他 7 年都处于亏损状态。在这 10 年中，怡和纺丝局的全部支出为港币 791 942 元，全部收入仅有港币 515 613

---

① 男性缫丝工人的日工资约 300 个铜钱，约合 0.27 美元。
② 在纺丝局开办的头 10 年里，几乎每年都因蚕茧产区丝业公所的抵制而面临原料供应不足的难题。

元,净亏损港币 276 329 元。①

怡和纺丝局在原料采购上所遭遇的难题,说明当时的中国尚未形成稳定的蚕茧市场,建立机器缫丝厂的客观条件尚未具备;而缫丝手工业者和茧丝经营商人的联合抵制,则反映了西方先进生产技术初到中国,不可避免会遇到社会传统势力的强劲阻碍。在这样的情况下,怡和纺丝局的生产经营实际上已经步履维艰,难以为继。1869 年,梅杰在去蚕区购茧时中暑死去,怡和洋行便决定将全部存茧缫成生丝运往欧洲后,即停办纺丝局。1870 年 5 月,怡和纺丝局生产的最后一包生丝运出,遂告歇业停产。在此之前,上海还曾于 1866 年、1868 年出现过一些小型外商丝厂,分别只有缫丝车 10 台和 6 台,实际上只是为了展销缫丝机器,因苦无买主,仅仅数月便宣告歇业。② 日本人的调查也表明,在怡和丝厂停业的当年,上海曾有一家设有 10 个丝釜的缫丝工厂开办,"但仅运转数月即告关闭,其缫丝机器运往日本"。③ 外商吸取了早期丝厂失败的教训,一时不再敢轻易尝试,此后有近 10 年的空白期,上海一直没有新的具有一定规模的外商丝厂出现。

怡和纺丝局虽告停业,欧美市场对中国生丝的需求却日渐扩大,特别是对生丝质量提高的要求愈发迫切。法国于 1868 年后开始直接来华采购生丝,取代英国商人成为华丝的主要买主。美国也从 70 年代后半期起,对中国生丝的消纳量出现了不断增长的势头。1877 年,上海输往美国的生丝为 4 613 担,次年即增为 6 842 担,1879 年进一步达到 9 490 担,3 年之间增长了 1 倍多。而在国际市场上,机缫丝与手缫丝的价格差异很大,以法国里昂市场为例,普通白丝每公斤售价 47 法郎,再缫丝售价 63 法郎,机缫丝的匀度和规格统一等质量指标远在再缫丝之上,售价自然更高一筹。这再一次刺激了外国商人在中国举办新式丝厂以获取更多利润的热情。于是,在怡和纺丝局停产歇业的 8 年以后,1878 年上海终于又有外商筹划的近代机器丝厂的出现。

外商丝厂首先出现于并长期集中于上海,原因在于作为中国最大的通商口

---

① 《上海丝绸志》编纂委员会编:《上海丝绸志》第三篇第一章"缫丝业",上海社会科学院出版社 1998 年版。

② 参见陈慈玉:《近代中国的机械缫丝工业(1860—1945)》,"中央研究院"近代史研究所专刊(58)1989 年版,第 12 页。

③ 日本蚕丝业同业组合中央会编:《支那蚕丝业大观》,东京冈田日荣堂 1929 年版,第 233 页。

岸城市,上海具有其他地方难以比拟的创办近代缫丝工业的便利条件。尽管这里距离蚕茧产地较远,从原料的保存和供应的角度来看并不一定是最为理想之地,但1875年前后,中国近代著名科学家、时在上海江南制造局翻译馆任职的徐寿,开发出蚕茧的杀蛹、干燥技术,遂排除了在蚕区以外设立缫丝工业的一大障碍,从技术上确立了在远离蚕茧产地的上海经营现代缫丝工业的基础。①19世纪70年代中期中国蚕茧产区烘制干茧的技术取得突破,这成为近代缫丝工业得以确立和发展的一个重要技术基础。"丝业中已发明长期贮茧以待缫制的方法。这是使缫丝业能够成功的一个最重要因素。"②与此同时,专收蚕茧以供丝厂原料之需的新型茧行也已经在蚕茧产区出现,且数量和范围不断扩展,这也解决了运营新式丝厂所面临的原料供应的难题。③时人称:"西商购茧于内地,贪图其利者代为收买,设炉烘焙。嘉(兴)、湖(州)一带,烘茧成伙。"④这样,导致怡和纺丝局关停的两大难题便都在某种程度上得到了解决。自此之后,"近代缫丝事业方始逐渐奏效"。⑤

1878年,从事中国生丝出口业务的美商旗昌洋行(Russell & Co.)动工兴建旗昌丝厂(Keechong Filature),翌年便投入生产。旗昌丝厂迎聘法国缫丝专家白尔辣(Paul Brunat,又译卜鲁纳)⑥主持督办,引进了法国生产"优良丝"的技术,首先在中国采用当时较先进的意大利式大框直缫六绪铁制直缫车50台,开始试生产,经营状况远较怡和纺丝局顺利。1881年,旗昌丝厂的丝车增加到

---

① North China Herald,1875年4月1日,参见孙毓棠编:《中国近代工业史资料》第一辑,上册,第68页。杨模编:《锡金四哲事实汇存》"再上学部公呈"记载:徐寿,无锡县人,"以洋人入内地购买鲜茧,既违公约,兼夺民利,乃倡立烘灶以为抵制,人争仿效。税吏有异议者,乃请抚院准行,方始成立"。见中国近代史资料丛刊《洋务运动》(八)。本意在于抵制洋人"入内地购买鲜茧",谁知竟大大便利了外商在上海创办近代丝厂。许多事情真是很难预测其后果。

② North China Herald,1875年4月1日。

③ 19世纪80年代初,黄佐卿举办丝厂后,为收购蚕茧,曾在江苏省苏州、无锡、武进、宜兴、溧阳等地设立黄公和茧行,收购鲜茧,烘成干茧,运回上海。以后又扩展业务到浙江省的嵊县、新昌、萧山、上虞等地,同时还派技术人员下乡,指导农家放秧、栽桑、播种、饲蚕等方法,取得较好效果。以后又推广到山东、湖南、湖北等省。反映了蚕茧商品化程度的不断提高。

④ 《申报》,同治十二年(1874)六月初十。

⑤ 日本蚕丝业同业组合中央会编:《支那蚕丝业大观》,东京冈田日荣堂1929年版,第233页。

⑥ 白尔辣(Paul Brunat),曾在日本明治维新后被明治政府聘用,担任日本富冈制丝场的总技师。日本人对其评价颇高:"尽管出于偶然,但中日两国机器缫丝工业的教祖应该就是这个白尔辣氏"(日本蚕丝业同业组合中央会编:《支那蚕丝业大观》,东京冈田日荣堂1929年版,第233页)。

200台。① 次年继续扩充设备,丝车数达到400多台。②

机缫丝畅销所带来的高额利润,鼓励了更多的外商参与其中。1882年1月,英商公平洋行(Iveson & Co.)择址苏州河北岸,创办公平丝厂。建厂资本白银10万两(总股数1 000股,每股100两),甫建厂即设置丝车216台。各种机器设备均从法、意两国购买,意在将法国和意大利的先进缫丝技术引入中国,生产专供欧美丝织业使用的高品质生丝。丝厂聘有男女洋人技师,雇用中国女工约1 000人(缫丝、煮茧工300人,选茧工500人,剥茧工200人),拥有欧式缫丝机械、锅炉等设备,厂区内还建有贮水池、烘茧场和女工宿舍。③时人曾入厂参观,感慨道:"机器之精巧,运用之灵捷,则一目了然。据闻每架机器一日可出丝十二三两,核计百架,可出丝一千二三百两,则将来四百架机器一齐兴作,每日出丝至四五千两,又何患公司之不日新月盛乎?"④旋因经营不善,所产生丝质量欠佳,宣告营业失败。⑤1886年,公平丝厂更易股东,改由旗昌洋行租办,厂名改为旗昌,也称里虹口旗昌缫丝局。1891年,旗昌洋行在美国的总行倒闭,上海旗昌洋行进行清理,将丝厂计价出售,由白尔辣另行组织宝昌缫丝有限公司(Shanghai Silk Filatures Ltd)集资承购。宝昌缫丝公司成立后,所属两家丝厂称老闸宝昌缫丝局和里虹口宝昌缫丝局,均为法商所有。⑥

在此之前,1882年8月,随着兴办丝厂条件的好转,在吸引到华商徐棣山、吴少卿、唐景星、杨信之等人的参股下,怡和洋行也将其停歇了12年之久的纺丝局重新开张,改称怡和丝厂(Ewo Silk Filature),又成立了一个专门整理废丝的怡和丝头厂(Ewo Silk Spinning Weaving & Dyeing Co.)。80年代的怡和丝厂虽然也曾由于蚕茧原料供应上的问题而发生过困扰,但终于勉力支撑过去,步入稳步发展的轨道。时至19世纪20世纪之交,该厂"现有缫机500车,在上海每年的产丝额中,它几占750担。怡和丝厂的(生丝)出口,因为缫制精良,

---

① North China Herald office, Shanghai, Past and Present, p.10. 孙毓棠编:《中国近代工业史资料》第一辑,上册,第64—66页。

②⑥ 《上海丝绸志》编纂委员会编:《上海丝绸志》第三篇第一章"缫丝业",上海社会科学院出版社1998年版。

③④ 《观缫丝局记》,《申报》1882年8月3日。

⑤ 时人论及公平丝厂倒闭原因,尚有当时茧税太重,某些地区尚有售茧禁令等。

出售时常得高价。丝厂主雇有剥茧与拣茧的女工200人，缫丝的女工500人，打盆的女工250人，清理废丝以备供应市场的女工100人，此外还有账房、质量检验、司炉工以及小工共约50人"。①

19世纪90年代上半期，上海又有一些外商丝厂先后投产。据记载共有资本估计在200万元左右，丝车2 600余部，所雇工人在3 000人以上。其中1891年开设的英商纶昌丝厂，资本20万两，丝车188部，雇用中国工人250人。1892年开办的美商乾康丝厂，丝车达到280部。1893年开办的法商信昌丝厂，资本53万两，丝车530部，雇用中国工人千名以上，堪称当时中国外商丝厂规模之最。1894年，又有德商瑞纶丝厂开设，资本48万两，丝车480部，工人1 000多名。②渤海岸边的山东省，1877年也出现了使用"最新式的外国机器"，并且由"有技术的外国技师监督制造"的烟台旷丝局。③

值得注意的是，1882年8月，有恒洋行（Kingsmill, Thos. W.）开始具体实施与华商胡培基共同出资创设"有恒织造绸绫纱缎并印染公司"的计划，募集资本30万两（招股3 000，每股100两）。这表明在上海兴办近代企业的热潮中，外国商人已经把采用近代生产方式、创办近代工厂的目光，延伸到了丝绸生产的最后一个领域——丝织业。

这一时期，上海的外商丝厂计有7家，资本和规模远远超过同期中国商人在上海开办的丝厂，"居领导地位"。实际上，这些外商丝厂，经营并不都很顺利。例如，1891年旗昌洋行总行退出中国，其租办的公平丝厂随之转手，丝厂股价缩水惨跌，由原价的100两，1882年6月的112.5两，跌到1883年6月的68两，再跌到1884年1月的28两，不得已而有更易股东之举。④比较起来，似乎只有怡和丝厂经营日盛，到19世纪末，资本增至50万两，丝车500部，

---

① 《二十世纪之香港、上海及中国其他商埠志》，1908年。按：进入20世纪后，怡和丝厂成为外商兴办的丝厂中仅存的一家，1930年左右由华商租赁经营。

② 以上参见上原重美：《支那蚕丝业大观》，东京冈田日荣堂1929年版；藤本实也：《支那蚕丝业研究》，东京东亚研究所1943年版；施敏雄：《清代丝织工业的发展》，台北中华学术著作奖助委员会1968年版；孙毓棠：《中日甲午战争前外国资本在中国经营的近代工业》，《中国近三百年社会经济史论集》第5集，香港崇文书店1974年版；陈慈玉：《近代中国的机械缫丝工业（1860—1945）》，"中央研究院"近代史研究所专刊（58）1989年版，第12页。

③ 《海关册》，1879年，烟台，第18页。

④ 《申报》1884年1月13日，"股份市价"。

工人1 100名。① 据日本人的调查，1894年仍在营业的上海外商丝厂的基本情况如下：

表8-1　上海外商丝厂基本情况表（1894）

开设年份	厂　名	地　址	资本额（两）	经营性质	负责人	丝车数	年产量（担）	职工人数（人）
1882	怡和丝厂	新　闸	360 000	英商	怡和洋行	450	486	1 300
1891	宝昌丝厂	垃圾桥	355 200	法商	卜鲁纳	444	479	1 300
1891	宝昌丝厂	里虹口	324 800	法商	卜鲁纳	406	439	550
1894	瑞纶丝厂	虹　口	160 000	德商	李松筠吴少卿	200	216	600
共计	4家厂		1 200 000			1 500	1 620	3 750

资源来源：据《支那蚕丝业研究》，第126页松永伍作调查表改制，1896年。

这些外商丝厂出产的厂丝，全部用于出口，在国际市场上的价格比中国的手工缫丝大约高出20%至50%，平均每担要多卖出白银200两左右。由此产生的高额利润，当然有相当大的部分落入外国老板的腰包。但是，我们在对国家利权外溢表示关切的同时，似乎也应该注意到，正是这些外商丝厂首先把近代缫丝工业引入中国，它所使用的先进机器设备和所采取的先进经营管理以及所获得的超额利润，都令长期来埋头于土法缫丝的中国人眼界大开，观念大变。李鸿章在应邀参观旗昌丝厂时，就曾经受到很大触动，"对他所看到的一切，发生了很大兴趣"。② 80年代末一家外文报纸写道："中国商人之中，有些人在新建的（外商）缫丝厂中拥有股份，当他们看到新的工业很切实际又有利可图时，就决定在主要的产丝区建立缫丝工厂，并且倾向于扩大和改进这些企业。"③

实际情况正是如此。许多外商近代丝厂的开设，中国商人资本在其中起了举足轻重的作用。在英商怡和丝厂，中国商人的投资占了总投资额的60%，丝厂的6名董事中，中国人也占一半。④ 英商公平丝厂的投资者中，有中国传统

---

① 实际上，怡和丝厂的发展也是充满曲折，下面我们将会看到。

② 《捷报》1883年7月6日，第19页。

③ 《中国时报》1889年8月17日。

④ North China Herald, 1882年8月18日；石井摩耶子：《十九世纪後半の中国におけるイギリス资本の活动——ジャ-ディン・マセソン商会の场合》，《社会经济史学》45—4, 1979年。

的"湖丝帮"商人参与其间，10万两白银的资本额分为1 000股，每股100两，"购买此等股票者，无非（中国）商家"。①投资者的踊跃，使得公平丝厂股价不断上涨，原价每股100两的股票，到1882年6月上升为112.5两。②其他一些外商丝厂，也有类似的情况，大多都有华商参股。从这个意义上说，这些外商丝厂应该说是中外合资的企业比较合适，不过其原倡者和主要经营者都是外国商人，开风气之先的功不可没。

还有一些外商丝厂，不仅有大量的华商参股，连主要经理人也多是中国的商人或洋行雇佣的买办。其中，创办于1893年的德商瑞纶丝厂就是一个显明的例子。1893年，德商瑞记洋行与本行买办、成顺泰丝栈的大股东兼经理吴少卿、③李松筠等人共同投资，筹办近代机器丝厂，在上海虹口置地12亩，购备缫丝车320台，次年建成投产，厂名瑞纶。丝厂业务由吴少卿、李松筠主持，由于经营得法而蒸蒸日上。1899年扩建厂房，添置新车160台。该厂除工程师、厂长和两名助手是意大利人外，其他职工都是华人。女工多达千余人，其中剥茧700人，索绪或煮茧350人，拣茧200人，杂项工作50人。④产品商标为"金锚牌"和"银锚牌"，驰誉英国伦敦和法国里昂，每担厂丝要比一般厂丝价格高出甚多。不久，吴少卿与人合资规元8万两，将该厂的房屋和机器租下来合伙经营，瑞纶丝厂实际上已成为一家挂着外商牌照的华商丝厂。1909年，吴少卿去世，其子吴登瀛继承父业。⑤1918年欧战结束，吴登瀛兼任安利洋行

① 《上海商业杂报》第10号，1883年9月。
② 《申报》1884年1月13日，"股份市价"。
③ 吴少卿是一个长袖善舞的商界奇才。他执掌的成顺泰丝栈经营范围相当广泛，除做丝业买卖外，还兼做丝商和洋行的居间人，兼营银钱业的押款业务。他拥有栈房可堆存生丝，如丝商遇到资金周转不灵时，可以把寄存的生丝向丝栈做押款。该栈对于内地丝行甚至可先期发放信贷，到期后由丝行以生丝划抵。吴少卿曾获得清政府的三品顶带，由富商而跻身于官场。
④ 据说该厂职工待遇高于别厂，以此招揽那些劳动强度大、操作技术精、办事能力强的人员。工人工资，按日计算，童工工资约为成人工资的六成。"剥茧"工种属于计件工资，差别较大，一般熟练的剥茧工可比"计日"工人的收入高，而生手则只抵一个童工的收入。
⑤ 此时，成顺泰丝栈"人欠"和"欠人"的款项甚钜，多达100余万两。如经手放给内地各丝行的，对方有多家资金周转失灵，装来的生丝与信贷给的款项大相径庭。成顺泰丝栈"欠人"之款要还，而"人欠"之款却因贷款的内地丝行资金周转失灵而难以收回，加上丝栈本属无限责任，因之几乎把瑞纶丝厂拖倒。幸亏执掌当时上海金融命脉的几家钱庄鼎力支持，由钱业公会负责董事出面同意，一面清理成顺泰丝栈，一面支持瑞纶丝厂继续开工，凡瑞纶所需收茧款项和周转资金，仍分别由几家钱庄承贷，方使瑞纶丝厂在风雨飘摇中安渡难关。

出口部买办，出资 35 万纹银盘下瑞纶丝厂，从而结束了租赁关系，正式完成了该厂产权的转移。

　　在甲午战争前的客观条件下，打着洋商招牌、实由华商投资经营的情况，是适应当时环境的一种"双赢"之举。甲午战争以后，外国势力获得了在华设厂的权利，民族工业也藉此获得了较大的发展机遇。民族资本缫丝工厂的开办，成为抵制设立外资丝厂的主要竞争力量。此后，未见外商再在中国开办丝厂，那些已设丝厂的经营权以至所有权也都逐渐操于华商之手。然而，外商洋行并未妨碍中国商人络绎不绝的设立或接办丝厂的行动，相反还应华商丝厂之请求，派遣"技师"和"教妇"，给予技术上的援助。当华商丝厂将蚕茧由产地运往上海之际，外商洋行又借予"外商"名义，使之得以享受和外国商人相同的只需负担子口半税的权利。外商洋行还通过购茧资金的融通，对华商丝厂的经营提供支持。当时江浙地区的蚕茧收获几乎仅限于春蚕一季，任何一家丝厂都必须在阴历四月末的蚕茧收获期内购入全年使用的大部分蚕茧，因此必须于短期内筹措巨额资金。然而，"具备这样巨额资金的丝厂为数不多，而清朝当局并未在国家财政经济政策上给予民间的缫丝工业以相应的地位，不可能指望它对民间丝厂优先提供资金帮助，于是，华商丝厂所必须的购茧资金，实际上不得不从以外商洋行为中心的外国势力那里借入"。①

　　凡此种种，说明外国势力对于中国近代缫丝工业的诞生和发展，在客观上和主观上都起到了一定的促进作用，对此不应该视而不见，一笔抹煞。外国势力与中国工业之间的关系是复杂的，在不同的工业部门中情况有所区别，不宜一提到这个问题，就认定所有外国势力、在所有时期、对所有部门都只会阻碍和压制。"自我利益能够召唤外国势力扮演一个引进现代化改革的角色"。② 具体到缫丝工业来说，欧美资本的主要目的是在中国买到大量高品质的生丝，以

---

① 铃木智夫：《洋務運動の研究》，第 405 页。按：外国资本深深卷入茧蚕交易的金融活动之中。据估计，上海的丝厂每年购买的蚕茧价值 1400—1700 万白银，其中 600 万两由钱庄提供，200 万两由中国和外国银行提供，850 万两由外国洋行提供。后者提供贷款的手续与钱庄类似，通常每价值 1 000 两蚕茧中，月息为 7.5 两。由于外国银行和洋行经常对钱庄短期放款，外国资本直接或间接地控制了蚕茧交易（参见 Li, Lillian M. 前引书，第 180 页）。
② Robert Y. Eng, "Economic Imperialism in China—Silk Production and Exports, 1861—1932", 1986 by the Regents of the University of California, p.189.

适应其国内丝织业的需要。为了达到这一目的，它不惜在中国机器丝厂尚未出现时直接投资，设厂生产，"初期的上海制丝业是直接在外商洋行的手中经营的，从欧洲引进了一批技师担任丝厂的指导和监督"；①也可以当丝厂开办风起云涌之时全身而退，通过控制"厂丝"的出口贸易来保证自己的商业利益。时人已经观察到：由于外资丝厂"业绩未如预期，外国人便逐渐退出了丝厂经营，近来上海地方外国人经营的丝厂已经不见踪迹。而且，七八年前尚有欧洲人作为丝厂经理人的情况，最近也完全看不见了。"②

深一层分析，西方国家几乎没有直接对中国缫丝工业投资，是因为他们意识到，与中国人相比，自己在这一领域中并不享有难以动摇的优势。与棉纺织业不同，丝厂的创办和运营所需资本相对较少，技术设备也相对简单。"只要中国人能够胜任收集和加工原料的过程，外国人也就满足于控制对外贸易的环节。由于呆在生产领域之外，他们可以回避雇用工人和获取原料等等难题；而且，外贸和金融部门的利润是最高的，在这些部门中，西方人享有一种难以超越的优势。于是，外国洋行愈加小心翼翼地保护他们在销售终端的决定权。"③这样既可以使他们追求利润的贪欲得到满足，又可以规避和减少直接设厂经营的高度风险，可以说是一种稳赚不赔的买卖。不难看出，外国势力是否"宽宏大量"和"助人为乐"，是以能否满足它们自己的利益为转移的，在保证自己的利益最大化的前提下，它们也不妨在有些时候和有些方面对中国的民族工业施加一些有利的影响，给予一些积极的帮助。

二、洋务官员

一些意识到西方工业文明有先进之处，可以用来补救中华传统文明之不足的洋务派官员，试图运用近代科技来使中国传统丝绸生产起废振颓，他们也成为中国传统缫丝业近代转型的推动力量。1877—1879年，时任浙江巡抚的梅启

---

① 日本蚕丝业同业组合中央会编：《支那蚕丝业大观》，东京冈田日荣堂 1929 年版，第 234 页。
② 日本蚕丝业同业组合中央会编：《支那蚕丝业大观》，东京冈田日荣堂 1929 年版，第 332 页。
③ Robert Y. Eng, "Economic Imperialism in China—Silk Production and Exports, 1861—1932", 1986 by the Regents of the University of California, p.185.

照，①"究心洋务，讲求西法"，购得新式缫丝机器若干，准备在杭州筹建机器缫丝工厂，旋因奉调入都，事遂中止。其所购机器，被上海英商公平丝厂以7 000元廉价买去。洋务派创办近代缫丝工业的实践，一开始就进行得很不顺利，但每况愈下的中国传统丝绸生产必须改弦更张的思想，则在相当一部分洋务人士中很有市场。洋务主帅李鸿章的幕僚薛福成，1879—1880年间写道："今华货出洋者，以丝茶两款为大宗，而日本、印度、意大利等国起而争利。……印度茶品几胜于中国，意大利售丝之数亦几埒于中国。数年以来华货滞而不流，统计外洋所用丝茶出于各国者，几及三分之二。若并此利源而尽为所夺，中国将奚自立？！"②这种言论反映了对国际事务多少有所了解的洋务官员和思想家们所共同具有的危机意识，成为洋务大员们施政举措的思想基础。

在李鸿章等人看来，中国"既不能禁洋货之不来，又不能禁华民之不用"，既然说外洋机器生产的引进将会侵害"中国女红匠作之利"，那中国何不加以效法，"亦设机器自为制造"，"为内地开拓生计"呢？只要能"使货物精美与彼相埒，彼物来自重洋，势不能与内地自产者比较，我利日兴，则彼利自薄，不独有益厘饷也"。③他们对缫丝、纺织等与国计民生关系密切的轻工业十分重视，明确指出自中外通商以来，进口洋货日增，出口土货年减一年，导致贸易逆差越来越大，推原其故，乃是由于外国制造均用机器，比中国用手工劳动生产的土货物美价廉。因此，中国只有引进外洋机器，"逐渐设法仿造"，才能"分其权利"，"盖土货多销一分，即洋货少销一分，庶漏卮可期渐塞"。④长此以往，坚持不懈，则可"外以折强邻窥测之渐，内以立百年富庶之基，其有益于国计民生，殊非浅鲜。"⑤

---

① 梅启照（1826—1894），字小岩或筱岩，室名强恕斋。江西南昌人。与其三哥梅启熙（同治二年[1863]进士）同为晚清进士，弟先兄后，谓之"一门两进士"。著作除诗词集《恕斋吟集》和与人合作辑校的《明史约》外，颇多科学著作，如《中国黄河经纬度图》《天学问答》《笔算》《测量浅说图》《验方新编》等，涉及诸多学科。梅启照为近代洋务派著名人物，与曾国藩、左宗棠、李鸿章等同列为晚清"同光（同治、光绪）十八名臣"。光绪三年至五年（1877—1879）八月庚午，梅启照任浙江巡抚，酝酿招商筹办浙省近代缫丝工厂。

② 薛福成：《筹洋刍议·商政》。

③ 李鸿章：《筹议海防折》，《李文忠公全书》，"奏稿"，卷二十四，第20页。

④ 李鸿章：《推广织布局折》，《李文忠公全书》，"奏稿"，卷七十八，第11—12页。

⑤ 李鸿章：《漠河金矿请奖折》，《李文忠公全书》，"奏稿"，卷七十五，第20页。

1882年，江苏地方官员和上海外商丝厂之间发生纠纷，上海道台邵友濂命令公平、旗昌两丝厂"即行关闭"，引起英、美驻华公使和总理衙门的外交交涉。李鸿章认为各国公使反应强烈，对外关系应予考虑；况且丝厂已经开有时日，著有成效，不宜令其一概停业。他指令邵友濂不得因顾虑"舆论"而对外国企业采取过紧的禁压措施，应将公平、旗昌两家外商丝厂作为特例加以承认，允许其"报关立案"，即向中国政府进行登记注册。① 同时，李鸿章致函左宗棠，指出外商企业"已办者恐难谕禁，但能杜渐防微"就行了。② 遵从李鸿章的指示，上海道台邵友濂立即撤回了要公平、旗昌两家丝厂停业的命令，对外商丝厂的存在和经营开了绿灯。③ 以此为契机，英商怡和丝厂和中国商人黄宗宪的公和永丝厂随后也都向当局正式登记注册，获得了存在的合法权利。

其后，李鸿章进一步加深了对近代缫丝工业的作用和回收这一利权的必要性的认识。在早年论及织布局时主张派人购机设局，自行制造，以敌洋产的同时，又主张"必须华商资本方准领照购机，择地开办"④ 的基础上，1887年2月2日，时任北洋通商大臣的李鸿章在答复清朝总理海军衙门咨询的书简中，力劝海军衙门谕示江浙两省督抚，鼓励民间人士创办机器缫丝工厂，以从上海外商丝厂手中收回利权。文曰：

> 用机器缫丝，精洁易售，较中土缫法尤善。洋人争购，获利可丰。若令江浙督抚就产丝之地招商集股开办，实系为民兴利，并非与民争利。若官自办，恐有法无人，不可持久。甘肃织呢其前鉴也。鸿章曩在上海亲见旗昌、怡和各洋行皆设有机器缫丝局，募千百华人妇女于其中，工贱而丝极美。嘉、湖丝贾无人仿办，利被彼夺而我丝滞销，心窃惜之。⑤

李鸿章的建言得到了清廷中枢的正面回应，同年2月21日，总理衙门发出上谕："将缫丝详细情形咨商浙抚察核"，重点在于"可否劝令民间置办机器

---

① 参见薛福成：《庸庵文别集》卷五"代李伯相复邵观察书"。
② 李鸿章：《致左相》，《李文忠公全书》，"朋僚函稿"，卷二十，第36页。
③ *Foreign Relation of U.S.A. 1883*. No.77. Inclosure 2.
④ 李鸿章：《推广织布局折》，《李文忠公全书》，"奏稿"，卷七十八，第12页。
⑤ 《李文忠公全集·海军函稿》卷三"条陈四事"，光绪十三年（1887）正月初十日。

缫丝，不必由官经理。"①对上海机器丝厂的优越性能留下了深刻印象的李鸿章，一直有意创办一家"官督商办"的近代丝厂，而总理衙门的态度则似乎比李鸿章走得更远，开始考虑"劝令民间置办机器缫丝，不必由官经理"，这对激发商人们参与投资创办近代丝厂的热情起到了积极的推动作用。

李鸿章之外，洋务运动的另一员主将张之洞也是中国近代缫丝工业的积极倡导者和推进者。1886年12月，清朝海军衙门风闻广东兴办机器缫丝以来"外销丝经，价增一倍"，曾发出上谕"相应咨行两广总督"，令其"即将粤省现办情形与本衙门是否相符，与民间兴贩有无窒碍，详细查复，以凭办理"。②时任两广总督的张之洞委派候补知县李长龄对各县的丝厂情况进行调查，在此基础上答复海军衙门说：

> 查粤省缫丝机器以顺德为最多，新会次之。遵即派候补知县李长龄前往各县，逐一确查。去后兹据该员禀称：……遍访舆论，自用机器以后，穷乡贫户赖以全活甚众，而向来缫丝工匠执业如故。缘机器所缫丝经，质细而脆，以销外洋，颇获厚利。若内地机房，既不肯出此厚值，且因其丝过细，不甚坚韧，以织绸缎故不相宜，仍以土车手缫为便，故两无妨碍。所售价值，每百斤约售六百元，较之土缫向售四百元者，昂至二百元左右，然亦涨落无定。其机器前系购自外洋，近因内地自造，大者值二千二、三百元，小者七、八百元。……粤省自民间开办以来，愈推愈广，其销赴外洋者，遽年加值。查光绪十二年由顺德等县运省之洋庄丝，约计二百二十八万余斤之多，较往年几增十分之四。盖小民惟利是趋，比年获利颇厚，故机器之计，年多一年，出丝既多，销路亦夥。现在争相仿效，到处开设，有益于贫户之资生，无碍于商贾之贸易，以属办有成效，当无窒碍。惟系民间自行经理，并非由官设局劝办，亦未领用官帑，自应听其照旧开设，以浚利源。③

---

① 《申报》1887年2月21日。
②③ 《广东厘务总局奉查广东机器缫丝情况呈报两广总督件》，光绪十三年（1887）六月，广州中山图书馆藏。

这是一篇煞费苦心的复文。复文只字不提广东地区机器缫丝业的兴起曾经造成当地土丝来源紧张，从而招致丝织手工业者的愤怒，袭击丝厂，酿成血案的情况，而是着力强调机器缫丝与土法缫丝"两无妨碍"，且机缫丝可以高价输出，"颇获厚利"，"穷乡贫户赖以全活者甚众"；复文避而不谈6年以前广东地方当局曾以维护"小民生计"，抑制"商贾攘利"为由命令南海县丝厂关闭的事实，只是特别指出机器缫丝"有益于贫户之资生，无碍于商贾之贸易"，肯定机器丝厂"以属办有成效，当无窒碍"，从而极力主张"自应听其照旧开设，以浚利源"。由此不难看出，作为究心洋务的封疆大吏，张之洞为了促使清政府下决心采取支持和鼓励引进发展近代缫丝工业的政策，是如何地对症下药，投其所好。他的巧妙答复和明确态度，终于使得清朝政府打消了疑虑，决心采取奖励民营缫丝工业的政策。1887年10月，总理衙门将两广总督的复文抄送浙江巡抚卫荣光，要求最负盛名的蚕丝产地浙江省派员前往珠江三角洲考察学习，大力推行鼓励民间人士引进和经营机器缫丝生产的政策。当年末的《申报》，记载了这一过程：

> 浙西出丝最多，销路最广，销于本国与销于外洋者迥不相同。盖中国用丝，专取坚韧，以织绸缎。洋庄所销之丝，独取其细。本地土工缫丝，其质较粗，只宜中国销售。若期洋庄旺销，则以机器所缫者方为合宜，以丝较土工缫者为更细也。粤省得风气之先，顺德一县用机器缫丝者，闻有三四十家，新会亦有三家，以销洋庄，极为畅旺。而向恃缫丝为业之土工，仍缫中国用丝，故于生计并无妨碍。查机器价大者，每座需银一千二三百两，小者只数百两。大机器一座，用女工七百余人。设有工人座位，每位需用各项器具，约银七两有零。小机器有用一百三十人者，有用八十人者，其利颇厚。现经总理衙门将缫丝情形咨商浙抚卫静帅察核，可否劝令民间置机缫丝，不必由官经理。如此办理，细丝出路既多，销路自广，利权亦不至为外洋所夺。卫静帅即饬杭州府吴春泉太守及仁和赵澹如、钱塘程稻郚两明府传集丝业经董，谕知缫丝各法并价值及一切有利无害情形，劝令置办机器缫丝，以收利益。或由富商先行试办，俾咸知销路旺而获利丰，庶几彼此踵行，丝业蒸蒸，日有起色，诚通商惠工之要

政也。①

在给民间资本引进并经营机器缫丝业大开绿灯的同时，张之洞又把梅启照、李鸿章昔日的设想变成了现实。光绪十五年（1889）十月，张之洞调任湖广总督。湖北省蚕桑生产发达，但缫丝生产惯用土法，品质低劣。张之洞以为"惟民间素未见机器缫丝之法，无从下手，亟应官开其端，民效其法"，决定创办湖北缫丝局。他派湖北候补道刘保林赴沪考察，并将湖北出产蚕茧运往上海试缫，结果十分满意。张之洞遂于光绪二十年（1894）十月五日奏称："（湖北）土性素亦产丝，而制造不精，销流不旺"，若能仿效沪、穗等地，"用机器缫丝者，较之人工所缫，其价值顿增至三倍，专售外洋，行销颇旺。"②为了筹集所需经费，张之洞在挪借官款、举借商款上动了许多脑筋，作过许多努力。"湖北缫丝局"在武汉创办时，决定以白银10万两作为常本，分作十成，其中官股八成，其余二成拟招商股。张之洞先以4万两垫支开办，随后又续拨官银凑足官本8万两，委托江苏巡抚赵舒翘邀请当时声名鹊起、正在上海经营近代丝厂的黄佐卿合作，负责商股筹集，并具体负责缫丝局的经营活动。他在当年上奏朝廷的《开设缫丝局片》中说："（黄晋荃）家道殷实，综核精明，久居上海。其家开设机器缫丝厂有年，且在汉口设有丝行，情形极为熟悉。当饬委员与之筹商，由该职员承办。"

1894年底，张之洞于武昌望山门外购地建厂，遴选"候选同知黄晋荃"主持其事。黄晋荃在上海筹集商股20 000两，加上张之洞提供的官本80 000两，以作开厂经费。③1896年5月，湖北缫丝局建成投产，"釜数二百另八，职工三百人，每日制出（厂丝）上等品三十斤，普通品十八九斤"。"原料用湖北产，沔阳产最多，专用黄丝，其制品全部输于上海"。其后，商董黄晋荃秉称："（缫

① 《劝办机器缫丝》，《申报》1887年12月5日。
② 《开设缫丝局片》（光绪二十年［1894］十月五日），见《张之洞全集》。
③ 时任湖广总督的张之洞决定创办湖北缫丝局后，邀请黄佐卿前往主持。黄佐卿派其三子黄晋荃前去，并投入股本二万两。但在双方合作是官督商办、还是官商合办的问题上，意见不能一致。张之洞主张官督商办，黄晋荃取附股形式，而黄晋荃不同意官督商办。双方僵持不下。张之洞派员另找商人承办，无人应承，只有再找黄佐卿，并同意官商合办。黄佐卿这才答应出股，在武昌望山门外筹建湖北缫丝局。其后又生波折。黄晋荃发现所购机器质量低劣，零件不全，经查多有瞒报，此事几经交涉，才得解决，建厂事宜方能得以进行。

丝局)现在开办两年,女工日就娴熟,人数亦日增加。今夏蚕事畅盛,茧亦复较多,拟即乘时扩充,添设缫车一百部,以副宪台创开风气、保利便民之至意"。① 张之洞答称:添设缫车一百部,共缫车三百部,"自是正办"。同意增添官本 20 000 两,饬令善后局于闲款项下筹拨两万两给缫丝局。官商股本即共作为十二成,官十商二,此系常本,不与活本相关,活本仍由黄晋荃自筹。②

湖北缫丝局生产经营虽颇有成绩,但困难仍大,尤其受官方的牵制过多,加上官商合办章程细则迟迟未能商妥,以致黄佐卿父子甚为不满。黄氏因见缫丝局机器价高质劣,多不合用;拟订的商办章程诸多条款也未被官方认可,遂决定不再继续承办。张之洞也只好同意,另行招商接办。1897 年五月,黄晋荃办了移交,退出该局,回到上海。③ 其后,光绪二十八年(1902)八月初一日起,武昌省城官办纺织四局全归粤商应昌公司集股承租接办,"只以公司经理人韦应南为主,不得私行抵押及召集洋股,最为紧要"。④ 到宣统三年(1911),鄂督瑞澂指责应昌公司私用股票抵押贷款,违背承租合同,勒令收回了应昌公司对纺织四局的承租权。⑤

甲午战争后,外国势力攫取了在通商口岸开设工厂的权利,出于防止外国资本垄断和开辟新财源的目的,张之洞在署理两江总督兼南洋通商大臣任上,为"振兴商务,自保利权",力主以"巨款大举"创办新式丝厂。他加强了鼓励民族资本缫丝工厂开设的措施,规定凡是开设缫丝工厂者,均可从地方当局借得"官本",并且可以得到蚕茧的优先购买权。丁丙、庞元济"两绅"在杭州及其近郊塘栖镇开设世经、大伦两家丝厂时,就曾得到过浙省当局"官本五万两"的贷款。⑥ 对绍兴府会稽县、萧山县境内的开源永、合义和两家丝厂,当局制定的《机器缫丝厂章程》分别给予其在该县境内购买蚕茧的垄断性特权。⑦

在江苏,张之洞原先主张将缫丝工厂设在无锡,其后又提出在上海开办 5 家"官督商办"的丝厂,意在由政府投入开办丝厂的资金,以此作为基础向民间融资,促进丝厂的开设。但是这一计划未被清政府接受,结果只是将甲午战

①②④⑤　汪敬虞编:《中国近代工业史资料》第二辑(下),中华书局 1962 年版,第 575—576 页。
③　黄氏承办湖北缫丝局的过程及其间官商矛盾的冲突与解决,对洋务企业的经营实况,特别是其中商权的谈判地位等,有诸多值得深入研究之处。
⑥　《张文襄公全集》卷七十八,电稿《致总署》,光绪二十一年(1895)七月十八日。
⑦　《浙江通志·厘金门稿》,浙厘上,第 56—57 页。

争中政府从民间借得的款项转换为"官本"，在苏州开设了"官督商办"的苏纶纱厂和苏经丝厂。①经奏准，张之洞移用清政府向苏州等五府商民借款银54.76万两（原拟用作中日甲午战争军费），成立苏州商务局办苏经、苏纶股份有限公司，发给商民股票；又借地方积谷、水利、备荒等项藩库银23万余两，照会丁忧在籍的原国子监祭酒陆润庠为公司总董，筹建苏经丝厂和苏纶纱厂。在继任两江总督刘坤一的支持下，选择盘门外吴门桥东首官荒地营建厂房。苏经丝厂设在盘门外吴门桥运河南面，东面与青旸地日本租界毗邻，占地33.31亩。历史档案记载：

> 光绪二十三年马关订约通商，苏州开辟商埠，设立商务官局，奉江督、苏抚以苏藩司息借商款五十四万八千余两，奏办苏州苏经、苏纶丝、纱两厂商务公司。商款不敷，由官筹拨二十三万五千余两，以足建筑、购机、开办经费，于积谷、水利、丰备项下支拨。……两厂开办时，虽以息借商款为基金，实以商务官局为主体，故两厂名为公司，并无公司章程，亦无股东真实姓名典籍。两厂地址由商务局勘定，岁需地租二千九百余两，是以两厂名为股东收归自有，实不完全。②

光绪二十二年（1896）夏，苏经丝厂建成开工。初创时有意大利式大箃直缫丝车208台，职工共五百余人，并聘请意人皮杜纳为总工程师。翌年丝车增为336台，职工增加到857人。商标为森泰、人马。年产量达到五六百担，"产品都由上海洋行转销英、法、美等国"。③从苏州档案馆藏光绪三十四年（1908）七月《苏经丝厂厂房估价清单》和《苏经丝厂机器设备估价清单》来看，苏经丝厂厂房包括周围墙垣九十四丈二尺、门房三间、巡丁住房三间、堆丝栈三层楼

---

① 参见波多野善大:《中国近代工业史の研究》,1961年，第233—240页。
② 《王同愈等为条陈经纶丝纱两厂沿革致苏州总商会呈》(1922年),苏州市档案馆编:《苏州丝绸档案汇编》,江苏古籍出版社1994年版，第608—610页。据同份档案记载:当时正值晚清苏州状元陆微祥丁忧在籍，"即由当道商请为两厂总理"，不久陆氏服阕进京，遂由祝承桂接办。当此期间，苏经丝厂"连年亏折，一蹶不振。而各股东除年收利息七厘外，于两厂营业盈亏始终未尝过问。于是官厅以商务局名义招商租办，即由费承荫领租"。费氏租办后，苏经丝厂"营业渐裕"。
③ 汪存志:《葵庵年谱》,《苏州文史资料选辑》第2辑。

房一座、小栈房楼房三间、洋楼一所、缫丝大厂一座、秤茧间楼房一座、炉子间一座、烟囱一座、公司厅五间二厢房、烘茧间平房一所、小楼房三间、厨房、柴间平房六间、小门房一间，"以上统共估值规元四万二千二百零七两三钱"；①苏经丝厂机器设备包括丝盆丝车三百三十六部、应用水管成包车二部、摇丝车七部、各式水柜十四只、压力五十磅的炉子二只、十寸、廿寸引擎（四十八转）各一部、抽水机一架等，统共"时值"规元 38 050 两。②

　　四川省近代缫丝工业的兴起，也与地方洋务大员的倡导推动结下了不解之缘。1902 年，岑春煊署四川总督，奏准成都知府沈秉堃于成都创设四川省劝工局。1903 年，劝工局总办沈廉赴日本赛会，购买缫丝机器，令随员在工场学习后带回四川。翌年新丝登场，劝工局即用机器试缫，并令机器局工匠加以仿照，以便推广。③锡良督川后，1904 年在成都设立倡行实业的总机构——劝工总局，"其时各省提倡工业，川省各属亦均筹设劝工局，故以此局以资改进，且综核各属劝工之成绩"。④劝工总局内设丝绵、刺绣、陶瓷等三十余个项目，并将丝绵列为重点，仿照日本成立缫丝工场，引进缫丝机器，改进生丝质量。同时，对蚕桑业改良也给予关注，1905 年设立四川农政总局，"以挈全省农政之纲"。总局内设农田、蚕桑、树艺、畜牧四科，"先就蚕桑、树艺两科入手，示通省之准则，稽各属之勤惰，以期简而易行，处处宜种桑，人人能饲蚕。"⑤官府对植桑育蚕缫丝极为重视，"省城设立农政总局总理全省农政，各属各设农务局以稽考本属农事，其各乡场市镇先办某科，设某科公社。某家种树最多，育蚕得法，暨培田、畜牧之最勤者，公社须将其事迹详细注明，送地方官转详总局奖励。其惰农自安者分别示罚，各员绅亦视所办之事得失为赏罚。"⑥更有甚者，农政总局规定"以种桑之多寡，定各属农政之兴废"，实行一票否决制，敦

①《苏经丝厂厂房估价清单》（光绪三十四年［1908］七月），苏州市档案馆编：《苏州丝绸档案汇编》（上），江苏古籍出版社 1994 年版，第 611—612 页。
②《苏经丝厂机器设备估价清单》（光绪三十四年［1908］七月），苏州市档案馆编：《苏州丝绸档案汇编》（上），江苏古籍出版社 1994 年版，第 613 页。
③《四川官报》甲辰（1904）三月上旬，"新闻"二。
④ 周询：《蜀海丛谈》，巴蜀书社 1986 年版，第 314 页。
⑤《四川农政总局章程》，《四川官报》乙巳（1905）十月中旬，第二十七册，"专件"。
⑥《四川农政总局章程》，《四川农政总局章程》，《四川官报》乙巳（1905）十月中旬，第二十七册，"专件"。

促地方官员成为蚕桑丝业的积极推行者。例如，"资阳吴大令去冬（1904）谕令各乡民，凡有隙地，皆得种桑，刊章程以资奖劝。又于场内创设蚕桑公社，该邑商业顿觉蒸蒸日上"。① "太平县令讲求事桑，种植得法，今春一律发芽，共计65 000余株。"②

1907年，四川设立劝业道，统筹全省农工商矿事业，主持者为周善培。周在资金支持、晓谕地方等方面对民间资本发展缫丝工业采取积极扶持的态度。1908年，巴县蜀眉丝厂创办，"招有女工学习缫丝"，由于风气初开，地方人士囿于旧俗，不免少见多怪，妄加议论。劝业道为此专门札饬地方官员：

> 照得缫丝各事本为妇女天职，上海丝厂林立，所出之丝皆雇女工住厂缫制。江浙两省妇女无不以缫丝为业，诚以缫丝必须手轻心静，男工远逊女工也。现在川省女工缫丝风气尚未大开，亟应设法提倡。蜀眉丝厂招雇女工学习缫丝，实于地方有益，该厂厂规亦极严正，勿论何人不得妄造谣言。倘敢故违，准由该厂指名，由官处罚不贷。③

1910年，王恒斋组织川南缫丝公司，因筹款不足向劝业道商借官款5 000两，周善培"以该职商改良缫丝，无不乐于赞成"。④ 潼川锦和丝厂、三台神农丝厂面临停业危机时，劝业道亦拨款助其渡过危机，并将旧法手工扬返丝改进为机器直缫丝。重庆商人赵资生接办潼川永靖祥丝厂之初，"潼人颇多疑忌，高抬茧价之外，并时造作蜚谣。前商务局一再札饬，潼川府特出示保护，转知各属晓谕地方以示保护，俾嗣后该厂购茧雇匠得以公平交易，不致刁难阻滞"。⑤

为保护新生的新式丝厂，支持属地丝厂产品打开销路，四川劝业道还积极

---

① 《四川官报》，1905年，第八册，"新闻"1。
② 《四川官报》，1907年，第十五册，"公牍"8。
③ 《四川劝业道札饬巴县出示晓喻保护蜀眉丝厂卷》（1910年11月），四川省档案馆藏：全宗6，目录54，卷136。
④ 《广益丛报》第八年第十八期，"纪闻"二。
⑤ 《四川劝业道札知重庆劝业分所潼川永靖祥丝厂辍业由渝商赵资生等集股承办卷》，四川省档案馆藏：全宗6，目录54，卷137。

与外商交涉。1907年，重庆商人王静海在潼川府城创设永靖祥丝厂，购置机具改良缫丝，按照近代丝厂格局组织生产，"工厂建筑如法，丝车改良合式"，有丝车240架，每年产丝240箱。丝质光洁匀细，运沪销售，"头批获价五百七十余两，二批市面稍疲，获价五百五十余两，随到随卖，均已售毕，足见销路开通，毫无阻碍。每箱卖价比潼川土法缫丝可多售银一百七八十两以至三百两。近来缫工技艺愈见熟习，自此以往，进化可期。潼属乡丝，亦因之渐有进步。"① 当永靖祥丝厂的生丝质量受到法国商人的质疑和刁难时，四川劝业道"取该厂样丝，试交法国领事，托其寄法考验"。随后"接准洋务局转法领事韦立德缄称，样丝已经法国里昂府商会考验，实系匀细光泽，且丝质强韧，犹合机器制造之用，果系川茧川缫，法商皆愿认销"。②

四川劝业道对川省正在萌生中的近代缫丝工场的扶持，有效地激发了民间绅商投资近代缫丝工场的热情，促进了缫丝手工工场向机器丝厂的转化。经劝业道积极提倡，民间商人起而响应，到清朝末年，川省工业计有官办、民办两种，其中"民办者为造纸、火柴、电灯、玻璃、缫丝、机器各厂，资本少者数千元，多者十余万、二三十万不等，类皆改良土产，以扩行销；仿制洋货，以杜外溢"。③

人们每每指责洋务官员们兴办近代民用企业的目的在于"以富求强"，即企图以举办民用企业来支持军事工业，加强统治力量。其实，主观目的未必就等同于实际效果。无论洋务派大员们的主观动机如何，这些"官督商办"、"官商合办"丝厂的创建总是起到了为民倡始的作用。张之洞就是因为"以湖北产丝甚多，惟民间素未经见机器缫丝之法，无从下手，亟应官开其端，民效其法"，才一面"派工匠赴沪学习"，一面于武昌"购地设厂"的。④同时，这些"官督商办"、"官商合办"丝厂的创办，多少含有"振兴商务，自保利权"的用意，与其说它们是民办丝厂利益的攘夺者，毋宁说是国家经济权益的守护者。

---

① 《四川劝业道札知重庆劝业分所潼川永靖祥丝厂辍业由渝商赵资生等集股承办卷》，四川省档案馆藏：全宗6，目录54，卷137。
② 《四川劝业道拟肯拨借官本扩充潼川丝厂札》，四川省档案馆藏：全宗6，目录54，卷137。
③ 刘锦藻：《清朝续文献通考》，商务印书馆1935年版，第2311页。
④ 《洋务运动》（8），第536页。

三、"商办"丝厂

中国近代缫丝工业中最值得注意的一股力量,是那些"商办"的近代丝厂。1873 年,东南亚归侨陈启沅在广东南海县创办"继昌隆缫丝厂",这是近代中国的第一家"商办"丝厂。

关于"继昌隆缫丝厂"的创办时间,有 1872、1873、1874 年诸说,笔者认为应是 1873 年创办,1874 年开工。原因如下:陈启沅本人曾说:"沅遂于癸酉之秋,仿西人缫丝之法,归而教之乡人。"[①]"癸酉之秋"即 1873 年秋天。陈启沅的意思是说,1873 年秋天,继昌隆缫丝厂的机器安装全部完工,他在家乡简村和临近村庄招收了第一批工人,教他们学习与当地土法缫丝不同的西式缫丝法。又据陈启沅当年合作者的后人回忆:"1872 年,简村人陈启沅从越南带回旧轮船机器一套,拟改造为缫丝机器,他自己懂得机器,但苦无工场和技工,知陈联泰能修机器,作风诚实,就同(陈)淡蒲商量,由陈联泰负责缫丝机器的改造和安装,陈启沅亲自负责技术指导,至 1873 年工程全部完成。"[②]从侧面说明继昌隆缫丝厂的机器改造和安装于 1873 年完成。陈启沅的后人回忆:1872 年,"启沅有心回国计划倡办丝业……启沅回国后,即着手创设继昌隆丝厂。""继昌隆由 1873 年(同治十二年癸酉)春间开始筹建,至翌年(1874 年,同治十三年甲戌)秋冬之交大致就绪,正式开始生产。"[③]以上材料相互印证,可见继昌隆缫丝厂是 1873 年创建,1874 年正式开工。

陈启沅出生于广东省南海县西樵地方的简村,其家"半儒半农",他自己也多年接受科举教育,既精儒学,复通"诸子百家、星相、舆地之学",曾经两度参

---

① 陈启沅:《广东蚕桑谱》"自序",光绪二十九年(1903)重刊本。
② 陈滚滚:《陈联泰与均和安机器厂概况》,《广东文史资料》第 20 辑,1965 年,第 146—151 页。按:此处所谓"陈联泰"者,系广州的陈联泰铁工坊。鸦片战争前乃一制造土针的打铁作坊,战后不久转为修理外商的船舶,70 年代初仿造了木制脚踏车床。1873—1874 曾为继昌隆"丝偈"改装和安装锅炉设备,1876 年以后主要制造缫丝厂的动力设备,并曾制造过几只小火轮。至甲午战争前,陈联泰已发展成为较具规模的一家机器厂,惟此后承包筑堤工程失败,于 1907 年破产。
③ 林金枝、庄为玑:《近代华侨投资国内企业史资料选辑(广东卷)》,福建人民出版社 1989 年版。

加省试而未中，只得在故乡作塾师，穷困潦倒。① "于是决计远游，冀有所得以还哺祖国。岁甲寅（咸丰四年，1854）至南洋，遍游各埠" 辛勤经商十余年，成为巨富。② 在南洋期间，他还关注法国人在越南、泰国、缅甸等国开设和经营的缫丝工场，"遍游各埠，考求汽机之学"，对缫丝机器和丝厂经营进行过研究。③

1872年，陈启沅回国，带回了在国外学到的知识，准备在中国开设机器缫丝工场。起初他打算在广州开设丝厂，因为这里交通便利，金融信贷发达，治安状态较好，而且容易得到国外技术设备的帮助。但是，考虑到广州的官府统治严密，手工业行会的势力强大，最后决定把厂址选在故乡简村。④ 简村是远离省城的一个村落，周围是珠江三角洲内著名的蚕区，既有利于避开官府的直接干涉和压迫，也便于得到原料茧和劳动力的供应。当然，在这里办厂也有一些不利因素，如农村较为闭塞，人们看不惯新生事物；交通不太便利，生丝的出口多费周折，等等，但是与选址在广州相比，只能 "两害相权取其轻"，不得已而为之。丝厂开办之前，陈启沅又去江浙一带游历考察，了解到官府主导的洋务企业的实际情况，决定自己将要开设的丝厂不采取 "官督商办" 和 "官商合办" 的形式，以避免官府的介入和干涉。⑤

在当时的中国，要兴办这样一个男女同工、有蒸汽设备的缫丝工厂尚是史无前例的创举。旧习惯势力的阻挠，无知乡民的非难和中伤伴随着丝厂创建的全过程。陈启沅利用故乡和家族关系，拜访 "绅耆"，说服解释，疏通官府，折冲樽俎，又捐助巨资，兴修水利，还捐米施药，救助贫弱，在乡里树立起 "乐善好施" 的富商形象，赢得了同一家族内部和附近村落成员的信赖和支持。⑥ 在耗费了大量精力和财力之后，1874年，中国第一家近代 "商办" 缫丝工厂——继昌隆丝厂终于建成投产了。陈启沅以在越南所见的法国式缫丝工厂为摹本而加以取舍，对先进的欧洲制丝技术作了修改，使之适合于中国的社会经济条

① 陈启沅：《广东蚕桑谱》 "自序"，光绪二十九年（1903）重刊本；《宣统南海县志》卷二一，"列传" 八，"艺术传"，陈启沅。

② 黄逸峰：《陈启沅家族和刘鸿生资本集团》，《工商史料》一，1980年。

③ 宣统《南海县志》卷二一，"列传" 八，艺术，陈启沅条。

④ 汪敬虞：《关于继昌隆缫丝厂的若干史料及值得研究的几个问题》，《学术研究》1962年第6期。

⑤ 铃木智夫：《洋务运动の研究》，汲古书院1992年版，第423页。

⑥ 苏耀昌：《华南丝区——地方历史的变迁与世界体系理论》，中州古籍出版社1987年版，第155—156页。

件和技术水准，从而将其成功地引进珠江三角洲地区，"出丝精美，行销于欧美两洲，价值之高倍于从前，遂获厚利"。[1] 日本学者铃木智夫对此评价甚高，认为这一取舍改进，与原封不动将欧式缫丝工厂移植到上海的做法形成鲜明对比。广东的机器缫丝生产之所以于19世纪70、80年代就较早地得以迅速发展，这或许是一个重要原因。[2] 据记载："旧器所缫之丝，用工开解，每工人一名可管丝口十条；新法所缫之丝，每工人一名可管丝口六十条，上等之妇可管至百口"。[3] 而且，新法所缫之丝，粗细均匀，色泽洁净，"这正是欧洲丝织业者久久追求不已的生丝"，广州的洋行以高出一般生丝价格五成的价钱购入继昌隆丝厂的产品，主要用于向法国出口。[4]

继昌隆丝厂"期年而获重利"，引起时人竞相仿效。陈启沅因势利导，积极协助人们创办新的丝厂。因为对于陈启沅来说，自己在家乡设厂并未得到地方当局的正式认可，而是在当地士绅的掩护下创建的，如果珠江三角洲有更多的丝厂经当地士绅之手开办，对于自己事业的发展无疑是利大于弊。继昌隆丝厂开业后的六七年间，又有许多"绅耆"仿效开了多家丝厂，到1881年，珠江三角洲的缫丝工厂已经增加为14—15家，其中南海县最多，有11家；顺德县其次，约3—4家。[5] "这些丝厂都既没有得到洋务派官僚的指导和保护，也没有接受外国势力在资金和技术方面的帮助，而是作为以珠江三角洲'绅耆'为中心的民间资本所设立的纯粹民营企业出现的。广东的机器缫丝工业，作为19世纪后

---

① 宣统《南海县志》卷二十一，"列传"八，艺术，陈启沅。按：关于继昌隆丝厂的历史，有不少可讨论之处。它初建时不可能是"容女工六七百人"的大厂，据后来吕学海的调查，它最初有"数十缫丝釜位"似较合理。又据陈启沅的后代陈天华等所作回忆，继昌隆的创办资本为7 000两，除收茧等流动资金外，用于建厂的约4 000两，设300釜位。以300釜计，约容纳女工三四百人。至于后来该厂发展到800釜位，那是后话了。更重要的是，根据陈启沅自己在《蚕桑谱》中所绘的"汽机大偈图"和陈天杰等所写资料，继昌隆最初所建蒸汽锅炉并不是用于驱动缫丝车的，而是用来输送热水煮茧，即广东人所称"汽喉"。继昌隆最初所用丝车大致仍是脚踏驱动，仿法国丝车样式，其机使两绪丝互绞（缠），用卷轴抽去疲丝头，再将两根洁丝互绞，成四绪丝。继昌隆丝厂"其后遂进而改用蒸汽原动力"，成为一家名副其实的近代机器工厂，惜其确切年代不详。一说1879年陈植枌等在南海县设立的裕厚昌丝厂，"用机器展动各轮"，"每一女工可抵十余人之工作"，或可认为已是使用蒸汽动力了。
② 铃木智夫：《洋务運動の研究》，汲古书院1992年版，第451—452页，注35。
③ 陈启沅：《广东蚕桑谱》"自序"，光绪二十九年（1903）重刊本，第4页。
④ 铃木智夫：《洋务運動の研究》，汲古书院1992年版，第452页，表。
⑤ 徐赓陛：《不慊斋漫存》卷六，《办理学堂乡情形第二禀》；《民国顺德县续志》卷一。

半期中国民间资本独力引进成功的第一种近代工业，值得大书特书"。①

在此稍后，在中国传统丝绸生产的中心江浙地区，也开始出现了"商办"的机器缫丝厂。早在外国商人在上海筹办近代丝厂的过程中，就有中国商人利用公开集股的机会投资这些近代企业。美国驻沪副领事 1882 年说过："上海外商所办的一些缫丝厂，早已有中国人入股。"情况正是如此。许多外商近代丝厂的开设，中国商人资本在其中起了举足轻重的作用。在英商怡和丝厂，中国商人的投资占了总投资额的 60%，丝厂的 6 名董事中，中国人也占一半。② 英商公平丝厂的投资者中，有中国传统的"湖丝帮"商人参与其间，10 万两白银的资本额分为 1 000 股，每股 100 两，"购买此等股票者，无非（中国）商家"。③ 其他一些外商丝厂，也有类似的情况，大多有华商参股或附股，主要经理人也大多是中国的商人或洋行雇用的买办。④

随着近代缫丝工业优势的逐渐显现，机器缫丝业的丰厚利润将这些华商投资从依附于外商企业，推上了自主筹建民族资本近代缫丝工厂的道路。正如当时一家外文报纸所写："中国商人之中，有些人在新建的（外商）缫丝厂中拥有股份，当他们看到新的工业很切实际又有利可图时，就决定在主要的产丝区建立缫丝工厂，并且倾向于扩大和改进这些企业。"⑤首先得以分享这种投资利益，并在其后转化为自主经营的，是一批买办或买办性质的商人。他们很多最初只是经营土丝生意的商人，后来担任洋行买办或是与洋行有密切的关系，机缘巧合在洋行设立的丝厂中搭上了一点股份。在积累了一定经验和资本后，他们就开始转而自办缫丝工厂。⑥ 正如当时在华调查丝绸业的日本人所见："欧

---

① 铃木智夫：《洋務運動の研究》，汲古书院 1992 年版，第 426 页。

② North China Herald，1882 年 8 月 18 日；石井摩耶子：《十九世紀後半の中国におけるイギリス資本の活動——ジャ - ディン・マセソン商会の場合》，《社会経済史学》45—4，1979 年。

③ 《上海商業雑報》第 10 号，1883 年 9 月。

④ 在某种意义上，这些外商丝厂或许应该说是中外合资的企业比较合适，不过因为其原倡者和主要经营者为外国商人，所以将其列为外商丝厂。

⑤ 1889 年 8 月 17 日《中国时报》。

⑥ 例如，创办公和永丝厂的黄佐卿原是祥记丝栈业主及公和洋行买办，创办延昌恒丝厂的杨信之原是泰康祥丝栈业主及延昌洋行买办。创办乾康丝厂的吴少圃原是拔维晏洋行买办。至于那些虽不具有买办身份但和洋行有密切联系的商人，在 19 世纪 80 年代以后的丝业资本家中也占有重要地位。如早期在上海创办纶华丝厂的叶澄衷等也都是依靠洋行起家的人物。所有这些买办和买办性商人，即使在他们自己经营丝厂时，也往往与洋行有着这样那样的关系，以获取经济上和其他方面的支持，如挂块外商牌子，以获取治外法权的庇护等。这或许反映了半殖民地工业化发展的某种规律。

洲人的经营方法，采取的是支撑其在华事业的所谓'买办'制度，工厂之实务委托给买办处理，由此，这些买办逐渐了解和掌握了制丝工厂的经营，于是制丝业开始向中国人的手中转移，丝厂的数量也在不断增加。"①

1881年，湖州丝商黄佐卿（宗宪）②大胆而巧妙地利用清朝地方当局法令的漏洞，在上海苏州河畔设立和经营公和永丝厂。黄佐卿出身于湖丝产地的湖州府归安县，早年旅沪经营蚕丝生意，从任职丝栈到自己开设祥记丝栈，并充任公和洋行买办。他在经营生丝贸易中积累起巨额财富，曾经"捐纳"得官。③在代外商购办生丝的过程中，黄佐卿深知土丝质量及获利远不如机缫厂丝，引发其引进西方先进生产技术和工厂制度的热情，被时人称为"采用缫丝机器和棉织机器最早和最热心的人物之一"。1881年，黄佐卿将经营丝栈的积累，投资10万两白银，择地于上海苏州河北岸创建公和永缫丝厂，是为江浙沪地区中国商人开设的第一家近代机器缫丝厂。黄佐卿向法国订购丝车100部、锅炉两具并全套引擎设备等，丝厂于次年竣工投产。时人记载："黄（佐卿）君于1881年首建丝厂于沪上苏州河沿岸，丝车仅100部，定名称曰公和永。怡和与公平行接踵而兴，各建一厂，每厂亦仅有丝车104部，各项机械均购自意、法等国。是年，三厂建筑告竣，越年同时开工。"④

公和永丝厂聘请意大利人麦登斯（Aug. M. Maeretens）为技师，⑤传授生产技术，引进法国高水准的缫丝设备，生产专供欧美丝织业用作经丝的"优等丝"。⑥1884年，丝车扩充至232部。由于缫丝女工一时训练不足，技艺未精，

---

① 日本蚕丝业同业组合中央会编：《支那蚕丝业大观》，东京冈田日荣堂1929年版，第234页。

② 黄佐卿（1839—1902），名宗宪，以字行。归安（今湖州）菱湖人。成年后，随家乡习俗，进丝行当学徒。19世纪50年代末，太平军进军浙江时，浙江湖州一带富绅争迁沪滨，黄佐卿一家也移居上海。初时，黄佐卿在上海一家丝栈做事，业余时学习英语，丝栈主便派黄佐卿跑洋行接洽生意，承接内地丝货，转售洋行，洋行也视其为"代理人"。到19世纪70年代初，黄佐卿自己于上海开设祥记丝栈，自任通事（翻译兼经营业务），除经营土丝外，还代洋行收购丝吐下脚及蚕茧等，获利颇丰，并结识不少外商。他较早认识到开办近代机器缫丝工厂可望获得更多利润，积极从事创办近代丝厂的实践活动，从而成为近代早期投资近代工业的民间资本家的代表人物之一。

③ 《上海丝厂之历史》，《农商公报》十六期，1915年11月15日；《上海丝厂业概况》，《国际贸易导报》一至三；林惠民：《第一个在沪创办丝厂的民族资本家黄佐卿》，中国政协浙江省委员会文史资料研究委员会编：《浙江籍资本家的兴起》，1986年；《机器缫丝为害论》，《申报》1882年6月2日。

④ 缪钟秀：《上海丝厂业概况》。

⑤ 系与同时竣工投产的英商怡和丝厂、公平丝厂联合聘请。

⑥ 参见陈慈玉：《近代中国的机械缫丝工业（1860—1945）》，台北"中央研究院"近代史研究所专刊（58）1989年版，第16页。

所产生丝质量欠佳，加上生丝运往国外，销路一时未开，资金周转颇感困难，在开头的几年里丝厂经营一直捉襟见肘，几濒失败。1887 年后，黄佐卿得到上海丝业公所的支持，多方改进经营，适逢当时国际市场厂丝出口行情好转，法国、意大利等国绸厂已知中国除辑里湖丝等土丝外还有机制厂丝供应出口，纷纷电请上海洋行就近采购，厂丝出口遂以大畅。随着机缫丝在法、意等国逐渐打开销路，丝厂发展得以转危为安，走上正轨。1892 年，丝厂拥有资本 30 万两白银，丝车增至 442 部，雇用职工 900 余人。同年，黄佐卿又在杨树浦购地 43 亩，开设延昌缫丝厂，有丝车 416 部，工人 600 余名。1896 年，又开办了一家拥有丝车 300 部、工人 500 余的祥记丝厂。

黄佐卿创设的公和永丝厂，成为江浙地区民族资本机器缫丝工业的先驱。这一举动产生了连锁性的反应，一些民间商人陆续开始将资本投向机器缫丝工业。1886 年，泰康祥丝栈庄主、延昌洋行买办陆纯伯在上海新闸投资创办裕成丝厂。1890 年，康泰丝栈主、意商信义洋行与荷商安达洋行买办杨信之投资创办延昌恒丝厂。1892 年，经营五金业和火油业起家、人称"五金大王"、"火油大王"的叶澄衷在上海闸北开办纶华丝厂。同年，经营米业和绸业的富商陶吉斋也在上海新闸创办锦华丝厂。据不完全统计，到 1894 年，上海民族资本的近代缫丝工厂已有 8 家。参见下表：

表 8-2　上海民族资本缫丝厂基本情况表（1894）

开设年份	厂　名	地　址	资本额（两）	负责人	丝车数（部）	年产量（担）	职工人数（人）
1881	公和永	新　闸	304 000	黄佐卿	380	410	1 000
1886	裕　成	新　闸	168 000	陆纯伯	210	227	400
1890	延昌恒	垃圾桥北	176 000	杨信之	220	238	300
1892	纶　华	唐家弄	400 000	叶澄衷	500	540	1 300
1892	锦　华	新　闸	120 000	陶吉斋	150	162	400
1892	新　祥	杨树浦	332 800	黄佐卿	416	449	850
1893	信　昌	梵皇渡	360 000	马建忠	450	486	800
1894	乾　康	石子街	200 000	吴少圃	250	270	800
合　计	8 家		2 060 800		2 576	2 782	5 850

资料来源：《支那缫丝业研究》，第 126 页松永伍作调查表改制，1896 年。

与广东的同业相比,上海"商办"近代机器丝厂的出现虽年代稍晚,数量也有不及,但上海的近代商办机器缫丝工业从创办之时起,便大都仿效外商丝厂的模式,机器设备都是从国外进口,在技术设备上显得较为先进,而且规模普遍较大,各家丝厂拥有丝车一般都在200—300台,甚至有多达400—500台的。1874年广东继昌隆缫丝厂建成投产时仅仅停留在以蒸汽煮茧,而1881年上海公和永丝厂创办时即是以蒸汽为动力。1895年以后,广东近代丝厂方才从蒸汽煮茧过渡为蒸汽动力,但一般仍沿袭早期仿法国式共拈式丝车的二绪缫,缺少改进,加以广东多造收茧的茧质较差,所以单位丝车的产量与质量都不如以上海为主的江南地区的近代丝厂。而上海丝厂以蒸汽作动力,采用多绪缫法,每两部丝车另配有一名打盆工,因而生产效率远远高于广东,"当时上海丝厂多数用意大利式直缫五绪车,单位丝车的产量与质量均优于广东"。① 中日甲午战争后,在通商口岸地区"设厂制造"的法律和经济环境进一步宽松,1896年,上海机器丝厂骤增为29家,拥有丝车7 900余部,职工16 000余人,成为当时上海最大的近代工业部门。

　　有一种现象值得注意,即使到了20世纪一二十年代,"现在上海之缫丝工厂,悉数皆由中国人自己组建,但在名义上使用意商、法商、美商或英商等外国国籍的情况并不鲜见。这种情况一般称为'洋商牌子'。这是因为在某些场合用中国人的名义不如用外国人的名义来得便利。"② 这些"便利"的具体表现正如《上海丝绸志》所载:"人为华商、厂用洋商名称,可以得到不少便利:如遇战乱或暴动,用外商牌子可有所庇护,遭受损失时,可提出赔偿要求;如遇火灾,要求保险公司赔偿损失时,用外商名义比较有利;在对付中国官府方面,可保护工厂利益,并免苛捐杂税;可携带外商领事馆签发的'三联单',除缴纳茧税外,可免除各站关卡的检查及征收杂税;逢到茧行被夺等纠纷时,可用外商名义出面干涉等。当然,外商也借此相互利用,不会贸然代华商做'幌子'。"③

---

① 《上海丝绸志》编纂委员会编:《上海丝绸志》第三篇第一章"缫丝业",上海社会科学院出版社1998年版。

② 日本蚕丝业同业组合中央会编:《支那蚕丝业大观》,东京冈田日荣堂1929年版,第333页。

③ 《上海丝绸志》编纂委员会编:《上海丝绸志》第三篇第一章"缫丝业",上海社会科学院出版社1998年版。按:据时人调查,丝厂使用外商名义,一般每年需付给外商800元作为报酬。当然,有些买办使用本洋行的名义也有不付费的。参见上原重美:《支那蚕丝业大观》(东京冈田日荣堂1929年版),第334页。

对于造成这种现象的原因和后果，时人早已有了一针见血的评论：

> 查洋商贩运土货，只在海关完纳子口半税，领有三联报单，沿途概不重征；而华商运货出口，则逢关纳税，遇卡抽厘，其所抽纳之款，已较子口税为多，乃关吏卡员，恒多分外之需索，此其不平者一也。各处关卡委员，遇挂洋旗之商船，照章速验放行；遇无洋旗之商船，即不免留难需索，此其不平者二也。近来外省地方官于洋商词讼，尚不致故延时日；而于华商涉讼，往往积压稽迟，甚或居为奇货，苛索侵渔，无所不至，此其不平者三也。凡兹数端，华商每以相形而见绌，由是洋商遂得行其招徕垄断之计。久之，华商亦且冒洋籍挂洋旗，所沾之利息，洋商安坐而均分之。为渊驱鱼，有养民之责者，固不能不任其咎也。[1]

僻处内地的四川，尽管直到 19 世纪末都没有近代缫丝工厂的出现，但 20 世纪初期开四川缫丝业近代化之先河的，仍然是民间人士。川北潼川府三台县人陈开沚（宛溪），"弱冠入泮为里塾师，非其志也。综观时务，可利己利人者惟实业一途，而困于力弱不能大展，与弟四人商筹佃富家大业种桑养蚕，弟亦努力赞助。"[2] 到光绪三十四年（1908），陈开沚创设神农丝厂于家乡万安寺，购置 12 部木制意大利式足踏缫丝机，后来发展到 140 部丝车。[3]1913 年（民国二年），陈开沚又在重庆设立敝川丝厂，次年又在川南的嘉定创办华新丝厂，"既获大利"。陈开沚辗转川省各地，推广植桑育蚕，新法缫丝。涪州地区"州昔少桑，光绪甲辰，邹牧宪章延三台陈宛溪来教民种植，渐次推广，蚕业可兴"[4]。又撰写《蚕桑浅说》、《神农最要》等书，为川省当局所赏识，令各州县仿效，从而引导和促使川省商民纷纷投资机器缫丝工业。[5]

对四川新式缫丝业的创立作出重大贡献的又一位民间有识之士，是合川举

---

① 《商部奏请旨通饬保商》，光绪二十九年（1903）九月初一日，《光绪政要抄本》，实业四。
② 民国《三台县志》卷八，"人物"志，行谊。
③ 上原重美：《支那蚕丝业大观》，第 36 页。
④ 民国《续修涪州志》卷七"风土志·物产篇"。
⑤ 民国《乐山县志》卷七"经制志"，工厂；卷九"人物志"，善行。上原重美：《支那四川省の蚕丝业》，东京，1927 年版，第 37 页。

人张森楷。光绪二十七年（1901），他与十多位友人合股创办四川蚕桑公社，到江南先进地区考察购买桑苗、机器，招收学生教导改良蚕桑丝绸之法，三年为一期，以其毕业生到川省各地推广，"颇有成就"。光绪三十四年（1908），张森楷开办了经纬丝厂，宣统三年（1911）又设立惠工丝厂，"不可否认的，他和陈开沚共同奠定了四川近代缫丝工业的稳固基础"。①

第三节
晚清缫丝工业发展的区域分布

中国近代缫丝工业的诞生和发展，尤其是在它的初生期，具有非常明显的区域性色彩，主要是集中在以上海为中心的长江三角洲地区和以广州为中心的珠江三角洲地区。这两个地区在自然资源和区域位置上具有很大的相似性，它们都是明清以来传统蚕桑丝绸生产比较发达的地区，当地的蚕桑生产成为缫丝工业发展不可或缺的原料来源，大量擅长缫丝生产的农家妇女又提供了创立丝厂所必需的劳动力来源；它们又都是鸦片战争以后的通商口岸地带，较早接触到西方资本主义国家的近代生产方式，在社会风气、资金融通、企业组织、技术设备、出口外销等方面都较为便利。这两个区域的资源优势和区位优势，有利于机器缫丝厂的设立和经营，这是它们所具有的一致性，同时，两者之间也存在着一些差异。

一、中心区之一：长江三角洲地区

如前所述，19 世纪 60 年代，外商机器丝厂就已在上海出现，到甲午中日战争前已有 7 家。到 80 年代，中国民族资本近代丝厂亦已诞生，到 1893 年已有 7 家，如下表：

---

① 参见陈慈玉：《近代中国的机械缫丝工业（1860—1945）》，台北"中央研究院"近代史研究所专刊（58）1989 年版，第 208 页。

表 8-3　甲午战争前上海华商丝厂情况

开办年度	工厂名称	釜　数	雇工人数	厂　主	籍　贯
1881	公和永	100	200	黄宗宪	湖　州
1886	裕　成	210	400	陆纯白	湖　州
1890	延明埴	220	300	尤香泉	湖　州
1892	纶　华	500	1 300	叶成忠	宁　波
1892	锦　华	150	400	徐蓬卿	绍　兴
1892	新　祥	416	850	黄宗宪	湖　州
1893	信　昌	450	800	那恒顺	湖　州

资料来源：原据松永伍作：《清国蚕丝业视察复命书》，第 42 页；转引自铃木智夫：《洋务運動の研究》，第 342 页，注 63 表。按，1887 年，公和永丝厂的釜数由 100 釜增加为 900 釜。见《上海丝厂业概况》，《国际贸易导报》1—3。

　　但是直到甲午中日战争之前，这一地区机器缫丝业的发展极其困难，丝厂数量不多，并且仅仅局限于上海一隅。甲午战争以后，情况为之一变。一方面，《马关条约》规定日本人有在中国通商口岸设厂制造的权利，各国援引最惠国待遇的条款，纷纷在上海及其附近地区设厂制造。另一方面，清政府震惊于甲午战争的惨败，开始重视近代工业的发展，采取奖励和保护政策，以图对抗外资的垄断和利权的外溢。清政府态度的渐趋积极，对于民间人士自然是一种鼓舞。在署理两江总督张之洞、江苏巡抚奎俊、浙江巡抚廖寿丰等官员的推动下，华商资本的缫丝工厂陆续创办，蔚然成风。在此期间，国内机器制造业也完成了对国外缫丝设备的仿制。早在 1890 年，上海永昌机器厂即已"日夜制造意大利式缫丝车及丝厂用小马达水汀引擎，主要销售对象是公和永丝厂"。[1]如果说此时能够仿制国外缫丝车的厂家尚为数不多的话，那么到中日甲午战争后的 1896 年，便已经是"此项缫机上海铁厂均能自制"了。[2]关键机器设备的仿制成功，大大便利了开办近代丝厂的设施购置，同时也节约了投资成本。

　　与之相适应，1896 年，上海的机器缫丝工厂增加为 27 家，与 1894 年相比，3 年间增长几近 2 倍。[3]在新办的丝厂中，有这样一些在当时中国缫丝工业中

[1]　上海市工商局机器工业史料组编：《上海民族机器工业》，中华书局 1966 年版，第 99 页。
[2]　陈炽：《续富国策》，"论缫丝业"。按，该书于 1896 年问世。
[3]　《朝鲜支那蚕丝业概观》，第 201—202 页。

地位显赫，或在后来对中国缫丝工业产生了重大影响的著名企业。1896年，中国早期洋务派思想家薛福成之子薛南溟①与曾任英商大明洋行买办的同乡周舜卿合伙，在上海创设永泰丝厂，资本银约50 000两，缫丝车200部，职工200余人。②出产的厂丝有"月兔"、"地球"、"天坛"等品牌，但质量一般，销路不畅。1905年，薛南溟聘请徐锦荣为经理。"徐（锦荣）曾在上海叶澄衷开设的纶华丝厂任总管车有年，颇具技术经营管理能力。他到厂后，立即加强工厂内部管理，降低产品成本，并把缫丝方法编成口诀，传授给生产人员。同时精选原料，拣头号茧做上等丝，创立'金双鹿'和'银双鹿'两只名牌，畅销于意、法等国"。③20世纪初年，永泰丝厂生产的"金双鹿"厂丝售价高达每担1 300至1 400两。丝厂经营好转，年有盈余，1908年扩充缫丝车至480部，工人增至700人。

1903年，浙江湖州人莫觞清、王笙甫、杨芝生等合伙，在上海新闸路创办久成丝厂。莫觞清于1900年入苏州延昌永丝厂学生意，因办事精干，粗通英语，深得经理杨信之赏识，被指派为延昌永丝厂的意大利籍监工（总技师）的翻译，两年后到上海勤昌丝厂任总管车。即与人合资，租借一家拥有丝车208台的小丝厂从事生产，定名为久成丝厂，由莫觞清出任经理，同时兼任美商蓝乐璧洋行买办。创办当年，蚕茧丰收，丝价也大幅上涨，从每担800两涨至1100两，久成丝厂头一年就获利丰厚。次年，莫觞清锐意革新，因原厂设备简陋而在沪西改租新厂，扩大生产规模。为了打造名牌生丝，莫觞清特地聘来曾在延昌永丝厂合作过的意大利籍总技师担任久成丝厂的监工，丝牌取名"金刚钻"和"玫瑰花"。莫觞清指派汤秉乾跟随意大利籍监工学习管理和检验技术，待全盘掌握后，就委任汤秉乾做总管车，辞退了洋监工。1909年，意大利的美西拿发生地震，作为欧洲主要产丝国的意大利制丝业受损严重，急需外来生丝补充，中国的厂丝因之销售大畅，丝价高涨，久成获利颇丰。1910年，莫觞清在沪南购地建厂，添置意大利式直缫车512台，开办久成二厂。同年又租借拥

---

① 薛南溟为薛福成长子，江苏无锡人。中举后托庇父亲，投身李鸿章门下，曾以候补知县衔任天津县、道、府三署发审委员，专司华洋讼事。1888年，薛南溟奔父丧回无锡，就此告别仕途，初在家乡开设茧行，代理外商收茧。后去沪上投资近代工业。
② 永泰丝厂起初经营不顺，周舜卿不久即告退出。
③ 《上海丝绸志》编纂委员会编：《上海丝绸志》第三篇第一章"缫丝业"，上海社会科学院出版社1998年版。

有丝车 320 台的恒丰丝厂,业务发展顺利。此后,又陆续租进有丝车 244 台的德成丝厂,有丝车 240 台的又成丝厂,以及分别拥有 280 台丝车的云成丝厂和馀成丝厂。前两厂由莫觞清自任经理,后两厂则由沈榕树、汪辅卿分任经理。到 1914 年第一次世界大战前夕,久成系统已经拥有 5 家丝厂,共有丝车 1 484 台,雇佣工人 3 700 人,年产厂丝 2 000 余担,先后投资经营的丝厂更是多达 10 余家,已经形成为一个缫丝企业集团。

表 8-4 上海式缫丝厂的职工配置(约 240 釜规模丝厂)

部 门	职员数	男工数	女工数	职员月薪(元)
账房间	2	2	—	25—35
毛茧间	1	2	—	16
抄茧间	1	2	48	30
秤茧间	1	1	—	14
车 间	9	4	400	32(管车)
丝 间	3	—	12	40(主任)
丝吐间	1	—	18	14
炉子引擎间	1	7	—	—
看 门	—	1	—	10
合 计	19	19	478	

资料来源:日本蚕丝业同业组合中央会编:《支那蚕丝业大观》,东京冈田日荣堂 1929 年版,第 252 页。

表 8-5 上海丝厂每百丝釜所需女工数

女工种类	正车	替工	盆工	抄工	剥工	扯工	丝间工
人 数	100	15	50	20	临时雇用	8	7

资料来源:日本蚕丝业同业组合中央会编:《支那蚕丝业大观》,东京冈田日荣堂 1929 年版,第 252 页。

20 世纪初年,日本临时产业调查局技师松下宪三朗到中国考察缫丝工业,据他的观察,上海在经营缫丝工厂方面的有利条件主要是:(1)容易获得劳动力和燃料;(2)工厂接近银行和洋行,在资金融通和生丝贩卖方面比较方便。与此同时,也具有一些不利条件,主要有:(1)现行的工厂组织与租厂制度使得缫丝技术的改良不易实施;(2)丝厂若要重新经营,需要高额固定资本;

（3）原料茧的运输费用沉重；（4）水质恶劣；（5）工资高昂；（6）一般物价较高，推高劳动力成本。[①]据此，松下宪三朗认为上海并非发展缫丝工业的理想地区，应将丝厂迁移至原料茧的出产集散地为好。但是，在实际上，直到1937年以前，上海的近代缫丝工业一直十分发达，而且在无锡缫丝工业崛起之前，上海一直是长江三角洲地区缫丝工业最为发达的城市。

表8-6　上海华商丝厂及设备统计（1895—1910）

年度	丝厂数（家）	指数	丝车数（台）	指数	年度	丝厂数（家）	指数	丝车数（台）	指数
1895	12	100	—	—	1903	24	200	8 526	114
1896	17	142	—	—	1904	22	183	7 826	104
1897	25	208	7 500	100	1905	22	183	7 610	101
1898	24	200	7 700	103	1906	23	192	8 026	107
1899	17	142	5 800	77	1907	28	233	9 686	129
1900	18	150	5 900	79	1908	29	242	10 006	133
1901	23	192	7 830	104	1909	35	292	11 085	148
1902	21	175	7 306	97	1910	42	350	12 554	167

资料来源：原据 Chinese Economic Monthly，1925年3月号，第3—7页；刘大钧：《中国丝业》（英文），第94页；《上海市缫丝工业同业公会档案》卷号90。据汪敬虞主编：《中国近代经济史（1895—1927）》下册，第1635—1636页表改制。

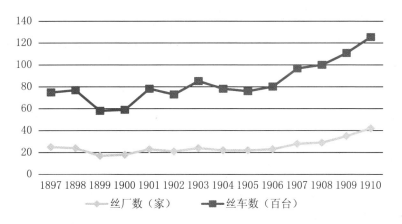

图8-1　上海华商丝厂及丝车增长（1895—1910）

① 松下宪三朗：《支那制丝业调查复命书》，东京农商务省临时产业调查局1918年印行，第171—172页。

不难看出，辛亥革命以前，上海缫丝工业曾经有过两次较快的发展，一次是在1896—1898年间，另一次是在1907—1910年间。这两段时期与中国近代工业兴起过程中的两次设厂高潮是相呼应的，缫丝工业成为中国近代工业化的重要组成部分。但是从总的情况来看，十余年间，上海的丝厂数由1895年的12家增加为1910年的42家，增长2.5倍；丝车数由1897年的7 500部增加为1910年的12 554部，只增长了67.39%，说明丝厂数量虽然日见其增，但生产能力并未相应增加，相反丝厂规模还有不断缩小的趋势。与同期日本近代制丝业的发展速度相比，更是不可同日而语。一些在华进行丝绸业调查的外国人观察到："上海缫丝工业如今已经实现了集群型的发达，近来由于原料茧、地价及劳力供应等方面的原因，渐渐显现出饱和状态。与之相反，控制着产茧地的地方缫丝工业则表现出日渐崛起的态势。"①

在上海近代丝厂数量持续增加的同时，长江三角洲开设丝厂的地区也在不断扩大，上海周边的苏州、无锡、杭州、绍兴等地都出现了若干近代机器丝厂。日人上原重美在调查报告中将上海圈内中国民族缫丝工业的发展分为这样四个时期："第一期到明治二十九年（1896）为止。（上海）外国人经营之缫丝工厂逐渐转移到支那人手中"。"第二期到日俄战争为止。由于沪杭及沪宁铁路的开通，蚕茧市场发展起来，苏州、杭州等地也有了缫丝工厂的设立，从此缫丝工业在这些地方浮沉不定。""第三期到欧洲战争为止。无锡缫丝工业勃兴。""第四期为欧洲战争以后。随着无锡缫丝工业的发展，该业不断向蚕茧产地扩展。"② 这一分期大体上概括了长三角地区近代缫丝工业发展的几个阶段，可以发现在近代中国缫丝工业的发展史上，上海以外江浙地区缫丝工业的兴起也是受到充分重视的。机器丝厂在这一地区的兴起，"一方面将会促进所在地区蚕桑业的发展，另一方面也会带来丰富的传统土丝向机器厂丝转换的结果。因此，这一趋向预示着未来中国缫丝业的发展，值得予以密切的关注。"③

从1895年到1899年的5年中，中国新设机器缫丝工厂66家，共计资本725.1万元（内有6家缺资本记载），平均每家约有资本12.08万元；其中设在

① 日本蚕丝业同业组合中央会编：《支那蚕丝业大观》，东京冈田日荣堂1929年版，第235—236页。
② 日本蚕丝业同业组合中央会编：《支那蚕丝业大观》，东京冈田日荣堂1929年版，第235页。
③ 日本蚕丝业同业组合中央会编：《支那蚕丝业大观》，东京冈田日荣堂1929年版，第236页。

江浙地区的 40 家，共计资本 526.3 万元（内有 5 家缺资本记载），每家平均约有 15.03 万元。在江浙地区的 40 家新设丝厂中，有 18 家设在上海，其余 22 家分布在江苏省的苏州、吴县、镇江和浙江省的杭州、萧山、嘉兴、嘉善、绍兴、富阳、海盐、平湖、硖石等地。① 上述统计表明，这一时期江浙地区新设丝厂数占全国新设丝厂总数的 60.61%，资本额则占丝厂新投资的 72.58%，显示出江浙地区重又成为近代缫丝工业发展的重点地区，且新设丝厂的资力也比较雄厚。②

20 世纪的第一个 10 年间，江浙地区又陆续增设丝厂 36 家，投资额 447.6 万元，平均每家 12.4 万元；其中仍以设在上海的居多，为 21 家，占新设丝厂数的 58.33%。这一时期的新设丝厂均属中小型规模，资本额多在 10 万元上下。亦有例外，1900 年成立之上海振纶、顺记、仁昌丝厂，1904 年祝大椿兴办之源昌丝厂，拥有资本各在 50 万元以上，可称为当时丝厂中实力较为雄厚者。③

值得注意的是，随着近代缫丝工业的发展，江浙两省的一些蚕桑发达地区，原来作为上海机器丝厂的原料供应地，如今也开始发展起自己的缫丝工业。"最近显示出令人瞩目的发展的无锡缫丝工业自不用说，杭州等其他地方也渐渐表现出成为制丝业地带的势头。加上近年来以出口为导向的七里（辑里）丝的萧条，那些应被视为土法缫丝传统领地的地方，也可以看到正在酝酿着机器缫丝工业勃兴的气运。凡此种种，表明如今缫丝业如今正在步入应该说是与其作为乡村工业的本来性质相吻合的发展轨道。"④ 于是，我们看到近代缫丝工厂在江浙产茧地带层出不穷：在江苏，1895 年苏州有苏经丝厂的创建，无锡也于 1904 年出现裕昌丝厂，其后陆续有锡金、源康、乾牲、振艺、协记、诚

① 参见汪敬虞主编：《中国近代经济史（1895—1927）》（下卷），第 1634 页。

② 汪敬虞编：《中国近代工业史资料》第二辑，科学出版社 1957 年版，第 896—898 页；杜恂诚：《民族资本主义与旧中国政府（1840—1937）》附录：《历年所设本国民用工矿、航运及新式金融企业一览表（1840—1927）》，上海社会科学出版社 1991 年版，第 323—327 页。按：具体到各家丝厂，资本额仍是多寡不一，多数丝厂大约在 15—30 万元之间，拥有资本 30 万元以上的只有 4 家，所置丝车各在 300—500 部左右，可算是当时丝厂中较具规模的了。

③ 汪敬虞编：《中国近代工业史资料》第二辑，科学出版社 1957 年版；杜恂诚：《民族资本主义与旧中国政府（1840—1937）》附录：《历年所设本国民用工矿、航运及新式金融企业一览表（1840—1927）》，上海社会科学出版社 1991 年版，第 327—331 页。按：杜恂成编《一览表》中未录汪敬虞编《资料》中所载之上海振纶、顺记、仁昌丝厂，原因不详。

④ 日本蚕丝业同业组合中央会编：《支那蚕丝业大观》，东京冈田日荣堂 1929 年版，第 236 页。

记等丝厂的设立。在浙江，1895年绍兴即有开永源丝厂的创设，其后，萧山、杭州、湖州、嘉兴等地也都设立了丝厂。

浙江的杭（州）嘉（兴）湖（州）平原，原本是传统桑、蚕、丝、绸生产最为发达的地区，当地农家土法缫制的生丝作为丝织生产的主要原料，有着广阔的国内市场需求，并且长期大量输出国外。作为传统丝绸生产的异己力量和竞争对手，近代缫丝工业在这一地区的勃兴，最为有力地说明了西方资本主义的生产方式取代传统的生产方式已经成为不可抗拒的历史潮流，表明了近代缫丝工业对中国社会经济冲击的深度和广度。同时也正是因为如此，近代缫丝工业在这里不可避免地会遭到最为坚韧有力的抵抗。这里的机器缫丝厂的经营，发展并不顺利，19世纪末曾经有过一个比较活跃的时期，但进入20世纪第一个10年，却转为徘徊不前。1895年，九个宁波商人在绍兴开设开源永丝厂，设有铁制六绪直缫式缫丝车208台，每日可产丝百斤，工价较上海几乎减半，一时间"获利颇丰"。然而不过六年时间，即因开支浩繁，无法顺利经营而停业。1895年8月开办于杭州的世经丝厂，有资本规银三十万两，不可谓不厚，拥有直缫式缫丝车二百多台，女工三分之二募自上海，所产"西泠桥"牌厂丝质量优于上海洋商丝厂。但是，经营上的种种难题却一筹莫展，1898年即告关闭。到1901年，该厂所有厂屋机器均被日本商人廉价盘去，重新开业缫丝。其他如嘉兴、嘉善、平湖、余杭、海宁、桐乡等县，也都先后创办丝厂，大多昙花一现，旋开旋闭；那些勉强维持营业的，也都是"多次易主，忽闭忽复"，处于一种十分不稳定的状态。[1]1907年以前，浙江的丝厂数常常增减不定，许多丝厂停业倒闭，有时即使工厂名称未改，经营者也几乎每年更换，新增丝车并不多。[2]1908年以后，才渐渐走上稳定发展的途程，陆续有些新丝厂开设，丝车设备亦续有增加，但始终步履迟缓，没有多大建树。直到辛亥革命和第一次世界大战以后，顺应世界市场骤然扩大的生丝需求，这一地区的近代缫丝工业才比较显著地发展起来。

倒是传统蚕桑缫丝生产并无基础的江苏无锡，呈现出前所未有的发展近代

---

① 浙江省政协文史资料委员会编：《浙江文史资料选辑》，第24辑，浙江人民出版社1988年版，第32页。
② 藤本实也：《支那蚕丝业研究》，东京东亚研究所1943年版，第124—125页。紫藤章：《清国蚕丝业一斑》，东京农商务省生丝检查所，1911年，第74页。

晚清丝绸业史

缫丝工业的积极性。无锡近代丝厂的首创者是当地商人周舜卿（廷弼），创设丝厂的过程也颇具戏剧性。周舜卿原先供职于上海的外商洋行，积有资金后自设行号，代销洋行商品，并先后在无锡、苏州、常州、镇江、汉口、牛庄等地开设分号，同时参与投资近代工业，先后成为上海永泰丝厂、苏州苏经丝厂、苏纶纱厂的股东。1895 年左右，周在家乡无锡开设裕昌祥茧行，专为英商怡和洋行收购原茧。1902 年，丝市不振，怡和洋行便借口蚕茧质量不佳，拒收裕昌祥代购的蚕茧。周舜卿为了减少损失，乃向上海华纶丝厂购买旧丝车 96 部，安装在裕昌祥茧行楼上，自缫自销。开工后恰值丝市回升，竟获厚利，于是引起继续生产的兴趣。旋因茧行失火，设备全被焚毁，但缫丝业的丰厚利润促使周舜卿另行筹资 5 万两（一说 8 万两），设厂缫丝，取名裕昌丝厂。① 他根据自己经办铁厂的经验，雇佣工匠自行仿造意大利直缫丝车 96 部，节省了 15% 的购置机器设备的费用。开办初期，经营平稳，年有盈余，每年纯利约在二三万元。② 所产生丝商标为"锡山"、"金鱼"等，质量上乘，主销法国，其后也打开了美国市场。

周舜卿的成功，引起了更多旅沪无锡商人的歆羡，刺激起他们的逐利冲动。1906 年，另一位在上海充当买办的无锡商人王文毓，挪用洋行资金购置丝车 40 部，准备在无锡西门外筹建锡金（一作锡经）丝厂，但未及完工，便为洋行告发而中止。约在 1909 年，王文毓筹建的厂址和设备转让给一位徐姓商人，但不知什么原因并未开工。直到 1912 年，才由无锡丝业资本家薛南溟租办投产，改称锦记丝厂，拥有资本 7.5 万元，丝车 410 部。③ 就在锡金丝厂迟迟不能开工投产的同时，1909 年，商人顾敬斋在无锡黄埠墩创建源康丝厂，投资 7.7 万银两，购置丝车 320 部。④ 次年，商人孙鹤卿筹建乾牲丝厂，置备丝车 208 部，

---

① 钱钟汉：《周舜卿》，《工商经济史料丛刊》第 4 辑，文史资料出版社 1984 年版，第 105—107 页。
② 高景岳、严学熙编：《近代无锡蚕丝业资料选辑》，江苏人民、古籍出版社 1987 年版，第 45 页。
③ 高景岳、严学熙编：《近代无锡蚕丝业资料选辑》，江苏人民、古籍出版社 1987 年版，第 51 页。按，一说早在 1909 年，薛南溟即已在无锡租下了锡经丝厂，并为表示对助其扭亏为盈的徐锦荣经理的尊重，将此厂定名为"锦记"，也叫作"永泰二厂"，有丝车 412 部，工人 600 多人。1912 年，薛南溟将锡经丝厂盘进，徐锦荣投资约占三成（参见《上海丝绸志》编纂委员会编：《上海丝绸志》第三篇第一章"缫丝业"，上海社会科学院出版社 1998 年版）。
④ 高景岳、严学熙编：《近代无锡蚕丝业资料选辑》，江苏人民、古籍出版社 1987 年版，第 50—51 页。

1911年投产。① 同年，一位曾在上海公和永丝厂担任账房的无锡商人许稻荪，也凑集资本10万两，在无锡创办振艺丝厂，拥有丝车520部，规模为当时无锡丝厂之最。②

无锡的近代缫丝工业于1904年诞生之后，经过5年沉寂，1909年开始稳步推进，到1910年先后设立了7家丝厂，共有资本62.3万元，占同期包括上海在内的江浙地区丝厂新投资的14%。③1904年，无锡投产丝厂1家，1910年丝厂投产增为5家；拥有丝车也从1904年的96部增为1910年的1 914部，奠定了近代无锡缫丝工业起飞的基础。这说明，"清末，在通商口岸现代工业有所发展的影响下，在邻近口岸的中等城市中，具有一定新倾向的商人，把他们所掌握的商业资本开始从流通领域转向生产领域流注，这是一种进步的现象。它意味着资本主义关系向内地延伸并扩大其影响；对当地社会生产力的发展起着积极的推动作用。"④

与苏州、杭州等地相比，无锡的缫丝工业同样经历了很多艰难困苦，但是成绩卓著，终至后来居上，逐步发展成为长江三角洲地区仅次于上海的又一个近代缫丝工业的重镇。不过，在这一时期，无锡缫丝业的发展速度还是比较缓慢，第一次世界大战结束以后才进入高速发展阶段，并一直延续到20世纪30年代。

表8-7　每担无锡鲜茧价格与上海白丝、干茧出口价格（1896—1911）

年次	鲜茧价格（元）	指数	干茧输出价（海关两）	指数	厂丝输出价（海关两）	指数	土丝输出价（海关两）	指数
1896	30.0	100	47	100	580	100	327	100
1897	35.0	117	59	126	650	112	330	101
1898	38.5	128	82	174	650	112	400	122
1899	36.5	122	88	187	750	129	450	138
1900	45.0	150	86	183	695	120	439	134

① 高景岳、严学熙编：《近代无锡蚕丝业资料选辑》，江苏人民、古籍出版社1987年版，第38页。
② 高景岳、严学熙编：《近代无锡蚕丝业资料选辑》，江苏人民、古籍出版社1987年版，第42页。
③ 杜恂诚：《民族资本主义与旧中国政府（1840—1937）》附录：《历年所设本国民用工矿、航运及新式金融企业一览表（1840—1927）》，上海社会科学出版社1991年版，第327—331页。
④ 汪敬虞主编：《中国近代经济史（1895—1927）》，人民出版社2000年版，第1640页。

年次	鲜茧价格（元）	指数	干茧输出价（海关两）	指数	厂丝输出价（海关两）	指数	土丝输出价（海关两）	指数
1901	37.5	125	75	160	600	103	340	104
1902	65.0	217	114	243	820	141	500	153
1903	51.5	172	139	296	885	153	570	174
1904	39.0	130	86	183	750	129	525	161
1905	43.5	145	94	200	750	129	545	167
1906	45.0	150	94	200	770	133	555	170
1907	50.0	167	91	194	897	155	538	165
1908	53.0	177	93	198	823	142	475	145
1909	50.5	168	106	226	840	145	436	133
1910	57.0	190	106	226	795	137	467	143
1911	46.5	155	92	196	757	131	549	168

资料来源：1. 鲜茧价格见紫藤章：《清国蚕丝业一斑》，东京农商务省生丝检查所，1911 年刊，第 113—114 页；

2. 干茧、土丝输出价：鸿巢久：《支那蚕丝业之研究》，东京丸山舍 1919 年版，第 169—172 页；

3. 厂丝出口价格：见曾同春：《中国丝业》，上海商务印书馆 1919 年版，第 132—136 页；

4. 指数为笔者计算。

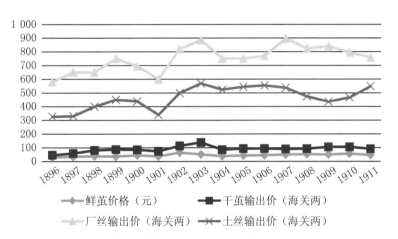

图 8-2　每担无锡鲜茧价格与上海白丝、干茧出口价格（1896—1911）

二、中心区之二：珠江三角洲地区

广东珠江三角洲是中国近代缫丝工业的又一重心。自从 1873 年侨商陈启沅在南海县创办继昌隆缫丝厂以来，近代缫丝工业便在珠江三角洲起步，1874年新设 4 家丝厂，1880 年丝厂已达 10 家，约有丝车 2 400 部，生丝产量为950—1 000 担。① 随着机器丝厂的陆续开办，传统丝织业机房和机工的原料供求的危机感也在不断加深，终于在 1881 年爆发了针对南海县机器丝厂的暴力行动，丝织手工业者们"一倡百和，纠合数千人，毁拆丝偈"，最后出动官兵弹压，才使风潮得以平息，但裕厚昌丝厂的厂房和机器已被毁损，许多丝厂被迫停工，继昌隆丝厂也不得不迁址澳门。②

经过一段惨淡挣扎的时期，从 80 年代后半期起，广东的近代缫丝工业再次加速发展，已不再是南海、顺德等县独领风骚，新会、番禺、三水、中山等县也都陆续有新式丝厂创立。三水县"本来主要是农业区，但已逐渐变成产丝区了。最近几年中，农民相当广泛地种植桑树，妇女也都学者如何养蚕。在西南开有大茧行三家，手工缫丝作坊五家，还有蒸汽缫丝厂两家，使用外国机器，雇佣着工人三百人以上"。③ 新会县虽植桑育蚕不多，但"蚕丝亦系一大宗工艺"，县内"有缫丝厂两间，各乡又有数家。每厂雇用妇女约三百人，每日出丝约一百斤，尽往省城发售。蚕茧则由南海、顺德两县贩来"。④机器丝厂不断向邻近地区扩散，19 世纪 90 年代初，珠江三角洲的丝厂已有五六十家。⑤

19 世纪 90 年代后期，珠三角地区的丝厂发展很快。从地域分布上看，"丝厂顺德为多，南海次之，新会亦有，约近百家。近数年日益增多，其大厂有用八九百工人者，大率以四五百人为多"。⑥ 丝厂工人"均用女工，每工每日缫丝

---

① China, The Maritime Customs, Special Series, No.3, Silk, Shanghai, 1881, p.150.
② 桂坫等:《宣统南海县志》卷二十六"杂录"，机器缫丝条；参见铃木智夫:《洋务运动の研究》，第426—432 页；王家俭:《广东的机器缫丝工业与近代中国第一次反机器风潮》，台北《食货》月刊1985 年 9 月，第120—126 页。
③ Decennial Reports, 1892—1901, Vol. II, p. 264.
④ 《光绪三十年江门口华洋贸易情形论略》,《通商各关华洋贸易总册》下卷，第 95 页。
⑤ 《海关十年报告（1882—1891）》，广东，第 577 页。
⑥ 桂坫等:《宣统南海县志》卷四，第 39—40 页。

约二两余至三两余。其工资视乎缫丝之多寡，及丝之粗细，约一毫以上至三毫零不等"。丝厂投资"视工人多少而定"，一般来说，一家四五百人的丝厂，建造费用约在 20 000 两上下。获益则视产品之优劣，丝价之高低而有所不同，据说"以每担（丝）一百斤计，有相悬至一百八十元者"。① 丝之销路，"以美、法、英等国为大宗。丰年及洋庄生意旺时，（每年出口）约三百余万斤，歉收递减"。②除此之外，一些缫丝的副产品也可作为丝厂的收入来源。比如蚕蛹，"皆发与农家，养塘鱼最易肥大，故鱼塘多处则销路广而价高，大约每百斤价值一两五六钱"；又如缫丝中剔出之废茧，也"有人到铺收买，及贩出外洋，以制粗丝"。③下表为宣统年间南海县境内 35 家丝厂的名称及开设地点：

表 8-8　清末南海县 35 家丝厂名称及设立地点

设立地点	厂号名	设立地点	厂号名
石　湾	广纯、华纶、安记	溶　州	北栈、亨栈、广纯亨
上　圆	锦纶章、均和兴	陈　坑	广　盛
藜　冲	广同泰	水　边	悦　荣
湾　头	广纯昌	奇　槎	妙　栈
石　头	新普利、同安	沙　头	裕鸿祥、均栈
大　同	义和昌、纬记	贺　丰	广信经
理　教	和　栈	吉　利	同和兴、安和兴
苏　滘	和　记	吴　村	恒和昌、继纯昌
上　其	绵泰长	河　滘	庆丰成
吉　水	广和生、莘纶	简　村	世昌纶、利贞
官　山	纶　昌	斗　头	绍经和、蕴成章

资料来源: 姚绍书:《南海县蚕业调查报告》，第 4—5 页。

到 20 世纪初，机器缫丝业已经成为珠江三角洲的主要工业。④"查出丝地方，系在省城（广州）之东北，来往甚易。三水枝路之线，一过佛山，即经该处之一角，现有丝厂共约一百八十家，每家约用工人五百名。该处每年产丝约

① 桂坫等:《宣统南海县志》卷四，第 39—40 页。
② 姚绍书:《南海县蚕业调查报告》，第 4 页。
③ 桂坫等:《宣统南海县志》卷四，第 40—41 页。
④ 《海关十年报告（1892—1901）》，三水口，第 264 页。

六、七造，由三月底起至九月止，约略估计出丝八万担，半系由丝厂缫成，贩运出口，其余均归本处销场之用"。① 其中尤以顺德县发展较为迅速，也较见成效。1902 年，仅顺德一地即有丝厂 86 家，丝车 34 600 部。② 其后的两年里，广东丝厂一度处于不景气状态，"亏本至一、二万两者，十居其九"。③ 1906 年 6 月，广州附近有厂名、厂址和工人人数可稽的机器丝厂有 176 家，其中顺德县 124 家，约为总数的 70.46%；南海县 45 家，约占总数的 25.57%；其余为新会县 4 家，三水县 2 家，中山县 1 家；女工总数达到 60 500 人。这些丝厂的经营并不稳定，时常发生开办和停歇的变化。④ 到 1910 年时，珠江三角洲的丝厂为 109 家，丝车有 42 100 部，其中 82 家位于顺德县境内，约占 75.23%；21 家设在南海，此外新会有 5 家，番禺有 1 家。⑤ 根据中华民国农商部的登记，1881—1911 年顺德 86 家机器丝厂的情况如下：

表 8-9　广东顺德缫丝工厂设立概况（1881—1911）

建厂时间	建厂家数	平　均　每　厂			
		资本（元）	蒸汽机（马力）	工人数	年产生丝（斤）
1881—1885	6	28 000	13.3	483.3	40 392
1886—1890	17	31 882	13.9	527.6	45 435
1891—1895	18	25 667	13.3	467.8	41 549
1896—1900	22	25 318	13.0	464.1	41 148
1901—1905	11	25 636	13.3	169.1	41 950
1906—1911	12	17 917	11.0	355.5	30 469
合　计	86	25 884	13.0	464.3	40 639

资料来源：农商部：《第一次农商统计表》，纺织业特别调查，第 162—175 页。按：这个材料虽然未必准确，但比较完整，我们按 5 年时距将其列表如上。表见 19 世纪 80 年代开设的丝厂有增大趋势，以后又有缩小趋势。

---

① 《宣统二年广州口华洋贸易情形论略》，《通商各关华洋贸易总册》下卷，第 109 页。
② 顺德县档案馆藏：《珠江三角洲蚕桑生产历史概况》，第 38 页。
③ 桂坫等：《南海县志》卷四，1910 年刊，第 40 页。
④ 日本外务省通商局：《广东地方视察报告书》，《通商汇纂》，1906 年第 38 号；民国《顺德县志》卷一"舆地"略，物产，丝部。
⑤ 紫藤章：《清国蚕业一斑》，东京，1911 年，第 213—221 页；顺德县档案馆藏：《珠江三角洲蚕桑生产历史概况》，第 38 页。而据《通商各关华洋贸易总册》记载：广东 1910 年"现有丝厂共约一百八十家，每家约用工人五百名"（《宣统二年广州口华洋贸易情形论略》，《通商各关华洋贸易总册》下卷，第 109 页）。

在珠江三角洲，已经实现了缫丝机器制造的国产化和本土化。《南海县志》载："在本城联泰、均和安等号，购办机器一副，视用工人之多少，以为大小。炉镬多用猪笼式，结炉要合火路全火力，联泰号陈姓最精结炉，大约容五百工人之机器，需价四千两。"①为珠三角地区农村缫丝工业的遍地开花提供了便利条件。与长江三角洲的近代缫丝工业主要依托城市不同，珠江三角洲的缫丝工厂基本上是设在盛产蚕茧的农村地区，形成了蓬勃发展的近代乡村工业，既有利于不断地补充原料，缫制生丝，而且更能解决农村人口的过剩问题，更彻底地取代了往昔作为小农家庭副业的手工土法缫丝。

广东土丝的品质本来是"生丝易裂，熟丝易毛"，难以制造上等绸缎。②采用机器缫丝新技术后，广东蚕丝纤维硬、吸收力弱的性质反而成为优点，新型厂丝的规格比较标准，比手缫丝清洁，不曲折，弹性大，深受欧美市场欢迎。③从19世纪末到20世纪初的数十年时间里，广东的机缫厂丝更能适应海外市场的需求，产量和出口量急速增长，迅速挤占了土丝的市场，"近来洋庄丝出，其价倍昂，其利愈大。洋庄丝居十之六七，土庄（丝）十之三四而已"。④在此期间，广东的机制厂丝不仅高居中国厂丝出口的首位，而且在整个中国生丝出口和全部出口总值中也占据着重要地位。以1906年为例，广东厂丝的出口额为20 336 776海关两，占当年中国厂丝出口总值29 485 481海关两的68.97%，占全国生丝出口总值6 043 6351海关两的33.65%，占当年中国出口总值236 456 739海关两的8.6%。当年，全国生丝和丝织品的出口总值为83 826 276海关两，其中广州港输出29 144 678海关两，占34.77%，直逼输出江浙地区各种生丝和丝织品的上海港的36.82%的份额。

对于地方经济来说，近代缫丝工业所占的位置就更为重要，当年广东省的各种主要出口商品中，厂丝约占广州港输出总值的46%。⑤从对农村经济的影响看，珠江三角洲从事某种蚕桑丝绸生产并从中获益的农户比例极高，"佃农

---

① 姚绍书：《南海县蚕业调查报告》，第4页。
② 民国《佛山忠义乡志》卷六"实业"志。
③ Decennial reports 1882—1891, Canton, p.577; Returns of Trade and Trade Reports, 1910, Canton, pp.610—611.
④ 桂站等：《南海县志》卷四，1910年刊，第41页。
⑤ 参见铃木智夫：《洋务运动の研究》，第四编第一章"广东器械制丝业的成立"，汲古书院1992年版。

们则完全由生丝出口扩大中获益。虽然顺德县的地租率最高，在广东省的人地比例最糟，那里的土地价格甚至比广州更高，但是通过蚕丝工业不断增加收入，仍然使当地人民得以享受广东省内最高的生活水准。"[1]

这里，需要探讨一下珠江三角洲丝厂的设厂规模和使用动力的问题。据宣统《南海县志》记载，继昌隆丝厂初创时，"容女工六、七百人"。又据《北华捷报》关于继昌隆丝厂以"机器动力代替手工操作"的记载，以为丝厂初创，即以蒸汽为动力。这些说法为许多史学论著所沿用，似乎已成定论，实际情况可能并非如此。

先看设厂规模。1887年，奉两广总督张之洞命调查各县丝厂实况的候补知县李长龄在报告中说：丝厂"机器前系购自外洋，近因内地自造，大者值二千二三百元，小者七八百元。大者用女工七百余人，小者二三百人至八十余人不等。每人各有座位，左右分别，各配上缫丝机器木轮、冷热水铁喉、煮茧铜盆、并纽各茧造一丝之铜造颠拏、竹箩等项，每位计需银六两七八钱。其资本由殷实绅士合股开设"。[2]据陈天杰回忆："继昌隆开设第一个年头，动用资金白银七千多两……七千多两资金中，用于流动开支如收茧、工资、杂支等约三千两，建厂设备等约四千多两。"[3]铃木智夫据以上数据计算，如设立一家雇用女工300人的丝厂，所需费用大致为锅炉640两，丝车和煮茧釜等2 040两，厂房、仓库等建筑及杂费加起来为1 320两，继昌隆建厂设备的"四千多两白银"，估计只能开设这样一家规模的丝厂。[4]有人调查核实：继昌隆丝厂"初时，全厂不过数十缫丝釜位，只有单缫而无复缫，女工均系本村的左邻右里，由陈氏教以机械缫丝之法，其法与今丝厂无异。嗣后该厂逐渐扩大，至有八百位之多"。[5]可见继昌隆丝厂初创时并没有以后那么多工人，有一个发展过程。

同样的情况也反映在整个珠江三角洲地区近代缫丝工业中。上述调查报

① Robert Y. Eng, "*Economic Imperialism in China—Silk Production and Exports，1861—1932*", 1986 by the Regents of the University of California, pp.190—191.
② 《广东厘务总局奉查广东机器缫丝情况呈报两广总督件》，原件藏广州中山图书馆。
③ 林金枝、庄为玑：《近代华侨投资国内企业史资料选辑》（广东卷），福建人民出版社1989年版，第222页。
④ 铃木智夫：《洋務運動の研究》，汲古书院1992年版，第440—441页。
⑤ 吕学海：《顺德丝业调查报告》，彭泽益编：《中国近代手工业史资料》第二卷，中华书局1962年版，第44页。

告称:"当'鬼组'起源之初,规模甚小,每间只可容数十至二三百缫丝女工不等。嗣后渐次扩充,每间可容三四百人至八九百人。"[1]1904年有个调查说:"从前四五百人之厂,需建造银一万五六千两,近则需二万以上"。[2]又据外国人调查,20世纪初创办一个500人的丝厂,约需动力设备2 500元,缫丝设备10 000元,厂房茧仓6 000元,杂费3 000元,共计21 000元,约合15 000两。而据民国初年农商部的登记统计,19世纪80年代珠江三角洲的丝厂平均资本约为22 000两,90年代初则为18 000两。

据现有各种资料综合计算,大致可知南海县1874—1881年间开设丝厂11家,共计资本165 000两,工人总数4 400人,平均每厂资本15 000两,工人400人;1882—1894年间开设丝厂13家,共计资本286 000两,工人总数6 500人,平均每厂资本22 000两,工人500人。顺德县1874—1880年间开设丝厂24家,共计资本360 000两,工人总数9 600人,平均每厂资本15 000两,工人400人;1881—1894年间开设丝厂36家,共计资本762 190两,工人总数17 900人,平均每厂资本21 172两,工人497人。新会、三水县1894年前开设丝厂4家,共计资本60 000两,工人1 600人,平均每厂资本15 000两,工人400人。[3]

至于使用动力的问题,有陈启沅1897年亲手绘制的"汽机大偈图"可资佐证[4]。由该图所绘蒸汽炉连结的蒸汽管功能来看,可知只不过是以蒸汽加热沸水提供煮茧,使煮茧釜水恒温,以保证缫丝质量。缫丝厂的动力来源则与蒸汽炉无关,乃由女工足踏发动。陈天杰的回忆中说得很清楚:"其时蒸汽炉的作用是:一、用来发动抽水器向外涌吸水入厂;二、煮沸水,并将沸水透蒸汽管输送到各缫丝工作位去。尚未有做过推动丝组自动旋转的用途。""女工从茧身寻取丝口后,即搭上木制缫丝组,用足踩动一小铁杆,牵动组的轴心,使组旋转,

---

① 吕学海:《顺德丝业调查报告》,彭泽益编:《中国近代手工业史资料》第二卷,中华书局1962年版,第44页。

② 姚绍书:《南海县蚕业调查报告》,第4页。

③ 我们把南海县19世纪70年代所开丝厂按每厂资本15 000两、工人400人计,以后按每厂资本22 000两、工人500人计;顺德县1870年代所开丝厂按每厂资本15 000两、工人400人计,以后按原统计每家实数合计。新会、三水系小型丝厂,均按每厂资本15 000两、工人400人计。

④ 参见陈启沅:《蚕桑谱》。

把丝滚上制为成品。"①可见继昌隆丝厂只是使用蒸汽的丝厂,而非以蒸汽为动力的丝厂。直到80年代末,由上引李长龄的调查报告所见,广东的丝厂仍然只是配置了锅炉("机器")和向女工煮茧釜("煮茧铜盆")中同时输送冷热水的装置("冷热水铁喉"),使用了由锅炉输送热水和蒸汽煮茧的特有技术,但是仍然没有看到丝车由蒸汽动力运转的技术,可知直到此时广东的丝厂尚未实现蒸汽动力化。这种形态,与日本近代缫丝业中占统治地位的器械缫丝完全相同,严格说起来还不能算是完全意义上的机器工厂,应该说是由大型手工工场向机器工厂过渡的形态,或许也可以说是机器工业的初期形态。

进入90年代后,珠江三角洲的丝厂不仅数量大增,技术进步也非常显著,这就是丝厂用来运转丝车的动力由人力向蒸汽力转换。以往只是用来供给煮茧热水的锅炉,也被用来作为运转丝车的动力机。广东丝厂在技术上跨上蒸汽动力化的台阶,始于1891年陈启沅从澳门将继昌隆迁回南海,改称"世昌纶丝厂"时。②此后,蒸汽机作为动力使用很快推广到其他丝厂,到20世纪初,几乎所有的广东丝厂都已经使用蒸汽动力运转丝车了。③至此,珠江三角洲的"机器丝厂"才可以说是名副其实。

三、边缘地带:四川省、山东省

在长江三角洲和珠江三角洲之外,还有四川盆地也是近代中国蚕丝业的一个重点产区。不过,这里由于自然地理环境的限制,与外地的交通颇为不便,虽然自古即盛产丝绸并运销各地,近代以后续有发展,19世纪初期四川生丝即有自陆路转运至缅甸的纪录,19世纪60年代以后长江沿岸开放通商,川丝又得以输出到欧美市场,④但是,在长江轮船航线尚未延伸到重庆之前,缫丝机器

---

① 林金枝、庄为玑:《近代华侨投资国内企业史资料选辑》(广东卷),福建人民出版社1989年版,第224页。

② 徐新吾:《我国第一家民族资本近代工业的考证》,《社会科学》1981年第3期。一说1879年陈植槃等在南海县设立的裕厚昌丝厂,"用机器展动各轮","每一女工可抵十余人之工作",或可认为已是使用蒸汽动力了。

③ Kerr, J. G., Guide to the City and Suburbs of Canton, 1904, Excursion 5, Sai Tsiu Hills.

④ Report of the Delegate of the Shanghai General Chamber of Commerce on the Trade of the Upper Yangtze River. China (No.8) 1870, p.25.

几无可能运载到这一地区。川省僻处内地的地理环境和社会状况，使其在整个 19 世纪中仍未受到近代风潮的洗礼，近代缫丝工业尚无萌芽之迹，缫丝工具仍停留在木制"大车"的阶段，并且仍为农民家庭副业生产的性质。直到 1909 年，在长江三角洲和珠江三角洲的近代缫丝工业已经兴起了三四十年之后，四川才出现了最初的机器丝厂（Steam filature），在该年的海关报告上也才开始有"厂丝"（filature silk）输出的记录，不过数量很少，只有区区 148 担。① 到辛亥革命前，川省丝厂大约共有 5 家，主要集中在重庆和三台，1911 年川省输出的厂丝只有 353 担，可见这些丝厂规模均不大。② 四川近代缫丝工业的快速发展，是辛亥革命以后的事情。

应该指出的是，在桑蚕丝机缫工业不断兴起，吸引人们眼球的同时，野蚕丝（柞蚕丝）机器缫制工业的出现也值得注意。野蚕丝机器缫制工业主要集中在山东烟台。早在 19 世纪 70 年代，烟台即有外商机器缫丝局之设。1877 年，山东第一家外商缫丝工厂——烟台纩丝局在烟台设立，创办者乃德国宝兴洋行（Crasemann & Hagen）。③ 该行利用部分华商资本开办企业，使用机器进行缫丝生产，成品全部用于出口，"以优越方法缫制的野蚕丝，价格也同样上升"。④ 但是，近代缫丝工业在山东省进展缓慢，到 1899 年，方有华商兴泰商号投资兴建了一家机器缫丝工厂——华泰纩丝厂。据 1903 年的统计，当年烟台有"机器纩丝局三家，手纩局十六家，计工人五千五百名。……每人每年约出丝一百五十斤之谱……年终约可成丝八千二百五十担"。⑤1906 年，烟台"汽机纩局三处，共出丝四百八十七担，纩工之好手既少，而工价又昂，汇水又高，以致无利可获，因而有二处停歇"。⑥

---

① 《海关报告》重庆口、万县口。
② Decennial Reports，1902—1911，Vol. Ⅱ．p.268；《四川省视察报告》，《通商汇纂》31 号，东京，1912 年；久保田文次：《清末川北蚕丝业の展开——四川における民族资本形成史（一）》，《历史学研究》331 号，东京，1967 年，第 34—35 页。
③ 一般说来，使用机器缫丝，一人可兼数人之事，应该能够带来高效率和高收益，但是由于柞蚕丝生产的特殊技术要求，使用机器徒使成本增加，产量却未相应提高。因此烟台纩丝局开工后，业务并不理想，机器配置亦多不得法，效益低下，只得于 1882 年重行改组。其后屡经周折，一直未能真正发展起来。
④ 《光绪二十三年烟台口华洋贸易情形论略》，《通商各关华洋贸易总册》下卷，第 9 页。
⑤ 《光绪二十九年烟台口华洋贸易情形论略》，《通商各关华洋贸易总册》下卷，第 13 页。按："机器纩丝局"为华丰、华泰、益丰 3 家，每厂约有缫丝车 700 台左右。
⑥ 《光绪三十二年烟台口华洋贸易情形论略》，《通商各关华洋贸易总册》下卷，第 10 页。

迄至清末，烟台的"汽机缫丝局"仍维持在三所之谱，与之并存的则是"手工缫丝局三十八所"。"汽缫""手缫"两者"共用缫工一万七千名，集股本银五百万两，而缫丝局尚在陆续加增"。[①] 时人称："所谓手缫者，系工人以足力运动缫机，此法虽旧，但廉而且便，非若汽缫之需费浩繁，是以此项手缫局愿出重资以聘良工。因手缫最上之丝，售价可较汽缫最上之丝略高，故有时汽缫亏本，而手缫仍能获利也。"[②] 由此，或可窥见烟台野蚕丝机器缫制工业发展缓慢的一部分原因所在。

本章小结

鸦片战争以后，中国开放通商，世界市场对中国生丝的需求激增。中国生丝的输出量不断增大，但生丝的生产却仍然沿袭传统方式，并未改变其作为蚕区农家副业生产的形态，越来越难以适应世界市场的变化和需求。19世纪60年代以后，伴随着一场绵延日久的如何振兴蚕丝业的论争的启蒙，人们的观念发生了深刻的变化，与此同时，中国的生丝生产逐渐脱离蚕区农家副业生产的形态，开始向近代工厂制生产转化，这就是机器缫丝工业在江浙地区和广东地区的兴起。中国传统缫丝业的近代化趋向，事实上是由三股力量推进着的，尽管它们可能各自怀有大异其趣的主观动机，但造成的结果却具有某种一致性。

外商丝厂、洋务官员、商办丝厂这三股推动中国近代缫丝工业诞生的力量之间，关系颇为复杂，既有相互启发，相互借鉴，从而相互支持的一面，也有相互竞争，相互制约，从而相互排斥的一面。不过，从当时所处的特定时期和特定环境来看，应该承认这三股推力总的来说形成了一种合力，共同推动着中国近代缫丝工业的诞生和成长。当然，三者之间自有轻重之分和优劣之别，无论从哪一个方面来看，都是商办丝厂的贡献要大得多，作用也重要得多。"商办"丝厂在中国的出现，时间上虽然略晚于外商丝厂，却比"官督商办""官商合办"的洋务缫丝企业要早得多，这说明外商丝厂开风气之先，中国民间人士紧跟其

---

①② 《宣统元年烟台口华洋贸易情形论略》，《通商各关华洋贸易总册》下卷，第23页。

后，其反应之灵敏，态度之积极，步履之迅捷，与自诩"为民倡始"而态度观望犹疑、行动迟缓蹒跚的洋务大员们相比，实不可同日而语。那些占有一定特权利益的外商丝厂和洋务丝厂，经营并不顺利，或因时局变动，或因亏蚀连年，渐渐从中国缫丝工业领域退出，厂房设备多由中国商人接手经营，而自从商办丝厂出现以后，尽管生存环境不甚理想，却能克服种种困难，进取发展，日渐成为中国近代缫丝工业的主体。在此基础上，逐渐形成了晚清中国近代缫丝工业的区域分布和产业格局。

机器丝厂兴起之后，出产的"厂丝"因质量较优而倍受海外市场的欢迎，开始在中国生丝出口总量中挤占农家手缫土丝的份额。随着珠江三角洲近代缫丝工业的发展，19世纪80年代上半期，广州出口生丝平均每年9 298.8担，其中土丝6 897.2担，占74.18%；厂丝已有2401.6担，占25.82%。从1885年起，厂丝出口已经超越土丝，占到52.45%，其后越发不可阻挡，到1894—1895年，厂丝在广州出口生丝中的比重已占89.38%，19世纪末，进一步上升为93.3%。① 长江三角洲的情况有所不同，在海关关册上记载上海厂丝出口的1894年，厂丝出口4 354关担，只占当年生丝出口总量的7.4%，5年后上升到占15.77%。又过了10来年，厂丝出口在上海生丝出口总量中的比重持续上升，到清末的1910年，已经占到33.45%，但仍然只及当年土丝出口量的大约一半。直到1916年，上海口岸的厂丝出口才第一次超过土丝，占当年生丝出口总量的50.5%。此后又拉锯了一番，直到1925年以降，除了个别年份之外，厂丝出口才稳定地凌驾于土丝之上。② 这些，已经是进入民国以后的事情了。

---

① 《海关关册》1894年前对厂丝出口尚未另列项目，兹据《海关十年报告》(1882—1891)、(1892—1901)，"广州口"的记载计算。
② 徐新吾主编：《中国近代缫丝工业史》，附录23《上海桑蚕丝出口品种数量统计表》，上海人民出版社1990年版，第689—693页。

第九章
艰难前行与危机显现

19世纪末20世纪初,随着资本主义世界在丝绸科技方面的一系列重大突破和各国丝绸工业的迅猛发展,中国的蚕桑丝绸生产遇到了越来越强大的竞争对手。被世界大潮裹挟而去的中国传统丝绸业,起初曾凭借自身的独特技艺和独有产品,一度维持着繁荣兴盛的局面,但是,国际市场上的无情角逐和中外丝绸业的沉浮消长,已经迅速暴露出它的致命弱点。由于未能像日本丝绸业那样抓住时机进行更新和改造,中国传统蚕桑丝绸业逐渐呈现出衰败的迹象,并逐渐发展成为严重的危机。

第一节
一波三折的发展历程

一、战乱的影响

(一)太平天国战争

1851年,太平天国农民运动爆发。太平军千里转战,从广西偏僻山区直达长江南岸的南京，改称"天京"，建立起自己的政权。1861年6月，太平军挥师东进，攻取了苏州、杭州、湖州、嘉兴等太湖沿岸广大地区，把整个江南丝绸生产的中心区域都囊括在自己的统治范围之内。在其后的三年时间里，在清朝军队和外国雇佣军的联合进攻下，太平天国顽强抗击，在江南地区坚持了三年，直到1863年杭州失守，苏州陷落，1864年南京被清军攻下，太平天国运动失败。在这一时期中，江南丝绸生产的情况究竟怎样？是兴盛还是衰落？是发展还是倒退？以往史学界对此的解释颇有不能令人满意之处。

太平天国战争给南京丝织业带来的可谓灭顶之灾。"洪杨兵起，金陵适当其冲，织工流离四散，缎业因之萧条"。①《续纂江宁府志》记载："织缎为江宁巨业，咸丰三年以来，机户以避寇迁徙，北至通、如，南至松、沪"。②陈作霖《凤麓小志》写道："咸丰癸丑春二月，粤贼陷金陵，掠民为兵，（丝织机户）众竞为逃匿计。"③据太平天国战乱平定后江海关职员的实地调查，1853年，南京城乡用于织缎的织机共有50 000台，其中城内35 000台，附近乡村15 000台；1880年，城内仅有4 000台，四乡只有1 000台。可见太平天国战争前后，南京丝织业的织机损失高达90%。④这还是战事平息后"缎业复兴"后的数字。直到民国年间，言者仍然满怀悲苦："洪杨之役，金陵遭军事十一年，缎业工人，流离四方，散失无存。"⑤

太平军向苏、杭太湖流域进军时，清军"弃城丧师"，"在道焚掠"。⑥太平军攻打苏州，清军借口城防，焚毁沿城民居，"首令民装裹，次令迁徙，三令纵火"。⑦顷刻之间，向来万商云集、市肆繁盛的金、阊门外，烈焰腾空，日夜不熄，"城外万户成寒灰"。⑧兵匪乘机洗劫，社会秩序崩溃，居民"号哭之声震天"。⑨许多丝织机户和"账房"老板纷纷外出逃难，"当某些织造丝绸的城市

---

① 《首都丝织业调查》，第1页。
② 汪士铎等：光绪《续纂江宁府志》卷六，第4页。
③ 陈作霖：《凤麓小志》卷三，第7页。
④ The Maritime Customs. Special Series: Silk (Shanghai, 1917), pp.63—64.
⑤ 《南京缎业调查》，《工商半月刊》第3卷第16期，调查，第1页。
⑥ 参阅沈守之：《借巢笔记》，第25页；薛福成：《庸庵全集·海外文编》卷四，"书昆明何帅失陷苏常事"，第17—18页。
⑦ 《阳湖赵惠甫年谱》，《太平天国》资料丛刊，第八册，第740—741页。
⑧ 《姑苏哀》，见李寿龄：《匏翁遗稿》卷三，第6—7页。
⑨ 《阳湖赵惠甫年谱》，《太平天国》资料丛刊，第八册，第740页。

落在叛乱分子手中时，这些地方的一些机户主把他们的机台迁往上海"。① 江南地区的丝绸生产损失惨重，元气大伤。

在太平天国占领期间，江南地区一直处于激烈的拉锯战状态，战火纷飞，险象环生，交通梗阻，商旅裹足，蚕桑丝绸生产无从恢复。"因沿江各省贼氛未靖，大宗商贩裹足不前，即土产湖丝，亦因各路绸缎滞销，机多歇业"。② 苏州、杭州、湖州、嘉兴等区域中心城市首当其冲，丝绸生产基本陷于停顿。咸丰十年（1860）和十一年（1861），太平军两度攻陷杭州，此后占领杭州3年，战火兵燹给杭州丝织业带来深重灾难，"杭城机户，昔以万计。洪杨之役，遂致星散，幸存者不过数家"。③ 时人记载："杭州之机业……惟洪杨之乱衰颓最甚。当时织匠离散于各地"。④ 直到太平天国战争结束16年后，1880年，"杭州城内和城外"，开业的织绸机实际仍只有3000台，每年仅产绸71650匹，约只及战前的七分之一。⑤ 时人记载："杭州之机业则始于唐……惟洪杨之乱衰颓最甚。当时织匠离散于各地，而移住于宁波、镇江者尤众。"⑥ 在嘉兴，"太平军对嘉兴破坏很大。目前（1880）情况几乎与十二年前一样。重建的房屋极少，嘉兴城大部分仍为一片废墟。在太平军占领前极为重要的四乡地区，已经完全消失了"。⑦ 在苏州，"该地为被太平军破坏的许多城市之一，几乎所有桑树均已根除或被毁，从事丝业的居民，大多数已星散。丝业的普遍衰落就是这几年骚乱的结果"。⑧ 在镇江，地方当局曾于咸丰初年（1851）奖劝蚕桑，免费发给乡民桑苗，教导植桑育蚕，"惟不久太平军兴，丝业又告停顿"。⑨

一些丝绸生产的专业城镇也在战乱兵燹中一落千丈。例如，吴江县盛泽镇、黄家溪镇和嘉兴王江泾镇地处毗邻，丝织生产原来均有相当规模，成鼎足

---

① Imperial Maritime Customs Ⅱ. Special Series No.103, Silk. Published by Order of the Director General of Customs.

② 清代钞档：《杭州织造兼管北新关税务庆连奏》，咸丰七年（1857）六月二十七日。

③ 《杭州市经济调查·丝绸篇》，第71页。

④ 《杭州之丝织业》，《东方杂志》1917年14卷2期，第66页。

⑤ The Maritime Customs, Special Series: Silk（Shanghai, 1917）, p.81.

⑥ 《杭州之丝织业》，《东方杂志》, 1917年14卷2期，第66页。

⑦ The Maritime Customs, Special Series: Silk（Shanghai, 1917）, p.80.

⑧ The Maritime Customs, Special Series: Silk（Shanghai, 1917）, p.72.

⑨ The Maritime Customs, Special Series: Silk（Shanghai, 1917）, p.59.

而立之势,同为当地丝绸生产和集散的中心。盛泽镇位于运河内侧十余华里处,而黄家溪、王江泾则依傍运河,地理条件甚至比盛泽镇更为有利,南船北马,舟楫穿梭。然而此时太平军与清军沿着运河两岸数度鏖战,黄家溪镇于咸丰十一年(1861)农历四月二十四日在兵火中夷为平地;同月二十六日,王江泾镇亦焚毁过半。以上两处丝织生产就此一蹶不振,只有盛泽镇幸免于难,延续下来。

英人吟唎在《太平天国革命亲历记》一书中,列举了太平天国占领苏州期间生丝出口量增加的数据,如下表:

表 9-1　太平天国占领苏州前后生丝出口情况

	年　　代	生丝出口额(包)
太平军占领苏州前	1858—1859 1859—1860	81 136 69 137
太平军占领苏州时	1860—1861 1861—1862 1862—1863	88 754 73 322 83 264
太平军退出苏州后	1863—1864 1864—1865	46 863 41 128

资料来源:吟唎著、王维舟译:《太平天国革命亲历记》,下册,第838—839页。

以往,研究者大都引用这些数字,借以说明太平天国占领江南期间丝绸生产的兴旺。其实这恰恰是一条反证。生丝出口量的增加,尤其是在战争环境下反常的增加,正说明江南地区丝绸生产的凋敝。首先,江南地区城乡丝织业的生产能力骤然遭受打击而迟迟未能恢复,使得原来由它吸收和消化的那部分生丝失去了老主顾,在国内市场上难以销售,从而形成为一种突发性的局部生产过剩。1853年,太平军进入江南,当地城乡约5万台丝绸织机突然停顿,加上南京、苏州与太湖产丝区之间的交通断绝,遂使杭、嘉、湖一带所产生丝只有大量挤进上海外贸市场求售。时人称:"盖以时值洪杨之乱,兵燹所经,闾阎为墟,而出口生丝,不惟未见减少,反觉年有进步,究考其故,实因南京及其他产绸城邑,纺织机杼,既被毁坏,而各处人民,复迁徙流离,不遑宁处,致各处所产生丝,国内需要为之锐减,不得不向国外推销以求出路也。"①

　　一方面，江南地区的生丝在失去了江南丝织业这个主要的顾客之后，只有向国外的新市场寻求出路；另一方面，当时正值欧洲的蚕体微粒子病（即所谓"蚕瘟"）流行，蚕丝产量锐减，法国、意大利等国的丝织业发生原料恐慌，急需中国生丝作为补充，对中国生丝的需求越发迫切，即使在战争环境当中，上海的洋行仍然不断派遣人员前往生丝产地收购生丝。两方面因素的结合，就刺激和增加了中国生丝的出口，"华丝出口数量更足惊人，道光二十三年（1843），仅有一千七百八十七包，至咸丰八年（1858），仅上海一埠输出者，即达八万五千九百七十包之多"，为上海开埠初期1844—1845年的6 433包的12.4倍，"而综核该年各埠输出华丝之总值，达英镑一千万镑"。由此可见，太平天国占领期间生丝出口的增加，不仅佐证不了江南地区蚕丝生产的兴盛，反而说明这一时期由于江南地区丝织生产的凋敝所导致的对蚕丝原料需求的锐减。

　　即便就江南地区的蚕丝输出量来看，太平天国占领期间也未必就有耀眼表现。如前所述，上海开埠后，生丝输出量迅猛增长，50年代后半期的1856—1859年间，每年平均约为58 605担，②按每担约合120斤计算，出口量已经达到703.26万斤。而太平天国占领期间的最高年输出额为88 754包，按每包80斤计算，约为710.03万斤，只不过与50年代后期持平。太平天国占领江南的三年间，平均每年输出生丝约为654.24万斤，明显少于50年代后期，何况这还是在江南丝织生产凋敝，无法吸收大量生丝原料的情况下发生的。所以，以生丝出口量的增加来论证太平天国占领期间江南丝绸生产的繁荣，理由是不充分的。在战乱兵燹频仍、社会急剧动荡、农村扰攘不宁的情况下，以为当地蚕桑丝绸生产得到了发展和兴盛，是不合逻辑的。实际情况是，"进入60年代后，'江浙丝'的出口额一度大幅减少。这是由于江浙两省成为太平军和清朝军队最后决战的战场，战火遍及江浙蚕丝产区。太平天国末期的战乱兵燹使江浙蚕丝生产一度陷入毁灭的状态"。③

---

① 班思德：《最近百年中国对外贸易史》。
② H. B. Morse, The International Relations of Chinese Empire, Shanghai, 1910, Vol. I, p.366.
③ 铃木智夫：《洋务运动の研究》，第三编第一章《一九世纪後半の上海の生系贸易》，第288页。

这种负面影响，在太平天国败亡后的一段时间内表现得更为明显。方志材料载："庚申（1860）以来，邑内桑圃荒芜，屋宇器具十去八九，而育蚕家结茅为屋，蚕多屋窄，举家露宿。蚕妇虽膳粥不给，昼夜餧饲无倦容。饥寒之中，继以劳苦，往往有因蚕致病不起者，可胜慨哉！"①太平军和清军的反复鏖战，使江南地区的城镇和农村遭受到极大的破坏。一个外国商人记述说：战后的江南，举目荒凉。人民畏兵如豺虎，一见就惶惶逃命。"在通往无锡的路上，遍地荒芜，荆草漫生，……沿途布满了数不清的白骨骷髅和半腐的尸体，使人望而生畏。这里商业绝迹。……到常州府，沿途九十五里，仍旧是一片荒芜凄惨的景象，不见一个做工的人，遍地荒蒿，杂草没胫。……整个情况是一团糟。"②1863年度（1863年6月至1864年5月）由上海输出的生丝量只有21 120担，1864年度进一步下降为20 000担，大约只相当于50年代后期的三分之一左右。③

江南地区丝绸生产所受的严重破坏，短期间内难以消除。"蚕桑之利，以浙之杭（州）嘉（兴）湖（州）三属为最。自经兵燹，大半流亡，即使朝夕勤劬，犹逊从前十倍；乃复层层剥削，觅利甚难，是以削平大难已三十年，地方元气未复，职是之由"。④直到太平天国败亡十多年后的1880年，江海关四等A级帮办E.罗契接受总税务司罗伯特·赫德的派遣，考察江南丝绸生产情况，在他眼里，江南地区的著名城市"像帝国许多其他城市一样，饱受叛乱的破坏，几乎所有的桑树都被拔除或毁坏，许多从事丝绸贸易的人消散了，几年骚乱的结果使丝绸生意大幅度下降"。⑤根据罗契的调查统计，苏州"织机数量在叛乱以前估计有一万二千台，现在减少到五千五百台，就这些织机来说，其中不少还全年未曾开动过"。1878年开动的织机数仅2 068台，1879年也不过只有2 343台。⑥见下表：

---

① 丁宝书等：《同治长兴县志》卷八，第4页。

② 呤唎著、王维舟译：《太平天国革命亲历记》，下册，第544—545页。

③ British Parliamentary Papers, China 7, Commercial Reports on Shanghai 1866, p.30.

④ 俞赞：《恤商篇》，求自强斋主人：《皇朝经世文编》卷四十五，第24页。

⑤⑥ Imperial Maritime Customs Ⅱ. Special Series No.103: Silk. Published by Order of the Director General of Customs.

表 9-2　苏州开动织机数量及产量（1878—1879）

年份	月开动织机台数	每台织机平均月产量（匹）	合计月产量（匹）	年产量（匹）
1878	1 816	3	5 448	65 376
1879	2 127	3	6 381	76 572

资料来源：Imperial Maritime Customs II. Special Series No.103：Silk. Published by Order of the Director General of Customs.

下表为太平天国战争前后南京丝织业几种产品生产情况的对比：

表 9-3　太平天国战争前后南京丝织业几种产品生产情况的对比

品　名	时　间	织机数（台）	织工数（人）	产量（匹）	产值（海关两）
摹本缎	1853 年	2 500			
	1880 年	300	1 300	10 000	230 000
妆花描金缎	1853 年	1 000			
	1880 年	300	1 300	3 000	150 000
建　绒	1853 年	7 000			
	1880 年	200	800	800	8 000
茧　绸	1853 年	4 000			
	1880 年	700		20 000	200 000

资料来源：The Maritime Customs. Special Series：Silk（Shanghai, 1917），pp.63—64.

　　相形之下，蚕桑和生丝的生产则恢复得较快。"60 年代后半期，由于战火的止息和江浙两省官府、士绅倡行'奖励蚕桑'的政策，江浙蚕丝业得以迅速恢复。1866—1870 年间，每年由上海输出的江浙生丝平均约为 30 825 担"。[①]该数字虽然还比不上 50 年代后半期，但比起前两年来已经增长了 50% 以上。方志资料记载，太平天国败亡之后，江南地区蚕桑生产迎来新的局面。"洪杨乱后约十年，湖州流亡在外者逐渐来归，务力蚕桑。外商需求既殷，收买者踊跃赴将，于是辑里丝价鹊起，蚕桑之业乃因之而愈盛"。[②]"洪杨乱后"的一段时

[①]　铃木智夫：《洋务運動の研究》，第三编第一章《一九世紀後半の上海の生糸貿易》，第 288 页。
[②]　中国经济统计研究所：《吴兴农村经济》，第 122 页。

光,"丝业出口贸易正盛之时,即湖州蚕桑农村极端繁荣之日。一般农民,衣食饱暖,优闲安适,有史以来,以此时为景盛"。① "然农民育蚕所得,乃丝商盈利之剩余"。有资产者"此时以低价向农民购丝,以高价售之于上海之洋行,一转手间,巨富可以立致。其间虽不无几许困难,然其致富之机会,显较贫苦之农民占优势。于是小富者一跃而为中富,中富者一跃而为巨富,一时崛起者甚众"。② 江海关职员罗契在1880年的调查报告中也说:"自从恢复和平以来,新的桑树已经栽种,老的产地重整旗鼓,新的产地正在开辟。现时的生丝产量已经相当可观,即使不超过以往,也相当于叛乱以前。……随着生丝产量的增加,丝织工业的境况正在改善,虽然生丝价格高昂,需求量仍在日渐增长。"③

（二）八国联军之役

1900年,八国联军侵略中国,北方诸省陷入战乱,南方数省虽因"东南互保"而免于战乱,但南北交通阻隔,也使东南省份的工商业生产受到严重影响,丝绸业更是难逃劫难。

江浙丝绸业的国内市场,首推北方各省。南京"缎匹销售之地,以北京为最,辽、吉、黑、豫、晋、两湖、两广、滇、蜀次之,欧西又次之,每年销数不下数百万元"。④苏州"纱缎业所造各货品,最受欢销之区域者,首推北五省,次及关外蒙、藏、疆,暨中五省"。⑤杭州绸缎在北方夙著声名,京津而外,山东的青岛、辽宁的营口、黑龙江的哈尔滨等许多北方都市都是杭州绸缎的分销中心。湖州出产的绉纱,"绸质匀密,颇为一时所欢迎。每年运销平、津、大连、烟台、广东及长江各埠"。⑥绍兴织造的纺绸,也"转销江浙及东北等处"。⑦八国联军侵华战争爆发,江浙丝绸业运营立陷萧条。"当人心惶惑之时,各绸庄停止进货,各放料机坊,以织出之货无处销售,相率停工,以致机工失业"。⑧

① 中国经济统计研究所:《吴兴农村经济》,第123页。
② 中国经济统计研究所:《吴兴农村经济》,第122页。
③ Imperial Maritime Customs Ⅱ. Special Series No.103: Silk. Published by Order of the Director General of Customs.
④ 《首都丝织业调查》,第6页。
⑤ 《云锦公所各要总目补记》,苏州市档案馆藏。
⑥ 中国经济统计研究所:《吴兴农村经济》,第13页。
⑦ 王廷凤:《绍兴之丝绸》,第40、25页。
⑧ 《光绪二十六年苏州口华洋贸易情形论略》,《通商各关华洋贸易总册》下卷,第46页。

事变之前，苏州丝织业"从来有缎纱机一万余台，其所关联职工，实不下十万余人……然现罢其职者，机织职工中约七八千人"。[①]1899 年，苏州纱缎业开工织机数为 11 600 台，1901 年仅为 7 500 台，减少了 36%；[②]纱缎产量"从前每年产额大约五十万匹，今仅止二三十万匹矣"，减少了一半。[③]英国领事报告说："苏州的缫丝厂和纺纱厂幸能维持全年开工，绸缎机户则因定货完全停止而陷于严重的苦境。数千机户及彼等家属，全赖从手到口以织绸为生，他们大多数以此为世代相传的职业，在困难的日子里他们别无谋生之路。"[④]"账房"营业亦陷入困境，"客春（1899）'账房'大者有一百余户（资本十万元以上），中者有五百余户（资本一万元以上），小者有六百余户（资本二三千元）。现在其大者减为十余户，中者降为小者，小者更降为现卖者。……目下情势，'账房'不但不能收到利润，却招损耗甚多。惟营业之久，不能一朝而罢废，故姑息之计，以徒消日子耳"。[⑤]

"账房""以织出之货无处销售"而"相率停工"，导致"恃'账房'为生"的揽织机户"因定货完全停止而陷入严重的苦境"，"最为可怜，亦最为可虑"。这些绸缎织工，"向恃织机以为事畜之资，一旦停工，则别无谋生之术，即别无谋食之方。倘以饥寒而起盗心，岂不可虑?"[⑥]即令那些暂时未遭解雇的"机业职工"，"亦非敢必有定业，皆空手坐食。盖工业资本主系一缕之欲望于和局后商势，又有从来关系不得已者，故不忍一朝而解雇。是以多数织工，从坐卧佣主铺子里，以消其日"。那些"全失从来职业"的专属机工，境遇则更为悲惨，"其多转业于大道上贩鬻野菜食物，或为团勇及营兵"，其或"典当家财，以待复业之日。其最困穷者，被官粥局给养"。[⑦]直到 1901 年下半年，局势渐趋稳定，南北交通恢复，丝绸销路逐渐打开，各纱缎庄"上年余货将近售罄"，苏州丝绸生产方才逐步恢复，"机数始渐复旧观，与去年春无甚远殊"。[⑧]但是，时势交迫，已经再难全复旧观了。时人论曰："观此，可知上年北方之乱，商人之受累不轻矣。"[⑨]

---

①③⑤⑦ 《苏州市情·译东一月通商汇纂》，《东西商报》1900 年，商六十七，第 3—4 页。
②⑧⑨ 《光绪二十七年苏州口华洋贸易情形论略》，《通商各关华洋贸易总册》下卷，第 49 页。
④ Returns of Trade and Trade Reports, 1900, p. 336.
⑥ 《光绪二十六年苏州口华洋贸易情形论略》，《通商各关华洋贸易总册》下卷，第 46 页。

自此之后，苏州"纱缎一业，年不如年"，"纱缎交易，自庚子拳变后，日见减退"。① 除了八国联军侵华战争使得苏州丝绸业元气大伤外，还有一个很重要的原因，就是日本商品得以乘虚而入，在北方市场站稳脚跟。"盖纱缎普通货，销路以北五省为大宗，自庚子之后，该处盛销'东洋缎'，而销路遂夺于日商。日货税则较轻，销售较廉，以此苏缎顿形衰落也"。②

在南京，北方"拳乱"及随后的八国联军之役，造成"各种缎子的生产一直在下降"。1900 年，织机数只剩 5 000 台，开工者更是寥寥无几；京缎产量仅有 1 200 匹，价值 34 000 海关两，③ 与正常年份比较"相差何啻倍蓰！"时人记曰："本口以丝经为生意大宗，迨津、京先后不守，丝业销路大滞，即本关出口货物，且减至七成有余。是时机户率多闭歇，织匠失业者甚众。本处官绅悯其困苦，筹动公款，设质押局。凡丝经缎匹无从出售者，准其质押，定限四个月取赎，因而各机户纷至沓来，有以十万金之货来押者。嗣以官项支绌，遂便中止。"④ 形势不靖造成绸缎产销下降的局面，并未因事态逐渐平息而迅速好转，"枯涸至极，杯水鲜济，纵能照常贸易，生机仍形滞塞"。1902 年，"机户受累既深，原不愿织而犹勉强织者，以例届乡试之年，交易必盛，又以北边贩客必来办货，而不料皆失所望。故至秋后各'账房'存货甚多，无从出售，未至年底，即不给发丝经，各织工因皆停歇"。⑤ 直到1903 年，南京"绸缎一业，亦甚清淡，因北方银根较紧所致"。据统计，本年南京绸缎输出比上年又减少 546 担，估值 37 万两。以致时人哀鸣："查绸缎一业，为南京之大宗，居民大半倚之为生。去岁已少八百担，今年又不畅旺，抑何不幸哉！"⑥

镇江为江苏省内机业重镇，1900 年，"本埠机工歇业者，约有数千人。日前联名禀求向太守，暂拨积谷银两，按名赈济，俾资糊口，俟事定开工之时，陆续提厘归偿公款"。⑦

---

① 《云锦公所各要总目补记》，苏州市档案馆藏。
② 《苏州产品陈列说明》，浙江省西湖博览会编：《西湖博览会总报告书》，1931 年，浙江省图书馆藏。
③ Decennial Reports, 1892—1901, Vol. I, pp. 429—430.
④ 《光绪二十六年南京口华洋贸易情形论略》，《通商各关华洋贸易总册》下卷，第 34 页。
⑤ 《光绪二十八年南京口华洋贸易情形论略》，《通商各关华洋贸易总册》下卷，第 43 页。
⑥ 《光绪二十九年南京口华洋贸易情形论略》，《通商各关华洋贸易总册》下卷，第 44—45 页。
⑦ 《中外日报》，镇江来函，光绪二十六年（1900）八月初五日。

在浙江，1900年六、七月间，杭州"机坊工人停歇，民生无计，城内绅董忧心万分，于是设立团练，竭力防范"。[1] 直到1902年，仍然"机户失业者，不知凡几"，一时成为社会治安之大患。[2]

山东因地处动乱漩涡中心，丝绸业蒙受巨大损失。1900年，鲁省"黄丝、野丝收成尚称中等，虽无大好，终非歉年。因地方不靖，织绸作丝工人，大半停工，绸子销路亦滞。去岁（1899）所余之丝绸，送至烟台，售价甚廉。山东上等绸价，比往年退四分之一，因外国此时用者不多，价值不能不落耳"。[3]

和平安定的社会环境是经济发展的必要前提之一。战火动乱往往打破中国丝绸业的正常发展进程，一次又一次地致使其大幅度倒退，严重影响其发展规模和水平，拖累其资本积累的速度和体量，削弱其经济及政治力量的增长，从而使中国丝绸业得不到良好的发育和生长，使其长时间无法孕育出冲破技术和体制障碍的能量。

二、市场控制权的丧失

（一）丝绸定价权的易手

五口通商前，中国市场上的生丝价格取决于国内蚕农养蚕缫丝的成本，加上中转环节的费用和必要的利润所构成。开埠通商以后，情况逐渐发生变化，开始倒过来依照国际市场的需求来决定，即由洋行根据国外生丝用户或代理商的要价，减除一切费用和利润作为出价，再向国内丝商收货。国内丝商根据洋行的出价减除他们的费用和利润来收购蚕农茧丝，层层向下压。于是，中国生丝出口价格开始视国外需求多寡、世界丝价高下和欧洲地中海沿岸茧丝生产丰歉而定，自己完全失去主动。由此造成的后果是，生丝的产量和价格每季高低不同，也难以窥见市场规律。生丝出口价格的总趋势，则是随着出口数量的不断增加，出口价格却逐步下降。参见下表：

---

[1] 《光绪二十六年杭州口华洋贸易情形论略》，《通商各关华洋贸易总册》下卷，第51页。
[2] 《光绪二十八年杭州口华洋贸易情形论略》，《通商各关华洋贸易总册》下卷，第57页。
[3] 《光绪二十六年胶州口华洋贸易情形论略》，《通商各关华洋贸易总册》下卷，第11页。

表 9-4　上海生丝输出数量与价格（1844—1847）　　　　　　　　　　　　　　　单位：元 / 包

丝 名	1844 年		1845 年		1846 年		1847 年	
	数量	价 格	数量	价 格	数量	价 格	数量	价 格
辑里丝	2 896	390—480	7 518	330—420	8 525	280—390	13 426	210—380
大蚕丝	1 394	300—365	3 630	270—320	6 321	205—295	3 887	200—260
园花丝	792	280—470	990	205—375	508	170—275	511	150—250
其 他	5		431		816		334	
合 计	5 087		12 569		16 170		18 158	

资料来源：《上海丝绸志》编纂委员会编：《上海丝绸志》，上海社会科学院出版社 1998 年版，第三篇第
　　　一章"缫丝业"。

　　当然，事物有一个逐渐发展的过程，其间的演化并不一定呈现出直线的形
态。19 世纪五六十年代，欧洲的蚕瘟病尚未得到有效的克服，法国和意大利的
生丝产量依然低迷不振；同时，欧洲丝织物的需求结构，也正在发生着由主要
生产高级织物向主要生产中低档大众化织物的转换，产量不断扩大，对生丝原
料的渴求愈加迫切。法国丝织业急于从世界各地寻求原料供应，日本丝、印度
丝和中国广东出产的生丝都被其当作原料使用，但是这些地方的生丝，无论在
产量上还是在质量上尚无法与江浙生丝相提并论。对于法国丝织业来说，能否
得到质优价廉的江浙生丝的充足供应，成为决定其能否生存和发展的重要条件
之一。① 这在一定程度上导致了国际市场上中国生丝（特别是江浙生丝）高昂
价格的形成。在 19 世纪五六十年代生丝出口年平均量为 78 500 包时，上海上
等辑里丝价格为 400—450 两。整个 60 年代里，以辑里湖丝为代表的江浙生丝
在欧洲市场上牛气冲天，出口价格连年暴涨，标准辑里丝（Tastlee，No.3）的输
出价格有些年份曾经达到过平均每担 550 海关两的天价。②

　　进入 70 年代，情况发生了变化。在 19 世纪西方和中国的交通史上，70 年
代出现了两件大事，这就是苏伊士运河的通航和中国与欧洲间电讯交通的建

---

① 参见服部春彦：《一九世纪フランス絹工业の発达と世界市场》，《史林》54-3，1971 年。
② British Parliamentary Papers, China 6, Commercial Reports on Shanghai 1864, p.558；China 7,
　Commercial Reports on Shanghai 1866, p.369；China Maritime Customs, Reports on Trade at the
　Treaty Ports in China for the Year 1875, Shanghai.

立。两件事情都是在 70 年代的开头两年中完成的。苏伊士运河的正式通航是在 1870 年初，3 月 19 日经由埃及的第一艘轮船到达中国。① 这一年中，有 50 万吨的运货通过了这条运河。② 第二年年初，中国和欧洲之间的电讯联系又告建立。伦敦的中国海底电报公司（China Submarine Telegraph Company）于 1871 年春天埋设通往东方的海底电线。4 月 17 日，上海的对外电讯交通正式开放。6 月 2 日，香港伦敦之间建立了电讯联系。随之又于 1872 年 1 月 1 日建立了由欧俄经海参崴到中国的电讯联系。③ 苏伊士运河和电讯交通的相继出现，剧烈地改变了整个中国和西方交通的面貌，引起了一系列新的变化。正如大英轮船公司的老板苏石兰（Thomas Sutherland）所说："东方世界已经被带到我们的家门口来了。"④

究竟发生了一些什么变化呢？

首先是贸易方式的变化。在苏伊士运河开通之前，上海与伦敦之间的电讯系统还没有建立，中国生丝在国内的生产基地和国外的消费市场相距遥远。从上海到伦敦的航程一般都需四五个月的时间，信息传递缓慢，行情隔膜。所以，当时洋行经营出口生丝，主要以抢先到手、抢先出运为手段，谁家洋行最先把中国生丝运到英国，谁就能卖到最好价钱。此时，对收购生丝的价格，自然是依照中国国内市场的价格来决定的。苏伊士运河的开通，把欧洲到中国的航程缩短了一半以上。绕道好望角的旧航程，需时 120 天；通过苏伊士运河，只需 55 至 60 天，快的乃至只要 6 个星期，就能完成一个航程。⑤

至于上海与伦敦之间电讯的开通，则更加显著地改变了中国和欧洲之间通

---

① A Retrospect of Political and Commercial Affairs in China during the Five Years 1868—1872. 1873, p.127; J. Clapham, An Economic History of Modern Britain, 1850—1886. 1952, p.217. 转引自汪敬虞：《外国资本在近代中国的金融活动》，第 104 页。

② J. Rabino, The Statistical Story of the Suez Canal, Journal of the Royal Statistical Society, Vol.50, Ⅲ, p.531.

③ Herald, 1870 年 4 月 30 日，第 302 页；Chronicle, 1880 年，第 12—16 页；J. Clapham, An Economic History of Modern Britain, 1850—1886. 1952, p.217. 转引自汪敬虞：《外国资本在近代中国的金融活动》，第 104 页。

④ Herald, 1889 年 4 月 5 日，第 417 页。

⑤ Consular Reports, 1871 年，福州，第 23 页；Herald, 1889 年 4 月 5 日，第 417 页。转引自汪敬虞：《外国资本在近代中国的金融活动》，第 105 页。按，这里指的是航程，实际的距离，上海至伦敦间缩短了 24.1%，香港至伦敦间缩短了 25.6%。

讯的迟缓状态。原来伦敦、上海两处讯息的互相传递，通常需要六至八个星期的时间。那时，一些在中国的大洋行为了比别人早一点获得伦敦市场的行情，不惜包租快轮驶往新加坡，从那里获得比定期邮船哪怕早几天甚至几个小时的信息，以便捷足先登。据说香港怡和洋行早期在东角山顶上建筑的"渣甸瞭望台"，就是为了尽快获悉来自伦敦方面的信息。"当守望者从瞭望台最先看见从伦敦或印度驶来的怡和快船的桅杆在茫茫大海中出现时，便立即通知办事处派出一艘快船接取邮件"。"在无线电讯业尚未诞生的那个时代，怡和洋行凭藉这个瞭望台，最先掌握欧洲市场的情报和信息，以便在贸易中牟取最大利润"。①到19世纪70年代初以后，电讯交通，朝发夕至，人人都可以同时得到伦敦市场的最新行情，国内国外两个市场上的商情，就随时可以互通消息。

航程缩短，通讯灵便，这对西方国家在中国的贸易，产生了巨大的影响，"如果今天伦敦的需要超过供给，这个需要立刻可以得到满足"。②更重要的是，"在英国本土的商人，现在已经完全能够控制贸易的局面，因为他只要打出一个电报，便能在六个星期后接到他在英国所需要的任何订货"。③于是，订货贸易代替了原来的自存自销的贸易，"几乎没有一条轮船到埠时，它的货物不是预先约卖的，就是起岸后立刻出卖"。④这样一来，中国生丝的国内市场价格逐渐为西方国家所控制。生丝的收购价格亦为洋行所支配。

贸易方式的变化，促使贸易方面的金融周转也发生了相应的变化。电汇正在逐渐取代信汇，即使仍然使用信汇，汇票期限也大大缩短。同时，汇兑方式也有了改变。60年代以前，货价的清偿一般采取汇付的方式，即由购货人直接汇款给发货人，而不是由发货人开发汇票让购货人照票付款，如今在订货销售的条件下，出口商人在发货的同时，即可向对方直接签发汇票，同时立即在本地的外汇市场中出卖，立即获得周转下一次贸易的资金。⑤"在电报通讯的条

---

① 冯邦彦：《香港英资财团》，1996年版，第17—20页。
② Daily News，1888年10月16日，第367页。
③ Herald，1889年4月5日，第417页。
④ A Retrospect of Political and Commercial Affairs in China during the Five Years 1868—1872. 1873, p.127.
⑤ Consular Reports, 1874, p.36；Banister, A History of the External Trade of China, 1834—1881, pp.77—78.

件下，订货预售代替了存货待售；为订货而生产代替了为存货而生产。显然这是一个进步"。①

上述贸易方式本身的变化和贸易方面金融周转方式的变化，都是中国对外贸易市场和金融市场前所未有的变化。汪敬虞先生深入地指出："这些贸易形式和汇兑形式上的变化，包含着一系列有深刻意义的实质变化。它包含着外国银行和洋行在中国的相互地位和相互关系的变化，包含着外国银行和洋行对中国商人和金融业者之间的关系的变化，包含着中国出口商品市场的地位及其与世界市场的关系的变化，包含着外国银行对中国金融市场所起的作用的变化。这些变化，对外国入侵者的各个构成分子和各个不同集团的关系，起了改变的作用；对中国各种各类的商人和外国入侵者的关系，也起了改变的作用。"②

五口通商时期，洋行对中国出口生丝的收购，曾经采用过派人携带现款到产区直接收购的办法。上海开埠不久，外商就派遣买办携带大宗款项去内地直接采购生丝。③ 50 年代后，这种在产区直接收购的办法演化为预订合同的预购制度。在 60 年代中期的上海，收购生丝的洋行，已经不是坐等产品来到市场，而是派遣中国雇员将大量货币送往农村，向丝行预付货款，签订合同。④在派人去产地直接收购之外，外国洋行更多的是通过中国的经纪商人在通商口岸进行收购，同时把洋货出卖给口岸的中国经纪商人。在这里，对中国出口土货的资金融通，抵押放款是一个主要形式。这种以出口货物为抵押的放款，在 70 年代初已经非常普遍。1873 年，上海两家有名的洋行老板布兰德（J. T. Brand）和立德禄（R. W. Little）同时对此提供了证明。他们一个说："我和中国人有多年做生意的经验，并且已经习惯用产品作抵押对他们进行放款"；另一个说："我在以产品作抵押放款给中国人方面，有大量丰富的经验。""中国人完全懂得放款上所用的外国格式的性质。"⑤

70 年代以前，中国对外贸易的市场价格，特别是出口贸易的市场价格，基本上由中国方面的因素决定。从长期趋势看，中国与资本主义国家的贸易，存

① 汪敬虞：《外国资本在近代中国的金融活动》，第 108 页。
② 汪敬虞：《外国资本在近代中国的金融活动》，第 108—109 页。
③ J. Scarth, Twelve Years in China, 1860 年版，第 110 页。
④ Trade Reports, 1866, Shanghai, p.8.
⑤ Daily News, 1873 年 3 月 13 日，第 235 页。

在着不等价交换的形态，但是在生产市场和消费市场距离遥远而运输和交通方式又比较原始的条件下，市场上价格的季节变动，特别是出口价格的季节变动，则是由中国市场的供需状况起着决定性的作用。以英国对中国的生丝贸易而言，那时英国商人为了保证满足国内市场的需要，不得不在生丝上市的季节一次购买足够的数量，而航船的长途结队航行，又使得一次购买的生丝，"几乎同时到达英国"。①在这种情况下，中国生丝出口市场的变动，是影响伦敦生丝市场供需状况和价格变动的主要因素，而中国生丝出口市场的价格，特别是临近产区的内地市场的价格，则很少受伦敦市场供需状况的影响。

70 年代起，随着苏伊士运河的通航和电讯交通的建立，随着航程的缩短和讯息联系的加速，影响中国出口市场价格的因素，逐渐由中国转向对方。在"商人打出一个电报便能在六个星期后接到他在英国所需要的任何订货"的条件下，它一方面使得伦敦商人很容易增加实际握有的存货量，一方面又使他们不必实际上握有大量存货。于是，"世界贸易中的重要大宗货物的价格，是在中国以外决定的。中国商人所作的努力，不能对之产生任何重要的影响"。②生丝的贸易就是这样，生丝的价格，"转受伦敦市场的行情支配了。这就是说，受伦敦的存货量、英国和欧陆的销路以及人们对将来的需求的估计所支配"。③

英国本国商人对中国出口市场价格的直接控制，在中国生丝的国际市场的价格变动中，表现得最为明显。整个 70 年代，中国出口生丝的价格不再像 60 年代那样一路上扬，开始出现了大幅度的下降。1873 年，上海白丝价格每担为 500 海关两，1874 年剧跌为 300 海关两，1875 年进一步跳水为 285 海关两，此后虽有回升，但一直维持在 300 海关两上下波动。1881 年与 1871 年比较，生丝价格下降了 27%。④生丝出口价格的下降，直接影响到中国对外贸易的平衡，在 70 年代中期以前，中国对外贸易方面的收支，有逆差的年代，也有顺差的年代。从 1877 年开始，贸易上的收支便一直处于逆差的状态中。而 80 年代的第一年，在中国对外贸易的历史上，第一次出现了 2 000 万海关两的巨额逆差。⑤

① Commercial Reports from Her Majesty's Consuls in China, 1871, 福州, 第 23 页。

② Daily News, 1880 年 10 月 16 日, 第 367 页。

③ T. R. Banister, A History of the External Trade of China, 1834—1881, 1931 年版, 第 77 页。

④ 姚贤镐：《中国近代对外贸易史资料》(1840—1895), 1962 年版, 附录, 表 5, 第 1644—1645 页。

⑤ 杨端六等编：《六十五年来中国国际贸易统计》, 1931 年版, 表 1, 第 1 页。

中国商人很快就感受到了情势反转带来的切肤之痛。他们把经商环境恶化的原因归结为"市面太灵",哀叹道:"洋人丝茶之市,向以英京伦敦为总汇之区,洋皆于此听命焉。顾其始,得信犹迟,放胆经营,无所顾忌。近则电信甚灵,朝发夕至,通国皆知。价昂则山户居奇,价贬则洋商挑剔。所苦者,皆中国之商贩掮客,而又业在其不能改图他事,则亏折伊于胡底矣。"①

在中国出口市场的控制权掌握在外商手里之后,外国商人通过商品市场控制中国小生产者的过程,同时也就是外国银行通过金融市场控制中国小生产者的过程。商品市场上愈加容易控制中国的小生产者,金融市场上也就愈加容易对中国的小生产者进行控制。这种相互连带的关系,在当时国人的救时议论中,已经有所触发。有人指出:"凡中国之贩丝茶者,几于十岁而九亏,其故由于洋商之勒价。洋商之勒价,由于各贩之争售。各贩之争售,由于贩丝茶者,半非富商,其本银既迫,限期息银亦重,于是出售不能稍缓,洋商乃重抑价以困之,中商无可如何也。"②有人则说:"近来商本愈耗,不得不借庄款。顾泰西国债,利仅二三厘,而中国庄息,总在三分之谱。每届丝茶上市,银根愈紧,银折尤昂,以万金之资本,而负十万之息金,是责万金以十倍之息也。其势曷以支持而不倒?"③这个议题,连早期资产阶级改良派的头面人物也极为关注,马建忠就分析道:"中国丝茶出口,……类皆散商开设行栈。始则各就当地争先采办,乡民乘机抬价,而成本已昂。继则以争先出售致拥挤,原本不得收转,则借庄款,贴拆息,而囤本更昂。终则洋商窥破此机,故延时日,不即出价,而庄款期迫息重,不得不自贬以求速售。"④

这些议论,都在不同程度上反映了中国丝绸业生产经营者所面临的困境,但是也都带有很大的局限性,既没有看出外国银行是这一笔利息的最后攫取者,也不愿承认中国的丝茶小生产者是这一笔沉重负担的最后承担人。他们把洋商的"勒价掮售"和中国商人的庄息负担,作单方面的线性联系,把后者看作前者的唯一原因。事实上,只要中国出口市场的控制权转入外商之手,就注定了中国商人必须承受利息负担的高压,中国丝商在勒价损失和利息损失的权

①③　商霖:《整顿丝茶策》,求自彊斋主人:《皇朝经济文编》卷四十九,第2页。
②　姚锡光:《尘牍丛钞》上卷,1908年版,第53页。
④　马建忠:《适可斋纪言》卷1,1960年版,第3页。

衡中，其所以宁愿接受不胜荷负的利息负担，正是为了等待有利的销售时机。从这一点来看，洋商的勒价，不啻为外国银行从金融上控制中国商人制造了有利的条件。中国丝商只要一只脚陷入商品市场的勒价套索，另一只脚就必然陷入金融市场的重利罗网，而无论套索或罗网，最后都缠在中国广大的蚕丝生产者身上。

不仅如此，中国对外贸易局面的恶化，贸易逆差的长期延续和扩大，又成为外国银行掌握中国拆息行市的一个基本条件。因为拆息行市的高下，决定于市场银根的状况；①市场银根的状况，又决定于钱庄对外国银行的收解状况，而钱庄与外国银行之间的收解状况，则最后决定于对外贸易的赢绌状况。从理论上说，如果中国进出口货值相等，则中国钱庄对外国银行的收解，亦必相符；如果出口多于进口，则中国钱庄对外国银行收多解少，外国银行的现款流入钱庄，市面银根松动，拆息随之低落；反之，如果进口多于出口，则中国钱庄对外国银行解多收少，中国钱庄的现款流入外国银行，市面银根紧急，拆息随之上涨。故进口多于出口之时，外国银行一旦收缩放款，则市面银根无不立刻紧张起来。由于70年代以降，中国对外贸易长期处于逆差的状态，这个拆息行市就变成了外国银行套在中国钱庄身上的一根套索。

1873年，由于贸易的停滞，新丝上市"而西人开办较迟"。②上海市面银根随即开始紧张，而就在这紧要关头，放款量经常在300万两以上的外国银行不但"敛手不放"，而且把已经放出的银两，一口气收回了200万两。③在银根最为紧急的9月的一个星期天，有些外国银行竟然打破"每逢礼拜，诸事不作"的例规，"仍然做事收银"，要在"数日之间"，把所有"放出在外"的押款、借款300余万两"一齐收起"，从而使上海"贸易场中"，陷入"实难措手"的境地。④

进入80年代后，江浙两省的银、洋市价，皆视上海丝茶贸易上的出入款项而定低昂。⑤各处钱庄亦"皆探上海之行情"安排自己的资金和行市。⑥在这种情况之下，其他通商口岸的商业和金融市场，就很难躲过上海金融波动的

---

① "银根"乃中国金融业中的一个习用名词，据汪敬虞先生的解释，指的是可以运用的流动资金。
②③《申报》1873年11月6日。
④《申报》1873年7月26日，8月1日。
⑤《申报》1879年4月27日。
⑥《申报》1880年1月3日。

影响。1883 年的金融风潮，是一个很典型的例子。这次货币恐慌是以上海的丝业巨头胡光墉的投机失败而开始的，[1]迅速席卷整个上海乃至辐射全国，规模之大，前所未有。1883 年一年之中，上海 78 家钱庄，关闭了 68 家。[2]南北市行号因受牵累而停业者达三四百家。[3]恐慌的结果，不仅胡光墉在"京城、上海、镇江、宁波、杭州、福州、湖南、湖北等地所开阜康各字号同时全行闭歇"，[4]而且波及了许多通商口岸的整个商业和金融市场。邻近上海的镇江，全市 60 家钱庄倒闭了 45 家。[5]与镇江一江之隔的扬州，到 1883 年底也连续倒闭了 17 家钱庄。[6]沿大运河的清江浦、淮阴、宿迁和邳县，市面也银根紧张，"钱业倒闭累累"。[7]在浙江宁波，当阜康银号停歇之余，市上钱庄倒闭随即"层见叠出"，转瞬之间即由 31 家减至 18 家。此外，在东南沿海的福州、长江中游的九江、汉口乃至并非通商口岸的京师，也都"出现了一个历史上从未有过的商业危机"。[8]

中国丝业对外国市场的依赖愈演愈烈，终于导致生丝的价格高低和产量大小均由世界市场决定，从而也就难逃遭受洋商拨弄的命运。只要洋商减少办丝，各地丝行就会"先后闭歇矣"。[9]下文所引，可谓一个显明例证：

> 自（光绪）二十二年四月湖丝开市之日起，至二十三年四月止，一年之内，存货颇多。意大利出丝既佳，茧亦便宜，广东出丝亦多。意大利、广东之丝，均愿速售。上海存丝不多，实因养蚕乡民私心窃喜，以为丝厂接踵添设，所需蚕茧必多，故为囤积，以冀垄断居奇，利市三倍，不意竟失

---

① 这次恐慌之所以爆发于 1883 年，除了直接引爆的丝业投机之外，还有当年新兴企业股票投机风潮和中法战争爆发的诸多影响。

② Consular Reports, 1883, Shanghai, p.232.

③ 《沪报》1884 年 5 月 30 日。

④ 光绪十一年（1885）十一月十二日户部奏，见《光绪政要》（钞本）卷二，财政篇；《户部陕西司奏稿》卷八，光绪十一年（1885）版，第 44—48 页；C. J. Stanley, Late Ching Finance：Hu Kwang-yung as Innovator, 1961, p.78.

⑤ Consular Reports, 1883, 镇江，第 206 页。

⑥ 《申报》1883 年 12 月 9 日。

⑦ 《申报》1884 年 1 月 3 日。

⑧ Trade Reports, 1883 年，汉口，第 75 页。

⑨ 《光绪二十九年杭州口华洋贸易情形论略》，《通商各关华洋贸易总册》下卷，第 57 页。

其望。新设丝厂因美国暂停办丝，各厂并无生意，甚之闭厂停工；则内地蚕户，徒叹茧积如山，觅无售主。而囤丝商人，偏能获利于意外，何则？缘上海洋商，总以为蚕茧囤积既多，出丝断不会少，故已函告欧洲商家，业经定购湖丝若干。迨至复函既到，丝价虽未稍减，明知吃亏，不能不办。此等获利，亦算湖丝不幸中之大幸也。蚕茧囤积既多，成丝自少，虽洋商购运无几，而年底存货亦自寥寥矣。北方机器缫丝，年底存有五六千包，茧子亦存不少，皆以美国停办，是货销路较滞。①

（二）商业信誉的毁损

鸦片战争以后，中国生丝输出数量的持续高速增长，也带来了一些值得警惕的问题。时人已经做了一些未雨绸缪的提醒："现在销路日旺之日，虽决不至于自相竞争，而将来销路偶滞之时，恐终不免互相排挤。余如袭冒牌号，争用工人，搀加赝品，败坏名誉，在在均与丝厂同业大局有碍"，呼吁人们"先事预防，以保权利。"②然而，言者谆谆，闻者邈邈。这些与丝业大局有碍的劣迹恶行愈演愈烈，终致产生了严重的后果。

19世纪60年代以后，丝绸贸易过程中种种规制的松弛，导致弄虚作假的盛行和生丝品质的下降。各地丝行在将采购来的生丝进行分类整理，打包贴上商标运往上海的丝栈之时，经常弄虚作假，"或将劣茧和杂草混入，或以湿气和洒水使生丝增重，或以普通丝、劣质丝混充优质丝，或以种种廉价物品塞在捆包的生丝里，或藉普通丝和劣质丝冒充名牌优质丝的商标以卖取高价……种种投机取巧、蒙混作弊行为公然行之"。③时论对华商在蚕丝贸易中存在的"作伪"、"搀杂"等习惯行为深恶痛绝，对这些作弊手段带来的恶劣影响深以为患："以丝论之，各商见货易销，作伪特甚，遂有搀杂之事，货既不高，而价亦必减，势也，亦理也。而且近日印度等国，其所出之丝，生质既美，拣选亦精，反出于中国之上。目下中国之丝，尚能售卖者，因外国所产尚未多也，倘外国所产，

① 《光绪二十二年通商各口华洋贸易情形总论》，《通商各关华洋贸易总册》上卷，第4页。
② 《详抚院烟台商设立丝业公所刊给木质关防文》，《山东全省劝业公所戊申己酉年报告书》，工艺科文牍，第10页。
③ 铃木智夫：《洋务运动の研究》，汲古书院1992年版，第293页。

足敷各国之用,而中国之丝恐渐滞销,岂仅耗折乎!"①

60年代末,又出现了一种俗称"寄番"的做法。所谓"寄番",是有些中国丝商将生丝运往伦敦,委托一些外国商行销售。②这种直接输送生丝出口的行动,本可有助于抵制外国商人的中间盘剥,但是在实际执行过程中,丝商自己判定自己生丝的品质和等地,然后委托外商在国外销售,很难使出口生丝的质量得到保证。由此,"江浙丝的低质品、粗劣品的输出难以减少,欧洲市场上的江浙丝越发丧失了往日的声价。……'寄番'的做法从60年代末开始,70年代初盛行,成为伦敦市场上江浙丝积压急剧增加的一个原因"。③1874年,上海丝价低落且难销,"诸丝客不得已始托西商,代寄外洋,另觅售主者,共丝万包有余,计值价银约三百万两余。兹闻所寄之丝,已售者仅三分之一,而亏折本银,为费甚巨。统计之,则价银百两有亏至十两至十五两者不等。其余仍然居积不售,将来亏损之额多少,尚未可测也。今据外国新来信息,外国市面仍旧阻滞,照前概无转移之机"。④蚕丝"寄番"的全然无效,还要负担洋商的费用,稍有不慎,常常导致洋商的索赔官司,带来一连串的纠纷与争端,已经成为中国商人的痛苦记忆,无不视为畏途,唯恐再蹈覆辙。"盖中国丝商,已连四年经往转托西商代卖,独不记西人在会审署迭控索赔亏项于华商乎?故丝商之贸丝上海者,少有不痛念其事矣。今反以为沾利之业,吾想诸商亦不愿再沾此类之利也。"⑤

当时,上海口岸生丝交易的程序是,各丝行、丝栈于每年6月的生丝季节之初,将各种品牌生丝的标准样品出示给外国商人,外商将这些标准生丝的价格电告伦敦、里昂的生丝进口商,然后接受进口商的委托和订货,与上海丝商订立买卖契约。显然,在这样一个交易过程中发挥作用的,是生丝商标品牌的信用及其对商标的信赖,而前述"牌不对货"、"内外不一"、"底面不同"、"粗细不均"等形形色色作弊行为的盛行,则使得生丝出口贸易平添了诸多障碍,几

---

①⑤ 《书〈汇报〉丝茶宜出洋自卖论后》,《申报》1874年7月16日。

② BPP. China 9. Commercial Reports on Shanghae 1869—1870, p.374.

③ BPP. China 10. Commercial Reports on Shanghae 1872, p.454;铃木智夫:《洋务运动の研究》,汲古书院1992年版,第295页。

④ 《论今年各丝业》,《申报》1874年2月13日。

平无法正常进行。①日本学者铃木智夫比较了造成江浙生丝质量下降的种种原因，认为："'江浙丝'品质的降低，与太平天国战争有关。战争期间战火兵燹造成许多具有熟练缫丝技巧的农家妇女被害，导致战后复兴和新兴的蚕丝产区缫丝女工的技术拙劣。同时，由于生丝价格高涨，为了尽快生产和销售，蚕区妇女不待蚕茧完全成熟就胡乱地进行缫丝。但是，60年代末70年代初江浙生丝品质下降的最根本原因，还是在于以欧洲市场上江浙丝的优势地位为背景而发生的不正常竞买(过剩竞争)，以及生丝产区的'丝行'利用这种状况所采取的各种作弊行为。"②

生丝贸易中这种以次充好、弄虚作假的行为并未得到有效的制止和扭转，19世纪80年代后仍然时常见诸报端。1883年5月25日《北华捷报》刊载了一篇有关中国生丝出口前途问题的报道，指出："上一季度，英国和法国市场上中国丝非常令人失望，价格便告低落。这主要是由于欧洲和美洲的风尚，要求丝的规格要洁净、均匀、有韧性。一如当前法国、意大利和日本已能大量供应的那样……只有上述要求实现之后，方能恢复过去在欧洲市场上的优越地位。"这篇报道对这种现象的延续表示忧虑："目前中国丝质量降低的情况正在继续的时候，其他国家正在对蚕丝生产给予愈来愈多的关怀和投资。在印度、美国和新西兰都给予很大的关注，而意大利每年正在扩大桑树的种植面积，波斯也正在努力恢复其蚕丝业。巴斯德先生的发现，对于法国的蚕丝业已经产生重大的影响，中国的丝商、蚕农和统治者对于这一切都空空放过而未加注意。"③

鸦片战争后盛极一时的丝经制造业，"经营作风也趋恶化，不惜'作伪增胶'，少数车户以次充好，为增重量，轻者喷水，重者涂以糖浆或淀粉浆，以致霉烂变质。有些经行出售名牌商标，使不法之徒，有机可乘，鱼目混珠，牟取暴利，败坏了声誉"。④

① 《法国论湖丝市场》，《申报》1872年4月16日；《西商论湖丝夹杂》，《申报》1873年6月1日。BPP. China 10. Commercial Reports on Shanghae 1872, p.455, Commercial Reports on General Feature of Chinese Trade 1872, pp.535—536；BPP. Chian 11. Commercial Reports on Shanghae 1873, pp.246—249.
② 铃木智夫：《洋務運動の研究》，汲古书院1992年版，第293页。
③ 《北华捷报》1883年5月25日。
④ 吴江丝绸工业公司编：《吴江丝绸志》，江苏古籍出版社1992年版，第48页。

类似的情况，在丝织品的贸易中也有反映。19世纪后期，山东茧绸因应着"西洋的需要"而有过一番发展，"在其全盛时代，用土制手摇机以山东茧丝织成的绸子的质量是无与伦比的"，但需求的增长和输出的扩大，"立刻就引起破坏的结果。随着1908—1909年销路大旺，造成制作上的偷工减料。茧绸业要恢复旧观还须一些年月"。[①]当时的外国观察者洞察其弊："所以，若从织造者的远见和耐心来看，所需要的并不是制作方法的改良和机器；换句话说，他们所需要的是一个能控制近视和贪欲、并能保持成品优良标准的组织。"[②]丝织品质量的下降以及由此造成的市场状况的恶化，成为制约中国丝绸业发展的一个痼疾。

中国生丝出口贸易中的弄虚作假所导致的品质下降，在中国生丝的最大消费国法国的丝织业者中间，产生了对中国生丝的极大不信任感。"丝或有未尽匀净之处，外洋销场或因此而滞"。[③]1871年春，法国丝织业中心的里昂丝织业协会致函上海外国商人商工会议所，强烈指责江浙生丝的弄虚作假与品质低下。[④]1872年12月，里昂丝织业协会又议定"选丝条目"，次年初全文寄至上海外商商工会议所，对江浙丝交易中的混乱状况提出了严重警告，明确指出，由于江浙丝生产和交易中存在着种种弄虚作假、以次充好行为，江浙生丝的各种商标都已经完全失去了信用，而对商标的信赖是通过电信进行订货的不可或缺的前提。生丝交易过程中的欺诈行为，使得正常的生丝出口贸易难以进行。里昂丝织业协会警告说：如果中国方面不立即改善江浙生丝的品质并恢复对其商标的信誉，法国丝织业将拒绝使用江浙生丝作为原料。[⑤]

上海外商商工会议所随即将里昂丝织业协会的函件转达给中国有关方面。1873年1月，驻上海的英国总领事也在商工会议所的请求下，将法国丝织业的警告明确地传述给上海道台沈秉成，并表示希望中国政府能够妥善加以处置。沈秉成据此发布告示，劝诫中国丝商应当"首重信义"，禁绝生丝产销过程中的

---

①② Decennial Reports, 1892—1901, Vol. I, p. 299.

③ 《机器缫丝说》，《申报》1882年2月5日。

④ BPP. China 10. Commercial Reports on Shanghae 1872, p.455, Commercial Reports on General Feature of Chinese Trade 1872, pp.535—536.

⑤ 《论苏松太道沈观察晓谕丝业办货挑剔告示》，《申报》1873年2月5日。

种种弊端，与外商进行公平的交易。① 时人也有加强监管的议论："新丝出市，某路之丝合于某处销场，贩者洞悉情形，分别种类，以至上海，入栈配销，苟非洋商之所欲买，即不相强。若与洋商成交，其货逐一验视，勿使稍有掺杂，尤不可有著水等弊。内地丝客之取巧，则上海丝栈监督之；丝通事之舞弄，亦丝栈查察之，而皆专责重权于公所。如此则庶几尚有起色，不使洋商藉口也。"②

然而，上海的丝商对于里昂丝织业协会的警告并未引起应有的警惕，而是充耳不闻，置之不理，丝绸贸易中的种种作弊行为依然盛行。③ 于是，欧洲丝织业被迫在江浙生丝之外，选择其他的生丝产地。1873 年，欧洲丝织业使用的蚕丝原料中，除了江浙丝 43 000 担以外，还有广东丝 8 000 担，日本丝 12 000 担，印度丝 8 000 担，伊朗等西亚丝 5 000 担，意大利丝 39 000 担。④ 在总数 115 000 担的生丝消费量中，江浙丝只占到 37.39%；加上广东丝，中国生丝的消费量才占到 44.35%。意大利蚕丝业元气恢复，生丝出口量已经直逼江浙丝。尤其值得注意的是，日本丝来势迅猛，已占欧洲生丝消费量的 10.45%。这样，在欧洲市场上长期占据优势地位的江浙生丝，品质和价格两方面所曾经享有的信誉终于丧失殆尽，江浙生丝的对外贸易开始面临从未有过的困境。恰在此时，欧洲爆发了资本主义世界经济危机，带来了对丝织物需求的减退，中国的生丝出口骤然遭到沉重打击。

1873 年，对于江浙生丝的出口贸易来说是悲惨的一年。由于经济危机造成欧洲对丝织物的需求急剧减少，在伦敦市场上已经处于饱和状态的生丝价格，终于开始无可挽回地急剧下跌。这种打击，又由于江浙生丝的质量低劣和信誉丧失，遭受的损失更为沉重。法国里昂丝织业协会的警告终于变为现实。一年之间，欧洲市场上江浙生丝价格暴跌，溧阳丝、镇江丝、绍兴丝、嘉兴丝等普通"粗丝"首当其冲，售价狂泻；连一向赖以骄人的辑里丝和海宁细丝之类的著名品牌也灰头土脸，价格跌落了 80—100 海关两。⑤1872 年，伦敦市场上库存未销的江浙辑里丝 7 502 包，大蚕粗丝 4 122 包，广东蚕丝 5 899 包；1873

---

① 《论苏松太道沈观察晓谕丝业办货挑剔告示》，《申报》1873 年 2 月 5 日。

② 《论丝、茶二业整顿难易》，《申报》1881 年 12 月 17 日。

③ BPP. China 10. Commercial Reports on General Feature of Chinese Trade 1872, p.536.

④ 《各国蚕丝》，《申报》1874 年 7 月 16 日。

⑤ BPP. China 11. Commercial Reports on Shanghae, 1873, p.246, 250.

年分别增至 15 430 包、6 288 包和 7 938 包。与之形成对比的是,日本生丝 1872 年在伦敦库存未销 8 870 包,1873 年则降为 6 993 包,情况好于中国生丝。以致时人发出警告:"是亦明用他国之丝,而渐弃中丝之一证也。操此业者,可不慎乎!"①

进入 1874 年,江浙生丝的价格跌落之势仍然未能得到遏止。1874 年 8 月上海的生丝价格,优等丝为 70 年代初的三分之二,普通丝则只剩二分之一。② 这样的价格水准,几乎倒退了 20 年,回到了 19 世纪 40 年代后半期和 19 世纪 50 年代前半期的水平。

表 9-5　上海每担白丝价格的变动(1862—1893) 　　　　　　　　　　单位: 海关两

年　次	价格	指数	年　次	价格	指数
1862	350	100	1878	330	94
1863	350	100	1879	321	92
1864	499	143	1880	300	86
1865	420	120	1881	350	100
1866	500	143	1882	307	88
1867	485	139	1883	320	91
1868	517	148	1884	273	78
1869	465	133	1885	272	78
1870	515	147	1886	300	86
1871	503	144	1887	320	91
1872	490	140	1888	306	87
1873	500	143	1889	315	90
1874	300	86	1890	340	97
1875	285	81	1891	281	80
1876	443	127	1892	306	87
1877	340	97	1893	315	90

资料来源: Decennial Reports, 1892—1901, Appendix 1. 指数为笔者计算。

---

① 《湖丝减价滞销说》,《申报》1873 年 7 月 5 日。
② BPP. China 11. Commercial Reports on Shanghae, 1874, pp.442—443.《西人述丝市情形》,《申报》1874 年 7 月 13 日。

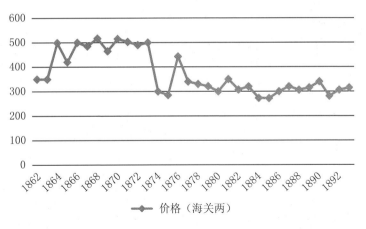

图 9-1　上海每担白丝价格的变动（1862—1893）

　　经济危机造成的对丝织物需求的减少，使得世界各国的生丝都受到了不同程度的冲击，意大利丝、日本丝也都没能逃脱丝价跌落的打击。"然而，意大利丝和日本丝的价格跌落与江浙丝相比并不特别明显。价格跌落的幅度以江浙丝最大，日本丝其次，意大利丝最小。品质低劣最为显著的江浙丝，在世界生丝市场的低潮期成为最大的受害者，又由于 60 年代以来生丝的过剩交易和过度投机情形的逆转，无奈只能走上价格暴落一途。"① 除了辑里丝一号、二号、三号（Tsatlee No.1，No.2，No.3）等一部分优质"细丝"之外，大部分江浙丝和广东丝在欧洲市场的等级划分中沦为劣质品。在一段时间里，辑里丝四号、五号等质量稍次的湖丝，遭受到无人问津的待遇，镇江、溧阳、嘉兴等地出产的"粗丝"，更是被欧洲市场弃若敝屣，难觅踪迹。②

　　1875 年以后，江浙生丝的价格虽然未再进一步下跌，但是一直在低价位上持续运行。其间，1876 年意大利蚕丝由于气候异常而严重歉收，使得江浙丝价稍有上升，旋即就又跌了回去。③ 而且，随着日本生丝对欧洲出口的稳步增长，中国生丝占有的欧洲市场份额不断缩减，这种彼增我减、彼进我退的现象，在世界生丝市场上几乎成为一种长期的趋势。

---

① 铃木智夫：《洋務運動の研究》，汲古书院 1992 年版，第 296 页。

② 《湖丝减价滞销说》，《申报》1873 年 6 月 11 日。

③ Decennial Reports，1892—1901，Appendix 1. Trade Statistics 8. Foty years value of the principal article of Chinese product.

表 9-6　欧洲市场上各国生丝所占比重的推移　　　　　　　　　　　单位：吨

年　次	中国	（％）	日本	（％）	印度	（％）
1857	3 869	—	—	—	？	？
1867	2 338	35.9	633	9.7	627	9.6
1877	3 548	42.3	1 101	13.1	672	8.0
1887	3 870	32.5	2 217	18.7	528	4.5

年　次	近东	（％）	意大利·法国	（％）	合　计
1857	—	—	？	？	？
1867	—	—	2 939	45.8	6 537
1877	621	7.4	2 448	29.2	8 390
1887	738	6.2	4 535	38.1	11 888

资料来源：H. B. Morse, *The International Relations of Chinese Empire*, Vol.1.p.405.

种种迹象表明，传统手工方法缫制的江浙土丝维持了30多年的出口贸易黄金时代已经一去不复返了，已经不再能够像60年代中期和70年代初期那样，以高价独霸世界生丝市场了。有人试图改变这样的状况，重建江浙土丝昔日的地位，但是在新的国际市场环境里，品质粗劣、等级低下、良莠不齐的手缫土丝终究是没有前途的。"牌不对货"、"内外不一"、"底面不同"、"粗细不均"等形形色色的作弊行为无异于自毁根基，使盛极一时的中国生丝出口付出了沉重的代价。70年代末，"红顶商人"胡光墉投入巨额资金囤积大量生丝，企图人为地提高生丝价格，以与外国商人和世界市场相抗衡，但他的尝试终以惨败而告终。[①]对于胡光墉事件，以往我们更多看到的是他个人的决策失误及其背后外国商人的操纵力量，其实还有更为深刻的原因。胡光墉的破产，不仅是他个人生涯的悲剧结局，同时也反映了中国传统蚕丝生产和贸易所面临的深刻危机。

三、戴着枷锁起舞

（一）政治权力的阻遏

"奖劝农桑"作为历代王朝的基本国策，亦为清朝政府所袭用。太平天国战争以后，清政府在江浙地区大力推行"奖励蚕桑"政策，其内容是奖励和普

[①]　黄萍荪等：《"红顶商人"胡雪岩兴衰史》,《浙江籍资本家的兴起》,浙江人民出版社1986年；
　　C.J.Stanley, Late Ch'ing Finance：Hu Kuang-Yung as Innovator, Cambridge, Mass：Harvard University Press, 1970.

及传统的蚕桑丝绸一体化的蚕丝生产，目的在于安定作为封建剥削前提的小农经营，并通过征收土丝流通过程中的"丝捐"，增加财政收入。据调查，晚清浙江"丝行开设手续，依照浙省牙帖章程，应以繁盛上则（长期八百元）、中则（五百元）为限，但丝行多系年换牙帖，则其捐率比照长期牙帖分别等则，加二成完缴三分之一（即长期帖譬为一百元，加二成为一百二十元，年换完十分之一，为每年纳十二元），另纳手续费五厘。此外又有年纳牙税，上则年完四十元，中则三十元"。① 繁重的捐税，严重制约着蚕丝的产销，"内地丝行之贸易，一落千丈，如嘉属一带，仅存十分之一，皆系本庄丝行，而洋庄业已绝迹，杭属亦然。惟湖属尚有七里丝经销售于洋商，然较之最盛时代，亦已减去三分之二"。② 巩固统治基础，新的生产方式的引进和推广并不在其视野之内。一些洋务官员对中国近代缫丝工业的兴起虽然起到了"为民倡始"的作用，但新的生产方式的出现依然受到了政治权力的种种阻挠和限制。

19 世纪 70 年代后，上海兴起机器缫丝工厂，机器丝织工厂也在筹办之中。1882 年 9 月，江苏巡抚卫荣光指令上海道台邵友濂"查明关闭"③机器丝厂，并采取断然措施阻止"有恒织绸公司"成立。④ 11 月上旬，两江总督左宗棠再次命令上海道台邵友濂，着即通告英、美两国总领事，将公平、旗昌两家丝厂"即行关闭"，有恒织绸公司"不许开办"。⑤ 这对上述 3 家企业产生了莫大的冲击。公平丝厂的股票价格，原价每股 100 两，1882 年 6 月为 112.5 两，当江苏官府"禁设丝厂"的命令发布后，股价应声而落，10 月跌为 95.8 两，11 月又跌到 84.8 两。此后更是一路下滑，到 1884 年 1 月，公平丝厂的股价只剩 28 两，比原价缩水 72%，与最高价相比更是只有 24.8%。⑥ 公平、旗昌两家丝厂都陷入行将停业的困境。有恒织绸公司的中方经办人胡培基则在官府的沉重压力下撒手而去，绸厂尚未开工就胎死腹中。⑦ 在外国驻华使节的强烈抗议和一再交涉下，清政府才不得不做出让步，由李鸿章出面指示邵友濂不再坚持要公平、

①② 《浙省桑蚕茧丝绸状况调查录》，《中外经济周刊》，第 185 期，第 20 页，1926 年 10 月 23 日。
③ 《奉阻缫丝》，《申报》1882 年 9 月 15 日。
④ **North China Herald**，1882 年 9 月 15 日；孙毓棠编：《中国近代工业史资料》第一辑，上册，第 140 页。
⑤ 《议禁缫丝》，《申报》1882 年 11 月 15 日；《西国近事汇编》卷四，壬午，第 5 页。
⑥ 《申报》，"股份市价览"，转引自铃木智夫前引书，第 320、333 页。
⑦ 见薛福成：《代李伯相复邵观察书》，《庸庵文别集》卷五。

旗昌丝厂停业的命令，而是将两家丝厂作为特例加以承认，允许其继续营业。①

清政府的退让，并不意味着守旧势力就此心甘情愿地听任机器丝厂这种新生事物坐大，而是继续设置障碍，阻挠近代缫丝工业的发展。它们的做法是釜底抽薪，限制机器丝厂的原料来源，以控制近代缫丝工业的命脉。在这一方面，可以甲午战争为界，分为两个阶段。甲午战前，清政府严格控制着开设茧行的审批权，严禁通商口岸开设茧行，江浙两省内地茧行的开设，也受到种种限制，使机器丝厂不能直接与至关重要的原料茧交易发生联系。在浙江，若要开设茧行，必须得到布政使的"谕单"。②早在19世纪60年代，浙江省当局就曾以杜绝原料茧供应的手法，迫使中国的第一家外资机器丝厂停业关闭。1862年怡和丝厂创立后，倍感蚕茧供应的困难，1866年，怡和丝厂通过"通事"黄吉甫在嘉兴余贤埭开设茧行，企图自行解决原料问题。对于怡和丝厂的这一行动，浙江巡抚与南洋大臣会商后，决定予以"弹压"，封闭茧行，房屋"拆除入官"。③1883年，浙江省又颁布《茧捐章程》，特别规定必须由当地丝行担保，方可申请开设茧行。这是将生杀予夺之权置于茧行的敌人手中，因为丝行茧行相互竞争，反对茧行最力的正是丝行，要茧行求得丝行担保，无异于与虎谋皮。在江苏，批准开设茧行之权操于牙厘总局之手，规定："内地茧行，必先具结声明，确系华商资本，并无洋股在内。此捐即出茧行，非洋商所应阻挠。"④1882年10月，上海丝厂申请在新兴蚕区如皋县开设茧行，江苏布政使借口如皋产茧时日尚短，产量不多，在此开设茧行迄无先例，断然予以拒绝。⑤凡此种种，"成为上海近代缫丝业发展的巨大障碍。上海的丝厂，外国资本的和民族资本的都一样，在原料茧供应上未能打开局面，开业后十多年，其经营规模几乎没有什么扩大"。⑥可见中国的现代缫丝工业在初创时期，不仅未能得到国家政权力量的有效支援，相反还常常为其所掣肘和摧残。

在原料茧从产地到上海的运输手段上，清政府也予以刁难。当时，上海丝

---

① Foreign Relation of U.S.A. 1883. No. 77. Inclosure 2.
② 民国《杭州府志》卷六十五，赋税八，"牙帖税"。
③ 《浙江通志·厘金门稿》浙厘上，第55页。
④ 《刘坤一遗集》奏疏卷二十六，《遵查被劾道员据实复陈折》，光绪二十二年（1896）七月二十九日。
⑤ 《禀批照录》，《申报》1882年10月19日。
⑥ 铃木智夫：《洋务運動の研究》，汲古书院1992年版，第403页。

厂使用帆船从内地载运蚕茧，为加快原料输送速度，必须将蒸汽轮船引进内河航运。1882年，上海商人向当局申请开办内河轮船公司，当局以轮船航行江浙内河将影响厘金收入为由，加以拒绝，迫令继续使用帆船运输，成为上海机器缫丝业确保原料茧供应的巨大制约因素。①1889年后，清政府方才允许小轮船可在江浙内河航行，但只许用于帆船拖拽。直到《马关条约》签订，苏州、杭州辟为通商口岸，外国获得在华办厂权利之后，使用轮船在上海至江浙内河航行的民族资本内河轮船公司的成立，才勉强得到清朝当局的许可。②

　　甲午战后，丝厂开办日多，茧行设立日广，清政府对新式缫丝工业原料限制的重点开始转移到"茧捐"的征收上来。本来，江浙地区的生丝流通要缴纳相当数额的"丝捐"才能够出境，丝捐成为当地政府财政收入中不可或缺的部分。"要知南五省饷糈，全赖丝捐为大宗，而丝捐之最盛者，莫过于嘉（兴）、湖（州）两府。盖嘉、湖产丝，皆会销上海，每届蚕丝上市，先捐后售，每包照章，毫无短少，报效国家，不谓不厚"。③"茧捐"是对购入蚕茧者所征收的地方税，由蚕茧产地的牙厘局按蚕茧数量征收一定比例的捐税。在某种意义上，"茧捐"可以说是"丝捐"的代替物，诚如铃木智夫所说："由于上海是通商口岸，厂丝出口得以免除江浙土丝从产地运往上海途中征收的'丝捐'（即生丝出境税）。清朝当局由于丧失了作为其重要财源的生丝流通税，因而从一开始就对上海的外国资本、民族资本的近代丝厂采取敌视态度，苦思竭虑如何对之征收至少相当于丝捐的税收。"④于是，对运往上海的蚕茧在其产地征收出境税的方案被列入议事日程，至迟从1879年前后，便在浙江绍兴开征茧捐，开始了对蚕茧交易的课税。起初，茧捐的征收比照同治三年（1864）制定的丝捐征收办法，1883年，浙江公布了第一个《茧捐章程》，详细规定了茧捐的额度、罚则和征收办法，并特别强调以代收茧捐作为允准开设茧行的条件，⑤完备了"对上海的近代缫丝业从原料茧的流通方面进行限制的前近代性的税收掠夺体系"。⑥

---

① 《奉宪申禁》，《申报》1882年9月16日。
② 京都商业会议所：《清国新开港场视察调查》，1897年，第198页；递信省管船局：《清国长江及附近航运事业取调书》，1904年，第37—40页。
③ 海上散人：《机器缫丝为害论》，《申报》1882年6月2日。
④ 参见铃木智夫：《洋务運動の研究》，汲古书院1992年版，第346—347页。
⑤ 《浙江通志·厘金门稿》浙厘上，第55页。
⑥ 铃木智夫：《洋务運動の研究》，汲古书院1992年版，第348页。

清政府企图以提高课税来强化对蚕茧交易的控制。茧捐的税率远比丝捐为高，当时丝捐换算成一担干茧为 5 元，而浙江的茧捐为 12 元，其中 9.4 元为固定税（regular tax），2 元为运往上海的处境税，0.6 元为运输税；江苏的茧捐为 6 元 9 角，1895 年后增至 9 元，分别相当于丝捐的 240% 和 180%，[①] 即使侥幸蒙准开业，茧行除了代收茧捐之外，还要向官府一次性缴纳高额特许费，又必须应付官吏勒索巨额贿赂，再加上蚕茧运输途中的厘金等等，实在成为难以承受的沉重负担。

表 9-7　江浙地区茧行开设之特许费

	等　级	适用地区	特许费		等　级	适用地区	特许费
浙江省	上　则	繁盛地区上行	480 两	江苏省	一等	省城所在地	400—500 两
	中　则	繁盛地区中行	240 两		二等	城镇附近	200—300 两
	下　则	偏僻地区上行	120 两		三等	村　落	100 两
		繁盛地区下行			四等	偏僻地带	50 两
		偏僻地区中行					
	下下则	偏僻地区下行	60 两				

资料来源：小山久左卫门：《南清制丝业视察复命书》，1906 年，第 13 页；民国《杭州府志》卷六十五，"赋税"八。

表 9-8　干茧百斤由产地运至上海所课税目与税率

税　目	江苏省	浙江省	说　明
正　税	8.00 元	9.00 元	运茧之厘金税
附加税	0.50 元	0.90 元	运茧之附加税
公所捐	0.30 元	0.30 元	茧业总公所 0.10 元，地方公所 0.20 元
改良会费	0.10 元	0.10 元	蚕业改良会之经费
沪　捐	—	1.00 元	上海黄浦江之保修费
子口半税	2.30 元	2.30 元	约合海关两之一两五钱
特别附加税	1.60 元	—	自 1925 年起为茧税八元之二成
合　计	12.80 元	13.60 元	

资料来源：日本蚕丝业同业组合中央会编：《支那蚕丝业大观》，东京冈田日荣堂 1929 年，第 215 页。按，1925 年春茧收获期间，江苏省为奉军所占，又以驻军费的名义，对蚕茧正税加征二成的附加税。此后国民政府统治时期沿袭了这一税目及税率。

[①] 《李文忠公全集》译署函稿卷十五，《与英国巴使问答节略》，光绪九年（1883）九月二十一日；《刘坤一遗集》奏疏卷二十六，《遵查被劾道员据实复陈折》，光绪二十二年（1896）七月二十九日。

中国近代缫丝工业所面临的最大问题之一，尤其对上海的丝厂来说，是找到一种能够保证优良蚕茧供应的方法。由于蚕茧占到生丝生产成本的75—80%，蚕茧的数量、价格和质量对于一家丝厂的经营成败来说，是生死攸关的。清政府正是从这个要害处着手，先是釜底抽薪，禁止茧行的开设，其后又征收高额茧捐，给近代缫丝工业的发展设置了重重障碍。国外学者的研究证明，中国的茧税大约占到丝厂所用蚕茧全部成本的三分之一，"与日本的丝税相比高得令人震惊"。可以毫不夸张地说："沉重的茧税是阻碍中国近代缫丝工业充分发展的一个关键"。[1] 在此同时，茧捐却成为地方政府财政收入的主要来源之一。1904年，浙江省由茧捐得到的财政收入为197 154元；在江苏，19世纪末每年征收的茧捐已多达20余万两。[2]

在这个问题上，创行于19世纪50年代初，沿用至20世纪20年代末的"厘金"制度是又一个造成严重后果的制度安排。1853年，清政府为了镇压太平天国农民战争的需要，除了征收原有的赋税之外，又创行了"厘金"制度。全国各商业通道、各商业市场均遍设"厘卡"，逢关抽税，遇卡纳厘，成为一种臭名昭著的"恶税"。同治初年（1862），厘局、厘卡已经在全国设立了3 000多处，越是商品经济发达的地区，厘局税卡越发密集。全国的厘金征收额，除了官吏中饱私囊的部分之外，1870—1894年间，年均为白银1 300—1 600万两，其中盛产丝绸的长江三角洲和珠江三角洲所在的江苏、浙江、广东、福建东南沿海四省，占到总数的五成左右，如果加上安徽、湖南、湖北三省，则要达到80%。而据日本学者的研究，清朝的国家税收，以1885年为例总计7 709万两，其中地丁银（包括杂税）为3 632万两，盐课为793万两，常关税为240万两，捐输为151万两，厘金为1 425万两，比洋关税的1 353万两还要大大超出，仅次于地丁银而占第二位。[3]

江南丝绸产地的各府、州、县，也于1864年后被套上了"厘金"的枷锁，"四面捐卡林立，商界咸称不便"。[4] 江苏省及浙江省丝绸经济向称发达，厘金的征

① 参见 Lillian M. Li, China's Silk Trade: Traditional Industry in the Modern World (1842—1937), Council on East Asian Studies, Harvard University: Cambridge, 1981. pp.183—184。
② 《刘坤一遗集》奏疏卷二十六，《遵查被劾道员据实复陈折》，光绪二十二年（1896）七月二十九日。
③ 坂野正高：《近代中国政治外交史》，东京大学出版会1973年版，第43页。
④ 《纱缎业众商理由书》，光绪三十四年（1908）。藏苏州市档案馆。

收负担十分沉重。"厘捐一项，浙西、吴下皆产丝之区，自乡人数筐之蚕，至于成包捆载，业此者不可胜计，而又质轻价贵，捐项最大"。① 以浙江省为例，厘金收入的20%—30%为生丝，接下来的5%—10%为茶叶。1880年，浙江全省的财政收入中厘金为200万两白银，这甚至超过了该省当年地丁银收入的173万两。

"厘金"原定税率"值百抽一"，在实际征收过程中"远不止百分之五、六，与税率相比多出二倍、三倍甚至数倍"。② 据1878年外国人在上海的报告所说，生丝、茶叶及其他百货，同一商品平均通过三、四个厘卡，厘金税率甚至将达到该种商品价格的20%—30%。③ 当时，苏州出产的纱缎在本地销售的仅占总产量的20%，其余80%左右都转销国内各商埠或运销海外，其间深受厘卡留难之苦和榷吏勒索之害。苏州至昆山不过50余里，途中竟设有厘卡4处，平均每十余里就有一处。苏州运货至南京，途中需完捐7道，苏缎每丈，完捐一道为126文，依次递增，完捐7道为882文，而苏缎每丈时价4 200文，完捐一道，税率为3%，完捐7道，税率高达21%。④ 从无锡运送蚕茧到上海，用帆船运输不过三日即可到达，但因途中厘局税卡数度滞留征收厘金，原来三天的路程竟延长到七、八天。⑤

厘金的危害，不仅在于"禁止商货之流通，迫其近售而罚其远行"；⑥ 更在于厘卡人员的刁难苛索，"商民虽已完税，每经一卡，仍复多方挑剔，或指为货票不合，或指为斤两不符，或指为石斗不实，吹毛求疵，留难百出。黠者重贿以求出脱，懦者饮泣以听苛罚"。⑦ 据罗玉东在《中国厘金史》一书中统计，厘卡人员勒索商民，侵蚀税收的惯技，竟达16种之多。1880年，日本内阁大书记官井上毅来华交涉有关事宜，归国后他在报告中写道："清国自长毛贼乱以来，为征收地方兵备费用，设立厘金税法。其法凡运送道路所到之处即设置税关（大抵每5里设一小税关，清国之5里，约相当于我邦1里7分5有奇），以

① 《论整顿丝、茶两市》，《申报》1881年2月6日。
② 王文典、王介安：《加税裁厘意见书》，1914年，原件藏苏州市档案馆。
③ 参见芝原拓自：《日本近代化的世界史的位置》，岩波书店1981年版，第382页。
④ 《苏松常镇太五属水旱各卡运货捐税表》，藏苏州市档案馆。
⑤ 薛湘：《锡金水利条议》，《光绪无锡金匮县志》卷三十八"艺文"。
⑥ 张謇：《张季子九录》，"实业录"。
⑦ 罗玉东：《中国厘金史》。

之对商民运货抽税。其税法之烦苛加上税吏之私横，清国商民深为困扰。"①

清政府对民间工商业的这种敲骨吸髓般的重征苛敛，对于传统丝绸行业的自我更新能力，不啻釜底抽薪，与日本明治政府对丝绸工业"扶上马，送一程"的精心照料相比，"一予一取，其相去何可以道里计！"②中国丝绸业近代化的步伐迟迟难以迈出，勉强起步后步履又显得格外沉重滞缓，无疑这也是原因之一。日本方面不禁暗自庆幸：厘金税"实为清国生丝输出之一大障碍"，如果取消厘金，将会"对本邦制丝业产生严重影响"。③

（二）守旧势力的干扰

技术变革，或大或小，通常都会导致社会财富的重新分配。在这一过程中，不同社会群体所能够获得的经济机会与社会地位机会很有可能不尽相同，因而也就必然带来人际关系的改变乃至社会结构的变迁。事实表明，并非先进的技术就一定能够得到应用和普及。一项技术能否得到应用和推广，关键可能并不在于其是否先进，而在于其与社会结构是否匹配。技术变革之所以能够发生，可能正是因为它能为某一特定群体带来利益，相反，某些技术也可能由于损害了某一群体的利益而受到顽强的抵制。只有深入探讨技术变革中各相关主体可能受到的影响及其相互之间的互动，才可能深入理解技术变革及其影响所显现的不同特征。

随着近代机器工业在中国的引进和展开，反对这一新型生产方式的运动也就如影随形，蔓延开来。在19世纪80年代的上海，电灯公司曾经遭到种种非难，说其会触电伤人和漏电引起火灾，上海道台邵友濂借口避免"不测"，禁止上海的中国人使用电灯。④自来水公司也因剥夺了"挑水夫役"的生计而备受指责，不准开办。⑤江浙和广东地区作为传统丝绸生产的中心，机器缫丝业的发展更是不可避免地会与某些社会势力之间发生种种摩擦，触犯到他们的既得利益，招致他们的强烈反对。早在19世纪60年代，外商丝厂希望得到优质蚕

---

① 日本外务省：《琉球所属问题》，《冲绳县志》第十五卷，史料编5，第271页。

② 《纱缎业众商理由书》，藏苏州市档案馆。

③ 日本外务省：《外国事情》，转引自小林一美《中国半殖民地化の经济过程と民众の斗争》，《历史学研究》369号，1971年。

④ 《利弊相乘说》，《申报》1882年11月9日；《禁止电灯》，《申报》1882年11月10日。

⑤ 《论各业忌心》，《申报》1881年11月11日；《于自来水见西人克大任说》，《申报》1881年2月15日。

茧稳定供应的企图，就"由于得到中国政府支持的传统丝商感到自身利益受到威胁而加以反对，以致失败。"①

珠江三角洲的机器缫丝业兴起之后，守旧的社会势力随即从两个方面指责丝厂的"弊端"："一曰妨工作；二曰可猜疑。谓用机缫丝，搜罗蚕茧，土丝价值因之遂增，且一人可抵数十人工力，此谓妨工作也；又曰机缫悉雇女工，于归妇女每每自食其力，不返夫家，且百十成群，萃于一处，未免瓜李微嫌，所谓可猜疑者也。"②他们愚蠢到对劳动力的天然素质也不重视利用，缫丝工业以使用女工为宜，女工从事工厂化缫丝生产是最经济的，也是适应性最强的劳动力来源，可他们偏偏反对雇佣女工，"认为让女人在工厂做工是违反道德和孔子教义的"。③

江浙地区反对机器缫丝业的守旧势力，首先是丝商和丝行。丝行向来是该地实力最为雄厚的商业资本，以往它们控制着蚕农家庭缫制土丝的流通，获得大量的中间利润。自从上海近代缫丝工业兴起后，蚕区的茧行应运而生，许多农家不再自行缫丝，而将蚕茧出售给茧行，越来越多的蚕农及其产品脱离了丝行的掌握。利益攸关，丝行遂在反对机器缫丝业的阵营中扮演了急先锋的角色。它们广造舆论，危言耸听，指陈机器缫丝的种种弊害：一是"侵夺民利"。农民养蚕缫丝，借以维持生计，机器丝厂兴起，势必尽夺民利，令农家失业，难以维生。二是"逃避捐税"。上海丝厂购茧不缴茧税，产品直接卖与洋商又不缴丝捐，逃避各种税费和厘金，影响国家的财政收入。三是"紊乱风俗"。丝厂之设，雇用女工，导致年轻女子荒废农事，而且丝厂男女混杂，大不利于社会风俗。它们说：丝厂日增，为害势必愈烈，如不及早禁止，终将对国计民生造成严重影响。丝行还把矛头直指上海第一家民族丝厂的创办人黄宗宪，向当局告发黄氏有偷税漏税行为，并说此乃机器丝厂所固有。敦促清政府迅速采取措施，严惩黄宗宪的违法行为，断然制止机器缫丝业的发展。④

江苏的无锡和浙江的绍兴，是近代上海机器缫丝工业的两大主要原料茧基地，这两个地方不约而同地发生过丝行反对茧行的活动。1882年，无锡的蚕

---

① Shannon R. Brown, "The partially Opened Door: Limitations on Economic Change in China in the 1860s", Modern Asian Studies, XII: 2(1978)177.

② 《持平子告白》，《循环日报》1881年8月23日。

③ 转引自汪敬虞：《中国近代工业史资料》，第二辑，上册，第578页。

④ 海上散人：《机器缫丝为害论》，《申报》1883年9月2日。

茧买卖刚刚开始，担心蚕茧买卖将减少土丝生产的无锡丝行便以茧灶"散发臭气，影响风水"为由，联名吁请无锡知县命令茧行关闭，或将已设的"大灶"改为"小灶"，以限制茧行的收茧能力。①1894年，绍兴府属下的嵊县和新昌县丝行，也以茧行增加将导致丝捐减收为由，强烈要求当局限制茧行的开设。② 另一方面，1908年，有人建议农工商部在上海成立生丝检验所，以加强对出口生丝质量的监督，防止生丝质量的下降。这本来是一个通过监督生丝质量以促使人们采用新的生产方式的有效措施，但是这一建议遭到上海及产地丝行商人的强烈反对。"他们狡辩说：进入上海的生丝没有掺假，检验制度将令他们重新包装，增加成本；检验时将会造成生丝的损失，还会使他们浪费时间从而失去市场。"最后，成立生丝检验所的动议也就不了了之。③

丝行的活动和要求得到了清朝官僚和乡绅阶层的同情和支持，他们对于近代机器工业怀有一种共同的恐惧心理，唯恐机器工业促使农村传统手工业解体，从而瓦解作为官僚、地主、商人阶层剥削前提的小农家庭生产。"虽然不存在有组织的密谋活动，传统利益集团阻碍茧行发展的企图还是影响到各省颁布法规，以限制茧行的数目。"直到20世纪10年代，江苏省政府还颁布规则，规定凡已有5家以上茧行的县，5年内不得开设任何新的茧行，不足5家茧行的县可以开设新行，但以5家为限。大约在同时，浙江省也公布法令，规定在半径20里的区域内已有茧行者，不得开设新茧行；凡有茧行之处，茧灶不得超过10个。④ 丝行的反对活动给机器缫丝业带来了不少困难，茧捐的开征，可以说就是丝行鼓噪的结果，正是在丝行的一再吵闹下，为丝捐的流失所苦的清政府制定了征收茧捐的措施和办法，强制实行对蚕茧交易的课税，用远高于丝捐的税率给机器缫丝业戴上了笼头。"广东的丝厂苦于把厂丝运往广州出口途中所征收的丝捐，而上海的丝厂则由于茧捐的征收导致成本增加而受害"。⑤

---

① 《锡山近信》，《申报》1882年6月8日。

② 《振兴丝业刍言》，《申报》1894年4月10日。

③ Robert Y. Eng，"*Economic Imperialism In China—Silk Production and Exports，1861—1932*"，1986 by the Redents of the University of California，pp.185—186. 按：建立生丝质量检验所的努力，一搁就是13年，直到1921年，中国才出现了第一家生丝检验所。

④ Lillian M. Li，*China's Silk Trade：Traditional Industry in the Modern World*（1842—1937），Council on East Asian Studies，Harvard University：Cambridge，1981. p.183.

⑤ Robert Y. Eng，"Economic Imperialism In China—Silk Production and Exports，1861—1932"，1986 by the Redents of the University of California，p.187.

乡绅阶层的行为与丝行商人的活动遥相呼应，也给机器缫丝业的发展造成了很大麻烦。在江浙蚕区开设茧行的地方，常有所谓"劣绅"、"劣董"楔入茧行与蚕农之间，欺行霸市，以谋暴利。他们或是在自己的势力范围"私设分庄"，将从农民手中购入的蚕茧"以土法私自焙烘"，与正规茧行争夺茧源；或是在乡村"挂秤收茧，运茧到行，抬价硬售"。① 乡绅们往往利用当地"痞棍"，以暴力手段恫吓农民，"包揽上市"。"这些痞棍所擅长的，是从农民那里特意购来劣质的屑茧，拿到茧行硬要作为普通茧出售。如果茧行拒买，他们就会或散布流言蛊惑人心，或将去茧行卖茧的农民中途阻截，断绝茧行货源，甚至连殴打茧行雇员，夜袭茧行场所进行打砸抢的事件也时有发生。"② 1895 年，在无锡开设"公和永茧行"的黄宗宪族弟黄云卿不堪忍受"劣绅"、"痞棍"的骚扰，上书无锡县知事要求主持公道，集中反映了乡绅阶层对机器缫丝业的危害，不妨照录如下：

> 具禀牙商公和永茧行监生黄云卿，浙江归安县籍，为恃势纠众串诈挜卖叩求提迅治恶安良事
>
> 窃生在治下南门塘下开设茧行十有三载，历由族兄宗宪代英商公和洋行经办蚕茧至申缫丝，素称公平交易。祸于今年四月二十八日，甫经开秤收茧，突有王世忠率众带到宜（兴）、溧（阳）次茧多担，照市抬价挜卖，声称每担要售三十五元。正在理论，更不料华承谟纠众多人，明串孙溪周、张金宝及伴为说客之武生徐子芳等，共致次茧数百担，勒令欲照三十五元挜卖。不由生等辩说，孙、张两人恃强仗众，竟将秤友莫荣轩殴辱不堪，打毁物件无算，印秤亦被拘断。华竟闯进帐房，又将帐友周清士、王宝森扭拖出外，银洋簿据不容检点，行伙统被殴逐。华父晋蕃随声附和。族兄宗宪适由北乡来行，向华理说，一味恃强，不由分辩，无法可施，只得声称将行交托而出。华竟腼然鸠占，勒令秤友抬价逼秤，每担计价二十九元，

---

① 《禁止茧业请领短期凭证》，《时报》1915 年 4 月 20 日。
② 铃木智夫：《洋务运动的研究》，汲古书院 1992 年版，第 352—353 页。原据《支那の蚕丝业》，《临时产业调查局调查资料》第 16 号，1918 年，第 73—74 页；日本外务省：《清国事情》第五卷第二编，1907 年；《无锡火警》，《申报》1894 年 7 月 3 日。

照此茧身市值至多二十七元。通宵达旦，挤闹不休，次晨华同伊祖少梅到行结账。赔耗岂仅于此，将来焉肯干休。族兄宗宪本拟当时禀请履勘，其时适值宪驾因公晋省，不克遽行禀办。窃生代客办茧，只沾微用，往年照章纳捐，今届又增饷捐，商情已形困惫。突遭意外勒诈，亏耗不堪。华、王身为孝廉，知法犯法；孙、张等仗十纠众，凶恶殴人。若不仰求宪台惩治，何以安商业而儆刁风。为特迫切沥陈，伏乞宪公祖大人电鉴，迅赐饬提华承谟、王世忠、孙溪周、张金玉、徐子芳等到案严究，俾商旅以安而刁恶知儆，实为德便沾仁。上禀。光绪二十一年五月。①

上述茧行为"劣绅"、"痞棍"所苦的状况，在江浙蚕区不是孤立的个别现象。直到甲午战争以后，"劣绅"、"痞棍"等地方守旧势力作为茧行和丝厂的妨害者或竞争对手，仍然一直表现得相当活跃。

（三）小生产者的抵抗

在现实社会中，技术变革不仅涉及相关群体的经济利益，还受制于相关主体原有的认知系统、知识结构和偏好，受制于相关主体的生存哲学。机器缫丝技术在近代中国的应用就清楚地表明了这一点。也可以说，这些因素导致人们对新技术持不同的态度，尤其是初始态度，也导致人们对技术进行不同程度的修改，或是采用不同的组织方式来使用这些技术。由此可见，技术并不只是受到其自身的动力驱动而发展，还必然与现有的社会、文化及政治安排等因素产生不断的互动。所以说，技术变革会改变或强化原有的社会结构，而对技术的选择是受到各种社会因素影响的。或者说，技术（产品）的改进"也是一个社会再组织的问题"。②

---

① 《茧商禀无锡邑侯稿》，《申报》1895 年 6 月 26 日。
② 西方学者倾向于运用"罗生门效应"（Rashomon effect）来解释在相同的经济环境中，不同的社会阶层为什么会有各自不同的反映，以及为什么会以各不相同的方式参与经济活动。（参见 M. D. Morris, "South Asian Entrepreneurship and the Rashomon Effect", Explorations in Economic History, XVI（1979）, 341—361。）简言之，不同社会集团都会具有在不同经济领域内的某种比较优势，由于在获取资本、市场信息和业务联系等种种方面的不同，各个社会阶层的成本可能千差万别，他们对预期目标的感知和利益最大化，也就可能做出不同的反应。这种解释从"经济人"的假设来探究人们行为背后的经济动因，有一定的合理之处，但是如果将之绝对化，无视经济之外的其他因素——包括政治的、文化的、习惯的等等——对人们行为的影响，则至少可以说是不全面的。

机器丝厂在中国、特别是在农村地区的出现，立刻引起对于外来事物怀有根深蒂固疑忌和厌恶心理的人们侧目而视。丝厂高耸的烟囱，古怪的建筑和锅炉发出的汽笛声，使得长期来习惯于并企图继续维持封闭田园生活方式的人们心怀不满。① 对于坚持传统礼教的保守"绅耆"们来说，这么多妇女在其父亲和丈夫的视线之外于男性工头的监督下从事生产，这本身就是伤风败俗的行为。"因此，随着缫丝工厂的增加，人们的反感情绪也在加强。在（珠江）三角洲的人们中间，流传着种种关于丝厂的奇谈怪论，时时都有对与丝厂有关系者的中伤、挑衅和妨害行为发生"。② 敌视缫丝工厂的人里，有"绅士"、"耆老"，有官吏、商人，也有农民和手工业者。他们都把学习"洋鬼"的机器丝厂看作不吉利的怪物，对之抱有强烈的嫌恶。广东地区的人们不称缫丝工厂为"丝厂"，而蔑称"鬼濩"或"鬼绾"，就是突出的一例。③

小生产者除了出于传统观念对机器丝厂所做的误解和诬蔑以外，还有更现实的经济利益的冲突驱使他们与机器丝厂为敌。当时以广州、佛山为中心，包括南海西樵一带，据说有 10 多万人的丝织手工工匠，他们以农家手缫的土丝为原料，织造各种丝织物，赖以养家活口。④ 中国的机器缫丝业是以海外市场为导向的，它生产的"厂丝"全部用于出口，供欧美国家的丝织工业使用，如果用作国内丝织手工业的原料，不仅丝份较细，价格也嫌太高。⑤ 缫丝工厂的增多，吸收了大量本来用于生产土丝的蚕茧，遂使土丝的产量减少，威胁到了国内丝织手工业的原料供应，招致丝织手工业者的不满。一遇机会，这种满腹怨恨就会转化为狂暴的破坏力量爆发出来。

1881 年，江浙地区蚕茧歉收，外商无法在江浙买到充足的生丝，便涌到广东地区采购，造成广东生丝奇缺，价格上涨。当地的丝织手工业者原料告急，归咎于丝厂买走了大量蚕茧，先是怨声载道，渐至怒不可遏。⑥ 在机器丝厂发

① North China Herald，1874. 6.13.
② 铃木智夫:《洋務運動の研究》，汲古书院 1992 年版，第 426—427 页。
③ 宣统《南海县志》卷二十六，"杂录"，机器缫丝条。原文为：丝厂"名曰丝偈，以其用机器也；又名鬼绾，以其交洋人也。"
④ 徐赓陛:《不慊斋漫存》卷六，《学堂乡滋事情形第一禀》。
⑤ 广州中山图书馆藏:《广东厘务总局奉查广东机器缫丝情况呈报两广总督件》，光绪十三年六月。
⑥ 津久井弘光:《糸廠襲擊事件をめぐって——清末廣東省南海縣蚕糸業の展開》，《日本大学史学会研究汇报》31 号，1959 年。

祥地的南海县西樵官山，"乡人除贸易耕织而外，多有以养蚕织绸为业，即妇女亦能缫茧成丝，为一家之机杼"。当地学堂村有经昌和、裕厚昌等丝厂，"由省垣载运外洋机器数副，在村中开设。每日得丝三、四十斤，可抵工人四百名。其利固薄，而其祸机亦由此伏矣。盖是处男妇，仰事俯蓄以此为生活计，由是失业赋闲，怨声载道"。八月十三日是丝织行业的守护神张骞的诞辰，当地丝织手工业者"畅饮后谈及此事，各皆震努，攘臂奋呼，直到学堂村入各店之有机器者，悉行毁折。即新丝及钱银等物，亦有抢去者。称言'锦纶堂工人各有其行，断不能与司机器者同列，有坏行规誓难两立'。势甚汹涌，事闻官宪。十六日南邑尊会同广州协镇，带有兵勇，驰往弹压"。① 冲突中，机工方面 2 人死亡，2 人被捕；丝厂方面蒸汽锅炉遭到破坏，一万余斤蚕茧及其他财物被掠。此处所谓"锦纶堂"者，乃是当地的丝织手工业行会。广东的机器丝厂之所以选择在远离都市的乡村开办，其中一个重要原因就在于躲避城市手工业行会的威逼。② 谁知到头来仍然没能避免与行会手工业的冲突。

几年后，广州又一次发生大规模的行业械斗，起因亦是行会作祟。1888 年 11 月的报纸报道："机房之织辫栏干者，向分金花、彩金两行，现因金花行改用机器织造，物美价廉，而彩金行不能仿而行之，未免相形见绌，于是顿萌妒忌之心，谓金花行夺彼生路，竟纠集数百人，各持军械，前往寻衅。……鏖战两日，称干比戈，如临大敌，伤毙六、七人，受伤者不可胜数，后经官府弹压，始各解散。"③ 此处所谓"改用机器织造"，何种机器？不明。大概不过是手拉机之类。即便如此，亦不见容于丝织同业，以致酿成巨案。行会手工业者对于机器工业的仇恨心理在江浙地区也表现得十分明显，南京、苏州等地的丝织机工、机户也加入了反对机器丝厂的合唱，90 年代后随着丝厂的增多，传统丝织业者与丝厂的矛盾和冲突更是频繁发生。④ 可见当"生计"受到威胁之时，传统小生产者能够激发起多大的仇恨和力量，对新的生产方式进行顽强的抵抗。

马克思指出："劳动资料一作为机器出现，立刻就成了工人本身的竞争

① 《西樵近事》，《循环日报》1881 年 8 月 13 日。
② 参见汪敬虞：《关于继昌隆缫丝厂的若干史料及值得研究的几个问题》，《学术研究》第 6 期，广东人民出版社 1962 年版。
③ 《珠江月夜》，《申报》1888 年 10 月 24 日。
④ 铃木智夫：《洋务运动の研究》，汲古书院 1992 年版，第 337 页。

者。"①如果说小生产者的鲁莽行为因与生计所关尚不难理解，那么清朝当局的对策则颇堪玩味了。南海县捣毁丝厂的事件发生后，率兵到场平息风潮的是南海知县徐赓陛。他对事件的处理表面上不偏不倚，丝厂、机工各打五十大板，实际上具有明显的倾向性。徐赓陛从维护官府权威和法律秩序的立场出发，斥责丝织手工业者的集体暴力行动，但却把引起事件的原因说成是丝厂独占利益，剥夺"小民生计"，他表示："本县为民父母，固不能庇奸民而纵其横暴，也不能袒富民而任其垄断。盖地方之莠顽必当究治，而小民之生计尤应兼筹。"②字里行间，轻重缓急是很清楚的。徐赓陛认定，根据广东省"定章"，机器只许洋人和官府使用，民间不得僭越，机器丝厂的开设乃违法行为，因此明令"裕昌厚、继昌隆、经和昌等丝偈之家，克日齐停工作。"③一纸官文，就把南海县的机器丝厂全部扼杀了。陈启沅初欲将继昌隆丝厂迁往广州，但这里行会势力更大，官府同样昏庸，于是被迫迁厂于澳门。④中国近代机器缫丝工业的发祥地广东南海，丝厂一下子消失得无影无踪，几年后才又再度兴起，但已经元气大伤，无法望邻县顺德之项背了。

　　清朝官员的因循颟顸和政府效能的低下，使其对民间的动态并不总能真切及时地把握。建于广东乡村地区的丝厂如果不造成什么问题，不产生什么风波，清政府在一段时期内是懒得过问的，但是如果有什么突发事件影响到社会稳定的话，情况就不一样了。在徐赓陛一类的清朝官员心目中，传统"重农抑商"观念根深蒂固，他们认为：与外国上下交相逐利的情况不同，中国是以民为本，不能为了少数丝厂主的赢利而夺去数万平民的生计，在处理事件时，当然应该永久关闭工厂，以安民业。各丝厂必须具结永不开业的誓约，丝厂的机

①　马克思：《资本论》第一卷，人民出版社1975年版，第471页。

②　徐赓陛：《禁止丝偈晓谕机工示》，《不慊斋漫存》卷六"南海书牍"。

③　林金枝、庄为玑：《近代华侨投资国内企业史资料选辑（广东卷）》，福建人民出版社1989年版，第243页。

④　Decennial Reports，1882—1891，p.577；《澳门信息》，《循环日报》1882年3月22日。继昌隆迁厂澳门，动迁费用就花了6 000两白银，这已足够开设一家新的中型丝厂。此外，澳门人地生疏，一切从头开始，既缺少乡里友好的支持，又失去了一批熟练工人，更中断了原有的供销渠道，经济效益一落千丈。陈启沅一面努力维持经营，一面四处活动，要求官府解除禁令，几年后将丝厂重新迁回南海，改名"世昌纶"，后又接手其儿子和侄儿开办的"利贞"、"利厚生"等丝厂，成为当地屈指可数的缫丝企业。

器也要限期出卖，这样才能对手工业生产者有所交待。今后永禁工厂开业，方能堵塞祸源。① 在存在着绝对过剩人口和庞大贫困人群的中国，不能说这种见解毫无合理性，问题在于，千百年来一味"抑商"并没有有效解决财富集中和社会贫困化的矛盾，在鸦片战争以后，中国逐渐编入资本主义世界体系的时代，传统的药方就更是无效反而有害了。小生产者与机器丝厂之间的暴力冲突，给了清政府采取关闭丝厂行动的最好理由，从这个意义上说，小生产者的抵抗和政治权力的阻遏、守旧势力的干扰一道，在近代缫丝工业的发展途中设置了难以逾越的路障。

第二节
蚕桑业的困顿

鸦片战争后中国蚕丝出口贸易的兴盛和近代缫丝工厂的兴起，虽然促使植桑面积的扩大和养蚕人家的增多，却并没有立即带来蚕桑生产的变革。作为整个丝绸业基础的蚕桑生产，仍然沿袭着传统的轨道步履蹒跚，很长一段时间内没有显露出丝毫近代化的亮色。

一、墨守成规的蚕桑生产

晚清时期，与植桑面积的扩大和养蚕人家的增多形成鲜明对比，呈现出来的植桑育蚕方法，仍然沿袭着明清时代以来的传统理念及实践。以江南地区方志中的记载为例：

> 邑多栽桑以育蚕，故西、南二境之农家颇善治桑。桑凡一二十种，冬末春初，远近多负而至。其大者长七八尺，株径二三厘，所谓大种桑也。其栽也，耨地而粪之，截其枝谓之嫁，留近本之余尺许，深埋之，出土也

---

① 参见徐赓陛：《办理学堂乡情形第二禀》，《不慊斋漫存》卷六"南海书牍"。

寸焉。行不可正对，培而高之以泄水。墨其瘢或复以螺壳，或涂以蜡而封之，是防梅雨之所浸。粪其四周，使其根旁达（若直灌其根则聋而死），凡三年而盛。又有于仲春择地种桑，之大如臂者，去地二三尺，以刀剔起其皮，取大种桑之枝，插入皮中，乃即包以桑皮，粪土涂之毋令泄气，滋液既贯，则其叶尤大而厚，且止一二年而盛，皆必月一锄焉。其起翻也，须尺许灌之以和水之粪，又遍沃旁地，使及其根之行者，禁损其枝之奋者。桑之下，厥草不留。其壅也，以菜饼，以蚕沙，以稻草之灰，以沟池之泥田之肥土。初春而修也，去其枝之枯者与干之低小者。育蚕之时，其摘也必净，既净乃剪焉。又必于交凑之处空其干焉，则来年条滋而叶厚。为桑之害者有桑牛，寻其穴桐油灌之即死，或以蒲母草之汁沃之（草之状如竹叶）。桑之癞也，亦以草汁沃之。此栽桑之大略也。①

清末绍兴一带实业调查报告记载植桑方法颇详，与此处所述相仿：

选购桑秧，以根茎粗而根须少者为良。排种后之二三年谓之草桑，于春分前后砍取，接桑中肥泽之老枝，截去上端，约净长七八寸，其下端斜削作句股形，从草桑离根五六寸之干上，刀砍皮面，作正三角形，劈去向上之尖端，以接桑之句股形，一端插入去尖之桑皮内，用绳扎缚，衔接处涂之以泥。所接之枝之上端既被截去嫩条，恐致雨淋露湿，及于腐烂，亦必涂之以泥。半月后嫩芽齐苗，枝叶怒生矣。又一法，将草桑条干尽行锯截，约留尺许，截处用刀剖四五寸，仍以接桑之句股形，一端插入，剖缝，余法同前。惟生活较难，诸暨惯用是法，会邑则少用也。②

浙南温州府的"种桑之法"与浙西、苏南大致相同，清末的史料载："查（温州）永嘉桑栽，多购自嘉、湖，转售各乡村。每届立春后，须耕锄一番，施以人粪，至春蚕五令时，剪去枝条，即行耕锄，再施蚕沙、桑豜及草肥等，以促

---

① 陈和志、沈彤编纂：《震泽县志》卷二十五"生业"。
② 《会稽县劝业所报告册》，宣统三年（1911），上期，转引自汪林茂辑：《浙江辛亥革命史料集》第一卷，浙江古籍出版社2011年版，第70页。

其透发新芽，可饲夏蚕，俟秋冬交际，又加随宜耕锄，培以堆肥、火垃等，以固其本。此瓯地种桑之法也。"①

就植桑而言，最能反映生产力水平提高的，应该是桑叶产量的增加。那么，晚清蚕桑业的生产力水平，与明代和清代前期相比，发生了那些变化呢？

根据文献记载，明嘉靖时"大约良地一亩，可得叶八十个"。②每个20斤，80个即1 600斤，崇祯年间的《沈氏农书》中说："每亩（桑）约二百株，株株茂盛，叶必满百，不须多也。"折合产叶量约为2 000斤，这应是当时的最高产量。同书又称："每亩产叶八、九十个，断然必有，比中地每亩四、五十个者，岂非一亩兼两亩之息？"③若按中地四、五十个计算，则产叶800斤至1 000斤。考虑到明清度量衡制与今有别，亩小于今而秤大于今，若折成市亩市秤，则中地每亩产叶约为1 000斤上下，上地亩产约在2 000斤左右。④清初，"地得叶，盛者一亩可养蚕十数筐，少亦四、五筐，最下二、三筐"。一般"蚕一筐，火前吃叶一个，火后吃叶一个，大眠后吃叶六个"。⑤综而计之，每亩产叶高者约2 000斤以上，低者为500斤左右，中等水平约千斤上下，大致与明末相当。

时入晚清，这一时期的桑叶亩产，没有统计资料可资利用，只能通过参考一些零散的记载而求"窥斑知豹"。考虑到蚕丝业因外销大畅而获利丰厚，蚕区农民对桑园的管理更为精心，大量劳动力和肥料密集于桑地，遂使桑地的单位面积产量有所提高。据说近代嘉兴、湖州地区，每亩桑地一般产叶2 000—3 000斤，⑥最高者能达3 000—4 000斤。⑦可见无论每亩平均产量还是最高产量，晚清都要比清代前期高出不少。但是，晚清桑叶产量的增加，多是由于劳动和肥料的密集投入，全要素生产率并无明显提升，因而桑地产叶量并不稳定。当劳动和肥料的投入得以继续，桑叶产量或能维持较高水准，若因种种原因而难以为继，桑叶亩产量便会大打折扣，甚至趋势逆转，降低到明末清初的

① 《温州府永嘉县光绪三十四年实业统计表》（宣统元年调查），转引自汪林茂辑：《浙江辛亥革命史料集》第一卷，浙江古籍出版社2011年版，第17页。
② 徐献忠：《吴兴掌故集》卷十三。
③ 《沈民农书》，见陈恒力：《补农书研究》，附书。
④ 参见陈恒力：《补农书研究》，第36页。
⑤ 张履祥：《补农书后》，见陈恒力：《补农书研究》，附书。
⑥ 《嘉湖蚕桑资料：近代篇》。
⑦ 实业部国际贸易局：《中国实业志》，浙江省，1933年，第166页（丁）。

水平之下。①

在蚕桑业中，与植桑相比，育蚕是一个更担风险也更为关键的环节。江南地区的育蚕流程及情景，方志中多有记载：

> 每岁暮春，邑人多治蚕。蚕有节目，其初收也，以衣衾复之，昼夜程其寒暖之节，不得使过，过则有伤，是为护种。其初生也，则火炙桃叶散其上，候其蠕蠕而动，溅溅而食，然后以鹅羽拂之，是为摊乌。其既食也，乃炽炭于筐下，并其周围，剉桑叶如缕者而谨食之。又上下抽番，昼夜巡视，火不可烈，叶不可缺。火烈而叶缺，则蚕饥而伤火，致病之源也。然又不可太缓，缓则有漫漶不齐之患。编秸曰蚕荐，用以围火，恐其气之散也。束秸曰叶墩，用以承刀，恶其声之著也，是为看火。食三四日而眠，一二日而起，起则馁，是为初眠。自初而至之二，自二而至之三，其法尽同，而用力益劳，为务益广，是为出火。盖自此蚕离于火，而叶不资于刀矣。又四五日为大起，大起则薙，薙则分箔。薙早则足伤，而丝不光莹；薙迟则气蒸，而蚕多温疾。又六七日为熟巧，为登簇。巧以叶盖曰贴巧，验其犹食者也。簇以藁复曰冒山，济其不及者也。风雨而寒，则贮火其下曰炙山，晴暖则否。三日而辟户曰亮山，五日而去藉曰除托，七日而采茧，为落山矣。方其初收也，亲宾俱绝往来，及落山，乃具牲礼飨神，而速亲宾以观之，名落山酒，自是往来如故云。②

晚清养蚕业中，这样的场景依然历历可见，基本延续着明清以来的一贯程序和做法，甚至包括与之相关的种种仪式和习俗。当然，与明末清初相比，晚清养蚕业还是有一些新变化的，其中主要是夏秋蚕饲育法的推广和夏秋蚕饲育量的增长，这可以说是"近代（养蚕业）从外延方面扩大再生产的一个方面"。③

鸦片战争以前，江南地区已有饲育夏蚕的现象，但饲育量很小。原因主要

---

① 实业部国际贸易局：《中国实业志》，浙江省，1933年，第166页（丁）；又见《吴兴农村经济》，第8页。
② 《吴江县志》卷三十八"生业"。
③ 徐秀丽：《试论近代湖州地区蚕丝业生产的发展及其局限（1840—1937）》，《近代史研究》1989年第2期。

有两个：其一是怕因饲育夏蚕而耽误农田活计；其二是夏蚕饲育难度较高，蚕儿眠起不一，对迟眠者不得不分开另贮，费工费时。夏蚕与春蚕在丝质上也较逊色，"头蚕丝光而韧，二蚕丝松而多类"。① 进入近代以后，这些阻碍夏秋蚕饲育的因素逐渐变得无关紧要。蚕丝业成为江南蚕区最主要的生产事业，人们已经不必纠结于"桑稻争田"、"桑稻争工"的问题，可以不再顾虑植桑育蚕"堕误忙工"的指责和讽喻。生丝销路大畅，二蚕、三蚕丝质虽逊，仍然受到市场欢迎，蚕丝生产利之所在，即便因此"焦劳特甚"，人们亦殚精竭虑，在所不惜。因此，晚清夏秋蚕的饲育开始逐渐推广开来，饲育率到清末占了"春蚕十分之一、二"，② 但与春蚕相比，夏秋蚕还是"养者不多"。③ 而之所以夏秋蚕的饲育没有进一步扩大，主要原因在于民间传布采摘桑叶过多，会伤害树力，影响来年春叶产量的流言，对此养蚕农户囿于传统，没有科学的眼光加以澄清，也无法运用科学的手段加以应对，他们担心饲育夏秋蚕会得不偿失，因而放弃了这一改善家庭收入，促进中国蚕丝业发展的机会。

二、植桑育蚕方法的落后

随着时光的流逝，世界蚕丝市场的竞争越发激烈，而一个国家丝绸业竞争力的强弱，与蚕桑生产技术先进还是落后的关系也越来越密切。在这一时期，世界蚕桑科技的发展日新月异。法国、意大利的蚕桑生产获得了明显改善，"其进步之速，成绩之佳，蒸蒸日上；吾国蚕桑向称先进国，今且望尘莫及矣"。④ 咄咄逼人的东邻日本，蚕桑生产经过近代科学技术的洗礼和改造，面貌焕然一新，"如蚕种改良焉、蚕体检查焉、蚕病研究焉、蚕丝精制焉"，都走在了世界前列，甚至超越欧洲，一跃而为"世界丝业之最发达国家"。⑤ 就连以往被视为"育蚕之最次者"的俄国，每张蚕纸的得茧量也增加了一倍。⑥

---

① 光绪《归安县志》卷十一。
② 《吴兴农村经济》，第34页。
③ 夏秋蚕饲育的加速发展，主要出现在1930年后。
④ 高景岳、严学熙编：《近代无锡蚕丝业资料选辑》，江苏人民出版社、江苏古籍出版社联合出版1987年版，第23页。
⑤ 高桥龟吉：《日本近代经济发达史》第三卷，东洋经济新报社1981年版，第187页。
⑥ 苏州市档案馆藏：《菱湖商会会董孙志瀛禀》，宣统元年（1909）五月初四日。

反观中国，国人痛心地承认："中国育蚕胥仍其旧。不知拣蚕种之法，则蚕种弱；不知饲养之法，则蚕多病；……"。① 光绪三十四年（1908），吴江震泽人费元煜从日本留学归来，见识过东瀛栽桑养蚕"皆有新法试验"，对故土蚕桑生产的种种弊端有了越发深刻的感受：

> 元等虚心研究，粗知梗概。因念吾江、震两邑土壤膏腴，甚合栽桑；太湖之水，又宜丝蚕，地利所在，当远胜海滨蜃蛤之乡。乃伏查两邑，除震镇一隅外，统计植桑养蚕之户十无二三。其一、二为是业者，类皆狃于旧习，漫无新知。蚕则赖天呵护，欲救偏补弊而无方；桑则任意插栽，致肥瘠收成之不等。且也蚕病传染，则桑之价值亦因之堕落；桑叶不良，则蚕之发育亦因之损伤。辗转相应，诸多失败，致使旁观者引以为戒，束手不敢业此。以故人有余力，地亦有余力，平壤沃野弃如石田者，往往而是，即观于附郭处所，已见累累旷土，远近相望。元等目击情形，殊深惋惜。②

对晚清蚕桑生产抱残守缺的事实，当时来华的外国人也多有观察和记录。光绪二十三年（1897），日本人西君来华考察蚕桑生产，"顷自中国归，述蚕桑情形云"：

> 一家所饲，不过三斛左右，其方法颇粗，颇似我邦三、四十年前饲蚕情形也。中国饲蚕，多未尽善，其始失于太多，观其撒布桑叶，殆三倍于日本，故桑叶不能继续。及将上簇之前，反不得饱食，以致结茧太薄。又造簇之法，亦未尽善，盖失于窘束，故多为玉茧（即数蚕同宫也）。余劝中（国）人仿日本簇式，渠云：中国用久，未易改也。盖中国农桑家墨守古来之习，不好改变。又如种布一张，可得蚕若干，一布所生之蚕，需桑叶若干，如此等之事，皆懵然不曾注意。③

---

① 苏州市档案馆藏：《菱湖商会会董孙志瀛禀》，宣统元年（1909）五月初四日。
② 《江震商务分会为费元煜试创栽桑新技术立案保护事致苏州商会牒》（光绪三十四年［1908］四月十三日），苏州市档案馆编：《苏州丝绸档案汇编》（下），江苏古籍出版社1995年版，第751页。
③ 《中国蚕桑情形》，《农学报》第八期，1897年7月。

选择蚕种是饲蚕的第一道关口。农民的蚕种除了自家制造之外，也有购自蚕种贩卖者，无论哪一种情况，都难以保证蚕种质量。自制蚕种者虽然比较注意选择种茧，但由于自家蚕茧的质量不高，得到满意蚕种的机会甚少；蚕种贩卖者所提供的蚕种则大多粗制滥造，既不精心挑选种茧，也不关心蚕茧收成。被病毒感染的蚕种比例很高，平均高达 30%—40%。① 至于蚕病之种类，硬化病、软化病、化脓病等随处可见，以蚕桑业界"最为警觉"的蚕体微粒子病为例，当时的日本调查者曾就余杭、绍兴制作的蚕种"试做检验"，结果发现，"一般75%乃至95%带有病毒"。②蚕种不良严重影响了蚕茧的产量和蚕农的收入，即便如此，蚕农仍然习惯于向同一个供应蚕种者购买蚕种，除非连续三四年收成不好，才会考虑转向别人购买，而到此时，损失已经很惨重了。

在大多数地区，养蚕一直未能摆脱农家副业的生产形态。江南地区农家养蚕的规模都很小，经过 30—35 天的饲养，大多只可收得鲜茧三四十斤到七八十斤，能够收获二三百斤的非常稀少。养蚕方法也一仍其旧，"不具备特别的蚕室，饲养方法幼稚而粗放，既不事先检查蚕种的病毒，亦没有测量扫立时的蚁量，给桑、除沙、分箔等工作也没有按照一定的法则，所以微粒子病、水僵蚕、软化蚕、不眠蚕、空头蚕等蚕病发生的频率非常高，病蚕持续出现，影响收茧成绩。"③当时的调查者记述了江南农家育蚕服膺于"一靠菩萨，二靠运气"的状况，④ 总结道："农家主要经济之蚕作，几乎完全由天候所左右，这既是育蚕技术之拙劣所造成，亦是由于蚕病所导致。无论是蚕种的病毒检查，还是蚕室器具的消毒，全都自由放任，由此造成严重的蚕病蔓延也就无足为怪了。"⑤这样饲养出来的蚕茧，质量差、产量低且极不稳定。大抵一两蚕种一般得茧约七八十斤，侥幸得茧百斤以上为大丰收，常有得茧仅为二三十斤的时候。同

---

① 参见紫藤章：《清国蚕丝业一斑》，东京农商务省生丝检查所，1911 年，第 57—60 页。
② 日本蚕丝业同业组合中央会编：《支那蚕丝业大观》，东京冈田日荣堂 1929 年版，第 160—161 页。
　按：蚕体微粒子病民间俗称"蚕瘟"，乃是当时中国养蚕业面临的主要病害。
③ 陈慈玉：《近代中国的机械缫丝工业（1860—1945）》，台北"中央研究院"近代史研究所专刊（58），1989 年，第 59—60 页。
④ 日本蚕丝业同业组合中央会编：《支那蚕丝业大观》，东京冈田日荣堂 1929 年版，第 128—129 页。
⑤ 日本蚕丝业同业组合中央会编：《支那蚕丝业大观》，东京冈田日荣堂 1929 年版，第 160 页。

时，茧质渐次退化的现象也十分严重，收获的蚕茧中，上等茧不过 40%，其他为中等茧约 25%，下等茧约 15%，同宫茧和屑茧等落脚茧约 20%。[①] 这就直接影响到缫丝业的生产成本和产品质量，如果说七八年前缫制百斤生丝约需干茧五百二三十斤，那么几年过后，缫折就达到六百多斤了。

在四川，每两蚕种的收茧量比江南地区还要低 10%，只及日本的一半。[②] "这是因为上簇法等饲育方法粗放而拙劣，微粒子病、白僵病等蚕病蔓延极为严重的缘故，不但毙蚕甚多，而且成茧者的 1%—2% 为蛆出茧，减低了农家的饲育能率。"[③] 时人调查发现：四川蚕桑业"相对于饲育量来说收茧量甚少"，原因何在？"不用说乃是由饲蚕技术的拙劣和幼稚所引起。此外还有一个重要原因，那就是蚕病蔓延猖獗，造成损害甚大，从而使饲育效率极度低下。"在比较了各地情况之后，调查者认为："这一问题在中国其他地方没有什么不同，如果不能强化对蚕病的预防和祛除，微粒子病多发等问题就会很严重，硬化、软化等病害也会大逞淫威。"[④]

蚕病之外，川省桑树病虫害带来的威胁也很严峻。一般来说江南地区的桑园病虫害较少，这被有些国外调查者说成是"天惠"。"但一入四川，桑树遭受病虫损害的情况就说少见了。最为人们承认的是叶虱，特别是在草桑最多的西充以南地区，某些年份沿路一带几十里之草桑悉被叶虱侵害，尽显白色，生气全无。"[⑤] 著名的"井研丝"，"农民资以为生计甚众。凡国赋田租及一切馈遗叩唁偿负赁庸之费，常取给于此，命曰'丝黄钱'。贫户假贷子钱，以丝黄为期，无弗应者"。[⑥] 时迄光绪末年，"桑树年久多空灌，后来种植亦稀，而民间育蚕又不得培护之法，值桑叶翔贵及蚕病之年，因之债负累累者，十室恒八九"。[⑦]

两广地区的桑树病虫害虽不如四川之烈，但也不可小觑。"毛虫、天牛、大蟋三种害虫为广东蚕桑业之主要害虫，此外尚有尺蠖，俗称'桑尺'，亦为易于

---

① 参见本多岩次郎《清国蚕丝业视察复命书》，东京农商务省，1899 年，第 143—153 页。
② 上原重美《支那四川省の蠶絲業》，东京，1927 年，第 15—19 页。
③ 参见陈慈玉：《近代中国的机械缫丝工业（1860—1945）》，台北"中央研究院"近代史研究所专刊（58），1989 年，第 199 页。
④ 日本蚕丝业同业组合中央会编：《支那蚕丝业大观》，东京冈田日荣堂 1929 年版，第 764 页。
⑤ 日本蚕丝业同业组合中央会编：《支那蚕丝业大观》，东京冈田日荣堂 1929 年版，第 764—765 页。
⑥⑦ 吴嘉谟等：《光绪井研志》卷八，第 1 页。

繁殖的害虫。桑树病害则以白霉、赤锈两种为甚。"①

从每年饲蚕次数来看，珠三角地区远过于江南和四川，但与此同时，珠三角地区每两蚕种的得茧率也远低于江南和四川。每两蚕种的得茧量，大约江浙蚕区为 2 080 两，四川地区为 1 920 两，广东地区则只有 1 200 两，分别只及以上两地的 57.69% 和 62.50%，与日本的 3 850 两相比，更是不到三分之一。原因在于，"农民仍然墨守旧法，发生很多微粒子病、白僵病、脓病等蚕病，制种方法仍缺乏科学知识，单凭往昔的经验，无法达到改良蚕茧的目的，从而丝质的改良亦遥遥无期。"②珠江三角洲蚕桑业重镇的顺德、南海、三水、新会、番禺等县，所产蚕茧占全省的 80% 以上，"其蚕室设备之简陋，饲养方法之落后，蚕病之蔓延"等等，触目皆是，大同小异。以致有人认为："当时广东蚕丝业衰落之基本原因，除了人造丝的流行和日本丝的竞争之外，农民不考究养蚕方法，没有改良技术，致使蚕病蔓延，不但减少蚕茧之数量，而且影响生丝品质，故无法立足于世界市场。"③

20 世纪二三十年代，太平洋学会的学者们曾就中国蚕丝业竞争不过日本蚕丝业的问题展开研究，认为其中一个重要原因在于"蚕桑业生产方式的低劣"。他们指出："饲蚕的农民坚持传统的养蚕经验，在蚕种选择和蚕具装备等方面尚有很大的改进余地。由于设备和工具的简陋，生产出来的蚕茧乃至生丝质量低劣，因而不能有效地与其他国家的产品竞争。"④

这样的情况，在一些新兴蚕桑区表现得尤为明显。20 世纪初年，来华调查中国蚕桑生产的日本人即有如下记载：

> 本来，清国的养蚕法大致说来要比本邦的养蚕法拙劣，特别是无锡方面，由于新兴蚕业区的缘故，与其他地方相比更不完备。其养蚕方法粗

---

① 日本蚕丝业同业组合中央会编：《支那蚕丝业大观》，东京冈田日荣堂 1929 年版，第 911—912 页。
② 参见国民政府农林部编：《全国农业推广实施状况调查》，广东蚕丝业部分，1935 年版。
③ 陈慈玉：《近代中国的机械缫丝工业（1860—1945）》，台北"中央研究院"近代史研究所专刊（58），1989 年，第 179 页。
④ Akila Nagano, *Development of Capitalism in China*（Prepared for the Fourth Bi-annual Conference of the Institute of Pacific Relations to be held at Hangchou from Oct. 21st—Nov. 4th, 1931）, Published by The Japan Council of The Institute of Pacific Relationg, Tokyo, Japan.

放混乱，全无一定规律。既不忌恶臭，又不厌干湿……几乎与放任不管同样，可以称之为真正的天然饲养法。甚而至于当除沙、分箔之际，竟将蚕儿搬出室外，露天饲养，令人不禁怀疑他们是否将养蚕混同于养鸡、养猪。……杭州、湖州等传统蚕业地区，农家深切关心蚕儿，低温时烘火，上簇时补温，且谢绝外人参观，无锡的养蚕法与之相比，简直可谓有云泥之别。更何况怎能与科学理论与实践经验结合而成的本邦现行养蚕术相提并论，说到底是不可同日而语！①

其结果，是造成了无锡蚕茧质量的"渐次退化"。时人记载："所谓'无锡茧'，最能代表中国蚕茧的特色，这成为上海生丝在欧洲市场上拥有比较优势的根基所在，但最近其茧质渐次退化的倾向严重。从蚕茧的出丝率来看，一般来说，缫制生丝百斤约需干茧六百斤，这与七八年前折头五百二三十斤的优良蚕茧相比，几乎难以望其项背。"②

墨守成规的传统蚕桑生产，势必会影响蚕茧的产量、质量和缫丝的等级、品位，已经越来越不能适应近代缫丝工业发展的需要。中国传统丝绸业中率先起步向现代工业转型的缫丝工业，受到了落后的蚕桑生产和原料供应的严重制约。民国前期，中国缫丝行业曾经讨论华丝为何在与日丝的竞争中失利，上海丝厂协会委员会分析说：

> 自日本丝业勃兴，华丝日就衰落，彼日丝能雄踞欧美市场者，说者皆谓其缫制精良，不知丝之原料为茧，茧之良窳，在种仔所出与饲育之方法。日产之茧，绝少双宫、映头、薄皮之类，其故全恃上簇时之维护得法。彼邦售茧者，并将茧之类别，自为区分，其有益于丝市，实非浅鲜。我国育蚕者，向少根本改良观念，挽回积习，诚非旦夕可能，但蚕已成熟，怱忽于上簇前后手续之一转移间，宁非可惜。盖江浙皖三省育蚕上簇之法，类以稻草切扎成把，或排列，或悬挂，随意将蚕抛置，则蚕之聚处，疏密不调，

---

① 坂本菊吉：《清國ニ於ケル生絲絹織物ノ實況並其企業ニ關スル調査報告》，《农商务省商工局临时报告》，第五册，1904 年版，第 11 页。

② 日本蚕丝业同业组合中央会编：《支那蚕丝业大观》，东京冈田日荣堂 1929 年版，第 263 页。

遂有双宫、映头等弊发生。蚕户又混合求售，致令全货减色，在育蚕者实已暗受其耗，而茧商缫厂，同被影响。①

无锡丝厂业对此也有同感：

> 我国农民安于习惯，老桑不忍更换，饲育墨守旧章，悉任天时气候之转移，为产量丰歉之标准，原料不能改良，此各厂所感困难也。②

蚕桑生产落后的影响所及，又进而成为中国"丝绸业进展之大障碍"，因为"江浙普遍土种，病毒未除，往往中途死亡，即长成者，亦茧质窳败，缫折奇大，丝本因以增加，致使绸缎成本加重"。③据时人估算，要缫制美国电机丝织厂使用的高档经丝，"用日本茧，仅需九枚；用无锡茧则需十二枚，且一茧之丝外粗内细，非得富有经验女工按时加茧不为功。以此责之散处乡村农夫，安可得乎?!"④明眼人已经很清楚地看到："蚕茧为丝业根本，振兴丝业首在改良蚕茧。吾国蚕茧近年以来日就退化，种子不良，蚕病蔓延，茧质恶劣达于极点。此为产丝量锐减以及丝业衰败之主要原因。"⑤

三、土地制度的束缚

横亘在中国蚕桑业发展道路上的障碍，还有农村土地的地主占有制。在江南地区，地主土地占有制度特别发达，农民耕种的土地除了一小部分为自耕地外，大部分都是佃耕地。苏州地区虽然早有所谓"永佃制"的出现，佃耕土地的农民可以获得比较稳定的田面经营权，但是，尽管植桑育蚕可以获得更高的

---

① 国民政府工商部档案:《上海丝厂协会委员会关于改良蚕丝治标办法致工商部呈文》,民国十八年（1929）三月十六日。中国第二历史档案馆编:《中华民国史档案资料汇编》第五辑第一编"财政经济"（六）,江苏古籍出版社1992年版,第192页。
② 《无锡丝厂业现状》,《工商半月刊》第二卷第1号,1930年1月。
③ 《南京缎业之现状及其救济》,《中国实业》第1卷,1935年5月。
④ 上海市档案馆藏:《纽约第二次丝赛辑里丝代表致上海丝会浔震各丝号书》,1923年3月。
⑤ 《无锡丝茧业同业公会档案》,高景岳、严学熙编:《近代无锡蚕丝业资料选辑》,江苏人民出版社、江苏古籍出版社联合出版1989年版,第56页。

收益，却并不能导致当地农民普遍选择蚕桑生产。"其原因，在于所谓'还租'与'借债'"，即缴纳地租和借债经营。①首先，佃农阶层以契约形式佃种土地，便不得不承担难以忍受的沉重地租负担，若有欠租不缴的情况发生，地主、官厅便会勾结起来加以镇压。其次，地主阶级往往还兼任高利贷者，农民在准备养蚕之前，常须贷入资金，在从事蚕茧、生丝生产时要支付本金及高额的利息，"因此农民生计经常陷入捉襟见肘的极限状态"。②晚清史上，江南佃农阶层时常"抗租"、"拒债"，"藉口低田水渍，拒不交租，倘业户催逼，便聚众滋事"，以反抗地主阶级的严酷剥削。③这从一个侧面反映了晚清农村土地关系的紧张及阶级矛盾的尖锐化。

据清末民初日本人的调查，在江苏南部的无锡、常州一带，其土地制度区别于苏州地区的一大特征，是该地不存在永佃制。④这里蚕桑业较为发达，但若租种田地，必须将收获的四到五成作为地租交给地主，这样一来，要想经营桑园，就变得十分困难。桑树从植苗开始，三、四年间没有收获，要等到六年以后才有收益，一般的农民到哪里去取得这一时期的生活费用和土地租金？⑤所以，尽管早已有人认识到并一再指出经营蚕桑业远比种植稻、麦有利可图，但是由于无法克服土地制度的束缚，无锡的贫苦农民仍然不得不种植水稻，而难以从事桑树栽培。虽然自19世纪末开始，当地已经出现水田变为桑园的动向，但这基本上只是农民自耕地的部分，占土地大部分的佃耕地则很少变化，以至于在耕地总面积中，桑园所占的比例增长十分缓慢。1902年，无锡全部耕地中只有约20%为桑园⑥，直到20世纪20年代中期，这一比例不过增长为30%。⑦

地主土地所有制对蚕桑业发展的束缚，是中国农村的一个普遍现象。在

---

① 小岛淑男：《辛亥革命期蘇州府吳江縣の農村絹織手工業》，小岛淑男编著：《近代中国の經濟と社会》，东京汲古书院1993年版，第101页。

② 小岛淑男：《辛亥革命期蘇州府吳江縣の農村絹織手工業》，小岛淑男编著：《近代中国の經濟と社会》，东京汲古书院1993年版，第101—102页。

③ 《委查抗租滋事》，《同文沪报》1906年12月11日。

④ 参见《通商汇纂》，明治三十六年(1903)第十号，第70—71页。

⑤ 据李超琼：《石船居杂著誊稿》"芙蓉行记"。

⑥ 峰村喜藏：《清国蚕丝业视察复命书》，东京农商务省农务局，1904年版，第45—46页。

⑦ 《无锡年鉴》，农业(五)。

四川，1912 年的农户总数中，自耕农为 30%，半自耕农为 19%，佃农则高达 51%。佃农之中，借贷土地百亩以上的有不少，称为"大佃农"。这些大佃农又将土地分贷给许多小佃农，以便从中渔利。① 从事蚕桑生产，所需资本较多，时间较长，投入之后不能立刻见效，必待五、六年后方可逐渐获利，在土地租约的限制下，一向贫困的小农根本无法负担，所以只有有资力的地主和大佃农（亦可视为一种地主）才能投资经营。即使这些大佃农，所租借的土地也大多是"官有地"或"庙地"等公产，以减少触动地主土地所有制的权益。② 而一般小农，由于普遍的贫困和土地耕作权的不稳定，使之难以投资桑树栽培，有时即使具有培植桑园的愿望和条件，亦唯恐租约解除时不能得到补偿，徒然为人作嫁，得不偿失，从而限制了桑园扩大的可能性。正因为如此，四川的桑树栽植虽然几乎遍及全省，但多是种植于房前屋后、田隙地头，零碎散漫，难以管理，因而桑叶产量远远低于江浙和广东诸省。

造成这种状况的原因，与中国蚕桑业的生产方式关系甚大。蚕桑生产属于典型的农民家庭小商品生产，一般来说，"蚕业专视人之精粗疏密，以为得失之本"，而古往今来，中国"未曾有大育蚕之业"，农家育蚕，规模狭小，"或六七人，或二三人，一视居屋之广狭，人口之多寡，计人力以举事，而不出于力所不及之外"。"平常之家，不过百斤，或多至百五十斤而已"；即使所谓"大育蚕家"，不过"收茧约三百斤"，便觉得应该适可而止了。③ "岁收茧五六石，田舍翁得此亦已过矣，再欲求多，非僵则仆，谨厚长者往往目笑存之，谓：'人家养蚕，只有此量'。"④ 小农户分散经营的蚕桑生产方式，因以家庭为单位所能提供的劳动力数量是极其受限的，这在客观上限制了蚕桑生产的规模，同时也降低了蚕农利用科学技术、抵御蚕病侵袭的能力。相较于东瀛之岛"一家种桑至数万株，出丝至数十担，获利至数万金，公然与碧眼估胡、黄须波斯战于海上而卒操胜算者"，实乃"固蜀商之咎，亦蜀士之羞"。⑤ 其实，又岂止是"蜀商之咎"，"蜀士之羞"呢！

---

① 吕平登编：《四川农村经济》，上海商务印书馆 1936 年版，第 175—176 页。
② 参见久保田文次：《清末四川の大佃户》，《近代中国农村社会史》，东京汲古书院 1967 年版，第 247—296 页。
③ 《中国蚕情》，求自强斋主人：《皇朝经世文编》卷四十四，第 6 页。
④⑤ 张森楷：民国《合川县志》掌录七，蚕业上。

与四川一样，其他地区农村的桑园面积也都不大。以江苏省为例，平均每一蚕户仅有桑田约 1.37 亩，其中崛起未久的新兴蚕业基地无锡则平均仅为 1.14 亩。参见下表：

表 9-9　清末民初江苏省主要产茧地带桑园面积、养蚕户数与平均每户产茧量

县　名	桑园面积（百亩）	养蚕户数（百户）	户均桑园（亩）	产茧总量（百担）	户均产茧量（担）
无锡县	2 400	2 114	1.14	1 110	0.53
吴　县	1 000	762	1.31	470	0.62
武进县	840	723	1.16	420	0.58
宜兴县	640	394	1.62	165	0.42
吴江县	1 360	750	1.81	244	0.33
江阴县	610	375	1.63	225	0.60
丹阳县	410	237	1.73	99	0.42
金坛县	380	226	1.68	57	0.25
扬中县	150	85	1.76	38	0.45
江都县	70	56	1.25	34	0.61
合　计	7 860	5 722	1.37	2 862	0.50

资料来源：本位田祥男、早川卓郎：《东亚の蚕丝业》，第 337 页。按：养蚕户数系华中蚕丝公司 1939 年所推定；桑园面积据《中国实业志》1933 年的统计；蚕茧产量系华中蚕丝公司 1940 年所推计。需要注意的是，此时由于社会动荡和外销不畅，蚕茧产量下降较为明显。

此表数据虽系 20 世纪 30 年代后统计所得，但据此可以推知 19 世纪后期江苏农家养蚕规模很小。据 1897 年日本农商务省派员来华所做实地调查，大约 1 亩桑园平均可以收获桑叶 1 000 多斤，以之养蚕仅能收获蚕茧约 0.50 担。值得注意的是，江苏、浙江农村中从事植桑育蚕的多为佃农，他们不得不为借地经营而付出高额地租。[1] 在辛亥革命前的无锡地区，地租约 1 年 800 文—1 500 文，分四月、九月、十二月三次缴纳；浙江湖州一带，地租一般约为每亩 1 200 文，绍兴地方则为每亩 3 元上下。[2] 租种桑园的期限以五年为一期，地租

---

[1]　藤本实也：《支那蚕丝业研究》，东京东亚研究所 1943 年印行，第 82—83 页。
[2]　紫藤章：《清国蚕丝业一斑》，东京农商务省生丝检查所 1911 年印行，第 29—30 页。

约为地价的7%左右，当时地价为中地一亩约80元，故桑园地租约为5.6元。[①]一般而言，投资桑园要到第六年方能收回成本，如果没有长期经营，很难有所收益，而佃种土地，地主随时可能收回，增加了佃农经营蚕桑业的不稳定性，也削弱了他们扩大经营规模的意愿和积极性。

这样的土地制度与落后蚕桑技术的结合，加大并恶化了养蚕农家的状况，也对晚清蚕桑业的发展造成了不利影响。诚如有学者所言："有资力者始能从事大桑园的经营，透过市场的运作，取得不少利润。小农的蚕业得面对蚕病或气候不顺等困难，技术不安定而生产力低下，虽然因为世界市场对生丝的需求增加而有发展的前景，但由于传统的束缚，和欠缺适应的能力（土地制度的不合理、投机性的高利贷的存在、缺乏专业人才与企业化经营管理），很难脱离冒险性的色彩，走向健全成长之道。"[②]在养蚕技术不做讲求的情况下，蚕作的丰歉与否无法预估，一旦出现歉收减产，农民往往视为天命，束手无策。这种情况，又由于蚕茧市场机制的不健全而越发严重，更削弱了蚕区农家规避和抗御饲蚕风险的能力。

19世纪90年代中期以降到清朝末年，蚕茧和生丝价格基本上呈现上升走势，但其间也曾多次出现波折，一再发生茧价暴跌的情况。以无锡地区的鲜茧价格为例，这10来年间出现过两次鲜茧价格剧烈波动的时期，一次是在世纪之交，另一次是在辛亥革命前后。1899年，无锡茧价为36.5元，次年猛升至45.0元，上涨了23.3%，但是1901年又跌回37.5元，跌去16.7%；1902年，茧价飙升至65.0元，上涨了73.3%，其后两年又是一路下坡，跌到1904年的39.0元，跌去了40%。到1910年，无锡茧价升至57.0元，次年暴跌为46.5元，下跌了18.4%，下一年再跌为39.5元，又跌去15.1%。[③]

如此剧烈的茧价波动，对于小本经营的农家蚕桑业来说，不啻一大灾难。茧价猛升，固然是一种强劲刺激，茧价连年暴跌，更足以酿成严重后果，因此而"毁桑弃蚕"者，所在多有。在广东，每当茧价下跌，珠江三角洲顺德、南

---

① 紫藤章：《清国蚕丝业一斑》，东京农商务省生丝检查所1911年印行，第29—30页。
② 陈慈玉：《近代中国的机械缫丝工业（1860—1945）》，台北"中央研究院"近代史研究所专刊（58），1989年，第70页。
③ 紫藤章前引书，第113—114页；鸿巢久：《支那蚕丝之研究》，东京丸山舍1919年版，第169—172页；曾同春：《中国丝业》，上海商务印书馆1919年版，第132—136页。

海、中山各县随之"桑园荒废，农民任其自生自灭，有些农家甚且尝试改种其他作物，大多转移到收获快而容易栽种的香蕉，但后来因生产过剩，价格暴落而亏损不少"。① 生产技术的落后和经营规模的狭小，使得中国蚕农无法应对市场的波动，蚕桑业的经营难以稳定发展，每当茧价下落的年份，农家养蚕意愿陡降，"也造成桑叶需求锐减，桑叶行情暴跌，农家所受损失甚至比灾年还要大。尽管无锡农民具有强烈的养蚕愿望，但经营规模却一直难以扩大"，其中的一个重要原因就在于这种市场状况的制约。②

第三节
蚕丝业的停滞

一、缫丝技术的改良与局限

蚕茧收获后，随即进入缫丝阶段。与植桑育蚕相同，缫丝生产也需要较苛刻的环境条件和较高的技术保障，在这方面，明清时期中国蚕桑业者已经积累起许多经验。以缫丝用水为例，据说"山水不如河水，止水不如流水"，水质如何往往决定缫丝的品质高下。相较而言，雨水和"漾水"（小湖水）往往是缫丝的绝好用水。江南多梅雨，嘉兴硖石人"积梅雨水，以二蚕茧缫丝织绸，有自然碧色，名曰松阴色"，售之"索上价"。③ 德清县新市镇有蔡家漾，"蚕时贮其水以缫，所得丝视他水缫者独重"，"故缫（丝）时贮水于此"。④ 湖州长兴县"水之佳者，以三若得名，而上若为最，其水较他处之水清而且重，取以缫丝则色白而光润，又增分两也。每缫丝时，乡人盈舟装载，往来不绝"。⑤ 不难看出，仅就用水一项，北方就难望南方之项背。太湖流域漾多水足，梅雨季

---

① 本位田祥男、早川卓郎：《東亞の蠶絲業》，《东亚经济研究》（三），东京日本学术振兴会 1943 年版。
② 铃木智夫：《洋务运动的研究》，东京汲古书院 1992 年版，第 387 页。
③ 雍正《浙江通志》卷一百一"物产"一。
④ 正德《新市镇志》，清抄本，卷一"山川"。
⑤ 同治《长兴县志》卷八"蚕桑"。

节又恰与缫丝时间吻合，加上其所具有的堪称精致的悠久技术传统，从而使得江南地区的蚕桑缫丝生产具有某种得天独厚的优势，相较国内其他地区技高一筹。

鸦片战争以后，生丝出口的持续增长，也促进了中国传统缫丝生产的技术改良。太湖流域蚕区的农家按照传统方法以足踏丝车缫丝，缺少拈鞘装置，易成断片，为加以弥补，多用纺车复摇，摘糙接头，使丝成缕，便于织造，称为"再缫丝"，又称"复摇丝"，并将二丝、三丝加拈成丝经，有"苏经"、"广经"两种。鸦片战争后，生丝出口旺盛，江南地区"乡人缫丝之法日益讲究"。[1] 时人记载："生丝到达美国和法国后，在织成丝织品之前还要复摇一次，并分成小束。但在美国劳动力昂贵，对输入商来说，就地再缫一次更为合适，这种丝就叫做复摇丝"。[2] 为了适应国际市场需要，江浙地区蚕家越发重视复缫，使用三锭纺车者日渐增多，"在复摇和洁净上都非常注意"。

《南浔志》记载了这样一件事情：

> 自海禁大开，夷商咸集上海。湖丝出口以南浔七里丝为尤著。其初出洋有丝无经。经以丝纺成，双根合而为一，摇成小条，以若干条为一庄，苏州织缎用之，名曰"苏经"。吾浔早有之，独无出洋者。余家先世业丝，同治季年向乌镇购丝十余件，每件一千二百两，重八十斤，转运来浔，因风复舟，航主不能偿所失，而浸湿之丝，无可为计。先叔父味六公向夷商取日本国经条，令震泽之双杨镇人向做苏经者为之，仿摇苏经，则顺摇由左旋右，惟日本经则逆摇，由右旋左，且条分粗细不同，改制大车，即将失水之丝，纺成东洋经。每条约重四两，共二十五条，成经百两为一把，以一千二百两为一包，销与夷商。次年番信转华，大为称许。盖丝佳而工廉，洋经于是盛行。法兰西、米利坚各洋行，咸来购求。嗣又增出方经、大经、花车经等名称，至今风行。巨商业此者，固皆获利，而双杨一带之工作人，均感嗣父特开风气，衣食所资，子孙攸赖，故叔父殁后，彼

---

① 周庆云：《南浔志》卷三十，第 21 页。
② 《商情报告》，转引自吴江县丝绸工业公司编：《吴江丝绸志》，江苏古籍出版社 1992 年版，第 42 页。

乡之人在社庙中别营一龛，谨奉先叔父牌主而祀焉。时在光绪十一年冬令也。①

由此可知，约在同治末年，浙江南浔丝商在载运新丝之时，因风覆舟，船上装载的蚕丝都被浸湿。为了弥补损失，丝商们设法让农家用由右旋左的逆摇纺车，将浸湿的蚕丝仿制成"东洋经"售给洋商，谁知外商竟大为称许，认为丝质佳而价格廉。法国、美国各家洋行闻讯，咸来求购。从此，中国的传统制丝业中在原有的"苏经"、"广经"之外，新兴起"东洋经"一行，"成经百两为一把，以一千二百两为一包，销于夷商"。此事虽属歪打正着，因祸得福，却成为传统制丝业改进产品以适应世界市场需要的一个契机。"嗣又增出方经、大经、花车经等名称，至今风行"。时人比较过土丝和复摇丝的区别：前者如一团白色蛛网，很难从其中抽出一根超过几尺长的纤维来；后者则为一束明亮而光滑的丝线。其时在法国里昂市场上，普通白丝每公斤价值 47 法郎，而复摇丝则价值 63 法郎，约高出三分之一。

缫丝技术在传统框架内的这些改良并未就此止步，而是适应着国内外市场的需要不断推进，陆续淘汰老产品，推出新产品。到光绪年间，江浙蚕区丝业生产达于鼎盛，"南浔的主要生产为一种上等生丝；该地亦为附近所产再缫丝之市场。此项再缫丝，系专为销往美国而制造的，产量年有增加，去年（1878年）共达七千斤"。②在此期间，风行一时的"东洋经"渐为"辑里大经"所取代。"因南浔、震泽'辑里大经'盛行，洋庄丝无形淘汰。向之代洋庄收丝之客行，亦纷纷改为乡丝行，收买白丝，售于浔、震之经丝行，摇为辑里大经。嗣后又有做成格子，称为花经，专销美国者。斯时南浔附近各乡居民，及震泽、黎里一带，约有车户二三千家。每家平均约有车四部，每部小车每日出经十两。每百两为一经，每十五经成为一包，约重公秤一千五百两，合天平秤一千六百十两至八十两之间（厂丝亦系同此做法）。当辑里大经蜚声欧美之时，大约一百

① 周庆森：《家庭琐语》，周庆云：《南浔志》卷三十二，第 21—22 页。
② The Maritime Customs. Special Series: Silk(Shanghai, 1917), p.79. 按：再缫丝通常由乡间妇女、儿童所为，每两工资 10 文，熟手每日可缫 3—5 两，可获工资 50 文。生丝再缫时损耗平均为 10%—15%，若以废丝制作丝线，则可将损耗降至 7% 左右。

零六七两之白丝,摇为纯经百两。故其时货品均高,外洋甚有信仰,每年出口达一千余万元之谱"。①

再缫丝经的另一个重要产地是江苏省吴江县的震泽镇。震泽所产丝经分为洋经、苏经、广经三种。"洋经专销外洋,内又分两种,大经销法国,花经销美国,有丝行二十余家,以徐世兴为最大"。苏经、广经则主要供应内需,为国内丝织业所用。"苏经行销苏州,有丝行五十余家,以龚泰丰为最大。广经行销广东,有丝行五家,以庄姓所开之丝行为大"。震泽丝经的生产显现出商业资本控制农民家庭副业的形态,"以丝为经,假手摇工,而摇工并不住居本镇,系由各丝行将丝之分两秤准,交由各乡户携回摇成,俟交货时再为按工付值"。从事丝经生产的农家劳力为数众多,"计沿镇四乡三十里之遥,摇户约共有一万数千户,男女人工当在十万左右"。② 丝经产量十分可观,"计通年制出之丝经,洋经自五千担至一万余担,苏经自八百担至一千余担,广经自二百担至六百担,产出之数可云至巨。故吴江境内工业,除盛泽绸而外,必推震泽之丝经"。③

太湖流域一带的丝商,依照蚕丝粗细、色泽、糙滑、均匀的不同,分成各种等级,称量分发农民"做经",加以复摇整理,在一定程度上弥补了外国商人对中国土丝啧有烦言的条分粗细不匀、丝片长短不一的缺点,同时也提高了出口生丝的身价,增加了它的附加价值。上海出口的"金麒麟"牌生丝,原价每包白银 310 两,复摇成干经后则可达到价值白银 500 两。

有不少牌号的丝经已经具有了名牌效应,成为国内外市场上的抢手货。1865—1869 年间,平均每年输往美国 6.7 万磅,此后一路上扬,1875—1879 年间为 41 万磅,1885—1889 年间为 113.2 万磅,1895—1899 年间为 251.6 万磅,1905—1909 年间为 335.6 万磅,直到 1919 年一直是上升的。④ 清末宣统二年(1910)的南洋劝业会期间,尽管中国的近代蒸汽缫丝工厂早已出现,机制厂丝也早已夺占了手制土丝的风头,但是仍然有"绣麟"、"金鹰"、"金蝶"等牌号

---

① 中国经济统计研究所:《吴兴农村经济》,第 11—12 页。
②③ 《江苏省实业视察报告书》,吴江县,1919 年,第 135 页。
④ Shu-lun Pan, The Trade of the United States with China, pp.146, 152. 石井宽治:《日本蚕丝业史分析》,东京大学出版会 1981 年版,第 43 页;《经济半月刊》第 2 卷第 12 期,第 26 页。

的丝经得到政府颁发的头等商勋，"银鹰"、"飞马"、"黑狮"、"荷花"、"梅石"、"金驹"等牌号的丝经获得超等奖，"青狮"等牌号的丝经获得优等奖，成为当时中国聊以自豪的手工土特产品之一。

传统缫丝技术的改良，在晚清时期的许多地方都曾经出现过。在四川，直到 19 世纪末，这里尚未感受到近代缫丝工业的洗礼，缫丝生产的工具仍然停留在传统的木制"大车"阶段[1]，并且仍然保持着农家手工副业生产的形态。[2]"缫丝之法，以大锅盛清水，候起沸，加入荞灰汁，调匀，乃置茧于中，约煮半时，将茧翻转，再煮一二刻，视其茧软，壳外浮丝松散，则茧熟可缫矣。"[3]20 世纪初年，川省开始出现一批缫丝手工工场，借鉴国外和国内沿海地区的先进经验和技术，对川省的传统缫丝技艺加以改良，取得了较好成效。1905 年，川北潼川府三台县人陈开沚（宛溪）于三台县万安寺设立神农丝厂，置备丝车 100 台，延聘浙江技工，招徒缫丝。在传统缫丝生产的基础上，借鉴利用上海式或日本式机器丝厂的组织形式，采用意大利式木制直缫丝车。[4]1907 年，重庆商人王静海在潼川府城创设永靖祥丝厂，购置机具改良缫丝，按照近代丝厂格局组织生产，"工厂建筑如法，丝车改良合式"，有丝车240 架，每年产丝 240 箱。丝质光洁匀细，运往上海销售，"头批获价五百七十余两，二批市面稍疲，获价五百五十余两，随到随卖，均已售毕，足见销路开通，毫无阻碍。每箱卖价比潼川土法缫丝可多售银一百七八十两以至三百两。近来缫工技艺愈见熟习，自此以往，进化可期。"[5]榜样既出，"仿而行之者，相继不绝。现各乡小厂林立"。[6]在新式丝厂的带动下，"潼属乡丝，亦因之渐有进步。"[7]

在传统缫丝法的基础上，四川缫丝生产"折中采用上海式或日本式机器缫丝法，形成所谓木车扬返丝场，以之作为机器缫丝业的起点，其后方继续进展

---

① "大车"，为四川传统缫丝工具之俗称，相对的，近代缫丝工具则俗称"小车"，也有称"铁车"者。

② 有人分析认为，在长江轮船航线尚未延运到重庆之前，缫丝机器搬运入川的成本太高，所以和其他工业一样，20 世纪以前近代缫丝工业几乎不可能在四川出现。

③ 陈开沚（宛溪）:《神农最要》，中华书局 1956 年版，第 8 页。

④ 日本蚕丝业同业组合中央会编:《支那蚕丝业大观》，东京冈田日荣堂 1929 年版，第 774 页。

⑤⑦ 《四川劝业道札知重庆劝业分所潼川永靖祥丝厂辍业由渝商赵资生等集股承办卷》，四川省档案馆藏: 全宗 6，目录 54，卷 137。

⑥ 《民国三台县志》卷二十二。

到设立纯粹上海式或日本式的缫丝工厂"。①经过折中改良的木车扬返缫丝工场手工业，有效提高了川产生丝的质量，取得了较好的市场效益，"四川旧产黄丝，潼、绵上货，运沪外销，每箱价值高下，不出三四百两之间。讲求新法后，历年制出之丝，附商销沪者，均比川丝高售一二百两。今岁公社复谋改良复缫，及潼川厂亦各加意讲求，均出货寄沪，闻新丝顶号可值价八百五十两，头号以下递减有差。厂制黄丝，亦可值价七百余两。"②

在山东，直到 19 世纪后半期，"与（当地的）传统育蚕法相映衬，这里的旧式制丝法颇为原始"。③缫制出来的丝称为"大框（纩）丝"，常有色泽灰暗、纤度不匀、丝缕乱、条分粗等毛病，只用于国内织造土绸，而不适于外洋机器织绸。若要外销，往往因质量不过关而需要再行缫制，耗时费工，抬高成本。约在清光绪后期，有"小框（纩）丝"缫制技术由南方传到山东，④虽仍使用人力机缫丝，但丝缕配有定数，纤度均匀，洁白光亮，类似厂丝。与大框丝相比，小框丝产量高，质量也好，使用方便，还节省了人力，受到用户欢迎，"四乡亦渐推广"。⑤小框丝技术的推广，成为山东缫丝业由手工操作转变为半机械化操作，并进一步向机器生产过渡的中间形态。

适应着迅速扩大的国内外市场需求的不断升级，晚清蚕区农家继承和改进了世代沿袭的传统缫丝技术，使得土法缫制的蚕丝质量在传统生产方式的基础上尽可能地得以提升，成为这一时期中国生丝海外市场得以维持并不断扩大的重要原因。但是，在传统框架内的这种改良，并没有保证缫丝业的长治久安。"自厂丝盛，而七里丝经销路逐渐停滞。盖近世欧、美织绸工业，逐年进步，所需原料，均需条分匀整、类节去净之丝充之，而七里丝经虽上车摇过，其条分糙块，远不及厂丝之匀净，其为摈斥，势所然也"。⑥

---

① 日本蚕丝业同业组合中央会编：《支那蚕丝业大观》，东京冈田日荣堂 1929 年版，第 769—770 页。
② 《广益丛报》，二十五期，光绪三十二年（1906）十月二十日，"纪闻"。
③ 日本蚕丝业同业组合中央会编：《支那蚕丝业大观》，东京冈田日荣堂 1929 年版，第 629 页。
④ 山东省淄博市周村区志编纂委员会编：《周村区志》，中国社会出版社 1992 年版，第 194 页。按：所谓"小纩丝"，乃相对于传统手缫丝的"大纩丝"而言。小框丝以人力机缫制，使用的丝框周长约 4 尺半，明显小于大框丝框的 1 丈 6 尺，故有"大框丝"、"小框丝"之别。
⑤ 《山东全省实业表》，济南府长山县，丝业表，光绪三十四年（1908）编。
⑥ 《浙省桑蚕茧丝绸状况调查录》，《中外经济周刊》第 185 期，第 17 页，1926 年 10 月 23 日。

表 9-10 辑里丝经与沪产厂丝物理性能比较

产品名称 / 物理指标	上海厂丝（最优级）	上海厂丝（优级）	七里丝经（上等）	七里丝经（下等）
络丝断头	2	8	2	6
纤度（旦） 最粗	12.12	10.89	24.40	32.37
纤度（旦） 最细	9.87	8.25	17.93	22.94
纤度（旦） 平均	10.84	9.42	21.02	26.40
纤度（旦） 偏差	2.28	2.64	6.47	9.43
类节（个） 大类	3.6	2.2	1.0	5.7
类节（个） 小类	86.7	74.4	47.0	232.8
类节（个） 合计	90.3	76.6	48.0	238.5
强伸力测试用丝纤度（旦）	9.10	9.10	24.40	24.42
强力（克） 平均	30.29	30.36	87.43	87.61
强力（克） 克/旦	3.32	3.34	3.58	3.59
伸长 平均（mm）	186.69	186.02	202.28	198.10
伸长 伸长率（%）	12.26	18.60	20.23	19.81
含水量（%）	18.67	12.14	12.46	12.59
精炼脱胶	16.34	16.08	18.17	17.47

资料来源：《支那制丝业调查复命书》，1921 年。按：由表可见，辑里丝经由于用鲜茧制成，在强力及拉伸方面优于厂丝，其他各项指标均逊于机制丝，尤以纤度偏差为甚。

二、传统缫丝法的沿袭

从总体上看，在晚清史上的大多数时间里，大多数蚕户仍承袭并延续着传统的缫丝生产方式，信守并坚持既往的操作流程和工艺水准。《浙江丝绸史》记述了晚清农家手工缫丝生产的形态：

清代后期，浙江手工缫丝业的生产情况，一般与前期相仿。缫丝所用的丝车，结构简单，加热的灶，有用竹为筋涂以黏土的泥灶，有用砖砌成的砖灶和利用缸改制成的缸灶等。灶上置普通铁锅，配以脚踏转动的木制丝框。……一般都利用鲜茧缫丝，也有的用经过曝晒三日的晾茧。缫丝时，在丝枠后面，置无烟炭火盆，"火旺则丝鲜明"。缫枠一般都是四角的，先用白布围之以为衬垫，谓之车衣。枠周长六尺左右为多数，大小很不一致。集绪器是针眼，拨茧索绪利用竹筷。缫丝的人坐在锅旁，操作中时坐时立，手撩足踏，汤沸茧绪出，枠转丝成片。①

在山东，直到 19 世纪后半期，"与（当地的）传统育蚕法相映衬，这里的旧式制丝法颇为原始"。②山东省的缫丝生产沿袭着传统手工技艺，设备极其简陋，只需几个用来腌茧的大缸，一口用来煮茧的大锅和一只用来绕丝的大框，即可从事缫丝作业：

> 收茧后，先把茧置入大缸中用盐来腌，防止出蛾。缫丝时要将煮茧锅和大框临时安置在家庭闲园中（适合家庭小作坊），需要两人来操作。一人把腌过的茧放于盛水的大锅中煮沸，搅拌均匀；待煮成褐色，用竹刷轻轻在茧上摩擦，使茧尽挂于竹刷之上，经过整理，交于第二人。第二人将丝头十余个过铁制集绪器，上下成交搭于缫车上缫之。缫车安放于煮茧锅左边，操作者左手摇动丝框回转，右手添绪，每次添绪自一二颗至七八颗不等，添绪的方法多用卷添法，这样不结头，也不留绪。丝缕的配合没有定数，一般需要 30 颗茧。③

这样缫制出来的丝称为"大框（纩）丝"。比较起来，大框丝常有色泽灰暗、纤度不匀、丝缕乱、条分粗等毛病，只用于国内织造土绸，而不适于外洋机器织绸。若要外销，往往因质量不过关而需要再行缫制，耗时费工，抬高成本。

在四川，直到 19 世纪末，缫丝生产方法仍然停留在传统的木制"大车"阶段④，并且仍然保持着农家手工副业生产的形态。⑤"缫丝之法，以大锅盛清水，

---

① 朱新予主编：《浙江丝绸史》，浙江人民出版社 1985 年版，第 142 页。
② 日本蚕丝业同业组合中央会编：《支那蚕丝业大观》，东京冈田日荣堂 1929 年版，第 629 页。
③ 山东省政协文史资料委员会、淄博市周村区政协文史资料委员会编：《周村商埠》，山东人民出版社 1990 年版，第 146 页。
④ "大车"，为四川传统缫丝工具之俗称，相对的，近代缫丝工具则俗称"小车"，也有称"铁车"者。
⑤ 有人分析认为，在长江轮船航线尚未延续到重庆之前，缫丝机器搬运入川的成本太高，所以和其他工业一样，20 世纪以前近代缫丝工业几乎不可能在四川出现。

候起沸，加入荞灰汁，调匀，乃置茧于中，约煮半时，将茧翻转，再煮一二刻，视其茧软，壳外浮丝松散，则茧熟可缫矣。"[1] 传统缫丝法由于煮茧时不能有效控制温度，所缫之丝质地脆硬，丝线易于打结，制成丝料容易起皱。因此不能满足国外机器丝织生产的需要，造成大量外商拒绝接受的"废丝"。1893年川丝出口总计13 507担，其中废丝多达8 268担，占出口总额的61.2%。[2]

农家土丝一般用鲜茧缫制，有些地区也有用经过曝晒三日的晾茧的，但为数不多。用鲜茧缫丝有严格的时限性，一有延误，蚕茧便会出蛾，从而严重影响蚕茧质量，所以务必赶在蚕茧出蛾前完成缫丝工作。在中国大多数蚕区，尤其是江南蚕区的农户，基本上是自家养蚕，自家缫丝的，与育蚕相比，缫丝因为要赶在从收茧到出蛾的短短十余日内完成，劳动的密度与强度更甚。于是，采茧以后，"须于二三日中治净茧统，抉择精粗，以为缫丝计"，[3]这是一项与时间赛跑的活计。晚清蚕丝业盛时，江南蚕户平均每户产茧约在200斤上下，整个缫丝生产大约持续10天以上。

蚕农自缫土丝，须根据自家产茧的数量质量，以及缫丝车状况的好坏，来估计需用的丝车数量及缫丝时间，"大约茧好天凉，一车可缫150斤；茧劣天热，一车只能80斤"。[4]以江南地区为例，所产土丝一般分为细丝、中条份丝、肥丝和粗丝等数种。细丝须用上等茧缫制，一般用茧五六粒或七八粒；中条份丝也多用上等茧缫成，一般用茧十一二粒至十六七粒；缫制肥丝和粗丝一般用茧二十粒至三十粒以上，区别在于肥丝用茧较好，粗丝则多用次茧和双宫茧。依原料茧的优劣、技术条件的差异及丝的粗细等差别，缫折也有不同。[5]一般而言，"每净茧八斤，可得丝一斤"。[6]如杭州一带，每斤蚕茧约得丝一两四、五

---

① 陈开沚（宛溪）:《裨农最要》，中华书局1956年版，第8页。
② 张学君、张莉红:《四川近代工业史》，四川人民出版社1990年版，第114页。
③ 同治《湖州府志》卷三十。
④ 朱祖荣:《蚕桑答问》。
⑤ 缫折，指缫制每一单位生丝所需的鲜茧量。
⑥ 参见蒋猷龙:《湖蚕述注释》，农业出版社1987年版。按:《湖蚕述》作者汪日桢，字刚木，号谢城，清代浙江乌程（今湖州）人。咸丰壬子（1852）举人。曾参与重修《湖州府志》，专任蚕桑一门。他利用所收集的蚕桑文献资料，略加增删，于1874年写成《湖蚕述》一书，以便流传。所引用的著作，限于近时近地，很注重书的实用价值。

钱。绍兴地区头蚕茧一斤可得丝一两六钱，二蚕茧则仅一两多一点。①

民国年间的调查，对浙江省缫丝技术和劳动生产率水平有简明的记述："土丝缫制方法，至为简单，其所用机械，概为脚踏木车，或为湖式土丝车。脚踏木车，如临海则有坐缫、立缫之分，如诸暨则有坐车、甩车之别。其所使用之茧，或用火钵烘燥，或用鲜茧缫制，均无一定；土丝种类，既分肥细，故每工缫丝量，亦各有多寡之不同。约言之，肥丝每工可缫四十两乃至五十两，细者至少可缫十余两。缫折之高下，随茧质之高下而异，少者十斤左右，多者十七斤。"②

缫丝生产效率，也随着丝茧质量高低、丝车状态好坏、丝的规格粗细以及缫工技术优劣等而有较大差别。据1900年的记载，当时每部丝车缫制细丝的日产量如下表所示：

表9-11　缫制细丝日产量举例

技术等级	绪数（眼）	日产丝量（两）	日用鲜茧量（斤）
优	3	8	8
中	2	6	6
次	单	3—4	3—4

资料来源：卫杰：《蚕桑萃编》卷四。表中计量为十六两一斤的旧秤制。转引自朱新予主编：《浙江丝绸史》，浙江人民出版社1985年版，第142页。

缫制中条份丝，一般日产量约在10—15两左右；肥丝的日产量更高，可达20—40两上下。"如诸暨一带，二绪缫得肥丝，每天约有二十两左右；新昌以及杭州附近，男人缫肥丝，日产量可达三十至四十两"。③蚕农继承前代创造的"出口干"、"出水干"的操作经验和工艺标准，生产效率与前代相比并无明显的提升。

---

① 《萧山县志稿》卷一"物产"。

② 实业部国际贸易局：《中国实业志》，浙江省，第七编，第46页（庚），1933年。

③ 见朱新予主编：《浙江丝绸史》，浙江人民出版社1985年版，第142页。从朱祖荣《蚕桑答问》的有关记载来看，20世纪20年代的缫丝日产量有所提高，"茧厚而燥者，每日可缫15斤，软而潮者，每日只能10斤"。按照平均缫折率，大致好茧每日可缫丝20两，次茧亦可缫丝13两，与19世纪末20世纪初相比并无明显变化。

表 9-12　清末民初浙江省各县缫丝生产概况

县别	土丝种类	缫丝机械	缫工	日产量（两）	缫折（斤）
于潜	肥丝、细丝	足踏木车	自缫	30	11—12
昌化	肥丝	足踏木车	自缫	17—18	11—12
桐乡	肥丝、细丝	足踏木车	自缫	细 16，肥 40	10—11
长兴	肥丝、细丝	足踏木车	自缫或雇工	25	10—11
吴兴	肥丝、辑里细丝	湖式土丝车	自缫或雇工	细 18，肥 50	10—11
武康	肥丝	脚踏木车	自缫或雇工	25	12—14
上虞	肥丝	脚踏木车	雇工	15	13—17
海宁	肥丝、细丝	脚踏木车	自缫	细 15，肥 30	12—13
余杭	肥丝	脚踏木车	自缫	40	11—12
临安	肥丝、细丝	脚踏木车 有坐缫、立缫之分	自缫	细 20，肥 40	10—11
嘉兴	肥丝、细丝	脚踏木车	自缫	细 18，肥 30	11—12
崇德	短腔细丝、尖榨肥丝	脚踏木车	自缫	短 20，细 18 尖 30，肥 40	11—12
嵊县	肥丝	脚踏木车	雇工	20	11—12
新昌	肥丝	脚踏木车	雇工	20	11—12
海盐	肥丝（细丝极少）	脚踏木车	自缫或雇工	30	11—12
分水	肥丝	脚踏木车	自缫	12	11—12
诸暨	肥丝	脚踏木车 有坐车、甩车之分	坐车能自缫 甩车用雇工	30	11—12
富阳	肥丝	脚踏木车	自缫	30	11—12
德清	细丝、肥丝	脚踏木车	自缫	20	11—12
绍兴	肥丝	脚踏木车	雇工	20	11—12
平湖	细丝、肥丝	脚踏木车	自缫或雇工	30	12—13
嘉善	细丝、肥丝	脚踏木车	自缫或雇工	30	12—13
桐庐	肥丝	脚踏木车	雇工	20	12—13
安吉	细丝、肥丝	脚踏木车	自缫或雇工	20	12—13
孝丰	细丝、肥丝	脚踏木车	自缫或雇工	20	12—13
新登	肥丝	脚踏木车	自缫或雇工	18	12—13
萧山	肥丝、细丝	脚踏木车	自缫	25	10—11
杭县	肥丝、细丝	脚踏木车	自缫	30	10—11

资料来源：实业部国际贸易局：《中国实业志》，浙江省，第七编，第 46 页（庚），1933 年。

三、蚕丝产销渐入困境

蚕桑业的落后，固然是中国缫丝工业的一大软肋，而就缫丝业本身来说，也暴露出种种根深蒂固的弱点。虽然中国近代缫丝工业从 19 世纪六七十年代即已起步，但数十年里，农家手工土法缫丝仍占绝大比重，"缫丝织制，大部沿用土法"。时人描述的土法缫丝生产的流程及相关事项如下：

> 缫法，系用浙江木制车轮，叶较重，足踏甚笨，取丝虽能细能粗，然不能极匀。每绪缫丝至一十二十不等，丝尽添茧，丝断另搭一头，故用时不如厂丝顺绪，但中国通行，作织绸纺线之用。得丝，每人一车，每日可缫十二两，缫丝百斤，需人一百三十余工。收茧价，每斤约出丝一两六钱，每百斤共需茧十担，计洋四百元。工资，每人每日约工资四角，得丝百斤，需百三十工，计费洋五十二元。用炭，每人每日八斤，出丝百斤，用炭十一担，约计费洋十二元余。共费洋四百六十四元，售价每百两约洋四十元，每百斤售得洋六百四十元。此系就浙江土丝价低时计算。以就近地方而论，鄂、湘土缫黄丝，尚不能得此价。①

名盛一时的湖州"辑里丝"，虽然"丝质优美，冠绝世界，质地柔润，色泽鲜艳，有胜于意大利丝者"，然而，"徒以缫制坐守成法，不事改良，至销路停滞，绸户既不复购用，而纺丝厂亦且裹足不前。此于浔、震丝业前途，正未可乐观者也。尤可痛者，辑里丝价远不如厂丝，茧质相同，仅以缫制不当，坐失其利"。② 对此，时人指出："辑里丝不匀，缘因乡人不明缫丝之法。既无指导督率，又散居各方，缫制之不合，理所当然。"③ 于是，作为世界最大生丝市场的美国，"购用辑里丝逐年减少。向例绣线原料尽用辑里丝，今则

---

① 《湖南农业学堂报告厂丝土丝之比较》，光绪三十三年（1907）三月二十五日，《商务官报》第 7 期，第 18 页。
② 上海市档案馆藏：《纽约第二次丝赛辑里丝代表致上海丝会浔震各丝号书》，1923 年 3 月。
③ 《辑里湖丝调查记》，转引自曾同春：《中国丝业》，商务印书馆 1929 年版，第 132 页。

六成用日本丝，四成用辑里丝"。① 起初，美国的丝织厂家多用中国湖丝为织绸的经丝；接着，仅用来作为织绸的纬丝；其后，"犹以条纹粗细太悬，织绸厂家摒而不用"；到后来，湖丝仅仅被用作包装材料，"以饰观瞻"。这种情况，引起了中国丝绸业的深深忧虑，有人在考察了美国市场后说："用者每况愈下，而谓售价保其不降格也，其能之乎！故本年辑里丝价，我丝商犹以为贱，此间尚以为贵。倘用之者日后参用人造丝，恐求今日之售价尚不可得也。"②

在国内居于领先地位的江浙地区尚且如此，其他省份则更为堪忧。"山东以手缫丝之商，既屡经教诲，并示以缫样，终不肯一改其缫丝之法，或减少其缫车之径。因此，所出之丝，虽以本年（1899 年）价值之高，尚属不能如他省之七里丝"。③ 四川丝业"盖自蚕丛开国以来，父子子孙心口传授，历代递演，皆惟一无二之土法，饲育不备，缫制不良，仅供城乡织绫捻线之用，至远及于成都而止。若试执欧美商及苏、浙、楚、粤商人之业丝者，问以何丝合式，价值何等，皆必谢以未之前闻，直视不能答。"④ 因而不能适应欧美厂家的需要，在国际市场上的地位一落再落。

正是因为如此，早期资产阶级改良派的代表人物陈炽在论及中国缫丝业的现状时才会显得那么痛心疾首：

> 中国出口之丝，每包百斤，仅值三百余金；上海西人所设缫丝各厂，购中国蚕茧以机器缫之，每包值七百余金，高下悬殊，理不可解。后知中国手缫之丝，不匀不净，不合西人织机之用。伊购归里昂各埠，必以机器再缫，则以三百余金购之华人者，仍以七百余金售之西人，此四百余金，约为再缫工本，而彼之获利无穷矣。中国湖丝出口二三百年，各口通商六七十年，上海西人设立机器缫丝厂亦一二十年，此项缫机上海铁厂均能自制，管理机器华人亦已能之，女工人等一呼可集，而从未闻有人议购一机，安设江浙产丝最盛之区，以收此每

---

① ② 上海市档案馆藏：《纽约第二次丝赛辑里丝代表致上海丝会浔震各丝号书》，1923 年 3 月。
③ 《光绪二十五年烟台口华洋贸易情形论略》，《通商各关华洋贸易总册》下卷，第 9 页。
④ 张森楷：民国《合川县志》，掌录七，蚕业上。

包七百余金之利。中国尚可谓有人乎？抑官吏阻挠、积习难变有以致之也？①

19世纪80年代以后，中国的生丝出口虽然仍在维持着一定程度的增长，但势头明显减弱，动荡越发剧烈，显示出蚕丝业的生产经营逐渐步入困境。时人无奈地承认："丝类为吾国重要输出，徒以故步自封，遂让东邻独占先着。"②参见下表：

表 9-13 上海出口土丝数量及去向（1881—1904）　　　　　　　　　　　单位：包

去向 / 蚕丝年度	欧洲	美国	日本	印度	非洲	其他地区	国内口岸	总数
1881—1882	41 034	7 070		1 774	170		912	50 960
1882—1883	39 405	5 459	5	999	206	119	916	47 109
1883—1884	44 524	5 457		890	118	331	955	50 345
1884—1885	43 094	5 519		997	462	1 289	1 255	52 616
1885—1886	39 141	7 718		1 504	286	894	1 293	50 899
1886—1887	42 312	5 893		1 294	110	284	831	50 694
1887—1888	43 639	3 457		2 271	345	952	1 070	51 734
1888—1889	41 120	4 454		2 100	319	477	1 159	49 629
1889—1890	49 762	6 817	83	2 706	411	667	910	61 356
1890—1891	46 936	5 431		2 577	1 135	984	787	57 850
1891—1892	47 034	5 866		3 540	1 299	886	1 037	59 652
1892—1893	55 122	6 927		3 894	2 131	1 240	1 245	70 559
1893—1894	52 622	5 000		6 711	1 903	1 181	2 183	69 600
1894—1895	44 222	9 625		6 020	955	937	1 709	63 268
1895—1896	45 653	6 178	1 047	5 886	1 304	718	2 192	62 918

---

① 陈炽：《续富国策》卷一《种桑育蚕说》，第12页。
② 《沪总商会为美举行第二次丝艺博览会事致苏总商会函》（1921年12月30日），苏州市档案馆编：《苏州丝绸档案汇编》（下），江苏古籍出版社1995年版，第944页。

去向 / 蚕丝年度	欧洲	美国	日本	印度	非洲	其他地区	国内口岸	总数
1896—1897	41 270	5 414	142	1 767	2 191	298	1 796	52 878
1897—1898	35 347	6 226	122	2 492	4 517	852	1 666	51 222
1898—1899	43 763	7 069	232	3 906	2 235	658	1 579	59 352
1899—1900	53 378	11 337	2 372	3 880	2 443	1 690	2 697	77 797
1900—1901	37 672	5 353	338	8 907	2 714	2 401	2 185	59 570
1901—1902	44 118	8 995	274	6 588	3 189	1 324	2 907	67 395
1902—1903	20 698	6 680	84	2 716	1 541	388	3 158	35 265
1903—1904	25 496	6 823	52	4 445	2 898	1 197	2 194	43 405

资料来源：摘自《上海洋商丝公会》统计。按：白丝每件（包）重量一般 80 斤，黄丝每件（包）为 100 斤，辑里摇经及海宁摇经每件（包）为 100 斤。

图 9-2　上海土丝出口数量（1881—1904）

　　即使我国新兴的近代机械缫丝，经营情况也令人心怀忧虑。以中国丝茧主要产地的浙江省来说，这里原本是传统桑、蚕、丝、绸生产最为发达的地区，近代缫丝工业也在这里遇到了最为坚韧有力的抵抗。从 1895 年起，浙江省相继兴办几家机器缫丝工厂，一开始气势颇盛，但很快就处境窘困而显现一派萧瑟之象。1895 年，九个宁波商人在绍兴开设开源永丝厂，设有铁制六绪直缫式缫丝车 208 台，每日可产丝百斤，工价较上海几乎减半，一时间"获利颇丰"。然而不过六年时间，即因开支浩繁，无法顺利经营而停业。1895 年 8 月开办于杭州的世经丝厂，有资本规银三十万两，不可谓不厚，拥有直缫式缫丝车二百多台，女工三分之二募自上海，所产"西泠桥"牌厂丝质量优于上海洋商丝厂。但是，经营上的种种难题却一筹莫展，1898 年即告关闭。到 1901 年，该厂所有厂屋机器均被日本商人廉价盘去，重新开业缫丝。其他如嘉兴、嘉善、平湖、余杭、海宁、桐乡等县，也都先后创办丝厂，大多昙花一现，旋开旋闭；那些勉强维持营业的，也都是"多次易主，忽闭忽复"，处于一种十分不稳定的状态。①

迄至清末，全国不过共有丝厂 200 余家，缫车 60 000 多台，其中广东约占三分之二，江浙则占三分之一，其他各省为数甚少。在这些所谓新式缫丝工厂里，"缫丝机还是大纡直缫；煮茧还是由童工打盆；都是传统格式"。②即便如此，已属不易，"出丝之家，常时资本有限，照此改良，亦难办到。况各丝厂，工艺苟且，费用浩繁，近年以来，亏损甚巨，人怀恐怖，集资亦殊不易"。③有识之士言念及此，不免心寒齿冷："六十年前是意大利式的丝厂，而现在还是和六十年前的意大利丝厂一样，一些没有改良，甚至一切的机械和一切的管理，还因着中国人自己的制造，自己的行规而反呈着退步的现象"。④设备是这样寒陋，管理又是这样拙劣，"民间既故步自封，而国家又少劝诱之方，如是而欲与工商素所发达之诸国相颉颃，何异以未练之兵卒而与强敌对垒，胜败之间，不待智者而决也"。⑤既然蚕丝业生产不求精进，它在竞争中的失败命运也就毫不足怪："吾国各丝厂家，亦俱机械陈旧，不知改良。其出品不堪与新式机械出品竞争，亦意中事。"⑥参见下表：

---

① 浙江省政协文史资料委员会编：《浙江文史资料选辑》，第 24 辑，浙江人民出版社 1988 年版，第 32 页。

②④ 高景岳、严学熙编：《近代无锡蚕丝业资料选辑》，江苏人民出版社、江苏古籍出版社联合出版 1989 年版，第 58 页。

③ 《宣统二年广州口华洋贸易情形论略》，《通商各关华洋贸易总册》下卷，第 108 页。

⑤ 《为赴日本万国博览会事上农工商部书》，《商务官报》第三册第二期。

⑥ 杨荫溥：《西湖博览会与吾国丝绸业》，《东方杂志》第二十六卷，第 10 号，1929 年。

表 9-14　上海出口白厂丝统计表（1894—1895 至 1909—1910） 　　　　单位：担

年　　度	欧　　洲	美　　国	印度、中亚	总　　计
1894—1895	1 314	3 585		4 902
1895—1896	4 125	4 360		8 485
1896—1897	2 595	4 066		6 661
1897—1898	4 615	5 864		10 509
1898—1899	4 735	3 267		8 002
1899—1900	5 993	5 475		11 468
1900—1901	5 793	4 423		10 216
1901—1902	7 206	6 994		14 200
1902—1903	7 381	5 699		13 080
1903—1904	6 347	4 349		10 696
1904—1905	9 050	4 813		13 863
1905—1906	7 079	3 651		10 730
1906—1907	7 957	3 828		11 785
1907—1908	10 747	2 100		12 847
1908—1909	11 310	5 362		16 672
1909—1910	17 013	2 884		19 897
1910—1911	15 609	5 806		21 415

资料来源：摘自《上海洋商丝业公会》统计。

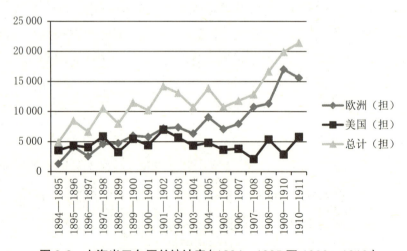

图 9-3　上海出口白厂丝统计表（1894—1895 至 1909—1910）

　　　　　　　　　　　　　　　　　　　　　　　　　　　　　晚清丝绸业史

与表 9-13 相比，1903—1904 年度，上海口岸输往欧洲的土丝为 25 496 包，输往美国的土丝为 6 823 包，以每包约 0.8 担计，合计 25 855 担；而输往欧洲的厂丝为 6 347 担，输往美国的厂丝为 4 349 担，合计 10 696 担。两相比较，土丝输出仍比厂丝输出高约 1.5 倍，反映出中国缫丝业中唱主角的仍是传统的土丝生产。

衰落与失败，在横向比较中更加令人触目惊心。就在中国传统蚕丝业危机日益显现之际，日本蚕丝业却以跳跃式的步伐突飞猛进，后来居上。日本的生丝出口，从 1871—1875 年的 691 吨上升为 1911—1915 年的 10 771 吨，40 年中增长了 14.59 倍；反观中国，同时期内生丝出口从 3 941 吨上升为 7 649 吨，只增长了 0.94 倍。[1] 两相比较，相差太过悬殊。1871 年时，日本生丝出口量只有中国生丝出口的六分之一；到 1906—1909 年时，就已经与中国并驾齐驱而稍有胜出；到 1911—1915 年时，更是把中国远远抛在身后，反比中国超出将近一半。[2] 中国占据世界蚕丝市场上千年的领先地位，终于在 20 世纪初丧失殆尽，"世界丝业霸主"的桂冠被日本人夺去。时人言之痛心："日本丝业，虽为后起，其育蚕缫丝，尚在华丝行销欧美后之十有三年，然殚精竭虑，营业蒸蒸日上，阅时仅三十余年，已骎骎乎执世界丝业之牛耳！逐年产额，超出吾国数倍以上。"[3]

在美国生丝市场上，这种警报甚至出现得更早。日本一直把美国作为它生丝出口的主要市场。早在 1894 年，美国进口生丝总额中，日本丝就已占到 52%，1897 年又增为 53.2%，而在同期，中国丝分别只为 28% 和 29.8%，几乎只及日本丝的一半。20 世纪后，情况更加严重。1909 年，美国市场输入生丝 152 800 担，其中中国丝为 30 633 担，占 20.1%；日本丝为 89 681 担，占 58.7%。5 年之后，美国输入生丝增加到 195 082 担，其中中国丝为 38 079 担，占 19.5%；日本丝为 136 628 担，占到 70.1%。[4] 输往美国的中国生丝数量虽有所增加，但在美国生丝市场中所占的比重却不断降低，与日本生丝在美国市场

---

① 石井宽治：《日本蚕丝业史の分析》，东京大学出版会 1981 年版，第 28 页。
② 山田盛太郎：《日本资本主义分析》，岩波书店 1966 年版，第 38 页。
③ 《辑里湖丝调查记》，转引自曾同春：《中国丝业》，商务印书馆 1929 年版，第 132 页。
④ 藤本实也：《支那蚕丝业研究》，东京东亚研究所 1943 年版，第 404—405 页。

上的地位形成鲜明的对照。

兔起鹘落,原因何在? 有人回顾了中国丝和日本丝在美国市场上竞争的过程,从中分析出双方势力消长的原因:

> 中美通商而后,年复一年,华丝之销美久矣。然美国丝织日新月异,随时进步,向供其丝织原料如中国,其丝之出数及其丝之进步,均未能满美国丝织家之意。日人探知其意,乘时崛起,凡美丝织家所应用原料,十余年来竭力改良,投其所好。且日本丝料有时未足,则购中国丝而重整之,转售诸美,美之用生丝者,对于原料固满意矣。①

时人痛切地指出:

> 我国生丝向销美国、法国,其现处地位系与国际间丝业互相竞争,而非与国内丝业互相竞争。……华丝所以不能与日丝竞争,原因虽多,而扼要言之,要不外茧劣、工高、成本过大八字。设不从根本着想,使吾国丝业步入茧优、工省、减轻成本之途,逐渐竞进,则以后年复一年,救济之财力有限,而需要救济之时无穷。②

四、人造丝的挑战与威胁

更为严峻的是,19 世纪末叶 20 世纪初叶兴起的第二次工业革命,使得世界先进国家在丝绸科技上的创新性进展一发而不可止,与中国传统丝绸业形成了越来越强烈的反差。"丝绸业势须严重地考虑外国毛织品及其他衣料激烈竞争的可能性;此外还有另一种新出现的,即人造丝的竞争"。③

---

① 上海市档案馆藏:《纽约第二次丝赛辑里丝代表致上海丝会浔震各丝号书》,1923 年 3 月。
② 国民政府档案:《实业、财政二部关于发行救济丝业公债及治标办法致行政院呈文》,民国二十年(1931)一月二十一日。中国第二历史档案馆编:《中华民国史档案资料汇编》,第五辑第一编"财政经济"(六),江苏古籍出版社 1992 年版,第 213 页。
③ The Maritime Customs: Notes on Sericulture in Chekiang. 1922, p. 7. 人造丝是植物纤维经过化学加工出来的人造长丝,英文写作"artificial silk yarn",国人即命名为"人造丝"。国际上统称为"Rayon(缧萦)"。

让我们看看这一连串无情的事实吧：

1885 年，法国化学家夏尔栋内发明了硝基人造丝，六年后投入工业化生产。这种人造纤维由于光泽强烈，染色鲜艳，一时受到欢迎。

1980 年，法国的戴佩西发明铜氨人造丝，不久又开发了药剂回收方法，1899 年投入工业化生产。

1892 年，英国的库洛斯和比邦发明了粘胶，1907 年开始生产粘胶人造丝，性能及经济效益居各种人造丝首位，得到了大力发展和迅速推广。①

自古以来，人类就在梦想着人工制造与黄金同样贵重的丝绸，到 19 世纪末期，在以电气、化学等工业为核心的第二次产业革命的大潮中，随着各种人造长丝的开发，梦想终于化为现实。自 19 世纪末人造丝在法国诞生以来，立即成为欧美先进工业国家优先发展的产业门类，各国纷纷设立工厂制造，产量迅速增长，②并开始"蚕食"生丝的市场。以当时销用生丝最多的美国为例，"美国销用生丝之厂，约为三类：（一）丝织厂，即绸厂，专织绸缎衣料及丝绒；（二）针织厂，专织丝袜、手套、妇女内衣；（三）线织厂，专织台毯、窗帘、花边。以绸缎需用真丝最多……丝绒向用广东丝，今已一落千丈，改用人造丝。……丝线、丝边，向用我国辑里丝，今亦改用人造丝。故现在用真丝者，仅针织厂，约用八九成。今再分析之：然丝织厂之真丝，与人造丝并用，针织厂丝袜纯用真丝，若手套等亦真丝与人造丝合用，线织厂则十分之八九用人造丝"。③

20 世纪初年，东方的日本也"开始了国有化生产"。④"查人造丝制造在欧

---

① 辻村次郎：《日本近代染织史》，东京，1973 年，第 214 页。

② 据 1927 年的统计，当年世界人造丝产量总计为 19 950 万斤。依人造丝产量多少排序：美国为 5 625 万斤，意大利为 2 775 万斤，英国为 2 700 万斤，德国为 2 625 万斤，法国为 1 485 万斤，日本为 787 万斤，其他国家为 3 953 万斤（《工商部等办理江浙绸业机织联合会请筹设国立人造丝厂的有关文件·工业司刘荫莆等签呈》[1930 年 7 月 28 日]，中国第二历史档案馆编：《中华民国史档案资料汇编》，第五辑第一编"财政经济"[六]，第 197 页）。

③ 王天予：《人造丝与蚕丝》，《中国实业》第一卷第十一期，第 2004—2005 页。

④ 日本于大正五年（1914）开始正式大规模进行人造丝的国有化生产，1927 年产量位居世界各国第 6 位，到 1935 年已经年产粘胶人造丝 237 943 千磅，仅次于美国，成为世界第二大人造丝生产国（辻村次郎：《日本近代染织史》，东京，1973 年，第 214 页）。

西始于一八九一年之法国硝化法人造丝工场，亚东之有工场则始于民国二年日本秦逸三氏之米泽市维司可司（Viscose）法人造丝工场，即今帝国人造丝株式会社是也。嗣是工厂继起，除供给该国消费外，并输出我国。"①时人指出："日本人造丝的增加，首当其冲的当然是实际上失掉关税自主力的中国。据西田博太郎说：'最近人造丝对华输出的猛进，使中国蚕丝之衰退破灭更为加速，日本的蚕业乃得阔步于世界唯一的蚕丝市场。'中国蚕丝的受其摧残，当然近年来的一落千丈的趋势证实了他的言语。"②

人造丝是作为天然丝的替代品而问世的。作为一种新颖的丝织原料，与天然丝相比，人造丝具有"（1）光泽鲜艳，（2）价值低廉，（3）类节全无，（4）品质一律"等优点，虽有"手感冷糙"、"保温度小"等缺陷，"然以廉而且艳之故，海内风行方兴未艾。"③在国际市场上，"同一分量之织物原料，人造丝低于蚕丝两倍，外观亦颇精美"。④同时，"人造丝光亮价廉，制成绸货既可减轻成本，利于销售；复以质属植物性之故，与天然丝之动物性迥异，用以交织，尤可藉化学之力，随意染成任何双色。故目下人造丝之需要逐渐增多，几与天然丝相埒。"⑤人造丝本身所具备的这些长处，使其在与天然丝的市场竞争中顿占上风，一时间，人造丝和人造丝织物风靡各国。

在人造丝与天然丝的竞争中，经历了一个明显的此消彼长的过程。人造丝甫经问世，便以其新颖的特色、优越的性能、低廉的成本和几乎乱真的外观而风靡全球，立即显示出迅猛增长的势头，在世界市场上排斥着天然丝的消费。在人造丝产量不断增长的同时，天然丝产量的增长开始减缓，甚至出现了下

---

① 《工商部等办理江浙绸业机织联合会请筹设国立人造丝厂的有关文件·工业司刘荫茀等签呈》（1930 年 7 月 28 日），《中华民国史档案资料汇编》，第五辑第一编"财政经济"（六），第 197 页。
② 王天予：《人造丝与蚕丝》，《中国实业》，第一卷第十一期，第 2004 页。
③ 《工商部等办理江浙绸业机织联合会请筹设国立人造丝厂的有关文件·工业司刘荫茀等签呈》（1930 年 7 月 28 日），《中华民国史档案资料汇编》，第五辑第一编"财政经济"（六），第 196 页。
④ 《浙江省蚕桑丝绸状况调查录》，《中外经济周刊》第 185 期，第 27 页。按：与天然丝相比，人造丝的价格低廉是其最重要的优势，而且呈现逐年降低的趋势。1920 年，美国市场上人造丝价格为天然丝价格的 43%；1924 年降低为 31%；1927 年又降为 26%。人造丝价格大约只及天然丝的四分之一。
⑤ 苏州市档案馆藏：《铁机丝织业同业公会呈述本业所需原料，希望政府保护并开发意见书》，1931 年6 月。

降。① 世人不禁惊呼："相形见绌，趋势可惊"！② 中国市场上也开始出现了人造丝及人造丝绸缎的踪影。1909 年，上海已有人造丝进口的记录。"首先进口的是英国 Luster Jilero Coanles（拉司端）牌，经销的是英商洛士洋行，后来是祥茂洋行及瑞士新时昌洋行"。③ 起初，人造丝主要用于制线、织带、织栏干（花边），尚未进入丝绸织造领域，但传统丝绸业者已经感受到了日益逼近的威胁。"近年丝价，逐年减跌，乡民受亏不少"。原因在于，"人造丝源源输入，将来丝价能否再有起色，殊属疑问"。④

　　人造长丝的出现，改变了世界丝绸业的固有发展道路，对丝绸生产的固有程式形成了极为强劲的冲击，守旧落后的中国传统蚕丝业更是首当其冲，"营土丝业者，感受种种影响，愈觉一落千丈"。⑤ "人造丝色泽较辑里丝尤为鲜明，而价又较廉"，立刻成为中国蚕丝的代用品。在世界生丝市场上，美国丝织业 1913 年已经购用人造丝 3 871 000 磅，两年后又增加了一倍，"向例绣线原料尽用辑里丝，今则六成用人造丝，四成用辑里丝"。⑥ 到 1914 年，中国辑里丝的出口量，已不及 1880 年的一半。在生丝内销方面，"自人造丝搀用以来，机织户均贪用之，而土丝遂少顾问，以土丝价贵而人造丝价较廉也。"⑦

　　对于人造丝发展所带来的冲击，中国丝绸业颇有谈虎色变之慨："一方面因人造丝之竞争，出口丝类，受其影响，而吾国生丝对外之销路，将因之减少；一方面因人造丝之输入，一部分织物改用人造丝，而吾国生丝国内之推销，将

---

① 1924 年，世界人造丝总产量为 141 161 千磅，天然丝总产量为 86 199 千磅；1927 年，人造丝产量为 219 714 千磅，天然丝产量为 85 087 千磅；1929 年，人造丝产量 314 550 千磅，天然丝产量为 108 433 千磅；又过了 5 年，到 1933 年，人造丝产量增为 660 155 千磅，天然丝产量反而下降到 81 486 千磅。10 年之间，世界人造丝产量增长了 3.68 倍，天然丝产量却下降了 5.5%。
② 《工商部等办理江浙绸业机织联合会请筹设国立人造丝厂的有关文件·工业司刘荫弗等签呈》（1930 年 7 月 28 日），中国第二历史档案馆编：《中华民国史档案资料汇编》，第五辑第一编"财政经济"（六），第 197 页。
③ 《上海丝绸志》编辑委员会编：《上海丝绸志》第三篇第三章第三节"人造丝织物"，上海社会科学院出版社 1998 年版。
④ 《浙省桑蚕茧丝绸状况调查录》，《中外经济周刊》第 185 期，第 24 页，1926 年 10 月 23 日。
⑤⑦ 国民政府行政院档案：《浙江杭嘉湖丝业代表陈翰臣等为丝业衰落请减低税率以维营业致国民政府呈文》，民国二十年（1931）一月十八日。中国第二历史档案馆编：《中华民国史档案资料汇编》，第五辑第一编"财政经济"（六），江苏古籍出版社 1992 年版，第 210 页。
⑥ 上海市档案馆藏：《纽约第二次丝赛辑里丝代表致上海丝会浔震各丝号书》，1923 年 3 月。

因之不易发展。我国为天然丝生产国,亦为天然丝消费国,人造丝发达之结果,关系吾国丝业前途,实不容忽视。"①从此,中国蚕丝不仅遭到日本丝、意大利丝等这些老对手的排斥,又面临着人造丝这种新对手的更加凶险的竞争,外人预测:"中国蚕丝之衰败破灭,将因此更为加速"。②这是幸灾乐祸的危言耸听?还是发人深省的逆耳忠言?

第四节
丝织业的危局

更能表明中国丝绸业处境之险恶的,也许还是传统丝织业所面临的重重危机。

一、"引丝扼绸"的后果

随着外国资本主义对华侵略的步步深入及其本国丝织工业的日益崛起,它们对中国的丝绸生产逐渐由鼓励变为压制,对中国土特产品的吸收,由以往的"丝、绸并重"一变而为"引丝扼绸":在加强掠夺中国蚕丝原料的同时,竭力遏制中国的丝织品出口。这一政策到19世纪末期变得越发明显,一些资本主义国家相继大幅度提高对中国丝绸进口的征税率,强行排挤中国丝织品在国外的销路。

日本是其中的一个急先锋。日本本是中国丝绸的一个传统海外市场。近代中日两国在西方资本主义国家的逼迫下相继开放通商后,起初与中国一样,"所有现行的条约都规定,对外国进口商品征收关税,将由日本政府和其他国家政府协商决定。"③当时,日本"进口税率亦属值百抽五,是以华绸运销彼国

---

① 杨荫溥:《西湖博览会与吾国丝绸业》,《东方杂志》第26卷,第10号,1929年。
② 《人造丝与蚕丝》,《中国实业》第1卷,第11期。
③ *The Cambridge History of Japan*, Volume 5, The Nineteenth Century, Edited by Marius B. Jansen, New York, Cambridge Histories Online © Cambridge University Press, 2008, p.738.

者甚多，即以我苏所产之花缎，运销彼国者每岁向有两万匹之多。此外，盛泽绸货运销亦广"。①晚清苏州丝织业的一些大宗产品，如花缎、素纱和花纱等，在日本市场颇受欢迎，花缎"用作日本妇女的腰带、垫子、被面、睡衣"；素纱和花纱则"大部分为窗帘、台毯，日本妇女夏天用的腰带"。②还有一款产品名为"东洋腰边"，③系专应出口日本之需所造，"日本所用腰边，均属本机出品……采办极广，且因质地坚久，均极信仰。"④为了适应对日出口的需要，不少苏州丝绸商人"自往（日本）设庄营业"，⑤业务相当红火。

到19世纪末20世纪初，情况发生了变化。"明治天皇在位的最后几年，日本正式吞并朝鲜作为殖民地，又一次重续了日英同盟，与美英两国改订了通商条约，第一次规定了日本的关税自主。"⑥随着日本丝织工业的发展、对朝鲜殖民统治的建立，以及国家关税主权的恢复，开始在国际市场上与中国丝织业展开全面的竞争。"19世纪中期开国以后的日本，丝织物成为其代表性的商品之一，也于同时在欧美获得了作为国际商品的地位。因此，作为这一商品原产供应地的日本，便与中国形成了竞争的关系。"⑦日本丝织物出口值，1871年只有0.1万日元，1881年不过2.9万日元，1891年猛增为177.1万日元，1901年又增为2 562.7万日元，1911年更达3 433.5万日元。⑧

日本政府不遗余力地打压中国丝绸的产销，增加华绸进口关税就是一个屡试不鲜的手段。光绪二十六年（1900），日本政府宣布增加进口税至值百抽

---

① 《苏州商会代表提议推销国货须先从中外同等税率着手案》（1924年2月），苏档：旧工商联档案乙2—1—470。

② 小野忍：《苏州的纱缎业》，《满铁调查月报》第26卷第6号，1942年6月。小野忍，就职于南满铁道株式会社调查部资料课，20世纪40年代初，他对中国丝绸工业中心地带进行调研，分别完成《苏州的纱缎业》、《杭州的丝绸业》和《无锡的制丝业》等调查报告，记录近代苏杭等地丝绸产销情况甚详。

③ 《苏州纱缎庄业报告今昔出绸种类表》（1915年1月），苏档：旧工商联档案乙2—1—87。

④ 《纱缎庄业同业公会致苏州总商会函》（1933年4月4日），苏档：旧工商联档案乙2—1—987。

⑤ 《云锦公所条陈纱缎业备受各国增税之苦致苏州总商会函》（1929年10月8日），苏档：旧丝织业同业公会档案乙2—2—525。

⑥ *The Cambridge History of Japan*, Volume 5, The Nineteenth Century, Edited by Marius B. Jansen, New York, Cambridge Histories Online © Cambridge University Press, 2008, p.781.

⑦ 川胜平太：《日本の工业化をめぐる外压とアジア间竞争》，滨下武志、川胜平太编：《アジア交易圈と日本工业化（1500—1900）》，东京藤原书店2008年版，第180页。

⑧ 东洋经济新报社编纂：《明治、大正国势总览》，第484表《内地输出重要品数量及价额累年表》，东京东洋经济新报社1927年版，第466页。

二十五，致使中国商品因成本高企而运销维艰。对丝织物征税更重，且不断增加，"十余年里，先后加税至五六倍、十余倍不等"，致使中国丝绸业"困于重税不能发展，不得已因税巨停运"，失去了日本这个传统市场。① 丝绸业者哀叹："曩昔运销日地，最先抽税百分之五，不数年增至百分之五十。我华绸业处兹苛税之下，实觉创巨痛深，不胜担负。"② 20世纪20年代时，苏州丝绸业条陈备受各国增税之苦，排在首位的就是"日本：从前吾苏缎商自往设庄营业，关税值百抽五，嗣以该国产绸，迭加关税至值百抽百，以拒华绸，遂无运往者。"③

朝鲜半岛也是中国丝绸外销的一个传统市场。中国丝织品自古以来在朝鲜一直有着极大的市场需求，上至达官贵人下至平民百姓都十分喜好。作为"国外丝绸销行较盛之地"，"鲜人对吾国丝织品素表欢迎，其输入品从前为苏州之府纱、宫纱、亮纱、仿绸、素罗、板绫、库缎等。"④ 这些丝绸品种"坚固耐用，三韩人士所深道"，为朝鲜民众所乐用，"其全国所需礼服，向来悉用苏州专造之高丽纱缎"。⑤ 正如苏州丝织业云锦公所所称："高丽服御一切，本与中国相同，本公所高丽纱缎运销该埠，历数百余年之久。其精者为上等衣服之用，粗者供普通之用而已，皆为日用要需。"⑥

中日甲午战争后，朝鲜成为日本的原料产地和工业品倾销场所。日本出口到朝鲜的商品额急速增长，1876年为2万日元，1890年为125.1万日元，1896年为584.4万日元，1900年为995.3万日元，1906年为2 521.0万日元，1910年达3 145.0万日元；⑦ 分别占当年日本出口总额的0.1%、2.2%、2.9%、5.0%、5.9%和6.7%。特别是"日本的纺织品厂商很快控制了朝鲜的纺织品市场，这对进出口贸易的加速发展至关重要"。⑧ 其中，1906年朝鲜进口丝织物70.7万

---

① 《苏州商会代表提议推销国货须先从中外同等税率起点案》，1914年3月，档号：A03—004—0007—080，苏档藏。

② 《盛泾绸业公所请争日本苛税》，《申报》1924年8月16日，第3张。

③ 《云锦公所条陈纱缎业备受各国增税之苦致苏州总商会函》(1929年10月8日)，苏档：旧丝织业同业公会档案乙2—2—525。

④⑤ 《调查国外丝织品征税率及当地人民对丝绸好尚表》(1931年4月20日)，苏档：旧工商联档案乙2—1—765。

⑥ 《云锦公所对日本加税之呼吁》，《申报》1924年12月8日，第3张。

⑦ James L. McClain, *Japan: A Modern History*, New York, w. w. Norton & Company, Inc., 2002, p.311.

⑧ James L. McClain, *Japan: A Modern History*, New York, w. w. Norton & Company, Inc., 2002, p.310.

日元，1910年增为108.5万日元，增长了53.47%。[1]1910年8月，日本正式吞并朝鲜，朝鲜沦为日本的殖民地，日本丝织品越发如潮水泛滥般涌入朝鲜，"于朝鲜庄绢织物之生产品努力以图"。[2]这从一个侧面反映了日本加紧对朝鲜的经济控制，势必与以往占据朝鲜市场的中国丝绸业发生严重冲突。起初，碍于国际观瞻和担心引起西方列强的不满，日本政府在朝鲜的关税政策尚有所克制，中国丝绸在朝鲜还有一定销路。其后日本迭次大幅度提高进口关税，对于进口的中国丝绸，日本政府宣布"征税由从价改为从量，较之从前所征税率，有加至三四倍不等"。[3]中国丝绸对朝输出"从此销路大减，统计每年销路不及从前十分之一"。[4]正如中国驻朝领馆之报告："中国南省绸货、麻布，本为输入朝鲜之大宗贸易。历年来情势变迁，一蹶不振，颇有江河日下之慨耳。"[5]

紧步日本后尘的是俄国。"俄国海参崴向销华缎甚广，税率亦甚轻廉"。1871—1900年间，俄国进口中国丝织品从0.424千普特，价值42.4千卢布，增长到5.0千普特，价值883.0千普特，30年里丝绸进口量增长了11.79倍；进口值则增长了20.83倍。[6]宣统元年（1909），俄国突然宣布对丝织品进口课以重税，"值百须抽数十"，致令中国丝绸业者视若畏途，望而却步。苏州所产"花缎一项，向以该国销数为最巨，自受加税影响，竟至绝迹"。[7]

浙江丝织业原与江苏齐名，此时亦因国外猛增进口华绸税率而外销锐减。光绪二十五年（1899），嘉兴地区外销绸缎2 775担，到光绪二十九年（1903）

[1] 东洋经济新报社编纂：《明治、大正国势总览》，第502表《朝鲜输移入重要品价额累年表》，东京东洋经济新报社1927年版，第498页。

[2] 《朝鲜庄绢织物之生产状况》（录民国十五年四月二十八日收驻朝鲜总领馆报告），中华民国外交部编：《外交公报》第59期，1926年5月。按：1910年，朝鲜进口丝织物价额为108.5万日元，1916年增加为120.8万日元，1923年增为560.1万日元，到1924年，已高达877.2万日元；分别占当年朝鲜商品输入总额的7.5%、5.3%、5.7%和9.0%（东洋经济新报社编纂《明治、大正国势总览》，第502表《朝鲜输移入重要品价额累年表》，东京东洋经济新报社1927年版，第498页）。

[3] 苏州市档案馆藏：《云锦公所呈请设立出口纱缎检查所函》。

[4] 《云锦公所为建议设立纱缎出口检验所事致苏州总商会函》（1928年10月2日），苏州市档案馆藏。

[5] 《朝鲜对于我国商品之需要状况》（录民国十三年［1924］二月十七日收驻朝鲜总领馆报告），《外交公报》第34期，1924年4月。

[6] 吉田金一：《ロシアと清の贸易について》，《东洋学报》第45卷第4号（1963年3月），第63页；转引自滨下武志：《中国近代经济史研究——清末海关财政と开港场市场圈——》（东京大学东洋文化研究所报告），汲古书院1989年版。

[7] 苏州市档案馆藏：《苏州总商会致北京政府农商部函》。

陡降至 228 担，不及过去的十二分之一。杭州在光绪二十五年外销绸缎 4 193 担，次年即减为 2 634 担，到光绪二十九年更降至 1 784 担。宣统以后，越发是"绸销无起色"。①

日本、沙俄等国相继对中国丝制品进口"叠加苛税"，这是其他资本主义国家行将采取同样措施的先声和预警。这一严重信号宣告了中国传统丝绸业对外贸易的黄金时代已经难以为继，随之而来的将是更为剧烈的国际竞争和更为严苛的关税壁垒。果不其然，进入民国以后，情形更为严重，各国纷纷"重征华绸入口关税，甚者乃至值百抽百之外，再加销场税一成，务使此项商人备受折阅，不敢经营。"②广大丝绸业者为此叫苦不迭："吾国丝绸业乃愈益困顿，濒于危殆，不可终日。"③

二、"洋绸"倒流中国

在国内市场上"洋绸"的横行无忌，也许比丝绸出口受挫更能说明中国传统丝绸业所面临的严峻挑战。

由于国家"税率误订，约章束缚"，④中国民族工商业身受着种种不平等条约的束缚，失去了海关关税壁垒的保护，在应对外国强行增加进口关税之时，不仅无法"以其人之道还治其人之身"，相应提高洋货的进口关税以作报复，相反只能眼睁睁地看着洋货在交纳了极其轻微的海关税和"子口税"之后，便可在中国的口岸和内地、城市和乡村销行无阻，实在无异于"为洋货求销路，而塞国货之源"。⑤

在这个问题上，中外之间在科学技术和生产效率上不断拉大的差距，又使得中国不仅在新兴产业方面远远落在后头，而且连一些向来占据优势的传统行业也很快丧失了领先地位。随着先进资本主义国家丝绸科技的突破及其随之而来的丝织工业发展，它们不仅在国际市场上加强了与中国丝织品的竞争，而

① 《海关华洋贸易情形论略》，"杭州口"。
② 苏州市档案馆藏：《云锦公所为报告丝绸税率情况致税法平等会函》。
③ 苏州市档案馆藏：《调查国外丝织品征税率及当地人民好尚表》。
④ 苏州市档案馆藏：《中华国货维持会致各公团书》。
⑤ 王介安、王文典：《加税裁厘意见书》，苏州市档案馆藏。

且把这种竞争延伸到中国国内市场。"洋货销路愈广,土货销路愈绌。若不急为变计,加以提倡,诚恐小民生计日蹙,而工艺亦必无振兴之日。"①

到了光绪末年,丝绸这种向来以出口为导向的产品,也终于开始出现倒流。"洋绸"开始行销中国,有着数千年丝绸输出光荣历史的文明古国,如今变成了一个丝绸输入国。"进口之各国人造丝及丝织品、毛织品等项,均为攘夺吾国蚕丝之敌货,历年输入有增无减。"②以丝绸业最为发达的浙江省为例,光绪二十年(1894),中国输入"洋绸"283担,价值159 318海关两;到光绪二十七年(1901),"洋绸"进口激增为1 417担,价值1 335 972海关两,短短六年间,数量和价值分别增长了4倍和7.4倍。③虽然与同时期中国丝织品的出口相比,"洋绸"进口还有不小的距离,但是这种迅猛增长的势头愈演愈烈,从1902—1905年的四年间,"洋绸"进口居然又增长了8倍。"此类货品,半为本棉,半为蚕丝制成,为从来进口货之所无,实堪惊骇!"④

为了打入中国的丝绸市场,资本主义国家不惜挖空心思仿造中国的产品。外国的"制造业者和商人认为,要生产合乎中国市场需要的商品,必须不顾一切地模仿本地的样式,甚至模仿它们的缺点,模仿驰名的牌号和商标"。⑤早在19世纪80年代中期,英国伦敦的一家棉纺织厂主就曾经用丝光布代替中国的绸缎,仿制中国民间惯用的寿衣布。到后来,外国商人甚至连包装是用红纸还是蓝纸、捆扎是用白带还是黑带,都要考虑中国消费者的心理,力求投合中国消费者的习惯,"彼等对于材料、织工、花样、形色等等,皆加以深刻考究,总以迎合社会心理为必要条件。"⑥当时在中国市场上比较畅销的"洋绸",就是仿照中国的产品或者是吸取中国的经验制成的:"洋宁绸"仿制的是南京绸;"洋

---

① 《浙江巡抚聂缉椝奏请试办工艺传习所》,光绪三十一年(1905)四月初四日,《光绪政要钞本》,实业六。

② 国民政府档案:《全浙公会为华丝受日丝倾轧而衰落,特请求减免税捐以资救济致国民政府快邮代电》,民国十九年(1930)十一月二十一日。中国第二历史档案馆编:《中华民国史档案资料汇编》,第五辑第一编"财政经济"(六),江苏古籍出版社1992年版,第206页。

③ 杭州海关译编:《近代浙江通商口岸经济社会概况——浙海关瓯海关杭州关贸易报告集成》,浙江人民出版社2002年版,第326页。

④ 上海市档案馆藏:《中华全国商会联合会第一次大会文件抄录》。

⑤ 《英国领事报告》,1886年,芝罘口,第4页。

⑥ 《南京缎业之现状及其救济》,《中国实业》第一卷,1935年5月。

累缎"仿制的是苏州素累缎;"洋湖绉"则是仿制的湖州特产丝织品。

为了降低成本,在中国市场上行销的"洋绸"往往混用低于生丝价格的原料,如棉纱、麻线、人造丝之类;同时利用新型科技,对原料和成品进行化学新工艺处理,借以提高质量,眩人耳目,因此颇为中国的丝绸消费者们所乐用。"自洋商人造丝绸缎输入我国以来,我丝织厂商所造真丝绸缎光彩不敌,相形见绌,销路被夺,莫可抵御。"[1]输入中国的"洋绸"一般纯蚕丝者少而蚕丝与棉纱混织者多,成本较轻;又系用机器织造,与中国绸缎相比门幅较宽,价格特廉。1906年时,法国出产的门幅33英寸的有色丝织物,每市尺售价约0.68元;门幅29英寸的花纹丝织物,每市尺售价约0.57元。与之相比,同年,幅宽22寸的苏州摹本缎每市尺售价为0.80元,杭州素缎每市尺售价为0.78元;较为稀薄的纱类丝织品,苏州每市尺售价约0.60元,杭州约为0.54元;幅宽仅14寸的湖绉,每市尺售价也要0.32元。[2]在1908年的温州市场上,本地生产的"瓯绸"每丈售价2.5—3.2元,官纱每丈售价3.5元,而"洋绸"每丈售价仅1.5元,"洋湖绉"的售价也不过每丈2元。[3]

当时的市场上还有一种"泰西缎",俗称"羽毛绸",经纬均系丝光棉纱织成,成本极低,然而组织紧密,而且经过烧毛轧光的新工艺处理,外观与纯丝织物一般无二。幅宽32英寸的"泰西缎",售价只有中国丝绸的三分之一甚至十分之一,在内地每市尺约为0.17—0.22元;通商口岸附近则更加便宜,上海一带每市尺售价仅0.12元。一时间,"几致无处不售泰西缎者,亦几致无人不服泰西缎者"。[4]时人言此,倍感痛心:"曩年外国泰西缎输入以后,吾国人争相购用,以炫新奇,故业是者,乘机而起,风动一时。及至清末,国货绸缎,几至无人顾问,欲求一注意织造、以谋抵制者,阒无其人。"[5]

---

① 国民政府工商部档案:《江浙丝绸机织联合会致工商部电》(快邮代电),民国十九年(1930)七月十五日。中国第二历史档案馆编:《中华民国史档案资料汇编》,第五辑第一编"财政经济"(六),江苏古籍出版社1992年版,第192页。
② 苏州市档案馆藏:《苏州七襄公局绸缎价目表》,光绪三十二年(1906)。按:"七襄公局"为清代苏州绸缎商人的同业组织。
③ 《浙江丝绸史料简编》。
④ 《海关华洋贸易情形论略》,"杭州口"。
⑤ 纬成公司编印:《纬成股份有限公司纪实》,1928年。浙江省图书馆孤山分馆藏,索书号:675.4 / 2495.5。

威胁最大的，还要数近在咫尺的日本丝织物。新式织机的引进，生产方式的变革，促成了近代日本丝织业生产的连续飞跃。第一次飞跃，发生在明治十九年（1886），当年，日本丝织业的生产额达到 7 795 434 日元，超过了棉织业的生产额 7 348 447 日元，被称为日本丝织业近代化的"第一步指标"。① 此后，在日本织物业中，丝织业生产额超越棉织业生产额的情况，除了明治二十二年（1889）以外，自明治十九年（1886）以降迄至明治四十四年（1911）持续不变。这种情况，直到大正元年（1912）以后才发生变化，而在对外输出方面，丝织品比棉织品占优，更要继续维持到大正四年（1915）。

完成了生产方式转型的日本丝织业，立即在国际市场上大展拳脚。丝织品的输出值，明治元年（1868）只有 0.512 千日元，明治十年（1877）增长为 2 千日元，此后便步入了增长的快车道，明治十五年为 27 千日元，明治二十年为 149 千日元，明治二十五年为 4 460 千日元，明治三十年为 9 853 千日元，速度着实惊人。② 国际贸易自有其规律，在这一交易市场上，顾客就是上帝。人家在"日新月异，随时进步"，自己却"墨守成规，不求精进"，当然不能令人满意，这就难怪"竭力改良，投其所好"的东洋人会乘虚而入，喧"宾"夺"主"了。

日本丝织品的海外市场，主要是欧美国家，但作为它的近邻，素来号称"丝绸之国"的中国，也感受到了它的冲击。甲午战争以后，日本丝织品先是在华北市场上打开缺口，其后在整个中国城乡横冲直撞，"适应了中国大众购买力低下的现实。尽管对日本产品有着模仿欧美、品质粗劣等种种责难，但无论怎么说都凭借其廉价的魅力，在与欧美制品的竞争中并未败北，不断地开拓着市场"。③ 1900 年左右，有一种以蚕丝作经，棉纱作纬的"东洋缎"，开始输入中国，在中国"市场上销行最广，外观优美，不亚丝货，而价格尤廉"，成为盛销一时的舶来品。著名的苏州纱缎，原来"销路以北五省为大宗，自庚子以后，该处盛销'东洋缎'，而销路遂夺于日商"。④ 素以色艳质坚而著称的镇

---

① 山田盛太郎：《日本资本主义分析》，岩波书店 1966 年版，第 5 页。

② 原据日本对外贸易年表及月表统计，转引自东洋经济新报社编纂：《明治大正国势总揽》，东洋经济新报社创刊三十周年纪念出版第二辑，1927 年，第 484 表。

③ 角山荣：《外壁としての物産複合——川勝氏の物産複合理論に寄せて》，滨下武志、川胜平太编：《アジア交易圏と日本工業化（1500—1900）》，东京藤原书店 2008 年版，第 220 页。

④ 苏州市档案馆藏：《云锦公所各要总目补记》。

江"江绸"，向来为北方各省人民所深爱，此时也显露危象："自洋货丝织品输入后，江绸之销路日狭。"① 浙江濮院的濮绸，形如湖绉而轻便过之，本来价廉销广，也为日本绸缎所攘夺而销路渐滞。在杭州，"主要制造业为织造绸缎，近几年因洋缎输入，此业颇受影响。洋缎很受中国妇女的欢迎，因其光泽比较好。……据估计几年以前靠做织绸匠为生的有五万人，此数现已减为二万人了"。②

如果说，在此之前洋纱洋布的输入尚难以侵夺丝织品的消费圈，因而不曾怎样引起中国丝绸业者惊恐的话，那么，此时的"洋绸"倾销，则无法不令其感到难以忍受的切肤之痛。这种荣华逝去的感喟，在苏州云锦公所的文件中表现得淋漓尽致："各国将中国原料，携往贩至国外，制成品质，复运至中国倾销，无不大获厚利……吾国自供自给而有余，反有舶来品与吾国货竞争销售，致中国古有土法物品，完全被外货摧残殆尽，即以吾丝绸缎而论，亦受中外通商，物资交换，贱去昂来，剥削日极。时至光绪末叶，政、工、商各界，已感无生活安定如前十年之逸乐矣。"③ 丝绸业者不由得忧心忡忡："前之受我国供给者，今且输入我国，岁数百万。不急起而直追之，衰败将莫知底止。"④

三、"墨守旧法，昧于世变"

就在中国丝织生产仍然在传统轨道上颠踬徘徊之时，国外已经在发生着翻天覆地的变化。兴起于19世纪后半期的以电力运用和化学工业为标志的第二次产业革命，使得资本主义国家的科学技术和工艺制造出现了新的飞跃，丝绸工业更是洗尽了往日铅华，展现出全新风貌。在"各国工艺大兴，研究织造，推陈出新，日有进步"⑤ 的大趋势下，中国丝织业者的反应并不机敏，正如时人所痛切指出的那样："国内织造厂家，尚多墨守旧法，昧于世变，不知随俗转

---

① 《镇江工业》，国民政府实业部调查局编：《中国实业志》，江苏省，1933年。
② Decennial Reports, 1902—1911, Vol. II, p. 49.
③ 佚名：《纱缎业沧桑回忆录》（约20世纪40年代），苏州市博物馆藏。
④ 《改良浙江绸业计划书·改良浙江绸业说帖》，浙江劝业公所1912年刊行。浙江省图书馆孤山分馆藏，索书号：675.4/3234。
⑤ 苏州市档案馆藏：《调查国外丝绸品征税率及当地人民好尚表》。

移，以投其所好，遂至销路日蹙。"①

这种"墨守旧法，昧于世变"，表现在以下几个方面：

第一，丝织工具"抱残守缺"。19 世纪后半期，以法国为代表的欧洲丝织生产，广泛使用"可由机械进行精巧纹织"的"贾卡"式手拉提花丝织机（即 Jacquard mashine）②，美国丝织业则已经推广应用了动力织机。到 19 世纪末，动力织机在欧洲丝织业的运用也日渐普及。明治维新后的日本，首先从欧洲引进了"贾卡"式手拉提花丝织机，加以仿制、改进和推广，并创造出更为适用的提花机龙头，运用起来比旧式投梭织机提高工效 4 倍以上。在日本，"明治十九年，现东京高等工业学校机织科长高力直宽氏，改用法国式提花机，转相传授，旧机渐废，新机益多，仅阅十数载，而输出丝绸价额已达墨（西哥）银（元）一百兆元之数。"③其后，日本又及时引进了欧美的动力丝织机，在欧洲技术的基础上，明治三十年（1897）丰田佐吉试验木制动力织机取得了成功④；明治三十三年（1900），津田米次郎完成了对欧式电力织机的仿制与改造，成功地做到了电力织机的国产化。⑤ 在此之前，日本的动力丝织机都是从国外购得，价格高昂，一般丝织业者难以问津，待到动力织机国产化后，普及速度明显加快，到大正年间日本丝织业中电力织机已经相当普及，电力织机的产量已经占到丝绸生产总额的半数以上，丝织生产呈现出焕然一新的气象，"手工业皆改成机械工业，采用机器纺织，管理既便，成本又轻，生产量多，故能充斥市场，低价出售"。⑥

而在丝绸发祥地的中国，丝织工具仍然是明代《天工开物》上的那副老面孔，直到 20 世纪初年，数百年前就已经定型并且广泛使用的手投梭式木制织

① 苏州市档案馆藏：《调查国外丝绸品征税率及当地人民好尚表》。
② 1801 年，法国人 Joseph Marie Jacquard 发明了一种具有自动经丝开口装置的纹织机。这种织机采用在纸板上穿孔，制成穿孔卡片一样的纹版，以这一纹版的孔来操纵经丝，织造丝绸纹样的方法，可以一个人织造复杂的纹样，省去千百年来高机（花机）生产中的纹织工。由于这一发明，丝绸的纹织生产取得了飞跃的进步。
③ 浙江劝业公所刊：《改良浙江绸业计划书·改良浙江绸业说帖》。原书藏浙江省图书馆孤山分馆，索书号：675.4/3234。
④ 高桥龟吉：《日本近代经济发达史》第三卷，东洋经济新报社 1982 年，第 6 版，第 551—552 页。
⑤ 金泽商工会议所编《金澤の絹織機械》，金泽商工会议所发行 1936 年版，第 2—15 页。
⑥ 辻村次郎：《日本近代染织史》，岩波书店 1956 年版，第 352 页。

机，仍然在丝织生产中扮演着独一无二的角色；操作方法也是一仍其旧，"自始至终，未加改良，仍墨守陈法，闭门造织"。当时，一个受海关税务司委托，前往江南地区调查丝绸生产现状的外国人这样记述道："织造提花缎纹织物，要有两个人上机，织匠常常使唤他的学徒作为助手，助手坐在织机顶上提拉通丝线，而织匠则在下面配合进行梭织。"[①] 呈现在人们面前的，宛然还是那幅明朝人宋应星在《天工开物》中所描绘的图画。使用这种旧式投梭织机，费工多，效率低，"出品迟缓"，据时人测算，"织成一匹长五十英尺（约合17.5米）的成品缎，要十至十二天"。[②] 与之相比，国外使用改进型的手拉提花织机，可提高工效4—5倍。时人痛苦地承认："我国织机，织有花绸缎，以两人运动一机，每日成缎仅六尺或七尺不等。若用法国式手织机械，每人每日可成缎十二三尺。我国工价虽廉，四与一比，究不能敌。"[③] 若是采用当时已经崭露头角的电力丝织机，则工效更要高出10倍以上。劳动生产率高低悬殊，竞争胜负可想而知。中国丝织业者自己承认：使用旧式木机织绸，"成本大而产量少，与新潮流不能适合，故逐渐入于淘汰之途"。[④]

第二，丝绸品种"昧于时变"。一方面，国外丝织品使用机器织造，不仅门幅较阔，且"组织千变万化，月异而岁又不同。人情厌故喜新，争相购取，而洋绸之销路乃日广"。[⑤]反之，中国丝绸生产使用手工织机，限于人力投梭的生理极限，丝织品大多门幅狭窄，一般只及国外丝织品的一半，"不合外国妇人裁衣之用"，在国际市场上日渐受到冷落。[⑥]时任驻英使馆商务委员的周凤岗记其所见所闻：中国丝绸"虽所织绸料坚厚耐久，而染色既多滞暗，图式又无规则，且织机皆用手工，绸料能长而不能宽，不合外洋衣服尺寸，故闻有贩卖中国绸料来英者，大半不能行销"。[⑦]19世纪后期，"为了供应西洋需要，山东茧绸织

①② Imperial Maritime Customs Ⅱ. Special series No. 103: Silk. Published by order of the Suspector General of Customs.

③ 《改良浙江绸业计划书·改良浙江绸业说帖》，浙江劝业公所1912年版。

④ 《南京之丝织业》，《工商半月刊》第四卷，1932年12月。

⑤ 浙江劝业公所刊：《改良浙江绸业计划书·改良浙江绸业说帖》。原书藏浙江省图书馆孤山分馆，索书号：675.4/3234。

⑥ 苏州市档案馆藏：《调查国外丝绸品征税率及当地人民好尚表》。

⑦ 《农工商部转发周凤岗条陈札》附：《周凤岗关于改良丝茶禀》（光绪三十四年［1908］九月十六日），华中师范大学历史研究所、苏州市档案馆合编：《苏州商会档案丛编》第一辑，武汉：华中师范大学出版社1991年版，第341页。

造业——一项至少有三千年之久的生产事业——曾经有过一番发展"。但在此期间,"每匹绸的长度已由二十码增至五十码,这就是可供记述的唯一改进"。①浙江湖州的丝织业者们因此认为:"机械上科学方法上未能与外货炫新斗异",是吾国丝织业在市场竞争中处于下风的"症结所在"。②

另一方面,随着新科技、新工艺和新原料的不断采用,国外丝织品的花样翻新,天然丝织品,天然丝与人造丝交织品,蚕丝与棉纱交织品,蚕丝与麻线交织品,乃至丝光棉纱织品等等,层出不穷。这类新的丝绸品种,"不但成本低廉,而且美丽鲜艳,更能充分发挥丝绸轻柔坚美的特长"。③此类新型丝绸品种输入中国,"内地人士喜其光泽、花样之新鲜,杭缎销路遂大受影响"。④而中国丝绸生产仍然全以农民手工缫制的土丝为原料,主要生产纯蚕丝织物,经纬先染后织,工序繁复;品种缺乏创新,历久不变。产品虽有一定特色,但"定价高昂,行销不易普及,亦为大病"。⑤正如时人所论:"我国之绸,仍用旧法所织,西人虽亦爱之,然终嫌其质粗色黯,经纬线缕粗细不匀,挑丝疙瘩触目皆是,稍一揉弄,即已起毛。凡此诸弊,不能改良,绸缎一业,无望行销于外国也。"⑥不仅如此,更为令人担忧的是,"即如中国国内之丝绸消费,也大有舍此就彼之趋势"。⑦

两相比较,中国丝绸生产的每况愈下并非无缘无故,"实日本绸缎品质改良,能凌驾中国货品之上,且售价低廉之故。因彼等对于材料、织工、花样、形色等,皆加以深刻考究,总以应和社会心理为必要条件。反观吾国,则犹是数百年来之陈法,毫未改良,因此销路渐少,营业不振"。⑧

第三,工艺技术"墨守成规"。中国传统手工业的技能传授和生产发展,有

---

① Decennial Reports,1902—1911,Vol. I,p. 229.

② 国民政府行政院档案:《王柳樵等为救济绸业请免各项捐税致行政院呈文》,民国十九年(1930)十月二十八日。中国第二历史档案馆编:《中华民国史档案资料汇编》第五辑第一编"财政经济"(六),江苏古籍出版社1992年版,第199页。按:王柳樵等为浙江吴兴丝织业代表。

③ 振亚丝织厂厂志编写组:《振亚丝织厂厂志》(未刊本)。

④ 《江苏实业厅为抄发葛文灏考察报告转劝各商急图改良丝织事致苏商总会函》(1919年7月31日),《苏州丝绸档案汇编》下册,第778页。

⑤ 杨荫溥:《西湖博览会与吾国丝绸业》,《东方杂志》第二十六卷第10号,1929年。

⑥ 凤荣宝:《密拉诺万国赛会物品评议》,《商务官报》第二册第十二期。

⑦ 杭州市工商联编:《杭州丝绸史料》,(未刊本)。

⑧ 《南京缎业之现状及其救济》,《中国实业》第一卷,1935年5月。

其独特的路径与方向。绝大多数手工行业的技能传承都采取拜师学艺、师徒相传的方式，对外高度保密，师傅们因怕徒弟"抢饭碗"，不可能将绝技悉数传授，许多行业的祖传妙方或绝技更规定只能父子相传，且有"传子不传女"、"传嫡不传庶"之说。由于高师绝嗣、或所传非人等情况时有发生，导致某种高妙的技术、工艺常有失传之虞。因此，虽然中国传统手工技艺门类众多，历史悠久，出现过一代又一代技艺高超的能工巧匠，谱写过中国手工业生产的辉煌篇章，但手工业技艺传习制度上的这种保密传统，同时也造就并强化了中国手工业发展的保守趋向。

在日趋激烈的市场竞争和传统陈规陋习的双重压力之下，中国丝织业同行之间相互实行技术封锁的现象十分突出。以技术要求较高的"挑花"业为例，"这种挑花技艺，作为一种家传秘法，是在特定的家庭中代代相传的"，甚至有着"其法传媳不传女"的严格规定。① 日本人根据实地调查所著的《支那开港场志》一书中记载：中国江南地区丝织业中的"挑花技术，极其保密，决不传授于他人，而只传授给居住于同一室的继承人。据说在杭州只有一个姓杨的人。在苏州，虽然据传有二十多人，但其中有名者也不过五、六人"。② 浙江劝业公所刊《改良浙江绸业说帖》说得更加严峻："我则墨守陈规，匪特机杼未能别开，即原有之提花法，知之者亦仅杭州一人、苏州三人而已。"③

与之形成鲜明对比的是，也就是在这一时期，国外已经对丝绸生产过程中的"挑花"技艺进行了根本的改造，"在用提花织机进行纹织时，是采用方格纸上一个孔眼作为一根丝，按比例放大，将图案描成意匠图，再据此用纹版穿孔机穿孔制作纹版"。④ 欧美及日本等国的丝织生产纹版制作，都已经进入到工业化生产阶段，由机器操作，大批量生产，大大节约了丝织生产的人力和物力，成本降低，效率提高，并且为新产品的创制与推广提供了便利。"洋绸组织，千变万化，月异而岁又不同。人情厌故喜新，争相购取，而洋绸之销路乃

---

① 《海关特种报告·江南蚕丝业调查》，1883年。
② 外务省编纂局编：《支那开港场志·苏州》，1908年印行。
③ 浙江劝业公所刊：《改良浙江绸业计划书·改良浙江绸业说帖》。原书藏浙江省图书馆孤山分馆，索书号：675.4/3234。
④ Imperial Maritime Customs Ⅱ. Special series No. 103：Silk. Published by order of the Suspector General of Customs.

日广。"①

在专业祖传、技术保密的旧俗之下，一方面，丝绸生产的各行各业均将自己的特有技艺视为禁脔，"他人不得模仿"，任意抬价居奇，妨碍了丝织技术的相互交流、借鉴与创新。南京有一丝织机户，专门织造五彩漳绒和金绒地毯，"出品鲜丽，为富室装潢品，每尺价格约在七八元，都销外洋。因工程精细，工作神秘，未能普及，为可惜也"。② 另一方面，又走到了相反的极端，由于缺乏必要的法规，技术上的发明创造得不到应有的奖励和保护，也使人们淡漠乃至丧失了创造发明的冲动和热情。时人指出："受此影响……丝织工人生计日趋于艰窘，丝织营业日趋于消极。消极之结果，贸易愈衰，剥利愈重，于是抑丝价抬绸价，出货少，销路滞，花样旧，原料绝，陈陈相因，其衰败殆无底止。"③

第四，经营方式"因循守旧"。鸦片战争以后，绸庄、绉庄等商业资本加速向丝织生产过程渗透，"在全国各大城市广设分庄，开辟商路；在省内各机坊集中产地，设收货处，贷料、贷款、收货，叫做'放料机'"。据说"丝织工业生产，极大部分为商业资本所操纵。……机户（坊）有的做绸庄放料的'料机'，有的向绸庄预支货款做'应机'"。④ 在这种生产经营形态下，分散型家庭劳动仍是国内丝织业生产的主导方式，"缎号各自经营，无工厂公司之设立。虽间有欲创新式工厂，招致织工，使用铁机，以图制造新式丝织品者，然其事业，尚在萌芽时代，且加之政局时变，缺乏资本，至今未能实现"。⑤ 这与世界丝绸生产经营管理方式的前进步伐相比，已经慢了好几个节拍。

这种商业资本控制丝织手工业者的产业组织形态，尽管曾经作为传统生产经营方式的异化物而发挥过进步的历史作用，但是此时此刻已经显得陈旧与落后，因为它与之比较的对象发生了变化。鸦片战争以前，与国内行会手工业的生产经营方式相比，它具有突破行会手工业桎梏，解放生产力的作用；此时与

---

① 浙江劝业公所：《改良浙江绸业计划书·改良浙江绸业说帖》，1912 年刊行。

② 《南京缎业之现状及其救济》，《中国实业》第 1 期，1935 年。

③ 《江苏之丝织模范工场》，《农商公报》第 28 期，选载，1916 年 11 月，第 23 页。

④ 求良儒：《近代浙江丝绸业民族资本的发生与发展》，浙江省政协文史资料委员会编：《浙江文史资料选辑》第 32 辑，浙江人民出版社 1986 年版。

⑤ 《南京丝织业调查》，《工商半月刊》第三卷，1931 年。

国外资本主义工厂制生产和国内近代资本主义企业相比，就未免显得有点不合时宜，难以起废振颓。"我国机业，无工场之组织，散聚无定，作息不时，有以过劳而病者，有以放浪不事事者，机工废业而绸庄乏货，是工商两病也。"① 更何况，在国内丝绸生产中，还有难以计数的城镇独立手工业者和农民家庭兼业者，他们"大都于家庭中，置木机从事织造，既无工场，又无组织，各事所事，全不相犯"。② 这种个体小商品生产与资本主义的社会大生产相比，"其竞争胜负，实不待蓍蔡可知矣！"

　　这种传统生产经营方式已经不利于丝织生产工具的改进和生产技术的提高，不利于与"洋绸"在国际国内市场上展开竞争，不利于重振中国丝绸行业的雄风，也无法适应当时世界新技术革命的潮流，"既乏竞争之力，即存消极之心，工艺无意改良，营业仅求敷衍，致对外受洋货之排挤，丝织营业日趋于消极"。③ 它将无可避免地走向没落，被新的生产经营方式所代替。

本章小结

　　蚕桑丝绸生产这种固有国粹所呈现出的每况愈下之势，凸显出中外之间正以加速度拉开的巨大差距，清楚不过地表明了中国传统丝绸业正处于"或灭或兴"的危急关头。

　　鸦片战争后急剧变化的国内经济政治状况和国际市场需求，使得长期形成的中国丝绸生产的制度基础和技术范式，已经在历史转折中遭遇了危机。一方面，任何制度安排和技术规范都有其内生性缺陷，随着时间推移，其边际效用递减，而矛盾不断加剧，如果没有不断的进步性变革，会原生性地导致其框架最终无法修补，发生崩塌；另一方面，在全球化演进和世界市场扩展的时代大潮下，国际竞争日益激化，产业变迁更加迅速，因此激发了许多新的矛盾，并使既有矛盾急剧尖锐化，从而进一步加快了原有产业结构的老化速度和不适应

---

① 浙江劝业公所：《改良浙江绸业计划书·改良浙江绸业说帖》，1912 年刊行。
② 《江苏丝织业近况》，《工商半月刊》第七卷，1935 年。
③ 《江苏之丝织模范工场》，《农商公报》第 28 期，选载，1916 年 11 月，第 23 页。

性。于是，越是牢牢抓住过去那种范式的生产和经营，就越是难以适应正在发生剧烈变化的国际国内环境。

19世纪末20世纪初中国传统丝绸业多重危机的显现，以及在与欧美、日本的竞争中日趋败落，固然有各国政府的指导思想和现行政策方面的原因，但是从根本上来说，还在于中国传统丝绸业所赖以安身立命的，实际上是曾经辉煌、但业已没落的农业文明。尽管这一文明曾经创造过令人赞叹的古代灿烂文化，但到此刻已经步履越来越迟缓，脚步越来越沉重；而欧美、日本所凭恃的则是如日方升的工业文明，这是一种"勇猛精进求高求大求强求全"的进取的文明。以分散狭小、老迈龙钟的农业文明与雄厚宽广、充满活力的工业文明相对抗，以消极知足、散漫迟缓的精神状态与积极竞争、刚猛奋进的思想境界相较量，怎不相形见绌？！中国传统丝绸业所依附的农业文明既然远远不是近代工业文明的对手，那么，"皮之不存，毛将焉附"，中国传统丝绸业在与外国近代丝绸工业的竞争中一败再败，又有什么可怪？！

早在张骞通西域、甘英使大秦时代就已经蜚声海外的中国丝绸生产，一向被人们视为民族自豪象征的中国丝绸生产，此刻犹如被浪涛抛上沙滩的巨鲸，奋力扭动着它那庞大的身躯，苦苦地挣扎，试图摆脱它所面临的可怕命运。

中国丝绸业的危急境遇令朝野有识之士深感忧虑，苦思补救之法。19世纪七八十年代，即有一些洋务大员和外国商人曾经几度设想在上海等地"试办新型机器织绸工厂"，试图以此提高丝织品质量，打开在欧美市场的销路，但终因种种人为和技术方面的原因而未能实现。①世纪之交以来，"试验新法，开通风气"、"用机器考求纺织"等呼声越发不绝于耳。光绪三十四年（1908），"游学东瀛，毕业归国"的江震高等小学堂校长费元煴"试创栽桑新技术"，据说"自栽桑以及缫丝，皆有新法试验。实地练习，较之俗传土法，获利倍蓰"。为"设法提倡"，他上书苏州商务总会："欲以栽桑为育蚕之先导，即以栽桑为开垦之始基。……拟于今春将育蚕新法，先行购桑试办，俟有头绪，再为集合公

---

① 1882年8月，有恒洋行与华商胡培基共同出资创设"有恒织造绸绫纱缎并印染公司"，计划募集资本30万两（招股3 000，每股100两）。9月，江苏巡抚卫荣光指令上海道邵友濂采取断然措施，阻止"有恒织绸公司"成立。11月，两江总督左宗棠再次重申，有恒织绸公司"不许开办"（参见 **North China Herald**，1882年9月15日；《议禁缫丝》，《申报》1882年11月15日）。

司，推行育蚕垦荒事宜，以尽地利而兴实业。"① 宣统元年（1909），浙江菱湖商会会董孙志瀛提出振兴丝绸业的方案："宜设纺织公司，以收利权。今欲以组织完善之丝，有由原料国进于制造国之希望，莫如考求纺织，择其丝最多地方，遴选智巧机匠一二十人，赴法、意、日本三国，延聘教习，从学数年；一面招集股本，倡设公司，酌量仿制。"他特别强调："仅恃功令，以为劝课，不如丝业家结合团体，随地补救，较有效果。值此商战剧烈时代，诚不能不早自为谋。"② 然而，迄至清末，"虽间有欲创新式工厂，招致织工，使用铁机，以图制造新式丝织品者，然其事业，尚在萌芽时代，且加之政局时变，缺乏资本，至今未能实现。"③ 在浙江，当地政府眼看绸业萧条，1905 年开办浙江工艺传习所，主要设置染织等科，提倡采用日本制造的提花龙头手拉织机，但民间丝织业者及其同业组织观成堂绸业会馆兀自心存观望，无人起而响应。直到辛亥革命前夕，农工商部札行上海、杭州、苏州等商务总会，组团赴日"考察实业"。苏商总会十分重视，"开会议决，举定杭祖良、苏绍炳两员随往"，后又提议将"向为纱缎庄，熟悉工商情形之吴菊生加入团内，协同前往考察机织一切，以资研究"。④ 此三人均为丝织业界重要人物。考察团原定 10 月 24 日出发，终"因武汉告警，金融恐慌"而未能成行。⑤

　　在时局变迁、危机显现的形势下，中国丝绸业行将迎来一个新的发展与演变时期。

① 《江震商务分会为费元煊试创裁桑新技术立案保护事致苏州商会牒》（光绪三十四年［1908］四月十三日），苏州市档案馆编：《苏州丝绸档案汇编》（下），江苏古籍出版社 1995 年版，第 751 页。
② 《农工商部为抄发孙志瀛禀请邀丝商统筹改良丝业办法致苏商总会札》（宣统元年［1909］五月初四日），《苏州丝绸档案汇编》，第 755、753 页。
③ 《南京丝织业调查》，《工商半月刊》第三卷，1931 年 1 月。
④ 《苏商总会禀报赴东名单致农工商部电稿》（宣统三年［1911］三月十七日），《苏商总会为增补考察团员事致沈仲礼函》（宣统三年七月二十七日），《苏州商会档案丛编》，第一辑，第 373、378 页。
⑤ 《赴东考察实业团布告延期出发函》（1911 年 10 月 18 日），《苏州商会档案丛编》第一辑，第 379 页。

第十章
国际竞争与主要对手
——作为竞争者和参照系的日本丝绸业

日本的植桑养蚕和制丝织绸传自中国，历史上曾长期作为单向输入国，从中国进口生丝和绸缎。大约在秦汉时代，随着中国蚕桑丝绸生产技术的传入，日本的蚕桑丝绸生产开始发轫，并通过与中国的长期交流而获益良多，不断汲取改良与进步的动力，使本国的蚕桑丝绸生产培育和生长起来。时至江户时代，日本丝绸业已经在一定程度上完成了对中国丝绸的进口替代，进而开始了两国丝绸产业的相互竞争。

幕末开港后，尤其是明治维新后，日本根据国内的资源禀赋及在国际市场上的比较优势，确定了大力发展丝绸产业以富国强兵的国策：一方面，在国内通过种种资本主义的改革措施，培育和扶持丝绸产业的发展，到 19 世纪末 20 世纪初，丝绸工业已经成为日本最大的工业部门，农村蚕桑业也已经纳入了资本主义的商品产销体系；另一方面，在国际市场上以中国作为其瞄准的目标，与中国丝绸业展开了激烈的竞争，成为中国丝绸业的主要对手。也就是在 19 世纪末 20 世纪初，日本丝绸业摆脱了长期追随中国丝绸业的地位，实现了对中国丝绸业的追赶与超越。近代中日丝绸业的激烈竞争关系之重大，结局之惨烈，影响之深远，不仅在中国和世界经济史上是罕见的，而且在相当大的程度上决定了中国和日本两个国家近代以后的不同命运。本章的内容是以同一时期内日本丝绸业的发展作为参照系，从他者的视角审视晚清中国丝绸业的发展历程，并通过两者比较来扩展思维，深化认知。

<h2 style="text-align:center">第一节
开港通商初期的日本丝绸业</h2>

在长期向中国学习、与中国贸易的过程中，日本本国的丝绸生产获得了长足进展。到近代日本被迫开港前夕，日本的丝绸生产已经从植桑育蚕、生丝缫制、绸缎织造和印染整理等各个领域，建立起一整套蚕桑丝绸生产的体系，并已经在产量、质量、品种、技术等方面具备了与中国抗衡的力量。这为以后日本丝绸业的近代化，奠定了必不可少的物质基础。"到 19 世纪中叶，日本已经不仅在丝绸生产技术上赶上了中国，而且开始试验一些在中国尚不为人所知的方法和技术。'座缲'机已经在群马和福岛地区使用，开始取代手挽机（hand-operated machine）。还有其他一些技术革新，包括蚕种冷藏和夏秋育蚕的发展。虽然中国的丝绸生产技术在总体上仍然较为先进，但在这一时期却没有表现出像日本这样的革新活力。而且，在日本，这些技术改良是与生产组织的变革相伴并行的。例如，早在 18 世纪中叶的群马地区，就已经建立起家庭以外的手工工场，实现了缫丝与蚕桑生产的分离，而在中国，这样一种功能性的分离直到蒸汽丝厂兴起后才开始出现。"①西方学者十分重视这样的变化，指出："在开放与西方的贸易之前，日本曾经有过一段内部刺激增长和蚕桑业革新的时期，而在中国则伴随着一个技术停滞和政府需求低落的时期。"他们认为，这种差别可能成为导致中日丝绸业在近代史上的不同命运的原因之一。②

在西方列强的坚船利炮打开中国大门的 13 年后，1853 年 7 月 8 日（日本嘉永六年六月三日），美国海军准将培里率舰队闯入日本江户湾浦贺港，强迫

① Lillian M. Li, *China's Silk Trade*: *Traditional Industry in the Modern World*（*1842—1937*）, Council on East Asian Studies, Harvard University: Cambridge, 1981. p.200.

② Lillian M. Li, *China's Silk Trade*: *Traditional Industry in the Modern World*（*1842—1937*）, Council on East Asian Studies, Harvard University: Cambridge, 1981. pp.200—201.

在锁国体制下"太平无事"①了 250 多年的德川幕府接受美国总统要求日本开口通商的国书。次年，培里再度来航，迫使德川幕府签订了《日美亲善条约》。英国、俄国也乘势胁迫，又于同年先后签订了《日英亲善条约》和《日俄亲善条约》。从此，日本放弃了长期奉行的"锁国"方针。与鸦片战争和《中英江宁条约》的签订标志着中国一个新时代的开始一样，"黑船来航"和《日美亲善条约》的缔结，揭开了日本历史上新的一页。封建的、"锁国"的日本被迅速地卷入到世界资本主义的体系之中。日本安政五年（1858），日本接连与美、荷、俄、英、法五国缔结了《友好通商条约》，正式开港通商，与各国自由贸易，由政治上的开放推进到了经济上的开放。日本丝绸业也进入到一个新的发展时期。

一、出口的增长及影响

（一）蚕丝、蚕种出口的增长

日本丝绸业在开港初期，经历了与中国丝绸业差不多的遭遇。日本染织史专家辻村次郎在《日本近代染织史》中指出："我国由于江户时代的锁国政策，各方面技术落后于欧美国家，是被蒸汽轮船的出现击破了太平之梦，遂于安政五年（1858）放弃了锁国政策，与美国订立《日美友好通商条约》。丝绸成为主要的出口物品。"②

表 10-1 幕末对外贸易总额及丝茶指标

年次	输出总计	生丝比率（％）	茶叶比率（％）	生丝数量指数	茶叶数量指数	生丝单价（圆）	茶叶单价（圆）
1860	4 714	65.6	7.8	100	100	337	12.9
1867	12 124	53.7	16.7	122	226	750	30.0

资料来源：《横滨市史》第二卷。据芝原拓自《日本近代化の世界史的位置》第 24 表改制。

能够引起西方列强购买欲望的，首先还是在国际市场上抢手的丝绸制品。

---

① 森山树三郎：《中国文化与日本文化》，人文书院 1988 年版，第 33 页。
② 辻村次郎：《日本近代染织史》，东京，1973 年版，第 212 页。

在德川幕府强制推行的"锁国"政策被美国舰队打破之后，日本丝绸业突然面对了一个从未有过的广阔的世界市场。

开港通商之后，生丝出口激增，以商港横滨为轴心，在其身后形成了一片扇形制丝业腹地。从1859年7月1日开港到1863年的短短3年半时间内，仅由横滨一港出口的生丝，甚至超过了1842年《江宁条约》签订后同样时间内中国生丝的出口。

当时，世界上最大的生丝进口国是法国，法国的里昂是欧洲丝绸生产的中心。法国丝绸业的原料，迄19世纪中叶，除法国南部有相当的蚕丝生产外，一直仰求于邻国意大利和奥地利的蚕丝，只从叙利亚、土耳其，其后也从中国和印度进口有限的生丝。但是，自50年代以后，由于欧洲蚕病的蔓延，致使当地蚕丝产量大减，法国丝绸生产发生了严重的原料恐慌，不得不在世界各地广为搜求。当时世界的头号蚕丝大国中国正值太平天国战争期间，西方商人为利润所驱使，尚且不避艰险，深入战火纷飞的江南地区求购生丝，又怎么会放过日本这个极富潜力的蚕丝生产国？日本恰在这一时期开港，可谓正当其时。于是，开港后的日本蚕丝经由外商贩运，源源不断地进入欧洲市场，销往法国里昂。当时横滨的生丝价格成倍上涨，据日本学者石井孝的研究，1857—1867年间，日本生丝价格上涨了6.2倍，蚕种价格上涨了13.1倍。[1]1866年，法国的《海关关册》上出现了直接来自日本的第一批生丝进口，日本国内生丝价格虽已上涨数倍，仍然仅及里昂丝价的一半。国际生丝行情的差价使外商获利其巨，竞相争购。

另一方面，急速兴起的美国丝织工业对生丝有着异乎寻常且增长迅猛的寻求，日本成为其又一个潜力巨大的原料产地。1859年横滨开港后，日本开始向欧美出口生丝，尤以对美生丝出口增长迅猛，从1865年的2.66吨，快速增加至1868年的38.64吨，3年里增长了13.53倍。[2]凡此种种，风云际会，刺激日本的生丝出口得以迅速增加。如下表所示：

---

[1]　石井孝：《幕末贸易史的研究》，日本评论社1944年版，第389页。
[2]　三菱合资公司资料课：《中国对美生丝贸易的变迁》，《资料汇报》第171号，1924年，第8—16页。

表 10-2　幕末日本生丝输出量与输出额

年　　代	数量（斤）	%	金额（两）	%
安政六年（1859）	487 625	100	1 175 176	100
万延元年（1860）	812 780	166.68	2 739 069	233.08
文久元年（1861）	927 424	190.19	2 555 126	217.43
文久二年（1862）	2 414 914	495.24	7 293 042	620.59
文久三年（1863）	1 294 719	265.52	4 453 833	378.99
元治元年（1864）	1 343 164	275.45	6 380 028	542.90
庆应元年（1865）	941 602	193.10	4 359 617	370.98
庆应二年（1866）	1 101 546	225.90	6 146 627	523.04
庆应三年（1867）	1 000 117	205.10	5 670 663	482.54

资料来源：据山本三郎《制丝业近代化的研究》，第14页，表1改制，计算。

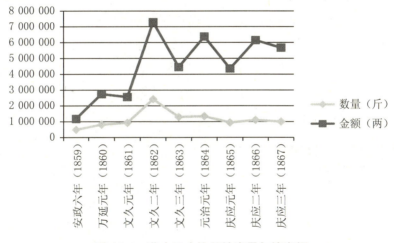

图 10-1　幕末日本生丝输出量与输出额

　　生丝输出的成倍增长，给日本的蚕丝生产带来巨大的刺激。应当指出的是，如此之巨的生丝输出量，并不全是从日本以往的生丝产量中扣除下来的余额，更多的是为了适应输出的需要而增产的部分。江户生丝批发行的账簿记载说："去戌年（文久二年［1862］——笔者注），大约增产五成，譬如前年产出量为一千个，去戌年则为一千五百个"；"尚亥年（文久三年［1863］——笔者注）

大约增产六、七成。"① 以身当此业的生丝批发行的所见所闻，可以测知各地的生丝产量，1862 年比上年增长 50%，1863 年又比上年增长 60%—70%。就是说，不过两年之间，日本的蚕丝产量已经翻了一番还要多。这一数据确实有点令人瞠目结舌。尽管对江户生丝批发行所推算的生丝产量增长率是否确实可以存疑，上述推算方法是否妥当也可商榷，但日本生丝产量的迅猛增长却是毋庸置疑的事实。

为西方商人所垂涎的不仅仅是生丝。在蚕丝出口急剧增长的同时，日本的蚕种也身份倍增，成为国际市场上的热门货。这是因为，以阿尔卑斯山脉为中心，横跨南法、北意和奥地利的欧洲蚕丝产区，当时正被蚕体微粒子病的蔓延所困扰。法国著名细菌学家路易斯·巴斯德（Louis Pasteur）发现，蚕病是经由遗传传染的，能够通过合适选择健康的蚕种来加以克服。由于本地蚕种不能使用，而外国出产的蚕种，特别是日本蚕种最能抵抗蚕病，因此养蚕业需要从亚洲输入蚕种来恢复和维持。日本蚕种的输出，在元治元年（1864）以前已在秘密进行，庆应元年（1865），德川幕府正式颁布蚕种出口许可令，蚕种输出成为合法，当年的蚕种出口量就比上年激增近 6 倍。到 1867 年时，与 1857 年相比，蚕种价格共计上涨了 13.1 倍。在这段时间里，蚕种成为日本的重要出口商品之一，每年都有大量输出国外。1864 年，蚕种外销量在日本出口贸易总值中只占 2.22%，到 1867 年激增至 22.81%，增长了 10 余倍。见下表：

表 10-3　幕末蚕种出口的数量与金额

年　　代	枚　　数	%	金额（日元）	%
元治元年（1864）	450 000	100	1 242 000	100
庆应元年（1865）	3 000 000	666.67	5 580 000	449.28
庆应二年（1866）	1 500 000	333.33	3 300 000	265.70
庆应三年（1867）	950 000	211.11	3 610 000	290.66
明治元年（1868）	2 400 000	533.33	11 280 000	908.21
明治二年（1869）	1 400 000	311.11	7 924 000	638.00

资料来源：据山本三郎《制丝业近代化的研究》，第 15 页，表 2。

---

① 山本三郎：《制丝业近代化的研究》，第 15—16 页。

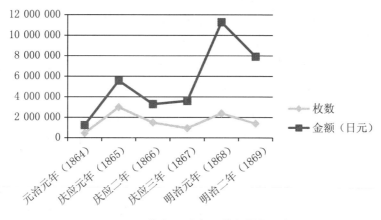

图 10-2　幕末蚕种出口的数量与金额

（二）生丝外贸对社会经济的影响

在蚕丝和蚕种出口剧增的刺激下，日本的蚕丝生产以前所未有的势头迅猛发展起来，迎来了一个名副其实的"黄金时代"。生丝产量迅速增长，农村经济立即活跃起来，广大农民受惠不浅，对蚕桑事业钟爱有加。和中国的农民一样，他们也亲昵地把蚕儿称作"蚕宝宝"，把饲养在蚕室里的蚕儿当作自己的家庭成员，视为招财进宝的宝贝。实际情况确也如此，在日本广大蚕区，因养蚕缫丝而发家致富的情况比比皆是。上州蚕区农民福岛家的现金收入，1857—1867 年间增加了 8 倍多。甲州蚕区篠原家的现金收入，开港第一年的 1859 年为 25 两，5 年后的 1864 年达到 859 两，增收 34 倍。

在此期间，从属于外国商行的日本买办丝商也已经出现。横滨的生丝推销商高须屋清兵卫，自 1860—1865 年，从英国怡和洋行贷款 88 万银洋，购买生丝，悉数转手卖给怡和洋行。① 其他商人和货主也纷纷照此办理。以至于有人断言：当时的巨商"岩崎（借钱）决不找日本人，一定依靠外商"；而"三菱的资金几乎出自亚美利加（一家美国商行——笔者注）"。不过，日本在开港以后虽然也曾出现过一些买办，但是并没有像中国在鸦片战争后那样形成为一个买办阶级。据依田嘉家的研究，原因如同前文所述，开港之前日本即已具有统一的全国流通机构，外国商人可以利用这个流通机构到日本的任何地方从事贸易，

---

① 历史学研究会、日本史研究会编：《讲座日本史》（5）《明治维新》，东京大学出版会 1978 年版，第 68 页。

而中国则尚未形成深入全国各地的流通机构，外人在华经商，没有买办的帮助可说是寸步难行。①

生丝对外贸易的突然增长，以及随之而来的生丝价格的急剧上涨，带给日本丝绸生产各部门的结果并不完全一样。与蚕桑业和制丝业从一开始就深受其惠的情况不同，由于生丝大量用于出口，供给国内丝织生产的原料大为减少，丝织业一度受到极为不利的影响。在传统的丝织业中心西阵，开港前每年得到生丝供应 20 000 捆，开港当年的 1859 年锐减至 8 000 多捆，数量减少了一倍多，而价格却比以前上涨了一倍以上。②西阵的"机屋"和独立丝织小生产者被迫歇业或缩减工作，这里在 1859 年春有 1 580 家"织屋"，1860 年初即减少为 668 家，失业贫困者有 1 000 多人。③西阵史研究专家吉田光邦写道："安政年间，日本不敌培里舰队的压力，被迫开国。当时输出品的第一位是生丝和茶，生丝的输出量且急剧增加。因此国内市场的生丝严重不足，这对于西阵来说也成了巨大的打击。"④另一个著名的丝绸产地桐生，开港后歇业的"机屋"也在增加，1859 年末失业贫困者已达 1 500 人，以致桐生领地 35 个村庄的代表不断向幕府提出申述，强烈要求禁止生丝出口贸易。⑤

日本丝织业在开港初期的这种遭遇，与中国丝织业差相仿佛而又不尽相同。原因在于，从总体上讲，此时日本的丝织业在技术、品种、生产能力、产品质量等方面仍然比中国同行落后，在国际市场上尚不是中国丝织业的竞争对手。此外，中国毕竟要比日本早开港 10 余年，中国丝绸业已经在国际市场上占有了相应的份额，提供了西方国家和亚洲国家所需要的大量绸缎，这种先发优势一时尚能维持。不过，日本丝织业的不景气，只是开港之初的暂时现象，用不了多久，当它以近代科技和工业文明武装了自己之后，情况就发生了根本的变化。

应当指出的是，日本开港以后，丝绸业立即开始在国际市场上与中国丝绸业展开竞争，已经表现出作为中国丝绸业主要对手的咄咄逼人的气势。当时的英国驻日领事阿尔考克（Rutherford Alcock，即中译阿礼国）曾经从日本发回国

---

① 参见依田憙家:《日中两国近代化比较研究序说》，龙溪书舍 1989 年版，第 50—52 页。
② 永原庆二:《日本经济史》，有斐阁 1973 年版，第 161 页。
③⑤ 《世界资本主义和明治维新》，青木书店 1978 年版，第 102 页。
④ 吉田光邦:《西阵の历史》，《西阵织——世界に夸る美术织物》，第 5 页。

内这样一个报告："就开港后最初一年间通商方面所实际达成的情况来看，日本与中国的制品相竞争，清楚地表明我国可以从日本得到品质和价格都较为有利的茶和绸。……（日本生产的）相当一部分高品质绸缎，能以比中国最好的丝织物还要高的价格出售，约值 1 镑 4 先令。"[1] 揭示了日本可能成为向来由中国所独占的世界茶叶与丝绸市场的强劲竞争者。事态的发展，不幸为其所言中！事实上，到 20 世纪初年，日本已经取代中国，几乎独占了美国的绿茶市场；丝绸方面也同样如此，下面我们很快就会看到。[2]

二、丝绸业生产方式的演变

（一）制丝业：由"赁挽"向"座缲"工场的移行

大约与外国资本的蒸汽动力缲丝工厂开始在中国出现的同时，日本开港后不久的 19 世纪 60 年代初，也已经有法国商人从本国运来机器设备，在横滨设立缲丝工厂，原料由幕府负责供给，每月提供蚕茧 6 000 斤。法国的一家洋行还通过贷款的方式，在山梨县开设了第一家使用蒸汽动力的缲丝厂，并按照合同取得了该厂出产的全部生丝。这种做法随后为其他外国商行所仿效。这虽然表明了外国资本企图直接控制日本蚕丝生产的意向，但是它所提供的先进的蒸汽制丝技术和经营管理方法的实例，则成为日后日本制丝业发展的模型。

更值得注意的是，与对外开放促进了中国丝绸生产要素的"新结合"，有利于中国社会内部的近代化趋向发展一样，日本丝绸业中的近代化因素，也在开港以后发生了显著的变化。生丝出口的不断增长，刺激了日本缲丝业的发展。产生于上州地方的"座缲"制丝技术，已经普及到了各个蚕丝产区。例如，成为明治时期日本制丝业重镇的长野县，"幕府末期的制丝技术，大约是'手挽'占支配地位。诹访郡虽然可以说是信州器械制丝的发祥地，但从高崎引进座缲技术，是安政开港的次年万延元年（1860）。……上伊地方座缲制丝的开始是庆应元年（1865）"，而"此时群马县的上州地方，座缲技术已经普及"。[3] 使用

---

[1]　R. Alcock, The Capital of the Tycoon, London, 1863, Vol. 1, pp.374—375.
[2]　参阅 W. Beasley, Great Britain and the Opening of Japan, London, 1951, pp.194—196。又见石井孝：《日本开国史》，吉川弘文馆 1972 年版，第 4—13 页。
[3]　《群马县蚕丝业沿革调查书》；《日本蚕丝业史》。引见山本三郎：《制丝业近代化的研究》，第 3 页。

"座缲"技术进行生产，效率高于以往占统治地位的"手挽"技术，这是不争的事实，但座缲制丝法在18世纪后期19世纪初期即已出现，却要等到开港以后才为日本的生丝生产者们所普遍接受，原因即在于开港以后生丝成为日本最大的出口商品，生丝的需求和生产急剧扩大，对品种规格的要求也逐步统一化，在这样的情况下，生产效率较高、品种规格比较统一的座缲法终于在被冷落了几十年后迅速推广开来，最终取代了手挽制丝法。

座缲技术在各个制丝业地区的广泛应用，推动着日本的丝绸业生产关系发生着相应的变化。由于座缲器的价格毕竟较贵，一些农家无力购置，于是生丝批发行的老板们除了生丝原料以外，还贷给蚕丝生产者缲丝工具——座缲器，从而进一步加强了对生产者的控制和支配。奥州、信州、上州一带制丝业地区，开港前尽管已经有生丝批发行前贷包买的生产方式出现，但是小农家庭的副业劳动形态仍很普遍，开港后则由制丝业小生产者为商人加工原料茧，以得到一定工银报酬的"赁挽"生产方式向初步的制丝手工工场过渡。

在伊势，国山室制丝场当其创业之初，"文久二年（1862），开始雇佣女工2人，从事手缲，尝试制丝。次年雇佣女工10人，第三年为20人，第四年为30人，事业逐次扩展"。[1]

在加贺的大圣寺，"元治元年（1864），十村鹿野元太郎投下自己的资本，在进行蚕桑生产的同时谋求制丝生产的发达，当时由越中的井波雇佣了男工善助等11名工人，其结果尚不能充分令人满意。……翌年，委托同僚中谷宇兵卫进行研究，开始获得相应的收茧，于是雇佣女工12名，尝试使用座缲器械制丝"。[2]

信州地方，"文久二年左右，在当地丝市定期化、对生丝制品精益求精的同时，废止了以往的手挽，设置座缲器械工场者层出不穷。"可知文久（1861—1863）年间，信州的制丝手工工场已经逐渐普及。诹访郡三泽村的林右卫门家，在开港前夕的安政三年（1856），共对42人实行生丝的赁挽制生产，所雇用者均为本村的贫苦农民。开港不久的文久元年（1861），劳动形式虽无变化，但已增雇了4名外村的赁挽人，并且开始招雇14名妇女携带工具来家里缲丝，可说是正在向缲丝手工工场过渡。庆应元年（1865），上述女工已经与自己的

---

① 山本三郎：《制丝业近代化的研究》，第3页。
② 山本三郎：《制丝业近代化的研究》，第4页。

生产工具相分离，原因是林右卫门从上州购入了座缫机，取代了手挽机。于是，经营形式由开港前的赁挽经营发展到了手工工场，劳动形式也由个体生产发展到协作生产。明治五年（1872），生产规模有所扩大，雇工增加到18人，其中14人为正式长期雇工，4人为临时雇工。三年后，林右卫门又与同村的另外3个商人一起合办了水动力机械缫丝工场。①

这些手工工场一般多雇佣10余名工人，采用双人座缫器制丝，也有一些规模较大者。上伊那郡"到庆应年间（1865—1867），赤穗村的盐泽佐七、长藤村的正三郎等率先设置座缫器械，尝试制丝对海外输出。次年，有志者仰赖高远藩主的资力，设立百人座缫工场，专门制造输出用的生丝。他们忧虑于生丝品位难以改进，就在他们计划借助怀有改良志向的藩主的政令以矫正时弊之际，迎来了明治维新。"② 遗憾的是，这段记载仅及于此，这一"百人座缫工场"的详情如何，不得而知。尽管如此，依然可以从中窥见这一时期的制丝手工工场努力采用座缫机械，并开始向器械制丝移行的趋向。

这一点，如果与下面的史料参照来看，将显得更加清楚。《平野村志》记载，文久年间，增泽清助"设立供24人用的座缫器械，出产生丝237斤半"。据说这种器械"将许多座缫器连结起来，由原动力机带动，使小框一齐运转，（女工）各自以左手回转，大大节省劳力，是所谓器械制丝的一种"。所谓"原动力机"，据说宽2尺7寸，长1尺1寸1分，高4尺6寸，在坚固的框架里装有几个齿轮，使24台座缫器得以运转。③ 可惜这一24人同时操纵的座缫器尚不完善，不过一、二年就停止了生产，重新回到当时广泛采用的双人座缫制丝器。虽然这种24人同时操作的座缫器械的创制及投入生产未能取得多大成效，但这件事本身所具有的历史意义则不应低估，一方面，它是衡量当时日本制丝业技术水平的标尺，更重要的是，它还显示出日本的制丝业生产已经渐渐提出了向机械化发展的要求。

这一趋向，在上州地区甚至出现得更早。上州本是日本传统制丝业的中心，"早在幕末，上州的座缫技术已经相当发达和普及，由这种技术生产出来的

---

① 江波户昭、土井喜美子：《诹访制丝业中产业资本的形成过程》，社会经济史学会编：《社会经济史学》第26卷第3号。
②③ 山本三郎：《制丝业近代化的研究》，第5页。

'前桥提丝'，能够充分适应对外输出的需要"。①横滨港的对外开放，使传统制丝区域中距其最近的上州地区受到了迅速、直接的影响。在座缫制丝法普及的基础上，开港后第二年，安政六年（1859），碓冰郡丰冈村的沼贺茂一郎招雇了30名女工，开设了一个座缫手工工场。这可以说是日本开港后最早出现的一个制丝手工工场。随后，上州的制丝手工工场如雨后春笋，不断涌现。②座缫技术的"发达和普及"，导致"安政六年（1859）六月，碓冰郡藤冢村沼贺茂一郎为发起人，将座缫器连结起来成为制丝器械，由水车装置吊桶作为动力，运转丝车，使之缫丝。其丝车为4台，每台10口不断缫制，需要女工30人，一日出丝2石7斗。……该工场的工人为同郡下丰冈村大冢宗吉等，女工工头是矶部村的田岛连"。这一以水流为动力，将座缫器连结起来的制丝器械运转了整整2年，"花费如此之大的工夫设立起来的工场，因遭遇文久元年（1861）七月九日的大洪水而悉被破坏，终至废业。……同人们转为生丝商人，广泛进行交易"。③可见这一缫丝器械本身性能尚称良好，如果不是碰到意外的自然灾害，很可能还会继续运转下去。

虽然这家工场于文久元年（1861）遭到破坏后未能重新开业，其发明的制丝器械也未再使用，但是它成功地发明了利用自然力的机械装置，作为日本制丝业手工工场在发展过程中直接利用传统技术的基础，所表现出来的意义是不容忽视的。它表明日本的制丝业生产确实已经具有了向近代化发展的相应基础和内在冲动，并且迈出了富有成效的尝试性的一步。然而，由于当时日本尚不具备能够对之直接加以继承和发展的诸多条件，遂使这种近代化的意图未能得以实现，这种近代化的趋向未能成长起来。其中的一个主要原因，在于日本制丝业采用机械化生产的强劲内驱动力，并非来自国内丝织业缓慢发展所提出的要求，而是得自与世界市场发生联系之后急剧增长的需求。世界市场在吸纳着日本生丝的同时，也向日本制丝业者提供着各种各样性能优越的制丝器械和生产方式以供选择，日本传统制丝业中的近代化趋向尚未来得及充分发展，就被淹没在引进国外的先进技术和设备，移植国外的生产经营方式的浪潮之中。不过，还是不能忘

---

① 山本三郎：《制丝业近代化的研究》，第7页。
② 参见藤田五郎：《日本近代产业的生成》，日本评论社1948年版，第304页。
③ 山本三郎：《制丝业近代化的研究》，第11页。

记，正是幕府末期日本制丝业所表现出来的这种创新意向和改良努力，才使制丝业在明治维新以后，得以顺利地、迅速地转化为近代化大工业。

（二）丝织业：从"赁织"到"织元"经营的过渡

幕末开港极大地刺激了制丝业的发展，但是这种促进作用一时尚未扩展到丝织业。丝织品在开港后并没有立即成为重要的出口产品，相反，生丝大量输出国外，价格暴涨，反而造成国内丝织原料不足，给丝织生产带来了严重的负面影响。开港初期，西阵、桐生等传统丝织生产中心都曾出现过生产萎缩、开工不足、产量下降的局面，引起当地丝织生产者的怨愤和抗议。尽管如此，在这一时期，日本丝织业中仍然发生了一些值得注意的变化。

在桐生地区，幕府末期、特别是开港以后，丝织业的生产形式发生了重大变化，即以独立的中小作坊为主的形式转化为以包买商制生产为主的形式，这种生产形式的一个重要特征就是自身设有小作坊的"织元"经营。①

幕末时期桐生丝织业中的"织元"主要有三种形态：（一）准备、制织和整修诸工序都是一部分租放给隶属于他的赁机屋，另一部分留在自己的作坊；（二）将全部准备和整修工序都租放给隶属于他的赁机屋，制织工序一部分租放出去，一部分留在自己的作坊里；（三）将准备、制织和整修工序全都租放给隶属于他的赁机屋，自己不设集中作坊。日本学术界把上述三种形态的包买商全都称为"织元"。我们在这里重点论述第二种，就是那种拥有较雄厚的资本，并且将资本投向织物生产，自己设有集中作坊的包买商。这些"织元"，大多由当地的大豪农和大包买商投资经营，在主要经营"出机"的同时，也开始经营一些"内机"。一方面，"织元"把丝织生产的准备和整修工序都租放给隶属于自己的各种专业生产者，另一方面，织造工序的大部分则仍然采取"出机"经营的形式，贷放给贫苦农家生产，同时设立丝织作坊或工场，留下一部分"内机"实行集中生产。与"织屋"的区别在于，"织元"是全部织机的所有者和整个生产过程的组织者，而"织屋"则仅仅是从事织造的生产者，往往从"织元"领来织机进行织造生产。

---

① 木村隆俊：《幕末、明治初期桐生织物的生产构造》，社会经济史学会编：《社会经济史学》第26卷第6号。

据《桐生织物史》的描述，"织元"经营基本过程是："织元"从生丝包买商或代理商那里购入原料，然后将生丝按工序分别承包给织屋、缫屋、绀屋、机拵屋等，进行捻、缫、染丝和整经等准备工序，再根据织屋的花纹设计将经纬丝上机，完成织造准备。织造一般分为两个部分，一部分在"织元"自己的集中作坊进行，即内机经营；一部分租放给赁机屋进行，即出机经营。织成成品后进入流通渠道，通过代理收购商卖给城里的批发商贩运外地，也有一部分在本地销售，称为"国卖"。不难看出，"织元"的经营与前面所说的苏州丝织业纱缎庄（"账房"）的经营，颇多相似之处。

桐生领小俣村的大川家，是当地一个非常典型的"织元"经营者。大川家原是一个农村商人，在农村工业发展的过程中积累了大量资本，到幕府末年已经成为一个拥有一万数千两资产、兼营土地、织物业和金融业的大豪农和大包买商。他在自己家里设有一个集中作坊，作坊里有高机4台，雇工10多人，同时将大部分织机和原料贷放给贫困的小作农（佃农）和一些自作农（自耕农）进行生产，出机经营的部分约占总生产量的60%至80%之间。缫丝和染色，一部分外包，一部分自营，捻丝、整经、卷纬、备机等则全部外包。[1] 下表是幕末开港前夕到明治维新前夕"织元"大川家的织物生产情况：

表 10-4 "织元"大川家的织物生产情况

年　　代	产量（反）	内机产量（反）	出机户数	内机产量比率
嘉永三年（1850）	1 809		24	
四年（1851）	1 205		16	
五年（1852）	1 439		14	
六年（1853）	1 265	388	16	31%
安政元年（1854）	1 198	328	13	27%
三年（1856）	1 067	415	9	39%
四年（1857）	969	217	12	22%
五年（1858）	594		12	
六年（1859）	421		6	
万延元年（1860）	602	247	9	41%

[1] 早稻田大学经济史学会编：《足利织物史》（上卷），足利纤维同业会发行1960年版，第243—262页。

年　　代	产量（反）	内机产量（反）	出机户数	内机产量比率
文久元年（1861）	382	80	6	21%
二年（1862）	606	248	13	41%
三年（1863）	580	141	14	24%
元治元年（1864）	715	195	14	27%
庆应元年（1865）	812	213	15	26%
二年（1866）	452	63	13	14%

资料来源：《日本产业史大系》（关东地方篇），第302页。

　　"织元"在开设自己的集中作坊之前，都是大豪农或大包买商，他早就像其他包买商一样，通过资金和原材料的前贷，控制了不少赁机屋或小织屋，这是其介入生产过程的第一步。如今，他又在介入生产的过程中跨出了第二步，开始设立集中的手工作坊或手工工场，这反映出幕末时期、特别是开港以后日本丝织业中包买商制经营向手工工场制经营的过渡。当然，"织元"经营的集中作坊，无论从资本量还是生产量来说，在他的总资产和总产量中所占的比率尚不占优势。据日本学者考察，幕末时期，生产10反丝绸大约可以赚到200至240圆。① 从上面所说的"织元"大川家来看，丝绸年产量最多为1 800反，即可赚到大约40 000圆，约等于667两。这些收入，尚不到大川家一万数千两总资产的十分之一。在大川家的丝绸产量中，集中作坊所织造的部分大多数年份都在20%左右，最多的年份也不过41%，从来没有在比重上占据主要地位。② 也就是说，即使是开设了集中作坊的"织元"，其向产业资本的转化仍然是步履迟缓的，对此不宜过分夸大。

　　有意思的是，"织元"经营者本可以扩大集中生产的规模，却仍以分散贷放织造为主；既然不愿意扩大集中生产的规模，却又不干脆全部经营出机而开设一个小作坊，这种现象似乎令人费解。市川孝正根据大川家遗留下来的文书所作的研究，对这种现象做出了一种解释。他认为，大川家的雇工并不是固定

---

① 木村隆俊：《幕末、明治初期桐生织物的生产构造》，社会经济史学会编：《社会经济史学》第26卷第6号。

② 《日本产业史大系》（关东地方篇），第302页。

的，而是以一年为期不断地、经常地更换。通常是满一年后就回到自己家里，在自家接受大川家的生产资料前贷，成为大川家的赁机屋。原来，大川家生产的是一种叫做"御召"的高级绸缎，工艺复杂，织工必须经过专门的培训，大川家的集中作坊实际上就是这些织工的培训场所。经过一年左右的培训，掌握了织造技术，织工就回到自己家里，从大川家赁机织造，再有另一些人去大川家的集中作坊进行生产培训。①考虑到这一时期桐生丝织业刚刚进入先染后织阶段不久，丝绸产品的档次提高，品种增加，很多都需要特殊工艺，"织元"必须对从属于他的赁机屋进行一定程度的培训，才能使他们得以从事生产，这或许正是促使"织元"开设集中作坊的一个重要原因。这种情况，实际上在日本各地都是存在的，有人考察发现，只要是生产工艺复杂的高级织物的农村工业地带，都出现过这样的现象。②

从总体上考察，幕末开港后到明治维新前，日本蚕桑丝绸生产的日益兴旺，造就了一批新的富农、富商和富有的手工工场主，为日本产业结构的改组和阶级结构的变化，注入了新的活力，同时也为明治维新的到来，扩大了阶级基础。不过，据统计，这一时期新开设的私营缫丝、纺织手工工场仅有 111 家，当时日本丝绸业的主要生产形态，仍然还是"赁挽"、"赁织"等资本家支配的家庭手工劳动占统治地位。在信州诹访，虽然开港之前赁挽制已经相当普遍，但在开港之后并非所有进行赁挽制生产的商人都开始向手工工场转化。矢木明夫以该地农村作为研究对象，分析了包买商、上层代理商、一般代理商这三个不同层次的商人在开港后的经营情况，他发现：包买商控制了大量的赁挽人，通过赁挽制从生丝生产中获利。例如，今井村的大商人惣右卫门属下的赁挽人，已达 8 个村 50 人之多。③一般代理商资本微弱，连赁挽制生产都不经营，更没有向手工工场转化的余地。该地有一般代理商 20 多人，均未见经营制丝手工工场的事实。由赁挽制生产向手工工场转化的大多是上层代理商，但也并不是说所有上层代理商都开始经营手工工场了。例如冈谷村的

---

① 市川孝正：《农村工业中的雇佣劳动》，历史学研究会编：《封建社会解体期的雇佣劳动》，青木书店 1961 年版。
② 川浦康次：《幕藩体制解体期の経済構造》，御茶水书房 1965 年版，第 28 页。
③ 矢木明夫：《日本近代制絲業の成立》，第 50—55 页。

源次郎，是当地第一个从上州引入座缲制丝法的人，他所经营的手工工场雇工人数不定，文久元年（1861）为平均8.3人，次年为平均5.7人。而同为上层代理商的今井村的助八郎，在3个村里进行赁挽制生产，却未见其经营手工工场的史料。[1] 矢木明夫的发现是不难理解的：包买商均为大商人，资本雄厚，且有特权，只要控制生丝流通过程就足可获利，最多经营一些比较起来风险不大、投入不多的赁挽制生产，实在没有必要去经营既劳心费力、风险又大的集中作坊。代理商是隶属于包买商的，其上层虽有较多资本，但在流通领域受包买商的控制，要想获得更多利润就只能走投资生产一途，因此倾向于开设手工工场。而一般代理商资金微弱，大多经营小本买卖，不可能有更多奢望。

这样，在安政开港之后的一段时间里，日本的制丝工场手工业虽然已经出现并且有所发展，但是大多数手工工场带有很强的季节性，又多是刚刚超出家庭手工业劳动协作范围的小规模经营，尚未达到资本主义工场手工业的阶段。比较起来，大致上可以说中日两国丝绸业生产方式的演变，在这一时期基本上是同步的。

然而，这种同步发展并没有持续多长时间。

第二节
蚕桑业的突飞猛进

一、"地税改革"与日本农业

幕府末期，尤其是开港通商以来，日本在经济结构和阶级关系上所发生的种种深刻变化，促使各种社会矛盾日益尖锐和激化，终于在开港10年后，爆发了震惊世界、震撼东亚的"明治维新"。明治维新的成功，就此奠定了日本社会的发展道路和走向，日本丝绸业的近代化行程也得到了一股无可比拟的强大推

---

[1] 矢木明夫：《日本近代制絲業の成立》，第68—71页。

动力。日本资本主义史研究专家山田盛太郎指出：明治维新以后生丝和丝织物出口的激增，"自然给予蚕丝业界以强劲刺激，但其中最起决定作用的是，在德川幕府封建制度下受到紧紧束缚的养蚕业、蚕种业、制丝业和丝织业，摆脱了自然经济状态下一贯的以一地为中心的韧带，各自向着适合自己生产的地区延伸推进。例如，山形、福岛、群马、长野等县都是上述一贯的中心产地，如今事情发生了剧烈的变化，在养蚕业向来只占微小份额的爱知县，可以看到蚕丝业的急速勃兴；制丝业中也可以看到长野县的中心产地由北信上田向南信诹访郡移动；进一步，在丝织业中亦可看到新兴的福井县作为纺绸的主要产地而日益兴隆"。①

作为明治维新的主要措施之一，1869 年实行"奉还版籍"，使封建大名所辖版图（土地）和户籍（人民）归还明治政府，从而废除了阻碍农业生产力发展的封建领主土地所有制。1873 年，又实行"地税改革"，确认实际持有者对于土地的私有权，从而基本上确立了近代个人土地私有制。1875 年实行租税制度改革，实施新地租。1877 年，又将地租率由占地价的 3% 轻减至 2.5%。以地税改革为代表的一系列政策的实施，正式拉开了日本农业近代化的帷幕，日本长期延续的封建经济结构最终崩溃与解体了。

农业经济的商品化程度不断提高，农民在缴纳货币地税的条件下，不但能够自由地支配自己的劳动时间，而且有可能根据市场行情自行安排生产，从而更加激发起农民的生产兴趣。对自耕农土地所有权的确认，极大地提高了他们的生产积极性，对于提高产量、增加赢利注入了前所未有的饱满热情。农村中新兴地主和富农的土地经营方式，在推广应用良种和先进技术方面，发挥了相当大的作用。明治政府又通过推行"劝农政策"，发展农业教育，以提高农业劳动力素质，加速推进农业近代化。

近代科技和资本主义生产方式在日本农业中的运用，取得了显著的成果，主要粮食作物的单位面积产量和总产量都有了大幅度增长，1880 年，每公顷稻田的平均产量为 1 849.7 公斤，1910 年提高到 2 391.4 公斤，增长29.3%；每公顷麦田的平均产量更由 1878 年的 858.9 公斤提高到 1910 年的

---

① 山田盛太郎：《日本资本主义分析》，东京岩波书店 1966 年版，第 1 页。

1 463.9 公斤，增长 70.4%。稻米总产量由 1878—1882 年间的平均 434.9 万吨增长为 1893—1897 年间的平均 590.6 万吨，增长了 36%。到 1910 年，稻米总产量增至 699.5 万吨，麦类总产量增至 257.2 万吨，[①] 源源不断地供应城市，基本满足了日本资本主义工业化发展的需要，从而自己解决了吃饭问题，也克服了国小地少的现实所导致的日本蚕丝业发展与农业粮食生产的尖锐矛盾。

在日本近代化的过程中，人口规模，尤其是城市人口规模的急剧扩大，带来了食物需求的迅速增加，以作为日本国民主食的稻米为例，从 1880 年到 1910 年的 30 年间，日本人口由 3 664.9 万人增至 4 918.4 万人，增长了 34.2%，而同期国产大米总量则由 471.5 万吨增加为 699.5 万吨，增加了 48.4%。结果是人口的迅速增长非但没有导致人均大米供应量的减少，相反还因大米总产量的更快增长而使人均供应量由 128.7 公斤增加到 142.2 公斤，增长了 1 成还多。这样，就把蚕桑丝绸业的发展摆在了一个坚实的基础之上，摆脱了历来桑粮争地，互相制约的两难境地。"在蚕桑业的技术进步方面，日本政府也扮演了一个重要角色"。从 19 世纪后期起，通过颁布一系列确保和提高茧丝质量的法令，设立蚕桑教育科研机构，举办茧丝质量检验所和技术养成所等措施，成为推动日本蚕丝业进步的重要力量。[②]

二、桑园面积的扩大与养蚕农户的增加

从明治二年（1869）起，日本政府明令"奖励养蚕"，大规模地推广应用科学植桑育蚕方法，使得蚕桑生产获得了长足进展。桑园面积不断扩大，从幕府末期的约 10 万町步增加到明治中期的 24.30 万町步。其后，桑园面积的增加更是一发而不可收，"说明养蚕已经成为半隶农性的零细耕作农民的不可或缺的生活条件"。[③] 下表反映了明治末期到大正年间桑园面积的扩张：

---

① 矢野恒太纪念会编：《日本 100 年》，国势社 1986 年版，第 19—20 页。
② Robert Y. Eng, "Economic Imperialism in China—Silk Production and Exports, 1861—1932", 1986 by the Regents of the University of California, p.174.
③ 山田盛太郎：《日本资本主义分析》，东京岩波书店 1966 年版，第 17 页。

表 10-5　明治末期、大正初期桑园面积　　　　　　　　　　　　　　　　　　　　单位：町步

年　　次	桑园面积	年　　次	桑园面积
明治三十八年（1905）	339 972	明治四十四年（1911）	448 326
明治三十九年（1906）	364 717	大正元年（1912）	453 626
明治四十年（1907）	390 837	大正二年（1913）	451 860
明治四十一年（1908）	412 444	大正三年（1914）	450 299
明治四十二年（1909）	432 966	大正四年（1915）	453 802
明治四十三年（1910）	442 542	大正五年（1916）	465 520

资料来源：据东洋经济新报社编纂：《明治大正国势总览》表 533，改制，东洋经济新报社创刊三十周年纪念出版第二辑，1927 年版，第 516 页。

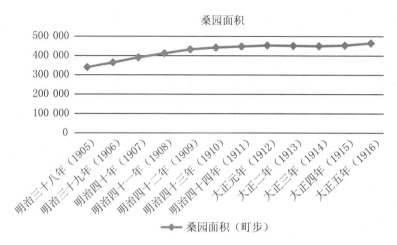

图 10-3　明治末期、大正初期桑园面积

据统计，日本的耕地总面积，1874 年约为 467.7 万公顷，1910 年约为 562.5 万公顷，[1] 以 1 町步约合 99.15 公亩计算，大致说来，日本的桑园面积，明治中期为 24.09 万公顷，约占耕地总面积的 5.15%；明治末期为 43.88 万公顷，约占耕地总面积的 7.80%；大正初期为 46.16 万公顷，约占耕地总面积的 7.89%，此后大致稳定在这一水平上，直到大正末期才增加到大约 9%。[2]

下列养蚕户数表，反映了明治三十年（1897）前后，日本的养蚕业已经达到了多么广泛的程度。

---

[1]　梅村有次等编：《长期经济统计·9·农林业》，东洋经济新报社 1966 年版，第 216 页。
[2]　据东洋经济新报社编纂：《明治大正国势总览》表 533、517 计算，东洋经济新报社创刊三十周年纪念出版第二辑，1927 年版，第 516、515 页。

表 10-6　明治中期养蚕户数及占农户总数的比重

年　度	农户总数	养蚕户数	养蚕户数占农户总数比率
明治二十八年（1895）— 三十二年（1899）五年平均	5 370 058	1 309 328	24.3%
明治三十二年（1899）	5 370 058	1 356 823	25.2%

资料来源：山田盛太郎：《日本资本主义分析》，东京岩波书店 1966 年版，第 33 页。

　　其后，农村中的养蚕户数持续增长，到大正初年，养蚕户数占日本农户总数已达三分之一。兹将明治末期、大正初期日本农户总数和养蚕户数的情况列表如下，可以参证蚕桑生产的发展及其对于农民生计和农村经济的重大意义。

表 10-7　明治末期大正初期农户总数与养蚕农户情况　　　　　　　　　单位：千户

年　次	农户总数	春蚕 养育户	夏蚕 养育户	秋蚕 养育户	实际养 蚕户数	占农户 总数 %
明治三十八年（1905）	5 379.97	1 485.75	550	746	1 735.75	32.26
明治三十九年（1906）	5 378.34	1 407.77	565	805	1 657.77	30.82
明治四十年（1907）	5 406.17	1 421.03	593	890	1 671.03	30.91
明治四十一年（1908）	5 408.36	1 436.81	581	905	1 686.81	31.18
明治四十二年（1909）	5 407.20	1 450.25	550	941	1 700.25	31.44
明治四十三年（1910）	5 416.94	1 462.98	562	988	1 712.98	31.62
明治四十四年（1911）	5 419.99	1 507.55	572	1 051	1 757.55	32.43
大正元年（1912）	5 438.05	1 500.41	534	1 119	1 750.40	32.19
大正二年（1913）	5 443.72	1 500.28	508	1 135	1 750.28	32.15
大正三年（1914）	5 456.23	1 459.02	502	1 135	1 709.02	31.32
大正四年（1915）	5 451.19	1 433.05	549	1 193	1 673.46	30.70
大正五年（1916）	5 457.79	1 498.01	529	1 336	1 765.94	32.36

资料来源：据东洋经济新报社编纂：《明治大正国势总览》表 538 改制并计算，东洋经济新报社创刊三十周年纪念出版第二辑，1927 年版，第 507 页。按，明治三十八年（1905）到大正三年（1914）的实际养蚕户数不详，取大正四年和五年实际养蚕户数比春蚕养育户数多出的中间数，每年在春蚕养育户数上加 25 万户，计算得出实际养蚕户数在农户总数中的比率。这样可能会有一些误差，但估计出入不大。到 20 世纪 20 年代，养蚕农户已占日本农户总数的 40% 或更多。（参见 Lillian M. Li, *China's Silk Trade : Traditional Industry in the Modern World*（1842—1937），Council on East Asian Studies, Harvard University : Cambridge, 1981 ）。

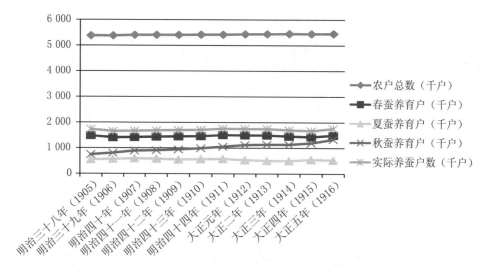

图 10-4　明治末期、大正初期农户总数与养蚕农户

在日本农家的总收入中，养蚕所占的比例也在不断增加。据日本农务局的调查，明治末期，"农家总收入中，副业与杂收入的比率，在东北地方为一成，关西地方为二成六，平均大约为二成"；大正年间内阁统计局的调查显示，农家总收入中副业收入所占比例约为一成八。①所谓"副业收入"，大多不外与制丝生产有关。可见养蚕制丝对于日本农家生活举足轻重的影响。

与桑园面积成倍增长，养蚕农户不断增加相互呼应的，是蚕种需要量的急剧增加和蚕茧产量的连续翻番。明治十七年（1884），制造蚕种 861 千枚，5 年后的明治二十二年（1889）增加为 2 198 千枚，又过 5 年，明治二十七年（1894）增加为 3 334 千枚，再过 5 年，明治三十二年（1899）增加为 4 005 千枚，其后，明治三十七年（1904）为 6 045 千枚，明治四十二年（1909）为 7 224.64 千枚，到明治末年为 8 187.74 千枚，不到 30 年间，蚕种制造量增长了 8.51 倍。②蚕茧产量在明治十三年（1880）至十七年（1884）的 5 年间，平均年产为 1 222.25 千石；到明治二十八年（1895）至三十二年（1899）的 5 年间，平均年产为 2 460.80 千石，增长了 1 倍多。③其后数年一直在 3 000 千石以下徘徊，进入

---

① 　山田盛太郎：《日本资本主义分析》，东京岩波书店 1966 年版，第 33 页。
② 　农务局：《蚕丝业要览》。
③ 　山田盛太郎：《日本资本主义分析》，东京岩波书店 1966 年版，第 33 页，备考 3。

明治40年代以后突破了3 000千石和4 000千石大关，到大正五年（1916）时，已经跃上了5 000千石的新台阶。这样，就不仅给近代制丝业和丝织业的发展提供了充足的原料，而且冲击和瓦解着日本的传统自然经济结构。详见下表：

表 10-8　日本蚕茧产量（明治十六年［1883］—大正五年［1916］）　　　　　单位：千石

年　　次	蚕茧产量	年　　次	蚕茧产量	年　　次	蚕茧产量
明治十六年（1883）	1 109.5	明治二十八年（1895）	2 258.2	明治四十年（1907）	3 457.0
明治十七年（1884）	1 062.4	明治二十九年（1896）	2 831.4	明治四十一年（1908）	3 530.2
明治十八年（1885）	938.4	明治三十年（1897）	2 121.9	明治四十二年（1909）	3 629.9
明治十九年（1886）	1 112.4	明治三十一年（1898）	2 027.3	明治四十三年（1910）	3 901.0
明治二十年（1887）	1 219.1	明治三十二年（1899）	2 512.6	明治四十四年（1911）	4 235.3
明治二十一年（1888）	1 184.4	明治三十三年（1900）	2 753.9	大正元年（1912）	4 452.3
明治二十二年（1889）	1 184.7	明治三十四年（1901）	2 526.2	大正二年（1913）	4 591.5
明治二十三年（1890）	1 172.3	明治三十五年（1902）	2 549.2	大正三年（1914）	4 412.2
明治二十四年（1891）	1 580.2	明治三十六年（1903）	2 587.1	大正四年（1915）	4 647.4
明治二十五年（1892）	1 480.7	明治三十七年（1904）	2 825.7	大正五年（1916）	5 708.5
明治二十六年（1893）	1 686.9	明治三十八年（1905）	2 723.3		
明治二十七年（1894）	1 797.8	明治三十九年（1906）	2 970.7		

资料来源：原据日本统计年鉴、统计全书、农商务省统计及农林省统计等，转引自东洋经济新报社编纂：《明治大正国势总览》表536，改制并计算，东洋经济新报社创刊三十周年纪念出版第二辑，1927年版，第517页。

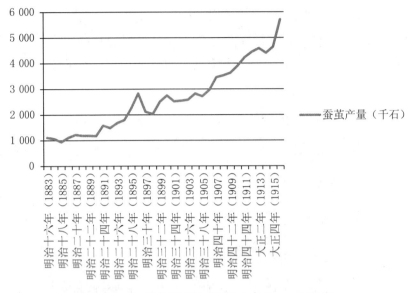

明治十六年（1883）
明治十八年（1885）
明治二十年（1887）
明治二十二年（1889）
明治二十四年（1891）
明治二十六年（1893）
明治二十八年（1895）
明治三十年（1897）
明治三十二年（1899）
明治三十四年（1901）
明治三十六年（1903）
明治三十八年（1905）
明治四十年（1907）
明治四十二年（1909）
明治四十四年（1911）
大正二年（1913）
大正四年（1915）

——蚕茧产量（千石）

图 10-5　日本蚕茧产量（明治十六年一大正五年）

三、比较效益与棉、桑消长

蚕丝在国内外市场上受到欢迎，因而桑园面积扩大和从业农户增加，而其他一些传统农副产品则相形见绌，逐渐衰减乃至遭到淘汰。下表反映了植桑与种植其他农作物的不同效益：

表 10-9　明治中期日本几种主要农作物的收益比较　　　　　　　单位：日元

年次 ＼ 种别	棉	豆	薯	瓜	稻	蓝	桑
明治二十一年（1888）	4.555	2.249	0.462	5.050	4.100	6.332	
明治二十二年（1889）	0.010	2.023	0.314	5.050	4.449	3.188	
明治二十三年（1890）	3.118	1.857	2.189	5.050	4.496	12.776	
明治二十四年（1891）	1.550	1.722	3.213	5.050	3.830	8.497	11.338

资料来源：山田盛太郎：《日本资本主义分析》，东京岩波书店 1966 年版，第 18 页。

可见植桑的收益远远超过其他的农作物，分别约为种蓝的 133.44%，种稻的 296.03%，种瓜的 224.52%，种薯的 352.88%，种豆的 658.42%，种棉的

731.48%。相形之下，农民自然对植桑育蚕趋之若鹜，而种植棉花收益的低下与急减，则表明日本农民必然要放弃棉花生产，从而导致近代日本植棉业的凋落殆尽。

为了更加便于说明这一问题，下面再将一个日本农民与一个美国农民种植棉花的生产力、价格、成本、收益等作一比较：

表 10-10　明治时期日、美农民棉花生产情况比较　　　　　单位：日元

国　别	耕作面积（英亩）	棉花产量（贯）	棉换算（贯）	一斤价格	总价格	成本	纯益
日本农民	0.5	100	35	0.15	43.00	28.00	5.00
美国农民	4.0	240	80	0.10	66.00	33.00	33.00

资料来源：山田盛太郎：《日本资本主义分析》，东京岩波书店 1966 年版，第 17 页。

所以，尽管日本的土壤条件用于植棉要优越于美国，但是由于日本耕地面积的狭小，耕作方式的零细，导致每一个生产者比较起来，日本农民的劳动生产率和预期收益率都要远远低于美国农民，即所谓"如以每英亩产棉比较，我国棉圃的产力虽超过彼国，但以农夫每人的生产力比较之时，我国则远不如彼国"。[1] 从各方面来衡量，在国际市场上，日本的棉花远远不是美国、中国、印度等国家的对手，而丝绸的情况则恰恰相反，这自然会使具有相当生产自主权的日本农民根据市场规律弃植棉而兴蚕桑。可以说，这正是摆脱了封建束缚，学会了面对市场的日本农民的精明之处，而明治政府能够根据本国产业竞争力的优劣，果断地放弃棉花种植，全力推进蚕桑丝绸事业的发展，也确实是极为高明的。

日本政府由采用奖励维持棉花生产的政策到转而放弃这一政策，有一个过程。自文禄年间（1592—1595）左右棉种传来日本以后，棉花种植以近畿、中国[2]、四国为中心逐渐普及于日本各地，棉花主要供给农家自用衣料生产。但是自安政五年（1858）开港以来，特别是乘明治元年（1868）棉花歉收所致棉

---

[1]　山田盛太郎：《日本资本主义分析》，东京岩波书店 1966 年版，第 5 页。
[2]　此处指日本地名"中国地方"，即日本本州岛西部的山阳道、山阴道地区，包含鸟取县、岛根县、冈山县、广岛县、山口县等 5 个县。

价暴腾之机，国外棉花、棉纱、棉制品之类开始输入日本。这种输入逐年激增，成为对日本内地棉业的严重威胁。在明治七年（1874）至十年（1877）的4年间，日本消费的棉花及棉制品，国内所产为 19 588 960 日元，国外所产为 40 683 346 日元，前者仅为后者的 48%。同期内棉花及棉制品的输入额，在日本的输入总额中所占份额为压倒性的 38%。① 之所以造成这种情况，可以说大致有两个原因：一是与国产棉花及棉制品相比，输入棉花及棉制品的价格低廉，如以棉纱来说，明治七年至十一年（1878）的 5 年间，平均国产棉纱价格为每百斤 42.50 日元，而输入棉纱则为 27.86 日元，后者仅为前者的 65%。② 二是与国产棉制品相比，输入棉制品品质齐一，使用方便。例如与国产棉纱相比，输入棉纱"其上机杼织造，实极为便利"。③

这样，日本传统的以农家自用为中心的棉花生产走到了无可挽回的崩溃边缘，尽管有各种社会力量呼吁政府保护棉业，在一定时期内明治政府也确实反复强调对棉业加以保护，但是当日本政府发觉这一政策既不经济、也无可能之时，便果断地放弃了这一政策。"到明治二十九年（1896），棉花输入关税（从价 5 分）的废除，宣告了这一时刻的到来。"④ 在这一过程中，日本农学会及大日本农会等农民团体曾经发起过反对废止棉花输入关税的运动。农学会称：如果废止此项关税，"众多农家不免忽坠饥寒，八万町步耕地或恐归于不毛"；⑤ 大日本农会也说："输入关税免除之声，即全国农作衰亡之声"。⑥ 尽管他们竭力企图挽救日本棉花种植业的衰落，但是这一尝试终究未能阻止日本棉花种植业的凋零，日本的棉花种植亩数逐年递减，明治二十年（1887）棉花种植面积为 98 478 町步，到明治二十三年（1890）只剩下 80 151 町步，减少了 18%。⑦ 正是在这样的情况下，日本政府因势利导，改变了执行多年的保护棉作政策，于明治二十六年（1893）宣布废除从价五分的棉花输入关税。⑧

---

① ② ③　明治十三年：《棉糖共进会报告》第二号，《棉贸易概说》，下款，第 7—8 页。
④　山田盛太郎：《日本资本主义分析》，东京岩波书店 1966 年版，第 4 页。
⑤　《关于蠲免输入棉花关税的意见》，《农学会报》号外，明治二十六年（1893）刊，第 17 页。
⑥　《关于蠲免输入棉花关税的意见》，《农学会报》号外，明治二十六年（1893）刊，第 20 页。
⑦　山田盛太郎：《日本资本主义分析》，东京岩波书店 1966 年版，第 16 页。
⑧　山田盛太郎：《日本资本主义分析》，东京岩波书店 1966 年版，第 5、4 页。

表 10-11　埼玉县棉业凋落与养蚕兴隆的过程　　　　　　　　　耕作面积单位：町步

年次	棉 业 地 带			混 合 地 带			绸 业 地 带		
	棉花	桑田	靛蓝	棉花	桑田	靛蓝	棉花	桑田	靛蓝
1884	2 023	440	470	1 639	6 320	842	56	4 422	18
1893	3 054	1 728	1 515	649	4 944	1 268	12	5 686	86
1904	984	4 287	966	136	9 561	181	0	7 978	9
1910	235	4 402	39	22	10 931	87	—	10 062	—
1914	150	5 120	22	20	10 738	29	—	9 433	—

资料来源：原据《埼玉县统计书》，转引自滝泽秀树《繭と生絲の近代史》，东京教育社 1979 年版，第 59 页。

　　在这个问题上，日本学者有一种代表性的意见，认为"以棉作物为基本农产的地方，农业与自给性手工业的结合因棉作物业的凋落而分离，在丧失了自给性手工业的情况下，农家迫不得已必须寻找新的补充生计的副业，即养蚕。养蚕业的存在状态，受到美国资本家剩余价值中用于购买'奢侈品'部分的最终制约，从而最深刻地蒙受世界经济景况的影响，转化成为纯粹日本型的'惨苦的茅屋'（jammerhohlen，马克思语）。这一以自给性手工业的丧失为契机的向新的生计补充手段——养蚕的转化过程，表现了以美国资本家为最终支点的日本制丝业资本，将半农奴制的零细耕作置于自己的控制下重新构成的过程。"① 这种分析不可谓不深刻，但是，把日本棉花种植业的衰落和蚕桑养殖业的勃兴完全说成是农家的无奈之举，似乎过分强调了日本农家的被迫行为而无视他们的自动选择。实际上，如前所述，这种情况的出现说到底是由于棉作与蚕桑不同的市场价值所决定的。在一个开放了的社会里，市场的力量毕竟难以抗拒，趋利避害，人之常情，无可厚非。蚕桑业与棉作业的盛衰升降，有利于加速对日本农业的资本主义改造，尽管在其实行过程中确曾一度损害过一部分农民的经济利益。

---

① 　山田盛太郎：《日本资本主义分析》，东京岩波书店 1966 年版，第 2 页。

表 10-12　明治、大正年间主要农产品出口额与比重　　　　　　　　　　　单位：千日元

年　　次	蚕　丝		其他主要农产品	
	出口额	比重（%）	出口额	比重（%）
明治十年（1877）	10 061	60.14	6 668	39.86
明治二十年（1887）	21 639	68.70	9 859	31.30
明治三十年（1897）	58 718	80.65	14 092	19.35
明治四十年（1907）	123 182	86.17	19 774	13.83
大正五年（1916）	180 087	75.06	59 841	24.94
大正十五年（1926）	750 330	92.73	58 857	7.27

资料来源：据东洋经济新报社编纂《明治大正国势总览》表 484，改制，东洋经济新报社创刊三十周年纪念出版第二辑，1927 年版，第 464 页。

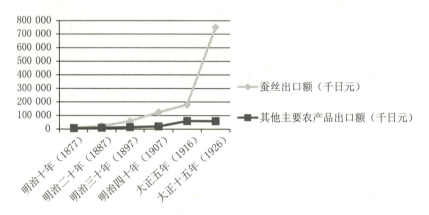

图 10-6　明治、大正年间主要农产品出口额的增长

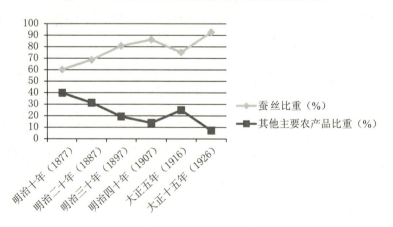

图 10-7　明治、大正年间主要农产品出口额的比重

第三节
制丝业的脱胎换骨

一、明治政府的举措

幕末开港后，在日本的主要出口商品中，生丝一直名列榜首；在日本的出口贸易总值中，生丝亦已独占鳌头。其后，"更因明治维新的风云际会，生丝输出激增，一直占据本国出口商品的大宗地位。"[①] 从明治元年到十四年（1868—1881）间，日本的出口商品总值为 302 242 803 日元，其中生丝及丝织物的输出额为 141 556 515 日元，占到 46.84%。[②]

随着明治维新后"殖产兴业"政策的推行和兴办实业浪潮的涌动，蚕丝作为日本对外贸易的"王牌"和日本实现工业化的"摇钱树"，更加受到政府和民间的普遍青睐。

日本政府一直对这张外贸王牌给予有力保护，对这棵摇钱树进行多方培植。明治政府对于制丝业的苦心培育，是在两种意义上进行的：第一，是为了扭转自明治二年（1869）以来的对外贸易入超，以增加生丝的出口来加以填补，从而确保各种近代技术设备的引进，实现"殖产兴业"的目标；第二，则是通过增加生丝出口和输入近代科技，使传统制丝业自身完成向近代大工业的转化。"当时，为了引进移植产业的技术设备，确保输入能力成为至高无上的命令，然而除了以生丝为中心的蚕桑丝绸业产品之外，再无其他能够实现这一目标的产品。基于这一事实，（明治政府）便积极地采取扶持生丝生产的政策。"[③]

明治初年，由于生产技术落后，规格不一和粗制滥造，弄虚作假，日本生丝在海外的身价一度大跌，"显著地伤害了日本的国际信用。在输出的生丝中，常常混入烟管头、铅块、天保钱等杂物，以之增加重量……还有让生丝受潮以

---

①②　山田盛太郎:《日本资本主义分析》,东京岩波书店 1966 年版,第 1 页。
③　山本三郎:《制丝业近代化的研究》,第 12 页。

增加重量的种种手法，哀哉"。①在伦敦市场上，甚至发生过数千筐日本生丝因质量低劣而被弃之不用的情况。于是，日本政府迅速采取对策，标本兼治：一方面，于明治三年（1870）在进出口贸易的重要港口横滨、神户设立"生丝检查所"，对出口生丝的质量严格把关；其后又于明治十六年（1883）三月，由农商务省的农务、商务、工务三局，招集各府县的数十名蚕丝业者代表召开"蚕丝咨询会"，议决结成"大日本蚕丝协会"，在日本各地设立生丝改良会社和公立生丝检查所。②

另一方面，则从西欧引进技术设备，招聘外国技师来日本指导生丝生产，并且派遣留学生到国外学习，从而把重点放在引进西方先进技术设备和经营管理，对日本制丝业的落后生产方式进行根本的改造上。这是因为，日本传统制丝业使用手挽、座缲技术生产出来的生丝，规格既难以统一，质量也难有保证，已经越来越无法适应欧美先进国家丝织业的高度织造技术对原料品质的要求，而如果不能满足这一要求，日本的生丝输出势必就会无可挽回地衰退。"自然纤度及扬返束装等难免简陋驳杂，在海外交易之际时常发生难以言述的苦情；而且洋式器械制丝所产之改良丝与原来固有的座缲丝相比，在价格上也有很大差别"。③国际市场的需求和竞争，成为日本引进和推广器械制丝技术的强大动力。

开港之后不久，特别是明治维新以后，日本生丝由主要对法国出口转换为主要对美国出口，出口对象国的这种转移，对日本制丝业产生了意料不到的影响。海外市场的变化与出口对象国的转移，本是国际市场自然选择的被动过程，而明治政府的政策则加速了这一转移。精明的明治政府一再努力寻找商机，不断派遣专业人员前往欧美各国明察暗访，以根据各处市场的不同需要推出适销对路的产品。适值美国南北战争结束之后经济迅猛发展，人民生活水平随之提高，对丝绸的消费需求急剧增长，丝织业开始兴起。日本立即全力抓住这个最有潜力的大主顾，鼓励国内出产的生丝大量输往美国。"对美国的生丝

---

① 山本三郎：《制丝业近代化的研究》，第 11 页。
② 山本三郎：《制丝业近代化的研究》，第 16 页。
③ 今井五介：《日本蚕业发达史》，第 37 页。

输出，自明治十七年（1884）起已经凌驾于对法国的输出之上"，[①]1887—1897年已经占到日本生丝出口总量的50%以上，1897—1907年又上升为占60%以上，其后更进一步高达80%—90%。

表 10-13　日本的主要贸易国及贸易收支　　　　　　　　　　　　单位：百万日元

年次	合　计			英　国			美　国			法　国			中　国		
	出	入	±	出 %	入 %	±	出 %	入 %	±	出 %	入 %	±	出 %	入 %	±
1873	21	28	−7	24.4	42.4	−7	19.9	3.6	+3	17.1	8.9	+1	22.5	35.2	−5
1873	25	33	−7	15.3	58.6	−15	22.9	8.3	+3	21.3	10.2	+2	25.7	14.6	+2
1883	35	28	+7	13.8	44.9	−8	37.7	11.4	+10	27.5	6.6	+8	16.8	20.3	+0
1888	64	65	−2	13.7	43.8	−20	36.9	8.7	+18	21.4	6.3	+10	17.9	15.8	+1
1893	88	88	+0	5.7	31.6	−23	31.5	6.9	+22	22.2	3.7	+16	8.8	19.4	−9
1898	163	277	−115	4.8	22.6	−55	29.1	14.4	+26	12.6	2.5	+14	17.9	11.0	−1
1903	290	317	−28	5.7	15.4	−32	28.6	14.6	+36	11.8	1.6	+29	22.5	14.3	+20
1908	378	436	−58	6.7	24.7	−82	32.3	17.8	+44	8.9	1.2	+29	20.6	14.6	+14
1913	632	729	−97	5.2	16.8	−90	29.2	16.8	+62	9.5	0.8	+54	29.2	12.6	+92

资料来源：日本银行统计局：《明治以降本邦主要经济统计》，第290—295页，改制。

由上表可见，第一，到19世纪80年代，日本进出口贸易的四分之三左右是与欧美先进资本主义国家进行的；第二，中日甲午战争以后情况发生变化，在输出方面美国占30%，中国占20%，对美输出主要是生丝，对华输出主要是丝织品和棉制品。对美、中贸易的出超，"对于日本来说，已经成为国家的命脉所系"。[②]第三，法国在日本对外贸易中的地位有所下降，这反映出日本生丝主要出口市场转移的结果。但是在输出方面法国仍然占到10%左右，且出超额有较大增加，这亦可视为生丝出口的功效。总之，上表反映了生丝和丝织品在日本对外贸易中的重要地位，表现出日本生丝出口市场转移对日本对外贸易的影响。

虽然美国丝织业在起初的一段时间里容忍了日本生丝的质量问题，但是，

---

① 山本三郎：《制絲業近代化の研究》，第23页。
② 芝原拓自：《日本近代化の世界史的位置》，第321页。

随着美国丝织工业的迅速发展和技术水平的不断提高，便开始对日本的制丝技术以及由此造成的生丝的质量问题啧有烦言，埋怨日本生丝与高速丝织机械越来越不相适应。这种指责一年年变得越发尖锐和强硬，使日本的制丝业感受到越来越大的压力，"因此，改良制丝方法及束装技术，以促进生丝的输出贸易，便成为朝野一致的努力目标"。① 本来，座缲丝的经营者们"唯望每月仅缲一定数量之丝，对其出品之精粗考虑甚少，而首先关注于量之多寡"。② 如今则不得不对出口生丝的质量问题给予更多的关心。在当时，为了求得生丝品种规格的统一，只有采用器械制丝作为解决的途径，器械制丝遂开始以加速度发展起来。

为了鼓励器械制丝业的发展以促进蚕丝出口的扩大，日本政府于1880年创设了半官半民的"国策银行"——横滨正金银行，1882年又设立了日本银行，政府指令横滨正金银行和日本银行以优惠条件对生丝批发行提供贷款，日本政府、横滨正金银行、日本银行相互协作，直接、间接地构成了制丝业的金融体系，又于90年代颁布《生丝直接贸易奖励法》，废除生丝出口税，极力支持生丝的直接出口。③ 这样，"国立银行和私立银行作为日本制丝业生产体系的上部建筑，不断介入各地养蚕农家和制丝业者的生产过程，并且把这些生产者捕捉到金融网络中来。与金融业的联系和海外生丝的行情左右着丝绸生产者的生活。另一方面，由于海外行情的刺激，具备了增加生丝输出的条件，成为日本输出贸易命脉的制丝业的资本主义发展得到了制丝金融机构的支持，其积极意义是否定不了的"。④

与此同时，各种现代的和传统的金融机构，也都向长野、山梨、神奈川、静冈、群马、崎玉、福岛等输出蚕丝业的产地集中。1882年，全国有各种不同类型的金融机构1 215家，而上述7县就有529家，占44%，其中长野167家，山梨68家，神奈川64家，静冈60家，群马84家，崎玉42家，福岛44家。1884年时日本全国有类似银行业的公司741家，上述7县为360家，占49%，其中

---

① 今井五介：《日本蚕业发达史》，第37页。
② 山本三郎：《制絲業近代化の研究》，第23页。
③ 日本金融系统对政府的产业政策提供支持由来已久，例如1875—1880年度，内务省劝业寮"殖产兴业"项目的投资中，就有贷给蚕种原纸卖捌所的236 000元和贷给富冈制丝所的117 000元。(参见石冢裕道：《日本资本主义成立史の研究》，吉川弘文馆1973年版，表2-1-1，2-1-2。)
④ 芝原拓自：《日本近代化の世界史的位置》，岩波书店1981年版，第210—211页。

长野 107 家，山梨 80 家，神奈川 46 家，静冈 46 家，群马 32 家，崎玉 26 家，福岛 23 家。① 另一方面，从国立银行总部的所在地来看，东京有 16 家，大阪有 10 家，而福岛、歧阜、兵库各有 6 家，山形、新泻、长野、静冈、爱媛、长崎各有 5 家，养蚕、制丝地带的比重也相对较高。② 这些都有助于扶植日商，排挤洋商，恢复商权，从根本上扭转了日本生丝出口的不利地位，从而也扭转了日本所面临的民族危机。正如日本近代史专家芝原拓自所说："当初设立国立银行的主要目的之一，就是振兴最大输出品生丝的生产与输出"，"金融机构成为日本农家小生产者与世界市场接触的不可或缺的一环，而生丝的生产和出口，也成为各种金融机构利润的重大来源"。③

同时，日本商人直接经营对外贸易，在国外成立各种办理出口业务的商行，形成了一个庞大的外贸业务网络，除了配备精通外贸业务的人员外，还特别注意选派一批批精通科学技术的人员，及时把国外的商业信息和技术情报反馈回国内，以便指导技术引进和商品输出。这样一来，"外贸直营"的业务范围就包括了商品输出和技术引进两个方面，从而更加促进了包括丝绸业在内的日本的生产和外贸。到 19 世纪末，日本的生丝出口商已经深深楔入原由西方洋行垄断的市场。"1904—1905 年，日本人控制了他们生丝出口量的 47%，1913—1914 年增长为 65%，到 20 世纪 10 年代末，进一步上升为 80%。"④ 如下表所示：

表 10-14　20 世纪初日本生丝贸易中的出口商与市场份额

年　　份	日本出口商	外国出口商	日商占外贸总量份额
1901—1902	4 家	16 家	42%
1904—1905	4 家	18 家	47%
1913—1914	4 家	16 家	65%
1919—1920	18 家	15 家	80%

资料来源：Matsui, Shichiro. *The History of the Silk Industry in the United States.* New York, 1930, p.74.

---

① 《日本帝国统计年鉴》，参见丹羽邦男：《明治十年代における土地取引の地域的性格》，堀江英一、远山茂树编：《自由民权期の研究》第 4 卷，有斐阁 1959 年版。

② 《日本金融史资料》，明治、大正编。

③ 芝原拓自：《日本近代化の世界史的位置》，岩波书店 1981 年版，第 208、209 页。

④ Matsui, Shichiro. The History of the Silk Industry in the United States. New York, 1930, p.74.

器械制丝业的兴起，迅速提高了日本制丝业的生产效率、产品质量和竞争能力。早在 1873 年，日本参加维也纳万国博览会，满怀信心地展示了国产改良生丝，据说可与欧美的一流产品相媲美，赢得了一致好评。欧美丝织厂家竞相争购，一举恢复了日本蚕丝在国际市场上的信誉。而与此同时，中国第一家采用"汽机大偈"，实行煮缫分工的广东南海继昌隆缫丝厂，却由于小生产者的捣乱和官府衙门的刁难，不得不关厂迁址，移往澳门，托庇于外国资本主义统治的地盘，以寻求一个苟延残喘的机会。两相比较，感慨良多！

在后进国家起步迈向近代化的时候，国家政权往往起着关键的作用。政府既然扮演着"火车头"的角色，那么这一政府的政权性质、人员素质、政策措施等等，就特别值得注意。恰恰在这些方面，中日两国是不同的。一般说来，世界各国私人资本的特性基本上是一致的，而各国政府与私人资本的关系如何，则取决于政府的政策与措施。在近代化的初始阶段，以国家为主投资兴办现代企业，无疑有利于近代生产力的初兴。而在民间经营近代企业的条件成熟之后，设若像日本那样把私人资本放在发展资本主义经济的中心地位，并以国家政权的力量全力扶助，当能加速生产力近代化的步伐。然而，清政府的特性，决定了它不仅无意于扶助私人资本，反而极力要把私人资本纳入自己控制的轨道；而政府主持经营的现代企业，又因机构肿胀，效率低下，大多步履维艰，不著成效，几乎无一不以失败告终，很难谈得上什么示范和推动作用。

明治政府为了尽快推进社会经济的近代化，起初，在经营企业方面实行"官营模范工厂"制度，即移植欧美的近代工厂制度，大规模地兴办官营工厂，希望以此作为模范，激发朝野人士对于兴办近代工业的兴趣，增进民间投资创建新式工厂的知识。富冈制丝所、京都舍密（化学）局、京都织殿、新町绢丝纺绩所等等，就是明治初年有代表性的官营丝绸企业，他们都由国家直接经营，全力维护。在政府官营模范工厂的带动和影响下，民间对近代工业的兴趣大增，有的学习先进技术，有的学习经营管理，有人向模范工厂投资，有人与官营工厂联营加工，一度出现过"官营民助"企业的兴旺景象。

然而，这种兴旺景象并未能维持多久。其原因在于官营工厂只是着眼于大量引进外国的先进技术和设备，而忽视了企业经营上的盈亏问题，违背了经济规律，从而也就难以持久。日本学者把这种现象称之为"政治的移植"，高桥龟吉指出："它的直接着眼处，不在于获得利益，而在于依赖技术上的成功来移植欧美的产业。经营方面势必容易忽视盈亏，几乎各种事业都暴露出拥有巨额固定资本同时又有许多的亏损。"① 明治政府及时注意到了官营企业所必然造成的单纯依靠政府拨款和保护，忽视经济效益的弊端，断然放弃了带有浓厚封建保护性的"官营民助"政策，转而实行"自由放任主义"的"民营官助"政策，即将近代化初期以官营工厂、半官半民工厂为主要形式推进的"殖产兴业"政策，转变为实行扶持民间资本，出售官营工厂和半官半民工厂的政策。从"官营民助"到"民营官助"的转变，可以说是日本政府在产业政策上的一次带有方向性的根本调整，是对国有企业的一次意义重大的开放搞活。实际上作为日本资本主义近代工业的起点，对于日本近代化的迅速实现具有决定性的意义。

1881 年 4 月，"农商务省"成立，这标志着明治初年"殖产兴业"政策的转变，由"内务省"时期的官办示范劝导转变为将官办企业廉价处理给私人资本家。② 明治初期所实行的通过官办企业移植欧美近代产业的政策终止了，转向了以扶持民间产业资本为主的阶段。这在日本历史上被称为"官业处理"，是日本产业革命和资本主义工业化的关键环节，也是中日两国经济发展形成差距的关键一步。

日本政府之所以能够迈出这关键的一步，一个值得重视的原因在于，虽然日本的近代民用企业最初主要是由国家直接投资创办的，但其目的则与中国有所不同。日本内务省颁布的《劝农局处务条例》表明："除本局业务外，兴办生产事业亦属急务，但人民还没有这种意图，所以暂时创办官立事业，示以实例，以诱导人民。"③ 可见其主旨在于为私人投资设厂提供示范，积累经验，创造条

---

① 高桥龟吉：《日本资本主义发达史》，评论社 1939 年版，第 112 页。
② 这种转变之所以出现，一方面是因为官营企业多数收益甚少，甚至不断出现亏损，已经成为政府财政的一大包袱；另一方面，则是因为明治十年（1877）以后兴起的民权运动的压力，使政府察觉到民间自由发展资本主义的呼声。如果承认近代化的自下而上道路，就必须向自由民权运动屈服，而这对于明治政府来说是不可接受的，于是便采取了上述政策，一手扶植起听命于政府的大资产阶级，成为政府的统治基础。
③ 守屋典郎：《日本经济史》，中译本，三联书店 1963 年版，第 64 页。

件。这种经营目标,决定了国家资本与私人资本一上来就不是处于以对立为主的状态,其后实现"官营民助"向"民营官助"的转变,自然也就较为平滑,较少阻力。

日本制丝业私人资本的迅速发展,很大程度上正是得力于国家的扶持和协助。明治十四年(1881),新建立的农商务省向全国府县发布谕告:"凡关于奖励工商的事件,官厅向来虽先导地开创其事业,或指导其实利,采取种种的办法来加以诱导,不过现今事业渐渐地都开发起来,人民自身努力从事",因此今后政府将不再直接经营企业,而"专依赖法规,公平不偏地来做管理上的要务"。[1] 也就是说,明治政府决心对企业经营不再进行直接的行政干预,而要在健全经济法规的基础上,把宏观监管和微观搞活结合起来。据此,政府把除了部分军事工业之外的大多数官办工厂,都以低价出售给私人经营,实行"民营官助"的保护政策,大力扶植民营企业,"以保护和奖励民营企业为目的,将欧美生产技术以及与之相适应的生产方式和经济组织,有组织有计划地输入进来"。[2] 政府不仅在银行贷款方面向民营企业倾斜,还提供巨额的补助金,对于与日本产业近代化关系至为密切的主要出口创汇产业丝绸业,政府更在减免税收、出口奖励等多方面给予保护和扶持,有效地促进了日本制丝业的近代化。

表 10-15 日本制丝业大资本的成长

明治四十二年(1909)十大制丝业资本			大正十二年(1923)十大制丝业资本		
名　　　称	生丝输出量(梱)	比率(%)	名　　　称	生丝输出量(梱)	比率(%)
1. 片仓组	12 082	4.7	1. 片仓制丝	58 709	10.3
2. 冈谷制丝	4 778	1.9	2. 山十组	41 594	7.3
3. 小口组	4 614	1.8	3. 郡是制丝	21 518	3.8
4. 山十组	4 422	1.7	4. 小口组	21 319	3.7
5. 林组	3 480	1.4	5. 石川组	10 430	1.8
6. 尾泽组	2 945	1.1	6. 冈谷馆	9 004	1.6

---

[1] 高桥龟吉:《日本资本主义发达史》,评论社 1939 年版;转见刘天纯:《日本产业革命史》,吉林人民出版社 1984 年版,第 26 页。

[2] 森岛通夫:《日本成功之路——日本精神和西方技术》,第 127 页。

明治四十二年（1909）十大制丝业资本			大正十二年（1923）十大制丝业资本		
名　　称	生丝输出量（梱）	比率（%）	名　　称	生丝输出量（梱）	比率（%）
7. 原合名	2 751	1.1	7. 林组	8 855	1.6
8. 矢岛组	2 188	0.9	8. 须坂山丸	8 404	1.5
9. 富国馆	2 155	0.8	9. 绫部制丝	6 651	1.2
10. 常田馆	1 984	0.8	10. 笠原组	4 432	0.8
与其他合计	256 278	100	与其他合计	569 420	100

资料来源：原据《蚕丝业要览》,《大日本蚕丝会报》大正十四年（1925）2月号，转引自石井宽治《日本蚕丝业史分析》，第59页。

二、器械制丝的勃兴

明治三年（1870）六月，日本第一家器械制丝工场——前桥制丝所，诞生于传统生丝产业中心前桥藩的细泽町。这家工场设置意大利式木制六人缫共撚器械3台，由前桥藩招募瑞士人米尔朗主持完成。

同年，日本政府于群马县（原上州）富冈町筹建官营模范制丝工场，重金礼聘一名法国技师负责设计并采购法国制造的缫丝器械，到明治五年十月建成开业，正式投入生产，以为倡导和示范。为了表示政府提倡新式制丝技术的态度，明治政府曾经下令全国士族妻女入场学习操作，4年之间，约有2 000多名女工接受了法国技师的培训。此后，"制丝业之改良，总以富冈制丝所为模范"。①

器械制丝工场的设立，随即在各地形成热潮。各县设立第一个机器缫丝工场的年代，静冈县为明治四年（1871），长野县（原信州）为明治五年（1872），岐阜县为明治六年（1873），宫城、石川、大分等县则为明治七年（1874）。兹将明治初期（截至明治十年［1877］以前）各地设立器械制丝工场的情况列表如下：

---

① 山本三郎：《制丝业近代化的研究》，第17页。

表10-16 明治三年—十年（1870—1877）各地器械制丝工场表

序号	工场名	创设时间	创设者	所在地	设备情况	备注
1	前桥制丝所	明治三年（1870）六月	前桥藩	群马县前桥细泽町	意式6人缫共燃器械3台	水车动力系统
2	工部省制丝试验场	明治四年（1871）一月	工部省	东京赤坂葵坂旧锅岛邸内		3年后关闭
3	筑地制丝场	明治四年（1871）	小野组		意式50人缫器械	
4	川村传卫制丝所	明治五年（1872）四月		栃木县河内郡石井村	意式器械8台	
5	喜多方制丝场	明治五年（1872）		福岛县耶麻郡喜多方町	意式24人缫器械1台	
6	岩渊制丝所	明治五年（1872）	小野组经营	福岛县台河郡白沙町	意式百人缫器械	明治十年增设50人缫蒸汽器械
7	深山田制丝所	明治五年（1872）		长野县取访郡	法式半铁制器械	水车或蒸汽动力
8	富冈模范制丝所	明治五年（1872）十月	内务省	群马县富冈町	富冈式33人缫器械	
9	伊藤小左卫门制丝场	明治六年（1873）	小野组经营	三重县三重郡室山村	意式70人缫器械	
10	宫田村制丝所	明治六年（1873）	小野组主号	长野县上伊那郡宫田村	意式12人缫器械	8台的股份公司
11	二本松制丝所	明治六年（1873）七月	小野组主号		意式32人缫共燃器械	
12	水沼制丝所	明治七年（1874）二月		群马县势多郡水沼村		
13	长谷川范七制丝所	明治七年（1874）	小野组援助	长野县下伊那郡乔木村	富冈式50人缫器械	

（续表）

序号	工　场　名	创设时间	创设者	所　在　地	设备情况	备　注
14	山梨县劝业场	明治七年（1874）		山梨县甲府市常盘町	200人缲木制器械	水车动力系统
15	韭崎直次郎制丝场	明治七年（1874）		群马县甘乐郡富冈村	富冈式36人缲器械	
16	桥本龙一制丝场	明治七年（1874）		长野县取访郡赤花村		
17	研业社	明治八年（1875）九月		群马县势多郡夫根村	意式48人缲器械	明治十二年改装法式58人缲汽器械
18	佐藤政忠制丝所	明治八年（1875）		秋田县由利郡矢岛新町		
19	中山村制丝场	明治八年（1875）		长野县取访郡平野村		
20	加岛富玉郎制丝场	明治九年（1876）		崎玉县秩父郡薄村		
21	斋藤素轩制丝场	明治九年（1876）		广岛县福山町		
22	真野勇夫制丝场	明治九年（1876）		兵库县出石郡内町		
23	鸭川制丝所	明治九年（1876）		京都上京	意式12人缲器械	
24	彦根制丝场	明治十年（1877）		滋贺县彦根		

资料来源：据山本三郎《制丝业近代化的研究》统计。

上述制丝工场的技术设备,系从法国、意大利等制丝业先进的国家所引进。引进的技术设备,同日本原有的"座缫"手工操作技术相结合,形成了既简单又实用的"和洋折衷"的制丝技术,即所谓"器械制丝"。明治三年(1870)以后,自上而下及自下而上兴起的器械制丝热潮,在明治六年(1873)由大久保利通内务卿决定给予扶持,此后益发普及开来。明治十二年(1879)时,拥有10人以上器械缫丝工场数量占前10位的县如下表:

表 10-17　明治十二年(1879)日本各地十人以上器械缫丝工场数

县　名	工场数	县　名	工场数
长野县	358	福岛县	10
岐阜县	143	爱知县	6
山梨县	80	石川县	6
山形县	11	静冈县	4
群马县	11	熊本县	4

资料来源:高桥经济研究所:《日本蚕丝业发达史》,第394页。

在器械制丝最为发达的长野县,1879年已有器械制丝工场358家,两年后发展为643家。[1] 明治十七年(1884)时,日本全部产业共有工场1 981家,其中1 043家是制丝工场,占53%。[2] 到1899年时,日本全国的器械制丝工场已经发展到2 218家,共有职工116 148人,平均每家52.37人。[3] 当年,日本全国共有各种行业和类型的近代工场6 510家,其中仅器械制丝工场一项,就占到34.1%,[4] 可见在明治维新以后相当长的一段时间内,制丝业一直是日本近代工业的主体部分。

与此相适应,在日本的生丝产量中,器械制丝的比重也在与日俱增。明治十六年(1883),制丝业中"多少雇佣几个工人的工场"的产量在生丝总产量中

---

[1]　山本三郎:《制丝业近代化的研究》,第17页。
[2]　山口和雄:《明治前期经济的分析》,东京大学出版会1956年版,第四章。
[3]　据日本工务局工务课《工厂调查统计表》(1900年刊)计算。不排除其中也有少量的座缫手工工场,但绝大部分认定是器械制丝工场,大概不会有什么问题。
[4]　《明治前半期全国工厂创立数及职工数累年表》,东洋经济新报社编纂:《明治大正国势总览》表592,东洋经济新报社创刊三十周年纪念出版第二辑,1927年版,第539页。

所占比重为27.4%，其中器械制丝业较为发达的长野、岐阜、山梨、神奈川四县，这一数字分别达到58.7%、47.1%、62.8%和49.8%。① 器械缫丝在日本制丝业总产量中的比重，明治二十二年到二十六年（1889—1893）平均为41%，明治二十七年到三十一年（1894—1898）平均为52%，到明治四十四年（1911）时已经超过了70%。②

表10-18 制丝业产量的增长与器械丝所占比重（明治二十二年［1889］—大正三年［1914］）

年　　次	生丝产量（贯）	器械丝占比（%）	年　　次	生丝产量（贯）	器械丝占比（%）
明治二十二年（1889）	966 667	36.9	明治三十七年（1904）	1 996 720	59.9
明治二十七年（1894）	1 391 356	52.8	明治四十二年（1909）	2 902 256	69.8
明治三十二年（1899）	1 966 124	47.5	大正三年（1914）	3 755 886	77.0

资料来源：据"农林省累年统计表"制表。

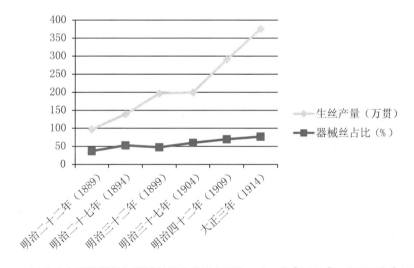

图10-8 制丝业产量的增长与器械丝所占比重（明治二十二年［1889］—大正三年［1914］）

---

① 楫西光速编：《日本经济史大系》，东京大学出版会1965年版，第31页。
② 王翔：《中国丝绸史研究》，团结出版社1990年版，第67页。

日本学者的意见，是以明治二十七年（1894）器械制丝产量在日本生丝总产量中凌驾于座缫制丝产量之上，作为日本制丝业实现了近代化的标志。[1] 见下表：

表 10-19　器械制丝产量与座缫制丝产量之比

年　　次	A 器械制丝产量	B 座缫制丝产量	A/B	A/（A+B）
明治二十六年（1893）	588 220	645 334	91%	47.68%
明治二十七年（1894）	734 368	562 415	130%	56.15%

资料来源：据《帝国统计年鉴》，第 14 回，第 404 页；第 15 回，第 406 页。

日本学者的研究表明，幕府末期已有足踏式座缫制丝器的发明和使用，这是在改进旧式座缫器的基础上，以足踏动力使缫框和络交装置运动，缫丝口数一般为 3 口，煮茧与缫丝仍在同一个锅里，产出的生丝品质，与器械制丝相比为劣，但优于座缫制丝。无论从历史上看还是从技术上看，足踏式制丝器都是座缫制丝与器械制丝之间的过渡。初期器械制丝手工工场所使用的工具，不过是使日本固有的足踏式制丝器以足力运转的部分改为以动力机运转（自然力或机械力），缫丝口数也有所增加而已。

由此可见，这里所谓的制丝器械，并不是完全意义上的机器，因为制丝的基本过程仍然依靠女工的手工技术。在初期的富冈模范制丝工场及其他所有制丝工场中，生产方式基本上仍然是一釜一女工的手工作业，因此有人把这些制丝工场解释为工场手工业，这是符合历史事实的。[2] 其后，日本制丝生产过程经历了一系列技术革新：

1889 年，御法川直三郎发明了丝车"接绪器"，缩小了熟练缫丝女工与非熟练女工的差距。

1892 年，御法川直三郎发明了应用蒸汽实行蚕茧干燥的机器。

1895 年，御法川直三郎将以往的二条缫丝机改进为四条缫丝机，在此基础

---

[1]　参见山田盛太郎：《日本资本主义分析》，第 37 页。山田盛太郎认为：日本棉纺织业近代化的基本确立，是以日本国内棉纺织业产量超过国外输入的棉纺织品数量作为标志的，因为它表现了日本棉纺织业打破了外来的压力，逐渐发育成熟；制丝业的情况则有所不同，不存在外来的压力，因而选择其劳动手段的变化，器械制丝超越座缫制丝来作为日本制丝业基本实现近代化的指标。

[2]　参见滝泽秀树：《蚕と生絲の近代史》，东京教育社 1979 年版，第 104—115 页。

上，到 1903 年又创制出十二条缫丝机，使缫丝机器的生产效率得到了划时代的提高。更为重要的是，这种先进的多条缫丝机能够以比较低廉的价格在日本缫丝工业中推广开来。

1908 年，御法川直三郎又进一步发明了"明治四十一年式蚕茧干燥机"。[①]

这样，到 20 世纪初年，日本先是普遍使用复摇式坐缫丝车，取代了意大利大纤式直缫丝车，解决了"断头"、"胶着"等技术难题。不久，又采用并推广了更为先进的多绪式立缫丝车，使得缫丝产量和质量更上层楼，从此跻身于世界缫丝工业技术先进国家行列。

到昭和四年（1929），御法川直三郎发明和推广多条自动缫丝机，"由全然机械力缫丝，因此能率为从来之数倍"。[②]根据时人的描述，多条制丝机一机的缫丝口数由 10 数口以上到 22 口不等，缫丝框也相应增加，许多部分（如接绪器、断丝防止器、自动索绪器等）都实现了机械化。总之，多条缫丝机效率较高，能以之生产出精良的生丝。[③]至此，日本近代制丝企业的性质才发生了根本的变化，由资本主义的工场手工业转化为资本主义的机器大工业。

然而，在多条缫丝机出现之前 30 多年，早在明治二十七年（1894），日本制丝业就已经完成了近代化。换句话说，日本制丝业的近代化，不仅是在手工技术和工场手工业的基础上实现的，而且是在手工生产方式仍然占据优势的条件下实现的。尽管这种器械制丝的技术水平还不够高，尚未实现完全的机械化，因而依靠这种技术兴办的企业，严格说来还只是一些规模不等的资本主义性质的手工工场，但是它毕竟把日本制丝业的生产技术水准提升了一大步。现代经济成长是受着许多因素制约的，诸如社会、政治、思想、经济因素等等，而技术发展是其中必不可少的一个因素。"强调各种制度的重要性，势必应该把工业革命亦即技术变革当作一个中心"，因为，"在导致资本主义工业化发生质变的各种因素中，生产过程的机械化是最为显著的一个因素。"[④]

---

① 高桥龟吉：《日本近代经济发达史》第三卷，东洋经济新报社 1981 年版，第 539 页。
② 山田盛太郎：《日本资本主义分析》，东京岩波书店 1966 年版，第 3 页。
③ 参见山本三郎：《日本近代技术史》第一章，三笠书房 1940 年版。
④ 参见马克·埃尔文：《中国传统社会内部为什么没有产生工业资本主义？》，荷兰《理论与社会》卷13，第 379—391 页。

三、传统座缫制丝的改良

另一方面，资本积累的不足，导致近代制丝企业的创设经营艰难和兴衰隆替剧烈。例如群马县的北群马郡"有加藤制丝社，年年奋力制丝，终因收支难以相抵，至明治二十一年（1888）停业。加藤制丝会社曾经尝试直接输出，但是由于汇票到达迟缓，与资本利息相比得不偿失"。① 在器械制丝初兴之时，"器械制丝虽然已在各地勃兴，由于器械制丝的经营需要大量固定资本，所以个人一时投入如此之多的资本以经营器械制丝业是至难之事"。② 在自动多条缫丝机创制成功以后，一时也很难获得推广，采用的厂家不多。自动多条缫丝机的发明者原田新一曾经对此啧有烦言："虽想推广使用自己所发明的自动缫丝器械，但日本的制丝业作为工业来说要（比欧美先进国家）落后五十年，制丝业者的头脑和眼光只考虑利息和行情，再加上资金的窘迫，无论如何都不可能采用先进机器。"③ 凡此种种，与日本工业化和丝绸业近代化的历史过程和逻辑过程是相一致的。

这就为日本传统座缫制丝技术的改良提供了广阔的空间。在这一时期，日本传统座缫制丝技术的改良取得了相当的成效，成为日本近代制丝业起飞不可或缺的一翼。明治维新后不久，日本传统制丝业就发出了"改良"的呼声：

> 养蚕家采收纯良蚕茧，制丝家缫制精美生丝，商贾查定丝质之良否、制丝之精粗，以定于我国平均之上的品位，进而在美、欧诸洲市场立足，与法国制丝业为伍，得到需求者的信用，随着世界文明富裕进步的同时对蚕丝需求量的增加，在设定供给这种需求所应采取的方法上，使之内可养成富国之根源，兴起农业上无尽之公益，这是我们一定要达到的目标。④

随之成立的上毛茧丝改良会社，"如其社名所示，是以改良蚕茧和生丝的

---

① ② 山本三郎：《制絲業近代化の研究》，第 22 页。
③ 山田盛太郎：《日本資本主義分析》，第 4 页。
④ 明治十三年（1880）12 月 1 日，宫崎有敬在上毛茧丝改良会社开业典礼上的祝辞，转引自山本三郎：《制絲業近代化の研究》，第 51 页。

生产，实行技术指导，提供资金融通，与海外直接贸易为目的"。其《会社业务》章程规定：第 40 条，"会社业务，以改良茧丝为目的，设定适当办法，循序渐进，制出精良产品"；第 41 条，"决定分配改良资金"；第 42 条，"为了改良养蚕，设置若干检查机构，巡视社中各组，注意蚕种之优劣，桑园之栽培，饲蚕之巧拙，等等，恳切诱导养蚕农家，确定成茧检查之上品，加以评判，作为指导。尤应注意将根据其评价准备卖出的蚕茧买入社中"；第 43 条，"本社宗旨在于将所产生丝均以本社名义直接销往海外"；第 45 条，"为改良制丝，派出若干检查人员，不断巡视社中制丝场所，鉴别生丝品质，以使之均能达到相当之品位，同时教示缫丝方法，促其进步"；第 46 条，"时时向社中通报国内养蚕制丝生产之景况、外国丝织厂家之嗜好、订货及生丝行情等情况"。[1]到明治十九年（1886），仅加入这一茧丝改良会社的制丝场所已经达到 102 个（如加上蚕业场所则达 134 个），社员为 4 657 名，使用女工 28 862 人，每户平均使用女工 6.20人。[2]从经营规模来看，这 102 个制丝场所中，1 000 人以上的有 6 个，500 人以上的有 16 个，100 人以上的有 45 个，50 人以上的有 23 个，50 人以下的有12 个。详见下表：

表 10-20　蚕丝改良会社制丝工场规模及数量（1886）

规　模	序　号	人　数	场所数	小　计	比　率
大　型	A	1 000 人以上	6	22	21.5%
	B	900 人以上	1		
	C	700 人以上	1		
	D	600 人以上	4		
	E	500 人以上	10		
中　型	F	300 人以上	8	45	44.1%
	G	200 人以上	18		
	H	100 人以上	19		
小　型	I	50 人以上	23	35	34.3%
	J	50 人以下	12		

资料来源：据山本三郎：《制絲業近代化の研究》，第 57 页，第 1 表改制。

---

[1]　山本三郎：《制絲業近代化の研究》，第 51—52 页。
[2]　参见山本三郎：《制絲業近代化の研究》，第 52—56 页。

群马县的座缲制丝业者，平均每户只雇佣6名女工，规模都不大，资金也不雄厚，他们集中于改良会社的保护伞下，在期待其给予技术指导的同时，更希望能够得到资金的借贷。改良会社为从政府和银行处贷入资金，经常奔走呼号，虽然"困难重重，苦心经营"，却也多有收获。茧丝改良会社还是其成员出产的生丝品质的监督者，各家各户均将自己出产之丝拿到会社接受检验和定级。此外，茧丝改良会社还设立了共同扬返所。最初是前桥精丝会社于明治十年8月设立了共同扬返所，其后，碓冰郡精丝社、北甘乐郡精丝会社等又于明治十一年5月和明治十三年5月陆续设立。作为制丝过程的一个重要环节，共同扬返所对于生丝品质的提高也起到了相当的作用。

座缲制丝改良工作的展开，改变了日本传统制丝业的生产经营习惯。有人指出："上州从前之惯习，是生丝制造者各自生产些许生丝，将之在市场上出卖。市场中有所谓'仲买商'，他们将丝买下后加以捆扎，再卖给当地的大商人，或是运往横滨输出。丝质精粗混杂，其间更有不少诈欺恶弊。茧丝改良会社设立以来，各制丝家造设账簿，带往会社，借入相当金元。因此不用说丝价得到统一，市场投卖等方面亦可无忧，自然上州一带都体会到了改良会社带来的便利。如今，社员以外的制丝家们，也依照改良会社的制丝方法制造生丝，盼望在社内卖却，源源输出，一般之旧惯习为之一变。"①

即使那些尚未成为改良会社成员的"世代相传的制丝人家"，也可以按照改良会社所传授的制丝方法来生产生丝，并将其所产之丝送到改良会社鉴别品位等级，然后捆扎打包，办好押汇，输出欧美诸国。总之，经过茧丝改良会社的串联和组织，大量分散的制丝业者和农民小生产者也被逐步引导到制丝业现代化的轨道上来。所以说，"座缲制丝的改良和器械制丝的育成，成为明治政府殖产兴业政策的一个环节。群马县的生丝小生产者在政府的指导下结成了座缲丝改良的组织，毋庸赘言，这也是在全国范围内实行的政策。"②

在奥州，制丝业在开港以后的一段时间里发展比较缓慢，产量增长不多，价格变化不大，座缲制丝普及得也比较晚，这种情况在明治维新后迅速改变。

①② 山本三郎：《制絲業近代化の研究》，第59页。

从明治初年起，奥州地区的豪农（即所谓经营地主）纷纷开办制丝手工工场。①
初期的制丝工场虽然规模较大，但内部没有明显的分工关系，勉强可以说是资
本主义的简单协作。明治中期以后，制丝工场进一步发展，已经出现了包括从
原料茧开始到最后扬返全部作业在内的"总合工场"，如明治四十年（1907）南
会津郡柚原村的共同扬返场，就是一个包括捻丝场、扬返场和干燥场的大制丝
工场，其中仅捻丝就有 20 余人。从技术角度看，已经具有严密的分工，应该
说是具有手工工场的属性。这些工场内部的经济关系比较特殊，工场主与劳动
者的关系带有浓厚的传统色彩，工场主为族长（"亲方"），劳动者为族员（"子
方"），② 这是由于当地经济社会尚未充分发达，村里的宗族关系尚未彻底解体
的缘故。有人因此而否认这些手工工场中生产关系的资本主义性质，③ 其实，
"亲方"、"子方"的称谓，族长、族员的关系，并不能否定它们之间老板与雇工
的实质关系，这才是这些制丝工场里经济关系的本质。

表 10-21　明治三十八年（1905）日本座缲丝工场和足踏丝工场

座缲丝工场	全国	群马县	福岛县
500 人缲以上	28	19	8
100 人缲以上	192	153	15
50 人缲以上	62	43	1
10 人缲以上	322	16	4
合　　　计	604	231	28

足踏丝工场	全国	埼玉县	神奈川县	东京都
500 人缲以上	2			1
100 人缲以上	56	34	8	12
50 人缲以上	59	47	4	6
10 人缲以上	245	50	6	21
合　　　计	362	131	18	40

资料来源：据《第 4 次全国制丝工场调查表》制表。

---

① 藤田五郎将之称为"豪农手工工场"。参见藤田五郎：《封建社会的展开过程》，有斐阁 1952 年版；
　羽鸟卓也、山田舜：《藤田教授与豪农研究》，《商学论集》第 22 卷，第 2 号。
② 藤田五郎：《日本近代产业的生成》，第 313 页。
③ 参见严立贤：《日本资本主义形态研究》，中国社会科学出版社 1995 年版，第 107—108 页。

四、成为世界"丝业霸主"

日本制丝业在技术进步、产量增加、品质提高的同时，又倾其全力在国际市场上纵横捭阖，攻城夺寨，终于在不长的时间内，就一路过关斩将，压倒了所有竞争对手，取代中国成为世界上最大的蚕丝出口国。见下表：

表 10-22 1891—1909 年日本生丝出口的增长　　　　　　单位：千公斤

年度	中国丝（出口量）	意大利丝（生产量）	日本丝（出口量）	除日本外各国合计（出口量）	日本丝出口所占比率
1891	4 156	3 210	2 994	12 159	24.62%
1905	6 010	4 440	4 619	18 830	24.53%
1909	7 458	4 251	8 372	24 510	34.16%

资料来源：山田盛太郎：《日本资本主义分析》，东京岩波书店 1966 年版，第 38 页。

再来看看自 1871 年至 1915 年世界四大产丝国每五年平均的生丝生产与出口情况：

表 10-23 世界四大产丝国生丝情况（1871—1915）　　　单位：千公斤

年　　度	法国丝（产量）	意大利丝（产量）	中国丝		日本丝	
			出口量	指数	出口量	指数
1871—1875	658	3 171	3 941	100	691	100
1876—1880	510	1 922	4 175	106	1 033	150
1881—1885	631	2 766	3 342	85	1 360	197
1886—1890	692	3 427	4 035	102	2 056	298
1891—1895	747	3 686	5 403	137	3 006	435
1896—1900	650	4 868	6 529	166	3 459	501
1901—1905	591	5 262	6 355	161	4 865	704
1906—1910	583	5 654	7 191	183	7 448	1 078
1911—1915	358	4 561	7 649	194	10 771	1 559

资料来源：石井宽治：《日本蚕絲業史の分析》，东京大学出版会 1981 年版，第 28 页。中国丝和日本丝出口量增长的指数是笔者计算的。

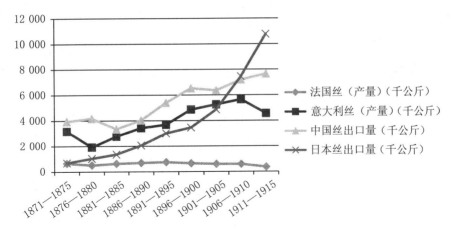

图 10-9 世界四大产丝国的生丝生产与出口（1871—1915）

由上列二表可以看出，在世界四大产丝国中，中国在长时期内一直是首屈一指的，但是中国生丝出口的领先地位遭到了日本生丝的强有力的挑战。尽管中国生丝的出口也一直在增加，但是发展速度的缓慢，前进脚步的迟滞，使其没有能力对抗突飞猛进的日本制丝业咄咄逼人的竞争。日本生丝出口，从1871—1875 年的 691 吨上升为 1911—1915 年的 10 771 吨，40 年中增长了14.59 倍，年均增长 36.48%；反观中国，同时期内生丝出口从 3 941 吨上升为7 649 吨，只增长了 0.94 倍，年均增长只有 2.35%。[①]日本生丝迅速地后来居上，到 1906—1910 年间已经凌驾于中国之上而跃居世界第一位，并且在下一个五年中远远超过了其余三个国家，占有了世界生丝市场上将近一半的份额。1871—1875 年时，中国生丝的出口量为日本生丝出口量的 5.7 倍，到了 1911—1915 年，则倒转过来，只及日本生丝出口量的 71% 了。

日本丝绸业国际市场的不断开拓和对外贸易的顺利发展，与它制定了合适的主攻目标，寻找到长期稳定的大主顾有着密切关系。开港之后不久，特别是明治维新以后，日本生丝由主要对法国出口转换为主要对美国出口，出口对象国的这种转移，对日本制丝业产生了意料不到的影响。"如果不注意到美国市场需求扩展的刺激，是无法充分理解日本生丝出口奇迹般增长的。"[②]在这个问

① 石井宽治：《日本蠶絲業史の分析》，东京大学出版 1981 年版，第 28 页。
② Robert Y. Eng, "Economic Imperialism in China—Silk Production and Exports, 1861—1932", 1986 by the Regents of the University of California, pp.163—164.

题上,应该注意到以下两方面的情况:

一方面,在与美国的贸易方面,日本享有一种超过中国的地理位置上的便利。虽然日本位于作为欧洲商业扩张中心的亚洲大陆的边缘,但它的地理位置却使其成为美国船只横渡太平洋时补充燃料和给养的中间站。1850 年,加利福尼亚快船公司开辟了一条连结纽约、旧金山、广东或上海、伦敦四个港口的航线,在其横渡太平洋时需要一个中间站,美国之所以最先采取行动迫使日本"开国",并不是偶然的。在缔结了一系列不平等条约之后,美国和日本发展起密切的商业关系,但是尽管在地理上更加接近美国,但是日本在与中国争夺美国生丝市场时,起初却位居下风。这是因为当时东亚的生丝必须经由欧洲中转,才能海运至美国东海岸的市场和丝织业中心,而在对欧洲的出口方面,中国的地理位置则要比日本优越。1884 年,连结旧金山与纽约的北美铁路竣工,日本生丝有可能通过海运经太平洋直达美国西海岸,再经由铁路运往纽约市场,这使得美国从日本进口生丝比从中国进口更为快捷和便宜。当时,100 磅日本生丝的运费,运到美国西海岸为 4.50 美元,运抵纽约为 9.70 美元,与之相比,100 磅中国生丝的运费则分别为 6.75 美元和 12.00 美元。①

另一方面,地理区位位置的优势,只是提供了日本生丝对美出口的有利条件,而充分利用这一条件,成功拓展美国市场,则是由日本敏锐的眼光、正确的政策和非凡的生产与出口扩张能力所决定的。南北战争结束以后,美国经济迅猛发展,人民生活水平不断提高,丝绸的消费量急剧增长,刺激了美国丝绸业的兴起。19 世纪 80 年代中期,美国丝织业后来居上,赶上和超过了欧洲丝织业。日本洞察国际市场的形势变化,立即抓住这个最有潜力的大主顾,把原先主要对欧洲的生丝出口迅速转向美国。在对美实行"一边倒"政策的推动下,日本生丝输往美国的数量扶摇直上:1888—1897 年占日本生丝出口总量的 50%,1898—1907 年占 60%,其后更高达 80%—90%,成为美国所需生丝的最大供应者。对美生丝出口

---

① 《新建设》"蚕丝专号",1929 年 10 月。Robert Y. Eng, "Economic Imperialism in China—Silk Production and Exports, 1861—1932", 1986 by the Regents of the University of California, p.164.

值从 1893—1911 年的 18 年间也增长了 8.15 倍，年均增长 45.03%。详见
下表：

表 10-24　明治后期生丝和屑丝输出国别表　　　　　　　　　单位：千日元

年　　次	屑丝及丝绵			生　　　丝			
	法国	美国	意大利	美国	（指数）	法国	英国
明治二十六年（1893）		61	549	11 079	100	14 940	1 043
明治二十七年（1894）	1 653	84	493	22 459	203	13 802	202
明治二十八年（1895）	985	37	475	27 830	251	16 611	264
明治二十九年（1896）	1 277	75	292	14 081	127	11 755	228
明治三十年（1897）	1 306	65	453	32 263	291	20 094	201
明治三十一年（1898）	1 191	31	432	25 341	229	14 140	316
明治三十二年（1899）	2 031	55	542	39 931	360	19 184	305
明治三十三年（1900）	2 478	22	711	26 710	241	10 861	375
明治三十四年（1901）	3 342	82	462	44 497	402	17 162	152
明治三十五年（1902）	4 575	226	465	46 785	422	14 683	456
明治三十六年（1903）	5 372	200	595	47 019	424	16 691	34
明治三十七年（1904）	3 177	219	738	60 748	548	17 090	227
明治三十八年（1905）	4 824	131	463	53 826	486	11 000	13
明治三十九年（1906）	3 869	177	841	78 392	708	22 086	34
明治四十年（1907）	4 653	210	877	79 760	720	25 243	6
明治四十一年（1908）	5 689	256	1 530	81 542	736	17 258	7
明治四十二年（1909）	5 855	219	1 070	86 538	781	24 206	151
明治四十三年（1910）	6 920	308	1 698	92 376	834	21 528	280
明治四十四年（1911）	5 729	395	1 269	89 889	811	20 668	346

资料来源：原据日本对外贸易年表及月表统计，转引自东洋经济新报社编纂：《明治大正国势总览》表
　　　485，改制，东洋经济新报社创刊三十周年纪念出版第二辑，1927 年版，第 468 页。

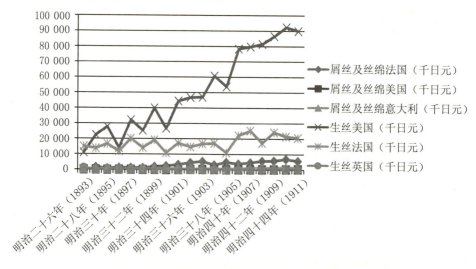

图 10-10　明治后期生丝、屑丝输出国别与数量

丝织品的出口，也以美国为最大主顾。参见下表：

表 10-25　明治后期丝织品出口值国别表　　　　　　　　　　　　　单位：千日元

年　　次	丝　织　物				丝　手　帕		
	美国	英国	澳洲	法国	美国	英国	非洲
明治二十六年 （1893）	2 265	198	13	1 359	2 497	418	
明治三十年 （1897）	3 666	750	136	2 668	1 405	688	
明治三十五年 （1902）	7 473	7 535	564	6 026	1 225	846	33
明治四十年 （1907）	8 088	6 332	1 849	6 696	2 009	1 254	35
明治四十四年 （1911）	3 849	6 433	2 529	9 496	745	852	55

资料来源：原据日本对外贸易年表及月表统计，转引自东洋经济新报社编纂：《明治大正国势总览》表
　　485，改制，东洋经济新报社创刊三十周年纪念出版第二辑，1927 年版，第 469 页。

　　　　　　　　　　　　　　　　　　　　　　　　　　　　　　　晚清丝绸业史

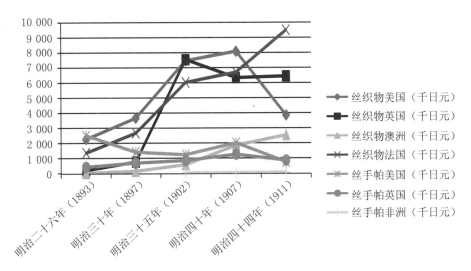

图 10-11　明治后期丝织品出口值国别表

"背靠大树好乘凉"，依靠美国市场的抱注，日本在几十年间就成为世界上
最大的生丝出口国。1871—1875 年间，日本生丝出口量只及中国生丝出口量
的六分之一，到 1891—1895 年时上升为二分之一强，到 1911 年时竟超过中国
将近一倍。在日本推进资本主义工业化的过程中，丝绸出口成了名副其实的
"外贸王牌"和"摇钱树"。

表 10-26　明治四十二年（1909）日本进出口贸易收支　　　　　　　　　　　　单位：千日元

	输　出	输　入	差　额
生产资料生产部门	55 890	141 432	（－）85 541
消费资料生产部门	375 554	286 483	（＋）89 070
其中：（1）纺织业	226 282	36 313	（＋）189 969
制丝	131 171	1 649	（＋）129 522
纺绩	32 912	6 643	（＋）26 269
织物	52 515	27 186	（＋）25 329
（2）农林水产业	16 356	168 044	（－）151 688
纤维原料	3	14 024	（－）14 020
原棉	76	106 783	（－）106 707
总　　计	431 445	427 915	（＋）3 529

资料来源：据盐泽君夫等：《日本资本主义再生产构造统计》制表。

就在中国因丧失了世界头号"丝国"的地位而黯然神伤之际，日本开始雄居世界"丝业霸主"的宝座。这样，制丝业在日本赖以出口创汇以推进近代化建设的固有产业中，半个多世纪里一直独占鳌头。生丝在日本出口商品总额中所占的比重，1870 年为 29.4%，1880 年为 30.3%，1890 年为 19.8%，1900 年为 21.8%，1910 年已达 28.4%。[①]举足轻重的生丝出口，为日本资本主义近代化的推进和完成，为日本由传统国家向近代国家的过渡和转变，发挥了无可替代的作用，作出了值得大书特书的贡献。

同时，日本制丝业自身，也在这一过程中实现了脱胎换骨的改造和更新。由"器械制丝"所开始的技术革命，终于导致了日本制丝业于 20 世纪 20 年代开始广泛推广应用御法川直三郎所发明的多条自动缫丝机，"由全然机械力缫丝，因此能率为从来之数倍"，[②]实现了制丝生产的完全机械化。反观中国，直到 19 世纪末 20 世纪初，历经几十年的曲折坎坷，缫丝业中新式蒸汽缫丝工厂仍然好似浮在水面的冰山，缫丝业中占据优势的，仍然是传统的小农家庭副业生产形态。

下表，是日本明治年间历年输出生丝数量和价值之一览：

表 10-27 明治年间历年蚕丝输出量与值

年 次	屑丝与丝绵		生 丝	
	数量（担）	价额（千日元）	数量（担）	价额（千日元）
明治元年（1868）	2 354	147	12 085	6 425
明治二年（1869）	2 956	288	7 267	5 722
明治三年（1870）	2 811	325	6 864	4 288
明治四年（1871）	4 238	418	13 294	8 019
明治五年（1872）	6 818	462	9 112	5 237
明治六年（1873）	4 493	371	12 021	7 208
明治七年（1874）	5 347	314	9 792	5 302

---

① 参见王翔：《中国丝绸史研究》，团结出版社 1990 年版，第 69 页。直到第二次世界大战以后，随着日本资本主义经济的高速发展和对外贸易结构的根本改变，生丝的出口才大大下降乃至基本绝迹。
② 山田盛太郎：《日本资本主义分析》，东京岩波书店 1966 年版，第 3 页。

年　　次	屑丝与丝绵		生　　丝	
	数量（担）	价额（千日元）	数量（担）	价额（千日元）
明治八年（1875）	4 598	314	11 814	5 425
明治九年（1876）	8 042	578	18 657	13 200
明治十年（1877）	7 046	431	17 241	9 630
明治十一年（1878）	11 153	674	14 533	7 894
明治十二年（1879）	16 174	1 414	16 372	9 735
明治十三年（1880）	15 665	1 359	14 617	8 607
明治十四年（1881）	18 826	1 993	18 128	10 678
明治十五年（1882）	23 078	2 384	28 943	16 255
明治十六年（1883）	25 131	2 086	31 315	16 201
明治十七年（1884）	22 977	1 975	20 991	11 009
明治十八年（1885）	16 339	1 246	24 572	13 034
明治十九年（1886）	25 081	2 461	26 717	17 414
明治二十年（1887）	23 151	2 247	31 473	19 392
明治二十一年（1888）	31 537	2 574	47 005	25 967
明治二十二年（1889）	26 686	2 361	41 283	26 620
明治二十三年（1890）	30 621	2 722	21 103	13 859
明治二十四年（1891）	34 677	2 526	53 626	29 438
明治二十五年（1892）	43 650	3 270	54 315	36 321
明治二十六年（1893）	35 799	3 011	37 152	28 174
明治二十七年（1894）	40 238	3 308	54 847	39 355
明治二十八年（1895）	38 792	2 877	58 115	47 872
明治二十九年（1896）	42 390	2 832	39 190	28 831
明治三十年（1897）	46 101	3 088	69 199	55 630
明治三十一年（1898）	43 993	2 722	48 373	42 047
明治三十二年（1899）	44 130	4 090	59 469	62 628
明治三十三年（1900）	39 002	4 161	46 309	44 657

年　　次	屑丝与丝绵		生　　丝	
	数量（担）	价额（千日元）	数量（担）	价额（千日元）
明治三十四年（1901）	47 893	4 469	86 977	74 667
明治三十五年（1902）	51 932	5 714	80 782	76 859
明治三十六年（1903）	53 994	6 957	73 155	74 429
明治三十七年（1904）	52 877	5 591	96 586	38 741
明治三十八年（1905）	65 124	6 246	72 795	71 999
明治三十九年（1906）	56 336	5 825	103 947	110 499
明治四十年（1907）	56 762	6 293	93 544	116 889
明治四十一年（1908）	80 130	8 190	115 218	108 609
明治四十二年（1909）	69 508	7 552	134 694	124 243
明治四十三年（1910）	77 974	9 220	148 462	130 831
明治四十四年（1911）	71 401	8 285	144 560	128 875

资料来源：原据日本对外贸易年表及月表统计，转引自东洋经济新报社编纂：《明治大正国势总览》表484，东洋经济新报社创刊三十周年纪念出版第二辑，1927年版。按，"屑丝及丝绵"项包括熨斗丝、屑丝绵、丝绵、生皮苎；"生丝"项中包括细丝、粗丝、座缲丝、玉丝及其他生丝。

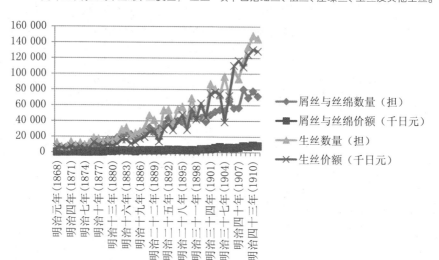

图 10-12　明治年间历年蚕丝输出量与值

　　　　　　　　　　　　　　　　　　　　　　　　　　晚清丝绸业史

第四节
丝织业的推陈出新

德川幕府末期，由于"俭约令"的颁布，丝绸服用受到禁限而导致市场萎缩的日本丝织业，开港初期又因原料紧缺而遭受严重冲击，一度表现得很不景气。但是，明治维新以后，这种局面有了迅速改观。

一、丝织机具的更新

日本最负盛名的传统丝织业中心西阵，就曾经经历过这样的冲击、衰退与再生。"幕末、维新的动乱与迁都东京，对于京都附近的西阵来说是一次沉重打击，因为以天皇宫廷为中心的巨大消费者群体（其数多达约 2 万户）随之去了东京，使得不仅西阵，连京都的街市也一度衰颓下去。但是，随着明治维新时代的到来，西阵又如不死鸟一样，出色地复苏了。"① 为了从连续不断的打击中解脱出来，克服行业所面临的危机，西阵丝织业决心从改革入手实行自救。

明治二年（1869），"西阵物产会社"宣告成立，包括"文样织社"、"绸子社"、"金斓社"等 18 个分社，都是由专业生产和经营的工商业者组合而成的团体。"物产会社"所特别着力的，是丝织品流通环节的改革，绸缎交易不再仅仅限于批发商，丝织机屋也可以向行外人和零售商自由出售自己的产品，传统的行会行规所强加的种种限制被打破，丝织品的交易完全自由化了。西阵每月定期开市，无论什么人都可以进场买卖。

明治十年（1877），"西阵织造商会社"又告成立，根据不同的产品门类分为八个部门，目的在于改进和提高丝织品的质量，以打造"西阵织"的品牌，保证这一品牌的信誉。"织造会社"采取了一系列相当近代式的做法，诸如订立产品质量标准，实行产品质量检查，在合格的产品上粘贴品质保证书等等，并且

---

① 西阵织工业组合编：《西阵》，1995 年刊，第 5 页。

开始向丝织机屋和丝绸仲买商发放经营许可证和进行注册登记。从事这样的工作都必须交纳一定数目的手续费，"其中八成被积累起来作为技术开发与引进的资金，其余二成则被用来作为实行产品检查、进行厂家登录等有关事项的经费开支。这在现在看来，也是基本通用的近代式的管理体系。很快，'西阵织'就成为日本最为著名的丝绸品牌，'西阵织'的名声，已经在国内市场上无人不晓。"①

　　流通领域和行业管理方面的变革，重振了西阵丝织业的声威，然而，真正使一度步履维艰的西阵丝织业"摆脱困境的第一位因素，无论怎么说还是技术革新"。②早在明治五年（1872），西阵的丝织工匠佐仓常七、井上伊兵卫、吉田忠七3人，由京都府派遣，"为从事机织研究，留法学习"③，一年后归国时从法国引进了"贾卡德"织机（Jacquard machine）④和可以连续打出机杼的"飞杼"织机。⑤与此同时，在1873年的维也纳万国博览会上，时年60岁的丝织机匠伊达弥助乘出席盛会之机，也从奥地利把"贾卡德"式织机引进了日本。这种花纹织机，是由法国人 Joseph Marie Jacquard 于19世纪初发明的，在织造丝绸花纹图案时，不再需要有人在织机的花楼上提拉丝线协助，而改以使用穿孔卡片代替，是一种远比传统的花纹织机进步的新型纹织机械。在当时，与动力织机相比，这种织机称不上是最先进的，它依然是一种依赖手工操作的半机械化工具，但是它已经比日本原有的丝织机械的劳动生产率提高了3倍，对于改进日本丝织业的落后面貌，起到了关键性的作用。

　　从西欧引进的"贾卡德"式丝织机，很快就由西阵等地的织机制造工匠们仿造出来。1874年3月，在第二届京都博览会上，展出了这种引进的新型织机。由于铁制"贾卡德"织机价格昂贵，一时乏人问津。1877年，仿制成功了木制

---

①②　《西陣織——世界に誇る美術織物》.《日本の染織》11，泰流社1985年版，第5页。

③　辻村次郎：《近代日本染织史》，第1页。

④　1801年，法国人 Joseph Marie Jacquard 发明了一种具有自动经丝开口装置的纹织机。这种织机采用在纸板上穿孔，制成穿孔卡片一样的纹版，以这一纹版的孔来操纵经丝，织造丝绸纹样的方法，可以一个人织造复杂的纹样，省去千百年来高机（花机）生产中的纹织工。由于这一发明，丝绸的纹织生产取得了飞跃的进步。这种织机在日本被称为"贾卡德织机"。中国或译"雅克"式织机，或译"甲卡尔"织机。

⑤　"飞杼"织机由英国人发明，其特点是用一只手就可以通纬丝，腾出另一只手来进行打筘。采用飞杼可以提高工作效率，还可以织出宽幅绸布。

"贾卡德"织机，首先在西阵试用，逐渐推广到桐生、足利、丹后等丝织生产地区。随后，日本又派山内英太郎、坂本菊吉等人前往中国考察与见习丝织工具和技术，"携去织机内脏全套，并将装置情形摄影回国"。① 经过研究比较，日本很快就在法国贾卡德式织机和中国手工提花织机的基础之上，综合二者的优点，创制了更为先进、更为便利的丝绸提花机龙头，不断地在丝织物产地展示和推广。

另一方面，京都地方政府"将这些新型的丝织机械集中起来，设立了名为'织殿'的官营丝织实验工场作为研修机关，以留学法国的井上伊兵卫、佐仓常七担任教习，将新式织机的使用方法传授给一般的丝织工匠。"到明治二十年（1887）前后，从西欧引进的近代丝织技术已经在西阵地区站稳了脚跟，从而使西阵成为日本丝织业近代技术革新的发祥地。"由此，贾卡德式织机迅速地向全国的丝织物产地推广。来自各地的丝织工匠群集'织殿'学习，京都在这一时期，成为新式（丝织）技术向全国普及的源泉。"②

通过种种努力，西阵终于重新恢复了作为日本高级丝织物生产中心的地位。随着甲午中日战争以后日本资本主义的迅猛发展，西阵丝织业在生产规模上更加扩大，在产品质量上不断提高，同业组织的形式和内容也越发健全，"到明治末期，已经成长为一个拥有二万余台织机、一万多名从业人员、三万多名织工和徒弟，生产额达到二千多万圆的占全国织物业总生产额百分之七的大型丝织业集团。到了大正、昭和年间，西阵丝织业制造精美的高级丝织品的传统手工技艺越发高明，作为日本近代丝织业的最高峰，不仅带地、着尺等高级丝织品无与伦比，随着电力丝织机的普及，在大众化的制品上也占据着独步一时的地位"。③

与此同时，新式丝织机具的推广，成为新兴丝织业中心地带崛起的有力促进因素。先进技术的引进和推广，直接刺激了一些原先基础比较薄弱地区的丝织生产的发展，造就出一些新兴的丝织生产中心，其中可以日本海沿岸的福井县和石川县为代表。"福井虽然是丝织业的后起之地，却作为新技术的吸收

---

① 王翔:《中国丝绸史研究》，团结出版社 1990 年版，第 71 页。
② 《西阵織——世界に誇る美術織物》，《日本の染織》11，泰流社 1985 年版，第 6 页。
③ 西阵织工业组合编:《西阵》，1995 年刊，第 5 页。

者出现。"①明治维新以后，随着丝绸产品在日本的出口商品中扮演越来越重要的角色，福井县的丝绸生产开始崛起，当地的丝织业者对于新技术设备的引进表现出异乎寻常的热情。明治二十年（1887），福井县"聘请群马县桐生的织工高力直宽传授纺绸的织造技术，产品用于出口。当时，桐生地区织造纺绸的设备仍然是传统的手工织机，而福井县则已经使用引进的飞杼织机来进行织造了，取得了良好的效果。"②由此而来，福井县被称为"输出纺绸的主要生产工场"。③

到明治三十二年（1899）时，福井县已经拥有欧式器械织机 12 093 台，占当地织机总数 19 661 台的 61.51%。欧式器械织机的数量超过传统的手工织机，这是日本丝织业近代化过程中值得注意的又一个指标。将这一时期西阵、桐生、福井三地的情况加以比较，可以更清楚地看到新型丝织机器在新兴丝织业产地的推广速度之迅猛。见下表：

表 10-28　19 世纪末日本丝织业产地织机情况

地　点	器械织机台数	传统织机台数	器械织机与传统织机之比
西　阵	1 789	28 035	6.41%
桐　生	1 785	36 701	4.86%
福　井	12 093	7 658	159.79%

资料来源：据《第十六次农商务统计表》，第 349—351 页，改制。

二、工场手工业的确立

西阵丝织业所经历的种种变化，同时也在桐生、足利、丹后等其他传统丝织生产的中心地区发生着。明治维新后的 20 年间，日本从西欧引进的"贾卡德"式、"飞杼"式织机已经在各地丝织业中广泛普及，并且在此基础上建立起了许多资本主义性质的手工工场，从而使日本丝织业中的资本主义生产经营方式，由幕府末期的"赁织"形态过渡到了资本主义的工场手工业阶段。

---

①③　山田盛太郎：《日本资本主义分析》，东京岩波书店 1966 年版，第 5 页。
②　横井时冬：《日本工业史》，第 246—247 页。

在传统丝织业生产比较发达的西阵、桐生地区，明治后期到大正初期的丝织业生产形式如下表所示：

表 10-29　明治三十八年（1905）至大正三年（1914）西阵、桐生的丝织生产

地区	类别	户 数			织机数			职工数		
		明治三十八年（1905）	明治四十二年（1909）	大正三年（1914）	明治三十八年（1905）	明治四十二年（1909）	大正三年（1914）	明治三十八年（1905）	明治四十二年（1909）	大正三年（1914）
西阵	工场	291（5）	313（3）	98（1）	4 189（19）	6 034（24）	2 849（31）	11 415（32）	6 296（35）	2 701（19）
	自营	1 704（28）	1 805（22）	1 537（18）	5 517（23）	8 457（34）	3 797（26）	7 664（21）	8 291（46）	2 790（20）
	织元	100（1）	205（5）	184（3）	3 889（17）	10	—	5 832（17）	10	—
	赁织	4 061（66）	5 790（70）	6 646（78）	9 128（41）	10 431（42）	7 707（53）	10 930（30）	3 426（19）	8 387（61）
	合计	6 156	8 113	8 465	2 419	24 931	14 531	35 841	18 019	13 878
桐生	工场	39（1）	41（1）	62（1）	590（10）	859（12）	887（8）	706（10）	1 059（11）	973（8）
	自营	302（7）	423（9）	364（6）	898（16）	1 374（17）	1 285（12）	1 115（15）	1 527（17）	1 308（12）
	织元	199（5）	97（2）	73（1）	417（8）	280（5）	—	542（7）	470（3）	—
	赁织	3 540（87）	4 155（88）	5 786（92）	4 202（75）	5 439（66）	8 641（80）	4 695（78）	5 726（79）	8 770（80）
	合计	4 080	4 716	6 285	6 097	8 099	10 813	7 058	8 803	11 051

资料来源：原据《堀江英一著作集》第 2 卷，青木书店 1976 年版，第 74 页。括号内的数字为总数的百分比。

由以上数据分析，有几个情况值得注意：第一，西阵、桐生地区的丝织工场是不断增长的，这在明治时期比较明显，大正以后情况变化，这点我们后面要说。第二，德川中期以后发展起来的包买商制家内劳动，明治年间已经占据

统治地位。与以前不同的是，此时的赁织业者，只有很小一部分隶属于主要是商业资本属性的"织元"，大多数都隶属于作为产业资本的手工工场。这可以说是西阵、桐生地区的丝织生产进入工场手工业阶段的重要标志。

相对于传统丝织业中心生产形式的变化，对日本近代丝绸生产起着举足轻重作用的北陆地区新兴丝织业中心，生产方式的变化尤其引人注目。北陆地区的丝绸生产，是在明治维新后由士族和豪农的投资而发展起来的。[①]这里主要生产一种叫做"羽二重"的纺绸，大多用于出口，是一种名副其实的出口导向型产业。在石川县，丝织业中拥有职工10人以上的手工工场，明治二十四年（1891）为14家，明治二十八年（1895）为43家，明治三十二年（1899）为139家，八年里增长了近10倍。[②]明治晚期福井县丝织业中各种生产形式的情况，则如下表所示：

表10-30　明治三十八年（1905）福井县丝织业生产形式

户　　　数					织　机　数					职　工　数				
工场	自营	织元	赁织	合计	工场	自营	织元	赁织	合计	工场	自营	织元	赁织	合计
422 (16)	1 123 (41)	128 (5)	1 039 (38)	2 713 (100)	7 742 (40)	10 116 (51)	288 (2)	1 307 (7)	19 453 (100)	7 934 (40)	10 274 (51)	300 (2)	1 309 (7)	19 817 (100)

资料来源：原据《堀江英一著作集》第2卷，青木书店1976年版，第72页，有改动。括号里的数字为百分数。

表中所示各种生产形式的定义是这样的："工场"为拥有10人以上职工的手织机工场；"自营"业者包括使用自己的织机但无雇工的家庭手工业，以及家庭劳动力和雇佣职工相加不足10人的小手工业；"织元"，包括只经营赁机的"织元"和拥有雇工不足10人的小作坊的"织元"这两种形态；"赁织"业者指的是从手工工场或自营业者处租借织机的生产者。从上表可以看出，福井县的丝织手工工场虽然尚未在户数、织机数和职工数方面占据绝对多数，但在织机数和职工数上都已占到40%，考虑到手工工场的人均和机均生产率要高于其他生产形式，基本上可以断定丝织手工工场的产量和产值应该超过50%，就是说

---

①② 石川县内务部编：《石川县之产业》，石川县内务部发行，1917年，第805页。

手工工场在生产量上已经占据绝对优势。其他几种生产形式加在一起,虽然在户数、织机数和职工数上要高于手工工场,但在产量上无疑逊色得多。在资本主义工场手工业时代,除了手工工场以外,还有在数量上往往占多数,但在生产总额上则只起从属作用的小生产者。小生产和资本主义家庭劳动是工场手工业的必然伴生物。① 可以说,近代以后兴起的北陆地区丝织生产,向工场手工业迈进的步履轻捷,到明治二三十年代(1887—1906),已经具备了资本主义工场手工业时代的基本特征,进入到了工场手工业阶段。

三、机器大工业的登场

工场手工业注定只是资本主义发展阶段中的一个中间形态。就在日本丝织业中资本主义性质的手工工场广泛建立的时候,明治十五年(1882),从西欧引进的动力织机已经开始在日本出现,到明治二十九年(1896),随着日本电力事业的发展,"日人在(法国)里昂定购'茄拿式'织机(即电力传动丝织机)百六十架"。② 明治三十三年(1900),津田米次郎完成了对法国式电力丝织机的仿制与改造,在石川县金泽市试制成功日本自产的第一台机器织机。③ 在此之前,动力丝织机都系从国外购得,价格高昂,一般丝织业者难以问津,所以虽然从明治二三十年代(1887—1906)就已经开始在丝织业中采用动力织机,但推广的速度一直很慢。自从日本自己也能生产动力织机后,动力织机的普及速度明显加快,日本丝织业开始由手工生产向机器生产过渡。动力织机的使用,生产效率超过旧式投梭织机 12 倍,超过"贾卡德"式提花织机 4 倍,"从此出货愈速而品物愈精矣"。

与此同时,日本的丝织工场手工业纷纷向资本主义机器大工业转化。西阵、桐生、足利等传统丝织业生产中心,在手工织机外已经有动力织机登场。明治四十二年(1909),以西阵为中心的京都府 313 家丝织工场中,有 12 家是

---

① 参见《列宁全集》第三卷,人民出版社 1959 年版,第 395—396 页。
② 转引自王翔:《中国资本主义的历史命运——苏州丝织业"账房"发展史论》,江苏教育出版社 1992 年版,第 275 页。
③ 金泽商工会议所编:《金泽の绢力织机》,金泽会议所发行 1936 年版,第 2—15 页。

机器工厂，共有动力织机1 798台，占织机总数29 833台的6.03%；雇佣职工
3 384人，占当年职工总数的18.78%。[1]虽然比重尚很微弱，毕竟说明日本的
传统丝织手工生产已经打开了缺口，近代机器生产已经开始立足和生长。由于
西阵、桐生等地是日本最为著名、最为典型的传统丝织手工业的中心，因而在
这些地方的手工生产与机器织造的此消彼长，我退你进，也许更加能够说明传
统丝织手工业在近代机器大工业的凌厉攻势之下那无可挽回的衰落命运。下
表反映了桐生丝织业向机器生产过渡的情况：

表10-31　桐生丝织业向机器生产的过渡

类　别	户　　数		织　　机　　数		职工数	
	大正三年（1914）	大正九年（1920）	大正三年（1914）	大正九年（1920）	大正三年（1914）	大正九年（1920）
工　场	62（1）	88（1）	机器　337（887） 手织　550（8）	机器　2 833（3 074） 手织　241（23）	973（8）	3 857（24）
小生产	364（6）	557（8）	机器　0（1 285） 手织　1 285（12）	机器　119（1 437） 手织　1 378（11）	1 308（12）	2 175（14）
织　元	73（1）	246（4）		机器　40（569） 手织　529（4）		1 417（11）
赁　织	5 786（92）	5 713（87）	机器　0（8 461） 手织　8 461（80）	机器　147（8 250） 手织　8 103（62）	8 770（80）	8 576（51）
合　计	6 285（100）	6 604（100）	机器　337（10 813） 手织　10 476（100）	机器　3 138（13 329） 手织　10 191（100）	11 051（100）	16 023（100）

资料来源：《堀江英一著作集》第2卷，第102页。织机数一栏上面的括号中数字为机器与手织之和，
其余括号中的数字均为百分比。

与桐生情况类似的还有丹后的丝织业。这里也是传统的著名丝织产地之
一，明治维新以后主要出产面向国内的丝绸品种——"缩缅"。下表是大正年
间丹后丝织业向机器生产过渡的情况：

---

① 《堀江英一著作集》第2卷，青木书店1976年版，第75页。

表 10-32　丹后丝织业向机器生产的过渡

类　别	户　数		织　机　数		职工数	
	大正 三年 (1914)	大正 九年 (1920)	大正三年(1914)	大正九年(1920)	大正 三年 (1914)	大正 九年 (1920)
工　场	25 (1)	259 (11)	机器　91(205) 手织　114(6)	机器　1 155(2 031) 手织　876(34)	365 (2)	5 253 (45)
小生产	1 329 (67)	1 469 (60)	机器　3(1 658) 手织　1 655(67)	机器　1 179(3 066) 手织　1 887(52)	6 454 (80)	5 380 (46)
织　元	32 (2)	54 (3)	机器　0(47) 手织　47(1)	机器　28(113) 手织　85(2)	120 (1)	234 (2)
赁　织	571 (30)	671 (27)	机器　0(729) 手织　729(12)	机器　98(713) 手织　615(12)	1 107 (17)	834 (7)
合　计	1 957 (100)	2 453 (100)	机器　94(3 529) 手织　3 435(100)	机器　2 460(5 913) 手织　3 453(100)	8 051 (100)	11 700 (100)

资料来源:《堀江英一著作集》第 2 卷,第 97 页。织机一栏上面括号里的数字为动力机与手织机之和,
其余括号里的数字均为百分数。

由以上两表可见,大正三年(1914)基本上只有丝织工场采用动力织机,
桐生的动力织机占丝织工场织机总数的 37.99%,占各种形态丝织生产织机总
数的 3.12%;丹后的动力织机占丝织工场织机总数的 44.39%,占各种形态丝织
生产织机总数的 2.66%。到大正九年(1920),不仅丝织工场,连小生产、织元
和赁织等形态的丝织生产也都使用了动力织机,桐生的动力织机占丝织工场织
机总数的 92.16%,占各种形态丝织生产织机总数的 21.25%;丹后的动力织机
占丝织工场织机总数的 56.87%,占各种形态丝织生产织机总数的 19.53%。虽
然在程度上还有差别,但大致可以说桐生、丹后地区的丝织业已经基本跨入机
器生产阶段。

与西阵、桐生、丹后等传统丝绸产地相比,新兴的丝绸产地福井等地动力
织机取代手织机的步伐更快,程度也更高。下表是明治末年到大正年间福井县
丝织业向机器生产过渡的情况:

表 10-33　福井县丝织业向机器生产的过渡

	类　别	明治四十二年（1909）	大正三年（1914）	大正九年（1920）
户　数	工　场	595（14）	311（15）	358（20）
	小生产	1 273（30）	474（23）	462（26）
	织　元	69（2）	16（1）	38（2）
	赁　织	2 262（54）	1 237（61）	941（52）
	合　计	4 199（100）	2 038（100）	1 799（100）
织机数	工　场 机器	1 344（6.11）	7 057（57.09）	2 946（39.45）
	工　场 手织	9 667（43.92）	1 691（13.68）	147（1.97）
	小生产 机器	193（0.88）	1 249（10.10）	2 934（39.29）
	小生产 手织	7 679（34.88）	999（8.08）	373（5.00）
	织　元 机器	—	6	70（0.94）
	织　元 手织	78（0.35）	3	53（0.71）
	赁　织 机器	—	6	205（2.75）
	赁　织 手织	3 052（13.86）	1 351（10.93）	739（9.90）
	合　计 机器	1 537（6.98）	8 318（67.29）	6 155（82.43）
	合　计 手织	20 476（93.02）	4 044（32.71）	1 312（17.57）
职工数	工　场	10 355（47）	7 019（68）	8 190（67）
	小生产	8 103（37）	1 703（17）	2 413（20）
	织　元	78（0）	68（1）	183（1）
	赁　织	3 085（14）	1 348（13）	944（8）
	合　计	21 817（100）	10 367（100）	12 230（100）

资料来源：原据《堀江英一著作集》第 2 卷，第 92 页，括号内的数字为百分数。织机数一栏内的百分数
　　　为笔者计算。

由表可见，早在明治末期，福井县丝织业已有动力织机 1 537 台，占丝织业织机总数的将近 7%；到大正三年（1914），动力织机增加为 8 318 台，占织机总数的 67.29%；这一比率到大正九年（1920）进一步提高为 82.43%，动力织机已经在丝织生产中占绝对多数。值得注意的是，明治末期，小生产形态中即已有动力织机出现，此后发展迅速，到大正三年（1914）已经超过手织机在小生产形态中占据主导地位，而且连织元、赁织等形态也都开始大量使用动力织机，终至使手织机基本上被淘汰。到大正九年（1920）时，手织机在福井县丝织业中所占的比率已经不足五分之一。

随着日本电力事业的不断发展，在一些传统的丝织业生产中心，电力织机的推广应用也日渐普及，终至占据主导地位。群马县的桐生地区，到大正九年（1920）末，电力织机为2 413台；到昭和四年（1929），又进一步增加到11 523台，无论在生产能力上，还是在织机数量上，均非传统的手工织机所能望其项背了。至于新兴的丝织业产地如福井县，织机台数已经膨胀到30 411台，如按其中80%为电力织机计算，则已达到24 329台之巨。

与日本丝织业近代化相伴并行的，还有丝绸生产后整理环节的进步。自明治初年开始，日本在丝绸的精练整理和染色印花等方面，也迈出了由传统工艺向近代科技转变的步伐。京都的西阵，在向当时世界上丝织技术最先进单位的国家法国派遣织工学习丝绸织造技术，引进新式丝织机械的同时，"又向法国派遣技工，引进洋式染料的使用方法，一面在与'织殿'并置的'染殿'中实验，一面努力向全国传播这项新技术。"①明治七年（1774），日本仿制成功由欧洲传来的肥皂，把它应用在丝绸精练上，并大力推广。明治八年（1875），"在德国留学的中村喜一郎带回三十七种合成染料，并传授染色法等"。这样，化学合成染料与新式染色方法在日本"逐渐得到利用"。在印花工艺方面，崛川新三郎自英国购进六色的辊筒印花机，使丝绸印花加工效率提高，成本降低。日本传统的"友禅"型版印花工艺也在新技术、新原料的基础上得到了改造，使用人工合成染料发明了"熏蒸法"，"这样使'友禅染'可以低价加工，'友禅'增产亦普及到大众化。明治年间，型版'友禅染'业者在京都就有三十家左右。"②于是，日本丝绸业在丝绸生产的每一道环节、每一个方面都焕发出了新的气象，"生产品质更为优良的丝织物的功能，得到了进一步的强化。"③

四、丝织物的输出及其意义

新式织机的引进，生产方式的变革，促成了近代日本丝织业生产的连续飞

---

①③ 《西陣織——世界に誇る美術織物》．《日本の染織》11，泰流社1985年版，第6页。
② 辻村三郎：《近代日本染织史》。

跃。第一次飞跃，发生在明治十九年（1886），这一年日本丝织业的生产额超越棉织业的生产额。一些日本学者将此称之为日本丝织业近代化的"第一步指标"。①见下表：

表 10-34　日本丝织业产额与棉织业产额之比较

年　　　次	丝织业生产额（日元）	棉织业生产额（日元）	丝织业产额与棉织业产额的比率
明治十八年（1885）	5 157 198	5 344 650	96.49%
明治十九年（1886）	7 795 434	7 348 447	106.08%

资料来源：《明治史》第四编，《产业史》，明治三十九年（1906）刊，第 84 页。

　　一般而言，西方各国在其近代化的起步阶段，棉纺织业多为近代大工业的母胎，而在日本，棉纺织业的这一职能实际上是由丝绸业担当的。日本丝织业的生产额居然凌驾于棉织业的生产额之上，这种此起彼伏、"越俎代庖"的状况，"其基本原因在于明治二十年（1887）前后由于贾卡德、飞杼织机的普及推广，织出的纺绸大量输出国外。"②此后，在日本的织物业中，丝织业生产额超越棉织业生产额的情况，除了明治二十二年（1889）以外，自明治十九年（1886）以降迄至明治四十四年（1911）持续不变。例如，明治三十七年（1904），日本织物业的生产总额合计 1 亿 3 千余万日元，其中丝织物 5 704 万日元，丝棉混织物 1 106 万日元，两项合占一半以上。③这种情况，直到大正元年（1912）以后方才发生变化，而对外输出，丝织品比棉织品占优更要继续维持到大正四年（1915），从而形成了日本近代化过程中、也是世界经济史上的颇堪玩味的现象。

　　在近代化道路上阔步前进的日本丝织业生产，立即在国际市场的大舞台上崭露头角。参见下表：

---

①② 山田盛太郎：《日本资本主义分析》，东京岩波书店 1966 年版，第 5 页。
③ 王翔：《中国丝绸史研究》，团结出版社 1990 年版，第 71 页。

表 10-35 明治年间丝织物与棉织物的历年输出值比较　　　　　　单位：千日元

年　　　次	丝织物输出值	棉织物输出值	年　　　次	丝织物输出值	棉织物输出值
明治元年（1868）	0.512	6	明治二十三年（1890）	1 181	174
明治二年（1869）	0.046	5	明治二十四年（1891）	1 771	243
明治三年（1870）	0.658	4	明治二十五年（1892）	4 460	544
明治四年（1871）	1	2	明治二十六年（1893）	4 147	1 110
明治五年（1872）	9	2	明治二十七年（1894）	8 489	1 861
明治六年（1873）	4	9	明治二十八年（1895）	10 061	2 316
明治七年（1874）	4	7	明治二十九年（1896）	7 439	2 224
明治八年（1875）	7	10	明治三十年（1897）	9 853	2 512
明治九年（1876）	3	11	明治三十一年（1898）	12 787	2 598
明治十年（1877）	2	18	明治三十二年（1899）	17 447	3 910
明治十一年（1878）	3	19	明治三十三年（1900）	18 604	5 724
明治十二年（1879）	18	27	明治三十四年（1901）	25 627	5 462
明治十三年（1880）	38	33	明治三十五年（1902）	27 987	5 998
明治十四年（1881）	29	42	明治三十六年（1903）	29 166	6 875
明治十五年（1882）	27	38	明治三十七年（1904）	39 099	7 743
明治十六年（1883）	25	62	明治三十八年（1905）	30 259	11 492
明治十七年（1884）	25	105	明治三十九年（1906）	35 679	15 619
明治十八年（1885）	58	178	明治四十年（1907）	31 640	16 344
明治十九年（1886）	75	231	明治四十一年（1908）	30 371	14 611
明治二十年（1887）	149	171	明治四十二年（1909）	28 924	17 673
明治二十一年（1888）	268	154	明治四十三年（1910）	32 797	20 463
明治二十二年（1889）	629	147	明治四十四年（1911）	34 335	19 680

资料来源：原据日本对外贸易年表及月表统计，转引自东洋经济新报社编纂:《明治大正国势总览》表484，东洋经济新报社创刊三十周年纪念出版第二辑，1927 年版。

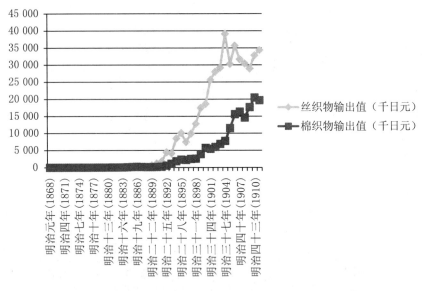

图 10-13　明治年间丝织物与棉织物的历年输出值比较

　　从丝织物在日本纺织品出口中所占份额来看，明治后期的许多年份，日本的丝织物出口已占其纺织品输出总额的 80% 左右。下表是明治二十二年（1889）到明治四十一年（1908），日本输出纺织品总额中丝织品和棉织品各自所占的比重。20 年间，在日本纺织品出口总额中的比重，丝织品年均为 79.61%，有些年份甚至接近 90%。

表 10-36　明治后期丝织品和棉织品输出所占比重

年　　次	丝织（%）	棉织（%）	年　　次	丝织（%）	棉织（%）
明治二十二年（1889）	81.06	8.94	明治三十年（1897）	79.70	20.30
明治二十三年（1890）	87.16	12.84	明治三十一年（1898）	83.11	16.89
明治二十四年（1891）	87.93	12.07	明治三十二年（1899）	81.69	18.31
明治二十五年（1892）	89.13	10.87	明治三十三年（1900）	76.47	23.53
明治二十六年（1893）	78.89	21.11	明治三十四年（1901）	82.43	17.57
明治二十七年（1894）	82.02	17.98	明治三十五年（1902）	82.35	17.65
明治二十八年（1895）	81.29	18.71	明治三十六年（1903）	80.92	19.08
明治二十九年（1896）	76.98	23.02	明治三十七年（1904）	83.47	16.53

年　　　次	丝织（%）	棉织（%）	年　　　次	丝织（%）	棉织（%）
明治三十八年（1905）	72.48	27.52	明治四十年（1907）	69.56	30.44
明治三十九年（1906）	69.55	30.45	明治四十一年（1908）	67.52	32.48

资料来源：根据东洋经济新报社编纂：《明治大正国势总览》表484计算。

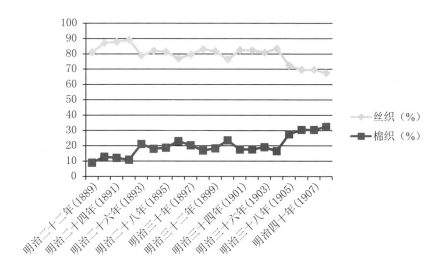

图10-14　明治后期丝织品和棉织品输出所占比重

日本丝织品的海外市场，主要是欧美国家。明治二十六年（1893），丝织品对美、英、法等国的出口额为391.4万日元，到明治四十四年（1911）上升为2 977万日元，增长了6.61倍。此外，还有相当数量的绸制手帕，虽然没有太大的增长，但是也一直保持着稳定的出口。[①] 连素来享有"丝绸之国"盛誉的古老中国，1890年后也开始有日本绸缎的输入。甲午战争之后，"东洋缎"更是在北中国横冲直撞，所向披靡。它以生丝为经，棉纱为纬，是一种丝棉交织物，成本低，售价廉，"顿成我华市场上最为适销者"。[②] 在日本丝绸业的眈眈虎视和步步进逼之下，中国丝绸生产在世界上绵延千百年之久的首屈一指地位，终于岌岌可危了。

---

① 东洋经济新报社编纂：《明治大正国势总览》表484，东洋经济新报社创刊三十周年纪念出版第二辑1927年版，第469页。
② 苏州市档案馆藏：《丝织业陈述关税痛苦节略》。

表 10-37　明治后期历年丝织品输出值国别表　　　　　　　　　　单位：千日元

年　次	美国	英国	印度	澳洲	法国	南美洲	加拿大	非洲	印尼
明治二十六年（1893）	2 265	198	50	13	1 359		29		
明治二十七年（1894）	5 583	262	117	10	2 148		71		
明治二十八年（1895）	7 460	603	434	48	1 747		167		
明治二十九年（1896）	2 378	660	678	51	2 753		123		
明治三十年（1897）	3 666	750	1 136	136	2 668		182		
明治三十一年（1898）	4 513	1 044	1 390	206	3 561		344		
明治三十二年（1899）	4 957	1 781	1 105	318	5 954		416	41	2
明治三十三年（1900）	4 774	1 675	1 633	487	3 669		316	68	
明治三十四年（1901）	5 826	2 510	1 704	481	5 028		280	60	3
明治三十五年（1902）	7 473	7 535	2 331	564	6 026		620	62	2
明治三十六年（1903）	5 806	6 640	3 853	671	9 696		500	68	5
明治三十七年（1904）	10 560	6 839	4 496	1 339	12 438		553	97	5
明治三十八年（1905）	10 599	3 908	3 420	1 254	7 955		491	66	5
明治三十九年（1906）	10 183	7 308	4 219	1 531	8 592		530	61	7
明治四十年（1907）	8 088	6 332	4 831	1 849	6 696		392	58	20
明治四十一年（1908）	5 886	7 540	5 365	2 162	5 735		317	60	45
明治四十二年（1909）	4 296	7 246	5 194	2 377	6 124		358	67	77
明治四十三年（1910）	3 992	6 213	5 801	2 299	9 244		243	140	162
明治四十四年（1911）	3 849	6 433	6 907	2 529	9 496		227	125	204

资料来源：据东洋经济新报社编纂：《明治大正国势总览》表 485，东洋经济新报社创刊三十周年纪念出版第二辑，1927 年版，改制。

　　　　　　　　　　　　　　　　　　　　　　　　　　　　晚清丝绸业史

本章小结
日本近代化的背景与丝绸业的使命

从世界资本主义发展史的角度来看，棉纺织业可以说是现代大工业的母胎。那些内发型现代化的国家，在其早期工业化的过程中，多由棉纺织业担当着提供资本积累和技术突破的任务，这是那些国家在长期的经济发展过程中所自然选择和自发形成的，很少人为的因素。但是，日本如果想要再走这些先进资本主义国家的老路，则有相当困难。在日本开港之前十年，1848 年时英国棉纺织业已经拥有纱锭 1 749 万枚，俄国已有 758 万枚，法国和美国各有 350 万枚，德国有 81 万枚，而日本的纱锭数，到 50 年后的明治二十九年（1896）才有 75 万枚。其后发展迅速，大正八年（1919）为 348 万枚，昭和六年（1931）为 712 万枚。①而那已经是日本基本实现近代化以后的事了。

在日本起步迈向近代化之时，棉纺织品的世界市场已经多被瓜分。日本虽然也有相当规模的农家棉花种植和传统的棉纺织手工业生产，但是发展水平尚低，技术设备落后，不仅难与欧美棉纺织大工业一争短长，连自身的生存都受到了严重的威胁。"自安政五年（1858）开港以来，特别是乘明治元年（1868）棉花歉收所致棉价暴腾之机，棉花、棉纱、棉织品之类开始输入，这种输入逐年激增，成为对国内棉业的严重威胁。"②从明治七年（1874）到明治十年（1877）的四年时间里，日本国内生产的棉制品为 19 588 960 圆，在日本棉制品消费中所占的比重为 32.5%；同期由国外进口棉制品 40 683 346 圆，所占比重为 67.5%。两相比较，前者尚不到后者的一半。在同一段时间里，在日本的进口总额中，棉制品占到 38%，处于压倒性的地位。③其后，明治十三年（1880），日本政府仍然报告说："我国输出价值的 53% 弱属于生丝、制茶两物，输入价值的 49% 弱属于棉制品和砂糖两物，我国与外国互市所最感困难者为外产之

---

①③　山田盛太郎：《日本资本主义分析》，第 6 页。
②　山田盛太郎：《日本资本主义分析》，第 7 页。

棉、糖，能与之维持平衡的幸赖生丝、茶叶。"① 事情很清楚，日本的棉纺织业一时无力摆脱自身的落后地位和危险处境，不可能指望它担当起为引进国外先进科学技术提供资金，以自己的行业发展促进其他行业发展和整个社会进步的重任。

在日本实现资本主义工业化的过程中，资本的原始积累和近代产业的确立是同步进行的，资本原始积累过程尚未得到充分进展，工业化的过程已经迫不及待地开始起步，而日本本国前近代的工业发展并未成熟，技术集约远未充分，只能借助于大量引进国外的先进技术和设备，这就造成了资本薄弱的先天不足与引进国外先进科技亟需大量资金之间的尖锐矛盾。② 作为后进的资本主义国家，明治时期日本经济的成功起飞和近代资本主义产业的迅速发展，在很大程度上直接仰赖于从欧美先进国家大量引进先进科技和机器设备；而且因为受到贫乏的自然资源条件的限制，发展近代工业所必需的许多重要原料也要从海外大量进口。明治时期，日本的进口贸易额增长极为迅速，明治元年（1868）仅为1 069.3万日元，到明治四十年（1907）猛增为49 446.7万日元，年均增长率高达10.3%，远远超过同期国民生产总值和工业生产的增长速度。③

进口规模如此急剧扩大，所需外汇从何而来？日本的近代工业刚刚起步，行业规模、生产能力以及在国民经济中所占的比重均很小，技术水平、劳动生产率以及国际竞争能力也不高，根本不可能成为出口创汇任务的主要承担者。于是，为了适应国民经济的发展和国家现代化的需要，必须有相应的产业来承担起为引进国外先进技术装备和必要工业原料来换取外汇的任务。在当时的日本，有条件担当起这一任务者非丝绸业莫属。据近藤哲生的研究，日本重工业（生产资料）制品的输入，在日本进口贸易总额中所占比重，1873年为9.9%，1878年为19.7%，1883年为23.9%，1909年为35.4%。④ 没有丝绸产品的源源不断地输出，这是根本不可能办到的。

---

① 内务省劝农局、商务局：《明治十三年绵糖共进会报告》第二号，上款，绪言，第1页。收于《明治前期产业发达史资料》第9集。
② 与欧美先进资本主义国家相比，在日本近代工业发展中，许多行业都存在着严重的资本有机构成低、技术集约程度低的状况，而并非丝绸行业所独有，只不过丝绸行业表现得尤其突出而已。
③ 矢野恒太纪念会编：《日本100年》，第171—174页。
④ 近藤哲生：《殖產興業と在來產業》，岩波讲座《日本历史》14，1975年刊。

日本是一个后起的工业化国家，当它的丝绸工业开始崛起之时，一上来就面临着国际市场的激烈竞争。它的近邻，是素有"丝绸王国"之称，传统丝绸生产登峰造极的中国；它的远方，是生产技术和产品质量均臻上乘，野心勃勃不断对外扩张的法、意、美诸国。竞争对手是强劲的，市场形势格外严峻，但是日本丝绸业必须开拓国际市场，因为它的国内市场十分有限，根本容纳不下如此庞大的丝绸生产能力；更重要的是，在相当长的时期内，丝绸是日本可以依赖的主要出口换汇产品，担负着为引进国外先进技术设备，推进日本现代化建设提供资金的重任。如果不去开拓国际市场，那么，日本丝绸业的生存和日本近代化的实现就都会成为问题。所以，明治维新以后，日本丝绸业就一直在思考着这样一个问题："国际市场，波谲云诡，应如何斗角钩心，方可争一日之短长？"①

他们坚定地瞄准世界市场，实行朝野一致的"商工立国"政策，精明而又巧妙地在国际市场上与强劲的对手竞胜争雄。首先，从增强本国产品的竞争力着手，建立了丝绸出口"查验所"，保证出口产品的质量和声誉；接着，加速引进和推广应用国外的先进科学技术，提高日本丝绸的产量和等级；同时，实行减免税收、提供补贴等等措施，对丝绸出口大加鼓励。到 19 世纪末 20 世纪初，日本生丝的质量已经远远超过中国生丝，成本则远远低于意大利丝和法国丝，终于以质优价廉的产品压倒了所有竞争对手，从而稳执世界生丝市场之牛耳。与此同时，日本的丝织业经过新式技术设备的武装，也已经迅速改变了落后的面貌，仅仅几年功夫，丝织品的质量就已经超过了输入的丝绸制品。随后，日本绸缎打入了中国市场，并且源源不断销往欧美等国。这样，依靠传统丝绸业的大量出口，赚取了极为宝贵的外汇，保证了国家工业化所迫切需要的技术装备的源源引进。这种对外贸易中的"以土养洋"模式，成为日本资本主义工业化形成和发展的一个重要手段；同时，在这一过程中，传统丝绸业也逐渐实现了自身向现代化的转变。

由于各种天时地利条件的凑合，丝绸业成为日本走向现代化的"发动机"和"摇钱树"，这从开港以后生丝出口逐年激增，丝织物产额连续超越棉织品产额的事实中可以看得非常清楚。参见下列两表：

---

① 高景岳、严学熙编：《近代无锡蚕丝业资料选辑》。

表 10-38　明治时期日本主要输出品构成、价值及比重

单位：千日元

年　次	棉	%	棉　纱	%	棉织品	%	生　丝	%	丝织物	%	茶	%	总　计
1868—1872	—		—		19	0.0	29 874	38.3	8	0.0	15 460	19.8	77 998
1873—1877	6	0.0	—		54	0.0	42 782	8.7	20	0.0	28 605	25.9	110 444
1878—1882	—		—		160	0.1	60 993	40.3	110	0.1	33 278	22.0	151 340
1883—1887	46	0.0	—		747	0.4	86 817	41.6	328	0.2	34 107	16.4	208 570
1888—1892	101	0.0	18	0.0	1 262	0.3	145 569	40.1	8 309	2.3	33 167	9.1	363 001
1893—1897	756	0.1	19 568	3.2	10 073	1.6	199 848	32.2	39 968	6.4	38 744	6.2	620 049
1898—1902	1 344	0.1	110 595	10.1	23 692	2.2	300 859	27.5	102 452	9.3	45 089	4.1	1 095 766
1903—1907	2 320	0.1	159 580	8.9	58 075	3.3	462 402	25.9	165 844	9.3	60 739	3.4	1 786 465
1908—1912	2 182	0.1	191 622	8.6	98 188	4.4	642 882	28.9	156 527	7.0	66 695	3.0	2 224 203

资料来源：据《横滨市史》资料编二，"日本贸易统计"，《全国输出入品表》改制。

表 10-39　明治时期日本主要输入品构成、价值及比重

单位：千日元

年　次	棉及棉制品	%	机械类	%	钢铁类	%	毛织物	%	石　油	%	总　计
1868—1872	38 523	34.0	354	0.3	1 941	1.7	18 101	16.0	263	0.2	113 310
1873—1877	47 032	35.4	3 884	2.9	5 478	4.1	24 910	18.7	2 261	1.7	132 930
1878—1882	61 764	37.9	2 519	1.5	8 736	5.4	23 487	14.4	8 689	5.3	163 092
1883—1887	47 244	28.9	6 374	3.9	7 024	4.3	16 641	10.2	10 127	6.2	163 947
1888—1892	97 635	28.0	18 389	5.3	11 306	3.3	28 641	8.2	20 921	6.0	347 541
1893—1897	218 048	30.0	65 334	9.0	31 077	4.3	47 521	6.5	27 839	3.8	725 975
1898—1902	393 324	29.9	71 755	5.5	74 058	5.6	55 204	4.2	59 514	4.5	1 312 714
1903—1907	527 735	25.3	117 044	5.6	137 731	6.6	69 872	3.3	68 370	3.2	2 090 286
1908—1912	771 195	31.8	111 434	4.6	193 731	8.0	51 558	2.1	66 564	2.7	2 427 488

资料来源：据《横滨市史》资料编二，"日本贸易统计"，《全国输出入品表》改制。

由上列两表可见：第一，19 世纪 80 年代前，日本输入品的 60% 左右为大工业产品，输出以生丝、茶叶等农产品和农产品加工手工业产品为主。第二，19 世纪末以降，日本的对外贸易结构发生变化，但生丝、丝织物仍占输出的 36%—38%。第三，生丝和丝织物输出的长盛不衰，提供了机械、钢铁、石油等技术设备和生产资料进口的物质保证。

另一方面，很明显的是，甚至可以说连日本现代棉纺织业的移植和发展，在很大程度上也要归功于丝绸业的贡献。没有丝绸出口，或许日本连棉花都无法进口，遑论现代棉纺织企业的技术设备了。明治维新后，日本政府于明治十年（1877）决定实行棉业保护政策，次年开始设立了 2 家移植英国制 4 000 锭纺纱机械的模范工厂，又建立政府创业基金，规定对创设拥有英制 20 000 锭以上纺纱机械的工厂给予十年无息贷款。所有这些举措，如果没有丝绸行业产品输出所换得的外汇支持，是难以想象的。

甚而至于，即使在日本的棉纺织业由于中日甲午战争等机缘而获得长足进展，能够对日本的工业化提供帮助之后，丝绸行业仍然在日本现代化进程中发挥着举足轻重的作用。如同前述，自明治十九年（1886）到明治四十四年（1912）的四分之一世纪里，除了明治二十二年（1889）以外，丝织物的产额一直超过棉织品的产额。上表亦已说明，从明治二十一年（1888）起直到明治末期止，日本丝织物的出口额及其在出口总额中所占的比重，都要远远大于棉织品。1888—1892 年，日本出口棉织品为 126.2 万日元，在出口总额中所占比重为 0.3%，而丝织物出口为 830.9 万日元，占出口总额比重为 2.3%；1893—1897 年，棉织品出口为 1 002.3 万日元，比重为 1.6%，丝织物出口 3 996.8 万日元，比重为 6.4%；1898—1902 年，棉织品出口 2 369.2 万日元，占 2.2%，丝织物出口 10 245.2 万日元，占 9.3%；1903—1907 年，棉织品出口 5 807.5 万日元，占 3.3%，丝织物出口 16 584.4 万日元，占 9.3%；1908—1912 年，棉织品出口 9 818.8 万日元，占 4.4%，丝织物出口 15 652.7 万日元，占 7.0%。[①]就更不用说生丝的出口一直独占鳌头，远非其他任何物品所能望其项背。众所周知，这一

---

① 东洋经济新报社编纂：《明治大正国势总览》表 484，东洋经济新报社创刊三十周年纪念出版第二辑 1927 年版。

时期,正是日本近代化加速发展和基本完成的关键时期。

由此可见,在日本现代化的进程中,不是等待别的行业发展了再来装备和改造丝绸业,而是丝绸业的发展为别的行业引进和移植国外先进科技和设备提供了必不可少的资金,同时也实现了自身的转变。事实上,在日本近代化过程中的相当长一段时期内,制丝业都是近代产业部门的主体。直到明治三十二年(1899),日本全国共有近代企业6 510家,其中2 218家是器械制丝工场,占34.1%。①在这一发展过程中,丝绸业所表现出的新旧杂陈、土洋结合现象也就当然是题中应有之义了。

表10-40　明治四十二年(1909)日本工业构成中之各业工场数

职工人数	生产资料生产部门	消费资料生产部门			
		合　计	制丝业	纺绩业	织物业
5—10 人	1 973	14 829	775	19	4 191
10—30 人	1 099	9 713	1 160	21	3 418
30—50 人	200	1 834	675	6	489
50—100 人	131	1 329	649	7	224
100—500 人	115	865	436	23	95
500—1 000 人	7	75	21	30	9
1 000 人以上	5	53	4	37	10
总　　计	3 530	28 698	3 720	143	8 436

资料来源:据《日本资本主义再生产构造统计》制表。

日本丝绸业在国家近代化过程中所扮演的这一至关重要的角色,不仅表现了丝绸业在日本整个国民经济近代化过程中所具有的独特的、不可替代的作用,同时也体现了日本近代化、可能也是所有"因外力促逼而生或外发性的现代化"②的国家经济发展过程中的一般规律。它说明,后进国家在经济起飞的过程中,能否正确选择和大力扶持适当的产业作为经济发展和社会进步的推进器,这是能否达成现代化目标的一个关键。近代日本选择了丝绸业,取得了成功。

---

① 《明治前半期全国工场创立数及职工数累年表》,东洋经济新报社编纂:《明治大正国势总览》表592,东洋经济新报社创刊三十周年纪念出版第二辑,1927年版,第593页。

② 金耀基:《现代化与中国现代历史》,《大学生活》第5卷第11期。

不难看出，近代日本丝绸生产和贸易的发展，对它的经济现代化起着至关重要的作用。一方面，丝绸出口贸易成为日本近代化起步和发展初期最为重要的外汇来源和资本积累的源泉。丝绸出口的迅速增长，使日本能够挣回旨在购买其工业化所必需的机器和原料的外汇。有人估计，1870—1930 年间，生丝贸易为日本用于国内的外国机器和原料的全部进口商品提供了不少于 40% 的资金。另一方面也许更加重要，以出口为目标的丝绸工业的发展为日本企业家提供了从事有利可图的投资、促进实行标准化及其技术现代化的训练和机会，正如一位国际观察家所说：它是"日本工业化的培训学校"。①

反观中国，近代中国的情况本来与日本差相仿佛，在某些方面甚至比日本还要占有优势。通过第一次和第二次鸦片战争，中国被强制纳入了世界资本主义的通商体系，但是，"至少到 19 世纪 80 年代上半期，与从开港之初就一直为巨额外贸赤字所苦的日本不同，贸易平衡是以大量出超为基调的。其输出大宗为丝与茶。因此，洋务运动期间的中国，实际上比日本还要具有采取主动对应措施以对外消解民族危机的可能条件。但现实情况是，19 世纪 80 年代以后，中国茶的输出由于印度、锡兰茶叶种植业的发展而激减，生丝输出也停滞不前，又没有其他应该看到的输出品登场，于是，到了 90 年代，特别是中日甲午战争以后沦落为巨额贸易赤字的国家"。② 中国只是被动地适应着近代国际贸易体制的改变和世界市场对中国产品的需求，并没有主动地因应外部环境的变化而引领丝绸产业发展的方向，也没有迅速采取行动更新生产方式，维护国际市场，更没有将之作为一项国策而大力培植与扶持，终至被近邻日本占了先机，从而丧失了千百年来在世界市场上的领先地位，同时也丧失了推进现代化的一个最为可靠的财富源泉。

历史昭示人们：近代中国丝绸生产和贸易在力图充分利用国际市场的竞争中所遭受的失败，实际上使它丧失了通过增加出口贸易促进国家富强的机会。清末丝绸产业优势地位的丧失，不仅仅是丝绸一个行业的衰落，也是一个国家命运的挫折。

---

① 参见王翔：《中日丝绸业近代化比较研究》，河北人民出版社 2002 年版，第 3 页。
② 芝原拓自：《日本近代化の世界史的位置》，岩波书店 1981 年版，第 377 页。

参考文献

一、中文

（一）典籍、文集

《春秋左传集解》，《四部丛刊》宋刻本影印本，上海人民出版社 1977 年版。

《二十四史》，中华书局，各年版。

《郭嵩焘日记》，湖南人民出版社 1980 年版。

《历代小说笔记选》"汉魏六朝唐卷"，上海书店 1983 年影印版。

《列宁选集》，人民出版社 1972 年版。

《刘坤一遗集》（中国科学院历史研究所第三所工具书组校点本），中华书局 1959 年版。

《吕氏春秋·先识览》，中华书局 2007 年版。

《马克思恩格斯选集》，人民出版社 1972 年版。

《毛泽东选集》（合订本），人民出版社 1964 年版。

《明实录》，台湾"中央研究院"历史语言研究所 1962 年影印版。

《墨子》，乾隆四十八年（1783）毕沅校刻本。

《钦定大清会典事例》，光绪二十五年（1899）重修本。

《钦定礼记义疏》，光绪十四年（1888）户部公刊于江南书局。

《清朝文献通考》，商务印书馆 1987 年重印本。

《清朝续文献通考》，商务印书馆 1987 年重印本。

《清经世文编》，上海古籍出版社 1992 年精装版。

《清实录》，中华书局 1985 年影印版。

《全唐诗》，中华书局编辑部 1960 年点校本。

《全唐文》，中华书局 1983 年版。

《宋会要辑稿》，中华书局 1957 年版。

《孙中山文集》，人民出版社 1981 年版。

《太平广记》，中华书局 1961 年重印新一版。

《太平御览》，中华书局 1963 年版。

《唐会要》，中华书局 1955 年版。

《唐六典》，中华书局 1992 年版。

《通典》，中华书局 1992 年版。

《盐铁论校注》，中华书局 1992 年版。

《元和郡县图志》，中华书局 2008 年版。

《周礼注疏》（四库全书精华第三册），北京国际文化出版公司 1990 年版。

《左宗棠全集·札件》，岳麓书社 1996 年版。

包世臣：《安吴四种》，《中国近代史料丛刊》第 294 册，台北文海出版社 1969 年版。

陈旉：《农书》，四库提要，江苏巡抚采进本。

陈继儒：《晚香堂小品》，上海图书馆藏本。

陈开沚：《劝桑说》，手抄本，藏三台县图书馆。

陈启沅：《广东蚕桑谱》，光绪二十九年（1903）重刊本。

陈忠倚辑：清朝经世文三编，浙省书局光绪二十四年（1898）版。

陈子龙等编：《明经世文编》，中华书局 1962 年版。

程春宇：《士商类要》，上海图书馆藏本。

褚华：《沪城备考》，《丛书集成续编》史部第 50 册。

范濂：《云间据目抄》，《笔记小说大观》第 22 编第 5 册。

葛士浚：《皇朝经世文续编》，台湾"中央研究院"汉籍电子文献本。

顾禄：《清嘉录》，《丛书集成续编》第 51 册。

顾廷龙、戴逸主编：《李鸿章全集》，安徽教育出版社 2008 年版。

顾炎武:《天下郡国利病书》,《续修四库全书》596—597。

顾炎武:《肇域志》,《续修四库全书》586—595。

顾震涛:《吴门表隐》,江苏古籍出版社1999年版。

郭起元:《布帛赢缩说》,《清朝经世文编》卷三十七,户政一二。

何良栋:《皇朝经世文四编》,台湾"中央研究院"汉籍电子文献本。

何良俊:《四友斋丛说》,中华书局1997年版。

何乔远:《闽书》,《四库存目》史部204—207。

何石安编:《蚕桑合编》,道光二十二年(1842)武进武阳公善堂翻刻。

洪玉图:《歙问》,《丛书集成续编》,史部第52册。

胡渭著,邹逸麟整理:《禹贡锥指》,上海古籍出版社2006年版。

胡宗宪:《筹海图编》,《文渊阁四库全书》,史部584。

黄汴:《一统路程图记》,齐鲁书社1977年影印本。

黄省曾:《西洋朝贡典录》,中华书局1982年版。

黄世本:《蚕桑简明辑说》,1888年修订本。

李超琼:《石船居杂著誊稿》,1895年8月。

李士桢:《抚粤政略》,康熙四十一年(1702)刊本。

列宁:《俄国资本主义的发展》,《列宁全集》第三卷,人民出版社1959年版。

林则徐:《林文忠公政书》,商务印书馆1935年精装版。

刘恕:《资治通鉴外纪》,四部丛刊初编,商务印书馆1935年版。

马建忠:《适可斋纪言》,中华书局1960年版。

马克思:《资本论》,人民出版社1975年第1版。

马丕瑶:《马中丞遗集》,桂林图书馆1965年抄本。

马瑞辰:《毛诗传笺通释》,中华书局1989年版。

纳兰常安:《宦游笔记》,乾隆十一年(1746)刻本。

倪元璐:《国赋纪略》,《丛书集成新编》,史部第26册。

彭宁求:《历代关市征税记》,《丛书集成新编》,史部第26册。

钱泳:《履园丛谈》,中华书局1979年版。

求自强斋主人:《皇朝经世文编》,光绪二十七年(1901)刊。

屈大均:《广东新语》,中华书局 1985 年版。

申时行修:《明会典》,中华书局 1989 年版。

沈德符:《万历野获编》,中华书局 1980 年版。

沈寓:《治苏》,《清朝经世文编》卷二十三,吏政九,守令下。

宋雷:《西吴里语》,《四库存目》子部 241。

宋应星:《天工开物》,世界书局 1936 年版。

孙点:《历下纪游》,《小方壶斋舆地丛钞》,六轶三。

唐翼明:《唐翼明解读颜氏家训》,湖南科学技术出版社 2012 年版。

唐甄:《潜书》,《四库存目》,子部 95。

汪日祯:《湖蚕述》,农业出版社 1987 年版。

汪森:《粤西文载》,《四库全书存目丛书》,史部 247。

汪曰桢:《湖蚕述》,中华书局 1956 年重印本。

王胜时:《闽游纪略》,《小方壶舆地丛钞》,第 61—63 册。

王世懋:《闽部疏》,《四库存目》子部 241。

王世性:《广志绎》,中华书局 1981 年版。

王在晋:《越镌》,万历三十九年(1611)刻本。

卫杰:《蚕桑萃编》,13 卷,中华书局 1956 年重印本。

吴震方:《岭南杂记》,《四库全书存目丛书》,史部 249。

谢肇淛:《五杂俎》,《明代笔记小说》,第 23—24 册。

徐光启:《农政全书》,中华书局 1959 年重印本。

徐松:《宋会要辑稿·食货》,64,中华书局 1957 年版。

徐一夔:《始丰稿》,《武林往哲遗著》,第 60—63 册。

薛福成:《庸庵全集·海外文编》,光绪十四年(1888)刻本。

杨伯峻:《孟子译注》,中华书局 2009 年版。

杨慎:《全蜀艺文志》,线装书局 2003 年版。

姚锡光:《尘牍丛钞》,载邵循正主编:《中国近代史资料丛刊·中日战争》(二),上海人民出版社 2000 年版。

叶梦珠:《阅世编》,《丛书集成续编》,史部第 50 册。

佚名:《沈氏农书》,农业出版社 1959 年版。

苑书义、孙华峰、李秉新主编:《张之洞全集》,河北人民出版社 1998 年版。

张瀚:《松窗梦语》,上海古籍出版社 1986 年版。

张行孚:《蚕事要略》,见袁昶编:《浙西村舍丛刻》,1895 年编。

张觉:《荀子译注》,上海古籍出版社 1995 年版。

张履祥:《补农书》,1658 年刊;载陈恒力、王达编:《补农书校释》,农业出版社 1983 年版。

张孝若编:《张季子九录》,中华书局 1931 年版。

张燮:《东西洋考》,《文渊阁四库全书》,地理 594,台北商务印书馆 1982 年版。

周亮工:《闽小记》,福建 241,台湾成文出版有限公司 1975 年版。

周文焕、周文炜编:《新刻天下四民便览,万宝全书》,万卷楼刻本。

朱国桢辑:《涌幢小品》,复旦大学图书馆藏本。

朱寿朋:《东华续录》,上海古籍出版社 2007 年版。

（二）方志

说明:所阅方志版本除各地学校、图书馆和档案馆藏本外,主要参阅《天一阁藏明代方志选刊续编》,简称"天一阁续";《中国地方志集成》(上海书店、江苏古籍出版社、巴蜀书社联合出版),简称"集成";《中国方志丛书》(台湾成文出版有限公司印行),简称"成文";《日本藏中国罕见地方志丛刊》(书目文献出版社出版),简称"日本藏本"。

《江苏通志稿》,南京图书馆藏本。

《木渎小志》

《浙江通志》

陈有明:《重修苏州织造局志》(苏州市图书馆藏本)

陈作霖:《凤麓小志》,《金陵琐志五种》,第九卷,1900 年。

程浩《广州港史》(近代部分),海洋出版社 1985 年版。

成化《杭州府志》,上海图书馆藏本。

崇祯《松江府志》,上海图书馆藏本。

崇祯《苏州府志》

崇祯《吴县志》,天一阁续 15—19。

道光《佛山忠义乡志》，集成乡镇 30。

道光《黄溪志》，集成乡镇 3。

道光《昆新两县志》，集成江苏 15。

道光《南海县志》

道光《南浔镇志》，集成乡镇 22 上。

道光《元和唯亭志》，集成乡镇 7。

道光《乍浦备志》，集成乡镇 20。

道光《遵义府志》，成文贵州 152。

冯桂芬等：光绪《苏州府志》

高其卓：雍正《江西通志》

顾禄：《清嘉录》

光绪《（浙江）石门县志》，集成浙江 26。

光绪《长兴县志》（增补本）

光绪《重修奉贤县志》，1878 年刊。

光绪《常昭合志稿》，集成江苏 22。

光绪《潮阳县志》，成文广东 12。

光绪《崇庆州志》

光绪《重修丹阳县志》

光绪《重刊江宁府志》，集成江苏 1。

光绪《重修奉贤县志》，集成上海 9。

光绪《重修华亭县志》，集成上海 4。

光绪《慈溪县志》，集成浙江 35—36。

光绪《丹徒县志》

光绪《定海县志》

光绪《富阳县志》

光绪《归安县志》，1892 年刊。

光绪《广州府志》

光绪《海盐县志》

光绪《杭州府志》

光绪《嘉兴府志》，1906 年刊。

光绪《金陵琐志》

光绪《荆州府志》，成文湖北 118。

光绪《昆、新两县续修合志》

光绪《菱湖镇志》，集成乡镇 24。

光绪《梅里志》

光绪《南汇县志》，光绪五年（1879）刊。

光绪《郫县乡土志》

光绪《上虞县志校续》

光绪《石门县志》

光绪《盛湖志》，集成乡镇 11。

光绪《盛湖志补》，集成乡镇 11。

光绪《松江府续志》，集成上海 3。

光绪《塘栖志》，集成乡镇 18。

光绪《桐乡县志》，集成浙江 23。

光绪《武昌县志》

光绪《乌程县志》

光绪《无锡金匮县志》

光绪《婺源县志》

光绪《仙潭后志》

光绪《孝感县志》，成文湖北 349。

光绪《新繁乡土志》

光绪《续纂江宁府志》

光绪《余姚县志》，集成浙江 36。

光绪《漳州府志》，复旦图书馆 1988 年影印本。

光绪《周庄镇志》，集成乡镇 6。

桂坫等:《南海县志》，1910 年刊。

黄印:《锡金识小录》

嵇曾筠: 乾隆《浙江通志》

嘉靖《德清县志》，上海图书馆藏明刻本。

嘉靖《河间府志》，四库存目史部 192。

嘉靖《山东通志》，天一阁续 51—52。

嘉靖《吴江县志》

嘉靖《吴邑志》，上海图书馆民国抄本。

嘉靖《浙江通志》

嘉庆《嘉定府志》

嘉庆《濮川所闻记》

嘉庆《四川通志》，复旦大学图书馆藏本。

嘉庆《余杭县志》

康熙《德清县志》，抄本，成文浙江 491。

康熙《杭州府志》

康熙《嘉兴府志》，复旦大学图书馆藏本。

康熙《秀水县志》，集成镇江 31。

康熙《乌青文献》

康熙《吴江县志》

梁廷枏:《粤海关志》

柳树号:《分湖小识》，日本藏本。

民国《安东县志》

民国《德清县新志》，集成浙江 28。

民国《佛山忠义乡志》

民国《合川县志》

民国《华阳县志》

民国《江阴县续志》，1921 年刊。

民国《莱阳县志》，成文山东 57。

民国《乐山县志》

民国《绵阳县志》

民国《南充县志》

民国《南汇县续志》，1929 年刊。

民国《南浔志》，集成乡镇 22 上。

民国《番禺县志》

民国《郫县志》

民国《平湖县志》，集成浙江 20。

民国《濮院志》，集成乡镇 21。

民国《衢县志》

民国《三台县志》

民国《上海县志》，集成上海 4。

民国《嵊县志》

民国《双林镇志》，集成乡镇 22 下。

民国《顺德县续志》

民国《太仓州志》，上海图书馆藏本

民国《同安县志》，成文福建 83。

民国《芜湖县志》

民国《乌青镇志》，集成乡镇 23。

民国《（无锡）开化乡志》，集成乡镇 14。

民国《吴县志》，集成江苏 11—12。

民国《香山县志》

民国《萧山县志稿》

民国《新塍镇志》，集成乡镇 18。

民国《新乡县续志》，成文河南 473。

民国《许昌县志》

乾隆《震泽县志》，集成江苏 23。

乾隆《曹州府志》，成文山东 352。

乾隆《常昭合志》，华东师大藏本。

乾隆《赣州府志》，成文江西 961。

乾隆《广州府志》

乾隆《海澄县志》

乾隆《湖州府志》，华东师范大学图书馆藏本。

乾隆《金匮县志》,上海图书馆藏本。

乾隆《濮院琐志》,集成乡镇 21。

乾隆《濮镇纪闻》,抄本,集成乡镇 21。

乾隆《绍兴府志》,集成浙江 39。

乾隆《苏州府志》,复旦大学图书馆藏本。

乾隆《吴江县志》,集成江苏 20。

乾隆《吴江县志》,集成江苏 20。

乾隆《吴县志》,上海图书馆藏本。

乾隆《元和县志》,集成江苏 14。

乾隆《乍浦志》,集成乡镇 20。

乾隆《长洲县志》,集成江苏 13。

乾隆《长洲县志》,集成江苏 13。

乾隆《震泽县志》

《上海丝绸志》编纂委员会编:《上海丝绸志》,上海社会科学院出版社
1998 年版。

山东省淄博市周村区志编纂委员会编:《周村区志》,中国社会出版社 1992
年版。

沈廷瑞:《东畲杂记》,光绪十三年(1887)刻本。

沈云:《盛湖杂录》,民国六年(1917)刊本。

顺治《潞安府志》

苏州市丝绸公司编:《苏州丝绸志》,未刊本。

孙珮:《苏州织造局志》,苏州市图书馆藏本。

天启《吴兴备志》,《四库全书珍本》,台北商务印书馆 1979 年版。

天启补刊《渭南县志》,成文陕西 255。

同治《安吉县志》

同治《长兴县志》

同治《成都县志》

同治《湖州府志》,集成浙江 24—25。

同治《嘉兴府志》

同治《上海县志》，成文江苏 169。

同治《上元、江宁两县志》，集成江苏 4。

同治《盛湖志》

同治《苏州府志》

万历《杭州府志》

万历《嘉定县志》,《四库全书存目提要》，史部 208—209。

万历《滕县志》

万历《同安县志》

万历《歙县志》，成文安徽 240。

万历《秀水县志》，集成镇江 31。

万历《宣府镇志》

文征明：《重修织染局志》，苏州市图书馆藏本。

吴江县丝绸公司编：《吴江丝绸志》，江苏古籍出版社版 1992 年版。

咸丰《阆中县志》

咸丰《南浔镇志》

咸丰《梓潼县志》

徐献忠：《吴兴掌故集》，复旦大学图书馆藏本。

宣统《东莞县志》

宣统《广安州新志》

宣统《南海县志》

宣统《闻湖志稿》

雍正《北新关志》

雍正《浙江通志》，复旦新版。

镇江地方志编纂委员会编：《镇江市志》，上海社会科学院出版社 1993 年版。

正德《新市镇志》，集成乡镇 24。

正德《新市镇志》，浙江图书馆藏清刻本。

正德《新市镇志》卷一，浙江图书馆藏清刻本。

周凯：道光《厦门志》。

周庆云:《南浔志》。

（三）资料集、报刊、档案

《筹办夷务始末》，上海古籍出版社 2008 年版。

《光绪政要钞本》，江苏广陵古籍刻印社 1991 年精装影印本。

《湖南省国货陈列馆月刊》，1934 年第 22 期。

《历代小说笔记选》"汉魏六朝唐卷"，上海书店 1983 年影印本。

《明清史料》丁编，商务印书馆 1951 年版。

《明清史料》戊编、巳编、庚编，中华书局 1987 年版。

陈梅龙等译编：《近代浙江对外贸易及社会变迁——宁波、温州、杭州海关贸易报告译编》，宁波出版社 2003 年版。

陈学文编：《湖州府城镇经济史料类纂》，1989 年刊本。

陈真编：《中国近代工业史资料》，第四辑，三联书店 1961 年版。

东亚同文书院编：《中国经济全书》，湖广总督署译印，1910 年。

冯和法编：《中国农村经济资料续编》，1935 年初版，台北华世出版社 1978 年影印本。

高景岳、严学熙编：《近代无锡蚕丝业资料选辑》，江苏人民、古籍出版社 1987 年版。

高丽大学校亚细亚问题研究所编：《清案》，1，高丽大学校亚细亚问题研究所 1971 年版。

故宫博物院明清档案部编：《清代档案史料丛编》，中华书局 1978 年版。

广东省地方史志编纂委员会编：《广东省志·丝绸志》（上，下），广东人民出版社 2004 年版。

广东省文史研究馆：《三元里抗英斗争史料》，1979 年刊。

广州市地方志编纂委员会、广州海关志编纂委员会编译：《近代广州经济社会概况——粤海关报告汇集》，暨南大学出版社 1996 年版。

国民政府农林部编：《全国农业推广实施状况调查》，广东蚕丝业部分，1935 年版。

国民政府实业部国际贸易局编：《中国实业志》（各省），上海，1933 年。

海关总税务司署编：《通商各关华洋贸易总册》上卷、下卷（各年）。

韩国精神文化研究院译:《国译韩国志附录》,韩国精神文化研究院 1984 年版。

杭州海关译编:《近代浙江通商口岸经济社会概况——浙海关 瓯海关 杭州关贸易报告集成》,浙江人民出版社 2002 年版。

洪焕椿主编:《明清苏州农村经济资料》,江苏古籍出版社 1988 年版。

湖州市政协文史委员会编:《湖州文史》,各辑。

华中师范大学历史研究所、苏州市档案馆合编:《苏州商会档案丛编》,第一辑,华中师范大学出版社 1991 年版。

黄苇:《近代上海地区方志经济史料选辑》,上海人民出版社 1979 年版。

江苏省地方志编纂委员会编:《江苏省志》,第 20 卷,《蚕桑丝绸志》,江苏古籍出版社 2000 年版。

江苏省实业司编:《江苏省实业行政报告书》,1914 年,1919 年。

江苏省政治协商委员会文史资料委员会编:《江苏文史资料选辑》(各辑)。

考活·布士维(C. W. Howard)著,黄泽普译:《南中国丝业调查报告书》,岭南大学 1925 年版。

李泰初编:《广东丝业贸易概况》,中华编译社丛书第三种,1928 年。

李文治编:《中国近代农业史资料》,第一卷,三联书店 1957 年版。

林金枝、庄为玑:《近代华侨投资国内企业史资料选辑(广东卷)》,福建人民出版社 1989 年版。

陆允昌主编:《苏州海关史料》,南京大学出版社 1991 年版。

罗正钧:《左宗棠年谱》,岳麓书社 1983 年版。

缪良云编:《中国历代丝绸纹样》,纺织工业出版社 1988 年版。

南充蚕丝志编纂委员会:《南充蚕丝志》,中国经济出版社 1991 年版。

南京博物院编:《江苏省明清以来碑刻资料选集》,三联书店 1959 年版。

南京博物院民族组:《清末南京丝织业的初步调查》,《近代史资料》1958 年第 2 期。

南开大学历史系编:《清实录经济资料集要》,中华书局 1959 年版。

彭泽益编:《中国工商行会史料集》,中华书局 1995 年版。

彭泽益编:《中国近代手工业史资料》,一、二、三卷,北京,三联书店 1957

年版。

日本东亚同文会:《支那年鉴(第三回)》,1914年。

山东省政协文史资料委员会、淄博市周村区政协文史资料委员会编:《周村商埠》,山东人民出版社1990年版。

上海社会科学院经济研究所,上海市丝绸进出口公司编写,徐新吾主编:《近代江南丝织工业史》,上海人民出版社1991年版。

上海市工商行政管理局:《资本主义在我国民族工业中发展的三个阶段》,1963年打印本。

上海市工商局机器工业史料组编:《上海民族机器工业》,中华书局1966年版。

宋伯胤:《苏州清代织署调查简报》,《中国纺织科技史资料》第15集。

苏州历史博物馆、南京大学历史系、江苏师院历史系编:《明清苏州工商业碑刻集》,江苏人民出版社1981年版。

苏州市档案馆编:《苏州丝绸档案》(上、下),江苏古籍出版社1995年版。

苏州市政协文史委员会编:《苏州文史资料选辑》(各辑)。

孙毓棠编:《中国近代工业史资料》,第一辑,三联书店1957年版。

台北故宫博物院编:《宫中档雍正朝奏折》,1979年。

汪存志:《葵庵年谱》,苏州市地方志编纂委员会、苏州市档案局编:《苏州史志资料选辑》,第六辑,1986年。

汪敬虞编:《中国近代工业史资料》,第二辑,科学出版社1957年版。

汪林茂辑:《浙江辛亥革命史料集》,第一卷,浙江古籍出版社2011年版。

王铁崖编:《中外旧约章汇编》,第1册,三联出版社1957年版。

王彦成、王亮编:《清季外交史料》,台北文海出版社有限公司1985年版。

纬成公司编印:《纬成股份有限公司纪实》,1928年。浙江省图书馆孤山分馆藏。

吴江县档案馆编:《吴江蚕丝业档案资料汇编》,河海大学出版社1989年版。

吴松弟整理:《美国哈佛大学图书馆藏未刊中国旧海关史料(1860—1949)》,广西师范大学出版社2014年版。

徐珂:《清稗类钞》,台北商务印书馆1966年版。

徐蔚葳:《近代浙江通商口岸经济社会概况:浙海关、瓯海关、杭州关贸易报告集成》,浙江人民出版社2002年版。

严中平编:《中国近代经济史统计资料选辑》,科学出版社1955年版。

杨端六、侯厚培等:《六十五年来中国国际贸易统计》,中华民国国立研究院社会科学研究所1931年版。

姚贤镐编:《中国近代对外贸易史资料》,中华书局1962年版。

张德坚等:《贼情汇纂》,国学图书馆,民国二十一年(1932)印行。

张海鹏、王廷元编:《明清徽商资料选编》,黄山书社1985年版。

张星烺编注:《中西交通史料汇编》,中华书局1979年版。

赵魁编:《南阳蚕业志》,中州古籍出版社1990年版。

浙江省劝业公所编印:《改良浙江绸业计划书·改良浙江绸业说帖》,1912年刊行。

浙江省西湖博览会编:《西湖博览会总报告书》,1931年,浙江省图书馆藏。

浙江省政治协商委员会文史资料委员会编:《浙江文史资料选辑》(各辑)。

浙江丝绸工学院编:《浙江丝绸史料》,1978年刊。

振亚丝织厂厂志编写组编纂:《振亚丝织厂厂志》(未刊本)。

镇江市政协文史委员会编:《镇江文史资料》(各辑)。

政协四川省南充市委员会编:《南充文史资料选辑》(各辑)。

中国第二历史档案馆编:《中华民国史档案资料汇编》第三辑:工矿业,江苏古籍出版社1991年版。

中国第二历史档案馆编:《中华民国史档案资料汇编》第三辑:农商,江苏古籍出版社1991年版。

中国第一历史档案馆编:《清代中朝关系档案史料汇编》,国际文化出版公司1996年版。

中国海关总署办公厅、中国第二历史档案馆编:《中国旧海关史料》,京华出版社2001年版。

中国行政院农村复兴委员会编:《浙江省农村调查》,上海,1934年。

中国近代史资料丛刊:《太平天国》,神州国光社 1953 年版。

中国近代史资料丛刊:《辛亥革命》,神州国光社 1953 年版。

中国近代史资料丛刊:《鸦片战争》,神州国光社 1953 年版。

中国近代史资料丛刊:《洋务运动》,神州国光社 1953 年版。

中国近代史资料丛刊:《中日战争》,神州国光社 1953 年版。

中国经济统计研究所:《吴兴农村经济》,文瑞印书馆 1939 年版。

中国科学院历史研究所第三所:《锡良遗稿》,中华书局 1959 年版。

中国人民银行总行参事室金融资料组编:《中国近代货币史资料》,中华书局 1964 年版。

"中央研究院"近代史研究所编:《清季中日韩关系史料》,第 3 卷,台北"中央研究院"近代史研究所 1972 年版。

周德华主编:《吴江丝绸志》,江苏古籍出版社 1992 年版。

朱斌:《蚕桑指要》,雍正三年(1725)刻本。

《东方杂志》

《东西商报》

《工商半月刊》

《广益丛报》

《国际贸易导报》

《杭州商业杂志》

《沪报》

《彚报》

《江苏实业月志》

《经济半月刊》

《考古学报》

《农商公报》

《农学报》

《钱业月报》

《山东工商公报》

《商务官报》

《申报》

《时报》

《实业统计》

《四川官报》

《外交公报》

《文物》

《新报》

《新建设》

《循环日报》

《中国实业》

《中外经济周刊》

江苏省档案馆馆藏档案

上海市档案馆馆藏档案

四川省档案馆馆藏档案

苏州市档案馆馆藏档案

吴江县档案馆馆藏档案

浙江省档案馆馆藏档案

（四）近人著作

《河姆渡遗址第一期发掘报告》，《考古学报》1978 年第 1 期。

《钱山漾残绢片出土的启示》，《文物》1980 年第 1 期。

《丝绸之路——汉唐织物》，文物出版社 1972 年版。

《吴兴钱山漾遗址第一、二次发掘报告》，《考古学报》1960 年第 2 期。

安志敏：《日本吉野ケ里和中国江南文化》，《东南文化》1990 年第 5 期。

奥列弗·威廉姆森：《交易费用经济学：契约关系的规制》，载《企业制度与市场组织——交易费用经济学文选》，上海三联书店 1998 年版。

澳门文化司署、东方葡萄牙学会：《葡萄牙人在华见闻录》，海南出版社、三环出版社 1998 年版。

巴林顿·摩尔：《民主和专制的社会起源》，华夏出版社 1987 年版。

本杰明·克莱因、罗伯特·克劳福德等：《纵向一体化、可占用性租金与竞争性缔约过程》，载《企业制度与市场组织——交易费用经济学文选》，上海三联书店1998年版。

滨下武志：《二十世纪初上海、神户、仁川的海外华人金融网络》，郝时远主编：《海外华人研究论集》，中国社会科学出版社2002年版。

滨下武志著，王翔译：《关于中国与亚洲关系的几个问题》，《中华民族史研究》第二辑，海南国际新闻出版中心1997年版。

滨下武志著，朱荫贵、欧阳菲译：《近代中国的国际契机——朝贡贸易体系与近代亚洲经济圈》，中国社会科学出版社1999年版。

波梁斯基：《外国经济史》（封建主义时代），三联书店1958年版。

曾同春：《中国丝业》，商务印书馆1929年版。

曾问吾：《中国经营西域史》，商务印书馆1936年版。

查尔斯·哈珀：《环境与社会》，天津人民出版社1998年版。

陈慈玉：《近代中国的机械缫丝工业（1860—1945）》，台北"中央研究院"近代史研究所专刊（58）1989年版。

陈大端：《雍乾嘉时代的中琉关系》，台北明华书局1956年版。

陈滚滚：《陈联泰与均和安机器厂概况》，《广东文史资料》1965年第20辑，第146—151页。

陈国堂：《宋代成都蚕市》，《成都大学学报（社会科学版）》2001年第2期。

陈恒力：《补农书研究》，中华书局1958年版。

陈开俊等译：《马可波罗游记》，福建科技出版社1981年版。

陈开沚（宛溪）：《蚕桑最要》，中华书局1956年版。

陈其南：《明清徽州商人的职业观与家族主义》，《江淮论坛》1992年第2期。

陈学文：《明清时期杭嘉湖市镇史研究》，群言出版社1993年版。

陈炎：《德宏州在古今西南丝绸之路中的特殊地位》，《中华民族史研究》第二辑，海南国际新闻出版中心1997年版。

陈永志：《论草原丝绸之路》，《内蒙古日报》2011年7月11日。

陈真光：《源远流长的山东丝绸》，《丝绸史研究》1984年第2期。

陈争平：《试析1895—1930年中国进出口商品结构的变化》，《中国经济史研究》1997 年第 3 期。

程耀明:《清末顺德机器缫丝业的产生、发展及其影响》,广东历史学会编:《明清广东社会经济形态研究》,广东人民出版社 1985 年版。

大庭修:《日清贸易概观》,《社会科学辑刊》1980 年第 1 期。

大庭修著,徐世虹译:《江户时代日中秘话》,中华书局 1997 年版。

戴不凡:《〈金瓶梅〉零札六题》,《小说见闻录》,浙江人民出版社 1982 年版。

道格拉斯·C. 诺斯:《经济史中的结构与变迁》,人民出版社 1994 年版。

丁名楠:《帝国主义侵华史》,第一卷,人民出版社 1973 年版。

董楚平:《丝绸之源与玉器之最——试论江南文化进入中原的物证》,《中华民族史研究》第一辑,广西人民出版社、广西教育出版社 1993 年版。

董楚平:《吴越文化新探》,浙江人民出版社 1988 年版。

杜经国:《左宗棠与新疆》,新疆人民出版社 1983 年版。

杜廷绚著:《美国对华商业》,商务印书馆 1934 年版。

杜学祜等:《近现代四川场镇经济志》,第 2 集,四川省社会科学院出版社 1986 年版。

杜恂诚:《民族资本主义与旧中国政府(1840—1937)》,上海社会科学院出版社 1991 年版。

段本洛、张圻福:《苏州手工业史》,江苏古籍出版社 1983 年版。

樊亢、宋则行《外国经济史》,人民出版社 1985 年版。

樊树志:《江南市镇:传统的变革》,复旦大学出版社 2002 年版。

樊树志:《明清江南市镇探微》,复旦大学出版社 1990 年版。

范金民、金文:《江南丝绸史研究》,农业出版社 1993 年版。

范金民:《明清江南商业的发展》,南京大学出版社 1996 年版。

范金民:《衣被天下:明清江南丝绸史研究》,江苏人民出版社 2010 年版。

方行:《论清代前期棉纺织的社会分工》,《中国经济史研究》第 1 期。

菲利普·科特勒,加里·阿姆斯特朗:《市场营销原理》,机械工业出版社 2010 年版。

费尔南·布罗代尔著,杨起译:《市场经济与资本主义》,《天涯》2000 年第

2 期。

冯和法编:《中国农村经济资料续编》,1935 年初版,台北华世出版社 1978年影印本。

傅崇矩:《成都通览》,巴蜀书社 1987 年版。

傅衣凌:《明清社会经济史论文集》,人民出版社 1982 年版。

傅筑夫等:《中国封建社会内资本主义因素的萌芽》,上海人民出版社 1956年版。

高王凌:《乾嘉时期四川的场市网及其功能》,中国人民大学清史研究所:《清史研究》第五辑,中国人民大学出版社 1985 年版。

顾国达、王昭荣:《日本侵华时期对中国蚕丝业的统制与资源掠夺》,浙江大学出版社 2010 年版。

顾涧清等:《广东海上丝绸之路研究》,广东人民出版社 2008 年版。

哈威:《缅甸史》,姚楠译,陈炎校订,商务印书馆 1957 年版。

胡道静:《十七世纪的一颗农业百科明珠——〈农政全书〉》,《辞书研究》1980 年第 4 期。

胡厚宜:《殷代的蚕桑和丝织》,《文物》1972 年第 11 期。

胡茂胜、曹幸穗:《中国合众蚕桑改良会在江浙地区的蚕业改良（1918—1936）》,《中国农史》2011 年第 2 期。

黄萍荪等:《"红顶商人"胡雪岩兴衰史》,中国政协浙江省委员会文史资料研究委员会编:《浙江籍资本家的兴起》,浙江人民出版社 1986 年版。

黄启臣:《清代前期海外贸易的发展》,《历史研究》1986 年第 4 期。

黄启臣主编:《广东海上丝绸之路史》,广东经济出版社 2003 年版。

黄世瑞:《我国历史上蚕业重心南移问题的探讨》(续完),《农业考古》1987 年第 2 期。

黄苇:《上海开埠初期对外贸易研究（1843—1863）》,上海人民出版社 1961 年版。

黄逸峰:《陈启沅家族和刘鸿生资本集团》,《工商史料》一,1980 年版。

黄宗智:《长江三角洲小农家庭与乡村发展》,中华书局 1992 年版。

吉田茂:《激荡的百年史》,世界知识出版社 1980 年版。

翦伯赞：《论十八世纪上半期中国社会经济的性质》，《北京大学学报》1955年第2期。

江瑞平：《关于日本农业基础地位的历史考察》，《日本学刊》1992年第4期。

江苏省文物工作队：《梅堰简报》，《考古》1963年第6期。

江秀平：《走向近代化的东方对话》，中国社会科学出版社1995年版。

江应梁：《傣族史》，四川民族出版社1984年版。

姜铎：《调查散记》，《近代史研究》1983年第3期。

姜庆湘、李守尧：《四川蚕丝业》，四川省银行经济研究处，1946年。

蒋猷龙：《湖蚕述注释》，农业出版社1987年版。

金耀基：《现代化与中国现代历史》，《大学生活》第11期。

荆三林：《中国生产工具发展史》，中国展望出版社1986年版。

卡洛·M. 奇波拉主编：《欧洲经济史》，商务印书馆1988年版。

科斯：《论生产的制度结构》，中译本，上海三联书店1994年版。

克拉潘：《现代英国经济史》，中译本，商务印书馆1975年版。

乐嗣炳：《中国蚕丝》，世界书局1935年版。

李伯重：《"桑争稻田"与明清江南农业生产集约程度的提高》，《中国农史》1985年第1期。

李伯重：《江南的早期工业化（1550—1850）》，社会科学文献出版社2000年版。

李伯重：《早期经济全球化时代的"商"与"盗"》，《火枪与账簿：早期经济全球化时代的中国与东亚世界》，三联书店2017年版。

李德英：《民国时期成都市同业公会研究》，中国经济史学会2000年年会论文。

李金明：《Zaitun非"刺桐"而是"缎子"》，《历史研究》1998年第4期。

李明伟编：《丝绸之路贸易史》，甘肃人民出版社1997年版。

李明珠著、徐秀丽译：《中国近代蚕丝业及外销（1842—1937）》，上海社会科学院出版社1996年版。

李平生：《近代山东蚕丝业改良》，《中国社会经济史研究》1994年第2期。

李平生：《近代周村蚕桑丝绸业》，《文史哲》1995年第2期。

李萍:《明代海上"丝绸之路"与广州对外贸易》,《岭南文史》2000年第4期。

李文治、魏金玉、经君健:《明清时代的资本主义萌芽问题》,中国社会科学出版社1983年版。

李先富:《清末民国时期广西手工业的发展及其在市镇发展中的地位》,《广西师大学报》1996年第1期。

李小白:《近代转型时期日本社会经济分析》,《东北师大学报》1998年第5期。

李运元:《浅谈"农业资本主义萌芽"——兼谈中国农业中资本主义问题》,《经济学家》1991年第5期。

利马窦:《中国札记》,中华书局1983年版。

连浩鋈:《晚清时期广东的对外贸易及其对农村社会经济的影响》,《中国社会经济史研究》1990年第3期。

梁光商:《珠江三角洲桑基鱼塘生态系统分析》,《农史研究》1988年第7辑。

林惠民:《第一个在沪创办丝厂的民族资本家黄佐卿》,中国政协浙江省委员会文史资料研究委员会编:《浙江籍资本家的兴起》,浙江人民出版社1986年版。

铃木智夫:《清末无锡地区养蚕业的发展》,"对外经济关系与中国近代化国际学术讨论会"论文,1987年5月,武汉。

铃木智夫著,王翔译:《清末民初江南地区的茶馆》,《江海学刊》2002年第1期。

刘鉴唐:《鸦片战争前四十年间鸦片输入与白银外流数字的考察》,《南开史学》1984年第1期。

刘克祥:《蚕桑丝绸史话》,社会科学文献出版社2011年版。

刘石吉:《明清时代江南市镇研究》,中国社会科学出版社1987年版。

刘天纯:《日本产业革命史》,吉林人民出版社1984年版。

刘序枫:《清代的乍浦港与中日贸易》,《中国海洋发展史论文集》,台北"中央研究院"中山人文社会科学研究所1993年版。

刘志琴：《衣冠之治的解体和思想启蒙》，刘青峰编：《民族主义与中国现代化》，当代中国文化研究中心集刊，香港中文大学出版社 1994 年版。

刘志伟：《试论清代广东地区商品经济的发展》，《中国经济史研究》1988 年第 2 期。

卢冠群：《韩国华侨经济》，华侨经济丛书编辑委员会，台北，1956 年。

卢冠英：《江苏无锡县二十年来之丝业观》，《农商公报》1921 年 8 月第 85 期。

陆锦标：《台湾蚕业》，《蚕丝杂志》1947 年第 1 期。

罗爱子：《韩国近代海运业史研究》，首尔国学资料院 1998 年版。

罗尔纲：《湘军兵志》，中华书局 1984 年版。

罗恒成：《广西蚕业史》，广西民族出版社 1993 年版。

罗荣渠：《现代化新论：世界与中国的现代化进程》，北京大学出版社 1993 年版。

罗荣渠：《中国早期现代化的延误——一项比较现代化研究》，《近代史研究》1991 年第 1 期。

罗玉东：《中国厘金史》，商务印书馆 2010 年版。

吕坚：《谈康熙时期与西欧的贸易》，《历史档案》1981 年第 4 期。

吕平登编：《四川农村经济》，上海商务印书馆 1936 年版。

马金鹏译：《伊本白图泰游记》，宁夏人民出版社 1985 年版。

马克斯·舍勒：《资本主义的未来》，三联书店 1997 年版。

马克斯·维贝尔：《世界经济通史》，上海译文出版社 1981 年版。

马敏主编：《中国近代商会通史》，社会科学文献出版社 2015 年版。

马士著、张汇文译：《中华帝国对外关系史》，上海书店 2000 年版。

木宫泰彦：《中日文化交流史》（中译本），商务印书馆 1980 年版。

南京博物院民族组：《清末南京丝织业的初步调查》，《近代史资料》1958 年第 2 期。

聂宝璋：《洋行、买办与买办资产阶级》，孙健编：《中国经济史论文集》，中国人民大学出版社 1987 年版。

牛济：《论左宗棠对新疆的经济开发与建设》，《人文杂志》1996 年第 6 期。

钮守章：《三十前的达昌绸厂》，政协湖州市文史委编：《湖州文史》第 4 辑。

彭泽益：《从明代官营织造的经营方式看江南丝织业生产的性质》，《历史研究》1963 年第 2 期。

彭泽益：《清初四榷关地点和贸易量的考察》，《社会科学战线》1984 年第 3 期。

彭泽益：《鸦片战争前清代苏州丝织业生产关系的形成与性质》，《经济研究》1963 年第 10 期。

千家驹：《东印度公司的解散与鸦片战争》，《清华学报》第 37 卷第 9、10 期。

钱宏：《鸦片战争以前中国若干手工业部门中的资本主义萌芽》，《中国科学院历史研究所第三所集刊》1955 年第 2 集。

钱钟汉：《周舜卿》，《工商经济史料丛刊》第 4 辑，文史资料出版社 1984 年版。

秦翰才：《左文襄公在西北》，岳麓书社 1984 年版。

求良儒：《近代浙江丝绸业民族资本的发生与发展》，浙江省政协文史资料委员会编：《浙江文史资料选辑》，第 32 辑，浙江人民出版社 1986 年版。

曲直生：《中国古农书简解》，台北经济研究社 1960 年版。

权赫秀：《关于近代中朝关系史的几点认识》，《中国朝鲜史研究》第 1 辑，香港社会科学出版社 2004 年版。

全汉昇：《近代早期西班牙人对中菲美贸易的争夺》，载香港中文大学《中国文化研究所学报》第八卷第一期。

全汉昇：《论明清之际横跨太平洋的丝绸之路》，《历史》第 10 期。

全汉昇：《明代中叶后澳门的海外贸易》，香港中文大学《中国文化研究所学报》第五卷第一期。

全汉昇：《明清间美洲白银的输入中国》，《中国经济史论丛》第一册，香港新亚书院 1972 年版。

全汉昇：《明清经济史研究》，台北联经出版事业公司 1987 年版。

全汉昇：《中国经济史论丛》，香港新亚书院 1972 年版。

桑原骘藏：《蒲寿庚考》，中华书局 1929 年版。

森岛通夫:《日本为什么能成功?》,四川人民出版社1983年版。

森正夫著,王翔译:《地域社会:中国前近代史研究的新视角》,《中华民族史研究》第二辑,国际新闻传播中心1997年版。

森正夫著,王翔译:《由地方志所见明末社会秩序的变动》,《琼州大学学报》1998年第2期。

沙莲香主编:《中国女性角色发展与角色冲突》,民族出版社1995年版。

上海社科院经济研究所:《上海对外贸易:1840—1949》,上海社会科学院出版社1989年版。

上海市纺织科学研究院:《纺织史话》,科学出版社1978年版。

尚钺:《中国资本主义生产因素的萌芽及其增长》,《历史研究》1955年第3期。

申旭:《哀牢问题研究》,《东南亚研究》1990年第4期。

沈传经、刘泱泱:《左宗棠传论》,四川大学出版社2002年版。

沈福伟:《中西文化交流史》,上海人民出版社1988年版。

施阿兰:《使华记,1893—1897》,中译本,商务印书馆1989年版。

施敏雄:《清代丝织工业的发展》,台北"中国学术著作奖助委员会"丛书第35种,1968年版。

史宏达:《明代丝织生产力初探》,《文史哲》1957年第8期。

侍建华:《甘肃近代农业发展史事纪要(1840—1949)》,《古今农业》2001年第1期。

守屋典郎:《日本经济史》(中译本),三联书店1963年版。

苏耀昌:《华南丝区——地方历史的变迁与世界体系理论》,中州古籍出版社1987年版。

陶景瑗:《记东吴丝织厂》,苏州市工商业联合会、中国民建苏州市委员会编:《苏州工商经济史料》,第一辑。

陶绪:《宋代私营丝织业的分工和商品生产的发展》,《北京师范大学学报》1992年第3期。

托马斯·莱昂斯:《中国海关与贸易统计(1859—1948)》,浙江大学出版社2009年版。

万峰:《日本资本主义史研究》，湖南人民出版社 1984 年版。

汪济英、牟永抗:《关于吴兴钱山漾遗址的发掘》，《考古》1980 年第 4 期。

汪敬虞:《从棉纺织品的贸易看中国资本主义的产生》，《中国社会经济史研究》1986 年第 1 期。

汪敬虞:《从中国生丝对外贸易的变迁看缫丝业中资本主义的产生和发展》，《中国经济史研究》2001 年第 2 期。

汪敬虞:《关于继昌隆缫丝厂的若干史料及值得研究的几个问题》，《学术研究》1962 年第 6 期。

汪敬虞:《浅议近代中外经济关系的评价问题》，《近代史研究》1991 年第 1 期。

汪敬虞:《外国资本在近代中国的金融活动》，人民出版社 1999 年版。

汪敬虞主编:《中国近代经济史（1895—1927）》，人民出版社 2000 年版。

王家俭:《广东的机器缫丝工业与近代中国第一次反机器风潮》，台北《食货》1985 年 9 月。

王少普:《十九世纪六十年代前后西学在中日传播的比较》，《学术月刊》1990 年第 5 期。

王翔:《"帐房"析论》，《中华文史论丛》1987 年第 2—3 期。

王翔:《19 世纪末 20 世纪初中国传统手工业的危机》，《江海学刊》1998 年第 3 期。

王翔:《古代中国丝绸发展史综论——中国丝绸史研究之一》，《苏州大学学学报》（哲学社会科学版）1990 年第 3 期。

王翔:《国际竞争与近代中国传统丝织业的转型——以浙江省为中心的考察》，《浙江社会科学》2005 年第 3 期。

王翔:《话说浙商》，中华工商联合出版社 2008 年版。

王翔:《江南丝绸业"帐房"产生的社会历史原因》，《中国史研究》1988 年第 4 期。

王翔:《近代中国工业化初期的三股推力》，《近代中国：经济与社会研究》，复旦大学出版社 2006 年版。

王翔:《近代中国外贸结构的转换与手工行业的变形（1840—1894）》，《江西师范大学学报》(哲学社会科学版)2003年第1期。

王翔:《论江南丝绸业中的资本主义萌芽》,《苏州大学学报(哲学社会科学版)》1992年第2期。

王翔:《论近代苏州丝绸业的对外贸易》,《江海学刊》1987年第5期。

王翔:《论明清江南社会的结构性变迁》,《江海学刊》1994年第3期。

王翔:《明清商业资本的动向与江南资本主义萌芽》,《江海学刊》1992年第4期。

王翔:《十九世纪中日丝绸业近代化比较研究》,《中国社会科学》1995年第6期。

王翔:《论晚清苏州丝织业"帐房"的发展》,《历史研究》1988年第6期。

王翔:《中国近代手工业的经济学考察》,中国经济出版社2002年版。

王翔:《中国近代手工业史稿》,上海人民出版社2012年版。

王翔:《中国丝绸生产区域的推移》,《财经论丛》2005年第4期。

王翔:《中国丝绸史研究》,团结出版社1990年版。

王翔:《中国丝织业走向现代化的历史进程》,《中国经济史研究》1989年第3期。

王翔:《中国资本主义的历史命运——苏州丝织业"帐房"发展史论》,江苏教育出版社1992年版。

王翔:《中日丝绸业近代化比较研究》,河北人民出版社2003年版。

王晓秋:《近代中日关系史研究》,中国社会科学出版社1997年版。

王新生:《广东与长野器械缫丝业比较研究——兼论两地的原始工业化》,《历史研究》1993年第3期。

王震亚:《春秋战国时期的蚕桑丝织业及其贸易》,《甘肃社会科学》1992年第2期。

吴承明:《中国近代农业生产力的考察》,《中国经济史研究》1989年第2期。

吴振兴:《近代珠江三角洲机器缫丝业的发展及其对社会经济的影响》,《广东社会科学》1991年第5期。

武敏:《唐代的夹版印花——夹缬》,《丝绸》1979年第8期。

夏东元:《盛宣怀传》,华东师范大学出版社1981年版。

夏鼐:《碳 -14 测定年代和中国史前考古学》,《考古》1977 年第 4 期。

夏鼐:《我国古代蚕、桑、丝、绸的历史》,《考古》1972 年第 2 期。

徐鼎新:《试论清末民初的上海(江浙皖)丝厂茧业总公所》,《中国经济史研究》1986 年第 2 期。

徐新吾、韦特孚:《中日两国缫丝手工业资本主义萌芽的比较研究》,《历史研究》1983 年第 6 期。

徐新吾:《我国第一家民族资本近代工业的考证》,《社会科学》1981 年第 3 期。

徐新吾主编:《近代江南丝织工业史》,上海人民出版社 1991 年版。

徐新吾主编:《中国近代缫丝工业史》,上海人民出版社 1990 年版。

徐秀丽:《试论近代湖州地区蚕丝业生产的发展及其局限(1840—1937)》,《近代史研究》1989 年第 2 期。

徐铮、袁宣萍:《杭州丝绸史》,中国社会科学出版社 2011 年版。

许涤新、吴承明主编:《中国资本主义发展史》(第二卷),人民出版社 1991 年版。

许涤新、吴承明主编:《中国资本主义发展史》(第三卷),人民出版社 1993 年版。

许涤新、吴承明主编:《中国资本主义发展史》(第一卷),人民出版社 1985 年版。

许檀:《明清时期区域经济的发展》,《中国经济史研究》1999 年第 2 期。

薛虹:《明清时期农村小商品经济与社会经济结构——序姜守鹏先生著〈明清时期的中国社会经济结〉》,《史学集刊》1992 年第 2 期。

雅格布·布克哈特:《意大利文艺复兴时期的文化》,商务印书馆 1976 年版。

严立贤:《日本资本主义形态研究》,中国社会科学出版社 1995 年版。

严中平:《丝绸流向菲律宾,白银流向中国》,《近代史研究》1981 年第 1 期。

严中平:《英国资产阶级纺织利益集团与两次鸦片战争的史料》,《经济研究》1955 年第 2 期。

严中平主编:《中国近代经济史(1840—1894)》,人民出版社 1989 年版。

阎红生:《汉字在日本的传播与影响》,载《中华民族史研究》第二辑,海南国际新闻出版中心 1997 年版。

杨仁飞:《明清之际澳门海上丝路贸易述略》,《中国社会经济史研究》1992年第 1 期。

杨荫溥:《西湖博览会与吾国之丝绸业》,《东方杂志》1931 年第 1 期。

杨余练:《试论康熙从"开禁"到"海禁"的政策演变》,《光明日报》1981年 1 月 13 日。

杨昭全、孙玉梅:《朝鲜华侨史》,中国华侨出版公司 1991 年版。

杨质凡:《盛极一时的江绸业》,镇江市政协文史委员会编:《镇江文史资料》第 26 辑,1993 年。

叶超:《广东珠江三角洲蚕丝业调查》,《中国蚕丝》,1936 年。

叶显恩:《世界商业扩张时代的广州贸易(1750—1840 年)》,《广东社会科学》2005 年第 2 期。

叶显恩主编:《清代区域社会经济研究》,中华书局 1992 年版。

依田熹家:《中日近代化比较研究》,上海三联书店 1988 年版。

尹良莹:《四川蚕业改进史》,商务印书馆 1947 年版。

尹良莹编:《中国蚕业史》,国立中央大学蚕桑学会 1931 年版。

余捷琼:《1700—1937 年中国银货输出入的一个估计》,商务印书馆1940 年。

余英时:《中国近世宗教伦理与商人精神》,《知识分子》1986 年冬季号。

张存武:《清韩宗藩贸易(1637—1894)》,台北"中央研究院"近代史研究所 1978 年版。

张迪恩:《外国洋行垄断生丝输出对上海地区丝厂业的影响》,见《中国经济史研究》1986 年第 1 期。

张国辉:《甲午战后四十年间中国现代缫丝工业的发展和不发展》,载《中国经济史研究》1989 年第 1 期。

张海英:《明清江南商品流通与市场体系》,华东师范大学出版社 2002年版。

张景明:《草原丝绸之路与草原文化》,《光明日报》2007 年 1 月 26 日。

张俊霞：《在理性和道德的夹缝中前行》，《社会科学》（上海）1990 年第 10 期。

张丽：《鸦片战争前的全国生丝产量和近代生丝出口增加对中国近代蚕桑业扩张的影响》，《中国农史》2008 年第 4 期。

张茂元、邱泽奇：《技术应用为什么失败——以近代长三角和珠三角地区机器缫丝业为例（1860—1936）》，《中国社会科学》2009 年第 1 期。

张佩国：《近代山东农业技术体系的社会生态学考察》，《中国农史》1999 年第 4 期。

张圣轩：《四川西南区工业鸟瞰》，《四川经济季刊》，第一卷第二期。

张世定：《左宗棠与晚清西北手工业的发展》，《内蒙古农业大学学报》2010 年第 3 期。

张五常：《中国的前途》，香港信报有限公司 1985 年版。

张肖梅：《四川经济参考资料》，中国国民经济研究所 1939 年版。

张学君、张莉红：《四川近代工业史》，四川人民出版社 1990 年版。

张一平、胡素萍：《把握整体——世界历史的另一种诠释》，中国社会科学出版社 1999 年版。

张怡青：《"抱布贸丝"之"布"》，《文史知识》1998 年第 11 期。

张之恒：《中国新石器时代文化》，南京大学出版社 1988 年版。

张仲礼：《1834—1867 年我国对外贸易的变化与背景》，《学术学刊》1960 年第 9 期。

章开沅等：《比较中的审视：中国早期现代化研究》，浙江人民出版社 1993 年版。

章楷：《蚕业史话》，中华书局，1979 年。

章楷：《江浙近代养蚕的经济收益和蚕业兴衰》，《中国经济史研究》1995 年第 2 期。

赵丰主编：《中国丝绸通史》，苏州大学出版社 2005 年版。

赵冈等：《中国棉业史》，台北联经出版事业公司 1983 年版。

赵克尧、冯东林：《论盛唐的工商业》，《浙江学刊》1992 年第 2 期。

浙江大学编：《中国蚕业史》（上、下），上海人民出版社 2011 年版。

浙江省政协文史资料委员会编:《浙江籍资本家的兴起》,《浙江文史资料选辑》第 32 辑,浙江人民出版社 1986 年版。

郑备军:《中国近代厘金制度研究》,中国财政经济出版社 2004 年版。

郑学檬、陈衍德:《略论唐宋时期自然环境的变化对经济重心南移的影响》,《厦门大学学报》1991 年第 4 期。

郑学檬:《简明中国经济通史》,黑龙江人民出版社 1984 年版。

中村哲著,吕永和等译:《近代东亚经济的发展和世界市场》,商务印书馆 1994 年版。

中国农业科学院农业遗产研究室:《太湖地区农业史稿》,农业出版社 1990 年版。

中国社会科学院考古研究所编:《新中国的考古发现和研究》,文物出版社 1984 年版。

周世荣:《桑蚕纹尊与武士靴化形钺》,《考古学报》1979 年第 6 期。

周询:《蜀海丛谈》,巴蜀书社 1986 年版。

朱新予等:《浙江丝绸史》,浙江人民出版社 1983 年版。

朱荫贵:《国家干预经济与中日近代化》,东方出版社 1994 年版。

朱有:《中国近代学制史料》,第二辑下册,华东师范大学出版社 1989 年版。

庄维民:《近代山东市场经济的变迁》,中华书局 2000 年版。

祖运辉、张启雄:《日本殖民统治下的朝鲜华侨——朝鲜总督府报告书〈朝鲜的中国人〉》,台北,2003 年。

(五)博士、硕士学位论文

毕书定:《二十世纪前期豫西南蚕丝业》,河南大学 2008 年硕士学位论文。

陈英:《近代四川蚕桑丝业的发展(1891—1930)——以三台、合川为中心的考察》,四川师范大学 2011 年硕士学位论文。

范虹珏:《太湖地区的蚕业生产技术发展研究(1368—1937)》,南京农业大学 2012 年博士学位论文。

胡明:《民国苏南蚕业生产改进研究(1912—1937)》,南京农业大学 2011

年博士学位论文。

江凌:《中国丝绸对外贸易问题研究》,西南农业大学 2002 年硕士学位论文。

蒋国宏:《江浙地区的蚕种改良研究(1898—1937)》,华东师范大学 2008 年博士学位论文。

蓝云:《中国蚕丝业国际竞争力比较分析》,广西大学 2008 年硕士学位论文。

李灿:《近代锡沪缫丝工业比较研究》,华东师范大学 2009 年硕士学位论文。

李富强:《中国蚕桑科技传承模式及其演变研究》,西南大学 2010 年博士学位论文。

刘永连:《近代广东对外丝绸贸易史研究》,暨南大学 2003 年博士学位论文。

刘永连:《近代广东对外丝绸贸易史研究》,暨南大学 2003 年博士学位论文。

罗越:《近代安东地区蚕丝产业研究》,东北师范大学 2011 年硕士学位论文。

马云飞:《近代镇江丝织业的兴衰》,浙江财经大学 2017 年硕士学位论文。

孙晓莹:《晚清生丝业国际竞争力研究——兼与同期日本比较》,清华大学 2010 年硕士学位论文。

王本成:《论周村开埠与丝绸业的兴衰(1904—1937)》,华中师范大学 2009 年硕士学位论文。

王丽丽:《江苏近代生丝出口贸易及对农村经济的影响(1895—1936)》,南京农业大学 2004 年硕士学位论文。

钟华英:《"从繁荣到衰败":民国四川蚕丝业的演进历程》,四川大学 2005 年硕士学位论文。

二、日文

（一）资料集、调查报告

《近代史史料》，东京吉川弘文馆 1980 年版。

《农学会报》号外，明治二十六年（1893）刊。

《上海商业杂报》第 10 号，1883 年 9 月。

坂本菊吉：《清国ニ於ケル生糸絹織物ノ實況並其企業ニ關スル調査報告》，农商务省商工局，1898 年。

本多岩次郎：《清国蚕丝业视察复命书》，农商务省农务局，1899 年。

本位田祥男、早川卓郎：《東亞の蚕絲業》，《东亚经济研究》（三），东京日本学术振兴会 1943 年版。

蚕丝业组合中央会：《支那蚕丝业大观》，东京冈田日荣堂 1929 年版。

蚕业新报社：《最新改良養蚕法》，1919 年版。

朝鲜总督府编：《在朝鲜的中国人》，汉城，1924 年。

成田重兵卫：《养蚕绢筛大成》，文化十一年（1815）刊。

递信省管船局：《清国长江及附近航运事业取调书》，1904 年。

东亚同文会编：《支那经济全书》，东京，1907—1908 年。

东亚研究所编：《支那蚕丝业研究》，大阪，1943 年。

东洋经济新报社编纂：《明治大正国势总览》，东京东洋经济新报创刊 30 周年纪念出版，1927 年。

儿玉幸多编：《标准日本史地图》（新修版），东京吉川弘文馆 1996 年第 30 版。

儿玉幸多编：《标准日本史年表》，东京吉川弘文馆 1996 年第 39 版。

峰村喜藏：《清国蚕丝业视察复命书》，农商务省农务局，明治三十六年（1903）刊。

峰村喜藏：《清国蚕丝业大观》，东京丸山舍 1904 年版。

高津仲次郎：《清国蚕丝业视察报告书》，东京农商务省农务局，1897 年。

高柳丰三郎：《清国新开港场视察报告》，名古屋名古屋商工会议所，

1896 年。

高崎商业会议所编:《高崎商工案内》,大正十三年（1924）10 月 28 日。

龟井高孝等编:《标准世界史年表》,东京吉川弘文馆 1996 年第 33 版。

吉田光邦等:《西陣織——世界に誇る美術織物》。《日本の染織》11,泰流社昭和六十年（1985）第三刷。

椙西光速编:《日本经济史大系》,东京大学出版会 1965 年版。

金泽商工会议所编:《金澤における絹力織機》,金泽会议所发行 1936 年版。

满铁上海事务所编:《江苏省无锡县农村实态调查报告书》,1941 年。

梅村有次等编:《长期经济统计·9·农林业》,东京东洋经济新报社 1966 年版。

农林省蚕丝局编:《蚕丝业要览》,东京,1929 年。

农商务省临时产业调查局:《支那蚕丝业调查概要》,1918 年。

农商务省农商局生丝检查所:《朝鲜支那蚕丝业概观》,1913 年。

片仓制丝纺绩株式会社编:《工场长会议关系书类缀》,1938 年 2 月。

全国制丝业组合联合会编:《制丝业参考数据》,东京,1938 年。

群马县内务部编:《群马县蚕丝业沿革调查书》,东京,内务部发行,1903 年。

日本工务局工务课:《工厂调查统计表》,明治三十三年（1900）刊。

日本手织技术振兴财团编:《全国手織コレクション收藏品解説集》,京都,1995 年。

日本外务省编纂局编:《支那开港场志·苏州》,1908 年印行。

日本外务省通商局编:《清国事情》,东京外务省,1907 年。

日本外务省通商局编:《通商彙纂》,1896—1918 年。

上原重美:《支那四川省の蚕絲业》,东京,1927 年。

石川县内务部编:《石川縣の産業》,石川县内务部发行,1917 年。

矢野恒太纪念会编:《日本 100 年》,东京国势社 1986 年版。

松下宪三朗:《支那制丝业调查复命书》,东京农商务省临时产业调查局,1918 年印行。

西阵织工业组合编:《西阵》,1995 年刊。

小野忍:《蘇州の紗緞業》"附记",《满铁调查月报》,昭和十七年(1942)。

小野忍:《無錫の製絲業》,《满铁调查月报》,昭和十六年(1941)。

伊藤博文编:《朝鲜交涉资料》(上),原书房 1974 年版。

早稻田大学经济史学会编:《足利织物史》,足利纤维同业会发行 1960 年版。

中央职业绍介事务局编:《本邦制丝业劳动事情》,昭和三年(1928)刊。

中野忠八:《清国新开港场视察调查》,京都商业会议所,1897 年。

钟纺制丝株式会社编:《钟纺制丝四十年志》,965 年刊。

紫藤章:《清国蚕丝业一斑》,东京农商务省生丝检查所,1911 年。

(二)专著、论文

《刻字入り紡錘車》,《读卖新闻》1995 年 8 月 4 日。

ゴンサーレス・デ・メンドーサ:《シナ大王国誌》,长男实译、矢泽利彦注,大航海时代丛书Ⅵ,东京岩波书店 1965 年版。

ハウトマン / ファン・ネック:《東インド諸島への航海》,涩泽元则译、生田滋注,大航海时代丛书第Ⅱ期 10,东京岩波书店 1981 年版。

安良城盛昭:《幕藩体制社會の成立と構造》,东京御茶の水书房 1959 年版。

岸本美绪:《清朝とユーラシア》,历史研究会编:《讲座世界史》(2)《近代世界への道——变容と摩擦》,东京大学出版会 1995 年版。

岸本美绪:《明清交替と江南社会——17 世纪中国の秩序问题》,东京大学出版会 1999 年版。

坂野正高:《近代中国政治外交史》,东京大学出版会 1973 年版。

本多岩次郎:《日本蚕丝业史》第一卷,东京明文堂 1935 年版。

本吉春三郎:《華美の錦織物》,《西陣織——世界に誇る美術織物》,《日本の染織》11、泰流社昭和六十年(1985)版。

本庄荣治郎:《西陣の研究》,京都,大正二年(1913)刊。

滨下武志、川胜平太编:《アジア交易圏と日本工業化 1500—1900》,リブロポート,1991。

滨下武志:《近代中国における貿易金融の一考察》,《东洋学报》57—3、4,1976 年。

滨下武志:《近代中国の国際的契機——朝貢貿易システムと近代アジア》,东京大学出版会 1990 年版。

滨下武志:《中国近代経済史の研究——清末海関財政と開港場市場圏》,东京汲古书院 1989 年版。

波多野善大:《中国近代工業史の研究》,京都大学 1961 年版。

曽田三郎:《中国近代製糸業の展開》,《历史学研究》,1981 年。

曽田三郎:《中国近代制丝业史的研究》,东京汲古书院 1994 年版。

川浦康次:《幕藩体制解体期の経済構造》,东京御茶の水书房 1965 年版。

川胜平太:《東アジア経済圏の成立と展開》,溝口雄三、浜下武志等编:《アジアから考える》(六),东京大学出版会,1994 年。

川胜平太:《海が育てた丰かさ》,《アジアの经济发展と日本文化》讨论会的基调报告,《读卖新闻》1997 年 8 月 3 日。

川胜平太:《日本の工業化をめぐる外圧とアジア間競争》,滨下武志、川胜平太编:《アジア交易圏と日本工業化(1500—1900)》,东京藤原书店 2008 年版。

川胜平太:《文明の海洋史観》,东京中央公论新社 1999 年第 7 版。

大川一司:《1870 年代以来の日本経済の増長率》,东京纪伊国屋书店 1957 年版。

大村道渊:《満洲柞蚕经济の史的考察》,《研究院学报》1944 年总第 40 号。

大久保利谦编:《岩仓使节团研究》,东京宗高书房 1976 年版。

大庭修、王勇编:《典籍》,《日中文化交流史叢书》(9),东京大修馆书店 1996 年版。

渡边利夫、岩崎育夫:《海の中国》,东京弘文馆 2001 年版。

丰田武等编:《流通史》I,体系日本史丛书,东京山川出版社 1970 年版。

服部春彦:《十九世纪フランス绢工業の發達と世界市場》,《史林》54—3,1971 年。

服部之总:《幕末期秋田藩の木綿と木綿機業》,《服部之总全集》,福村出版株式会社 1973 年版。

服部之总:《日本史的世界と世界史的日本》,《世界》1947 年 11 月号。

富永健一:《日本の近代化と社會變動》,东京讲谈社 1990 年版。

高桥龟吉:《日本近代經濟發達史》,东洋经济新报社 1981 年第 6 版。

高桥龟吉:《日本资本主义发达史》,评论社 1939 年版。

工藤恭吉:《德川時代の養蚕製絲業》,永原庆二、山口启二:《講座日本技術の社會史》,日本评论社 1983 年版。

宫本又次:《日本近世問屋の研究》,东京刀江书院 1951 年版。

宫岛博史:《东アジアにおける小农社会の形成》,溝口雄三、浜下武志等编:《アジアから考える》(6),东京大学出版会 1993 年版。

古岛敏雄编:《日本经济史大系》(近代　上),东京大学出版会 1965 年版。

横井时冬:《日本工業史》,东京白杨社 1927 年版。

横山英:《中国近代化の經濟構造》,东京亚纪书房 1972 年版。

鸿巢久:《支那蚕絲業之研究》,东京丸山舍 1919 年版。

吉田光邦:《西陣の歷史》,《西陣織——世界に誇る美術織物》,《日本の染織》11,泰流社 1985 年第三刷。

吉田和子:《湖絲をめぐる農民と鎮》,《东京大学教养学部教养学科纪要》1985 年 3 月第 17 号。

吉田金一:《ロシアと清の贸易について》,《东洋学报》第 45 卷第 4 号(1963 年 3 月)。

江波户昭、土井喜美子:《諏访制丝业中产业资本的形成过程》,社会经济史学会编:《社会经济史学》第 26 卷第 3 号。

江口善次:《信浓蚕丝业史》,大日本蚕丝会,1937 年。

角山荣:《外壓としての物產複合——川勝氏の物產複合理論に寄せて》,滨下武志、川胜平太编:《アジア交易圏と日本工業化(1500—1900)》,东京藤原书店 2008 年版。

今井五介:《日本蚕业发达史》,东京片仓制丝纺绩株式会社 1927 年版。

津久井弘光:《糸厰襲擊事件をめぐって——清末廣東省南海縣蚕糸業の展開》,《日本大学史学会研究汇报》1959 年 31 号。

近藤哲生：《殖産興業と在来産業》，《讲座日本历史》14，东京岩波书店1975 年版。

久保田文次：《清末川北蚕絲業の展開——四川における民族资本形成史（一）》，《历史学研究》331 号，东京，1967 年。

久保田文次：《清末四川の大佃户》，《近代中国农村社会史》，东京汲古书院 1967 年版。

驹敏郎：《西陣織の美の背景》，西阵织工业组合编：《西阵》，1995 年刊。

崛江英一、远山茂树编：《自由民权期の研究》第 4 卷，有斐阁 1959 年版。

堀江英一、后藤靖：《西陣機業の研究》，有斐阁 1950 年版。

历史学研究会、日本史研究会编：《讲座日本史》（5）《明治维新》，东京大学出版会 1978 年版。

铃木智夫：《清末民国初における民族资本の展開過程—廣東の生糸業について—》，東京教育大学アジア史研究会编：《中国近代化の社会構造》，教育书籍，1960 年刊。

铃木智夫：《洋務運動の研究》，东京汲古书院 1992 年版。

刘序枫：《十七、十八世纪の中国と東アジア——清朝の海外贸易政策を中心に》，溝口雄三、浜下武志等编：《アジアから考える》（2）《地域システム》，东京大学出版会 1993 年版。

泷泽秀树：《日本の资本主義と蚕絲業》，未来社 1978 年版。

马场启之助：《蚕絲業の經濟的分析》，日本评论社 1950 年版。

木村隆俊：《幕末、明治初期の桐生織物の生產構造》，社会经济史学会编：《社会经济史学》第 26 卷第 6 号。

平濑已之吉：《近代支那经济史》，东京中央公論社 1942 年刊。

平尾道雄监修：《坂本龙马全集》，东京光风社 1980 年。

浦廉一：《近世における中・鲜・日間の經濟交流》，《广岛大学文学部纪要》，1956 年。

浦廉一：《清初の遷界令の研究》，《广岛大学文学部纪要》五号，1954 年。

森三树三郎：《中国文化と日本文化》，东京人文书院 1988 年版。

森正夫：《明代江南土地制度の研究》，东京同朋舍 1988 年版。

森正夫编:《江南デルタ市鎮研究——歴史學と地理學からの接近》,名古屋大学出版会 1992 年版。

山本三郎:《製絲業近代化の研究》,群馬県文化事業振興会 1975 年版。

山本三郎:《近代日本技術史》,三笠书房 1940 年刊。

山口和雄:《明治前期經濟の分析》,東京大学出版会 1956 年版。

山田盛太郎:《日本資本主義分析》,東京岩波书店 1966 年第 16 次印刷。

山脇悌二郎:《長崎の唐人貿易》,東京吉川弘文馆 1965 年版。

石井宽治:《日本蚕丝业史分析》,東京大学出版会 1981 年版。

石井摩耶子:《十九世紀後半の中国におけるイギリス資本の活動——ジャーディン・マセソン商会の場合》,《社会经济史学》45—4,1979 年。

石井孝:《幕末貿易史の研究》,日本评论社 1944 年版。

石井孝:《日本开国史》,吉川弘文馆 1972 年版。

石冢裕道:《日本資本主義成立史の研究》,吉川弘文馆 1973 年版。

矢口芳生:《现代蚕丝业经济论》,東京农林统计协会 1982 年版。

矢木明夫:《日本近代製絲業の成立》,東京御茶水书房 1978 年版。

矢木明夫:《制丝业》,地方史研究协议会编:《日本产业史大系》,東京大学出版会 1961 年版。

矢野恒太纪念会编:《日本 100 年》,国势社 1986 年第二版。

市川孝正:《農村工業における雇傭勞動》,历史学研究会编:《封建社會解体期の雇傭勞動》,東京青木书店 1961 年版。

水户田四郎:《明治维新の農業構造》,東京御茶の水书房 1960 年版。

水野明:《日中关系史概说》,中部日本教育文化会 1987 年版。

寺田隆信:《清朝の海関行政について》,《史林》1966 年第 49 卷第 2 号。

松浦章:《清代の海外貿易について》,《关西大学文学论集创立百周年纪念号》,1986 年。

松浦章:《清代の海洋圏と海外移民》,溝口雄三、濱下武志等编:《アジアから考える》(3),東京大学出版会 1993 年版。

速水融、宫本次郎编:《日本经济史》第 2 卷,東京岩波书店 1988 年版。

藤本实也:《支那蚕丝业研究》,東京东亚研究所 1943 年版。

藤井光男:《战间期日本纤维产业海外进出史の研究——日本制丝业资本と中国·朝鲜——》,东京ミネルヴア书房 1987 年版。

藤田五郎:《日本近代産業の成立》,日本评论社 1948 年版。

天野元之助:《支那農業經濟論》,东京改造社 1940 年版。

田代和生:《近世日朝通交貿易史の研究》,创文社 1981 年版。

田尻利:《十九世紀中葉江蘇の蚕桑書について》,《中山八郎教授颂寿纪念明清史论丛》,1977 年 12 月发行。

田中克己:《清初の支那沿海——遷界を中心として見たる》一、二,《历史学研究》六卷一、三号。

田中正俊:《明末清初江南農村に手工業闊する一考察》,《和田博士古稀纪念东洋史论丛》,1967 年。

田中正俊:《明清時代の問屋制前貸生產について》,西岛定生博士还历纪念论丛编辑委员会编:《東アジアにおける國家と農民》,山川出版社 1984 年版。

田中正俊:《中国近代經濟史序說》,东京大学出版会 1973 年版。

王翔:《辛亥革命前后の江南城镇における经济·政治动态——吴江县盛泽镇を中心として》,《近きに在りて》第 27 号,1995 年 5 月。

吴密察著、帆刈浩之译:《台湾史の成立とその課題》,溝口雄三、濱下武志等编:《アジアから考える》(3),东京大学出版会 1994 年版。

小仓武一:《近代日本農業の发展》,东京不二社 1964 年版。

小岛淑男:《辛亥革命期蘇州府吴江縣の農村絹織手工業》,小岛淑男编:《近代中国の經濟と社會》,东京汲古书院 1993 年版。

小岛淑男:《近代中国の經濟と社會》,日本大学经济学部经济科学研究丛书 4,汲古书院 1993 年版。

小林一美:《中国半殖民地化の经济过程と民众の斗争》,《历史学研究》1971 年 369 号。

小野川秀美:《清末政治思想史研究》,东京みすず书房 1969 年版。

协田修:《近世封建社會の經濟構造》,东京御茶の水书房 1978 年版。

信夫淳平:《韓半島》,东京堂书店 1901 年版。

岩生成一:《日本》,东京雄松堂书店 1979 年版。

野原敏雄:《日本資本主義と地域經濟》,东京大月书店 1978 年版。

依田熹家:《日中两国近代化比较研究序说》,龙溪书舍 1989 年增补版。

永積洋子:《十七世紀の東アジア貿易》,浜下武志、川胜平太编:《アジア交易圈と日本工業化 1500—1900》,リブロポート 1991 年版。

永原庆二:《日本經濟史》,东京有斐阁 1973 年版。

羽鸟卓也、山田舜:《藤田教授と豪農研究》,《商学论集》第 22 卷第 2 号。

长谷川启之:《アジアの經濟發展と日本型モデル—社會類型論的アプローチ—》,东京文真堂 1994 年版。

正田健一郎等:《概说日本经济史》,东京有斐阁 1978 年版。

芝原拓自:《日中两国の綿製品・生糸貿易とその背景》,《オイコノミカ》21—2、3、4、合并号,1985 年。

芝原拓自:《日本近代化の世界史的位置》,东京岩波书店 1981 年版。

中村質:《近世長崎貿易史の研究》,吉川弘文館 1988 年版。

中道邦彦:《清初靖南藩と台湾鄭氏との関係》,《歴史の研究》十三号,1968 年。

中国近现代经济史シンポジウム运营委员会编:《中国蚕絲業の史的展開》,东京汲古书院 1986 年版。

重田德:《清代社會經濟史の研究》,东京岩波书店 1975 年版。

足利政男:《丹后机业史》,东京雄辉社 1963 年版。

佐伯有一、田中正俊:《一六・七世紀の中国農村製糸・絹織業》,《世界史讲座》一,东洋经济新报社 1955 年版。

佐伯有一:《明代匠役制度の崩潰と城市絲織業流通市場の發展》,东京大学《东洋文化研究所纪要》第 10 卷,1956 年 11 月。

佐久间重男:《明朝の海禁政策》,《東方学》第六辑,1953 年。

佐藤武敏:《中国古代绢织物史研究》,东京风间书房 1977 年版。

佐野瑛:《大日本蚕史》,1898 年刊。

佐佐木信三郎:《西陣史》,京都西阵织物馆 1932 年版。

三、西文

（一）专著、论文

Akila NAGANO, Development of Capitalism in China, The Japan Council of the Institute of Pacific Relations, Tokyo, 1931.

Alvin Y. So, The South China District: Local Historical Transformation and World System Theory. Albany, N. Y. State University of New York Press, 1986.

Anderw L jungestedt, A Historical sketch of Portuguese in China and of the Roman Catholic church and Mission in China, Boston, 1836. Hong Kong, 1992.

C. A. Montalde de Gesus, Historic Macao, Hongkong, 1902.

C. J. Huber, The Raw Silk Industry of Japan. New York, Silk Association of America, 1929.

C. J. Stanley, Late Ch'ing Finance: Hu Kuang-Yung as Innovator, Cambridge, Mass: Harvard University Press, 1970.

C. R. Boxer, The Great Ship from Amacan: Annals of Macao and the Old Japan Trade, 1555—1640. Lisbon, Centro de Estudos Historicos, Ultramarinos, 1963.

C. W. Howard and K. p. Buswell, A survey of the Silk Industry of South China. Hong Kong, Commercial Press, 1925.

D. H. Perkins, China's Modern Economy in Historical Perspective, 1975.

D. K. Lieu, The Silk Industry of China, Shanghai, Kelly and Walsh, Limited, 1940.

D. K. Lieu, The Silk Reeling Industry in Shanghai, The China Institute of Economic and Statistical Research, 1933.

D. R. Gadgil, The Industrial Evolution of India in Recent Times. London, 1924.

Debin Ma, The Modern Silk Road: The Global Raw-Silk Market, 1850—1930, The Journal of Economic History, Vol. 56, No. 2, Papers Presented at the

Fifty -Fifth Annual Meeting of the Economic History Association (Jun., 1996).

Debin Ma, Why Japan, Not China, Was the First to Develop in East Asia: Lessons from Sericulture, 1850—1937, Economic Development and Cultural Change, Vol. 52, No. 2 (January 2004).

E. H. Blair and J. A. Robertson, The Philippine Islands 1493—1898, Cleveland, Ohio, 1913.

Eriggs and Gordan, The Economic History of England, London, 1957.

F. R. Dulles, The Old China Trade, Boston, 1930.

F. V. Moulder, Japan, China and the Modern World Economy. Cambridge University Press, 1977.

G. C. Allen: Western Enterprises in Far Eastern Economic Development. 1954.

G. W. Skinner, Marketing and Social Structure in Rural China. Journal of Asian Studies, 24: 1—2, 1964—1965.

Glenn T. Trewartha, Field Observations on the Canton Delta of South China, Economic Geography, Vol. 15, No. 1 (Jan., 1939).

H. B. Morse, The Chronicles of the East India Company Trading to China, 1635—1834. 5 vols. Oxford, Clarendon press, 1926.

H. B. Morse, The International Relations of the Chinese Empire. 3 Vols. London, 1910—1918.

H. B. Morse, The Trade and Administration of China, Shanghai, Kelly and Walsh, 1913.

Harold M. Vinacke, Obstacles to Industrial Development in China, Annals of the American Academy of Political and Social Science, Vol. 152, China (Nov., 1930).

Henry Yule, Ibn Batuta's Travels in Bengal and China, London, 1916.

Ho-fung Hung, Agricultural Revolution and Elite Reproduction in Qing China: The Transition to Capitalism Debate Revisited American Sociological Review, Vol. 73, No. 4 (Aug., 2008).

J. Hirschmeier, The Origins of Entrepreneurship in Meiji Japan. Cambridge,

Harvard University Press, 1964.

J. K. Fairbank, Trade and Diplomacy on the China Coast, 1842—1854, Stanford University Press, 1953.

J. Clapham, An Economic History of Modern Britain, 1850—1886. 1952.

J. Rabino, The Statistical Story of the Suez Canal, Journal of the Royal Statistical Society, Vol.50, Ⅲ.

J. Scarth, Twelve Years in China, Edinburgh: Thomas Constable and Co. London, 1860.

James L. McClain, Japan: A Modern History, New York, w. w. Norton & Company, Inc., 2002.

John F. Laffey, Lyonnais Imperialism in the Far East(1900—1938), Modern Asia Studies, Vol. 10, No. 2(1976).

John Lossing Buck, Land Utilization in China. Chicago, University of Chicago Press, 1937.

John. Crawfurd, Journal of an Embassy to the Courts of Siam and Cochin China, 1828, 1st ed., reprinted 1987.

John. Fitzgerald, Awakening China: Politics, Culture, and Class in the Nationalist Revolution, Stanford University Press, Stanford, California, 1996.

Joseph Fletcher, Integrative History: Parallels and Interconnections in the Early Modern Period, 1500—1800, Journal of Turkish Studies, 9, 1985.

K. S. Latourette, The History of Early Relations between the United States and China 1784—1884, Transactions of the Connecticut Academy of Arts and Sciences, Vol.22, August, 1917.

Kenneth Pomeranz, The Great Divergence: China, Europe, and the Making of the Modern World Economy, Princeton University Press, 2000.

Kenwood, A. G. and Lougheed, A. L. , The Growth of the International Economy 1820—1960, 1971.

Kurt Bloch, Silk Production Curbed, Far Eastern Survey, Vol. 10, No. 10 (Jun. 2, 1941).

Lillian M. Li, China's Silk Trade: Traditional Industry in the Modern World, 1842—1937, Cambridge: Harvard University Press, 1981.

M. Cooper, The Mechanics of the Macao—Nagasaki Silk Trade. Monumenta Nipponica 27.4, 1972.

M. D. Morris, "South Asian Entrepreneurship and the Rashomon Effect", Explorations in Economic History, XVI(1979), 341—361.

Ohara Keishi, comp. and ed. Japanese Trade and Industry in the Meiji-Taisho Era. Tokyo, 1957.

P. W. Tsou, Modernization of Chinese Agriculture, Journal of Farm Economics, Vol. 28, No.3(Aug., 1946).

R. Alcock, The Capital of the Tycoon, Vol. 1, London, 1863.

R. Bin Wong, China Transformed: Historical Change and the Limits of European Experience, Cornell University Press, Ithaca and London, 1997.

R. E. Buchanan: The Shanghai Raw Silk Market. New York, 1929.

R. H. Brill, The History of Glass and Glass Making, Reportea at Shanghai Muscwn, April 23, 1982.

Robert Y. Eng, Economic Imperialism in China: Silk Production and Exports, 1861—1932. Institute of East Asian Studies, University of California, Berkeley 1986.

Robert Y. Eng, Imperialism and the Chinese Economy: the Canton and Shanghai Silk Industry, 1861—1932. PhD dissertation, University of California, Berkeley, 1978.

S. T. Chapman, History of Trade between United Kingdom and United State, London, 1899.

Samuel Wells Williams, The Chinese Commercial Guide, Hongkong, 1863.

Shanghai International Testing House, A Survey of the Silk Industry of Central China, comp. Shanghai, 1925.

Shannon R. Brown, "The partially Opened Door: Limitations on Economic Change in China in the 1860s", Modern Asian Studies, XII: 2(1978).

Shichiro Matsui, The History of the Silk Industry in the United States. New York, 1930.

Shu-Lum Pan, The Trade of the United States With China, New York, 1924.

T. R. Banister, A History of the External Trade of China, 1834—1881. In China, Maritime Customs, comp., Decennial reports, 1922—1931, 2 vols. Shanghai, 1933.

The Cambridge History of Japan, Volume 5, The Nineteenth Century, Edited by Marius B. Jansen, New York, Cambridge Histories Online © Cambridge University Press, 2008.

W. Beasley, Great Britain and the Opening of Japan, London, 1951.

W. L. Schurz, The Manila Galleon. New York, E. P. Dutton, 1939.

W. W. Lockwood, the Economic development of Japan. Rev. Ed. Princeton, Princeton University Press, 1968.

（二）资料集、报刊

Annual Trade Reports and the Trade Returns of the Various Treaty Ports, 1864—1930.

China, The Maritime Customs, II-Special Series, No.3, Silk, Shanghai, 1881.

Decennial Reports on Trade, Industries, etc. of the Ports Open to Foreign Commerce and on the Condition and Development of the Treaty Port Province, 1882—1891, 1892—1901, 1902—1911. Shanghai, 1892, 1902, 1912.

Daily News, 1873—1888.

British Parliamentary Papers, China, 42 vols., Irish University Press Area Studies Series, 1971—1972.

North China Herald, Weekly, Shanghai, 1850—1941.

Silk Association of America, Annual Report, New York, 1907.

The Maritime Customs, Special Series: Silk, Shanghai, 1917.

后 记

写作本书的设想开始于20世纪80年代中期。从那时起,我一直在收集、整理晚清丝绸业史的资料,并从事与之相关的种种专题研究,先后发表了一系列专题论文,成为本书赖以支撑的基础和骨架。这些专题研究论文包括但不限于:

1.《十九世纪中日丝绸业近代化比较研究》,《中国社会科学》1995年第6期(人民大学报刊资料复印中心《经济史》全文转载)。

2.《论晚清苏州丝织业"帐房"的发展》,《历史研究》1988年第6期。

3.《论近代中国丝绸业的结构与功能》,《历史研究》1990年第4期。

4.《关于中国近代经济史研究的若干理论问题》,《历史研究》1993年第4期。

5.《近代中国手工业行会的演变》,《历史研究》1998年第5期(人民大学报刊资料复印中心《经济史》全文转载)。

6.《辛亥革命期间江浙丝织业的转型》,《历史研究》2011年第5期。

7.《论江南丝绸业"账房"产生的社会历史原因》,《中国史研究》1988年第2期。

8.《从"裁厘认捐"到"裁厘加税"》,《近代史研究》1988年第4期。

9.《近代丝绸业发展与江南社会变迁》,《近代史研究》1992年第2期。

10.《论"绸领头"》,《中国经济史研究》1987年第3期。

11.《中国丝绸业近代化的历史行程》,《中国经济史研究》1989年第3期。

12. 《论近代苏州丝绸业的对外贸易》,《江海学刊》1987 年第 5 期。

13. 《明清商业资本的动向与江南资本主义萌芽》,《江海学刊》1992 年第 4 期(人民大学报刊资料复印中心《经济史》全文转载)。

14. 《论明清江南社会的结构性变迁》,《江海学刊》1994 年第 3 期(人民大学报刊资料复印中心《中国古代史》全文转载)。

15. 《十九世纪末二十世纪初中国传统手工业的危机》,《江海学刊》1998 年第 3 期(人民大学报刊资料复印中心《经济史》全文转载)。

16. 《论近代中国资本主义发展的两难抉择》,《中州学刊》1990 年第 4 期,(人民大学报刊资料复印中心《中国近代史》全文转载)。

17. 《国际竞争与近代中国传统丝织业的转型——以浙江省为中心的考察》,《浙江社会科学》2005 年第 3 期。

18. 《近代中国工业化初期的三股推力》,《近代中国: 经济与社会研究》,复旦大学出版社 2006 年版。

19. 《古代中国丝绸发展史综论——中国丝绸史研究之一》,《苏州大学学报》1990 年第 3 期(人民大学报刊资料复印中心《中国古代史》全文转载)。

20. 《明清商品经济与江南市民生活》,《苏州大学学报》1993 年第 3 期。

21. 《对外贸易与中国丝绸业的近代化》,《安徽师范大学学报》1992 年第 1 期。

22. 《近代中国外贸结构的转换与手工行业的变形(1840—1894)》,《江西师范大学学报》2004 年第 5 期(人民大学报刊资料复印中心《中国近代史》全文转载)。

23. 《中国丝绸生产区域的推移》,《财经论丛》2005 年第 4 期。

24. 《近代农家兼业经济的演化——以长三角地区蚕丝生产为中心的考察》,《财经论丛》2006 年第 6 期。

25. 《辛亥革命前后の江南城镇における経済・政治动态——吴江县盛泽镇を中心として》,《近きに在りて》第 27 号, 1995 年 5 月。

借此拙稿付梓之机, 对于多年来真诚惠爱于我的各位师友、亲人, 对于极力促成本书出版的上海人民出版社领导和责任编辑周珍女士, 对于提供良好工作和研究条件的浙江财经大学，谨致深深的感谢！浙江财经大学经济史重点学科和"财苑学者"专项经费给予了出版资助，识此以表谢意。

王　翔

二〇一七年四月一日

图书在版编目(CIP)数据

晚清丝绸业史/王翔著.—上海:上海人民出版
社,2017
ISBN 978 - 7 - 208 - 14728 - 7

Ⅰ.①晚… Ⅱ.①王… Ⅲ.①丝绸工业-经济史-研
究-中国-清后期 Ⅳ.①F426.81

中国版本图书馆 CIP 数据核字(2017)第 197841 号

责任编辑 周 珍
封面设计 陈 酌 余励奋

晚清丝绸业史

王 翔 著

世 纪 出 版 集 团

上海人民出版社出版

(200001 上海福建中路 193 号 www.ewen.co)

世纪出版集团发行中心发行 启东市人民印刷有限公司印刷
开本 720×1000 1/16 印张 55 插页 4 字数 821,000
2017 年 9 月第 1 版 2017 年 9 月第 1 次印刷
ISBN 978 - 7 - 208 - 14728 - 7/K · 2681

定价 148.00 元

(全二册)